제5판

계량
경제학
강의

한치록 저

박영사

요약목차

목차

제5판 서문

이 책에서 사용된 데이터를 `loedata`라는 R 패키지로 정리하여 CRAN에 등록하였다. 독자들은 이제 간단히 `install.packages("loedata")`로써 데이터 패키지를 설치할 수 있다. 파이썬(python) 코드와 19장 머신러닝 예제는 이 책의 웹페이지에 제공하고 앞으로 지속적으로 업데이트하고자 한다.

　제5판에서는 이전 판본의 오타를 수정하고 논의를 명료화한 이외에도, 3.9절에 R 제곱과 관련된 유의사항을 추가하였다. 실질적으로 똑같은 결론을 주는 모형일지라도 R 제곱은 크게 다를 수 있으므로, 독자들은 R제곱에 지나친 의미를 부여하지 않기 바란다. 11.5절에는 로그 변환과 관련하여 역쌍곡사인(arcsinh 또는 asinh) 함수에 관한 기본적인 논의를 추가하였고, 14장에서는 클러스터 표준오차 구현 시 `sandwich` 패키지를 사용하도록 수정하였다.

　제5판이 나오기까지 도움을 준 독자 여러분, 학생들, 동료교수들, 그리고 출판사 관계자들께 깊은 감사를 드린다. 이 책을 통해 독자들이 계량경제학을 좀 더 쉽게 이해하고 활용하게 된다면 저자로서 더 큰 기쁨은 없을 것이다.

2024년 2월

한치록

제4판 서문

제4판에서는 머신러닝과 예측에 대한 장(19장)을 추가하였다. 인과관계 분석을 주요 대상으로 하는 계량경제학에서 머신러닝에 대한 관심은 상대적으로 제한되는 것이 사실이나, 최근 급격히 증대하는 관심을 반영하여 이번 개정판에서 포함시키기로 하였다. 19장을 추가하면서 분량이 너무 늘지 않도록 불필요하다고 생각되는 부분들을 제외시켰고 아직은 지울 수 없지만 독자들의 주의를 너무 끌기도 바라지 않는 부분들은 후주(Endnotes)로 따로 정리하였다. 여타 내용에서는 실제 응용연구에서 주의해야 할 내용들을 중심으로 보완하였다. 또한 오해를 야기할 수 있는 내용들을 명료하게 하고 지나치게 미묘하게 서술된 부분들은 과감하게 단순화시키려고 노력하였다. 지나친 단순화가 가져올지도 모를 위험에도 불구하고 앞으로 내용을 더 단순화할 수 있기를 바란다.

그리고 그동안 csv 파일과 rds 파일로 혼재되어 있던 자료를 loedata라는 R 패키지로 정리하였다. 다음과 같이 하여 패키지를 설치할 수 있다.

```
repos <- "http://econ.korea.ac.kr/~chirokhan/local-cran"
install.packages("loedata", repos = repos)
```

위 방법으로 데이터 패키지를 설치할 수 없으면 이 책 웹사이트(econ.korea.ac.kr/~chirokhan/book)를 참고하기 바란다. 앞으로 독자들은 예를 들어 다음과 같은 방식으로 데이터를 읽어들일 수 있을 것이다.

```
data(Fastfood, package = "loedata")
```

이와 더불어 데이터 색인을 추가하여 쉽게 검색할 수 있도록 하였다.

제4판이 나오기까지 도움을 준 독자 여러분, 학생들, 동료교수들, 그리고 출판사 관계자들께 깊은 감사를 드린다. 이 책을 통해 독자들이 계량경제학을 좀 더 쉽게 이해하고 활용하게 된다면 저자로서 더 큰 기쁨은 없을 것이다.

2022년 1월

한치록

제3판 서문

제3판에서는 비율 변수와 관련된 해석 문제를 2.7절에 추가하였고, 실제 다중회귀 분석에서 많이 등장하는 내용들을 별도의 장(11장)으로 분리하였다. 실증분석에서 매우 널리 사용되는 이중차분의 방법(11.3절)과 변수가 0의 값을 가질 수 있을 때 로그 모형을 사용하는 주제(11.5절)에 관한 내용을 11장에 추가하였다. 더미변수와 상호작용항(제2판의 8.5절), 제곱항(제2판의 8.6절), 예측(제2판의 9.10절), 함수형태 설정오류 검정(RESET 검정, 제2판의 10.4절)은 제3판에서는 각각 11.1절(이진적 설명변수)과 11.2절(상호작용항), 11.4절(제곱항), 11.6절(예측), 11.7절(RESET 검정)로 이동시켰다. 11장이 추가되다 보니 제2판의 11–17장이 12–18장으로 한 장씩 밀리게 되었다.

제3판에서는 또한 중급 계량경제학의 내용을 보강하였다. 우선 최우추정법(MLE)에 대한 설명과 예제를 추가하였다. 최우추정법은 계량경제학을 배울 때 이해도 어렵고 수학도 어려운 부분이다. 이에 12.4절에 예제를 추가하여 독자들이 실제 R을 이용하여 최우추정법을 실습해 볼 수 있도록 하였다. 이와 더불어, 이항반응모형에서 이항변수를 예측하는 방법(17.3절), 이항반응모형에서 모형의 설명력을 나타내기 위하여 사용하는 여러 지표들(17.5절), R을 이용하여 평균부분효과의 표준오차를 계산하는 방법(17.9절)에 대한 논의를 추가하였다. 이제 독자들은 R만으로도 웬만한 분석은 거의 수행할 수 있을 것으로 기대한다.

그 밖에도 토빗 추정(18.3절)과 관련된 수학을 더 자세하게 하였으며 표본선택(18.4절)에 관한 논의를 보강하였다. 또한, 제2판에 설명이 부족하였다고 생각되는 부분에는 그림 등을 추가하여 전반적으로 이해를 돕고자 하였다. 기본적인 수학에 관한 내용을 요약한 부록 B를 추가하였고, 우리나라와 외국의 다양한 자료와 예제를 추가하였으며, 그동안 R에 대해서도 더 많은 공부를 하게 되어 R 코드도 많이 다듬을 수 있었다. 업데이트되고 추가된 자료는 이 책의 웹사이트(econ.korea.ac.kr/~chirokhan/book)에 올려 둔다.

제3판이 나오기까지 도움을 준 독자 여러분, 학생들, 동료교수들, 그리고 출판사 관계자들께 깊은 감사를 드린다. 이 책을 통해 독자들이 계량경제학을 좀 더 쉽게 이해하고 활용하게 된다면 저자로서 더 큰 기쁨은 없을 것이다.

2019년 9월

한치록

제2판 서문

이 책의 출간 이후 많은 독자들이 의견을 보내 주었다. 무엇보다 계량경제학을 더욱 직관적으로 이해할 수 있게 되었다고 이야기할 때 저자는 가장 큰 보람을 느꼈다. R을 이용한 실습의 유용성에 대하여 언급한 독자들도 상당 수 있었다. 이러한 성원에 힘입어 펴내는 제2판에서 달라진 점은 다음과 같다.

우선 예측과 관련된 내용을 보완하였다(9.10절). 예측은 인과관계와 더불어 계량경제학의 중요한 주제 중의 하나이며, 최근 빅데이터 분석과 기계학습의 핵심적인 연구대상이기도 하다. 또한 독자의 편의를 위하여 다중회귀분석에서 신뢰구간에 관한 내용을 별도의 절로 만들고(9.9절) 통계표들을 추가하였다(부록 C). 추가된 내용, 업데이트된 자료, R코드, 오류 수정 내용 등을 이 책의 웹사이트(econ.korea.ac.kr/~chirokhan/book)에 올려 둔다.

제2판이 나오기까지 도움을 준 학생들, 동료교수들, 출판사 관계자들, 그리고 독자 여러분께 깊은 감사를 드린다. 이 책을 통해 독자들이 계량경제학을 좀 더 쉽게 이해하고 활용하게 된다면 저자로서 더 큰 기쁨은 없을 것이다.

2017년 2월

한치록

초판 서문

저자가 대학에서 강의를 하면서 학생들이 계량경제학을 보다 쉽게 이해할 수 있도록 돕기 위해 이 책을 쓰게 되었다. 많은 학생들이 계량경제학 공부에 어려움을 겪는 모습을 보면서 2009년부터 쓰기 시작한 강의 노트들이 모아져 이제야 비로소 책의 형태로 마무리된 것이다. 이 책을 쓰면서 저자가 특별히 노력을 기울였던 점들을 크게 세 가지로 이야기해 보면 다음과 같다.

첫째, 계량경제학의 중요한 내용들을 가능한 한 직관적인 이해가 가능한 방식으로 서술하고자 하였다. 많은 학생들이 계량경제학이 어렵다고 느끼는 이유를 수학이 어렵기 때문이라고 말하는 것을 보았다. 하지만 계량경제학에 입문할 때 대부분의 어려움은 수학 자체에서 오는 것이 아니라 그 배후에 있는 것, 즉 수학을 통하여 우리가 얻고자 하는 것이 무엇인지 분명하게 알지 못하는 데에서 온다. 이 점을 고려하여 무엇보다도 먼저 우리의 평범한 생각만으로도 이해할 수 있는 방식으로 계량경제학 강의의 내용을 편성해 보고자 하였고, 이것이 이 책을 쓰게 된 일차적인 동기이다.

둘째, 직관적인 설명과 더불어 수학을 이용한 설명도 덧붙였다. 당초 수학을 사용하지 않고도 설명할 수 있어야 제대로 이해한 것이라는 믿음에 근거하여 수식 없는 책을 써 보겠다는 야심찬 출발을 하였으나 수식 없는 계량경제학 책을 쓰는 것이 불가능하다는 것을 깨닫기까지 얼마 걸리지 않았다. 또 수학은 제대로 사용하기만 하면 가장 확실하고 효율적인 의사소통 수단이고 입문 수준에서 사용되는 수학이 사칙연산과 로그의 수준을 크게 벗어나지 않으므로 굳이 사용하지 않을 이유도 없다. 그렇더라도 이 책에서는 우선적으로 직관적인 설명으로 충분히 논의를 진행한 후에 수학적인 내용을 간단한 정리의 형태로 제공함으로써 수학에 대한 선입견과 장벽을 최소화하려고 노력하였다. 사실 직관적 설명과 수학을 동시에 제공하면서 저자가 의도한 것에는 학생들이 쉽지만 긴 설명을 보면서 수학적 정리들이 얼마나 간결한 것인지를 느끼고 동시에 수학을 보면서 직관적 설명이 얼마나 쉬운지를 깨닫도록 하는 것도 있다. 그 반대가 되지 않기를 바란다. 또한 학생들의 수학적인 능력을 기르기 위해 가끔씩 중급 또는 고급 수학을 소개하기도 했다.

셋째, 계량경제학을 공부할 때 예제와 실습은 큰 도움이 된다. 이 책에서는 공개 소프트웨어인 R을 사용하여 기초적인 계량 분석을 하는 방법도 설명하였다. 이 실습들을 충실히 따라가면 좀 더 쉽고 정확하게 계량경제학의 기초를 배울 수 있으리라 본다. 이 책에서 제시하는 예시들은 모두 공개적으로 구할 수 있는 자료들을 사용하고 있다. 독자들이 직접 구하기 어려운 자료들은 이 책의 자료 사이트에서 찾아볼 수 있다. 그리고 자료를 찾는 구체적인 방법은 본문 중간중간에 설명되어 있다. 한 가지 아쉬운 점은 우리나라 자료들을 수집하여 예제로 사용하고자 하였으나 사정상 그러지 못했다는 점이다. 이 점은 앞으로 바꾸어 나갈 수 있기를 바란다.

Donald Knuth의 The T_EXbook에 나오는 것처럼 '☺'와 같은 꼬부랑길 표시가 있고

약간 작은 글씨(이 크기)로 조판된 부분은 '위험', 즉 내용이 다소 어려움을 의미한다. 계량경제학의 초보자가 이런 부분을 읽고 이해하기는 약간 어려울 수 있으므로 잘 모른다고 해도 좌절할 필요는 없다. 아마 두 번째 읽을 때에는 그 의미가 더 분명해질 것이다. 꼬부랑길 표시가 두 개 있으면 더 어려운 내용이므로 처음에는 아예 건너뛰는 것도 좋다. 이런 부분은 두 번째나 세 번째 읽을 때부터 읽기 시작하는 것이 더 좋을 수 있다. 물론 의욕적이고 도전적인 독자는 처음부터 모든 것을 이해하려고 시도해 보아도 된다. 많은 꼬부랑길을 만나게 될 것이니 기대해도 좋다.

이 책을 강의노트의 형태로 쓰기 시작하여 지금의 모양을 갖추기까지 6년여의 세월이 흘렀다. 이 책에 담겨 있는 많은 내용들은 저자가 학생일 때부터 다양한 통로들을 통해 배운 것들을 집약해 놓은 것이다. 그 중에서도 Jeffrey M. Wooldridge 교수의 책을 오랫동안 강의 교재로 사용하면서 많은 영향을 받았다. 그래서 때로는 어디까지가 그 책에서 배운 내용이고 어디까지가 저자의 생각인지 구분하기 어려운 경우들도 있어서 원 출처를 분명히 표시하지 못한 부분도 있음을 밝혀 둔다. 또한 증명이 까다로운 부분들은 문헌을 찾기보다 저자가 독자적으로 증명하는 편을 택하였기 때문에 이와 관련된 문헌들을 제대로 인용하지 못한 경우도 있다. 이러한 사정으로 인해 출판을 꺼려왔으나 아쉬운 모습 이대로 학생들에게 도움이 되리라는 생각에 출판을 하게 되었다. 앞으로 독자와의 교감을 통해 좀 더 발전된 모습으로 수정 보완해 나갈 수 있기를 바란다.

이 책이 완성되기까지 많은 분들의 도움이 있었다. 우선 고려대학교 박사과정생으로 있는 이고은 조교는 학생의 눈으로 원고를 꼼꼼히 읽고 실습예제들이 작동하는지를 확인해 주었다. 물론 이 책에 있을 수 있는 모든 오류는 저자에게 책임이 있다. 이 책이 세상에 나오기까지 많은 수고를 해주신 박영사에도 감사드린다. 지나온 학문의 여정 속에서 훌륭한 안내자가 되어주셨던 스승들과 이 책을 쓰도록 영감을 불어넣어 준 학생들에게도 깊은 감사를 드린다. 마지막으로 내 삶의 원동력인 가족들에게 고마움을 전하고 헌신적인 사랑과 격려로 학자의 꿈을 키워 주신 부모님께 이 책을 바친다.

2016년 2월

한치록

1 준비

본 장에서는 계량경제학의 주된 관심사가 무엇인지, 그리고 계량경제적 연구가 직면하는 근본적인 문제가 무엇인지 살펴본다. 또한 계량경제학의 이해를 위한 최소한의 통계학적 기초지식과 통계 소프트웨어 R에 대해서도 간략히 소개한다.

1.1 질문들

다음 질문들을 생각해 보자.

• 우리나라는 교육열이 높기로 유명하다. 1년의 학교 교육은 노동자의 생산성에 어느 정도 영향을 미칠까?

• 어떤 경제이론에 따르면 통화량의 증가는 물가를 그만큼 상승시킬 뿐 실물경제에 영향을 미치지 못한다고 한다. 우리의 경제는 실제 그러한 모습을 보이는가?

• 경제성장에서 인적자본(human capital)의 역할이 크다고 한다. 과거 경험에 따르면 인적자본의 축적은 경제성장에 얼마만큼 기여하였는가?

• 오늘까지 주식가격의 변동으로부터 다음 한 주간의 주가상승률을 예측할 수 있을까?

• 지난 5년 간 두 기업이 담합을 하여 가격을 책정하였다고 의심된다. 지난 5년 간 두 기업의 가격 책정 방식은 그 이전 및 그 이후 기간과 상이한가?

• 이산화탄소의 배출을 강제로 줄이면 경제성장에 해가 될 것이라고 한다. 하지만 이는 친환경 산업을 발달시켜 성장을 촉진시킬 수도 있다. 이산화탄소 배출의 강제적 제한은 지금까지 어떤 영향을 미친 것으로 나타났는가?

• 정부가 공적 자금을 투입하여 어떤 사업을 하였다. 과연 이 사업은 정부에서 주장하는 만큼의 효과를 가져왔는가?

• 어떤 산업 분야에서는 남녀 임금차별이 공공연하다고 한다. 이 산업 분야에는 임금의 성차별이 실제로 존재하는가? 그리고 존재한다면 얼마만큼의 차별이 있는가?

위에서 예시한 질문들 이외에도 경제 현상에 대하여 다양한 질문들이 있을 것이다. 계량경제학은 이러한 질문에 대하여 자료를 이용하여 경험적인 정보를 얻고자 하는 학문이다. 이 글의 목적은 독자들이 계량경제학의 방법을 직관적으로 이해할 수 있도록 돕는 데에 있다.

1.2   계량경제학의 근본문제

어떤 문제에 대하여 관심을 갖고 계량경제학적인 분석을 하고자 할 때 그 관심의 대상이되는 집단을 모집단(population)이라 한다. 예를 들어 우리나라 사무직 노동자들의 학력이임금에 미치는 영향에 관심이 있다면, 모집단은 우리나라 사무직 노동자들, 특히 이들의학력, 임금 및 여타 관련 요소들이 될 것이다. "왜 다른 집단이 아니라 하필 모집단에관심을 갖는가?" 하는 질문은 성립하지 않는다. 모집단이므로 관심을 갖는 것이 아니라관심을 갖는 것을 모집단이라고 하는 것이다.

　일반적으로 작은 모집단에는 소수의 사람들만 관심을 갖고, 큰 모집단에 대해서는다수의 사람들이 관심을 가질 것이다.* 사람들은 많은 관심을 끌기 위해서라도 큰 모집단을 연구하려 하는 경향이 있다. 일반적으로 작은 모집단은 곧바로 관측하여 그 속성을알 수 있지만, 큰 모집단은 너무 커서 그 구성원을 모두 관측할 수가 없다. 또 모집단의구성원이 무한히 많아 이 모두를 관측하는 것이 물리적으로 불가능하거나 생각하기조차도애매모호한 경우도 있다.

　예를 들어 보자. '지금 이 순간 필자의 4인 가족(좁은 의미) 구성원의 체중'이라는모집단은 (관측을 거부하는 구성원이 없고 적절한 측정도구가 있는 한) 비교적 쉽게 관측할수 있고 필요한 값들을 계산할 수 있는 반면 여기에 관심을 갖는 사람은 적을 것이다. 2015년 12월 31일 현재 한국인의 나이라는 모집단은 매우 크고(5천만 이상) 전체를 정확히관측하기는 어렵지만 인구통계로부터 비교적 정확히 관측할 수 있다. 우리나라 고등학생들의 과외여부와 학업성적이라는 모집단은 전체를 관측하기가 매우 어려워 보이지만대충 수많은 고등학생들로 이루어진 집단이라고 상상해 볼 수 있고, 이 문제에 대해서는많은 사람들이 관심을 가질 것이다. '경제성장에 독재가 미치는 영향'이라는 주제에서는경제성장, 독재, 경제성장의 여타 결정요인 등이 우리의 관심사일 것이다.

　모집단이 모호한 경우도 있다. 경제성장과 독재의 예에서 대상 집단이 특정한 나라를이야기하는 것인지, 현재 개발도상국 전체를 이야기하는 것인지, 지금까지 경제성장을 이룬모든 국가들을 이야기하는 것인지, 아니면 다른 무언가를 의미하는지 불분명하다. 이처럼대상이 되는 집단이 불분명할 경우에는 말하는 사람도 대상을 구체적으로 지정하지 않고어렴풋이 말하고 듣는 사람도 대충 느낌으로 알아듣는 경우가 많은데, 여러분은 가급적표현을 분명히 해서 모집단이 무엇인지 분명히 하는 것이 좋겠다. 일반적으로는 가장폭넓은 집단(예를 들어 20세기 이후 지구상에 존재한 모든 나라들처럼)을 상상하겠지만,'우리나라에서 독재가 없었다면' 하고 상정하는 것처럼 한 나라만을 겨냥할 수도 있다.

　우리는 모집단 전체를 관측할 수 없는 대신 그 모집단으로부터 추출된 일부 관측값들의

---

*모집단이 크다 작다 하는 것은 사실상 불분명하며 별로 사용되지 않는 용어이다. 여기서는 그냥 직관적으로모집단 내의 구성원이 많으면 크다고 하고 구성원이 적으면 작다고 표현하였다.

자료(데이터)를 가지고 있다. 이 자료의 집합은 일반적으로 모집단에 비하여 훨씬 작으며 연구자가 분석할 수 있다.

연구자가 자료를 분석하여 흥미로운 숫자들을 만들어낼 수 있지만, 우리의 궁극적인 관심사는 그 자료 자체가 아니라 모집단에 있다. 모집단에 관심을 가지면서도 모집단 전체를 분석하지는 못하고 극히 일부의 자료만을 분석한 결과에 의존하여 모집단에 대한 추론을 해야 한다는 것이 계량경제학의 근본문제이다. 그러므로 다른 모든 경험적 방법과 마찬가지로 계량경제학에 의한 추론은 불가피하게 한계를 지닐 수밖에 없다. 이 한계 내에서 모집단에 대하여 어떤 이야기를 할 것인지 앞으로 배울 것이다.

1.3 인과관계

계량경제학에서는 흔히 인과적 영향에 관심을 갖는다. 여기서 인과적 영향이란 '다른 조건이 같고(ceteris paribus) 하나의 요소만 다를 때의 차이'를 의미한다. 예를 들어 새로운 약물이 환자의 건강에 미치는 영향이 우리의 관심사라면 우리는 다른 조건이 모두 동일한 상태에서 한 환자에 대한 새로운 약물의 투여가 그 환자의 건강에 어떤 영향을 미치는지 알고 싶은 것이다. 어떤 지방자치단체의 사업이 지역 주민의 소득에 미치는 영향이 관심사라면 다른 조건은 똑같고 그 사업만 없는 가상적 상황과 비교하여 주민 소득이 얼마나 더 높은지 알고자 하는 것이다. 또 교육이 임금에 미치는 효과가 관심사라면 다른 모든 것이 완전히 동일하되 오직 교육수준만 다른 두 사람 간 임금 차이를 말한다.

인과적 영향은 다른 면은 모두 동일하고 해당 요인만 다른 '완벽한 쌍둥이'를 비교함 으로써 측정할 수 있을 것이다. 약물 효과의 경우 모든 면에서 전적으로 동일한 두 환자 (완벽한 '쌍둥이')에 대하여 한 환자에게는 그 약물을 투여하고 다른 환자에게는 투여하지 않은 후 그 두 환자를 다시 전적으로 동일한 상태에서 돌보면서 건강을 체크해 봄으로써 알 수 있을 것이다.* 지방자치단체 사업의 경우 다른 모든 조건이 동일한 두 지역을 선발하여, 한 지역에서는 사업을 시행하고 다른 지역에서는 사업을 시행하지 않은 후 일정 기간이 지나 두 지역 간 소득 차이를 구해 보는 방법이 있다. 교육과 임금의 경우에는 다른 모든 것이 완전히 동일하되 오직 교육수준만 다른 두 사람을 추출한 후, 이 두 사람의 임금이 어떻게 다른지 측정함으로써 그 인과관계를 알 수 있다.

자연과학이나 공학에서는 실험으로써 인과적 영향을 측정하는 것이 어느 정도 가능 하다. 예를 들어 전기자동차에서 두 배터리의 주행거리을 비교하려면 동일 차종에 두 배터리를 탑재한 후 동일한 방식으로 운전을 하여 각각 주행거리를 측정해 볼 수 있다. 하지만 인간 혹은 인간의 활동을 대상으로 하는 연구에서는 그렇지 않다. 모든 면에서

---

*이때, 약물을 투여한 환자와 그렇지 않은 환자의 심리상태가 건강의 차이를 낳을 수도 있다고 보아 투약하지 않는 환자에게는 위약(placebo)을 투여하기도 한다.

동일한 두 환자('쌍둥이')나 두 지역('쌍둥이')를 찾기란 어렵고, 찾는다고 하더라도 두 대상을 상대로 실험을 하는 것은 쉽지 않다. 또 교육을 제외하고 모든 것이 동일한 두 개인('쌍둥이')을 찾는 것도 불가능하고, 설령 쌍둥이들을 찾는다고 할지라도 이들을 대상으로 실험을 하는 것은 윤리적 문제에 부딪칠 수 있다.*

　　사회과학은 인간의 행동과 관련되기 때문에 통제된 상태의 실험(다른 조건을 동일하게 두고 하나의 요소만 변화시키는 실험)을 하기가 매우 어려우며,** 따라서 얼핏 보기에 사회과학에서 인과관계를 측정하기가 매우 어렵거나 불가능한 것처럼 보인다. 하지만 앞으로 이야기할 것처럼 어느 정도의 범위 내에서 인과관계(좀 더 정확히 표현하자면 '인과관계라고 해석할 수 있는 어떤 것')를 측정할 수 있으며 이것이 계량경제학의 가장 중요한 주제 중의 하나이다.

▸ **연습 1.1.** 성별이 임금에 미치는 인과적 영향을 정의하라.

▸ **연습 1.2.** 안전띠의 착용여부가 교통사고 시 사망할 확률에 미치는 인과적 영향을 정의하라. 어떻게 하면 이를 측정할 수 있겠는지, 또 현실적으로 이 측정이 가능할지 상상해 보라.

▸ **연습 1.3.** 점심을 거르는 것이 수명에 미치는 인과적 영향을 정의하라.

▸ **연습 1.4.** 상수도 보급률이란 총인구 중 수돗물을 공급받는 인구의 비율을 나타낸다. 한 지역에서 상수도 보급률의 10퍼센트 포인트 상승이 그 지역의 평균수명에 미치는 인과적 영향이 무엇인지 설명하라.

▸ **연습 1.5.** 선거운동경비가 득표율에 미치는 인과적 영향은 무엇일지 정의해 보라.

▸ **연습 1.6.** 영어과외가 한 학생의 학급 내 영어석차에 미치는 인과적 영향은 무엇인가?

▸ **연습 1.7.** 수면시간이 6~8시간인 사람들이 가장 건강하고, 그보다 더 적거나 더 많이 자는 사람들의 건강은 더 나쁘다고들 한다. 이때 수면시간이 원인이고 건강이 결과인가? 수면시간이 건강에 미치는 인과적 영향은 무엇이겠는가?

인과관계를 정의하기 위해서는 다른 요소들을 고정시켜야 하는데 이 '다른 요소'의 의미가 분명하지 않은 경우도 있다. 예를 들어 남녀의 임금격차를 생각해 보자. 만일 '다른 요소'를 모두 다 고정시킨다면 우리는 나이, 학력, 경력, 근속연수, 능력, 부모의 도움, 신체 조건, 사고방식 등이 모두 동일하면서 성별만 다른 두 사람을 비교하는 셈이다. 하지만 이것이 과연 우리가 보고자 하는 남녀의 임금격차인지 생각할 필요가 있다. 만일 어떤 사회에서 여성의 교육 기회가 남성에 비하여 적다면, 남녀의 임금격차를 이야기할 때 동일한 교육수준의 남녀를

---

*그러나 쌍둥이(일란성 쌍생아)가 서로 다른 환경에서 양육되는 경우 시간이 흐른 후 이들을 비교함으로써 인과적 효과를 찾아내려 하기도 한다. 예를 들어 Ashenfelter and Krueger (1994)는 일란성 쌍생아의 자료를 이용하여 학교교육이 임금에 미치는 영향을 측정하였다.

**실험경제학(experimental economics)에서는 사람들을 실험실에 모아 실험을 하기도 한다.

비교하는 것은 적절하지 않아 보인다. 성차별이 교육기회의 불균등 때문에 생긴다면 교육수준을 균등화함으로써 성차별의 근거 자체도 제거해 버리는 것이기 때문이다.

성차별의 예에서는 교육수준을 통제하지 말아야 할 것 같으나, 경력을 통제해야 하는지는 좀 더 애매하다. 만일 여성이 취직 후에 불공평한 이유로 인하여 경력이 상대적으로 더 짧다면 경력을 통제하는 것은 적절하지 않을 것이다. 반면, 경력이 동일한 남녀를 비교하고자 한다면 경력을 통제하여야 할 것이다. 실제 응용연구에서 무엇까지 통제할 것인지 일반적인 상황에서 통용되는 답은 없으며, 그때 그때 문제에 따라 답이 달라진다. 우리는 관심사가 무엇인지(예를 들어 학력을 통제한 후인지 아닌지) 명확히 하고 이 관심사에 맞추어 계량경제분석을 수행할 능력을 갖추는 것을 일차적인 목표로 한다. 학력 변수를 통제할지 말지 판단하는 것은 다른 차원의 문제이다.

다른 예로서, 통화량을 변화시키는 고전적 통화정책이 국민소득에 미치는 영향을 고려하자. 이때 만일 금리를 고정시키면 통화량이 국민소득을 변화시키는 가장 중요한 통로를 막아 버리는 셈이므로 금리를 고정시켜서는 안 될 것이다. 기준금리를 설정하는 통화정책에서는 통화량을 고정시키면 기준금리의 변화가 민간경제에 영향을 미칠 수 있는 중요한 통로를 막아 버리는 것이므로 통화량을 고정시켜서는 안 될 것이다.

계량경제학에서 인과관계가 중요한 것은 사실이지만, 인과관계가 아니라 단순한 상관관계가 관심사가 되는 경우도 있다. 예를 들어, '환경 쿠즈네츠 곡선'이란 소득이 늘면 처음에는 환경오염이 악화되다가 일정한 소득 수준을 지나면 다시 환경이 좋아지는 현상을 일컫는다. 이는 여타 조건을 모두 고정시킨 채 소득만 증가할 때 환경에 오는 변화를 말하는 것이 아니다. 소득이 늘면서 수많은 요소들이 상호작용을 하여 생기는 환경 변화가 관심사항이므로, 환경 쿠즈네츠 곡선을 연구할 때에는 흔히 여타 요소들을 통제하지 않는다. 또, 예측에만 관심을 갖는 경우도 있다. 최근 큰 관심을 받고 있는 머신러닝이 그 예이며, 이 책의 마지막 장에서 간략히 설명할 것이다.

인과관계에 대한 논의로 돌아와서, 한 변수(X라 표기하자)가 다른 변수(Y라 표기하자)에 미치는 인과적 영향을 측정하기 위해서는 X를 제외한 여타 요소는 모두 고정시킨 채 X만을 변화시킬 때 Y가 변하는 정도를 측정하면 된다. 하지만 이것이 생각만큼 간단하지 않다. 여타 요소들을 고정시키는 것이 불가능한 경우가 많기 때문이다. 예를 들어 보자.

예제 1.1 교사당 학생수와 학생의 성적

한국 고등학교들의 모집단에 대하여 X가 교사당 학생수이고 Y가 그 학교 학생들의 평균 수능점수라 하자. 각 학교별로 다른 요인들은 모두 고정시키고 교사당 학생수만 40명에서 20명으로 바꿀 때 학생들의 평균 수능점수가 변화하는 정도에 관심이 있다고 하자.

이상적(이지만 비현실적)인 상황에서 이 인과관계를 측정하는 방법은 다음과 같다. 한 학교의 복제물을 만들고 원본과 복제물이 동일 지역, 동일 시간에 동시에 존재하도록 만든다(평행 우주). 교사당 학생수가 원본 학교에서는 40명, 복제학교에서는 20명이고, 그 외 요소들은 모두 동일하다. 그러면 이 두 학교들에서 평균 수능점수의 차이가 바로 우리가 알고자 하는 인과적 영향이다. 평행우주가 실제 존재하는지는 알 수 없지만 평행우주를 가지고 실험을 하는 기술은 아직 개발되지 않았으므로 이 방법은 사용하기 어렵겠다. 교사당 학생수를 제외한 모든 요소들이 동일한 두 학교(완벽한 쌍둥이)에서 평균 수능 점수의 차이를 보는 것은 더 현실적이나 이런 완벽한 쌍둥이를 찾는 것은 매우 어렵다.

더 현실적인 측정을 한다면, 동일 학교에 대하여 한 해에는 교사 1인당 학생수를 40명으로 설정하고 다음 해에는 20명으로 설정한 후 이 두 해의 평균 수능점수 차이를 측정해 볼 수 있겠다. 하지만 앞의 평행우주 실험과는 달리 이 실험에서는 두 비교대상 간의 시점이 다르고, 이 상이한 시점 간에 시험난이도 등 여타 모든 요소들이 동일하리라 기대할 수는 없을 것이다. 예를 들어 둘째 해에 시험 난이도가 쉬웠으면, 난이도 변화로 인한 평균점수 변화 정도를 계측하지 않는 한, 평균점수 차이가 어느 정도 시험 난이도 변화에 기인하고 어느 정도 교사당 학생수의 변화에 기인하는지 알 수 없다. 실험을 약간 현실화하였으나 측정된 값이 인과적 영향인지는 분명하지 않다.

또 다른 측정방법을 생각해 보자. 한 시점에서 한국의 모든 고등학교(모집단) 중 교사당 학생수가 40명인 학교들과 20명인 학교들의 평균 수능점수 차이, 즉 $E(Y|X=40)-E(Y|X=20)$을 인과관계로 간주하고 싶을 수도 있다. 그러나 이 경우 상이한 학교들을 비교하므로, 이 학교들 간에 '여타 모든 요소'가 동일할 것으로 기대되지는 않는다. 그 결과 이 평균점수의 차이가 교사당 학생수의 차이에 기인하는지 아니면 다른 요인들의 차이에 기인하는지 알기 어려우며, 이 경우에도 평균점수의 차이를 인과적 영향으로 간주하기는 어려울 것이다. 인과관계를 정확히 측정하는 것은 쉬운 문제가 아니다.

예제 1.2 대학 졸업 여부가 임금에 미치는 영향

다른 예를 들어 보자. 고졸자와 대졸자(4년제)가 섞여 있는 모집단이 있을 때, 대졸 여부가 시급에 미치는 인과적 영향이 관심사라 하자. 이를 위해 고졸자와 대졸자를 한 사람씩 추출하는데, 학력을 제외하고는 모든 요소를 다 동일하게 만들어 보자. 신체조건, 지능, 감성, 가정환경, 출신지역, 성별, 부모의 학력, 부모의 소득, 삶에 대한 태도, 대인관계, 네트워크 등등 모든 요소들이 다 동일하고 오직 학력만 고졸과 대졸로 상이한 두 명('완벽한 쌍둥이')을 짝지을 수 있으면 된다. 이것이 앞의 '평행우주' 방법과 유사한 것으로서 매우 어려운 과업이다. 우리가 이용할 수 있는 정보는 모집단이 아니라 표본인데, 얼마 안 되는 (수십명이나 수백명, 기껏해야 수천명이나 수만명) 사람들로부터 이런 '완벽한 쌍둥이'를 찾아내는 것은 사실상 불가능하다고 해도 과언이 아니다.

또 하나의 방법은 고졸자들 임금의 평균과 대졸자들 임금의 평균을 비교하는 것이다.

그러나 고졸자들과 대졸자들간에 여타 모든 요소가 동일하리라고 보기 어려우므로, 이 평균임금의 차이를 인과적 영향(즉 대학 졸업의 영향)이라고 단정하기는 쉽지 않아 보인다.

인과적 영향이 측정하기 어려운 것은 사실이나, 우리는 이 어려워 보이는 것을 모집단의 속성(모수 또는 파라미터라 함)으로써 표현하고, 이 모수를 추정하고 관련된 가설들을 검정함으로써 꽤 유용한 일을 할 것이다. 특히, 어떤 조건하에서는 인과적 영향과 모집단 내 집단 간 평균의 차이가 동일하다는 점에 주목할 것이다. 인과적 영향과 달리 모집단 내 집단 간 평균의 차이는 자료로써 추정할 수 있다. 인과적 영향과 평균 차이를 동일하게 해 주는 조건들이 무엇이고 이 조건들이 성립할 때 구체적으로 어떤 일을 할 수 있는지는 이 글을 계속 읽으면서 배워 갈 것이지만, 그 전에 먼저 통계학의 기초 개념들을 복습할 필요가 있다.

1.4 통계학의 기초

이 절에서는 이 책에서 사용할 통계학의 기본 개념들에 대하여 간단히 공부한다. 더 자세한 내용은 통계학 교과서를 참조하기 바란다.

모집단, 표본, 자료

앞서 설명한 것처럼 모집단은 우리가 관심을 갖는 집단이다. 이것은 어떤 때에는 '2015년 12월 31일 현재 한국 국적을 가진 사람들의 나이'처럼 분명히 정의되어 있을 수 있지만, 다른 경우에는 '사무직 노동자의 임금과 그 결정요인'처럼 애매해 보일 수도 있다.* 우리는 하나의 주어진 모집단의 성질을 알고자 한다.

표본(sample)은 모집단으로부터 임의로 추출하여 구하는 개체들의 집단이다. 이때 개체들의 수를 표본크기(sample size)라 한다. 예를 들어 50명의 개인들의 학력과 시급이라는 표본은 말 그대로 50명의 개인들의 학력과 시급을 나타내는 것으로서 표본크기는 50이다. 고딕체를 사용하여 변수명을 나타내서 학력을 **학력**, 시급을 **시급**이라 하면, 이 표본을 (**학력**$_1$,**시급**$_1$), (**학력**$_2$,**시급**$_2$), ..., (**학력**$_{50}$,**시급**$_{50}$)으로 표현할 수도 있겠다. 여기서 **학력**$_1$은 1번 개체의 **학력** 변수의 값을 나타낸다. 이런 자료를 상상할 때에는 50명의 개인들을 한 명씩 차례로 추출하는 것을 생각하지 말고, 50명 개인의 묶음을 통째로 추출한다고 생각하는 것이 좋다.**

*애매한 것을 분명히 하는 것도 좋지만, 경우에 따라서 애매한 것을 애매한 대로 적당히 이해하고 넘어가면 되기도 한다. 하지만, 배우는 학생으로서는 일단 모든 것을 가능한 한 정확히 서술하는 습관을 들이도록 하자.

**복원추출과 비복원추출의 차이가 염려된다면, 모집단이 아주 크기 때문에 비복원추출로 인한 '관측치 간 의존성'을 무시할 수 있다고 하자. 이 각주의 내용이 염려되지 않는 독자는 이 내용을 무시해도 좋다.

 나중에 확률변수라는 것을 정의할 것인데, 확률변수들의 집합을 표본이라 한다. 예를 들어 50명 개인들의 **학력**은 각각 확률변수이며, 이들을 모아 놓은 것, 즉 (학력$_1$, 학력$_2$, ..., 학력$_{50}$)은 하나의 표본이다. 50명의 **학력**과 **시급**의 조합인 (학력$_1$, 시급$_1$), (학력$_2$, 시급$_2$), ..., (학력$_{50}$, 시급$_{50}$)은 각각이 하나의 확률변수 쌍(혹은 벡터)이며, 이 50개 확률변수 쌍들의 집합이 하나의 표본을 이룬다.

표본을 한 번 관측하여 숫자들을 구하면 이 숫자들이 자료집합(data set)이 된다. 예를 들어 50쌍의 학력과 시급을 1회 관측하면 50쌍의 숫자들의 집합이 구해질 것인데 이것이 바로 자료집합이다. 표본과 자료집합을 구분하자면, 표본은 관측할 것들로 이루어져 있고 자료집합은 관측한 값들로 이루어져 있다고 생각하면 되겠다. 다만, 표본이라는 것이 결국은 관측하고 분석할 것이므로, 표본과 자료를 굳이 엄밀하게 구별할 필요는 없다. 중요한 것은, 나중에 자세히 이야기하겠지만, 표본의 관측을 반복하면 자료집합이 달라질 것이며, 현재 주어진 자료 값들은 어쩌다 보니 그렇게 실현된 우연의 산물이라는 사실이다. 이 점을 기억해 두기 바란다.

상수, 변수, 확률변수

어떤 것의 값이 변하지 않으면 상수(constant)라 하고, 그 값이 변할 수 있으면 변수(variable)라 한다. 특히 모집단으로부터 추출을 반복할 때 값이 변할 수 있으면 이를 확률변수(random variable)라 한다. 예를 들어 다양한 연령층으로 구성된 모집단에서 나이는 확률변수이다. 이 모집단으로부터 한 사람을 추출하여 나이를 관측하는 행위를 반복하면 관측되는 값이 달라질 수 있기 때문이다. 반면 주어진 모집단의 평균 나이는 상수이다. 해당 모집단에서 누구를 추출하느냐와 관계 없이 모집단의 평균 나이는 주어져 있기 때문이다. 이 모집단으로부터 추출한 크기 10의 표본 내에 두 번째 사람의 나이(말하자면 나이$_2$)는 확률변수이다. 10명 표본의 추출을 반복할 때마다 두 번째 사람의 나이가 달라질 수 있기 때문이다.

 그러나 나이$_2$의 모집단 평균은 상수이다. 나이$_2$의 모집단 평균은 '두 번째 사람'이 추출될 모집단의 평균 나이인데, 모집단의 평균은 표본추출과 상관없이 고정되어 있기 때문이다.

 "변수"나 "상수"라는 말을 할 때에는 어떤 상황에서 변하거나 불변인지 그 기준을 분명히 해 주는 것이 좋다. 이 책에서 가장 흔한 기준은 모집단으로부터 값을 추출할 때 그 값이 변하느냐 고정되었느냐에 따라 변수와 상수를 구분하는 것이다. 이때에는 임의적(random), 비임의적(nonrandom)이라는 용어를 더 많이 사용한다. 표본 내의 모든 개체들에게서 값이 동일할 때 상수라 하고 그 값이 다를 때 변수라 하기도 한다. 모집단 내에서 값이 동일하므로 표본을 추출하였을 때에도 표본 내 개체들에게서도 값이 동일할 것이므로 이렇게 보나 저렇게 보나 결국 마찬가지일 수도 있지만 어떤 것을 의미하는지 분명히 아는 것이 좋다.

참고로, 앞에서 잠깐 이야기한 것처럼 이 책에서 변수는 한글 변수명의 경우 '**나이**'처럼 고딕 모양으로 표시하고 영문 변수명의 경우 *age*처럼 이탤릭 모양으로 표시한다.

▶ **연습 1.8.** 다수의 남녀로 이루어진 모집단에서 성별은 상수인가 변수인가?

모집단으로부터 한 개체를 추출하는 것을 반복할 때 값이 변하지 않으면 이는 상수이지만, 이때에도 변수라고 부를 수 있다. 이 변수는, 말하자면, '변하지 않는 방식으로 변한다'고 표현할 수 있겠고, 이때 이 변수가 퇴화되었다(degenerate)고 한다.

▶ **연습 1.9.** 여성만으로 이루어진 모집단에서 성별이라는 변수는 퇴화되었는가?

변하지 않는 것을 변수라 하는 것이 불편해 보일 수는 있으나, 경우에 따라서는 상수를 변수라 하는 것이 설명을 간편하게 하기도 한다. 또, 어떤 것은 변하지 않더라도 상수라 하지 않고 퇴화된 확률변수라 하는 것이 오히려 더 적절할 때가 있다. 예를 들어 앞의 **연습** 1.9에서 모집단이 여성으로만 구성되어 있으므로 누구를 추출하든지 성별은 동일하다. 하지만 이를 '상수'라고 하기보다는 '퇴화된 확률변수'라고 하는 것이 더 적절한 느낌을 준다. 성별이라는 것은 원래 변수여야 하는데 이 모집단에 여성밖에 없어서 상수로 퇴화되었다고 보는 것이 좋기 때문이다. 그러나 모집단 평균이나 숫자 1 등 결코 변수가 될 수 없는 것을 퇴화된 변수라고 하는 것은 이해에 도움이 되지 않는다. 옳고 그르고를 떠나서, 만일 모집단 평균을 퇴화된 변수라고 하면, 원래는 표본추출 시마다 모집단 평균이 변할 수 있는데 이 특정 모집단에서는 그 평균이 변하지 않는다는 느낌을 준다. 이런 태도는 오해를 초래할 수 있으므로 좋지 않다.

표본추출을 반복하는 상황을 생각해 보자. 예를 들어 어떤 모집단으로부터 추출한 100명의 개인들에게 시급에 대한 설문을 하여 자료를 만드는데 이 100명의 사람들을 (통째로) 반복하여 추출한다고 하자. 그러면 그 100명 중 1번 개인의 시급은 확률변수이다. '1번 개인'을 반복하여 추출하면* 그 시급이 변할 것이기 때문이다. 마찬가지로 2번 개인의 시급도 확률변수이다. X_i를 i번째 개인의 시급이라 하면, 각각의 i에 대하여 X_i는 확률변수이다. X_1의 값이 추출할 때마다 달라질 수 있고, X_2의 값도 추출할 때마다 달라질 수 있고, 나머지 모든 i 각각에 대해서도 X_i의 값이 추출 시마다 달라질 수 있다.

"X_i가 확률변수"라는 말은 $X_1, X_2, \ldots, X_n$이 서로간에 다름을 의미하는 것이 아니라, X_1이 확률변수이고, X_2도 확률변수이고, 나머지 $X_3, \ldots, X_n$의 각각이 확률변수라는 뜻이다. $X_1, X_2, \ldots, X_n$ 각각이 확률변수라고 하여 이들의 값이 반드시 모두 달라야 하는 것도 아니다. 심지어 $X_1 = X_2 = \cdots = X_n$이면서 각각이 확률변수일 수도 있다. 비현실적이기는 하지만, 이 값들이 서로 모두 동일하되 표본추출을 반복하면서 한 번은 모두 1.3, 한 번은 모두 −0.7 등으로 값이 달라지면 이런 일이 생긴다. 반면, $X_1, X_2, \ldots, X_n$의 값이 모두 서로 다르면서 확률변수가 아닐 수도 있다. 예를 들어, X_1을 반복추출할 때 그 값이 항상 0.5이고 X_2

---

*1번 개인을 두 번째 추출하면 2번 개인이 되는 것이라고 생각하면 안 된다. 우리가 하는 것은 100명의 집단을 통째로 반복하여 추출하는 것이다. 이 반복추출 시 '1번 개인'은 반복하여 추출된다. 1명을 100번 반복추출하여 100명의 집단을 만든다는 것이 아니라, 100명을 통째로 한 번 추출하여 하나의 자료집합을 만들고, 이 '100명씩 통째로 추출하는' 행위를 반복하여 시행하는 것을 상상하자.

의 값을 반복추출할 때 그 값이 항상 2.3이면 $X_1 \neq X_2$이면서도 X_1과 X_2 모두 확률변수가
아니다.

여러 값들, 예를 들어 100개의 값들이 있을 때 그 값들의 평균을 표본평균(sample
mean)이라 한다. 원래 100개 값들 각각이 확률변수이면 그 표본평균도 확률변수이다.
추출을 반복(다시 말하지만, 100개 숫자들의 덩어리를 반복하여 추출하는 것을 상상할
것)할 때마다 100개의 숫자들이 달라질 것이고, 따라서 그 100개 숫자들의 표본평균값도
달라질 것이기 때문이다. 반면, 이러한 추출을 반복할 때 모집단의 평균값은 상수이다.

▶ **연습 1.10.** 크기 3인 표본을 다음과 같이 만들자. 분량이 1천 페이지 미만인 책(예를 들어
이 책)을 아무거나 한 권 꺼내어서, 눈을 감고 책장을 아무 곳이나 펼친 다음 그 페이지
번호를 확인하라. 이 페이지 번호에 있는 아라비아숫자들이 크기가 3인 표본이 된다. 만일
그 페이지가 99쪽 이하이면 앞에 필요한 수만큼의 0을 붙인다. 예를 들어 7쪽이면 표본의
실현값은 (0,0,7), 28쪽이면 (0,2,8), 351쪽이면 (3,5,1)이다. 이제 실제 책을 한 권 꺼내어
실험을 하여 크기 3인 표본의 자료 집합을 만들어라. 그 자료 집합은 무엇인가? 그 표본
평균의 값은 무엇인가? 실험을 한 번 더 하라. 그 자료 집합은 무엇인가? 그 표본평균의
값은 무엇인가? 추출을 반복할 때 표본평균의 값은 동일한가 변하는가? 이 표본평균은
상수인가 확률변수인가?

확률

주어진 모집단으로부터 한 번 추출하여 관측하는 값은 확률변수이다. 추출할 때마다 값이
달라질 수 있기 때문이다(만약 그 값이 변하지 않으면 이는 퇴화된 확률변수이다). 이
모집단과 확률변수에 대하여 어떤 사건이 일어날 확률을 다음과 같이 정의하자. 즉, 그
모집단으로부터 한 값을 임의로 추출하여 해당 사건이 일어나는지 확인하는 행위를 독립
적으로 무한반복하여 시행할 때, 전체 시행 횟수 중 해당 사건이 일어날 궁극적인 비율을
바로 그 사건의 확률이라고 한다.

예를 들어 한국인의 나이라는 모집단이 있다고 하자. 나이가 30세부터 39세일 사건을
A라 표기하자. 모집단으로부터 한 사람을 무작위로 추출하여 나이가 30~39세인지 확인한
후 복원하는 실험을 독립적으로 무한반복할 때, 전체 시행(무한히 많은 시행) 중 나이가
30~39세에 해당한(즉 A가 발생한) 시행의 비율이 바로 A의 확률 $P(A)$이다.[1] 백분율로
표현한 확률을 "100번 시행 중 몇 번 A가 발생할 것으로 기대하는가?" 하는 질문에 대한
답이라 생각하면 되겠다. 이러한 $P(A)$의 정의는 매우 직관적이다.*

---

*확률을 이처럼 반복된 시행에서 사건이 발생할 궁극적인 상대빈도로 정의하는 것은 직관적인 이해를 돕기
위함이다. 실제 통계학 이론에서는 흔히 확률을 "하나의 사건을 0과 1 사이의 하나의 숫자에 대응시키는 함수"
라고 추상적으로 정의한다. 직관적인 이해 없이 이러한 추상적인 정의를 따라가는 것은 매우 고통스럽다. 이
책에서는 이런 추상적인 접근법을 가급적 피하고자 한다.

모집단으로부터 관측을 한 번 시행하여 구할('구한'이 아니라 '구할') 값을 확률변수 X 로 정의하는 것은 직관적이다. 우리말에서 "모집단"이라는 말이 기본적으로 어떤 "집단"을 연상시키고, 이로부터 숫자 하나를 추출하는 행위가 직관적이기 때문이다. 그런데 거꾸로 확률변수를 먼저 정의하고 그 다음에 모집단을 상상하는 것도 가능하다. 예를 들어 한국인 3명을 무작위로 추출할 때 그 나이의 합을 X 라 하자. 그러면 시행 시마다 값이 달라질 것이므로 X 는 확률변수이다. 그렇다면 X 에 대응하는 모집단은 무엇인가? 이 모집단을 상상하려면 우선 무한히 큰 자루와 무한히 많은 종잇조각, 무한히 많은 연필, 무한한 인내심을 가진 실험가를 생각한다. 실험 도중에 한국인들의 나이가 증가하는 일이 생겨서는 안 되므로 이 실험가는 시간여행이 가능해서 한 시점에서 무한히 많은 일을 할 수도 있어야 되겠다. 여기서 설명하는 실험을 하려면 이 실험가는 아마 무한히 심심하기도 해야 할 것이다. 이 실험가는 한국인 모집단으로부터 3인을 무작위로 추출하여 나이들의 합을 구하고(그 후 이 3인은 모집단으로 되돌려보냄), 그 합을 종잇조각에 적어 자루에 집어 넣는다. 그리고 이 행위를 무한히 반복해서 시행한다. 그러면 궁극적으로(끝이 안 나겠지만 끝난다고 하면) 자루 속에는 3인 나이의 합계가 무한히 많이 들어 있을 것이다. 이 자루 속 숫자들의 집합을 확률변수 X 에 해당하는 모집단이라고 하여도 좋다. 그리고 이 모집단으로부터 임의로 숫자 하나를 추출하여 나오는 값이 확률변수 X 라고 하면 된다.

▶ **연습 1.11.** 확률변수 X 를 주사위 하나와 동전 하나를 던져서 나오는 값의 쌍이라 하자. 시간여행이 가능한 실험가를 이용하여 이 확률변수 X 에 의하여 자연스럽게 정의되는 모집단을 어떻게 구할지 설명하라.

이처럼 한 확률변수가 정의되면 그 모집단도 자연스럽게 정의되고, 한 모집단이 정의되면 이로부터 하나의 값을 추출하여 얻는 확률변수도 자연스럽게 정의된다.* 그러므로 어떤 확률변수와 그에 대응하는 모집단은 동일한 것으로 간주하여도 좋다.

분포

주어진 모집단으로부터 개체를 한 번 추출하여 관측하는 값(예를 들어 한국인 모집단으로부터 관측하는 나이)을 X 라 하자. 이것은 앞에서 설명한 것처럼 확률변수이고 $P(X \in A)$ 는 X 의 값이 집합 A 에 속하는 사건이 발생할 확률(또는 무한 반복시행 시 궁극적인 상대빈도)이다. X 와 관련된 모든 사건에 대하여 확률을 구해 놓으면 이것이 바로 X 의 확률분포 또는 분포이다. 확률변수 X 의 분포를 해당 모집단의 분포라고도 한다. 여기서 확률변수 X 는

---

*여기서 "한 확률변수"는 하나의 값을 갖는 확률변수일 수도 있고 복수의 값들을 갖는 확률변수들의 집합을 의미할 수도 있다. 만일 복수의 값들의 집합이라면 이 문장을 다음과 같이 쓰면 된다: "그러므로 한 확률변수 벡터가 정의되면 그 모집단도 자연스럽게 정의되고, 한 모집단이 정의되면 이로부터 하나의 값 벡터를 추출하여 얻는 확률변수 벡터도 자연스럽게 정의된다."

나이처럼 숫자 하나일 수도 있고, 주사위와 동전의 값의 쌍처럼 2개의 숫자일 수도 있고, 100명의 임금처럼 100개 숫자의 집합일 수도 있다.

모집단의 분포를 알면 이 모집단의 특성을 모두 알 수 있다. 예를 들어 어떤 개인들의 모집단에 대하여 학력과 시급의 확률분포(학력과 시급 두 개이므로 결합확률분포라고도 함)를 알면, 학력이 12년인 개인들의 시급의 평균과 학력이 16년인 개인들의 시급의 평균 사이의 차이를 구할 수 있다(평균에 대해서는 다음 소절 참조). 수학 기호를 사용하여 이를 표현하면 E(시급|학력 = 16) − E(시급|학력 = 12)라 할 수 있다.

역으로, 모집단의 특성에 대하여 알고자 할 경우 모집단의 분포로부터 구할 수 있는 것 이상의 것을 구할 수는 없다. 모집단의 분포는 모집단에 대한 모든 정보를 담고 있으므로, 심지어 모집단을 그 확률분포와 동의어로 간주하여도 좋다. 그러므로 '모집단'과, '그 모집단의 확률분포'와, 이에 대응하는 '확률변수(그 모집단으로부터 한 번의 추출을 시행하여 구하는 값)의 분포'는 모두 동일하다고 보아도 좋다. '모집단의 확률분포'와 '변수의 모집단분포'는 동의어이다. 여기서 "변수"란 "확률변수"를 의미한다.

다만 한 모집단에 여러 확률변수들이 결부되어 있으면 "모집단의 확률분포"라고 할 때에는 그 중 어느 확률변수들의 분포를 이야기하는 것인지 명시해 주는 것이 좋겠다. 아무 말도 없이 "모집단의 확률분포"라고 하면 해당 모집단과 관련된 모든 확률변수들의 결합확률분포를 의미하는 것으로 보아도 좋다.

모수(파라미터)

모집단의 분포를 특징적으로 나타내는 수를 모수 또는 파라미터라 한다. 모집단의 한 속성을 모수라 하여도 좋다. 모집단의 속성을 왜 하필 "모수"라 하는지는 질문하지 말기 바란다. 이것도 번역 용어의 기원에 관한 질문이다. 모수의 예를 들어 보면, 모집단에서 가장 큰 값은 모수이다. 모든 확률도 모수이다. 어떤 확률변수의 평균도 모수이다. 학력과 시급에 관한 모집단의 경우 학력이 14년인 사람들의 평균 시급도 모수이다. 모집단의 특징을 표현하는 것이라면 무엇이 되었든 모수이다. 모수는 모집단의 속성이므로 표본추출 반복시행 시 변하지 않는다. 모수는 상수이며 비임의적(nonrandom)이다.

이처럼 모집단의 특성을 나타내는 것은 모수이지만, 표본으로부터 계산하는 것은 모수가 아니다. 예를 들어 100명의 시급 표본이 있을 때, 그 중 가장 큰 값은 모수가 아니다. 표본 안에서 첫 번째 개인의 시급도 모수가 아니다. 100명 시급의 평균(나중에 볼 표본평균)도 모수가 아니다. 표본으로부터 계산하는 값은 모수가 아니다.

표본으로부터 계산하는 값은 모수가 아니다. 하지만 표본 추출을 무한반복하면서 구하는 어떤 값들의 궁극적인 평균은 모수이다. 그 이유는 이 '궁극적인 평균'이 그 '어떤 값'의 모집단(어떻게 이해할지는 앞의 '확률' 소절 참조)의 특성에 해당하기 때문이다. 예를 들어 $X_1, \ldots, X_n$이 표본이라 할 때 $\frac{1}{n}(X_1 + \cdots + X_n)$은 모수가 아니지만 $\frac{1}{n}(X_1 + \cdots + X_n)$의 평균(다음 소절 참조)은 모수이다. '모집단'과 '표본'이 서로 대조되는 개념이듯이 '모수'와 '통계량'이 서로 대조된다. 통계량에 대해서는 본 절 마지막에 설명한다.

모집단 평균과 분산

어떤 확률변수의 모집단 평균(mean)* 또는 기댓값(expectation)은 대충 말하면 다음을 뜻한다. 앞에서 확률을 정의할 때와 마찬가지로 확률변수의 값을 무작위로 한 번 관측하는 실험을 무한반복하여 시행한다. 그러면 무한히 많은 숫자들이 얻어질 것인데, 이 무한히 많은 숫자들의 궁극적인 평균이 바로 이 확률변수의 기댓값이다.[2] 확률변수를 X 라 할 때 그 평균은 보통 $E(X)$ 로 표기한다. 즉, $E(X)$ 란 X 로 표기하는 확률변수의 추출을 무한히 반복할 때 얻는 궁극적인 평균으로 이해하면 되겠다. 평균은 또한 모집단 내의 모든 가능한 값들을 그 빈도(확률분포)에 따라 가중평균한 것이며, 모집단으로부터 숫자 하나를 추출하기 전에 그 값이 얼마일지 기대하는 것이기도 하다.

이 확률변수 X 의 분산(variance) $var(X)$ 는 $[X - E(X)]^2$ 의 기댓값, 즉 $E\{[X - E(X)]^2\}$ 을 나타낸다. 즉, 변수값에서 그 평균을 차감하고 난 값을 제곱한 값, 즉 $[X - E(X)]^2$ 을 무한히 반복계산하여 구하는 궁극적인 평균값이다. 만약 모집단 내 값들이 평균으로부터 멀리 떨어져 흩어져 있으면 분산이 크고, 평균 주위에 모여 있으면 분산이 작다. 분산은 모집단 내 값들이 얼마나 흩어져 있는지를 나타낸다. 평균, 분산, 공분산과 관련된 기초적인 수학은 부록 B.3에 정리하여 두었다.

한 확률변수는 추출할 때마다 값이 변하므로 확률변수이나, 그 평균과 분산은 상수이다. 그 확률변수를 아무리 여러 번 관측하더라도 배후의 모집단 분포는 변하지 않으며 따라서 평균도 변하지 않는다. 편차 제곱의 기댓값인 분산도 평균의 일종이므로 표본의 반복 관측 시 그 값이 변하지 않는다.

표본평균과 표본분산

표본은 확률변수들의 집합이다. 여러 확률변수들이 있을 때, 표본평균(sample mean, average)이란 그 확률변수들의 합을 개수로 나눈 값으로서 이것이 우리가 흔히 말하는 "평균"이다.[3] 수식으로 표현하여, $X_1, X_2, \ldots, X_n$ 이 확률변수들이라면 이들의 표본평균은 $\frac{1}{n}(X_1 + X_2 + \cdots + X_n)$ 이다. 표본평균에 대하여 두 가지 점을 기억하자. 하나는 표본 $X_1, X_2, \ldots, X_n$ 값들이 관측되면 표본평균도 계산할 수 있다는 점이다. 다른 하나는 이 표본평균이 확률변수라는 점이다. 왜냐하면 복수의 확률변수들의 값 $(X_1, X_2, \ldots, X_n)$ 을 재관측할 때 그 값들이 변하고, 그 결과 이들의 평균값(합을 개수로 나눈 값)도 변하기 때문이다.

---

*확률변수와 그에 대응하는 모집단은 동일한 것으로 간주되므로 "어떤 모집단의 평균"이라고 하여도 좋다.

다음으로, 표본분산(sample variance)이란 표본평균으로부터의 편차의 제곱의 합을 '개수 빼기 1'로 나눈 것*으로서, 이것도 확률변수이다. 표본이 관측되면 표본분산을 계산할 수 있으며, 표본을 재관측하여 값들이 변하면 표본분산도 변한다.

표본평균이나 표본분산은 확률변수이며 관측을 반복할 때 그 값이 변한다. 이들에 대한 관측을 무한반복함으로써 표본평균의 분포·평균·분산, 표본분산의 분포·평균·분산을 구할 수 있거나 적어도 상상해 볼 수 있다. 표본평균의 평균, 표본평균의 분산, 표본분산의 평균, 표본분산의 분산과 같은 용어들에 '평균'이나 '분산'이라는 말이 중복적으로 등장하므로 처음에는 혼란스러울 수 있으나, 일단 표본평균이나 표본분산이 왜 확률변수인지 이해하고 나면 상당히 분명해진다.

통계량

통계량(statistic)이란 표본의 계산가능한 함수 혹은 이 함수를 이용하여 계산하는(또는 계산한) 값이다. 즉, 관측된 자료가 있을 때 이 자료로부터 계산할 수 있는 것을 통계량이라 한다. '통계량'을 '계산식'이라 하는 것도 나쁘지 않다. 예를 들어 한국인 사무직 노동자의 임금이라는 모집단으로부터 100명을 추출하여 구하는 임금들을 $X_1, X_2, \ldots, X_{100}$ 이라 하고, 이 $X_1, \ldots, X_{100}$ 이 우리의 표본이라 하자. 그러면 X_1 은 통계량이다. 그 표본으로부터 값을 구할 수 있기 때문이다. $X_1 + X_5$ 도 통계량이다. $(X_1 + \cdots + X_{100})/100$ 도 통계량이다. $X_1^2 + X_2 \cdot X_3 + X_{97}$ 도 통계량이다. 모두 값을 구할 수 있기 때문이다. 실제 자료집합에 계산식을 적용하여 구한 값은 통계값(statistic)이라 한다. '통계값'을 '계산값'이라 해도 좋다.

그러나 이 모집단의 미지의 평균은 통계량이 아니다. $X_1, \ldots, X_{100}$ 의 값이 관측되어도 그 모집단의 평균은 알 수 없기 때문이다. 또, $\bar{X} = (X_1 + \cdots + X_{100})/100$ 이라 할 때, $\sum_{i=1}^{100}(X_i - \bar{X})^2$ 은 통계량인 반면, $\sum_{i=1}^{100}[X_i - E(X_i)]^2$ 은 통계량이 아니다. $E(X_1), E(X_2), \ldots, E(X_{100})$ 이 통계량이 아니기 때문이다.

통계량은 확률변수이다. $X_1, \ldots, X_{100}$ 의 값들을 통째로 한 번 더 추출(관측)하는 상상 실험을 할 때 이들로부터 계산한 값 또한 변할 것이기 때문이다. 물론 어떤 경우에는 통계량의 값이 변하지 않을 수도 있다. 예를 들어 "1"이라는 값은 표본이 주어졌을 때 계산할 수 있으므로** 통계량(사소한 통계량)이지만 표본값 관측을 반복시행(100개의 값들을 통째로 관측하기를 반복함)할 때 변하지 않는다. 이렇게 사소하거나 퇴화된 경우를 제외하면 통계량의 값은 표본추출을 반복시행할 때 변하며, 따라서 확률변수이다.

---

*표본분산을 구할 때 왜 '개수'로 나누지 않고 '개수 빼기 1'로 나누는지 궁금한 생각이 들 때, 이를 가장 손쉽게 해결하는 방법은 표본분산이 그렇게 정의된다고 무작정 받아들이는 것이다. 이것도 별로 나쁘지 않다. 이보다 더 알고 싶으면, 표본으로써 계산할 수 있는 것(즉, 통계량)으로서 모집단 분산에 가장 가까운 개념이 무엇이겠는지 독자 스스로 생각해 보기 바란다. 물론 이때 '가장 가깝다'는 말의 뜻을 생각해 보아야 할 것이다.

**예를 들어 $1 + 0 \times X_1$ 이라는 함수의 값은 항상 1이다.

▶ **연습 1.12.** n이 알려져 있을 때 $(X_1, Y_1), \ldots, (X_n, Y_n)$으로 이루어진 표본을 생각해 보자. (i) 표본크기는 얼마인가? (ii) $\sum_{i=1}^{n} X_i Y_i / \sum_{i=1}^{n} X_i^2$은 통계량인가? 만일 그렇다면 왜 그런지 설명하라. 이제 $\tilde{\beta} = \sum_{i=1}^{n} X_i Y_i / \sum_{i=1}^{n} X_i^2$이라 하자. (iii) $P(\tilde{\beta} > 1)$이 무엇인지 표본추출 반복 시행의 맥락에서 설명하라. (iv) $E(\tilde{\beta})$와 $\text{var}(\tilde{\beta})$가 무엇인지 표본값 반복관측의 맥락에서 설명하라. (v) $E(\tilde{\beta})$는 통계량인가? (vi) $\text{var}(\tilde{\beta})$는 확률변수인가?

계량경제학의 근본적인 문제는, 모집단에 관심이 있으면서도 그 일부인 표본밖에 사용하지 못한다는 것이다. 이를 뒤집어서 더 긍정적으로 표현하면, 하나의 표본만을 이용하여 모집단의 속성에 대하여 무언가 이야기한다는 것이다. 통계량은 표본이 주어질 때 계산할 수 있는 값이다. 우리는 표본으로부터 통계량들을 계산하고 이 통계량들을 이용하여 모수에 대한 추론을 하게 된다. 관심있는 모수가 있을 때 이를 추정하기 위하여 어떠한 통계량을 사용할지 아는 것이 계량경제학에서 핵심적으로 공부할 내용 중의 하나이다.

1.5 계산과 생각

자료를 분석하는 것은 계산의 영역에 속한다. 자료분석 결과를 해석하고 이로부터 관심있는 모수에 대하여 추론하는 것은 계산의 문제가 아니라 생각의 문제이다.

이 책에서 다루는 계량경제학은 '생각 → 계산 → 생각'의 세 단계로 이루어진다.* 우선 무엇을 계산할지 생각(모형설정)하고, 다음으로 이 생각한 것을 계산(추정)하고, 마지막으로 계산결과를 놓고 모집단에 대한 생각(추론)을 한다. 둘째 단계의 계산(추정)과 셋째 단계의 생각(추론)을 자유자재로 할 수 있게 되면 비로소 처음의 생각(모형설정)을 제대로 할 수 있게 될 것이다. 이 책의 목적은 독자들이 둘째와 셋째 단계에 능숙해져서 첫째 단계에서 창의성을 발휘할 수 있도록 돕는 것이다.

계산을 할 수 있으려면 계산하는 법을 배우면 된다. TV 사용설명서를 보고 TV의 선호 채널을 설정할 수 있는 것과 비슷하다. 반면 모수에 대하여 추론을 하려면 생각하는 법을 배워야 한다. (하지만, 나중에 보면 알겠지만, 이 추론도 사실은 정해진 절차에 따르므로 계산이라고 간주할 수 있다. 숙달되면 거의 기계적으로 "생각"할 수 있게 된다.) 계산이 필요한 시기에 생각만 하거나 생각이 필요한 시기에 계산만 하면 뭔가 어울리지 않는다. 물론 계산을 해야만 생각이 되고 생각을 안 하면 계산도 안 되는 것이 사실이지만, 우리가 지금 주로 써야 하는 것이 머리인지 손발인지는 알고 있는 것이 좋다.

---

*셋째 '생각'의 단계에서도 사실상 거의 계산에 가까운 일을 한다.

1.6   통계 소프트웨어 R

앞으로 이 책에서 실제 자료의 분석을 하게 되는데, 여러분도 이따금씩 실제 자료분석을
해 볼 것이다. 이를 위해 무료로 사용가능한 R이라는 프로그램을 사용할 것이다. R보다
더 편리한 유료 프로그램들(예를 들어 Stata)이 있지만 R은 무료이면서도 많은 장점이
있으므로 배워 둘 만하다. R은 free software이며 open source이고 매우 폭넓은 사용자층을
가지고 있다. R은 리눅스, macOS, 윈도우즈 등 여러 운영체제(OS)에서 사용할 수 있고
가상머신(virtual machine)에도 설치하여 사용할 수 있다.

R을 내려 받으려면 r-project.org에 접속하여 "미러 사이트" 중 하나에 접속하면
된다. 한국에서는 Korea에 위치한 미러 사이트를 방문한 후 "Download and Install R"을
클릭하고 여기서 자신에게 맞는 운영체제를 고른다.

윈도우즈에서 설치하려면 내려받은 파일을 실행시키면 된다. 그 다음 절차는 설치
지침을 적당히 따라가면 되는데, 윈도우즈의 경우 설치가 끝나면 실행할 수 있는 아이콘이
바탕화면에 생길 것이다. 맥이나 리눅스 사용자는 알아서 잘 할 수 있을 것이다. 원하면
RStudio를 설치해도 좋다.

필자가 2015년 12월에 애플 컴퓨터에서 버전 3.2.2를 실행하였더니 〈그림 1.1〉과 같은

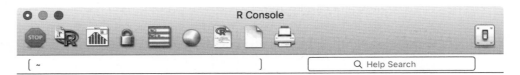

```
R version 3.2.2 (2015-08-14) -- "Fire Safety"
Copyright (C) 2015 The R Foundation for Statistical Computing
Platform: x86_64-apple-darwin13.4.0 (64-bit)

R is free software and comes with ABSOLUTELY NO WARRANTY.
You are welcome to redistribute it under certain conditions.
Type 'license()' or 'licence()' for distribution details.

  Natural language support but running in an English locale

R is a collaborative project with many contributors.
Type 'contributors()' for more information and
'citation()' on how to cite R or R packages in publications.

Type 'demo()' for some demos, 'help()' for on-line help, or
'help.start()' for an HTML browser interface to help.
Type 'q()' to quit R.

[R.app GUI 1.66 (6996) x86_64-apple-darwin13.4.0]

> |
```

〈그림 1.1〉 R 실행화면(매킨토시 버전)

화면을 볼 수 있었다(리눅스 사용자는 xterm이나 다른 터미날에서 실행하면 된다). 맨 아래에 ">" 표시가 나오고 그 오른쪽에 세로 막대가 깜박거릴 것인데, 이것은 "입력을 기다립니다." 하는 표시(prompt)이다. 여기에 원하는 것을 입력하면 R이 일을 해 줄 것이다. 예를 들어 다음 실행 결과를 보자.

```
> sin(pi/4)
[1] 0.7071068
```

첫째 줄의 sin(pi/4)는 여러분이 입력한 것이고(맨 앞의 '>'은 입력하지 않음) 둘째 줄의 [1] 0.7071068은 R이 계산 결과를 화면에 보여 준 것이다. 답은 $\sin(\pi/4) = 1/\sqrt{2} = 0.7071068$이다. 1/sqrt(2)라고 입력해서 그 값이 이와 동일한지 확인해 보라. 둘째 줄 맨 앞의 [1]에는 큰 신경 쓰지 말자.

마우스를 사용하지 않고 R을 끝내는 한 가지 방법은 q()라고 입력한 후 엔터(Enter) 키를 치는 것이다. 그러면 지금까지 일한 것을 저장할 것이냐고 물어볼 것인데, 저장하고 싶으면 저장하고 저장하기 싫으면 저장하지 않으면 된다. 저장해도 상관없고 안해도 상관없으며, 나중에 작업을 계속하려면 저장하는 것도 나쁘지는 않다. 참고로 필자는 꼭 필요한 경우가 아니면 절대 저장하지 않으며, 필자의 지인은 꼭 필요없는 경우가 아니면 반드시 저장한다. 저장하면 그때까지의 작업 내용이 .RData 파일과 .Rhistory 파일에 저장되고, 다음 번 R이 실행될 때 이 파일들이 자동으로 읽혀서 마치 연속해서 작업하는 듯한 느낌을 줄 것이다. 필자는 성격상 깨끗한 상태에서 새로 실행하는 것을 좋아해서 .Rhistory와 .RData 파일이 만들어지기만 하면 강제로 지워버린다. 이런 것은 모두 성격이나 습관 문제이고 특별히 더 좋거나 나쁜 것이 있는 것은 아니다. 단, 다른 사람과 공동작업을 하려 한다면 .RData 파일과 .Rhistory 파일을 만들지 않는 것이 좋다.

▶ **연습 1.13.** 여러분의 컴퓨터에 R을 설치한 후, 실행하고 종료하라.

R을 설치한 후 다음 예를 그대로 타이핑해 보자. ">"로 시작하는 줄에서 ">"는 빼고 나머지는 직접 입력해 본다. 마지막 명령이 끝난 후 $y = x^2 + 2x + 3$의 그래프가 제대로 그려지는지 확인하라.

```
> 2+3
[1] 5
> f <- function(x) x^2+2*x+3
> f(3)
[1] 18
> 3^2+2*3+3
[1] 18
> plot(f,-5,5)
```

▶ **연습 1.14.** R을 설치한 후 반지름의 길이가 2.5cm인 원의 넓이를 소수점 아래 5째 자리까지 구하라. 힌트: `round(pi*2.5^2,5)`. 여기서 `round(,5)`는 소수점 아래 5째 자리까지 반올림하라는 뜻이다. 초등학교 때 R을 사용했다면 3.14와 관련된 계산으로 골머리 썩이지 않아도 됐을 것이다.

R은 그래프를 그릴 때 특히 유용하다. 필자가 20대일 때 어셈블리와 C언어를 사용하여 직접 그림을 그리는 것부터 시작하여 Excel, gnuplot, Gauss, R, Stata 등 여러 소프트웨어를 사용해 보았지만, 그림을 그릴 때 R만큼 편리하고 유연한 것을 별로 보지 못했다. 이 책에 있는 그래프는 거의 모두 R에서 pdf 장치에 그린 것이다.

▶ **연습 1.15.** R을 사용하여 $y = x^2 - 1$의 그래프를 $x \in [-2, 2]$에 대하여 그려라. 힌트: `plot()` 또는 `curve()` 함수를 이용한다. 힌트: `plot(function(x) x^2-1, -2, 2)` 또는 `curve(x^2-1,-2,2)`

▶ **연습 1.16.** 수학을 좋아하는 사람이 아니면 이 문제는 풀지 않아도 된다. R을 사용하여 다음 명령으로 반지름이 1인 원을 그릴 수 있다.

```
> a <- seq(0,1,by=1/360)*(2*pi)
> plot(sin(a),cos(a),type='l')
```

이렇게 하면 왜 원이 그려지는지 설명하라. 힌트: $x = \sin(a)$, $y = \cos(a)$라고 하면 원점으로부터 (x,y) 좌표까지의 거리인 $\sqrt{x^2 + y^2}$은 얼마인가?

설치할 외부 패키지

나중에 이 책의 내용을 따라가려면 `AER`, `Ecdat`, `lmtest`, `sandwich` 및 `car`라는 외부 패키지를 설치할 필요가 있다. 우선 이들 패키지가 설치되어 있는지 확인할 필요가 있는데, 이를 위해서는 R을 실행시킨 후, 예를 들어 `Ecdat` 패키지의 경우

```
> "Ecdat" %in% installed.packages()
```

라고 해 보면 된다. 만일 설치되어 있으면 그 아래에 `[1] TRUE`라고 나타날 것이고 설치되어 있지 않으면 그 아래에 `[1] FALSE`라고 나타날 것이다. 다른 패키지가 설치돼 있는지 보려면 `"Ecdat"` 자리에 그 패키지 이름을 쓰면 된다. `c("lmtest","sandwich") %in% installed.packages()`처럼 하여 여러 패키지들을 동시에 점검할 수도 있다.

패키지를 설치하려면 `install.packages()`라는 명령어를 사용한다. `Ecdat`라는 패키지를 설치하려면 다음과 같이 한다.

```
> install.packages("Ecdat")
```

그러면 "미러"를 지정하라고 할 것인데, 이 경우 여러분이 있는 곳과 가장 가까운 위치를 적당히 지정하면 된다. 예를 들어 한국이라면 "Korea"를 선택하면 되지만 꼭 그러지 않고 아무 곳이나 지정하여도 된다. 필자는 주로 "0-Cloud"를 선택한다. 여러 패키지를 동시에 설치하려면 install.packages (c("AER", "car"))처럼 한다.

▸ **연습 1.17.** 시스템에 AER, Ecdat, lmtest, car, sandwich, wooldridge 패키지가 설치되어 있는지 확인하고, 없으면 설치하라.

▸ **연습 1.18.** 이 책 서문에 설명된 방법을 이용하여 loedata 패키지를 설치하라.

제1부

1

단순회귀

제1부의 주제는 단순회귀이다. 단순회귀는 한 변수를 다른 한 변수로써 설명하는 것이다. 단순회귀 모형은 수학이 비교적 간단하며 이 책에서는 상당한 분량을 할애하여 설명할 것이다.

2장에서는 단순 모형을 정의하고 모형에 등장하는 모수들을 해석하는 방법을 설명한다. 3장에서는 자료를 이용하여 모수들을 추정하는 방법과, 이 추정으로부터 파생되는 다양한 통계량들에 대하여 설명한다. 우리의 궁극적인 관심사는 모집단의 속성이므로 4장에서는 추정값과 모수의 참값의 관계에 대하여 설명한다. 5장에서는 통계적 검정의 기초에 대하여 복습하고, 이에 기초하여 6장에서는 3장에서 구한 통계량들을 이용하여 모수에 대한 가설을 검정하는 방법을 설명한다. 7장은 약간 독립된 주제로서 표본크기가 클 때 발생하는 일들에 대하여 서술한다.

2 단순 선형회귀 모형과 그 해석

2.1 선형모형

계량경제학의 주된 관심사는 인과관계, 즉 다른 조건이 동일할 때 하나의 변수 값에 차이가 있으면 핵심 변수가 어떻게 영향을 받는가 하는 문제이다. 이런 인과관계를 포함하여 다양한 변수들 간의 관계를 수학적으로 나타낸 것을 모형이라 한다. 예를 들어 학력(교육연수, 즉 교육받은 햇수)과 여타 요소들이 임금에 영향을 미친다는 사실은 다음과 같은 식으로 나타낼 수 있다.

$$임금 = f(학력, \ldots) \tag{2.1}$$

이는 임금이 학력과 여타의 요소들(위 식에서 '…'으로 표시됨)에 의해 결정됨을 의미한다.

식 (2.1)과 같은 방정식은 임금이 학력에 영향을 받는다는 것을 수식으로 표현한 것일 뿐이다. 논의를 진행하기 위해서는 모형을 특정해 주어야 한다. 매우 단순화시킨다면 다음처럼 그 관계가 선형이라고 상정할 수 있다.

$$임금 = a + b \times 학력 + 여타 요소들의 영향 \tag{2.2}$$

모형 (2.2)는 식 (2.1)에 비해 훨씬 단순하며 다루기 쉽다. 이 모형은 특히 '여타 요소들의 영향'이 고정된 상태에서 우변 **학력**과 좌변 **임금**의 관계를 1차 함수(선형* 함수)의 관계로 설정한다. 식 (2.2)와 같은 모형을 **선형모형**(linear model)이라 한다.

식 (2.2)의 모형이 선형모형인 이유를 엄밀히 말하면, 단순히 임금과 학력의 관계가 직선 모양이기 때문이 아니라, 좌변에 등장하는 변수인 **임금**과 우변에 등장하는 변수인 **학력**이 선형관계이고 '여타 요소들의 영향'이 합산되어 있다는 것이다. 선형관계 부분을 더 짧게 표현하면 모형 (2.2) 우변의 '$a + b \times$**학력**'이 두 미지수 a와 b에 대하여 선형이라는 것으로 표현할 수도 있다.

선형모형을 이렇게 정의하면, 예를 들어 '**임금** $= a + b\sqrt{학력} +$ 여타 요소들의 영향'** 이라는 모형도 선형모형임을 알 수 있다. 우변에서 "여타 요소들의 영향"을 제외한 부분이

---

*여기서 '선형'이라는 말은 그냥 '선모양'이 아니라 '직선모양'을 뜻한다. 곡선도 선인 것은 사실이지만 곡선모양은 선형(linear)이라고 하지 않고 비선형(nonlinear)이라고 한다. 앞으로도 '선형'이라고 할 때에는 반드시 직선을 의미한다는 것을 늘 염두에 두는 것이 좋겠다.

이와 같이 좌변이 **임금이고 우변이 $\sqrt{학력}$인 모형은 실제 분석에서는 사용되지 않으며, 선형모형이 무엇인지 설명하기 위하여 도입한 순전히 수학적인 예이다.

모수(위의 경우에는 a와 b)에 대하여 선형이기 때문이다. 또한, 여타 요소들의 영향을 제외하면, 좌변 '**임금**'과 우변 '$\sqrt{\text{학력}}$'은 선형 관계를 갖는다.*

모형 (2.2)는 선형모형(a와 b에 대하여 선형이므로)이며, 여타 요소들이 고정될 때 좌변에 사용된 변수인 **임금**과 우변에 사용된 변수인 **학력**은 선형(1차 함수) 관계에 있다.[4]

▶ **연습 2.1.** 다음에서 선형모형 또는 선형모형으로 변환할 수 있는 모형을 모두 고르시오. (a) $Y = a + bX + u$, (b) $Y = a + b\log(X) + u$, (c) $Y = a + b/X + u$, (d) $Y/X = a + b\sqrt{X} + u$, (e) $Y = aX^b + u$. 여기서 X와 Y는 변수, a와 b는 모수, u는 식 (2.2)에서 말하는 '여타 요소의 영향'을 나타낸다.

식 (2.2)가 맞다면 여타 요소가 불변일 때 **임금**은 **학력**의 1차 함수이다. 여타 요소가 불변일 때 **학력**이 9년에서 10년으로 1년만큼 증가하면 **임금**은 b만큼 상승한다. **학력**이 12년에서 13년으로 증가하여도 **임금**은 b만큼 상승한다. 이 모형에 따르면 다른 요소가 동일할 때 중졸자와 고졸자 사이에는 $3b$만큼의 임금격차가 있으며 고졸자와 4년제 대졸자간에는 $4b$만큼의 임금격차가 있다. 즉, 중졸자이든 고졸자이든 대졸자이든 학위소지자이든 상관없이 1년의 추가교육을 받으면 **임금**은 동일한 액수만큼 증가하는 것이다.

이런 1차함수 관계가 현실을 정확하게 반영하는지에 대해 논란의 여지가 있을 수는 있다. 그런데 나중에 보듯이 두 변수간의 비선형 관계도 자료를 변형함으로써 어느 정도까지는 선형모형으로 나타낼 수 있어서 그렇게 큰 문제가 되지는 않는다. 이 책에서 우리는 대부분 선형모형에 대하여 이야기하고, 나중에 17장에서 비선형모형을 소개할 것이다.

2.2 회귀

프란시스 골턴(Francis Galton, 1822–1911)은 1885년 출간된 한 강연문에서 큰 부모의 자손들이 평균 크기로 회귀하는 현상을 설명하면서 회귀(regression)라는 말을 최초로 사

---

*원한다면, 식 (2.2)에서 **임금**과 **학력**의 관계가 선형이니까 선형모형이라고 하자고 정할 수도 있다(용어를 정의하는 것은 자기 마음이다). 이렇게 선형모형을 정의하면 $\log(\text{임금}) = \beta_0 + \beta_1\text{학력} + u$라는 모형은 선형모형이 아닐 것이다. 왜냐하면 u가 고정되어 있을 때 원래 변수인 **임금**과 원래 변수인 **학력**의 관계가 선형관계가 아니기 때문이다. 그런데 선형모형을 이렇게 원래 변수들 간의 함수관계에 따라 정의하는 것은 논의 진행이나 이론 개발에 별 도움이 되지 않는다. 반면 모형의 우변이 미지의 모수인 a와 b에 대하여 선형이면 분석이 아주 쉬워지며, 이 기준에 따라 '선형모형'이라는 용어를 정의하는 것이 이론의 전개에 훨씬 도움이 된다. 이론을 처음 개발하는 사람은 예컨대 '선형모형'이라는 말을 만들 때 이를 어떻게 정의하면 추후의 논의가 가장 간명해질지 많은 고민을 한다. 그런데 이러한 중간 단계 고민까지 글로 쓸 수는 없고, 곧바로 '미지의 모수에 대하여 선형인 모형을 선형모형이라 한다'는 말을 맨 앞에 제시한다. 글을 읽는 사람은 저자의 생각의 흐름을 따라가기 어렵고, 다만 맨 앞에 제시된 정의들을 읽기 시작할 뿐이다. 특히나, 간결하게 잘 쓰여진 글을 보면 처음에는 무슨 소린지 (예를 들어 왜 '미지수에 대하여 선형인 모형'을 선형모형이라고 하는지) 잘 모르다가 나중에야 파악하는 경우가 많다. 이 책은 전혀 그런 의도로 쓰지 않았다.

용하였다.* 원래 골턴은 회귀라는 말을 이런 인류학적 현상을 나타내는 데에만 사용하였으나, 나중에 율(Yule)이나 피어슨(Pearson) 등이 이 용어를 확장하여 변수들간의 관계를 나타내는 말로 사용하였고(위키백과 참조), 이때부터 어떤 변수들이 다른 변수에 영향을 미치는 것을 나타내는 방정식을 회귀방정식 또는 회귀식이라고 한다.

예를 들어 다음 방정식을 보자.

$$\text{임금} = a + b \times \text{학력} + u \tag{2.3}$$

여기서 **학력**은 영향을 미치는 변수, **임금**은 영향을 받는 변수, 그리고 u는 임금에 영향을 미치는 모든 여타 요소들의 총효과이며, a와 b는 상수로서 모수(파라미터)이다. 여타 요소들의 총효과인 u가 고정될 때, **학력**의 1단위 변화는 **임금**을 b만큼 증가시킨다.

식 (2.3)은 하나의 회귀식이고, 이때 우리는 "임금을 학력에 회귀시킨다"고 말한다. 또 이런 회귀방정식을 세우고 이를 분석하는 것을 회귀분석이라고 한다.

▶ **연습 2.2.** 판매량을 가격에 회귀시키는 선형 회귀방정식을 만들고, 판매량을 결정하는 여타 요소들이 고정된 경우 **가격**이 1단위 하락하면 **판매량**이 얼마만큼 증가하는지 이 회귀방정식의 모수(파라미터)를 이용하여 설명하라.

인과관계를 나타나는 회귀식을 적을 때에는 원인으로 작용하는 변수를 우변에, 그리고 그 결과 영향을 받는 변수를 좌변에 쓰는 것이 관례이다. 그러므로 (2.3)에서는 **학력**이 원인이고 **임금**이 결과이며, 우리의 질문은 "다른 요소가 동일할 때 **학력**의 변화는 **임금**에 어떤 변화를 가져오는가" 하는 것이지, 이와 반대로 "다른 요소가 동일할 때 **임금**의 변화는 **학력**에 어떤 영향을 주는가" 하는 것이 아니다. 만일 후자에 관심이 있으면 모형을 **학력** $= a + b \times$ **임금** $+ u$ 라고 쓰면 된다.** 회귀식에서 우변은 원인, 좌변은 결과이다.

물론 ㉠ '임금 $= a + b$학력 $+ u$'라는 방정식은 ㉡ '$a + b$학력 $+ u =$ 임금'이라는 방정식과 좌우변이 뒤바뀌었을 뿐 동일하고, 등호(=)라는 것은 좌우를 구별하지 않는다. 그러나 관례적으로 ㉡의 표현은 사용하지 않고 ㉠의 표현을 사용한다. 독자들도 ㉠처럼 회귀식을 표현하여 "우변=원인, 좌변=결과"의 관례를 따르도록 하자.[5]

---

*1877년 '네이처'지에 출간된 골턴의 글에서는 '돌아간다'는 뜻을 가진 "revert"라는 단어를 사용했다.

하지만 이 경우 **학력이 **임금**에 영향을 받는다는 것은 받아들이기 어렵다. 왜냐하면 보통 직업은 학업이 끝난 후에 가지게 되므로 직장에서 받는 임금이 그 사람의 학업에 영향을 미친다는 것은 만학(晩學)이나 회사에서 학교에 보내 주는 경우와 같은 특별한 상황이 아니면 상상하기 어렵다.

2.3 단순 선형회귀 모형

다음 회귀방정식은 두 미지수 a와 b에 대하여 선형이라는 의미에서 선형회귀 방정식 또는 선형회귀식이다.

$$Y = a + bX + u \qquad (2.4)$$

또, (2.4)는 u를 제외하면 X와 Y 두 변수만의 관계를 나타내는 단순한 모형이기 때문에 이 모형을 특히 단순 선형회귀 모형이라고 한다. 또 u를 제외하면 두 변수만의 관계이기 때문에 2변수(bivariate) 선형회귀 모형이라고도 한다. 단순 선형회귀 모형을 줄여서 단순회귀모형이라고도 한다.

우변 마지막 항인 u는 앞에서 설명한 것처럼 Y에 영향을 미치는 요소들 중 X를 제외한 나머지 모든 요소들의 총영향을 의미한다. 좀 더 정확히 표현하면, u는 X가 Y에 미치는 인과적 영향을 파악하고자 할 때 우리가 고정시키고자 하는 요소들의 총 영향이다. 단순회귀 분석에서 우리는 X와 Y의 관측값들의 집합을 가지고 있지만 u는 관측하지 못한다.

식 (2.4)의 모형은 X가 Y에 미치는 영향을 측정하고자 할 때 사용한다. 앞에서 말한 것처럼 이 경우 "Y를 X에 회귀시킨다"거나 "Y가 X에 회귀된다"고 한다. 이것은 또한 X가 Y를 '설명하는' 방식을 나타내는 방정식으로 이해할 수도 있다. 그래서 "X로써 Y를 설명한다"거나 "Y가 X에 의하여 설명된다"고 하기도 한다.

우변의 X는 '원인'이 되는 변수이며 Y를 설명하는 변수이다. 이 X를 설명변수, 독립변수, 통제변수, 우변변수, 예측변수, 특성변수(feature) 또는 회귀변수(regressor)라고 한다. 그리고 Y는 '결과'가 되며 X에 의하여 설명되는 변수이며, 피설명변수, 종속변수, 반응변수, 좌변변수, 피예측변수, 목표변수(target) 또는 피회귀변수(regressand)라고 한다. 마지막으로 모든 여타 요소들의 영향 전체를 나타내는 u는 X와 Y의 관계를 교란하는 항이기 때문에 **교란항** 또는 **오차항**이라고 한다.

왜 이렇게 이름이 많을까? 필자의 경험에 따르면 우선 이름이 많으면 글을 쓸 때 동어반복을 피할 수 있어서 좋고, 또 맥락에 딱 맞는 표현을 고르기가 쉽기 때문인 것 같다. 이런 이름은 외워 두는 것이 좋다. 이름을 모르면 곤란한 상황이 많이 발생한다는 것은 여러분도 잘 알고 있을 것이다.

식 (2.4)의 우변에서 a를 **절편**이라고 하고 b를 **기울기** 또는 "X의 계수"라고 한다. 이 절편과 기울기는 각각 상수로서 모수이다. 절편 a를 **상수항** 또는 "상수항의 계수"라고 하기도 한다.*

계량경제학에서는 모수를 그리스어로 표시하는 관습이 있으니, a와 b 대신에 α와 β를 사용하자. 이 단순선형회귀모형에서는 우변에 설명변수가 X 하나밖에 없지만 나중에는

---

*이때 "상수항"이란 모든 관측치(자료집합의 행들)에서 값이 동일한 항을 의미하는 것으로서, a 자체를 상수항이라 하기도 하고 a를 $a \times 1$로 보아 1을 상수항이라 하기도 한다.

여러 개의 설명변수를 다룰 것이다. 이 경우에는 각각에 해당하는 기울기를 β_1, β_2 하는 식으로 β에 첨자를 붙여 사용하는 것이 편리하다(이런 첨자만 보면 두통을 일으키는 독자도 있을 수 있으나, 만일 이런 첨자를 사용하지 않으면 아마 그리스어 알파벳이 바닥나서 필자에게 두통거리가 될 것이므로 양해해 주기 바란다). 그러니 미리부터 β를 β_1이라고 쓰고, α 대신에 β_0이라고 쓰면, 식 (2.4)는 다음이 된다.

$$Y = \beta_0 + \beta_1 X + u \tag{2.5}$$

이런 첨자 붙은 기호들을 사용하면 α라는 기호를 아껴서 나중에 다른 목적으로 사용할 수 있어서 좋고, 또 모든 계수 파라미터를 한꺼번에 β_j라고 표현할 수 있어서 편리하다.

모형 (2.5)에서 X가 Y에 미치는 인과적 영향을 나타내는 모수는 기울기인 β_1이다. u가 변하지 않을 때 X가 한 단위 증가하면 Y는 β_1 단위만큼 증가한다. 수식으로 표현하자면, $\Delta u = 0$일 때 $\Delta Y = \beta_1 \Delta X$이다. 절편 β_0은 X가 0이고 u가 0일 때 Y의 값이라고 보면 되겠다. 교란요인(u)이 없다면 Y와 X 간에 $Y = \beta_0 + \beta_1 X$라는 정확한 관계가 성립할 것이지만 u로 인하여 이 관계가 정확하지 않게 된다.

※※※ u는 X 이외에 Y에 영향을 미치는 모든 다른 요소들의 영향인데, 이때 "X"와 "X 이외"라는 말의 뜻이 불분명할 수도 있다. 경제변수들은 서로간에 얽혀 있기 쉬우며, 따라서 무엇이 X의 영향이고 무엇이 X가 아닌 것의 영향인지 그 경계를 명확히 알기 어려울 수 있기 때문이다. 예를 들어 X가 학력이라 할 때 학력이 변하면서 최초 노동시장 진입 시 인적자본 수준 등 여러 요인들이 자연스럽게 변한다. 그렇다면 무엇을 X라 하고 무엇을 u라 할 것인가? 노동시장 진입 시 인적자본 수준은 X에 포함되어야 하는가 u에 포함되어야 하는가? 이는 1.3절에서 인과관계를 알기 위하여 다른 요소들을 고정시킬 때 "다른 요소들"의 범위가 불분명할 수 있었던 것과 마찬가지이다.

예를 들어 중앙은행의 독립적인 기준금리 인하가 당해연도 국민소득에 미치는 영향을 고려한다고 하자. 금리인하의 효과는 기업의 투자와 가계의 소비를 통하여 나타날 것이므로, 투자와 소비를 고정시킨다면 금리인하가 국민소득에 영향을 미치는 가장 중요한 통로를 막아 버리는 셈이 된다. 그러므로 투자와 소비를 u에 포함시켜 이를 고정시키는 것은 바람직하지 않아 보인다. 하지만 금리를 제외하고 투자와 소비에 영향을 미치는 여타 요소들, 예를 들어 소비자들의 선호나 국제적 환경 등은 변하지 않도록 하고 싶다면 소비자들의 선호와 국제적 환경 등은 통제하고 싶은 여타 요소가 된다. 또, 2015년의 중동 호흡기 증후군(MERS)이나 2020년 이후의 코로나19 (COVID-19)와 같은 충격이 없다는 가상적인 상황에서 금리인하만의 효과에 관심을 갖는다면 이 MERS 충격과 코로나19 충격도 통제하고자 하는 여타 요소에 포함된다.

계량경제학을 처음 배울 때에는 모형을 $Y = \beta_0 + \beta_1 X + u$로 표현하고 u가 통제할 여타요소들이라고 하는 것이 직관적이고 이해에 도움이 된다. 하지만 계량경제학 연구를 계속하다 보면 우리가 하는 것은 결국 $\mathrm{E}(Y|X) = \beta_0 + \beta_1 X$와 같은 조건부 평균 함수를 추정하는 것임을 알게 된다. 나중에 살펴볼 다중회귀 모형도 $\mathrm{E}(Y|X_1, X_2) = \beta_0 + \beta_1 X_1 + \beta_2 X_2$와 같이 표현하는 것이므로 마찬가지이다. 사실, 우리가 할 수 있는 것도 결국은 이런 조건부 평균 함수를 추정하는 것뿐이다. 그렇다면 굳이 u가 있는 모형을 출발점으로 삼을 필요 없이 아예 조건부 평균을 출발점으로 삼는 것이 더 명료해 보이게 된다. 그러면 u가 도대체 무엇을 의미하는지를 두고 고민할 필요도 없다.

회귀방정식 (2.5)에서 우리의 주요 관심사는 β_1 모수와 β_0 모수이다. 대부분의 경우 β_1 이 주요 관심사이지만 아주 이따금씩 β_0 이 중요한 경우도 있다.

2.4 인과적 영향 대 평균의 차이

식 (2.5)의 모형에서 β_1 은 여타 모든 요소들의 영향(u)이 고정될 때 X 의 한 단위 증가가 Y 에 미치는 영향(인과적 영향)을 나타낸다. 초월자가 아니면 이 영향을 알아내기는 어렵다는 점을 앞(1.3절)에서 지적한 바 있다. 이 영향은 모집단에서 X 와 Y 의 분포(즉, X 와 Y 의 결합확률분포)를 완전히 안다고 하더라도 구할 수 없다. 이 효과는 모집단의 한 구성원에 게서 여타 모든 요소들을 고정시킨 채 X 만을 증가시킨 후 Y 의 변화를 관측하거나, 여타 모든 요소들이 동일한 완벽한 쌍둥이의 Y 값들을 비교해 보아야만 알 수 있다.

반면 X 와 Y 의 결합확률분포를 알면 알 수 있는 것도 있다. 예를 들어 Y 의 평균과 분산을 알 수 있고, X 와 Y 관계에 관한 것들도 알 수 있다. 특히 $E(Y|X)$, 즉 X 가 주어질 때 Y 의 조건부 평균을 알 수 있다(조건부 평균에 대해서는 부록 B.5 참조). 조건부 평균은 다음과 같이 이해할 수 있다. 우선 모집단을 X 변수의 값에 따라 구획한다. 마치 격투기 선수들을 체급에 따라 나누듯이, 같은 X 값을 갖는 구성원들을 모두 한 구획에 몰아넣는 것이다. 예를 들어 만일 X 가 '나이'라면 모집단의 모든 구성원들을 나이별로 구획한다. 그 다음 각 X 값에 해당하는 구획에 대하여 Y 값의 평균을 구한다. 이 구획별 평균을 '조건부 평균'이라 하고 $E(Y|X)$ 라고 나타내는데, 이 기호는 말하자면 $E(Y|X=1)$, $E(Y|X=2)$ 등등을 총칭한다고 생각하면 된다. 이 $E(Y|X)$ 가 X 의 선형함수이어서 어떤 α_0 과 α_1 에 대하여 다음이 만족된다고 하자.

$$E(Y|X) = \alpha_0 + \alpha_1 X \tag{2.6}$$

이에 따르면 모집단에서 X 값이 1인 구성원들의 Y 의 평균값은 $\alpha_0 + \alpha_1 \times 1$ 이고, X 값이 2 인 구성원들의 평균 Y 값은 $\alpha_0 + \alpha_1 \times 2$ 이다.

식 (2.6)의 α_1 은 X 의 값에 1만큼의 차이가 나는 두 모집단 구획 간 평균 Y 값의 차이를 말한다. 즉, $\alpha_1 = E(Y|X=a+1) - E(Y|X=a)$ 이다. 독자들은 식 (2.6)이 성립할 때 $E(Y|X=a+1) - E(Y|X=a)$ 는 a 와 상관없이 α_1 임을 쉽게 보일 수 있을 것이다. 또 α_0 은 $E(Y|X=0)$, 즉 모집단에서 $X=0$ 인 집단의 평균 Y 값이다.

우리가 알고자 하는 인과성은 식 (2.5)의 β_1 로서 우리처럼 평범한 사람은 구할 수 있는 것이 아니다. 반면 평균의 차이를 구하게 해줄 식 (2.6)의 α_1 은 X 와 Y 의 모집단 분포만 알면 알 수 있다. 사실 모집단의 분포 전체를 알 필요도 없이 $E(Y|X)$ 가 X 의 어떠한 함수인지만 알면 구할 수 있다. 이제 β_1 과 α_1 이 언제 동일한지 알아보자.

식 (2.5)와 (2.6)을 비교해 보면 $Y = \beta_0 + \beta_1 X + u$ 가 옳은 경우

$$E(u|X) = 0 \tag{2.7}$$

이면 $\alpha_0 = \beta_0$ 이고 $\alpha_1 = \beta_1$ 임을 알 수 있다. 다시 말하여 (2.7)이 성립하면 조건부 평균 함수 내의 모수 α_1 이 인과적 영향을 나타내는 모수 β_1 과 일치한다. 그러므로 (2.7)이 성립하면 모집단 분포의 속성들을 파악하기만 하여도 인과적 영향을 알 수 있다. 우리는 좀 더 쉬운 것(평균적 차이)을 사용하여 계측이 훨씬 어렵거나 불가능한 것(인과적 영향) 을 파악하려고 한다. 이때 식 (2.7)이 중요하다.

▶ **연습 2.3.** 식 (2.7)의 뜻을 설명하라.

▶ **연습 2.4.** $Y = \beta_0 + \beta_1 X + u$ 이고 모든 X 에 대하여 $E(u|X) = 0$ 이면 $E(Y|X) = \beta_0 + \beta_1 X$ 임을 수학적으로 증명하라.

▶ **연습 2.5.** 어떤 모집단에서 나이가 임금에 미치는 인과적 영향에 관심이 있다고 하자. 특히 나이가 59세에서 60세로 바뀔 때의 영향을 파악하고자 한다. 이때 '인과적 영향'은 말 (언어)로 어떻게 설명할 수 있는가? 또 59세와 60세 간의 평균적인 차이는 어떻게 나타낼 수 있는가? 언제 인과적 영향과 평균적인 차이가 동일하겠는가?

앞에서는 설명의 편의상 식 (2.6)을 별도로 제시하였지만 매번 그럴 필요는 없다. 그냥 (2.5)의 모형만 제시하고 나서, $E(u|X) = 0$ 이면 인과적 영향과 평균상의 차이가 동일하다고 하면 된다. 따라서, 이하에서는 (2.6)의 표현을 사용하지 않고 그 대신 (2.5)에 대하여 "만일 $E(u|X) = 0$ 이면 $E(Y|X) = \beta_0 + \beta_1 X$ 가 맞다"는 표현을 사용할 것이다. 앞으로 식 (2.6)의 α_0 과 α_1 계수는 사용하지 않을 것이니 무시해도 좋다.

이 책에서 이야기를 풀어나가는 방식은 다음과 같다. "계량경제학자들은 인과관계에 관심을 갖는다. 이 인과관계 자체는 측정하기가 어려우므로 모집단 구획별 평균을 비교 함으로써 인과관계를 대신한다." 그런데 사실 그럴 필요 없이 처음부터 $E(Y|X)$ 함수가 우리의 관심사라고 하고 이야기를 전개시켜도 좋다. 그러면 애초부터 인과관계의 개념을 도입할 필요가 없다. 처음부터 모형은 $E(Y|X) = \beta_0 + \beta_1 X$ 이라고 하면 된다. 그러면 나중에 우리의 관심사가 다른 요소들을 통제할 때 X 의 변화가 Y 에 평균적으로 영향을 미치는 정도인 경우(다중회귀)로 이야기가 자연스럽게 진행된다. 또, 중위값 회귀나 분위수 회귀도 자연스럽게 도출된다.

한 가지 잊지 말아야 할 것은 u 가 관측되지 않는다는 사실이다. 따라서 X 와 Y 의 분포 이외에 추가적인 정보가 없는 한 $E(u|X) = 0$ 인지 아닌지 확인할 방법은 없다.

또 하나, 여기서 $E(u|X) = 0$ 이라고 하였는데, 사실은 β_1 에 관한 한 $E(u|X)$ 가 X 에 의존하지 않기만 하면 그 값이 0이든 아니든 상관없다. X 값이 1만큼 증가할 때 $E(Y|X)$ 가 변화하는 정도는 $E(u|X)$ 가 X 와 상관없이 똑같기만 하면 $E(u|X)$ 가 0이든 3이든 −9 이든 β_1 이기 때문이다. 이를 수학적으로 살펴보면, $E(u|X) = c$ 이고 c 가 0은 아니지만 X 와 관계 없는 상수인 경우, X 가 a 에서 $a+1$ 로 증가할 때

$$E(Y|X = a+1) - E(Y|X = a) = [\beta_0 + \beta_1(a+1) + c] - [\beta_0 + \beta_1(a) + c] = \beta_1$$

이 성립한다. 사실 $E(u|X) = c$이면 모형의 절편과 오차항을 재정의하여 새로운 오차항 u^*가 $E(u^*|X) = 0$이 되도록 만들 수 있다. 그 방법은 절편을 $\beta_0^* = \beta_0 + c$로 재정의하고 오차항을 $u^* = u - c$로 재정의하는 것이다. 그러면 $\beta_0^* + \beta_1 X + u^* = \beta_0 + \beta_1 X + u$이므로 $Y = \beta_0^* + \beta_1 X + u^*$가 여전히 성립하면서도 새 오차항의 평균은 $E(u^*|X) = E(u|X) - c = c - c = 0$이 된다. 이때 기울기 계수는 처음과 똑같이 β_1이다. 모형에 상수항(절편)이 존재하는 한 $E(u|X) = 0$이라는 조건은 "$E(u|X)$가 X와 상관없이 동일하다"는 조건과 현실적으로 아무런 차이도 없다. X값에 따라 모집단을 구획할 때 모든 구획에서 u의 평균이 동일하면, 즉 $E(u|X)$가 상수이면, 평균상의 차이와 인과적인 영향은 동일하다.

2.5 기울기에 대한 자세한 설명

식 $Y = \beta_0 + \beta_1 X + u$가 X와 Y의 관계를 정확히 기술한다고 할 때, $E(u|X) = 0$이면(혹은 0이 아니더라도 X에 의존하지 않으면), β_1은 X가 1단위 높을 때 Y가 평균 얼마만큼 높은지 나타낸다. 예를 들어 X가 교육연수이고 Y가 임금(만원 단위)이라면 교육받은 햇수가 1년 차이가 나는 두 집단 간에는 평균 β_1 만원만큼의 임금 차이가 있다. 또 교육연수가 3년이 더 많은 집단의 임금은 평균 $3\beta_1$ 만원만큼 더 높다. 만일 β_1이 0이라면 교육연수는 임금에 평균적으로 어떤 영향도 미치지 않는다.

시험점수와 과외지출액 사이에 "시험점수 $= 70 + 0.1 \times$ 과외지출액 $+ u$"라는 관계가 있다고 하자. 여기서 과외지출액이 월간 과외지출액을 100만원 단위로 측정한 것이고 $E(u|$과외지출액$) = 0$이라면, 0.1이라는 기울기는 월간 과외지출액이 100만원인 집단과 200만원인 집단 간에 평균 0.1점의 시험점수 차이가 있음을 의미한다(물론 계량경제학자는 0.1이라는 숫자를 모르며, 자료로부터 이에 대한 정보를 얻고자 한다).

다른 예로서 X가 자가용 이용 여부(1이면 자가용 이용, 0이면 대중교통 이용)이고 Y가 출근에 걸린 시간(단위는 1시간)이라면, X가 0에서 1로 증가할 때(즉 어떤 사람이 대중교통으로 출근하다가 자가용으로 출근하게 되면), 이 사람의 출근 시간은 평균 잡아 β_1 시간만큼 증가한다. 만약 β_1이 양수이면 이 사람은 자가용을 이용($X=1$)할 때 출근에 시간이 평균 더 많이 걸리고 β_1이 음수라면 평균적으로 더 짧은 시간이 걸린다. 만약 β_1이 0이라면 이 사람은 출근하는 데에 걸리는 평균 시간은 자가용을 이용하나 대중교통을 이용하나 동일하다.

또, 앞 절에서 설명한 것처럼, 만일 모든 X에 대하여 $E(u|X) = 0$이라면, 이러한 평균에 미치는 효과는 인과적 영향과 동일하다. 혹시라도 아직 $E(u|X) = 0$이라는 가정의 뜻이 불분명할 수도 있겠지만 그냥 넘어가자.

▶ **연습 2.6.** 중고 스마트폰을 파는 경매에서, 잠재적 구매자들이 구매가를 낮추려고 서로 미리 짜고 경매에 참여하는 상황을 생각해 보자(잠재적 구매자 수가 많지 않아서 미리 짜는

것이 가능하다고 하자). 구매자들이 미리 짰으면 $X = 1$이고 그렇지 않았으면 $X = 0$이다. Y를 최종 낙찰가격이라 하자. 미리 짠 경우와 그렇지 않은 경우 간 가격의 기댓값의 격차를 조건부 평균으로 표현하라. 또 만일 $Y = \beta_0 + \beta_1 X + u$이고 $E(u|X) = 0$이라면 미리 짠 경우와 그렇지 않은 경우 간 가격 기댓값의 차이는 무엇인가? 이때, $E(u|X) = 0$, $E(u|X = 0) = 0$ 및 $E(u|X = 1) = 0$ 각각의 의미는 무엇인지 설명하라.

2.6 로그와 증가율

계량경제분석을 하는 사람들은 인구수나 매출액, 임금 같은 변수가 나오면 자연로그를 취하곤 한다. 또 증가율에 대해 얘기하면서 갑자기 '로그의 증가분' 이야기를 하곤 한다.* 왜 그런가?

우선 자연로그가 무엇인지 알아보자. e라는 상수가 있는데 이것은 $(1 + \frac{1}{n})^n$에서 n을 점점 증가시키면 결국 도달하게 되는 숫자이다. 예를 들어서 n이 1이면 이 값은 2이고, n이 10이면 2.593742, n이 100이면 2.704814, n이 1000이면 2.716924, 그리고 n이 무한히 큰 숫자이면 2.718282쯤 된다. 이 숫자를 e라고 하며 그 값은 2.718282…로 나가는 무리수이다. 오일러(Euler)의 수라고도 하고 자연상수라고도 한다.

▶ **연습 2.7.** R을 사용하여 $(1 + 1/n)^n$을 $n = 100$, $n = 1000$, $n = 10^4$, $n = 10^5$, $n = 10^{10}$에 대하여 각각 구하여 이 값이 무엇으로 수렴하는지 살펴보라. 힌트: `(1+1/100)^100`, `(1+1/1e4)^1e4` 등. 여기서 `1e4`는 1×10^4을 의미한다.

또, $(1 + \frac{x}{n})^n$에서 n을 무한히 증가시켜서 나오는 숫자(잘 정의됨)를 $\exp(x)$라 하자. 앞에서 e의 정의에 따르면 $e = \exp(1)$이다. 믿거나 말거나, e^x는 $\exp(x)$와 같다.** 자연로그는 $\exp(x)$ 함수의 역함수이다. 즉, $y = \exp(x)$이면 $x = \log(y)$이다. 로그는 양수(+)에 대해서만 정의되고 로그의 값은 컴퓨터로 쉽게 구할 수 있다. x가 증가함에 따라 지수함수(exponential function) $\exp(x)$가 '지수적'으로(exponentially) 증가하므로 그 역함수인 $\log(x)$의 증가속도는 '지수적'으로 느려진다. 〈그림 2.1〉에 지수함수와 로그함수 그림이 있다. 부록 B.2도 참조하라.

▶ **연습 2.8.** R을 사용하여 $\log(1)$, $\log(2)$, $\log(3)$, $\log(\exp(1))$, $\log(\exp(3.14))$를 각각 구하라. 힌트: `log(1)` 등.

---

*필자가 모 경제연구소에서 일한 적이 있는데, 친하게 지냈던 선임 한 분이 로그의 증가분에 100을 곱한 값이 증가율과 거의 동일하다고 하여서, 당시 계량경제학에 대하여 심각하게 생각해 보지 않았던 필자는 깜짝 놀란 적이 있다.

**믿지 못하겠으면 R에서 `(1+0.5/1e10)^(1e10)`과 `exp(0.5)`와 `exp(1)^0.5`를 비교해 보라. 그래도 믿지 못하겠으면 알아서 증명을 해 보기 바란다.

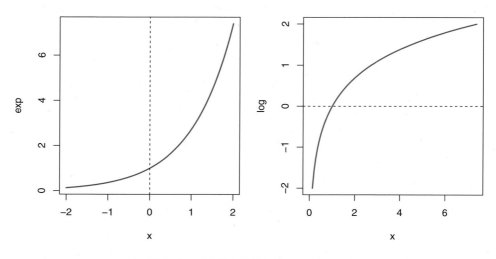

〈그림 2.1〉 지수함수(왼쪽)와 로그함수(오른쪽)

▶ **연습 2.9.** $\exp(\log(5))$의 값은 무엇인가? $\log(\exp(5))$의 값은 무엇인가? $\exp(\log(-5))$의 값은 무엇인가? $\log(\exp(-5))$의 값은 무엇인가?

이제 $\log(x)$ 그래프에서 x가 약간 증가하면 $\log(x)$는 얼마만큼 증가할까? 좀 더 정확히, $y = \log(x)$라는 함수의 각 점에서 접선의 기울기는 얼마일까? 로그함수의 모양을 보면 x값이 클수록 그 증가하는 정도는 작아질 것임을 알 수 있다. 수학에 따르면 주어진 x에서 $\log(x)$ 함수의 기울기는 $1/x$이다. 혹시 R의 도움을 받고 싶으면 `D(quote(log(x)), "x")`라고 해 보기 바란다.

$\log(\exp(x)) = x$라는 사실과 $\exp(x)$의 도함수가 자기 자신이라는 사실로부터 $\log(x)$ 함수의 도함수가 $1/x$라는 것을 수학적으로 증명할 수 있다. $y = \exp(x)$라 할 때, 처음 항등식의 양변을 미분하면 $\frac{d}{dy}\log(\exp(x)) \times \frac{d}{dx}\exp(x) = 1$이 된다. 그런데 $\frac{d}{dx}\exp(x) = \exp(x)$이므로 앞의 등식은 $\frac{d}{dy}\log(\exp(x)) = 1/\exp(x)$로 나타낼 수 있다. 그런데 $y = \exp(x)$라 하였으므로, $\frac{d}{dy}\log(y) = 1/y$이다. 마지막 결과에서 y 대신에 x 부호를 사용하면 $\frac{d}{dx}\log(x) = 1/x$라는 결과를 얻는다. $\exp(x)$의 도함수가 왜 $\exp(x)$인지는 각자 알아보기 바란다.

〈그림 2.2〉에서 보듯이 x의 변화가 아주 작을 때 그 구간 내에서 $\log(x)$의 모양은 거의 일직선이고 이 직선의 기울기가 $\frac{1}{x}$이므로, x가 Δx만큼 변하고 Δx가 작으면 $\log(x)$는 약 $\frac{1}{x} \times \Delta x$만큼 증가한다. 따라서 $\log(x)$가 0.01만큼 증가했다는 것은 $\frac{\Delta x}{x} = 0.01$이라는 말과 거의 같다. 그런데 $\frac{\Delta x}{x} = 0.01$이라는 말은 "$x$가 1% 증가했다"는 말이므로 결국 다음의 관계가 성립한다.

$$\log(x) \text{가 } 0.01 \text{만큼 증가했다} \approx x \text{가 } 1\% \text{ 증가했다}$$

여기서 '$\approx$' 부호는 거의 비슷하다는 것을 뜻한다. 일반적으로, $\log(x)$의 변화분이 0.01이나

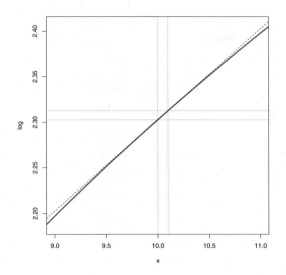

설명: $x = 10$에서 $x = 10.1$로 1% 증가할 때 로그함수(실선)의 증가분과 선형함수(점선)의 증가분은
거의 동일하다. 하지만 직선(점선)은 로그함수(실선)의 윗쪽에서 접하며, 로그함수 증가분보다는
선형함수 증가분이 약간 더 크다. 반면, $x = 10$에서 약간 감소할 때에는 로그함수 감소분보다
선형함수 감소분이 약간 더 작다.

〈그림 2.2〉 로그 함수와 선형 근사

0.05처럼 아주 작으면, $\log(x)$가 d만큼 증가한다는 것은 x의 증가율이 d라는 것, 즉 x가
$100d\%$만큼 증가한다는 것과 비슷하다.

▸ **연습 2.10.** $\log$(임금)이 0.023만큼 증가하였다. 임금은 대략 얼마만큼 증가하였는가?

$\log(x)$가 크게 증가하면 로그함수의 모양이 직선에서 많이 벗어나므로 이러한 근사적인
표현이 틀리게 되고 정확한 계산이 필요하다. $\log(x)$가 a에서 $a+d$로 d만큼 증가하면 x
는 e^a에서 e^{a+d}로 증가하므로 x의 정확한 증가율은 백분율(%)로 표시하여 다음과 같다.

$$100 \times \frac{e^{a+d} - e^a}{e^a} = 100 \times (e^d - 1)\%$$

만일 d의 값이 0에 가까우면 $e^d - 1$은 d와 거의 같다(지수함수 그림에서 확인 가능함).
그러므로 d가 0에 가까울 때, 즉 $\log(x)$의 변화폭이 작을 때, 앞에서 설명한 것처럼 $\log(x)$
가 d만큼 증가한 것은 x가 $100 \times d$ 퍼센트만큼 증가한 것과 비슷하다. 하지만 만일 d의
값이 크면 $e^d - 1$은 d와 큰 차이가 날 수 있다. 〈표 2.1〉에 로그 증가분(d)과 이에 해당하는
실제 증가율($e^d - 1$)을 비교하였다. 예를 들어 $d = 0.01$일 때, $e^{0.01} - 1 = 0.0101$로서 d와
거의 같지만, $d = 0.5$이면 $e^{0.5} - 1 = 0.6487$로서 d와 큰 차이가 난다. $\log(x)$가 0.5만큼
증가하면 x는 약 50%가 아니라 64.87% 증가하는 것이다. 만일 로그값이 1만큼 증가하면
(즉, $d = 1$) 실제 증가율은 $e^1 - 1 = 1.7183$, 즉 약 171.83%이다.

〈표 2.1〉 로그증분과 증가율

로그증분	증가율	로그증분	증가율
0.00	0.0000	-0.00	-0.0000
0.01	0.0101	-0.01	-0.0100
0.03	0.0305	-0.03	-0.0296
0.05	0.0513	-0.05	-0.0488
0.10	0.1052	-0.10	-0.0952
0.20	0.2214	-0.20	-0.1813
0.30	0.3499	-0.30	-0.2592
0.50	0.6487	-0.50	-0.3935
0.70	1.0138	-0.70	-0.5034
1.00	1.7183	-1.00	-0.6321

주. 증가율은 exp(로그증분)−1

다음 문답이 도움이 될 것이다.

문: $\log(x)$가 0.01 증가하였다. x는 대략 얼마만큼 증가하였는가?
답: 약 1%
문: $\log(x)$가 0.1 증가하였다. x는 대략 얼마만큼 증가하였는가?
답: 약 10% (사실은 10%보다 약간 더 큰 10.5% 정도)
문: $\log(x)$가 0.9 증가하였다. x는 대략 몇% 증가하였는가?
답: 계산해 봐야 알겠다. $e^{0.9}-1$이 약 1.460이므로 x는 약 146.0% 증가하였다.

로그값이 약간 증가하면 비율 증가는 로그값 증가와 유사하지만, 실제 비율 증가는 로그값 증가분보다 항상 더 크다. 이는 로그함수의 기울기가 점점 작아지기 때문이다 (〈그림 2.2〉 참조). 실제 증가율과 로그 증가분의 격차는 로그 증가분이 클수록 커서 나중에는 받아들일 수 없는 상태가 된다.

변화의 방향을 바꾸어서 로그값이 감소할 때에는 정반대의 현상이 나타난다. 〈그림 2.2〉에서 x의 값이 10.0에서 감소하면, 실제 비율 감소분(점선상의 변화)의 크기가 로그값 감소분(실선상의 변화)의 크기보다 더 작음을 알 수 있다. 실제 계산에 따르면, 로그값 변화분이 −0.1일 때 $e^{-0.1}-1 \approx -0.0952$이므로 실제 증가율은 약 −9.5%이다. 로그값이 감소하는 경우에도 로그값의 변화분이 크면, 로그값 변화분과 실제 변화율 간의 격차가 크다. 예를 들어 로그값이 0.3만큼 하락하는 경우, 실제 감소율은 약 26%이고, 로그값이 0.7 하락하면, 실제 감소율은 약 50%이다.

▶ **연습 2.11.** R를 사용하여, 로그변화분이 −0.3과 −0.7일 때 실제 변화율을 각각 구하라. 힌트: `exp(-0.3)-1` 등

　　로그값이 증가하면 실제 증가율은 로그 증가분보다 더 크고, 로그값이 감소하면 실제 변화율 절댓값은 로그 변화분의 크기보다 더 작다. 로그 증가분은 하락할 때와 상승할 때의 실제 증가율의 사이(정중앙은 아님)에 위치한다. 이와 연관된 것으로서, $a < b$일 때 'b는 a의 몇 %만큼 더 큰가' 하는 질문과 'a는 b의 몇 %만큼 더 작은가' 하는 질문에 대한 답이 다르다. 이는 차이의 크기가 a의 몇 배인지와 b의 몇 배인지가 서로 다르기 때문이다. 예를 들어 $a = 8$이고 $b = 10$이면, 둘 간의 차이(= 2)는 a의 25%이고 b의 20%이다. 이 경우 로그값 차이는 $\log(b) - \log(a) = 0.223$으로서 0.25와 0.2의 사이에 위치한다.

　　원래 증가율이라는 것은 기준량에 비해서 얼마만큼 증가했는가를 나타낸다. 그런데 앞에서 본 것처럼 자연로그값의 증가분도 증가율을 근사적으로 나타내므로 애초부터 자연로그값의 증가분을 증가율로 정의하기도 한다. 증가율이라는 말을 이렇게 정의하든 저렇게 정의하든 일관성 있게만 사용한다면 상관없으며, 이 책에서는 통상적인 의미($\Delta x/x$, 백분율의 경우에는 여기에 100을 곱한 값)로 사용한다.

　　어떤 변수의 증가율은 그 증가율이 작을 경우 자연로그값의 증가량으로써 근사적으로 표현할 수 있다는 사실을 회귀모형에 응용하면, 변수에 로그를 취함으로써 '증가율' 해석을 할 수 있게 된다. 예를 들어 $\log(임금) = \beta_0 + \beta_1 학력 + u$라는 모형이 있다면, 여타 요소들이 동일할 때 **학력**이 1단위 높을 때 $\log(임금)$은 β_1 포인트만큼 높으므로 임금이 약 $100\beta_1$% 높다는 결과를 얻는다(β_1의 크기가 작을 때). 즉, 여타 요소가 동일할 때 **학력**이 1단위 높으면 **임금**은 약 $100\beta_1$% 높다.

　　좌우변 변수들에 로그를 취할 수 있는 조합을 만들면 다음 네 가지 경우를 얻는다.

1. (수준 – 수준 모형) 모형이 $Y = \beta_0 + \beta_1 X + u$라면, 다른 요인이 고정되었을 때($\Delta u = 0$) X의 한 단위 증가는 Y의 β_1 단위 증가를 가져온다.

2. (수준 – 로그 모형) 모형이 $Y = \beta_0 + \beta_1 \log(X) + u$라면, 다른 요인이 고정되었을 때 $\log(X)$의 0.1 증가는 Y의 $0.1\beta_1$ 단위 증가를 가져온다. 그런데 $\log(X)$의 0.1 증가는 X의 10% 증가와 근사적으로 같으므로 이때 우리는 "다른 요인이 고정되었을 때 X의 10% 증가는 Y의 약 $0.1\beta_1$ 단위 증가를 가져온다"고 해도 좋다. X의 증가 정도를 더 작게 잡아서 1% 증가라고 하면 로그증분과 증가율은 더욱 유사하므로, "다른 요인이 고정되었을 때 X의 1% 증가는 Y의 약 $0.01\beta_1$ 단위 증가를 가져온다"고 해도 좋다. 그러나 X가 50% 정도로 크게 증가할 때에는 로그증분과 증가율의 차이가 크므로 조심하여야 한다. 예를 들어 X가 50% 증가하면 $\log(X)$의 변화분은 $\log(1.5X) - \log(X) = \log(1.5) \approx 0.4$이므로 Y는 약 $0.4\beta_1$ 만큼 증가하게 된다.

3. (로그 – 수준 모형) 모형이 $\log(Y) = \beta_0 + \beta_1 X + u$이고 β_1의 값이 작다면, 다른 요인이 고정됐을 때, X의 1단위 증가는 $\log(Y)$를 β_1만큼 증가시키며, 따라서 Y가 약

100β_1% 증가하도록 한다. 이런 근사적 해석이 타당하기 위해서는 β_1의 값이 작거나 X의 증가분을 작게 잡아 $\beta_1 X$의 변화 정도가 작아야 한다. 아니면 $\exp(\beta_1 \Delta X) - 1$ 공식을 사용하여 정확한 증가율을 구하여야 한다.

4. (로그–로그 모형) 모형이 $\log(Y) = \beta_0 + \beta_1 \log(X) + u$라면, $\Delta u = 0$일 때 $\log(X)$가 0.01만큼 증가하면 $\log(Y)$가 $0.01\beta_1$ 단위만큼 증가한다. 그런데 $\log(X)$의 0.01 증가는 X의 1% 증가와 거의 같고, $\log(Y)$의 $0.01\beta_1$ 증가는 Y의 β_1% 증가와 거의 같기 때문에, 결국 "다른 여건이 동일할 때 X의 1% 증가는 Y의 약 β_1% 증가를 초래한다"는 해석이 가능하다. 여기서도 $0.01\beta_1$의 크기가 작아야만 이러한 근사적 해석이 타당하며, 대부분의 경우 $0.01\beta_1$의 값은 충분히 작다.

한편 X 변수가 1% 증가할 때 Y 변수가 a% 증가하면 이 a를 "X에 대한 Y의 탄력성"이라고 한다. 예를 들어 가격이 1% 증가할 때 수요량이 0.5% 감소하면 가격에 대한 수요의 탄력성은 -0.5이다. X와 Y에 모두 자연로그를 취한 위의 4번 모형에서 β_1은 탄력성을 나타낸다. 또, 앞의 3번에서처럼 종속변수에만 % 증가가 있을 때 그 백분율 증가 정도를 준탄력성(semi-elasticity)이라 한다. 이런 이름을 아는 것이 분석에 필수적이지는 않지만 효율적인 의사소통에서는 중요할 수도 있다. 친구들 앞에서 잘난 척할 때에도 도움이 된다.

예제 2.1   수요의 가격탄력성

어떤 재화의 가격을 P, 수요량(kg 단위)을 Q라 하자. 만일 P와 Q의 관계가 $\log(Q) = \beta_0 - 0.5\log(P) + u$라고 한다면 가격이 1% 상승할 때 수요량은 약 0.5% 감소한다($\beta_1 = -0.5$ 이므로). 따라서 이 경우 수요의 가격탄력성은 약 0.5이다. 흔히 수요 탄력성의 값을 양수로 만들기 위해서 -1을 곱하므로 여기서도 -0.5가 아니라 0.5라고 하였다. 이처럼 부호를 양수로 만들지 않고 -0.5라고 해도 의사소통에 문제만 없다면 전혀 문제 없다.

예제 2.2   학력에 대한 임금의 준탄력성

임금과 학력(교육연수)의 관계가 $\log(\text{임금}) = \beta_0 + 0.06 \times \text{학력} + u$라 하자. 학력의 단위가 연(年)이라면, 다른 조건이 불변인 채 **학력**이 1년 증가할 때 $\log(\text{임금})$은 0.06 증가하며 이는 **임금**이 약 6% 증가하는 것과 비슷하다. 학력에 대한 임금의 준탄력성은 약 6 (또는 0.06)이다. 참고로, 6이 6%임을 의미하는지 모르는 사람과 의사소통할 때에는 (못 알아듣게 하는 것이 목적이 아닌 한) 친절하게 "학교 1년당 6%"라고 말하는 편이 좋을 것이다.

　　로그는 측정단위의 변화를 무력화시킨다. 수학적으로 이는 곱의 로그가 로그의 합으로 표현되어 측정단위의 변화(자료의 scaling)가 모형의 절편만을 변화시키기 때문이다. 종속 변수가 로그 형태인 선형회귀모형 $\log(Y) = \beta_0 + \beta_1 X + u$에서 Y의 측정단위가 바뀌어 Y가 $Y^* = cY$로 치환되고 종속변수가 $\log(Y)$에서 $\log(Y^*)$로 바뀌면, $\log(Y) = \log(Y^*) - \log(c)$ 이므로, 회귀식은 $\log(Y^*) - \log(c) = \beta_0 + \beta_1 X + u$, 즉

$$\log(Y^*) = \beta_0 + \log(c) + \beta_1 X + u$$

로 바뀐다. 여기서 $\beta_0 + \log(c)$는 X와 무관하므로 절편으로 간주되어 절편만 원래의 β_0에서 $\beta_0 + \log(c)$로 바뀌고 기울기는 여전히 β_1이다. 독립변수의 측정단위가 바뀌어 독립변수에 상수 d가 곱해질 때에도 $\log(X^*) = \log(d) + \log(X)$이므로 절편만 $\beta_0 - \beta_1 \log(d)$로 바뀔 뿐, 기울기는 변하지 않는다. 다음 연습문제들을 풀면서 이해해 보자.

▸ **연습 2.12.** 학력이 임금에 미치는 영향을 보기 위해 다음 모형을 세웠다고 하자.

$$\log(\text{임금}) = \beta_0 + \beta_1 \text{학력} + u$$

여기서 **임금**은 월급(원)이고 **학력**은 교육연수이다. 다른 조건이 동일할 경우(즉, u가 불변 일 때) **학력**이 1년 증가하면 **임금**은 얼마만큼 증가하는가?

▸ **연습 2.13.** 위의 문제와 똑같은데 여기서는 **임금**이 천원 단위로 계산한 월급이라 하자. 다른 조건이 동일할 때 **학력**이 1년 증가하면 **임금**은 얼마만큼 증가하는가?

▸ **연습 2.14.** 위의 문제에서처럼 **임금**에 로그가 취해진 경우 **임금**의 측정단위(원이냐 천원 이냐)가 중요한가? 즉, β_1을 해석할 때 **임금**의 단위를 꼭 알아야 하는가? 만일 임금의 측정단위가 변하면 어떤 모수가 변화하는가?

　　어떠한 변수를 로그 변환할 것인가? 먼저, 로그는 양의 실수에 대해서만 취할 수 있으므로 어떤 변수가 0이나 음의 값을 가질 수 있으면 로그를 취할 수 없다. 예를 들어 물가상승률 이나 경제성장률은 음수(−)가 될 수 있으므로 로그변환을 하면 안 된다. 양수값만을 갖는 변수의 경우 로그를 취해도 수학적인 문제가 발생하지 않으므로 연구자는 선택의 기로에 선다. 어떤 모형을 설정하는 것이 더 타당한지 자료로부터 판단할 수 있게 해 주는 모형설정 검정 방법들이 존재하기는 하나, 필자는 그보다는 더 직관적인 방법을 선호하며, 다음 기준을 이용한다. ① 한 단위 변화의 크기가 기저값 수준과 무관하게 비슷하게 보이는 경우 로그를 취하지 않는다. 예를 들어, 나이의 경우 20세에서 21세로 한 살 증가하는 것은 40세에서 41세로 한 살 증가하는 것과 비슷한 정도의 증가이다. 이처럼 나이는 수준 자체의 변화를 논하는 것이 자연스러우므로 로그를 취하지 않는다. ② 가격, 금액, 수량처럼 동일한 백분율 변화가 동일한 변화로 느껴지는 변수는 로그변환을 한다. 예를 들어 가격의 경우 100원에서 10원 상승하여 110원이 될 때와 10,000 원에서 10원 상승하여 10,010원이 될 때는 둘 다 10원 상승이지만 같은 정도로 상승했다는 느낌이 들지 않는다. 그보다는 100원에서 110원으로 10% 상승한 것과 10,000원에서 11,000원으로 10% 상승한 것이 서로 비슷한 정도의 변화로 느껴진다. 그러므로 가격에는 로그를 취한다. 매출액,

GDP, 자본스톡, 투자, 고용 등 수량 및 금액 변수는 모두 이 범주에 속한다. ③ 비율 변수의 경우 로그변환을 하는 것이 좋은지 안 하는 것이 좋은지 판단하기 어려우며, 어떤 연구자들을 로그를 취하고 어떤 연구자들은 로그를 취하지 않는다. 이 경우에는 로그변환을 하는 경우와 안 하는 경우 모두 분석해 보고 결과가 견고하게 유지되는지 살펴본다. ④ 당기순이익, 순자산, 순수출처럼 금액 변수이면서 음수가 될 수 있는 변수는 처리하기 곤란하며, 이 경우에는 변수를 그대로 사용하기보다는 적당한 변수로 나누어서 지나치게 '뛰지 않게' 만들어 준다. 예를 들어 기업 이윤의 경우 매출액이나 직원 수 등으로 나누어서 매출액에 대한 비율이나 직원 1인당 이윤으로 환산한다. ⑤ 금액이나 수량이면서도 0이 될 수 있는 설명변수는 11.5절의 방법을 사용한다.

2.7   백분율의 변화와 변화율

변수의 측정단위가 비율이나 백분율이면 해석이 까다로울 수 있다(본인의 마음속에서는 명료할지라도 다른 사람과 의사소통이 까다로울 수 있다). 특히 비율 변수에 로그를 취하면 초보자들은 난감해 하곤 한다. 아니, 사실은 비율 변수에 로그를 취하지 않을 때 더 난감해 하는 경향이 있다. 예를 들어 다음 관계식을 고려하자.

$$\text{성장률} = \beta_0 + \beta_1 \text{무역개방도} + \text{여타 요인들}$$

여기서 **성장률**은 전년도 대비 증가율, 즉 (GDP − 전년도 GDP) ÷ 전년도 GDP 이고, **무역개방도**는 GDP 대비 무역 규모 비율, 즉 (수출 + 수입)/GDP 이다. 이제 β_1 을 (매우) 장황하게 설명해 보면, "**무역개방도** 변수는 GDP 대비 무역 규모의 비율로서 100을 곱하지 않은 것이고, **성장률** 변수는 전년 대비 GDP 증가율로서 100을 곱하지 않은 것인데, 여타 요 인들이 동일할 때 **무역개방도** 변수의 값이 0.01만큼 더 높으면 **성장률** 변수의 값은 $0.01\beta_1$ 만큼 높다"고 말할 수 있을 것이다. 이런 어법은 정확하기는 하지만 비효율적이다(여기서 비효율적이란 길고 말하기 힘들고 알아듣기 힘들다는 뜻이다). 변수가 비율 단위일 때 용어를 잘 사용하지 않으면 상당한 혼란을 야기할 수 있다. 다음 상황을 보자.

발표자: 성장률 변수를 무역개방도 변수에 대하여 회귀하고자 합니다. 성장률 변수는 전년 대비 GDP 증가율이고, 무역개방도는 당해 연도 교역량을 GDP로 나눈 비율입니다. 이 모형을 해석하자면 여타 요인들이 동일할 때 무역개방도가 1만큼 더 높은 국가는….

청중1: (발표자의 설명을 자세히 따라가지 못하여 손을 들고) 잠깐만요. 무역개방도가 GDP 대비 교역량 비율인데 100을 곱해서 백분율로 만들었나요, 아니면 그냥 비율인가요? 성장률에는 100을 곱하셨나요?

발표자: 둘 다 100을 곱하지 않은 것입니다. 발표를 계속하겠습니다. 무역개방도가 1 만큼 높으면…

청중2: 죄송한데요, 1이 무슨 뜻인가요? 해석 시에 숫자만 말씀하시는 것이 아니라 가능하다면 단위를 붙여 주시면 저희가 따라가는 데에 큰 도움이 될 것 같습니다.

발표자: 알겠습니다. 추정 결과, 100을 곱하지 않은 GDP 대비 교역량 비율이 1만큼 더 높으면 100을 곱하지 않은 연간 GDP 성장률은 0.083만큼 더 높은 것으로 나타났습니다.

청중3: 그 말씀이 GDP 대비 교역량이 1 퍼센트만큼 더 높으면 성장률이 0.083 퍼센트만큼 더 높다는 것인가요?

발표자: 그것이 아니라….

단위가 비율인 경우 '포인트'라는 말을 적절히 사용하면 편리하다. 비율로 측정한 변수가 a 단위만큼 높은 경우 해당 비율이 'a 포인트'만큼 더 높다고 표현한다. 예를 들어 GDP 대비 교역량 비율이 '0.01 포인트'만큼 높다는 것은 해당 비율에 0.01만큼 차이가 있음을 의미한다. 100을 곱하지 않은 비율의 0.01 포인트 차이는 '1 퍼센트 포인트' 차이에 해당한다. 예를 들어 GDP 대비 교역량 비율(100을 곱하지 않음)을 무역개방도라 할 때, 무역개방도의 값에 0.2 차이가 있으면, "무역개방도에 0.2 포인트 차이가 있다"고 하거나 "무역개방도에 20 퍼센트 포인트 차이가 있다"고 한다. 예를 들어 2017년도 한국의 GDP 대비 교역량 비율은 0.8078이며 싱가포르의 GDP 대비 교역량 비율은 3.2243이다. 두 국가의 GDP 대비 교역량 비율의 차이는 2.4165 포인트, 즉 241.65 퍼센트 포인트이다.

비율 변수가 있으면 단위를 말할 때 늘 주의하도록 하자. 예를 들어, GDP 대비 비율로 측정한 개방도에 1퍼센트만큼 차이가 있다는 것과 1퍼센트 포인트만큼 차이가 있다는 것은 서로 전혀 다른 의미를 갖는다. 개방도 0.80과 0.88 사이에는 0.80 기준으로 10 퍼센트 차이가 있고, 0.08 포인트, 즉 8퍼센트 포인트 차이가 있다. '퍼센트'와 '퍼센트 포인트'를 사람들은 가장 널리 사용하고 가장 명료하게 이해한다. 2017년 싱가포르의 무역개방도 (322.43%)는 한국의 무역개방도(80.78%)의 3.99배로서 한국 대비 299 퍼센트 높으며 양국간에는 241.65 퍼센트 포인트 차이가 있다.

만약 위 발표자가 '포인트'라는 단어를 적절히 사용하여 다음과 같이 설명하였더라면 (청중들에게 충분한 지식이 있다는 가정하에) 의사소통이 훨씬 효율적이었을 것이다.

발표자: 여타 요인들이 동일하고 GDP 대비 교역량 비율에 0.01 포인트, 즉 1퍼센트 포인트 차이가 있으면 성장률에는 $0.01\beta_1$ 포인트, 즉 β_1 퍼센트 포인트 차이가 있습니다.

변수에 로그를 취하면, 앞에서 살펴본 것처럼 해당 변수에 대한 해석은 증가율에 관한 것으로 바뀐다. 이는 변수의 단위가 무엇이든 마찬가지이다. 혼란스러울 경우 '로그를 취하지 않은 변수는 포인트, 로그를 취한 변수는 퍼센트'라는 규칙을 적용하면 편리하다. 물론 '퍼센트'라는 말이 '100당'을 의미하므로 100을 곱하는 것에 주의하여야 할 것이다. 또한 단위가 명료하여 '포인트'라는 말을 붙일 필요가 없으면 '포인트'는 생략하는 것이 정신건강에 이로울 것이다. '1만원'이라 하지 않고 '1만 포인트'나 '1만원 포인트'라고 하면 맞고 틀리고를 떠나 듣는 사람이 얼마나 피곤하겠는가?

비율 변수를 사용하는 경우와 비율 변수에 로그를 취한 경우를 예를 들어 비교해 보자.

지역 간 흡연인구 비율(%)과 고령인구 비율(%)의 관계를 수준-수준 모형으로

$$\text{흡연인구비율} = \beta_0 + \beta_1 \text{고령인구비율} + u$$

라고 설정하면, "여타 요소가 동일할 때 고령인구 비율이 1퍼센트 포인트 높은 지역의 흡연인구 비율은 β_1 퍼센트 포인트 높다"고 해석하면 될 것이다. 이 경우 흡연인구 비율과 고령인구 비율의 단위가 백분율(%)이 아니라 소수점 숫자라 하여도 동일한 해석을 할 수 있다(양변의 변수를 모두 100으로 나누는 것이므로). 반면 양변에 로그를 취한

$$\log(\text{흡연인구비율}) = \beta_0 + \beta_1 \log(\text{고령인구비율}) + u$$

모형의 경우라면, "여타 요소가 동일할 때 고령인구 비율이 1퍼센트 높은 지역의 흡연인구 비율은 약 β_1 퍼센트 더 높다"고 해석된다.

로그를 취하지 않은 변수와 로그를 취한 변수가 있을 때 해석하는 방법을 요약하면 다음과 같다. (i) 로그를 취하지 않은 변수의 변화에는 단위와 '포인트'를 붙이고,* 로그를 취한 변수의 변화에는 단위 없이 '퍼센트'를 붙인다. (ii) 로그 변수의 경우 '퍼센트'를 붙일 때에는 100을 곱하는 것에 유의하고, 수준 변수의 경우 단위나 '포인트'는 불필요하면 떼어 버린다.

▶ **연습 2.15.** 지역별로 인구 1천명당 경찰 수를 *polpc*라 하고 인구 1천명당 범죄 건 수를 *crimerate*라 하자. (i) $crimerate = \beta_0 + \beta_1 polpc + u$ 모형에서 β_1을 해석하라. (ii) $\log(crimerate) = \beta_0 + \beta_1 \log(polpc) + u$ 모형에서 β_1을 해석하라. 참고로, 이 연습문제는 Cornwell and Trumbull (1994) 논문과 Baltagi (2006) 논문에서 아이디어를 얻은 것이다.

▶ **연습 2.16.** 입찰에서 **낙찰률** 변수가 소수점으로 표시한 낙찰률(예를 들어 0.851은 85.1%를 의미함)을 의미한다고 하자. **담합** 변수는 해당 입찰에서 투찰자들 간 담합이 있었으면 1의 값을 갖고 담합이 없었으면 0의 값을 갖는 이진적인 변수이다. (i) 낙찰률 $= \beta_0 + \beta_1 \text{담합} + u$라는 모형에서 $\beta_1 = 0.05$라면 이 β_1 계수는 어떻게 해석되는가? (ii) $\log(\text{낙찰률}) = \beta_0 + \beta_1 \text{담합} + u$ 라는 모형에서 $\beta_1 = 0.04$라면 이 β_1 계수는 어떻게 해석되는가?

▶ **연습 2.17.** 야구선수 연봉에 관한 $\log(\text{연봉}) = \beta_0 + \beta_1 \text{타율} + u$ 모형을 고려하라. 연봉은 1억원 단위이며 **타율**은 소수점으로 표현한다(예를 들어 3할2푼4리는 0.324로 기재한다). 여타 조 건이 동일할 때 타율이 1할 높은 선수의 연봉은 얼마나 더 높을 것으로 예상되는가? "1할"이 라는 말을 '포인트'를 사용해서도 표현하라. 로그-로그 모형 $\log(\text{연봉}) = \beta_0 + \beta_1 \log(\text{타율}) + u$ 에서 타율이 3할(0.300)인 선수와 3할3푼(0.330)인 선수 간에는 어느 정도 연봉 차이가 있을 것으로 예상하는가?

---

*단, 단위가 없거나 단위를 말하는 것이 무의미하면 그냥 '포인트'라고 한다.

3 단순회귀 모형의 추정

지금까지는 모형을 세우고 이를 모집단의 속성(즉 모수)와 관련하여 해석하는 연습을 하였다. 이제 자료를 이용하여 모집단의 속성(모수)에 대응하는 표본의 속성을 파악하는 방법에 대하여 설명한다. 모수에 대응하는 숫자를 표본으로부터 구하는 것을 추정(estimation)이라한다. "자료가 주어지면 이러저러한 방식으로 숫자를 구하겠다"고 하는 공식을 추정량 (estimator)*이라 하고, 이 공식을 실제 자료에 적용하여 값을 구하면 추정값(estimate)이된다. 예를 들어, 어떤 모집단 내 구성원들의 평균 임금에 관심이 있을 때 표본 내 구성원들의 임금의 평균(표본평균)을 구한다면, 이 표본평균을 나타내는 공식이 추정량이다. 실제 주어진 자료 표본에 대하여 그 표본평균 값을 계산해 보았더니 월 302만원이라고하면 이 302만원이 추정값이다. 참고로, 자료 표본이 달라지면 추정값은 달라질 것이다.

3.1 자료

n개의 개체(예를 들어 n명의 개인들)에 대하여 X와 Y라는 두 변수의 쌍을 관측하여하나의 자료집합을 만들었다고 하자. 예를 들어 X가 학력(교육연수)이고 Y가 임금이라할 때, n명의 개인에게 학력과 임금을 물어보아서 그 값들을 기록하면 하나의 자료집합이된다. 이렇게 관측한 값들을 $(x_1, y_1), (x_2, y_2), \ldots, (x_n, y_n)$이라 표시하자. 여기서 (x_1, y_1)은첫째 관측대상의 X값과 Y값의 쌍을 나타낸다. 이 $(x_1, y_1), (x_2, y_2), \ldots, (x_n, y_n)$은 하나의관측된 표본, 즉 자료 또는 데이터가 되고, 이 관측표본의 크기는 n이다.

단순선형회귀모형 $Y = \beta_0 + \beta_1 X + u$에서 X와 Y의 자료는 있지만 u의 자료는 없음에주의하자. 당분간 우리는 이 X와 Y의 자료를 다루다가 나중에 이 자료와 모집단을 연결시킬 것이다. 우리가 무엇을 하든 우리의 최종적인 관심사는 이 모형으로 나타내고자 하는모집단임을 늘 기억하자.

백문이 불여일견. 우선 R로 실습을 해 보자.

---

*추정량은 영어의 estimator를 번역한 것으로서, 글자 그대로 풀이하면 '추정해 주는 자'이다. 공식이 있으면이를 이용하여 추정할 수 있으므로 추정하는 데에 사용하는 공식을 추정량이라 하며 '추정공식'이라고 해도좋다. '추정량'이라는 말을 보고 숫자를 상상해서는 안된다.

소득과 환경오염

대체로, 사람이 못살 때에는 우선 먹고 사는 문제를 해결해야 하기 때문에 환경문제에 큰 신경을 쓸 여유가 없다. 소득을 증가시키려면 자연을 더욱 훼손해야 하고 환경문제는 더 심각해진다. 그러다 소득이 늘어 먹고 사는 문제가 해결되면 삶의 질에 대하여 좀 더 생각하게 되고 자연환경의 개선에 자원을 활용할 여유가 좀 더 생기는 것 같다. 그 결과 소득이 늘면서 환경이 개선되고 환경오염물질이 줄어들 수도 있을 것 같다.

소득이 낮은 수준에서는 소득이 늘면서 환경오염물질의 배출이 많아지다가 일정한 수준을 넘어서면 소득이 늘면서 오염물질의 배출이 오히려 줄어든다는 가설이 있다. 이것을 환경 쿠즈네츠 곡선 가설(Environmental Kuznets Curve hypothesis)이라고 한다.* 이 가설은 다음과 같이 약간 다른 방식으로도 표현되기도 한다. 즉, 아주 못 사는 나라와 약간 잘 사는 나라를 비교하면 약간 잘 사는 나라가 더 많은 오염물질을 배출하지만, 소득이 어느 수준을 넘어서면 소득이 높은 나라일수록 오염물질의 배출이 더 적다는 것이다. 과연 이 버전의 환경 쿠즈네츠 곡선 가설은 경험적으로 타당할까? 실제 자료를 검토해 보자.

일반적으로 소득은 1인당 GDP로 측정하고 오염물질 배출량은 1인당 이산화탄소(CO_2), 이산화황(SO_2) 등의 배출량으로 측정한다. 이 책의 웹사이트에 있는 loedata 패키지 내의 co2gdp 데이터에는 183개국의 2005년도 1인당 GDP(달러)와 1인당 이산화탄소 배출량 (톤) 자료가 있다. 여기서 1인당 GDP는 각국의 구매력으로 환산하여 서로 비교가능하게 만들었다. 연습 1.18에서 loedata 패키지를 설치한 것으로 간주하고 진행한다.

```
> library(loedata)
> data(Ekc)
```

이 두 줄은 data(Ekc, package="loedata")처럼 한 줄에 나타낼 수도 있다. 자료집합 내의 변수명과 표본크기는 다음 명령어로써 알아낼 수 있다.

```
> names(Ekc)
[1] "ccode"    "cname"    "gdppcppp" "co2pc"
> nrow(Ekc)
[1] 183
```

---

*원래 쿠즈네츠 곡선(Kuznets curve)은 러시아인으로서 미국에서 활동한 1971년 노벨상 수상자 사이먼 쿠즈 네츠(Simon S. Kuznets, 1901–1985)가 1950–1960년대에 제안한 것으로서, 일인당 소득이 증가함에 따라 불평등 정도가 처음에는 심화되다가 일정 수준을 넘어서면 완화됨을 나타내는 곡선이다(위키백과 참조). 진 그로스만 (Gene M. Grossman)과 앨런 크루거(Alan B. Krueger)가 1991년에 환경오염 물질의 배출 정도가 소득의 증가와 역 U자형 관계를 갖는다는 증거를 발견하였고 이로부터 환경 쿠즈네츠 곡선의 문헌이 시작되었다.

이 결과에 따르면 앞에서 읽어 들인 Ekc 자료에는 ccode, cname, gdppcppp, co2pc라는 네 변수가 있다. 첫째 변수인 ccode는 AFG, AGO 등 국가 코드이고, 둘째 변수인 cname은 제대로 된 국가명이다. gdppcppp는 구매력(PPP)으로 나타낸 1인당 GDP(달러)이고 co2pc는 1인당 CO_2 배출량(톤)이다. 표본크기는 183이다.

처음 6개 관측치를 화면에 표시하려면 다음 명령어를 사용한다.

```
> head(Ekc)
  ccode                cname  gdppcppp        co2pc
1   AFG          Afghanistan  1039.408   0.05485483
2   ALB              Albania  6199.928   1.41249821
3   ARE United Arab Emirates 84338.359  25.91458723
4   ARM              Armenia  4716.243   1.44373096
5   ATG  Antigua and Barbuda 19067.068   4.97431115
6   AUS            Australia 32559.459  17.17438627
```

마지막 6개 관측치들은 tail(Ekc)라는 명령어로써 볼 수 있다. 명령 프롬프트에서 Ekc라고만 입력한 후 엔터 키를 치면 183개 관측치가 순식간에 모두 화면에 출력되어 순간적으로 정신이 혼미해질 수도 있다.

자료집합의 요약정보는 다음 명령어로써 알 수 있다.

```
> summary(Ekc)
    ccode              cname              gdppcppp
 Length:183         Length:183         Min.   :    476.7
 Class :character   Class :character   1st Qu.:   2519.9
 Mode  :character   Mode  :character   Median :   7771.4
                                       Mean   :  13962.3
                                       3rd Qu.:  18034.8
                                       Max.   : 102253.1

     co2pc
 Min.   : 0.01941
 1st Qu.: 0.61732
 Median : 2.17747
 Mean   : 4.69970
 3rd Qu.: 6.89611
 Max.   :61.98976
```

이 결과에 따르면 2005년 구매력 환산 1인당 GDP (gdppcppp)의 최솟값(min)은 476.7달러, 최댓값(max)은 102,253.1달러, 중간값(median)은 7,771.4달러, 평균(mean)은 13,962.3달러이다. 2005년 연간 1인당 CO_2 배출량의 최솟값은 0.01941톤(즉 19.41킬로그램), 중간값은 2.177톤, 최댓값은 약 62톤이며 평균값은 약 4.7톤이다.

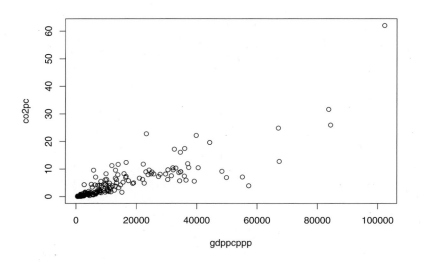

R 명령어: `plot(co2pc~gdppcppp,data=Ekc)`

〈그림 3.1〉 1인당 GDP와 1인당 CO_2 배출량

　　관측치별로 점을 찍으면 〈그림 3.1〉을 얻는다. 환경 쿠즈네츠 곡선 가설이 맞다면 역 U자 곡선, 즉 수평축의 값이 큰 지점에서 아래로 휘어지는 패턴이 관측되었어야 한다. 그런데 〈그림 3.1〉에 따르면 더 잘 사는 나라가 1인당 CO_2를 더 많이 배출하는 것으로 보이며 CO_2에 대해서는 환경 쿠즈네츠 곡선이 관측되지 않는 것 같다. 오른쪽 꼭대기의 점을 예외적인 것으로 간주하여 제외하더라도 곡선 모양이 오른쪽 아래로 꺾이는 것으로 보이지는 않는데, 여러분은 어떤 생각이 드는가?

우리나라 군(郡)별 공무원수와 재정자립도

통계청에서는 흥미로운 지역별 자료들을 만들어서 제공한다(kosis.kr 참조). 이 중 우리나라 86개 군(郡)의 2010년 인구 1천명당 공무원수(명)와 재정자립도*를 구하여 자료를 만들었다(`Pubserv` 데이터). 다음 명령어로써 자료를 읽고 대략적인 정보를 얻을 수 있다.

```
> data(Pubserv, package="loedata")
> nrow(Pubserv)
[1] 86
> summary(Pubserv)
     gun             servpc          finind
 Length:86        Min.   : 3.750   Min.   : 8.60
```

*재정자립도 = (지방세+세외수입)/자치단체예산규모*100

```
Class :character    1st Qu.: 9.818    1st Qu.:11.72
Mode  :character    Median :12.070    Median :14.10
                    Mean   :12.835    Mean   :17.29
                    3rd Qu.:15.710    3rd Qu.:19.98
                    Max.   :33.450    Max.   :48.60
```

2010년 공무원의 비율(servpc)이 가장 작은 군은 인구 1천명당 3.750명이며, 가장 큰 군은 인구 1천명당 33.450명이다. 2010년 재정자립도(finind)가 가장 낮은 군은 8.60% 이고, 가장 높은 군은 48.60%이며 그 중간값(median)은 14.10%이다. 인천 옹진군(서해 5도 대부분을 포함하며, 인구 1천명당 공무원수는 28.28)과 경북 울릉군(인구 1천명당 공무원수는 33.45)은 특별해 보이므로, 이 두 곳을 제외하고* 다음 명령으로써 공무원 비율(servpc)과 재정자립도(finind)의 그림을 그릴 수 있다.

```
> plot(finind~servpc,data=Pubserv,subset=servpc<28)
```

그 결과는 〈그림 3.2〉에 있다. 이에 따르면 대체로 공무원 비율이 높을수록 재정자립도가 낮아 보인다. 그렇다고 하여 높은 공무원 비율이 낮은 재정자립도의 원인이라고 할 수는 없음에 유의하라. 예를 들어 재정자립도가 낮은 지역은 산업이 없고 인구도 적은데 지방자치단체 규모를 비례적으로 줄일 수는 없으므로 공무원 비율이 높을 수도 있다. 만일

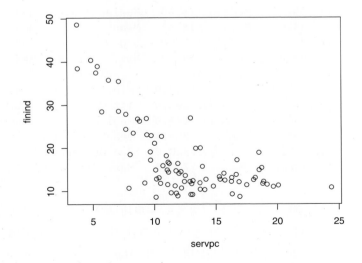

〈그림 3.2〉 2010년 군별 인구 1천명당 공무원수(명)와 재정자립도(%)

*별 다른 생각 없이 제외하였으므로 특별한 의미를 찾지 말기 바란다.

그렇다면 원인과 결과가 바뀌었다. 그림만으로는 무엇이 원인이고 무엇이 결과인지 알 수 없다. 하지만 본 장의 관심사는 이것이 아니니 너무 깊이 생각하지 말자. 인과관계에 대해서는 나중에 4장에서 다시 생각해볼 것이다.

교육수준과 임금

한국노동연구원이 작성하는 한국노동패널조사로부터 2008년 30~39세 남성 가구주의 교육 수준, 연간 근로소득 등에 대한 자료를 발췌한 것이 Klips 데이터에 있다. 교육수준은 educ 변수(단위는 연), 연간 근로소득(세금 공제 후)은 labinc 변수(단위는 백만 원)에 해당한다. 교육수준이 중학교 졸업 이상(educ = 9)인 사람들을 대상으로 하였으며 박사학 위자는 제외하였다.

전체 646명 중 기혼자 정규직 501명으로 분석대상을 한정하면 이들의 연간 근로소득의 최솟값은 3.6, 즉 360만원이며 최댓값은 92.4, 즉 9,240만원이다.

```
> data(Klips, package="loedata")
> Klips2 <- subset(Klips, regular==1 & married==1)
> nrow(Klips2)
[1] 501
> summary(Klips2)
      age             educ           tenure          regular
 Min.   :30.00   Min.   : 9.00   Min.   : 0.0    Min.   :1
 1st Qu.:33.00   1st Qu.:12.00   1st Qu.: 2.0    1st Qu.:1
 Median :35.00   Median :14.00   Median : 5.0    Median :1
 Mean   :34.92   Mean   :14.43   Mean   : 5.8    Mean   :1
 3rd Qu.:37.00   3rd Qu.:16.00   3rd Qu.: 8.0    3rd Qu.:1
 Max.   :39.00   Max.   :19.00   Max.   :19.0    Max.   :1
     hours            earn           labinc          married
 Min.   :  9.00   Min.   : 60.0   Min.   : 3.60   Min.   :1
 1st Qu.: 44.00   1st Qu.:200.0   1st Qu.:24.00   1st Qu.:1
 Median : 50.00   Median :250.0   Median :30.00   Median :1
 Mean   : 52.24   Mean   :269.4   Mean   :31.84   Mean   :1
 3rd Qu.: 58.00   3rd Qu.:320.0   3rd Qu.:38.40   3rd Qu.:1
 Max.   :200.00   Max.   :770.0   Max.   :92.40   Max.   :1
```

교육수준과 로그소득을 그림으로 나타내 보자. 소득에 로그를 취하여 그림을 그릴 수도 있겠으나, R에서는 이와 동일한 효과를 가지면서도 좌표축에는 원래 소득 값 자체를 표기해 주는 방법이 있다. 다음 명령에서 "log='y'" 옵션이 이 일을 해 준다.

```
> plot(labinc~educ, data=Klips2, log='y')
```

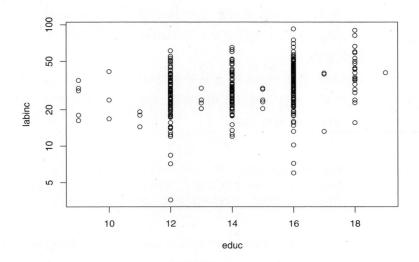

(a) 자료의 산포도

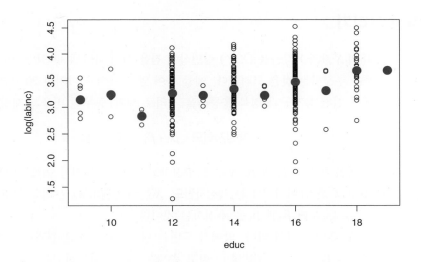

(b) 로그 근로소득과 각 educ 값별 평균 로그 근로소득

〈그림 3.3〉 교육연수와 연간 근로소득(세금 제외)

위 명령의 결과는 〈그림 3.3〉의 (a)에 제시되어 있다. 세로축 스케일에 로그를 취한 결과 동일 배율 구간이 동일한 길이로 표시되어 있다. 만약 "log='y'" 옵션을 주지 않고 y변수를 log(labinc)로 하면 산포도 모양 자체는 똑같으나 세로축 값들이 원래의 값 대신 로그를 취한 값으로 표시될 것이다(〈그림 3.3〉의 (b) 참조). 〈그림 3.3〉의 (a)로부터 교육연수(educ)와 로그 연간 근로소득(labinc의 로그값)이 대략 양의 상관관계를 갖는 것을 볼 수 있다.

교육연수와 로그 근로소득 산포도에 각각의 교육연수에 해당하는 구성원들의 로그 근로소득의 평균(평균의 로그가 아니라 로그의 평균임에 유의할 것)을 구하여 점을 덧찍 으려면 다음과 같이 하면 된다.

```
1  > plot(log(labinc)~educ, data=Klips2)
2  > Klips2$mloginc <- with(Klips2, ave(log(labinc), educ, FUN=mean))
3  > points(mloginc~educ, data=Klips2, pch=19, cex=2)
```

그 결과는 〈그림 3.3〉의 (b)이다. 그림에 각 educ 수준별로 log(labinc)의 평균값이 굵은 점으로 표시되어 있는데 educ이 증가하면서 이 평균이 대체로 증가하는 것을 볼 수 있다.

3.2   직선 그리기

표본 내의 X값과 Y값들을 (X,Y) 평면상에 점을 찍어 나타낼 수 있다. 이제 이 자료로부터 모수들을 추정하는 것을 고려한다. 예를 들어 앞 절에서 이야기한 2010년 84개 군별(전체 86개에서 인천 옹진군과 경북 울릉군을 자의로 제외) 공무원 비율과 재정자립도에 대하여

$$재정자립도 = \beta_0 + \beta_1 \cdot 공무원비율 + u$$

라는 모형을 세우고 β_0와 β_1 모수를 추정하고자 한다. 표기를 쉽게 하기 위해서 $Y = \beta_0 + \beta_1 X + u$라고 쓰자(여기서 Y는 재정자립도, X는 공무원비율). 우리의 목표는 〈그림 3.2〉의 84개 관측치로부터 β_0과 β_1을 추정하는 것이다.

여기서 유의할 점이 있다. 앞에서 우변은 원인이고 좌변은 결과라고 하였다. 회귀식을 재정자립도 = $\beta_0 + \beta_1 \cdot$공무원비율 + u라고 쓴다는 것은, 의도하였든 의도하지 않았든 간에 우리가 공무원비율이 재정자립도에 미치는 인과적 영향에 관심이 있음을 의미한다. 그러나 그렇다고 하여 본 절에서 이야기할 방법이 당연히 인과적 영향을 추정할 것이라고 섣불리 단정지어서는 안 된다. 지금으로서는, 우리가 인과적 영향에 관심을 가지고 있고 우리에게 84개의 관측치로 이루어진 자료가 있다는 점 이외에는 아무런 선입견도 갖지 말기 바란다. 특히 회귀식을 추정하여 구한 기울기 추정값이 자동적으로 인과관계를 나타내지는 않는 다는 점을 명심하여야 할 것이다.

본론으로 돌아와서, 이 단순 선형회귀 모형에서 $\beta_0 + \beta_1 X$는 X의 1차 함수이므로, β_0과 β_1을 찾는다는 말은 〈그림 3.2〉에 직선을 하나 덧그린다는 것을 의미한다. 직선의 기울기가 β_1의 추정값이고 세로축 절편이 β_0의 추정값이다.

어떻게 이 직선을 그릴 것인가? 여러 가지 방법이 있을 수 있다. 한 가지 방법은 자료(즉, 그림에 찍힌 점)와 관계없이 아무렇게나 선을 그리는 것이다(예를 들어 〈그림 3.4〉 왼쪽 패널의 점선). 이것도 β_0과 β_1을 추정하는 한 방법이기는 하지만 썩 좋아 보이지는 않는다. 좀 더 그럴듯한 방법은 이 점들에 가능한 한 '가깝게' 직선이 관통하도록 그리는 것이다(예를 들어 〈그림 3.4〉 오른쪽 패널의 실선).

여기서 직선을 그릴 때 왜 우리가 점들(실제 자료)에 가능한 한 가깝게 그려야 하는가 하는 질문을 가질 수 있다. 또 가깝다는 것의 의미는 무엇이며, 또 어떻게 하면 가깝게 만들 수 있는지 생각해 볼 필요가 있다. 굳이 영어로 표현하자면 'why'와 'what'과 'how' 쯤 되겠다. 우선 왜 점에 가까운 직선을 그려야 하는가는 당연해 보인다. 자료로부터 정보를 얻고자 한다면 실제 관측된 자료를 비슷하게 따라가는 직선을 그려 보아야 할 것이다. 더 복잡한 문제는 '가까운 정도'를 (가급적이면 수학적인 방식으로) 정확히 정의하는 것이다. '가까움'을 엄밀하게 (수학적으로) 정의하고 나면 어떻게 가장 가깝게 하는가는 수학 문제 풀이가 되어 간단하다. 다음 절에서는 가장 널리 사용되는 '최소제곱법'에 대하여 설명한 후 이들 문제와 관련된 논의를 전개해 볼 것이다.

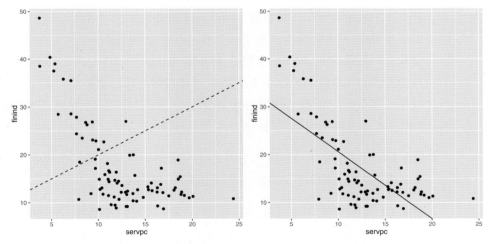

설명: 왼쪽의 점선보다는 오른쪽의 실선이 나아 보인다.

〈그림 3.4〉 공무원비율과 재정자립도

3.3 최소제곱법

주어진 점들(자료)이 있을 때 여기에 직선을 그리는 방법으로 가장 널리 사용되는 것은 최소제곱법(least squares, LS)이라는 것이다. 이 방법은 각 점들로부터 직선에 이르는 수직 방향거리를 제곱하여 합한 값을 가장 작게 만들도록 절편과 기울기를 결정하는 것이다. 이 책의 1부와 2부에서 살펴볼 최소제곱법은 특별하지 않은 보통의 최소제곱법으로서 보통최소제곱법(ordinary least squares, OLS)이라고도 한다.

이 원리는 프랑스 수학자 르장드르(Adrien-Marie Legendre, 1752–1833)가 1805년(순조 6년)에 처음으로 발표하였다. 르장드르는 페르마(Pierre de Fermat, 1601–1665)의 마지막 정리를 지수 $n = 5$에 대하여 증명한 사람이기도 하다. 당대 최고의 수학자였던 가우스 (Carl Friedrich Gauss, 1777–1855)는 자신이 1795년(정조 20년)에 이미 그 방법을 사용 하고 있었다고 주장하였다. 누가 가장 먼저였느냐 하는 논쟁에 대하여 스티글러(Stigler, 1981)는 "가우스와 최소제곱법의 발명"(Gauss and the invention of least squares, *Annals of Statistics*)이라는 논문에서 가우스가 맨 처음 최소제곱법을 사용했을 수 있으나 "이 방법을 최초로 대중의 손이 닿을 수 있는 곳에 둔 과학자를 한 사람만 지목하라 한다면 그것은 르장드르이다"고 말한다. 물론 이와 다르게 생각하는 사람도 있을 것이다.

좌우지간, 앞에서 말한대로 $\beta_0 + \beta_1 X$에서 β_0과 β_1을 찾는다는 말은, 자료의 점들이 찍힌 (X, Y) 평면상에 하나의 직선을 그린다는 것과 동일하다. 그러면 이 직선은 어떤 관측점들을 통과하기도 하겠지만 대부분의 관측점들은 직선으로부터 많든 적든 벗어나 있을 것이다. 그런데 모든 직선에 대하여 우리는 각 점들로부터 직선까지 수직방향 거리를 구하고 이들을 모두 제곱하여 합한 숫자를 계산할 수 있다. 최소제곱법(OLS)은 이렇게 계산한 값(수직방향 거리들의 제곱합)을 가장 작게 만드는 절편과 기울기를 찾는 방법이다. 이 최소제곱법에서 '직선이 점들에 가깝다'는 말은 '각 점으로부터 직선까지의 수직방향 거리들의 제곱의 합이 작다'는 것으로 정의된다.

▶ **연습 3.1.** 수직방향 거리들의 제곱의 합을 최소화하는 방법과 수직방향 거리들의 제곱의 표본평균을 최소화하는 방법은 서로 동일하다. 왜 그런가?

▶ **연습 3.2.** 수직방향 거리들의 제곱의 합을 최소화하는 방법과 수직방향 거리들(즉, 그 절댓값들)의 합을 최소화하는 방법은 동일한가 그렇지 않은가?

최소제곱법(OLS)에서 '점들과 가장 가까운 직선'이란 '점들로부터 직선까지의 수직방향 거리(최단거리가 아님)들의 제곱의 합을 가장 가깝게 만들어 주는 직선'이라고 정의된다. 주의할 점은 이 최소제곱법만이 직선을 그리는 유일한 방법인 것은 아니라는 사실이다. 다시 말해 '가깝다'는 것이 반드시 '수직방향 거리의 제곱합이 작다'는 것을 의미해야만 하는 것은 아니다. '가깝다'는 말을 다른 방식으로 정의하면 다른 계산방법이 나온다. 예를 들어 '수직방향 거리 자체의 합'으로써 '가까운' 정도를 정의하는 방법은 최소절대편차법(Least Absolute Deviations)이라고 하며, 최소제곱법이 발표되기 약 50년 전인 1757년(영조 33년)에 이미 소개되었다(Farebrother 1999 참조). 최소제곱법과 달리 최소절대편차법은 여러 점들과 직선 간의 거리를 각 점들로부터 그 직선까지의 수직방향 거리(절댓값)들의 합으로 정의하고 이를 최소화한다.

다른 방법들도 존재한다. 수직방향 거리들의 제곱의 합 대신 제곱의 중위값(median)*을 최소화하는 방법도 있다(Rousseeuw, 1984). 이를 Least Median of Squares 방법이라고 한다. 수직방향 거리의 최댓값을 취하는 방법도 있다. 이 방법은 "minimax" 방법이라 하는 것으로서, Farebrother (1999)에 따르면 최소제곱법이 발표되기 약 20년 전인 1786년(정조 10년)에 수학자 라플라스(Laplace)가 이야기했다고 한다.

아직 구체적으로 어떻게 계산하는지는 배우지 않았지만, 다음의 R 명령어를 사용하면, 리모콘을 눌러서 TV 채널을 바꾸듯이, 앞의 공무원비율과 재정자립도 자료에 최소제곱법과 최소절대편차법에 따른 두 직선을 덧그릴 수 있다. 최소절대편차법 추정은 quantreg 패키지**의 rq 명령에 구현되어 있다. data(Pubserv) 명령으로 Pubserv 자료를 읽어들인 다음, 아래 명령을 실행하여 보라.

```
> Pubserv1 <- subset(Pubserv, servpc<28)
> plot(finind~servpc,data=Pubserv1,pch=19)
> abline(lm(finind~servpc,data=Pubserv1),lty=1)
> library(quantreg)
> abline(rq(finind~servpc,data=Pubserv1),lty=2)
```

그 결과가 〈그림 3.5〉에 있다. 최소제곱법(lm 명령)에 따른 직선(실선)과 최소절대편차법(rq 명령)에 따른 직선(점선)은 비슷하나 동일하지는 않다. 여러분은 어떤 것이 더 나아 보이는가? 필자의 눈에는 둘 다 괜찮아 보이면서도 (점들의 배치가 직선 모양이 아닌 것 같아서) 둘 다 마음에 꼭 들지는 않는다. 필자나 여러분의 마음에 들든 말든 상관없이, 〈그림 3.5〉의 실선 직선은 최소제곱법을 이용하여 그린 것이고 점선 직선은 최소절대편차법을 이용하여 그린 것이다.

위의 예에서 여러분은 최소절대편차법에 따른 추정을 단 한 명령어(마지막 줄의 rq)로써 수행할 수 있었지만 이 계산은 사실 만만치 않아서 계산기를 두드려서는 추정값을 구할 수 없고 컴퓨터의 최소화 알고리즘을 적용해서만 구할 수 있다. 또, 이 계산결과에 따라 구하는 직선의 성질을 알기도 쉽지 않다. 반면 최소제곱 추정값은 계산기를 두드려서도 구할 수 있을 만큼 계산이 쉽고 그 성질 또한 비교적 쉽게 알 수 있다.

*크기 순으로 일렬로 늘어 놓을 때 한가운데에 있는 값

**install.packages('quantreg') 명령으로 설치하면 된다.

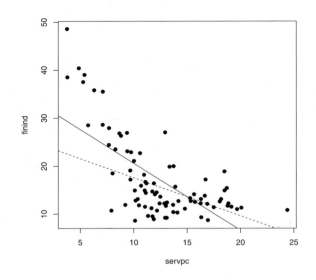

〈그림 3.5〉 최소제곱법(실선)과 최소절대편차법(점선)

자료집합 내 n개 점들과 한 직선 사이의 거리를 수학적으로 어떻게 정의하느냐에 따라 직선을 그리는 계산법이 달라지고 그에 따른 직선은 달라진다. 가장 손쉬운 계산방법은 아마도 최소제곱법일 것이다. 우리는 앞으로 최소제곱법에 대하여 주로 이야기한다.

왜 최소제곱법을 사용하는가

왜 최소제곱법(OLS)을 사용하는가 하는 질문이 당연히 제기되지 않을까 싶다. 구체적으로 다음 질문을 생각해 보자. 각 질문의 요점을 강조하였다.

1. 왜 수직방향 거리인가?
2. 왜 수직방향 거리를 제곱하는가?
3. 왜 수직방향 거리의 제곱을 합하는가?
4. 왜 최소화하는가?
5. 어떻게 이를 최소화하는가?

이 중 5번은 답이 확실히 있는 명료한 질문으로서 52쪽 이하의 "어떻게 최소화할 것인가" 소절에서 설명할 것이다. 1–4번에 대하여 가장 짧고 무성의해 보이지만 필자가 좋아하는 답은 "나중에 알게 될 것"이라는 것이다. 조금 더 성의 있게 설명하면, "그렇게 하면 좋은 추정값이 구해진다"는 것이다(물론 "좋다"는 말의 뜻을 정의하여야 할 것이다). 각 질문별로 약간 더 긴 답은 다음과 같다.

1. 설명하고자 하는 대상이 Y이므로.
2. 그렇게 하면 편하고, 또 좋은 결과를 얻으므로.

3. 그렇게 하면 편하고, 또 좋은 결과를 얻으므로.

4. 가능한 한 잘 맞추고 싶으니까.

1–4번의 왜 최소제곱법을 사용하느냐는 질문에 대하여 조금 더 길게 설명해 보자. 1번 질문의 요지는 왜 수평거리나 점에서 직선까지의 최단거리가 아니라 하필 수직방향 거리를 중요시하느냐는 것이다. 이에 대해 직관적으로 설명하자면, 우리의 목적은 X(수평축)로써 Y(수직축)를 설명하는 것이며, 따라서 Y가 얼마만큼 설명되지 않았는가를 나타내는 수직방향 거리가 중요하다는 것이다. 만약 우리의 목적이 X(수평축)를 설명하는 것이라면 수평방향 거리가 중요할 것이다.

2번 질문은 왜 하필 거리 자체(절댓값)나 거리의 4제곱 등 다른 함수를 취하는 것이 아니라 거리를 제곱하느냐는 것이다. 이에 대한 답은 "반드시 그러지 않아도 된다"는 것이다. 거리 자체의 합을 최소화시키는 방법(최소절대편차법)도 있음을 앞에서 보았다. 그러나 수직방향 거리의 제곱합을 최소화시키지 않는 방법은 최소제곱법이라고 하지 않는다. 다음의 대화로 설명을 계속하자.

질문: 그럼 이 책에서는 왜 하필 제곱하여 합하는 방법을 설명하나요?

답변: 최소제곱법을 다루고 있으니까요.

질문: 왜 최소제곱법을 다루나요?

답변: 그 방법을 많이 사용하니까요.

질문: 왜 그 방법을 많이 사용합니까?

답변: 쉬우니까요.

질문: 그뿐입니까?

답변: 그뿐만은 아닙니다. 그 방법을 써서 구한 추정값이 좋은 성질을 가지고 있다는 것도 중요한 이유이지요.

질문: 좋은 성질이란 무엇을 말합니까?

답변: 거기에 대해서는 나중에 이야기합시다.

다시 말해 2번 질문에 대한 답은 그렇게 하면 쉽고 또 좋은 추정값이 나온다는 것이다. 이 최소제곱법은 여러 가능한 방법들 중 하나일 뿐 결코 유일한 방법이 아니다. 단지 최소제곱법이 계산하기 쉽고 이를 사용한 추정값이 좋은 성질을 가지고 있기 때문에 사람들이 많이 사용하는 것일 뿐이다.

3번은 일단 건너뛰고 4번의 왜 최소화하는가 하는 문제를 보자. 이 질문에 답하려면 우리의 목적이 무엇인지 생각해 보아야 한다. 우리가 원하는 것은 많은 점들을 보기 좋게 통과하는 직선을 그리는 것이다. 그런데 각 점들로부터 직선에 이르는 수직방향 거리는 그 점들의 "Y값"이 직선으로부터 얼마만큼 벗어나 있는지를 측정한다. 그러므로 직선을 점들에 가깝게 그리려면 이 거리들을 작게 만들어 줄수록 좋을 것이다. 그래서 4번의 최소화시키는 전략이 적절하다.

그런데 우리에게는 하나의 점만 있는 것이 아니라 많은 점들이 있고(〈그림 3.2〉의 경우는 84개의 점, 〈그림 3.3〉에는 501개의 점), 따라서 직선 하나를 그리면 많은 수직방향 간격들(〈그림 3.2〉에는 84개의 간격들, 〈그림 3.3〉에는 501개의 간격들)이 존재한다. 어떤 경우에는 한 직선이 다른 직선보다 분명히 나아 보일 수 있지만 그렇지 않을 수도 있다. 예를 들어 〈그림 3.4〉 오른쪽 그림의 실선은 왼쪽 그림의 점선보다 분명히 나아 보이지만, 오른쪽 직선을 살짝 비틀면 눈으로 보아서는 비틀기 전과 후 중 어느 것이 더 나은지 알 수 없게 된다. 여러 점들이 있으므로 어떤 직선은 어떤 점들로부터는 거리가 가깝지만 다른 점들로부터는 거리가 멀고, 또 다른 직선은 그 반대일 수 있다. 여기서 뭔가 선택의 기준을 제공해야 하는데, 최소제곱법은 이 거리의 제곱을 모두 합한 값이 최소화되도록 만드는 방법이다. 이것이 3번(왜 합하는가)에 대한 하나의 답이다. 그러나 합하는 것만이 유일한 방법인 것은 아니다. 대화를 계속 해 보자.

질문: 최소제곱법은 거리의 제곱을 합한 것을 최소화하는 방법이라고 하셨는데요, 왜 합해야 하는데요? 합하는 대신에 중위값이나 최댓값을 취하면 안 됩니까?

답변: 누가 "합해야 한다"고 했습니까? 최소제곱법이 거리의 제곱을 합한 것을 최소화하는 방법이라고 했지요.

질문: 그럼 왜 하필 합하는 방법에 대해 이야기합니까?

답변: 그 방법이 최소제곱법이니까요.

질문: 그럼 왜 하필 최소제곱법을 이야기합니까?

답변: 그 질문 앞에서도 한 것 같지 않습니까?

사실 지금 단계에서 최소제곱법에 대하여 "왜" 그것을 하는지 질문하는 것은 적절하지 않을지도 모른다. 오히려 "최소제곱법은 무엇이며 실제로 어떻게 구현하는가" 하고 질문한 후 "이렇게 구한 추정값들은 어떠한 성질을 갖는가" 하고 질문하는 것이 더 도움이 된다. 이것은 마치 중학생 때 담배를 피우다가 어머니한테 들켰는데 어머니가 "너는 왜 그 모양이니?" 하고 물으시니까 일단 '그 모양'에 해당하는 행동을 정의하고 나서 '그 모양'에 해당하는 행동이 나의 신체와 인간관계 등에 미치는 영향을 분석한 후 마지막으로 "나는 왜 그 모양일까" 하는 질문에 답하려 시도하는 것과 같다. 모든 경우에 적절하지는 않겠지만 최소제곱법에 대하여 공부할 때에는 꽤 유용한 태도이다. 사실 '왜'라는 질문에는 지금 당장 답하지 않아도 좋다.

어떻게 최소화하는가

마지막으로 5번은 최소제곱법(OLS)을 어떻게 구현하는가 하는 문제이다. 이는 수학 문제로서 1–4번에 비하여 답하기가 훨씬 쉬우며 깔끔하게 해결된다.

주어진 n개의 관측치 $(x_1, y_1), (x_2, y_2), \ldots, (x_n, y_n)$으로부터 최소제곱법에 따라 직선을 그린다고 하자. 최소제곱법이라는 것은 잘 정의된 방법이고 직선의 절편과 기울기가 분명히 구해진다는 사실이 알려져 있다. 그 절편과 기울기를 각각 $\hat{\beta}_0$과 $\hat{\beta}_1$이라 표시하자. $\hat{\beta}_0$과 $\hat{\beta}_1$이 아니라 다른 방식으로 표시해도 되지만 이 책에서는 이렇게 표시한다.

이 $\hat{\beta}_0$ 및 $\hat{\beta}_1$과 모수인 β_0 및 β_1은 서로 다름에 주의하라. β_0과 β_1이 모집단의 성질을 나타내는 파라미터(즉, 모수)라면 $\hat{\beta}_0$과 $\hat{\beta}_1$은 주어진 표본으로부터 최소제곱법에 따라 직선을 그려서 나오는 절편과 기울기(즉, 추정값)이다. 만일 최소제곱법으로부터 구한 절편과 기울기를 모집단 파라미터와 똑같이 β_0과 β_1으로 표현하면 상이한 것을 동일한 기호로 표현하기 때문에 큰 혼란을 가져온다. 따라서 자료로부터 구한 절편과 기울기에 대해 뭔가 다른 부호를 사용해야 한다. 어떤 책에서는 b_0과 b_1로 나타내기도 하는데, 필자는 습관적으로 $\hat{\beta}_0$과 $\hat{\beta}_1$으로 표기한다.

$\hat{\beta}_1$은 보통 "β_1 햇(hat)"이라고 읽는데 β_1이 모자를 썼다는 말쯤 된다. 사람은 보통 모자를 쓰든 말든 그 본질이 똑같지만 이 책에서는 모자를 쓰는 순간 완전히 다른 것이 된다. 마치 눈가에 점을 하나 찍어서 완전히 딴 사람이 되는 드라마와 같은데, 그 드라마에서 그 사람은 예전 사람과 동일하지만, β_1이 모자를 쓰면 존재 자체가 바뀐다. $\hat{\beta}_1$이 β_1을 추정한다는 점을 제외하면 β_1과 $\hat{\beta}_1$은 완전히 다른 존재이다. $\hat{\beta}_0$도 β_0과 다르다. 무엇보다도, $\hat{\beta}_0$과 $\hat{\beta}_1$은 자료로부터 구하는 값인 반면 β_0과 β_1은 우리가 모르는 모수이다.

이제 원래 질문으로 돌아가서, 주어진 관측치들로부터 최소제곱법에 따라 $\hat{\beta}_1$과 $\hat{\beta}_0$을 어떻게 구하는지 생각해 보자. 일단 답을 말하면 $\hat{\beta}_0$과 $\hat{\beta}_1$이 반드시 다음 두 조건을 만족시켜야 한다는 것이다.

$$\sum_{i=1}^{n}(y_i - \hat{\beta}_0 - \hat{\beta}_1 x_i) = 0 \tag{3.1}$$

$$\sum_{i=1}^{n}x_i(y_i - \hat{\beta}_0 - \hat{\beta}_1 x_i) = 0 \tag{3.2}$$

위 식 (3.1)의 좌변은 $(y_1 - \hat{\beta}_0 - \hat{\beta}_1 x_1) + (y_2 - \hat{\beta}_0 - \hat{\beta}_1 x_2) + \cdots + (y_n - \hat{\beta}_0 - \hat{\beta}_1 x_n)$을 짧고 효율적인 방식으로 쓴 것이고 (3.2)의 좌변도 n개 항들의 합을 짧게 쓴 것이다.

식 (3.1)과 (3.2)는 최소제곱법에서 매우 중요한 방정식으로서 직교방정식(normal equations)이라는 이름이 붙여져 있다.* 최소제곱 추정법이 왜 이 두 방정식을 만족시켜야 하는지는 본 절의 부록에서 수학적으로 설명하였다.

'직교방정식'이라는 말에서 '직교'는 $(1,1,\ldots,1)$ 벡터와 "잔차"$(y_i - \hat{\beta}_0 - \hat{\beta}_1 x_i)$들의 벡터가 서로 직교(normal)하며, 또한 $(x_1,\ldots,x_n)$ 벡터가 잔차들의 벡터와 직교(normal)함을 의미한다.[6] 벡터 $a = (1,1,\ldots,1)$과 벡터 $b = (y_1 - \hat{\beta}_0 - \hat{\beta}_1 x_1, y_2 - \hat{\beta}_0 - \hat{\beta}_1 x_2, \ldots, y_n - \hat{\beta}_0 - \hat{\beta}_1 x_n)$의 내적은 식 (3.1)의 좌변과 같다. 그러므로 식 (3.1)은 a와 b가 직교한다는 뜻이다. 이와 마찬가지로, 벡터 $c = (x_1, x_2, \ldots, x_n)$과 벡터 b의 내적은 식 (3.2)의 좌변과 같으므로, 식 (3.2)는 c와 b가 직교한다는 뜻이다.

*여기서 "normal"은 직교함을 뜻하며, 정규(normal)분포와 아무런 관련도 없다. dictionary.com에 의하면 'normal'은 수학적으로 'being at right angles, as a line; perpendicular'라는 뜻도 가지고 있다.

직교방정식 (3.1)과 (3.2)는 두 개의 식이고, 이 식으로부터 구해야 할 대상은 $\hat{\beta}_0$과 $\hat{\beta}_1$ 둘이다. 그러므로 나쁜 상황("특이한" 상황)이 아니면 이 두 미지수에 대하여 식을 풀 수 있을 것이다. 구체적으로, $x_1, x_2, \ldots, x_n$ 이 모두 동일하지는 않아 $\sum_{i=1}^{n}(x_i - \bar{x})^2 \neq 0$이면(비특 이성의 가정이라 함) 두 방정식이 풀린다. 구체적으로, $\bar{x} = (1/n)\sum_{i=1}^{n} x_i$이고 $\bar{y} = (1/n)\sum_{i=1}^{n} y_i$ 라고 할 때 그 해는 다음과 같다(증명은 본 절의 부록 참조).

$$\hat{\beta}_1 = \frac{\sum_{i=1}^{n}(x_i - \bar{x})(y_i - \bar{y})}{\sum_{i=1}^{n}(x_i - \bar{x})^2} \tag{3.3}$$

$$\hat{\beta}_0 = \bar{y} - \hat{\beta}_1 \bar{x} \tag{3.4}$$

이제 $(x_1, y_1), (x_2, y_2), \ldots, (x_n, y_n)$ 의 자료가 있으면 (3.3)과 (3.4)의 공식에 따라서 $\hat{\beta}_1$과 $\hat{\beta}_0$ 을 구할 수 있다. 참고로, 식 (3.4)를 $\bar{y} = \hat{\beta}_0 + \hat{\beta}_1 \bar{x}$로 쓸 수 있는데, 이는 $(\bar{x}, \bar{y})$ 점이 절편이 $\hat{\beta}_0$이고 기울기가 $\hat{\beta}_1$ 인 직선상에 놓여 있음을 의미한다.

또한 $\sum_{i=1}^{n}(x_i - \bar{x}) = 0$이므로, $\sum_{i=1}^{n}(x_i - \bar{x})\bar{y} = 0$이며, 따라서 $\sum_{i=1}^{n}(x_i - \bar{x})^2 \neq 0$일 때 식 (3.3)의 $\hat{\beta}_1$ 은 다음과 같이 나타낼 수도 있다.

$$\hat{\beta}_1 = \frac{\sum_{i=1}^{n}(x_i - \bar{x})y_i}{\sum_{i=1}^{n}(x_i - \bar{x})^2} \tag{3.5}$$

▶ **연습 3.3.** 자명하지만, $\sum_{i=1}^{n}(x_i - \bar{x})(y_i - \bar{y}) = \sum_{i=1}^{n}(x_i - \bar{x})y_i$ 임을 증명하라.

▶ **연습 3.4.** 식 (3.3)과 (3.4)의 $\hat{\beta}_1$ 과 $\hat{\beta}_0$ 은 통계량인가?

특이성(singularity)이란 일반적인 법칙을 적용할 수 없고 각각 따로 살펴보아야 하는 상황을 의미한다. 예를 들어, 잘은 모르지만, 빅뱅이나 블랙홀에서는 일반상대성이론에 따르는 물리법칙이 작동하지 않는다고 한다. 이것이 일반상대성이론이 맞부딪히는 특이한 상황이다. 식 (3.3)의 분모와 분자가 모두 0이 되면 정상적인 수학의 법칙이 적용되지 않는 상황이므로 특이성을 갖게 된다. 마치 사과 0개를 0명이 나누어 먹는 상황처럼 수학으로써 표현할 수 없는 특이한 상황이다. 표본 내 설명변수 값들이 모두 동일할 때 이러한 특이성이 나타난다. 만일 비특이성의 가정이 위배되면, 즉 $x_1 = x_2 = \cdots = x_n$이면, 모든 i에 대하여 $x_i - \bar{x} = 0$이므로 식 (3.3)의 분모와 분자가 0이 되어 $\hat{\beta}_1$ 이 결정되지 않고 따라서 $\hat{\beta}_0$ 도 결정되지 않는다. 이 경우 두 식을 만족시키는 해가 무수히 많다(자세한 내용은 3.5절 참조). 이 특이한 상황을 제외하면 식 (3.3)의 $\hat{\beta}_1$ 은 유일하게 잘 정의되고 $\hat{\beta}_0$도 (3.4)에 의하여 유일하게 결정된다.

앞에서 〈그림 3.4〉의 오른쪽 패널과 〈그림 3.5〉의 실선은 식 (3.3)과 (3.4)에 따라 구한 절편과 기울기에 해당하는 직선을 그린 것이다. 이 직선의 절편과 기울기는 최소제곱법에 따라 구하였으므로 점들로부터 직선까지의 수직방향거리들의 제곱의 합이 최소화된다. 얼핏 보기에 이 직선이 점들에 어울리게 잘 그려진 것 같지 않아 보일 수도 있다. 솔직히 필자의 눈에는 실선보다 좀 더 가파르게 선을 그려야 할 것 같기도 하다. 하지만 이는 최소제곱법이 점에서 직선까지의 최단거리가 아닌 수직방향거리의 제곱합을 최소화하기 때문에 나타나는 착시현상일 수도 있다. '거리'를 평평한 공간에서 고정된 자로 잰 통상적인 거리로 정의하는 한, 여러분이 아무리 절편과 기울기를 바꾸어 보아도 수직방향 거리의 제곱합을 더 작게 만들 수는 없다.

이하 본 절의 부록에서는 직교방정식 (3.1)과 (3.2)를 도출하고, 비특이성의 가정하에서 그 해인 (3.3)과 (3.4)를 구한다. 수학에 관심이 없는 독자는 건너 뛰어도 좋다.

부록 3.3A 직교방정식 (3.1)과 (3.2)의 도출

미분을 아는 사람들에게 식 (3.1)과 (3.2)를 도출하는 가장 손쉬운 방법은 미분법을 이용하는 것이다. 절편을 b_0라 하고 기울기를 b_1이라 할 때 한 점 (X, Y)로부터 직선 $y = b_0 + b_1 x$까지의 수직방향거리는 $Y - b_0 - b_1 X$의 절대값으로 나타난다. 따라서 n개의 관측치인 $(x_1, y_1), (x_2, y_2), \ldots, (x_n, y_n)$으로 표시되는 모든 점들로부터 직선 $y = b_0 + b_1 x$까지의 수직방향거리를 제곱해서 합한 것은

$$(y_1 - b_0 - b_1 x_1)^2 + (y_2 - b_0 - b_1 x_2)^2 + \cdots + (y_n - b_0 - b_1 x_n)^2,$$

또는 여러분이 잘 아는 합산($\sum$) 부호를 사용하면

$$\sum_{i=1}^{n} (y_i - b_0 - b_1 x_i)^2 \tag{3.6}$$

이 된다. 이를 b_0와 b_1에 대하여 미분한 후, 그 값을 0으로 만들면 OLS 추정값을 구할 수 있다. 그 해를 $\hat{\beta}_0$와 $\hat{\beta}_1$이라고 하자. 식 (3.6)을 b_0과 b_1으로 각각 미분하여 0과 등치시킨 후 양변을 -2로 나누어서 $b_0 = \hat{\beta}_0$과 $b_1 = \hat{\beta}_1$을 대입하면 (3.1)과 (3.2)를 얻는다.[7]

미분을 모르거나 미분에 관심이 없는 사람은 식 (3.1)과 (3.2)가 수직방향거리의 제곱합을 최소화시킴을 다음과 같이 증명할 수 있다. 먼저 b_0과 b_1이 어떤 두 숫자라고 하자. 우리가 보이고 싶은 것은 $\hat{\beta}_0$과 $\hat{\beta}_1$이 (3.1)과 (3.2)를 만족할 때 다음이 반드시 성립한다는 것이다.

$$\sum_{i=1}^{n} (y_i - b_0 - b_1 x_i)^2 \geq \sum_{i=1}^{n} (y_i - \hat{\beta}_0 - \hat{\beta}_1 x_i)^2 \tag{3.7}$$

그런데

$$y_i - b_0 - b_1 x_i = (y_i - \hat{\beta}_0 - \hat{\beta}_1 x_i) + [(\hat{\beta}_0 - b_0) + (\hat{\beta}_1 - b_1) x_i]$$

이므로 $(a+b)^2 = a^2 + b^2 + 2ab$ 공식으로부터

$$\sum_{i=1}^{n} (y_i - b_0 - b_1 x_i)^2 = \sum_{i=1}^{n} (y_i - \hat{\beta}_0 - \hat{\beta}_1 x_i)^2 + \sum_{i=1}^{n} [(\hat{\beta}_0 - b_0) + (\hat{\beta}_1 - b_1) x_i]^2$$

$$+ 2 \sum_{i=1}^{n} (y_i - \hat{\beta}_0 - \hat{\beta}_1 x_i) [(\hat{\beta}_0 - b_0) + (\hat{\beta}_1 - b_1) x_i]$$

가 나온다. 위 식 둘째 줄은 식 (3.1)과 (3.2) 때문에 0이 된다(연습 3.5 참조). 또한 우변의 둘째 항은 제곱의 합이기 때문에 결코 음수가 될 수 없다. 종합하면, 좌변은 우변 첫째 항에 0 이상인 수를 더한 것으로서, 좌변은 우변 첫째 항보다 작을 수 없다. 다시 말해 (3.7)을 증명하였다. 참고로 이 증명법은 미분을 모르는 학생들을 위해서 여러 교과서에서 제시되지만, 증명보다 풀이에 길들여져 있는 학생들에게는 오히려 더 난해한 면이 있다. 하지만 이 증명을 따라가다 보면 식 (3.1)과 (3.2)의 중요성을 좀 더 잘 이해하게 된다.

▶ **연습 3.5.** 식 (3.1)과 (3.2)가 만족될 때 모든 b_0과 b_1에 대하여 다음이 성립함을 증명하라.

$$\sum_{i=1}^{n}(y_i - \hat{\beta}_0 - \hat{\beta}_1 x_i)[(\hat{\beta}_0 - b_0) + (\hat{\beta}_1 - b_1)x_i] = 0$$

증명을 완결시키기 위해서는 "만일 $\hat{\beta}_0$과 $\hat{\beta}_1$이 두 직교방정식을 만족시키고 b_0과 b_1이 두 직교방정식 중 하나라도 만족시키지 않으면

$$\sum_{i=1}^{n}(y_i - b_0 - b_1 x_i)^2 > \sum_{i=1}^{n}(y_i - \hat{\beta}_0 - \hat{\beta}_1 x_i)^2$$

임"도 보여야 한다. $\hat{\beta}_0$과 $\hat{\beta}_1$이 두 직교방정식을 만족시키므로, 앞에서 보았듯이 다음이 성립한다.

$$\sum_{i=1}^{n}(y_i - b_0 - b_1 x_i)^2 = \sum_{i=1}^{n}(y_i - \hat{\beta}_0 - \hat{\beta}_1 x_i)^2 + \sum_{i=1}^{n}[(\hat{\beta}_0 - b_0) + (\hat{\beta}_1 - b_1)x_i]^2$$

우변의 둘째 항은

$$\sum_{i=1}^{n}[(\hat{\beta}_0 + \hat{\beta}_1 x_i) - (b_0 + b_1 x_i)]^2$$

인데, $(\hat{\beta}_0, \hat{\beta}_1)$이 직교방정식들을 만족시키고 (b_0, b_1)이 직교방정식들을 만족시키지 않으면 반드시 $b_0 + b_1 x_i \neq \hat{\beta}_0 + \hat{\beta}_1 x_i$인 i가 적어도 하나는 존재한다. 왜냐하면, 만일 모든 i에 대하여 $b_0 + b_1 x_i = \hat{\beta}_0 + \hat{\beta}_1 x_i$이면 (b_0, b_1)도 직교방정식들을 만족시켜야 하기 때문이다. 그러므로 b_0과 b_1이 직교방정식들을 만족시키지 않으면 위의 제곱합은 반드시 엄밀히 양(+)이 된다. 다시 말하여, b_0과 b_1이 직교방정식들 중 하나라도 만족시키지 않으면 반드시 다음의 강한 부등식이 성립한다.

$$\sum_{i=1}^{n}(y_i - b_0 - b_1 x_i)^2 > \sum_{i=1}^{n}(y_i - \hat{\beta}_0 - \hat{\beta}_1 x_i)^2$$

부록 3.3B 최소제곱 추정량 (3.3)과 (3.4)의 도출

이하에서는 비특이성하에서 식 (3.3)과 식 (3.4)를 식 (3.1)과 식 (3.2)로부터 도출한다. 우선 (3.1)의 양변을 n으로 나누면

$$\frac{1}{n}\sum_{i=1}^{n}y_i - \hat{\beta}_0 - \hat{\beta}_1\left(\frac{1}{n}\sum_{i=1}^{n}x_i\right) = 0, \quad \text{즉} \quad \hat{\beta}_0 = \frac{1}{n}\sum_{i=1}^{n}y_i - \hat{\beta}_1\left(\frac{1}{n}\sum_{i=1}^{n}x_i\right)$$

가 되는데, $(1/n)\sum_{i=1}^{n}y_i$를 $\bar{y}$라고 표기하고 $(1/n)\sum_{i=1}^{n}x_i$를 $\bar{x}$라고 표기하였으므로 곧바로 (3.4)를 얻는다. 다음으로 이 (3.4)를 (3.2)에 대입하여 풀면, 분모인 $\sum_{i=1}^{n}(x_i - \bar{x})^2$이 0이 아니라는 가정(즉, 비특이성 가정)하에서 (3.3)이 구해진다(직접 해 보라).

3.4 짧은 예제들

이제 최소제곱 추정에 관한 몇 가지 예제들을 살펴본다.

공무원 비율과 재정자립도

3.2절에서는 재정자립도 $= \beta_0 + \beta_1$공무원비율 $+ u$라는 모형을 살펴보았다. 이제는 (우리가 뭐든지 계산할 수 있다는 것을 보여 주기 위해) 재정자립도와 공무원 비율에 로그를 취하여

$$\log(\text{재정자립도}) = \beta_0 + \beta_1 \log(\text{공무원비율}) + u$$

모형을 추정한다. R의 자동 추정 기능을 활용하자. 다음 결과를 보라.

```
1  > library(loedata)
2  > data(Pubserv)
3  > Pubserv1 <- subset(Pubserv, servpc<28)
4  > nrow(Pubserv1)
5  [1] 84
6  > lm(log(finind)~log(servpc),data=Pubserv1)
7
8  Call:
9  lm(formula = log(finind) ~ log(servpc), data = Pubserv1)
10
11 Coefficients:
12 (Intercept)   log(servpc)
13      4.7675       -0.8212
```

1번 행은 이미 실행했으면 반복해서 실행할 필요가 없다. 2번 행은 `Pubserv` 자료를 읽어 들이고, 3번 행에서는 (별 이유 없이, 우리는 뭐든지 계산할 수 있다는 것을 보여 주려고) 인천 옹진군과 경북 울릉군을 제외*하기 위하여, 인구 1천명당 공무원 수(`servpc`)가 28명 미만인 지역들만 추출하여 `Pubserv1`에 저장한다. 5번 행에 따르면 표본크기는 84이다. 6번 행의 `lm`으로 시작하는 명령어는 '~' 좌변의 `log(finind)`를 그 우변의 `log(servpc)`로 회귀한다. 13번 행에 절편 추정값은 **4.7675**이고 기울기 추정값은 **-0.8212**이다. 이 결과에 따르면, 여타 요소가 동일할 때, 공무원 비율이 10% 높은 지역의 재정자립도가 약 8.2% 낮은 것으로 추정된다.**

3행에서 `Pubserv1`이라는 자료집합을 별도로 만들었는데, 그러지 않고 6행 대신 곧바로 `lm(log(finind)~log(servpc),data=Pubserv,subset=servpc<28)`이라고 해도 좋다.

---

*실제 계량경제 분석에서 관측치들을 제외하는 문제는 매우 미묘하므로 신중하게 처리하기 바란다.

기울기 추정값 **-0.8212는 우변의 `log(servpc)`가 0.1만큼 증가할 때 좌변의 `log(finind)`가 **-0.08212** 만큼 증가함을 의미한다. 이는 `finind`의 약 8.2% 감소에 해당한다.

위에서 공무원 비율(servpc)과 재정자립도(finind)의 단위가 천분율(‰)과 백분율 (%)이기 때문에 "공무원 비율이 10% 높은 지역의 재정자립도가 약 8.2% 낮다"는 말의 뜻이 약간 혼란스러울 수 있다. 단위 자체가 비율인 변수의 백분율 증가가 얼마나 큰 변화인지 이해하려면, 단위가 비율이라는 사실을 무시하고 숫자만 읽은 다음 이 숫자를 백분율 증가시키고 나서 마지막에 단위를 다시 붙여 보면 도움이 된다. 예를 들어 공무원 비율 20‰보다 10% 증가한 값을 구하려면, 먼저 20‰에서 단위를 제거하고 20이라는 숫자를 취해서 10% 증가시킨다. 그러면 22라는 숫자를 얻는데, 이 22에 단위인 ‰를 붙인 22‰가 답이 된다. 이처럼 20‰에서 22‰로 증가하는 것은 10% 증가이다. 참고로 20‰ 에서 22‰로 증가할 때의 증가폭인 '2'를 지칭할 때에는 "2 포인트 증가"라고 말한다(2.7절 참조). 재정자립도의 단위는 백분율(%)이며 앞의 이야기가 거의 그대로 적용된다. 예를 들어 재정자립도 20%에 비하여 8.2% 높은 것은 $20 \times (1 + 0.082) = 21.64\%$이다. 이것은 또한 $21.64 - 20 = 1.64\%$ 포인트 증가이기도 하다. 백분율의 증가폭은 통상적으로 그냥 '포인트'라 하지 않고 '퍼센트 포인트'라 한다.

앞에서는 R의 자동 연산 기능을 활용하여 최소제곱 추정값을 구하였다. 이제 교육목적 상 이상의 결과를 귀찮은 수동의 방법으로 얻어 보자. 간단한 표기를 위하여 $x = \log(servpc)$ 이고 $y = \log(finind)$라 하자. 앞의 코드들을 아직 실행해 보지 않았다면 처음 3줄을 실행 하여 Pubserv1에 84개 관측치로 이루어진 자료가 들어 있도록 한 후 다음을 입력한다.

```
1  > x <- log(Pubserv1$servpc)
2  > y <- log(Pubserv1$finind)
3  > xd <- x-mean(x)
4  > b1 <- sum(xd*y)/sum(xd^2)
5  > b0 <- mean(y)-b1*mean(x)
6  > c(b0,b1)
7  [1]  4.7674536 -0.8212005
```

log(Pubserv1$servpc)나 log(Pubserv1$finind)처럼 복잡한 표현을 반복해서 타 이핑하면 귀찮으므로 첫 두 줄에서 이 둘을 각각 x와 y에 저장하였다. 3번 행에서는 $x_i - \bar{x}$ 값 84개를 만든다. 4번 행에서는 $\hat{\beta}_1 = \sum_{i=1}^{n} (x_i - \bar{x}) y_i / \sum_{i=1}^{n} (x_i - \bar{x})^2$의 공식에 따라 $\hat{\beta}_1$을 구하고, 5번 행에서는 $\hat{\beta}_0 = \bar{y} - \hat{\beta}_1 \bar{x}$의 공식에 따라 $\hat{\beta}_0$을 구한다. 6번 행에서 이 둘을 화면에 출력하고 그 결과는 7번 행에 있다. 이 7번 행의 결과는 앞에서 lm 명령을 사용하여 구한 결과와 동일하다.

이제 다음 명령으로써 그림을 그려 보자.

```
> plot(log(finind)~log(servpc),data=Pubserv1)
> abline(b0,b1)
```

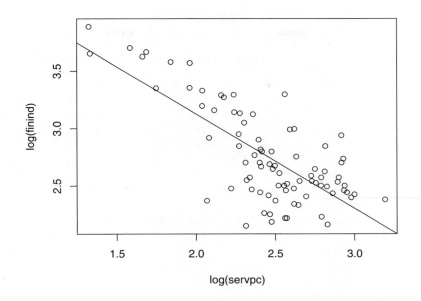

〈그림 3.6〉 log(재정자립도)를 log(공무원 비율)에 회귀한 결과

첫째 줄은 자료의 점을 찍고 둘째 줄은 `lm`을 사용하여 구한 최소제곱 추정값들을 이용하여 직선을 그린다. 그 결과는 〈그림 3.6〉에 있다.*

  앞의 최소제곱 회귀 결과나 〈그림 3.6〉의 결과를 곧바로 인과관계로 받아들일 수는 없다. `-0.8212`라는 계수는 단순히 "인구 1천명당 공무원 수가 28명 미만인 지역들만을 대상으로 최소제곱 회귀를 하였는데, `log(servpc)`가 0.1 높은 지역에서 `log(finind)`는 `-0.08212`만큼 낮은 것으로 추정되었다"는 것 이상을 의미하지 않는다. 여타 요소들을 고정시킨 상태에서 공무원 수를 10% 늘리는 정책을 시행하면 재정자립도가 8.2% 낮아질지는 알 수 없다. 이 장에서는 오직 주어진 모형과 자료로부터 최소제곱 추정값을 구하는 수학적 방법에 대해서만 설명한다. 최소제곱 회귀의 결과가 이러한 인과적 영향을 추정해 주는지는 4장 이하에서 설명한다.

교육수준과 연간 근로소득

교육수준과 연간 소득의 관계를 나타내는 회귀식 $\log(\text{근로소득}) = \beta_0 + \beta_1 \text{교육연수} + u$ 를 `loedata` 패키지 내 `Klips` 자료(2011년 노동패널 자료에서 소득이 있는 중졸 이상 30대를

---

*이 그림을 좋아할 수도 싫어할 수도 있겠다. 필자의 눈에는 공무원 비율이 낮은 지역의 실제 관측값들 (동그라미)이 직선보다 위에 위치해 있어서 직선이 점들 사이를 관통하지 않는 것으로 보여 좀 불편하다. 하지만 지금 단계에서는 주어진 점들에 대해서 직선을 그리는 것만 생각하자. 나중에 계량경제학 기술을 연마하고 나면 이런 부류의 문제들에 대하여 좀 더 주의를 기울이게 될 것이다.

추출한 자료)를 이용하여 추정해 보자. 기혼자 정규직 노동자로 분석대상을 제한한다. 다음 명령을 이용하여 자료를 읽어들여(1번 행) 기혼자 정규직 노동자를 추출하고(2번 행), OLS 추정을 하여(3번 행) 결과를 화면에 보이며(4번 행), 자료의 산포도 그림을 그리고(13번 행), 여기에 OLS 회귀 결과를 덧그리고자 한다(14번 행).

```
1  > data(Klips, package="loedata")
2  > Klips2 <- subset(Klips, regular==1 & married==1)
3  > ols <- lm(log(labinc)~educ, data=Klips2)
4  > ols
5
6  Call:
7  lm(formula = log(labinc) ~ educ, data = Klips2)
8
9  Coefficients:
10 (Intercept)            educ
11     2.52727         0.05958
12
13 > plot(log(labinc)~educ, data=Klips2)
14 > abline(ols)
```

11번 행의 결과에 의하면 교육연수가 1년 많으면 연간 근로소득이 약 더 6% 높은 것으로 추정된다. 이 관계를 그림으로 표현하면 〈그림 3.7〉과 같다. 자료(동그라미)를 이용하여 OLS 방법으로 추정한 절편과 기울기로써 직선을 그리면 〈그림 3.7〉의 직선을

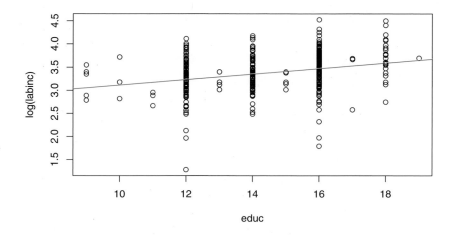

〈그림 3.7〉 교육연수와 연간 근로소득

얻는다. 절편값은 앞 실행 결과 11번 행의 **2.52727**이고 기울기 추정값은 **0.05958**이다.

고령인구비율과 흡연율

통계청에서 지역별로 흡연인구비율과 고령인구비율 자료를 얻을 수 있다. **loedata** 패키지 내 Death 데이터에는 우리나라 86개 군의 2008–2010년 연도별 흡연인구비율(smoke, 백분율), 65세 이상 고령인구비율(aged, 백분율) 및 여타 변수들에 대한 자료가 있다. 고령인구비율이 높을수록 흡연인구비율이 높을 것 같은 생각이 드는데 실제 자료가 그러한 모습을 보이는지 확인해 보자. 2010년 한 해로 분석 대상을 한정하자. 다음 명령을 이용하여 자료를 읽어들이고 최소제곱 회귀를 할 수 있다. 이하의 2번 행에서 "subset=year==2010" 이라고 한 것은 year의 값이 2010인 관측치로 제한하여 회귀를 실행한다는 뜻이다.

```
1  > data(Death, package="loedata")
2  > reg <- lm(smoke~aged, data=Death, subset=year==2010)
3  > reg
4
5  Call:
6  lm(formula = smoke ~ aged, data = Death, subset = year == 2010)
7
8  Coefficients:
9  (Intercept)          aged
10      29.0774       -0.2286
```

10번 행에 의하면 고령인구비율(aged)이 높을수록 오히려 흡연인구비율(smoke)이 낮음을 볼 수 있다. 구체적으로, aged의 값이 10만큼 높으면 smoke의 값이 평균 2.286만큼 낮은 것으로 나타난다. 그런데 aged와 smoke의 단위가 백분율이므로, "고령인구비율이 10% 포인트 높은 지역(군)의 흡연인구비율이 약 2.3% 포인트 낮다"고 해석할 수 있다.

그림으로 시각화해 보자. 앞에서와 마찬가지로 다음 명령을 사용하면 자료의 그림을 그리고 최소제곱 회귀선을 덧그릴 수 있다.

```
> plot(smoke~aged, data=Death, subset=year==2010)
> abline(reg)
```

결과는 〈그림 3.8〉에 있다. 음(−)의 상관관계가 관측되는 것을 시각적으로 확인할 수 있다.

여기서 관측한 음의 상관관계를 몇 가지로 설명하려 시도해 볼 수 있다. 하나는 나이가 들수록 흡연을 줄인다는 것이다. 또 하나는 고령인구비율이 높은 지역과 낮은 지역에 사는 사람들의 세대차이로 인하여 고령인구비율이 높은 지역에는 흡연자가 적다는 것이다. 단, 신세대일수록 흡연을 적게 한다면 고령인구비율이 높은 지역에서는 오히려 흡연자가 상대적으로

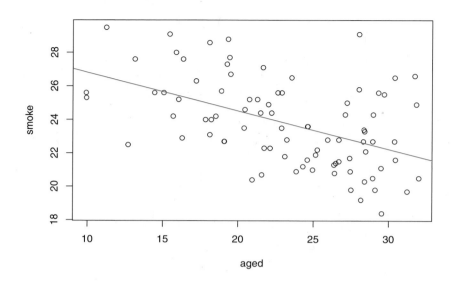

〈그림 3.8〉 2010년 우리나라 군별 고령인구비율과 흡연율

많아야 하므로 이 설명은 받아들이기 어렵다. 다른 하나는 고령인구비율이 낮은 지역에 우연히도 흡연을 부추기는 요인들(직업군 등)이 많아, 고령인구비율과 흡연인구비율이 특정한 관계를 갖는 것처럼 보인다는 것이다. 또 다른 가능성은 자연의 선택으로 인하여 고령화된 지역일수록 흡연자들이 표본에 남아 있을 가능성이 낮아 고령인구비율과 흡연인구비율이 음의 상관관계를 보인다는 것이다. 그 밖에도 다양한 가능성이 있을 것이며, 이러한 모든 요인들이 상호작용한 결과일 수도 있다. 앞에서 실행한 단순회귀만으로는 정확한 이유가 무엇인지 알 수 없다.

▶ **연습 3.6.** Death 데이터의 2008년 자료를 이용하여 smoke를 aged에 대하여 최소제곱 회귀하고, 그 결과를 시각화하는 그림을 그려라.

소비함수

R의 Ecdat 패키지에는 Consumption이라는 자료가 있다.* 이 자료는 1947년 1사분기부터 1996년 4사분기까지 캐나다의 개인가처분소득(yd, 1986년 불변가격)과 개인소비지출(ce, 1986년 불변가격)에 관한 것이다. 자동 엔진을 사용하여 소비지출을 가처분소득에 대하여 회귀하는 최소제곱 추정을 하면 다음과 같은 결과를 얻는다.

---

*아직 Ecdat 패키지를 설치하지 않았으면 install.packages("Ecdat")라고 하여 이 패키지를 설치하도록 한다. 앞에서 설명하였듯이, 설치되어 있는지 확인하려면 "Ecdat" %in% installed.packages()라고 한다.

```
> data(Consumption,package="Ecdat")
> colnames(Consumption)
[1] "yd" "ce"
> lm(ce~yd,data=Consumption)

Call:
lm(formula = ce ~ yd, data = Consumption)

Coefficients:
(Intercept)              yd
  6000.2561          0.8618
```

추정된 소비함수는 다음과 같다.

$$\widehat{C} = 6000.2561 + 0.8618\,Y$$

여기서 구한 한계소비성향(소득이 1원 늘 때 소비가 증가하는 정도)은 0.8618이다. 앞에서 수차례 본 것처럼 다음 명령으로써 그림을 그릴 수 있다. 독자들은 직접 해 보기 바란다.

```
> plot(ce~yd,data=Consumption,pch=19)
> abline(lm(ce~yd,data=Consumption))
```

결과는 〈그림 3.9〉에 있다. 〈그림 3.9〉는 점들이 너무 직선에 가까워서 오히려 마음에

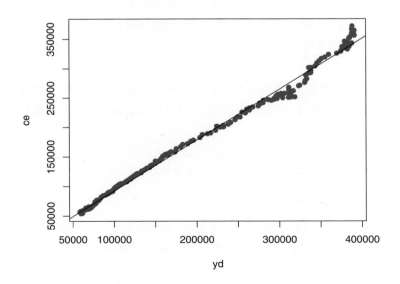

〈그림 3.9〉 가처분소득(가로축)과 소비지출(세로축)

들지 않는다. 더구나 점들이 직선의 위 아래로 규칙적으로 움직이는 느낌(천천히 올라갔다 천천히 내려오는 것을 반복하는 느낌)이 있어 뭔가 잘못되지 않았을까 하는 의심을 갖게 한다. 이 책에서 다루지는 않겠지만, 시계열 자료를 분석할 때에는 이러한 점에도 신경을 써야 한다.

유전학과 골턴의 "회귀"

R의 HistData 패키지에는 GaltonFamilies라는 자료가 있다. 이는 "회귀(regression)"라는 말을 처음 사용한 프란시스 골턴의 공책에 적힌 205개 가족 934명의 자녀에 대한 부모와 자식의 성별과 키 자료를 정리한 것이다. 자료와 출처에 관한 세부사항은 GaltonFamilies에 관한 도움말을 보면 알 수 있다.

```
> install.packages("HistData")
> library(HistData)
> ?GaltonFamilies
```

GaltonFamilies는 전체 934명 자녀에 대한 자료이며, 따라서 한 쌍의 부모가 자녀의 수만큼 반복되어 수록되어 있다. 예를 들어 자녀가 1명인 부모는 한 번 등장하고, 자녀가 15명인 부모는 15번 등장한다. 필자가 각 부모마다 한 번 등장하는 부모 수준 자료를 만들어 loedata 패키지에 Galtonpar 데이터로 포함시켰다. 이 자료집합에는 아버지의 키(father), 어머니의 키(mother), 부모의 평균 키(midparht, 아버지 키와 어머니 키 곱하기 1.08의 평균), 자녀 수(numchild), 아들의 수(numson), 딸의 수(numdtr), 자녀의 평균 키(avgchildht), 아들들의 평균 키(avgsonht), 딸들의 평균 키(avgdtrht)에 관한 205 부모의 정보가 있다. 아들이 없으면 아들 평균 키가 누락되고 딸이 없으면 딸 평균 키가 누락된다.

부모 평균 키(midparht)와 아들 평균 키(avgsonht)의 관계를 다음 명령으로써 그림으로 그려 볼 수 있다(아들이 없는 부모는 avgsonht 값이 누락되므로 제외됨).

```
1  > data(Galtonpar, package="loedata")
2  > plot(avgsonht~midparht, data=Galtonpar)
3  > abline(0,1,lty=2)
```

결과는 〈그림 3.10〉의 (a)에 있다. 편의상 45도 선을 점선으로 표시하였다(앞의 3번 행 명령). 골턴은 자식 키가 "평범함으로 회귀한다(regress to mediocrity)"고 하였는데, 이는 부모 키와 자식 키의 관계가 양의 상관을 보이기는 하지만 그 기울기가 45도 선보다는 완만하다는 것을 뜻한다. 실제 최소제곱 회귀를 해 보면 다음 결과를 얻는다. 이하의 1번 행은 앞에서 이미 실행하였으므로 중복해서 실행할 필요가 없다.

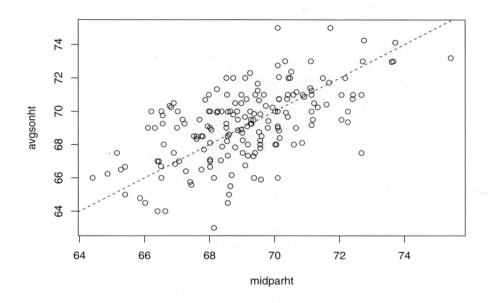

(a) 부모 평균 키와 아들 평균 키(점선은 45도 선)

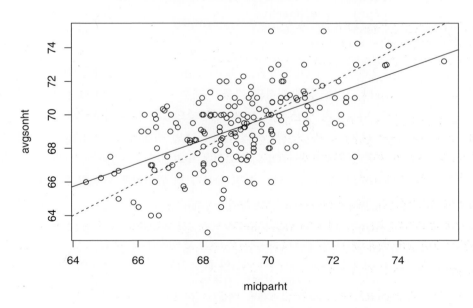

(b) 부모 평균 키와 아들 평균 키 및 회귀 결과(점선은 45도 선, 실선은 OLS 회귀선)

〈그림 3.10〉 부모 평균 키와 아들 평균 키

```
1   > data(Galtonpar, package="loedata")
2   > reg <- lm(avgsonht~midparht, data=Galtonpar)
3   > reg
4
5   Call:
6   lm(formula = avgsonht ~ midparht, data = Galtonpar)
7
8   Coefficients:
9   (Intercept)      midparht
10      21.7528        0.6871
11
12  > nobs(reg)
13  [1] 179
14  > plot(avgsonht~midparht, data=Galtonpar)
15  > abline(0,1,lty=2)
16  > abline(reg)
17  > lm(avgdtrht~midparht, data=Galtonpar)
18
19  Call:
20  lm(formula = avgdtrht ~ midparht, data = Galtonpar)
21
22  Coefficients:
23  (Intercept)      midparht
24      19.6085        0.6424
```

위의 2번 행에서 OLS 회귀를 하고, 3번 행에서 그 결과를 화면에 표시하면 5–10번 행을 얻는다. 10번 행에 의하면 기울기 계수 추정값은 **0.6871**로서 1보다 작다. 부모의 평균 키와 아들들의 평균 키를 보면 '평범함으로의 회귀'가 관측된다.

이를 그림으로 재확인할 수 있다. 14–15번 행에서 〈그림 3.10〉을 다시 그리고, 16번 행에서는 여기에 최소제곱(OLS) 회귀선을 덧그린다. 그 결과는 〈그림 3.10〉의 (b)와 같다. 실선이 OLS 회귀선인데 45도 선(점선)보다 더 완만함을 확인할 수 있다.

이상의 분석은 아들을 가진 부모들만을 대상으로 한다. 이는 아들이 없으면(numson이 0) 아들 평균 키(avgsonht)가 누락되어 분석으로부터 제외되기 때문이다. 13번 행에 의하면 회귀에 사용된 관측치의 수는 179개로 총 205개보다 작다. 이는 26 부모에게 아들이 없기 때문이다. 만약 부모의 키에 따라 아들이 없을 가능성이 변한다면 이러한 의도치 않은 관측치의 선택(selection) 혹은 표본선택 문제를 신중하게 고려하여야 할 것이다(표본선택 문제는 18.4절 참조). 제2부의 다중회귀를 사용해도 문제를 상당 부분 해결할 수 있다.

딸들의 평균 키(avgdtrht)에서도 '평범함으로의 회귀'가 관측되는지 살펴보았다. 17번 행 명령으로 19–24번 행의 결과를 얻는데, 24행에 의하면 기울기 추정값은 **0.6424**로서 1보다 작다. 딸들의 키도 "평범함으로 회귀"한다.

우주의 나이

이 예는 경제활동과 무관할 수 있으나 우주에 존재하는 무엇이든 우주의 나이와 관련되지 않는 것은 없기에 여기에 소개한다. 자연과학을 싫어하는 독자는 건너뛰어도 좋다.

R의 gamair 패키지에는 hubble이라는 자료가 포함되어 있다(자료의 출처는 Freedman et al 2001의 표 4와 5). 자료를 사용하려면 gamair 패키지를 설치하고 hubble 자료를 불러 온다. 설치는 한 번만 하면 된다.

```
> install.packages("gamair")
> data(hubble,package="gamair")
```

이 자료는 허블망원경으로부터 구한 24개 은하의 이름, 은하의 상대속도(y), 은하까지의 거리(x)에 관한 정보이다. 이 자료에서 속도의 단위는 초당 킬로미터이고 거리의 단위는 메가 파아섹(Mpc, 1백만 파아섹)이다. 1 파아섹은 3.09×10^{13} 킬로미터(약 3.26광년)이므로 거리의 단위는 3.09×10^{19} 킬로미터(약 326만 광년)* 이다. 처음 5개의 은하에 대한 자료는 다음과 같다.

```
> hubble[1:5,]
    Galaxy    y     x
1  NGC0300   133  2.00
2  NGC0925   664  9.16
3 NGC1326A 1794 16.14
4  NGC1365 1594 17.95
5  NGC1425 1473 21.88
```

1번 은하는 NGC0300으로서 우리 은하로부터의 거리는 2백만 파아섹(즉 6.18×10^{19} 킬로미터)이고 우리 은하로부터 초당 133 킬로미터의 속도로 멀어지고 있다. 2번 은하인 NGC0925는 9.16백만 파아섹 떨어져 있고 매초 664 킬로미터씩 우리로부터 멀어지고 있다.

▶ **연습 3.7.** NGC1365(4번 천체)는 우리로부터 얼마나 떨어져 있으며 1초에 얼마만큼 우리로부터 멀어져 가는가?

다음 명령으로써 거리를 수평축, 속도를 수직축으로 하여 그림을 그릴 수 있다.

---

* 1 Mpc는 지구 둘레의 771조 배, 지구에서 태양까지 거리의 2천억 배, 태양계 지름의 약 1억 배, 은하수 지름의 33배, 시속 130km의 치타가 하루 8시간씩 81조년 동안 달려야 갈 수 있는 거리, 초당 16.49km로 태양계를 떠나고 있는 보이저 1호가 등속운동을 한다면 6백억년 후에 도달할 거리, 약 15억 명 인간의 DNA를 일렬로 늘어 놓는 거리와 같다. 우리 은하와 가장 가까운 안드로메다 은하까지의 거리는 약 0.78 Mpc이다.

```
> plot(y~x, data=hubble, xlab="Distance", ylab="Velocity")
```

하지만 지금까지 `plot` 명령어로써 그림을 성실하게 그려 온 독자들이라면 이제는 좀 더 고품질의 그림을 그리고자 하는 의욕이 넘칠 것이라 예상된다. 이러한 독자들에게 좀 더 충실히 봉사하고자 한다. 독자들은 우선

```
> install.packages("ggplot2")
```

라는 명령을 실행하여 **ggplot2** 패키지를 설치한 후 다음 명령어를 실행해 보라.

```
> library(ggplot2)
> qplot(x,y, data=hubble, xlab="Distance", ylab="Velocity")
```

그 결과는 〈그림 3.11〉의 (a)에 있다. 그림이 확실히 고급스러워졌다. 이와 더불어, 우리로부터 먼 은하일수록 후퇴속도가 대체로 더 빠름을 시각적으로 확인할 수도 있다.

　　그런데 우리 은하로부터의 거리가 0이면(즉, 우리 자신이면) 우리 은하로부터의 후퇴속도도 0이기 때문에 $y = \beta_0 + \beta_1 x + u$ 라는 모형에서 $\beta_0 = 0$이다. 이러한 제약을 가하여 최소제곱 추정을 하려면 절편을 모형으로부터 제거하여야 한다. 이를 위해서는 R의 `lm()` 함수에서 방정식의 우변에 '`-1`'을 추가한다. 여기서 '`-`'는 제거한다는 뜻이고 '`1`'은 상수항, 즉 절편이라는 뜻이다. 다음 결과를 보자.

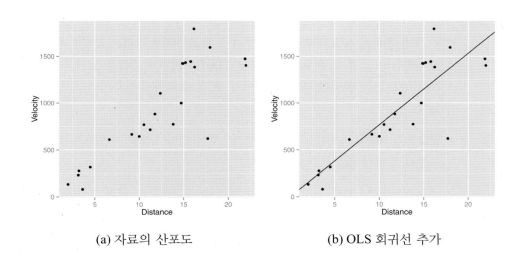

(a) 자료의 산포도　　　　　　　　(b) OLS 회귀선 추가

〈그림 3.11〉 은하수로부터의 거리와 후퇴속도

```
1  > ols <- lm(y~x-1,data=hubble)
2  > ols
3
4  Call:
5  lm(formula = y ~ x - 1, data = hubble)
6
7  Coefficients:
8      x
9  76.58
```

첫째 줄에 보면 회귀방정식이 y~x-1로 되어 있는데 이는 y를 x에 대하여 절편 없이(-1) 추정한다는 뜻으로서, y~-1+x라고 하는 것과 똑같다. 이렇게 추정을 하면 8~9번 행에서 보듯이 절편은 계산되지 않는다. β_1의 추정값(즉 x의 계수 추정값)은 76.58이다. 다시 말하여 은하수로부터의 거리가 1백만 파아섹 멀어지면 그 후퇴속도가 초속 76.58 킬로미터만큼 더 빨라진다. 이것이 이른바 허블상수이다.

자료 산포도에 최소제곱 추정값에 해당하는 직선을 덧그릴 수 있다. 다음 명령을 실행해 보라. 결과는 〈그림 3.11〉의 (b)에 있다.

```
> p <- qplot(x,y, data=hubble, xlab="Distance", ylab="Velocity")
> p + geom_abline(intercept=0,slope=ols$coef[1])
```

〈그림 3.11〉의 (b)를 보면 〈그림 3.11〉의 (a)에 원점을 통과하면서 우상향하는 직선이 덧그려진 것을 볼 수 있다. 이 직선의 기울기는 약 76.58이며 절편은 처음부터 0으로 설정되었다. 이로부터 우주의 나이를 구하면 약 138억년이라고 한다.[8]

담배 가격과 판매량

Ecdat 패키지에 Cigar라는 자료가 있다. 이 자료는 Baltagi (2003)가 제공하는 자료로서, 1963–92년 미국 46개 주(state)의 담배가격(price), 인구(pop), 16세 이상의 인구(pop16), 소비자물가지수(cpi, 1983=100), 일인당 가처분소득(ndi), 1인 평균 담배판매량(sales, 갑수), 인접 주 최저 담배가격(pimin)에 관한 것이다. 이 중 1990년(year==90) 담배판매량의 로그값을 담배가격의 로그값에 회귀해 보자. 모형은 다음과 같다.

$$\log(sales) = \beta_0 + \beta_1 \log(price) + u$$

여기서 담배가격은 명목가격이므로 실질가격으로 만들기 위하여 cpi/100으로 나눌 수도 있겠으나 모든 주의 CPI가 동일하므로 1990년의 CPI는 상수이며, 또한 곱의 로그는 로그의 합이 되므로, $\log(price)$를 사용하든 $\log(price \times 100/cpi)$를 사용하든 오직 상수항만이

달라질 뿐이다.* 그러므로 실질가격을 사용하든 명목가격을 사용하든 기울기 추정량에는
변화가 없다. 명목가격을 사용한 회귀의 결과는 다음과 같다.

```
1  > data(Cigar,package="Ecdat")
2  > names(Cigar)
3  [1] "state" "year"  "price" "pop"   "pop16" "cpi"   "ndi"   "sales" "pimin"
4  > sum(Cigar$year==90)
5  [1] 46
6  > lm(log(sales)~log(price),data=Cigar,subset=year==90)
7
8  Call:
9  lm(formula = log(sales) ~ log(price), data = Cigar, subset = year ==
10     90)
11
12 Coefficients:
13 (Intercept)    log(price)
14      9.0812       -0.8992
```

이 결과에 따르면 1990년 관측치의 개수는 46개(5번 행)이며, 회귀분석의 결과(14번 행)
에 따르면, 추정된 로그 담배 판매량은 로그 담배 가격과 다음의 관계를 갖는다.

$$\widehat{\log(sales)} = 9.0812 - 0.8992 \log(price) \tag{3.8}$$

여타 조건이 동일할 때 담배 가격이 1% 낮은 주에서 판매량이 약 0.9% 많은 것으로 추
정되었다. 참고로, 아주 엄밀한 수학을 사용하면 탄력성을 더 정확히 계산할 수 있으나,[9]
실제 계량경제 분석 결과를 해석할 때에는 이 정도(탄력성 −0.9)만 하면 된다.

▶ **연습 3.8.** 위 회귀의 독립변수와 종속변수 표본값(1990년 자료)의 그림을 그리고 OLS
추정결과에 해당하는 직선을 덧그려라.

▶ **연습 3.9.** 1990년 담배 판매량의 가격탄력성은 얼마인 것으로 추정되었는가?

▶ **연습 3.10.** 담배에 중독성이 있다면 담배 판매량의 가격탄력성은 1보다 클 것으로 생각하
는가, 작을 것으로 생각하는가? 추정결과가 이 생각과 일치하는가?

▶ **연습 3.11.** 동일한 분석을 1980년(year==80) 자료를 바탕으로 수행하라. 담배 판매량의
가격탄력성은 얼마로 추정되는가?

---

*좀 더 자세히 말하면, 실질가격을 $rprice = price \times 100/cpi$라 할 때, $\log(rprice) = \log(price) + \log(100/cpi)$
이고 cpi가 모든 관측치에서 동일하므로 모형을 다음과 같이 쓸 수 있다.

$$\log(sales) = \beta_0 + \beta_1[\log(rprice) - \log(100/cpi)] + u = [\beta_0 - \beta_1 \log(100/cpi)] + \beta_1 \log(rprice) + u$$

독립변수를 $\log(rprice)$로 바꿀 때, cpi가 모든 관측치에서 동일하므로 $\log(100/cpi)$는 상수이고, 그 결과 절편이
$\beta_0 - \beta_1 \log(100/cpi)$로 바뀔 뿐, 기울기는 명목가격을 사용할 때와 동일하다.

3.5 설명변수 표본값들이 모두 동일할 때

앞에서 x_i의 값들이 모두 동일해서는 안 된다고 가정하고 이를 비특이성 가정이라고 하였다. 비특이성을 가정하는 것은 식 (3.3)에서 분모의 $\sum_{i=1}^{n}(x_i - \bar{x})^2$이 0이 되는 일을 막기 위해서이다. 그렇다면 x_1부터 x_n이 모두 동일하지만 않으면 반드시 분모가 0이 아니게 되는가? 또 비특이성 가정이 위배되면 무슨 일이 생기는가?

우선 첫째 질문에 답하기 위해 언제 분모가 0이 되는지 보자. $\sum_{i=1}^{n}(x_i - \bar{x})^2$은 제곱의 합이므로, 합산되는 각각의 항은 결코 0보다 작을 수 없다. 따라서 항들의 제곱의 합이 0이 되기 위해서는 반드시 모든 항들이 0이 되어야 한다. 즉 $(x_1 - \bar{x})^2 = 0$, $(x_2 - \bar{x})^2 = 0$, ..., 그리고 $(x_n - \bar{x})^2 = 0$이 되어야 한다. 이를 위해서는 $x_1 = \bar{x}$, $x_2 = \bar{x}$, ..., $x_n = \bar{x}$, 즉 모든 x_i의 값이 동일해야 한다. 다시 말해, 표본 내 설명변수의 값이 모두 동일한 경우에만 $\sum_{i=1}^{n}(x_i - \bar{x})^2 = 0$이 된다. 표본 내 설명변수값에 조금이라도 차이가 있으면 비특이성 가정이 충족된다. 만일 설명변수 표본값들에 차이가 전혀 없으면 분모가 0이 되는 현상이 발생하여 최소제곱법은 우리에게 유일한 추정값을 주지 못한다.

표본 내에서 설명변수의 값이 모두 동일하다면 두 직교방정식 (3.1)과 (3.2)에 구체적으로 무슨 일이 일어나는 것일까? 만일 $x_1 = x_2 = \cdots = x_n = 0$이라고 한다면 식 (3.2)는 $0 = 0$이라는 항등식일 뿐이므로 없는 것이나 마찬가지이다. 이때 미지수는 $\hat{\beta}_0$과 $\hat{\beta}_1$ 둘이지만 방정식은 (3.1) 하나뿐이어서 해가 무한히 많게 된다. 만일 $x_1 = x_2 = \cdots = x_n = c \neq 0$이라면 식 (3.2)는

$$\sum_{i=1}^{n} c(y_i - \hat{\beta}_0 - \hat{\beta}_1 x_i) = 0$$

인데 양변을 c로 나누면

$$\sum_{i=1}^{n} (y_i - \hat{\beta}_0 - \hat{\beta}_1 x_i) = 0$$

이 되어 식 (3.1)과 똑같아진다. 이 경우 역시 둘째 직교방정식은 도움이 안 되고, 미지수는 둘이지만 식은 하나밖에 없게 되어 최소제곱 추정값은 유일한 값으로 결정되지 않는다.

이 현상을 조금 다른 각도에서 살펴보자. 최소제곱법은 $\sum_{i=1}^{n}[y_i - (b_0 + b_1 x_i)]^2$을 최소화하는 b_0과 b_1을 찾고자 하는데 만일 x_i의 값이 예컨대 모두 16으로 동일하다면 최소화시킬 함수는 $\sum_{i=1}^{n}[y_i - (b_0 + 16b_1)]^2$이 된다. b_0과 b_1을 조정하여 이 함수를 최소화시키려고 할 때, 하나의 해결 불가능한 문제가 발생한다. 즉, $b_0 + 16b_1$를 통째로 결정할 수는 있지만 b_0과 $16b_1$을 따로 구별할 방법이 없게 되는 것이다. 이는 마치 어떤 두 수의 합이 10이라고 할 때 그 두 수가 각각 무엇인지 알아낼 방법이 전혀 없는 것과 같다.

또 다른 각도에서 설명하자면, 표본 내 X의 값이 모두 동일할 때 다음과 같은 문제가 발생한다. 우리의 목적은 표본 내 X 관측값의 차이를 이용하여 Y 관측값의 차이를 설명하는 것이다. Y값들은 표본 내에서 관측치별로 상이함에 반하여 X값들은 표본 내에서 모두

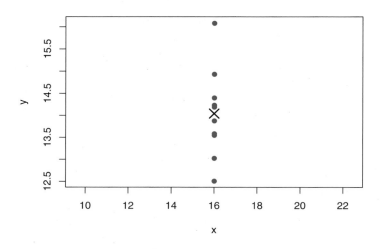

〈그림 3.12〉 설명변수 표본값에 차이가 없는 자료의 예

동일하면, 우리는 개체별로 동일한 것들(X 값들)을 이용하여 개체별로 상이한 것들(Y 값들)을 설명하려 하는 셈이 된다. 이것은 수행불가능한 과업이다.

이처럼 말로써 설명하면 이해가 되는 것 같지만 그림으로 그리면 간혹 현혹되는 일이 발생한다. 〈그림 3.12〉에 표본 내 설명변수의 값이 16으로 모두 동일한 예가 표시되어 있다. 이 표본에서 y값들의 평균이 중간에 커다랗게 '×' 표시되어 있다. 이러한 자료가 있을 때 직선을 어떻게 그리고 싶은가?

많은 사람들이 점들을 관통하는 수직선을 그리고 싶을 것이다. 실제로 필자가 이 그림을 그리고 학생들에게 직선을 그려 보라고 하면 수직선을 그리고 싶어하는 학생들이 많다. 그러나 수학적으로 볼 때 수직선은 동일한 독립변수에 대하여 무수히 많은 값을 대응시키므로 함수를 나타내지 않는다. 이는 "독립변수 값이 주어질 때 종속변수의 값은 무슨 값이든 될 수 있다"는 뜻으로서, 아무것도 하지 않는 것과 같고 그 수직선은 전혀 의미없는 그림일 뿐이다. 제대로 하자면, 이 경우 최소제곱법의 두 직교방정식들은 가운데 '×' 표시한 점을 통과하는 모든 1차 함수에 의하여 만족된다. 식 (3.1), 즉 (3.4) 때문에 직선은 가운데 '×' 점을 반드시 통과해야 하고, 특이성으로 인해 식 (3.2)는 아무런 역할도 하지 않는다. 그러므로 〈그림 3.12〉에 최소제곱에 따른 직선을 하나 그리고자 한다면 중간의 '×' 표시를 통과하는 아무런 직선이나 그리면 된다. 단, 수직선은 안 된다.

표본 내에 설명변수 값이 모두 동일하면 최소제곱법으로 기울기와 절편 모수들을 유일하게 추정할 수 없게 된다. 이런 일이 일어나는 것은 모형이 잘못되었거나 자료가 잘못되어 문제가 흥미롭지 않게 된 것이며, 이 잘못을 바로잡지 않는 한 더 이상 할 말이 없다. 앞으로는 비특이성 가정이 항상 성립한다고 가정한다.

▶ **연습 3.12.** 비특이성 가정이 위배되면 최소제곱추정량 $\hat{\beta}_0$과 $\hat{\beta}_1$에 무슨 일이 생기는가?

맞는 답을 모두 고르시오. ① 존재하지 않는다. ② 존재하지만 유일하지 않다. ③ 존재하며 유일하다. ④ 존재하면서 존재하지 않는다. ⑤ 존재할 수도 존재하지 않을 수도 있다.

⚠ 수학적으로, 단순 선형회귀 모형 $Y = \beta_0 + \beta_1 X + u$는 첫 번째 '독립변수'가 1의 값만을 갖고 두 번째 독립변수가 X인 선형회귀 모형으로 볼 수 있다. 모형을 이렇게 보면, 첫 번째 독립변수의 표본값은 $(1, 1, \ldots, 1)$이고 두 번째 독립변수의 표본값은 $(x_1, x_2, \ldots, x_n)$이다. 만일 x_i의 값이 모두 c로 동일하면 이 두 벡터들은 서로 선형종속이다.[10] 모든 i에 대하여 $x_i = c$일 때 모든 i에 대하여 $x_i = c \times 1$의 관계가 만족되며 따라서 $(x_1, x_2, \ldots, x_n)$이 $(1, 1, \ldots, 1)$의 스칼라 곱이 되기 때문이다. 이처럼 한 설명변수의 표본값들이 다른 설명변수의 표본값들에 의하여 선형함수에 의하여 완벽히 설명되는 경우 특이성이 존재한다.

3.6 맞춘값과 잔차

최소제곱법(또는 다른 방법)으로 $\hat{\beta}_0$과 $\hat{\beta}_1$을 구하여 직선을 그리고 나면, 〈그림 3.13〉의 세모처럼 각각의 점들로부터 이 직선에 수직방향으로 선을 그어 만나는 점들을 구할 수 있다. 이 점들은 모두 직선 상에 존재하며, 수평축으로부터 각 점에 이르는 수직방향 값은 주어진 x값에 대하여 $\hat{\beta}_0 + \hat{\beta}_1 x$를 구함으로써 얻어진다. 이렇게 구한 값들을 맞춘값(fitted values)*이라고 한다.

첫째 관측치의 X 값은 x_1이라고 했으므로, 첫째 관측치의 맞춘값은 $\hat{\beta}_0 + \hat{\beta}_1 x_1$이며, 이와 마찬가지로 둘째 관측치의 맞춘값은 $\hat{\beta}_0 + \hat{\beta}_1 x_2$이다. 일반적으로 i번째 관측치의 맞춘값은 $\hat{\beta}_0 + \hat{\beta}_1 x_i$이며, 이것을 보통 $\hat{y}_i$이라고 표현한다.

$$\hat{y}_i = \hat{\beta}_0 + \hat{\beta}_1 x_i, \quad i = 1, 2, \ldots, n$$

이 맞춘값 $\hat{y}_i$은 최소제곱법에 의한 '직선 맞춤'에 의하여 표본 내 i번째 개체의 종속변수 값을 예측한 값이다. i번째 개체의 실제 종속변수 값인 y_i는 대부분 직선으로부터 벗어나 있으나, $(x_i, \hat{y}_i)$ 좌표로 표현되는 모든 점들은 반드시 최소제곱법에 의한 직선 위에 있다.

▸ **연습 3.13.** 만일 7번째와 9번째 관측치들의 설명변수값이 동일하다면 7번째와 9번째 관측치들의 맞춘값은 동일한가 그렇지 않은가? 설명하라.

▸ **연습 3.14.** 어떤 자료집합에서, 5번째 관측치와 8번째 관측치의 설명변수값이 다름에도 불구하고 5번째 관측치와 8번째 관측치의 맞춘값은 동일할 수 있다. 언제 그러한가?

*여기서 맞춘다는 뜻인 단어 fit는 함수를 자료에 맞춘다(fit functions to data)거나 모형을 맞춘다(fit the model)거나 자료에 맞춘다(fit the data)는 식으로 사용한다. 영어의 fitted values라는 말은 한글로 번역하기가 쉽지 않았으며, 이 책에서는 '맞춘값'이라고 하였다. '예측값'이나 '적합값'이라고 번역하기도 한다. '예측값'이라는 말은 적합해 보이나, 우리말의 '적합하다'는 단어는 동사가 아니라 '일이나 조건 따위에 꼭 알맞다'(네이버 국어사전)는 뜻을 갖는 형용사이므로 '적합값'이라는 말은 적합하지 않다.

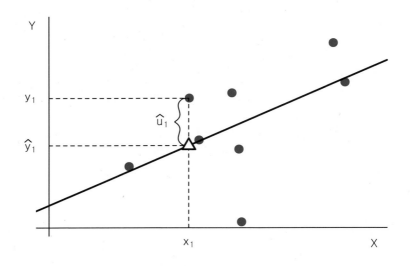

〈그림 3.13〉 맞춘값과 잔차

XY 그림(scatterplot, 산포도)에서 관측값들의 수직축 방향 값은 $y_1, y_2, \ldots, y_n$ 이다. 각각의 관측값인 y_i 에서 그 맞춘값인 $\hat{y}_i$ 를 뺀 것을 나머지 또는 잔차(residual)라고 한다. 예를 들어 셋째 관측치의 잔차는 $y_3 - \hat{y}_3$ 즉 $y_3 - \hat{\beta}_0 - \hat{\beta}_1 x_3$ 이고, 일반적으로 i 번째 관측치의 잔차는 $y_i - \hat{\beta}_0 - \hat{\beta}_1 x_i$ 이다. 이 잔차들을 이 책에서는 $\hat{u}_i$ 으로 표현한다.

$$\hat{u}_i = y_i - \hat{y}_i = y_i - \hat{\beta}_0 - \hat{\beta}_1 x_i, \quad i = 1, 2, \ldots, n$$

맞춘값은 종속변수의 표본값에서 설명변수 표본값의 1차함수 형태(절편 포함)로 조작하여 만들어낼 수 있는 부분이고 잔차는 그 나머지이다.

▶ **연습 3.15.** 만일 7째와 9째 관측치들의 설명변수 값이 동일하다면 두 관측치들의 잔차는 동일한가 그렇지 않은가? 설명하라.

▶ **연습 3.16.** 만일 7째와 9째 관측치들의 설명변수 값과 종속변수 값이 모두 동일하다면 이 두 관측치들의 잔차는 동일한가 그렇지 않은가? 설명하라.

〈그림 3.13〉에 실제 자료(점), 최소제곱 회귀선(직선), 첫째 사람($i = 1$)의 관측치(x_1 과 y_1), 첫째 사람의 맞춘값($\hat{y}_1$, 삼각형 점), 첫째 사람의 잔차($\hat{u}_1$)가 표시되어 있다. 첫째 사람의 실제 종속변수 관측값이 맞춘값보다 더 크므로 그 잔차는 양(+)이다.

맞춘값과 잔차는 특별한 성질들을 가지고 있다. 우선, 맞춘값과 해당 잔차의 합은 언제나 종속변수의 관측값과 동일하다. 즉, 모든 i 에 대하여 다음이 성립한다.

$$y_i = \hat{y}_i + \hat{u}_i$$

이는 잔차를 종속변수 관측값에서 맞춘값을 뺀 것으로 정의하기 때문에 당연하다. 마치 "물 1L의 일부를 한 사람이 마시고 그 나머지를 다른 한 사람이 모두 마셨으므로 두 사람이 마신 물의 전체량은 1L"라고 하는 것과 같다. 또한 첫째 직교방정식인 식 (3.1)에 따르면 잔차의 합은 반드시 0이 되어야 하고, 둘째 직교방정식인 식 (3.2)에 따르면 잔차와 설명변수값을 곱해서 합한 것도 반드시 0이 되어야 한다.

$$\sum_{i=1}^{n} \hat{u}_i = 0 \text{ 과 } \sum_{i=1}^{n} x_i \hat{u}_i = 0 \tag{3.9}$$

만일 (3.9)의 두 등식이 만족되지 않으면 $\hat{\beta}_0$과 $\hat{\beta}_1$은 최소제곱 추정값이 아니다. 식 (3.9)의 두 등식은 정확한 등식을 의미하며, 결코 근사적으로 0에 가깝다(예를 들어 0.000000001)는 의미가 아니다.

▶ **연습 3.17.** 식 (3.9)가 만족되지 않으면 왜 $\hat{\beta}_0$과 $\hat{\beta}_1$은 최소제곱 추정값이 아닌가?

식 (3.9)를 이용하면 맞춘값과 잔차의 곱의 합도 0임을 보일 수 있다. 즉, $\sum_{i=1}^{n} \hat{y}_i \hat{u}_i = 0$ 이다. 다음 연습문제를 보라.

▶ **연습 3.18.** 두 직교방정식(normal equations)을 사용하여 $\sum_{i=1}^{n} \hat{y}_i \hat{u}_i = 0$임을 증명하라. 즉, $(\hat{y}_1, \dots, \hat{y}_n)$ 벡터와 $(\hat{u}_1, \dots, \hat{u}_n)$ 벡터가 서로 직교함을 증명하라.

자료가 있으면 최소제곱 추정값을 구할 수 있고 이를 활용하여 맞춘값과 잔차를 구할 수 있다. 이들은

```
> yhat <- b0 + b1*x
> uhat <- y - yhat
```

처럼 수동으로 구할 수도 있고, 자동화된 방식으로 구할 수도 있다. 앞의 로그를 취한 공무원 비율과 재정자립도의 예에서 자동화된 방식으로 구할 때에는

```
> ols <- lm(log(finind)~log(servpc),data=Pubserv1)
> Pubserv1$yhat <- ols$fitted.values
> Pubserv1$uhat <- ols$residuals
```

처럼 하거나, 더 간단하게 다음과 같이 하면 된다.

```
> Pubserv1$yhat <- ols$fitted
> Pubserv1$uhat <- ols$resid
```

여기서 그냥 yhat <- ols$fitted라고 하지 않고 Pubserv1$yhat <- ols$fitted라고
한 것은 맞춘값이 독립된 개체 yhat으로 생존하게 하지 않고 Pubserv1이라는 자료의
한 변수로 살아가도록 하기 위함이다. 눈에 보이지는 않지만, R의 작업환경이 깔끔하게
정리되는 느낌을 준다. 완벽주의자가 아닌 사람에게는 중요하지 않지만 R을 사용해서 큰
작업을 할 때에는 상당한 도움이 된다.

R과 관련하여 한 가지 주의할 점이 있다. 위 예와 같이 ols$fitted나 ols$resid
를 사용하면 추정에 사용된 관측치들에 대해서만 맞춘값과 잔차를 구해 준다. 예
를 들어 자료집합 내 10개의 관측치가 있는데, 첫 번째 관측치의 종속변수 값이 NA여서 추
정 시 누락되면 ols$fitted와 ols$resid는 각각 10개가 아닌 9개의 숫자만으로 이루어진
벡터가 된다. 이때 누락된 첫 번째 관측치의 맞춘값과 잔차를 NA로 하는 10개 숫자가 되도
록 하려면 추정 시 "na.action = na.exclude" 옵션을 주고 ols$fitted나 ols$resid 대
신 fitted.values(ols)와 residuals(ols) 함수를 사용한다. 이 두 함수는 fitted(ols)
와 resid(ols)로 축약할 수 있다. 단, 이 방법을 사용하려면 lm을 사용하여 추정할 때부터
na.action = na.exclude 옵션을 주어야 한다. 더 간편한 방법으로 predict 함수를 사용하
여 맞춘값을 구하는 방법이 있다. 예를 들어 Death 데이터의 2010년 부분집합을 이용하여
smoke를 aged에 대하여 회귀한 후 전체 관측치에 대하여 예측값을 구하고자 한다면 ols <-
lm(smoke~aged, data=Death, subset = year==2010)이라 하여 2010년 부분집합을 이용
하여 OLS 회귀를 한 후 predict(ols, Death)라 하는 것이다. 그 다음 smoke와 예측값 간의
차이에 해당하는 잔차를 직접 계산할 수 있다.

수동의 방법을 사용하든 자동의 방법을 사용하든 결과는 동일하지만, 공부할 목적이
아니라면 자동화된 방법을 사용하는 것이 실수할 가능성을 줄여주므로 더 안전하다. 또
복잡한 계산을 하기 싫어하는 우리 계량경제학자들 혹은 계량경제학 학생들의 성향에 더
어울리기도 하다.

원래의 자료와 맞춘값을 함께 그림에 그려 보려면 앞의 명령들을 수행한 후 다음의
명령을 내린다.

```
> plot(log(finind)~log(servpc),data=Pubserv1)
> abline(ols)
> points(yhat~log(servpc),data=Pubserv1,pch=19)
```

결과는 〈그림 3.14〉에 있다. 이 그림에서 속이 빈 동그라미는 원래 자료를 표시하며
속이 찬 동그라미(위 명령어 중 셋째 줄의 pch=19가 속 찬 동그라미를 그리게 해 준다)
는 맞춘값들을 나타낸다. 이 그림에서 시각적으로 확인할 수 있듯이 맞춘값들은 모두
최소제곱법에 따라 구한 직선 위에 있으며 각각의 점은 원래 자료점(속 빈 동그라미)을
상하 수직 방향으로 직선쪽으로 투사한 것과 같다.

잔차들의 합, 잔차와 설명변수의 곱의 합, 맞춘값과 잔차의 곱의 합이 0이 되는 것
은 다음 결과에서 확인할 수 있다. 이하 명령에서 with(Pubserv1,sum(uhat))은 sum

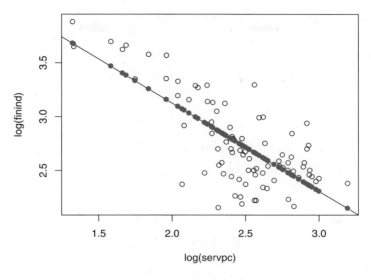

〈그림 3.14〉 자료와 맞춘값

(Pubserv1$uhat)이라고 하는 것과 동일하다.

```
1  > with(Pubserv1,sum(uhat))
2  [1] -4.163336e-16
3  > with(Pubserv1,sum(log(servpc)*uhat))
4  [1] -2.63678e-16
5  > with(Pubserv1,sum(yhat*uhat))
6  [1] -1.81799e-15
```

여기서 잔차의 합인 2번 행 **-4.163336e-16**은 $-4.163336 \times 10^{-16}$, 즉 $-0.000\,000\,000\,000\,0$ $00\,416\,333\,6$을 나타내는 것으로서 0과 다른 것처럼 보이나 이는 컴퓨터의 실수연산이 어쩔 수 없이 부정확하기 때문이며 실제로는 정확히 0이다. 설명변수(`log(servpc)`)와 잔차 (`uhat`)의 곱의 합과 맞춘값과 잔차의 곱의 합도 사실은 정확히 0이다.

컴퓨터에서 실수 하나를 저장할 수 있는 공간의 크기는 유한하다. 만일 4바이트(1바이트 는 8비트로서 $2^8 = 256$가지의 숫자를 표현할 수 있음)의 공간에 실수 하나를 저장한다면, 표현 가능한 숫자의 가짓수는 $256^4 = 4{,}294{,}967{,}296$, 즉 약 43억 가지이다. 이 가짓수가 많기는 하지만 실수는 연속적이고 무수히 많으므로 4바이트는 모든 실수를 표현하기에 턱없이 모자라다. 8바이트로 실수 하나를 표현한다면 표현 가능한 숫자의 가짓수는 $256^8 = 1.844674 \times 10^{19}$, 즉 1 조의 약 1,845만배이다. 이 숫자가 아주 크기는 하지만 여전히 유한하며 8바이트도 모든 실수를 표현할 수 없다. 아무리 많은 메모리 공간을 할당하여 실수를 표현한다 하더라도 연속적인 수를 모두 표현할 수는 없으며, 따라서 컴퓨터로 실수 연산을 실행하면 불가피하게 부정확하다. 그러나 자료 자체는 모두 유한소수로 주어지므로, 만일 분수 연산을 정확하게 할 수 있는 프로그램(예를 들어 Maxima같은 computer algebra system)을 사용하면 잔차의 합, 설명변수와 잔차의 곱의 합, 맞춘값과 잔차의 곱의 합은 정확히 0으로 표현될 것이다.

▶ **연습 3.19.** 잔차들의 합이 0이어야 함에도 불구하고 컴퓨터를 사용하여 실제 자료로부터 잔차들의 합을 구하였더니 2.7×10^{-15}이라는 값이 나왔다. 어떻게 이런 일이 발생할 수 있는가?

▶ **연습 3.20.** $Y = \beta_0 + \beta_1 X + u$라는 모형과 어떤 자료에 대하여 컴퓨터를 사용해서 계산해 보았더니 $\sum_{i=1}^{n} \hat{u}_i = 1.7 \times 10^{-15}$이 나오고 $\sum_{i=1}^{n} \hat{u}_i^2 = 7.5 \times 10^{-14}$이 나왔다고 하자. $\sum_{i=1}^{n} \hat{u}_i$는 사실 0인가? $\sum_{i=1}^{n} \hat{u}_i^2$은 사실 0인가?

맞춘값들은 무엇을 추정하는가

모집단 내 X의 값이 16인 개체들을 따로 모아 Y값의 평균을 구한 것을 $E(Y|X = 16)$라고 표시하는데, 우리의 선형모형에 따르면 이것은 $\beta_0 + \beta_1 \times 16$이다. 여기서 β_0과 β_1을 모르므로 이 값들을 추정치인 $\hat{\beta}_0$과 $\hat{\beta}_1$으로 치환하면 $\hat{\beta}_0 + \hat{\beta}_1 \times 16$을 얻으며, 이 값은 $E(Y|X = 16)$의 추정값이다.

맞춘값들($\hat{y}_i$)은 앞에서 얘기한 대로 $\hat{\beta}_0 + \hat{\beta}_1 x_i$이다. 그러므로 예를 들어 $\hat{y}_{17}$, 즉 표본 내 17번 개체의 맞춘값은 $E(Y|X = x_{17})$의 추정값, 즉 모집단 내 설명변수의 값이 x_{17}인 모든 개체들의 평균 Y값을 추정한 것이다. 이것을 수식으로 다음처럼 표현할 수 있다.

$$E(\widehat{Y|X = x_{17}}) = \hat{y}_{17} = \hat{\beta}_0 + \hat{\beta}_1 x_{17}$$

일반적으로는 다음과 같이 쓸 수 있다.

$$E(\widehat{Y|X = x_i}) = \hat{y}_i = \hat{\beta}_0 + \hat{\beta}_1 x_i, \quad i = 1, 2, \ldots, n$$

만일 표본 내 3번 개체와 7번 개체의 X값이 동일하다면 이 두 개체의 맞춘값도 동일하다. 표본 내에서 X값이 동일한 모든 개체들의 맞춘값은 동일하다.

▶ **연습 3.21.** 어떤 자료를 이용하여 $\hat{y} = 3.5 + 0.7x$라는 최소제곱 추정결과를 구했다고 하자. 자료에 따르면 $x_3 = 2.7$이고 $x_8 = 0.9$라 하자. 그러면 $\hat{y}_3 - \hat{y}_8$은 얼마인가? 또, 이 연습문제에 주어진 정보만으로부터 $y_3 - y_8$을 구할 수 있는가?

▶ **연습 3.22.** 모집단 내에서 X값이 a인 사람들의 평균 Y값을 $E(Y|X = a)$이라 표기하자. 연습 3.21에서 $E(Y|X = 2.7) - E(Y|X = 0.9)$의 값은 무엇이라고 추정되는가?

3.7 종속변수가 로그일 때 계수 추정값의 해석

종속변수가 $\log(Y)$이고 독립변수가 X인 모형을 자료를 이용하여 추정하여 다음 결과를 얻었다고 하자.

$$\widehat{\log(Y)} = 0.245 + 0.07X \tag{3.10}$$

이 기울기 계수 추정값인 0.07을 해석할 때에는 약간 복잡한 문제가 있다.

만일 모형의 좌변이 로그 형태가 아니라면 여러 가지 표현이 가능하다. 예를 들어 $\hat{Y} = 13.24 + 31.2X$라면 X의 계수 추정값인 31.2에 대해서는 다음의 해석들이 가능하다. (i) 여타 모든 요소들(u)을 고정할 때 X의 한 단위 증가는 Y를 31.2 단위 증가시킬 것으로 추정된다. (ii) X가 한 단위 증가할 때 Y의 평균은 31.2 단위 증가할 것으로 추정된다. (iii) X가 한 단위 증가할 때 Y의 예측값(predicted value, $\hat{Y}$)은 31.2 단위 증가한다. (iv) X가 한 단위 증가할 때 Y는 31.2 단위 증가할 것으로 예측된다. 이 밖에도 여러 가지가 가능할 것이고, 이들 중 어느 표현을 사용하여도 틀리지 않다. 이는 원래의 모형 $Y = \beta_0 + \beta_1 X + u$에서 $E(u|X) = 0$이면 $E(Y|X) = \beta_0 + \beta_1 X$이기 때문이다.

그러나 좌변이 $\log(Y)$이면, $E[\log(Y)|X] = \beta_0 + \beta_1 X$일 때 $\log E(Y|X) = \beta_0 + \beta_1 X$가 성립하지 않는다. $E[\log(Y)|X] \neq \log E(Y|X)$이기 때문이다. 그러므로 (3.10)을 두고서 "X가 한 단위 증가할 때 $\log(Y)$가 평균 약 0.07 증가하는 것으로 추정된다"는 것은 옳지만 "X가 한 단위 증가할 때 Y가 평균 약 7% 증가하는 것으로 추정된다"고 해석하는 것은 엄밀히 말하여 옳지 않다(여기서 "약"이라는 말은 로그 증가분과 백분율 증가가 근사적으로만 일치하기 때문에 사용하였다).

2장에서 모든 X에서 $E(u|X) = 0$이면 인과적 효과를 평균에 대한 효과로 치환할 수 있음을 보았다. 종속변수가 로그 형태일 때에도 이 사실에는 변함이 없으나, 로그 증가분을 증가율의 근사값으로 이해하여 모수들을 해석할 때에는 주의를 기울여야 한다. 모형이 $\log Y = \beta_0 + \beta_1 X + u$이고 β_1의 참값이 0.01이라 하자. 여타 모든 요소(u)가 고정된 채 X가 한 단위 증가하면 $\log Y$는 0.01 증가하고 이는 Y가 약 1% 증가함과 같다. 그러므로 "u가 고정된 채 X가 한 단위 증가하면 Y는 약 1% 증가한다"는 표현은 옳다. $E(\log Y|X) = \beta_0 + \beta_1 X$이므로, "$X$가 한 단위 증가하면 $\log Y$가 평균 0.01만큼 증가한다"는 표현도 옳다. 그 밖의 표현을 사용할 때에는 주의하여야 한다. 수학적으로

$$E(\log Y|X = x + \Delta x) - E(\log Y|X = x) = \beta_1 \Delta x$$

이므로, $X = x + \Delta x$인 집단의 $\log Y$의 평균값과 $X = x$인 집단의 $\log Y$의 평균값 간에는 $\beta_1 \Delta x$만큼의 차이가 있다. 이것이 $\beta_1 = 0.01$일 때 "$\log Y$가 평균 0.01만큼 증가한다"는 말의 진짜 뜻이다. 이것을 Y의 평균의 차이로써 나타낼 수 있는가? $E(\log Y) \neq \log E(Y)$이므로 그럴 수 없다. "X가 한 단위 증가할 때 Y의 평균값이 약 1% 증가한다"는 표현은 엄밀히 말해서 틀렸다.

그렇다면 "X가 한 단위 증가할 때 Y도 증가하는데 그 증가율의 평균은 약 1%이다."라는 표현은 옳은가? 사실 이 표현은 매우 혼동스럽다. 만일 X가 증가할 때 u도 독립적으로 변할

수 있다면 $\log Y$의 변화분은 $\beta_1 \Delta x$ 더하기 u의 변화분이 된다. 이 u의 변화분을 Δu라 하자. 그러면 $\log Y$값이 원래의 $\log y$에서 $\log y + (\beta_1 \Delta x + \Delta u)$로 $\beta_1 \Delta x + \Delta u$만큼 증가하므로 Y는 y에서 $y \times \exp(\beta_1 \Delta x + \Delta u)$로 증가한다. 따라서 Y의 증가율은 다음과 같다.

$$\exp(\beta_1 \Delta x + \Delta u) - 1$$

여기서 만일 $\Delta u = 0$이라면 이 값은 $\exp(\beta_1 \Delta x) - 1 \approx \beta_1 \Delta x$가 되어, '여타 요소들이 고정될 때 (ceteris paribus)의 증가율' 해석이 나온다. 하지만 $\Delta u \neq 0$이라면? u가 Δx와 독립적으로 변화할 때 Y의 증가율은 다음이 됨을 앞의 식으로부터 알 수 있다.

$$\exp(\beta_1 \Delta x) \exp(\Delta u) - 1$$

그런데 옌센의 부등식에 의하여 $\mathrm{E}[\exp(\Delta u)] > \exp(\mathrm{E}\Delta u) = \exp(0) = 1$이다. 예를 들어 u의 값이 $N(0, \sigma^2)$으로부터 독립적으로 추출되어 $\Delta u \sim N(0, 2\sigma^2)$라면, $\mathrm{E}[\exp(\Delta u)] = \exp(\sigma^2)$으로서 상당히 큰 값일 수 있다. 그러므로 u도 Δx와 독립적으로 변할 수 있을 때, $\sigma^2 = 1$이라면, Y의 평균 증가율은 $\exp(\beta_1 \Delta x) \exp(1) - 1$로서 우리가 원래 염두에 둔 $\exp(\beta_1 \Delta x) - 1$보다 훨씬 크다. 만일 u의 분산이 더 크다면 그 차이는 더욱 커진다. 또, 이상은 오차항이 정규분포를 가질 때에만 맞는 표현이고 그렇지 않으면 값이 달라진다. 따라서 u가 고정되지 않으면$(\Delta u \neq 0)$, "X가 한 단위 더 클 때 Y값이 평균 약 1% 증가한다"는 표현도 옳지 않다. 종속변수에 로그가 있는 경우, "여타 요소가 불변일 때$(\Delta u = 0)$ X의 한 단위 증가 시 Y의 증가율은 약 β_1이다."라는 것과 "$\log Y$의 값이 평균 0.01 증가한다."라는 것 두 가지 이외에 다른 표현은 사용하지 않는 것이 좋겠다.

위에서 설명한 것처럼, $\mathrm{E}[\log(Y)|X] = \beta_0 + \beta_1 X$이므로, "$X$가 한 단위 증가할 때 $\log(Y)$가 평균 xxx만큼 증가한다"는 표현은 성립하지만, $\mathrm{E}[\log(Y)|X] \neq \log \mathrm{E}(Y|X)$이므로, "$X$가 한 단위 증가할 때 Y가 평균 약 ○○% 증가한다"는 식의 표현은 성립하지 않는다. 이 경우 (3.10)으로부터

$$\exp\{\widehat{\log(Y)}\} = \exp(0.245 + 0.07X)$$

임을 지적한 후, 좌변의 $\exp\{\widehat{\log(Y)}\}$를 '$Y$의 예측값'이라고 정의한다면, "$X$가 한 단위 증가할 때 Y의 예측값은 약 7% 증가한다"고 표현할 수 있겠고, 약간 더 말을 바꾸어, "X가 한 단위 증가할 때 Y는 약 7% 증가한다고 예측된다"고 표현할 수도 있겠다. 그러나 Y의 평균값에 대하여 함부로 언급해서는 안 된다.

그럼에도 불구하고 대부분의 사람들은 (3.10)에 대하여 "X가 한 단위 증가할 때 Y가 평균 약 7% 증가하는 것으로 추정된다"고 해석하고, 말하는 사람이나 듣는 사람이나 문제가 있다는 것을 인식하면서도 대충 넘어간다. 하지만 평균에 대하여 이야기할 경우 그 의미는 항상 $\log(Y)$가 평균 0.07 증가한다는 것이다.

이상의 문제는 증가율을 통상적인 의미에서 증가분 나누기 기준값으로 정의하기 때문에 발생한다. 만약 증가율이 자연로그값의 증가분을 뜻한다고 정의하면 "$\log(Y)$의 증가분이 0.07일 것으로 기대된다"는 말은 "Y의 증가율이 0.07일 것으로 기대된다"는 것과 용어의 정의상 동일하며 해석에서 아무런 문제도 야기하지 않는다. 종속변수가 자연로그 형태인 모형은 이처럼 증가율을 자연로그값의 증가분과 동일시할 때 편안하게 해석된다. 증가율을 통상적인 의미로 사용하는 순간, 앞에서 지적한 문제가 발생한다.

3.8 제곱합

종속변수의 관측값(y_i)이 그 표본평균(즉 $\bar{y}$)으로부터 벗어난 편차를 제곱해서 합하면 이것은 표본 내에 종속변수 값들이 어느 정도 서로 다른지를 나타내는 지표(제곱변동총량)가 되며 이를 총제곱합(total sum of squares, SST)이라 한다.

$$\text{SST} = \sum_{i=1}^{n}(y_i - \bar{y})^2$$

SST가 0이라면 이는 종속변수 관측값들이 표본 내에서 모두 동일함을 나타낸다. 표본 내 개체별로 종속변수 값들이 크게 다르면 SST 값은 클 것이다.

참고로, 만일 종속변수가 로그 형태이면 y_i가 로그 형태이므로 총제곱합은 로그값의 총제곱합이며, 로그값의 총제곱합만으로는 원래변수의 총제곱합을 구할 수 없다. 예를 들어 $\log(Y)$의 표본이 $(1, -1, 1, -1)$이라 하자. 그러면 $\log(y_i)$의 표본평균은 0이며 그 총제곱합은 4이다. 또한 Y의 표본은 $(e, 1/e, e, 1/e)$이므로 Y의 총제곱합은 약 5.5이다(R로 계산 가능). 만약 $\log(Y)$의 표본이 $(\sqrt{2}, 0, 0, -\sqrt{2})$라면 총제곱합은 역시 4이다. 그러나 Y의 표본은 $(e^{\sqrt{2}}, 1, 1, 1/e^{\sqrt{2}})$이고 Y의 총제곱합은 (R을 이용한 계산에 의하면) 약 8.9이다. 두 경우 모두 $\log(Y)$의 SST는 4로 동일하나, Y의 SST는 5.5와 8.9로 서로 다르다. 이는 $\log(Y)$의 SST와 Y의 SST 간에 확정된 선험적 관계가 존재하지 않음을 의미한다. 원래변수의 총제곱합을 구하려면 원래변수의 표본값을 사용해야 하고, 로그값의 총제곱합을 구하려면 로그값들을 사용해야 한다.

다음으로, 맞춘값들이 자신의 표본평균으로부터 벗어난 정도들의 제곱합은 종속변수값 중 독립변수에 의하여 설명된 부분에 얼마나 큰 차이가 있는지를 나타내는 것으로서 설명된 제곱합(explained sum of squares, SSE)이라고 한다. 이때 맞춘값들의 표본평균이

$$\frac{1}{n}\sum_{i=1}^{n}\hat{y}_i = \frac{1}{n}\sum_{i=1}^{n}(y_i - \hat{u}_i) = \frac{1}{n}\sum_{i=1}^{n}y_i - \frac{1}{n}\sum_{i=1}^{n}\hat{u}_i = \frac{1}{n}\sum_{i=1}^{n}y_i = \bar{y}$$

임을 고려하여(여기서 셋째 등식은 직교방정식에 의하여 $\sum_{i=1}^{n}\hat{u}_i = 0$이기 때문에 성립함), 설명된 제곱합을 다음과 같이 정의하자.

$$\text{SSE} = \sum_{i=1}^{n}(\hat{y}_i - \bar{y})^2$$

$\hat{\beta}_1 = 0$이어서 $\hat{y}_i$ 값들이 서로 모두 동일하면 SSE의 값은 0이 되고, 개체 간에 $\hat{y}_i$의 값에 큰 차이가 있으면 SSE는 큰 값을 가질 것이다.

마지막으로 나머지 제곱합 또는 잔차제곱합(residual sum of squares, SSR)은 잔차값들이 자신의 표본평균으로부터 벗어난 편차를 제곱해서 합한 것이다. 그런데 직교방정식 때문에 잔차값들의 표본평균은 0이므로 SSR은 다음과 같이 정의된다.

$$\text{SSR} = \sum_{i=1}^{n}\hat{u}_i^2$$

종속변수의 관측값들이 모형에 의하여 완벽히 설명되어 모든 i에서 $\hat{u}_i = 0$이면 SSR은 0이 되고, 잔차들의 크기가 크면 SSR도 큰 값을 가질 것이다.

총제곱합은 교과서에 따라 SST 또는 TSS로 표현한다. 설명된 제곱합과 잔차제곱합의 경우에는 상당한 용어상의 혼동이 발생할 수 있다. 어떤 계량경제학 교과서에서는 잔차제곱합을 "오차제곱합"(error sum of squares)이라고 하여 ESS 또는 SSE로 나타내고, 설명된 제곱합을 "회귀제곱합"(regression sum of squares)이라고 하여 RSS 또는 SSR로 나타내기도 한다. 즉, 어떤 교과서에서는 잔차제곱합을 SSR이라고 하고 설명된 제곱합을 SSE라고 하는 반면, 다른 교과서에서는 잔차제곱합을 ESS 또는 SSE라고 하고 설명된 제곱합을 RSS 또는 SSR이라고 한다. 만일 여러분이 다른 설명 없이 그냥 SSE라고 하면 어떤 사람들은 이를 설명된 제곱합으로 이해하고 다른 사람들은 이를 잔차제곱합으로 이해하여 의사소통에 문제가 생길 수 있다. 그러므로 SSE나 SSR의 용어를 사용하고자 하면 반드시 먼저 그 뜻이 무엇인지 분명히 하여야 할 것이다. 이 책에서는 Wooldridge 교과서의 용어법을 따라 SSE는 explained sum of squares이고 SSR은 residual sum of squares (또는 the sum of squared residuals)를 말한다.

총제곱합(SST)은 표본 내 종속변수 값들에 얼마만큼 차이가 있는지를 측정하는 하나의 지표이고, 설명된 제곱합(SSE)은 그 중 설명변수에 의해 설명되는 부분을, 그리고 잔차제곱합(SSR)은 설명변수에 의해서 설명되지 않은 나머지 부분의 차이의 크기를 측정하는 특정한 지표이다.

표본 내에서 종속변수 값들의 차이의 크기를 반드시 SST로써 측정해야만 하는 것은 아니다. 예를 들어 $y_1, \ldots, y_n$의 중위값을 m이라 할 때 $\sum_{i=1}^{n} |y_i - m|$으로써 종속변수 값들 간의 차이의 크기를 표현할 수도 있다. 물론 이 경우에는 "총제곱합"이 아닌 다른 이름을 사용해야 할 것이다. 마찬가지 이야기를 설명된 제곱합과 잔차제곱합에 대해서도 할 수 있다. 최소제곱법이 유일한 추정법이 아니라 하나의 유용한 추정법이듯이, SST, SSE, SSR 등은 반드시 사용해야만 하는 지표가 아니라 널리 사용되는 유용한 지표일 뿐이다.

〈그림 3.15〉에 이 세 제곱합들의 구성성분이 표현되어 있다. (a), (b), (c)의 모든 그림에서 둥근 점은 실제 관측치를 의미하고 속 빈 세모는 맞춘값을 의미한다. (a)에서 중간

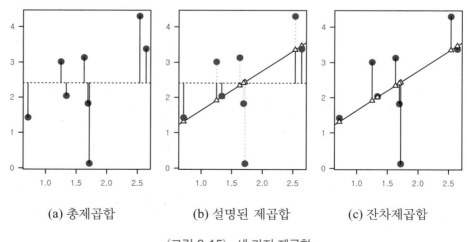

(a) 총제곱합   (b) 설명된 제곱합   (c) 잔차제곱합

〈그림 3.15〉 세 가지 제곱합

의 수평선은 종속변수값들의 표본평균이다. Y 의 실제관측값들이 그 표본평균으로부터 벗어난 정도(편차)가 수직의 실선으로 표현되어 있다. 총제곱합은 이 실선들의 길이의 제곱의 합이다. (b)에서 속이 빈 삼각형들은 맞춘값이다. 실제 관측치가 어떻게 맞춘값에 대응하는지 표시하기 위하여 옅은 수직 점선을 사용하였고, 맞춘값들이 그 표본평균(수평 점선)으로부터 벗어난 정도가 수직의 실선들로 표현되어 있다. 설명된 제곱합은 이 수직 실선들의 길이의 제곱합이다. (c)에서 실제 관측치(둥근 점)와 맞춘값(속 빈 세모)의 격차 (즉 잔차)가 실선으로 표현되어 있다. 잔차제곱합은 이 실선들의 길이의 제곱합이다.

모형에 절편이 포함되어 기울기와 더불어 추정되면 다음 등식이 반드시 성립한다.

$$\text{SST} = \text{SSE} + \text{SSR} \tag{3.11}$$

즉, 총제곱합은 설명된 제곱합과 잔차제곱합의 합과 같다. 다시 말하여 〈그림 3.15〉의 (a)의 실선들의 길이의 제곱합은 (b)의 실선들의 길이의 제곱합에 (c)의 실선들의 길이의 제곱합을 합한 것과 동일하다.

▸ **연습 3.23.** 식 (3.11)의 사실은 놀라운가 아니면 당연한가?

$y_i = \hat{y}_i + \hat{u}_i$ 이므로 $\text{SST} = \text{SSE} + \text{SSR}$ 이 자명하다고 생각될지 모르지만 사실은 그렇지 않다. 왜냐하면 $y_i - \bar{y} = \hat{y}_i + \hat{u}_i - \bar{y} = (\hat{y}_i - \bar{y}) + \hat{u}_i$ 이므로

$$(y_i - \bar{y})^2 = (\hat{y}_i - \bar{y})^2 + \hat{u}_i^2 + 2(\hat{y}_i - \bar{y})\hat{u}_i$$

이며, 여기서 좌변의 합은 총제곱합이고, 우변 첫째 항의 합은 설명된 제곱합, 우변 둘째 항의 합은 나머지 제곱합이 되어 다음이 참이기 때문이다.

$$\text{SST} = \text{SSE} + \text{SSR} + 2\sum_{i=1}^{n}(\hat{y}_i - \bar{y})\hat{u}_i$$

식 (3.11)에는 우변 마지막 항이 빠져 있다. 따라서 식 (3.11)이 성립하려면 위 식 우변 마지막항이 0, 즉 $\sum_{i=1}^{n}(\hat{y}_i - \bar{y})\hat{u}_i = 0$ 이어야만 한다. 그런데 $\sum_{i=1}^{n}(\hat{y}_i - \bar{y})\hat{u}_i = \sum_{i=1}^{n}\hat{y}_i\hat{u}_i - \sum_{i=1}^{n}\bar{y}\hat{u}_i$ 이고 직교방정식에 의하여 $\sum_{i=1}^{n}\hat{u}_i = 0$ 이고 $\sum_{i=1}^{n}\hat{y}_i\hat{u}_i = 0$ 임도 이미 보았다. 따라서, $\sum_{i=1}^{n}(\hat{y}_i - \bar{y})\hat{u}_i = 0$ 이다. 다시 말하여 두 개의 직교방정식이 성립하면 $\text{SST} = \text{SSE} + \text{SSR}$ 이다. 그러므로 두 개의 직교방정식이 성립하면 SSE와 SSR은 SST를 둘로 나눈다.

▸ **연습 3.24.** $\tilde{\beta}_0$ 와 $\tilde{\beta}_1$ 를 최소절대편차(LAD) 추정량이라 하고, 맞춘값을 $\tilde{y}_i = \tilde{\beta}_0 + \tilde{\beta}_1 x_i$ 이라 하자. 해당 잔차를 $\tilde{u}_i = y_i - \tilde{y}_i$ 라 하자. 종속변수의 표본평균을 $\bar{y}$ 라 하자. 이제

$$\text{SST} = \sum_{i=1}^{n}(y_i - \bar{y})^2, \ \ \text{SSE} = \sum_{i=1}^{n}(\tilde{y}_i - \bar{y})^2, \ \ \text{SSR} = \sum_{i=1}^{n}\tilde{u}_i^2$$

이라 하면 왜 $\text{SST} \neq \text{SSE} + \text{SSR}$ 일 수 있는지 그 이유를 설명하라.

3.9 R제곱: 모형의 설명력

식 (3.11)에 따르면 종속변수의 표본 내 변동의 총량(총제곱합)은 X에 의하여 설명된 부분(설명된 제곱합)과 설명되지 않은 부분(나머지 제곱합)으로 양분된다. 이제 (3.11)의 양변을 SST로 나누면

$$1 = \frac{\text{SSE}}{\text{SST}} + \frac{\text{SSR}}{\text{SST}} \tag{3.12}$$

이 되는데, 이 중 SSE/SST는 종속변수의 변동총량 중 X에 의하여 설명된 부분의 비중을 나타낸다. 이 설명된 부분의 비중을 R제곱(R-squared) 또는 결정계수(coefficient of determination)라 하고 흔히 R^2으로 표기한다.* 항등식 (3.12)에 따르면, 모형에 절편이 있어서 절편과 기울기가 모두 추정될 경우 다음이 성립한다.

$$R^2 \equiv \frac{\text{SSE}}{\text{SST}} = 1 - \frac{\text{SSR}}{\text{SST}}$$

그러므로 모형에 절편이 존재하여 절편과 기울기가 모두 추정되면 R제곱은 음수가 될 수 없으며 1보다 클 수도 없다. 즉, $0 \leq R^2 \leq 1$이다.

▶ **연습 3.25.** 모형에서 절편이 기울기와 함께 추정되면 $0 \leq R^2 \leq 1$임을 증명하라.

▶ **연습 3.26.** R제곱은 언제 1인가? R제곱은 언제 0인가?

    R제곱의 정의는 교과서마다 달라서 어떤 책이나 어떤 소프트웨어에서는 SSE/SST를 R제곱으로 정의하고 또 어떤 책이나 소프트웨어에서는 $1 - \text{SSR}/\text{SST}$를 R제곱의 정의로 사용한다. 이 글에서는 R제곱을 SSE/SST로 정의한다. 모형에서 절편과 기울기가 모두 추정되면(즉, 두 직교방정식이 성립하면) 어떻게 정의하든 값이 동일하다.

만일 어떤 자료로부터 구한 R제곱이 0.35라면 "표본 내 종속변수 값들의 차이의 35%가 설명변수에 의하여 설명된다"고 말할 수 있다. 여기서 물론 "표본 내 종속변수 값들의 차이"는 SST를 의미한다. "설명변수"라는 말 대신 "모형"이라는 말을 써서 "표본 내 종속변수 값들의 차이의 35%가 모형에 의하여 설명된다"고 하기도 한다. 참고로, 종속변수가 로그 형태이면 로그 형태 자체를 두고 해석해야 한다. 로그 모형의 R제곱을 이용하여 원래 변수에 대한 설명력을 이야기해서는 안 된다.

▶ **연습 3.27.** R제곱은 확률변수(random variable)인가? R제곱은 통계량인가?

---

*R제곱을 영어로 'Goodness of fit', 즉 직선이 점들을 맞추는 정도라 한다. 이를 우리말로 번역하면서 '적합도'라 하는 경우가 있는데, 여기서 '적합'은 우리말에 없는 표현으로서, '적합하다' 또는 '적절하다'는 뜻이 아니라 '맞춘다'는 것을 의미한다. R제곱을 '적합도'로 표현하면 비전문가들이 R제곱이 높을수록 더 "적합한" 혹은 "적절한" 것이라고 오해할 수 있으므로 이 책에서는 '적합도'라는 표현을 사용하지 않는다. '맞춘 정도'쯤으로는 표현할 수 있겠다.

R에서 완전자동으로 R제곱을 확인하는 방법은 간단하다. 예를 들어 앞의 공무원 비율과 재정자립도의 관계를 표현하는 로그 모형으로부터 R제곱을 확인하려면 다음과 같이 한다. 아래에서 처음 세 줄은 앞에서 이미 실행했으면 다시 실행할 필요 없다.

```
1  > data(Pubserv, package="loedata")
2  > Pubserv1 <- subset(Pubserv, servpc<28)
3  > ols <- lm(log(finind)~log(servpc),data=Pubserv1)
4  > summary(ols)
5
6  Call:
7  lm(formula = log(finind) ~ log(servpc), data = Pubserv1)
8
9  Residuals:
10      Min      1Q  Median      3Q     Max
11  -0.71501 -0.16710  0.02468  0.19709  0.63156
12
13  Coefficients:
14             Estimate Std. Error t value Pr(>|t|)
15  (Intercept)   4.7675     0.2024   23.56  < 2e-16 ***
16  log(servpc)  -0.8212     0.0815  -10.08 5.27e-16 ***
17  ---
18  Signif. codes:  0 '***' 0.001 '**' 0.01 '*' 0.05 '.' 0.1 ' ' 1
19
20  Residual standard error: 0.2798 on 82 degrees of freedom
21  Multiple R-squared:  0.5532,    Adjusted R-squared:  0.5478
22  F-statistic: 101.5 on 1 and 82 DF,  p-value: 5.274e-16
```

R제곱은 21번 행 Multiple R-squared에 표시되어 있다. 이 회귀에서 그 값은 0.5532이다. 로그 재정자립도(종속변수가 로그 재정자립도임에 유의할 것)의 84개 군별 차이의 55.32%가 로그 공무원 비율에 의하여 설명된다.

R에서 summary 명령을 사용하면 여러 가지 정보가 표시되는 것을 보았다. 이 중 R제곱만을 보려면 다음과 같이 한다.

```
> summary(ols)$r.sq
[1] 0.5532174
```

R제곱은 수동으로도 구할 수 있다. 다음을 보라. 결과는 다음 4째 줄에 있다.

```
1  > SST <- with(Pubserv1, sum((log(finind)-mean(log(finind)))^2))
2  > SSR <- sum(ols$resid^2)
3  > 1-SSR/SST
4  [1] 0.5532174
```

앞에서 말한 것처럼, 공부할 때에는 수동으로 계산해 보는 것이 도움이 되지만, 실제 분석을 할 때에는 자동으로 계산하는 것이 좋다. 말이 많으면 실수하기 쉬운 것처럼 계산을 많이 하면 실수하기 쉽다. 그러나 컴퓨터(인형, 자동차)를 분해조립해 보면 컴퓨터(인형, 자동차)를 훨씬 잘 알게 되듯이, R제곱을 수동으로 계산해 보면 이를 더 잘 알게 된다.

한편, R제곱은 관측된 종속변수 값들과 이들의 맞춘값 사이의 표본상관계수를 제곱한 것과도 동일하다. 다시 말하여, 표본상관계수를

$$\widehat{\mathrm{cor}}(y,\hat{y}) \equiv \frac{\sum_{i=1}^{n}(y_i-\bar{y})(\hat{y}_i-\bar{y})}{\sqrt{\sum_{i=1}^{n}(y_i-\bar{y})^2 \times \sum_{i=1}^{n}(\hat{y}_i-\bar{y})^2}}$$

이라고 정의하면 다음이 성립한다.

$$R^2 = \left[\widehat{\mathrm{cor}}(y,\hat{y})\right]^2 \tag{3.13}$$

그러므로 종속변수의 실제 관측치(y_i)와 그 맞춘값($\hat{y}_i$)의 상관계수가 높을수록 R제곱이 더 높다. 나아가, 실제 관측치들과 그 맞춘값들의 상관계수는 음이 될 수 없으므로 다음도 성립한다.

$$\widehat{\mathrm{cor}}(y,\hat{y}) = \sqrt{R^2}$$

🚸 수학적으로만 보면 식 (3.13)은 $\widehat{\mathrm{cor}}(y,\hat{y}) = -\sqrt{R^2}$ 일 때에도 성립하나, $\sum_{i=1}^{n}(y_i-\bar{y})(\hat{y}_i-\bar{y}) = \sum_{i=1}^{n}[(\hat{y}_i-\bar{y})+\hat{u}_i](\hat{y}_i-\bar{y}) = \sum_{i=1}^{n}(\hat{y}_i-\bar{y})^2 \geq 0$이므로 $R^2 > 0$인 한 결코 $-\sqrt{R^2}$일 수 없다.

🚸🚸 식 (3.13)의 증명은 다음과 같다. R제곱의 정의인 SSE/SST의 분모와 분자에 각각 $\sum_{i=1}^{n}(\hat{y}_i-\bar{y})^2$을 곱하여 정리하면 다음을 얻는다.

$$R^2 \equiv \frac{\mathrm{SSE}}{\mathrm{SST}} = \frac{\sum_{i=1}^{n}(\hat{y}_i-\bar{y})^2}{\sum_{i=1}^{n}(y_i-\bar{y})^2} = \frac{[\sum_{i=1}^{n}(\hat{y}_i-\bar{y})^2]^2}{\sum_{i=1}^{n}(y_i-\bar{y})^2 \times \sum_{i=1}^{n}(\hat{y}_i-\bar{y})^2}$$

그런데 $\hat{y}_i = y_i - \hat{u}_i$이므로 $\hat{y}_i - \bar{y} = (y_i - \bar{y}) - \hat{u}_i$이며, 따라서 다음이 성립한다.

$$\sum_{i=1}^{n}(\hat{y}_i-\bar{y})^2 = \sum_{i=1}^{n}(\hat{y}_i-\bar{y})[(y_i-\bar{y})-\hat{u}_i] = \sum_{i=1}^{n}(\hat{y}_i-\bar{y})(y_i-\bar{y})$$

여기서 둘째 등식은 직교방정식에 의하여 $\sum_{i=1}^{n}(\hat{y}_i-\bar{y})\hat{u}_i = 0$이기 때문에 성립한다. 그러므로

$$R^2 = \frac{[\sum_{i=1}^{n}(\hat{y}_i-\bar{y})(y_i-\bar{y})]^2}{\sum_{i=1}^{n}(y_i-\bar{y})^2 \times \sum_{i=1}^{n}(\hat{y}_i-\bar{y})^2}$$

이며, 이로부터 (3.13)을 얻는다.

▶ **연습 3.28.** $\log(finind) = \beta_0 + \beta_1 \log(servpc) + u$ 모형에 대하여 앞에서 이용한 Pubserv1 자료를 이용하여 종속변수의 표본값과 맞춘값의 표본상관계수의 제곱을 구하여 이것이 R 제곱과 동일한지 확인하라. 힌트: `cor(log(Pubserv1$finind),ols$fitted)^2`

  R제곱에 관하여 주의할 점이 있다. 첫째, 종속변수가 $\log(Y)$인 모형의 R제곱은 $\log(Y)$ 값들에 대한 설명력을 나타내며 Y 값들에 대한 설명력을 나타내지 않는다. $\log(Y)$에 대한 설명력이 높다고 하여 반드시 Y에 대한 설명력이 높아야 하는 것은 아니다. 둘째, R제곱이 일정 수준 이상으로 높아야만 모형이 적절하다고 생각하는 사람들이 있는데 인과관계의 분석에서는 그렇지 않다(아래 셋째 사항도 참조). 셋째, 표현방식만 다르고 실제로는 아무런 차이도 없는 두 모형일지라도 R제곱에는 큰 차이가 있을 수 있다. 예를 들어 Y가 판매가격, X가 생산비라 할 때, (i) $\log(Y)$를 $\log(X)$에 대하여 회귀하는 것과 (ii) $\log(Y/X)$를 $\log(X)$에 대하여 회귀하는 것을 생각해 보자. $\log(Y/X) = \log(Y) - \log(X)$이므로 (i)과 (ii)로부터의 추정값들이 각각 a_0, a_1과 b_0, b_1이라면 $a_0 = b_0$이고 $a_1 = 1 + b_1$이라는 정확한 관계가 성립하여 어느 모형을 사용하든 $\log(Y)$를 설명하는 방식에는 하등의 차이가 없다. 하지만 두 회귀로부터의 R제곱은 크게 다를 수 있다. 이는 R제곱 계산을 위한 SST가 (i)에서는 $\log(Y)$의 표본 내 차이이고 (ii)에서는 $\log(Y/X)$의 표본 내 차이로 서로 다른 반면, 잔차들은 (i)에서는 $\log(y_i) - a_0 - a_1\log(x_i)$이고 (ii) 에서는 $\log(y_i/x_i) - b_0 - b_1\log(x_i) = \log(y_i) - b_0 - (1+b_1)\log(x_i) = \log(y_i) - a_0 - a_1\log(x_i)$여서 두 회귀에서 SSR이 동일하기 때문이다. 넷째(김진일 교수와 대화한 내용), 어떤 회귀모형에 대해서 표본을 둘로 분할하여 추정하면 2개의 R제곱(R_A^2과 R_B^2이라 하자)이 나올 것이고 전체 자료에 대하여 추정하면 하나의 R제곱(R_{pool}^2이라 하자)이 나올 것인데, R_{pool}^2이 R_A^2과 R_B^2 사이에 위치할 이유가 없다. 심지어는 R_A^2과 R_B^2은 1에 가까운데 R_{pool}^2은 0에 가깝거나, 반대로 두 R제곱은 0에 가까운데 R_{pool}^2은 1에 가까울 수도 있다.

3.10 기하학

  우리는 3차원 공간에 살고 있기 때문에 4차원 이상의 공간은 상상하기 어렵다. 그렇지만 n차원 공간이 있다고 한번 상상해 보자. 만일 표본크기(n)가 350이라면 350차원 공간을 생각해야 한다. 기껏해야 3차원 공간과 1차원 시간만을 인식할 수 있는 우리가 이것을 머릿속에 그려보는 것은 매우 어렵겠지만 하여튼 이런 것이 있다고 하자.

  이 공간 속에 $(x_1, x_2, \ldots, x_n)$의 좌표를 갖는 점과 $(1, 1\ldots, 1)$의 좌표를 갖는 점을 생각해 보자. 이 두 점을 선형결합하면 우리는 2차원 평면을 만들어 낼 수 있다. 이것을 하려면 우선 원점과 점 $(1, 1, \ldots, 1)$을 통과하도록 직선을 그리고, 또 원점과 점 $(x_1, x_2, \ldots, x_n)$을 지나는 직선을 그린다. 그 다음 이 교차하는 두 직선 위에 널판지를 하나 올려놓으면 된다. 이때 널판지는 두께가 없고 무한히 넓은 것이다. 이 평면이 〈그림 3.16〉에 네모로 시각화되어 있다. 이 널빤지는 두 좌표 점들의 길이를 늘리거나 줄여서(방향을 바꾸어도 됨) 서로 합함으로써 구할 수 있는 모든 점들의 집합을 나타낸다.

  이것을 좀 더 수학적으로 설명하자면 우선 원점과 점 $(1, 1, \ldots, 1)$을 통과하도록 직선을 하나 그리고, 이 직선상에 어떤 점을 하나 선택한다. 이 점은 $(b_0, b_0, \ldots, b_0)$, 즉 $b_0 \times (1, 1, \ldots, 1)$이라는 점으로 나타낼 수 있을 것이다. 또 원점과 점 $(x_1, x_2, \ldots, x_n)$을 지나는 직선을 그리고 이 직선에 점 하나를 찍으면 이 점은 $b_1 \times (x_1, x_2, \ldots, x_n) = (b_1 x_1, b_1 x_2, \ldots, b_1 x_n)$이라는 점이 된다. 이 두 점들을 각 좌표마다 더하면 $(b_0 + b_1 x_1, b_0 + b_1 x_2, \ldots, b_0 + b_1 x_n)$이라는 점이 만들어지는데, 우리가 여기서 b_0과 b_1를 변화시켜 만들 수 있는 모든 점들은 2차원 평면을 이룬다.

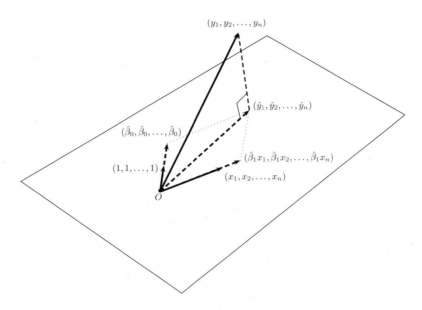

〈그림 3.16〉 최소제곱법은 평면 밖의 한 점에서 평면으로 수선을 내리는 것

이제 이 n차원 공간 속에 또 한 점이 있는데 이것은 $(y_1, y_2, \ldots, y_n)$으로서 〈그림 3.16〉에 2차원 평면을 벗어난 화살표로 표현되어 있다. 이 점은 $(x_1, x_2, \ldots, x_n)$과 $(1, 1, \ldots, 1)$이 만들어 내는 2차원 평면(두께가 0인 무한한 널판지) 상에 꼭 있을 필요는 없다. 이제 이 $(y_1, y_2, \ldots, y_n)$의 점을 위의 2차원 평면에 수직으로 발을 내리면 이 점이 바로 최소제곱법으로 구한 $\hat{\beta}_0$과 $\hat{\beta}_1$을 이용하여 찍은 점이 된다. 좀 더 정확히 말하면 이렇게 찍은 점이 바로 n차원 공간 내 맞춘값들의 좌표, 즉 $(\hat{y}_1, \ldots, \hat{y}_n)$이다. 그리고 종속변수의 실제 관측값인 $(y_1, y_2, \ldots, y_n)$과 맞춘값인 $(\hat{y}_1, \ldots, \hat{y}_n)$의 차이, 즉 평면으로부터 수직으로 솟아 있는 점선이 바로 잔차 $(\hat{u}_1, \ldots, \hat{u}_n)$의 벡터이다.

〈그림 3.16〉을 좀 더 상세히 설명한다. n차원 공간 내 두 점 $(x_1, x_2, \ldots, x_n)$과 $(1, 1, \ldots, 1)$이 두 실선 화살표의 끝점으로 표시되어 있다. 각각의 점과 원점 O를 통과하는 두 직선을 그릴 수 있는데 이 두 직선이 만들어낼 수 있는 무한히 펼쳐진 2차원 평면이 그림의 사각형으로 시각화되어 있다. $(y_1, y_2, \ldots, y_n)$ 점으로부터 이 평면에 수직으로 발이 내려져 있다. 이 수선의 발은 두 실선 화살표를 각각 적절히 연장한 후 서로 합하여 만들 수 있다. 두 점선 화살표 중 하나는 점 $(1, 1, \ldots, 1)$에 $\hat{\beta}_0$을 곱하여 만들어지고, 다른 하나는 점 $(x_1, x_2, \ldots, x_n)$에 $\hat{\beta}_1$을 곱하여 만들어진다. 그러므로 그 수선의 발은 $(\hat{\beta}_0 + \hat{\beta}_1 x_1, \hat{\beta}_0 + \hat{\beta}_1 x_2, \ldots, \hat{\beta}_0 + \hat{\beta}_1 x_n)$이다.

위에서 $(y_1, \ldots, y_n)$ 점으로부터 평면으로 수선을 내린다고 했는데, 왜 수선이어야 하는지 살펴보자. 그림에서 n개의 잔차들은 $(y_1, y_2, \ldots, y_n)$ 점과 $(\hat{y}_1, \hat{y}_2, \ldots, \hat{y}_n)$ 점 간의 차이(n개)로 표현되고, OLS는 이 n개의 차이들의 제곱합을 최소화한다. 그런데 제곱합의 제곱근은 바로 통상적인 거리(유클리드 거리)이므로 OLS는 두 점 간 유클리드 거리를 최소화하는 방법이다. 이 거리의 최소화를 위해서는 평면 밖 Y값들의 점으로부터 평면으로 수직으로 가는 수밖에 없다.

3.11   측정단위의 변환

측정단위가 변화하면 입력되는 자료의 값도 바뀐다. 예를 들어 3000원이라는 가격은 1원 단위로 측정하면 3000, 1천원 단위로 측정하면 3, 1만원 단위로 측정하면 0.3으로 입력된다. 이렇게 단위를 변환하면 어떤 결과가 생길지 살펴보는 것이 이 절의 목적이다.

예를 들어 보자. 두 자료집합이 있는데, 똑같은 제품에 대하여 하나는 제품가격을 1원 단위로 측정한 것이고, 다른 하나는 제품가격을 1천원 단위로 측정한 것이다. 제품가격을 배럴당 원유(crude oil)가격(원 = 달러 가격 × 환율)으로 설명하는 모형을 생각해 보자.

$$\text{원 단위 가격} = \beta_0 + \beta_1 \cdot \text{원유가격} + u \tag{3.14}$$

$$\text{천원 단위 가격} = \beta_0^* + \beta_1^* \cdot \text{원유가격} + u^* \tag{3.15}$$

이때 모수들과 오차항이 달라질 수도 있으므로 천원 단위 가격에 관한 모형에서는 별표를 붙였다. 위의 두 모형에서 β_0과 β_0^*의 관계, β_1과 β_1^*의 관계, u와 u^*의 관계는 무엇일까?

직관적으로 생각해 보자. 측정단위가 변화하면 정보를 저장하는 방식만 바뀔 뿐 정보의 양이나 내용에는 변화가 없다. 그러므로 어느 모형에서든지 계수들을 제대로 해석하면 그 실질적인 내용에 차이가 없어야 한다. 그런데 단위 변화로 인하여 숫자 자체는 바뀌므로, 계수들은 자료가 달라지는 것을 되돌려서 실질적 해석에 차이가 없도록 만드는 만큼 바뀔 것으로 예상된다. 나중에 보겠지만, 최소제곱 추정량의 경우 이 직관은 맞다. 사실 이 직관을 위배하는 추정량은 좋은 추정량이라고 보기 어렵다.

이런 직관을 좀 더 발전시켜서 실제 계산을 해 보자. 각 개체에 대하여

$$\text{천원 단위 가격} = \text{원 단위 가격}/1000$$

이고(거꾸로 생각하지 말 것), 식 (3.14)의 양변을 1000으로 나누면

$$\text{원 단위 가격}/1000 = (\beta_0/1000) + (\beta_1/1000) \cdot \text{원유가격} + (u/1000)$$

이므로, 이를 식 (3.15)과 비교하면 다음이 성립해야 한다.

$$\beta_0^* = \beta_0/1000, \quad \beta_1^* = \beta_1/1000, \quad u^* = u/1000 \tag{3.16}$$

해석을 해 보면 다음과 같다. 원 단위 가격을 사용한 (3.14)에서 β_1이 의미하는 바는, 여타 조건이 동일할 때 **원유가격**이 1원 상승하면 가격은 β_1원 상승한다는 것이다. 다음으로 천원 단위 가격을 사용한 (3.15)에 의하면, 여타 조건이 불변이고 **원유가격**이 1원 상승할 때 가격이 β_1^* 천원 상승한다. 그런데 (3.16)에 따르면 $\beta_1^* = \beta_1/1000$이므로 가격은 $\beta_1/1000$ 천원, 즉 β_1원만큼 상승한다. (3.16)에 의하여 기울기 계수가 조정됨으로써 (3.14)의 계수와 (3.15)의 계수는 동일한 의미를 갖게 되었다.

실제 최소제곱 추정량 간에도 동일한 관계가 성립한다. 측정단위가 바뀌면 모든 i에서 **천원단위 가격**$_i$ = 원단위 가격$_i$/1000가 되므로 $\hat\beta_1$의 식의 분자를 1,000으로 나눈 것과 같고, 따라서 $\hat\beta_1^* = \hat\beta_1/1000$임을 쉽게 확인할 수 있다. 나아가 $\hat\beta_0^* = \hat\beta_0/1000$이라는 관계도 도출된다. 또한 종속변수값들이 모두 1000분의 1로 축소되었으므로 잔차값들도 모두 1000분의 1로 축소된다. 다시 말하여 모든 i에 대하여

$$\hat\beta_0^* = \hat\beta_0/1000, \quad \hat\beta_1^* = \hat\beta_1/1000, \quad \hat u_i^* = \hat u_i/1000$$

이 성립한다. 이와 (3.16)을 비교하면 정확히 대응함을 알 수 있다.

▶ **연습 3.29.** 두 변수 y와 y^*를 생각해 보자. 모든 i에서 $y_i^* = y_i/1000$라 하자. y를 x에 회귀하여 얻는 최소제곱 추정량을 $\hat\beta_0$, $\hat\beta_1$이라 하고 y^*를 x에 회귀하여 얻는 최소제곱 추정량을 $\hat\beta_0^*$, $\hat\beta_1^*$라 하자. 최소제곱 추정량의 식 (3.3)과 (3.4)를 이용하여 $\hat\beta_0^* = \hat\beta_0/1000$, $\hat\beta_1^* = \hat\beta_1/1000$임을 증명하라. $\hat u_i$와 $\hat u_i^*$를 두 회귀로부터 구하는 잔차값이라 하자. 모든 i에서 $\hat u_i^* = \hat u_i/1000$임을 증명하라.

직관적으로 보면, 변수들의 측정단위를 바꿀 때 (숫자 자체는 바뀌더라도) 어떠한 실질적인 변화도 생겨서는 안 된다. 계수추정값들은 단위 변환에 맞추어서 적절히 바뀌고 R제곱은 전혀 영향을 받지 않는다. 그러므로 분석 시에는 자료들의 측정단위만 알고 그에 따라 적절히 해석하기만 하면 되며, 혹시라도 측정단위를 바꿈으로써 의미있는 변화를 가져오지 않을까 하는 기대는 애시당초 갖지 않는 것이 좋다. 마치 지갑 속의 돈을 천원 단위로 헤아리든 만원 단위로 헤아리든 금액에 차이가 없는 것과 같다.

측정단위의 변화가 어떠한 실질적인 차이도 가져오지 않지만 그 결과를 보고할 때에는 유용할 수 있다. 마치 지갑에 1,000,000원이 있을 때, 이를 '1,000천원'이라고 말하는 경우와 '1백만원'이라고 하는 경우를 비교하면 금액 자체는 똑같아도 듣는 사람의 인내심에는 차이를 가져오는 것과 같다. 예를 들어 좌변이 소수점으로 표현한 이자율이고 우변이 GDP라 하자. 이자율은 0~0.05 정도 범위에서 움직일 것이고, 높아야 0.1 정도 밖에 되지 않을 것이다. 그러나 2020년 우리나라 GDP는 약 2천조 원에 달할 정도로 숫자의 규모가 크다. 그러므로 만일 소수점 단위 이자율을 좌변에 두고 우변에 GDP를 원 단위로 두면, 계수와 GDP를 곱했을 때에 이자율의 값을 적당히 맞추어야 하므로, GDP의 계수는 10경 분의 1 정도 단위의 규모일 것이다. 이런 숫자를 그대로 리포트하면 읽는 사람들이 "이게 뭐냐"며 화를 낼 수 있고, 만일 소수점 몇째 자리 이하에서 반올림하면 "-0.0000"처럼 쓸모 없는 표현이 나타나기도 한다.* 이런 경우, 이자율에 100을 곱하여 백분율로 측정하고 GDP를 1원 단위가 아닌 1천조원 단위로 측정하면 좌우변의 숫자의 규모들이 엇비슷해지고,

---

*회귀 결과를 리포트하면서 이런 식으로 표현하는 사람들이 의외로 많다.

최소제곱 추정값도 적당한 크기가 될 것이다.* 자신의 연구결과를 사람들이 더 쉽게 읽을 수 있도록 하려면 이런 세부사항까지 신경을 써 주는 것이 좋다.**

예제 3.1   단위 변환의 유용성

1인당 GDP와 1인당 CO_2 배출량의 관계에 관한 최소제곱 회귀를 해 보자. 앞에서 설명한 Ekc 자료에서 co2pc의 측정단위는 톤이고 gdppcppp의 측정단위는 1인당 달러이다. 그 규모를 비교해 보면, 아래 실행 결과의 7번 행에서 gdppcppp의 표본평균은 13,962달러 이고 co2pc의 표본평균은 약 4.7톤이다. 둘 사이에는 상당한 규모 차이가 있다. 그 결과 아래 10번 행에서 최소제곱 회귀를 하면 17번 행에서 보듯이 기울기 계수가 0.000339로 0이 너무 많아 읽기 불편하고 쓰기도 힘들다.

```
1  > data(Ekc, package="loedata")
2  > summary(Ekc[, c("gdppcppp", "co2pc")])
3       gdppcppp          co2pc
4   Min.   :   476.7   Min.   : 0.01941
5   1st Qu.:  2519.9   1st Qu.: 0.61732
6   Median :  7771.4   Median : 2.17747
7   Mean   : 13962.3   Mean   : 4.69970
8   3rd Qu.: 18034.8   3rd Qu.: 6.89611
9   Max.   :102253.1   Max.   :61.98976
10 > lm(co2pc~gdppcppp, data=Ekc)
11
12 Call:
13 lm(formula = co2pc ~ gdppcppp, data = Ekc)
14
15 Coefficients:
16 (Intercept)      gdppcppp
17   -0.034195      0.000339
```

이러한 문제를 해결하기 위해서는 gdppcppp의 측정단위를 키워(예를 들어 1천 달러 단위) 숫자 규모를 줄이든지 아니면 co2pc의 측정단위를 줄여(예를 들어 킬로그램) 숫자 규모를 키워야 한다. 어느 방법을 사용하든 좋아 보이나, gdppcppp의 측정단위를 1천 달러로 바꾸자. 그러면 1인당 구매력 환산 GDP의 값은 1,000으로 나눈 값으로 바뀐다. 이 경우 최소제곱 추정값은 다음과 같다.

---

  *변수를 로그변환하는 경우에는 대체로 이런 문제가 없다.

  **자신의 연구 결과를 다른 사람이 좋아하지 않으면 아마추어는 다른 사람을 탓하고 프로는 자신을 탓한다. 반대로 다른 사람의 연구 결과를 이해할 수 없으면 아마추어는 자신을 탓하고 프로는 글쓴이를 탓한다.

```
18   > lm(co2pc~I(gdppcppp/1000), data=Ekc)
19
20   Call:
21   lm(formula = co2pc ~ I(gdppcppp/1000), data = Ekc)
22
23   Coefficients:
24       (Intercept)   I(gdppcppp/1000)
25           -0.0342             0.3390
```

18번 행에서 우변이 **gdppcppp**가 아니라 이것을 **1000**으로 나눈 값임에 유의하라. 기울기 계수 추정값은 25번 행에 의하면 **0.3390**이다. 10번 행이나 18번 행이나 실질적으로는 아무런 차이도 없다. 해석을 해 보면, 17번 행의 기울기 추정값은 구매력 평가 1인당 GDP가 1,000 달러 높을 때 1인당 이산화탄소 배출량은 $0.000339 \times 1,000 = 0.339$톤 많음을 뜻하고, 25번 행의 기울기 추정값을 사용해도 구매력 평가 1인당 GDP가 1,000 달러 높을 때 1인당 이산화탄소 배출량이 $0.3390 \times (1,000/1,000) = 0.3390$톤 높다는 똑같은 결과를 얻는다. 그러나 17번 행의 **0.000339**이 정확히 어떤 숫자인지는 0의 개수를 세어 보아야 알 수 있는 반면(눈이 어른거린다), 25번 행의 **0.3390**은 한 눈에 알 수 있다.

한편, 앞에서 이야기한 것처럼, 로그를 취할 변수의 측정단위를 변환하면 기울기에는 아무런 변화도 생기지 않는다. 직관적으로 볼 때, 로그값의 변화가 백분율 변화와 마찬가지로 단위와 무관하므로 변수의 단위를 바꾸어도 기울기가 변해서는 안 된다. 이를 확인해 보기 위하여 원래 모형 $Y = \beta_0 + \beta_1 \log(X) + u$에서 X의 측정단위가 변하여 $X^* = 1,000X$가 된다고 하자. 그러면 $X = X^*/1,000$이므로 X 변수를 X^* 변수로 치환하여 다음을 얻는다.

$$Y = \beta_0 + \beta_1 \log(X) + u = \beta_0 + \beta_1 \log(X^*/1000) + u$$
$$= \beta_0 + \beta_1 [\log(X^*) - \log(1000)] + u$$
$$= [\beta_0 - \beta_1 \log(1000)] + \beta_1 \log(X^*) + u$$

이를 원래의 모형과 비교하면 절편은 $\beta_0 - \beta_1 \log(1000)$로 바뀌고, 기울기는 원래의 β_1과 동일하다. 이처럼, 로그를 취하는 변수의 측정단위를 변화시켜도, 절편만 변할 뿐, 해당 변수의 계수는 영향을 받지 않는다("로그는 unit-free하다").

종속변수와 독립변수가 모두 로그 형태일 때 측정단위는 기울기 계수에 영향을 미치지 않는다. 또한, 로그 변환을 하면 아주 큰 값도 적당한 크기로 변환되므로 대부분의 경우 최소제곱 추정값이 터무니없이 작아지거나 터무니없이 커지지 않는다.

예제 3.2   로그와 측정단위 변환

예제 3.1의 Ekc 자료를 사용하는데, 모형은 양변에 로그를 취한다. 즉, 좌변은 log(co2pc)
이고 우변은 log(gdppcppp)이다. data(Ekc)로 자료를 읽어들인 후 국민소득을 1달러와
1천 달러 단위로 측정할 때의 회귀 결과들을 서로 비교해 보자.

```
 1  > lm(log(co2pc)~log(gdppcppp), data=Ekc)
 2
 3  Call:
 4  lm(formula = log(co2pc) ~ log(gdppcppp), data = Ekc)
 5
 6  Coefficients:
 7    (Intercept)  log(gdppcppp)
 8       -10.284          1.225
 9
10  > lm(log(co2pc)~log(gdppcppp/1000), data=Ekc)
11
12  Call:
13  lm(formula = log(co2pc) ~ log(gdppcppp/1000), data = Ekc)
14
15  Coefficients:
16       (Intercept)  log(gdppcppp/1000)
17            -1.823               1.225
```

1번 행에서는 국민소득을 1인당 구매력 기준 1달러로 측정한 변수를 이용하여 추정
한다. 8번 행에 의하면 절편 추정값은 -10.284이고 기울기 추정값은 1.225이다. 10번
행에서는 우변 국민소득을 1,000으로 나눈 다음 로그를 취하였으므로 1천 달러 단위로
측정한 국민소득을 이용한 것이다. 17번 행에 의하면 기울기 추정값은 변하지 않고 오직
절편만 변한다. 로그를 취한 변수의 측정단위를 변화시키면 절편 추정값만 변하고 기울기
추정값은 영향을 받지 않는다.

3.12   최소제곱법에 관하여 주의할 점

식 (3.9)에 나온 등식(직교방정식)들은 반드시 성립해야 하는 수학적인 항등식이며 만일
이 관계가 성립하지 않으면 이는 $\hat{\beta}_0$과 $\hat{\beta}_1$을 최소제곱법(OLS)에 의하여 구하지 않았음을
의미한다. 만일 이 값들을 OLS에 의해 구했으면서도 식 (3.9)가 성립하지 않으면 중간에
뭔가 실수를 했다는 것 이상을 의미하지 않는다.

X와 Y 값들의 관측치가 주어져 있을 때, 최소제곱법으로 $\hat{\beta}_0$과 $\hat{\beta}_1$을 구하는 것은 단순한 계산의 문제이다. 최소제곱 맞춘값과 잔차의 계산도 정해진 절차에 따라 진행될 뿐이며 인간의 힘으로 바꿀 수 있는 문제가 아니다. 여러 제곱합과 R제곱도 마찬가지이다. 여러분이 아무리 머리를 쓰고 복잡한 단계를 거쳐도 결국 나올 답은 하나뿐이다. 어느 누가 계산해도 그 답은 정해져 있으며, 여러분이 최소제곱법을 사용하는 한 그 값을 바꿀 수는 없다. 이러한 의미에서 최소제곱법에 의한 절편 및 기울기 추정값, 제곱합들, R제곱 등의 계산에는 여러분의 고차원적인 사고력이 필요하지 않다. 단지 컴퓨터 하나면 족하다.

▸ **연습 3.30.** X와 Y 변수에 대한 자료가 주어져 있고 비특이성 가정이 충족될 때 절편과 기울기의 최소제곱 추정값은 각각 하나로 정해지는가? R제곱의 값은 하나로 정해지는가?

지금까지는 자료로부터 추정값들 및 그 연관된 값들을 구하는 방법을 설명하였을 뿐, 이렇게 구한 값들이 앞의 2장에서 해석한 모집단 파라미터들과 무슨 관계가 있는지는 아무런 얘기도 하지 않았다. 또 잔차인 $\hat{u}_i$ 값들과 오차값인 u_i가 무슨 관계가 있는지도 이야기하지 않았다.

그런데 앞에서 얘기한 것처럼 우리의 목적은 모집단 파라미터인 β_0과 β_1에 관한 정보를 얻고자 하는 것이다. 그러므로 최소제곱법에 의해 구한 $\hat{\beta}_0$과 $\hat{\beta}_1$이 모집단 파라미터인 β_0과 β_1과 무슨 관계가 있는지 알아보는 것은 매우 중요하다.

4 추정값과 참값의 관계

현실에서는 하나의 주어진 자료집합에 대하여 하나의 추정방법을 적용하면 모수마다 하나의 추정값이 계산된다. 이제 표본추출을 반복하여 시행하고 표본추출 시마다 추정값을 계산하는 것을 상상해 보자. 그러면 매번 추정값이 바뀌고, 이 상상 속의 실험을 무한반복하면 추정값들은 하나의 분포를 이룰 것이다. 본 장에서는 이러한 반복에 의하여 얻어지는 추정값들의 분포가 갖는 성질을 알아본다.

4.1 표본을 반복하여 추출한다면?

우리의 관심사는 모집단의 속성을 나타내는 모수(파라미터)이다. 하지만 우리는 모집단을 관측할 수 없으며 그 일부인 표본 하나(여러 관측치들로 이루어짐)만을 관측한다. 그러다 보니 표본에서 구한 보통최소제곱(OLS) 추정값은 거의 항상 모수의 참값과 다를 것이다. 다른 표본 값들이 추출되었다면 그 추정값들도 달랐을 것이다.

예를 들어 한국 사무직 노동자의 모집단에서 교육수준과 임금의 관계에 관심을 갖는다고 하자. 우리는 하나의 표본을 갖고 있으며 이 표본이 실현된 값을 이용하여 어떤 특정한 OLS 추정값을 구할 수 있다. 만일 이와 다른 노동자들이 표본으로 추출되었다면 그 추정값은 아마 달랐을 것이다. 왜냐하면 관측된 자료가 달랐을 것이기 때문이다. 이처럼 표본을 이용하여 계산하는 추정값은 우리가 어떤 자료를 가지고 있느냐에 따라 달라진다. 반면 우리의 관심사는 모집단에 관한 것인데, 이는 모집단 자체의 분포(또는 그 중의 일부 속성)를 들여다보아야만 알 수 있고, 하나의 자료집합만 분석해서는 결코 알 수 없다.

지금 가지고 있는 자료집합으로부터 구한 추정값은 참값과 다를 것이며, 참값을 모르기 때문에 추정값과 참값이 서로 얼마나 가까운지도 알 수 없다. 운이 좋았다면 참값과 가까운 값을 계산하게 만드는 자료가 수집되어 참값과 가까운 추정값이 계산되었을 것이고, 운이 나빴다면 참값과 매우 상이한 값을 계산하게 만드는 자료가 수집되어 참값과 매우 상이한 추정값을 계산하였을 것이다. 그러므로 추정값으로부터 참값에 관한 정보를 유추해 내는 것은 어려워 보인다. 그럼에도 불구하고 우리는 참값에 대하여 뭔가 이야기하고 싶다. 참값, 즉 모집단 파라미터야말로 우리의 궁극적인 목표이기 때문이다.

이제 "표본추출을 무작위로 반복하면 각각의 자료집합으로부터 구하는 추정값들은 어떻게 변할까?"라는 질문을 생각해 보자. 이것은 "만일 지금의 자료가 아닌 다른 자료가 동일 모집단으로부터 추출된다면 내 추정값은 어떻게 될까?"라는 질문을 좀 더 분명히 표현한 것이다. 좀 더 구체적으로, "우리가 주어진 크기의 표본을 상상 속에서 반복하여 관측하고, 이렇게 관측한 각각의 표본에 대하여 어떤 정해진 추정방법(예를 들어 앞에서 설명한 OLS)을 사용하여 추정값을 구하면 그 추정값들은 어떻게 변할까?"라는 질문이다. 이 반복실험을 실제로 수행하는 것은 불가능하지만 상상 속에서는 할 수 있다.

이 반복실험을 할 때, 계산되는 추정값들이 모수들의 참값과 전혀 관계없는 엉뚱한 값 주위에서 움직인다면 그 추정방법은 좋은 추정방법이라 할 수 없을 것이다. 또 그 추정값들이 참값들 주위에서 변동하되 그 변동폭이 너무 커도 좋다고 하기 어려울 것이다. 반면, 반복실험으로부터 구한 추정값들이 참값 주위에서 변동하며 그 변동폭이 그리 크지 않으면 우리는 그 추정방법이 그런대로 괜찮다거나 심지어 좋다고까지 말할 수 있을 것이다.

비유하자면 다음과 같다. 두 권총을 동일한 거치대에 두고 고정된 목표를 향해서 사격을 반복한다고 하자. 이때 총알의 품질이 균일하지 않아, 총을 쏠 때마다 탄착점이 달라진다. 이제, 하나의 권총은 목표점을 중심으로 하여 탄착군이 형성되고, 다른 권총은 목표점에서 1미터 벗어난 곳을 중심으로 하여 탄착군이 형성된다고 하자. 그러면 목표점 주위에서 탄착군이 형성되는 권총이 더 좋은 권총이라 할 수 있을 것이다. 또, 두 권총 모두 목표점 주위를 골고루 맞추는데, 한 권총의 탄착점들은 목표점 주위에 밀집되어 있고, 다른 권총의 탄착점들은 넓게 흩어져 있다면, 첫째 권총이 더 좋은 권총일 것이다. 이 비유에서, 목표점은 모수의 참값이고, 두 권총은 두 추정방법(추정량)들이며, 총알을 발사하는 것은 주어진 표본을 이용하여 추정값을 구하는 것이고, 탄착점들은 표본추출을 반복시행하여 얻는 추정값들이다. 추정값들이 참값 주위에서 변동하며 그 변동폭이 작으면 그 추정법은 좋은 방법일 것이다.

▶ **연습 4.1.** 표본추출을 반복하면서 OLS 추정값을 계산하면 그 값들은 왜 매번 달라질까? 이때 모수들의 참값은 변하는가?

참고로 표본추출을 반복하여 시행하는 것은 우리의 상상 속에서 일어나는 것임에 다시 한 번 주의하자. 현실에서는 보통 딱 하나의 자료집합만 있고 따라서 하나의 추정량에 대해서는 각 모수당 하나의 추정값만이 존재한다. 말하자면, 현실에서는 권총을 단 한 번 발사할 뿐이다. 무한반복은 우리의 머릿속에서 일어난다.

4.2 표본추출 반복시행 시 추정값들의 분포

반복되는 표본추출이라는 것은 실험가나 분석가의 머릿속에서나 가능한 상상일 뿐 현실에서는 일어나지 않는다. 그래도 표본추출을 반복할 수 있다면 무슨 일이 일어날까 질문하고 답할 수는 있다. 이때, 표본추출이 무작위로 일어나기 때문에 그 값이 어떨지 정확히 예견하는 것은 불가능하지만, 다음에 보듯이 그것이 어떠한 분포를 가질지는 일정한 가정하에서 상당히 정확한 정도로 알 수 있다. 물론 적절한 가정을 하여야 하지만 말이다.

OLS 같은 하나의 추정방법이 있다고 하자. 표본을 반복하여 추출하면서 추출된 각 표본에 대하여 이 추정방법을 적용하여 추정값을 계산하면 표본추출 시마다 상이한 데이터가 생성되므로 상이한 추정값을 얻을 것이며, 이들을 모두 모으면 하나의 분포가 형성될 것이다. 이렇게 한 추정량에 대하여 표본추출을 무한히 반복하면서 얻는 추정값들의 분포를 그 추정량의 표본추출 반복시행 시 분포(distribution over repeated samples), 표집분포(sampling distribution), 또는 단순히 분포(distribution)라 한다. 이 글에서는 우선 '표본추출 반복시행 시 분포'라는 긴 말로 시작하여 나중에는 '표집분포' 또는 그냥 '분포'라는 짧은 말을 사용할 것이다. 여기서 추정값 하나의 분포를 이야기하는 것이 아니라 표본추출 무한반복 시의 무한히 많은 추정값들의 분포를 이야기한다는 점에 유의하라. '추정량'(추정공식)의 분포란, 반복추출되는 표본을 그 추정량(추정공식)에 대입하여 구하는 무수히 많은 추정값들의 분포를 의미한다. 그러므로 누군가가 "OLS 추정값의 분포"라 한다면 이 사람은 계량경제학을 정확히 이해하고 있지 않다는 인상을 주기 쉽다. 그 대신, 우리말이 단수·복수를 별로 구분하지 않기는 하지만, "OLS 추정값들의 분포"라고 "들"을 붙이면 'OLS 추정량을 반복된 표본들에 적용하여 구한 값들의 분포'라는 의미에서 맞다. 이것을 한 마디로 "OLS 추정량의 분포"라고 한다.

앞에서는 OLS에 의한 계산법을 공부하였다. 이제 표본추출 반복시행 시 이 OLS 방법을 적용하여 구하는 추정값들의 분포(즉, OLS 추정량의 분포)가 무엇인지 알아내고자 한다. 이 분포를 알아내는 것은 숫자 계산이 아니라 사고의 영역에 속한다. 표집분포는 무한반복되는 표본추출을 통해서만 알 수 있고 무한반복되는 표본추출은 우리의 상상 속에서만 일어나기 때문이다.

앞의 권총의 예에서, OLS라는 권총을 가지고 한 번 쏘는 것은 추정값을 한 번 계산하는 것이다. 권총 사격을 무한히 반복할 수 있다면 그 탄착점들의 분포를 관찰할 수 있을 것이나, 실제 연구에서는 표본(총알)이 딱 하나만 주어지므로, 권총을 여러 번 쏘는 것은 상상 속에서나 할 수 있는 일이다. 이제 여러분의 임무는 말하자면 실제 권총을 쏘아보지 않고도 총알들의 품질의 분포와 권총의 생김새로부터 탄착점들의 분포를 알아내는 것이다.

이제 컴퓨터가 아닌 여러분의 두뇌를 쓸 때가 되었다.

두뇌를 써서 사고를 한다기보다는 생각을 전개시키는 방법을 습득한다고 하는 것이 더 맞는 표현이겠다. 즉, 결과를 두고 자유롭게 생각하는 것이 아니라, '이러한 결과는 모집단 파라미터에 대하여 이러저러한 추론을 할 수 있도록 해준다'는 이야기를 할 수 있도록 공부한다는 것이다. 그러므로 어떤 의미에서는 추론의 과정도 기계적인 절차이다.

4.3 상상 속의 표본추출은 어떻게?

모집단 전체는 관측할 수 없고 표본은 관측할 수 있다. 우리가 관측한 표본 하나에는 X 값과 Y 값의 쌍으로 이루어진 관측값들이 n개 있다. 이제 상상 속에서 우리는 모집단으로부터

n쌍의 관측치들을 다시 한 번 무작위로 추출(표본추출, sampling)하고, 이렇게 만들어진 자료로부터 추정값을 다시 한 번 계산한다. 그리고 이 표본추출과 추정값 계산의 절차를 무한히 반복한다.

표본추출을 할 때마다 추정값을 얻을 수 있고, 이 값은 변할 것이다. 그리고 이처럼 계산되는 추정값들은 궁극적으로 하나의 분포를 만들어낼 것이다. 우리의 관심사는 바로 이 분포이다. 그 분포는 무슨 추정방법을 썼는지, 모집단의 성격은 무엇인지, 또 표본추출방식은 무엇인지에 따라 결정될 것이다. 추정방법을 앞의 최소제곱법(OLS)으로 한정한다면, 표본추출 반복시행 시 OLS 추정값들의 분포는 어떤 모집단으로부터 어떻게 표본추출을 반복하느냐에 따라 결정될 것이다.

앞으로 모집단과 반복적인 표본추출 방식에 대하여 다음 가정들의 일부 혹은 전부를 가정할 것이다. 이 가정들은 설명변수 값들에 대한 가정과 오차에 대한 가정으로 나뉜다.

설명변수값들에 대한 가정

설명변수 표본값 고정: 설명변수의 관측값들은 표본추출을 반복할 때 값이 변하지 않는다. $x_1, x_2, \ldots, x_n$ 은 확률적이지 않다(nonrandom).

비특이성: 설명변수의 관측값들이 모두 동일하지는 않다(상수항과 선형종속이지 않다).

오차에 대한 가정

오차평균0: 모든 i에서 $\mathrm{E}(u_i) = 0$이다. 설명변수 표본값 고정의 가정하에서 이 가정은 모집단에서 $\mathrm{E}(u|X) = 0$이면 성립한다.

동일분산: 오차 분산 $\mathrm{var}(u_i)$는 모든 i에서 동일하다. 설명변수 표본값 고정의 가정하에서 이 가정은 모집단에서 $\mathrm{var}(u|X)$가 X값에 의존하지 않고 상수이면 성립한다.

독립추출: 오차들은 서로 독립적으로 추출된다($u_1, u_2, \ldots, u_n$은 서로 독립).

정규분포: 오차들은 각각 정규분포를 갖는 모집단으로부터 추출된다. 설명변수 표본값 고정의 가정하에서 이 가정은 X 조건부로 u의 분포가 정규분포, 즉 모든 X에서 조건부 확률밀도함수 $f_{u|X}(u|X)$가 정규분포의 확률밀도함수이면 성립한다.

이하에서는 이들 가정에 대하여 상세히 설명한다.

설명변수 표본값 고정의 가정

상상 속에서 표본추출을 반복할 때 우리는 우선 표본추출 반복시행 시 $x_1, \ldots, x_n$의 값들이 변화하지 않도록 제어할 것이다. 이것이 설명변수 표본값 고정의 가정이다. 이 가정은, 표본추출을 반복하되 x_1의 값이 항상 동일하고, x_2의 값도 항상 동일하고, x_n의 값도

〈표 4.1〉 설명변수 표본값 고정의 가정하에서 표본추출 결과의 예

i	첫 번째 표본	두 번째 표본	세 번째 표본	⋯
1	(0.3, 4.1)	(0.3, 5.8)	(0.3, 4.7)	⋯
2	(3.0, 3.2)	(3.0, 5.2)	(3.0, 3.1)	⋯
3	(2.5, 4.3)	(2.5, 5.4)	(2.5, 5.3)	⋯
⋮	⋮	⋮	⋮	
n	(4.6, 5.5)	(4.6, 5.3)	(4.6, 3.4)	⋯

주: 괄호 안의 숫자들은 (X, Y) 값의 조합을 나타냄. 각 x_i 값은 모든 표본에서 동일함.

항상 동일하도록 맞추어서 표본추출을 반복함을 의미한다. 표본추출이 이 가정에 따라 이루어지면 $x_1, x_2, \ldots, x_n$ 의 값은 무작위로 실현되지 않고 확정된다. 우리의 상상 속에서 다음 번 표본추출을 할 때 이 x_i 값들은 전과 똑같이 실현된다. 이 가정을 설명변수 표본값 비임의성의 가정이라고 표현해도 좋다.

예를 들어 〈표 4.1〉을 보자. 전체 n 명으로 이루어진 표본의 값들을 한 번 추출하여 "첫 번째 표본" 열의 값들을 얻었다고 하자. 1번 개인의 X 값은 0.3, Y 값은 4.1이고, 2번 개인의 X 값은 3.0, Y 값은 3.2, 3번 개인의 X 값은 2.5, Y 값은 4.3, 마지막 개인의 X 값은 4.6, Y 값은 5.5이다. 설명변수값을 고정한 채 표본추출을 반복한다는 것은, 우리가 상상 속에서 표본추출을 반복할 때 각 개인의 X 값이 변하지 않도록 만든 상태에서(즉, 1번 개인의 X 값이 0.3, 2번 개인의 X 값이 3.0, 3번 개인의 X 값이 2.5, 그리고 마지막 개인의 X 값이 4.6이 되도록 한 상태에서) 표본추출을 반복한다는 것이다. 그 결과 〈표 4.1〉의 "두 번째 표본" 열과 "세 번째 표본" 열의 앞자리 숫자들(즉, X 값들)은 "첫 번째 표본" 열의 X 값들과 모두 동일하다. 이처럼 $x_1, x_2, x_3, \ldots, x_n$ 은 모두 비임의적(nonrandom)이다. 하지만 물론 각 개인의 Y 값은 표본추출을 반복할 때 변한다. 예를 들어 〈표 4.1〉에서 2번 개인의 Y 값은 첫 번째 표본추출 시 3.2, 두 번째 표본추출 시 5.2, 세 번째 표본추출 시 3.1로서 표본추출을 할 때마다 그 값이 달라진다. 그러므로 y_2 는 임의적(random)이다.

▶ **연습 4.2.** 〈표 4.1〉처럼 설명변수 값들을 고정시킨 채 표본 추출을 한 번 더 한다고 하자 (상상 속의 "네 번째 표본"). 이 표본추출을 실제로 해 보기 전에 x_2 가 얼마인지 알 수 있는가? 그 값은 얼마인가? 실제 네 번째 표본을 추출해 보기 전에 y_3 을 알 수 있는가? x_5 는 임의적(random)인가?

▶ **연습 4.3.** 〈표 4.1〉에서 우리가 실제 관측하는 자료가 "첫 번째 표본" 열의 숫자들이라고 하자. 그러면 보통의 경우 "두 번째 표본" 열과 "세 번째 표본" 열은 우리가 실제로 관측할 수 있는가?

▶ **연습 4.4.** 연습 4.3의 답을 이용하여, 우리가 왜 이 절에서 컴퓨터가 아니라 두뇌를 사용해야 하는지 설명하라. *

　　설명변수 값들을 고정하고 표본추출을 반복한다는 것은 우리가 자연과학 실험가의 위치가 되어 상황을 통제함을 의미한다. 예를 들어 100개의 시험관($n = 100$)에 어떤 화학약품을 0%, 1%, 2%, $\cdots$, 99%로 희석하고 그 효과가 어떻든지 확인하고 싶은데, 실험실이 완벽히 외부와 차단되어 있지 않기 때문에, 실험결과는 우리가 관측할 수 없는 다른 요소들에 의해 영향을 받을 것이고, 이 관측불가능한 요소들의 영향이 u이다. 첫째 시험관에서 이러한 관측불가능한 요소들의 영향은 u_1, 둘째 시험관에서는 u_2 등등. 이 실험가는 상상 속에서 이처럼 100개 시험관을 통한 실험을 무한히 반복한다. 그러면 이 무한히 반복되는 상상실험에서 항상 $x_1 = 0\%$, $x_2 = 1\%$, $\cdots$, $x_{100} = 99\%$로 고정되어 있다(여기서 실험가는 그 양을 완벽하게 측정하여 희석할 수 있다고 가정한다). 그렇지만 실험을 반복시행할 때마다 외부의 요인이 변화하므로 $u_1, \ldots, u_{100}$의 값들은 각각 변화할 것이고 그에 따라 $y_1, y_2, \ldots, y_{100}$의 값들도 각각 변화할 것이다. **

　　사회과학에서 설문조사를 통하여 자료를 수집하는 분석가의 입장에서는 다음과 같은 이야기가 될 것이다. 구체적으로 예를 들어 모집단은 20세부터 49세까지의 우리나라 남성이며, X는 나이이고 Y는 순자산이라고 하자. 이 분석가는 모집단으로부터 추출한 100명($n = 100$)의 개인들로 이루어진 표본을 가지고 있다. 표본 내 첫째 사람의 나이는 45세, 둘째 사람은 23세, 셋째 사람은 31세, 넷째 사람은 45세 등등이라고 해 보자. 이 분석가는 상상 속에서 100명의 사람을 다시 한 번 관측하는데, 이 경우 역시 첫째 사람은 45세, 둘째 사람은 23세, 셋째 사람은 31세, 넷째 사람은 45세 등등이 되도록 사람을 뽑는다는 것이 바로 설명변수 표본값을 고정시킨다는 말의 의미이다. 다시 말하여, 첫째 사람은 45세 집단에서 1명을 무작위로 선택하고, 둘째 사람은 23세 집단에서 무작위로 선택하고, 셋째 사람은 31세 집단, 넷째 사람은 45세 집단에서 각각 1인씩 무작위로 선택한다는 뜻이다. 〈그림 4.1〉에 둘째 사람이 23세 집단에서만 추출되는 것이 그림으로 그려져 있다. 둘째 사람은 항상 23세들만이 모여 있는 방에서 무작위로 추출된다. 이 분석가는 이처럼 각 관측치별 설명변수 값을 고정시킨 채 상상 속에서 표본추출을 무한히 반복한다.

　　이렇게 설명변수의 표본값을 고정시키고 표본추출을 반복하면 x_1은 더 이상 확률변수가 아니다. 왜냐하면 표본추출 반복 시 x_1의 값은 고정되어 있기 때문이다. 마찬가지로 x_2도 확률변수가 아니다. 표본추출을 어떻게 하더라도, 그 값이 무엇일지 확실히 정해져 있기 때문이다. 그러나 이렇게 표본추출을 반복할 때 y_1(첫째 사람의 Y값)은 변한다. 왜냐하면

---

*컴퓨터를 사용해서 특정 분포로부터 자료표본을 반복적으로 추출하기도 하는데, 이 경우에도 어떤 분포로부터 추출할지는 우리 머릿속에서 정해진다. '부트스트랩'은 다른 맥락에서 이해할 수 있다.

**여기서 $u_1, \ldots, u_{100}$의 값들이 서로 간에 다르다는 말을 하는 것이 아니다. 표본추출을 반복하면, u_1의 값이 변하고, u_2의 값도 변하고, u_n의 값도 변한다는 뜻이다.

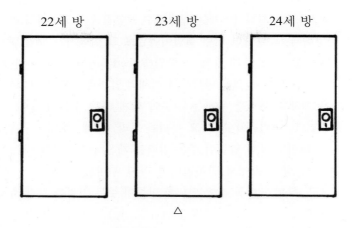

설명 : 둘째 사람은 항상 23세 방에서 추출

〈그림 4.1〉 설명변수값 고정의 가정하에서 표본추출 반복하기

$y_1 = \beta_0 + \beta_1 x_1 + u_1$ 이라는 관계가 성립하며 $\beta_0 + \beta_1 x_1$ 이 변동하지 않는 반면, u_1 이 변동할 수 있기 때문이다. 즉, u_1 과 y_1 은 표본추출 시마다 값이 달라지는 확률변수이다. 물론 u_1 을 관측할 수 있는 것은 아니지만 y_1 값이 변하는 것을 보면 u_1 이 변한다는 것이 분명하다. 이와 마찬가지로 $u_2, \ldots, u_n$ 과 $y_2, \ldots, y_n$ 도 표본추출 시마다 값이 변한다. 앞의 〈표 4.1〉의 예가 이러한 상황에 해당한다.

　이러한 표본추출의 상상 실험은 '좋은' 실험인가? 이 질문에 답하기 위해서는 우리가 왜 표본추출을 무한반복하는 상상을 하는지 다시 한 번 생각해 보아야 한다. 앞에서 이야기한 것처럼 무한반복 표본추출의 상상실험은 근본적으로 우리의 관심사는 모집단이지만 우리에게 이용가능한 것은 표본 하나라는 제약으로부터 출발한다. 그래서 "만일 표본이 이와 달랐다면" 하고 상상을 하고 그 결과에 대해 생각해 보는 것이다. 그러므로 설명변수 값을 고정한다는 것은 설명변수 값들이 모두 전과 동일하고 종속변수의 값들은 전과 다른 표본이라면 무슨 일이 생길지 생각해 본다는 뜻이다.

▶ **연습 4.5.** 다음의 자료(한 표본이 한 번 실현된 값)를 생각해 보자($n = 12$).

i	1	2	3	4	5	6	7	8	9	10	11	12
x	2.6	3.0	3.7	1.2	5.2	4.5	1.6	3.0	4.0	3.5	2.6	3.2
y	4.2	6.1	3.9	3.1	7.6	6.5	3.7	6.0	6.2	6.0	4.7	5.5

설명변수 표본값 고정의 가정하에서 표본추출을 한 번 더 한다면 x_5 의 값은 얼마일까? 이 경우 y_5 의 값에는 무슨 일이 일어날 것으로 보는가?

　　자연과학의 실험가에게는 설명변수 표본값들을 고정시키고 표본추출을 반복하는 상상이 타당하다. 왜냐하면 이런 실험이야말로 그 실험가가 매일 맞부딪히는 상황이기 때문이다. 예를 들어 '보일의 법칙'의 보일(Robert Boyle)은 1660년에 한쪽이 막힌 J자 모양의 관에 수은을 넣는 실험을 반복하여 기체의 압력과 부피의 관계를 연구하였다. 이 실험에서 보일은 기체의 부피를 원하는 수준이 되게 하는 수은의 높이를 구하고 이로부터 압력을 유추하였다. 압력을 Y라 하고 부피를 X라 할 때, 보일은 부피를 12, 13, ⋯, 23, 24, 26, 28, ⋯, 48이 되도록 만들어 주는 압력을 계산하여 자료를 만들었다($n = 25$).* 만약 보일이 이 실험을 상상 속에서 반복한다면 다시 부피를 12, 13, ⋯, 23, 24, 26, 28, ⋯, 48으로 설정하고, 부피가 이들 값이 되도록 만들어 주는 압력을 각각 측정할 것이다. 이때 대기압, 습도 등으로 인하여 압력 측정값들($y_1,...,y_n$)은 조금씩 달라질 것이나, 부피의 25개 값들 ($x_1,...,x_{25}$)은 측정의 정확도 이내에서 원래 실험 시의 값들과 동일할 것이다. 설명변수 표본값이 고정되었다는 가정은 이처럼 $x_1,...,x_n$의 값들이 원하는 값으로 통제되었음을 의미하므로, 앞으로 필요하면 **통제실험** 가정이라고 줄여서 말할 것이다.

　　사회과학의 분석가는 일반적으로 이처럼 통제된 실험으로부터 구한 자료(예컨대, 첫째 사람의 나이가 45세가 되도록 통제하여 수집한 자료)를 사용하지 않는다. 경제학에서도 특정 연구를 위한 통제된 실험을 하거나 적어도 특정 연구에 맞추어 설명변수 값들을 통제한 상태로 자료를 수집하여 훌륭한 연구를 수행하는 경우도 있지만, 그보다는 정부기관, 중앙은행, 국책연구기관 등 전문적인 자료수집 기관이 작성해 놓은 자료를 연구자가 내려받아 분석하는 경우가 훨씬 많다. 이 경우, 어떤 연구자는 소득(X)이 소비(Y)에 미치는 영향에 관심을 가질 수 있고, 어떤 연구자는 소비(X)가 삶의 만족도(Y)에 미치는 영향을 보고 싶을 수도 있으며, 또 어떤 연구자는 삶의 만족도(X)가 기부액(Y)에 미치는 영향을 분석하고 싶어할 수 있다. 분석하고자 하는 모형은 연구자마다 다를 수 있는 것이며, 그에 따라 설명변수도 다양할 것이다. 자료 작성 기관이 자료를 수집할 때 이런 모든 가능한 모형을 염두에 두고 설명변수 표본값을 통제하는 것은 있을 수 없다. 이런 상황에서 표본추출을 한번 더 한다는 것은 그 자료 작성 기관이 표본을 다시 한번 추출하여 자료를 만드는 것을 의미한다. 많은 조사기관이 연령대, 성별, 거주지역 등 몇몇 요인들을 모집단의 분포에 맞추려는 시도를 하는 것은 사실이나(이런 요인들의 설명변수 값들은 어느 정도 통제된다), 대부분의 연구 모형에서 설명변수 표본값들은 다시 추출된 표본에서는 상이한 표본값들을 가질 것이다. 즉, 사회과학의 많은 연구에서 설명변수 표본값들은 고정된 것이 아니라 확률적(random)이며, 설명변수 표본값 가정은 우리 같은 사회과학 연구자들에게는 별로

---

*이 자료가 `loedata`의 Boyle 데이터에 있다(출처: `www.chemteam.info/GasLaw/Gas-Boyle-Data.html`). 원하는 독자는 `pressure`를 종속변수로 하고 `volume`을 독립변수로 하여 그림을 그려보고, `pressure`를 `1/volume`으로 OLS 회귀하여 어떤 추정결과를 얻는지 살펴보기 바란다. 참고로, 보일의 법칙은 압력이 부피의 역수에 비례한다는 것이다.

현실성이 없어 보인다.

그럼에도 불구하고 지금으로서는 표본 설명변수 값이 고정된 채로 표본추출을 반복한다는 가정을 한다. 그 이유는 그렇게 하는 것이 이해와 설명을 용이하게 하며, 또한 이 가정하에서 나오는 결론이 우리가 이것을 가정하지 않고 표본추출을 반복할 때의 결과와 기본적으로 차이가 없는 경우가 있기 때문이다(특히 설명변수와 오차항이 확률적으로 독립인 상황하에서는). 설명변수 값도 무작위로 결정되는 상황에서의 표본추출에 대해서는 나중에 제4부에서 상세히 살펴본다(6.7절도 참조).

비특이성 가정

비특이성 가정은 이미 설명하였다. 만약 비특이성 가정이 위배되면 자료가 주어질 때 OLS 추정량이 유일하게 결정되지 않는다. 이 가정이 위배되는 상황은 이론적으로 고려할 필요조차 없으며, 만일 특이성이 발생하면 우리가 무슨 실수를 저질렀는지 점검해 보아야 할 것이다. R 같은 소프트웨어는 특이성이 발생하면 문제 변수들을 자동으로 누락시킨다.

오차평균0 가정

표본 내 첫째 개인의 u값을 u_1, 둘째 개인의 u값을 u_2 등으로 표시하자. 이 u_i 값들은 물론 관측할 수 없다. 설명변수 표본값 고정의 가정하에서 표본추출을 반복하면 표본 내의 X 값 관측치들(즉 $x_1, x_2, \ldots, x_n$) 각각은 변하지 않는 반면 표본 내의 Y 값들, 즉 $y_1, y_2, \ldots, y_n$ 각각은 아마도 계속 변할 것이다. 관측값들이 $y_i = \beta_0 + \beta_1 x_i + u_i$ 라는 관계를 만족시키고 u_i 의 값들이 표본추출을 할 때마다 변하기 때문이다. 그러므로 u_i ($i = 1, \ldots, n$ 에 대하여)의 값들은 모두 표본추출 시마다 변화한다. 다시 말하여 모든 i에 대하여 u_i는 확률변수이다.

이처럼 각각의 i에 대하여 u_i의 값이 표본추출 시행 시마다 바뀌는데, 우리는 특히 각각의 u_i값이 평균이 0인 모집단으로부터 추출된다고 가정한다. 이것이 오차평균0 가정이다.

학생들이 많이 혼동하는 것 중의 하나가 'u_i의 평균'을 $\bar{u}$, 즉 $\frac{1}{n}(u_1 + u_2 + \cdots + u_n)$ 으로 오해하여 오차평균0의 가정이 $\bar{u} = 0$을 의미한다고 생각하는 것이다. 단언컨대 이것은 오해이며 $\bar{u} = 0$이 되는 일은 없다고 봐도 좋다. 왜 $\bar{u} = 0$이 터무니없는지는 $n = 1$이고 u_1이 $N(0,1)$로부터 추출되는 경우를 상상해 보면 될 것이다. $n = 1$이면 $\bar{u} = u_1$인데, 표준정규분포로부터 한 번 추출한 u_1값이 어떻게 0이 되겠는가? 또한, 오차평균0 가정의 뜻이 $\mathrm{E}(\bar{u}) = 0$이라고 생각할 수도 있는데, 이 또한 잘못되었다. 물론 오차평균0 가정으로부터 $\mathrm{E}(\bar{u}) = 0$이라는 결론이 도출되는 것은 맞지만(연습 4.7 참조), 처음부터 $\mathrm{E}(\bar{u})$를 염두에 두고 가정을 세운 것은 아니다. 오차평균0의 가정은 그것이 아니라 '모든 i에 대하여 $\mathrm{E}(u_i) = 0$', 즉 $\mathrm{E}(u_1) = 0$, $\mathrm{E}(u_2) = 0$, $\ldots$, $\mathrm{E}(u_n) = 0$임을 의미한다. 또한, 모든 i에 대하여 $\mathrm{E}(u_i) = 0$이고 $\mathrm{E}(\bar{u}) = 0$이라고 하여도 $\bar{u} = 0$인 것은 결코 아니라고 보아도 좋다. 모든 i에서 $\mathrm{E}(u_i) = 0$이라는 가정과 $E(\bar{u}) = 0$을 구분하지 못하거나 $E(u_i)$와 $\bar{u}$를 구분하지 못하는 사람은 확률변수와 표본에 대한 자신의 이해를 근본적으로 재고해 보기 바란다.

▸ **연습 4.6.** $E(u_2) = 0$의 뜻을 표본추출 반복시행의 맥락에서 직관적으로 설명하라.

▸ **연습 4.7.** 오차평균0의 가정하에서 $\frac{1}{n}(u_1 + \cdots + u_n)$의 평균이 0임을 증명하라.

▸ **연습 4.8.** 표본크기가 $n = 30$이라 하자. 다음 중 오차평균0 가정하에서 성립하는 것은? ① $E(u_{29}) = 0$, ② $(u_1 + \cdots + u_{30})/30 = 0$, ③ $\bar{u} = 0$, ④ $E(\bar{u}) = 0$, ⑤ $u_1 = u_2$, ⑥ $E(u_1) = E(u_{17})$, ⑦ $\mathrm{var}(u_1) = \mathrm{var}(u_2)$, ⑧ $E(u_3^2) = \mathrm{var}(u_3)$, ⑨ $E(u_1 + u_2 + \cdots + u_{30}) = 0$.

설명변수 표본값이 고정되었다고 할 때, 오차평균0 가정은 X값에 따라 구획한 각각의 모집단 조각(예를 들어 〈그림 4.1〉의 각 방)에서 오차항의 평균이 0임, 즉 모집단에서 $E(u|X) = 0$임과 밀접히 연관되어 있다.* 모집단에서 이처럼 $E(u|X) = 0$이 성립할 때, 설명변수 표본값 고정의 가정하에서 표본추출을 반복하면 구성원 1은 항상 $X = x_1$인 모집단 구획으로부터 임의추출되므로 $E(u_1) = E(u|X = x_1) = 0$이 성립한다. 이와 마찬가지로 각각의 i에서 u_i는 $X = x_i$인 모집단 구획으로부터 추출되므로 무한반복 추출 시 u_i의 평균은 $E(u_i) = E(u|X = x_i) = 0$이다. 이와 같이 설명변수 표본값 고정의 가정하에서 각 i별로 Y값은 전체 모집단 중 자신의 X값 구획에서 무작위로 추출되므로, 결국 오차평균0의 가정은 X값에 따라 구획된 모집단 영역의 각각에서 오차항의 평균값이 0임을 뜻한다. 다시 말하여 "$E(u_i) = 0, i = 1, \ldots, n$"이라는 가정은 모집단에서 $E(u|X) = 0$이 성립하는 것을 설명변수 표본값 고정의 가정하에서 표본 내 구성원 각각에 대하여 표현한 것이다.

▸ **연습 4.9.** $E(u_2) = 0$의 뜻을 X값에 따른 모집단 구획화의 맥락에서 설명하라.

〈그림 4.2〉의 (a)는 오차평균0의 가정이 만족되도록 200개의 관측치를 컴퓨터로 발생시켜 그림을 그린 것이다. 왼쪽 그림은 (x_i, u_i)값들을 그린 것인데, 모든 주어진 X값에서 u값들은 수평선을 중심으로 상하로 고르게 분포되어 있는 것으로 보인다.** 오른쪽 그림은 이 주어진 (x_i, u_i)값들에 대하여 $y_i = 1 - 0.5x_i + u_i$로 Y값들을 발생시켜 (x_i, y_i)값들을 그린 것이다. 각각의 주어진 X값에서 Y값들은 그 평균값(즉 $1 - 0.5X$를 나타내는 실선)을 중심으로 상하로 고르게 분포되어 있다.

반면 〈그림 4.2〉의 (b)에서는, 어떤 X값에서 오차항의 평균이 0이 아닐 수 있다. 왼쪽 그림에서, $X = -1.25$ 근처일 때(맨 왼쪽의 수직 점선) 오차항(u)의 값들은 주로 음수이므로,

---

*$E(u|X) = 0$이란 X의 실현가능한(확률이 0이 아님을 의미) 모든 값 c에 대하여 $E(u|X = c) = 0$임을 의미한다. 예를 들어 X가 나이이고 모집단이 20–29세의 개인으로 구성되어 있다면, $E(u|X) = 0$은 20세 개인들로 구성된 모집단 조각의 u의 평균도 0, 21세 구성원들의 u의 평균도 0 등, 20–29세의 모든 나이별 모집단 구획 내 구성원들의 u의 평균이 0임을 의미한다. 수학 기호를 사용하자면, $E(u|X = c) = 0$, $c = 20, 21, \ldots, 29$이다.

**그림에 수직선을 그리면 그 수직선상의 모든 점에서 X의 값이 동일하다. 〈그림 4.2〉에서는 $X = -1.25$, $X = 0.25$, $X = 1.75$의 위치에 점선을 그렸다.

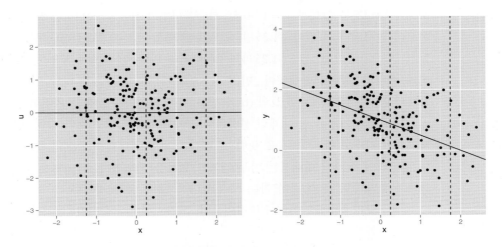

(a) 오차평균0 가정 만족(좌: X와 u, 우: X와 Y)

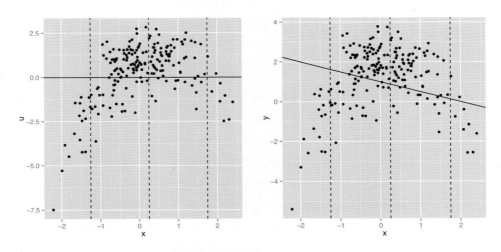

(b) 오차평균0 가정 위배(좌: X와 u, 우: X와 Y)

〈그림 4.2〉 오차평균0 가정을 만족하는 표본과 위배하는 표본

$X = -1.25$인 대상들만 모으면 $E(u) < 0$일 것이다. 따라서, 만일 둘째 사람의 X값이 -1.25라면($x_2 = -1.25$), 둘째 사람을 무한반복하여 추출할 때 $E(u_2) < 0$일 것이다. 반면 $X = 0.25$이면(가운데 수직 점선) u값이 양(+)의 영역에 더 많이 분포되어 있으며, 따라서 만일 $x_8 = 0.25$라면 $E(u_8) > 0$일 것이다. $X = 1.75$인 경우에는 눈으로 보아서는 잘 모르겠다. 오른쪽 그림은 X값들과 $y_i = 1 - 0.5x_i + u_i$로 구한 Y값들을 표시하는데 여기서도 동일한 현상이 관측된다. X값이 -1.25일 때 관측된 점들은 $1 - 0.5X$ 직선(실선)의 아래쪽에 더 많이 위치되어 있어, $x_2 = -1.25$라면 $E(y_2) < 1 - 0.5x_2$인 것으로 보인다. $X = 0.25$에서는 이와 반대의 현상이 발생하여, 만일 $x_8 = 0.25$라면, $E(y_8) > 1 - 0.5x_8$인 것으로 보인다. 오차평균0 가정은 〈그림 4.2〉의 (b)와 같은 일이 일어나지 않음을 의미한다.

오차평균0 가정은 한 개체의 설명변수 값이 무엇이든 해당 오차 값에 대해서는 어떠한 체계적인 기대도 할 수 없음을 뜻한다. 다시 말하면 설명변수의 값을 알고 있어도 오차항의 평균적인 크기에 대해서는 아무 정보도 없음을 의미한다. 즉, '너는 설명변수의 값이 크니까 오차값도 클 것 같아'라는 생각을 아예 할 수 없는 것이다.

한편, 앞의 2장에서 이미 설명하였듯이, 오차항의 평균값이 0은 아니지만 그 평균이 X값에 의존하지 않으면 절편을 재정의함으로써 오차평균이 0이 되도록 할 수 있다. 그러므로 오차평균0의 가정은 사실상 X값에 따라 나눈 모든 구획에서 오차항의 평균이 동일하다는 가정과 다를 바 없으며, 그런 의미에서 오차평균0 가정은 '오차의 동일평균 가정'이라고 하여도 좋다. 이때 평균이 0이 아니면 물론 절편이 조정되어야 한다.

동일분산 가정

모집단을 설명변수의 값에 따라서 분할하는 것을 다시 상상해 보자. 모집단에서 설명변수의 값이 동일한 원소들을 함께 모아 구획들을 만든다. 예를 들어 X가 한국인의 나이이고 Y가 몸무게라면 방을 150개 만들고 각 방에 0호부터 149호까지 문패를 붙인다. 그런 다음 각자가 자신의 나이에 해당하는 호의 방에 들어가면 구획화가 이루어진다.

이렇게 만들어진 각각의 방(구획) 내에서는 설명변수(나이) 값이 동일하고, 서로 다른 방(구획) 사람들은 서로 다른 설명변수값을 가지고 있다. 각각의 방은 동일한 설명변수값을 갖는 개체들로 구성되어 있지만, 각 방 안에 있는 구성원들의 u값은 다양할 것이며, 따라서 각 구획마다 자기 나름의 u값의 분산을 가지고 있을 것이다. 이 분산을 $\text{var}(u|X)$라 표현한다. $Y = \beta_0 + \beta_1 X + u$일 때 이는 $\text{var}(Y|X)$와 동일하다.

설명변수값 고정의 가정하에서 만일 $x_2 = 23$이라면, 2번 개인은 항상 제23호실 내에서 무작위로 뽑힐 것이므로 u_2의 분산은 제23호실에 있는 개체들의 u의 분산, 즉 $\text{var}(u|X = 23)$이 된다. 만일 $x_3 = 39$라면 u_3의 분산은 제39호실에 있는 개체들의 u의 분산, 즉 $\text{var}(u_3) = \text{var}(u|X = 39)$이다. 일반적으로 이야기하여, u_i의 분산은 제x_i호실에 있는 개체들의 오차항의 분산, 즉 $\text{var}(u_i) = \text{var}(u|X = x_i)$이다.

앞의 오차평균0의 가정 혹은 동일 오차 평균의 가정은 모든 방에서 u의 평균이 동일함을 의미하였다. 이제 **동일분산 가정**은 모든 방의 u의 분산이 서로 동일함을 의미한다. 모든 i에서 $\mathrm{E}(u_i) = 0$이라는 오차평균0의 가정이 $\mathrm{E}(u|X) = 0$임을 설명변수 표본값 고정의 가정하에서 표본 내 각 구성원들에 대하여 표현한 것과 같이, $\mathrm{var}(u_i)$가 모두 동일하다는 동일분산 가정은 $\mathrm{var}(u|X)$가 X값에 의존하지 않고 모두 동일하다는 가정을 설명변수 표본값 고정의 가정하에서 표본 내 각 구성원들에 대하여 표현한 것이다.

〈그림 4.3〉에서는 X의 값이 1부터 100까지 정수값을 취하는 경우 동분산적인 모집단과 이분산적인 모집단에서 각각 무작위로 추출한 200개 관측치를 보여주고 있다. 그림 (a)는 동분산적인 경우인데, 좌측 그림에서 오차값이 상하방향으로 흩어진 정도가 X값과 관계없이 일정하고, 우측 그림에서 Y값들도 그 평균(실선) 위아래로 일정한 정도로 흩어져 있는 것으로 보인다.* 반면 그림 (b)에서는 X값이 클수록 u값들이 더 크게 흩어져 보인다. 즉, 오차항의 분산이 X값에 의존하는 것이다.

독립추출 가정

우리는 또한 $u_1, u_2, \ldots, u_n$의 값들이 서로 간에 독립적으로 각각의 모집단 구획으로부터 추출된다고 가정하고, 이를 **독립추출 가정**이라고 한다. 여기서 "독립"이라 함은 한 사람의 추출값이 다른 사람의 값의 분포에 영향을 미치지 않음을 의미한다. 즉 (만일 u_i의 값을 관측할 수 있다면), "u_1의 값이 크니까 u_2의 값은 작은 사람 중에서 추출하자"든지 반대로 "u_1의 값이 크니까 u_2의 값도 크게 하자"는 식의 추출을 하지 않고, $u_1, u_2, \ldots$ 등의 값들이 서로 간에 순전히 독립적으로 추출됨을 의미한다. 이러한 독립성은 표본 내의 각 개체들이 무작위로 추출될 때 발생한다.

나이에 따라 방을 나눈 앞의 예($x_{12} = 34$이고 $x_{13} = 42$인 경우)에서 34호실에서 12번 사람을 뽑을 때 다른 사람들의 종속변수 값과는 전혀 무관하게 12번 사람이 선택되었음을 의미한다. 즉, 11번 관측치는 나이에 비하여 임금이 높으니까 12번 관측치는 나이에 비하여 임금이 낮은 사람 중에서 선택하는 식의 '안배'를 하지 않는다. 다른 관측치들(사람들)도 자신을 제외한 다른 관측치들과 전혀 무관하게 추출되는 것이 독립추출 가정의 의미이다.

▶ **연습 4.10.** 흡연 여부와 건강의 관계를 조사하고자 어느 연구자가 흡연자 50명과 비흡연자 50명으로부터 건강에 관한 정보를 수집하고자 한다. 첫 번째 흡연자에게 설문조사를 하였더니 건강이 아주 좋았다. 그래서 두 번째 흡연자는 건강이 별로 안 좋아 보이는 사람으로부터 자료를 수집하였다. 이렇게 만든 표본에서 독립추출 가정이 성립하는가?

이따금씩 표본을 추출하기 위해서 한 사람에게 설문조사를 한 후, 그 친구를 소개받아서

---

*오차평균0의 가정은 그림에서 Y값들이 실선의 위와 아래에 고르게 위치해 있느냐 하는 문제인 반면, 동분산성은 그 흩어진 정도가 X값과 관계되어 있느냐 그렇지 않느냐 하는 문제이다.

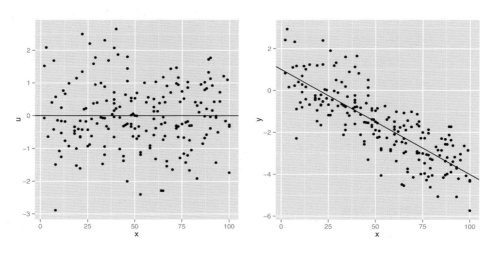

(a) 동분산적인 오차항(좌: X와 u, 우: X와 Y)

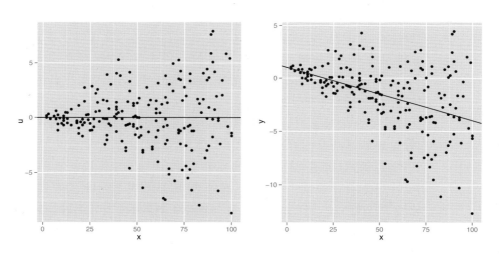

(b) 이분산적인 오차항(좌: X와 u, 우: X와 Y)

〈그림 4.3〉 동분산적인 오차항과 이분산적인 오차항의 예

설문조사를 하고, 또 그 친구나 가족에게 묻는 식으로 표본크기를 불려 나가는 경우가 있다. 이런 것을 눈 굴리기식(snow ball) 표본추출법이라고 하는데, 이 경우는 서로 연관된 사람들을 관측한 것이므로 오차들이 서로 독립적이지 않기 쉽다. 그러므로 이렇게 추출된 표본을 분석할 때 독립추출성을 가정하면 적절하지 않다.

또, 가족 단위로 표본을 구성한 후 그 구성원들의 데이터를 모으는 경우가 있는데, 상이한 가족들은 서로 독립일 수 있으나 동일가족의 구성원들은 공통의 경험을 공유하므로 서로 종속될 수 있다. 이런 경우 서로 종속된 구성원들을 덩어리(클러스터, cluster)로 묶으면 클러스터 간에는 서로 독립이지만 동일 클러스터 내의 개체들은 서로 종속된다. 이런 상황에도 개체들의 오차항이 모두 서로 독립적이지는 않다.

우리는 당분간 관측대상들이 서로 종속된 상황을 배제하고, 표본의 모든 구성원이 서로 독립적으로 추출된 상황, 즉 독립추출 가정이 만족되는 상황을 상정한다. 오차평균 0의 가정과 달리 이 가정이 위배되는 상황은 비교적 용이하게 처리할 수 있지만, 우선은 편의상 독립추출을 가정한다.

정규분포 가정

얼마나 많은 학생들이 동의할지는 모르겠지만, 정규분포라는 것은 매우 다루기 쉽다. 평균이 μ이고 분산이 σ^2인 정규분포, 즉 $N(\mu, \sigma^2)$ 분포의 확률밀도함수는 다음과 같다.

$$f(x) = \frac{1}{\sqrt{2\pi\sigma^2}} e^{-(x-\mu)^2/2\sigma^2}$$

정말 간단하지 않은가! 예를 들어 평균이 0이고 분산이 4인 정규분포의 확률밀도함수는 〈그림 4.4〉처럼 '완벽한' 모양을 갖추고 있다. 이 그림을 그려 보려면 다음의 명령을 실행하라(분산이 4이므로 표준편차는 2이다).

```
> curve(dnorm(x,mean=0,sd=2),-6,6)
```

정규분포는 확률밀도함수가 예쁠 뿐 아니라 아주 좋은 성질을 가지고 있기도 하다. 무엇보다도 정규분포에 상수를 더하거나 곱하여도 정규분포를 갖는다. 또 정규분포를 갖는 두 독립된 확률변수를 더하여도 여전히 정규분포를 갖는다. 그리하여, 예를 들어 u_1과 u_2가 정규분포를 가지며 서로 독립적이고 c_1과 c_2가 비임의적이라면(즉, 표본추출 반복시행 시 c_1, c_2 값이 불변이라면) $c_1 u_1 + c_2 u_2$도 정규분포를 갖는다. 이처럼 편리한 성질을 갖는 분포는 많지 않다. 예를 들어 일반적인 t분포는 이 성질을 갖지 않는다. 정규분포의 이 좋은 성질로 인하여 나중에 OLS 추정량의 속성을 매우 쉽게 파악할 수 있다.

▶ **연습 4.11.** 오차항들 $(u_1, \ldots, u_n)$이 $N(0, \sigma^2)$로부터 서로 독립적으로 추출된다고 하자. 또 설명변수의 표본값들 $(x_1, \ldots, x_n)$이 표본추출 반복시행 시 고정되어 있다고 하자. 이 경우

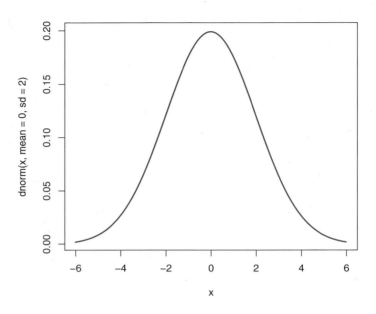

〈그림 4.4〉 $N(0,4)$ 분포의 확률밀도함수

$\sum_{i=1}^{n} x_i u_i$ 의 표집분포는 무엇인가? 이것의 평균과 분산도 계산하라.

나중에 보겠지만, 표본크기가 크면 이른바 '중심극한정리' 덕택에 이 정규분포의 가정은 굳이 필요하지 않다. 그러나 표본크기가 작으면 추정량의 속성을 파악하는 데 이 정규분포의 가정이 필수적이다. 정규분포가 아니라 다른 분포를 가정할 수도 있겠지만 그 결과가 전혀 깔끔하지 않아 그러는 경우는 거의 없다.

표본크기가 작을 때 오차항에 정규분포를 가정하지 않고 다른 분포(예를 들어 t 분포)를 가정할 수도 있다. 하지만 이 경우에는 수학이 매우 어려워 추정량의 통계적 특성을 정확히 파악하기 어렵다. 또, 왜 그러한 분포를 가정해야 하는지 설득하기도 어렵다. 물론 오차항이 정규분포를 가져야 할 이유도 별로 없기는 하다.

4.4   최소제곱 추정량의 평균

우리는 상상 속에서 모집단으로부터 n 개의 관측치를 뽑아내는 표본추출을 거듭하여 시행한다. 이 표본추출 반복시행 시 **설명변수 표본값 고정, 비특이성, 오차평균0**의 가정이 만족된다고 하자. 이 가정들이 충족된 상태에서 표본추출을 반복하면서 각각의 표본에 대하여 최소제곱법(OLS)에 따라 기울기와 절편을 추정하면 그 추정값들은 어떻게 변동할까?

우선 위 세 가정하에서는 β_0 과 β_1 의 참값이 무엇이든 그 추정값들의 분포의 평균값은 참값과 동일하다는 결론을 얻는다. 표본이 무한히 반복추출될 때 나오는 무한히 많은 추정값들의 평균을 그 추정량의 평균이라 하므로, 이를 $E(\hat{\beta}_0) = \beta_0$ 이고 $E(\hat{\beta}_1) = \beta_1$ 으로 쓸 수 있다. 비특이성이 만족될 때, 설명변수 표본값 고정, 오차평균0의 가정하에서 OLS 추정량은 비편향적(unbiased)이다.* 즉, OLS 방법을 통하여 계산한 $\hat{\beta}_1$ 의 궁극적인 평균은 이들 가정하에서 참값 β_1 과 동일하다. $\hat{\beta}_0$ 의 경우도 마찬가지이다.

$\hat{\beta}_1$ 의 비편향성은 다음과 같이 증명할 수 있다. 이 증명은 간단하면서도 중요하기 때문에 꼭 따라해 보기 바란다. 증명의 가장 어려운 부분은 다음 항등식을 도출하는 것이다.

$$\hat{\beta}_1 = \beta_1 + \frac{\sum_{i=1}^{n}(x_i - \bar{x})u_i}{\sum_{i=1}^{n}(x_i - \bar{x})^2} \tag{4.1}$$

증명. 앞에서 계산한 것처럼 비특이성하에서 OLS 추정량은 다음과 같다.

$$\hat{\beta}_1 = \frac{\sum_{i=1}^{n}(x_i - \bar{x})y_i}{\sum_{i=1}^{n}(x_i - \bar{x})^2}$$

여기에 $y_i = \beta_0 + \beta_1 x_i + u_i$ 를 대입하면 다음이 된다.

$$\hat{\beta}_1 = \frac{\sum_{i=1}^{n}(x_i - \bar{x})(\beta_0 + \beta_1 x_i + u_i)}{\sum_{i=1}^{n}(x_i - \bar{x})^2} \tag{4.2}$$

그런데 결합법칙에 따라 $\sum_{i=1}^{n}\{(x_i - \bar{x})\beta_0\} = \{\sum_{i=1}^{n}(x_i - \bar{x})\}\beta_0 = 0 \times \beta_0 = 0$ 이고

$$\sum_{i=1}^{n}(x_i - \bar{x})x_i = \sum_{i=1}^{n}(x_i - \bar{x})x_i - \sum_{i=1}^{n}(x_i - \bar{x})\bar{x} = \sum_{i=1}^{n}(x_i - \bar{x})^2$$

이므로 (4.2)를 정리하면 (4.1)을 얻는다. **증명 끝**

일단 (4.1)을 도출하고 나면, 그 다음에는 표본 설명변수값 고정과 오차평균0 가정하에서 양변에 표본추출 반복시행 시의 평균을 취하면 된다. 다음을 보라.

$$\mathrm{E}(\hat{\beta}_1) = \beta_1 + \frac{\sum_{i=1}^{n}(x_i - \bar{x})\mathrm{E}(u_i)}{\sum_{i=1}^{n}(x_i - \bar{x})^2} = \beta_1 + 0 = \beta_1$$

식 (4.1)의 우변에 평균을 취할 때 u_i 에만 평균을 취하는 것은 β_1 이 모수로서 고정되어 있고 표본 설명변수값 고정의 가정으로 인해 $x_1, \ldots, x_n$ 이 확정된 값들을 갖기 때문이다. 또 복잡한 식이 0으로 떨어져 둘째 항등식을 얻는 이유는 오차평균0 가정에 따라 모든 i 에 대하여 $\mathrm{E}(u_i) = 0$ 이기 때문이다.

절편을 추정한 $\hat{\beta}_0$ 의 분포도 치우치지 않았다. 다시 말하면 $\hat{\beta}_0$ 도 β_0 의 비편향추정량이다. 절편추정량의 비편향성을 증명하기 위해서는 위의 $\hat{\beta}_0 = \bar{y} - \hat{\beta}_1 \bar{x}$ 식과 다시 $y_i = \beta_0 + \beta_1 x_i + u_i$

---

*앞에서 이야기한 것처럼 추정량(estimator)이란 추정값을 구할 수 있도록 해주는 것, 즉 추정 방법을 의미한다. 반면 추정값(estimate)은 실제 표본으로부터 추정량(공식)에 따라 구하는 하나의 값을 의미한다. 우리는 추정 '량(공식)'이 편향되거나 비편향이라고 하지, 추정 '값'이 편향되거나 비편향이라고 하지 않는다.

라는 식을 사용한다. 둘째 식을 i에 대하여 모두 더한 후 n으로 나누면 $\bar{y} = \beta_0 + \beta_1 \bar{x} + \bar{u}$가 되고(이때 $\bar{u} = n^{-1} \sum_{i=1}^{n} u_i$), 이를 첫째 식에 대입하면 다음이 된다.

$$\hat{\beta}_0 = \beta_0 + (\beta_1 - \hat{\beta}_1)\bar{x} + \bar{u}$$

다시 두 가정하에서 표본추출을 반복할 때의 평균을 취하면

$$\mathrm{E}(\hat{\beta}_0) = \beta_0 + [\beta_1 - \mathrm{E}(\hat{\beta}_1)]\bar{x} + \mathrm{E}(\bar{u})$$

가 되는데, 앞의 결과에서 $\mathrm{E}(\hat{\beta}_1) = \beta_1$ 이라고 했으므로 둘째 항은 0이 되고, 셋째 항은 $\mathrm{E}(\bar{u}) = n^{-1} \sum_{i=1}^{n} \mathrm{E}(u_i) = n^{-1} \sum_{i=1}^{n} 0 = 0$이 된다. 그 결과 $\mathrm{E}(\hat{\beta}_0) = \beta_0$이 되어 절편의 추정값인 $\hat{\beta}_0$도 (표본추출 반복 시행 시) 편향되지 않았다.

위에서 혹시 $\bar{u}$가 0이 아닐까 하고 생각했다면 잘못된 것이다. $\bar{u}$는 $(u_1 + \cdots + u_n)/n$로 정의되는데, u_1부터 u_n까지 무작위로 값을 추출할 때 이 값들을 합산해서 n으로 나눈 값이 0이 되라는 법이 없다. 하지만 $\mathrm{E}(\bar{u}) = 0$이다. 즉, 우리가 표본추출을 반복 시행하면서 $\bar{u}$의 값을 구하면 이 값은 무작위로 변동할 것인데, 이 실험을 무한반복하면 이 $\bar{u}$값들의 평균은 궁극적으로 0이 된다. 혹시 오차항이 관측 불가이므로 $\mathrm{E}(\bar{u})$라는 것은 상상할 수도 없다고 생각한다면 이 또한 오류이다. 관측 불가이기는 하지만 $u_1, \ldots, u_n$은 모두 엄연히 존재하는 것으로서, 이들 모두를 합산한 후 n으로 나눈 $\bar{u}$도 존재하고 그 평균도 정의할 수 있다. 관측하지 못한다고 해서 존재하지도 않고 상상하지도 못하는 것은 아니다.

어떤 추정량이 참값으로부터 편향되지 않았을 때, 우리는 그 추정량이 평균적으로 맞다고도 한다. 다시 말하지만, 이때 '평균'은 표본추출 반복 시행 시의 평균을 의미한다. OLS 추정량인 $\hat{\beta}_1$과 $\hat{\beta}_0$은 치우치지 않았으며 평균적으로 맞다. 평균적으로 맞다고 하여, 주어진 자료로부터 구한 추정값이 참값과 비슷한지 어떤지는 알 수 없음에 유의하라.

어떤 추정량이 어떤 모수에 대한 비편향 추정량이라는 것은 모수의 참값이 무엇이든 그 추정량의 표집분포의 평균이 모수와 같다는 것이다. 편향된 추정량도 경우에 따라 우연히 그 평균값이 참값과 동일할 수 있다. 하지만 이런 추정량은 편향된 추정량이다.

평균에 관한 모의실험

현실의 계량경제분석에서는 하나의 자료집합을 가지고 있으며 이 하나의 자료집합을 분석한다. 표본추출을 반복하는 실험은 우리의 상상 속에서나 가능하다. 그런데 컴퓨터를 사용하면 실제 표본추출을 반복하면서 실험을 해 볼 수도 있다.* 이 실험에서는

$$\log(\text{시급}) = \beta_0 + \beta_1 \cdot \text{교육연수} + u$$

의 모형에 따라 교육연수로써 로그 시급을 설명하고자 하며, 50명으로 이루어진 표본을 반복추출할 것이다. 표본에서 처음 13명은 고졸(교육연수 = 12), 다음 25명은 전문대졸

---

*우리의 현실 자체가 다른 누군가의 모의실험이라는 주장도 있다(Bostrom, 2003).

(교육연수 = 14), 나머지 12명은 4년제 대졸(교육연수 = 16)로 고정시킬 것이다(설명변수 표본값 고정). 오차항은 정규분포를 갖는다고 가정하자. 이때 오차의 평균은 0이고(오차평균 0), 오차의 표준편차는 고졸자가 0.8, 전문대졸이 1.0, 4년제 대학 졸업자가 1.4이도록 설정한다(이분산). OLS 추정량의 비편향성을 위해서는 동일분산이 요구되지 않으므로 일부러 이분산이 존재하도록 만들었다. 이러한 설정은 다음과 같이 요약된다.

일련번호	인원수	교육연수	오차항의 평균	오차항의 표준편차
1–13	13	12	0	0.8
14–38	25	14	0	1.0
39–50	12	16	0	1.4

현실에서는 β_0과 β_1의 참값을 결코 알 수 없지만, 어차피 비현실적이기로 작정하였으니, 실험을 위해 $\beta_1 = 0.08$, $\beta_0 = 8.3$이라 하자. 이러한 설정하에서 $n = 50$의 자료를 반복해서 생성하면서(표본추출 반복시행), 각각의 시행마다 자료로부터 OLS 추정값을 구하고, 그 결과로서 나오는 값들의 평균이 무엇일지 실험해 볼 것이다. 예를 들어 다음과 같이 한 번 하면 교육수준(educ)과 로그 시급(lnwage)의 자료가 한 조 만들어진다.

```
1  > n1 <- 13
2  > n2 <- 25
3  > n3 <- 12
4  > n <- n1+n2+n3
5  > educ  <- c(rep(12,n1),rep(14,n2),rep(16,n3))
6  > stdevs <- c(rep(0.8,n1),rep(1.0,n2),rep(1.4,n3))
7  > u <- stdevs*rnorm(n)
8  > lnwage <- 8.3 + 0.08*educ + u
```

이렇게 한 후 cbind(educ,lnwage)라고 하면 50명의 교육수준과 로그 시급이 출력될 것이다. 또 plot(lnwage~educ)라고 하면 그 그림을 그려볼 수 있다.

이제 위의 8번 행 이후에 OLS 추정을 하여 그 기울기 추정값을 따로 보관할 것이다. 그리고 나서, 7번 행과 8번 행에 따라 오차항(u)과 로그 시급을 한 번 더 생성시키고, 이 자료로부터 구한 기울기 추정값을 또 따로 보관한다. 이러한 과정을 여러 번 반복할 것이다. 7번 행에 rnorm(n)이라는 부분이 n개의 숫자들을 표준정규분포로부터 무작위로 만들어 내는데, 매번 상이한 값들을 만들어낸다. 그러므로 7번 행을 실행할 때마다 u에 저장된 값들은 달라질 것이고, 8번 행에 따라 lnwage에 저장된 값들도 달라진다. 그 결과 OLS 기울기 추정값도 달라진다. 상상 속의 실험에서는 이 과정을 무한정 반복하나 현실에서는 우리의 시간이 제한되어 있으므로 1,000번 반복하여, 이로부터 구한 1,000 개의 기울기 추정값들의 평균을 살펴볼 것이다.

　　R의 스크립트 편집기(파일 메뉴에서 새 스크립트 또는 New script 선택)를 열어 다음의 내용을 입력한다. 14–17째 줄에서 들여쓰기를 한 것은 해당 부분이 반복된다는 것을 쉽게 알아볼 수 있도록 한 것이며, 탭(tab) 키를 누르거나 스페이스 키를 두어 번 눌러 준다.

```
1   iterate <- 1000
2   n1 <- 13
3   n2 <- 25
4   n3 <- 12
5   n <- n1+n2+n3
6
7   set.seed(11)
8
9   educ  <- c(rep(12,n1),rep(14,n2),rep(16,n3))
10  stdevs <- c(rep(0.8,n1),rep(1.0,n2),rep(1.4,n3))
11
12  b1hats <- rep(NA,iterate)
13  for (j in 1:iterate) {
14    u <- stdevs*rnorm(n)
15    lnwage <- 8.3 + 0.08*educ + u
16    ols <- lm(lnwage~educ)
17    b1hats[j] <- ols$coef["educ"]
18  }
19
20  print(mean(b1hats))
```

이 내용을 simul-olsunb.R 파일에 저장한 후 실행(전문 용어로 "source"한다고 함)한다. 매킨토시 버전에서는 ⌘-e를 누르면 되는데 윈도우즈 버전에서는 이런 기능이 없고 스크립트 편집기의 편집(Edit)메뉴에서 "모두 실행"(Run all)을 찾아 누르거나, Ctrl-A Ctrl-R을 누르면 된다. 리눅스 사용자는 다른 편집기(예를 들어 vi나 emacs)에서 파일을 편집하여 저장한 후 터미널(xterm 등)에서 해당 디렉토리로 이동하여 R을 실행한 후 source("simul-olsunb.R")이라고 하면 된다. 필자가 맥에서 이를 실행해 보았더니 다음과 같은 결과가 나왔다.

```
> source("simul-olsunb.R")
[1] 0.07885775
```

윈도우즈와 리눅스에서 실행해 보아도 결과는 동일했다. 참고로, 위 소스 코드의 7번 행에서 난수의 시드를 바꾸어 주면 14번 행에서 u로 생성되는 값들이 달라져서 20번 행의 결과도 달라질 것이다.

　　이 결과가 의미하는 바는 1,000번 반복시행한 결과들로부터 구한 기울기 추정값들의 평균이 0.07885775였다는 것이다. 이 값은 참값인 15번 행의 0.08과 꽤 유사하다.

비편향성이란 반복시행을 무한 번 했을 때 추정값들의 평균이 참값과 같다는 것이다. 무한 번 반복할 수는 없으므로 앞에서는 1,000번만 반복하였는데, 실험 횟수를 늘리면 그 평균값은 15번 행의 참값인 0.08에 더욱 가까워질 것이다. 실제로 필자가 첫째 줄의 **1000**을 **100000**(10만)으로 바꾸어 실험해 보았더니 시간이 꽤 걸렸고 결과는 0.0794768로 변하였다. 이 정도면 OLS 추정량의 비편향성을 확인하였다고 보아도 좋을 것이다. 독립적인 반복시행의 횟수를 더욱 증가시키면 그 평균은 아마도 참값에 더욱 가까워질 것이며, 무한히 반복하면 그 궁극적인 평균은 참값과 동일하다는 것이 비편향성의 의미이다.

이런 종류의 실험을 몬테카를로(Monte Carlo) 실험*이라고 하며, 나중에 분산을 이야기할 때 또 해 볼 것이다.

비편향 추정량의 의미

비편향 추정량이란 단순히 추정량의 평균이 모수 참값과 동일하다는 의미를 갖는 것이 아니라 모수의 참값이 무엇이든 비편향인 추정량을 의미한다고 한 바 있다. 이 점에 대하여 좀 더 자세히 설명한다. 단순모형 $Y = \beta_0 + \beta_1 X + u$와 한 자료집합을 생각해 보자. 우리의 목적은 그 자료로부터 β_1을 추정하는 것이다. 이제 여러분의 추정방법은 "나에게 어떠한 자료가 주어지든 나는 β_1이 0이라고 하겠다"는 것이라 하자. 즉, 여러분의 추정량(추정값이 아니라)은 $\tilde{\beta}_1 = 0$이다. $\tilde{\beta}_1$은 편향된 추정량인가 비편향 추정량인가?

우선, 단순히 추정량의 기댓값이 참값과 같은지만 놓고 보면, 만일 $\beta_1 = 0$이면 $\tilde{\beta}_1$는 비편향이고, $\beta_1 \neq 0$이면 $\tilde{\beta}_1$는 편향되었다. 왜냐하면 $\tilde{\beta}_1 = 0$이므로 $E(\tilde{\beta}_1) = 0$이고, 따라서 $\beta_1 = 0$일 때에만 $E(\tilde{\beta}_1) = \beta_1$이기 때문이다.

그러나 β_1의 참값이 0이어서 $E(\tilde{\beta}_1) = \beta_1$이라 하더라도 $\tilde{\beta}_1$가 비편향 추정량이라고 하지는 않는다. $\beta_1 = 0$이면 $E(\tilde{\beta}_1) = \beta_1$인 것은 사실이지만 $\tilde{\beta}_1$는 편향된 추정량이다. 이는

---

*현대의 몬테카를로 실험을 고안한 스탄 울람(Stanislaw Ulam)은 1983년에 다음과 같이 회고하였다(Eckhardt, 1987, 위키피디어 참조). "1946년 내가 병으로부터 회복하는 중에 솔리테어(solitaires, 혼자 하는 게임) 놀이를 하면서 생긴 질문이 이 방법의 시작이었다. 질문은 52장의 카드로 하는 캔필드 솔리테어(Canfield solitaires)를 풀 확률이 얼마일까 하는 것이었다. 조합 계산만으로 이 확률을 추정하려고 오랜 시간을 소모한 끝에 '추상적인 사고'보다는, 말하자면 100번 실제 해 보고 푸는 경우의 수를 세는 것이 더 현실적인 방법이 아닐까 생각했다. 새로운 빠른 컴퓨터 시대의 대두로 이 방법은 이미 생각해 볼 수 있는 방법이었다. 나는 즉시 중성자 확산 문제와 다른 수리물리학 문제들, 보다 일반적으로는 미분방정식으로 표현된 프로세스를 확률적(random) 연산의 성공으로 해석 가능한 동등한 형태로 변환하는 것에 대하여 생각해 보았다. 나중에[1946년] 존 폰 노이만(John von Neumann)에게 이 아이디어를 설명하고 실제 계산을 계획하기 시작했다." 폰 노이만은 1947년 3월 11일, 당시 Los Alamos의 이론분과장이었던 로버트 리히트마이어(Robert Richtmyer)에게 다음과 같이 시작하는 서한을 보낸다(Eckhardt, 1987, Fig. 1). "스탄 울람이 제안한 원리에 따라 통계적 방법을 사용하여 중성자 확산과 증식 문제를 풀 가능성에 대하여 많이(a good deal) 생각해 보았습니다. 생각하면 할수록 이 아이디어가 엄청난 장점(great merit)을 가지고 있다고 확신하게 됩니다." '몬테카를로'라는 이름은 폰 노이만과 울람의 동료인 니콜라스 메트로폴리스(Nicholas Metropolis)가 제안한 프로젝트 암호명이다(Metropolis, 1987, 위키피디어 참조).

비편향 추정량이라는 말이 단순히 평균이 참값과 같다는 것만을 의미하지 않기 때문이다. 비편향 추정량이란 β_0과 β_1 모수의 참값이 무엇이든 비편향인 추정량을 의미한다. 즉, β_0 참값이 0이든 3이든, β_1 참값이 0이든 1이든 −0.57이든 아니면 다른 어떤 값이 되든 모수의 참값에 대하여 비편향인 추정량을 비편향 추정량이라 한다. 오차평균0의 가정하에서 OLS 추정량은 이런 강한 의미에서 비편향 추정량이다. 자료가 무엇이든 0의 추정값을 내는 추정량 $\tilde{\beta}_1$ 는 편향된 추정량이다.

오차평균0 가정이 위배되면?

지금까지 우리는 주어진 선형모형에 대하여 OLS 추정량을 도출하고, 일정한 가정하에서 표본추출 반복시행 시 그 추정값들의 평균에 대하여 살펴보았다. 이제 오차평균0 가정이 위배되면 어떻게 될지 알아 보자.

우선 알아야 할 것은 오차평균0 가정의 성립 여부와 무관하게 OLS 추정값은 계산할 수 있다는 것이다. 두 변수의 표본 값(자료)이 관측되어 있고 특이성이 존재하지 않는 한, 우리는 아무 생각 없이 한 변수를 다른 변수에 회귀시켜 OLS 추정값을 계산할 수 있다. 예를 들어 마음 속으로 아무 숫자나 10개씩 두 조 생각해서 한 조를 다른 한 조에 회귀시켜 OLS 추정값을 구할 수 있다. 앞에서도 거듭 얘기하였듯이 이것은 단순한 계산의 문제로서 모형이 무엇이든 또는 가정이 충족되든 말든 상관없이 계산할 수 있는 것이다.

▶ **연습 4.12.** 숫자 10개씩 두 조(set) 상상해서 첫째 조를 둘째 조에 회귀시킨 OLS 추정값을 구하라. 두 조의 숫자들을 보고하고 OLS 추정값들을 보고하라.

OLS 추정량은 그 배후에 선형모형이 존재하건 그렇지 않건 상관없이 자료 표본만 있으면 정의되는 공식이다. X와 Y 두 변수가 있을 때, 이 두 변수에 대한 자료만 존재하면 X와 Y가 어떤 관계에 있든 상관 없이 Y를 X에 대하여 회귀시키고 이로부터 OLS 추정값을 구할 수 있다.* 그뿐 아니라 X를 Y에 대하여 회귀시킬 수도 있고, $X+Y$의 값을 $X-Y$의 값에 대하여 회귀시킬 수도 있다. OLS 추정량의 계산은 모형의 옳고 그름이나 $Y = \beta_0 + \beta_1 X + u$라는 관계의 성립 여부와 관계없이 시행할 수 있는 기계적인 절차이다.

그러나 계산을 할 수 있다는 것과 그 성질이 좋으냐 하는 것은 전혀 별개의 문제이다. 아무 변수들에나 OLS를 적용하면, 비편향성을 위해 가장 중요한 '오차평균0'의 가정이 위배될 수도 있으며, 이 경우 OLS 추정량은 평균적으로 틀리게 된다. 즉, $\hat{\beta}_1$의 표집분포의 평균이 β_1 (X가 Y에 미치는 인과관계를 나타냄)과 다를 수 있다. 예를 들어 'Y = 범죄율'이고 'X = 인구 1천명당 경찰수'라 하자. 인과성을 본다면, 여타 조건이 동일할 때 경찰이 많을수록 범죄가 감소할 것이므로 $\beta_1 < 0$이 상식적이다. 그런데

$$\text{범죄율} = \beta_0 + \beta_1 \text{경찰규모} + u$$

*설명변수의 관측값들이 비특이성을 만족시키면 그 추정값은 유일하다.

라는 회귀식을 보면, **경찰규모**를 제외한 나머지 요인에 의하여 범죄율이 증가하면 범죄를 줄이기 위하여 경찰의 수를 증가시킬 수 있으므로, 설명변수(**경찰규모**)와 오차항은 상관되고 오차평균0의 가정이 위배될 수 있다. 이 경우 OLS 추정량은 편향된다.

예제 4.1 경찰규모와 범죄율

Ecdat 패키지의 Crime 자료는 미국 노스캐롤라이나 주의 90개 지역(카운티)에 대하여 1981년부터 1987년까지 범죄율 관련 자료이다(출처는 Cornwell and Trumbull, 1994). 1986년의 횡단면 자료를 이용하여 범죄율(crmrte)의 로그값을 주민 1인당 경찰인원(polpc)의 로그값에 대하여 OLS 회귀를 하면 다음 결과를 얻는다.

```
1  > data(Crime, package="Ecdat")
2  > lm(log(crmrte)~log(polpc), data=Crime, subset=year==86)
3
4  Call:
5  lm(formula = log(crmrte) ~ log(polpc), data = Crime, subset = year ==
6      86)
7
8  Coefficients:
9  (Intercept)    log(polpc)
10     -1.1045        0.3881
```

10행의 결과에 의하면 경찰규모가 10% 큰 주에서 범죄율이 3.881% 높은 것으로 추정된다. 이 추정값을 경찰병력 증가의 인과적 효과로 해석하기는 어렵다. 이는 앞에서 이야기한 것처럼 범죄가 많을수록 경찰력을 증강시키는 효과가 혼재되어 있어서 나타나는 현상이라고 보는 것이 좋다. 설명변수와 오차항이 상관될 때 OLS 추정량은 인과적 효과로부터 편향된 값을 제공한다.

오차평균0 가정은 OLS 추정량의 비편향성을 위해서 핵심적인 가정이다. 이 가정이 충족되지 않으면 OLS 추정량은 체계적으로 참값이 아닌 다른 값을 추정한다. 그러므로 OLS 추정량의 비편향성을 확인하기 위해서는 오차평균0 가정이 성립하는지 우선적으로 확인해 보아야 한다. 4.3절에서 이야기하였듯이, 오차평균0 가정은 모든 i에서 $E(u_i) = 0$이라는 가정이며, 설명변수 표본값 고정의 가정하에서 이는 모집단에서 $E(u|X) = 0$을 의미하는 것이다. 실제 연구에서는 모집단에서 이 $E(u|X) = 0$이 성립할지 잘 생각해서 확인해 보는 것이 편리하다.

약간의 수학을 이용하면, 'E($u|X$) = 0이면 cov(X, u) = 0임'을 보일 수 있다.* 형식논리학에서 '$p \Rightarrow q$'가 'not $q \Rightarrow$ not p'와 동치임을 이용하면 'cov(X, u) ≠ 0이면 E($u|X$) ≠ 0'이 성립한다. 따라서, 만약 X와 u가 양 또는 음의 상관관계를 가지면 E($u|X$) = 0은 성립할 수 없고, 오차평균0 가정은 위배되게 된다. 그러므로 E($u|X$) = 0인지 여부를 판단할 때에는 일차적으로 u 안에 X와 상관된 요소가 포함되어 있는지, 또 u가 변화할 때 X가 영향을 받는지 여부를 판단하여 E($u|X$) ≠ 0인 경우를 걸러낼 수 있다.

예를 들어, 어느 아이스크림 판매자가 (이윤극대화를 위하여) 아이스크림에 대한 수요가 늘면 가격을 올리고 수요가 줄면 가격을 낮춘다고 하자. 이 판매자는 자신의 가격과 판매량 자료로부터 수요곡선 log(수요량) = $\beta_0 + \beta_1$ log(가격) + u를 추정하고자 한다. 이 경우, 만약 가격 이외의 요인(u)으로 인하여 수요가 증가하면, 즉 만약 동일 가격에서도 더 많은 수요가 발생하면, 이 판매자는 가격을 올릴 것이다. 그 결과, 가격이 u에 영향을 받게 되고 따라서 E($u|X$) ≠ 0이 된다. 만약 가격과 판매량 자료를 이용하여 위 모형을 OLS 추정한다면 그 추정량은 편향되고 β_1의 참값이 아니라 엉뚱한 값을 추정할 것이다.

또 하나의 예를 들어 학교 교육이 향후 시급에 미치는 영향을 추정하려 하고 모형은 log(시급) = $\beta_0 + \beta_1$교육연수 + u이라 하자. 만약 시급이 교육연수(X)뿐 아니라 경력에 의해서도 영향을 받고 이 경력의 영향을 통제하고 난 후에 교육연수가 시급에 미치는 영향(β_1)이 관심사라면 u에는 경력의 영향이 포함된다. 그런데 여타 조건이 동일할 때 학교 교육을 많이 받으면 노동시장에 더 늦게 진입하고 그 결과 경력이 짧아지는 경향이 있으므로 X와 u는 상관된다. 이 경우 시급과 교육연수 자료를 이용하여 위 모형을 OLS 추정하면 그 추정량은 편향되고 β_1의 참값이 아니라 엉뚱한 값이 추정될 수 있다.

▷ **연습 4.13.** 모형 $Y = \beta_0 + \beta_1 X + u$에서 설명변수 X와 오차항 u가 $u = \delta_0 + \delta_1 X + v$의 관계를 갖고 E($v|X$) = 0이라 하자. 오차평균0 가정이 만족되는가? 비특이성과 설명변수 표본값 고정의 가정하에서 E($\hat{\beta}_1$)은 언제 β와 같은가?

4.5   최소제곱 추정량의 표집분산

다음에는 최소제곱법(OLS)으로 구한 추정값들의 분산(표본추출 반복시행 시)에 대하여 알아본다. 들어가는 것이 없으면 나오는 것도 없다. 가정하는 것이 없으면 얻을 것도 없다. 표본추출 반복시행 시 추정값들의 평균을 구할 때 **오차평균0** 가정을 했듯이, 분산을 구할 때 분산에 대하여 뭔가 가정을 해 주어야 한다. 여기서는 일단 모든 개체들의 오차 분산

---

*모집단 전체(X값에 따라 구획한 각 모집단 조각이 아니라)에서 u의 평균이 0일 때, cov(u, X) = E(Xu)인데, E(Xu) = E[E($Xu|X$)] = E[XE($u|X$)]이고, 따라서 만약 E($u|X$) = 0이면 E(Xu) = E[XE($u|X$)] = E[$X \cdot 0$] = 0 이다.

(표본추출 반복 시)이 동일하다는 **동일분산** 가정과 오차항들이 개체 간에 서로 독립적으로 추출된다는 **독립추출** 가정을 하자.

하지만 모든 분석에서 반드시 **동일분산**과 **독립추출**을 가정해야 하는 것은 아니다. 이들보다 약한 가정하에서도 OLS 추정량들의 분산은 구할 수 있고, OLS 추정량이 비편향적인 경우, 표본크기만 크면 필요한 일들을 할 수 있다. 물론 동일분산과 독립추출이 성립하지 않을 때 OLS 추정량의 분산은 본 소절에서 도출하는 결과와 다르다. 참고로, 동일분산 가정이 위배될 때 오차항이 이분산적(heteroskedastic)이라고 한다. 독립추출 가정이 위배되는 경우 중 가장 중요한 것은 오차항에 자기상관(autocorrelation)이 있는 경우이다. 오차항에 이분산이나 자기상관이 있을 때 OLS 추정량의 분산을 구하는 것은 나중에 제3부에서 설명한다.

동일분산 가정하에서 u_i의 분산(모든 i에 대해 동일함)을 σ^2라고 표기하자. 그러면 설명변수 표본값 고정, 비특이성, 동일분산, 독립추출 가정하에서 OLS 기울기 추정값의 표집분산(즉 표본추출 반복시행 시 분산)은 다음과 같이 구해진다.

$$\mathrm{var}(\hat{\beta}_1) = \frac{\sigma^2}{\sum_{i=1}^{n}(x_i - \bar{x})^2} \tag{4.3}$$

이것의 증명도 비교적 간단하므로 따라해 볼 만하다. 설명변수 표본값이 비특이성을 만족할 때 식 (4.1)이 성립함을 보았다. 식 (4.1)을 여기에 옮기면 다음과 같다.

$$\hat{\beta}_1 = \beta_1 + \frac{\sum_{i=1}^{n}(x_i - \bar{x})u_i}{\sum_{i=1}^{n}(x_i - \bar{x})^2} \tag{4.4}$$

이제 설명변수 표본값 고정, 동일분산, 오차항 독립 가정하에서 양변에 분산을 취하면 다음을 얻는다.

$$
\begin{aligned}
\mathrm{var}(\hat{\beta}_1) &= \frac{\mathrm{var}\left(\sum_{i=1}^{n}(x_i - \bar{x})u_i\right)}{\left[\sum_{i=1}^{n}(x_i - \bar{x})^2\right]^2} = \frac{\sum_{i=1}^{n}\mathrm{var}((x_i - \bar{x})u_i)}{\left[\sum_{i=1}^{n}(x_i - \bar{x})^2\right]^2} \\[2mm]
&= \frac{\sum_{i=1}^{n}(x_i - \bar{x})^2\,\mathrm{var}(u_i)}{\left[\sum_{i=1}^{n}(x_i - \bar{x})^2\right]^2} = \frac{\sum_{i=1}^{n}(x_i - \bar{x})^2 \sigma^2}{\left[\sum_{i=1}^{n}(x_i - \bar{x})^2\right]^2} = \frac{\sigma^2}{\sum_{i=1}^{n}(x_i - \bar{x})^2}
\end{aligned}
$$

위에서 첫째 등식은 (4.4), 설명변수 표본값 고정의 가정, 분산의 성질* 때문이고, 둘째 등식은 독립추출으로 인해 $i \neq j$인 u_i와 u_j의 공분산이 0이 되기 때문이다. 셋째 등식은

---

*a가 상수이고 X가 확률변수이면 $\mathrm{var}(aX) = a^2\,\mathrm{var}(X)$

다시 한 번 분산의 성질 때문이며, 넷째 등식은 동일분산 가정에 따라 단순히 $\text{var}(u_i) = \sigma^2$ 을 대입한 것이며, 마지막 등식은 분배법칙에 따라 우선 $\sum_{i=1}^{n}(x_i - \bar{x})^2$ 을 계산한 후 분모와 분자를 $\sum_{i=1}^{n}(x_i - \bar{x})^2$ 으로 나눔으로써 얻는다.

분산 표현식 (4.3)에 따르면 기울기 추정값의 표본추출 반복 시 분산은 오차항의 분산 (σ^2)이 작을수록 작으며 표본 내 X값들이 서로 다를수록(즉, 분모가 클수록) 작다. 오차항의 분산이 작으면 표본추출 반복시행 시 자료가 별로 달라지지 않을 것이므로 $\hat{\beta}_1$ 의 값이 비슷비슷하고 그 분산이 작다는 것이 납득된다. 또한, 표본내에 X값의 다양성이 클수록 Y와 X의 관계가 더 안정적으로 추정되고 $\hat{\beta}_1$ 의 분산이 작아진다.

표본 내 X값들이 주어진 경우 σ^2이 큰 경우와 작은 경우를 간단한 모의실험을 통하여 살펴보자. 〈그림 4.5〉는 표본크기가 20인 경우 주어진 $x_1, \ldots, x_{20}$에 대하여 σ^2이 작은 경우 (위)와 큰 경우(아래)에 $u_1, \ldots, u_n$에 대한 추출을 각각 두 번씩 시행한 후 OLS 추정값들을 그림으로 나타낸 것이다. 두 경우 모두 속이 찬 동그라미와 실선은 처음 표본의 관측값들과 OLS 추정값들을 표현하며, 속이 빈 동그라미와 점선은 두 번째 표본을 표시한 것이다. 두 그림에서 볼 수 있듯이 σ^2이 큰 아래쪽 그림보다는 σ^2이 작은 윗쪽 그림에서 기울기의 변동이 작음을 볼 수 있다. 참고로 표본추출을 무한반복하면 이런 점들과 직선들이 한없이 나타나고, 이들 무한히 많은 직선들의 기울기의 분산을 구할 수 있다.

다음으로 오차항들의 분산(σ^2)이 동일한 값으로 주어진 상황에서 설명변수의 값이 흩어진 정도가 작을 경우와 클 경우에 무슨 일이 생기는지 보자. 〈그림 4.6〉은 표본 내 X값들이 넓게 퍼져 있는 경우(위)와 옹기종기 모여 있는 경우(아래)를 비교한다. 앞에서와 마찬가지로 속이 찬 동그라미와 실선은 한 조의 주어진 $u_1, \ldots, u_n$값에 대응하는 표본이고($n = 20$), 속이 빈 동그라미와 점선은 다른 한 조의 $u_1, \ldots, u_n$값에 대응하는 표본에 해당한다. 그림에서 볼 수 있듯이 X값이 더 넓게 흩어진 경우(위)가 덜 흩어진 경우(아래)보다 OLS 기울기의 추정값의 변화가 작음을 볼 수 있다.

절편 추정량인 $\hat{\beta}_0$의 분산은 좀 더 복잡하다. 계산에 따르면 $\hat{\beta}_0$의 표집분산은 σ^2을 $n - (\sum_{i=1}^{n} x_i)^2 / \sum_{i=1}^{n} x_i^2$으로 나눈 값과 같다. 이 식은 $\hat{\beta}_0 = \bar{y} - \hat{\beta}_1 \bar{x}$로부터 복잡한 수학을 이용하여 구하거나, 아니면 다중회귀에 관한 9.4절의 방법을 이용하여 더 간편하게 구할 수 있다.

4.6   분산과 효율성

표본추출 반복시행 시 어떤 추정량의 분산이 크다는 말은 표본 관측값이 바뀔 때 추정값도 크게 바뀔 수 있음을 의미한다. 이 경우 우리의 자료(무수히 많은 가능성 중 우연히 우리의 손에 들어온 자료)로부터 구한 추정값에 신빙성이 크지 않을 것이다. 반면, 이 표집분산이 작다는 것은 표본을 바꿔가며 추정값을 구해 보더라도 그 값이 크게 변하지 않음을 의미한다. 또한 이 추정값은 평균적으로 맞으므로, 현재 주어진 표본으로부터 구한 추정값이 참값과 비교적 가까울 것임을 의미한다.

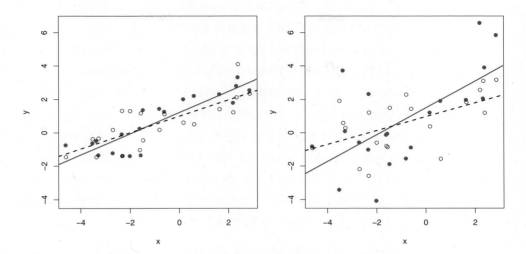

설명: 오차항의 분산이 작은 경우(좌)와 큰 경우(우) 각각에 대하여 임의로 추출된
두 표본에 대한 추정결과가 예시되어 있다. 오차항의 분산이 크면(우) 추정값이 더
크게 변한다.

〈그림 4.5〉 오차 분산이 추정값의 분산에 미치는 영향

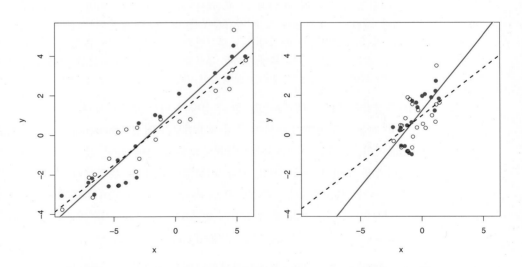

설명: 설명변수가 많이 흩어진 경우(좌)와 적게 흩어진 경우(우) 각각에 대하여 무
작위로 추출된 두 표본에 대한 추정결과가 예시되어 있다. 설명변수가 적게 흩어진
경우(우) 추정값이 더 크게 변한다.

〈그림 4.6〉 설명변수 값이 흩어진 정도가 추정값의 분산에 미치는 영향

앞에서 우리는 최소제곱법(OLS)만이 유일한 추정법이 아니며, 다른 추정방법도 존재한다고 하였다. 예를 들어 최소절대편차법도 생각해 볼 수 있다. 혹은 표본에서 절반의 관측치들을 버리고 나머지 절반만으로써 OLS를 시행하는 것도 생각해 볼 수 있다. 아니면 종속변수의 값을 기준으로 상하에서 각각 10%를 버리고 나머지 80%만 가지고 OLS 추정을 해 볼 수도 있다. 이런 여러 추정량들을 서로 비교하는 것을 생각해 보자.

추정량 A와 B가 있다. 예를 들어 A는 OLS 추정량이고 B는 처음 절반만 사용한 OLS 추정량이다. A와 B가 모두 참값 주위에서 변동하고(비편향), A가 B보다 더 좁은 범위에서 변동하면(작은 분산), A가 B보다 낫고 B는 A보다 못하다. 실제로, 일정한 가정(동일분산성 포함)하에서, 전체 자료를 사용하는 OLS 추정량과 처음 절반만 사용하는 OLS 추정량을 비교해 보면, 전체를 사용하는 추정량의 분산이 더 작다. 비편향 추정량만을 두고 보면 "작은 분산 = 좋음, 큰 분산 = 나쁨"이라고 생각해도 된다.

추정량 A와 B가 있는데 추정량 A의 분산이 추정량 B의 분산보다 작다고 하자. 그러면 반드시 추정량 A가 추정량 B보다 덜 흩어져 있는가? 이것은 덜 '흩어져 있다'는 말의 정의에 따라 달라질 수 있다. 분산만이 그 흩어진 정도를 나타내는 것은 아니기 때문이다. 예를 들어 $E|A-E(A)|$나 $E|A-E(A)|^4$도 흩어진 정도를 나타낼 수 있다.

$\text{var}(A) < \text{var}(B)$이면서 $E|A-E(A)|^4 > E|B-E(B)|^4$일 수도 있다. 이때 분산을 기준으로 보면 A가 더 낫지만 4차 적률을 기준으로 보면 B가 더 낫다. '낫다'는 말의 정의에 따라 달라지겠지만, 이처럼, 분산이 작은 추정량이 반드시 절대적으로 더 낫다고 말할 수는 없다. 따라서 '더 낫다'는 표현 대신 그냥 '분산이 더 작다'고 표현하는 것이 재미는 없지만 더 정확하다.

하지만 만일 두 추정량이 모두 정규분포를 갖는다면 분산이 작은 쪽이 반드시 더 낫다. 그러므로 정규분포를 갖는 추정량들은 분산만으로 서로 비교할 수 있다. 또 표본크기가 크면 추정량들은 일반적으로 정규분포와 가까운 분포를 가지며, 따라서 분산만으로 대략적으로 비교할 수 있다. 이 책에서는 이러한 경우를 상정하고 비편향 추정량들을 분산으로써만 비교한다.

두 추정량이 모두 비편향이고, 한 추정량이 다른 추정량보다 분산이 작을 때, 우리는 분산이 더 작은 추정방법이 분산이 큰 추정방법보다 더 낫다(better)고 하거나 더 효율적(more efficient)이라고 한다. 이 '효율적'이라는 말은 표본에 들어 있는 정보를 더 효율적으로 이용하였음을 뜻한다. 두 추정량 모두 비편향이면서 한 추정량의 분산이 다른 추정량의 분산보다 크지 않을 때, 처음 추정량은 둘째 추정량에 비하여 효율적이라고 한다. 그리고 한 추정량보다 더 나은 비편향 추정량이 없을 때, 즉 다른 어떤 비편향 추정량에 비해서도 효율적일 때, 우리는 이 추정량이 효율적(efficient)이라고 한다.

예를 들어 보자. OLS 추정 대신에 우리는 단순히 처음 두 개의 관측치의 점들을 연결하여 기울기를 추정해 볼 수도 있다($x_1 \neq x_2$, 즉 처음 두 관측치의 설명변수값이 서로 다르다는 가정하에). 이 추정값을 $\tilde{\beta}_1$이라고 한다면

$$\tilde{\beta}_1 = \frac{y_2 - y_1}{x_2 - x_1} \tag{4.5}$$

이다. 그런데 모든 i에 대하여 $y_i = \beta_0 + \beta_1 x_i + u_i$이기 때문에, $y_2 - y_1 = \beta_1(x_2 - x_1) + (u_2 - u_1)$이고, 이를 윗식에 대입하면

$$\tilde{\beta}_1 = \beta_1 + \frac{u_2 - u_1}{x_2 - x_1}$$

이 된다. 위에서 언급한 가정들(표본 설명변수값 고정, 오차평균0, 동일분산, 독립추출)하에서 표본추출을 반복하면 $\tilde{\beta}_1$의 평균은

$$E(\tilde{\beta}_1) = \beta_1 + \frac{E(u_2 - u_1)}{x_2 - x_1} = \beta_1 + \frac{E(u_2) - E(u_1)}{x_2 - x_1} = \beta_1,$$

즉 $\tilde{\beta}_1$는 비편향이다. 다음으로 표본추출 반복수행 시 $\tilde{\beta}_1$의 분산을 구해 보면

$$\text{var}(\tilde{\beta}_1) = \frac{\text{var}(u_2) + \text{var}(u_1) - 2\text{cov}(u_2, u_1)}{(x_2 - x_1)^2} = \frac{\sigma^2 + \sigma^2 - 0}{(x_2 - x_1)^2} = \frac{2\sigma^2}{(x_2 - x_1)^2}.$$

이 분산을 OLS 추정량($\hat{\beta}_1$)의 분산과 비교해 보면 $\text{var}(\tilde{\beta}_1) \geq \text{var}(\hat{\beta}_1)$임을 보일 수 있다.[11]

지금까지 효율성을 이야기할 때 비편향 추정량들로 범위를 제한하였다. 이러한 제한이 없으면 우리는 분산이 0인 추정량도 손쉽게 제시할 수 있다. 예를 들어 기울기의 추정값이 표본과는 무관하게 항상 1이라고 하는 추정방법을 생각해 보자. 이 추정방법은 사실상 주어진 표본을 전혀 이용하지 않는 것으로, 이에 따른 추정값은 추출된 표본과 무관하게 항상 1이므로 표본추출 반복수행 시 변하지 않으며 따라서 분산은 0이다. 그러나 이 추정량은 기울기의 참값이 1이 아닌 한 편향되었으므로 편향된 추정량이다.

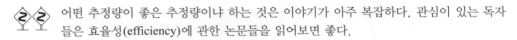 어떤 추정량이 좋은 추정량이냐 하는 것은 이야기가 아주 복잡하다. 관심이 있는 독자들은 효율성(efficiency)에 관한 논문들을 읽어보면 좋다.

분산에 관한 모의 실험

앞의 두 추정량 $\hat{\beta}_1$과 $\tilde{\beta}_1$ 중 어느 것이 더 효율적인지 실험을 해 보자($\hat{\beta}_1$은 OLS 추정량이고 $\tilde{\beta}_1$는 식 (4.5)에 정의되어 있음). 실제 자료는 한 조밖에 없기 때문에 표본추출을 반복하는 실험을 수행할 수 없지만, 앞에서처럼 컴퓨터를 사용해서 자료집합 자체를 반복해서 만들어내면 실험을 할 수 있다. 또 제대로 된 표집분산을 찾아내려면 실험을 무한히 반복해야 하지만 모든 것이 유한한 현실에서는 유한하지만 큰 횟수, 예를 들어 5,000번 반복하자. 앞에서 평균에 대하여 실험을 할 때에는 1,000회 반복했었다. $Y = \beta_0 + \beta_1 X + u$라는 모형에 대하여 참값이 $\beta_0 = 1$, $\beta_1 = -1$이도록 설정하고 실험을 수행할 것이다. 표본크기는 40이라 하자. 이 실험의 순서는 다음과 같다.

1. $\hat{\beta}_1$과 $\tilde{\beta}_1$을 각각 5,000개씩 저장할 공간을 마련한다.

2. $x_1,\ldots,x_{40}$의 값을 $N(0,1)$로부터 무작위로 만든다(여기서 꼭 표준정규분포일 필요는 없으며 간편하게 추출하고자 그렇게 하는 것일 뿐이다).

3. $u_1,\ldots,u_{40}$의 값을 서로 독립적으로 $N(0,1)$에서 추출한다.

4. $y_1,\ldots,y_{40}$의 값을 $y_i = 1 - x_i + u_i$가 되도록 계산한다.

5. $(x_1,y_1),\ldots,(x_{40},y_{40})$으로부터 OLS 추정값 $\hat{\beta}_0$과 $\hat{\beta}_1$를 계산한다.

6. $(x_1,y_1),(x_2,y_2)$로부터 식 (4.5)에 따라 $\tilde{\beta}_1$을 계산한다.

7. $\hat{\beta}_1$의 값과 $\tilde{\beta}_1$의 값 각각을 1단계에서 마련한 저장공간 중 하나에 저장한다.

8. 3단계부터 7단계까지의 과정을 5,000회 반복한다.

9. 반복 결과 생성된 $\hat{\beta}_1$과 $\tilde{\beta}_1$ 각각의 5,000개 숫자들의 표본분산을 구한다. 이 표본분산이 $\hat{\beta}_1$과 $\tilde{\beta}_1$의 표집분산과 가깝다.

▶ **연습 4.14.** 이 실험에서 β_0, β_1, σ^2의 참값은 각각 무엇인가? 각 모수에 대하여 위의 9단계 모의실험 순서 중 어느 부분이 이에 대한 답을 주는지 설명하라.

평균에 관한 실험 부분에서 설명한 것처럼, 이 몬테카를로 실험을 실제로 수행하기 위해서는 새 '스크립트' 파일을 만들어 다음의 내용을 입력한 후 아무 파일이름(예를 들어 simolsvar.R)으로나 저장한 뒤 한꺼번에 실행시킨다(전체 선택 후 전체 실행).

```
maxiter <- 5000
n <- 40
set.seed(10101)
b1hat <- b1tilde <- rep(0,maxiter)
x <- rnorm(n)
for (iter in 1:maxiter) {
  u <- rnorm(n)
  y <- 1-x+u
  b1hat[iter] <- lm(y~x)$coef[2]
  b1tilde[iter] <- (y[1]-y[2])/(x[1]-x[2])
}
c(mean(b1hat),mean(b1tilde))
c(var(b1hat),var(b1tilde))
```

그 결과는 다음과 같다.

```
1   > maxiter <- 5000
2   > n <- 40
3   > set.seed(10101)
4   > b1hat <- b1tilde <- rep(0,maxiter)
5   > x <- rnorm(n)
6   > for (iter in 1:maxiter) {
7   +   u <- rnorm(n)
8   +   y <- 1-x+u
9   +   b1hat[iter] <- lm(y~x)$coef[2]
10  +   b1tilde[iter] <- (y[1]-y[2])/(x[1]-x[2])
11  + }
12  > c(mean(b1hat),mean(b1tilde))
13  [1] -0.9999141 -1.1730658
14  > c(var(b1hat),var(b1tilde))
15  [1]    0.0233793 120.4448648
```

13번 행을 보면 5,000회 반복 시 $\hat{\beta}_1$의 평균은 **-0.9999141**로서 참값인 **-1**과 매우 가깝고 $\tilde{\beta}_1$의 평균은 **-1.1730658**로서 참값인 **-1**과 다소 거리가 있어 보인다. 하지만 만일 실험 횟수(maxiter)를 5,000회에서 더욱 늘리면 그 평균은 참값인 **-1**에 더 가까울 것이다. 5,000회 실험에서 구한 분산(15번 행)을 비교해 보면 $\hat{\beta}_1$의 실험된 분산이 **0.0233793**으로서 $\tilde{\beta}_1$의 실험된 분산인 **120.4448648**보다 훨씬 작다. 이 실험을 보니 $\hat{\beta}_1$이 $\tilde{\beta}_1$보다 더 효율적인 것으로 보인다.

▶ **연습 4.15.** 반복횟수를 50,000번으로 증가시켜서 실험을 수행하라. 13번 행과 15번 행의 값들은 어떻게 바뀌는가? 힌트: 1번 행의 **5000**을 **50000**으로 바꾸어 실행하면 된다.

▶ **연습 4.16.** 이 실험에서 maxiter의 값을 1e8 (10^8, 즉 1억)으로 늘리면 무슨 일이 생길지 상상해 보라.

▶ **연습 4.17.** 컴퓨터의 기억장소가 충분히 크고 컴퓨터의 속도가 충분히 빨라서 위의 연습문제에서처럼 maxiter <- 1e8이라고 하여도 합리적인 시간 내에 그 결과를 볼 수 있다면 13번 행과 15번 행은 어떻게 변할 것 같은가?

▶ **연습 4.18.** 이 실험에서 n의 값을 80으로 배가하면 무슨 일이 생길지 상상해 보라. 13번 행과 15번 행은 각각 어떻게 변할 것 같은가? 예측한 결과가 실제로 나오는지 프로그램을 실행시켜서 확인해 보라(maxiter는 5000으로 하라). 표본크기(n)가 40에서 80으로 늘면 $\hat{\beta}_1$과 $\tilde{\beta}_1$의 분산은 각각 어떻게 바뀌는가? 이로부터 추론할 때, 표본크기(n)가 늘면 $\hat{\beta}_1$과 $\tilde{\beta}_1$의 분산에 각각 무슨 일이 일어날 것으로 보는가?

▶ **연습 4.19.** 이 실험에서 n의 값을 160으로 한 번 더 증가시켜 위의 연습에서 추측한 일이 실제로 일어나는지 확인하라.

▶ **연습 4.20.** 이 실험에서는 $x_1, \ldots, x_n$ 의 값이 고정되어 있다. 프로그램의 어느 부분을 보면 이를 알 수 있는가? 만일 설명변수의 표본값들도 무작위로(하지만 $u_1, \ldots, u_n$ 과 독립적으로) 결정되도록 하려면 프로그램을 어떻게 바꾸어야 하는가?

4.7 최소제곱 추정량은 선형추정량

어떤 추정량이 $y_1, \ldots, y_n$ 의 선형결합이고 그 결합계수에 어떤 y_i 도 포함되지 않을 때, 우리는 이 추정량이 선형(linear)이라고 한다. 예를 들어 최소제곱(OLS) 기울기 추정량은

$$\hat{\beta}_1 = \frac{\sum_{i=1}^n (x_i - \bar{x}) y_i}{\mathrm{SST}_X} = \sum_{i=1}^n \left(\frac{x_i - \bar{x}}{\mathrm{SST}_X} \right) y_i, \quad \mathrm{SST}_X = \sum_{i=1}^n (x_i - \bar{x})^2$$

이 되어 $y_1, \ldots, y_n$ 의 선형결합이고 $y_1, \ldots, y_n$ 에 곱해지는 계수에 어떤 y_i 도 포함되지 않으므로, OLS 기울기 추정량은 선형추정량이다. 또, 처음 두 관측치를 직선으로 연결함으로써 구하는 추정량인 $\tilde{\beta}_1$ 은

$$\tilde{\beta}_1 = \frac{y_2 - y_1}{x_2 - x_1} = \left(\frac{-1}{x_2 - x_1} \right) y_1 + \left(\frac{1}{x_2 - x_1} \right) y_2 + \sum_{i=3}^n 0 \cdot y_i$$

이므로 이 또한 선형추정량이다. OLS에 의한 절편 추정량도 선형추정량인데 이는

$$\hat{\beta}_0 = \bar{y} - \hat{\beta}_1 \bar{x} = \frac{1}{n} \sum_{i=1}^n y_i - \sum_{i=1}^n \left(\frac{x_i - \bar{x}}{\mathrm{SST}_X} \right) y_i \bar{x} = \sum_{i=1}^n \left[\frac{1}{n} - \frac{(x_i - \bar{x}) \bar{x}}{\mathrm{SST}_X} \right] y_i$$

로서 역시 $y_1, \ldots, y_n$ 의 선형함수이기 때문이다.

▶ **연습 4.21.** $y_1 + 2y_2 + \cdots + ny_n$ 은 선형추정량인가?

선형추정량은 다루기 쉬워서 많은 관심을 받아 왔다. 선형추정량은 일반적으로

$$\sum_{i=1}^n w_i y_i$$

라는 식으로 표현되는데, 여기서 $w_1, \ldots, w_n$ 에는 y_i 가 어떤 형태로든 들어가면 안 된다.*

계량경제학에서 '선형'이라는 말은 여러 가지 의미로 쓰인다. $Y = \beta_0 + \beta_1 X + u$ 는 선형 모형이고 $\sum_{i=1}^n w_i y_i$ 는 선형추정량이다. 또 우리가 초등학교부터 배운 $y = 3x$ 같은 함수는

---

*참고로, 어떤 모형이 선형이라고 하면, 이는 그 방정식이 파라미터(β_0 과 β_1)에 대하여 선형이라는 뜻이다. 예를 들어, $Y = \beta_0 + \beta_1 X + u$ 는 선형모형이고, $Y = \beta_0 + \beta_1 \log(X) + u$ 도 선형이다. 하지만 $Y = \beta_0 + |X|^{\beta_1} + u$ 는 β_1 이 지수로 들어갔으므로 선형모형이 아니다. 반면 어떤 추정량이 선형이라고 하면, 이는 이 추정량이 $y_1, \ldots, y_n$ 에 대하여 선형이라는 뜻이다. 예를 들어, $y_1 + y_2 + y_6$ 이나 $[x_1 y_1 + x_2^2 y_2 + \log(x_3) y_3] / [x_1 + x_2^2 + \log(x_3)]$ 은 선형추정량이다. 그러나 $\sqrt{y_1} + y_2^2$ 또는 $y_1 + y_2 + y_1 y_2$ 는 선형추정량이 아니다.

'선형함수'이다. '선형모형', '선형추정량', '선형함수' 모두에 '선형'이라는 말이 있지만 그 맥락은 다르다. 우선 선형함수는 두 변수의 관계가 1차식임을 의미한다. 예를 들어 $y = ax$는 선형함수이고 $y = \beta_0 + \beta_1 x + \beta_2 x^2$은 선형함수가 아니다. 반면, 선형모형에서 '선형' 이란 모수에 대하여 선형임을 의미한다. 그러므로 $Y = \beta_0 + \beta_1 X + \beta_2 X^2 + u$는 선형모형이다. 왜냐하면 우변 식에서 오차항을 제외한 부분이 $(\beta_0, \beta_1, \beta_2)$의 선형함수이기 때문이다. 선형추정량은 종속변수의 표본값들$(y_1, \ldots, y_n)$에 대하여 선형인 추정량이다. 익숙해지기 전까지는 그냥 '선형'이라고 하지 말고 무엇에 대하여 선형인지 명시하는 것이 좋다.

4.8 최소제곱법의 효율성

우리는 앞에서 최소제곱법(OLS)을 설명하면서, 만일 표본추출이 설명변수값을 고정시킨 채 이루어지며 오차항들이 평균적으로 0이면 이 추정값은 평균적으로 맞다(비편향)는 것을 보았다. 또 오차항들의 분산이 동일하고(σ^2라고 표기) 관측치별 오차항들이 서로 독립적으로 추출되면 OLS 기울기 추정값의 분산이 $\sigma^2/\sum_{i=1}^n (x_i - \bar{x})^2$임을 보았다.

이제 통계학과 계량경제학의 추정이론 분야에서 가장 중요한 결과 중의 하나를 여기 제시한다. 그것은 표본 설명변수값 고정, 오차평균0, 동일분산, 독립추출의 가정하에서 표본추출이 반복시행될 때, 어떠한 선형 비편향 추정량도 OLS 추정량보다 더 작은 분산 을 가질 수 없다는 것, 즉 OLS 추정량이 가장 좋은 선형 비편향 추정량(BLUE, best linear unbiased estimator)이라는 정리이다. 여기 언급한 가정들을 가우스 마코프 가정이라 하고, BLUE라는 결과를 가우스 마코프 정리(Gauss-Markov Theorem)라 한다.

가우스 마코프 정리에 따르면 가우스 마코프 가정들(설명변수 표본값 고정, 오차평균 0, 동일분산, 독립추출)하에서 선형 비편향 추정량으로는 OLS보다 나은 방법이 없음을 의미한다(분산을 기준으로 볼 때). 즉, 위의 가정들이 만족되면, 선형 비편향 추정량으로 범위를 한정할 경우, OLS 이외의 방법을 사용할 이유가 없는 것이다.

하지만 선형이 아닌 추정량 중에서는 비편향이면서도 OLS 추정량보다 더 효율적인(즉 표집분산이 더 작은) 방법이 존재할 수도 있다. 그러나 지금 다루고 있는 선형 모형에서 이러한 효율적인 비선형 비편향 추정법을 구하는 데에는 별로 관심을 갖지 않는다. 특별한 경우를 제외하면 최소제곱(OLS 및 이를 일반화한 GLS) 이외의 방법이 사용되는 경우는 많지 않다.

가우스 마코프 정리를 증명해 보자. 어떤 선형 기울기 추정량을 $\tilde{\beta}_1$이라 하자. 이 $\tilde{\beta}_1$은 $\sum_{i=1}^n w_i y_i$로 표현할 수 있다. 이때 w_i에는 어떠한 Y값도 관여하지 않으며, 따라서 설명변수 표본값 고정의 가정하에서 이 w_i들은 고정되어 있다. 이 $\tilde{\beta}_1$이 편향되지 않으려면 평균은 β_1이 되어야 한다. $y_i = \beta_0 + \beta_1 x_i + u_i$가 모든 i에서 성립하므로,

$$\tilde{\beta}_1 = \sum_{i=1}^n w_i y_i = \sum_{i=1}^n w_i \beta_0 + \beta_1 \sum_{i=1}^n w_i x_i + \sum_{i=1}^n w_i u_i \tag{4.6}$$

이며 여기에 표본추출 반복시행 시 평균을 취하면, 설명변수값 고정과 오차평균0 가정에 따라 $E(\tilde{\beta}_1) = \sum_{i=1}^n w_i \beta_0 + \beta_1 \sum_{i=1}^n w_i x_i$가 된다. 이것이 항상 β_1과 같아야 하므로 우리는 ㉮ $\sum_{i=1}^n w_i = 0$

이라는 조건과 ㉯ $\sum_{i=1}^{n} w_i x_i = 1$ 이라는 조건을 얻는다. 이상을 정리하면, 선형 비편향 추정량 $\tilde{\beta}_1$ 은 $\tilde{\beta}_1 = w_i y_i$ 으로 표현할 수 있고, $w_1, \ldots, w_n$ 은 ㉮, ㉯ 조건을 만족시킨다.

이제 $\tilde{\beta}_1$ 의 분산과 OLS 추정량 $\hat{\beta}_1$ 의 분산을 비교할 일이 남았다. 우선 ㉮와 ㉯의 조건하에서 $\hat{\beta}_1$ 과 $\tilde{\beta}_1 - \hat{\beta}_1$ 의 공분산이 0임을 증명한다(공분산에 대해서는 부록 B.4 참조). 우선,

$$\tilde{\beta}_1 = \beta_1 + \sum_{i=1}^{n} w_i u_i, \quad \hat{\beta}_1 = \beta_1 + \sum_{i=1}^{n} d_i u_i$$

단, $d_i = (x_i - \bar{x})/\text{SST}_X$, $\text{SST}_X = \sum_{j=1}^{n}(x_j - \bar{x})^2$ 이다. 참고로, 위 첫째 항등식은 (4.6)과 ㉮, ㉯를 결합하여 얻었고, 둘째 항등식은 이미 여러 번 나왔다. 두 항등식을 차감하여 다음 등식을 얻는다.

$$\tilde{\beta}_1 - \hat{\beta}_1 = \sum_{i=1}^{n}(w_i - d_i)u_i$$

따라서 동일분산 가정과 독립추출 가정하에서

$$\text{cov}(\hat{\beta}_1, \tilde{\beta}_1 - \hat{\beta}_1) = \text{cov}\left(\beta_1 + \sum_{i=1}^{n} d_i u_i, \sum_{i=1}^{n}(w_i - d_i)u_i\right) = \sum_{i=1}^{n} d_i(w_i - d_i)\sigma^2.$$

여기서 둘째 등식은 동일분산 가정과 독립추출 가정 때문에 성립한다.* 그런데

$$\sum_{i=1}^{n} d_i w_i = \frac{\sum_{i=1}^{n}(x_i - \bar{x})w_i}{\text{SST}_X} = \frac{\sum_{i=1}^{n}(x_i w_i - \bar{x} w_i)}{\text{SST}_X} = \frac{1}{\text{SST}_X}$$

이고(마지막 등식은 조건 ㉮와 ㉯ 때문임)

$$\sum_{i=1}^{n} d_i^2 = \frac{\sum_{i=1}^{n}(x_i - \bar{x})^2}{\text{SST}_X^2} = \frac{\text{SST}_X}{\text{SST}_X^2} = \frac{1}{\text{SST}_X}.$$

따라서 $\sum_{i=1}^{n} d_i(w_i - d_i) = \sum_{i=1}^{n} d_i w_i - \sum_{i=1}^{n} d_i^2 = 0$ 이 되어, $\hat{\beta}_1$ 과 $\tilde{\beta}_1 - \hat{\beta}_1$ 의 공분산은 0이다.

그 다음은 더 간단하다. $\tilde{\beta}_1 = \hat{\beta}_1 + (\tilde{\beta}_1 - \hat{\beta}_1)$ 이므로

$$\text{var}(\tilde{\beta}_1) = \text{var}(\hat{\beta}_1) + \text{var}(\tilde{\beta}_1 - \hat{\beta}_1) + 2\text{cov}(\hat{\beta}_1, \tilde{\beta}_1 - \hat{\beta}_1) = \text{var}(\hat{\beta}_1) + \text{var}(\tilde{\beta}_1 - \hat{\beta}_1)$$

인데, 분산은 절대 음수가 될 수 없으므로 우변은 $\text{var}(\hat{\beta}_1)$ 보다 반드시 더 크거나 같다. 이상의 증명을 한 마디로 요약하면, 모든 선형 비편향 추정량은 OLS 추정량과 '또 하나의 통계량'의 합인데, OLS 추정량과 그 '또 하나의 통계량'은 서로 비상관(공분산이 0)이라는 것이다. 절편 추정량에 대해서도 이와 유사한 증명이 가능하나 이에 대해서는 생략한다.

가우스 마코프 정리를 위해서는 가우스 마코프 가정들, 특히 동일분산 가정과 독립추출 가정이 중요하다. 이 가정들이 위배되면 선형 비편향 추정량 중에서도 OLS 추정량보다 분산이 더 작은 것이 있을 수 있다. 이에 대해서는 13장과 14장을 참조하라.

한편, 오차항이 정규분포를 가지는 경우에는 OLS 추정량이 선형, 비선형 추정량을 막론하고 비편향 추정량 중에서는 그야말로 가장 효율적인 추정량이다. 이에 대하여 심도 있게 논의하는 것은 이 책의 범위를 벗어나고 꼭 필요하지도 않으므로 여기에서 멈추겠다.

---

*β_1 항은 $\text{cov}(X+Y,Z) = \text{cov}(X,Z) + \text{cov}(Y,Z)$ 이며 β_1 이 비임의적(nonrandom)인 상수로서 어떤 변수와도 비상관이므로 소거되었다. 부록 B.4를 참조하라.

4.9 오차분산의 추정

모수 β_0과 β_1을 알지 못하는 것처럼 오차분산 σ^2도 알지 못하는 모수이다. 본 절에서는 이 σ^2을 추정해 보자. 이것을 추정하는 이유는, 첫째, 관측불가 요소들의 변동폭에 대한 정보를 얻을 수 있기 때문이고, 둘째, 6장에서 설명할 통계적 검정을 위해 필수적이기 때문이다. σ^2은 $\mathrm{E}(u_i^2)$, 즉 표본추출 반복시행 시 오차항의 제곱의 평균(모든 i에 대하여 동일함)이기 때문에 우리가 만일 오차항들을 관측할 수 있다면, 관측된 오차 제곱의 표본평균을 구함으로써 이를 추정할 수 있을 것이다. 다시 말해, 만일 $u_1, \ldots, u_n$이 관측가능하다면 u_i^2들의 표본평균인 $(u_1^2 + \cdots + u_n^2)/n$은 $u_1^2, u_2^2, \ldots, u_n^2$의 공통된 평균인 σ^2을 치우치지 않게 추정하며, 나아가 만일 표본의 크기(n)가 커지면 σ^2에 한없이 가까워진다는 통계법칙(큰 수의 법칙, law of large numbers)이 있다. 그러므로 만일 $u_1, \ldots, u_n$을 관측할 수 있다면 당연히 $\frac{1}{n} \sum_{i=1}^{n} u_i^2$을 σ^2의 추정값으로 사용할 것이다.

그러나 오차항들은 관측이 불가능하므로 위의 $\frac{1}{n} \sum_{i=1}^{n} u_i^2$은 통계량이 아니며 주어진 자료로부터 계산이 불가능하다. 그러므로 우리는 u_i 대신 뭔가 관측할 수 있는 값을 사용해야 한다. 그런데 $y_i = \beta_0 + \beta_1 x_i + u_i$, 즉 $u_i = y_i - \beta_0 - \beta_1 x_i$이며, 여기서 우리가 u_i를 관측할 수 없는 이유는 바로 β_0과 β_1을 모르기 때문이다. 이 모르는 β_0과 β_1을 계산가능한 최소제곱(OLS) 추정값들인 $\hat{\beta}_0$과 $\hat{\beta}_1$로 바꾸어 주면 앞에서 설명한 잔차인 $\hat{u}_i = y_i - \hat{\beta}_0 - \hat{\beta}_1 x_i$가 나온다. 이 잔차인 $\hat{u}_i$은 u_i와 달리 우리가 계산할 수 있는 값이다.

이제 $\frac{1}{n} \sum_{i=1}^{n} u_i^2$에서 계산불가능한 u_i를 계산가능한 $\hat{u}_i$으로 바꾸어 주면 $\frac{1}{n} \sum_{i=1}^{n} \hat{u}_i^2$이라는 통계량(계산가능)이 얻어진다. 그런데 이 $\frac{1}{n} \sum_{i=1}^{n} \hat{u}_i^2$은 사실 σ^2으로부터 0쪽으로 약간 치우쳐 있다. 이는 OLS 방법이 $\sum_{i=1}^{n} \hat{u}_i^2$을 가장 작게 만든다는 사실과 연관되어 있으며, 수학과 통계학을 사용하면 증명할 수 있다. 여기서는 이 증명을 따라가기보다는 말을 돌려서 설명해 보자.

우리에게는 $\hat{u}_1, \ldots, \hat{u}_n$이라는 n개의 숫자가 있다. 그런데 이 n개의 숫자들이 반드시 만족시켜야 하는 제약이 있다. 그것은 두 개의 직교방정식, 즉 $\sum_{i=1}^{n} \hat{u}_i = 0$과 $\sum_{i=1}^{n} x_i \hat{u}_i = 0$ 이라는 항등식이다. 잔차들 $\hat{u}_1, \ldots, \hat{u}_n$이 이 두 등식을 반드시 만족시켜야 하므로 만일 $n-2$개의 잔차 값들이 알려져 있다면 나머지 2개의 잔차 값들은 이 두 등식을 만족시키도록 설정되어야만 한다. 다시 말하여 n개의 숫자 중 2개는 나머지 $n-2$개의 숫자에 의하여 자동적으로 결정된다. 이처럼 총 n개의 숫자들($\hat{u}_1, \ldots, \hat{u}_n$) 중 2개는 나머지 $n-2$개의 숫자 이외의 정보를 추가적으로 제공할 수 없으며, 따라서 이들 n개의 숫자에 들어 있는 정보의 총량은 n만큼이 아닌 $n-2$만큼이 된다. 말하자면 $\hat{u}_1, \ldots, \hat{u}_n$에는 n개의 숫자가 아니라 $n-2$개의 숫자만 존재하며 이들을 n개로 펼쳐놓은 것과 유사하다. 마치 원래 $n-2$개의 인절미를 n개로 재분할해 놓은 것과 같다(비유일 뿐이다).

이를 달리 표현하면, $\hat{u}_1, \ldots, \hat{u}_n$이라는 n개의 숫자들은 모두 자유로운 것이 아니라 이

중 $n-2$개만 자유롭고 나머지 2개는 두 직교방정식을 만족시키도록 속박되어 있다. 이 숫자들 중 자유로운 숫자의 개수, 즉 자유로운 정도, 즉 자유도(degrees of freedom)는 n이 아니라 $n-2$이다.

이제 $n-2$개만이 자유로운 총 n개의 숫자들의 제곱의 '평균'을 구하려면 이들 제곱을 모두 더한 다음 숫자의 개수인 n이 아니라 정보의 양인 $n-2$로 나누어야만 제대로 된 평균이라고 상상해 볼 수 있다. 그리고 이 상상은 합리적이다. 다시 말해 σ^2은 $\frac{1}{n}\sum_{i=1}^{n}\hat{u}_i^2$으로 추정하는 것이 아니라

$$s^2 = \frac{1}{n-2}\sum_{i=1}^{n}\hat{u}_i^2 = \frac{\text{SSR}}{n-2} \tag{4.7}$$

으로 추정한다. 이렇게 계산된 s^2는 표본추출 반복시행 시 평균이 σ^2이다. 이는 수학적으로 증명해야 할 명제이다(본 소절의 마지막 참조). 앞의 $\frac{1}{n}\sum_{i=1}^{n}\hat{u}_i^2$은 $n-2$로 나누어야 할 것을 n으로 나눈 것이기 때문에 숫자의 크기가 너무 작게 된다.

지금까지의 이야기는 왜 n이 아니라 $n-2$로 나누어야 하는지에 대하여 약간 직관적으로 설명한 것일 뿐 결코 $n-2$로 나누어야 한다는 사실에 대한 입증은 아니다. '자유도'를 이용한 설명도 직관적인 이해를 돕기 위한 방법이지 수학적으로 엄밀한 추론이 아니다. $n-2$로 나누어야 한다는 사실을 좀 더 엄밀히 뒷받침하려면 결국 $\mathrm{E}(s^2)=\sigma^2$, 즉 '표본추출 반복시행시 s^2 값들의 평균은 σ^2과 동일하다'는 사실을 증명하는 수밖에 없다.

필자가 학생들로부터 받는 가장 많은 질문 중의 하나는 자유도가 무엇이냐는 것이다. 자유도란 자유로운 정도라고 대답하면 학생들은 배신감을 느낀다. 그래서 자유도란 자유로운 숫자의 개수라고 하면 학생들은 더 큰 배신감을 느낀다. 그런데 이것은 질문을 약간 부정확하게 표현했기 때문이다. 좀 더 정확히 표현하려면 "왜 여기서 갑자기 '자유' 이야기가 나옵니까" 하고 물어 보았어야 한다. 가끔씩 필자는 학생들의 질문이 그것이었을 것이라고 짐작하고서는 다음과 같이 답변하기도 한다. "이 자유도 이야기는 학생들이 n이 아니라 $n-2$로 나누어야 한다는 점을 좀 더 잘 기억하도록 돕기 위한 것이다." 자유도에 대해서 계속 생각하다 보면 어느 순간 깨달음이 올지도 모르겠다.

기울기 모수들(β_j)은 보통 그 자체로서 흥미로운 반면 오차 분산(σ^2)은 그다지 흥미로운 모수가 아니다. 앞에서 SSR을 $n-2$로 나누어 σ^2의 비편향 추정량인 s^2을 얻었는데, 누군가는 복잡하게 $n-2$로 나누는 대신 n으로 나누어 편향된 추정량을 구하겠다고 할지도 모른다. 말하자면 "어차피 별로 관심도 없는 모수인데 비편향이든 말든 무슨 상관이냐"고 하는 것과 같다. 표본크기(n)가 크면 $n-2$로 나누든 n으로 나누든 큰 차이도 없다는 것도 이런 생각에 한몫한다. 우리가 이 절에서 s^2을 구하는 것은 그 자체로서 σ^2의 비편향 추정량이 된다는 데에도 의미가 있지만, 나중에 이것을 사용해서 검정을 할 수 있다는 데에 더 큰 의미가 있다. 혹시라도 지금 단계에서 왜 s^2 같은 것을 소개해서 사람을 괴롭히느냐는 생각이 드는 독자가 있다면 6장까지 읽고 나서 다시 한 번 생각해 보기 바란다.

가우스 마코프 가정(설명변수 표본값 고정, 비특이성, 오차평균0, 동일분산, 독립추출) 하에서 $\mathrm{E}(s^2)=\sigma^2$임을 (약간 복잡한 방식으로) 증명하자. 이를 위해서는 $\mathrm{E}(\hat{u}_i^2)$을 구해야

하는데, 이것이 가능한 방식으로 $\hat{u}_i$을 표현하고자 한다. 우선,

$$\hat{u}_i = y_i - \hat{\beta}_0 - \hat{\beta}_1 x_i = (\beta_0 + \beta_1 x_i + u_i) - \hat{\beta}_0 - \hat{\beta}_1 x_i$$
$$= u_i - (\hat{\beta}_0 - \beta_0) - (\hat{\beta}_1 - \beta_1)x_i = u_i - \bar{u}_i - (\hat{\beta}_1 - \beta_1)(x_i - \bar{x}).$$

마지막 등식은 $\hat{\beta}_0 = \bar{y} - \hat{\beta}_1\bar{x}$이고 $\bar{y} = \beta_0 + \beta_1\bar{x} + \bar{u}$이므로 $\hat{\beta}_0 - \beta_0 = \bar{u} - (\hat{\beta}_1 - \beta_1)\bar{x}$이라는 점을 이용하여 도출하였다. 이 식에는 아직 $\hat{\beta}_1$이 있고 $\hat{\beta}_1$을 전개하면 오차항들이 등장하므로 더 잘게 쪼개야 한다. $\hat{\beta}_1 = \beta_1 + \sum_{i=1}^n d_i u_i$, $d_i = (x_i - \bar{x})/\text{SST}_X$이므로 $\hat{\beta}_1 - \beta = \sum_{j=1}^n d_j u_j$를 대입하여 다음을 얻는다.

$$\hat{u}_i = u_i - \bar{u} - \left(\sum_{j=1}^n d_j u_j\right)(x_i - \bar{x}) = u_i - \frac{1}{n}\sum_{j=1}^n u_j - \sum_{j=1}^n (x_i - \bar{x})d_j u_j = u_i - \sum_{j=1}^n p_{ij}u_j$$

단,

$$p_{ij} = \frac{1}{n} + (x_i - \bar{x})d_j = \frac{1}{n} + \frac{(x_i - \bar{x})(x_j - \bar{x})}{\text{SST}_X} \tag{4.8}$$

내친 김에 m_{ij}라는 것을 정의하자. 이 m_{ij}는 $j = i$이면 $1 - p_{ij}$, $j \neq i$이면 $-p_{ij}$이다. 즉, $m_{ii} = 1 - p_{ii}$, $m_{ij} = -p_{ij}$ $(i \neq j)$이다. m_{ij} 기호를 이용하면 $\hat{u}_i = \sum_{j=1}^n m_{ij}u_j$이다. $\text{E}(\hat{u}_i^2)$을 구하자. 우선

$$\hat{u}_i^2 = \left(\sum_{j=1}^n m_{ij}u_j\right)^2 = \sum_{j=1}^n m_{ij}^2 u_j^2 + 2\sum_{j=2}^n \sum_{k=1}^j m_{ij}m_{ik}u_j u_k$$

여기에 기댓값을 취할 것인데, 설명변수 표본값 고정의 가정하에서 p_{ij}나 m_{ij}은 모두 비임의적이고, 동일분산 가정에 의해 $\text{E}(u_j^2)$은 모두 σ^2이고 독립추출 가정에 의해 서로 다른 j와 k에서 $\text{E}(u_j u_k) = 0$이므로, $\text{E}(\hat{u}_i^2) = \sum_{j=1}^n m_{ij}^2\sigma^2$이다. 남은 복잡한 것은 $\sum_{j=1}^n m_{ij}^2$이다. 그런데

$$\sum_{j=1}^n m_{ij}^2 = m_{ii}^2 + \sum_{j\neq i} m_{ij}^2 = (1 - p_{ii})^2 + \sum_{j\neq i}(-p_{ij})^2 = 1 - 2p_{ii} + p_{ii}^2 + \sum_{j\neq i} p_{ij}^2 = 1 - 2p_{ii} + \sum_{j=1}^n p_{ij}^2. \tag{4.9}$$

마지막 항을 재정리하면

$$\sum_{j=1}^n p_{ij}^2 = \sum_{j=1}^n \frac{1}{n^2} + \frac{2}{n}\sum_{j=1}^n \frac{(x_i - \bar{x})(x_j - \bar{x})}{\text{SST}_X} + \sum_{j=1}^n \frac{(x_i - \bar{x})^2(x_j - \bar{x})^2}{\text{SST}_X^2}. \tag{4.10}$$

우변 첫째 항은 $1/n$이고, 우변 둘째 항은 $\sum_{j=1}^n(x_j - \bar{x}) = 0$이므로 0이며(참고로, $x_i - \bar{x}$에는 j가 없으므로 앞으로 끄집어 냄), 마지막 항은 다음과 같이 단순화된다.

$$\sum_{j=1}^n \frac{(x_i - \bar{x})^2(x_j - \bar{x})^2}{\text{SST}_X^2} = \frac{(x_i - \bar{x})^2}{\text{SST}_X}\sum_{j=1}^n \frac{(x_j - \bar{x})^2}{\text{SST}_X} = \frac{(x_i - \bar{x})^2}{\text{SST}_X} = p_{ii} - \frac{1}{n}$$

위 마지막 항등식은 (4.8)로 인하여 성립한다. 결국 (4.10)은 $\sum_{j=1}^n p_{ij}^2 = \frac{1}{n} + 0 + (p_{ii} - \frac{1}{n}) = p_{ii}$가 되고, 이를 (4.9)에 대입하여 $\sum_{j=1}^n m_{ij}^2 = 1 - 2p_{ii} + p_{ii} = 1 - p_{ii}$를 얻는다. 이로부터 $\text{E}(\hat{u}_i^2) = \sum_{j=1}^n m_{ij}^2\sigma^2 = (1 - p_{ii})\sigma^2$이다. 마지막으로,

$$\text{E}\left(\sum_{i=1}^n \hat{u}_i^2\right) = \sum_{i=1}^n \text{E}(\hat{u}_i^2) = \sigma^2\sum_{i=1}^n(1 - p_{ii}) = (n-2)\sigma^2$$

이고($\sum_{i=1}^n p_{ii} = 2$임은 (4.8)로부터 쉽게 보일 수 있음), 이로부터 $\text{E}(s^2) = \sigma^2$을 얻는다.

▸ **연습 4.22.** (4.8)로부터 $\sum_{i=1}^n p_{ii} = 2$임을 증명하라.

▸ **연습 4.23.** 이런 증명은 처음 한 번은 제시된 대로 따라가더라도 그 다음부터는 혼자 해 보는 것이 좋다. 가우스 마코프 가정하에서 $\text{E}(s^2) = \sigma^2$임을 위 증명을 참조하지 않고 스스로 증명하라.

4.10 표준오차

앞에서 오차항들(u_i)의 공통된 분산인 σ^2은 s^2을 사용하여 추정(표본이 주어질 때 숫자로 계산)할 수 있었다. 그러면 이 분산의 제곱근인 표준편차(σ)는 s^2에 제곱근을 취하여 추정하고 이를 s로 표기한다. 즉, s^2이 σ^2의 추정량인 것처럼 s는 σ의 추정량이다. s를 회귀의 표준오차(standard error of the regression)라고도 한다.

s^2이 σ^2의 비편향 추정량인 반면 s는 σ의 비편향 추정량이 아니다. 즉, $\mathrm{E}[s^2] = \sigma^2$이 지만 $\mathrm{E}[s] = \mathrm{E}[\sqrt{s^2}] \neq \sqrt{\mathrm{E}(s^2)} = \sqrt{\sigma^2} = \sigma$, 즉 $\mathrm{E}[s] \neq \sigma$이다. 사실 옌센의 부등식(Jensen's Inequality)에 따라, 만일 s^2이 퇴화되지 않은 확률변수라면 $\mathrm{E}[s] < \sigma$이다.

최소제곱(OLS) 추정량 $\hat{\beta}_1$의 표집분산은 앞에서 말한 여러 가정하에 $\sigma^2 / \sum_{i=1}^{n}(x_i - \bar{x})^2$ 이다. 여기서 σ^2을 s^2으로 치환하면 $\hat{\beta}_1$의 표집분산의 추정값인 $s^2 / \sum_{i=1}^{n}(x_i - \bar{x})^2$이 된다. 여기에 제곱근을 취하면 $\hat{\beta}_1$의 표본추출 반복시행 시 표준편차인 $\mathrm{sd}(\hat{\beta}_1)$을 추정한 값이 되는데 이를 $\hat{\beta}_1$의 표준오차(standard error)라 하고 $\mathrm{se}(\hat{\beta}_1)$이라고 표기한다.

$$\mathrm{se}(\hat{\beta}_1) = \sqrt{\mathrm{var}(\hat{\beta}_1)\text{의 추정값}} = \frac{s}{\sqrt{\mathrm{SST}_X}}, \quad \mathrm{SST}_X = \sum_{i=1}^{n}(x_i - \bar{x})^2$$

앞에서 표준편차 $\mathrm{sd}(\hat{\beta}_1)$는 미지의 파라미터인 σ^2을 포함하므로 자료로부터 계산할 수 없었으며 따라서 통계량이 아니었다. 반면 표준오차 $\mathrm{se}(\hat{\beta}_1)$은 σ^2을 s^2으로 대체하였고, 주어진 자료로부터 계산할 수 있는 통계량이다. 표준오차는 표준편차의 비편향 추정량이 아니지만(옌센의 부등식), 이 점은 논의 전개에 중요하지도 필요하지도 않다.

4.11 최소제곱 추정량의 표집분포

지금까지 최소제곱(OLS) 추정량의 평균과 분산을 구하였다. 이제는 OLS 추정량의 분포, 즉 표본추출 반복시행 시 OLS 추정값들의 분포의 모양 자체를 구해 보자. 세상 일에 공짜란 없다(고 알고 있다). 들어가는 것이 없으면 나오는 것도 없고, 위험을 무릅쓰지 않으면 영광도 없다(는 것으로 알고 있다). 가정(assumption)이 없으면 결과도 없다. 우리는 OLS 추정량이 편향되지 않았음을 증명하기 위해 오차항들의 평균이 0이라고 가정하였다. OLS 추정량의 분산을 구하고, 가우스 마코프 정리에 따라 OLS 추정량이 BLUE임을 보이기 위해, 우리는 동일분산과 독립추출을 가정하였다. 이제는 OLS 추정량의 분포 자체(말하자면 분포함수의 모양)를 구해야 하므로 오차항의 표집분포(표본추출 반복시행 시 분포)에 대해 뭔가를 가정하는 수밖에 없다.

가장 쉬운 것으로서 우리는 오차항들이 모두 정규분포를 갖는다고 가정한다(4.3절의 정규분포 가정). 그런데 이미 오차항들의 평균이 0이고, 오차항들의 분산이 σ^2로 동일하며, 오차항들이 상호간에 독립이라고 하였으므로, 이들 가정을 한데 모으면 오차항들은 서로 독립이고 모두 동일한 $N(0, \sigma^2)$ 분포를 가졌다는 말이 된다. 이 말을 간략하게 나타내면 $u_i \sim iid\, N(0, \sigma^2)$ 라고 하는데, 여기서 iid는 독립적이고(independent) 동일한 분포를 가졌다 (identically distributed)는 뜻이다. 다시 말해, $u_1, u_2, \ldots, u_n$이 서로간에 확률적으로 독립이고, 이 n개의 확률변수들은 모두 동일한 분포를 가졌다.

u_1이 $N(0, \sigma^2)$ 분포를 갖는다는 것은 그 확률밀도함수(probability density function)가 $\exp\{-x^2/(2\sigma^2)\}/\sqrt{2\pi\sigma^2}$ 임을 뜻한다. 분모의 $\sqrt{2\pi\sigma^2}$ 은 확률밀도함수 아래의 면적이 1이 되도록 만들기 위해서 있는 것이고, 정규분포 확률밀도함수의 핵심은 지수함수(exp)와 x^2에 있다. 이 분포는 매우 좋은 성질을 갖는다.

정규분포의 좋은 점은 정규분포에 상수를 더하거나 곱해도 정규분포이고 독립된 정규분포를 갖는 확률변수들을 서로 더한 것도 정규분포를 갖는다는 사실이다. 그런데 OLS 기울기 추정량은

$$\hat{\beta}_1 = \beta_1 + \frac{\sum_{i=1}^{n}(x_i - \bar{x})u_i}{\text{SST}_X}, \quad \text{SST}_X = \sum_{i=1}^{n}(x_i - \bar{x})^2$$

을 만족함을 보았다. 여기서 $x_1, \ldots, x_n$은 표본추출 반복시행 시 각각 불변이므로(설명변수 표본값들을 고정한 채로 표본추출을 반복한다고 하였으므로), 모든 i에 대해서 $(x_i - \bar{x})u_i$는 정규분포를 갖는다. 또 $u_1, \ldots, u_n$이 서로 독립이므로 $(x_i - \bar{x})u_i$도 i에 걸쳐서 서로 독립이며, 그 결과 이것들을 모두 더한 $\sum_{i=1}^{n}(x_i - \bar{x})u_i$도 정규분포를 갖는다. 이것을 표본추출 반복시행 시 고정된(설명변수 표본값 고정의 가정 때문) SST_X로 나눈 값도 정규분포를 가지며, 마지막으로, 이것에 β_1이라는 상수를 더한 값, 즉 $\hat{\beta}_1$도 정규분포를 갖는다. 따라서 이 모든 가정하에서 우리는 다음을 얻는다.

$$\hat{\beta}_1 \sim N(\beta_1, \text{var}(\hat{\beta}_1)) \tag{4.11}$$

여기서 $\hat{\beta}_1$의 평균이 β_1이라는 것은 이미 보였으며 분산도 이미 $\text{var}(\hat{\beta}_1) = \sigma^2/\sum_{i=1}^{n}(x_i - \bar{x})^2$ 으로 구했다. 여기서 중요한 것은 오차항들이 정규분포를 갖는다는 가정하에서 OLS 추정량도 정규분포를 갖는다는 사실이다.

표준화

정규분포의 평균이 0이고 분산이 1이면 이를 표준정규분포라 한다. 표준정규분포를 갖는 변수가 어떤 구간에 속할 확률은 모두 알려져 있으며 표로 잘 만들어져 있고 컴퓨터가 있다면 R을 이용해서 쉽게 구할 수 있다. 예를 들어 $Z \sim N(0, 1)$ 이라 할 때 $P(-0.5 \leq Z \leq 1.5)$ 는 다음에 따르면 약 62.5%이다.

```
> pnorm(1.5)-pnorm(-0.5)
[1] 0.6246553
```

또 다음 결과에 따르면 $Z \sim N(0,1)$일 때 $P(0 \le Z \le t) = 0.3$인 t의 값은 약 0.842이다.

```
> qnorm(0.8)
[1] 0.8416212
```

여기서 qnorm(0.8)에서 0.8을 인자로 사용한 것은 $P(0 \le Z \le t) = 0.3$이면 $P(-\infty < Z \le t) = 0.5 + 0.3 = 0.8$이기 때문이다. 이처럼 표준정규분포는 다루기 쉽다.*

이제 (4.11)에서 구한 분포를 표준화시켜 보자. 무슨 분포이든 그 평균을 빼면 그 결과물의 평균은 0이 되고, 표준편차로 나누면 그 결과물의 분산은 1이 된다. 그러므로 (4.11)에 따르면

$$\frac{\hat{\beta}_1 - \beta_1}{\mathrm{sd}(\hat{\beta}_1)} \sim N(0,1) \tag{4.12}$$

이 된다. 여기서 $\mathrm{sd}(\hat{\beta}_1)$은 $\hat{\beta}_1$의 표준편차(표본추출 반복시행 시)로서, 앞에서 구한 것처럼, 설명변수 값들이 비임의적일 때 동일분산과 독립추출의 가정하에서

$$\mathrm{sd}(\hat{\beta}_1) = \sqrt{\mathrm{var}(\hat{\beta}_1)} = \frac{\sigma}{\sqrt{\mathrm{SST}_X}}, \quad \mathrm{SST}_X = \sum_{i=1}^{n}(x_i - \bar{x})^2$$

이다. 그러므로 지금까지의 가정하에서 (4.12)는 다음과 같이 쓸 수도 있다.

$$\frac{\hat{\beta}_1 - \beta_1}{\sigma/\sqrt{\mathrm{SST}_X}} \sim N(0,1) \tag{4.13}$$

참고로, 만일 동일분산이나 독립추출의 가정이 성립하지 않으면 (4.13)은 맞지 않겠지만, $(u_1, u_2, \ldots, u_n)$이 **결합 정규분포**(joint normal distribution)를 갖는다는 가정하에서 (4.12)는 여전히 성립한다. 이 경우 $\mathrm{sd}(\hat{\beta}_1)$은 $\sigma/\sqrt{\mathrm{SST}_X}$가 아니라 더 복잡한 형태를 갖는다.

식 (4.13)에 분수가 중복되어 있고 제곱근도 들어 있어 복잡하다고 느끼겠지만 그럴 필요 없다. 다만 중요하고 꼭 필요한 것은 (4.13) 좌변의 어떤 항을 계산할 수 있고 어떤 항을 계산할 수 없는지, 즉 어떤 항이 통계량이고 어떤 항이 통계량이 아닌지 분별하는 것이다. 계산은 컴퓨터가 해 준다.

▶ **연습 4.24.** 식 (4.13)의 좌변은 $\hat{\beta}_1$, β_1, σ^2, SST_X로 이루어져 있다. 이 중 통계량(표본이 주어지면 계산할 수 있는 것)을 모두 고르시오.

---

*요즈음은 소프트웨어가 발달하여 표준이 아닌 정규분포도 다루기 쉬우나 컴퓨터가 항상 이용가능한 것은 아니므로 여전히 표준화시키는 것이 유용하다.

통계적 검정의 기초

관측된 표본에 기초하여 모집단의 속성에 대하여 **추론(inference)**하는 것은 계량경제 분석에서 매우 중요하다. 이 장에서는 표본을 관측함으로써 얻은 정보를 이용하여 모집단의 속성에 대하여 어떤 결론을 이끌어내는 통계적 검정의 기초 내용을 다룬다. 이 장의 내용은 통계적 검정의 기초에 관한 것이다. 만일 검정의 의미와 방법을 기초통계학으로부터 이미 배웠다면 본 장을 건너뛰어도 좋다.

5.1 통계적 검정의 기초

모집단이 우리의 관심사인 반면 우리가 가진 것은 하나의 표본뿐이라는 근본문제로부터 우리의 논의는 출발했다. 그 종착점은 앞으로 이야기할 검정(test)으로서, 이를 통하여 우리는 표본으로부터 얻은 정보로부터 모집단의 속성에 관한 결론을 도출해낼 것이다.

통계적 검정을 한마디로 표현하면 "나는 하나의 표본을 관측하였는데, 이로부터 모집단의 속성에 관한 가설에 대해서 이러저러한 결론을 내린다"는 것이다. 통계적 검정은 다음과 같은 간단한 절차를 따른다.

1. 규칙을 정한다.

2. 규칙을 따른다.

규칙은 자료를 관측하기 이전에 정해야 하며, 이때 다음의 세 가지를 염두에 둔다.

(1) 무엇을 검정할지 정한다. 즉, 가설을 설정한다.
(2) 무엇을 보고 판단을 내릴지 정한다. 즉, 검정통계량을 정한다.
(3) 검정통계량이 어떤 값을 가질 때 가설을 기각할지 정한다. 즉, 기각영역(rejection region)을 정한다.

규칙에 따를 때에는 다음과 같이 한다.

(4) 위의 (2)에서 정한 검정통계량의 값을 분석 자료에 대하여 계산하고 나서, 이 값이 (3)의 기각영역에 속하면 (1)의 가설을 기각하고 그렇지 않으면 가설을 기각하지 않는다.

다음에는 이 절차를 좀 더 구체적으로 살펴본다.

5.2 가설 설정

가설 검정 자체가 자료로부터 모집단의 속성에 대한 추론을 하는 것이므로, 가설은 당연히 모집단에 관련된다. 특히 모수(모집단의 파라미터)에 대한 가설을 세운다.

통계적으로 직접 검정할 수 있는 가설은 '이러저러한 모수의 값이 이러저러한 값과 동일하다'는 식으로 표현된다. 예를 들어 '교사 1인당 학생수가 학생의 학업성취도에 미치는 영향은 0과 동일하다'는 가설은 직접 검정할 수 있다. 다시 말하여 '교사 1인당 학생수는 학생의 학업성취도에 영향을 미치지 않는다'는 가설은 직접 검정할 수 있다. 반면 '이러저러한 모수의 값이 이러저러한 값과 다르다'는 가설은 직접 검정할 수 없다. 예를 들어 '교사 1인당 학생수는 학생의 학업성취도에 영향을 미친다'는 가설은 모수의 참값이 0이 아니라는 가설이므로 직접 검정할 수 없다. 이런 가설은 역으로 '이러저러한 모수의 값이 이러저러한 값과 같다'는 가설에 대한 판단을 내림으로써 검정한다.

이처럼, 직접 검정할 수 있는 가설은 등호(=)로 표시된다. 등호로 표시되어 직접 검정할 수 있는 가설을 귀무가설(null hypothesis, 영가설)이라 한다.

▶ **연습 5.1.** 다음 중 귀무가설과 동일한 것은? ㉠ 영가설 ㉡ 일가설 ㉢ 이가설 ㉣ 삼가설

우리가 영가설(귀무가설)이 받아들일지 말지 판단을 내릴 때에는 그와 대립되는 상황까지 염두에 두어야 한다. 영가설이 틀리다는 판단을 내릴 때 역으로 받아들이게 되는 가설을 대립가설(alternative hypothesis, 대안가설)이라 한다. 영가설을 받아들이면 대립가설을 안 받아들이는 것이고, 영가설을 안 받아들이면 대립가설을 받아들이는 것이다.

우리가 일차적으로 채택하거나 기각하는 가설은 귀무가설(영가설)이다. 우리는 귀무가설을 기각함으로써 간접적으로 대립가설을 받아들이고, 귀무가설을 채택함으로써 간접적으로 대립가설을 버린다.

귀무가설(영가설)은 흔히 H_0으로 표시하고, 대립가설은 이 책에서 H_1으로 표시한다. 우리는 관찰자료를 바탕으로 귀무가설(H_0)과 대립가설(H_1) 중 H_0을 택할지 H_1을 택할지 판단을 내리게 될 것이다.

귀무가설과 대립가설은 서로 중첩되면 안 된다(mutually exclusive). 공연히 서로 중첩시켜 문제를 이렇게 복잡하게 만들 필요가 없다. 하지만 귀무가설과 대립가설이 모든 가능한 상황을 전부 포괄할(exhaustive) 필요는 없다. 예를 들어 귀무가설이 '이러저러한 모수의 값이 0'이라고 했을 때, 대립가설이 반드시 '그 모수의 값이 0이 아님'일 필요는 없다. 대립가설은 '그 모수의 값이 0보다 크다'거나 '그 모수의 값이 0보다 작다'는 것이 될 수 있으며, 심지어 '그 모수의 값이 1'이라는 것도 될 수 있다. 우리는 상식이나 경제이론에 입각하여 대립가설을 설정하면 된다. 어떤 가설을 귀무가설로 삼고 어떤 가설을 대립가설로 삼을지는 상황에 따라 다르다.

귀무가설과 대립가설이 있을 때 우리의 판단은 반드시 귀무가설과 대립가설 중 한 쪽

손을 확실히 들어 주는 것이어야 한다. 황희 정승(1363–1452)의 야사처럼 "귀무가설과 대립가설 모두 옳다"고 하거나 양비론자처럼 "귀무가설과 대립가설 모두 틀렸(고 나만 잘났)다"고 하면 안 된다.

물론 현실에서는 두 가설 모두 받아들일 만하거나 두 가설 모두 틀려 보일 때가 있다. 예를 들어 '모수값이 0'이라는 귀무가설과 '모수값이 양수'라는 대립가설이 있을 때 둘 중 어느 편의 손을 들어줄 지 애매한 경우가 있다. 예를 들어 귀무가설은 모수값이 0, 대립가설은 모수값이 양수라 하고 어떤 추정값에 따라 모수값을 판단하는 경우, 만일 추정값이 큰 음수값이 나오면 위의 귀무가설(모수값이 0)도 대립가설(모수값이 양수)도 받아들이기 어렵고, 만일 추정값이 양수로서 작은 값이 나오면 귀무가설과 대립가설 모두 틀렸다고 말하기 힘든 상황이 발생한다. 하지만 이때에도 통계적 검정에서는 귀무가설과 대립가설 중 하나를 반드시 선택한다. 어떻게 보면 우리의 인생이 이런 이분법적인 선택의 연속인 것 같다. 물론 현실에서는 양다리를 걸치거나 이것도 저것도 다 싫다고 판단하는 일도 있기는 하겠지만 통계적 검정에서는 그렇게 하지 않는다.

영가설(귀무가설)을 받아들인다고 하여 영가설이 옳다고 하는 것은 아니다. 다만 영가설이 틀렸다고 하지 못할 뿐이다. 예를 들어 평균이 0이라는 영가설을 채택하다고 하여 평균이 0이라는 뜻은 아니며, 그보다는 '평균이 0이 아니라는 충분한 증거가 없다'는 뜻이다. 좀 더 상세한 내용은 5.7절을 참조하라.

서로 배타적인 두 가설이 있을 때 하나를 채택하는 것은 다른 하나를 기각하는 것이다. 이때 귀무가설을 버리면 자동으로 대립가설을 받아들이게 되므로(그렇다고 하여 대립가설이 옳다는 것은 아님), 귀무가설보다 대립가설이 더 옳다는 확신이 충분히 있을 때에 귀무가설을 버리도록 한다. 귀무가설이 틀린 것 같은데 대립가설이 더 틀린 것 같으면 우리는 귀무가설을 버리지 않는다.

귀무가설과 대립가설이 모두 받아들일 만하다는 생각이 들 때에는, 귀무가설이 틀렸고 대립가설이 맞았다는 것을 충분히 확신있게 말할 수 없으면 귀무가설을 기각하지 않는다. 간단히 말하자면, '충분한 확신이 없으면 귀무가설을 버리지 않는다'는 것이 검정의 통상적인 원칙이다. '충분한 확신이 없으면 귀무가설을 채택'하는 방식은 '유죄의 증거가 발견되지 않으면 무죄로 추정'하는 원칙과 유사하다. 이때 무죄가 귀무가설이다. 연상의 방법을 써서 암기하기 좋아하는 독자라면 '귀무가설'과 '무죄' 모두에 '무'가 있다는 점이 눈에 띌지도 모르겠다. 통계적 검정은 자료에 나타난 증거가 귀무가설에 반하는지 판단하는 판사의 역할을 한다. 유죄의 증거가 충분하지 않으면 무죄(귀무가설)이다.

'충분한 확신이 없으면 귀무가설을 받아들인다'는 원칙이 불공평해 보일 수도 있다. 충분한 확신이 없으면 대립가설을 받아들이는 것은 왜 안되는가? 필자가 추측컨대, 하나의 이유는 우리가 무언가에 대하여 "틀렸다"고 말하는 것에 부담을 느낀다는 점이다. 귀무가설더러 "너 틀렸다"고 말하려면 충분한 증거가 있어야 하고, 그 증거가 확실하기 전까지는 틀렸다고 판단하기 꺼려한다는 것이다. 하지만 귀무가설을 받아들이는 것은 대립가설더러 "너 틀렸다"고 하는 것이므로 이 역시 동어반복이다. 어찌 보면 '검정'이라는 것 자체가 귀무가설을 기각할 충분한 이유가 발견되는지 확인하는 절차로 정의된다(defined)고 보는 것이 간편해 보인다.

요약하자면, 가설은 모수로써 표현되고, 귀무가설은 등호로, 대립가설은 (대부분) 부등호로 표현되며 귀무가설과 대립가설은 상호 배타적(mutually exclusive)이지만 전 영역을 포괄할(exhaustive) 필요는 없다. 우리는 대립가설이 더 옳다는 충분한 확신이 있어야만 귀무가설(등호로 표시된 가설)을 기각한다.

▶ **연습 5.2.** 도박에서 사용할 주사위가 불공평하지는 않는지 통계적 검정을 사용하여 점검하고자 한다. 이때 주사위가 공평하다는 말의 뜻은 무엇이며 귀무가설은 무엇인가?

▶ **연습 5.3.** 통화량 변화가 실질 GDP를 변화시키는지 아닌지 검정하고자 한다. 이때 귀무가설은 무엇인가?

▶ **연습 5.4.** 담합으로 가격이 상승하였는지 아닌지 검정하고자 한다. 이때 귀무가설과 대립가설을 말로 설명하라.

▶ **연습 5.5.** 사망률 $= \beta_0 + \beta_1$흡연율 $+ u$라는 모형에서 흡연율이 사망률을 높이는지 아닌지 검정하고자 한다. 귀무가설과 대립가설은 각각 무엇인지 모수로써 표현하라.

▶ **연습 5.6.** 위의 모형에서 흡연율이 사망률에 영향을 미치는지 그렇지 않은지 검정하고자 한다. 귀무가설과 대립가설은 각각 무엇인지 모수로써 표현하라.

▶ **연습 5.7.** 학생성적 $= \beta_0 + \beta_1 \cdot$ 교사당 학생수 $+ u$라는 모형을 추정하여 교사당 학생수가 학생성적에 영향을 미치는지 검정하고자 한다. 귀무가설과 대립가설을 모수로써 표현하라.

▶ **연습 5.8.** $\log($담배소비량$) = \beta_0 + \beta_1 \log($가격$) + u$라는 모형을 추정함으로써 담배소비량이 가격에 대하여 비탄력적인지 검정하고자 한다. 귀무가설과 대립가설을 모수로써 표현하라.

5.3 검정통계량

통계량이란 표본이 주어지면 계산할 수 있는 공식을 뜻한다. 자료가 주어질 때 값을 계산할 수 있는 것이 통계량이다. 통계적 검정은 자료의 표본으로부터 모수에 대한 결론을 이끌어내는 객관적인 절차이므로 통계량을 사용한다. 통계적 검정에서 사용하는 통계량을 **검정통계량**이라 한다. 통계량을 사용하지 않는다는 것은 자료 이외에 다른 것을 이용한다는 말이며, 그렇게 내리는 판단은 통계적 검정이 아니다.*

---

*베이지언(Bayesian) 접근법에서는 사전 지식(prior)을 반영하여 판단을 내리는 것도 고려한다.

검정통계량으로 사용할 통계량은 다음 두 가지 조건을 충족시켜야 한다. 첫째, 귀무가설이 옳을 때 이 통계량이 어떤 표집분포(표본추출 반복시행 시 분포)를 갖는지 알아야 한다. 앞에서 귀무가설은 반드시 등호로 표현되어야 한다고 했는데, 그 이유가 바로 귀무가설하에서 검정통계량의 분포를 알아야 하기 때문이다. 둘째, 대립가설이 옳을 때 이 통계량이 어떠한 행태를 보이는지 어느 정도 알아야 한다. 이 정보가 있어야 기각영역을 제대로 설정할 수 있다.

귀무가설은 등호로 표현되므로, 귀무가설이 옳을 때 모수의 참값이 알려지며, 따라서 통계량을 적절히 만들기만 하면 적당한 가정하에서 그 표집분포를 알 수 있다. 부등호로 표현되는 대립가설이 옳으면 그 모수의 참값을 알 방법이 없으며(그 대략적인 성질은 알 수 있지만) 통계량의 표집분포 또한 정확히든 근사적이든 알 방법이 없고, 모수값에 대한 가정하에서만 그 통계량의 행태를 알 수 있다.

예를 들어 $X_1, \dots, X_5$가 서로 독립적이며 $N(\mu, 1)$라는 분포에서 무작위로 추출되는 값임을 모든 사람이 알고 있다고 하자. 그러면

$$\tfrac{1}{5}(X_1 + \dots + X_5) \sim N(\mu, \tfrac{1}{5}),$$

다시 말하여

$$\sqrt{5}[\tfrac{1}{5}(X_1 + \dots + X_5) - \mu] \sim N(0, 1) \tag{5.1}$$

이다. 이 결과가 나오는 것은 평균을 빼고 표준편차로 나누면 평균이 0이 되고 분산이 1이 되기 때문이다. 우리는 μ값이 무엇인지 모르며, 자료를 이용하여 μ에 대한 가설들을 검정하고 싶다. 계속 진행하기 전에 다음 연습문제를 풀어 보자.

▶ **연습 5.9.** $X_1, \dots, X_5$가 하나의 표본을 이룬다고 하자. 평균 μ를 모를 때 식 (5.1)의 좌변인 $\sqrt{5}[\tfrac{1}{5}(X_1 + \dots + X_5) - \mu]$는 통계량이 아니다. 그 이유는?

이제 μ가 1인지 아닌지 검정한다고 하자. 귀무가설은 앞에서 설명한 것처럼 등호로 표현되어야 하므로 $H_0 : \mu = 1$이고 대립가설은 $H_1 : \mu \neq 1$이다. 귀무가설이 맞다면, 즉 $\mu = 1$이라면, 식 (5.1)에 따라

$$\sqrt{5}[\tfrac{1}{5}(X_1 + \dots + X_5) - 1] \sim N(0, 1)$$

이다. 이 좌변은 통계량이며, 귀무가설이 옳을 때 이 통계량은 표준정규분포를 갖는다. 그러므로 $\sqrt{5}[\tfrac{1}{5}(X_1 + \dots + X_5) - 1]$는 귀무가설 $H_0 : \mu = 1$을 검정하기 위한 검정통계량의 좋은 후보이다.

▶ **연습 5.10.** $\sqrt{5}[\tfrac{1}{5}(X_1 + \dots + X_5) - 1]$이 왜 통계량인지 설명하라.

대립가설이 옳다면 어떻게 될까? 통계량 $\sqrt{5}[\tfrac{1}{5}(X_1 + \dots + X_5) - 1]$을 T라고 표기하면

$$T = \sqrt{5}[\tfrac{1}{5}(X_1 + \dots + X_5) - \mu + \mu - 1]$$

$$= \sqrt{5}\left[\tfrac{1}{5}(X_1 + \cdots + X_5) - \mu\right] + \sqrt{5}[\mu - 1]$$

인데, 식 (5.1)에 따라 둘째 줄 첫째 항은 $N(0,1)$ 분포를 갖는다(여기서 μ를 알고 모르고는 문제가 되지 않는다). 반면 둘째 줄 둘째 항은 $\mu > 1$이면 0보다 크고 $\mu < 1$이면 0보다 작다. 그러므로 대립가설이 옳을 때 통계량 T의 분포는 양의 영역($\mu > 1$일 때)이나음의 영역($\mu < 1$일 때)으로 치우치며, 대립가설하에서 μ의 정확한 값을 모르기 때문에어느 방향으로 어느 정도 치우칠지 알 수는 없다. 만일 μ의 참값이 2라면 T의 분포는 $N(\sqrt{5},1)$이 될 것이나 대립가설 $H_1 : \mu \neq 1$하에서는 μ의 값을 하나로 결정할 수 없는것이다. 대립가설하에서 통계량 T의 행태는 이 정도만 알면 된다.

이제 통계량 T를 검정에 사용할 수 있으며, 따라서 이를 검정통계량으로 사용할 수있다. 실제 이를 어떻게 검정에 사용할지는 나중에 설명한다.

▶ **연습 5.11.** $\hat{\beta}_1, \mathrm{SST}_X, s^2$이라는 통계량이 있다고 하자. 이 연습문제를 풀 때 이러한 통계량의계산방식이 무엇인지는 알 필요 없다. SST_X와 s^2은 반드시 양수라고 하자. 이것들이 무엇이고 왜 양수일까 하고 고민함으로써 시간을 낭비하지 말기 바란다. 적절한 가정하에서(무슨 가정일까 생각하지 말라)

$$\frac{\hat{\beta}_1 - \beta_1}{\sqrt{s^2/\mathrm{SST}_X}} \sim t_{48}$$

임이 알려져 있다고 하자(왜 그럴까 하고 생각하지 말자). 여기서 β_1은 미지의 모수이고 t_{48}은 자유도가 48인 t분포를 의미한다. 귀무가설 $H_0 : \beta_1 = -1$이 주어져 있다고 하자(왜 -1일까 생각할 필요 없다). 이 귀무가설의 검정을 위한 검정통계량을 제시하라. 귀무가설이옳을 때 이 검정통계량의 분포는? 또, 대립가설 $H_1 : \beta_1 < -1$을 생각해 보자. 대립가설이옳을 때 이 검정통계량은 어떠한 행태를 보이는가?

5.4 검정의 크기와 힘

자료는 모집단으로부터 표본추출을 시행하여 그 값을 관측함으로써 구한다. 모집단의특성은 모수로써 표현된다. 우리는 모수를 모르며 자료로부터 계산한 통계량을 바탕으로모수에 대한 추론을 한다. 즉 '만일 모수가 귀무가설을 충족시키면 검정통계량은 이러저러한 행태를 보이고, 만일 모수가 대립가설을 충족시키면 검정통계량은 또 다른 이러저러한행태를 보이는데, 실제 관측된 검정통계량의 값이 이러저러하므로 우리는 귀무가설 또는대립가설이 맞다고 판단하는' 것이다. 다시 말하여

① 귀무가설과 대립가설 각각이 맞을 때 검정통계량의 행동양태에 관한 지식과

② 실제 관측된(한 번 관측됨) 검정통계량의 값

을 바탕으로 우리는 귀무가설과 대립가설 중 어느 편을 택할지 판단하는 것이다. 마치 어떤 사람의 행동들을 종합하여(통계량) 그 사람이 나를 좋아하는 정도가 0인지(귀무가설) 0보다 큰지(대립가설) 판단하는 것과 유사하다.

사소한 경우를 제외하고, 이러한 판단은 결코 100% 옳을 수는 없으며 항상 잘못을 저지를 가능성이 있다. 실제로는 모수가 귀무가설을 만족시키는데도 우리는 귀무가설이 틀렸다고 판단내릴 수 있으며, 실제로는 모수가 대립가설을 충족시킴에도 불구하고 귀무가설이 틀리다고 판단내리지 못할 수도 있는 것이다. 예를 들어, 어떤 사람이 실제로는 나를 좋아하는 정도가 0인데도(귀무가설이 참) 그 사람의 행동(통계량)으로부터는 그 사람이 나를 엄밀히 좋아한다고 착각할 수도 있고(귀무가설 기각), 실제로는 나를 엄밀히 좋아하는데(대립가설이 참) 나는 그 사람이 무관심하다고 판단할 수도 있다(귀무가설 채택).

▶ **연습 5.12.** 귀무가설(H_0)이 옳을 때 결코 오류를 범하지 않는(즉, H_0이 옳으면 항상 H_0을 채택하는) 사소한 검정방법의 예를 들어 보라. 단, 검정은 반드시 통계량에 의존하여야 함에 유의하라. 예를 들어 'H_0이 옳으면 H_0을 채택하고 H_0이 그르면 H_0을 기각한다'는 방법은 H_0이 옳은지 그른지 모르므로 실현불가능하다.

상상 속에서 표본추출을 반복시행하면서 검정을 반복하면 어떤 경우에는 귀무가설을 기각하고 어떤 경우에는 귀무가설을 채택한다. 모집단이 귀무가설을 충족시키지 않을 때 귀무가설을 기각할 확률(표본추출 반복시행 시의 확률)을 이 검정의 힘(power, 검정력)이라 한다. 물론, 현실에서는 귀무가설이 맞는지 틀리는지도 모르고 자료도 한 조밖에 없으므로 이 확률을 관찰할 수는 없다. 반대로 모집단이 귀무가설을 충족시킨다는 가정하에서 귀무가설을 기각할 확률을 이 검정의 크기(size)라 한다.

실제로는 귀무가설이 옳음에도 불구하고 검정통계량 값에 기초하여 판단을 내릴 때에는 귀무가설을 기각할 수도 있다. 이러한 오류를 1종 오류라고 한다. 또, 실제로는 귀무가설이 틀리고 대립가설이 옳음에도 불구하고 주어진 자료로 검정할 때 귀무가설을 채택할 가능성이 있다. 이러한 오류를 2종 오류라고 한다.*

모집단이 귀무가설로 표현되는 제약을 충족시킨다고 하자. 즉, 귀무가설이 참이다. 상상 속에서 이 모집단으로부터 표본추출을 반복시행하면서 매번 귀무가설을 검정하면 그 귀무가설을 채택하기도 하고 기각하기도 할 것인데, 이때 기각하면 1종 오류를 범하는 것이다(귀무가설이 참인데 기각하였으므로). 앞서 언급한 검정의 크기는 이 1종 오류를 범할 확률이다. 이것은 기각영역의 크기를 확률로 표현한 것이다.

한 마디로, 검정력은 귀무가설을 제대로 기각할 확률이고, 검정의 크기는 귀무가설을 잘못 기각할 확률이다. 검정력과 검정의 크기가 모두 기각할 확률이라고 기억하면 편리하다. 여기서 '확률'이란 표본추출을 반복시행하면서 검정을 반복할 때의 확률임을 기억하라.

---

*필자는 뭐가 1종이고 뭐가 2종인지 항상 혼동된다.

▸ **연습 5.13.** 어떤 검정의 크기가 5%라 하자. 모집단이 귀무가설을 충족시키면 귀무가설을 기각할 확률은 얼마인가?

▸ **연습 5.14.** 어떤 귀무가설이 있다. 이 귀무가설을 만족시키는 모집단에서 표본을 반복추출하면서 각각의 추출된 자료집합에 대하여 어떤 주어진 검정을 시행하면 100번에 8번 꼴로 귀무가설을 기각한다고 하자. 이 검정의 크기는 몇 퍼센트인가?

▸ **연습 5.15.** 어떤 귀무가설이 있다. 이 귀무가설을 만족시키지 않는 어떤 모집단에서 표본을 반복추출하여 각각의 추출된 자료집합에 대하여 검정을 시행해 보면 100번에 15번 꼴로 귀무가설을 기각한다고 하자. 이 모집단의 경우 이 검정의 힘은 얼마인가? 이 연습문제에 주어진 정보로부터 이 검정의 크기를 알 수 있는가?

위의 연습문제들에서 표본추출을 반복시행한다고 하였는데, 현실에서는 표본추출을 반복시행할 수 없고, 오직 한 번만 관측할 수 있을 뿐임에 유의하라.

▸ **연습 5.16.** $X_1, \ldots, X_5$ 가 $N(\mu, 1)$ 인 모집단에서 서로 독립적으로 임의로 추출되는 변수들이라고 하자. 귀무가설은 $H_0 : \mu = 0$ 이고 대립가설은 $H_1 : \mu \neq 0$ 이다. $T \equiv (X_1 + \cdots + X_5)/\sqrt{5}$ 라 할 때, $|T| > 1.96$ 이면 귀무가설을 기각하는 검정방법을 생각해 보자. (i) 이 검정의 크기는 얼마인가? (ii) μ 의 참값이 0일 때 귀무가설을 기각할 확률은 얼마인가? (iii) 표준정규분포를 갖는 확률변수 Z 에 대하여, $\Phi(x) = P(Z \leq x)$ 라고 $\Phi(\cdot)$ 함수를 정의하자. 참고로 $\Phi(1.96) = 0.975$ 이다(R에서 pnorm(1.96) 사용). μ 의 참값이 1일 때, 이 검정의 힘은 $\Phi(\cdot)$ 함수를 사용하여 어떻게 표현할 수 있는가?

통계적 검정에서는 검정의 크기를 일정한 수준(유의수준이라 함)으로 유지하고, 귀무가설이 틀릴 때 검정력(검정의 힘)을 최대한 크게 하고자 한다. 유의수준은 일반적으로 1%, 5%, 10%를 사용한다. 유의수준이 1%로 설정되면, 즉 검정의 크기가 1%로 통제되면, 귀무가설이 옳은 경우에도 100번에 1번 꼴로 귀무가설을 기각하는 오류를 범한다. 이 1%의 확률은 작은 것으로 인식되며 1%의 유의수준을 사용하는 검정은 보수적(conservative)인 것으로 인식된다. 여기서 보수적이라는 말은, 귀무가설이 틀렸다는 증거가 매우 분명하기 전까지는 좀처럼 귀무가설이라는 기존의 가치를 기각하지 않는다는 뜻이다. 반면 10%의 유의수준을 사용하는 검정은 기각에 관대한(liberal)한 검정이다. 5%의 유의수준은 너무 보수적이지도, 너무 관대하지도 않은 중용이라고 인식된다.

▸ **연습 5.17.** 유의수준을 5%로 한 어떤 검정에서, 자료를 분석한 결과 자신 있게 귀무가설을 기각하였다. 하지만 나중에 당사자(또는 절대자)의 이야기를 들어 보니 귀무가설이 맞았음이 판명되었다. 이때 '내가 잘못 판단했다'는 말을 하기 싫다면 뭐라고 할 수 있겠는가?

5.5 기각영역

통계적 검정에서 판단의 기준은 검정통계량의 값이 일정한 구역(기각영역)에 속하느냐 그렇지 않느냐이다. 실제 자료로부터 계산한 검정통계량의 값이 이 기각영역에 속하면 귀무가설을 기각하고, 그렇지 않으면 귀무가설을 기각하지 않는다.

▸ **연습 5.18.** 어떤 검정통계량 T가 있는데, 귀무가설이 옳을 때 $T \sim N(0,1)$이라고 하자. 기각영역이 $(-0.0627, 0.0627)$, 즉 ± 0.0627을 양 끝 점으로 하는 구간이라 하자("…이라 하자"고 했으므로, 왜 그럴까 생각하지 말라). 만일 자료로부터 계산한 T의 값이 8.53 이라면 귀무가설을 기각하는가?

귀무가설을 기각할지 채택할지 판단을 내리기 위한 기준(기각영역)은 자료로부터 검정 통계량의 값을 계산하기 이전에 미리 결정되어 있어야 한다. 다시 말하여, 판단을 내리기 전에 판단의 기준이 이미 정해져 있어야 한다. 마치 경기를 하기 전에 경기의 규칙이 미리 정해져 있어야 하는 것과 같다. 현실에는 이런 기본이 무시되는 사례들이 많은 것 같은데 다행히도 통계적 검정에서는 그렇지 않다.

기각영역은 어떻게 설정하여야 하는가? 기각영역을 설정할 때에는 우선 검정의 크기가 미리 선택된 수준(유의수준)과 일치하도록 만든다. 귀무가설이 옳을 때 검정통계량의 분포를 알 수 있기 때문에 우리는 이것을 할 수 있다.

▸ **연습 5.19.** 앞의 **연습** 5.18에서 상정한 검정통계량과 기각영역에 대하여 검정의 크기를 R을 사용하여 구하라. 힌트: $T \sim N(0,1)$일 때 $P(T \le -0.0627)$는 `pnorm(-0.0627)`을 사용하여 구할 수 있다. 그 값은 `0.4750027`이다.

▸ **연습 5.20.** $\hat{\beta}_1$, SST_X, s^2이 통계량이라 하자(이들이 무엇이고 어떻게 계산해야 할까 생각 하지 말라). 또, 다음이 알려져 있다고 하자(왜 그런지 생각하지 말라).

$$\frac{\hat{\beta}_1 - \beta_1}{\sqrt{s^2/\mathrm{SST}_X}} \sim t_{86}$$

여기서 β_1은 미지의 모수이고 t_{86}은 자유도가 86인 t분포를 의미한다. $H_0 : \beta_1 = 1$이라는 귀무가설에 대하여

$$T = \frac{\hat{\beta}_1 - 1}{\sqrt{s^2/\mathrm{SST}_X}}$$

라는 통계량을 생각해 보자. ㉮ 귀무가설이 옳을 때 이 통계량 T의 분포는 무엇인가? 힌트: 답은 문제를 읽어보기만 하면 알 수 있다. ㉯ 귀무가설이 옳을 때 이 통계량 T의 값의 절대값이 1.6628보다 클 확률, 즉 $P(|T| > 1.6628)$는 얼마인지 R을 사용하여 계산하 라. 힌트: $T \sim t_{86}$일 때 $P(T \le -1.6628)$은 `pt(-1.6628,86)` 명령어를 사용하여 구할 수 있으며, 그 값은 약 0.05이다.

▶ **연습 5.21.** 앞의 연습문제에서, 만일 통계량 T 의 값의 절대값이 1.6628보다 클 때 귀무가설을 기각한다면, 즉 기각영역이 $\{|T| > 1.6628\}$ 이면, 이 검정의 크기는 얼마인가?

▶ **연습 5.22.** 귀무가설하에서 검정통계량 T 의 분포가 t_{43} 이라 하자. 다음 기각영역에 해당하는 검정의 크기를 각각 구하라. (a) $\{0.5283 \le T \le 0.8501\}$, (b) $\{T > 1.3016\}$, (c) $\{T < -1.3016\}$, (d) $\{0 \le T \le 0.2549\}$, (e) $\{1.1286 \le |T| \le 1.4114\}$. 힌트: (a)는 `pt(.8501,43)-pt(.5283, 43)` 에 따르면 약 10%이다.

연습 5.22를 풀어 본 사람을 알아차렸겠지만, 귀무가설하에서 검정통계량의 분포가 주어졌을 때 검정의 크기를 유의수준과 일치시키는 기각영역은 많다. 사실 이러한 기각영역은 헤아릴 수 없을 만큼 많다. 수많은(수없는) 가능성 중에서 어떤 기각영역을 선택할 것인가? 그 답은 검정통계량이 대립가설하에서 어떤 행태를 보이는지에 달려 있다.

우리의 목적은 대립가설이 옳으면 가능한 한 귀무가설을 기각하도록(즉, 대립가설하에서 검정력이 극대화되도록) 기각영역을 선택하는 것이다. 이를 위해서는 대립가설이 옳을 때 검정통계량이 취할 가능성이 높은 값의 영역에 기각영역을 두는 것이다. 다음의 세 가지 가능성이 있다.

1. 만일 대립가설하에서 검정통계량이 양의 값을 가질 확률이 높으면 기각영역을 오른쪽(양수의 영역) 꼬리 부분에 둔다.

2. 만일 대립가설하에서 검정통계량이 음의 값을 가질 확률이 높으면 기각영역을 왼쪽(음수의 영역) 꼬리 부분에 둔다.

3. 만일 대립가설하에서 검정통계량이 양 또는 음의 값을 가질 확률이 높으면 기각영역을 양쪽 꼬리 부분에 균등하게 둔다.

유의수준이 바뀌거나 귀무가설하에서 통계량의 분포가 바뀌면 기각영역도 바뀌지만 대립가설이 바뀌지 않는 한 기각영역의 방향은 바뀌지 않는다.

대립가설이 한 방향의 부등호로 표현되면(단방향 대립가설) 기각영역은 한쪽 꼬리에 몰려 있고 우리는 한쪽꼬리 검정(one-tailed test)을 한다. 대립가설이 부등호 '≠'로 되어 있으면(양방향 대립가설) 기각영역이 양쪽 꼬리에 균등하게 나뉘고, 이때 우리는 양쪽꼬리 검정(two-tailed test)을 한다.

다음 연습문제와 답을 참고하라.

연습문제

1. 문: 어떤 귀무가설과 대립가설이 있다고 하자. 어떤 통계량이 있는데, 귀무가설하에서 표준정규분포를 따르고 대립가설하에서 값이 음(−)의 방향으로 커지는 경향이 있다. 1% 유의수준에서 어떻게 기각영역을 정할지 논하시오.

답 : 이 통계량을 한 번 관측(또는 계산)하여 그 값이 -2.326보다 더 작으면(음의 값으로 더 극단적이면) 귀무가설을 기각하고 그렇지 않으면 귀무가설을 받아들인다. 이때 -2.326의 값은 R에서 `qnorm(0.01)`에 의하여 구할 수 있다.

2. 문 : 이 통계량은 귀무가설하에서 t_{30} 분포를 따르고 대립가설하에서는 양(+)이나 음 (−)의 방향으로 0으로부터 벗어나는 경향이 있다. 10% 유의수준에서 어떻게 귀무 가설을 검정할지 논하시오.

   답 : 이 통계량을 한 번 관측하여 그 관측값의 절대값이 1.697보다 크면 귀무가설을 기각한다. 이때 1.697이라는 값은 R에서 `qt(0.95,30)`이라는 명령어로써 알아냈다.

▶ **연습 5.23.** 문제에서 유의수준이 10%임에도 불구하고 왜 `qt(0.9,30)`라는 명령을 내리지 않고 `qt(0.95,30)`이라고 하는지 설명하라. 또, 왜 `qt(0.05,30)`이 아니라 `qt(0.95,30)`인지도 설명하라.

3. 문 : 이 통계량은 귀무가설하에서 $F_{2,25}$ 분포를 따르고 진실이 귀무가설로부터 멀어 질수록 값이 커지는 성향이 있다. 5% 유의수준에서 어떻게 귀무가설을 검정할지 논하시오. F 분포는 양의 값만을 갖는다는 점을 참고하라.

   답 : 이 통계량을 한 번 관측하여 그 관측값이 3.385보다 크면 귀무가설을 기각한다. 여기서 3.385라는 값은 R에서 `qf(0.95,2,25)`라는 명령을 내려 알아냈다.

4. 문 : 이 통계량은 귀무가설하에서 χ_4^2 분포를 따르고 진실이 귀무가설로부터 멀어질수 록 값이 0에 가까워지는 경향이 있다. 1% 유의수준에서 어떻게 귀무가설을 검정할지 논하시오. (참고 : χ^2 분포는 양의 값만을 갖는다.) 이 문제는 앞 절에서 다루지 않은 것이다. 창의성을 발휘하기 바란다.

   답 : 이 통계량을 한 번 관측하여 그 값이 0.297보다 작으면 귀무가설을 기각한다. 여기서 0.297이라는 값은 R에서 `qchisq(0.01,4)`라는 명령어로써 알아냈다.

이 네 문제의 기각영역은 〈그림 5.1〉에 색칠되어 있다. 왼쪽 위의 그림으로부터 시작 하여 1, 2, 3, 4번의 기각영역을 각각 나타낸다. 4번 문제는 앞 절에서 다루지 않은 것이다. 귀무가설에서는 통계량이 χ_4^2를 따르며 대립가설에서는 통계량이 0에 가까운 값을 가지기 쉬우므로 기각영역은 0에 가까운 쪽에 위치하는 것이 검정력을 높여준다.

5.6　귀무가설의 기각과 채택

검정통계량과 기각영역이 정해지면, 마지막으로 자료로부터 계산한 검정통계량의 값이 기각영역에 속하느냐 그렇지 않느냐에 따라 귀무가설을 기각하거나 채택한다.

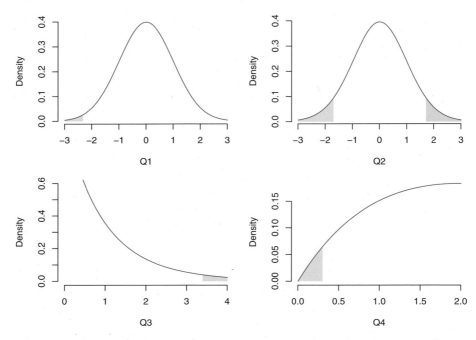

확률밀도함수: 1번은 표준정규분포, 2번은 t_{30} 분포, 3번은 $F_{2,25}$ 분포, 4번은 χ_4^2 분포

〈그림 5.1〉 문1–4의 기각영역

　　유의수준 5%로 이러저러한 귀무가설을 검정하라고 하는 것은, "네가 귀무가설을 기각할 때 그러한 기각이 잘못될(즉, 귀무가설이 옳음에도 불구하고 틀렸다고 판단을 내릴) 확률을 5%까지 용납해 줄테니 귀무가설이 틀렸다고 할 수 있는지 얘기해 봐라"는 뜻이다. 이에 '유의수준 5%에서 H_0을 기각한다'는 말의 뜻은 "H_0이 틀렸다고 판단한다. 그런데 사실은 H_0이 참일 확률, 즉 기각이 잘못일 확률은 5% 이내이다."라는 것이다. 또, '유의수준 5%에서 H_0을 기각하지 않는다'는 말은 "H_0을 잘못 기각할 확률을 5%까지 용납해 주는데도 H_0을 기각하지 않는다"는 뜻이다. 예를 들어 5% 유의수준에서 귀무가설을 기각하는 것은 다음 대화와 같다.

　　여자: 규칙적으로 운동하면 암에 걸릴 확률이 낮아질까요(귀무가설은 '효과 없음')?
　　남자: 자료를 보고 판단해 보건대 낮아지는 것으로 보입니다(귀무가설의 기각).
　　여자: 100% 확실한가요?
　　남자: 아뇨. 하지만 제 판단(즉 기각)이 잘못일 확률은 5%(유의수준) 이하입니다.

5% 유의수준에서 귀무가설을 기각하지 못하는 상황은 다음 대화와 같다.

　　여자: 소득이 늘면 분배상태가 개선되나요(귀무가설은 '개선되지 않음')? 자료를 드릴 테니 판단해 보세요.

남자: 제가 만일 개선된다고 하면(귀무가설 기각), 그 판단이 틀려도 괜찮나요?

여자: 그 경우(귀무가설 기각 시) 그 판단이 틀릴 확률을 5%까지는 용납해 드릴게요.

남자: (자료를 본 후) 그래도 개선된다고 못하겠습니다.

▶ **연습 5.24.** $\log(임금) = \beta_0 + \beta_1$나이$+ u$ 라는 모형에서 $\beta_1 = 0$이라는 귀무가설을 10% 유의수준에서 기각한다고 하자. 이 사실이 무엇을 의미하는지 정확히 설명하라.

▶ **연습 5.25.** 폐암발생여부 $= \beta_0 + \beta_1$흡연여부$+ u$ 라는 모형에서 $\beta_1 = 0$이라는 귀무가설을 5% 유의수준에서 기각하지 않는다고 하자. 이 사실이 무엇을 의미하는지 정확히 설명하라.

실제 응용계량분석을 할 때에 유의수준은 보통 5%가 널리 사용되며, 귀무가설의 기각을 더 보수적(conservative)으로 하면 1%, 귀무가설의 기각에 더 관대한(liberal) 태도를 취하면 10%로 한다. 10%가 넘는 유의수준은 특별한 경우를 제외하면 사용되지 않는다.

5.7 귀무가설을 채택하는가 기각하지 못하는가?

귀무가설을 기각하지 못할 때, 우리는 "귀무가설을 기각하지 못한다"고 하기도 하고 "귀무가설을 채택한다"고 하기도 한다. 검정은 귀무가설과 대립가설 중 하나를 선택하는 것으로서 항상 상대적이다. "귀무가설을 채택한다"고 표현하는 경우에도, 참뜻은 "귀무가설을 기각하지 못한다"는 것일 뿐, 그 귀무가설이 옳다는 것을 의미하지는 않는다. 예를 들어 귀무가설이 $H_0 : \beta_1 = 0$이고 대립가설이 $H_0 : \beta_1 \neq 0$일 때, 귀무가설의 채택이 β_1의 참값이 0임을 의미하는 것은 아니다. $H_0 : \beta_1 = 0$이라는 귀무가설의 채택은 "귀무가설과 대립가설 중 하나를 택한다면 귀무가설 쪽을 택한다"는 것, 달리 말하여 "자료에서는 β_1의 참값이 0이 아니라는 증거를 보지 못한다"는 것을 의미한다. 그러므로 예를 들어 $\beta_1 = 0$이라는 귀무가설을 채택하면서 동시에 $\beta_1 = 1$이라는 귀무가설을 채택하는 것도 가능하다. 그렇다고 $\beta_1 = 0$이면서 동시에 $\beta_1 = 1$이라는 것은 물론 아니다. 어떻게 하나의 모수(β_1)가 0이면서 동시에 1일 수 있겠는가?*

이러한 이유로 "귀무가설을 채택한다"는 표현보다는 "귀무가설을 기각하지 못한다"는 표현을 선호하는 저자들도 있지만, 이 책에서는 "기각하지 못한다"와 "채택한다"는 표현을 동일한 의미로 사용한다. 표현의 엄밀성도 중요하지만 "기각하지 못한다"는 7글자이고 "채택한다"는 4글자 밖에 되지 않아, 필자로서는 편리성을 무시할 수 없었다. 엄밀성을 추구하는 독자들은 "채택한다"는 말을 모두 "기각하지 못한다"로 바꾸어 읽어도 좋겠다. 귀무가설의 기각이나 채택은 항상 대립가설에 대하여 상대적이라는 점을 기억하자.

*그럼에도, 예를 들어 귀무가설이 $\beta_1 = -1$일 때 검정 결과 귀무가설을 기각하지 못하면 "$\beta_1 = -1$이 맞다" 고 결론을 내리는 경우를 많이 보았다. 독자들은 "귀무가설을 채택한다"고는 할지라도 "$\beta_1 = -1$이 맞다"고는 표현하지 말기 바란다. 아니면 '채택한다'는 말 대신 '귀무가설을 기각하지 못한다'고 하자.

6 최소제곱을 이용한 가설검정

이제 최소제곱(OLS)법의 이야기로 돌아간다. 기억을 돕자면 우리는 선형 모형으로부터 시작하여 비특이성하에서 OLS를 사용하여 모수들을 추정하는 방법을 익혔다. 이 OLS 추정량은 표본추출 반복시행 시 일정한 평균과 분산을 갖는다. 표본추출이 설명변수값들을 고정시킨 채 반복시행되고 오차항의 평균이 0이면, OLS 추정량의 평균은 모수의 참값과 동일함을 보았다(비편향성). 또한 오차항들의 분산이 동일하고 표본 내 관측값들이 서로 독립일 때 OLS 추정량의 분산을 구하였고, 이 분산은 선형 비편향 추정량이 가질 수 있는 분산 중에서 가장 작은 것임을 보았다(가우스 마코프 정리).

이제 우리의 관심을 가설 검정으로 옮긴다. 5장의 설명처럼 가설검정을 위해서는 우선 가설(귀무가설과 대립가설)과 검정통계량이 필요하다. 가설은 항상 모수에 관한 것이다. 검정통계량은 귀무가설하에서 그 분포가 알려져 있어야 하고 대립가설하에서 어떤 행태를 보이는지 알려져 있어야 한다. 그래야만 기각영역을 현명하게 정할 수 있기 때문이다.

이 장에서는 OLS 추정량을 이용한 가설 검정 방법을 다룬다. 6.1절에서는 가설 설정을 논하고, 6.2절에서는 검정통계량을 도출하는 방법을 설명한다. 6.3절에서는 계수의 참값이 0이라는 귀무가설을 검정하는 방법을 설명하고 6.4에서는 p값과 이를 이용한 검정을 서술한다. 6.5절에서는 신뢰구간에 대해서 논하고 6.6절에서는 계수의 참값이 0이 아닌 다른 값이라는 일반적인 귀무가설의 검정 방법을 설명한다. 이 장의 논의는 기본적으로 설명변수 표본값 고정의 가정하에서 진행되지만, 그렇지 않은 경우에도 나머지 가정들이 만족되면 이 장의 논의는 큰 수정 없이 성립한다. 자세한 내용은 6.7절을 참조하라.

6.1 가설들

선형회귀모형에서 사람들은 일반적으로 기울기에 관심을 갖는다. 그 중에서 특히 β_1이 0이라는 것은 독립변수가 종속변수에 평균적으로 영향을 미치지 않음을 의미하며, 이 $H_0 : \beta_1 = 0$이라는 귀무가설은 중요한 가설이다. 또, 경우에 따라서 X와 Y에 자연로그를 취한 후 그 기울기가 1(또는 −1)인지 아닌지 검정해 볼 수 있는데, 이때 기울기가 1(또는 −1)이면 Y가 단위탄력적이고, 그 절대값이 1보다 작으면 비탄력적, 그리고 그 절대값이 1보다 크면 탄력적이다. 이 경우에는 $\beta_1 = 1$(또는 $\beta_1 = -1$)이라는 가설이 수요 공급 분석에서 흥미로운 귀무가설이 될 수 있다. 대부분의 경우 가설은 β_1(드물게 β_0)에 관하여 세워진다. 대립가설은 귀무가설을 기각할 경우 받아들일 가설이다.

▶ **연습 6.1.** 가구주의 나이와 소비 중 통신비 비중의 관계에 관한 모형 **통신비비중** $= \beta_0 + \beta_1$**가구주나이** $+ u$를 고려하자. 통신비 비중이 가구주 나이에 의존하는지 여부에 관심이 있다면 귀무가설은 무엇인가? 대립가설은 무엇인가?

▶ **연습 6.2.** 담배가격과 담배소비량에 관한 모형 $\log(\text{담배소비량}) = \beta_0 + \beta_1 \log(\text{담배가격}) + u$ 가 있다. 담배소비가 담배가격에 대하여 비탄력적(탄력성이 1보다 작음)인지 여부를 검정하고자 한다면 귀무가설은 무엇인가? 대립가설은 무엇인가?

6.2 검정통계량의 도출

식 (4.12)와 (4.13)의 결과, 즉 $(\hat{\beta}_1 - \beta_1)/\text{sd}(\hat{\beta}_1)$이 (표본추출 반복시행 시) 표준정규분포를 갖는다는 결과를 이용하여 가설들을 검정할 수 있을까? 식 (4.12)와 (4.13)의 좌변은 여러 가지 항들로 구성되어 있다. $\hat{\beta}_1$은 표본으로부터 계산할 수 있는 값이고, β_1은 미지의 기울기 참값이며, 분모의 표준편차는 우리가 모르는 σ^2과 자료집합 내 $x_1, \ldots, x_n$으로 구성되어 있다. 이 중 β_1과 σ^2를 제외한 모든 항들은 표본으로부터 계산할 수 있다.

그런데 우리는 β_1에 대하여, 예를 들어 $\beta_1 = 0$, 또는 $\beta_1 = 1$, 또는 $\beta_1 = -1$이라는 식으로 귀무가설을 세울 것이고, 이러한 가설값을 β_1에 대입하면 β_1은 처리된다. 예를 들어 귀무가설이 $H_0 : \beta_1 = 1$인 경우, 이 귀무가설이 맞다면

$$\frac{\hat{\beta}_1 - 1}{\text{sd}(\hat{\beta}_1)} \sim N(0,1)$$

이며 좌변의 분자는 통계량이다. 만약 $\text{sd}(\hat{\beta}_1)$까지도 표본으로부터 계산할 수 있다면, 위 식 좌변 전체는 자료로부터 계산 가능하며, 이 통계량은 귀무가설이 맞을 때 표준정규분포를 갖는다. 그러나 불행하게도 $\text{sd}(\hat{\beta}_1)$에는 우리가 모르는 σ가 포함되어 있어 $\text{sd}(\hat{\beta}_1)$은 표본으로부터 계산이 불가능하며 따라서 $(\hat{\beta}_1 - 1)/\text{sd}(\hat{\beta}_1)$은 통계량이 아니다.

이처럼 식 (4.12)의 결과 즉

$$\frac{\hat{\beta}_1 - \beta_1}{\text{sd}(\hat{\beta}_1)} \sim N(0,1) \tag{6.1}$$

은 깔끔하기는 하지만 β_1에 대한 가설을 검정하는 데 사용할 수 없다. 왜냐하면 분모의 $\text{sd}(\hat{\beta}_1)$이 미지수인 σ^2을 포함하기 때문이다. 이제 미지의 $\text{sd}(\hat{\beta}_1)$을 통계량인 $\text{se}(\hat{\beta}_1)$으로 바꾸면 다음 식을 얻는다.

$$\frac{\hat{\beta}_1 - \beta_1}{\text{se}(\hat{\beta}_1)} \tag{6.2}$$

식 (6.2)는 물론 표준정규분포를 갖지 않는다. 이 식은 식 (6.1)의 좌변과 다르며, 특히 $\text{sd}(\hat{\beta}_1)$은 비임의적인 반면 $\text{se}(\hat{\beta}_1)$은 임의적이기 때문이다.

한편, 식 (6.2)도 미지의 β_1을 포함하므로 통계량인 것은 아니다. 하지만 이 식에서는 β_1을 제외하면 모두 계산가능하므로 이를 이용하여 검정에 사용할 통계량을 만들어낼 수 있다.

예를 들어 만일 귀무가설이 $H_0 : \beta_1 = 0$ 이라면 식 (6.2)의 β_1 대신에 0을 대입하여 $\hat{\beta}_1/\mathrm{se}(\hat{\beta}_1)$ 이라는 통계량을 구할 수 있게 된다. 만일 귀무가설이 $\beta_1 = 1$ 이라면 $(\hat{\beta}_1 - 1)/\mathrm{se}(\hat{\beta}_1)$ 이라는 통계량을 얻고, 귀무가설이 $\beta_1 = -1$ 이라면 $[\hat{\beta}_1 - (-1)]/\mathrm{se}(\hat{\beta}_1)$ 이라는 통계량을 얻는다.

▶ **연습 6.3.** $\hat{\beta}_1$ 이 β_1 의 OLS 추정량이라 하자. $H_0 : \beta_1 = 0$ 귀무가설을 검정하기 위한 검정통계량으로서 고려할 수 있는 것은?

이런 통계량이 검정통계량으로서 사용될 수 있으려면 귀무가설을 충족시키는 모집단으로부터 표본추출을 반복시행할 때(즉, 귀무가설하에서) 이 통계량의 확률분포가 무엇인지 알아야 한다. 그래야만 가설의 검정에 합당한 기각영역을 설정할 수 있기 때문이다. 따라서 (6.2)의 분포를 아는 것은 매우 중요하다.

스튜던트의 t 분포

1908년 3월 바이오메트리카(Biometrika) 6호에 스튜던트(Student)라는 가명의 저자가 "평균의 확률오차(The Probable Error of a Mean)"라는 논문(첫 페이지의 일부가 〈그림 6.1〉에 있음)을 발표하였다. 이 저자의 실제 이름은 윌리엄 고셋(William Sealy Gosset, 1876–1937)인데 1908년 당시 아서 기네스 앤드 선의 더블린 양조장에서 일하고 있었다. 이 양조장은 직원이 개인 자격으로 학술논문을 게재하는 것을 금지하고 있었기 때문에 고셋은 스튜던트

VOLUME VI   MARCH, 1908   No. 1

BIOMETRIKA.

THE PROBABLE ERROR OF A MEAN.

By STUDENT.

Introduction.

ANY experiment may be regarded as forming an individual of a " population " of experiments which might be performed under the same conditions. A series of experiments is a sample drawn from this population.

〈그림 6.1〉 Student의 1908년 바이오메트리카 논문 p. 1의 일부

(즉 학생)라는 가명을 사용하여 논문을 출판한 것이다(위키백과 참조). 이 논문에서 오늘날 "스튜던트의 t 분포"로 알려진 분포가 처음 발표되었다.

이 t 분포가 무엇인지 간략히 설명하자. Z가 표준정규분포를 따르고 X가 자유도가 d인 카이제곱 분포(χ_d^2)를 따르며 Z와 X가 서로 독립일 때,

$$\frac{Z}{\sqrt{X/d}}$$

라는 변수가 갖는 분포가 스튜던트의 t 분포로 알려진 분포이다. 이 분포의 모양은 d 값에 의존하며, 이 d를 t 분포의 자유도라고 한다. 자유도가 d인 t 분포를 t_d 분포로 표기한다. 예를 들어 t_{86}은 자유도가 86인 t 분포를 의미한다.

t_d 분포의 확률밀도함수는 자유도 d에 의존한다. 구체적으로 t_d 분포의 확률밀도함수는 다음과 같다.

$$\frac{\Gamma(\frac{d+1}{2})}{\sqrt{d\pi}\Gamma(\frac{d}{2})}\left(1+\frac{x^2}{d}\right)^{-(d+1)/2}$$

이 t_d 분포는 자유도에 따라 모양이 변하는데 자유도가 작을수록 꼬리가 두텁고 자유도가 클수록 표준정규분포에 가까워진다. 이 모양들은 〈그림 6.2〉에 그려져 있다. 점선으로 표시한 것(중앙이 가장 높은 것)은 표준정규분포의 확률밀도함수이다. 자유도가 높은 t 분포일수록 확률밀도함수의 중앙이 더 높다. 자유도가 점점 증가함에 따라 확률밀도함수의 모양은 표준정규분포에 가까워지며, 자유도가 무한대인 t 분포(t_∞)는 표준정규분포와 동일하다.* 인간의 눈에 t 분포의 확률밀도함수는 복잡해 보이나 컴퓨터의 눈에는 간단하며, 이

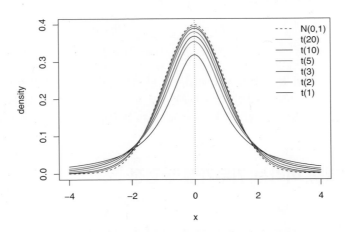

설명: 자유도가 커질수록 표준정규분포에 접근한다.

〈그림 6.2〉 자유도에 따른 t 분포의 확률밀도함수

* t_d 분포의 확률밀도함수 수식에서 d를 무한대로 보내면 지수함수 형태가 된다는 것이 기이하지만 2.6절 지수함수의 정의를 생각해 보면 말이 된다.

함수만 있으면 모든 구간에서 확률을 구할 수 있다. R에서 그 계산은 매우 간단하다. 예를 들어 $T \sim t_{38}$ 일 때, $P(T \leq 1.6)$ 은 pt(1.6,38)이라고 하여 구할 수 있고(그 값은 약 0.941), $P(T \leq c) = 0.975$ 인 c 값은 qt(.975,38)에 의하여 구할 수 있다(그 값은 약 2.024).

  t 분포가 왜 중요한가? 식 (6.2)를 보자. 식 (6.2)가 중요한 이유는 오직 β_1 만 미지수이고 나머지는 모두 통계량(자료로부터 계산할 수 있는 값)이어서 나중에 β_1 에 대한 귀무가설을 적용시켜 검정통계량을 만들 수 있기 때문이라고 하였다. 그런데 검정통계량이 쓸모있으려면 귀무가설하에서 그 분포를 알아야 하는데 이 분포는 스튜던트의 방법에 따르면 4.3절의 모든 가정하에서 다음과 같이 도출된다.

$$\frac{\hat{\beta}_1 - \beta_1}{\mathrm{se}(\hat{\beta}_1)} \sim t_{n-2} \tag{6.3}$$

이 식 (6.3) 결과로 인하여 우리는 β_1 에 대한 가설들을 검정할 수 있다. 이는 식 (6.3) 좌변의 β_1 에 귀무가설하 모수값을 대입하여 구한 검정통계량이 귀무가설이 맞다는 가정하에서 t_{n-2} 분포를 가지기 때문이다.

▶ **연습 6.4.** 예제 6.3에서 도출한 검정통계량은 해당 귀무가설이 맞다면 4.3절의 모든 가정하에서 어떤 표집분포를 갖는가?

  식 (6.3)의 결과를 어떻게 증명하는가? 우리는 이미 식 (4.12)에서, 주어진 가정(정규분포 가정 포함) 하에 $(\hat{\beta}_1 - \beta_1)/\mathrm{sd}(\hat{\beta}_1)$ 이 표준정규분포를 따름을 보았다. 또한 우리는 복잡하기는 하지만 $(n-2) \times [\mathrm{se}(\hat{\beta}_1)/\mathrm{sd}(\hat{\beta}_1)]^2 = \mathrm{SSR}/\sigma^2$ 이 자유도 $n-2$ 인 카이제곱분포를 따른다는 것도 보일 수 있다(증명 안 함). 그런데

$$\frac{\hat{\beta}_1 - \beta_1}{\mathrm{se}(\hat{\beta}_1)} = \frac{(\hat{\beta}_1 - \beta_1)/\mathrm{sd}(\hat{\beta}_1)}{\sqrt{[(n-2)\,\mathrm{se}(\hat{\beta}_1)^2/\mathrm{sd}(\hat{\beta}_1)^2]/(n-2)}}$$

이며(우변의 분모와 분자의 $\mathrm{sd}(\hat{\beta}_1)$ 을 나누어 없애 보라), 그 분자는 표준정규분포를 따르고 그 분모는 '자유도 $n-2$ 인 카이제곱분포를 $n-2$ 로 나눈 것'의 제곱근이다. 이에 덧붙여 분모와 분자가 서로간에 독립이라는 것도 보일 수 있으며(증명 안 함), 따라서 (6.3)을 얻는다.

6.3 '영향없음'이라는 귀무가설의 검정

단순회귀 모형에서 만일 $\beta_1 = 0$ 이라면 이는 X 가 Y 에 평균적으로 영향을 미치지 않음을 의미한다. 예를 들어 X 가 교육수준이고 Y 가 임금이라면 '$\beta_1 = 0$'은, 교육을 더 받든 덜 받든 임금에 평균적으로 차이가 없음을 의미한다. 또 만일 X 가 직업교육 수료여부이고 Y 가 취업여부라면 '$\beta_1 = 0$'은 직업교육을 받았건 안받았건 취업할 가능성은 영향을 안 받는다는 뜻이 된다. 그러므로 $\beta_1 = 0$ 이라는 가설은 늘 계량경제분석에서 초미의 관심사이다.

이제 이 $\beta_1 = 0$이라는 제약으로 이루어진 귀무가설을 검정해 보자. 이 제약을 (6.3)의 좌변에 적용시키면 우리는

$$\frac{\hat{\beta}_1}{\text{se}(\hat{\beta}_1)} \tag{6.4}$$

이라는 통계량을 얻게 되는데, 만일 $\beta_1 = 0$이라는 가설이 맞다면, 즉 귀무가설하에서, 식 (6.4)의 통계량은 식 (6.3)의 결과에 따라 t_{n-2} 분포를 따른다. 다시 말하여, 표본추출을 무한반복하면서 식 (6.4)의 값을 계산하면 그 값들은 t_{n-2} 분포를 갖는다.

식 (6.4)의 통계량은 t 분포를 갖기 때문에 흔히 t **통계량**(t-statistic)이라 하고, 주어진 자료에서 이 통계량의 값을 구한 것을 t **값**이라고 한다. 영어로 t 값을 t-ratio라고도 하는데, 이는 t 값이 분자와 분모의 비율(ratio)이기 때문이다.

귀무가설하에서 t 통계량 (6.4)의 분포가 t_{n-2} 임을 알기 때문에 우리는 기각영역을 정하기 위한 길의 절반을 왔다. 이제 기각영역을 확정하려면 대립가설하에서 이 검정통계량이 어떤 양태를 보이는지 알아야 한다. 이를 위해 (6.4)의 통계량을

$$\frac{\hat{\beta}_1}{\text{se}(\hat{\beta}_1)} = \frac{\hat{\beta}_1 - \beta_1}{\text{se}(\hat{\beta}_1)} + \frac{\beta_1}{\text{se}(\hat{\beta}_1)}$$

으로 분해하면, 우변 첫째 항은 β_1 의 값이 무엇이든 간에 (6.3)에 의하여 t_{n-2} 분포를 갖는다. 만일 $\beta_1 > 0$이라면 (표준오차는 항상 양수이기 때문에) 우변 둘째 항은 양(+)의 값을 가지며, 따라서 전체는 양(+)의 방향으로 치우치게 될 것이다. 또한 만일 $\beta_1 < 0$ 이라면 전체는 음(−)의 방향으로 치우치게 된다.

이제 5.5절의 방법에 따라 기각영역을 정할 수 있다. 만일 대립가설이 $H_1 : \beta_1 \neq 0$ (양방향)이라면 (6.4)의 통계량은 양의 방향 또는 음의 방향으로 치우칠 수 있기 때문에 우리는 기각영역을 t_{n-2} 분포의 양쪽 끝으로 균등하게 설정한다(양쪽 꼬리 검정). 이때 t_{n-2} 분포의 양쪽 꼬리의 확률의 합은 정해진 유의수준(예를 들어 5%나 1%나 10%)과 동일하도록 한다. 그러므로 한쪽 꼬리의 확률은 유의수준의 절반이다. 대립가설이 $H_1 : \beta_1 > 0$이면, 즉 우리가 β_1 이 0보다 큰지 아닌지에만 관심이 있다면, 기각영역은 t_{n-2} 분포의 오른쪽 꼬리로 설정된다. 이때 오른쪽 꼬리의 확률은 정해진 유의수준과 동일해야 한다. 대립가설이 $H_1 : \beta_1 < 0$이면, 즉 β_1 이 0보다 작은지 아닌지에만 관심이 있다면, 기각영역은 t_{n-2} 분포의 왼쪽 꼬리로 설정되고, 이때 이 왼쪽 꼬리의 확률은 정해진 유의수준과 동일하도록 한다.

대립가설이 주어질 때 기각영역의 방향을 어떻게 정할지 알았으므로, 이제 그 구역을 정확히 계산하는 일만 남았다. 이 절차는 간단하다.

우선 대립가설이 양방향($H_1 : \beta_1 \neq 0$)인 경우, 주어진 표본크기 n 에 대하여 t_{n-2} 분포의 양쪽 꼬리 확률들의 합이 유의수준(예를 들어 5%)과 동일하도록 만드는 임계값(critical value)을 찾은 후, 이 임계값보다 더 양끝으로 극단적인 구역을 기각영역으로 설정하면 된다. 예를 들어, 유의수준이 5%이고 $n = 25$ (자유도는 23)라 하자. t_{23} 분포에서 한쪽 끝 확률을 2.5%로 만드는 임계값은 다음과 같은 간단한 R 명령에 따르면 2.069이다.

```
> qt(.975,23)    # 23 = degrees of freedom
[1] 2.068658
```

그러므로 $\{x : x > 2.069,\ x < -2.069\}$, 즉 $\{x : |x| > 2.069\}$ 인 영역이 기각영역이 된다. 이 구간은 〈그림 6.3〉의 (a)에 표현되어 있다.

대립가설이 $H_1 : \beta_1 > 0$ 이라면 오른쪽 꼬리의 확률이 유의수준과 동일한 임계값을 찾아야 하는데, t_{23} 분포의 경우 qt(0.95,23) 명령의 결과에 따르면 5% 유의수준의 한쪽 꼬리 임계값이 약 1.714이다.

```
> qt(.95,23)    # probability changed to 0.95
[1] 1.713872
```

그러므로 이 경우의 기각영역은 $\{x : x > 1.714\}$ 로서 〈그림 6.3〉의 (b)에 표시되어 있다. 이와 반대로, 대립가설이 $H_1 : \beta_1 < 0$ 이라면 기각영역은 왼쪽 꼬리에 위치하게 되고, 유의수준이 5%이고 표본크기가 25이면 이 기각영역은 $\{x : x < -1.714\}$ 이다. 이 기각영역은 〈그림 6.3〉의 (c)에 표시되어 있다.

이제 실제로 검정을 하려면 자료로부터 계산한 t 값이 이렇게 정한 기각영역에 속하는지 보면 된다. 만일 자료로부터 계산한 t 값이 (각 대립가설에 대응하는) 기각영역에 속하면 우리는 주어진 유의수준하에서 귀무가설을 버리고 대립가설을 받아들인다. 자료로부터 계산한 t 값이 기각영역에 들어가지 않으면 주어진 유의수준하에서 귀무가설을 받아들인다.

한편, 어떤 설명변수의 계수가 0이라는 귀무가설을 양방향 대립가설에 대하여 $100\alpha\%$ 유의수준에서 기각할 수 있으면 이 변수는 "$100\alpha\%$ 수준에서 통계적으로 유의하다"고 한다.

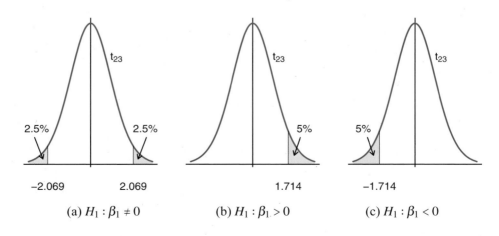

〈그림 6.3〉 자유도가 23일 때 $H_0 : \beta_1 = 0$ 의 검정(5% 유의수준)을 위한 기각영역

그 유의수준에서 기각할 수 없으면 이 변수가 그 수준에서 통계적으로 유의하지 않다고 한다. 여기서 "어떤 설명변수가 통계적으로 유의하다"는 말은 "해당 변수의 계수가 통계적으로 0과 유의하게 다르다"는 것을 줄인 표현이라고 생각하면 되겠다.

▶ **연습 6.5.** $\log(임금) = \beta_0 + \beta_1 나이 + u$라는 모형이 있다. 5% 유의수준에서, $H_1 : \beta_1 \neq 0$이라는 대립가설을 선호하여 귀무가설 $H_0 : \beta_1 = 0$을 기각한다고 하자. 이때 나이 변수는 어떻다고 말하는가?

'영향 없음'이라는 귀무가설은 매우 중요한 가설이기 때문에 대부분의 통계패키지는 이에 해당하는 t값을 자동으로 계산하여 출력한다. 이 t값을 이용하여 5% 유의수준에서 검정하려면 t_{n-2}분포에서 한쪽 꼬리의 확률이 2.5%가 되는 임계값을 알아야 한다. 표본크기가 주어져 있을 때 이 임계값은 유의수준과 한쪽 꼬리 검정이냐 양쪽 꼬리 검정이냐에 따라 달라진다. 어느 경우에나 R의 `qt()` 함수를 사용해서 임계값을 손쉽게 구할 수 있다. 예를 들어 t_{85}분포의 한쪽 꼬리 2.5% 확률에 해당하는 임계값은 `qt(.975,85)`로써 얻는다. 이 한쪽 꼬리 2.5% 임계값은 대략 2쯤 된다(자유도 50에서 2.009, 자유도 200에서 1.972).

예를 들어 보자. 캐나다 윈저(Windsor)시 집값의 자료가 R의 Ecdat 패키지 안에 들어 있다. 이 자료의 원 출처는 Anglin and Gencay (1996)이며, Verbeek (2004)에 수록되어 있다.* 다음과 같이 데이터를 읽어 들이자.

```
> data(Housing, package="Ecdat")
```

도움말 `help(Housing, package="Ecdat")`를 실행시키면 이 자료의 상세한 내역(영어)을 볼 수 있다. 이제 $\log(price)$를 $\log(lotsize)$에 회귀시키면 그 결과는 다음과 같다.

```
1  > ols <- lm(log(price)~log(lotsize),data=Housing)
2  > summary(ols)
3
4  Call:
5  lm(formula = log(price) ~ log(lotsize), data = Housing)
6
7  Residuals:
8       Min      1Q   Median      3Q      Max
9  -0.85737 -0.19866  0.00396  0.19377  0.89756
10
11 Coefficients:
```

---

*앞에서 여러 번 설명했듯이 Ecdat 패키지가 없으면 우선 `install.packages("Ecdat")`라는 명령을 사용하여 Ecdat 패키지를 설치한다.

```
12              Estimate Std. Error t value Pr(>|t|)
13 (Intercept)   6.46853    0.27674   23.37   <2e-16 ***
14 log(lotsize) 0.54218    0.03265   16.61   <2e-16 ***
15 ---
16 Signif. codes:  0 '***' 0.001 '**' 0.01 '*' 0.05 '.' 0.1 ' ' 1
17
18 Residual standard error: 0.3033 on 544 degrees of freedom
19 Multiple R-squared:  0.3364,        Adjusted R-squared:  0.3352
20 F-statistic: 275.8 on 1 and 544 DF,  p-value: < 2.2e-16
```

14번 행에 $\log(lotsize)$의 계수가 **0.54218**인 것을 볼 수 있는데, 이는 대지(땅 면적)가 10% 넓을 때 집값이 약 5.4% 높음을 의미한다. 이 추정치의 표준오차는 **0.03265**이며, 계수가 0이라는 귀무가설에 상응하는 t값은 **16.61**이다. 이 **16.61**의 t값은 $\beta_1 = 0$의 귀무가설이 옳을 때 t_{544} 분포로부터 한 번 추출하여 나온 값으로 이해할 수 있다(여기서 β_1은 $\log(lotsize)$의 계수). 출력물 중 계수 부분만을 따로 떼어낸 것이 〈표 6.1〉이다.

▶ **연습 6.6.** 〈표 6.1〉의 추정값들과 표준오차들로부터 t값들(23.37과 16.61)을 직접 R을 사용하여 계산하라.

1% 유의수준에서 양방향 검정을 하려면 t_{544} 분포의 1% 양방향 검정용 임계값을 알아야 한다. 이는 다음과 같다.

```
> qt(.995,544)
[1] 2.584897
```

▶ **연습 6.7.** 여기서 qt(.995,544)라고 하였는데 .995를 사용한 이유는?

실제 자료로부터 구한 t값인 16.61은 이 임계값 2.584897보다 더 극단적이므로 우리는 1%의 유의수준에서 $\beta_1 = 0$이라는 귀무가설을 기각하고 $\beta_1 \neq 0$이라는 대립가설을 받아들인다.

한편, 자유도가 큰 t 분포는 표준정규분포와 유사하다. 이 예에서 544의 자유도는 매우 큰 것으로서, 표준정규분포의 임계값을 사용해도 무방하다. 실제 표준정규분포의 오른쪽

〈표 6.1〉 캐나다 윈저시 대지면적과 집값의 관계

변수	추정값	표준오차	t값	p값
절편	6.4685	0.2767	23.37	0.000
$\log(lotsize)$	0.5422	0.0327	16.61	0.000

종속변수: $\log(price)$, $n = 546$, $R^2 = 0.3364$

꼬리 0.5% 임계값은 R의 qnorm(.995)에 따르면 2.575829로서 앞의 qt(.995,544)로부터 구한 2.584897과 유사하다. 통계학과 계량경제학을 처음 접하는 독자들은 2.575829와 2.584897이 비슷한지 다른지에 대한 감이 없을 수도 있으나, 연습하다 보면 감을 얻는다. 또한, 이 예에서는 t값이 16.61로서 임계값 2.xx보다 훨씬 크니까 어느 것을 사용하든지 거의 같은 결과를 얻는다. 만일 t값이 2.58에 가깝다면 좀 더 조심스러울 필요가 있다. 하지만 실제 연구에서 자유도가 544나 되면서 t분포를 사용하느냐 표준정규분포를 사용하느냐에 따라 결과가 달라지는 예는 매우 드물다.

흔히 각 변수의 통계적 유의성의 정도를 표현하기 위하여 적당한 장소에 별표(*)를 붙인다. 위의 R 출력물에서는 13–14번 행 끝에 별표가 세 개씩 붙어 있으며, 그 의미는 16번 행에 설명되어 있다. 이에 의하면 별표 3개(***)는 p값이 0에서 0.001 사이에 해당함을 나타내므로 0.1%에서 유의함을 뜻한다. 이들 별표에 의하면 절편과 기울기 모두 0.1% 유의수준에서 통계적으로 유의하게 0과 다르다. R은 0.1%, 1%, 5%, 10% 수준에서의 유의성을 각각 ***, **, *, . 기호로 표시하지만, 보통은 1%, 5%, 10% 수준의 유의성을 각각 ***, **, * 기호로 표시한다. 사람마다 사용하는 표식의 종류와 모양이 다를 수 있으므로, 별표를 붙일 때에는 꼭 그 의미를 설명해 주어야 한다. 보통 "***, **, *은 각각 1%, 5%, 10%에서 통계적으로 유의함을 의미함" 이라고 친절히 설명하거나, 짧게 "***$p < .01$, **$p < .05$, *$p < .1$"이라고 한다.

통계적 유의성은 해당 계수가 0이라는 귀무가설을 기각한다는 뜻일 뿐이며, 이를 너무 확대 해석해서는 안 된다. 통계적으로 유의하다고 해서 반드시 독립변수가 종속변수에 실질적으로도 중대한 영향을 미친다고 말할 수는 없다. 종속변수에 미미한 크기의 영향만을 미치면서도 통계적으로 유의할 수도 있고, 종속변수에 큰 영향을 미치는 것으로 추정되지만 통계적으로는 유의하지 않을 수도 있다. 통계적 유의성과 실질적 중요성은 사실상 별개의 문제이다. 다음 예제를 보자.

예제 6.1 가구주의 나이와 통신비 지출 비중

이 책 loedata 패키지 내의 Hcons 데이터에는 2014년 가계동향조사에서 추출한 6,723개 가구의 가구주 나이(age), 총소비지출 중 통신비 비중(comm, %), 오락·문화비 지출 비중 (rec, %) 자료가 있다. 자료는 가구주의 나이가 30~60세인 경우만 추출한 것이다. 자료를 요약하면 다음과 같다.

```
1  > data(Hcons, package="loedata")
2  > summary(Hcons)
3       age             comm             rec
4   Min.   :30.00   Min.   : 0.000   Min.   : 0.000
5   1st Qu.:39.00   1st Qu.: 4.261   1st Qu.: 2.253
6   Median :46.00   Median : 6.032   Median : 3.857
7   Mean   :45.86   Mean   : 6.841   Mean   : 5.163
8   3rd Qu.:53.00   3rd Qu.: 8.441   3rd Qu.: 6.515
```

```
9   Max.    :60.00   Max.    :37.130   Max.     :72.807
```

통신비 비중(comm)과 오락·문화비 비중(rec)은 백분율(%)임은 위의 4–9번 행에서도 볼 수 있다. 이제 종속변수를 comm으로 하고 독립변수를 age로 한 회귀를 해 보자.

```
10   > summary(lm(comm~age, data=Hcons))
11
12   Call:
13   lm(formula = comm ~ age, data = Hcons)
14
15   Residuals:
16       Min     1Q Median      3Q     Max
17   -7.0158 -2.5779 -0.8042  1.6033 30.2992
18
19   Coefficients:
20              Estimate Std. Error t value Pr(>|t|)
21   (Intercept) 6.27443    0.27073  23.176  <2e-16 ***
22   age         0.01236    0.00581   2.127  0.0335 *
23   ---
24   Signif. codes:  0 '***' 0.001 '**' 0.01 '*' 0.05 '.' 0.1 ' ' 1
25
26   Residual standard error: 3.924 on 6721 degrees of freedom
27   Multiple R-squared:  0.0006724,  Adjusted R-squared:  0.0005237
28   F-statistic: 4.522 on 1 and 6721 DF,  p-value: 0.03349
```

22번 행의 결과에 의하면, 가구주 나이가 1세 높을 때 통신비 비중은 0.01236 퍼센트포인트(%p) 높은 것으로 예측되며, t값은 2.127로 그 효과가 0이라는 귀무가설을 5% 유의수준에서 기각하므로 통계적 유의성을 갖는다. 하지만 가구주 나이에 10세 차이가 있을 때 통신비 비중은 약 0.12%p 차이만 있는 것으로 예측되어, 그 효과의 크기는 미미하다. 어떤 변수가 통계적으로 유의하다고 해서 반드시 실질적으로도 중요한 것은 아니다.

참고로, 실질적 중요성이 있는지 없는지가 칼로 무 베듯 구분되는 것은 아니다. 위 4–9 번 행에 의하면 통신비 비중은 0%부터 약 37%까지 분포되어 있으며, 평균값은 6.8%, 중위값은 6.0%이다. 일반인의 눈에 평균값에 비하면 가구주 나이 10세당 0.12%p의 차이는 작아 보인다. 그러나 통신 사업자가 가구주 연령의 고령화로 인한 소비행태 변화에 관심을 갖는다면 이 정도의 차이도 큰 것일 수 있다. 통계적 유의성은 숫자로 정확히 표현되는 반면, 실질적 중요성은 그보다는 '감'의 문제에 가깝고 사람마다 다르게 생각할 수 있다.

통계적으로 유의하다는 것은 계수가 0이라는 귀무가설을 기각할 수 있다는 것일 뿐, 그 자체로서 추정 결과의 '정확성'이나 '신뢰성'을 의미하지 않는다. 통계적으로 유의하다는 것은 계수 추정의 부정확성(표준오차로써 측정)을 감안하더라도 계수 추정값이 충분히 0

과 달라서 계수가 0이 아니라고 판단함을 의미한다. 통계적 유의성을 결정하는 데 기준이 되는 통계값인 t값은 계수 추정값을 그 표준오차로 나눈 것으로, 계수 추정값이 가설값 ($H_0 : \beta_1 = 0$이라면 0)으로부터 벗어난 정도를 표준오차 대비 비율로 표현한 것이다. 예를 들어 t값이 3이라는 것은 추정값과 가설값의 차이가 추정량의 표준편차 추정값(표준오차)의 3배임을 뜻하며, 이는 추정값이 가설값과 충분히 멀리 떨어져 있다는 증거로 인정된다.

또한, 통계적 유의성은 인과관계를 측정하기 위한 모형의 좋고 나쁨을 판단하는 기준이 되지 않는다. 모형에서 변수들이 모두 통계적으로 유의할 필요도 없다. 어떤 변수가 통계적으로 유의하지 않다는 것은 그 계수가 0일 귀무가설을 기각할 수 없다는 것, 즉 자료로부터는 해당 변수가 종속변수에 체계적인 영향을 미치지 않는다는 가설에 반하는 증거를 찾을 수 없음을 뜻한다. 그렇다고 하여 해당 계수가 0임을 의미하는 것은 아니다. 우리는 계수의 참값을 결코 알 수 없다(5.7절 참조).

6.4 p값

통상적인 통계패키지는 p값(p-values)이라는 것을 출력한다. p값은 t_{n-2} 분포 확률밀도함수에서 t값 계산치보다 극단(양방향)인 영역의 넓이이다. 예를 들어 $n = 50$인 자료로부터 구한 t값이 1.54라면, 여기에 결부된 p값은 t_{48} 분포를 갖는 확률변수가 1.54보다 더 극단적인(즉 1.54보다 크거나 -1.54보다 작은) 값을 가질 확률이다. 즉, T라는 확률변수가 t_{48} 분포를 갖고 자료집합으로부터 구한 t값이 1.54라면 그 p값은 다음과 같다.

$$P(|T| > 1.54) = P(T > 1.54) + P(T < -1.54) = 2P(T < -1.54) \doteq 0.130$$

이 p값을 수동으로 계산하려면 R에서 다음과 같이 하면 된다(둘 중 하나만 하면 된다).

```
> 2*pt(-1.54,48)
[1] 0.1301275
> 2*(1-pt(1.54,48))
[1] 0.1301275
```

처음 명령은 t_{48} 분포를 갖는 확률변수가 -1.54보다 작은 값을 취할 확률(왼쪽 꼬리의 확률)에 2를 곱하라는 것이고, 둘째 명령은 1.54보다 클 확률에 2를 곱하라는 것이다. t분포는 좌우대칭이므로 이 둘은 동일한 결과를 준다.

▶ **연습 6.8.** 크기가 70인 표본으로부터 구한 t통계량 값이 -1.931이라고 하자. 여기에 해당하는 p값(양방향 대립가설에 대한)은 얼마인가?

▶ **연습 6.9.** R에서, 크기가 n인 표본으로부터 구한 t값이 t1이라 하자. 이 n과 t1을 이용하여 이에 해당하는 p값을 R로 구하고자 한다면 어떻게 하면 되겠는가?

▶ **연습 6.10.** p값은 확률인가? p값은 확률변수인가? p값의 확률분포는 퇴화되었는가? 만일 p값이 확률이면서 확률변수라면 어떻게 확률이 확률변수일 수 있는가?

p값은 귀무가설(계수 참값이 0이라는 귀무가설)을 만족시키는 모집단으로부터 표본 추출을 무한반복할 때 t통계량이 실제 계산된 값 혹은 그보다 더 극단적인 값으로 실현될 확률이 얼마나 되는지를 나타낸다. 예를 들어, 계산된 t값이 -1.54이고 p값이 0.130이라는 것은 귀무가설을 충족시키는 모집단으로부터 표본을 무한반복 추출하면서 계산하는 t값의 절대값이 1.54 이상이 될 확률이 약 13%임을 의미한다. 작은 p값은 자료가 귀무가설에 반한다는 주장에 힘을 실어주는 증거가 된다.

p값을 이용한 양방향 검정

t값을 이용한 검정을 다시 한 번 해 보자. 예로, $\beta_1 = 0$이라는 귀무가설과 $\beta_1 \neq 0$이라는 대립가설을 두고 5% 유의수준에서 검정하는 것을 생각해 보자. 이 귀무가설을 검정하려면, 계산된 t값이 t_{n-2} 분포의 5% 양쪽 꼬리 임계값보다 더 극단적인지 살펴보아야 한다. 〈표 6.1〉의 경우 t값은 16.61이다. 또한 t_{544} 분포의 5% 양쪽 꼬리 임계값은, R의 qt(0.975,544)라는 명령에 따를 때, 약 1.9643이다.*

```
> qt(.975,544)
[1] 1.964334
```

그런데 자료로부터 구한 t값인 16.61은 임계값인 1.964334보다 더 극단적이므로, 5%의 유의수준에서 $\beta_1 = 0$이라는 귀무가설을 기각한다.

위에서는 5% 유의수준을 고려했는데, 유의수준이 1%로 바뀌면 이에 해당하는 임계값을 R의 qt(0.995,544)이라는 명령어를 사용하여 다시 계산해야 한다. 앞 절에서 계산한 바에 따르면 이 임계값은 **2.584897**이고 우리의 t값은 16.61로서, 이 경우 역시 관측된 t값이 임계값보다 더 극단적이며 따라서 1%의 유의수준에서도 귀무가설을 기각한다.

이처럼 t값을 이용한 검정에서는 유의수준에 따라 매번 임계값을 구해야 한다. 하지만 p값을 사용하면 아무런 유의수준에서나 임계값을 계산할 필요 없이 검정을 할 수 있다.

이를 보기 위해 다음을 생각해 보자. 만일 계산된 t값이 정확히 1.964334 (5% 유의수준용 양쪽 꼬리 임계값)라면 그 p값은 0.05가 될 것이다. 왜냐하면 t_{544} 분포가 1.964334 보다 더 극단적일 확률은 5%이기 때문이다. 만약 계산된 t값의 절댓값이 1.964334보다 작다면 그 p값은 0.05보다 클 것이다. 왜냐하면 p값은 계산된 t값부터 시작한 꼬리의

---

*이 명령에서 오른쪽 꼬리의 확률이 0.025이므로 그 임계값 이하일 확률은 0.975이다. 그 때문에 위의 qt(0.975,544)에서 0.975를 썼다.

확률이며 중앙에 더 가까운 지점으로부터 시작하는 꼬리확률은 더 크기 때문이다. 그런데 t값의 절댓값이 임계값인 1.964334보다 더 작으면 우리는 귀무가설을 기각하지 않는다. 그러므로, 대립가설이 양방향인 경우, 계산된 p값이 0.05보다 크면 5% 유의수준에서 $\beta_1 = 0$이라는 귀무가설을 기각하지 않는다.

$$t \text{값의 크기가 작음} = p \text{값이 큼} = H_0 \text{을 기각하지 않음}$$

이와 반대로, 계산된 t값의 절댓값이 양쪽 꼬리 5% 임계값(즉, 한쪽 꼬리 2.5% 임계값)보다 크면, 그 p값은 5%보다 작은데, 이 경우에 우리는 귀무가설을 기각한다. 다시 말하여, 계산된 p값이 0.05보다 작으면 5% 유의수준에서 우리는 $\beta_1 = 0$이라는 귀무가설을 기각하고 $\beta_1 \neq 0$이라는 대립가설을 받아들인다.

$$t \text{값의 크기가 큼} = p \text{값이 작음} = H_0 \text{을 기각함}$$

5% 수준에서 양쪽 꼬리 검정의 경우 이상을 요약하면 다음과 같다.

t값	$|t| < c_{0.025}$	$|t| = c_{0.025}$	$|t| > c_{0.025}$
p값	$p > 0.05$	$p = 0.05$	$p < 0.05$
검정	H_0 채택	경계선	H_0 기각

$|t|$: t값의 절댓값, $c_{0.025}$: 한쪽 꼬리 2.5% 임계값, p: p값

대립가설이 양방향이면, 어떤 유의수준에서든 유의수준과 p값을 비교함으로써 귀무가설을 검정할 수 있다. 계산된 p값이 유의수준보다 작으면 그 유의수준하에서 귀무가설을 기각하고 양방향 대립가설을 받아들인다.

앞의 〈표 6.1〉에서는 기울기의 p값이 거의 0에 가까운 값으로서 0.05보다 작으므로 5%의 유의수준에서 우리는 $H_0 : \beta_1 = 0$을 기각한다. 그러므로 $\log(lotsize)$는 5% 수준에서 통계적으로 유의하다. 또, 이 p값은 0.01보다도 작으므로 1% 유의수준에서도 귀무가설을 기각한다. 그러므로 $\log(lotsize)$ 변수는 1% 수준에서도 통계적으로 유의하다.

p값은 양방향 대립가설에 대하여 해당 변수를 유의하게 만드는 가장 작은 유의수준이기도 하다. p값 이상의 유의수준에서는 해당 변수가 유의하며, 그보다 작은 유의수준에서는 해당 변수가 유의하지 않다. 예를 들어 p값이 0.07이라면 7%보다 큰 수준에서는 통계적으로 유의하고, 7%보다 작은 수준에서는 통계적으로 유의하지 않다. p값이 0.07인 경우 5% 수준에서는 유의하지 않고 10% 수준에서는 유의하다.

▶ **연습 6.11.** 어떤 자료를 이용하여 기울기가 0이라는 귀무가설에 대하여 p값을 구하였더니 그 값이 0.023이었다. 이 설명변수는 1%, 5%, 10% 수준에서 각각 유의한가?

요약하여, t값을 사용해 양방향 대립가설에 맞서 귀무가설을 검정하려면 우리는 주어진 유의수준에서 임계값을 계산해야 했다. 유의수준이 바뀌면 임계값을 다시 계산하고

비교해야 했다. 반면 p값을 사용하면 양방향 검정의 경우 단순히 이 p값과 유의수준을 비교함으로써 검정을 할 수 있다. 예를 들어 어떤 자료로부터 구한 기울기 모수에 대해 계산된 p값이 0.03이라면 우리는 $\beta_1 = 0$이라는 귀무가설을 5% 유의수준에서 기각할 수 있다. 왜냐하면 그 p값이 5%보다 작기 때문이다. 반면 이 귀무가설을 1%의 유의수준에서는 기각할 수 없다. p값이 1%보다 크기 때문이다.

예제 6.2   고령자의 배우자 존재 여부와 삶의 만족도

고령화연구 패널조사(KLoSA)로부터 추출한 4차 연도(2012년) 자료가 Klosa 데이터로 제공되어 있다. 여러 변수들이 있으며, 본 예제에서는 다음 변수들을 사용한다.

> satisfy5: 다른 동년배와 비교한 삶의 만족도(100점 만점으로 측정)
> age: 만 나이(세)
> married: 배우자가 있으면 1, 없으면 0의 값을 갖는 변수
> working: 취업해 있으면 1, 취업하지 않은 상태이면 0의 값을 갖는 변수
> hlth3: 건강의 정도가 평균이면 0, 평균보다 좋으면 1, 평균보다 나쁘면 -1

참고로 married나 working처럼 0 또는 1의 값을 이용하여 결혼상태 또는 취업상태를 나타내는 변수들을 더미변수(dummy variables) 또는 가변수라 한다. 더미변수에 대해서는 11.1절에서 상세히 설명하며, 여기서는 설명변수가 더미변수일 때 그 계수는 더미변수 값이 1인 사람들과 0인 사람들 간의 평균적인 차이를 나타낸다는 점만을 지적한다. 만약 모형이 '만족도 $= \beta_0 + \beta_1$배우자존재 $+ u$'라면 배우자가 없는 사람들의 평균 만족도는 β_0이고, 배우자가 있는 사람들의 평균 만족도는 $\beta_0 + \beta_1$이다. 그러므로 β_1은 배우자가 있는 사람들과 없는 사람들 간의 평균 만족도의 차이를 나타낸다. 이 값이 양(+)이라면 배우자가 있는 사람들의 평균 만족도가 그렇지 않는 사람들보다 더 높다.

Klosa 자료를 이용하여, $H_0 : \beta_1 = 0$과 $H_1 : \beta_1 \neq 0$의 검정을 염두에 두고, 만 65세 이상 중 취업해 있지 않는 사람들을 대상으로, 배우자 존재 여부(married)가 삶의 만족도(satisfy5)와 어떤 연관을 갖는지 분석해 보았다.

```
1  > data(Klosa, package="loedata")
2  > summary(lm(satisfy5~married, data=Klosa, subset=working==0 &
3    age>=65))
4
5  Call:
6  lm(formula = satisfy5 ~ married, data = Klosa, subset = working ==
7      0 & age >= 65)
8
```

```
9   Residuals:
10     Min      1Q Median    3Q     Max
11  -57.89 -11.55   2.11  12.11   48.45
12
13  Coefficients:
14             Estimate Std. Error t value Pr(>|t|)
15  (Intercept)  51.5534     0.8513  60.562  < 2e-16 ***
16  married       6.3365     1.1872   5.337 1.15e-07 ***
17  ---
18  Signif. codes:  0 '***' 0.001 '**' 0.01 '*' 0.05 '.' 0.1 ' ' 1
19
20  Residual standard error: 19.32 on 1058 degrees of freedom
21  Multiple R-squared:  0.02622,   Adjusted R-squared:  0.0253
22  F-statistic: 28.49 on 1 and 1058 DF,  p-value: 1.153e-07
```

2–3번 행에 "subset=working==0 & age>=65"라고 한 부분은 working의 값이 0 이고 age가 65 이상인 관측치들만을 대상으로 하라는 명령이다. 20번 행에 자유도가 1058 이므로 표본크기는 $n = 1{,}060$으로 상당히 크다. 16번 행에 보고된 p값('Pr(>|t|)'에 해당하는 값)은 1.15e-07로서 이는 1.15×10^{-7}, 즉 0.000000115를 나타낸다. 이 p값이 0.01 보다 작으므로 결혼 여부에 따라 만족도에 차이가 없다는 귀무가설을 1% 유의수준에서도 기각한다. 물론 5% 유의수준이나 10% 유의수준에서도 기각한다. 계수추정값 6.3365에 의하면 65세 이상 미취업자의 경우 기혼자가 미혼자보다 만족도가 평균 약 6.3점 더 높다. 이 6.3점의 차이는 satisfy5 변수 값들의 표준편차가 약 18.5임을 고려할 때 작지 않은 크기이다.

```
23  > sd(Klosa$satisfy5, na.rm=TRUE)
24  [1] 18.52658
```

이상에서는 65세 이상 미취업자들을 대상으로 분석을 하였다. 이제 재미삼아 건강상 태가 평균 이상인 사람들(hlth3이 0 또는 1의 값을 갖는 사람들)과 평균 미만인 사람들 (hlth3이 -1의 값을 갖는 사람들)에 대하여 별도로 분석을 해 보자. 우선 건강상태가 평균 이상인 사람들의 경우는 다음과 같다.

```
25  > summary(lm(satisfy5~married, data=Klosa, subset=working==0 &
26    age>=65 & hlth3>=0))
27
28  Call:
29  lm(formula = satisfy5 ~ married, data = Klosa, subset = working ==
30      0 & age >= 65 & hlth3 >= 0)
31
32  Residuals:
```

```
33      Min      1Q  Median      3Q      Max
34   -43.516 -12.119   6.484   7.881   37.881
35
36   Coefficients:
37              Estimate Std. Error t value Pr(>|t|)
38   (Intercept)   62.119      1.446  42.960   <2e-16 ***
39   married        1.398      1.856   0.753    0.452
40   ---
41   Signif. codes:  0 '***' 0.001 '**' 0.01 '*' 0.05 '.' 0.1 ' ' 1
42
43   Residual standard error: 15.71 on 298 degrees of freedom
44   Multiple R-squared:  0.001899,  Adjusted R-squared:  -0.00145
45   F-statistic: 0.567 on 1 and 298 DF,  p-value: 0.4521
```

25–26번 행에서 subset이 working==0이고 age>=65이며 hlth3>=0으로 설정되어 있음에 유의하라. 43번 행의 자유도로부터 표본크기가 300임을 알 수 있다. 39번 행의 married 변수 계수 추정값은 1.398로서, 16번 행에서 전체를 대상으로 할 때의 계수 추정값인 6.3365보다 훨씬 작고, p값이 0.452로 0.1보다 크므로 10% 유의수준에서도 귀무가설을 기각할 수 없어 married 변수는 통계적으로도 유의하지 않다. 분석 대상을 건강이 나쁘지 않은 미취업 고령자로 한정하면 배우자 존재 여부는 삶의 만족도와 통계적으로 유의한 상관을 갖지 않는다.

건강상태가 좋지 않은 사람들(아래 47번 행에 hlth3<0 참조)의 경우에는 결과가 다음과 같다.

```
46   > summary(lm(satisfy5~married, data=Klosa, subset=working==0 &
47     age>=65 & hlth3<0))
48
49   Call:
50   lm(formula = satisfy5 ~ married, data = Klosa, subset = working ==
51       0 & age >= 65 & hlth3 < 0)
52
53   Residuals:
54      Min      1Q  Median      3Q      Max
55   -55.069 -15.069   1.587  14.931   51.587
56
57   Coefficients:
58              Estimate Std. Error t value Pr(>|t|)
59   (Intercept)  48.4131     0.9911  48.849   < 2e-16 ***
60   married       6.6558     1.4340   4.641  4.08e-06 ***
61   ---
62   Signif. codes:  0 '***' 0.001 '**' 0.01 '*' 0.05 '.' 0.1 ' ' 1
63
64   Residual standard error: 19.75 on 758 degrees of freedom
```

```
65  Multiple R-squared:  0.02763,   Adjusted R-squared:  0.02635
66  F-statistic: 21.54 on 1 and 758 DF,  p-value: 4.079e-06
```

> 60번 행의 p값이 매우 작으므로(0.00000408) 여하한 합리적인 유의수준에서든 귀무
> 가설을 기각하고 married 변수는 통계적으로 매우 유의미하다. 추정값은 6.6558로 실질
> 적으로도 크다. 이 단순한 분석에 따를 때 건강이 좋은 사람에게는 삶의 만족도가 배우자
> 존재 여부와 별로 상관이 없지만, 건강이 좋지 않은 사람들의 만족도에 있어 배우자의
> 존재는 매우 중요하다(단, 배우자 존재 여부가 만족도에 미치는 영향이 건강 상태에 따라
> 보이는 차이가 통계적으로 유의한지 검정하기 위해서는 다중회귀 분석이 필요하다).

양방향 p값을 이용한 단방향 검정

단방향 대립가설에 대한 검정의 경우에서도 이 p값을 이용하면서 약간 머리를 쓰면 검정을
손쉽게 할 수 있다. 이하에서 이를 어떻게 하는지 살펴본다.

귀무가설은 여전히 $H_0 : \beta_1 = 0$이다. 이제 대립가설이 $H_1 : \beta_1 > 0$이라면 어떻게 p값을
이용하여 손쉽게 검정할 수 있을까? 우선 우리는 이 검정의 기각영역이 오른쪽 꼬리라는
것을 안다. 즉, t값이 어떤 임계값보다 커야만 우리는 귀무가설을 기각하게 되는 것이다.
그런데 t값은 $\hat{\beta}_1/\mathrm{se}(\hat{\beta}_1)$이고 분모인 $\mathrm{se}(\hat{\beta}_1)$은 반드시 양수이므로 우리는 $\hat{\beta}_1$이 양수일
때에만 귀무가설을 기각할 가능성을 갖게 된다. 그러므로 이 경우 기각하기 위한 첫째
조건은 (i) $\hat{\beta}_1 > 0$이라는 것이다.

다음으로 유의수준 $100\alpha\%$에서 귀무가설을 기각하려면 t값이 오른쪽 $100\alpha\%$ 임계값
보다 커야만 한다. 예를 들어 $\alpha = 0.05$라면 그 기각영역은 5% 단방향 검정용 임계값보다
큰 구역이 되는 것이다. 그런데 5% 단방향 검정용 임계값은 10% 양방향 검정용 임계값과
동일하다. 보고된 p값은 양쪽 꼬리 확률을 나타내므로 한쪽 꼬리만을 살펴보려면 보고된
양방향 p값의 절반을 5%와 비교해야 하는 것이다. 즉 귀무가설을 기각할 수 있으려면 (ii)
보고된 양방향 p값의 절반이 유의수준보다 작아야 한다.

위의 (i)과 (ii)를 종합하여 우리는 오른쪽 방향 대립가설에 대한 검정의 경우, 추정값이
양수이고 또한 보고된 p값의 절반이 유의수준보다 작으면 우리는 그 유의수준에서 귀무
가설을 기각한다.

만일 귀무가설이 $H_0 : \beta_1 = 0$이고 대립가설이 $H_1 : \beta_1 < 0$이면 우리는 왼쪽 단방향 검정을
시행하는데, 이 경우에는 (i) 추정값이 음수이고 또한 (ii) 보고된 양방향 p값의 절반이
유의수준보다 작으면 그 유의수준에서 귀무가설을 기각한다.

이상을 요약하자면, 보고된 양방향 p값을 이용하여 단방향 대립가설에 대하여 귀무가
설을 검정할 경우, 귀무가설을 기각하기 위해서는 (i) 추정값의 부호가 대립가설상 모수의
부호와 동일하고 (ii) 보고된 양방향 p값의 절반이 유의수준보다 작아야 한다. 본 절에서

〈표 6.2〉 양방향 p값을 이용한 검정에서 귀무가설을 기각할 조건

귀무가설	대립가설	귀무가설을 기각할 조건
$\beta_1 = 0$	$\beta_1 \neq 0$	$p <$ 유의수준
$\beta_1 = 0$	$\beta_1 > 0$	$\hat{\beta}_1 > 0,\ p/2 <$ 유의수준
$\beta_1 = 0$	$\beta_1 < 0$	$\hat{\beta}_1 < 0,\ p/2 <$ 유의수준

주: p는 양방향 대립가설용으로 보고되는 p값을 지칭함

p값을 이용한 가설검정 방법들은 〈표 6.2〉에 요약되어 있다.

▸ **연습 6.12.** $\hat{\beta}_1 = 0.083$이고 회귀 소프트웨어에 의하여 보고된 p값이 0.065라 하자. 대립가설이 $H_1 : \beta_1 > 0$이라면 귀무가설 $H_0 : \beta_1 = 0$은 5% 유의수준에서 기각되는가? 대립가설이 $H_1 : \beta_1 < 0$이라면 이 귀무가설은 5% 유의수준에서 기각되는가?

6.5 신뢰구간

〈표 6.1〉의 주택가격 예에서, 여타 조건이 동일할 때 집터의 넓이(대지)가 1% 넓으면 집값은 얼마만큼 더 높은가? 〈표 6.1〉을 보니 약 0.54% 오르는 것으로 추정된다. 그런데 이는 우리가 가지고 있는 표본을 이용해서 최소제곱법(OLS)으로 추정한 값이 그렇다는 것일 뿐, 모집단 전체에 대해서 그렇다는 것이 아니다. 그래서 제대로 이야기를 한다면 참값은 "95%의 확률로 어디에서 어디까지의 범위에 있다"든지 "99%의 확률로 이러저러한 범위에 있다"고 이야기하고 싶을 것이다. 이때 우리는 "95% (또는 99% 또는 90%) 신뢰구간(confidence interval)은 이러저러하다"는 고상한 표현을 사용한다.

기울기 참값(β_1)의 신뢰구간은 식 (6.3) 즉

$$\frac{\hat{\beta}_1 - \beta_1}{\text{se}(\hat{\beta}_1)} \sim t_{n-2}$$

를 이용하여 구할 수 있다. 예를 들어 $n = 546$이라면 `qt(.975,544)`로부터 5% 양쪽 꼬리용 임계값을 구할 수 있는데 이 값은 1.9643이다. 그러므로

$$P\left\{-1.9643 < \frac{\hat{\beta}_1 - \beta_1}{\text{se}(\hat{\beta}_1)} < 1.9643\right\} = 0.95$$

이다. 좌변 중괄호 안의 세 변에 $\text{se}(\hat{\beta}_1)$을 곱하고 다시 -1을 곱한 후 좌우 위치를 바꾸어 주고(물론 부등호 방향도 이에 따라 바꿈) 세변에 $\hat{\beta}_1$을 더해 주면 우리는

$$P\left\{\hat{\beta}_1 - 1.9643\,\text{se}(\hat{\beta}_1) < \beta_1 < \hat{\beta}_1 + 1.9643\,\text{se}(\hat{\beta}_1)\right\} = 0.95$$

라는 결론을 얻는다. 다시 말해 β_1의 참값이 두 값

$$\hat{\beta}_1 \pm 1.9643\, se(\hat{\beta}_1)$$

의 사이에 존재할 확률은 95%이다. 그러므로 β_1의 95% 신뢰구간은 위의 양끝값 사이의 구간이다. 예를 들어 $\hat{\beta}_1 = 0.5422$이고 $se(\hat{\beta}_1) = 0.0327$이면, 그 양끝값은 다음과 같다.

$$0.5422 \pm 1.9643 \times 0.0327 = 0.4780,\ 0.6064$$

따라서 그 95% 신뢰구간은 0.4780과 0.6064 사이의 구간이다. 다시 말하여, β_1 참값이 $(0.4780, 0.6064)$ 구간에 속할 확률은 95%이다.

99% 신뢰구간을 구하려면 1.9643의 임계값 자리에 2.5849를 대입하여 계산하면 된다.

▶ **연습 6.13.** 〈표 6.1〉의 결과를 이용하여 β_1의 99% 신뢰구간을 구하라. 95% 신뢰구간과 99% 신뢰구간 중 어느 것이 더 넓은가?

▶ **연습 6.14.** 이 문제는 매우 주의깊게 읽기 바란다. 문제가 얼토당토 않다고 생각된다면 이는 문제를 자세히 읽지 않았다는 뜻이다. 누군가가 "$\hat{\beta}_1$의 95% 신뢰구간은 이러저러하다"고 이야기하였다. 여러분은 이 사람의 계량경제학 지식에 대하여 어떠한 인상을 갖는가?

일반적으로 표현하여 신뢰구간은 다음을 양끝점으로 하는 구간이다.

추정값 ± 임계값 × 표준오차

여기서 임계값은 신뢰 수준(90%, 95%, 99% 등)에 의존하며, R이나 통계표를 이용하여 구할 수 있다. 표준오차가 표준편차의 추정량이므로, 임계값이 2라면 신뢰구간은, OLS 추정량으로부터 표준편차 추정값의 2배까지 벗어나는 구간을 대략적으로 의미한다. 이 '표준편차 추정값의 2배'를 "2 표준편차의 추정값"이라 하기도 한다.

신뢰구간은 주어진 자료로부터 계산할 수 있는 통계량이다. β_1의 95% 신뢰구간은 표본추출을 시행할 때마다 매번 변하며(random), 이 실험을 무한반복해 보면 β_1의 참값을 95%의 확률로 포함한다.

▶ **연습 6.15.** β_1의 95% 신뢰구간의 중간값(양끝을 더하여 2로 나눈 값)은 무엇인가? 이 중간값은 신뢰 수준$(1-\alpha)$에 의존하는가?

R에서 신뢰구간은 confint 명령어로써 자동으로 구할 수 있다. 다음 예를 보라.

```
1  > data(Housing, package="Ecdat")
2  > ols <- lm(log(price)~log(lotsize),data=Housing)
3  > confint(ols)
```

```
4                          2.5 %    97.5 %
5   (Intercept) 5.9249197 7.0121434
6   log(lotsize) 0.4780432 0.6063147
7   > confint(ols,'log(lotsize)',level=.99)
8                          0.5 %    99.5 %
9   log(lotsize) 0.4577818 0.6265761
```

처음 두 줄은 로그 집값을 로그 집크기에 대하여 회귀하고 그 결과는 ols라는 이름으로 저장한다. 3번 행은 모든 계수의 95% 신뢰구간을 구해 준다(기본사양으로 사용되는 신뢰수준은 95%). 이에 따르면 β_0 의 95% 신뢰구간은 대략 $(5.925, 7.012)$ 이고 β_1 의 95% 신뢰구간은 대략 $(0.478, 0.606)$ 이다. 신뢰구간을 구할 변수나 신뢰수준을 지정하려면 7째 줄처럼 하면 된다. 이에 따르면 β_1 의 99% 신뢰구간은 $(0.458, 0.627)$ 이다.

　　95% 신뢰구간은 95%의 확률로 참값을 포함하고, 99%의 신뢰구간은 99%의 확률로 참값을 포함한다. 99%의 확률로 참값을 포함하는 구간은 95%의 확률로 참값을 포함하는 구간보다 더 넓을 것이다. 실제로도, 양쪽 꼬리용 1% 임계값은 양쪽 꼬리용 5% 임계값보다 크다. 그러므로 99% 신뢰구간에 사용할 임계값은 95% 신뢰구간에 사용할 임계값보다 클 것이고 따라서 99% 신뢰구간은 95% 신뢰구간보다 더 넓다.

앞에서는 $\hat{\beta}_1 \pm c \cdot \mathrm{se}(\hat{\beta}_1)$ 의 양 끝점을 사용함으로써 $\hat{\beta}_1$ 의 양쪽이 대칭이 되도록 신뢰구간을 정하였다. 하지만 이것이 대칭이 되어야만 신뢰구간이 되는 것은 아니다. 예를 들어 $n = 50$ 인 표본에서 $\hat{\beta}_1 = 1.2$ 이고 $\mathrm{se}(\hat{\beta}_1) = 0.3$ 이라면 $1.2 \pm 2.01 \times 0.3$ 을 양 끝점으로 하는 구간, 즉 $(0.597, 1.803)$ 도 95% 신뢰구간이지만, 더 왼쪽으로 치우친 $(1.2 - 2.565 \times 0.3, 1.2 + 1.75 \times 0.3)$ 도 95% 신뢰구간이다. 이는 $P(-2.565 \le t_{48} \le 1.75) = 0.95$ 이기 때문이다. 독자들은 pt(1.75,48)-pt(-2.565,48)을 실행하여 이를 확인해 볼 수 있을 것이다. 또 1.2로부터 오른쪽으로 더 많이 치우친 $(1.2 - 1.69 \times 0.3, 1.2 + 3.19 \times 0.3)$ 도 95% 신뢰구간이다. 하지만 특별한 사유가 없는 한(단방향 검정에 해당하는 단방향 신뢰구간을 구하는 경우도 있음) 이런 치우친 신뢰구간을 설정할 이유가 없다. 이는 $\hat{\beta}_1$ 이 비편향 추정량이기 때문이기도 하다. 또한 양쪽으로 균형된 신뢰구간의 범위가 가장 좁다. 앞으로 특별한 경우가 아닌 한 "신뢰구간"이라고 하면 항상 추정값을 중간에 두고 대칭인 구간을 의미한다. 하지만 추정값을 사이에 두고 양쪽 대칭인 신뢰구간을 구하지 못하는 경우도 있다.

신뢰구간을 이용한 검정

신뢰구간을 이용하여 가설검정을 할 수 있다. $H_0 : \beta_1 = 0$ 을 $H_1 : \beta_1 \ne 0$ 에 대하여 5% 유의수준에서 검정하려면 0이 95% 신뢰구간에 포함되어 있는지 보면 된다. 포함돼 있으면 귀무가설을 받아들이고 포함돼 있지 않으면 귀무가설을 기각한다. 이 검정방법 또한 위의 t 값을 이용한 검정이나 p 값을 이용한 검정방법과 전적으로 동일하다.

예제 6.3   2012년 한국 상장기업 급여

Ksalary 데이터에는 2012년 우리나라 상장기업들(코스피와 코스닥 시장)의 직원 1인당 평균 급여, 매출액, 순이익, 종업원수, 근속연수에 관한 자료가 있다. 자료에서 avgsal 변수는 평균 연간 급여, sales는 매출액, emp는 종업원 수이다. 코스피(KOSPI)에 상장된 전기전자 부문 사업체들의 평균 연간 급여의 로그값을 종업원 1인당 매출액 로그값에 대하여 OLS 회귀하면 다음 결과를 얻는다.

```
1  > data(Ksalary, package="loedata")
2  > ols <- lm(log(avgsal)~log(sales/emp), data = Ksalary, subset =
3    kospi==1 & sector=='ElecElectron')
4  > summary(ols)
5
6  Call:
7  lm(formula = log(avgsal) ~ log(sales/emp), data = Ksalary, subset = kospi ==
8      1 & sector == "ElecElectron")
9
10 Residuals:
11      Min      1Q  Median      3Q     Max
12 -0.54136 -0.14095 -0.03448  0.18511  0.53135
13
14 Coefficients:
15              Estimate Std. Error t value Pr(>|t|)
16 (Intercept)   3.80468    0.04590  82.889   <2e-16 ***
17 log(sales/emp) 0.12251    0.04972   2.464   0.0169 *
18 ---
19 Signif. codes:  0 '***' 0.001 '**' 0.01 '*' 0.05 '.' 0.1 ' ' 1
20
21 Residual standard error: 0.2506 on 54 degrees of freedom
22 Multiple R-squared:  0.1011,    Adjusted R-squared:  0.08444
23 F-statistic: 6.072 on 1 and 54 DF,  p-value: 0.01695
```

22번 행에 의하면 자유도는 54이며 따라서 표본크기는 $n = 56$이다. 18번 행에서 기울기 추정값은 **0.12251**로서, 종업원 1인당 매출액이 10% 높은 코스피 상장기업 종업원의 평균 연봉은 약 1.2% 높다. 해당 변수의 t값은 **2.464**이고 p값은 **0.0169**이므로 종업원 1인당 매출액과 평균 급여가 서로 무관하다는 귀무가설을 5% 유의수준에서는 기각하고 1% 유의수준에서는 기각하지 않는다.

신뢰구간을 이용하여 검정하여도 이와 동일한 결론을 얻는다. 다음 99%와 95% 신뢰구간을 보라.

```
24  > confint(ols, 'log(sales/emp)', level=.99)
25                       0.5 %     99.5 %
26  log(sales/emp) -0.01023053 0.2552488
27  > confint(ols, 'log(sales/emp)', level=.95)
28                       2.5 %     97.5 %
29  log(sales/emp) 0.02283554 0.2221827
```

  27번 행의 99% 신뢰구간 $(-0.010, 0.255)$은 0을 포함하므로 계수가 0이라는 귀무가설을 1% 유의수준에서 기각하지 않는다. 반면 30번 행의 95% 신뢰구간은 0을 포함하지 않고, 따라서 5% 수준에서는 계수가 0이라는 귀무가설을 기각한다. 구해 보지는 않았지만, 90% 신뢰구간은 95% 신뢰구간 안에 포함되므로 90% 신뢰구간은 0을 포함하지 않으며, 따라서 계수가 0이라는 귀무가설은 10% 유의수준에서도 기각된다.

6.6 $\beta_1 = a$ 라는 귀무가설의 검정

위에서는 $\beta_1 = 0$이라는 귀무가설을 살펴보았다. 귀무가설이 $\beta_1 = 1$이나 $\beta_1 = -1$처럼 우변에 0이 아닌 값을 가지면 어떻게 될까?

  일반적으로, 어떤 주어진 값 a(아는 값)에 대하여 귀무가설이 $H_0 : \beta_1 = a$라면 우리는 이 귀무가설을 (6.3)에 적용하여 다음의 검정통계량(t 통계량)을 만들어낸다.

$$\frac{\hat{\beta}_1 - a}{\text{se}(\hat{\beta}_1)} \tag{6.5}$$

여기서 a는 1이나 -1 같은 숫자로서 미리 주어진 것이며 미지수가 아니다. 식 (6.5)의 통계량은 귀무가설이 참일 때 식 (6.3)의 결과에 따라 t_{n-2} 분포를 따른다. 대립가설이 $H_1 : \beta_1 \neq a$라면 우리는 양쪽 꼬리 검정을 시행하여 기각영역을 양쪽 꼬리 부분으로 잡고 (이때 임계값은 $H_0 : \beta_1 = 0$의 경우와 마찬가지로 정해진다), 대립가설이 $H_1 : \beta_1 > a$라면 오른쪽 꼬리 검정, 그리고 $H_1 : \beta_1 < a$라면 왼쪽 꼬리 검정을 시행한다. 예를 들어 귀무가설이 소득탄력성이 1이라는 것($\beta_1 = 1$)이고 대립가설이 소득에 대하여 비탄력적이라는 것 ($\beta_1 < 1$)이라면 왼쪽 꼬리 검정을 사용한다.

  양쪽 꼬리 검정의 경우 만일 신뢰구간을 이미 구했다면 단순히 a값이 그 신뢰구간에 속해 있는지만 보면 된다. 예를 들어 95% 신뢰구간을 구했을 경우, a가 그 신뢰구간 밖에 있으면 5% 유의수준에서 귀무가설을 기각한다. t 검정을 이용하려면 (6.5)의 통계량을 주어진 유의수준에 해당하는 임계값과 비교하면 된다.

  p값도 계산할 수 있으며, 앞에서 설명한 것처럼 p값을 사용하여 단방향 검정도 할 수 있다. 예를 들어 $H_0 : \beta_1 = -1$과 $H_1 : \beta_1 < -1$을 5% 유의수준에서 검정한다면, (i) $\hat{\beta}_1 < -1$

이고 (ii) $\hat{\beta}_1 = -1$ 의 귀무가설에 대한 양측 검정용 p 값의 절반이 5%보다 작으면 H_0 을 기각하고 그렇지 않으면 H_0 을 채택한다. 양방향 p 값은 t 값을 활용하여 계산할 수 있다. 예를 들어 자유도가 23이고 t 값이 `-0.257`이라면 그 p 값은 `2*pt(-0.257,23)`에 의하여 구한다. 프로그래밍 시, t 값이 `tvalue`라는 객체에 들어 있고, 자유도가 `df`에 들어 있다고 하면, `2*pt(-abs(tvalue),df)`라고 하면 간편하다. 그러면 t 값의 부호와 상관없이 늘 옳은 p 값을 계산한다.

요약하자면, $H_0 : \beta_1 = -1$ 처럼 우변이 0이 아닌 귀무가설을 검정할 때에는 t 값을 수동으로 계산한 다음, 늘상 하듯이 t 검정을 할 수 있다. 이때, 신뢰구간을 구해도 좋고 p 값을 구해도 좋다. 어느 경우에나 R 출력물만으로는 충분하지 않고 별도의 계산이 필요하며, 따라서 실수를 범할 가능성이 항상 있다. 이하에서는 계산의 필요성과 실수의 가능성을 최소화시키는 모수변환(reparametrization) 기법에 대하여 설명한다.

별도의 계산 없이 $H_0 : \beta_1 = a$ 를 검정하는 방법

귀무가설이 $\beta_1 = 0$ 이 아니면, 통계패키지에서 보고하는 t 값이나 p 값은 별 쓸모가 없고, 일일이 t 통계량을 계산하고, 필요 시 임계값을 구하고 p 값을 계산해야 한다. 이런 계산은 자명하기는 하지만 귀찮고 중간에 실수를 저지르기 쉬워 계량경제학자들이 가능한 한 피하려고 하는 바이다. 다행히도 우리는 자료와 모형을 약간 조작하여 우리가 원하는 t 값과 p 값이 자동으로 보고되도록 할 수 있다.

예를 들어 귀무가설이 $\beta_1 = 1$ 이라고 하자. 이 귀무가설을 다시 쓰면 $\beta_1 - 1 = 0$ 이 되는데 여기서 $\theta = \beta_1 - 1$ 이라고 놓으면 우리의 귀무가설은 $\theta = 0$ 이 된다. 즉, 귀무가설의 오른쪽에 0이 있는 단순한 형태가 되는 것이다. 또, $\theta = \beta_1 - 1$ 에 의하면 $\beta_1 = \theta + 1$ 이므로 우리의 모형에서 β_1 을 $\theta + 1$ 로 치환하면 다음이 된다.

$$y = \beta_0 + (\theta + 1)x + u = \beta_0 + \theta x + x + u$$

이 식에서는 β_1 이 θ 로 치환되어 있고, 우리의 귀무가설은 $\theta = 0$ 으로 우변이 0이다. 지금까지는 좋다.

그런데 이 "모형"은 뭔가가 마음에 들지 않는다. 바로 우변 셋째 항인 x 때문이다. 우리가 지금까지 분석하던 모형은 $y = \beta_0 + \beta_1 x + u$ 라는 식으로 되어 "변수 = 미지의 계수 + 미지의 계수 × 변수 + u"의 모양인데, 이 셋째 항은 "1 곱하기 x"이고, 여기서 1은 미지수가 아니라 우리가 아는 값으로서 추정할 필요가 없기 때문이다. 그래서 우변의 x 를 좌변으로 옮기면 다음 식을 얻는다.

$$y - x = \beta_0 + \theta x + u$$

이 식의 좌변은 $y - x$ 로서 우리가 관측할 수 있는 값이고 우변은 우리가 잘 아는 모양 (미지의 계수 곱하기 변수로 이루어진 항들의 합)이 되었다. 또한 우변 x 의 계수는 β_1 이 아니라 θ이다. 만일 $y-x$를 종속변수 삼고 x를 독립변수 삼아 회귀분석하면 $H_0 : \theta = 0$에 해당하는 t값과 p값이 자동으로 계산된다.

혹시 $y-x$가 없는데 이것을 어떻게 종속변수로 사용하느냐고 물을 수 있겠는데, 이것은 걱정할 필요 없다. 하다 못해 (귀찮겠지만) 스프레드시트를 사용해서라도 쉽게 계산할 수 있다. 대부분의 통계 패키지는 변수를 조작하여 새로운 변수를 만들어 내는 일을 매우 간단히 한다. 사실 이런 일을 못하는 패키지는 좋은 패키지의 반열에 들지 못할 것이다. R에서는 'z <- y-x'라고 하면 표본 내 $y-x$의 값들(n개의 값들)을 계산하여 이를 z에 저장하므로 이제 z를 x에 회귀시키기만 하면 된다. 나머지는 앞에서 보았듯이 p값을 사용하면 쉽다.

예제 6.4   주택가격

6.5절에서 Housing 자료를 이용한 집값의 예에서 모형은 다음과 같다.

$$\log(price) = \beta_0 + \beta_1 \log(lotsize) + u$$

집크기에 대한 집값의 탄력성인 β_1에 대하여 $H_0 : \beta_1 = 1$을 검정하자. 앞에서 설명한 것처럼 $\theta = \beta_1 - 1$로 놓고 $\beta_1 = \theta + 1$을 이용하여 β_1을 θ로 치환하면 다음이 된다.

$$\log(price) - \log(lotsize) = \beta_0 + \theta \log(lotsize) + u$$

또, $\log(price) - \log(lotsize) = \log(price/lotsize)$이므로, $price/lotsize$를 단위면적당 가격이라고 하여 $unitprice$라 하면 위의 식은

$$\log(unitprice) = \beta_0 + \theta \log(lotsize) + u \tag{6.6}$$

라고 쓸 수 있다. 이제 귀무가설은 $\theta = 0$이므로 이 모형을 R로써 OLS 추정하고 결과를 읽으면 쉽게 귀무가설을 검정할 수 있다. 다음의 명령어를 보자.

```
1  > data(Housing, package="Ecdat")
2  > Housing$unitprice <- with(Housing, price/lotsize)
3  > summary(lm(log(unitprice)~log(lotsize),data=Housing))
4
5  Call:
6  lm(formula = log(unitprice) ~ log(lotsize), data = Housing)
7
8  Residuals:
9       Min      1Q  Median      3Q      Max
10  -0.85737 -0.19866  0.00396  0.19377  0.89756
11
```

```
12  Coefficients:
13              Estimate Std. Error t value Pr(>|t|)
14  (Intercept)  6.46853    0.27674   23.37   <2e-16 ***
15  log(lotsize) -0.45782    0.03265  -14.02   <2e-16 ***
16  ---
17  Signif. codes:  0 '***' 0.001 '**' 0.01 '*' 0.05 '.' 0.1 ' ' 1
18
19  Residual standard error: 0.3033 on 544 degrees of freedom
20  Multiple R-squared:  0.2655,      Adjusted R-squared:  0.2641
21  F-statistic: 196.6 on 1 and 544 DF,  p-value: < 2.2e-16
```

2번 행에서 *price/lotsize*를 계산하여 unitprice 변수로 저장하고, 3번 행에서 식 (6.6)의 모형을 추정한다. 15번 행에서 log(lotsize)의 계수 추정값은 -0.45782인데 이것은 ⟨표 6.1⟩의 추정값 0.5422에서 1을 뺀 값, 즉 $\hat{\theta} = \hat{\beta}_1 - 1$ 이다. 이와 결부된 t값은 -14.02이고 p값은 거의 0에 가까우므로 1% 유의수준에서 $\beta_1 = 1$(즉, $\theta = 0$)이라는 귀무가설을 기각한다.

R에서는 unitprice 변수를 직접적으로 생성하지 않고도 이와 동일한 작업을 할 수 있다. 다음과 같이 하면 완전히 동일한 결과를 얻을 것이다.

```
lm(log(price/lotsize)~log(lotsize),data=Housing)
```

하지만 R에서 방정식을 표시하는 것은 좀 더 복잡할 수 있으므로 조심하여야 한다. 특히 우변에서 변수를 변환시킬 때에는 I(x-1)처럼 I()로 둘러싸야 한다. 변수를 별도로 생성하지 않는 경우에는 조심하여야 할 것이다.

▶ **연습 6.16.** 본 소절의 방법을 사용하여 $\beta_1 = 0.5$라는 가설을 검정하라. 단, $\beta_1 = 0.5$라는 귀무가설은 특별한 의미가 없으므로 현실적으로는 그다지 흥미롭지 않으며, 단순히 수학적인 예일 뿐이다.

예제 6.5 담배 소비의 가격탄력성

R의 AER 패키지에 CigarettesB 자료가 있다. 출처는 Baltagi and Levin (1992)으로서, 1992년 미국 46개 주의 담배 소비에 관한 자료이다. 변수로, packs는 16세 이상 1인당 담배 소비량(갑수)의 로그값, price는 주별 담배 실질가격의 로그값, income은 각 주의 1인당 실질 처분가능 소득의 로그값이다. 변수들에 이미 로그가 취해져 있음에 유의하라. packs를 price에 대하여 회귀하면 다음 결과를 얻는다.

```
1  > data(CigarettesB, package="AER")
2  > summary(lm(packs~price, data=CigarettesB))
3
4  Call:
5  lm(formula = packs ~ price, data = CigarettesB)
6
7  Residuals:
8       Min      1Q    Median       3Q      Max
9  -0.45472 -0.09968   0.00612  0.11553  0.29346
10
11 Coefficients:
12              Estimate Std. Error t value Pr(>|t|)
13 (Intercept)   5.0941     0.0627  81.247  < 2e-16 ***
14 price        -1.1983     0.2818  -4.253 0.000108 ***
15 ---
16 Signif. codes:  0 '***' 0.001 '**' 0.01 '*' 0.05 '.' 0.1 ' ' 1
17
18 Residual standard error: 0.163 on 44 degrees of freedom
19 Multiple R-squared:  0.2913,    Adjusted R-squared:  0.2752
20 F-statistic: 18.08 on 1 and 44 DF,  p-value: 0.0001085
```

만일 첫 번째 줄에서 오류가 발생하면 install.packages("AER")이라고 하여 AER 패키지를 설치해야 할 것이다. 3번 행의 명령에 따라 구한 price의 계수 추정값은 15번 행에 의하면 -1.1983이다. 가격이 1% 높은 주(state)에서 소비량은 약 1.2% 적은 것으로 추정된다(변수들에 이미 로그가 취해져 있음을 기억하라).

이제 담배 소비량이 가격에 대하여 단위탄력적인지 검정해 보자. 귀무가설은 계수가 -1이라는 것이므로, t통계량은 "(계수추정값$+1$)/표준오차"이며, 그 값은 약 $(-1.1983+1)/0.2818 = -0.7037$이다. 이 t값의 크기가 상당히 작으므로 여하한 유의수준에서든 귀무가설이 기각되지 않을 것이라 추측한다.

모형을 변형하여 추정해 보자. $\theta = \beta_1 + 1$이라 하면 귀무가설은 $\theta = 0$이 된다. $\beta_1 = \theta - 1$이므로, 모형의 β_1 모수를 $\theta - 1$로 치환하면 다음 식을 얻는다($packs$와 $price$가 모두 로그를 취한 것임에 유의하라).

$$packs = \beta_0 + (\theta - 1)price + u$$

양변에 $price$를 더하면 식은 다음이 된다.

$$packs + price = \beta_0 + \theta price + u$$

그러므로 $\beta_1 = -1$, 즉 $\theta = 0$이라는 귀무가설을 검정하기 위해서는 $packs + price$를 $price$에 대하여 회귀하면 된다. 회귀 결과는 다음과 같다.

```
21  > summary(lm(I(packs+price)~price, data=CigarettesB))
22
23  Call:
24  lm(formula = I(packs + price) ~ price, data = CigarettesB)
25
26  Residuals:
27       Min      1Q   Median      3Q      Max
28  -0.45472 -0.09968  0.00612  0.11553  0.29346
29
30  Coefficients:
31              Estimate Std. Error t value Pr(>|t|)
32  (Intercept)   5.0941     0.0627  81.247   <2e-16 ***
33  price        -0.1983     0.2818  -0.704    0.485
34  ---
35  Signif. codes:  0 '***' 0.001 '**' 0.01 '*' 0.05 '.' 0.1 ' ' 1
36
37  Residual standard error: 0.163 on 44 degrees of freedom
38  Multiple R-squared:  0.01113,   Adjusted R-squared:  -0.01134
39  F-statistic: 0.4953 on 1 and 44 DF,  p-value: 0.4853
```

22번 행에서 좌변 변수가 I(packs+price)로 설정되어 있음에 유의하라. 34번 행의 결과에 의하면 θ의 추정값은 -0.1983이며, 이는 앞의 15번 행의 β_1 추정값에 1을 더한 것과 같다. 34번 행의 표준오차와 15번 행의 표준오차는 동일하며, $\theta = 0$이라는 귀무가설에 해당하는 t값은 -0.704이다. 이 t값은 앞에서 수동으로 구한 t값과 동일하다. 34번 행의 오른쪽 끝에 p값이 보고되어 있다. 이 값이 10%보다 크므로 귀무가설($\theta = 0$, 즉 $\beta_1 = -1$)은 10% 유의수준에서도 기각되지 않는다.

6.7 설명변수 표본값 고정의 가정을 완화

앞에서 우리는 표본 설명변수값들(즉 $x_1, \ldots, x_n$)이 변하지 않도록 하면서 우리의 상상 속에서 표본추출을 반복하였다. 앞에서도 이야기하였듯이 이렇게 설명변수들의 표본값을 고정하고 반복하는 상상속의 표본추출은 실험가(보통 자연과학자)의 입장에 딱 들어맞는 상황이며, 사회의 현상을 주로 다루는 분석가가 마주하는 상황은 아니다. 물론 사회현상에 관한 자료에서도 설명변수의 표본값이 고정되는 경우가 있다. 예를 들어, 표본에서 남녀의 비율이 반드시 절반이 되도록 표본을 추출하면 이런 상황이 된다. 100명 중 50명이 남자이고 50명이 여자라면, 홀수 번호를 남자로 하고 짝수 번호를 여자로 할 수 있는데, 그러면 홀수 번호의 성별은 표본추출을 반복할 때 반드시 남자일 것이고, 짝수 번호의 성별은 반드시 여자일 것이므로, 성별의 표본값들은 표본추출 반복시행 시 고정된다. 하지만 15장에서 설명할 것처럼, 사회에 관한 자료가 항상 이러한 방식으로 수집될 것이라고는 기대할 수 없다. 분석가는 설명변수값을 제어하면서 실험을 하는 것이 아니라, 표본을 무작위로 추출하고 났더니 우연히 표본의 설명변수가 이러저러한 값을 갖게 된다.

이처럼 우리가 일반적으로 처하는 상황과 설명변수 표본값 고정의 가정은 잘 맞지 않는다. 그럼에도 앞에서 우리는 설명변수 표본값 고정을 가정하였다. 이 가정을 포함한 제반 가정하에서 $\hat{\beta}_1$이 정규분포를 가지며 그 분산이 $\sigma^2 / \sum_{i=1}^{n}(x_i - \bar{x})^2$임을 보였고, 이를 변형시켜서 $(\hat{\beta}_1 - \beta_1)/\text{sd}(\hat{\beta}_1)$이 표준정규분포를 갖는다는 사실을 보이고, 여기서 $\text{sd}(\hat{\beta}_1)$을 통계량인 $\text{se}(\hat{\beta}_1)$으로 바꾸어 $(\hat{\beta}_1 - \beta_1)/\text{se}(\hat{\beta}_1)$이 t_{n-2} 분포를 갖는다는 것을 보였다. 그리고 이를 바탕으로 우리는 모수의 참값에 관한 여러 가설들을 검정할 수 있었다. 이상의 논의 전개에서 표본 설명변수값 고정의 가정은 핵심적인 역할을 하였다.

그렇다면 설명변수 표본값이 고정되지 않은 실제 상황에서 이와 같이 표본 설명변수값 고정을 가정하고 도출한 위의 결과들은 유용성이 떨어지는 것일까? 결론부터 말하면 그렇지 않다. 비록 우리가 설명변수 표본값 고정의 가정하에서 결론을 도출하고 실제 자료는 설명변수값을 고정시키지 않은 채 무작위로 추출한다 할지라도, 설명변수 표본값들과 오차항들 간에 충분한 독립성만 유지되면 가장 중요한 결론은 여전히 성립한다.

이를 대충 보자면, $(\hat{\beta}_1 - \beta_1)/\text{se}(\hat{\beta}_1) \sim t_{n-2}$라는 결과에서, 좌변은 하나의 확률변수이고 우변은 하나의 분포이다. 그런데 우변의 분포의 모양은 설명변수의 관측값들(즉 $x_1, \ldots, x_n$)과 아무 관련이 없다. 즉, 좌변의 분포는 $x_1, \ldots, x_n$의 값들이 무엇이건 상관없이 t_{n-2} 분포인 것이다. 이 점을 이용하면 우리는 설명변수 관측값들이 무작위로 실현되는 경우라 할지라도 만약 설명변수 관측값들과 오차항 값들이 서로 확률적으로 독립이면 지금까지의 결과를 수정 없이 사용할 수 있음을 보일 수 있다.

좀 더 자세히 살펴보자. $x_1, \ldots, x_n$의 값들을 고정시키지 않은 채 표본을 무작위로 추출하면 무슨 일이 생길까? 우리는 이것을 두 과정으로 나누어 생각해 볼 수 있다. 우선 $x_1, \ldots, x_n$의 값들을 무작위로 추출하고, 각 추출값들에 대하여 $x_1, \ldots, x_n$의 값들을 고정시킨 채 $u_1, \ldots, u_n$의 추출을 반복한다. 말하자면, 빨간 주사위와 파란 주사위가 있는데, 둘을 한꺼번에 무한 반복하여 던지는 것은, 우선 빨간 주사위를 한 번 던지고 나서 파란 주사위만 무한 반복하여 던지고, 빨간 주사위를 한 번 더 던진 후 파란 주사위를 무한 반복하여 던지고, 빨간 주사위를 한 번 더 던진 후 파란 주사위를 무한 반복하여 던지는 식으로 무한히 반복하는 것과 같다. 여기서 빨간 주사위를 던지는 것은 $x_1, \ldots, x_n$의 값을 추출하는 것에 해당하고, 파란 주사위를 던지는 것은 $u_1, \ldots, u_n$의 값을 추출하는 것에 해당한다. 그런데, 둘째 단계의 상상실험($x_1, \ldots, x_n$의 값들을 고정시킨 채 표본추출하는 것)으로부터 $(\hat{\beta}_1 - \beta_1)/\text{se}(\hat{\beta}_1) \sim t_{n-2}$라는 결과를 얻는데, 이는 모든(사실은 거의 모든) 가능한 $(x_1, \ldots, x_n)$의 값에 대하여 그러하다. 따라서 이제 $(x_1, \ldots, x_n)$의 값들을 무작위로 추출하여도 동일한 t_{n-2} 분포를 얻을 수밖에 없는 것이다.

예를 들어 X가 나이이고 $n = 100$이라면, 우선 상상 속에서 나이를 무작위로 100개

〈표 6.3〉 설명변수 표본값 고정 가정의 완화

설명변수 표본값 고정 시	설명변수 표본값 임의추출 시
오차평균0	조건부 오차평균0: 모든 i에서 $\mathrm{E}(u_i\|x_1,\ldots,x_n)=0$
동일분산	조건부 동일분산: 모든 i에서 $\mathrm{var}(u_i\|x_1,\ldots,x_n)=\sigma^2$
독립추출	조건부 독립추출
정규분포	조건부 정규분포: $u_i\|x_1,\ldots,x_n \sim N(0,\sigma^2)$

고르고, 그 다음 이렇게 구한 100개의 나이들을 고정시킨 채 표본을 무한히 반복해서 추출한다. 다음으로 또 100개의 나이를 무작위로 뽑고, 그 다음 이렇게 구한 100개의 나이들을 고정시킨 채 표본을 무한히 반복해서 추출한다. 이러한 절차를 무한히 반복하는 것은 그냥 무작위로 표본을 무한히 반복해서 추출하는 것과 같은 결과를 낳는다는 것이다. 이와 동일한 논리로

$$\frac{\hat{\beta}_1-\beta_1}{\sigma/\sqrt{\sum_{i=1}^{n}(x_i-\bar{x})^2}} \sim N(0,1)$$

이라는 결론은 $x_1,\ldots,x_n$의 값들이 무작위로 추출되는 상황에서도 성립한다.

$x_1,\ldots,x_n$도 무작위로 실현되고 $u_1,\ldots,u_n$도 무작위로 실현되는 이 경우, x_i와 u_i 간의 관계가 중요하다. 이상의 논의가 성립하려면, 모든 주어진 $x_1,\ldots,x_n$의 값에 대하여 $u_1,\ldots,u_n$의 분포가 동일하다는 것이 중요하다. 다시 말하면, $u_1,\ldots,u_n$의 분포가 $x_1,\ldots,x_n$의 값에 영향을 받지 말아야 한다. 표본의 구성원들이 서로간에 독립적으로 추출되었다는 가정하에서, 모집단에서 u와 X가 서로간에 확률적으로 독립이면 이것이 성립한다.

한편, $\hat{\beta}_1$의 무조건적 분산은 설명변수 표본값 고정의 가정하에서만 $\sigma^2/\sum_{i=1}^{n}(x_i-\bar{x})^2$이라는 값을 갖는다. 만일 $x_1,\ldots,x_n$의 값들이 고정되지 않은 채 무작위로 반복추출되면 $\hat{\beta}_1$의 분산은 $\sigma^2/\sum_{i=1}^{n}(x_i-\bar{x})^2$가 될 수 없다. 생각해 보라. $x_1,\ldots,x_n$의 값들이 무작위로 추출되는 확률변수라면 어떻게 분산(분산은 확률변수가 아니라 상수임)이 확률변수인 $x_1,\ldots,x_n$의 값의 함수로 표현될 수 있겠는가? 하지만, 여러 가정하에서, 주어진 $x_1,\ldots,x_n$ 값에서 $\hat{\beta}_1$의 조건부 분산은 $\sigma^2/\sum_{i=1}^{n}(x_i-\bar{x})^2$이라고 표현된다.

설명변수 표본값 고정의 가정을 완화시키고, 어떤 모집단에서 모든 변수들을 임의추출한다고 할 때에는, 〈표 6.3〉처럼 오차평균0, 동분산성, 독립추출, 정규분포의 가정이 모두 $x_1,\ldots,x_n$이 주어질 때의 조건부로 바뀐다.

조건부 독립추출 가정을 제외하고, 이들 조건부 가정들이 충족되려면 설명변수와 오차항이 서로 독립이고 오차항이 정규분포를 갖는다고 가정하는 것이 가장 간편하다. 설명변수와 오차항이 서로 독립이면 검정에 필요한 지금까지의 결과들을 아무런 수정 없이 사용할 수 있다. 더 자세한 내용은 제4부를 참조하라.

7 표본크기가 클 때

표본크기가 크면 몇 가지 흥미로운 현상이 발생한다. 우선, 정보의 양이 많으므로 최소제곱(OLS) 추정량의 정확도가 매우 높다. 이는 일관성(또는 일치성, consistency)이라는 개념으로 정리되어 있다. 다음으로, 수많은 확률변수들이 합산되므로 오차항의 분포가 정규분포인지 여부와 상관없이 OLS 추정량의 분포가 정규분포에 가까워진다. 본 장에서는 이들에 대하여 설명한다.

7.1 일관성(일치성)의 의미

공평한 동전 100개를 한꺼번에 던질 때 앞면의 비율을 생각해 보자. 동전이 공평하고 동전 개수가 충분히 많으므로(100개) 우리는 앞면의 비율이 1/2에 가까울 것이라고 기대해 볼 수 있다. 이 기대는 매우 합리적이며, 사실 통계학의 큰 수의 법칙이 이 현상을 표현한다.

하지만 동전 100개 중 앞면의 비율이 반드시 1/2에 가까운 값만 나오라는 보장은 없다. 심지어 100개 모두 앞면이 나오는 일도 있을 수 있는데 그 확률은 $(1/2)^{100}$ 즉 7.89×10^{-31} 쯤 된다. 즉 평균 잡아 약 $2^{100} \doteqdot 1.27 \times 10^{30}$번에 한 번 꼴로 이런 일이 나타난다.*

```
> 1/2^100
[1] 7.888609e-31
> 2^100
[1] 1.267651e+30
```

지구상의 50억명이 각각 1초마다 한 번씩 동전 100개를 던지는 실험을 독립적으로 반복한다면, 이런 일은 평균 잡아 약 8조년에 한 번 일어난다($2^{100} \div (5 \times 10^9) \div 365 \div 24 \div 3600$). 우주의 나이를 약 138억년이라고 하면 이 8조년의 기간은 우주 나이의 583배로서, 이런 일(공평한 동전 100개를 던져서 모두 앞면이 일어나는 사건)이 찰나와 같은 인류의 역사에서 실제로 일어나리라고 기대하기는 어려울 것이다. 물론 엄청나게 운이 좋아 생전에 이러한 일을 목격하지 말라는 법은 없으나, 실제 실험해 보는 것을 권하지는 않는다.

---

*숫자가 워낙 커서 R이 이 계산을 얼마나 정확히 하는지에 대한 확신이 없었다. 그런데 $2^{100} = (2^{10})^{10} = (1.024 \times 10^3)^{10} = 1.024^{10} \times 10^{30}$이고, R에 따르면 $1.024^{10} \approx 1.267651$이다. 그러므로 앞의 결과는 믿을 만하다고 봐도 되겠다.

반면, 동전 100개를 던지는 반복실험에서 앞면의 비율이 45%에서 55% 사이(양끝 포함)에 있을 확률은 상당히 높다. 계산에 따르면 그 확률은 약 72.87%이다.*

```
> sum(dbinom(45:55,100,.5))
[1] 0.728747
```

또한, 동전 100개를 던지는 실험을 반복할 때 앞면의 비율이 40~48%일 확률은 약 36.46%이다(sum(dbinom(40:48,100,.5))은 0.3645766).

한 시행에서 던지는 동전의 개수를 100개에서 200개로 늘리면 극단적인 일(전부 앞면이 나오는 일)이 일어날 확률은 더욱 줄어들고($(\frac{1}{2})^{200} \doteqdot 6.22 \times 10^{-61}$), 전체 중 앞면의 비율은 1/2에 더욱 가까운 값들이 나올 것이다.** 200개 중 앞면의 비율이 45%에서 55% 사이(양끝 포함)일 확률, 즉 앞면의 개수가 90개에서 110개 사이일 확률은 sum(dbinom(90:110, 200,.5))에 의하면 약 86.26%로 상승한다. 참고로, 앞에서 100개 던질 경우에는, 앞면이 45%에서 55%일 확률이 약 72.87%였다. 그리고 앞면의 비율이 40~48%일 확률, 즉 앞면의 개수가 80~96개일 확률은 sum(dbinom(80:96,200,.5))에 의하면 약 30.85%로 100개를 던질 때의 36.46%보다 더 작다.

한 시행에서 던지는 동전의 개수를 1천 개로 늘이면 전부 앞면이 나올 확률은 $(\frac{1}{2})^{1000} \doteqdot 9.33 \times 10^{-302}$로서 거의 0이다(1/2^1000=9.332636e-302). 앞면의 비율이 45%, 즉 450개에서 55%, 즉 550개 사이(양끝 포함)에 있을 확률은 sum(dbinom(450:550,1000,.5))에 의하면 99.86%로서 거의 1에 가깝다. 반면, 앞면의 비율이 40~48%일 확률은, 예상했을지 모르지만, sum(dbinom(400:480,1000,.5))에 의하면 10.87%로서 동전 개수가 200개일 때보다 훨씬 작다.

이상의 확률 계산 중 우리 논의에 필요한 것이 〈표 7.1〉에 요약되어 있다. 공평한 동전 n개를 던져서 앞면의 비율 ($\bar{X}$)을 구하는 실험을 반복할 때 앞면의 비율이 45~55%일 확률은 n이 100, 200, 1,000으로 증가함에 따라 72.87%,

〈표 7.1〉 앞면 비율 확률

n	$P(0.45 \leq \bar{X} \leq 0.55)$	$P(0.40 \leq \bar{X} \leq 0.48)$
100	72.87%	36.46%
200	86.26%	30.85%
1,000	99.86%	10.87%

86.26%, 99.86%로 상승한다. 반면 앞면이 40~48%일 확률은 n이 100, 200, 1,000으로 증가하면서 36.46%, 30.85%, 10.87%로 줄어든다. 한편, 모두 앞면이 나올 확률은 n이 증가함에 따라 0으로 빠르게 수렴하지만 n이 아무리 커도 0은 아니다.

---

*dbinom(45:55,100,.5) 명령은 앞면이 나올 확률이 .5인 동전 100개를 던져서 앞면이 45:55개(45, 46, …, 54, 55개) 나올 확률들을 각각 계산한다. 이 확률들을 sum으로써 모두 더할 수 있다. 이와 동일한 값은 'pbinom(55,100,.5)-pbinom(44.5,100,.5)'와 같이 누적확률분포함수 pbinom을 사용해서도 구할 수 있다.

**이때 전체 시행 중 앞면의 비율은 실험을 할 때마다 변함에 유의하라.

〈표 7.2〉 n개 동전던지기에서 앞면의 비율이 $0.5 \pm \alpha$ 사이일 확률

n	0.5 ± 0.1	0.5 ± 0.05	0.5 ± 0.01	0.5 ± 0.005	0.5 ± 0.001
10	0.565	0.246	0.246	0.246	0.246
50	0.881	0.520	0.112	0.112	0.112
100	0.965	0.729	0.236	0.080	0.080
500	1.000	0.978	0.377	0.177	0.036
1,000	1.000	0.999	0.493	0.272	0.076
5,000	1.000	1.000	0.847	0.529	0.124
10,000	1.000	1.000	0.956	0.688	0.166
50,000	1.000	1.000	1.000	0.975	0.349
100,000	1.000	1.000	1.000	0.998	0.475

좀 더 일반적으로, n개 동전을 던져서(표본크기가 n) 앞면이 나오는 상대빈도가 $0.5 \pm \alpha$ 사이의 값을 가질 확률(표본추출 반복시행 시 확률)을 구해 보자. 〈표 7.2〉에 그 정확한 확률들을 계산해 놓았는데, 이를 보면 앞면의 상대빈도가 0.4에서 0.6 사이(즉, $\alpha = 0.1$)일 확률은, $n = 10$일 때 56.5%, $n = 50$이면 88.1%, $n = 100$이면 96.5%, 그리고 $n = 500$ 이상에서 는 소수점 아래 첫째 자리까지 반올림하여 100%이다. 이것을 뒤집어서 말하면 상대빈도가 1/2보다 0.1 이상 차이날 확률은 n이 증가함에 따라 점점 0으로 수렴한다. 조심할 것은, 〈표 7.2〉에서 소숫점 셋째 자리로 반올림하여 1.000이라는 확률이 눈에 보이지만, 사실 이들은 결코 1이 아니라는 것이다. 아무리 작은 확률일지라도 10만개의 동전을 던져서 앞면의 비율이 40%보다 작거나 60%보다 클 확률은 엄연히 양(+)이다. 심지어 10만개 모두 앞면이 나올 확률도 0보다 크며(주어진 n에 대하여 그 확률은 $1/2^n$이다), 이것은 n 이 아무리 크더라도 그러하다.

이와 유사한 현상이 앞면의 비율이 0.45에서 0.55일 확률(〈표 7.2〉의 0.5 ± 0.05 열) 에도 적용되어, n이 증가함에 따라 그 확률은 1에 가까워진다. 앞면의 비율이 0.49와 0.51 사이일 확률(〈표 7.2〉의 0.5 ± 0.01 열)은 n이 증가함에 따라 처음에는 감소하다가 나중에는 증가하는 모양을 보이는데 처음에 감소하는 것은 앞면의 비율이 $1/n$의 정수배의 숫자만 갖기 때문이며 기이한 현상은 아니다. 앞면의 비율이 0.49에서 0.51 사이에 들 확률도 n이 커지면서 결국 1에 무한히 가까워진다. 이 현상은 어떠한 양(+)의 α에 대해서든 그러하다. 즉, 모든 주어진 $\alpha > 0$에 대하여 앞면의 비율이 $0.5 \pm \alpha$ 구간에 들어갈 확률은 n이 증가함에 따라 1에 무한히 가까워진다. $\alpha = 0.001$인 경우에도, 〈표 7.2〉의 맨 오른쪽 열을 보면 n 이 10만일 때 그 확률이 0.475까지 증가한 것을 볼 수 있는데, n이 이보다 더욱 증가하면

〈표 7.3〉 n개 동전던지기에서 앞면의 비율이 $0.45 \pm \alpha$ 사이일 확률

n	0.45 ± 0.1	0.45 ± 0.05	0.45 ± 0.01	0.45 ± 0.005	0.45 ± 0.001
10	0.451	0.451	0.000	0.000	0.000
50	0.744	0.497	0.175	0.000	0.000
100	0.863	0.522	0.145	0.048	0.048
500	0.989	0.518	0.037	0.015	0.003
1,000	0.999	0.513	0.006	0.002	0.001
5,000	1.000	0.506	0.000	0.000	0.000
10,000	1.000	0.504	0.000	0.000	0.000
50,000	1.000	0.502	0.000	0.000	0.000
100,000	1.000	0.501	0.000	0.000	0.000

그 확률은 결국 1에 수렴할 것이다. 지금까지는 $0.5 \pm \alpha$ 형태의 대칭적인 구간에 대해서만 생각하였는데, $[0.5 - \alpha_1, 0.5 + \alpha_2]$라는 일반적인 비대칭적 구간(단, α_1과 α_2는 양수)을 고려하여도 결과는 변하지 않는다.

하지만 그 구간이 동전의 앞면의 참 확률인 0.5를 포함하지 않으면 사정이 달라진다. 예를 들어 $0.45 \pm \alpha$의 구간에 들어올 확률이 〈표 7.3〉에 나와 있는데, 그 구간의 폭이 작아서 0.5가 포함되지 않으면(표에서는 α가 0.1인 경우와 0.05인 경우를 제외한 나머지 경우), n이 증가함에 따라 그 구간에 들어갈 확률이 결국 0으로 줄어드는 것을 볼 수 있다. 반면 우리는 〈표 7.2〉에서 0.5를 내부에 포함하는 모든 구간에 대하여, 앞면의 비율이 그 구간에 포함될 확률은 n이 증가할 때 결국 1로 수렴하는 것을 보았고, 이 현상은 〈표 7.3〉의 $\alpha = 0.1$ 열(첫 번째 열)에서도 똑같이 나타난다.*

0.5를 내부에 포함하는 어떠한 구간을 고려하든지 간에 앞면의 비율이 그 구간에 속할 확률은 n이 증가하면서 1로 수렴한다. 이러한 현상이 나타날 때 우리는 **앞면의 비율**이라는 통계량이 0.5를 일관되게(consistently) 추정한다고 하고, 이때 **앞면의 비율**은 0.5의 일관된 추정량(또는 일치추정량, consistent estimator)이라고 한다.** 달리 표현하면, n이 증가하면서 추가되는 관측치들이 참값인 0.5에 대한 정보를 일관되게(consistently) 제공한다고 할 수

---

* 〈표 7.3〉에서 0.45 ± 0.05의 구간에서는 0.5가 정확히 경계점에 위치한다. 이때에는 그 구간에 들 확률이 100%가 아니라 50%로 수렴함을 볼 수 있다.

** 관련된 개념으로 "Fisher consistency"라는 것이 있다. Fisher (1922, p. 309)는 consistency란 "전체 모집단을 이용하여 계산하면 모수와 동일한 값을 주는" 통계량을 의미한다고 정의하였다. 일관성과 Fisher consistency는 약간 다른 개념이다.

있다. 위의 예에서 동전 **앞면의 비율**은 0.5에 대하여 일관적이지만, 〈표 7.3〉에서 보듯이 0.45에 대해서는 일관적이지 않다. 구간 (0.44, 0.46)은 0.45를 내부에 포함하는데, 앞면의 비율이 이 구간에 속할 확률은 n이 커지면서 오히려 0으로 수렴하기 때문이다.

🜂 일관성(또는 일치성)을 수식으로 표현하면 다음과 같다. $\hat{\theta}$을 어떤 추정량(예를 들어 n개 동전을 던질 때 앞면의 비율)이라고 하고 하자. 모든 $\varepsilon > 0$에 대하여

$$\lim_{n \to \infty} P(|\hat{\theta} - c| \leq \varepsilon) = 1$$

이면 우리는 $\hat{\theta}$이 c의 일관된 추정량(또는 일치추정량)이라고 한다. 이 식은

$$\lim_{n \to \infty} P(|X - c| > \varepsilon) = 0 \quad \forall \varepsilon > 0$$

으로 표현해도 좋다.

어떤 추정량 $\hat{\theta}$의 평균이 어떤 모수 θ와 같고 분산이 0으로 수렴하면 $\hat{\theta}$는 θ의 일관된 추정량(일치추정량)이다.

🜂 그 증명은 다음과 같다. 우선

$$P\{|\hat{\theta} - \theta| > \varepsilon\} = P\{(\hat{\theta} - \theta)^2 > \varepsilon^2\} \leq \mathrm{E}[(\hat{\theta} - \theta)^2]/\varepsilon^2 = \mathrm{var}(\hat{\theta})/\varepsilon^2$$

이 성립한다. 여기서 중간의 부등식은 체비셰프 부등식(Chebyshev's inequality) 혹은 마코프 부등식(Markov inequality)라고 하는 것이고, 마지막 등식은 $\mathrm{E}(\hat{\theta}) = \theta$이기 때문에 성립한다. 그런데 $n \to \infty$일 때 $\mathrm{var}(\hat{\theta}) \to 0$이라고 하였으므로, 모든 주어진 $\varepsilon > 0$에서 좌변은 0으로 수렴한다.

🜂 사실 일관성(일치성)을 위해 비편향 추정량일 필요는 없으며 편향되었을지라도 그 평균이 $n \to \infty$이면서 참값으로 수렴하면 된다. 이런 일은 지금까지 살펴본 최소제곱(OLS) 추정의 경우에는 해당하지 않으나, 제4부의 추정량들 중에는 편향되면서도 일관적인 경우가 있다.

어떤 추정량이 참값에 대하여 일관성(일치성)을 가지면, 표본크기(n)가 점점 커짐에 따라 그 추정량이 참값으로부터 예컨대 0.001 이상의 차이가 날 확률(표본추출 반복시 행시의 확률)이 점점 줄어들어 0에 가까워진다. 0.00001 이상의 차이가 날 확률도 n이 증가함에 따라 0으로 줄어들고 0.00000001 이상의 차이가 날 확률도 n이 증가함에 따라 0으로 줄어든다. 그러므로 표본크기가 크면 우리에게 주어진 하나의 표본으로부터 구한 추정값이 참값으로부터 크게 차이가 날 확률이 별로 없다고 볼 수 있다.

물론 운이 나쁘면 추정값이 참값으로부터 크게 차이날 수도 있지만(예를 들어 100개 모두 앞면이 나오는 경우처럼), 이런 운 나쁜 일이 일어날 확률은 표본크기가 증가함에 따라 0으로 수렴한다.

▶ **연습 7.1.** 크기가 10만인 표본 자료로부터 추정량의 값을 계산하였더니 그 값이 1.3이었다고 하자. 그런데 알고 보았더니 모수의 참값은 1이었다고 하자. 이 추정량이 모수에 대하여 일관적이라면 추정값과 참값이 이렇게 크게 차이가 날 수 있는가?

어떤 추정량이 참값에 대하여 일관적이지 않으면, 표본크기가 아무리 크더라도 그로부터 구한 추정량이 참값과 가까우리라는 보장이 없다. 경우에 따라서는 표본크기가 아무리 크더라도 추정값이 참값과 현저하게 다를 확률이 여전히 클 수도 있고, 심지어는 추정값이 참값과 상이한 어떤 값을 일관되게 추정할 수도 있다. 이러한 비일관적인(inconsistent) 추정량은 믿을 수 없으며 우리에게 잘못된 정보를 제공한다. 일관성(일치성)은 모든 추정량이 가져야 할 가장 기본적인 덕목이며, 만일 어떤 추정량이 일관적이지 않으면 그 추정량은 쓸모없다고 해도 과언이 아니다.

참고로, 최소제곱추정량과 같은 특별한 경우를 제외하면 비편향성은 일반적으로 증명하기가 매우 어렵거나 불가능하다. 반면 일관성(일치성)의 증명은 비교적 용이하다.

어떤 추정량이 일관된지 아닌지는 자료를 분석해서는 알 수 없다. 앞에서, 표본추출 반복시행 시 최소제곱 추정량이 평균적으로 맞는지 알기 위해 모집단과 표본추출 방법에 대한 가정을 세우고 나서 우리의 두뇌를 이용하여 비편향성을 증명하였듯이, 어떤 추정량이 일관성 있는지 없는지 알기 위해서도 모집단과 표본추출 방법에 대한 가정을 세우고 나서 연역적인 방법을 이용하여 일관성을 증명하여야 한다. 일관성(일치성)을 입증하는 것도 우리의 뇌(와 필기구)를 사용할 문제이지 자료(와 계산기)를 사용할 문제가 아니다.

7.2 최소제곱 추정량의 일관성

어떤 자료 집합은 표본크기가 십수개 또는 수십개로 작고, 어떤 경우에는 몇십만개가 될 정도로 크다. 표본크기가 크면 최소제곱(OLS) 추정량에 무슨 일이 일어날까?

한 가지 분명히 해야 할 것은 표본크기가 백만 개이든 천만 개이든 추정값은 표본에 따라 달라진다는 것이다. 다시 말하여 OLS 추정량은 여전히 확률변수이다. 또, 표본크기가 크든 작든, 비특이성, 설명변수값 고정, 오차평균0의 가정이 만족될 때 OLS 추정량은 여전히 그 모수와 평균적으로 동일하고, 여기에 동일분산과 독립추출 가정을 추가하면 기울기 추정량의 분산은 여전히 $\sigma^2 / \sum_{i=1}^{n}(x_i - \bar{x})^2$ 이다.

그런데 표본크기(n)가 아주 크다면 분산의 분모인 $\sum_{i=1}^{n}(x_i - \bar{x})^2$ 은 상당히 클 것이다. 왜냐하면 $\sum_{i=1}^{n}(x_i - \bar{x})^2$ 은 양수들을 더한 것이어서 n이 증가함에 따라 점점 커질 것이기 때문이다. 그리하여 n이 극단적으로 커지게 되면 분모도 극단적으로 커지고, 반면 분자인 σ^2 은 그대로 있기 때문에, OLS 추정량의 분산은 0에 매우 가까워진다. 표본추출 반복시행 시 $\hat{\beta}_1$ 의 평균은 β_1 이고 그 분산은 표본크기(n)가 커짐에 따라 점점 줄어드는 것이다.

n이 무한대로 커져도 $\sum_{i=1}^{n}(x_i - \bar{x})^2$ 은 무한대로 커지지 않을 수도 있다. 예를 들어 $i > 10$ 에 대해서는 x_i 가 $x_1, \ldots, x_{10}$ 의 표본평균과 같다고 하자. 그러면 모든 $i > 10$ 에 대해 $x_i = \bar{x}$가 성립하고, 따라서 10보다 큰 모든 n에 대하여 $\sum_{i=1}^{n}(x_i - \bar{x})^2 = \sum_{i=1}^{10}(x_i - \bar{x})^2$ 이므로 n이 아무리 커져도 $\sum_{i=1}^{n}(x_i - \bar{x})^2$ 은 그대로이다. 또, 만약 $x_i = \frac{1}{i}$ 이면 $\sum_{i=1}^{n}(x_i - \bar{x})^2$ 은 $n \to \infty$ 일 때 ∞

로 발산하지 않는다(결코 2를 넘을 수 없다는 것을 증명할 수 있다). 사실 $\hat{\beta}_1$ 의 분산이 0으로 줄어들기 위해서는 다음을 가정하여야 한다.

$$\lim_{n \to \infty} \sum_{i=1}^{n} (x_i - \bar{x})^2 = \infty$$

보통(예를 들어 $x_1, \ldots, x_n$ 이 한 모집단으로부터 무작위 추출된 경우) 이 가정은 성립한다.

n 이 무한대로 커지면 $\hat{\beta}_1$ 의 표집분산이 0으로 줄어들지만, n 이 유한한 한 그 분산이 0은 아니다. 따라서, 예를 들어 1백만 개의 관측치 묶음($n = 1,000,000$)을 추출하는 표본추출을 반복시행할 때 각각의 관측치 묶음을 이용하여 구한 OLS 추정값들은 서로 아무리 가깝더라도 아주 약간씩은 다를 것이다. 하지만 분산이 작으므로 이들 간의 차이는 아주 작을 것이라 기대하고, 따라서 애초에 우리에게 주어진 표본으로부터 계산한 우리의 추정값은 참값과 상당히 비슷할 것이라고 추측해 볼 수 있다.

다음의 R 실험 결과에서 이를 확인해 볼 수 있다.

```
1   > n <- 1000000
2   > set.seed(13579)
3   ## First sample
4   > x <- rnorm(n)
5   > u <- rnorm(n)
6   > y <- 1+0.7*x+u
7   > lm(y~x)$coef
8   (Intercept)              x
9     0.9987905      0.6985677
10  ## Second sample
11  > u <- rnorm(n)
12  > y <- 1+0.7*x+u
13  > lm(y~x)$coef
14  (Intercept)              x
15    1.001169       0.699829
```

첫째 줄에서 표본크기를 1백만으로 설정하였다. 4–6번 행에서 x와 y의 표본(크기는 1백만)을 한 번 추출하였다. 이때 x와 y 사이에는 6번 행에서 보는 것처럼 $y = 1 + 0.7x + u$ 의 관계가 있다. 다시 말해, $\beta_0 = 1$, $\beta_1 = 0.7$ 이다. 7번 행에서 OLS 추정값을 구하였더니 $\hat{\beta}_1 = 0.6985677$ 이 나왔다. 그 다음 11–12번 행에서 동일한 크기의 표본을 한 번 더 추출하여 (이때 x의 표본값들은 변하지 않음) 13번 행에서 OLS 추정값을 구하였더니 $\hat{\beta}_1 = 0.699829$ 가 나왔다. 두 추정값이 서로 다르고 β_1 의 참값 0.7(6번 행과 12번 행을 보라)과도 약간 다르기는 하지만 그 차이가 매우 작다.

하지만 아무리 확률이 낮더라도 우리의 추정값이 참값과 크게 다를 가능성은 늘 존재한다(동전 1백개를 던져서 모두 앞면이 나오는 경우처럼). 하지만, 이런 드문 가능성이 실현되는 것을 보려면 시간이 많이 필요할지도 모른다.

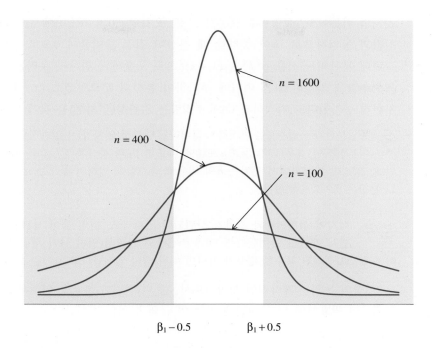

$\langle$그림 7.1$\rangle$ 표본크기가 증가함에 따른 추정량의 표집분포

표본추출 반복시행 시 추정량의 평균이 참값과 동일하고 n이 커짐에 따라 분산이 점점 0에 가까워지면, 이 추정량이 참값으로부터 일정 거리 이상을 벗어날 확률은 n이 커짐에 따라 점점 0으로 줄어든다. $\langle$그림 7.1$\rangle$은 예를 들어 n이 100, 400, 1600으로 증가하면서 $\hat{\beta}_1$의 표본추출 반복시행 시 분포를 일정한 가정하에서 우리의 지식(OLS 추정량의 분포에 관한 지식)을 활용하여 그린 것이다. 그림에서 보듯이 이 추정량 값이 참값과 0.5 이상 차이 날 확률은, 색칠한 구역에서 각각의 그래프 아래의 넓이로부터 알 수 있듯이, 표본크기가 증가하면서 점차 줄어든다. 표본크기가 더욱 커지면 이 확률은 점점 더 줄어들어 0에 가까워지고, 마침내 무한반복 추출되는 대부분의 표본에서 참값(β_1)으로부터의 거리가 0.5보다 작게 된다. 이러한 현상은 참값에서 0.1 이상의 차이가 나는 구간에 대해서도 나타나고, 0.01 이상의 거리 또는 그보다 작은 값 이상의 거리에 대해서도 나타난다.

이 모든 현상을 단 한마디로 표현해서 "OLS 추정량은 모수의 일관된 추정량(또는 일치추정량)"이라고 한다.

7.3 최소제곱 추정량이 일관성을 가질 조건

앞 절에서 구한 최소제곱(OLS) 추정량의 일관성(일치성)은 항상 성립하지는 않고 일정한 조건이 필요하다. OLS 추정량은 어떤 가정하에서 일관성(일치성)을 가질까? 앞에서 살펴본 것처럼 비특이성, 설명변수 표본값 고정, 오차평균0의 가정하에서 OLS 추정량의 평균은 참값과 동일하므로, n이 증가할 때 분산이 점점 줄어들어 0으로 수렴하면 될 것이다. 그런데 분산의 공식을 $\sigma^2 / \sum_{i=1}^{n}(x_i - \bar{x})^2$으로 도출하기 위해서 우리는 여기에 동일분산과 독립추출을 가정하였다. 여기에 추가하여 분산의 분모인 $\sum_{i=1}^{n}(x_i - \bar{x})^2$이 n이 커지면서 무한히 증가한다고 가정하면 OLS 추정량은 일관성(일치성)을 갖게 된다.

동일분산과 독립추출을 가정하지 않더라도 일관성(일치성)은 일반적으로 성립한다. 오차항이 이분산적인 경우(13장 참조), 도출에 따르면 $\hat{\beta}_1$의 분산은 $\sum_{i=1}^{n}(x_i - \bar{x})^2 \sigma_i^2 / [\sum_{i=1}^{n}(x_i - \bar{x})^2]^2$인데, 일정한 가정하에서 분자는 n의 비율로 증가함에 반하여 분모는 n^2의 비율로 증가하므로 그 분산은 0으로 수렴한다.

심지어 설명변수와 오차가 상관되어 있더라도, 만일 둘이 상관된 정도가 n이 증가하면서 재빨리 줄어든다면 OLS 추정량의 일관성(일치성)이 성립할 수도 있다. 하지만 이론적으로 설정된 특수한 경우가 아니면 이런 일이 일어난다고 보기는 어려울 것이다.

이상의 논의는 개략적인 이야기로서, 좀 더 엄밀한 분석을 위해서는 수렴에 관한 여러 정의들이 필요하며 이에 대한 논의는 이 글의 범위를 벗어난다.

7.4 정규분포 가정이 맞지 않다면?

앞에서 우리는 최소제곱(OLS) 추정값을 이용하여 가설검정을 할 때, 오차항이 정규분포를 갖는다는 가정을 하였다. 이 가정이 안 맞다면 어떻게 될까? 그렇게 되면 OLS 추정량은 정규분포를 갖지 않게 되고, t통계량은 t분포를 갖지 않게 된다. 그리하여 t통계량을 이용한 가설검정은 타당하지 않게 된다. 예를 들어 우리가 5%의 유의수준하에서 통계적 검정을 할 때, 귀무가설이 맞음에도 불구하고 귀무가설을 기각할 확률(검정의 크기)이 5%와 다를 수 있게 된다. 통계적 검정에서 t통계량이 t분포를 갖는다는 것은 필수적이고, 여기에는 오차항의 분포가 정규분포라는 가정이 필요했다. 요약하면,

$$\boxed{\text{오차항} \sim \text{정규분포}} \Rightarrow \boxed{t\,\text{통계량} \sim t\,\text{분포}} \Rightarrow \boxed{t\,\text{검정이 타당}}$$

이라는 관계가 성립하는데, 만일 오차항이 정규분포를 따르지 않으면 앞에서 행한 t검정은 믿을 수 없게 된다.

$$\boxed{\text{오차항} \nsim \text{정규분포}} \Rightarrow \boxed{t\,\text{통계량} \nsim t\,\text{분포}} \Rightarrow \boxed{t\,\text{검정이 부당}}$$

여기서 형식논리학을 따지지 말자. 물론 $p \Rightarrow q$라고 하여 not $p \Rightarrow$ not q인 것은 아니며, 오차항이 정규분포가 아니더라도 항들이 절묘하게 맞아 떨어져 t통계량이 t분포를 가질 수 있을지도 모르지만, 이러한 가능성에 기대는 것은 쓸모 없다.

오차항이 정규분포를 따르지 않을 때, 예를 들어 5%의 확률로만 귀무가설을 잘못 기각할 것이라는 우리의 믿음이 전적으로 잘못되어, 올바른 귀무가설을 약 30%의 확률로 기각하는 일이 발생하거나, 아니면 다른 웃기는 상황이 발생할 수도 있다.

그렇다면 우리는 계량경제분석을 할 때마다 오차항이 정규분포를 갖는다는 것을 확인해야 하는가? 완벽하지는 않겠지만 이것을 검정할 방법은 있다. 일례로 자끄-베라(Jarque-Bera) 검정이 있는데, 이 검정은 모집단의 분포가 한쪽으로 치우치지는(skewness) 않았는지, 또 분포의 꼬리의 통통한 정도(kurtosis)가 정규분포의 꼬리와 비슷한지 검정한다. 물론 이때 오차항을 관측할 수 없으므로 OLS로부터 구한 잔차들을 가지고 작업을 한다.

그런데 매번 모든 자료와 모든 모형에 대하여 이런 검정을 하는 것은 불편한 일이 아닐 수 없다. 또 만일 검정의 결과가 정규분포가 아니라고 하거나, 처음부터 오차항의 분포가 정규분포가 아닌 것을 안다면(예를 들어 소득의 분포) 어떻게 할 것인가? 계량경제분석을 그만둘 것인가? 다음의 중심극한정리는 그러지 않아도 된다는 것을 우리에게 말해 준다.

7.5 중심극한정리

> 나는 "오차의 빈도의 법칙"으로 표현되는 놀라운 형태의 우주적 질서만큼 상상을 자극할 수 있는 것을 거의 알지 못한다. 그리스인들이 알았더라면 이 법칙은 의인화되고 신격화되었을 것이다. 이것은 가장 황량한 혼돈 속에서 고요히 그리고 완전한 침묵으로 지배한다. 폭도들이 많아질수록, 그리고 외견상의 혼란이 커질수록 이것의 지배는 더욱 완전해진다. 이것은 비이성(Unreason)의 최고 법칙이다. 무질서한 요소들의 거대한 표본이 주어져 그 크기에 따라 정렬되면, 뜻밖의 가장 아름다운 형태의 규칙성이 내내 거기에 있었음이 드러난다.
>
> — 프란시스 골턴(1889)

어떤 모집단에서 값 하나를 관측하는 행동을 무한히 반복하면, 여기서 나오는 값의 분포는 그 모집단의 분포와 동일하다. 예를 들어, 빨간 공 3개와 흰 공 2개가 들어 있는 주머니에서 공을 무작위로 꺼내 색깔을 본 후 이 공을 다시 넣는 실험을 반복하면, 궁극적으로 3/5의 확률로 빨간 공이 나오고 2/5의 확률로 흰 공이 나온다. 이 확률은 원래 주머니 속 공 색깔의 비율과 동일하다.

또, 카이제곱 분포를 갖는 모집단에서 숫자 하나를 추출하여 관측하는 실험을 무한히 반복하면, 이렇게 관측한 무한히 많은 숫자들의 분포는 카이제곱이다. 〈그림 7.2〉의 왼쪽 위 그림은 자유도 3의 카이제곱분포에서 숫자 하나를 10,000번 무작위로 추출한 다음 그 분포를 히스토그램으로 그린 것이다. 이 분포는 자유도 3의 카이제곱분포의 분포와 기본적으로 동일하다. 10,000번에 그쳐서 그렇지, 실험 반복 횟수를 더욱 늘려 1조 번 정도 반복하고 구간을 매우 촘촘히 하여 히스토그램을 그리면 자유도 3의 카이제곱분포의 확률밀도함수와 거의 동일한 곡선을 얻을 것이다.

이제 동일한 모집단에서 숫자 둘을 독립적으로 무작위로 추출하여 그 두 숫자의 평균

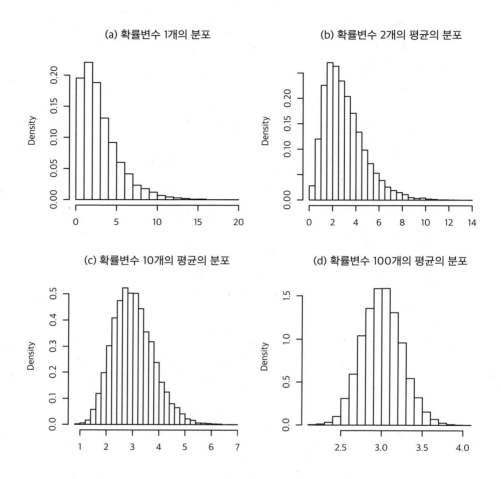

설명: 자유도 3의 카이제곱 분포에서 독립적으로 추출한 k개 숫자들의 평균을 1만 번 반복시행하여 구한 1만 개 숫자들의 히스토그램($k = 1, 2, 10, 100$). k가 크면($k = 100$) 정규분포의 모양에 근접한다.

⟨그림 7.2⟩ 카이제곱 분포를 가진 확률변수들의 표본평균의 분포

(표본평균)값을 기록하는 실험을 무한히 반복한다고 하자. 그러면 이 표본평균값의 분포는 어떻게 될까? 이 확률은 '컨볼루션'이라는 수학적 개념으로 정리되지만 여기가 이런 복잡한 이야기를 할 자리는 아니고, 그보다는 실제로 카이제곱분포에서 무작위로 추출한 두 숫자의 평균을 기록하는 실험을 10,000회 반복하여 그 분포의 모양을 그려 보았다. 그 결과가 ⟨그림 7.2⟩의 오른쪽 위에 있다. 얼핏 보기에 카이제곱분포를 닮았지만 사실은 카이제곱이 아니라 자유도가 6인 카이제곱 변수를 2로 나눈 것과 같은 분포를 갖는다 (자유도가 3인 두 독립된 카이제곱 확률변수의 합은 자유도 6의 카이제곱 분포를 갖는다).

이와 동일한 모집단으로부터 숫자 10개를 무작위로 추출하여 그 표본평균을 구하는

실험을 반복시행할 때의 분포는 또 달라질 것이다. 〈그림 7.2〉의 왼쪽 아래 그림을 보면 모양이 처음보다 좀 더 좌우대칭이 된 것으로 보인다. 숫자 100개를 무작위 추출하여 구한 표본평균값의 분포(반복시행 시)가 〈그림 7.2〉의 오른쪽 아래에 표시되어 있는데, 이 분포는 상당히 좌우대칭적이며 나아가 그 모양이 상당히 정규분포와 닮아 있다.

이와 동일한 종류의 실험을 찌그러진 동전던지기로 시행해 보았다. 이 동전은 찌그러져 있어서 앞면(1의 값을 할당)이 나올 확률이 70%이고 뒷면(0의 값을 할당)이 나올 확률이 30%이다. 이와 동일한 동전을 1개, 2개, 10개, 100개 던질 때 앞면의 비율(표본평균)

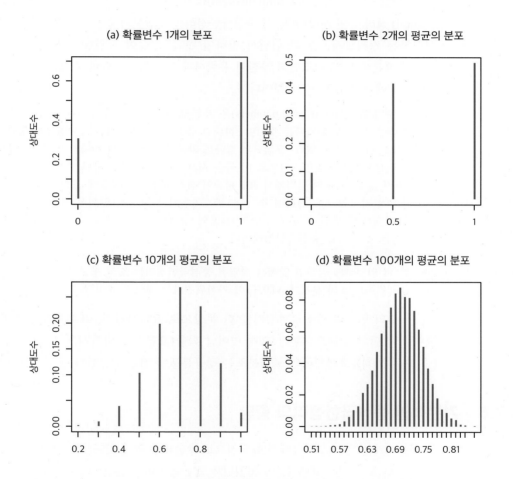

설명 : 찌그러진 동전던지기 분포(앞면확률 70%)에서 추출한 k개 숫자들의 평균을 1만 번 반복시행하여 구한 1만 개 숫자들의 상대도수($k = 1, 2, 10, 100$). k가 크면($k = 100$) 분포의 모양이 정규분포에 근접한다.

〈그림 7.3〉 이진분포를 가진 확률변수들의 표본평균의 분포

을 각각 구하는 실험을 각각 10,000회씩 반복하여 구한 분포들이 〈그림 7.3〉에 있다.* 여기서 평균값을 구할 때 던진 동전의 개수가 적으면(예를 들어 1개나 2개) 그 분포가 울퉁불퉁하고 좌우 비대칭이지만 100개의 숫자의 평균값을 반복하여 구한 오른쪽 아래의 분포는 정규분포와 많이 닮아 있다. 100개가 아니라 1천 개나 1만 개의 동전을 던져서 표본평균을 구하고 히스토그램을 그리면 그 모양은 더욱 정규분포에 가까울 것이다.

이 두 가지 예가 암시하는 것은, 모집단의 분포가 무엇이든 간에 무작위로 뽑은 많은 숫자의 표본평균을 구하면, 이 표본평균의 표집분포가 정규분포에 가까워진다는 것이다. 이것은 중심극한정리(central limit theorem)라고 하는 것으로서, 통계학에서 가장 중심적인 (central) 정리 중의 하나이다. 이 중심극한정리는 모집단의 분포의 분산이 유한하기만 하면 성립하는 정리로서, 좀 더 엄밀히 말하면 "$X_1,\ldots,X_n$이 동일한 모집단에서 독립적으로 추출한 표본이고 그 모집단의 분산이 유한하다면, $n^{-1}\sum_{i=1}^{n}X_i$의 표집분포는 n이 커지면서 정규분포에 가까워진다"는 것이다.

⚡ 큰 수의 법칙(law of large numbers)은 표본크기가 커질수록 표본평균이 모집단의 평균과 가까운 값을 갖게 된다는 것이다. 하지만 중심극한정리에서는 표본평균이 정규분포에 점점 근접한다고 이야기하고 있다. 모집단의 평균은 확률변수가 아니라 하나의 확정된 모수임에 반하여 정규분포라는 것은 확률변수이므로 이 둘은 서로 모순되는 것이 아닌가?

그렇지 않다. 대수의 법칙에서 표본평균이 점점 모집단의 평균에 근접하기는 하지만, 분산이 아무리 0에 가깝더라도 정확히 0은 아니고 여전히 무작위성(임의성)을 가지며, 이 확률적인 변동을 확대해서 보면 원래 모집단의 분포와 상관없이 표본평균의 분포는 정규분포에 점점 근접한다는 것이 바로 중심극한정리이다.

⚡ 좀 더 엄밀하게 말하면 앞에서 설명한 중심극한정리는 X_i의 평균이 μ이고 분산이 σ^2일 때 $\sqrt{n}(\bar{X}-\mu)/\sigma$의 분포가 $N(0,1)$에 가까워진다는 것으로 표현된다.

큰 수의 법칙과 중심극한정리를 한 문장으로 요약하자면, 표본크기가 커지면 표본평균이 모집단의 평균으로부터 크게 벗어날 확률(표본추출 반복시행 시)은 점점 사라지고 (큰 수의 법칙), 표본평균의 표집분포는 정규분포에 점점 접근한다(중심극한정리).

7.6   기본적인 중심극한정리의 증명

$X_1,X_2,\ldots$가 동일한 모집단에서 독립적으로 추출되는 확률변수들을 나타낸다고 하자. 다시 말하여 $X_1,X_2,\ldots$는 iid이다. 이 모집단의 평균은 0이고 분산은 1이라 하자.

$$Z_n = \frac{1}{\sqrt{n}}\sum_{i=1}^{n}X_i$$

*1개만 던지면 앞면의 비율은 0 또는 1의 값만을 갖는다. 2개 던지면 앞면의 비율은 0, 1/2 또는 1의 값을 갖는다. 일반적으로, n개의 동전을 던지면 앞면의 비율은 $\frac{0}{n},\frac{1}{n},\frac{2}{n},\ldots,\frac{n}{n}$ 중의 한 값을 갖는다. 각각에 대하여 매번 실험할 때마다 이들 $n+1$개 숫자 중 하나가 나오고, 10,000회 반복하면 10,000개의 숫자들이 나온다.

라 하자. 그러면 Z_n의 분포는 표준정규분포로 수렴한다.

이하에서는 중심극한정리를 증명한다. 증명은 Kallenberg (1997)를 따른다. i를 허수단위 즉 $\sqrt{-1}$이라 하자. 어떤 확률변수 ξ가 있을 때 $\varphi(t;\xi) = \mathrm{E}(e^{it\xi})$이라 하자. 만일 $f(x)$가 ξ의 확률밀도함수이면 $\varphi(t;\xi) = \int e^{itx} f(x)dx$이다. 이 $\varphi(t;\xi)$를 확률변수 ξ의 특성함수(characteristic function)라 한다. 표준정규분포를 갖는 확률변수 Z의 특성함수는

$$\varphi(t;Z) = \int e^{itx} \frac{1}{\sqrt{2\pi}} e^{-x^2/2} dx = \int \frac{1}{\sqrt{2\pi}} e^{-x^2/2+itx} dx$$
$$= \int \frac{1}{\sqrt{2\pi}} e^{-(x-it)^2/2 - t^2/2} dx = e^{-t^2/2}$$

이다. 일련의 확률변수들 $\xi_1, \xi_2, \ldots$가 있다고 하자. 만일 모든 t에 대하여 $\varphi(t;\xi_n) \to \varphi(t;Z)$이면 $\xi_1, \xi_2, \ldots$의 분포는 Z의 분포로 수렴한다는 법칙이 있다. 우리는 이제 모든 t에 대하여 $\varphi(t;Z_n) \to \varphi(t;Z) = e^{-t^2/2}$임을 증명할 것이다.

X가 $X_1, \ldots, X_n$과 동일한 분포를 가지고 있다고 하자. 주어진 t에 대하여

$$\mathrm{E}(e^{itn^{-1/2}\sum_{j=1}^n X_j}) = \mathrm{E}\left(\prod_{j=1}^n e^{itX_j/\sqrt{n}}\right) = \prod_{j=1}^n \mathrm{E}e^{itX_j/\sqrt{n}} = \left(\mathrm{E}e^{itX/\sqrt{n}}\right)^n \tag{7.1}$$

이다. 여기서 첫째 등식은 $e^{a+b} = e^a e^b$이기 때문에 성립하고, 둘째 등식은 $X_1, \ldots, X_n$이 서로 독립이기 때문에 성립하며, 마지막 등식은 모든 j에 대하여 $\mathrm{E}e^{itX_j/\sqrt{n}}$이 $\mathrm{E}e^{itX/\sqrt{n}}$과 동일하기 때문에 성립한다.

이제 $\mathrm{E}e^{itX/\sqrt{n}}$을 처리해야 하는데 이를 위해서는 다음과 같은 복잡해 보이는 결과를 사용해야 한다. 모든 실수 t와 음이 아닌 정수 n에 대하여

$$\left| e^{it} - \sum_{k=0}^m \frac{(it)^k}{k!} \right| \le \min\left\{ \frac{|t|^{m+1}}{(m+1)!}, \frac{2|t|^m}{m!} \right\}. \tag{7.2}$$

증명. $t = 0$이면 좌변이 0이고 우변도 0이기 때문에 성립한다. 다음으로 $t > 0$이라 하자. $m = 0, 1, 2, \ldots$, 에 대하여 좌변의 절대값 안에 들어있는 식을 $h_m(t)$라 하자.

$$h_m(t) = e^{it} - \sum_{k=0}^m \frac{(it)^k}{k!}$$

그리고 $h_{-1}(t) = e^{it}$이라 하자. 그러면

$$i \int_0^t h_{-1}(s)ds = i \int_0^t e^{is} ds = \left[e^{is} \right]_0^t = e^{it} - 1 = h_0(t)$$

이고 $m \ge 1$에 대하여

$$i \int_0^t h_{m-1}(s)ds = i \int_0^t \left[e^{is} - \sum_{k=0}^{m-1} \frac{(is)^k}{k!} \right] ds = \left[e^{is} \right]_0^t - \left[\sum_{k=0}^{m-1} \frac{(is)^{k+1}}{(k+1)!} \right]_0^t$$
$$= e^{it} - 1 - \sum_{k=0}^{m-1} \frac{(it)^{k+1}}{(k+1)!} = e^{it} - 1 - \sum_{k=1}^m \frac{(it)^k}{k!}$$
$$= e^{it} - \sum_{k=0}^m \frac{(it)^k}{k!} = h_m(t)$$

이다. 이 둘의 결과를 합하면

$$h_m(t) = i \int_0^t h_{m-1}(s)ds, \quad m = 0, 1, 2, \ldots$$

이 된다. 이제 수학적 귀납법을 사용한다. 먼저, $e^{it} = \cos t + i \sin t$ 이므로

$$|h_{-1}(t)| = (\cos^2 t + \sin^2 t)^{1/2} \equiv 1$$

이다. 그러므로

$$|h_0(t)| = \left| i \int_0^t h_{-1}(s)ds \right| \le \int_0^t |h_{-1}(s)|ds = \int_0^t ds = t$$

이다. 이는 식 (7.2) 우변의 첫째 항에 $m = 0$을 대입한 것과 같으며, 이로써 첫 번째 도미노가 쓰러졌다. 다음으로, 만일 $|h_m(t)| \le |t|^{m+1}/(m+1)!$이 맞다면 $m+1$에 대해서

$$|h_{m+1}(t)| = \left| i \int_0^t h_m(s)ds \right| \le \int_0^t |h_m(s)|ds \le \int_0^t \frac{s^{m+1}}{(m+1)!}ds = \frac{t^{m+2}}{(m+2)!},$$

즉 $m+1$에 대해서도 성립하며, 수학적 귀납법에 따라 모든 m에 대하여

$$|h_m(t)| \le \frac{|t|^{m+1}}{(m+1)!}$$

이 된다. 다음으로, $h_0(t) = e^{it} - 1$로부터

$$|h_0(t)| = |(\cos t - 1) + i \sin t| = [(\cos t - 1)^2 + \sin^2 t]^{1/2} = [2(1 - \cos t)]^{1/2} \le 2$$

이므로 $|h_m(t)| \le 2|t|^m/m!$이 $m = 0$에 대하여 성립한다. 다음으로, 만일 $|h_m(t)| \le 2|t|^m/m!$이 m에 대하여 성립한다면

$$|h_{m+1}(t)| = \left| i \int_0^t h_m(s)ds \right| \le \int_0^t |h_m(s)|ds \le \int_0^t \frac{2s^m}{m!}ds = \frac{2t^{m+1}}{(m+1)!}$$

이 되어, 수학적 귀납법에 따라 $|h_m(t)| \le 2|t|^m/(m!)$이 성립한다. 그러므로 (7.2)는 $t > 0$에 대해서 성립한다. $t < 0$의 경우에도 이와 유사하게 증명된다. (7.2)의 증명은 이것으로 완료된다.   **증명 끝**

중심극한정리의 증명으로 돌아와서, $e^{itX/\sqrt{n}}$에 대하여 부등식 (7.2)를 $m = 2$까지 적용시키자. 그러면

$$\left| e^{itX/\sqrt{n}} - \left(1 + \frac{itX}{\sqrt{n}} - \frac{t^2 X^2}{2n} \right) \right| \le \min \left\{ \frac{|tX|^3}{n^{3/2} 3!}, \frac{t^2 X^2}{n} \right\}$$

이 되고 양변에 기댓값을 취하면 다음이 된다(여기서 $a \wedge b$는 $\min(a, b)$의 또 다른 표현방식이다).

$$\left| \mathrm{E} e^{itX/\sqrt{n}} - \mathrm{E}\left(1 + \frac{itX}{\sqrt{n}} - \frac{t^2 X^2}{2n} \right) \right| \le \mathrm{E}\left| e^{itX/\sqrt{n}} - \left(1 + \frac{itX}{\sqrt{n}} - \frac{t^2 X^2}{n} \right) \right| \le \mathrm{E}\left[\frac{|tX|^3}{n^{3/2} 3!} \wedge \frac{t^2 X^2}{n} \right] \quad (7.3)$$

A 구역에서 1의 값을 갖고 A^c에서 0의 값을 갖는 함수를 I_A라고 표현하자. 만일 a와 b가 모두 양수라면 $(a \wedge b) = (a \wedge b)(I_A + I_{A^c}) = (a \wedge b)I_A + (a \wedge b)I_{A^c} \le aI_A + bI_{A^c}$이다. 주어진 $\delta > 0$에 대하여 집합 $A = \{|X| \le \sqrt{n}\delta\}$라 하고 $a = |tX|^3/(6n^{3/2})$ 및 $b = t^2 X^2/n$이라 하자. 그러면 부등식 (7.3)의 맨 오른쪽 항은

$$\mathrm{E}\left[\frac{|tX|^3}{n^{3/2} 3!} \wedge \frac{t^2 X^2}{n} \right] \le \mathrm{E}\left[\frac{|tX|^3}{n^{3/2} 3!} I_{|x| \le \sqrt{n}\delta} \right] + \mathrm{E}\left(t^2 X^2 I_{|X| > \sqrt{n}\delta} \right) \le \frac{|t|^3 \delta^3}{6} + \left(\frac{t^2}{n} \right) \mathrm{E}\left(X^2 I_{X^2 > n\delta^2} \right)$$

을 만족시킨다. 이 부등식은 모든 $\delta > 0$에 대하여 성립함에 유의하라. 특히 $\delta = n^{-2/5}$이라면 위의 부등식에 따라

$$\mathrm{E}\left[\frac{|tX|^3}{n^{3/2}3!} \wedge \frac{t^2X^2}{n}\right] \leq \frac{|t|^3}{6n^{6/5}} + \left(\frac{t^2}{n}\right)\mathrm{E}(X^2 I_{X^2 > n^{1/5}}) = \frac{t^2 c_n}{n},$$

을 만족시키고, 여기서 c_n은 다음과 같다.

$$c_n = \frac{|t|}{6n^{1/5}} + \mathrm{E}(X^2 I_{X^2 > n^{1/5}})$$

이 c_n의 첫째 항은 $n \to \infty$일 때 0으로 수렴하며, 둘째 항의 경우에도 $\mathrm{E}(X^2)$이 유한하므로 0으로 수렴한다. 이 관계를 (7.3)에 적용시키고

$$d_n = \frac{2n}{t^2}\left[Ee^{itX/\sqrt{n}} - \left(1 - \frac{t^2}{2n}\right)\right]$$

이라고 하면

$$Ee^{itX/\sqrt{n}} - \left(1 - \frac{t^2}{2n}\right) = \frac{t^2 d_n}{2n}, \quad |d_n| \leq 2c_n \to 0$$

을 얻는다. 그러므로

$$(Ee^{itX/\sqrt{n}})^n = \left[1 - \frac{t^2}{2n}(1 + d_n)\right]^n \to e^{-t^2/2}$$

이며 최종적으로 (7.1)로부터 중심극한정리를 얻는다. **증명 끝**

앞에서 $X_1, X_2, \ldots$가 서로 독립이며 평균이 0이고 분산이 1이라 하였다. 만일 그 평균이 μ이고 분산이 σ^2이라면

$$Z_n = \frac{1}{\sqrt{n}}\sum_{i=1}^{n}\frac{X_i - \mu}{\sigma}$$

로 정의하면 된다. 그러면 합산기호 내의 변수 $(X_i - \mu)/\sigma$는 평균이 0이고 분산이 1이다. 이 경우 Z_n은 n이 클 때 표준정규분포로 수렴한다.

7.7 더 일반적인 중심극한정리

독립추출의 가정하에서 최소제곱 기울기 추정량은 독립된 확률변수들의 합으로 나타낼 수 있지만 각각의 항들이 모두 동일한 분산을 갖는 것은 아니다. 다시 말하여

$$\hat{\beta}_1 = \beta_1 + \sum_{i=1}^{n}\left(\frac{x_i - \bar{x}}{\mathrm{SST}_X}\right)u_i, \quad \mathrm{SST}_X = \sum_{i=1}^{n}(x_i - \bar{x})^2$$

인데, 더해지는 항들 $(x_i - \bar{x})u_i/\mathrm{SST}_X$가 설명변수값 고정의 가정하에서 서로 독립이고 평균이 0이기는 하지만 분산은 동일하지 않다. 사실 오차항이 동일분산 가정을 충족시킨다 할지라도

$$\mathrm{var}\left(\frac{(x_i - \bar{x})u_i}{\mathrm{SST}_X}\right) = \frac{(x_i - \bar{x})^2 \sigma^2}{\mathrm{SST}_X^2}$$

이므로 $(x_i - \bar{x})^2$이 모든 i에 대하여 동일하지 않는 한 합산되는 항들은 분산이 다르다. 그러므로 앞절의 중심극한정리(동일한 분포를 가정)는 유용하지 않다. 하지만 이처럼 일반적인 경우에 성립하는 중심극한정리도 있으며, 이를 최소제곱 추정량에 적용할 수 있다.

독립성만 가정하고 동일분산을 가정하지 않는 경우에 대한 중심극한정리를 소개한다. 이 중심극한정리에서는 앞의 경우와 마찬가지로 $Z_n \equiv n^{-1/2}\sum_{i=1}^{n}(X_i - \mu)/\sigma$를 다룰 것이다. 그런데 $X_1, X_2, \ldots$가 iid라고 가정하지 않고 그냥 독립이라고만 가정한다. 이 경우를 다루기 위해서

$$Z_n = \sum_{i=1}^{n}\frac{(X_i - \mu)}{\sqrt{n}\sigma} = \sum_{i=1}^{n}V_{ni}, \quad V_{ni} = \frac{X_i - \mu}{\sqrt{n}\sigma}$$

라고 쓴다. 여기서 V_{ni}는 V_i로 쓸 수 없다. 왜냐하면 똑같은 i라고 하더라도 $n=1$이면 $V_{1i} = (X_i - \mu)/(\sqrt{1}\sigma)$인 반면, $n=2$이면 $V_{2i} = (X_i - \mu)/(\sqrt{2}\sigma)$로서 V_{1i}와 다르기 때문이다. 그러므로 우리가 생각할 확률변수들은

$$V_{11},$$
$$V_{21}, \; V_{22},$$
$$V_{31}, \; V_{32}, \; V_{33},$$
$$\cdots$$

으로 나가는 삼각형 모양의 배열(triangular array)이며 이 배열에 대하여 중심극한정리를 수립해야 할 대상은 $Z_n = \sum_{i=1}^{n}V_{ni}$이다. 이 V_{ni}의 삼각배열은 각 n마다 i에 걸쳐서 독립이고 평균이 모두 0이며 분산은 n과 i에 따라 달라질 수 있다. 이하에 소개할 린드버그-펠러(Lindeberg-Feller) 중심극한정리는 이렇게 행별로 독립적인 삼각배열에 대하여 일정한 조건이 만족되면 $\sum_{i=1}^{n}V_{ni}$의 분포가 정규분포로 수렴한다는 것이다.

린드버그-펠러(Lindeberg-Feller) 중심극한정리. 각각의 n에 대하여 $V_{n1}, \ldots, V_{nn}$이 서로 독립이고 $\mathrm{E}(V_{ni}) = 0$이라 하자. 만일 (i) $n \to \infty$일 때 $\sum_{i=1}^{n}\mathrm{E}V_{ni}^2 \to \sigma^2$이고 (ii) 모든 $\varepsilon > 0$에 대하여 $\lim_{n\to\infty}\sum_{i=1}^{n}\mathrm{E}[V_{ni}^2 I(|V_{ni}| > \varepsilon)] = 0$이면 $n \to \infty$일 때 $\sum_{i=1}^{n}V_{ni}$의 분포는 $N(0, \sigma^2)$으로 수렴한다. 여기서 $I(\cdot)$ 함수는 괄호 내의 조건이 만족되면 1의 값을 갖고 그렇지 않으면 0의 값을 갖는 지시함수이다.

이 린드버그-펠러의 중심극한정리로부터 지난 절의 기본적인 중심극한정리를 도출할 수 있다. X_i가 iid이며 평균이 0이고 분산이 σ^2이라 하자. 또 $V_{ni} = n^{-1/2}X_i$라 하자. 그러면 $V_{n1}, \ldots, V_{nn}$은 서로 독립이며 $\mathrm{E}(V_{ni}) = 0$이다. 또한

$$\sum_{i=1}^{n}\mathrm{E}(V_{ni}^2) = \sum_{i=1}^{n}\frac{\mathrm{E}(X_i^2)}{n} = \sum_{i=1}^{n}\frac{\sigma^2}{n} = \sigma^2$$

이다. 린드버그 조건을 점검해 보면 주어진 $\varepsilon > 0$에 대하여

$$\sum_{i=1}^{n}\mathrm{E}(V_{ni}^2 I\{V_{ni}^2 > \varepsilon^2\}) = \sum_{i=1}^{n}\mathrm{E}\left[\left(\frac{X_i^2}{n}\right)I\left(\frac{X_i^2}{n} > \varepsilon^2\right)\right] = \frac{1}{n}\sum_{i=1}^{n}\mathrm{E}[X_i^2 I(X_i^2 > n\varepsilon^2)]$$
$$= \mathrm{E}[X_i^2 I(X_i^2 > n\varepsilon^2)]$$

이 된다. 여기서 마지막 항등식은 모든 X_i가 동일한 분포를 갖기 때문에 성립한다. 그런데 $\mathrm{E}(X_i^2) = \sigma^2$으로서 유한하기 때문에 $\mathrm{E}[X_i^2 I(X_i^2 > n\varepsilon^2)]$은 $n \to \infty$일 때 0으로 수렴해야만 한다. 즉 X_i가 iid이면 $V_{ni} \equiv n^{-1/2}X_i$는 린드버그-펠러 중심극한정리의 조건들을 만족시키고 $\sum_{i=1}^{n}V_{ni} = n^{-1/2}\sum_{i=1}^{n}X_i$는 $n \to \infty$일 때 그 분포가 $N(0, \sigma^2)$으로 수렴한다.

린드버그-펠러 중심극한정리의 증명은 앞의 *iid* 경우보다 약간만 더 복잡하다. 관심 있는 독자는 스스로 해 보든지, 고급 통계학 교과서를 참고하기 바란다.

앞에서 기울기의 최소제곱 추정량을 $\hat{\beta}_1 = \beta_1 + \sum_{i=1}^{n}[(x_i - \bar{x})/\text{SST}_x]u_i$로 나타냈다. $V_{ni} = \sqrt{n}[(x_i - \bar{x})/\text{SST}_x]u_i$라 하면 $\sqrt{n}(\hat{\beta}_1 - \beta_1) = \sum_{i=1}^{n}V_{ni}$이다. 그런데 u_i가 모든 i에 대하여 독립이므로 $V_{n1}, \ldots, V_{nn}$은 서로 독립이고 $E(u_i) = 0$이므로 $E(V_{ni}) = 0$이다. 또,

$$\sum_{i=1}^{n}EV_{ni}^2 = \sum_{i=1}^{n}\frac{n(x_i - \bar{x})^2\sigma^2}{\text{SST}_X^2} = \frac{n\text{SST}_X\sigma^2}{\text{SST}_X^2} = \frac{\sigma^2}{\text{SST}_X/n} = \frac{\sigma^2}{\hat{\sigma}_X^2}, \quad \hat{\sigma}_X^2 = \frac{\text{SST}_X}{n}$$

이다. 여기서 $n \to \infty$일 때 $\hat{\sigma}_x^2$이 양의 상수로 수렴한다는 조건하에서 다음이 성립한다.

$$\sum_{i=1}^{n}EV_{ni}^2 \to \frac{\sigma^2}{\sigma_X^2}, \quad \sigma_X^2 = \lim_{n\to\infty}\hat{\sigma}_X^2$$

린드버그 조건은, 모든 $\varepsilon > 0$에 대하여 다음이 성립한다는 것이다.

$$\lim_{n\to\infty}\sum_{i=1}^{n}E\left[\frac{n(x_i - \bar{x})^2u_i^2}{\text{SST}_X^2}I\left(\frac{n(x_i - \bar{x})^2u_i^2}{\text{SST}_X^2} > \varepsilon^2\right)\right] = 0$$

이 조건하에서 중심극한정리가 성립한다. 이 마지막 식은 $n \to \infty$일 때

$$\left(\frac{1}{\hat{\sigma}_X^2}\right)\frac{1}{n}\sum_{i=1}^{n}(x_i - \bar{x})^2E\left[u_i^2I((x_i - \bar{x})^2u_i^2 > n\hat{\sigma}_X^2\varepsilon^2)\right] \to 0 \qquad (7.4)$$

으로 나타낼 수 있다.

이제 $d_n^2 = \max_{1 \le i \le n}(x_i - \bar{x})^2$이라고 하고, 식 (7.4)의 좌변을 A_n이라 하자. 그러면

$$A_n \le \left(\frac{1}{\hat{\sigma}_X^2}\right)\frac{1}{n}\sum_{i=1}^{n}(x_i - \bar{x})^2E\left[u_i^2I(d_n^2u_i^2 > n\hat{\sigma}_X^2\varepsilon^2)\right]$$

인데, 만일 $E[u_i^2I(d_n^2u_i^2 > n\hat{\sigma}_X^2\varepsilon^2)]$가 i와 상관없이 동일하다면 위 부등식은

$$A_n \le \hat{\sigma}_X^{-2}E\left[u_i^2I(d_n^2u_i^2 > n\hat{\sigma}_X^2\varepsilon^2)\right] = \hat{\sigma}_X^{-2}E\left[u_i^2I(u_i^2 > (n/d_n^2)\hat{\sigma}_X^2\varepsilon^2)\right]$$

이 된다. 그러므로 만일 $n/d_n^2 \to \infty$, 즉 $|d_n|/\sqrt{n} \to 0$이면 린드버그의 조건이 성립한다. 이 마지막 조건을 다시 쓰면, $n \to \infty$일 때

$$n^{-1/2}\max_{1 \le i \le n}|x_i - \bar{x}| \to 0$$

라는 조건을 의미한다. 다시 말하여 어떤 i에 대하여 x_i의 값이 다른 값들로부터 너무 많이 벗어나 있지만 않으면 중심극한정리가 성립한다.

u_i의 분산이 i마다 다른 경우(이분산성)에도 이와 유사한 방식으로 중심극한정리가 성립함을 보일 수 있다.

7.8 중심극한정리와 오차항 분포의 문제

앞에서 우리는 오차항이 정규분포라는 가정하에서 t 검정 방법을 도출하였다. 오차항이 정규분포를 따르지 않으면, t 검정 통계량은 표본추출 반복시행 시 t 분포를 따르지 않고, 그 결과 t 통계량을 이용한 검정은 타당성을 잃는다.

다행스럽게도 표본크기가 크면 이 문제는 해결된다. 앞에서 거듭 보아온 바와 같이 최소제곱(OLS) 기울기 추정량은 다음을 만족시킨다.

$$\hat{\beta}_1 = \beta_1 + \frac{\sum_{i=1}^{n}(x_i - \bar{x})u_i}{\sum_{i=1}^{n}(x_i - \bar{x})^2}$$

여기서 우변 둘째 항의 분자는 $\sum_{i=1}^{n}(x_i - \bar{x})u_i$ 로서, $u_1, u_2, \ldots, u_n$ 이 모두 확률적으로 서로 독립이라는 가정하에서, 독립된 확률변수들의 합이다. 그러므로 표본추출반복시행 시 이 항의 분포는 중심극한정리에 따라 정규분포에 점점 근접하게 된다. 물론 약간의 기술적인 (technical) 가정이 필요하나 여기서는 이러한 가정이 전부 성립한다고 본다.

이 "기술적인 가정"들은 앞 절에서 이야기한 린드버그-펠러 중심극한정리를 위한 조건이다. 오차항의 분산이 유한하고 동일하다는 가정하에서 하나의 충분한 조건은 앞에서 이야기한 것처럼 $n \to \infty$ 일 때 $n^{-1}\sum_{i=1}^{n}(x_i - \bar{x})^2$ 이 0보다 큰 상수로 수렴한다는 것과 $n^{-1/2}\max_{1 \le i \le n}|x_i - \bar{x}|$ 가 0으로 수렴한다는 것이다.

그러므로 표본크기가 클 때, 오차항(u_i)이 정규분포로부터 추출된 값이라는 가정 없이도 $\hat{\beta}_1$ 의 분포는 근사적으로 정규분포를 따르게 되며, 그 결과 t 통계량을 이용한 검정은 근사적으로 타당하게 된다. 다시 말하여 표본크기가 크면 우리는 오차항이 정규분포를 갖는다는 가정을 할 필요도 없고 이를 걱정할 필요도 없다.

다중회귀

제1부에서는 종속변수를 하나의 독립변수에 대하여 회귀하는 단순회귀를 살펴보았다. 주어진 모형에서 모수들을 해석하는 방법과 자료가 주어질 때 최소제곱의 방법을 이용하여 모수들을 추정하는 방법에 대하여 공부하였다. 표본추출을 반복하는 방식에 대한 가정에 입각하여 최소제곱 추정량의 성질을 살펴보았고, 주어진 자료로부터 모집단의 성질에 대한 가설들을 검정하는 방법을 살펴보았다.

제2부에서는 맨 처음의 인과관계 문제로 돌아가서, 일정한 요소들을 통제한 후에 한 변수가 다른 변수에 미치는 인과적 영향이 우리의 관심사이지만 단순회귀에서 이를 제대로 고려하지 못하는 상황을 다룬다. 단순회귀 모형을 확장한 다중회귀 모형이 어떻게 이 문제를 해결하는지 설명하고 다중회귀와 관련된 추정과 검정의 문제를 살펴본다.

8장에서는 다중회귀 모형을 추정하는 방법을 설명하고 9장에서는 최소제곱 추정량의 통계적 특성을 공부한다. 10장에서는 가설검정의 문제를 다룬다.

8 다중회귀 모형과 그 추정

이 장에서는 다중회귀 모형, 모수들의 해석 방법, 최소제곱 추정방법, 그리고 최소제곱과 관련된 여러 통계량에 관하여 공부한다.

8.1 다중회귀 모형

다시 맨 처음의 인과관계 문제로 돌아오자. $Y = \beta_0 + \beta_1 X + u$라는 단순회귀모형에서 $E(u|X) = 0$이라면 β_1은 "X의 변화가 Y에 평균적으로 미치는 영향"을 측정한다. 예를 들어 X가 학력 (교육연수)이고 Y가 임금이면, β_1은 교육을 1년 더 받으면 임금이 평균 얼마 증가하는지 측정한다.

어떤 경우에는 이 β_1이 관심거리이기는 하지만, 반드시 단순히 학력과 임금의 전체적인 관계만이 흥미로운 것은 아닐 수도 있다. 예를 들어 보자.

할머니: 인터넷에 보니까 4년제 대학 졸업생은 2년제 대학 졸업생보다 임금이 평균 약 8% 높다고 하는구나. 2년에 8%니까 학교 1년 더 다니면 봉급이 4% 정도 더 높겠네.

손자: 그래요? 그런데 같은 나이면 2년제 대학 졸업생이 좀 더 일을 빨리 시작하니까 경력이 좀 더 많지 않을까요? 초임 연봉을 비교한 것이 아니라면 그 4% 차이에는 학력과 경력의 영향이 뒤섞여 있을 수도 있겠어요.

할아버지: 일반 사람들이야 같은 나이에 얼마를 더 받느냐가 중요하니까 전체적인 차이만 중요하겠지만, 교육이 생산성에 얼마나 영향을 미치는지 연구하는 사람들은 경력을 고정시킨 채 학력만의 효과를 따로 떼어내 보고 싶겠구나.

손녀: 그렇겠네요. 그런데 경력의 영향이 오차항에 포함되고 나면, 학력이 낮을수록 일반적으로 경력이 많게 되고, 따라서 설명변수인 학력과 오차항이 서로 관련을 갖게 되니까, 단순한 모형에서 최소제곱법을 써서 나온 추정값은 무용지물이 되겠네요.

단순히 임금을 학력에 회귀시키는 것은 예를 들면 학력이 10년 사람들과 11년인 사람들 사이의 평균적인 임금격차를 추정하게 된다. 하지만 임금의 차이가 학력뿐 아니라 경력에 의해서도 영향을 받고, 학력이 높은 사람이 평균적으로 경력이 적으면, 학력이 10년인 사람들과 11년인 사람들에게 관측되는 평균임금차이가 순전히 학력 때문인지 경력차이로 인한 효과가 섞여 있는지 알 수 없게 된다.

이 문제는, 우리의 관심사가 경력을 통제한 후의 학력의 영향임에 반하여 단순회귀모형에서는 이를 고려하지 않기 때문에 발생한다.

오차평균0 가정

앞의 예에서 우리의 관심사는 경력이 동일할 때 학력에 따라 발생하는 평균임금 격차이다. 그런데 단순히 학력이 상이한 사람들만을 비교하게 되면 관측되는 평균임금 격차의 얼마만큼이 학력 차이 때문이고 얼마만큼이 경력 차이 때문인지 알 수 없다.

이 상황은 **오차평균0 가정**과 밀접히 연관되어 있다. 단순모형 **임금** $= \beta_0 + \beta_1$**학력** $+ u$에서, 설명변수 표본값 고정의 가정하에서 표본추출을 반복하자면 우선 노동자들을 학력에 따라 구획한 후 각 i는 해당 학력군에서 반복하여 추출하여야 한다. 예를 들어, 만일 자료 내 첫째 사람이 고졸자라면, 반복되는 (상상 속의) 표본추출에서 첫째 사람은 고졸자 그룹에서 무작위로 추출된다. 만일 고졸자 집단과 대졸자 집단 중 고졸자 집단의 경력이 평균적으로 더 높다면, 경력으로 인한 차이가 오차항에 포함되어 오차평균0의 가정이 위배되고, 평균임금 차이가 학력으로 인한 것인지 여타 요소(경력) 때문인지 알 수 없게 된다.

이를 수식으로 표현하면 다음과 같다. **임금** $= \beta_0 + \beta_1$**학력** $+ u$로부터 **학력**이 16년인 사람들의 평균 임금과 **학력**이 12년인 사람들의 평균 임금 간의 차이는 다음과 같이 분해된다.

$$E(\text{임금}|\text{학력}=16) - E(\text{임금}|\text{학력}=12)$$
$$= \beta_1(16-12) + [E(u|\text{학력}=16) - E(u|\text{학력}=12)] \tag{8.1}$$

위에서 둘째 줄 첫째 항 $\beta_1(16-12)$는 학력 차이의 영향이며 둘째 항(꺾은 괄호 안)은 학력을 제외한 여타 요소(경력 포함) 차이의 영향이다. 오차평균0 가정이 성립한다면, 이 둘째 항이 0이며, 따라서 고졸자와 대졸자의 평균 임금 차이(좌변)가 바로 학력 차이의 영향이다. 하지만 만일 고졸자의 경력이 대체로 더 높고 경력이 높을수록 임금이 높다면, 둘째 항의 값이 음($-$)이 되고, 이 값의 정확한 크기를 모르는 한 식 (8.1)의 좌변(관측되는 평균임금 차이)으로부터 β_1(학력 1년 차이의 영향)에 관한 정보를 얻을 수 없다.

식 (8.1)의 좌변은 자료를 이용하여 추정할 수 있다. 우변의 $\beta_1(16-12)$가 우리의 관심사인데, 식 (8.1)의 둘째 줄 중괄호 안의 차이에 대한 정보가 없으면 좌변으로부터 β_1을 알아낼 방법이 없다. 참고로, 오차평균0 가정은 이 차이가 0이라고 가정한다.

이 문제는 우리의 관심사가 경력을 통제한 후의 학력의 영향임에 반하여 단순회귀모형에서는 이를 고려하지 않은 결과 오차평균0의 가정이 위배되기 때문에 발생한다.

▶ **연습 8.1.** 학력이 동일한 남녀의 평균임금 차이에 관심이 있다고 하자. 학력이 성별에 따라 평균적으로 차이가 난다고 할 때, 임금을 여성더미에 대하여 단순회귀할 경우 어떻게 하여 오차평균0의 가정이 위배될 수 있는지 설명하라.

▶ **연습 8.2.** 만일 $E(u|\text{학력})$이 0이 아니지만 **학력** 값의 크기와 무관하다면, 식 (8.1)의 우변 둘째 항의 값은 무엇인가?

▶ **연습 8.3.** $Y = \beta_0 + \beta_1 X + u$에서 $E(u|X) = c \neq 0$이고 c가 상수이면 β_1의 최소제곱추정량은

여전히 비편향이며 아무런 문제도 존재하지 않음을 한 줄(또는 두 줄)의 수학을 사용하여 논하라. 이때 β_0은 무엇으로 재정의할 수 있는가?

오차의 평균이 X값에 의존하면 최소제곱 추정값은 기울기의 참값으로부터 평균적으로 벗어나고 이 참값에 대한 일관된 정보를 제공하지 않는다.

예제 8.1 음주율과 사망률

우리나라 군별 사망 통계가 Death 데이터에 있다. 2010년 자료를 이용하여 음주율(*drink*, 최근 1년 동안 월 1회 이상 음주한 사람의 비율, %)과 사망률(*deathrate*, 연말 주민등록 인구 1천명당 연간 사망자 수)의 관계를 보자. 모형은 $deathrate = \beta_0 + \beta_1 drink + u$이다. 오차항 u는 사망률에 영향을 미치는 요인들 중 음주자 비율을 제외한 나머지 요인들의 영향의 총합이다. 참고로, 좌변의 사망률은 필자가 계산한 것으로서 통계청 발표 '사망률' 과 다르다. 통계청 발표 '사망률'은 연앙인구, 즉 매년 7월 1일 시점의 인구 10만명당 사망자 수인 반면, 필자가 계산한 사망률은 통계청 발표 연말 주민등록인구 1천명당 사망자 수이다. 다음 회귀 결과를 보자.

```
1  > data(Death, package="loedata")
2  > summary(lm(deathrate~drink, data=Death, subset=year==2010))
3
4  Call:
5  lm(formula = deathrate ~ drink, data = Death, subset = year ==
6      2010)
7
8  Residuals:
9      Min      1Q  Median      3Q     Max
10 -5.3766 -1.2509  0.1862  1.2684  3.9328
11
12 Coefficients:
13             Estimate Std. Error t value Pr(>|t|)
14 (Intercept) 21.10056    1.72216  12.252  < 2e-16 ***
15 drink       -0.22682    0.03626  -6.256 1.59e-08 ***
16 ---
17 Signif. codes:  0 '***' 0.001 '**' 0.01 '*' 0.05 '.' 0.1 ' ' 1
18
19 Residual standard error: 1.843 on 84 degrees of freedom
20 Multiple R-squared:  0.3178,    Adjusted R-squared:  0.3097
21 F-statistic: 39.14 on 1 and 84 DF,  p-value: 1.586e-08
```

위 15번 행 결과에 의하면 *drink*의 계수는 음수이며, 이는 음주율이 높을수록 사망률이 낮음을 뜻한다. p값이 거의 0이므로 이 효과는 통계적으로 매우 유의하고, 음주율이 1%p

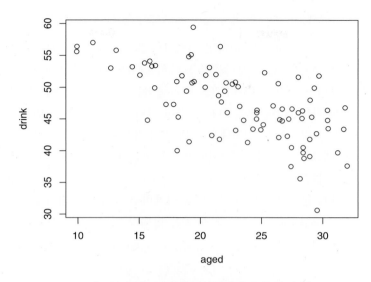

〈그림 8.1〉 고령인구비율과 음주율의 관계

높은 지역에서 인구 1천명당 사망자 수가 약 0.23명 낮은 것이므로 이 차이는 실질적으로도 상당하다. 그렇다고 하여 여타 조건이 동일할 때 음주율이 더 높은 지역의 사망률이 더 낮다고 말할 수 있을까? 술에 건강을 증진시키는 성분이 포함되어 있어서 음주가 건강에 이롭다고 이야기하고 싶은 사람도 (틀림없이) 있겠으나 받아들이기 어렵다. 그보다는 오히려 오차항에 포함된 요소들이 음주율과 상관이 있어 14–15번 행의 결과가 인과적 효과로부터 벗어나 있다고 하는 편이 더 설득력 있다.

오차항 u에 포함된 중요한 요인으로는 해당 지역의 고령인구 비율이 있을 것이다. 고령인구 비율이 높은 지역에서는 당연히 사망률도 여타 지역보다 높을 수밖에 없다. 만약 음주인구 비율과 고령인구 비율이 확연한 상관관계를 갖는다면 이는 설명변수 $drink$와 오차(고령인구 비율의 영향을 받음)가 상관관계를 가짐을 의미한다. 실제 2010년 통계청 제공 고령인구비율(연말 주민등록인구 기준으로 65세 이상의 비율, %)과 음주율의 관계는 〈그림 8.1〉에서 보는 것처럼 상당한 음의 상관을 갖는다. 이때 $\mathrm{E}(u|drink)$의 값은 $drink$에 영향을 받고 최소제곱 추정량은 편향된다.

다른 변수를 제어하여 오차평균0을 회복

학력과 경력의 예에서, 만약 자료가 풍부하다면 학력과 경력이 상관됨으로 인한 문제는 경력이 동일한 사람들만으로 단순회귀를 하면 해결할 수 있을 것이다(예를 들어 초임자 임금 비교). 하지만 자료가 충분히 많지 않을 수 있고, 또 경력은 0년, 1년, 2년 등으로 많을 수 있으므로 이 중 어느 것을 선택해야 할지 불분명할 수 있다. 대화를 계속해 보자.

　　할머니: 그런데 어떻게 하면 학력만의 효과를 따로 떼어내어 볼 수 있을까?

　　손자: 경력이 같은 사람들만 모아서 학력의 효과를 보면 되지 않을까요? 예를 들어 경력이 1년인 사람들로부터 표본을 추출하는 것은 어떨까요?

　　할아버지: 그러면 되겠구나. 그런데 경력이 2년인 사람들만 모아도 되지 않을까?

　　손녀: 그렇게 해도 되겠네요. 그런데 경력은 0, 1, 2, 3 등등 많잖아요. 그 중에 어떤 것을 골라야 해요? 모두 다 사용하는 방법은 없을까요? 경력을 하나로 제한하면 자료 크기가 많이 줄어들잖아요.

　　할머니: 글쎄다. 그런데 모두 다 사용하면 처음의 문제점으로 되돌아가는 것 아니냐?

　　손자: 그렇네요. 그래도 뭔가 좋은 방법이 있지 않을까요?

자료가 충분하지 않아 각 경력에서 동일 경력의 사람들이 소수이거나 1인뿐일 때 자료상의 정보를 좀 더 응집시켜 사용할 수 있는 방법이 있다. log(임금)이 **학력**과 **경력**에 의하여 선형으로 결정된다고 할 때, 이는 단순회귀모형

$$\log(임금) = \beta_0 + \beta_1 학력 + u \tag{8.2}$$

보다는 다음과 같은 모형을 세우는 것이다.

$$\log(임금) = \beta_0 + \beta_1 학력 + \beta_2 경력 + u \tag{8.3}$$

경력의 효과는 모형 (8.2)에서는 오차항에 포함되는 반면 모형 (8.3)에서는 오차로부터 분리되어 별도의 항으로 독립되었다.

　　♟ 경력이 짧을 때 임금이 경력에 평균적으로 반응하는 정도는 경력이 길 때 임금이 경력에 반응하는 정도와 다를 수 있으므로, 아마 log(임금)이 **경력**에 의하여 선형으로 결정되지는 않을 것이다. 이러한 상황은 **경력**의 제곱항을 포함시키는 등 모형을 간단히 수정하여 반용할 수 있다. 실제 분석을 할 때에는 모형을 어떻게 세울지에 대해서도 깊이 생각해 보아야 한다. 보통은 다른 연구자들이 어떠한 방식으로 모형을 세우는지 살펴보는 것도 나쁘지 않다.

　　♟♟ 모형 (8.2)와 (8.3)을 비교해 보자. 단순모형 (8.2)에서는 **학력**에 따라 구획된 노동자 집단간에 **경력**의 체계적인 차이로 인해 오차평균이 상이할 수 있지만, (8.3)에서는 **학력**과 **경력** 두 요소에 따라 노동자들을 구획하므로 이들 구획에 걸쳐 오차의 평균이 동일하고, 절편 β_0을 적절히 재정의하면 오차평균은 0이라고 하여도 좋을 것이다. 여기서 **학력**과 **경력**이 상이한 집단 간의 평균임금 차이는 모두 **학력**과 **경력** 때문에 발생한다고 본다.

다중회귀 모형

단순회귀식 (8.2)에서 우리는 **학력**별로 오차항의 평균이 상이할 수도 있음을 보았다. 왜냐하면 오차항에 포함된 **경력**이 **학력**과 상관을 가져서, 고학력 집단은 저학력 집단에 비하여

경력이 낮고 그에 따라 오차항이 평균적으로 더 낮기가 쉽기 때문이다. 또한 **예제 8.1**의 단순회귀 모형에서는 음주율과 고령인구비율이 상관되어 음주율별로 오차항의 평균이 상이할 수 있었다.

반면 식 (8.3)의 오차항은 이러한 문제가 없(거나 더 적)어 보인다. 여기의 오차항 u는 **학력**과 **경력**의 영향을 제외한 여타 요소의 영향이고, 따라서 이 오차항은 **경력**의 영향을 포함하지 않는다. 그러므로 오차항이 변화하는 것은 **학력**과 **경력** 이외의 요소 때문이며, 적어도 **경력**과 **학력**의 상호관련으로 인한 문제는 더 이상 없다.

물론 이 경우에도 **경력**과 **학력**을 제외한 제3의 요소가 임금결정에 중요하고 이 제3의 요소가 **학력**이나 **경력**과 관련되어 있다면 문제가 발생할 수도 있다. 하지만 "완벽한 쌍둥이"를 비교하여 분석하지 않는 한, 이런 식의 문제는 세상에 존재하는 모든 모형에 대하여 제기할 수 있으며 우리는 어디선가는 이런 논의를 중단하고 주어진 모형에 만족해야 한다. 이때 우리가 어디에서 멈출 것인가는 어떠한 요인을 통제하고 싶은가에 따라 좌우된다.

이처럼 우변에 하나 이상의 변수가 포함되는 회귀모형을 사람들은 **다중회귀 모형**(multiple regression model) 또는 다변수 회귀모형이라고 한다. 다중회귀 모형이라는 용어는 처음에는 다소 생소할 수 있으나 쓰다 보면 익숙해진다. 이 용어 대신 '우변에 여러 변수가 있는 모형'이라고 해도 상관없으나 나중에는 길게 말하는 것이 불편해서 어느 순간부터는 다중회귀 모형이나, 심지어는 더 줄여서 중회귀 모형*이라고 할 것이다.

지금까지 한 이야기는 그저 우변에 변수를 더 많이 쓰고 그 모형을 다중회귀 모형이라고 칭한다는 것뿐이다. 이것은 누구나 할 수 있다. 확신이 안 서면 종이를 한 장 꺼내 "$Y = \beta_0 + \beta_1 X_1 + \beta_2 X_2 + u$"라고 쓰고 "이것은 다중회귀모형이다"라고 말해 보라. 더 중요한 문제는 이 다중회귀 모형의 모수들을 해석하고, 기울기들과 절편을 추정하며, 이 추정값들이 표본추출 반복시행 시 어떤 성질을 갖는지 알아내고, 추정값들로부터 모수의 참값에 대한 적절한 추론을 하는 것이다.

8.2 모수의 해석

우변에 여러 개의 변수가 포함된 일반적인 모형을 다음과 같이 쓰자.

$$Y = \beta_0 + \beta_1 X_1 + \cdots + \beta_k X_k + u$$

여기서 k는 우변에 포함된 설명변수의 개수이다. 좌변의 Y는 관측가능한 변수이어야 한다. 예를 들어 $Y = \beta_0 + \beta_1 X_1 + \beta_2 X_2 + u$는 타당하나, β_j를 모를 때 $Y - \beta_1 X_1 = \beta_0 + \beta_2 X_2 + u$

---

*이 책에서는 '중회귀'란 표현까지 줄이지는 않겠다. '중회귀'라는 표현이 짧아서 좋기는 하지만 '중'이 '다중'을 말하는지 '무겁다'는 것을 말하는지 '가운데'를 말하는지 초심자는 한 번 더 생각해 보는 수고를 할 수도 있기 때문이다. 또, '단순'이 두 글자이므로 '다중'이라는 두 글자를 사용하면 글자 수가 같아서 대칭을 추구하는 우리의 심미적 욕구를 약간 더 충족시키는 측면도 있다.

는 좌변의 $Y - \beta_1 X_1$ 데이터를 구할 수 없으므로 제대로 된 모형이 아니다. 모수 해석을 위해 단순 모형의 경우와 유사하게 $\mathrm{E}(u|X_1,\ldots,X_k) = 0$이라고 가정한다. 그러면 앞에서처럼 다음을 얻는다.

$$\mathrm{E}(Y|X_1,\ldots,X_k) = \beta_0 + \beta_1 X_1 + \cdots + \beta_k X_k$$

이제 $X_2,\ldots,X_k$의 값들을 모두 고정하고 X_1만 한 단위 증가시키면 Y는 평균 얼마만큼 증가하는지 보자. 자명한 계산에 따르면 $\mathrm{E}(Y|X_1,\ldots,X_k)$는 β_1만큼 증가한다. 따라서 β_1은 여타 설명변수들$(X_2,\ldots,X_k)$이 고정된 채 X_1이 한 단위 증가할 때 Y가 평균적으로 증가하는 정도를 나타낸다. 이와 마찬가지로 β_2는 여타 설명변수들$(X_1,X_3,\ldots,X_k)$이 고정된 채 X_2가 한 단위 증가할 때 Y가 평균적으로 증가하는 정도를 나타낸다.

▸ **연습 8.4.** 자연로그를 취한 시간당 임금을 종속변수로 하고, 설명변수로서 학력과 경력과 나이가 있는 다음의 선형모형을 생각해 보자.

$$\log(임금) = \beta_0 + \beta_1 학력 + \beta_2 경력 + \beta_3 나이 + u$$

각각의 기울기 계수를 해석해 보라. 또 β_0을 해석해 보라.

▸ **연습 8.5.** 위의 문제에서 **경력**과 **나이**가 고정된 채 **학력**이 1년 증가한다는 것은 무엇을 말하는가? 동일 시점에서 관측된 갑과 을의 나이와 경력이 같다고 하자. 어떻게 하면 갑의 학력이 을의 학력보다 더 길 수 있겠는가? 이에 기초하여, **연습 8.4**에서 학력의 효과 β_1은 어떠한 사람들을 비교함으로써 식별되는지 설명하라.

▸ **연습 8.6.** 연습 8.4에서 만일 모든 사람들이 똑같은 나이에 학교에 입학하고 졸업 후에 1년도 쉬지 않는다면(즉, 예를 들어 모든 사람에게서 6 + **학력** + **경력** = **나이**의 관계가 성립한다면) 경력과 나이를 고정시키고 학력을 변화시키는 것이 가능한가? 이 경우 최소제곱 추정량에는 무슨 일이 생기는가?

한편, "여타 우변변수들을 고정시키고 한 변수만 변할 때 종속변수가 받는 영향"이라는 해석이 항상 옳은 것은 아니라는 점을 염두에 두어야 한다. 나중에 상호작용항(11.1절)과 제곱항(11.4절)을 다룰 때에 다른 방식으로 해석해야 하는 경우를 보게 될 것이다.

8.3   최소제곱법

i번째 관측대상의 자료를 $y_i, x_{i1},\ldots,x_{ik}$ 라고 표시하자. 실제 자료에서 이들은 숫자이다. 전체 자료를 스프레드시트로 표현하면 〈표 8.1〉과 같을 것이다. 이 횡단면 자료에서 맨 앞의 일련번호(i)는 별다른 정보를 주지 않으므로 없어도 된다. 하지만 이 번호가 있으면 "1번 관측치의 X_3 값", "12번 관측치의 X_2 값" 하는 식으로 자료에 대하여 다른 사람에게 설명하기 쉬우므로 맨 앞에 이런 일련번호를 주기도 한다.

〈표 8.1〉 자료 집합의 예

i	Y	X_1	X_2	$\cdots$	X_k
1	y_1	x_{11}	x_{12}	$\cdots$	x_{1k}
2	y_2	x_{21}	x_{22}	$\cdots$	x_{2k}
3	y_3	x_{31}	x_{32}	$\cdots$	x_{3k}
$\vdots$	$\vdots$	$\vdots$	$\vdots$		$\vdots$
n	y_n	x_{n1}	x_{n2}	$\cdots$	x_{nk}

우리의 목적은 자료를 이용하여 $\beta_0, \beta_1, \ldots, \beta_k$를 추정하는 것이다. 자료가 주어져 있을 때, 단순모형에서와 마찬가지로 다중회귀 모형에서 최소제곱법(least squares)은 다음을 최소시키는 $b_0, b_1, \ldots, b_k$를 찾는다.

$$\sum_{i=1}^{n}(y_i - b_0 - b_1 x_{i1} - \cdots - b_k x_{ik})^2 \tag{8.4}$$

이 최소제곱법을 보통최소제곱법(ordinary least squares, OLS)이라고 한다고 하였다. 이 보통의 최소제곱법 혹은 통상적인 최소제곱법은 나중에 13장에서 설명할 일반화된 최소제곱법(generalized least squares, GLS)의 특수한 형태이다. 단순모형에서 구한 최소제곱 추정량도 OLS 추정량이다.

계량경제학에서 "ordinary", 즉 "보통의" 또는 "통상적인"이라는 말이 붙는 통계량은 오차항에 이분산(13장 참조)과 자기상관(14장 참조)이 없을 때를 염두에 두고 고안된 통계량을 일반적으로 지칭한다. '보통' 최소제곱법은 이분산과 자기상관이 없을 때 BLUE이고 '통상적인' 표준오차는 이분산과 자기상관이 없을 때 사용할 수 있는 표준오차이다.

주어진 자료에 대하여 식 (8.4)를 최소화시키는 OLS 추정량을 $\hat{\beta}_0, \hat{\beta}_1, \ldots, \hat{\beta}_k$라 표기하면 다음 조건들이 모두 만족된다.

$$\sum_{i=1}^{n}(y_i - \hat{\beta}_0 - \hat{\beta}_1 x_{i1} - \cdots - \hat{\beta}_k x_{ik}) = 0,$$
$$\sum_{i=1}^{n}x_{i1}(y_i - \hat{\beta}_0 - \hat{\beta}_1 x_{i1} - \cdots - \hat{\beta}_k x_{ik}) = 0,$$
$$\sum_{i=1}^{n}x_{i2}(y_i - \hat{\beta}_0 - \hat{\beta}_1 x_{i1} - \cdots - \hat{\beta}_k x_{ik}) = 0, \tag{8.5}$$
$$\vdots$$
$$\sum_{i=1}^{n}x_{ik}(y_i - \hat{\beta}_0 - \hat{\beta}_1 x_{i1} - \cdots - \hat{\beta}_k x_{ik}) = 0$$

앞에서와 마찬가지로 이 $k+1$개의 등식을 직교방정식(normal equations)이라 한다.

⚠ 이 직교방정식들은 함수 (8.4)를 $b_0, b_1, b_2, \ldots, b_k$에 대하여 미분하고, 여기서 나온 $k+1$개의 미분표현식을 0과 등치시킨 후 $\hat{\beta}_0, \hat{\beta}_1, \ldots, \hat{\beta}_k$을 대입시킴으로써 얻을 수 있다.

식 (8.5)에 $k+1$개의 등식(직교방정식)이 있고 $k+1$개의 미지수($\hat{\beta}_0, \hat{\beta}_1, \ldots, \hat{\beta}_k$)가 있으므로 일반적으로 이 $k+1$원 1차 연립방정식은 풀린다. 하지만 이 해들을 단순회귀모형에서처럼 간단히 표시하기는 쉽지 않다.

실제 적용할 때는 R이 자동으로 계산해 준다. R에서는 단순회귀와 마찬가지로 lm 명령어를 사용한다. 모형을 지정할 때, 설명변수를 추가하려면 + 기호를 사용한다. 예를 들어 y를 x1과 x2를 회귀하려면 lm(y~x1+x2)라고 한다.

⚠⚠ 선형대수(linear algebra) 또는 **행렬** 표기를 이용하면 이 해들을 상당히 간단히 표현할 수 있는데, 나중에 본 장의 부록에서 도전정신이 있는 독자들이나 계량경제학 이론에 관심이 있는 대학원 학생들을 위해서 이를 시도해 본다. 물론 이를 시도해 보는 학생만 도전정신이 있다는 것은 아니고 이를 시도해 본다고 해서 다 도전정신이 있다는 것도 아니다.

예제 8.1에서 사망률을 음주율에 단순회귀할 경우 음의 기울기 계수를 얻음을 보았다. 고령인구 비율을 추가로 통제할 때에도 그러한 현상이 나타나는지 살펴보자.

예제 8.2 음주율과 사망률(계속)

Death 데이터의 2010년 지역별 자료를 이용하여 음주율과 사망률의 관계를 다중회귀 분석을 통하여 구하여 보자. 모형은 다음과 같다.

$$\text{사망률} = \beta_0 + \beta_1 \text{음주율} + \beta_2 \text{고령인구비율} + u$$

음주율 변수의 계수 β_1은 고령인구 비율이 동일하면서 음주인구 비율이 1 퍼센트 포인트 높은 지역의 1천명 당 사망자 수가 평균 β_1명 많음을 의미한다.

Death 자료에서 사망률은 deathrate, 음주인구 비율은 drink, 고령인구 비율은 aged 변수이다. 다음 회귀 결과를 보라.

```
1  > data(Death, package="loedata")
2  > summary(lm(deathrate~drink+aged, data=Death, subset=year==2010))
3
4  Call:
5  lm(formula = deathrate ~ drink + aged, data = Death, subset = year ==
6      2010)
7
8  Residuals:
9       Min      1Q   Median      3Q      Max
10 -1.72883 -0.37260 -0.00907  0.43054  1.59751
11
12 Coefficients:
```

```
13              Estimate Std. Error t value Pr(>|t|)
14   (Intercept) -0.61389    1.06011  -0.579    0.5641
15   drink        0.03443    0.01641   2.099    0.0389 *
16   aged         0.40576    0.01636  24.797   <2e-16 ***
17   ---
18   Signif. codes:  0 '***' 0.001 '**' 0.01 '*' 0.05 '.' 0.1 ' ' 1
19
20   Residual standard error: 0.6394 on 83 degrees of freedom
21   Multiple R-squared:  0.9189,    Adjusted R-squared:  0.9169
22   F-statistic:    470 on 2 and 83 DF,  p-value: < 2.2e-16
```

고령인구 비율을 통제하였더니, 예제 8.1 결과와 달리 drink의 계수 추정값이 양수가 되었다. 구체적으로, 고령인구 비율이 동일한 지역들을 비교할 때, 음주인구 비율이 10 퍼센트 포인트 높은 지역에서 인구 1천명당 사망자 수가 약 0.34명 더 많으며 p값이 0.0389로 0.05보다 작으므로 이 양의 효과는 5% 수준에서 통계적으로 유의하다(개별 변수의 통계적 유의성에 관한 논의는 단순회귀분석의 경우와 동일하다).

절편을 수학적으로 어떻게 이해할까

회귀모형 $Y = \beta_0 + \beta_1 X_1 + \cdots + \beta_k X_k + u$에서 절편은 모집단 내 $X_1 = 0, \ldots, X_k = 0$인 개인들의 평균 Y값이다. 이건 두뇌를 가진 인간이 절편을 이해하는 방식이고, 여기서는 컴퓨터가 절편을 이해하는 방식을 생각해 보도록 한다.

우선 $\beta_0 = \beta_0 \times 1$이다. 이것을 좀 더 복잡하게 $\beta_0 \times X_0$이라고 쓰고 X_0가 항상 1의 값을 갖는 변수(퇴화된 변수)라고 하면, 위의 모형은

$$Y = \beta_0 X_0 + \beta_1 X_1 + \cdots + \beta_k X_k + u$$

라고 나타낼 수 있다. 여기서 X_0은 그 값이 항상 1로 고정된 상수(또는 퇴화된 '변수') 이다. 그러므로 위의 회귀모형은 우변에 $X_0, X_1, \ldots, X_k$라는 $k+1$개의 변수(그 중 첫째 것은 퇴화된 변수)를 가진 모형이라고 하여도 문제될 것이 없다. 물론 여기서 β_0이 절편이라는 것을 우리는 안다.

이렇게 이해할 경우 β_1이 X_1 변수의 계수인 것처럼 β_0은 X_0 '변수'(퇴화된 변수)의 계수라고 보아도 좋다. 즉, β_0은 그 값이 항상 1을 갖는 변수의 계수이다. 수학적인 계산이나 컴퓨터를 사용한 계산에서는 1이라는 숫자가 다른 숫자들과 특별히 다르게 취급되지 않는다. 그러므로 β_0이 β_1이나 β_2와 다른 특별한 방식으로 취급되지 않으며 그저 하나의 변수(값이 항상 1인 변수)에 대한 계수로서 취급될 뿐이다.

절편만 있는 모형과 절편이 없는 모형

절편 이야기가 나온 김에, 절편으로만 이루어진 모형 $Y = \beta_0 + u$도 생각해 볼 수도 있다. 그러면 OLS 추정량 $\hat{\beta}_0$은 직교방정식 $\sum_{i=1}^{n}(y_i - \hat{\beta}_0) = 0$을 만족시키므로 $\hat{\beta}_0 = \frac{1}{n}\sum_{i=1}^{n} y_i$를 얻는다. 절편만으로 이루어진 모형에서 절편의 OLS 추정량은 종속변수의 표본평균과 동일하다. 이러한 의미에서 OLS 추정량은 표본평균을 일반화한 것이라 할 수 있다.

이를 모집단 분포의 관점에서 살펴보자. Y가 한 확률변수라 할 때 $\mathrm{E}[(Y-\theta)^2]$을 최소화시키는 모수 θ는 무엇인가? $(Y-\theta)^2 = Y^2 - 2\theta Y + \theta^2$이므로, 여기에 기댓값을 취하면 $\mathrm{E}[(Y-\theta)^2] = \mathrm{E}(Y^2) - 2\theta\mathrm{E}(Y) + \theta^2 = [\theta - \mathrm{E}(Y)]^2 + \mathrm{E}(Y^2) - \mathrm{E}(Y)^2$이 된다. 이를 최소화시키는 θ는 $\mathrm{E}(Y)$이다. 즉, 편차 제곱의 기댓값을 최소화시키는 모수는 평균이다.

한편, 절편만 있는 모형에서 최소절대편차법(LAD)은 $\frac{1}{n}\sum_{i=1}^{n}|y_i - \beta_0|$을 최소화한다. 계산에 따르면, LAD 추정량 $\tilde{\beta}_0$는 $y_1, y_2, \ldots, y_n$의 중위값(median)과 동일하며, 이러한 의미에서, 일반적인 다중회귀모형에서 LAD 추정량은 표본 중위값을 일반화한 것이라 할 수 있다. 모집단 분포에서도, $\mathrm{E}|Y - \theta|$를 최소화시키는 모수 θ는 Y의 중위값(위 아래 확률들을 동일하게 만드는 지점)이다.

꼬리에 꼬리를 무는 느낌이 없지 않지만, 이번에는 절편 없이 한 변수에 대해서만 회귀하는 것을 생각해 보자. 즉, 모형은 $Y = \beta_1 X + u$이다. 그러면 추정할 계수가 하나(β_1)뿐이고, OLS 추정량 $\tilde{\beta}_1$는 다음 직교방정식을 이용하여 구할 수 있다.

$$\sum_{i=1}^{n} x_i(y_i - \tilde{\beta}_1 x_i) = 0$$

교환법칙과 결합법칙을 이용하면 위 직교방정식의 해는 다음이 됨을 쉽게 알 수 있다.

$$\tilde{\beta}_1 = \frac{\sum_{i=1}^{n} x_i y_i}{\sum_{i=1}^{n} x_i^2}$$

이것을 (미지의 절편을 포함한) 단순회귀 모형의 OLS 기울기 추정량 (3.3)과 비교해 보면 $x_i - \bar{x}$ 대신에 x_i가 사용되고 $y_i - \bar{y}$ 대신에 y_i가 사용되었다. 모형의 절편 β_0은 변수들의 평균(표본평균)으로부터의 편차만 이용하도록 해 주는 역할을 한다.

분해 정리

우변에 절편을 포함하여 세 개의 모수를 가진 모형

$$Y = \beta_0 + \beta_1 X_1 + \beta_2 X_2 + u$$

를 생각해 보자. 그러면 최소제곱 추정량 $\hat{\beta}_1$은 다음 두 단계에 의해서도 구할 수 있다.

1. X_1을 자신을 제외한 우변항들(즉 상수항과 X_2)에 대하여 OLS 회귀한다. 그 잔차들을 저장한다.

2. Y를 위에서 구한 잔차항에 대하여 절편 없이 회귀한다. 이때 절편이나 X_2를 포함시켜도 상관은 없다.

이를 잠깐 증명해 보고 넘어갈 것이다. 행렬연산을 더 좋아하는 독자라면 본 절의 마지막에 있는 더 일반적인 상황에서의 증명을 참조하고, 여기의 증명을 건너뛰어도 좋다 (사실 행렬연산을 이용한 증명이 훨씬 깔끔하다). 다중회귀 추정량을 $\hat{\beta}_0$, $\hat{\beta}_1$, $\hat{\beta}_2$ 라 하고 1단계 회귀로부터의 잔차값들을 $\hat{r}_{i1}$ 이라 할 때, 우리가 증명할 것은 $\sum_{i=1}^{n} \hat{r}_{i1}(y_i - \hat{\beta}_1 \hat{r}_{i1}) = 0$ 이다. 원래 회귀식의 개인별 잔차를 $\hat{u}_i = y_i - \hat{\beta}_0 - \hat{\beta}_1 x_{i1} - \hat{\beta}_2 x_{i2}$ 라 하면, 항등식 $y_i = \hat{\beta}_0 + \hat{\beta}_1 x_{i1} + \hat{\beta}_2 x_{i2} + \hat{u}_i$ 와 1단계 회귀의 두 직교방정식 $\sum_{i=1}^{n} \hat{r}_{i1} = 0$ 및 $\sum_{i=1}^{n} x_{i2}\hat{r}_{i1} = 0$ 에 의하여 다음을 얻는다.

$$\sum_{i=1}^{n} \hat{r}_{i1}(y_i - \hat{\beta}_1 \hat{r}_{i1}) = \sum_{i=1}^{n} \hat{r}_{i1}(\hat{\beta}_0 + \hat{\beta}_1 x_{i1} + \hat{\beta}_2 x_{i2} + \hat{u}_i - \hat{\beta}_1 \hat{r}_{i1})$$

$$= \hat{\beta}_1 \sum_{i=1}^{n} \hat{r}_{i1}(x_{i1} - \hat{r}_{i1}) + \sum_{i=1}^{n} \hat{r}_{i1}\hat{u}_i$$

$$= \hat{\beta}_1 \sum_{i=1}^{n} \hat{r}_{i1}(\hat{\delta}_0 + \hat{\delta}_1 x_{i2}) + \sum_{i=1}^{n} (x_{i1} - \hat{\delta}_0 - \hat{\delta}_1 x_{i2})\hat{u}_i$$

$$= \hat{\beta}_1 \hat{\delta}_0 \sum_{i=1}^{n} \hat{r}_{i1} + \hat{\beta}_1 \hat{\delta}_1 \sum_{i=1}^{n} \hat{r}_{i1} x_{i2} + \sum_{i=1}^{n} x_{i1}\hat{u}_i - \hat{\delta}_0 \sum_{i=1}^{n} \hat{u}_i - \hat{\delta}_1 \sum_{i=1}^{n} x_{i2}\hat{u}_i$$

여기서 첫째 항등식은 $y_i = \hat{\beta}_0 + \hat{\beta}_1 x_{i1} + \hat{\beta}_2 x_{i2} + \hat{u}_i$ 때문에 성립하고, 둘째 항등식은 1단계 회귀의 두 직교방정식 $\sum_{i=1}^{n} \hat{r}_{i1} = 0$ 및 $\sum_{i=1}^{n} x_{i2}\hat{r}_{i1} = 0$ 에 의하여 성립한다. 셋째 항등식에서는 1단계 회귀 결과를 $x_{i1} = \hat{\delta}_0 + \hat{\delta}_1 x_{i2} + \hat{r}_{i1}$ 로 나타냈다. 마지막 줄은 셋째 줄을 전개하여 구한다. 위의 마지막 표현에서 처음 두 항은 1단계 회귀의 두 직교방정식에 의하여 0이다. 마지막 세 항은 원래 다중회귀 추정시 직교방정식에 의하여 0이 된다. **증명 끝**

다시 말하여, 1단계에서 구한 잔차값(i번째 대상)을 $\hat{r}_{i1}$ 이라고 하고 y_i를 $\hat{r}_{i1}$ 에 대하여 절편 없이 회귀하여 구한 추정량을 $\tilde{\tilde{\beta}}_1$ 이라 하면, 당초의 최소제곱 추정량 $\hat{\beta}_1$ 은 $\tilde{\tilde{\beta}}_1$ 와 전적으로 동일하다. 이 사실을 이용하면 $\hat{\beta}_1$ 을 다음과 같이 나타낼 수 있다.

$$\hat{\beta}_1 = \frac{\sum_{i=1}^{n} \hat{r}_{i1} y_i}{\sum_{i=1}^{n} \hat{r}_{i1}^2} \tag{8.6}$$

여기서 우변이 바로 $\tilde{\tilde{\beta}}_1$ 이다. 이와 마찬가지로 $\hat{\beta}_2$ 은 우선 X_2를 자신을 제외한 우변항들 (즉 상수항과 X_1)에 회귀시키고 남은 나머지(잔차)에 대하여 Y를 회귀시켜 구할 수 있다.

절편도 이와 동일한 방법으로 구할 수 있다. 우선 상수항 즉 1의 값만을 갖는 변수(퇴화된 변수)를 X_1 과 X_2 에 대하여 절편 없이 회귀한 후 잔차를 구한다. 그 후 Y를 이 잔차에 대하여 절편 없이(여기서는 X_1 과 X_2를 포함시켜도 좋으며 절편은 없어야 함) 회귀하면 된다.

우변에 여러 개의 변수가 있는 모형에서도 $\hat{\beta}_1$ 은 다음 절차를 통해서도 구할 수 있다.

1. 우선 X_1 을 자신을 제외한 나머지 모든 우변항들(나머지 설명변수와 절편)에 대하여 회귀하여 그 잔차값들을 구한다.

2. Y를 이 잔차값들에 대하여 절편 없이 회귀시킨다. 이때 여타 설명변수들의 전체 또는 일부 혹은 절편을 포함시켜도 상관은 없다.

그 외의 계수들도 이와 마찬가지이다. 즉, 일단 자기 자신을 제외한 모든 설명변수(우변에 상수항이 있으면 상수항 포함)에 대하여 자기 자신을 회귀하여 잔차를 구하고, 다음으로 종속변수를 이 잔차에 대하여 회귀하면 된다. 이를 Frisch-Waugh 정리, Frisch-Waugh-Lovell (FWL) 정리, 분해 정리(decomposition theorem)라 한다(Lovell 2008).

※ 첫 번째 회귀(X_1을 나머지 설명변수에 대하여 회귀하는 것)에서는 절편을 포함시킨 반면, 두 번째 회귀(Y를 그 잔차값에 대하여 회귀시키는 것)에서는 절편을 포함시키지 않아도 된다. 이것을 이해하려면 앞에서 설명한 대로 상수항도 하나의 변수로 간주하면 쉽다. 즉 첫 번째 회귀에서는 X_1을 나머지 모든 설명변수에 대하여 회귀하는데, 수학적으로 볼 때 이 '나머지 모든 설명변수'는 X_1을 제외한 설명변수들뿐 아니라 상수항도 포함한다. 그러므로 첫 번째 회귀에서는 절편이 포함된다. 두 번째 회귀에서는 상수항을 포함하는 '나머지 모든 설명변수'의 영향을 이미 제거하였으므로 절편이 들어가지 않아도 된다(컴퓨터의 입장에서 생각해 보라).

※ 그런데 두 번째 회귀에 모든 설명변수를 다 포함시켜도 첫 번째 회귀에서 구한 잔차($\hat{R}_1$이라 하자)의 계수는 영향을 받지 않는다. 즉, Y를 $\hat{R}_1$이 아니라 $\hat{R}_1, X_2, \ldots, X_k$에 대하여 절편을 포함시키고 회귀하여도 $\hat{R}_1$의 계수는 동일하다. 이는 $\hat{R}_1$의 표본값들이 여타 모든 설명변수들(상수항 포함)의 표본값들과 직교하기 때문에 그러하다. 그러나 Y를 $\hat{R}_1, X_2, \ldots, X_k$에 대하여 회귀하면 $X_2, \ldots, X_k$의 계수추정값들은 $\hat{\beta}_2, \ldots, \hat{\beta}_k$와 다르다. 오직 $\hat{R}_1$의 계수만 $\hat{\beta}_1$과 동일하다.

이러한 2단계 계산 방법은 다중회귀에서 OLS 추정량이 개념적으로 어떻게 이해될 수 있는지 나타내는 것일 뿐, 그림을 그리는 등 특별한 목적이 아니라면 실제 계산에서는 별로 사용되지 않는다. 추정값만 구해야 한다면 누가 예컨대

```
lm(y~x1+x2+x3)
```

로 한 번에 구할 수 있는 값을

```
r1 <- lm(x1~x2+x3)$resid
lm(y~-1+r1)
```

로 한 번 더 계산하겠는가?

※※ 행렬연산(8.A절 참조)을 활용하면 이와 관련하여 더 일반적인 상황에서 다중회귀추정량이 갖는 성질을 살펴볼 수 있다. $\mathbb{X}$가 전체 설명변수의 표본값 행렬(상수항 포함)이고, 이 $\mathbb{X}$를 $\mathbb{X}_1$과 $\mathbb{X}_2$의 두 부분으로 나누자. 즉 $\mathbb{X} = (\mathbb{X}_1, \mathbb{X}_2)$이다. 여기에 맞추어 계수 벡터 $\boldsymbol{\beta}$를 $\boldsymbol{\beta}_1$과 $\boldsymbol{\beta}_2$로 나누자. 즉 $\boldsymbol{\beta} = (\boldsymbol{\beta}_1', \boldsymbol{\beta}_2')'$이다. 다중회귀 추정량을 각각 $\hat{\boldsymbol{\beta}}_1$과 $\hat{\boldsymbol{\beta}}_2$라 하고 $\hat{\mathbb{U}}$를 잔차 벡터라 하자. 그러면 $\mathbb{Y} = \mathbb{X}_1\hat{\boldsymbol{\beta}}_1 + \mathbb{X}_2\hat{\boldsymbol{\beta}}_2 + \hat{\mathbb{U}}$이다. 이제

$$M_2 = I - \mathbb{X}_2(\mathbb{X}_2'\mathbb{X}_2)^{-1}\mathbb{X}_2'$$

라 하고 $X_1'M_2$를 양변에 곱하자. 그러면 다음을 얻는다.

$$\mathbb{X}_1'M_2\mathbb{Y} = \mathbb{X}_1'M_2\mathbb{X}_1\hat{\boldsymbol{\beta}}_1 + \mathbb{X}_1'M_2\mathbb{X}_2\hat{\boldsymbol{\beta}}_2 + \mathbb{X}_1'M_2\hat{\mathbb{U}}$$

그런데 $M_2\mathbb{X}_2 = 0$이며, 또한 직교방정식에 의하여 $\mathbb{X}_1'\hat{\mathbb{U}} = 0$이고 $\mathbb{X}_2'\hat{\mathbb{U}} = 0$이므로 $\mathbb{X}_1'M_2\hat{\mathbb{U}} = \mathbb{X}_1'\hat{\mathbb{U}} - \mathbb{X}_1'\mathbb{X}_2(\mathbb{X}_2'\mathbb{X}_2)^{-1}\mathbb{X}_2'\hat{\mathbb{U}} = 0$이다. 즉 $\mathbb{X}'M_2\hat{\mathbb{U}} = 0$이다. 이로부터 $\mathbb{X}_1'M_2\mathbb{Y} = \mathbb{X}_1'M_2\mathbb{X}_1\hat{\boldsymbol{\beta}}_1$, 즉

$$\hat{\boldsymbol{\beta}}_1 = (\mathbb{X}_1'M_2\mathbb{X}_1)^{-1}\mathbb{X}_1'M_2\mathbb{Y}.$$

$M_2' = M_2$이고 $M_2 = M_2'M_2$이므로(확인해 보기 바람)

$$\hat{\boldsymbol{\beta}}_1 = [(M_2\mathbb{X}_1)'(M_2\mathbb{X}_1)]^{-1}(M_2\mathbb{X}_1)'\mathbb{Y}.$$

다시 말하여 $\hat{\boldsymbol{\beta}}_1$은 $\mathbb{Y}$를 $M_2\mathbb{X}_1$에 의하여 회귀함으로써 구할 수 있다. 여기서 $M_2\mathbb{X}_1 = \mathbb{X}_1 - \mathbb{X}_2(\mathbb{X}_2'\mathbb{X}_2)^{-1}\mathbb{X}_2'\mathbb{X}_1$이며 $(\mathbb{X}_2'\mathbb{X}_2)^{-1}\mathbb{X}_2'\mathbb{X}_1$은 $\mathbb{X}_1$을 $\mathbb{X}_2$에 대하여 최소제곱 회귀하여 구한 계수행렬이므로, $M_2\mathbb{X}_1$은 $\mathbb{X}_1$을 $\mathbb{X}_2$에 대하여 회귀하여 구한 잔차 행렬이다. 따라서, $\hat{\boldsymbol{\beta}}_1$은 $\mathbb{Y}$를 '$\mathbb{X}_1$을 $\mathbb{X}_2$에 의하여 회귀한 후 남은 잔차'에 대하여 회귀함으로써 구할 수 있는 것이다. 또

$$\hat{\boldsymbol{\beta}}_1 = [(M_2\mathbb{X}_1)'(M_2\mathbb{X}_1)]^{-1}(M_2\mathbb{X}_1)'M_2\mathbb{Y}$$

이기도 하므로 $\hat{\boldsymbol{\beta}}_1$은 '$\mathbb{Y}$를 $\mathbb{X}_2$에 의하여 회귀한 후 남은 잔차'를 '$\mathbb{X}_1$을 $\mathbb{X}_2$에 의하여 회귀한 후 남은 잔차'에 회귀함으로써도 구할 수 있다. 이 내용은 Frisch and Waugh (1933)가 *Econometrica*의 제1권에 게재한 내용을 그 후 연구자들이 발전시킨 것이다. 당초의 1933년 논문은 시계열에서 선형 시간 추세를 제거하는 것에 관한 것이며, 그 후 Lovell (1963)이 이를 일반화하였다.

한 독립변수(X_1이라 하자)를 여타 모든 독립변수에 대하여 회귀하고 난 나머지를 구함으로써 우리는 말하자면 여타 독립변수들과 무관한 X_1의 변화를 구하는 셈이다. 종속변수(Y)를 이 잔차값에 회귀함으로써 "여타 독립변수들을 고정한 상태에서 X_1의 값이 증가할 때 Y가 받는 영향"을 추정하는 것이다.

▸ **연습 8.7.** 약간 다른 관점에서, Y를 X_1과 X_2에 대하여 회귀한 OLS 추정량을 $\hat{\beta}_0$, $\hat{\beta}_1$, $\hat{\beta}_2$이라 하면, $\hat{\beta}_0$과 $\hat{\beta}_1$은 $Y - \hat{\beta}_2 X_2$를 X_1에 대하여 OLS 회귀함으로써도 구할 수 있다. 즉, $\hat{\beta}_1 = \frac{\sum_{i=1}^{n}(x_{i1}-\bar{x}_1)(y_i-\hat{\beta}_2 x_{i2})}{\sum_{i=1}^{n}(x_{i1}-\bar{x}_1)^2}$이다. 이를 증명하고, 이를 이용하여 다중회귀 분석에서 종속변수와 한 독립변수의 관계를 어떻게 시각화할 수 있을지 설명하라.

8.4 최소제곱 추정량이 유일할 조건

우변에 k개의 설명변수($X_1, \ldots, X_k$)가 있을 때 우리는 절편을 포함하여 $k+1$개의 모수($\beta_0, \beta_1, \ldots, \beta_k$)를 추정하고자 하고, 최소제곱법(OLS)을 사용하면 (8.5)에 표현된 $k+1$개의 직교방정식을 갖는다. 이 직교방정식들은 '$k+1$원 1차 연립방정식'이다. 일반적으로 방정식의 개수와 미지수의 개수가 같으면 식은 풀리고 유일한 해를 갖는다. 그러나 이것은 각각의 방정식들이 충분히 독립적인 정보를 가지고 있을 때에만 그러하다. 만일 한 방정식이 다른 방정식들에 의하여 완전히 재현될 수 있으면 이 방정식은 도움이 되지 않고, 그 결과 해가 유일하지 않게 된다. 단순회귀의 경우 특이성(singularity)이 있을 때 (즉 설명변수 표본값들이 모두 동일할 때) 이런 일이 발생하는 것을 보았다.

특이한 상황을 좀 더 수학적으로 살펴보자. 단순회귀 모형의 추정에서 2원 1차 연립방정식으로 나타낸 우리의 직교방정식이

$$\hat{\beta}_0 + \hat{\beta}_1 = 0, \quad 2\hat{\beta}_0 - \hat{\beta}_1 = 3$$

이면 두 미지수 $\hat{\beta}_0$과 $\hat{\beta}_1$은 유일한 해를 갖는다(얼핏 눈으로 풀어 보면 $\hat{\beta}_0 = 1$과 $\hat{\beta}_1 = -1$이 유일한 해이다). 하지만

$$\hat{\beta}_0 + \hat{\beta}_1 = 0, \quad 2\hat{\beta}_0 + 2\hat{\beta}_1 = 0$$

이면 해가 유일하지 않다. 여기서 둘째 식은 첫째 식의 양변에 2를 곱하면 얻어지므로, 첫째 식으로부터 독립된 정보를 제공하지 않는다. 그러므로 이 두 식을 갖고 있으나 둘 중 하나만 갖고 있으나 정보의 양에는 차이가 없고, 첫째 식은 $\hat{\beta}_1 = -\hat{\beta}_0$만 되면 만족되므로 이 두 방정식(사실상은 한 방정식)을 만족시키는 해는 무수히 많은 것이다. 이런 일이 일어날 때 우리는 이 2원 1차 연립방정식을 **특이하다**(singular)고 하였다.*

일반적으로 말하여, 다중회귀식의 우변에 나온 변수들(상수항도 포함)의 표본값이 모두 독립적인 정보를 조금씩이라도 담고 있으면 이런 특이성은 나타나지 않는다. 이때 "독립적인 정보를 담고 있다"는 것은 표본 내에서 어떠한 변수도 나머지 변수들(절편이 있다면 상수항도 포함)에 의하여 선형으로 완벽하게 설명되지 않음을 의미한다.

특이성이 나타나지 않는 예는 너무 많으므로 여기서는 특이성이 나타나는 사례를 찾아 보자. 종속변수가 임금이고 독립변수가 성별을 나타내는 변수라고 하자. 특히 '여성'이라는 변수를 만들어서, 관측되는 개인이 남성이면 0의 값을 주고 여성이면 1의 값을 주자. 그러면 우리의 단순회귀모형은

$$\text{임금} = \beta_0 + \beta_1 \text{여성} + u$$

가 되고, 두 직교방정식은 다음과 같다.

$$\sum_{i=1}^{n} (\text{임금}_i - \hat{\beta}_0 - \hat{\beta}_1 \text{여성}_i) = 0, \quad \sum_{i=1}^{n} \text{여성}_i (\text{임금}_i - \hat{\beta}_0 - \hat{\beta}_1 \text{여성}_i) = 0 \qquad (8.7)$$

만일 우리의 표본 내에 오로지 여성만 있다면(즉, 표본 내에서 여성 변수가 퇴화되어 있다면), 여성$_i$는 모든 i에 대하여 1의 값을 갖는다. 이제 둘째 직교방정식의 여성$_i$에 모두 1을 대입하면 위의 두 직교방정식은 전적으로 동일한 방정식이 되어 사실상 하나의 직교방정식밖에 없는 것과 마찬가지이다. 이 경우 미지수는 두 개($\hat{\beta}_0$과 $\hat{\beta}_1$)인 반면 식은 하나밖에 없어서 그 해가 유일하지 않고 우리는 특이성에 부딪힌다. 단순회귀분석 내용들을 기억하고 있는 독자들이라면 이 경우가 단순회귀 모형에서의 비특이성 가정을 위배하고 있음을 알 수 있을 것이다. 표본에 여성만 있을 때, 표본 내에서 상수항 값들 $(1, 1, \ldots, 1)$과 여성 변수값들 $(\text{여성}_1, \text{여성}_2, \ldots, \text{여성}_n)$은 완전히 동일하다.

---

*중고등학교 때 배운 수학에서는 2원 1차 연립방정식의 해가 존재하지 않는 경우도 있었지만, 최소제곱법의 직교방정식에서는 그런 경우가 없다. 제곱식이므로 최소화가 항상 가능하기 때문이다.

▶ **연습 8.8.** 앞의 모형에서, 표본 내에 오로지 남성만 있는 경우에도 특이성이 존재하는데 왜 그런지 (8.7)을 이용하여 수학적으로 설명하라.

표본 내에 남성과 여성이 섞여 있으면 이러한 특이성이 나타나지 않는다. 하지만 이 경우에도 모형을 잘못 세우면 특이성이 나타날 수 있다. 위에서 '여성'이라는 변수를 만들었는데 이 '여성' 변수 이외에 '남성'이라는 변수를 만들어보자. 이 변수의 값은 해당 개인이 남성이면 1이고 남성이 아니면 0이다. 이제 다음과 같이 우변에 '여성' 변수와 '남성' 변수가 모두 포함된 모형을 생각해 보자.

$$임금 = \beta_0 + \beta_1 여성 + \beta_2 남성 + u \tag{8.8}$$

그러면 다음 세 개의 직교방정식이 생긴다.

$$\sum_{i=1}^{n}(임금_i - \hat{\beta}_0 - \hat{\beta}_1 여성_i - \hat{\beta}_2 남성_i) = 0,$$

$$\sum_{i=1}^{n}여성_i(임금_i - \hat{\beta}_0 - \hat{\beta}_1 여성_i - \hat{\beta}_2 남성_i) = 0,$$

$$\sum_{i=1}^{n}남성_i(임금_i - \hat{\beta}_0 - \hat{\beta}_1 여성_i - \hat{\beta}_2 남성_i) = 0$$

어떤 사람 i가 남성이면 그 사람은 여성이 아니고, 그 사람이 남성이 아니면 반드시 여성이므로, 모든 i에서 남성$_i = 1$이면 여성$_i = 0$이고 남성$_i = 0$이면 여성$_i = 1$이다. 즉 "남성$_i = 1 - 여성_i$"라는 등식이 모든 i에 대해 성립하여, 위의 셋째 직교방정식은 다음과 같이 쓰여진다.

$$\sum_{i=1}^{n}(1 - 여성_i)(임금_i - \hat{\beta}_0 - \hat{\beta}_1 여성_i - \hat{\beta}_2 남성_i) = 0$$

분배법칙을 이용하여 이를 전개하면 다음이 된다.

$$\sum_{i=1}^{n}(임금_i - \hat{\beta}_0 - \hat{\beta}_1 여성_i - \hat{\beta}_2 남성_i) - \sum_{i=1}^{n}여성_i(임금_i - \hat{\beta}_0 - \hat{\beta}_1 여성_i - \hat{\beta}_2 남성_i) = 0$$

이 셋째 직교방정식은 첫째 직교방정식에서 둘째 직교방정식을 빼면 얻어지기 때문에, 처음 두 직교방정식이 성립하면 자동으로 성립하는 것으로서, 있으나마나하다. 즉, 얼핏 보기에는 세 개의 방정식이 있는 것으로 보이지만 사실상은 두 개밖에 없는 것과 마찬가지여서 $\hat{\beta}_0$, $\hat{\beta}_1$, $\hat{\beta}_2$라는 세 개의 미지수를 유일하게 결정해 주지 못한다. 이 경우에도 우리는 특이성에 부딪힌다.

앞의 예에서 **남성** 변수의 표본값들이 우변의 나머지 항들, 즉 상수항(1)과 **여성** 변수의 표본값들에 의하여 1차식으로써 완벽히 설명되었다. 즉, 남성$_i = 1 \times 1 + (-1) \times$ 여성$_i$라는 식이 모든 i에 대하여 성립했던 것이다. 이처럼 우변 변수들(절편이 존재하면 상수항도 포함)의 표본값들 사이에 완벽한 선형관계(1차식으로 표현되는 관계)가 성립할 때 우리는 특이성을 만나고, 이러한 특이성이 존재할 때 OLS 추정량은 유일하지 않다.

여러 변수들의 표본값들 사이에 완벽한 선형관계가 존재할 때 보통의 계량경제학 교과서에서는 완벽한 공선성(collinearity)이 존재한다고 한다. 또 수학(선형대수학)에서는 이 표본값들이 선형종속(linearly dependent)이라고 한다.

세 벡터 $(x_1, \ldots, x_n)$, $(y_1, \ldots, y_n)$, $(z_1, \ldots, z_n)$ 을 예를 들어 수학적으로 설명하자. 모든 i에 대해서 $ax_i + by_i + cz_i = 0$을 만족시키는 0이 아닌 수 a, b, c가 존재하면(하나라도 0이 아님) 이 세 벡터는 선형종속이라 한다. 위 식이 $a = b = c = 0$에서만 만족되면 이 세 벡터들은 선형독립(linearly independent)이다. 참고로, "선형독립"이라는 말과 확률변수들의 독립은 전혀 다른 것인데 양쪽 모두에 "독립"이라는 말이 있어서 혼동될 여지가 있으므로 이 책에서 "선형독립"이라는 표현은 가급적 사용하지 않을 것이다.

우변 변수들(절편이 존재하면 상수항도 포함)의 표본값들 사이에 완전한 공선성이 존재하면, 하나 이상의 직교방정식이 쓸모없게 되며, 그 결과 OLS 추정값은 유일하게 결정되지 않는다. 이런 현상은 모형이나 자료가 잘못되었다는 것 이상을 의미하지 않는다. 이 문제를 해결할 유일한 방법은 문제를 일으키는 변수들을 골라서 제거하는 것, 즉 우변에서 문제의 변수를 골라 삭제하는 것이다. 예를 들어, 위의 모형 (8.8)에서는 상수항, **여성, 남성**이 말썽을 일으키므로, 셋 중 하나를 제거하면 문제가 해결된다. 셋 중 어느 것을 제거할 것인가는 순전히 편리성의 문제이다. 하지만 어느 것을 제거하느냐에 따라 모수들의 해석이 달라지므로, 해석하기에 가장 편리한 것을 골라서 사용하면 되겠다. 좀 더 자세한 내용은 **예제 8.3**과 11.1절에 설명되어 있다.

우변변수들(상수항도 포함)의 표본값들 사이에 완전한 공선성이 존재하지 않으면, OLS 추정값은 유일하다.

본 장 부록 8.A절에서 우리는 OLS 추정량을 행렬로 표현한다. 그 기호들을 사용할 때, $\mathbb{X}$의 열들 사이에 선형종속관계가 존재하지 않으면 $\mathbb{X}'\mathbb{X}$의 역행렬이 존재하고, 이때 최소제곱 추정량은 $(\mathbb{X}'\mathbb{X})^{-1}\mathbb{X}'\mathbb{Y}$로서 유일하다. 만일 $\mathbb{X}$의 열들이 선형종속이면 $\mathbb{X}'\mathbb{X}$의 역행렬이 존재하지 않고 $(\mathbb{X}'\mathbb{X})^{-1}\mathbb{X}'\mathbb{Y}$라는 표현은 $\frac{0}{0}$이라는 표현처럼 잘못되었다.

앞에서는 임금 $= \beta_0 + \beta_1$여성 $+ \beta_2$남성 $+ u$ 라는 모형을 살펴보았고 이때에 특이성에 직면함을 보았다. 이는 1, 여성, 남성 사이에 완전한 선형관계가 있기 때문이다. 즉 $1 \times 1 + (-1) \times$ 여성 $+ (-1) \times$ 남성 $= 0$이기 때문이다. 이제 모형을

$$\text{임금} = \beta_1\text{여성} + \beta_2\text{남성} + u$$

로 바꾸고 표본 내에 남성과 여성이 섞여 있으면 이러한 특이성은 나타나지 않는다. 어떠한 상수 a와 b에 대해서도 $a = b = 0$이 아니면 모든 관측치에 대하여 $a \cdot$여성$+ b \cdot$남성 $= 0$을 동시에 성립시키는 것이 불가능하기 때문이다($a \neq 0$이면 모든 여성에 대하여 $a \cdot$여성$+ b \cdot$남성 $\neq 0$이고 $b \neq 0$이면 모든 남성에 대하여 $a \cdot$여성$+ b \cdot$남성 $\neq 0$).

특이성이 존재하면 OLS 추정량은 유일하지 않다. 그런데 R처럼 괜찮은 컴퓨터 패키지들은 특이성이 존재할 때 특이성을 야기하는 변수들을 스스로 알아서 제거한 후 OLS

추정값을 계산한다. R에서 이런 일이 발생하면 제거된 변수의 추정값을 NA (not available)로 표시하고, 다른 패키지들은 해당 변수가 제외되었다(omitted)는 메시지를 보여 주기도 한다. R에서 NA가 나오면 항상 모형이나 자료에 문제가 있는지 확인해 보아야 할 것이다.

예제 8.3 여성 더미, 남성 더미, 공선성

R의 `Ecdat` 패키지에 `Wages1` 자료가 있다. 이 자료는 미국의 595명의 개인들을 1976년부터 1982년까지 추적한 것으로서 총 3,294개의 관측치에 대하여 **경력, 성별, 학력, 시급임금**의 자료를 담고 있다(자료의 원 출처는 Verbeek, 2004).

우선 자료를 읽어들이고 남성 더미와 여성 더미를 만들 것이다. 다음 명령어를 보자.

```
1  > data(Wages1,package="Ecdat")
2  > Wages1$male <- as.numeric(Wages1$sex=="male")
3  > Wages1$female <- as.numeric(Wages1$sex=="female")
4  > head(Wages1)
5    exper    sex school      wage male female
6  1     9 female     13 6.315296    0      1
7  2    12 female     12 5.479770    0      1
8  3    11 female     11 3.642170    0      1
9  4     9 female     14 4.593337    0      1
10 5     8 female     14 2.418157    0      1
11 6     9 female     14 2.094058    0      1
12 > sum(Wages1$male)
13 [1] 1725
14 > sum(Wages1$female)
15 [1] 1569
```

첫째 줄에서는 `Ecdat` 패키지로부터 `Wages1` 자료를 읽는다. 2–3번 행에서는 `Wages1`에 `male`과 `female`이라는 더미변수를 만들어 추가한다. 5–11번 행을 보면, `male`과 `female`이 만들어진 것을 볼 수 있다. 12–15번 행에서 남성과 여성에 해당하는 관측치 수를 출력한다. 전체 중 1,725개 관측치는 남성에 해당하고(13번 행) 1,569개 관측치는 여성에 해당한다 (15번 행). 남녀별 관측치 수에 관한 정보는 `summary(Wages1$sex)`라고 해도 얻을 수 있다. 몇 가지 모형을 추정해 보자.

```
16 > lm(wage~female,data=Wages1,subset=female==1)  # singular
17
18 Call:
19 lm(formula = wage ~ female, data = Wages1, subset = female ==
20     1)
21
22 Coefficients:
```

```
23  (Intercept)           female
24        5.147              NA
25
26  > lm(wage~female,data=Wages1)                              # OK
27
28  Call:
29  lm(formula = wage ~ female, data = Wages1)
30
31  Coefficients:
32  (Intercept)           female
33        6.313           -1.166
34
35  > lm(wage~male+female,data=Wages1)                         # singular
36
37  Call:
38  lm(formula = wage ~ male + female, data = Wages1)
39
40  Coefficients:
41  (Intercept)            male         female
42        5.147           1.166            NA
43
44  > lm(wage~male+female-1,data=Wages1)                       # OK
45
46  Call:
47  lm(formula = wage ~ male + female - 1, data = Wages1)
48
49  Coefficients:
50    male   female
51   6.313    5.147
```

　　16번 행에서는 female==1 즉 여성만으로 표본을 한정했을 때 wage를 female에 대하여 회귀하고 있다. 여성으로 분석대상을 한정하였으므로, female 변수는 사용한 표본에서 모두 1의 값을 갖고(퇴화) 그 결과 R은 female의 계수를 추정하지 않는다(24번 행에 NA로 표시됨). 남성이 없으므로 비교 대상이 없어 추정하지 못하는 것이 당연하다. 26번 행에서는 남성과 여성을 모두 포함한 전체 표본을 사용하여 wage를 female에 대하여 회귀하며, 32–33번 행에서 보는 것처럼 아무 문제 없이 계수가 추정된다. 참고로, 이 결과에서 남성(female==0)의 평균시급은 6.313이며(단위는 달러), 여성과 남성의 평균시급 차이는 -1.166달러이다. 35번 행에서는 전체 관측치들에 대하여 male과 female을 설명변수로 하면서 절편을 포함한 모형을 OLS로 추정하는데, 절편(상수항), male, female 간에 완전한 선형관계가 존재하며, R은 41–42번 행에서 보는 것처럼 마지막 변수(female)을 제거하고 추정한다. 44번 행에서는 절편 없이(44번 행의 '-1'이 그 역할을 한다) male과 female만을 설명변수로 추정하는데, 절편이 없으면 male과 female 변수 간에 완전한 선형관계가 없으므로 50–51번 행에서 보듯이 아무 문제 없이 잘 추정된다.

▶ **연습 8.9.** 이 절에 꼭 맞는 질문은 아니지만 그냥 넘어갈 수 없으니, 33번 행과 51번 행을 비교하여 각각의 추정값이 서로 어떻게 대응하는지 설명하라.

취할 수 있는 값이 여럿인 변수나 연속적인 값을 가진 변수로부터 이진적인 더미변수를 생성하는 경우도 많다. 예를 들어 교육수준을 고졸 미만과 고졸 이상으로 양분하여 **교육연수**가 12보다 크거나 같은 경우에 해당하는 **고졸 이상** 변수를 만들 수 있다. 또, 삶의 만족도를 1~5의 척도(3은 보통을 의미)로 표시한 자료가 있을 때 3 이상의 값을 가지면 **만족**이라는 더미변수에 1의 값을 줄 수 있다. 연령을 30세 미만, 30–39세, 40–49세, 50–59세, 60세 이상으로 구분하여 각 구간에 해당하는 더미변수(변수명을 각각 **30세 미만**, **30대**, **40대**, **50대**, **60세 이상**이라 하자)를 만들 수 있다. 〈표 8.2〉에 연령 변수로부터 5개 연령대에 해당하는 더미변수들을 만드는 예가 제시되어 있다. 1번 구성원은 29세이므로 **30세 미만** 변수가 1의 값을 갖고 나머지 더미변수는 0의 값을 갖는다. 나머지 개인들의 5개 더미변수 값들도 마찬가지 방식으로 생성할 수 있다.

표본 구성원들을 완전히 구획하는 더미변수들을 만들어 모두 포함시키면 절편이 존재할 때 불가피하게 완전한 공선성(특이성)의 문제가 발생한다. 말하자면, 표본 내의 각 개체가 D1, D2, D3, D4 중 하나의 변수에서 1의 값을 가지고 나머지 변수에서는 모두 0의 값을 가진다고 하면, 절편과 D1, D2, D3, D4 변수가 포함된 모형에서는 특이성이 발생한다. 각각의 구성원은 D1–D4 중 하나의 값에서만 1의 값을 가지므로 모든 구성원에 대하여 D1 + D2 + D3 + D4 = 1 이 성립하기 때문이다(우변 1은 절편에 해당). 예를 들어 성별은 남성과 여성 중 하나인데, **남성** 더미와 **여성** 더미를 모두 포함시키면 특이성이 나타난다. 다른 예로, 연령대를 위와 같이 5가지로 분류하여 **30세 미만**, **30대**, **40대**, **50대**, **60세 이상**이라는 5개의 더미변수 생성하는 경우, 모형에 5개 더미변수를 모두 포함시키고 절편도 허용하면 모든 개인에서 5개 더미변수들의 합은 상수항인 1과 동일하므로 완전한

〈표 8.2〉 연령 변수로부터 5개 연령대 더미변수를 생성하는 예

번호	연령	30세 미만	30대	40대	50대	60세 이상
1	29	1	0	0	0	0
2	42	0	0	1	0	0
3	73	0	0	0	0	1
⋮	⋮	⋮	⋮	⋮	⋮	⋮

공선성(특이성)이 발생한다. 이 현상을 더미변수 함정(dummy variable trap)이라고 한다 (이런 용어를 알고 있으면 상대방도 이 말을 안다는 가정하에 간편하게 의사소통을 할 수 있고, 또 더미변수를 사용할 때 한 번 더 생각해 보게 되므로 나쁘지 않다). 더미변수 함정에 빠지지 않으려면 더미변수들과 절편 가운데 무언가를 제외시켜야 할 것이다. 통상적으로는 첫 번째 더미변수나 마지막 더미변수를 제외시키지만, 다른 더미변수나 절편을 제외시켜도 된다. 무엇을 제외시키느냐에 따라 더미변수들의 계수 추정값이 달라지는데, 이 경우 설명변수 집합이 달라서 생기는 수학적인 차이 외에 아무런 실질적인 차이도 발생하지 않는다. 더미변수에 관한 더 상세한 내용은 11.1절에서 설명한다.

▶ **연습 8.10.** 여러 시기에 수집한 자료가 모두 모여서 하나의 자료집합을 구성한다고 하자. 전체 관측치의 $\frac{1}{4}$은 2003년에 수집하였고, $\frac{1}{4}$은 2004년, $\frac{1}{4}$은 2005년, 그리고 마지막 $\frac{1}{4}$은 2006년에 수집하였다. X가 Y에 미치는 영향을 추정하고 싶은데, 경기변동의 결과 연도별로 Y와 X의 값들이 동시에 변동하여 가상의 인과관계가 추정될 것을 우려하여 각 연도에 해당하는 더미변수 D03, D04, D05, D06을 만들어 포함시키고자 한다. 구체적으로, 만일 첫 번째 사람이 2004년에 관측되었다면 $D03_1 = 0$, $D04_1 = 1$, $D05_1 = 0$, $D06_1 = 0$이며, 세 번째 사람이 2006년에 관측되었다면 $D03_3 = 0$, $D04_3 = 0$, $D05_3 = 0$, $D06_3 = 1$이다. 이제 연도별 경기변동 효과를 통제한 후 X가 Y에 미치는 영향을 추정하기 위하여

$$Y = \beta_0 + \beta_1 X + \gamma_1 D03 + \gamma_2 D04 + \gamma_3 D05 + \gamma_4 D06 + u$$

를 최소제곱법으로써 회귀하면 왜 특이성이 발생하는지 설명하라. 특이성을 없애려면 어떻게 하여야 하는가?

▶ **연습 8.11.** 만일 위 **예제** 8.10의 상황에서 절편을 제거하고

$$Y = \beta_1 X + \gamma_1 D03 + \gamma_2 D04 + \gamma_3 D05 + \gamma_4 D06 + u$$

를 최소제곱법으로 추정하면 특이성의 문제가 발생하는가? 설명하라. 그 대신 절편을 포함시키고 D06을 제거하면 특이성의 문제가 발생하는가? 설명하라.

더미변수 함정을 피하기 위해 더미변수를 하나 제외시켜 '기준'으로 삼는 것은 당연히 해야 할 일이다. 공선성이 존재하면 소프트웨어 패키지들이 적당히 알아서 자동으로 변수들을 제외시키는데, 이 경우 계수의 해석이 전혀 의도치 않게 바뀔 수 있음에 유의하여야 한다. 특히 여러 더미변수들 같에 공선성이 있으면 문제가 매우 복잡할 수 있다. 모형과 자료에 공선성이 나타나면 연구자는 컴퓨터에 변수 선택을 맡길 것이 아니라 자료를 들여다보고 스스로 판단하여 공선성 없는 제대로 된 모형을 만들도록 하자.

8.5 맞춘값, 잔차, 제곱합, R제곱

다시 맞춘값(fitted values)과 잔차(residuals)를 정의하자. 이 부분은 앞의 단순모형의 경우와 동일하다. 맞춘값과 잔차는 다음과 같다.

$$\text{맞춘값}: \hat{y}_i = \hat{\beta}_0 + \hat{\beta}_1 x_{i1} + \cdots + \hat{\beta}_k x_{ik}$$
$$\text{잔 차}: \hat{u}_i = y_i - \hat{y}_i = y_i - \hat{\beta}_0 - \hat{\beta}_1 x_{i1} - \cdots - \hat{\beta}_k x_{ik}$$

또, 앞의 단순회귀모형에서와 마찬가지로

$$\text{SST} = \sum_{i=1}^{n}(y_i - \bar{y})^2, \quad \text{SSE} = \sum_{i=1}^{n}(\hat{y}_i - \bar{y})^2, \quad \text{SSR} = \sum_{i=1}^{n}\hat{u}_i^2 \tag{8.9}$$

이며 각각 총제곱합, 설명된 제곱합, 잔차제곱합을 나타낸다.

R제곱은 앞에서와 마찬가지로 SSE/SST로 정의되며, 모형에 절편이 포함되어 있고 절편이 기울기들과 더불어 추정되면

$$\text{SST} = \text{SSE} + \text{SSR}$$

이므로 다음이 성립한다.

$$R^2 \equiv \frac{\text{SSE}}{\text{SST}} = 1 - \frac{\text{SSR}}{\text{SST}}$$

앞에서와 마찬가지로 이 R제곱은 음수가 될 수 없으며 1보다 클 수도 없다. 즉 $0 \le R^2 \le 1$ 이다. 앞에서와 마찬가지로 $R^2 = 0.35$는 "표본 내 종속변수값 차이의 35%가 설명변수들의 차이(또는 모형)에 의하여 설명된다"고 해석될 수 있다.

다음 R 실행 결과를 보자.

```
1  > data(Wages1, package="Ecdat")
2  > summary(lm(log(wage)~sex+school+exper,data=Wages1))
3
4  Call:
5  lm(formula = log(wage) ~ sex + school + exper, data = Wages1)
6
7  Residuals:
8      Min      1Q  Median      3Q     Max
9  -3.9861 -0.2817  0.0477  0.3663  2.1668
10
11 Coefficients:
12            Estimate Std. Error t value Pr(>|t|)
13 (Intercept) -0.259347   0.088322  -2.936  0.00334 **
14 sexmale      0.242569   0.020453  11.860  < 2e-16 ***
15 school       0.123361   0.006230  19.802  < 2e-16 ***
```

```
16  exper         0.035412    0.004514    7.845 5.79e-15 ***
17  ---
18  Signif. codes:  0 '***' 0.001 '**' 0.01 '*' 0.05 '.' 0.1 ' ' 1
19
20  Residual standard error: 0.5786 on 3290 degrees of freedom
21  Multiple R-squared:  0.1374,    Adjusted R-squared:  0.1367
22  F-statistic: 174.7 on 3 and 3290 DF,  p-value: < 2.2e-16
```

위 결과에서 R제곱은 21번 행의 0.1374이다. 즉, 표본 내 로그임금 차이의 13.74%가 성별, 학력, 경력의 차이에 의하여 설명된다.

▷ 만일 모형에 절편이 포함되어 있지 않으면 $SST \neq SSE + SSR$이며, 따라서 R제곱을 모형의 설명력이라고 해석하기 어렵다. 또 이 경우 만일 R제곱이 SSE/SST로 정의되면 그 값은 1보다 클 수도 있고 $1 - SSR/SST$로 정의되면 0보다 작을 수도 있다. 극단적인 예를 들어 i가 홀수이면 $x_i = 0$이고 i가 짝수이면 $x_i = 1$이라 하자. 또 모든 i에 대해서 $y_i = 1$이라 하자. 표본크기는 $n = 20$이다. 모형이 절편 없이 $Y = \beta_1 X + u$라면 β_1의 OLS 추정값은 다음과 같다.

$$\tilde{\beta}_1 = \frac{\sum_{i=1}^{20} x_i y_i}{\sum_{i=1}^{20} x_i^2} = \frac{10}{10} = 1$$

따라서 맞춘값은 $\hat{y}_i = 1 \cdot x_i = x_i$이다. 이 경우 y_i의 값이 모두 동일하므로 식 (8.9)에 의하여 정의한 총제곱합은 $SST = 0$이다. 반면, $\tilde{y}_i - \bar{y} = x_i - 1 = -(i \bmod 2)$, 즉 i가 홀수이면 -1, i가 짝수이면 0이고, 따라서 식 (8.9)에 의하여 정의한 설명된 제곱합은 $SSE = 10$이다. SSE가 SST보다 크고 R^2은 $10/0 = \infty$이다. 또한, 잔차는 $\tilde{u}_i = y_i - \tilde{y}_i = 1 - x_i = (i \bmod 2)$, 즉 i가 홀수이면 1, 짝수이면 0이다. 따라서 잔차의 제곱합은 $SSR = 10$이다. 이 경우 $SST = 0 \neq 10 + 10 = SSE + SSR$이다.

▷ 모형에 절편이 없을 때 SST, SSE, SSR을 색다르게 정의하면 새로 정의된 R^2이 0에서 1 사이가 되도록 만들 수 있다. $\hat{y}_i$을 맞춘값이라 할 때, $SST = \sum_{i=1}^{n} y_i^2$, $SSE = \sum_{i=1}^{n} \hat{y}_i^2$, $SSR = \sum_{i=1}^{n} (y_i - \hat{y}_i)^2$으로 정의하자. 여기서 SST와 SSE를 계산할 때 표본평균을 빼지 않는다. 그러면 $SST = SSE + SSR$을 만족하고, 이를 바탕으로 정의한 R^2는 0과 1 사이에 존재한다. 절편이 없을 때 R 소프트웨어는 R^2을 이런 방식으로 정의한다. 위의 홀수-짝수 예에서 표본평균을 빼지 않고 제곱합들을 정의하면, SST는 20, SSE는 10, SSR은 10이 되어 $SST = SSE + SSR$이 성립한다.

조정된 R제곱

R제곱은 우변 변수들의 개인별 차이가 좌변 변수의 개인별 차이를 얼마만큼 잘 설명하는지 나타내는 척도이다. 그런데 우변에 변수가 추가될수록 잔차제곱합은 줄어들며, 잔차제곱합이 줄면 R제곱이 커진다. 그러므로 아무리 연관없는 변수라 할지라도 우변에 추가시키기만 하면 그 계수가 정확히 0이 아닌 한 R제곱은 커진다. 예를 들어 컴퓨터로 아무렇게나 n개의 숫자를 생성하여 우변에 포함시켜도 R제곱은 증가한다. 다음을 보라.

```
1  > data(Wages1, package="Ecdat")
2  > Wages1$rnd <- rnorm(nrow(Wages1))
3  > summary(lm(log(wage)~sex+school+exper,data=Wages1))$r.sq
4  [1] 0.1374377
5  > summary(lm(log(wage)~sex+school+exper+rnd,data=Wages1))$r.sq
6  [1] 0.1374382
```

둘째 줄에서 표준정규분포로부터 n개의 숫자를 무작위로 생성하여 rnd라는 변수로 저장한다. 4째 줄은 원래 모형으로부터의 R제곱이고, 6째 줄은 이 모형에 앞에서 무작위로 생성한 rnd를 우변에 추가한 후 회귀하여 구한 R제곱이다. 기존의 R제곱보다 새 R제곱이 미세하지만 증가하였음을 알 수 있다.

이렇게 변수를 추가하기만 하면 R제곱은 증가하므로 R제곱을 이용하여 변수를 추가할지 말지 결정하는 것은 뭔가 부적절해 보인다. 이에 Theil (1961)은 우변 변수의 개수에 따라 R제곱을 조정할 것을 제안하였다. 이를 흔히 $\bar{R}^2$이라고 표현하며, **R-bar 제곱** 또는 **조정된 R제곱**(adjusted R-squared)라고 한다. 그 공식은 다음과 같다.

$$\bar{R}^2 = 1 - \frac{\text{SSR}/(n-k-1)}{\text{SST}/(n-1)}$$

조정된 R제곱은 설명변수를 추가할 때 무조건 증가하지는 않으며, 먹고 난 그릇을 부엌 싱크대에 몽땅 집어넣는 것처럼 우변에 온갖 변수들을 때려 넣는 "부엌 싱크대(kitchen sink) 모형"에 벌점을 주는 역할을 한다.

조정된 R제곱의 아이디어는 SST와 SSR을 각각 그 자유도로 나누어 주는 것이다. 특히 SSR을 그냥 사용하지 않고 자유도로 나눔으로써, 새로운 설명변수가 추가되어 k가 증가할 때, 이 추가된 변수의 설명력이 커서 SSR이 충분히 감소하지 않으면 $n-k-1$의 감소로 인해 SSR$/(n-k-1)$이 오히려 증가하여 $\bar{R}^2$이 감소하도록 만들어진 것이다.

참고로, SSR$/(n-k-1)$은 오차항의 분산의 추정값 s^2이다. 그러므로 주어진 표본(SST와 n이 고정됨)에서 우변에 설명변수가 추가될 때 $\bar{R}^2$은 s^2이 감소할 때에만 증가한다.

또한, 우변에 변수를 추가할 때, 이 추가된 변수에 대응하는 t값의 절대값이 1보다 클 때에만 $\bar{R}^2$은 커진다. 이것은 수학적인 사실로서, "$\bar{R}^2$을 그렇게 정의하였더니 이러한 특성이 있더라"는 것 이상을 이야기하지 않는다. 그렇다면 이 1이라는 기준은 좋은 것인가? 필자의 눈에는 특별한 의미가 있어 보이지 않는다.

앞에서 R제곱은 항상 0과 1 사이에 있음을 보았다. 조정된 R제곱은 이런 성질을 갖지 않는다. 조정된 R제곱이 원래의 R제곱보다 더 크지 않다는 것을 보일 수 있으며, 따라서 $\bar{R}^2 \le 1$이 성립한다. 그러나 $\bar{R}^2$은 음수가 될 수도 있다. R제곱이나 조정된 R제곱은 예측 목적의 분석에서는 유용할 수 있으나, 인과관계 분석에서는 참조하기 애매하다.

▶ **연습 8.12.** $1-\bar{R}^2 = \frac{n-1}{n-k-1}(1-R^2)$ 임을 증명하고, 이로부터 $\bar{R}^2 \leq R^2$ 임을 증명하라. 또 $k \geq 1$ 이고 $R^2 < 1$ 이면 반드시 $\bar{R}^2 < R^2$ 임을 증명하라. $R^2 = 0$ 이면 $\bar{R}^2$ 의 값은 얼마인가?

8.A 부록: 최소제곱추정량의 행렬 표현

행렬이란 숫자를 사각형 형태로 나열한 것으로서 가로방향의 원소묶음을 행이라고 하고 세로방향의 원소묶음을 열이라 한다. 행은 위로부터 아래로 1행, 2행 등으로 진행한다. 열은 왼쪽으로부터 오른쪽으로 1열, 2열 등으로 진행한다. 주어진 행렬에서 r을 행의 수, c를 열의 수라고 하면 이 행렬의 크기는 $r \times c$라고 표시한다. 예를 들어

$$A = \begin{pmatrix} 1 & -3 & 2 \\ 1 & -1 & 1 \end{pmatrix}$$

이라는 행렬에는 2개의 행이 있고 3개의 열이 있다. 이 행렬의 크기는 2×3으로 표시된다. 이제 A와 B를 각각 행렬이라 하자. A와 B가 모두 $r \times c$이면(즉, 두 행렬의 크기가 같으면) 행렬의 합 $A+B$는 각각의 원소별 합으로 이루어진 행렬로 정의한다. 즉, A가 a_{ij}로 이루어진 행렬이고 B가 b_{ij}로 이루어진 행렬이면 $A+B$는 $a_{ij}+b_{ij}$로 이루어진 행렬이다. $A-B$도 이와 유사하게 원소별 차로 이루어진 행렬이다. 행렬의 스칼라 곱은 그 스칼라(하나의 숫자)를 행렬의 모든 원소에 곱하여 만든 행렬로 정의된다. 예를 들어 앞의 2×3 행렬 A에 2를 스칼라 곱하면 첫 행은 $(2,-6,4)$이고 둘째 행은 $(2,-2,2)$인 2×3 행렬이 된다. $-A$는 $(-1)A$로 정의된다. 이 정의를 사용하여 $A-B$를 A와 $(-1)B$의 합으로 정의해도 좋다.

A가 $r \times m$이고 B가 $m \times c$이면 행렬의 곱 AB는 $r \times c$ 행렬로서 그 i번째 행, j번째 열 원소의 값이 A행렬의 i번째 행과 B행렬의 j번째 열의 원소들의 곱의 합(내적, inner product), 즉 $a_{i1}b_{1j} + a_{i2}b_{2j} + \cdots + a_{im}b_{mj}$인 행렬로 정의된다. 행렬의 덧셈에서는 교환법칙과 결합법칙이 성립한다. 즉, $A+B = B+A$이고 $(A+B)+C = A+(B+C)$이다. 행렬의 곱셈에서는 결합법칙, 즉 $(AB)C = A(BC)$이 성립한다. 행렬의 덧셈과 곱셈에서는 분배법칙도 성립한다. 즉, $A(B+C) = AB+AC$, $(A+B)C = AC+BC$이다. 하지만 행렬의 곱셈에서는 교환법칙이 성립하지 않는다. 즉, AB는 일반적으로 BA와 다르다. A'는 A의 행을 열로, 열을 행으로 바꾸어서 만드는 행렬로서 A의 전치행렬(transpose)이라고 한다.

이제

$$\mathbb{X} = \begin{pmatrix} 1 & x_{11} & \cdots & x_{1k} \\ 1 & x_{21} & \cdots & x_{2k} \\ \vdots & \vdots & & \vdots \\ 1 & x_{n1} & \cdots & x_{nk} \end{pmatrix}, \quad \mathbb{Y} = \begin{pmatrix} y_1 \\ y_2 \\ \vdots \\ y_n \end{pmatrix}, \quad \hat{\boldsymbol{\beta}} = \begin{pmatrix} \hat{\beta}_0 \\ \hat{\beta}_1 \\ \vdots \\ \hat{\beta}_k \end{pmatrix}$$

라고 하자. 그러면 앞의 직교방정식들은 간략히

$$\mathbb{X}'(\mathbb{Y} - \mathbb{X}\hat{\boldsymbol{\beta}}) = 0$$

이라고 나타낼 수 있다. 분배법칙을 써서 전개하고 양변에 $\mathbb{X}'\mathbb{X}\hat{\boldsymbol{\beta}}$를 더한 다음 좌변과 우변을 뒤바꾸면 다음 식을 얻는다.

$$\mathbb{X}'\mathbb{X}\hat{\boldsymbol{\beta}} = \mathbb{X}'\mathbb{Y} \tag{8.10}$$

이것이 바로 $k+1$개의 직교방정식 (8.5)를 행렬로써 표현한 것이다.

이제 행 수와 열 수가 같은 어떤 행렬(정사각행렬이라고 함) A에 대하여 이 행렬의 역행렬 A^{-1}은 AA^{-1}과 $A^{-1}A$가 항등행렬이 되도록 해 주는 행렬인데, 여기서 항등행렬이란 대각선에 있는 원소가 모두 1이고 나머지 원소들을 모두 0인 행렬을 말한다. 일반적으로 항등행렬은 I라고 표시되는데 이 항등행렬의 중요한 점은 항등행렬을 어떤 행렬의 앞에 곱하든 뒤에 곱하든 그 행렬이 변하지 않는다는 것이다. 말하자면 숫자 1과 같은 것으로서 어떤 수에 1을 곱하면 그 숫자는 변하지 않는 것과 같다.

모든 정사각행렬이 역행렬을 갖는 것은 아니다. 예를 들어 0이라는 숫자는 1×1 정사각행렬 이라고 해도 되는데 이 0에 곱하여 1을 만들 수 있는 수(1×1 행렬)는 없다. 또 예를 들어 1행이 $(1, -1)$이고 2행이 $(-1, 1)$인 2×2 행렬의 역행렬은 존재하지 않는다.[12]

이제 정사각행렬 $\mathbb{X}'\mathbb{X}$가 역행렬을 갖는다는 가정하에서 직교방정식 (8.10)의 양변에 $\mathbb{X}'\mathbb{X}$의 역행렬, 즉 $(\mathbb{X}'\mathbb{X})^{-1}$을 곱하면

$$(\mathbb{X}'\mathbb{X})^{-1}\mathbb{X}'\mathbb{X}\hat{\boldsymbol{\beta}} = (\mathbb{X}'\mathbb{X})^{-1}\mathbb{X}'\mathbb{Y}$$

이다. 그런데 $(\mathbb{X}'\mathbb{X})^{-1}\mathbb{X}'\mathbb{X}\hat{\boldsymbol{\beta}} = I\hat{\boldsymbol{\beta}} = \hat{\boldsymbol{\beta}}$이므로 이 마지막 식은 다음과 같다.

$$\hat{\boldsymbol{\beta}} = (\mathbb{X}'\mathbb{X})^{-1}\mathbb{X}'\mathbb{Y} \tag{8.11}$$

역행렬은 컴퓨터 프로그램을 사용하여 쉽게 구할 수 있다. 그러므로 $\mathbb{X}'\mathbb{X}$의 역행렬이 존재할 경우 컴퓨터는 (8.11)를 아주 손쉽게 구한다. 만일 $\mathbb{X}'\mathbb{X}$의 역행렬이 존재하지 않으면 실행오류가 발생한다. 참고로, 식 (8.11)에서 구한 $\hat{\boldsymbol{\beta}}$은 $k+1$개의 값, 즉 $\hat{\beta}_0, \hat{\beta}_1, \ldots, \hat{\beta}_k$으로 이루어진 벡터이다.

예제 8.4 수동식 OLS 추정

R의 `Ecdat` 패키지의 `Housing` 자료를 이용한 다중회귀모형

$$\log(price) = \beta_0 + \beta_1 \log(lotsize) + \beta_2 bedrooms + u$$

를 생각해 보자. 여기서 $price$는 집값, $lotsize$는 집크기, $bedrooms$는 방수이다. 이 자료는 546 개의 관측치로 구성되어 있다. 우선 R을 사용하여 자동으로 이 다중회귀 모형을 추정하면 그 결과는 다음과 같다.

```
1  > data(Housing,package="Ecdat")
2  > lm(log(price)~log(lotsize)+bedrooms,data=Housing)
3
4  Call:
5  lm(formula = log(price) ~ log(lotsize) + bedrooms, data = Housing)
6
7  Coefficients:
8   (Intercept)  log(lotsize)       bedrooms
9        6.3804        0.5015         0.1459
```

9째 줄의 계수 추정값들 6.3804, 0.5015, 0.1459는 다음의 수동조작 절차를 통해서도 구할 수 있다.

```
1  > Y <- log(Housing$price)
2  > X <- cbind(1,log(Housing$lotsize),Housing$bedrooms)
3  > solve(t(X)%*%X,t(X)%*%Y)
4            [,1]
5  [1,] 6.3803606
6  [2,] 0.5015055
7  [3,] 0.1458715
```

둘째 줄의 **cbind**는 괄호 안의 값들을 열로 갖는 행렬을 만드는데, **cbind**의 인자 중 맨 앞의 1은 절편 때문에 존재한다. 셋째 줄은 R에서 $(\mathbb{X}'\mathbb{X})^{-1}\mathbb{X}'\mathbb{Y}$를 계산하는 방식이다. 여기서 구한 값들은 앞에서 자동으로 구한 값들과 동일하다.

9 다중회귀 추정량의 성질

이 장에서는 일정한 가정하에서 표본추출을 반복할 때 다중회귀 모형의 최소제곱(OLS) 추정량들이 갖는 통계적 성질을 살펴볼 것이다. 단순회귀의 경우와 같이, 우선 가정들을 열거하고, OLS 추정량의 평균과 분산을 구한다. 또한, 가우스 마코프 정리를 일반화하고, 나중의 가설검정을 위하여 OLS 추정량들의 표집분포를 살펴본다.

9.1 모형의 구성항목들에 대한 가정

단순 선형회귀 모형의 경우와 마찬가지로 모집단과 표본추출방식에 대한 가정을 하고 나서 이 가정으로부터 OLS 추정량의 성질을 구할 것이다. 가정들을 요약하면 다음과 같다.

설명변수 관측값들(모든 x_{ij}값들)에 대한 가정

설명변수 표본값 고정: 설명변수의 관측값들은 반복추출 시 변하지 않는다. 이를 짧게 'X 값 통제 가정'이라고도 할 것이다(그 이유에 대해서는 4.3절 참조).

비특이성: 설명변수들(상수항 포함)의 관측값들 간에 선형종속의 관계가 존재하지 않는다.

오차항의 값들($u_1, \ldots, u_n$)에 대한 가정

오차평균0: 각 관측치별로 오차항의 평균은 0이다. 설명변수 표본값 고정의 가정하에서 이 가정은 모집단에서 $E(u|X_1, \ldots, X_k) = 0$이면 성립한다.

동일분산: 관측치들의 오차값들의 분산은 동일하다. 설명변수 표본값 고정의 가정하에서 이 가정은 모집단에서 $\text{var}(u|X_1, \ldots, X_k)$가 $X_1, \ldots, X_k$ 값들이나 여타 i별로 상이한 고정된 값에 의존하지 않고 상수이면 성립한다.

독립추출: 관측치들의 오차값들은 서로 독립적으로 추출된다.

정규분포: 관측치들의 오차값들은 정규분포를 갖는 모집단으로부터 추출된다. 설명변수 표본값 고정 가정하에서 이는 $X_1, \ldots, X_k$ 조건부로 u의 분포가 정규분포이면 성립한다.

비특이성의 가정이 좀 더 일반적으로 표현되고 하나의 X가 아니라 $X_1, \ldots, X_k$가 언급된 것을 제외하면 위 가정들은 단순회귀모형의 경우와 동일하다. 다중회귀 모형에서 특이성과 비특이성에 대해서는 8.4절에서 이미 상세히 설명하였으므로 여기서 반복하지 않는다.

9.2 최소제곱 추정량의 평균

주어진 표본에서 **비특이성**의 가정이 만족되면 최소제곱(OLS) 추정값은 유일하다. 단순회귀에서처럼 **오차평균0**의 가정도 만족되면 OLS 추정량은 비편향성(unbiasedness)을 갖는다. 즉, 표본추출 무한 반복시행 시 얻게 되는 OLS 추정량의 평균은 모수의 참값과 동일하다.

비편향성은 아래 꼬부랑길 부분과 같이 행렬 연산을 사용하면 깔끔하게 증명할 수 있고, 그러지 않더라도 식 (8.6)으로부터 다음 항등식을 도출한 후, 설명변수 표본값 고정의 가정 (즉, X값 통제 가정)하에서 양변에 평균을 취함으로써 구할 수 있다.

$$\hat{\beta}_1 = \beta_1 + \frac{\sum_{i=1}^{n} \hat{r}_{i1} u_i}{\sum_{i=1}^{n} \hat{r}_{i1}^2} \qquad (9.1)$$

여기서, $\hat{r}_{i1}$ 은 X_1 을 여타 독립변수들에 대하여 회귀하여 얻는 잔차들로서, 설명변수값들의 함수이므로 (X값 통제의 가정하에서) 표본추출을 반복할 때 고정되어 있다. 이 항등식의 도출을 위해서는 직교방정식을 여러 번 사용해야 한다.

▷ **연습 9.1.** 식 (9.1)을 증명하라.

식 (9.1)의 양변에 'X값 통제' 가정하에서 기댓값을 취하면, 오차평균0 가정하에서 모든 u_i 의 기댓값은 0이므로, 우변 둘째 항은 0이 되고 따라서 $\mathrm{E}(\hat{\beta}_1) = \beta_1$ 이다. 여타 기울기 추정량과 절편 추정량도 이와 유사한 방식을 이용하여 증명할 수 있다.

행렬 연산을 사용하여 비편향성을 증명하자. 앞의 8.A절의 $\mathbb{X}$, $\mathbb{Y}$, $\hat{\boldsymbol{\beta}}$ 기호를 그대로 사용하고, 여기에 추가하여 다음을 정의하자.

$$\mathbb{U} = \begin{pmatrix} u_1 \\ u_2 \\ \vdots \\ u_n \end{pmatrix}, \quad \boldsymbol{\beta} = \begin{pmatrix} \beta_0 \\ \beta_1 \\ \vdots \\ \beta_k \end{pmatrix}$$

그러면 $\hat{\boldsymbol{\beta}} = (\mathbb{X}'\mathbb{X})^{-1}\mathbb{X}'\mathbb{Y}$ 이다. $\mathbb{Y} = \mathbb{X}\boldsymbol{\beta} + \mathbb{U}$ 이므로 다음이 성립한다.

$$\hat{\boldsymbol{\beta}} = (\mathbb{X}'\mathbb{X})^{-1}\mathbb{X}'(\mathbb{X}\boldsymbol{\beta} + \mathbb{U}) = (\mathbb{X}'\mathbb{X})^{-1}\mathbb{X}'\mathbb{X}\boldsymbol{\beta} + (\mathbb{X}'\mathbb{X})^{-1}\mathbb{X}'\mathbb{U} = \boldsymbol{\beta} + (\mathbb{X}'\mathbb{X})^{-1}\mathbb{X}'\mathbb{U}$$

이제 $\mathbb{X}$ 의 값이 고정된 채 $\mathbb{U}$ 만 변할 수 있도록 표본추출을 반복하면 $\hat{\boldsymbol{\beta}}$ 의 평균은 다음과 같다.

$$\mathrm{E}[\hat{\boldsymbol{\beta}}] = \boldsymbol{\beta} + (\mathbb{X}'\mathbb{X})^{-1}\mathbb{X}'\mathrm{E}[\mathbb{U}]$$

여기서 $(\mathbb{X}'\mathbb{X})^{-1}\mathbb{X}'$ 는 표본추출 반복시행시 값이 변하지 않으므로 평균을 취할 때 밖으로 나온다. 이제 오차평균0의 가정을 위의 식에 적용시키면 $\mathrm{E}[\mathbb{U}] = 0$ 이므로,

$$\mathrm{E}[\hat{\boldsymbol{\beta}}] = \boldsymbol{\beta} + (\mathbb{X}'\mathbb{X})^{-1}\mathbb{X}'0 = \boldsymbol{\beta}.$$

여기서 0은 모든 원소가 0인 $n \times 1$ 벡터이다.

9.3 변수를 누락시키면 어떻게 될까

경력을 고정시키고 학력을 변화시킬 때 임금이 평균적으로 어떻게 변하는지에 관심을 갖는 사람이 있다고 하자. 모형은 다음과 같다.

$$\log(\text{임금}) = \beta_0 + \beta_1 \text{학력} + \beta_2 \text{경력} + u \tag{9.2}$$

여기서 **경력**의 영향이 비선형이라면 이것의 제곱항(11.4절 참조)까지 포함시켜도 좋으나 여기서는 단순화를 위하여 **경력**만을 포함시켰다. 마지막 u는 오차항이다. 이 모형에서 **경력**이 동일한 사람들만 모은 상태에서 **학력**이 1년 길면 **임금**은 평균 약 $100\beta_1\%$ 높다. 이처럼 **경력**이 제어된 상태에서 **학력**의 효과를 측정하고자 할 때에는 위의 모형이 적절하다.

이처럼 경력을 통제한 상태에서 학력 변화가 초래하는 임금 변화에 관심을 가지고 있는데 불행하게도 우리에게 **경력** 자료가 없다고 하자. 예를 들어 별 생각 없이 설문조사를 했는데 경력을 알아낼 만한 문항이 설문에 없었다고 해 보자. 이때, 자료가 없으므로 **경력**을 우변에 포함시키지 않고 **학력**만 우변에 포함시킨 채 회귀분석을 시행하면 무슨 일이 생길까? 다시 말하여, 관심사는 **경력**을 통제한 채 **학력**만을 1년 증가시킬 때 임금이 변화하는 정도인데, 연구자가 **경력**을 누락시킨 채 **학력**만을 우변에 넣고 회귀분석을 시행하면 무슨 일이 일어날 것인가? 그렇게 되면 학력이 변할 때 경력도 같이 변하여 학력변화의 효과와 경력변화의 효과가 뒤섞이게 된다고 8.1절에서 잠깐 이야기하였다. 이제 이것을 좀 더 엄밀하게 살펴보자.

우리가 관심을 갖는 파라미터가 $Y = \beta_0 + \beta_1 X_1 + \beta_2 X_2 + u$의 β_1이라고 하자. 예를 들어 X_1은 **학력**, X_2는 **경력**, Y는 **임금**의 로그값이다. 여기서 β_1은 X_2의 값이 고정된 채 X_1의 값이 한 단위 변하면 Y가 평균 얼마만큼 변하는지를 측정한다. 그런데 이제 Y를 X_1에 대해서만 회귀시킨다고 하자. 그 OLS 추정량을 $\tilde{\beta}_1$이라고 하면 식 (3.3)에 의해

$$\tilde{\beta}_1 = \frac{\sum_{i=1}^{n}(x_{i1} - \bar{x}_1)(y_i - \bar{y})}{\sum_{i=1}^{n}(x_{i1} - \bar{x}_1)^2} \tag{9.3}$$

이다. 여기에 $y_i = \beta_0 + \beta_1 x_{i1} + \beta_2 x_{i2} + u_i$라는 항등식을 대입하면 다음을 얻는다.

$$\tilde{\beta}_1 = \beta_1 + \beta_2 \times \frac{\sum_{i=1}^{n}(x_{i1} - \bar{x}_1)(x_{i2} - \bar{x}_2)}{\sum_{i=1}^{n}(x_{i1} - \bar{x}_1)^2} + \frac{\sum_{i=1}^{n}(x_{i1} - \bar{x}_1)u_i}{\sum_{i=1}^{n}(x_{i1} - \bar{x}_1)^2} \tag{9.4}$$

▶ **연습 9.2.** (9.3)으로부터 (9.4)를 도출하라.

이제 X_1과 X_2의 표본값이 불변이면서 오차항들(u_i)의 평균이 0이 되도록 표본추출을 반복시행한다는 가정하에서 식 (9.4)의 양변에 평균을 취하면 다음을 얻는다.

$$\mathrm{E}(\tilde{\beta}_1) = \beta_1 + \beta_2 \times \tilde{\delta}_1, \quad \tilde{\delta}_1 \equiv \frac{\sum_{i=1}^{n}(x_{i1} - \bar{x}_1)(x_{i2} - \bar{x}_2)}{\sum_{i=1}^{n}(x_{i1} - \bar{x}_1)^2} \tag{9.5}$$

여기서 $\tilde{\delta}_1$를 자세히 살펴보면, 이것은 X_2를 X_1에 대하여 회귀할 때 기울기의 최소제곱 (OLS) 추정값임을 알 수 있다.

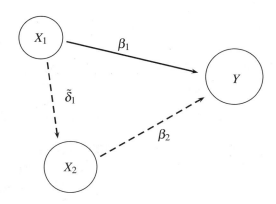

설명: X_2 가 누락되면 β_1 대신에 $\beta_1 + \tilde{\delta}_1\beta_2$ 가 추정된다.

〈그림 9.1〉 단순회귀와 다중회귀

▸ **연습 9.3.** X_2 를 X_1 에 대하여 단순회귀하면 기울기 추정값이 (9.5)의 $\tilde{\delta}_1$ 임을 이해하라.

식 (9.5)를 살펴보면 좌변 $\mathrm{E}(\tilde{\beta}_1)$ 은 X_2 를 고정하지 않은 채 X_1 을 변화시킬 때 Y 가 평균적으로 받는 영향을 측정하고, 우변 첫째 항(β_1)은 X_2 를 고정시킨 채 X_1 을 변화시킴으로써 Y 가 받는 평균영향을 나타내며, 우변 둘째 항은 $\tilde{\delta}_1$ 에 β_2 를 곱한 것, 다시 말하여 X_1 과 X_2 가 서로 관련된 정도($\tilde{\delta}_1$)에 X_2 의 평균 부분효과(β_2, 즉 X_1 을 고정시킨 채 X_2 를 변화시킬 때 Y 가 받는 평균적 영향)를 곱한 것이다.

〈그림 9.1〉에 이것이 설명되어 있다. X_2 가 고정된 채 X_1 이 변하면 그 효과는 β_1 이다. 우변에 X_2 가 누락되면 평균적으로 $\beta_1 + \tilde{\delta}_1\beta_2$ 가 추정되는데, 여기서 β_1 은 우리가 보고자 하는 참된 효과(즉, X_2 를 고정시킬 때의 효과)이고 $\tilde{\delta}_1\beta_2$ 는 X_1 이 X_2 를 변화시킴으로써 Y 에 간접적으로 미치는 영향을 나타낸다. 우리는 참된 효과인 직접효과를 추정하고자 하나 단순회귀는 총효과를 추정해 준다.

다른 변수들을 통제한 상태에서 어떤 변수의 영향이 0이 아닐 때 이 변수가 중요하다고 한다. X_2 가 중요한데도(즉, $\beta_2 \neq 0$) X_2 가 우변에서 누락되면 OLS는 당초의 관심사인 직접효과(β_1)가 아니라, 직접효과에 누락 변수를 경유한 간접효과를 합한 총효과($\beta_1 + \tilde{\delta}_1\beta_2$)를 추정한다. 이 총효과는 우리의 관심사가 아니다. 다만, X_2 가 중요하지 않거나($\beta_2 = 0$), 중요하다 할지라도 만일 X_1 의 변화가 X_2 를 변화시키지 않으면($\tilde{\delta} \approx 0$), 간접효과는 없거나 미미하고, 그 결과 총효과(구할 수 있는 것)는 직접효과(구하고자 하는 것)와 같다.

식 (9.5)로부터 변수 누락 시 편향의 방향을 예상할 수 있다. 예를 들어 식 (9.2)에서 **경력**을 빠뜨리고 $\log(\text{임금})$ 을 학력에 대해서만 회귀(단순회귀)시키면 그 추정값은 평균 $\beta_2\tilde{\delta}_1$ 만큼 참값에서 벗어날 것이다. 그런데 **학력**과 **경력**은 음의 상관관계를 갖고($\tilde{\delta}_1 < 0$) **경력**의 효과는 양(+)일 것이므로($\beta_2 > 0$) $\beta_2\tilde{\delta}_1 < 0$ 이 되고, 그 결과, 단순회귀로부터 나오는 결과는 우리가 보고자 하는 β_1 보다 더 작은 값을 추정할 것으로 예상해 볼 수 있다.

예제 9.1   산모 흡연량과 신생아 몸무게

신생아의 몸무게(몸무게)는 임신기간 동안 산모의 흡연량(산모흡연량)과 음의 상관관계가 있을 것이다(흡연을 많이 하면 건강에 해로울 것이므로). 또 신생아의 몸무게는 그 가족의 소득에 의해서 정(+)의 영향을 받을 것이다(소득이 높으면 영양상태도 좋으므로). 그런데 소득이 높은 사람들은 임신기간 중에 흡연량을 줄일 개연성이 높을 것이라 생각해 볼 수 있다. 만일 그렇다면 **산모흡연량**과 소득은 음의 상관관계를 가질 것이다. 이제 신생아 **몸무게**의 로그값을 **산모흡연량**과 소득의 로그값에 대하여 회귀한 것(다중회귀)과 신생아 **몸무게**(로그)를 흡연량에 대해서만 회귀한 것(단순회귀)을 비교해 보면, 소득(로그)의 계수 (β_2)는 양수이고 흡연량과 소득의 상관관계($\tilde{\delta}_1$)는 음수이므로, 단순회귀분석에 따른 총효과는 다중회귀분석의 결과에 따른 부분효과보다 더 작은 값일 것이다. 그런데 부분효과($\hat{\beta}_1$)의 부호가 음일 것이므로, 영향의 '크기'(절댓값)를 보면 단순회귀로 구한 효과가 다중회귀로 구한 효과보다 더 클 것이라고 추측해 볼 수 있다. 말하자면, 다중회귀로부터 흡연량의 계수가 −0.03이라면 단순회귀로부터 구한 계수는 −0.05와 같은 숫자가 될 것이다. 여기서 −0.03이나 −0.05는 순전히 예로 들은 것으로, 실증적인 근거는 없다.

요약하여, 모형 $Y = \beta_0 + \beta_1 X_1 + \beta_2 X_2 + u$에서, X_2를 통제한 상태에서 X_1이 변할 때 Y가 평균적으로 영향을 받는 정도(β_1)를 '부분효과' 또는 '직접효과'라 하고, X_1의 변화가 X_2의 변화와 물려 Y를 평균적으로 변화시키는 정도를 '간접효과'라고 하자. 그러면 Y를 X_1에만 단순회귀시킬 때에 얻는 '총효과'는 다음으로 분해된다.

$$X_1 \text{의 총효과} = X_1 \text{의 직접효과} + X_2 \text{를 경유한 간접효과}$$

이때 간접효과는 X_1과 X_2 간의 상관관계($\tilde{\delta}_1$)와 X_2의 부분효과(β_2)의 곱이 된다. X_2의 부분효과와 X_1과 X_2의 상관관계의 부호를 추측하여 간접효과의 부호를 알아낼 수 있으며, 이로부터 총효과가 직접효과보다 클지 작을지 추측할 수 있다.

본 소절의 이하에서는 변수를 누락시키는 경우의 수학을 좀 더 자세히 살펴본다. 설명을 위해서, 세 변수 X_1, X_2, Y를 생각하자. 변수 Y를 X_1과 X_2에 대해 회귀하여 나온 계수를 $\hat{\beta}_0, \hat{\beta}_1, \hat{\beta}_2$라 하고, 변수 Y를 X_1에 대해서만 회귀하여 나온 계수를 $\tilde{\beta}_0, \tilde{\beta}_1$이라 하자. $\hat{\beta}_1$과 $\tilde{\beta}_1$ 사이에 어떤 수학적인 관계가 있는지 알아보는 것이 논의의 목적이다.

식 (9.5)에서 우리는 $\mathrm{E}(\tilde{\beta}_1) = \beta_1 + \beta_2 \tilde{\delta}_1$임을 보였다. 이것은 평균적인 관계를 나타내고, 이보다 앞서 최소제곱 추정량들은 정확히 다음 항등관계를 보인다.

$$\tilde{\beta}_1 = \hat{\beta}_1 + \hat{\beta}_2 \tilde{\delta}_1 \tag{9.6}$$

식 (9.6)을 식 (9.5)와 비교해 보면 (9.5)는 추정량들의 평균값의 관계를 나타내고 (9.6)

은 추정량들 자체의 관계를 나타낸다. 식 (9.6)의 양변에 표본추출 반복시행 시의 평균을 취하면 식 (9.5)를 구할 수 있다.

✌✌ 식 (9.6)을 좀 더 일반적인 상황에서 증명해 보자. $\mathbf{X}_1$에 k_1개의 변수가 포함돼 있고 $\mathbf{X}_2$에 k_2개의 변수가 포함돼 있다고 하자. $\mathbf{X}_1$의 계수는 $\boldsymbol{\beta}_1$로서 k_1개의 숫자를 포함하는 벡터이고 $\mathbf{X}_2$의 계수는 $\boldsymbol{\beta}_2$로서 k_2개의 숫자로 이루어진 벡터이다. 이제 앞에서와 마찬가지로 $\mathbb{Y}$는 Y의 표본값을 나타내는 $n \times 1$ 벡터라 하고 $\mathbb{X}_1$과 $\mathbb{X}_2$는 각각 $\mathbf{X}_1$과 $\mathbf{X}_2$의 표본값을 나타내는 $n \times k_1$ 및 $n \times k_2$ 행렬이라 하자. 그러면 $\mathbb{Y}$를 $\mathbb{X}_1$에 대하여 회귀하여 얻는 $\tilde{\boldsymbol{\beta}}_1$은

$$\mathbb{X}_1'\mathbb{X}_1\tilde{\boldsymbol{\beta}}_1 = \mathbb{X}_1'\mathbb{Y} \tag{9.7}$$

라는 정규방정식(직교방정식)을 만족시키고, $\mathbb{Y}$를 $\mathbb{X}_1$과 $\mathbb{X}_2$에 대하여 회귀하여 얻는 $\hat{\boldsymbol{\beta}}_1$과 $\hat{\boldsymbol{\beta}}_2$은 다음 정규방정식들을 만족시킨다.

$$\begin{pmatrix} \mathbb{X}_1' \\ \mathbb{X}_2' \end{pmatrix} (\mathbb{X}_1\hat{\boldsymbol{\beta}}_1 + \mathbb{X}_2\hat{\boldsymbol{\beta}}_2) = \begin{pmatrix} \mathbb{X}_1' \\ \mathbb{X}_2' \end{pmatrix} \mathbb{Y}$$

이 정규방정식들 중 $\mathbb{X}_1'$에 해당하는 k_1행들만 따로 떼어 놓으면 $\mathbb{X}_1'(\mathbb{X}_1\hat{\boldsymbol{\beta}}_1 + \mathbb{X}_2\hat{\boldsymbol{\beta}}_2) = \mathbb{X}_1'\mathbb{Y}$가 되는데, 좌변을 전개하고 우변의 $\mathbb{X}_1'\mathbb{Y}$를 (9.7)에 따라 $\mathbb{X}_1'\mathbb{X}_1\tilde{\boldsymbol{\beta}}_1$로 치환하면 다음 등식을 얻는다.

$$\mathbb{X}_1'\mathbb{X}_1\hat{\boldsymbol{\beta}}_1 + \mathbb{X}_1'\mathbb{X}_2\hat{\boldsymbol{\beta}}_2 = \mathbb{X}_1'\mathbb{X}_1\tilde{\boldsymbol{\beta}}_1$$

이제 양변의 앞쪽에 $(\mathbb{X}_1'\mathbb{X}_1)^{-1}$을 곱하고 $(\mathbb{X}_1'\mathbb{X}_1)^{-1}\mathbb{X}_1'\mathbb{X}_2$을 $\tilde{D}$라 놓으면 위 식은 다음이 된다.

$$\hat{\boldsymbol{\beta}}_1 + \tilde{D}\hat{\boldsymbol{\beta}}_2 = \tilde{\boldsymbol{\beta}}_1 \tag{9.8}$$

여기서 $\tilde{D}$는 앞에서 정의한 것처럼 $(\mathbb{X}_1'\mathbb{X}_1)^{-1}\mathbb{X}_1'\mathbb{X}_2$인데, 이는 최소제곱법을 사용하여 $\mathbb{X}_2$를 $\mathbb{X}_1$에 대하여 회귀함으로써 얻는 계수이다.

이 일반적인 결과를 $\mathbb{X}_1$이 상수항(즉 1)과 하나의 변수(X_1)로 이루어져 있고 $\mathbb{X}_2$가 하나의 변수(X_2)인 변수에 적용하여 식 (9.6)을 구해 보자. 이 경우 $\boldsymbol{\beta}_1 = (\beta_0, \beta_1)'$이고 $\boldsymbol{\beta}_2 = \beta_2$이며 $\tilde{D} = (\tilde{\delta}_0, \tilde{\delta}_1)'$이다. 그러므로 식 (9.8)은 다음이 된다.

$$\begin{pmatrix} \hat{\beta}_0 \\ \hat{\beta}_1 \end{pmatrix} + \begin{pmatrix} \tilde{\delta}_0 \\ \tilde{\delta}_1 \end{pmatrix} \hat{\beta}_2 = \begin{pmatrix} \tilde{\beta}_0 \\ \tilde{\beta}_1 \end{pmatrix}$$

여기서 둘째 행만 취하면 (9.6)을 얻는다.

예제 9.2 학력, 경력, 임금

R의 Ecdat 패키지에 있는 Wages 자료를 고려하자. 이 자료는 595명 각각에 대하여 1976년부터 1982년까지 7년간 자료를 축적한 것이다. 처음 7개의 관측치는 1번 사람의 1976~1982년 자료이고, 그 다음 7개의 관측치는 2번 사람의 자료이며, 이런 식으로 4159번째부터 4165번째 관측치는 595번 사람의 자료이다. 우리는 이 중 1977년의 595명의 자료를 이용하여 분석을 할 것이다. 이를 위하여 Wages라는 자료를 불러 오고 관측치 일련번호를 7로 나누어서 나머지가 2인 관측만 선택하여 분석한다.

```
1  > data(Wages,package="Ecdat")
2  > nrow(Wages)
3  [1] 4165
4  > Wages77 <- Wages[1:4165%%7==2,]
5  > nrow(Wages77)
6  [1] 595
7  > names(Wages77)
8  [1] "exp"      "wks"      "bluecol" "ind"      "south"   "smsa"
9  [7] "married" "sex"      "union"   "ed"       "black"   "lwage"
```

위 4번 행에서 **1:4165%%7==2**라는 부분은 $(1,2,\ldots,4165)$의 숫자열에서 7로 나누어 나머지가 2인 부분만 참으로 만든다. 따라서 **Wages77**은 1977년의 자료만을 포함한다.

이제 **lwage**(로그임금)를 **ed**(학력)와 **exp**(경력)에 대하여 회귀시키면(간단하게 하기 위하여 다른 변수들은 제외시켰다) 그 계수 추정값은 다음 결과에서 보는 것처럼 각각 **0.06296**과 **0.01011**이다.

```
10  > lm(lwage~ed+exp,data=Wages77)
11
12  Call:
13  lm(formula = lwage ~ ed + exp, data = Wages77)
14
15  Coefficients:
16  (Intercept)           ed          exp
17      5.47606      0.06296      0.01011
```

하지만 아래에서 보는 것처럼 로그임금을 학력에 대해서만 회귀시키면 그 계수 추정값은 **0.05428**로서 다중회귀모형의 결과(**0.06296**)보다 더 작다.

```
18  > lm(lwage~ed,data=Wages77)
19
20  Call:
21  lm(formula = lwage ~ ed, data = Wages77)
22
23  Coefficients:
24  (Intercept)           ed
25      5.76793      0.05428
```

단순회귀 추정값 **0.05428**은 학력의 직접효과(경력을 통제한 경우의 효과)와, 학력증대로 경력이 감소돼 임금이 하락하는 간접효과까지 합하여 추정한다. 식 (9.6) $\tilde{\beta}_1 = \hat{\beta}_1 + \hat{\beta}_2 \hat{\delta}_1$를 확인하기 위하여 우선 경력을 학력에 대하여 회귀시켜 $\hat{\delta}$를 구하자.

```
26  > lm(exp~ed,data=Wages77)
27
28  Call:
29  lm(formula = exp ~ ed, data = Wages77)
30
31  Coefficients:
32  (Intercept)              ed
33      28.8786         -0.8583
```

결과에 따르면 학력이 1년 높을 때 경력은 평균 0.8583년 낮다. 그런데 학력이 고정된 채 경력이 1년 하락하면 로그임금이 0.01011만큼 하락(17번 행 참조)하므로 경력을 경유한 간접효과는 -0.8583*0.01011=-0.008677이다. 즉, 간접효과는 다음과 같다.

학력 1년 증가 ≒ 경력 0.8583년 감소 ≒ 로그임금 0.008677 하락

그러므로 경력을 경유한 간접효과까지 합산한 학력 1년 증가의 총효과(즉 단순회귀의 결과인 0.05428)는 학력 1년 증가의 직접 효과(경력 고정시 0.06296 증가) 더하기 학력 증가시 기대되는 경력 감소로 인한 로그임금 하락 효과(-0.8583*0.01011)와 동일하다.

```
> 0.06296-0.8583*0.01011
[1] 0.05428259
```

단순회귀로부터의 '총효과'는 다중회귀로부터의 '순효과'보다 더 작게 추정되었다. 총효과는 학교교육의 순효과로부터 직업경력 감소로 인한 효과를 뺀 값이다.

학교에 갈지 취업을 할지 의사결정을 하는 사람에게는 단순회귀로부터의 총효과가 중요하다. 반면 학교교육이 생산성에 미치는 영향에 관심을 갖는다면 경력 등을 통제하고 학교교육의 순효과를 추정할 필요가 있다. 결국 '참' 모형은 무엇을 알고자 하는지에 달려 있다.

예제 9.3 주택가격

R의 Ecdat 패키지의 Housing 자료를 이용한 다음 다중회귀모형을 다시 생각해 보자.

$$\log(price) = \beta_0 + \beta_1 \log(lotsize) + \beta_2 bedrooms + u$$

여기서 price는 집값, lotsize는 집크기, bedrooms는 방수이다. 이 모형에서 β_1 은 방 수가 고정될 때 집크기가 집값에 미치는 평균적 영향을 나타내고 β_2 는 집크기가 고정될 때 방수가 집값에 미치는 평균적 영향을 나타내므로 모형이 마음에 들지 않을 수도 있지만,

모형설정 자체가 이 예제의 관심사가 아니므로 너무 깊이 생각하지 말고 그냥 해 보자. 관측치는 546개이다. 위의 다중회귀모형을 추정하면 다음 결과를 얻는다.

```
1  > data(Housing,package="Ecdat")
2  # Regression A
3  > lm(log(price)~log(lotsize)+bedrooms,data=Housing)
4
5  Call:
6  lm(formula = log(price) ~ log(lotsize) + bedrooms, data = Housing)
7
8  Coefficients:
9   (Intercept)  log(lotsize)      bedrooms
10       6.3804        0.5015        0.1459
```

방 수가 고정되어 있을 때 집크기가 1% 증가하면 집값은 평균 약 0.5% 상승한다. 또 집크기가 고정된 채 방수가 하나 증가하면 집값은 약 14.6% 상승하는 것으로 예측된다(좀 더 정확히, $e^{0.1459} - 1 = 0.1571$이므로 약 15.7% 상승한다).

로그 집값을 bedrooms에 대해서만 회귀하면 다음의 결과를 얻는다.

```
1  # Regression B
2  > lm(log(price)~bedrooms,data=Housing)
3
4  Call:
5  lm(formula = log(price) ~ bedrooms, data = Housing)
6
7  Coefficients:
8  (Intercept)     bedrooms
9     10.5057       0.1866
```

즉 침실이 하나 증가하면 집값은 약 19% 상승(좀 더 정확히는 $e^{0.1866} - 1 = 0.2051$이므로 약 20.5% 상승)하는 것으로 예상된다. 그런데 회귀

```
1  # Regression C
2  > lm(log(lotsize)~bedrooms,data=Housing)
3
4  Call:
5  lm(formula = log(lotsize) ~ bedrooms, data = Housing)
6
7  Coefficients:
8  (Intercept)     bedrooms
9      8.2259       0.0812
```

로부터 침실 개수가 하나 증가할 때 면적은 약 8% 증가하는 것을 볼 수 있다. 그러므로 $\tilde{\beta}_1 = \hat{\beta}_1 + \hat{\beta}_2 \hat{\delta}_1$ 에 따르면, 단순회귀모형의 계수(Regression B)와 다중회귀모형의 계수 (Regression A) 간의 관계는 다음과 같다.

$$0.1866 = 0.1459 + 0.0812 \times 0.5015$$

좌변의 0.1866은 단순회귀(Regression B)에서 구한 것이고, 우변의 0.1459와 0.5015 는 다중회귀(Regression A)의 결과에서 찾을 수 있으며 우변의 0.0812는 보조회귀 (Regression C)의 결과이다. 실제 계산해 보면 양변이 동일함을 알 수 있다.

변수를 누락시키거나 추가하여도 좋은 경우

X_2를 고정시킨 채 X_1을 1단위 변화시킬 때 Y가 받는 평균 영향에 관심이 있다고 하자. 그러면 X_1과 X_2를 모두 우변에 포함시켜야 한다. 그런데 어떤 이유에서인지(뭘하는지 모르거나 자료가 없어서) X_2를 포함시키지 않고 Y를 X_1에 대하여 단순회귀한다고 하자. 어떤 경우에 그래도 괜찮은가?

앞에서 우리는 단순회귀로부터 구한 최소제곱 추정량은 평균적으로 $\beta_1 + \beta_2 \hat{\delta}_1$을 추정한다고 하였다. 여기서 $\hat{\delta}_1$은 X_2를 좌변에 두고 X_1을 우변에 둔 상태에서 최소제곱 추정을 하여 나온 기울기 추정값이다. 그러므로 추정량의 비편향성 측면에서 볼 때 X_2를 누락시켜도 좋은 경우는 $\beta_2 = 0$, 즉 X_2가 쓸데없는 변수이거나 $\hat{\delta}_1 = 0$, 즉 X_1과 X_2가 직교하는(또는 무관한) 경우이다.

> 통제하고자 하는 변수가 종속변수에 별도의 영향을 미치지 않거나 여타 설명변수와 무관하면 누락시켜도 OLS 추정량은 여전히 비편향이다.

$\hat{\delta}_1 = 0$이라는 말은 X_2를 X_1에 대하여 회귀하였더니 그 기울기가 정확히 0이 된다는 뜻이다. 그러나 이처럼 $\hat{\delta}_1 = 0$이 되는 경우는 거의 없다. 어떤 자료에서 두 변수로 회귀분석을 하였더니 기울기가 정확히 0인 경우는 설명변수들이 특별하게 생성된 경우를 제외하면 거의 없다. 하지만 $\hat{\delta}_1$이 정확히 0은 아닐지라도 0에 가깝다면 통제할 변수를 누락시킴으로 인한 편향은 크지 않을 것이다.

설명변수의 표본값이 고정되었다는 가정 없이 X_1과 X_2의 값도 무작위로 추출된다면 $E(\tilde{\beta}_1) = \beta_1 + \beta_2 E(\hat{\delta}_1)$이 된다. 따라서 설명변수값들도 임의로 추출되는 상황이라면, $\beta_2 = 0$이거나 $E(\hat{\delta}_1) = 0$ (즉, X_1이 X_2와 상관관계가 없을 때) X_2를 누락시켜도 좋다.

위에서는 독립변수가 둘뿐이어서 설명이 간단하였으나, 독립변수의 개수가 더 많으면 좀 더 주의하여야 한다. 우리의 목적이 X_2와 X_3을 고정할 때 X_1이 y에 미치는 평균적인 영향을 알아보려는 것인데 X_3을 통제하지 못하면 어떻게 될까? 만약 X_1과 X_2가 통제될 때 X_3이 y에 아무런 영향도 미치지 않는다면($\beta_3 = 0$) X_1과 X_2의 계수에 대한 OLS 추정량들은 여전히 비편향이다. 하지만 X_3이 중요한 변수라면 이야기가 좀 더 복잡하다. 만약 X_3이 X_1 및 X_2 모두와 상관관계가 없다면 X_3를 통제하지 못해도 비편향성의 측면에서는 아무런 문제가 되지 않는다. 그렇다면 $\beta_3 \neq 0$이고 X_3이 X_1과는 상관이 없는데 X_2와는 상관이 있으면 β_1의 OLS 추정량은 편향될까 비편향일까? 이 경우에는 X_1과 X_2의 상관관계가 중요하다. 만일 X_1이 X_2와도 상관되지 않으면 X_2의 계수의 추정량은 편향되지만 X_1의 계수의 추정량은 편향되지 않는다. 반면 X_1과 X_2가 상관되어 있으면 β_1의 OLS 추정량도 편향된다. 일반적으로 독립변수들은 서로 상관되기가 쉬우므로 우선은 X_1이나 X_2 중 어느 것이라도 X_3과 상관되면 OLS 추정량은 편향된다고 보는 것이 좋다.

이제 동일한 이야기를 각도를 바꾸어 생각해 보자. 한 모형의 계수들을 추정하고자 할 때 다른 변수들을 추가시키면 어떻게 될까? 예를 들어, 우리의 목적은 아무것도 통제하지 않은 상태에서 X_1의 증가가 Y의 평균값에 미치는 영향, 즉 $Y = \beta_0 + \beta_1 X_1 + u$에서 β_1이다. 그런데 X_2라는 변수가 있을 때 이를 추가하여 다중회귀를 하면, 어느 경우에 X_1의 계수 추정량이 여전히 비편향적일 것인가? 답은 다음과 같다.

모형의 설명변수들과 무관하거나 Y에 별도의 영향을 미치지 않는 변수들을 우변에 포함시켜 추가로 통제하여도 OLS 추정량은 여전히 비편향이다.

독립변수의 개수가 더 많은 경우, 잘못 추가되는 독립변수가 종속변수에 별도의 영향을 미칠 때, 이 추가적 독립변수가 다른 모든 독립변수들과 상관되지 않으면 OLS 추정량의 비편향성은 영향을 받지 않는다. 또한, 한 독립변수(X_1이라 하자)가 여타 모든 독립변수 및 추가적 독립변수와 상관되지 않으면 X_1의 계수 추정량만큼은 독립변수를 잘못 추가해도 비편향성을 잃지 않는다. 여타 경우에는 우리가 원하는 것보다 지나치게 많은 변수들이 통제되면 모든 계수 추정량들이 편향된다고 생각하는 것이 좋다.

⚡⚡ X_1과 전혀 무관하면서 Y에 영향을 미치는 변수들을 우변에 추가적으로 포함시켜도 편향을 야기하지 않는다. 오히려 9.6절의 논의에 의하면 이 경우 X_1 계수 추정량의 분산이 감소하므로, 만약 X_1과 전혀 무관하다는 것을 안다면 이 여타 변수들을 포함시키지 않을 이유가 없다. 이는 추가할 변수들이 제4부에서 말하는 내생성을 가지고 있어도 그러하다. 예를 들어 $Y = \beta_0 + \beta_1 X_1 + u$가 추정할 모형이라 하자. X_1은 u와 독립이다. 만약 Z_1 변수가 있는데 Z_1이 X_1과 독립이고 u와 상관되어 있으면(X_1과 상관되고 u와 독립인 것이 아니라), $u = \gamma_0 + \gamma_1 Z_1 + v$라 표현할 수 있고, 이 경우 X_1과 v가 서로 독립이 된다. 이를 원래 방정식에 대입하면 $Y = (\beta_0 + \gamma_0) + \beta_1 X_1 + \gamma_1 Z_1 + v$가 된다. 여기서 중요한 점은 X_1이 (Z_1, v)와 독립이라는 사실이다. $\tilde{\beta}_1$을 단순회귀로부터의 OLS 추정량, $\hat{\beta}_1$을 다중회귀로부터의 OLS 추정량이라 할 때,

$$\tilde{\beta}_1 = \hat{\beta}_1 + \hat{\beta}_2 \tilde{\delta}_1 \quad \text{즉} \quad \hat{\beta}_1 = \tilde{\beta}_1 - \hat{\beta}_2 \tilde{\delta}_1$$

이다. 단, $\tilde{\delta}_1$는 Z_1을 X_1에 대하여 회귀할 때 기울기 계수 추정량이다. X_1이 u와 독립이므로 $\tilde{\beta}_1$는 애초부터 비편향이고 X_1과 Z_1이 서로 독립이어서 $\tilde{\delta}_1$가 0으로 수렴하므로 (Z_2의 내생성으로 인한) $\hat{\beta}_2$값의 편향 여부와 무관하게 $\hat{\beta}_1$은 일관성 있는 추정량이 된다.

9.4   최소제곱 추정량의 분산

OLS의 비편향성을 위해서 가정하였던 조건들에 추가하여 오차들의 동일분산과 독립추출을 가정하자. X_1을 다른 모든 설명변수로 회귀시킨 후 나온 잔차들을 $\hat{r}_{i1}$이라 하자. 그러면 이 모든 가정하에서 최소제곱 추정량 $\hat{\beta}_1$의 표본추출 반복수행 시 분산은 다음과 같다.

$$\mathrm{var}(\hat{\beta}_1) = \frac{\sigma^2}{\sum_{i=1}^{n} \hat{r}_{i1}^2}$$

증명은 앞에서 단순회귀모형에서 분산을 구하는 절차와 동일하다. 식 (9.1)에서 $\hat{r}_{i1}$은 X_1을 나머지 설명변수에 대하여 회귀하여 나온 잔차항이므로 오직 설명변수들의 표본값에 의해서만 결정된다. 그런데 '표본 설명변수값 고정'의 가정하에서 $\hat{r}_{i1}$의 값들($i = 1, \ldots, n$)은 표본추출 반복시행시 변화하지 않으므로 분산을 구할 때 u_i의 분산만 구하면 된다. 그 다음의 수학에 대해서는 단순회귀모형에서 분산을 구하는 부분을 참고하라.

설명변수들의 표본값이 비임의적이고 비특이성이 만족되는 상황에서, 일반적으로 동일분산과 독립추출 가정하에서 $\hat{\beta}_j$의 분산은 다음과 같다.

$$\mathrm{var}(\hat{\beta}_j) = \frac{\sigma^2}{\sum_{i=1}^{n} \hat{r}_{ij}^2} = \frac{\sigma^2}{\mathrm{SSR}_j} \tag{9.9}$$

여기서 $\hat{r}_{ij}$는 X_j를 나머지 설명변수들(원래 회귀식에 절편이 포함되어 있으면 절편도 포함)에 대하여 회귀시키고 난 잔차항이고, $\mathrm{SSR}_j = \sum_{i=1}^{n} \hat{r}_{ij}^2$이다.

행렬 연산을 이용하면 $\hat{\beta}_0, \hat{\beta}_1, \ldots, \hat{\beta}_k$의 모든 분산들과 공분산들을 하나의 식으로 나타낼 수 있다. $\hat{\boldsymbol{\beta}} = (\mathbb{X}'\mathbb{X})^{-1}\mathbb{X}'\mathbb{Y}$에서 $\mathbb{Y} = \mathbb{X}\boldsymbol{\beta} + \mathbb{U}$를 대입하면 $\hat{\boldsymbol{\beta}} = \boldsymbol{\beta} + (\mathbb{X}'\mathbb{X})^{-1}\mathbb{X}'\mathbb{U}$이고, 동분산성과 독립추출 가정하에서 $\mathrm{E}(\mathbb{U}\mathbb{U}') = \sigma^2 I$이므로 다음이 성립한다.

$$\mathrm{E}[(\hat{\boldsymbol{\beta}} - \boldsymbol{\beta})(\hat{\boldsymbol{\beta}} - \boldsymbol{\beta})'] = (\mathbb{X}'\mathbb{X})^{-1}\mathbb{X}' \cdot \sigma^2 I \cdot \mathbb{X}(\mathbb{X}'\mathbb{X})^{-1} = \sigma^2 (\mathbb{X}'\mathbb{X})^{-1}$$

이 행렬의 대각원소들은 각 추정량들의 분산이고 비대각원소들은 해당 행과 열에 해당하는 공분산이다. 참고로, 이 행렬의 두 번째 대각원소는 $\hat{\beta}_1$의 분산인데(첫 번째 대각원소는 $\hat{\beta}_0$의 분산), 그 값은 믿거나 말거나 $\sigma^2 / \sum_{i=1}^{n} \hat{r}_{i1}^2$이다.

다중회귀 분석에서는 $\beta_1 - \beta_2$처럼 여러 계수들을 선형결합한 것이 자주 등장한다. $\beta_1 - \beta_2$는 $\hat{\beta}_1 - \hat{\beta}_2$으로써 추정할 수 있을 것인데, 이 추정량의 분산을 구할 필요성이 있다. $(a-b)^2 = a^2 + b^2 - 2ab$ 공식을 이용하면, 그 분산은 다음과 같음을 알 수 있다.

$$\mathrm{var}(\hat{\beta}_1 - \hat{\beta}_2) = \mathrm{var}(\hat{\beta}_1) + \mathrm{var}(\hat{\beta}_2) - 2\,\mathrm{cov}(\hat{\beta}_1, \hat{\beta}_2)$$

$\hat{\beta}_1$과 $\hat{\beta}_2$ 각각의 분산은 (9.9)에 있다. 이 둘의 공분산은 더 복잡하지만, 앞에서와 동일한 가정하에서 다음이 된다(이 공식을 외우려고 하지 말라).

$$\text{cov}(\hat{\beta}_j, \hat{\beta}_k) = \sigma^2 \left(\frac{\sum_{i=1}^{n} \hat{r}_{ij} \hat{r}_{ik}}{\sum_{i=1}^{n} \hat{r}_{ij}^2 \cdot \sum_{i=1}^{n} \hat{r}_{ik}^2} \right)$$

공분산 식의 도출은 그렇게 어렵지 않다. 앞에서처럼 $\hat{\beta}_j = \beta_j + \sum_{i=1}^{n} \hat{r}_{ij} u_i / \sum_{i=1}^{n} \hat{r}_{ij}^2$ 이고, $\hat{\beta}_j$와 $\hat{\beta}_k$의 공분산은 j와 k에서 우변 둘째 항들을 곱한 다음 기댓값을 취함으로써 얻는다. 앞에서 분산식의 도출을 따라해 본 독자라면 이 부분도 어렵지 않게 헤쳐나갈 수 있을 것이다.

좀 더 일반적으로 $\hat{\beta}_0, \hat{\beta}_1, \ldots, \hat{\beta}_k$ 들의 선형결합(즉, 이들에 비임의적인 상수를 곱한 후 합산함으로써 얻는 값)을 고려하자. 어떠한 선형결합이든, 비임의적(nonrandom)인 상수 $\lambda_0, \lambda_1, \ldots, \lambda_k$ 에 대하여 다음과 같이 나타낼 수 있다.

$$\lambda_0 \hat{\beta}_0 + \lambda_1 \hat{\beta}_1 + \cdots + \lambda_k \hat{\beta}_k$$

예를 들어, $\hat{\beta}_1 - \hat{\beta}_2$ 라면 $\lambda_1 = 1$, $\lambda_2 = -1$ 이고 그 밖의 λ_j는 0이다. 또, $2\hat{\beta}_1 - (\hat{\beta}_2 + \hat{\beta}_3)$ 이라면 $\lambda_1 = 2$, $\lambda_2 = -1$, $\lambda_3 = -1$ 이고 그 밖의 λ_j는 0이다. 그러면 그 분산은 다음과 같다.

$$\begin{aligned}
\text{분산} = {} & \lambda_0^2 \, \text{var}(\hat{\beta}_0) + \lambda_1^2 \, \text{var}(\hat{\beta}_1) + \cdots + \lambda_k^2 \, \text{var}(\hat{\beta}_k) \\
& + 2\lambda_0 \lambda_1 \, \text{cov}(\hat{\beta}_0, \hat{\beta}_1) + 2\lambda_0 \lambda_2 \, \text{cov}(\hat{\beta}_0, \hat{\beta}_2) + \cdots + 2\lambda_0 \lambda_k \, \text{cov}(\hat{\beta}_0, \hat{\beta}_k) \\
& + 2\lambda_1 \lambda_2 \, \text{cov}(\hat{\beta}_1, \hat{\beta}_2) + \cdots + 2\lambda_1 \lambda_k \, \text{cov}(\hat{\beta}_1, \hat{\beta}_k) \\
& + \cdots + 2\lambda_{k-1} \lambda_k \, \text{cov}(\hat{\beta}_{k-1}, \hat{\beta}_k)
\end{aligned}$$

일반적으로 표현하다 보니 식이 복잡해졌지만, 분산이 제곱의 평균이라는 것을 알고 합의 제곱이 제곱의 합에 모든 교차항들의 합을 더한 것이라는 것을 알면 어렵지 않게 따라갈 수 있다.

행렬을 이용하면 $\hat{\beta}_1 - \hat{\beta}_2$의 분산을 더 간단하게 표현할 수 있다. 앞에서 $\hat{\boldsymbol{\beta}}$의 분산·공분산 행렬이 $\sigma^2 (\mathbb{X}'\mathbb{X})^{-1}$ 임을 구하였다. 그러면 $\boldsymbol{\lambda} = (\lambda_0, \lambda_1, \ldots, \lambda_k)'$ 라 할 때, 선형결합 $\boldsymbol{\lambda}'\hat{\boldsymbol{\beta}}$ 의 분산은 $\sigma^2 \boldsymbol{\lambda}' (\mathbb{X}'\mathbb{X})^{-1} \boldsymbol{\lambda}$ 이다.

식 (9.9)에서 분모의 SSR_j는 X_j를 나머지 우변변수들에 대하여(절편을 포함하고) 회귀하여 구한 잔차제곱합이다. 그런데 회귀에서 R제곱은 1에서 잔차제곱합 나누기 총제곱합을 뺀 것이므로, X_j를 나머지 우변변수들에 대하여 회귀할 때의 R제곱을 R_j^2 이라 하면 $R_j^2 = 1 - \text{SSR}_j / \text{SST}_j$, 즉 $\text{SSR}_j = \text{SST}_j (1 - R_j^2)$ 이다. 단, SST_j는 X_j의 총제곱합이다. 이것을 (9.9)의 분모에 대입하면 다음 결과를 얻는다.

$$\text{var}(\hat{\beta}_j) = \frac{\sigma^2}{\text{SSR}_j} = \frac{\sigma^2}{\text{SST}_j} \cdot \frac{1}{1 - R_j^2}$$

이 식에서 σ^2/SST_j는 단순회귀 OLS 추정량의 분산이고 $1/(1-R_j^2)$은 다중회귀에서 X_j로부터 여타 요소들과 상관된 부분을 제거하면서 분산이 팽창하는 정도를 나타난다. 그래서 $1/(1-R_j^2)$을 분산팽창계수(variance inflation factor, VIF)*라 한다.

$$\text{VIF}_j = \frac{1}{1-R_j^2}$$

VIF는 다중회귀 추정량의 분산이 단순회귀 추정량의 분산의 몇 배인지를 나타낸다. R에서는 car 패키지의 vif 명령을 이용하여 구할 수 있다.

9.5 가우스 마코프 정리

앞의 4.8절에서 우리는 단순 선형회귀 모형에서 일정한 가정(가우스 마코프 가정)하에서 표본추출을 반복시행할 때 OLS 추정량이 선형 비편향 추정량 중에서는 가장 정확함을 보았다. 이 사실은 다중회귀 모형에서도 마찬가지로 성립한다. 이것을 조금 공식적으로 표현하면 다음과 같다.

> 가우스 마코프 정리: 설명변수 표본값들이 표본추출 반복시행 시 변화하지 않고 특이성이 없다고 하자. 오차평균0, 동분산, 독립추출의 가정(가우스 마코프 가정이라 함)하에서, OLS 추정량보다 더 분산이 작은 선형 비편향 추정량은 없다. 즉, OLS 추정량은 가장 좋은 선형 비편향 추정량(best linear unbiased estimator, BLUE)이다.

이 내용은 앞의 4.8절에 나온 것과 거의 차이가 없다. 하지만 여기서는 변수가 여럿 있으므로 OLS 추정량도 여럿 있어서 분산이 작다는 말의 뜻을 분명히 할 필요가 있다.

예를 들어 모형이 $Y = \beta_0 + \beta_1 X_1 + \beta_2 X_2 + u$라고 하자. OLS 추정량들은 각각 $\hat{\beta}_0$, $\hat{\beta}_1$ 그리고 $\hat{\beta}_2$이다. 이제 $\tilde{\beta}_0, \tilde{\beta}_1, \tilde{\beta}_2$가 다른 선형 비편향 추정량들이라고 하자. 그러면 가우스 마코프 정리는 우선 다음을 의미한다.

$$\text{var}(\hat{\beta}_0) \le \text{var}(\tilde{\beta}_0), \quad \text{var}(\hat{\beta}_1) \le \text{var}(\tilde{\beta}_1), \quad \text{var}(\hat{\beta}_2) \le \text{var}(\tilde{\beta}_2)$$

하지만 그뿐이 아니다. 위의 "분산이 작다"는 말에는 다음 뜻도 포함되어 있다.

$$\text{var}(\hat{\beta}_1 + \hat{\beta}_2) \le \text{var}(\tilde{\beta}_1 + \tilde{\beta}_2)$$

좀 더 일반적으로, 어떠한 상수 c_0, c_1, c_2에 대해서도 다음 관계가 성립함을 의미한다.

---

*R. D. Snee가 Cuthbert Daniel과 전화통화한 기록을 정리한 문서(Snee, 1981)에 의하면, Cuthbert Daniel이 1961년에 짧은 통계학 강의를 하면서 이 개념을 발견했지만 VIF라는 이름을 붙이지는 않았다고 한다.

$$\text{var}(c_0\hat{\beta}_0 + c_1\hat{\beta}_1 + c_2\hat{\beta}_2) \leq \text{var}(c_0\tilde{\beta}_0 + c_1\tilde{\beta}_1 + c_2\tilde{\beta}_2) \tag{9.10}$$

그래서 예를 들어 $\text{var}(\hat{\beta}_0 - 3\hat{\beta}_1 + 5\hat{\beta}_2) \leq \text{var}(\tilde{\beta}_0 - 3\tilde{\beta}_1 + 5\tilde{\beta}_2)$도 성립한다. 참고로 식 (9.10)에 $c_0 = 0$, $c_1 = 1$, $c_2 = 0$을 대입하면 우리는 $\text{var}(\hat{\beta}_1) \leq \text{var}(\tilde{\beta}_1)$이라는 결과를 얻고, $c_0 = 0$, $c_1 = 0$, $c_2 = 1$을 대입하면 $\text{var}(\hat{\beta}_2) \leq \text{var}(\tilde{\beta}_2)$가 된다. 또, $c_0 = 0$, $c_1 = 1$, $c_2 = 1$을 대입하면 $\text{var}(\hat{\beta}_1 + \hat{\beta}_2) \leq \text{var}(\tilde{\beta}_1 + \tilde{\beta}_2)$가 된다.

아래의 연습문제에서 $\hat{\beta}_j$가 β_j의 OLS 추정량을 나타낸다 하자.

▶ **연습 9.4.** 가우스 마코프 가정들이 만족될 때 $\beta_1 - 2\beta_2$의 BLUE는 $\hat{\beta}_1 - 2\hat{\beta}_2$임을 식 (9.10)을 이용하여 보여라.

▶ **연습 9.5.** 가우스 마코프 가정들이 만족된다고 하자. 만일 $\tilde{\beta}_0, \tilde{\beta}_1, \tilde{\beta}_2$가 선형 비편향 추정량이면 반드시 $\text{var}(2\hat{\beta}_0 - \hat{\beta}_2) \leq \text{var}(\tilde{\beta}_0 - 2\tilde{\beta}_2)$인가? 설명하라.

▶ **연습 9.6.** 가우스 마코프 가정들이 만족된다고 하자. 만일 $\tilde{\beta}_0, \tilde{\beta}_1, \tilde{\beta}_2$가 선형 비편향 추정량이면 반드시 $\text{var}(\hat{\beta}_0 - 2\hat{\beta}_1) \leq \text{var}(2\tilde{\beta}_1 - \tilde{\beta}_0)$이다. 왜 그런지 설명하라.

본 장의 부록에 가우스 마코프 정리가 행렬연산을 이용하여 증명되어 있다. 행렬연산 없이도 증명은 가능하나 너무 복잡하므로 여기서는 하지 않겠다.

9.6 설명변수의 추가 또는 누락과 추정량의 분산

9.3절에서, Y에 영향을 미치지 않거나 설명변수들과 무관한 변수를 누락시키거나 추가하여도 주요 설명변수의 OLS 추정량은 여전히 비편향임을 보았다. 그렇다면, 추가하거나 누락시켜도 좋은 변수를 추가하거나 누락시키면 분산이 어떻게 될까?

우선 유의하여야 할 것은 변수의 추가나 누락에 관한 논의는 가우스 마코프 정리와 무관하다는 것이다. 가우스 마코프 정리는 모든 상황에서 비편향인 선형 추정량들을 비교하는 것이며, 본 소절에서 이야기하는 바는 주요 설명변수와 무관하거나 Y에 별도의 영향을 미치지 않는 특수 상황에 관한 것이다. 그러므로 본 소절에서 논할 분산의 크고 작음과 가우스 마코프 정리를 연결시켜 혼란을 느끼지 않기를 바란다.

본론으로 돌아가서, X_1의 1 단위 변화가 Y에 평균적으로 미치는 영향(β_1이라 하자)이 관심사일 때, Y를 X_1에 회귀하는 단순회귀와 Y를 X_1과 X_2에 대하여 회귀하는 다중회귀를 비교하고자 한다. 이때, X_1이 통제될 때 X_2가 Y에 영향을 미치지 않거나($\beta_2 = 0$), 아니면 X_1과 X_2가 무관한 경우에만 단순회귀와 다중회귀가 동일한 모수를 추정하므로, 이 두 경우에 한하여 논의를 전개한다.

비교에 필요한 수학적 사실을 먼저 제시한다. SST_1을 X_1의 총제곱합, SSR_1을 X_1을 X_2에 대하여 회귀하고 난 잔차제곱합이라 하자. 단순회귀와 다중회귀로부터 구하는 β_1

의 OLS 추정량들의 표집분산을 각각 $\text{var}(\hat{\beta}_{1,단순})$과 $\text{var}(\hat{\beta}_{1,다중})$이라 하자. 그러면 이 두 분산은 다음과 같다.

$$\text{var}(\hat{\beta}_{1,단순}) = \frac{\sigma^2_{단순}}{\text{SST}_1}, \qquad \text{var}(\hat{\beta}_{1,다중}) = \frac{\sigma^2_{다중}}{\text{SSR}_1} \tag{9.11}$$

여기서 $\sigma^2_{단순}$은 단순회귀 모형에서 오차항의 분산이고, $\sigma^2_{다중}$은 다중회귀 모형에서 오차항의 분산이다. 단순회귀 모형과 다중회귀 모형에서 오차항이 서로 다를 수 있으므로 그 분산도 서로 다를 수 있음에 유의하라.

먼저 $\beta_2 = 0$인 경우, 즉 X_1을 통제한 후 X_2가 Y에 평균적으로 영향을 미치지 않는 경우를 살펴보자. 단순회귀 모형은 $Y = \beta_0 + \beta_1 X_1 + u_{단순}$이고 X_2의 영향은 $u_{단순}$에 포함되어 있는데, X_2가 Y에 영향을 미치지 않는다. 이제 다중회귀 모형을 $Y = \beta_0 + \beta_1 X_1 + \beta_2 X_2 + u_{다중}$이라고 쓰면, $\beta_2 = 0$이고 $u_{단순} = u_{다중}$이 된다. 따라서 $\text{var}(\hat{\beta}_{1,단순})$과 $\text{var}(\hat{\beta}_{1,다중})$의 분자는 동일하다. 분모는 $\text{SST}_1 \geq \text{SSR}_1$이므로 단순회귀 추정량의 분산이 다중회귀 추정량의 분산보다 더 크지 않으며, 만일 X_1과 X_2가 상관되어 있으면 $\text{SST}_1 > \text{SSR}_1$이 성립하여, 단순회귀 추정량이 다중회귀 추정량보다 더 정확하다(분산이 작다). 말로 설명하자면, 종속변수와 무관한 X_2 변수를 통제하면 Y는 설명하지 못하면서 표본 내 X_1의 다양성만 줄여서 정보를 빼앗기 때문에 다중회귀 OLS 추정량의 분산이 더 크다.

> Y에 별도의 영향을 미치지 않으면서 X_1과 연관된 변수를 우변에 추가하면, 추가된 변수의 통제 이후 남은 X_1 변수 내 정보가 삭감되어 X_1 계수 추정량의 표집분산이 커지고 정확도가 떨어진다.

그러므로 중요하지 않는 변수, 즉 계수가 0인 변수는 통제하지 않는 것이 낫다.

반면 Y에 대한 별도의 설명력이 있으면서도($\beta_2 \neq 0$) X_1과 무관한 변수 X_2를 우변에 포함시키면 이야기가 달라진다. 이 경우 X_2가 X_1을 거의 설명하지 못할 것이므로 (9.11)의 분모들은 서로 비슷할 것이다. 반면, 단순회귀의 오차항이 X_2의 기여분과 다중회귀의 오차항으로 나뉘므로 $u_{단순} = \beta_2 X_2 + u_{다중}$이 되고,* 또한 X_2와 $u_{다중}$이 서로 무관하여

$$\sigma^2_{단순} = \beta_2^2 \text{var}(X_2) + \sigma^2_{다중}$$

이므로, $\sigma^2_{단순} > \sigma^2_{다중}$이 성립한다. 이와 같이 식 (9.11)의 분모들은 서로 비슷하나 분자는 다중회귀의 경우가 더 작으므로 단순회귀보다 다중회귀가 더 나은 추정량을 제공한다. 이때에는, 추가적 설명변수 X_2가 Y를 설명하여 오차항의 불확실성을 줄이면서도 X_1 내의 정보를 삭감하지 않아 다중회귀 추정량이 단순회귀 추정량보다 더 효율적이다.

---

*만일 X_2의 평균이 0이 아니면, $\mu_2 = E(X_2)$라 할 때 상수항을 $\beta_0 + \beta_2\mu_2$로 바꾸어 $u_{단순} = \beta_2(X_2 - \mu_2) + u_{다중}$이 되도록 하면 된다. 이 경우 이하의 내용은 바뀌지 않는다.

Y에 대한 별도의 설명력을 가지면서도 X_1과 상관되지 않은 변수를 통제하면 설명불가 요인들(오차항)의 변동성이 줄어들면서도 X_1 내의 정보가 삭감되지 않아 다중회귀가 단순회귀보다 더 효율적인 추정량을 제공한다.

OLS 추정량들의 표집분산은 (상상 속에서) 표본추출을 반복시행할 때 구해지는 OLS 추정값들의 분산이다. 이 표집분산은 어떠한 방식으로 표본추출을 반복하느냐에 의존한다. Y를 X_1에만 회귀하는 단순회귀와 Y를 (X_1, X_2)에 회귀하는 다중회귀가 있을 때, 표본 내 각 i의 두 회귀식 오차항들은 서로 $u_{단순,i} = \beta_2(x_{i2} - \mu_{x2}) + u_{다중,i}$의 관계를 갖는다(단, μ_{x2}는 X_2의 모집단 평균). $\beta_2 \neq 0$이면 i마다 단순회귀의 오차항과 다중회귀 오차항 간에는 $\beta_2(x_{i2} - \mu_{x2})$ 만큼의 차이가 있다. 만약 X_1과 X_2의 표본값들이 고정되도록 하고 표본추출을 반복하면 각각의 i에서 x_{i2} 값은 매번 동일하게 실현된다(nonrandom). 그러면 i번째 관측치의 단순회귀 오차항은 자신의 다중회귀 오차항에 표본추출 반복 시 변하지 않는(nonrandom) 상수를 합한 것이 되므로, 각 i에서 $u_{단순,i}$의 분산은 $u_{다중,i}$의 분산과 같다. 즉, 모든 i에서 $\mathrm{var}(u_{단순,i}) = \mathrm{var}(u_{다중,i})$가 된다. 따라서, Y에 대한 별도의 설명력을 가지면서도 X_1과 상관되지 않은 X_2 변수를 통제하면 X_1 계수 추정량의 분산은 앞에서 말한 바와 달리 감소하지 않는다. 앞의 글상자 안에 "Y에 대한 별도의 설명력을 가지면서도 X_1과 상관되지 않은 변수를 통제하면 설명불가 요인들(오차항)의 변동성이 줄어들면서도 X_1 내의 정보가 삭감되지 않아 다중회귀가 단순회귀보다 더 효율적인 추정량을 제공한다"고 한 것은 표본추출 반복시행 시 X_2의 표본값들이 고정되지 않고 변할 수 있는 상황을 염두에 둔 것임에 주의할 필요가 있다.

현실적으로, X_1의 계수가 주 관심사일 때, X_1과 무관한 변수는 우변에 포함시켜 통제하는 것이 좋고, X_1과 상관된 변수는 연구목적상 당초부터 통제해야 하는 경우가 아니면 포함시키지 않는 것이 좋다.

현실에서 설명변수들이 서로간에 무관한 경우는 별로 없다(무작위 실험의 경우는 예외). 또, 아주 특별한 상황이 아니면 우리는 X_2의 계수의 참값이 0인지 아닌지 모른다. 그러면 X_2를 포함시킬까 말까? 만일 X_2를 고정한 상태에서 X_1의 변화가 Y의 평균에 미치는 영향에 관심이 있다면 그냥 X_2를 포함시키는 것이 안전하다. 이보다 더 복잡하게 한다면, X_1과 X_2를 모두 포함한 회귀를 한 후 X_2의 계수가 유의하지 않으면(즉, X_2의 계수가 0이라는 귀무가설을 기각하지 않으면) X_2를 우변에서 삭제하는 방법도 고려해 볼 수 있다. 이는 '사전검정(pretest)'이라고 하는 위험스러운 행동이며 인과관계 분석에서는 가급적 안 하는 것이 좋다.

다만, 무엇을 통제할지 잘 모르는 상황에서 가장 설명력이 높으면서 가장 작은(parsimonious) 모형을 찾고자 하는 경우에는, 가장 일반적인 모형에서 출발하여 가장 유의하지 않은 변수를 차례로 제거해 나가는 방법을 사용하기도 한다. 이를 "General-to-specific" 접근 방법이라 한다. General-to-specific 이외에도 많은 모형 탐색 방법들이 사용되며, 이러한 모형 탐색은 예측을 목적으로 하는 분석에서 많이 등장하는 주제이다. 반면, 미시적인 자료를 사용하여 인과관계를 분석할 때에는 통제할 변수들을 연구자가 미리 정하여 두는 것이 일반적이다.

9.7   최소제곱 추정량의 분산의 추정과 표준오차

앞의 단순회귀모형에서와 마찬가지로 분산식에 나오는 σ^2을 모른다는 점은 β_j에 대한 가설검정을 복잡하게 만든다. 예를 들어 β_2에 대한 귀무가설을 세우더라도 우리는 σ^2을 모르기 때문에 그 귀무가설하에서 $\hat{\beta}_2$의 분포를 정확히 알 방법이 없는 것이다. 그러므로 σ^2의 추정(자료로부터 값을 추측하는 것)은 가설검정에서 필수적이다.

단순회귀에서와 마찬가지로 우리는 OLS 추정으로부터 구한 잔차항, 즉 $\hat{u}_i = y_i - \hat{\beta}_0 - \hat{\beta}_1 x_{i1} - \cdots - \hat{\beta}_k x_{ik}$을 이용한다. 잔차항의 전체 개수는 n개인데, 앞의 단순회귀 모형에서 이야기한 것처럼 이 잔차들은 $k+1$개의 정규방정식, 즉

$$\sum_{i=1}^{n} \hat{u}_i = 0, \quad \sum_{i=1}^{n} x_{ij}\hat{u}_i = 0, \quad j = 1, \ldots, n$$

을 만족시켜야 한다. 그러므로 이들 n개의 값 중 $n-(k+1)$개만이 자유롭고 나머지 $k+1$개는 속박되어 있다. 따라서 σ^2은

$$s^2 = \frac{1}{n-k-1} \sum_{i=1}^{n} \hat{u}_i^2 = \frac{\text{SSR}}{n-k-1}$$

을 이용하여 추정한다.* 이제 OLS추정량 $\hat{\beta}_j$의 분산은 식 (9.9)의 σ^2을 s^2으로 바꿈으로써 추정할 수 있다.

가우스 마코프 가정하에서 표본추출을 반복할 때 $E(s^2) = \sigma^2$이라는 것을 증명할 수 있다. 행렬연산을 이용한 증명은 다음과 같다. $\hat{\mathbb{U}}$를 잔차들의 벡터 즉 $(\hat{u}_1, \ldots, \hat{u}_n)'$이라 하자. 그러면 $\hat{\mathbb{U}} = \mathbb{Y} - \mathbb{X}\hat{\boldsymbol{\beta}} = \mathbb{Y} - \mathbb{X}(\mathbb{X}'\mathbb{X})^{-1}\mathbb{X}'\mathbb{Y} = \mathbb{M}\mathbb{Y}$이며, 여기서 $\mathbb{M} = I - \mathbb{X}(\mathbb{X}'\mathbb{X})^{-1}\mathbb{X}'$이다. 단순한 연산에 따르면 $\mathbb{M}\mathbb{X} = 0$이므로, $\hat{\mathbb{U}} = \mathbb{M}\mathbb{U}$이다. 또한 $\text{SSR} = \hat{\mathbb{U}}'\hat{\mathbb{U}} = (\mathbb{M}\mathbb{U})'(\mathbb{M}\mathbb{U}) = \mathbb{U}'\mathbb{M}\mathbb{U}$이다. 이는 $\mathbb{M}'\mathbb{M} = \mathbb{M}$이기 때문이다. 그러므로 $E(\text{SSR}) = E(\mathbb{U}'\mathbb{M}\mathbb{U})$이다. 그런데 어떤 정방행렬 (행의 수와 열의 수가 같은 행렬) A의 대각원소의 합을 $\text{tr}(A)$—A의 대각합(trace)—라 하면 AB와 BA가 모두 정의되는 경우 $\text{tr}(AB) = \text{tr}(BA)$라는 성질이 있다. 또한 스칼라의 대각합은 자기 자신과 같고 SSR이 스칼라이기 때문에 다음이 성립한다.

$$E(\text{SSR}) = E(\mathbb{U}'\mathbb{M}\mathbb{U}) = E(\text{tr}\,\mathbb{U}'\mathbb{M}\mathbb{U}) = E(\text{tr}\,\mathbb{U}\mathbb{U}'\mathbb{M}) = \text{tr}\,E(\mathbb{U}\mathbb{U}'\mathbb{M}) = \text{tr}\,E(\mathbb{U}\mathbb{U}')\mathbb{M}$$
$$= \text{tr}(\sigma^2 I \cdot \mathbb{M}) = \sigma^2\,\text{tr}(\mathbb{M})$$

위에서 마지막 등식은 a가 스칼라이고 A가 행렬일 때 $\text{tr}(aA) = a\text{tr}(A)$이기 때문에 성립한다. 대각합에는 또한 $\text{tr}(A+B) = \text{tr}(A) + \text{tr}(B)$라는 성질이 있으므로

$$\text{tr}(\mathbb{M}) = \text{tr}(I - \mathbb{X}(\mathbb{X}'\mathbb{X})^{-1}\mathbb{X}') = \text{tr}(I) - \text{tr}(\mathbb{X}(\mathbb{X}'\mathbb{X})^{-1}\mathbb{X}') = n - (k+1)$$

이고, 따라서 $E(\text{SSR}) = (n-k-1)\sigma^2$이다. 참고로, 위 식의 마지막 등식은 다음과 같이 보일 수 있다. 우선 $\mathbb{M}$의 크기는 $n \times n$이고 우변 첫째 항의 I도 $n \times n$ 항등행렬이므로 첫번째 항은 $\text{tr}(I) = n$이다. 다음으로 $\text{tr}(AB) = \text{tr}(BA)$이므로 다음이 성립한다.

*앞의 단순회귀 모형에서는 $k=1$이므로 잔차들의 제곱합을 $n-2$로 나누었다.

$$\text{tr}\left(\mathbb{X}(\mathbb{X}'\mathbb{X})^{-1} \cdot \mathbb{X}'\right) = \text{tr}\left(\mathbb{X}' \cdot \mathbb{X}(\mathbb{X}'\mathbb{X})^{-1}\right) = \text{tr}(I) = k+1$$

여기서 마지막 $k+1$은 $\mathbb{X}'\mathbb{X}(\mathbb{X}'\mathbb{X})^{-1}$의 크기가 $(k+1) \times (k+1)$이기 때문이다. 마지막으로 $\text{E}(\text{SSR}) = (n-k-1)\sigma^2$의 양변을 $n-k-1$로 나눔으로써 $\text{E}(s^2) = \sigma^2$이 도출된다.

단순회귀의 경우와 마찬가지로, s^2의 제곱근인 s를 회귀의 표준오차(standard error of the regression)라 하며, OLS 추정량의 분산추정량에 제곱근을 취한 것은 OLS 추정량의 표준편차의 추정량으로서, 해당 OLS 추정량의 표준오차(standard error)라 한다. 식 (9.9)에 의하면 $\hat{\beta}_j$의 표준오차는 $\text{se}(\hat{\beta}_j) = s/\sqrt{\text{SSR}_j}$이다. $\hat{\beta}_j$들의 선형결합(예를 들어 $\hat{\beta}_1 - \hat{\beta}_2$)의 표준오차도 9.4절 식에서 σ^2을 s^2으로 치환한 다음 제곱근을 취함으로써 구할 수 있다. 계산이 복잡하지만, 호기심을 충족시킬 목적이 아니라면 우리가 직접 이 계산을 할 일은 없으므로 염려하지 않아도 좋다.

9.8 최소제곱 추정량의 표집분포

앞의 가우스 마코프 정리에 나온 가정들에 **정규분포의 가정**(오차항의 값들이 모두 정규 분포로부터 추출된다는 가정)을 추가하면 OLS 추정량도 정규분포를 갖는다는 결론이 도출된다. 이 정규분포의 평균은 파라미터의 참값과 동일하고 분산은 앞에서 구하였다. 예를 들어 $\hat{\beta}_2$의 경우 모든 가정하에서

$$\hat{\beta}_2 \sim N\left(\beta_2, \text{var}(\hat{\beta}_2)\right), \quad \text{var}(\hat{\beta}_2) = \sigma^2 \bigg/ \sum_{i=1}^{n} \hat{r}_{i2}^2$$

이다. 여기서 $\hat{r}_{i2}$는 앞에서 얘기한 대로 X_2를 절편을 포함한 다른 모든 설명변수들에 대하여 회귀시켜서 나온 잔차들이다. 참고로, 우리는 β_2를 모르고 σ^2을 모르지만 $\sum_{i=1}^{n} \hat{r}_{i2}^2$은 관측가능한 통계량이다.

OLS 추정량의 분포를 행렬기호를 이용하여 표시하면 다음과 같다. 우선 우리의 가정은 $\mathbb{X}$가 확률적이지 않고 $\mathbb{U} \sim N(0, \sigma^2 I)$라는 것이다. 그런데 $\hat{\boldsymbol{\beta}} = \boldsymbol{\beta} + (\mathbb{X}'\mathbb{X})^{-1}\mathbb{X}'\mathbb{U}$이므로 $\hat{\boldsymbol{\beta}}$도 역시 정규분포를 갖는다. $\hat{\boldsymbol{\beta}}$의 평균은 $\boldsymbol{\beta}$이며 그 공분산행렬은 $\sigma^2(\mathbb{X}'\mathbb{X})^{-1}$이라는 것을 이미 보았다. 따라서 $\hat{\boldsymbol{\beta}} \sim N(\boldsymbol{\beta}, \sigma^2(\mathbb{X}'\mathbb{X})^{-1})$이다.

좀 더 일반적으로, $\lambda_0\hat{\beta}_0 + \lambda_1\hat{\beta}_1 + \cdots + \lambda_k\hat{\beta}_k$의 평균은 $\lambda_0\beta_0 + \lambda_1\beta_1 + \cdots + \lambda_k\beta_k$이고 그 분 산은 9.4절에서 구한 복잡한 식(분산이라 하자)이며, 그 분포는 정규분포이다.

$$\lambda_0\hat{\beta}_0 + \lambda_1\hat{\beta}_1 + \cdots + \lambda_k\hat{\beta}_k \sim N(\lambda_0\beta_0 + \lambda_1\beta_1 + \cdots + \lambda_k\beta_k, \text{분산})$$

평균을 빼고 표준편차(분산의 제곱근)로 나누면 표준정규분포가 된다. 다시 말하여,

$$\frac{(\lambda_0\hat{\beta}_0 + \lambda_1\hat{\beta}_1 + \cdots + \lambda_k\hat{\beta}_k) - (\lambda_0\beta_0 + \lambda_1\beta_1 + \cdots + \lambda_k\beta_k)}{\text{표준편차}} \sim N(0,1)$$

이다. $\lambda_0 = 0, \lambda_1 = 1, \lambda_2 = -1, \lambda_3 = \cdots = \lambda_k = 0$인 경우를 예로 들어보면 다음이 성립한다.

$$\frac{(\hat{\beta}_1 - \hat{\beta}_2) - (\beta_1 - \beta_2)}{\text{sd}(\hat{\beta}_1 - \hat{\beta}_2)} \sim N(0,1)$$

여기서 "분산"이 σ^2 곱하기 통계량이므로 "표준편차"는 σ 곱하기 통계량임에 유의하라.

행렬 기호를 사용하면 표현이 훨씬 간단하다. $\hat{\beta}_0, \hat{\beta}_1, \ldots, \hat{\beta}_k$의 선형결합은 짧게 $\boldsymbol{\lambda}'\hat{\boldsymbol{\beta}}$ 이라고 쓸 수 있다. 여기서 $\boldsymbol{\lambda}$는 비확률적인 $(k+1) \times 1$ 벡터이다. 이것의 평균은 $\boldsymbol{\lambda}'\boldsymbol{\beta}$ 이며, 그 분산은 $\sigma^2 \boldsymbol{\lambda}'(\mathbb{X}'\mathbb{X})^{-1}\boldsymbol{\lambda}$이다. 또한 9.1절의 모든 가정하에서 $\boldsymbol{\lambda}'\hat{\boldsymbol{\beta}}$은 정규분포를 가지며, 따라서 $\boldsymbol{\lambda}'\hat{\boldsymbol{\beta}} \sim N(\boldsymbol{\lambda}'\boldsymbol{\beta}, \sigma^2\boldsymbol{\lambda}'(\mathbb{X}'\mathbb{X})^{-1}\boldsymbol{\lambda})$이며, 또한

$$\frac{\boldsymbol{\lambda}'\hat{\boldsymbol{\beta}} - \boldsymbol{\lambda}'\boldsymbol{\beta}}{\sigma\sqrt{\boldsymbol{\lambda}'(\mathbb{X}'\mathbb{X})^{-1}\boldsymbol{\lambda}}} \sim N(0,1).$$

9.9 신뢰구간

신뢰구간은 6.5절에서 설명한 바와 거의 동일한데 두 가지 주의할 점이 있다. 하나는 분포의 자유도 문제이다. 단순회귀모형의 경우에는 $(\hat{\beta}_1 - \beta_1)/\text{se}(\hat{\beta}_1)$이 t_{n-2} 분포를 갖는 반면, 다중회귀모형의 경우에는 자유도가 $n-k-1$이 된다. 구체적으로, 9.1절의 가정들하에서 다음이 성립한다(증명은 생략함).

$$\frac{\hat{\beta}_j - \beta_j}{\text{se}(\hat{\beta}_j)} \sim t_{n-k-1}, \quad j = 0, 1, \ldots, k$$

이를 이용하여 β_j의 신뢰구간을 구하면 단순회귀의 경우와 마찬가지로 다음을 양끝점으로 하는 구간이 된다.

추정값 ± 임계값 × 표준오차

여기서 임계값은 주어진 신뢰수준에 대하여 t_{n-k-1} 분포로부터 구한다. 예를 들어 $n = 100$, $k = 3$이라면 95% 신뢰구간을 위한 임계값은 R의 `qt(.975,96)` 명령을 이용하여 구할 수 있다. 99% 신뢰구간을 구하려면 `.975`를 `.995`로 바꾸어 준다.

또 하나 주의할 점은 다중회귀 모형에서는 모수들의 선형결합의 신뢰구간 문제가 가끔씩 등장한다는 것이다. 예를 들어 $\beta_1 + \beta_2$의 신뢰구간을 구하고 싶을 수 있다. 이것 또한 '추정값 ± 임계값 × 표준오차' 식으로부터 구하는데, 추정값은 $\hat{\beta}_1 + \hat{\beta}_2$이고, 임계값은 여느 경우와 다름없이 신뢰수준과 자유도로부터 구하며, 표준오차는 9.7절의 마지막에 설명한 방식으로 구할 수 있다.

하지만 계수 추정량들의 선형결합의 표준오차를 구하려면 (평범한 사람은 싫어하는) 복잡한 계산을 하여야 한다. 이 복잡한 계산을 하지 않으면서도 두뇌를 약간 활용하여 우리가 무엇을 하는지 알 수 있는 방법이 하나 있다. 그것은 모형을 바꾸어 우리가 원하는 것(예를 들어 $\beta_1 + \beta_2$)이 하나의 모수로 표현되도록 하는 것이다.

예를 들어, $k = 3$인 모형 $Y = \beta_0 + \beta_1 X_1 + \beta_2 X_2 + \beta_3 X_3 + u$에서 우리가 $\beta_1 + \beta_2$에 관심을 갖는다고 하자. $\theta = \beta_1 + \beta_2$라고 하면, β_1을 θ와 β_2로 표현하거나 β_2를 θ와 β_1로 표현할 수 있다. 어느 것을 이용하여도 결과는 똑같으며, 여기서는 $\beta_2 = \theta - \beta_1$이라 하자. 이를 원래의 모형에 대입하면 다음 식을 얻는다.

$$Y = \beta_0 + \beta_1 X_1 + (\theta - \beta_1)X_2 + \beta_3 X_3 + u$$

위의 식에는 β_2가 없고 β_0, β_1, θ, β_3이 등장한다. 이 식을 모수별로 묶어서 정리하면 다음의 변환된 모형을 얻는다.

$$Y = \beta_0 + \beta_1(X_1 - X_2) + \theta X_2 + \beta_3 X_3 + u$$

이렇게 모수를 바꾸어 모형을 재정리하는 것을 모수변환(reparametrization)이라 한다. 변환된 모형에 따르면, Y를 $X_1 - X_2$, X_2, X_3에 대하여 회귀하면 X_2의 계수 추정값이 바로 $\theta = \beta_1 + \beta_2$의 추정값 $\hat{\theta} = \hat{\beta}_1 + \hat{\beta}_2$이 되고 거기에 보고되는 표준오차가 $\hat{\theta} = \hat{\beta}_1 + \hat{\beta}_2$의 표준오차이다. 이로부터 신뢰구간을 구하는 것은 표준적인 절차이다. 이를 R로 구현하려면 z1 <- x1-x2라고 하여 z1 변수를 생성한 다음 summary(lm(y~z1+x2+x3))이라고 하든지, 아니면 변수 생성 없이 곧바로 summary(lm(y~I(x1-x2)+x2+x3))이라고 하면 된다. 추정한 다음 confint 명령을 사용하여 신뢰구간을 구할 수도 있다.

예제 9.4 계수들의 선형결합의 신뢰구간

예제 8.4의 모형 $\log(price) = \beta_0 + \beta_1 \log(lotsize) + \beta_2 bedrooms + u$에서 $lotsize = 5{,}000$이고 $bedrooms = 3$인 집들의 판매가격 로그값의 평균은 $\theta = \beta_0 + \log(5000)\beta_1 + 3\beta_2$이다. 모수변환의 방법을 이용하여 θ의 95% 신뢰구간을 구해 보자. 가장 간편한 변환은 $\beta_0 = \theta - \log(5000)\beta_1 - 3\beta_2$이다. 이를 대입하여 모형을 재정리하면 다음을 얻는다.

$$\log(price) = [\theta - \log(5000)\beta_1 - 3\beta_2] + \beta_1 \log(lotsize) + \beta_2 bedrooms + u$$
$$= \theta + \beta_1[\log(lotsize) - \log(5000)] + \beta_2(bedrooms - 3) + u$$

그러므로 종속변수 $\log(price)$를 $\log(lotsize) - \log(5000)$과 $bedrooms - 3$에 대하여 회귀하면 절편이 바로 θ에 해당한다. 참고로, $\log(lotsize) - \log(5000)$ 대신에 이와 동일한 $\log(lotsize/5000)$을 사용해도 좋다.

```
1  > data(Housing, package="Ecdat")
2  > ols <- lm(log(price)~I(log(lotsize)-log(5000))+I(bedrooms-3),
   data=Housing)
4  > summary(ols)
5
```

```
6   Call:
7   lm(formula = log(price) ~ I(log(lotsize) - log(5000)) + I(bedrooms -
8       3), data = Housing)
9
10  Residuals:
11       Min      1Q  Median      3Q     Max
12  -0.95071 -0.17457  0.01354  0.17053  0.73417
13
14  Coefficients:
15                                Estimate Std. Error t value Pr(>|t|)
16  (Intercept)                   11.08939    0.01227 903.860  <2e-16 ***
17  I(log(lotsize) - log(5000))    0.50151    0.03095  16.201  <2e-16 ***
18  I(bedrooms - 3)                0.14587    0.01670   8.733  <2e-16 ***
19  ---
20  Signif. codes:  0 '***' 0.001 '**' 0.01 '*' 0.05 '.' 0.1 ' ' 1
21
22  Residual standard error: 0.2843 on 543 degrees of freedom
23  Multiple R-squared:  0.4181,    Adjusted R-squared:  0.416
24  F-statistic: 195.1 on 2 and 543 DF,  p-value: < 2.2e-16
25
26  > confint(ols)
27                                   2.5 %      97.5 %
28  (Intercept)                  11.0652938 11.1134946
29  I(log(lotsize) - log(5000))   0.4407007  0.5623103
30  I(bedrooms - 3)               0.1130589  0.1786842
```

2–3번 행에서 변환된 모형을 추정하였다. 16번 행의 결과가 θ에 해당하며, 그 추정값은 11.08939, 표준오차는 0.01227이다. 22번 행에 따르면 자유도는 543이고, t_{543} 분포의 2.5% 임계값은 qt(.975,543)에 따르면 1.964342이다. 95% 신뢰구간은 $11.08939 \pm 1.964342 \times 0.01227$이며, 26번 행의 명령에 의한 28번 행의 결과에 의하면 약 11.065부터 11.1135까지이다. 이 신뢰구간은 $lotsize = 5{,}000$, $bedrooms = 3$인 주택 가격들의 로그값의 평균의 신뢰구간임에 유의하라.

9.A   행렬연산을 이용한 가우스 마코프 정리의 증명

제1단계: 선형추정량은 $C\mathbb{Y}$라는 모양으로 표현되며 여기서 C는 고정된(nonrandom) 행렬이다. 이 추정량을 $\tilde{\boldsymbol{\beta}}$라 하자. 그런데

$$E(\tilde{\boldsymbol{\beta}}) = C E(\mathbb{Y}) = C E(\mathbb{X}\boldsymbol{\beta} + \mathbb{U}) = C\mathbb{X}\boldsymbol{\beta} + C E(\mathbb{U}) = C\mathbb{X}\boldsymbol{\beta}$$

인데 이것이 항상 $\boldsymbol{\beta}$와 같아야 하므로(비편향 추정량), $C\mathbb{X} = I$이어야 한다. 따라서 $\tilde{\boldsymbol{\beta}} = C\mathbb{Y}$(선형)인데 C는 $C\mathbb{X} = I$를 만족시켜야 한다(비편향).

제2단계: 최소제곱 추정량은 $\hat{\beta} = (\mathbb{X}'\mathbb{X})^{-1}\mathbb{X}'\mathbb{Y}$이다. 그런데

$$\tilde{\boldsymbol{\beta}} = \hat{\boldsymbol{\beta}} + (\tilde{\boldsymbol{\beta}} - \hat{\boldsymbol{\beta}}) = \hat{\boldsymbol{\beta}} + [C\mathbb{Y} - (\mathbb{X}'\mathbb{X})^{-1}\mathbb{X}'\mathbb{Y}]$$
$$= \hat{\boldsymbol{\beta}} + [C\mathbb{X}\boldsymbol{\beta} + C\mathbb{U} - \boldsymbol{\beta} - (\mathbb{X}'\mathbb{X})^{-1}\mathbb{X}'\mathbb{U}]$$

이며, 여기에 제1단계의 결과, 즉 $C\mathbb{X} = I$라는 제약을 가하고 항들을 정리하면 다음을 얻는다.

$$\tilde{\boldsymbol{\beta}} = \hat{\boldsymbol{\beta}} + [C - (\mathbb{X}'\mathbb{X})^{-1}\mathbb{X}']\mathbb{U} = \hat{\boldsymbol{\beta}} + D\mathbb{U}, \quad D = C - (\mathbb{X}'\mathbb{X})^{-1}\mathbb{X}',$$

이때, $D\mathbb{X} = C\mathbb{X} - (\mathbb{X}'\mathbb{X})^{-1}\mathbb{X}'\mathbb{X} = I - I = 0$임에 주의하자. 그러므로 주어진 λ에 대하여

$$\lambda'\tilde{\boldsymbol{\beta}} = \lambda'\hat{\boldsymbol{\beta}} + \lambda'D\mathbb{U}, \quad D\mathbb{X} = 0.$$

제3단계: 위의 마지막 식으로부터

$$\text{var}(\lambda'\tilde{\boldsymbol{\beta}}) = \text{var}(\lambda'\hat{\boldsymbol{\beta}}) + \text{var}(\lambda'D\mathbb{U}) + 2\text{cov}(\lambda'\hat{\boldsymbol{\beta}}, \lambda'D\mathbb{U})$$

인데, 우변의 마지막 항은 다음이 된다.

$$\text{cov}(\lambda'\hat{\boldsymbol{\beta}}, \lambda'D\mathbb{U}) = \text{cov}(\lambda'\hat{\boldsymbol{\beta}} - \lambda'\boldsymbol{\beta}, \lambda'D\mathbb{U}) = \text{cov}(\lambda'(\mathbb{X}'\mathbb{X})^{-1}\mathbb{X}'\mathbb{U}, \lambda'D\mathbb{U})$$
$$= \text{E}\left[\lambda'(\mathbb{X}'\mathbb{X})^{-1}\mathbb{X}'\mathbb{U}\mathbb{U}'D'\lambda\right] = \lambda'(\mathbb{X}'\mathbb{X})^{-1}\mathbb{X}'\text{E}(\mathbb{U}\mathbb{U}')D'\lambda$$
$$= \lambda'(\mathbb{X}'\mathbb{X})^{-1}\mathbb{X}' \cdot \sigma^2 I \cdot D'\lambda = \sigma^2\lambda'(\mathbb{X}'\mathbb{X})^{-1}\mathbb{X}'D'\lambda$$

제2단계의 마지막에 $D\mathbb{X} = 0$이라고 하였으므로 $\mathbb{X}'D'$도 0이고, 따라서 위의 공분산 식은 0이된다. 그리하여 다음이 성립한다.

$$\text{var}(\lambda'\tilde{\boldsymbol{\beta}}) = \text{var}(\lambda'\hat{\boldsymbol{\beta}}) + \text{var}(\lambda'D\mathbb{U})$$

그런데 $\text{var}(\lambda'D\mathbb{U})$는 결코 음이 될 수 없으므로 위의 식은 $\text{var}(\lambda'\hat{\boldsymbol{\beta}})$보다 작을 수 없다. 다시 말해 $\text{var}(\lambda'\tilde{\boldsymbol{\beta}}) \geq \text{var}(\lambda'\hat{\boldsymbol{\beta}})$이다.

10 다중회귀 모형에서 가설검정

이 장에서는 다중회귀 모형에서 많이 등장하는 가설검정에 대하여 설명한다. $\beta_1 = 0$이나 $\beta_2 = -1$과 같은 형태의 귀무가설은 앞의 단순회귀의 경우와 동일한 방법을 사용하여 검정할 수 있다. 독자들은 t값을 이용한 검정, 신뢰구간을 이용한 검정, p값을 이용한 검정을 사용할 수 있으며, 이 방법들이 모두 동일한 방법이라는 점을 기억하기 바란다. 연구자는 가장 손쉽고 설명이 용이한 방법을 사용하면 된다. 하지만 학생들은 모든 방법을 이해하여야 할 것이다. 10.1절에서는 이 점에 대하여 설명한다.

다중회귀 모형은 우변에 변수가 여럿 있을 수 있으므로 가설이 좀 더 복잡할 수 있다. 이 가설은 어떤 경우에는 $\beta_1 + \beta_2 = 1$처럼 하나의 제약으로 되어 있을 수 있고 다른 경우에는 "$\beta_1 = 0$ 그리고 $\beta_2 = \beta_3$"처럼 여러 개의 제약으로 이루어져 있을 수도 있다. 10.2절은 하나의 선형제약 가설의 t 검정에 대하여 살펴본다. 10.3절은 양방향 대립가설에 대하여 이 t 검정과 동일한 결과를 주는 다른 검정(F 검정)을 소개한다. F 검정은 여러 선형제약이 있는 경우에도 사용할 수 있는 방법으로, 10.4절에서는 여러 선형제약으로 이루어진 가설의 검정을 설명한다. 10.5절에서는 라그랑지 승수 검정(LM검정)이라는 것에 대하여 공부한다.

본 장에서는 설명변수와 오차에 관한 9.1절의 모든 가정들이 성립한다고 상정한다. 설명변수 표본값들은 고정되어 있고(nonrandom), 비특이성을 만족한다. 오차들은 평균이 0이고 분산이 동일하며 서로간에 독립적이며 정규분포를 갖는다.

이 중 정규분포 가정은 성립하지 않아도 7.8절에서 본 것처럼 표본크기가 크면 별 문제가 되지 않는다. 동일분산 가정과 독립추출 가정이 위배되는 상황은 나중에 볼 것처럼 표본크기가 크면 다룰 수 있다. 설명변수 표본값들이 임의적(random)으로 결정되어도, 설명변수들과 오차가 서로 독립적으로 추출된다면 크게 달라질 것이 없다.

10.1 하나의 계수에 관한 가설의 t 검정

하나의 β_j 계수에 관한 가설(예를 들어 $\beta_1 = 0$이라는 귀무가설)의 검정은 단순회귀의 경우와 동일하다. 통계적 유의성, 신뢰구간, t값, p값 등의 해석과 이들을 이용한 검정 방법도 모두 동일하다. 다중회귀에서는 s^2 계산 시 자유도가 단순회귀의 $n-2$에서 $n-k-1$로 일반화된다는 차이점이 있으나, 컴퓨터 패키지들이 이 점을 고려하여 표준오차들을 맞게 계산할 것이므로 염려할 필요가 없다.

예제 10.1 지역별 이혼율

loedata 패키지의 Regko 데이터는 우리나라 지역별(시, 군, 구)로 통계청으로부터 수집한 다양한 변수들의 2014–2016년 평균값들을 포함하고 있다. 이 예제에서 사용할 변수들로는 1천명당 이혼건수(divorce), 주민등록 인구(regpop), 음주율(drink, 음주인구 비율, %), 고위험음주율(hdrink, 음주자 중 고위험 음주자 비율, %), 흡연율(smoke, 흡연인구 비율, %), 고령인구비율(aged, %), 지역의 유형(type, 1은 광역시를 제외한 시, 2는 군, 3은 광역시의 구) 등이 있다. 종속변수는 이혼율의 로그값이며, 독립변수로는 지역인구의 로그값, 음주율의 로그값, 고위험음주율의 로그값, 흡연율의 로그값, 지역별 1인당 GRDP(GRDP를 주민등록인구로 나눈 값)의 로그값, 고령인구비율의 로그값이 있다. 분석대상을 '군' 지역(type = 2)으로 국한하여 다중회귀를 하면 다음 결과를 얻는다.

```
1  > data(Regko, package="loedata")
2  > fm <- log(divorce)~log(regpop) + log(drink) + log(hdrink) +
3    log(smoke) + log(grdp/regpop) + log(aged)
4  > summary(lm(fm, data=Regko, type==2))
5
6  Call:
7  lm(formula = fm, data = Regko, subset = type == 2)
8
9  Residuals:
10      Min       1Q    Median       3Q       Max
11  -0.263195 -0.068376  0.001284  0.062480  0.218359
12
13  Coefficients:
14               Estimate Std. Error t value Pr(>|t|)
15  (Intercept)    0.17275    0.98965   0.175  0.86190
16  log(regpop)   -0.01258    0.02583  -0.487  0.62779
17  log(drink)    -0.07314    0.19547  -0.374  0.70934
18  log(hdrink)    0.24936    0.07509   3.321  0.00139 **
19  log(smoke)     0.18343    0.15981   1.148  0.25471
20  log(grdp/regpop)  0.09530  0.03965   2.404  0.01870 *
21  log(aged)     -0.19685    0.06249  -3.150  0.00235 **
22  ---
23  Signif. codes:  0 '***' 0.001 '**' 0.01 '*' 0.05 '.' 0.1 ' ' 1
24
25  Residual standard error: 0.1012 on 75 degrees of freedom
26    (10 observations deleted due to missingness)
27  Multiple R-squared:  0.4847,    Adjusted R-squared:  0.4435
28  F-statistic: 11.76 on 6 and 75 DF,  p-value: 2.998e-09
```

추정 결과에 의하면, 여타 요소들을 통제한 후 지역인구(주민등록 인구)는 이혼율과 통계적으로나 실질적으로나 별 상관이 없다(16번 행). 인구, 고위험음주율, 흡연율, 1인당 GRDP, 고령인구비율을 통제하면 음주율은 이혼율과 음의 상관을 가지며, 이 효과는 통계적으로 유의하지 않다(17번 행). 반면 음주율을 비롯한 여타 변수들을 통제할 때 고위험음주율은 이혼율과 실질적으로나 통계적으로나 유의한 양의 상관을 갖는다(18번 행). 다만, 이 결과만으로는 고위험음주율이 높아서 이혼율이 높은 것인지, 이혼율이 높아 (속이 상해서) 고위험음주율이 높은 것인지, 둘 다인지, 아니면 제3의 요소가 두 변수에 동시에 영향을 미치는지는 알 수 없다. 인구, 음주율, 고위험음주율, 소득, 고령인구비율을 통제하면 흡연율은 이혼율과 양의 상관을 갖는다(19번 행). 계수의 크기는 상당하나 (탄력성은 0.18) 통계적 유의성을 갖지는 않는다. 20번 행에 의하면 여타 요소들을 통제할 때 1인당 소득이 높은 지역(군)의 이혼율이 더 높은 것으로 나타났으며, 이 효과는 5% 수준에서 통계적으로 유의하다. 21번 행에서, 여타 요소들을 통제할 때 고령인구비율이 높을수록 이혼율은 낮은 것으로 추정되었다. 이 효과는 실질적으로나 통계적으로나 매우 유의하다.

귀무가설의 형태가 $\beta_1 = -1$ 처럼 우변이 0이 아니면 단순회귀의 경우와 마찬가지로 모수변환(reparametrization) 방법을 사용하면 간편하며, 추가로 설명하지 않는다.

10.2   하나의 선형 제약으로 이루어진 가설의 t 검정

이제 이를 조금 일반화하여, 모수들의 선형결합에 관한 하나의 제약으로 이루어진 가설에 대하여 t 검정을 하는 방법을 알아보자. 예를 들어 $\beta_1 - \beta_2 = 0$ (즉, $\beta_1 = \beta_2$)이라는 귀무가설이나 $\beta_1 + \beta_2 = 1$과 같은 귀무가설을 검정하는 것이다.

본 절의 설명이 성립하기 위해서는 $\hat{\beta}_0, \hat{\beta}_1, \ldots, \hat{\beta}_k$ 의 선형결합이 정규분포를 가지며, 그 표준편차에 σ가 등장함을 염두에 두고 있어야 한다. 이 σ를 그 추정량인 s로 치환하면, 9.1절의 모든 가정하에서 다음의 결론을 얻는다.

$$\frac{\text{OLS 추정량들의 선형결합} - \text{상응하는 모수들의 선형결합}}{\text{추정된 표준편차}} \sim t_{n-k-1}$$

분모의 '추정된 표준편차'를 이 'OLS 추정량들의 선형결합'의 표준오차라고 하는 것도 전과 동일하다. 예를 들어 $\beta_1 - \beta_2$의 경우라면 다음과 같다.

$$\frac{(\hat{\beta}_1 - \hat{\beta}_2) - (\beta_1 - \beta_2)}{\text{se}(\hat{\beta}_1 - \hat{\beta}_2)} \sim t_{n-k-1}$$

위 결과의 도출은 단순모형에서의 도출과 거의 같으며, 여기서 반복하지 않는다. 단, 분모의 $\text{se}(\hat{\beta}_1 - \hat{\beta}_2)$을 구하는 것에 대해서는 아직 설명하지 않았으며, 본 절에서는 이에 대해 중점적으로 살펴볼 것이다.

본 절에서 고려할 귀무가설은 모수들의 선형결합이 특정한 값(예를 들어 0)과 같다는 것이다. 이 귀무가설이 옳으면 위 식의 "상응하는 모수들의 선형결합"은 그 특정한 값 (예를 들어 0)으로 치환할 수 있고, 따라서 귀무가설하에서 다음이 성립한다.

$$\frac{\text{OLS 추정량들의 선형결합} - \text{특정한 값}}{\text{표준오차}} \sim t_{n-k-1}$$

위 식의 좌변은 통계량이고, 이 검정통계량을 사용하여 t 검정을 할 수 있다. 예를 들어 귀무가설이 $H_0 : \beta_1 + \beta_2 + \beta_3 = 1$ 이라면 검정통계량은

$$t = \frac{\hat{\beta}_1 + \hat{\beta}_2 + \hat{\beta}_3 - 1}{\text{se}(\hat{\beta}_1 + \hat{\beta}_2 + \hat{\beta}_3)}$$

이고 이 통계량은 귀무가설하에서 t_{n-k-1} 분포를 갖는다. 대립가설이 단방향이냐 양방향이냐에 따라 단순회귀의 경우와 동일한 방식으로 검정을 시행할 수 있다. 즉, 대립가설에 따라 t 값을 t_{n-k-1} 분포의 임계값과 비교하여 귀무가설을 기각하든지 말든지 하면 된다. 언제 기각하는지, 기각의 뜻이 무엇인지 등 검정의 원리는 (β_1 을 'OLS 추정량들의 선형결합' 으로 바꾸는 것 이외에는) 6장의 내용과 차이가 없으므로 복습이 필요한 독자들은 6장을 참조하기 바란다.

이하에서는 위 검정통계량, 특히 분모의 표준오차 계산 방법에 대하여 예를 들어 설명한다. 먼저 수동으로 모든 것을 계산하는 힘든 방법(힘들기 때문에 거의 사용하지 않는 방법)에 대하여 설명한다.

수동 계산법

$\beta_1 + \beta_2 = 1$ 이라는 귀무가설을 예로 들어 보자. 검정통계량은 $(\hat{\beta}_1 + \hat{\beta}_2 - 1)/\text{se}(\hat{\beta}_1 + \hat{\beta}_2)$ 이다. 분자는 계산이 간단하고, 복잡한 것은 분모의 $\text{se}(\hat{\beta}_1 + \hat{\beta}_2)$ 이다.

표준오차 $\text{se}(\hat{\beta}_1 + \hat{\beta}_2)$ 가 무엇일지 알아 보자. 표준오차는 표준편차의 추정값이고 표준편차는 분산의 제곱근이므로, 표준오차를 구하기 위해서는 먼저 $\text{var}(\hat{\beta}_1 + \hat{\beta}_2)$ 의 식을 구할 필요가 있다. 분산이 평균을 뺀 것의 제곱의 기댓값이므로 $(a+b)^2 = a^2 + b^2 + 2ab$ 공식을 원용하면 $\hat{\beta}_1 + \hat{\beta}_2$ 의 분산은 다음과 같음을 알 수 있다.*

$$\text{var}(\hat{\beta}_1 + \hat{\beta}_2) = \text{var}(\hat{\beta}_1) + \text{var}(\hat{\beta}_2) + 2\text{cov}(\hat{\beta}_1, \hat{\beta}_2)$$

이를 추정하기 위해서는 $\text{var}(\hat{\beta}_1)$, $\text{var}(\hat{\beta}_2)$, $\text{cov}(\hat{\beta}_1, \hat{\beta}_2)$ 를 추정해야 한다. 분산과 공분산에 대해서는 9.4절에서 설명하였으며, 좀 복잡하다.

---

*$\text{var}(\hat{\beta}_1 + \hat{\beta}_2)$ 이 $(a+b)^2 = a^2 + b^2 + 2ab$ 공식과 무슨 관계냐 하면, $\hat{\beta}_1 - \hat{\beta}_2 - \text{E}(\hat{\beta}_1 - \hat{\beta}_2) = [\hat{\beta}_1 - \text{E}(\hat{\beta}_1)] + [\hat{\beta}_2 - \text{E}(\hat{\beta}_2)]$ 인데, $a = \hat{\beta}_1 - \text{E}(\hat{\beta}_1)$ 이라 하고 $b = \hat{\beta}_2 - \text{E}(\beta_2)$ 라 하면 이것은 $a+b$ 가 된다. 분산은 이것을 제곱하여 기댓값을 취하는 것이므로 $(a+b)^2 = a^2 + b^2 + 2ab$ 공식에 따라 제곱하고 우변 각항에 기댓값을 취하여 도출한다.

행렬연산을 이용하면 이 분산과 공분산의 추정값을 별로 어렵지 않게 표현할 수 있다. 앞에서 본 대로 $V(\hat{\boldsymbol{\beta}}) = \sigma^2(\mathbb{X}'\mathbb{X})^{-1}$이다. 이것을 추정하려면 σ^2을 s^2으로 대체한다. 그러면 $s^2(\mathbb{X}'\mathbb{X})^{-1}$이 되는데 이 $(k+1) \times (k+1)$ 행렬은 통계량이다. 이 행렬의 (2,2) 원소는 $\text{var}(\hat{\beta}_1)$의 추정값이고, (3,3) 원소는 $\text{var}(\hat{\beta}_2)$의 추정값이며, (2,3) 또는 (3,2) 원소(둘 다 동일함) 는 $\text{cov}(\hat{\beta}_1, \hat{\beta}_2)$의 추정값이다. 이 값들을 이용하면 $\text{var}(\hat{\beta}_1 + \hat{\beta}_2)$의 추정값을 구할 수 있다.

R에서는 좀 복잡하기는 하지만 다음과 같은 방식을 따르면 된다. 직접 프로그램하는 것을 싫어하지 않는다면 한번 해 볼 만하지만 좀 귀찮을 것이다.

```
a <- summary(lm(y~x1+x2+x3))       # Regress y on 1,x1,x2,x3
v <- a$sigma^2 * a$cov.unscaled    # s^2 * (X'X)^(-1)
se <- sqrt(v[2,2]+v[3,3]+2*v[2,3])
```

혹시라도 숫자 하나라도 잘못 적어 넣으면 잘못된 결과가 나올 수 있으므로 주의하여야 한다. 특히 마지막 줄의 v[2,2] 등에서는 절편의 존재로 인하여 숫자 2가 x1의 계수를 나타내고 숫자 3이 x2의 계수를 나타낸다는 점을 분명히 확인하여야 할 것이다.

위의 R 프로그램은 교육적인 목적을 위하여 좀 복잡하게 표현한 것이다. R에 내장된 vcov 명령을 사용하여 다음과 같이 조금 더 간단하게 할 수 있다.

```
ols <- lm(y~x1+x2+x3)
v <- vcov(ols)
se <- sqrt(v[2,2]+v[3,3]+2*v[2,3])
```

여기서 둘째 줄의 vcov 명령이 분산-공분산 행렬을 구해 준다. 마지막 줄을 실행할 때에는 여전히 어느 숫자가 어느 변수를 나타내는지 확인해야 하며, 이런 부분에서 저지르는 잘못(버그)은 정말 찾기 어렵다. 이 부담을 줄이려면 마지막 줄 대신

```
se <- sqrt(v['x1','x1']+v['x2','x2']+2*v['x1','x2'])
```

라고 할 수 있다. 인간에게 가장 어려운 형태의 디버깅(debugging)으로부터 벗어났다는 장점이 있기는 하나, 여전히 귀찮다. 실전에서는 이런 프로그래밍을 할 이유가 없으며 권장되지도 않는다.

다행히도 실제 계량분석에서는 이러한 수동식 계산을 할 필요가 없다. 돈을 주고 간편한 프로그램을 사거나, R에서는 패키지들을 설치하고 명령어들을 습득하여 직접적인 계산 없이 검정을 할 수 있다. 하지만 본 절의 t 검정에서는 더 쉽고, 직관적이며, 계산이 아니라 머리를 쓰는 것 같은 반자동 방법이 있다. 9.9절에서 소개한 모수변환 방식이다.

반자동

설명을 위해서 모형이

$$Y = \beta_0 + \beta_1 X_1 + \beta_2 X_2 + \beta_3 X_3 + u \tag{10.1}$$

이고 귀무가설이 $H_0 : \beta_1 + \beta_2 = 1$이라 하자. 그러면, $\theta = \beta_1 + \beta_2 - 1$이라 하고 나서 귀무가설을 $H_0 : \theta = 0$이라고 표현할 수 있다. 그러면 $\beta_2 = \theta - \beta_1 + 1$이기 때문에 우리의 원래 모형은

$$Y = \beta_0 + \beta_1 X_1 + (\theta - \beta_1 + 1)X_2 + \beta_3 X_3 + u$$

$$= \beta_0 + \beta_1(X_1 - X_2) + \theta X_2 + X_2 + \beta_3 X_3 + u$$

로 바꾸어 쓸 수 있으며, 우변 넷째 항인 X_2를 좌변으로 이항하면 다음 식이 된다.

$$Y - X_2 = \beta_0 + \beta_1(X_1 - X_2) + \theta X_2 + \beta_3 X_3 + u \qquad (10.2)$$

이 식은 $Y - X_2$를 $X_1 - X_2$, X_2, X_3에 대하여 회귀한다는 뜻이 된다. 그러므로 $Y - X_2$와 $X_1 - X_2$를 자료로부터 생성한 후 (10.2)에 표현된 대로 회귀분석하면, X_2의 계수에 해당하는 것이 θ의 추정값, 즉 $\beta_1 + \beta_2 - 1$의 추정값이고 그 표준오차가 $\hat{\beta}_1 + \hat{\beta}_2 - 1$의 표준오차가 되며($\hat{\beta}_1 + \hat{\beta}_2 - 1$의 분산은 $\hat{\beta}_1 + \hat{\beta}_2$의 분산과 동일하므로 그 표준오차들도 서로 동일함), 해당하는 t값이나 p값을 사용하여 귀무가설 $H_0 : \theta = 0$을 검정할 수 있는 것이다. 예를 들어 R을 사용한다면

```
z0 <- y-x2
z1 <- x1-x2
summary(lm(z0~z1+x2+x3))
```

라고 실행한 후 x2에 해당하는 줄을 읽어서 검정을 하거나 더 짧게

```
summary(lm(I(y-x2)~I(x1-x2)+x2+x3))
```

라고 한 후 x2에 해당하는 줄을 읽어서 검정을 하면 된다.

식 (10.2)를 주의깊게 들여다 보면 매우 흥미로운 해석이 가능함을 알 수 있다. 회귀식 (10.2)의 설명변수는 $X_1 - X_2$, X_2, X_3이고 피설명변수는 $Y - X_2$이다. 이 변환된 회귀식에서 X_2의 계수인 θ는 다음과 같이 해석된다. 만일 $X_1 - X_2$와 X_3이 고정된 채 X_2만 한 단위 증가하면 $Y - X_2$는 평균 θ 단위 증가한다. 그 뜻을 좀 더 세밀하게 살펴보자. X_2의 계수 θ는 X_3이 불변인 상태에서 (a) $X_1 - X_2$가 불변이고 (b) X_2가 한 단위 증가할 때 $Y - X_2$가 받는 평균 영향이다. 여기서 (a)와 (b)를 결합하면 X_1과 X_2가 각각 한 단위씩 증가하는 것이 되므로, $\theta = 0$이라는 귀무가설은 X_3이 불변인 상태에서 X_1과 X_2가 각각 한 단위씩 증가할 때 $Y - X_2$가 평균 0단위, 즉 Y가 평균 1단위 증가함을 의미한다. 즉, (10.2)에서 $H_0 : \theta = 0$이라는 귀무가설은 (X_3이 고정된 상태에서) X_1과 X_2가 1단위씩 증가할 때 Y가 평균 1단위 증가함을 뜻한다. 그런데 원래 모형 (10.1)에서는 바로 $\beta_1 + \beta_2 = 1$이 이를 의미하므로, (10.2)로써 $\beta_1 + \beta_2 = 1$이라는 귀무가설을 검정할 수 있는 것이다.

예제 10.2   2년제 대학과 4년제 대학

Wooldridge (2013)에는 2년제 대학과 4년제 일반대학에 다닌 것이 노동의 생산성(임금으로 측정)에 미치는 효과가 같은지 다른지 검정하는 예가 있다. 본 예제의 설명과 기호는 Wooldridge (2013)에서 따 왔음을 밝힌다. 모형은 다음과 같다.

$$\log(wage) = \beta_0 + \beta_1 jc + \beta_2 univ + \beta_3 exper + u \tag{10.3}$$

여기서 jc는 2년제 대학(junior college) 이력, $univ$는 4년제 대학 이력이며, $exper$는 경력이다. 우선 다음 R 명령어와 실행 결과를 보라.

```
1  > data(twoyear, package="wooldridge")
2  > nrow(twoyear)
3  [1] 6763
4  > names(twoyear)
5   [1] "female"   "phsrank"  "BA"       "AA"       "black"    "hispanic"
6   [7] "id"       "exper"    "jc"       "univ"     "lwage"    "stotal"
7  [13] "smcity"   "medcity"  "submed"   "lgcity"   "sublg"    "vlgcity"
8  [19] "subvlg"   "ne"       "nc"       "south"    "totcoll"
9  > summary(lm(lwage~jc+univ+exper,data=twoyear))
10
11 Call:
12 lm(formula = lwage ~ jc + univ + exper, data = twoyear)
13
14 Residuals:
15      Min       1Q   Median       3Q      Max
16 -2.10362 -0.28132  0.00551  0.28518  1.78167
17
18 Coefficients:
19              Estimate Std. Error t value Pr(>|t|)
20 (Intercept) 1.4723256  0.0210602  69.910   <2e-16 ***
21 jc          0.0666967  0.0068288   9.767   <2e-16 ***
22 univ        0.0768762  0.0023087  33.298   <2e-16 ***
23 exper       0.0049442  0.0001575  31.397   <2e-16 ***
24 ---
25 Signif. codes:  0 '***' 0.001 '**' 0.01 '*' 0.05 '.' 0.1 ' ' 1
26
27 Residual standard error: 0.4301 on 6759 degrees of freedom
28 Multiple R-squared:  0.2224,    Adjusted R-squared:  0.2221
29 F-statistic: 644.5 on 3 and 6759 DF,  p-value: < 2.2e-16
```

첫째 줄에서는 wooldridge 패키지로부터 twoyear 자료를 읽어들인다(패키지를 먼저 설치하라). 2번 행은 표본크기를 보여 준다. 3번 행의 출력값에 따르면 $n = 6{,}763$이다. 4

번 행은 변수 이름들을 보여 주는 명령어이다. 6번 행의 출력 중 lwage는 $\log(wage)$를 나타낸다. 9번 행은 식 (10.3)을 회귀하는 명령어이다. 그 결과(특히 21번 행과 22번 행)에 따르면, 4년제 대학 이력($univ$)과 경력($exper$)이 고정된 채 2년제 대학 이력(jc)이 1단위 증가하면 임금이 평균 약 6.7% 증가하고, 2년제 대학 이력과 경력이 고정된 채 4년제 대학 이력($univ$)이 1단위 증가하면 임금은 평균 약 7.7% 증가한다. 2년제 대학이 임금에 미치는 부분효과는 4년제 대학의 부분효과보다 약 1%포인트 낮다.

이제 이 1%포인트의 차이가 0과 유의하게 다른지, 즉 2년제와 4년제 대학의 효과가 상이한지 검정해 보자. 이때 귀무가설은 $H_0 : \beta_1 = \beta_2$ 즉 $\beta_1 - \beta_2 = 0$이며, 대립가설은 $H_1 : \beta_1 - \beta_2 \neq 0$이다.

반자동 방법을 사용하여 검정하자면 $\theta = \beta_1 - \beta_2$라고 놓은 후 모형을 θ에 대하여 다시 써야 한다. 그러면 $\beta_1 = \theta + \beta_2$이므로 모형 (10.3)은

$$\log(wage) = \beta_0 + (\theta + \beta_2) jc + \beta_2 univ + \beta_3 exper + u$$
$$= \beta_0 + \theta jc + \beta_2 (jc + univ) + \beta_3 exper + u$$

가 되며, 여기서 $totcoll = jc + univ$(즉 전문대학과 일반대학을 막론하고 대학에 다닌 전체 이력)라고 하면 위 모형은 다음이 된다.

$$\log(wage) = \beta_0 + \theta jc + \beta_2 totcoll + \beta_3 exper + u \tag{10.4}$$

여기서 jc의 계수가 θ에 해당하므로 귀무가설인 $\theta = 0$을 검정하려면 이 jc와 관련된 결과를 읽으면 된다. 다음에 (10.4)를 회귀한 결과가 있다.

```
30  > twoyear$totcoll <- with(twoyear, jc+univ)
31  > summary(lm(lwage~jc+totcoll+exper,data=twoyear))
32
33  Call:
34  lm(formula = lwage ~ jc + totcoll + exper, data = twoyear)
35
36  Residuals:
37       Min      1Q   Median      3Q      Max
38  -2.10362 -0.28132  0.00551  0.28518  1.78167
39
40  Coefficients:
41               Estimate Std. Error t value Pr(>|t|)
42  (Intercept) 1.4723256  0.0210602  69.910   <2e-16 ***
43  jc          -0.0101795  0.0069359  -1.468    0.142
44  totcoll      0.0768762  0.0023087  33.298   <2e-16 ***
45  exper        0.0049442  0.0001575  31.397   <2e-16 ***
46  ---
47  Signif. codes:  0 '***' 0.001 '**' 0.01 '*' 0.05 '.' 0.1 ' ' 1
```

```
48
49 Residual standard error: 0.4301 on 6759 degrees of freedom
50 Multiple R-squared:  0.2224,    Adjusted R-squared:  0.2221
51 F-statistic: 644.5 on 3 and 6759 DF,  p-value: < 2.2e-16
```

식 (10.4)에 따르면 위 43번 행(jc 행)이 바로 θ의 추정값과 관련된 정보를 가지고 있다. θ의 추정값, 즉 $\beta_1 - \beta_2$의 추정값은 약 −0.01이며, 이것은 앞에서 구한 $\hat{\beta}_1 - \hat{\beta}_2 = 0.0666967 - 0.0768763$ (21–22번 행 참조)과 동일하다. 본 실행결과의 43번 행에 $\hat{\theta}$의 표준오차는 0.0069359로 계산된다. p값은 0.142로서, jc와 $univ$의 효과에는 10% 유의 수준에서도 통계적으로 유의한 차이가 없다.

반자동 방식에서, 변환한 모형 (10.4)의 θ 모수를 해석해 보자. 두 변수 $totcoll$과 $exper$를 고정시킨 채 jc만 1단위 증가시키면 로그임금은 θ만큼 증가한다. 그런데 $totcoll$이 고정되면 jc가 1단위 증가할 때 $univ$는 1단위 감소하므로 θ는 $exper$가 통제된 상태에서 jc가 1단위 증가하고 $univ$가 1단위 감소할 때 로그임금이 받는 순영향이다. 그런데 만일 jc의 효과와 $univ$의 효과가 동일하다면 jc가 1단위 증가하고 $univ$가 1단위 감소할 때 순효과(즉 θ)는 0이므로 $\theta = 0$이라는 귀무가설은 결국 jc의 효과와 $univ$의 효과가 동일함을 의미하며 모형 (10.4)에서 $\theta = 0$임을 검정하는 것이 원래 모형 (10.3)에서 $\beta_1 = \beta_2$를 검정하는 것을 달리 표현한 것임을 알 수 있다.

고지식하고 고통스러운 수동식 방법을 사용하여 모든 값들을 계산할 수 있다. 앞에서 설명한 것처럼 $\hat{\beta}_1 - \hat{\beta}_2$의 분산은 $\text{var}(\hat{\beta}_1) + \text{var}(\hat{\beta}_2) - 2\text{cov}(\hat{\beta}_1, \hat{\beta}_2)$ 이므로 우리는 t통계량을

$$t\text{-}stat = \frac{\hat{\beta}_1 - \hat{\beta}_2}{\sqrt{\widehat{\text{var}}(\hat{\beta}_1) + \widehat{\text{var}}(\hat{\beta}_2) - 2\widehat{\text{cov}}(\hat{\beta}_1, \hat{\beta}_2)}}$$

처럼 만들 수 있다. R을 사용하려면 다음과 같이 한다.

```
52 > ols <- lm(lwage~jc+univ+exper,data=twoyear)
53 > b <- coef(ols)
54 > v <- vcov(ols)
55 > se <- sqrt(v[2,2]+v[3,3]-2*v[2,3])
56 > se
57 [1] 0.006935907
58 > tstat <- (b[2]-b[3])/se
59 > tstat
60        jc
61 -1.467657
62 > pval <- 2*(1-pt(abs(tstat), ols$df))
63 > pval
64        jc
65 0.142244
```

이 출력물에서 53번 행은 OLS 추정값들을 b에 저장하고, 54–55번 행에서 $\hat{\beta}_1 - \hat{\beta}_2$의 표준오차를 구한다. 55번 행에서 v[2,2]는 $\hat{\beta}_1$의 분산의 추정값이다(v[1,1]은 절편 추정량의

분산임에 주의하라). $\hat{\beta}_1 - \hat{\beta}_2$ 의 표준오차가 57번 행에 출력되어 있으며, 이는 앞에서 반자동으로 구한 표준오차(43번 행)와 동일하다. 58번 행에서는 t 통계량의 값을 구하고 61번 행에 그 값이 표시되어 있다. 60번 행과 65번 행의 "jc"는 무시하기 바란다. 61번 행의 결과가 반올림 때문에 43번 행의 반자동으로 구한 t값과 달라 보이기는 하지만 똑같은 것이다. 62번 행에서 그 p값을 구하여 63번 행에서 출력하며 65번 행에 그 값이 있다. 앞에서 반자동으로 구한 p값과 동일하다 (43번 행 참조). 경력을 통제할 때 2년제 대학과 4년제 대학이 임금에 미치는 효과는 동일하다는 명제는 10% 유의수준에서도 자료와 양립한다.

어느 방법을 사용할 것인가?

수동과 반자동 중 어느 방법을 사용할 것인가? 수동식 검정은 상당한 계산을 요한다. 이 계산이 귀찮게 느껴진다면 여러분은 좋은 계량경제학자가 될 가능성이 높다. 이런 귀찮은 일이 하고 싶지 않으면 반자동의 방법을 사용하라. 수동의 방법은 복잡한 계산을 해야 하므로 지겨울 수 있고 무엇보다도 실수를 할 가능성이 상대적으로 높다. 그럼에도 계량경제학을 배우는 학생이라면 이해도를 높이기 위해 수동의 방법을 한두 번 사용해서 익혀 볼 것을 추천한다. 반자동의 방법은 수동식보다 훨씬 계산을 덜하고 조작이 그럴 듯해 보이며 적당히 뇌를 훈련시키는 것처럼 보인다. 또 모형 자체를 변형하므로 오류를 잡아내기도 훨씬 쉽고, 변형된 모형의 해석도 일반적으로 상당히 흥미롭다.

완전 자동

완전 자동으로 검정을 하려면 몇 가지 방법이 있다. 첫째, 계량경제학에 능통한 사람을 고용하여 그 사람에게 검정을 해 달라고 한다. 이것이야말로 완전 자동이 아니겠는가? 만일 이 방법이 여의치 않거나 본인이 직접 하고 싶으면 이러한 t 검정을 쉽게 해 줄 수 있는 소프트웨어를 구입하여 사용한다. 비용을 지출하기 싫고 수동이나 반자동의 방법을 사용하고 싶지도 않으면 R에서 나중에 설명할 F 검정을 사용하는 방법이 있다. 하지만 단일 선형제약 검정 시, F 검정보다는 반자동 t 검정을 하는 것을 강력히 추천한다. 반자동의 방법도 충분히 간편하며, 나중의 F 검정과 달리 단방향 대립가설에 대한 검정을 할 수 있다. 무엇보다도, 믿거나 말거나, 반자동 방법이 훨씬 재미있다.

10.3 잔차제곱합을 비교하여 검정하는 방법

앞에서 우리는 모형 $Y = \beta_0 + \beta_1 X_1 + \beta_2 X_2 + \beta_3 X_3 + u$ 에 대하여 $\hat{\beta}_1 + \hat{\beta}_2 - 1$ 의 분포를 사용하여 수동으로 $\beta_1 + \beta_2 - 1 = 0$ 이라는 귀무가설(H_0)을 검정한 바 있다. 반자동의 방식은 계산의 부담을 제거하고 검정에 재미를 부여하나, 수동이든 반자동이든 계산하는 것은 똑같다. 이에 반하여, 본 절에서 설명할 검정방법은 앞의 t 검정과 기본적으로 다른 접근법을 취한다. 이 방법에서는 $\beta_1 + \beta_2 - 1 = 0$이라는 제약을 가하여 구한 잔차제곱합과 제약을 주지 않고 계산한 잔차제곱합을 서로 비교해 본다. 단, 이 검정의 대립가설은 H_0이 틀렸다는 것, 즉 $\beta_1 + \beta_2 - 1 \neq 0$이라는 것이다. 그 기본적인 발상은 다음과 같다.

우리는 $\beta_1 + \beta_2 - 1 = 0$이라는 제약이 자료와 양립가능한지 보려고 한다. 그런데 이 제약이 옳든 그르든 상관없이 원래의 모형($Y = \beta_0 + \beta_1 X_1 + \beta_2 X_2 + \beta_3 X_3 + u$)은 맞는 것이고, 자료를 이용하여 이 모형을 추정하면 우리는 잔차제곱합을 구할 수 있다. 구체적으로, $\hat{\beta}_j$가 제약없이 Y를 X_1, X_2, X_3에 대하여 회귀하여 구한 OLS 추정값이라면, 이 회귀로부터 얻는 잔차들은 $\hat{u}_i = y_i - \hat{\beta}_0 - \hat{\beta}_1 x_{i1} - \hat{\beta}_2 x_{i2} - \hat{\beta}_3 x_{i3}$이고, 잔차제곱합은 $\sum_{i=1}^n \hat{u}_i^2$이다. 이 잔차제곱합을 SSR_U라 하자. SSR_U라는 기호에서 U라는 하첨자는 '제약되지 않았음'(unrestricted)을 의미한다. R이라면 `sum(lm(y~x1+x2+x3)$resid^2)`로써 이를 구할 수 있다.

다음으로, 제약을 회귀식에 적용하여 '제약하의 OLS 추정'을 할 수 있다. 제약하의 OLS 추정이란 $\beta_1 + \beta_2 = 1$이라는 제약하에 $\sum_{i=1}^n (y_i - \beta_0 - \beta_1 x_{i1} - \beta_2 x_{i2} - \beta_3 x_{i3})^2$을 최소화하는 것이다. 제약하의 OLS 공식을 일반적으로 도출하기 위해서는 '라그랑지 함수'와 관련된 복잡한 수학을 전개하여야 하나 실제 문제에서는 거의 그럴 필요가 없다. 본 문제에서, 제약에 의해 $\beta_2 = 1 - \beta_1$이므로, 이를 원래 회귀식에 적용하면

$$Y = \beta_0 + \beta_1 X_1 + (1 - \beta_1) X_2 + \beta_3 X_3 + u, \text{ 즉}$$

$$Y - X_2 = \beta_0 + \beta_1 (X_1 - X_2) + \beta_3 X_3 + u$$

가 된다. 참고로 앞의 반자동 t 검정을 위한 회귀식 (10.2)의 우변에는 X_2가 추가되어 있었으나, 지금의 제약하 회귀에서는 그 계수가 0이라는 제약을 가하였으므로 X_2가 없다. 제약하의 회귀로부터 β_0, β_1, β_3의 OLS 추정값 $\tilde{\beta}_0$, $\tilde{\beta}_1$, $\tilde{\beta}_3$이 구해지고, 나머지 $\tilde{\beta}_2$는 제약식을 적용하여 $\tilde{\beta}_2 = 1 - \tilde{\beta}_1$으로 계산한다. 그러면 제약하의 잔차들은 $\tilde{u}_i = y_i - \tilde{\beta}_0 - \tilde{\beta}_1 x_{i1} - \tilde{\beta}_2 x_{i2} - \tilde{\beta}_3 x_{i3}$이고 이것을 제곱하여 합한 것이 제약하의 잔차제곱합 SSR_R이다. 여기서 하첨자 R은 '제약되었음(restricted)'을 의미한다.

한편, 제약하에서 구한 잔차들을 좀 더 살펴보면, $\tilde{\beta}_2 = 1 - \tilde{\beta}_1$이므로

$$\tilde{u}_i = y_i - \tilde{\beta}_0 - \tilde{\beta}_1 x_{i1} - \tilde{\beta}_2 x_{i2} - \tilde{\beta}_3 x_{i3} = y_i - \tilde{\beta}_0 - \tilde{\beta}_1 x_{i1} - (1 - \tilde{\beta}_1) x_{i2} - \tilde{\beta}_3 x_{i3}$$

$$= (y_i - x_{i2}) - \tilde{\beta}_0 - \tilde{\beta}_1 (x_{i1} - x_{i2}) - \tilde{\beta}_3 x_{i3}$$

이 성립하여, 이 잔차는 $Y - X_2$를 $X_1 - X_2$와 X_3에 대하여 회귀할 때 구해지는 잔차와 동일함을 알 수 있다. 그러므로 R을 사용한다면 SSR_R은

```
sum(lm(I(y-x2)~I(x1-x2)+x3)$resid^2)
```

에 의하여 손쉽게 구할 수 있다.

SSR_R은 절대 SSR_U보다 작지 않다. 왜냐하면 SSR_U는 b_0, b_1, b_2, b_3을 조절하여 얻을 수 있는 최소의 $\sum_{i=1}^n (y_i - b_0 - b_1 x_{i1} - b_2 x_{i2} - b_3 x_{i3})^2$임에 반하여 SSR_R은 $b_1 + b_2 - 1 = 0$이라

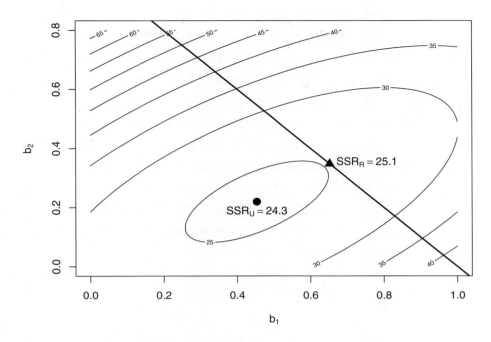

〈그림 10.1〉 제약하의 최소화와 제약 없는 최소화

는 제약하에서만 얻을 수 있는 $\sum_{i=1}^{n}(y_i - b_0 - b_1 x_{i1} - b_2 x_{i2} - b_3 x_{i3})^2$의 최솟값이기 때문이다. 제약하의 최소화는 제약 없는 최소화보다 더 낮은 값에 결코 도달할 수 없다.

〈그림 10.1〉에 제약 없는 최소화와 제약하의 최소화의 결과가 예시되어 있다. 그림의 숫자들은 필자가 그림의 모양이 그럴싸하도록 임의로 만든 자료에 근거하여 구한 값들이다. 이 그림에는 β_1과 β_2에 해당하는 파라미터 값들(b_1과 b_2)을 조정하여 얻을 수 있는 SSR 값들이 등고선으로 표현되어 있다. 두 파라미터 값들을 조정함에 있어 아무런 제약도 없을 때 도달할 수 있는 최저점이 둥근 점(●)으로 표시되어 있고, 이때의 SSR은 $SSR_U = 24.3$ 이다. 만일 여기에 $b_1 + b_2 = 1$이라는 제약이 가해지면, 두 파라미터 값들이 취할 수 있는 값들의 집합은 우하향하는 직선을 벗어날 수 없다. 이 제약을 따를 때 24.3의 SSR은 얻을 수 없고, ▲ 점에서의 $SSR_R = 25.1$이 제약하에서 얻을 수 있는 최소의 SSR이다.

만일 $\beta_1 + \beta_2 - 1 = 0$이라는 제약이 맞다면 SSR_R과 SSR_U는 크게 다르지 않을 것이다. 반면 이 제약이 잘못되었다면, 제약하에서 구할 수 있는 최솟값인 SSR_R과 제약 없는 최솟값인 SSR_U가 많이 다를 것이다. 그러므로 $SSR_R - SSR_U$가 너무 크면 귀무가설을 기각하고 그렇지 않으면 귀무가설을 채택하는 것이 좋은 전략일 것 같다.

하지만 $SSR_R - SSR_U$의 값이 절대적으로 크다고 해서 무조건 귀무가설을 기각한다거나 그 값이 절대적으로 작다고 해서 무조건 귀무가설을 채택하는 것은 좋지 않다. 왜냐하면 Y값의 규모에 따라 SSR의 값은 커지거나 작아질 수 있기 때문이다. 예를 들어 Y가 임금이고, 이 임금이 원 단위로 계산되는 경우와 천원 단위로 계산되는 경우를 생각해 보자. 시간당 임금이 2만원이라고 한다면 원 단위로 계측하면 20,000이 되고 천원 단위로 계측하면 20이 된다. 이처럼 임금 자체를 나타내는 숫자가 1천 배 다르므로 잔차제곱합은 원 단위로 했을 때 천원 단위로 할 경우의 무려 1백만 배가 된다. 즉 $\mathrm{SSR}_R - \mathrm{SSR}_U$ 의 절대적인 크기는 측정단위의 변경에 의해서도 변할 수 있으므로 그 자체로서 크다 작다 말하는 것은 의미가 없다. 또한 제약의 개수(m)가 많으면 두 SSR의 차이가 더 크게 날 수 있으므로 m도 고려해야 한다. 이러한 점들을 생각해서 우리는 $\mathrm{SSR}_R - \mathrm{SSR}_U$ 를 어떤 식으로든 '표준화'(standardize)해야만 한다. 이것은 마치 $\hat{\beta}_1 + \hat{\beta}_2 - 1$ 을 그 표준오차로 나눔으로써 t분포를 갖도록 만드는 것과 같은 이치이다.

이런 표준화의 방법은 $\mathrm{SSR}_R - \mathrm{SSR}_U$ 를 제약 없는 회귀에서 구한 s^2과 제약의 개수 m 으로 나누는 것이다. s^2으로 나눔으로써 변수의 규모를 표준화할 수 있다. 왜 $2s^2$이나 $\frac{1}{2}s^2$ 이나 s가 아니라 s^2으로 나누어야 하는지 알기 위해서는 F분포와 관련된 통계학 이론을 알아야 한다. 왜 $2m$이나 $\sqrt{m}$으로 나누지 않는지 하는 문제도 마찬가지이다. 이런 조정을 거치고 난 후 우리가 사용할 검정통계량은 다음과 같다.

$$F = \frac{\mathrm{SSR}_R - \mathrm{SSR}_U}{ms^2} = \frac{(\mathrm{SSR}_R - \mathrm{SSR}_U)/m}{\mathrm{SSR}_U/(n-k-1)} \tag{10.5}$$

이 통계량을 F통계량이라고 한다. 이를 F통계량이라고 하는 것은 F 통계량이 일정한 가정하에서 F분포라는 분포를 갖기 때문이다. 참고로, 귀무가설이 $\beta_1 + \beta_2 - 1 = 0$이면 제약이 하나이므로 식 (10.5)의 m은 1이다.

F분포에 대하여 더 설명하자면, F분포는 서로 독립인 두 카이제곱 변수들을 각각 자신의 자유도로 나눈 후 이들의 비율을 구하면 그 결과가 갖는 분포이다. 구체적으로 $X_1 \sim \chi^2_{df_1}$ 이고 $X_2 \sim \chi^2_{df_2}$ 이며 둘이 서로 독립이면 $(X_1/df_1)/(X_2/df_2)$ 는 자유도(degrees of freedom)가 (df_1, df_2)인 F분포를 따른다. 여기서 df_1는 분자에 있는 카이제곱 확률변수의 자유도이므로 분자 자유도(numerator degrees of freedom)라 하고, df_2는 분모에 있는 카이제곱 확률변수의 자유도이므로 분모 자유도(denominator degrees of freedom)라 한다. 카이제곱 변수들이 확률 1로 양의 실수값을 가지므로 F분포를 갖는 변수들도 확률 1로 양의 실수값을 갖는다. 그 분포는 두 개의 자유도에 의존한다.

표준정규분포나 t분포의 모양이 잘 알려져 있는 것처럼 F분포의 모양도 잘 알려져 있다. 두 자유도만 알면 확률밀도함수, 누적분포함수, 임계값 등을 손쉽게 구할 수 있다. 예를 들어 자유도가 (5, 85), 즉 분자 자유도가 5이고 분모 자유도가 85인 F분포($F_{5,85}$라 표기함)의 95% 임계값은 다음에 보는 것처럼 약 **2.321812**이다.

```
> qf(.95,5,85)
[1] 2.321812
```

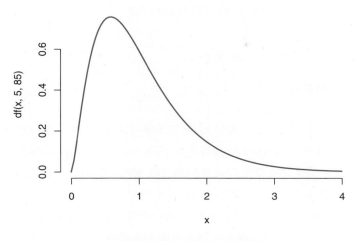

〈그림 10.2〉 $F_{5,85}$의 확률밀도함수

$F_{5,85}$ 분포의 확률밀도함수를 $(0,4)$ 구간에 그리려면 R로 "curve(df(x,5,85),0,4)" 라고 하면 된다. 그 결과는 〈그림 10.2〉와 같다.

▶ **연습 10.1.** $F_{1,85}$ 분포의 확률밀도함수를 그려라.

식 (10.5)의 검정통계량 F는 $\beta_1 + \beta_2 - 1 = 0$이라는 귀무가설이 맞을 때 $F_{m,n-k-1}$이라는 분포를 갖는다. 여기서 m은 제약의 개수로서 이 문제에서는 1이다. 참고로 t통계량은 귀무가설하에서 t분포를 갖고 F통계량은 귀무가설하에서 F분포를 갖는다. F통계량 값이 작으면 이는 SSR_R과 SSR_U가 서로 가깝다는 것을 의미하므로 귀무가설이 옳다는 증거가 될 것이다. 그러므로 F검정에서는 F통계량의 값이 클 때에만 귀무가설을 기각하며, 따라서 p값을 구할 때에는 항상 오른쪽 꼬리 부분의 확률을 계산한다. F통계량의 값이 정해진 유의수준에서의 임계값보다 크거나 p값이 정해진 유의수준보다 작으면 그 유의수준에서 귀무가설을 기각한다. F검정은 늘 단방향 검정이다.

예제 10.3 2년제 대학과 4년제 대학 예제에서 F검정

254쪽 예제 10.2에서 jc의 영향과 $univ$의 영향이 동일하다는 귀무가설의 F검정을 고려하자. 다음 명령들은 수동으로 F통계값을 구하고 그 p값을 계산한다.

```
1  > n <- nrow(twoyear)
2  > u1 <- lm(lwage~jc+univ+exper,data=twoyear)$resid
3  > u0 <- lm(lwage~I(jc+univ)+exper,data=twoyear)$resid
4  > ssr1 <- sum(u1^2)        # SSR_U
5  > ssr0 <- sum(u0^2)        # SSR_R
```

```
6   > Fstat <- ((ssr0-ssr1)/1)/(ssr1/(n-4))
7   > Fstat
8   [1] 2.154016
9   > pval <- 1-pf(Fstat,1,n-4)
10  > pval
11  [1] 0.142244
```

위에서 2번 행의 u1은 제약 없는 모형에서 구한 잔차이고, 3번 행의 u0은 제약하의 잔차이다. 4번 행의 ssr1은 제약 없는 SSR이고 5번 행의 ssr0은 제약하의 SSR이다. 6번 행에서 F통계량의 값을 구하였으며, 8번 행에 따르면 그 값은 2.154 정도이다. 9번 행에서 p값을 구하였으며, 그 값은 11번 행에 따르면 약 14.22%로서 앞의 t검정에서 계산한 p값과 동일하다. 귀무가설은 10% 유의수준에서도 기각되지 않는다.

　　F검정은 R 소프트웨어의 패키지를 사용하여 자동으로 구할 수도 있다. car 패키지의 lht() 함수를 사용할 수 있고, 또 lmtest 패키지의 waldtest() 함수를 사용할 수도 있다. 앞에서 설명하였지만 패키지가 설치되어 있는지 확인하려면 installed.packages() 명령을 이용하고, 만일 설치되어 있지 않으면 install.packages("lmtest")라고 하여 설치한다. car 패키지도 동일한 방식으로 확인하고 설치한다. 설치 확인이 끝났으면 car 패키지의 lht() 함수와 lmtest 패키지의 waldtest() 함수를 사용하여 위의 F검정을 자동으로 실행해 보자.

　　먼저 R의 car 패키지에 있는 lht 함수를 이용하여 F검정을 해 보자.

```
12  > library(car)
13  > ols <- lm(lwage~jc+univ+exper,data=twoyear)
14  > lht(ols,"jc=univ")
15  Linear hypothesis test
16
17  Hypothesis:
18  jc - univ = 0
19
20  Model 1: restricted model
21  Model 2: lwage ~ jc + univ + exper
22
23    Res.Df    RSS Df Sum of Sq      F Pr(>F)
24  1   6760 1250.9
25  2   6759 1250.5  1    0.39853 2.154 0.1422
```

　　14번 행에 car 패키지의 lht 명령을 사용하는 방법이 제시되어 있다. 25번 행의 결과에 따르면 F통계량은 2.154이고 그 p값은 0.1422로서 앞에서 수동으로 구한 값과 완전히 일치한다. 14번 행 대신에 lht(ols,"jc-univ=0")라고 하여도 된다. 심심하면 lht(ols,"jc+univ=2*jc")라고도 해 보라. 결과가 동일할 것이다.

다음으로 `lmtest` 패키지의 `waldtest()`를 사용해 보자. 여기에는 동일한 목적을 달성하기 위한 방법이 크게 두 가지가 있다. 하나는 제약 없는 모형과 제약하의 모형을 각각 추정한 후 그 둘을 비교하게 만드는 것이다. 또 하나는 `lht()`의 경우처럼 제약 없는 모형만 추정한 후 앞의 귀무가설을 지정하는 것이다. 두 가지 모두 전적으로 동일한 것을 컴퓨터가 계산하므로, 편리한 대로 아무것이나 선택하면 된다.

우선 제약 없는 모형과 제약하의 모형을 모두 추정한 후 비교하는 방법이 다음에 있다.

```
26  > library(lmtest)
27  > ols1 <- lm(lwage~jc+totcoll+exper,data=twoyear)
28  > ols0 <- lm(lwage~totcoll+exper,data=twoyear)
29  > waldtest(ols1,ols0)
30  Wald test
31
32  Model 1: lwage ~ jc + totcoll + exper
33  Model 2: lwage ~ totcoll + exper
34    Res.Df Df     F Pr(>F)
35  1   6759
36  2   6760 -1 2.154 0.1422
```

27번 행은 제약 없는 모형을 추정하며, 28번 행은 $\theta = 0$, 즉 jc의 계수가 0이라는 제약하에서 추정한다. 29번 행에서 그 둘을 비교하는 검정을 하면 36번 행에서 보는 것처럼 F통계량은 **2.154**이고 그 p값은 **0.1422**로서 전과 동일하다.

✌ 여기서 27번 행의 제약 없는 모형은 $lwage$를 jc, $univ$, $exper$가 아니라 jc, $totcoll$, $exper$에 대하여 회귀한다. 그 이유는 `waldtest()`로써 두 추정결과를 비교할 때에 제약하의 모형이 제약 없는 모형에 포함되어야(nested) 하기 때문이다. 여기서 포함된다는 말은 한 모형에 선형제약을 가하여 다른 모형이 생성된다는 뜻이다. 물론

```
37  > library(lmtest)
38  > ols1 <- lm(lwage~jc+univ+exper,data=twoyear)
39  > ols0 <- lm(lwage~totcoll+exper,data=twoyear)
40  > waldtest(ols1,ols0)
```

라고 하여도 제약하의 `ols0`이 `ols1`에 nest되지만 그것은 인간의 눈으로 볼 때 그렇고, 컴퓨터는 인간과 달리 추상적인 사고력이 없어서(혹은 `waldtest`의 프로그래머가 이를 처리하도록 프로그래밍하지 않아서) 39번 행의 모형이 38번 행의 모형에 nest되지 않았다고 보며, 그럼에도 불구하고 위의 40번 행을 실행시키면 "models are not nested"라는 오류가 발생할 것이다.

다음으로 제약 없는 모형에 제약식을 적어 주는 방식으로 하려면 다음 방법들을 사용할 수 있다. 여기서도 컴퓨터의 눈에 제약하의 모형이 제약 없는 모형에 포함되도록 해 준다.

```
41  > library(lmtest)
42  > ols1 <- lm(lwage~jc+totcoll+exper,data=twoyear)
43  > waldtest(ols1,"jc")
```

```
44  Wald test
45
46  Model 1: lwage ~ jc + totcoll + exper
47  Model 2: lwage ~ totcoll + exper
48    Res.Df Df      F Pr(>F)
49  1   6759
50  2   6760 -1 2.154 0.1422
51  > waldtest(ols1,1)
52  Wald test
53
54  Model 1: lwage ~ jc + totcoll + exper
55  Model 2: lwage ~ totcoll + exper
56    Res.Df Df      F Pr(>F)
57  1   6759
58  2   6760 -1 2.154 0.1422
59  > waldtest(ols1,.~.-jc)
60  Wald test
61
62  Model 1: lwage ~ jc + totcoll + exper
63  Model 2: lwage ~ totcoll + exper
64    Res.Df Df      F Pr(>F)
65  1   6759
66  2   6760 -1 2.154 0.1422
```

이 방식은 lht()와 거의 동일하다. 여타 다른 사용법들이 있는데, 자세한 내용은 lht와 waldtest의 도움말을 살펴보기 바란다.

예제 10.4 병원 방문

R의 Ecdat 패키지에는 Doctor라는 자료가 있다. 이 자료는 Gurmu (1997)의 자료를 축약한 것으로서 1986년부터 미국인 485명의 의사 방문횟수에 관한 것이다. *Journal of Applied Econometrics*의 웹페이지에 더 완전한 자료가 있으므로 관심있는 독자들은 이 자료를 구하여 비교해 보는 것도 흥미로울 것이다. 변수는 다음과 같다.

doctor	의사 방문횟수
children	가구 내 어린이의 수
access	병원(health service)에 대한 접근성의 척도(0~1)
health	건강상태의 척도(클수록 건강이 나쁨)

먼저 doctor를 children, access 및 health에 대하여 회귀시켜 각 계수들의 유의성에

대한 t 검정을 해 보자.

```
1  > library(lmtest)
2  > data(Doctor,package="Ecdat")
3  > ols1 <- lm(doctor~children+access+health,data=Doctor)
4  > coeftest(ols1)
5
6  t test of coefficients:
7
8              Estimate Std. Error t value  Pr(>|t|)
9  (Intercept)  1.60754    0.41827  3.8433 0.0001377 ***
10 children     -0.25124    0.11028 -2.2783 0.0231492 *
11 access        1.49953    0.78324  1.9145 0.0561478 .
12 health        0.65062    0.10167  6.3992 3.711e-10 ***
13 ---
14 Signif. codes:  0 '***' 0.001 '**' 0.01 '*' 0.05 '.' 0.1 ' ' 1
```

10번 행의 결과에 따르면, 가구 내 어린이가 많을수록 병원가는 횟수가 줄어들고 그 계수는 통계적으로 0과 다르다. 11번 행에서, 병원에의 접근성은 병원 방문 횟수에 양(+)의 영향을 미치고 이는 10% 수준에서 통계적으로 유의하다. 12번 행에서, 건강이 나쁘면 (health의 값이 큼) 병원에 더 많이 간다.

병원에의 접근성이 병원가는 횟수와 유의한 관계가 있는지 검정하려면 access에 해당하는 p값을 보면 된다. 이 p값은 **0.0561478**로서 5% 유의수준에서는 관계가 없다는 귀무가설을 기각하지 못하며, 10% 유의수준에서는 이를 기각한다. 이를 앞에서 이야기한 F검정으로써 검정하려면 우선 앞에서 본 것처럼 lht()명령을 사용하여 다음과 같이 한다.

```
15 > library(car)
16 > lht(ols1,"access")
17 Linear hypothesis test
18
19 Hypothesis:
20 access = 0
21
22 Model 1: restricted model
23 Model 2: doctor ~ children + access + health
24
25   Res.Df    RSS Df Sum of Sq      F  Pr(>F)
26 1    482 4962.8
27 2    481 4925.3  1    37.532 3.6654 0.05615 .
28 ---
29 Signif. codes:  0 '***' 0.001 '**' 0.01 '*' 0.05 '.' 0.1 ' ' 1
```

27번 행에서 F 통계량의 값은 **3.6654**이고 그 p값은 **0.05615**로서, 이 p값은 앞에서 t 검정에 의해 구한 11번 행의 p값과 동일하다.

▶ **연습 10.2.** 앞에서 구한 t 값은 **1.9145**이고 여기서 구한 F 값은 **3.6654**이다. 이 두 숫자들 사이의 관계는 무엇일까?

이와 동일한 결과를 lmtest 패키지의 waldtest()를 사용하여 구할 수 있다.

```
30  > library(lmtest)
31  > waldtest(ols1,"access")
32  Wald test
33
34  Model 1: doctor ~ children + access + health
35  Model 2: doctor ~ children + health
36    Res.Df Df      F  Pr(>F)
37  1    481
38  2    482 -1 3.6654 0.05615 .
39  ---
40  Signif. codes:  0 '***' 0.001 '**' 0.01 '*' 0.05 '.' 0.1 ' ' 1
```

여기서는 곧바로 access 변수의 계수가 0인지 검정하였는데, 그 대신에 제약하의 모형을 ols0에 저장한 후 waldtest() 명령어를 써서 F 검정을 할 수도 있다. 다음 결과는 앞의 결과와 완전히 동일하다.

```
41  > ols0 <- lm(doctor~children+health,data=Doctor)
42  > waldtest(ols1,ols0)
43  Wald test
44
45  Model 1: doctor ~ children + access + health
46  Model 2: doctor ~ children + health
47    Res.Df Df      F  Pr(>F)
48  1    481
49  2    482 -1 3.6654 0.05615 .
50  ---
51  Signif. codes:  0 '***' 0.001 '**' 0.01 '*' 0.05 '.' 0.1 ' ' 1
```

단일 제약의 검정에서 t 검정과 F 검정의 관계

하나의 제약으로 이루어진 귀무가설에 대해서 대립가설이 '≠'의 형태로 되어 있으면 t 검정과 F 검정을 모두 할 수 있다. 그렇다면 이 두 검정 방법 사이에는 어떤 관계가 있을까? 귀무가설이 하나의 제약으로 되어 있을 때 대립가설이 같지 않음(≠)으로 표현되면 두 방법은 전적으로 동일한 결과를 낳는다.

연습 10.2를 풀어 본 사람은 짐작하겠지만, t 통계량을 제곱하면 그 값은 F 통계량과 정확히 일치한다. 그리고 t_{n-k-1} 분포인 어떤 확률변수를 제곱하면 그 분포는 $F_{1,n-k-1}$ 분포가 된다. 그러므로 주어진 귀무가설과 대립가설에 대하여 t 통계량과 t 분포를 이용하여 검정하든 F 통계량과 F 분포를 이용하여 검정하든 그 결과에는 전혀 차이가 없다. 이는 어떻게 보면 당연하다. 우리가 가지고 있는 정보는 자료뿐이며 이 자료를 이용해서 t 검정과 F 검정을 했는데, 만일 이 두 검정의 결과가 다르다면 둘 중 하나는 뭔가 잘못된 것이리라.

참고로, 자유도가 q 인 t 분포를 갖는 확률변수 T 를 제곱하면 그 분포가 $F_{1,q}$ 가 된다는 것은 다음과 같이 보일 수 있다. 자유도가 q 인 t 분포를 갖는 확률변수 T 는

$$T = \frac{Z}{\sqrt{X/q}}$$

로 표현할 수 있는데, 여기서 Z 는 표준정규분포를 갖고, X 는 Z 와 독립이면서 자유도가 q 인 카이제곱분포를 갖는다. 이제

$$T^2 = \frac{Z^2}{X/q} = \frac{Z^2/1}{X/q}$$

인데 Z^2 은 표준정규분포를 제곱한 것이므로 자유도가 1인 카이제곱분포를 갖는다. 그러므로 T^2 은 '카이제곱 나누기 그 자유도'를 '그와 독립된 카이제곱 나누기 그 자유도'로 나눈 것이며, 이는 F 분포를 갖고 그 두 자유도는 각각 분자와 분모의 자유도이다. 따라서 T 분포를 갖는 변수의 제곱은 $F_{1,q}$ 분포를 갖는다.

$Y = \beta_0 + \beta_1 X_1 + \beta_2 X_2 + \beta_3 X_3 + u$ 모형에서 귀무가설이 $\beta_1 + \beta_2 - 1 = 0$ 인 경우 t 통계량을 제곱하면 F 통계량이 된다는 것은 다음과 같이 증명할 수 있다. t 값은

$$Y - X_2 = \beta_0 + \beta_1(X_1 - X_2) + \theta X_2 + \beta_3 X_3 + u \tag{10.6}$$

를 회귀하여 나오는 결과 중 X_2 에 해당하는 t 값이며, 따라서 다음이 성립한다.

$$t^2 = \frac{\hat{\theta}^2}{\mathrm{se}(\hat{\theta})^2} = \frac{\hat{\theta}^2 \sum_{i=1}^{n} \hat{r}_{i2}^2}{s^2}$$

여기서 $\hat{\theta}$ 은 θ 의 추정값이고 $\hat{r}_{i2}$ 은 X_2 를 절편, $X_1 - X_2$ 및 X_3 에 대하여 회귀하여 나오는 잔차값들이다. 제약의 개수가 $m = 1$ 일 때 F 통계량은 $F = (\mathrm{SSR}_R - \mathrm{SSR}_U)/s^2$ 이므로, 증명하여야 할 것은 다음과 같으며, 나머지는 생략한다.

$$\hat{\theta}^2 \sum_{i=1}^{n} \hat{r}_{i2}^2 = \mathrm{SSR}_R - \mathrm{SSR}_U, \quad \text{즉} \quad \mathrm{SSR}_R = \mathrm{SSR}_U + \hat{\theta}^2 \sum_{i=1}^{n} \hat{r}_{i2}^2$$

더 일반적인 선형모형과 선형제약에 대해서도 증명이 가능하지만 생략한다.

10.4   여러 선형제약으로 이루어진 가설의 검정

이제 여러 개의 선형제약으로 이루어진 귀무가설을 검정해 보자. 예를 들어 $Y = \beta_0 + \beta_1 X_1 + \beta_2 X_2 + \beta_3 X_3 + u$라는 회귀식이 있는데 $\beta_1 = \beta_2 = 0$ (즉 $\beta_1 = 0$ 그리고 $\beta_2 = 0$)이라는 귀무가설을 검정하고자 한다고 하자. 대립가설은 '귀무가설이 틀렸다'는 것, 즉 β_1과 β_2 중 적어도 하나는 0이 아니라는 것이다. 이 검정을 위해 $\beta_1 = 0$에 대하여 t검정을 한 번 하고 $\beta_2 = 0$에 대하여 다시 t검정을 한 후에 이 두 결과를 조합하여 결론을 내리는 것은 좋은 방법이 아니다. 이 두 t통계량들 사이에 서로 관련이 있을 수 있는데 두 개별적인 t검정을 시행하는 것은 이러한 상호관련을 감안하지 않기 때문이다.

여러 선형제약들을 한꺼번에 검정하는 경우 t검정을 할 수는 없으며 대신 F검정을 사용할 수 있다. F검정의 핵심을 한번 더 설명하면, 귀무가설이 맞을 때 다음 통계량이 $F_{m,n-k-1}$ 분포를 갖는다는 것이다.

$$F = \frac{(\text{SSR}_R - \text{SSR}_U)/m}{\text{SSR}_U/(n-k-1)} \tag{10.7}$$

여기서 m은 제약의 개수로서, $\beta_1 = \beta_2 = 0$이라는 귀무가설의 경우, $m = 2$이다. SSR_U는 제약 없이 구한 잔차제곱합이며, SSR_R은 $\beta_1 = \beta_2 = 0$의 제약을 가한 회귀식 $Y = \beta_0 + \beta_3 X_3 + u$를 추정하여 얻는 잔차제곱합이다. 앞에서 보았듯이 $F = (\text{SSR}_R - \text{SSR}_U)/(ms^2)$임은 $s^2 = \text{SSR}_U/(n-k-1)$이므로 자명하다. 이 F통계량은 귀무가설이 맞을 경우 $F_{m,n-k-1}$ 분포를 갖고 이 분포에 맞추어서 검정을 하면 된다.[13] 참고로 $Y = \beta_0 + \beta_1 X_1 + \cdots + \beta_k X_k + u$ 모형에서 모든 설명변수들의 계수가 0, 즉 $\beta_1 = 0, \beta_2 = 0, \ldots, \beta_k = 0$이라는 귀무가설은 $X_1, \ldots, X_k$ 중 어느 것도 Y에 체계적인 영향을 미치지 않음을 의미한다. 이 경우 제약하의 모형은 상수항만 있는 모형이므로 제약하의 SSR_R은 SST와 같고 F통계량은 $\frac{(\text{SST}-\text{SSR})/k}{\text{SSR}/(n-k-1)}$이 된다. 분모와 분자를 SST로 나누면 이는 $\frac{n-k-1}{k} \cdot \frac{R^2}{1-R^2}$과 같다.*

예제 10.5   복잡한 제약들의 F 검정

예제 10.2에서 두 학력(jc와 $univ$)의 영향과 경력($exper$)의 영향이 모두 동일하다는 귀무가설 $H_0 : \beta_1 = \beta_2 = \beta_3$을 고려해 보자. 이 가설은 2년제 또는 4년제 대학을 가는 것과 그 시간에 직업 경력을 쌓는 것이 임금에 모두 동일한 영향을 미친다는 것이다. 이 가설을 두 개의 등식으로 표현하면 $\beta_1 = \beta_2$와 $\beta_2 = \beta_3$이 된다. 이것을 R로 구현하기에 가장 편리한 방법은 car 패키지의 lht() 기능을 사용하는 것이다. 다음 결과를 보자.

---

*R 소프트웨어에서 lm 이후 summary라고 하면 마지막 줄에 "F-statistic"이 보고되는데 이것이 바로 '모형에 설명력이 전혀 없음'이라는 귀무가설에 해당하는 F통계량 값이다.

```
1  > ols1 <- lm(lwage~jc+univ+exper,data=twoyear)
2  > lht(ols1, c("jc=univ","univ=exper"))
3  Linear hypothesis test
4
5  Hypothesis:
6  jc - univ = 0
7  univ - exper = 0
8
9  Model 1: restricted model
10 Model 2: lwage ~ jc + univ + exper
11
12   Res.Df    RSS Df Sum of Sq      F    Pr(>F)
13 1   6761 1437.0
14 2   6759 1250.5  2    186.49 503.97 < 2.2e-16 ***
15 ---
16 Signif. codes:  0 '***' 0.001 '**' 0.01 '*' 0.05 '.' 0.1 ' ' 1
```

2번 행에서 두 개의 제약은 c("jc=univ","univ=exper")로 표현되었다. 검정 결과에 따르면 F통계량은 503.97이며 p값은 거의 0이다. 따라서 생각해볼 수 있는 모든 유의수준에서 귀무가설은 기각된다.

▶ **연습 10.3.** 귀무가설 $\beta_1 = \beta_2 = \beta_3$은 $\beta_1 = \beta_2$와 $\beta_1 = \beta_3$으로 나타낼 수도 있다. 이 예제에 대하여, 귀무가설을 표현하는 방법을 이렇게 바꾸어도 결과가 동일함을 확인하라.

이 검정을 앞의 $R\boldsymbol{\beta} = r$ 공식을 이용하여 더 복잡하고 현학적으로 실행할 수도 있다. 귀무가설이 $H_0 : \beta_1 - \beta_2 = 0, \beta_2 - \beta_3 = 0$이므로 $\boldsymbol{\beta} = (\beta_0, \beta_1, \beta_2, \beta_3)'$일 때,

$$R = \begin{pmatrix} 0 & 1 & -1 & 0 \\ 0 & 0 & 1 & -1 \end{pmatrix}, \quad r = \begin{pmatrix} 0 \\ 0 \end{pmatrix} \tag{10.8}$$

이 된다. 자세한 공식은 여기 제시하지 않겠지만, 이 R과 r을 이용하여 F통계량을 나타낼 수도 있다. R의 lht 명령에서도 이 방법을 사용할 수 있다. 구체적으로, 우선 (10.8)의 R 행렬을 다음과 같이 만든다.

```
> rbind(c(0,1,-1,0),c(0,0,1,-1))
```

여기서 rbind()는 행(row)으로 묶는다(bind)는 것을 의미한다. 이로써 원하는 행렬을 만든 다음 lht() 명령을 이용하여 F검정을 할 수 있다. 참고로 (10.8)의 r벡터는 0벡터이며 R소프트웨어 사용 시 특별히 따로 처리해 주지 않아도 된다. 만약 이것이 0벡터가 아니면 별도로 만들어서 사용해야 할 것이다. 다음 R 실행결과를 보라.

```
18 > twoyear <- read.csv('twoyear.csv')
19 > ols1 <- lm(lwage~jc+univ+exper,data=twoyear)
20 > library(car)
```

```
21  > lhs <- rbind(c(0,1,-1,0),c(0,0,1,-1))
22  > lht(ols1,lhs)
23  Linear hypothesis test
24
25  Hypothesis:
26  jc - univ = 0
27  univ - exper = 0
28
29  Model 1: restricted model
30  Model 2: lwage ~ jc + univ + exper
31
32    Res.Df    RSS Df Sum of Sq      F    Pr(>F)
33  1   6761 1437.0
34  2   6759 1250.5  2     186.49 503.97 < 2.2e-16 ***
35  ---
36  Signif. codes:  0 '***' 0.001 '**' 0.01 '*' 0.05 '.' 0.1 ' ' 1
```

19번 행에서 ols1은 제약 없는 모형의 추정결과이고, 21번 행에서는 앞에서 설명한 제약식 행렬 (R)을 lhs라는 객체로 저장하였다. 그리고 22번 행에서는 lht 명령에 이 lhs 행렬을 사용하여 F 검정을 실행한다. 34번 행에 보면 검정통계량의 값은 503.97이고 그 p값은 거의 0에 가깝다. 이 F 통계량과 p값은 앞의 14번 행에서 구한 것과 전적으로 동일하다.

▶ **연습 10.4.** $H_0 : \beta_1 = \beta_2 = \beta_3$은 $\beta_2 - \beta_1 = 0$과 $\beta_3 - \beta_1 = 0$으로 나타낼 수도 있다. 이 경우 귀무가설을 나타내는 벡터들은 각각 $(0, -1, 1, 0)$과 $(0, -1, 0, 1)$이다($\beta_0, \beta_1, \beta_2, \beta_3$ 순서로). 이 두 벡터들을 이용하여 이 예제의 검정을 행하라(힌트: 21번 행을 바꿈). 그 결과는 앞의 결과와 동일한가?

10.5   라그랑지 승수 검정

앞의 F 검정과 t 검정은 Wald 검정의 일종이다.* Wald 검정의 기본 아이디어는 제약 없는 추정값이 제약식을 얼마만큼 잘 충족시키는지 살펴보는 것이다. 그런데 가설 검정방법에는 이 방법만 있는 것이 아니다. 또 하나의 방법은 거꾸로 제약하에서 구한 추정값이 제약 없는 모형의 추정조건(선형모형의 경우에는 직교방정식)을 얼마만큼 잘 충족시키는지 살펴보는 것이다. 이 대안적 검정방법을 라그랑지승수(Lagrange Multiplier, LM) 검정 또는 스코어(score) 검정이라 한다.**

예를 들어 $\tilde{u}_i$를 제약하의 OLS 잔차라 하자. 만일 제약(귀무가설)이 옳다면 이 제약 하의 잔차들도 제약 없는 추정의 직교방정식을 비교적 잘 충족시킬 것이므로, $\sum_{i=1}^{n} \tilde{u}_i$와 $\sum_{i=1}^{n} x_{i1}\tilde{u}_i, \ldots, \sum_{i=1}^{n} x_{ik}\tilde{u}_i$는 비교적 0에 가까울 것이다. 이 값들을 표본크기 등을 이용하여 잘 변환시키면 표본크기가 클 때 카이제곱(χ^2)이라는 잘 정의된 분포를 가진 통계량(LM

---

*F 검정이 왜 Wald 검정인지 알고 싶은 독자들은 좀 더 테크니컬한 책을 읽어 보기 바란다.

**왜 이름이 라그랑지승수 검정인지 알고 싶은 독자들은 좀 더 높은 수준의 책을 읽어 보기 바란다.

통계량)을 만들어낼 수 있다. 이때 카이제곱 분포의 자유도는 제약의 개수와 동일하다.

LM 통계량을 구체적으로 어떻게 정확히 도출하는지는 설명하지 않는다. 관심있는 독자는 계량경제이론에 관한 책을 읽어 보기 바란다.

LM통계량은 다음과 같은 기이한 절차를 통해서도 만들 수 있다. (i) 제약하의 모형을 추정한다(제약하의 회귀). (ii) 여기서 구한 잔차를 제약 없는 모형의 모든 설명변수에 대하여 회귀한다(제약 없는 보조회귀). (iii) 보조회귀에서 구한 R제곱과 표본크기를 곱하면 (nR_{aux}^2) 이것이 LM 검정통계량이다. 모든 LM통계량을 다 그런 방식으로 구할 수 있는 것은 아니지만 많은 경우에 그렇게 할 수 있다. 기본적인 아이디어는, 제약이 맞다면 제약하에서 구한 잔차가 제약없이 구한 잔차와 유사할 것이고, 따라서 제약하의 잔차를 모든 설명변수에 대하여 회귀하면 설명력(R제곱)이 낮아 nR_{aux}^2도 작으리라는 것이다.

예제 10.6 라그랑지 승수(LM) 검정

2년제 대학과 4년제 대학의 예(예제 10.5)에서 jc, univ, exper의 계수가 모두 동일하다는 귀무가설을 LM검정으로써 검정해 보자. 앞에서 설명한 것처럼, 제약하의 모형은

$$\log(wage) = \beta_0 + \beta_1(jc + univ + exper) + u \qquad (*)$$

이므로 우선 lwage를 I(jc+univ+exper)에 대하여 회귀하고, 그 다음 그 잔차를 jc, univ, exper에 대하여 회귀(보조회귀)한 후, 그 R제곱에 표본크기를 곱할 것이다. 다음 명령을 참조하라.

```
1  > ols0 <- lm(lwage~I(jc+univ+exper),data=twoyear)
2  > n <- nobs(ols0)
3  > twoyear$resid <- ols0$resid
4  > ols1 <- lm(resid~jc+univ+exper,data=twoyear)
5  > lmstat <- n*summary(ols1)$r.sq
```

1번 행에서는 제약하의 모형 (*)을 OLS 추정하고, 2번 행에서는 표본크기를 n에 저장한다. 3번 행에서는 OLS 잔차를 twoyear 자료집합에 resid라는 변수로 저장하고, 4번 행에서는 이 잔차를 원래 모형의 jc, univ, exper에 대하여 회귀한다. 마지막으로 5번 행에서는 이 추정으로부터 구한 R^2에 표본크기를 곱하여 LM 통계량을 구한다.

교육 목적상 중간 중간에 결과가 보고되도록 프로그램을 짜서 실행한 결과와 해당 카이제곱 분포의 임계값 및 p값은 다음과 같다.

```
1  > ols0 <- lm(lwage~I(jc+univ+exper),data=twoyear)
2  > n <- nobs(ols0)
```

```
3   > n
4   [1] 6763
5   > twoyear$resid <- ols0$resid
6   > ols1 <- lm(resid~jc+univ+exper,data=twoyear)
7   > R2aux <- summary(ols1)$r.sq
8   > R2aux
9   [1] 0.1297736
10  > lmstat <- n*R2aux
11  > lmstat
12  [1] 877.6588
13  > qchisq(.95,2)
14  [1] 5.991465
15  > 1-pchisq(lmstat,2)
16  [1] 0
```

4번 행에 따르면 표본크기는 6,763으로 매우 크다. 9번 행에 의하면 보조회귀 R제곱은 약 0.13이다. nR^2_{aux} 형태의 LM 통계량 값은 12번 행의 877.6588이다. 이 값이 14번 행의 95% 임계값인 5.99에 비하여 매우 크므로 5% 유의수준에서 귀무가설은 기각된다. 15번 행에서 구한 p값이 16번 행에 제시되어 있는데, 이를 보더라도 생각할 수 있는 모든 유의수준에서 귀무가설은 기각된다.

LM 검정은 많은 경우 복잡한 검정을 매우 단순하게 구할 수 있게 해 준다. 그 배후의 논리에 대하여 정확히 알면 좋겠지만 여기에는 너무 많은 노력이 필요하므로, 지금으로서는 아쉬운 대로

$$\text{제약하의 회귀} \rightarrow \text{제약 없는 보조(aux) 회귀} \rightarrow nR^2_{aux}$$

의 방법으로 LM 통계량을 만들 수 있으며, 표본크기가 클 때 이 LM 통계량은 대략적으로 χ^2_m의 분포를 갖는다는 점만 기억하면 좋겠다. 여기서 m은 제약의 개수이다.

▸ **연습 10.5.** Ecdat 패키지의 Housing 자료를 활용하여

$$\log(price) = \beta_0 + \beta_1 \log(lotsize) + \beta_2 bedrooms + \beta_3 bathrms$$
$$+ \beta_4 driveway + \beta_5 airco + u$$

모형을 추정한 후 다음에 답하시오. (a) ?Housing을 실행하면 이 자료에 대한 도움을 얻을 수 있다. 이 도움말을 활용하여 driveway와 airco가 무엇을 뜻하는지 설명하라. (b) 귀무가설 $H_0 : \beta_4 = \beta_5 = 0$의 뜻이 무엇인지 설명하라. (c) F 검정을 활용하여 적절한 유의수준에서 이 귀무가설을 검정하고자 한다(대립가설은 귀무가설이 틀리다는 것). 검정통계량과 p값을 보고하고 어느 유의수준에서 어떤 판단을 내리는지 말하라. (d) LM 검정을 활용하여 적절한 유의수준에서 이 귀무가설을 검정하고자 한다. 검정통계량과 p값을 보고하고 어느 유의수준에서 어떤 판단을 내리는지 말하라.

11 다중회귀 관련 추가 주제

이 장에서는 더미변수, 상호작용항, 제곱항, 로그 등 실제 응용분석에서 빈번히 등장하는 주제에 관하여 설명한다. 더미변수(dummy variable)란 0 또는 1의 값을 취할 수 있는 변수로서 이진(binary) 변수라고도 하며, 이진적인 정성적 특성을 숫자로 표현해 준다. 11.1절에서는 설명변수가 더미변수인 경우를 고려한다(이진적 종속변수는 17장 참조).

상호작용항(interaction term)이란 두 변수를 곱하여 만든 항을 말한다. X_1 변수와 X_2 변수가 있을 때, 이 둘을 곱하여 만든 $X_1 \cdot X_2$ 변수가 X_1과 X_2의 상호작용항이다. 한 변수의 영향이 다른 변수의 값에 의존할 수 있도록 할 때 상호작용항을 포함시킨다. 상호작용항에 대해서는 11.2절에서 설명한다. 상호작용항을 이용하는 대표적인 예로 이중차분(difference-in-differences, DID, 차이의 차이, 이중차감) 방법이 있다. DID 방법은 정책의 효과를 분석할 때 널리 사용된다. DID에 대해서는 11.3절에서 살펴본다.

설명변수 증가의 효과가 그 설명변수 값이 증가함에 따라 양(+)에서 음(−)으로 바뀌거나 음에서 양으로 바뀌는 경우 해당 설명변수의 제곱항을 우변에 포함한 모형을 설정할 수 있다. 제곱항에 대해서는 11.4절에서 설명한다.

크기 자체보다 증가율을 고려하는 것이 적절한 변수의 경우 통상적으로 로그를 취한다(로그에 대해서는 2.6절 참조). 그런데 어떤 변수의 경우 규모(scale)를 가져 로그를 취하는 것이 자연스러운 반면 0의 값을 가질 수 있어 까다로운 상황이 발생할 수 있다. 11.5절에서는 이러한 상황에서 사용할 수 있는 방법들에 대하여 논한다. 11.7절에서는 함수형태 설정과 관련된 검정을 살펴본다. 11.6절에서는 예측과 관련된 기본적 사항들을 설명한다.

11.1 이진적 설명변수

더미변수(dummy variable, 가변수)란 0과 1의 값을 취하는 변수로서, 둘로 나뉘는(binary) 정성적(qualitative) 특성을 표현하는 변수이다. 예를 들어 *female*이라는 변수로 여성임을 나타낼 수 있다. 이때 *female*은 해당 사람이 여성이면 1, 여성이 아니면 0의 값을 갖는다. 또 불면증 환자 중 진짜 수면제를 받으면 *treat*라는 변수를 1로 설정하고, 가짜 수면제를 받은 사람은 *treat*를 0으로 설정할 수 있다. 물론 0과 1 대신에 다른 수들을 사용해도 되지만 0과 1이 여러 면에서 가장 편리하다.

경력(*exper*)을 제어한 상태에서 학력(*school*)이 임금에 미치는 영향을 β_1이라 하자. 구체적으로, 우리의 모형은 다음과 같다.

$$\log(wage) = \beta_0 + \beta_1 school + \beta_2 exper + u$$

여기에 학력과 경력이 동일한 남녀 간에 평균 로그임금 차이가 있다고 한다면 이는 다음 모형으로써 표현할 수 있다.

$$\log(wage) = \beta_0 + \delta_0 female + \beta_1 school + \beta_2 exper + u \qquad (11.1)$$

남성의 경우 $female = 0$이므로 이를 (11.1)에 대입하면, 남성에 대한 모형은 다음이 된다.

$$\log(wage) = \beta_0 + \beta_1 school + \beta_2 exper + u$$

반면 여성의 경우에는 $female = 1$이고 이를 (11.1)에 대입하여 다음 식이 된다.

$$\log(wage) = (\beta_0 + \delta_0) + \beta_1 school + \beta_2 exper + u$$

이들을 비교하면, 남녀간에 $school$과 $exper$의 계수는 동일하고 절편만 다르다. 남성의 절편은 β_0이고 여성의 절편은 $\beta_0 + \delta_0$이므로 δ_0은 여성의 절편 빼기 남성의 절편이다. 모형 (11.1)의 $female$ 더미변수는 남녀간에 절편을 상이하게 만들어 주는 역할을 한다. 기울기 계수 β_1은 성별과 경력이 동일할 때($female$과 $exper$가 우변에 포함되어 있으므로) 학력 1년의 차이가 로그 임금의 평균값에 미치는 영향을 나타낸다. 모형 (11.1)에서 학력($school$)과 경력($exper$) 증가의 효과는 남녀간에 동일하다고 가정하였다.

다음 결과를 보고 연습문제를 풀어 보라.

```
1   > data(Wages1, package="Ecdat")
2   > names(Wages1)
3   [1] "exper"  "sex"     "school" "wage"
4   > Wages1$female <- as.numeric(Wages1$sex=='female')
5   > ols <- lm(log(wage)~school+exper+female,data=Wages1)
6   > summary(ols)
7
8   Call:
9   lm(formula = log(wage) ~ school + exper + female, data = Wages1)
10
11  Residuals:
12      Min      1Q  Median      3Q     Max
13  -3.9861 -0.2817  0.0477  0.3663  2.1668
14
15  Coefficients:
16               Estimate Std. Error t value Pr(>|t|)
17  (Intercept) -0.016778   0.087504  -0.192    0.848
18  school       0.123361   0.006230  19.802  < 2e-16 ***
19  exper        0.035412   0.004514   7.845 5.79e-15 ***
```

```
20  female      -0.242569   0.020453 -11.860  < 2e-16 ***
21  ---
22  Signif. codes:  0 '***' 0.001 '**' 0.01 '*' 0.05 '.' 0.1 ' ' 1
23
24  Residual standard error: 0.5786 on 3290 degrees of freedom
25  Multiple R-squared:  0.1374,    Adjusted R-squared:  0.1367
26  F-statistic: 174.7 on 3 and 3290 DF,  p-value: < 2.2e-16
```

▶ **연습 11.1.** 남성의 절편 추정치와 여성의 절편 추정치를 각각 구하라.

▶ **연습 11.2.** 만약 위 5번 행에서 여성 더미변수(*female*) 대신에 남성 더미변수(*male* = 1 − *female*)를 포함시키면 *male*의 계수 추정값과 표준오차는 각각 무엇이겠는가?

▶ **연습 11.3.** 이 결과에 따르면 같은 성별에서 경력이 동일할 때 학력에 1년 차이가 나면 임금에는 약 몇 퍼센트의 차이가 나는 것으로 예측되는가?

▶ **연습 11.4.** 이 결과에 따르면 여타 요소들이 동일한 여성과 남성 간에 어느 정도의 임금 격차가 있는 것으로 추정되는가? 여성의 임금이 높은가 남성의 임금이 높은가? 이 차이는 통계적으로 유의한가? 다중회귀 분석에서 통계적 유의성에 대해서는 아직 설명하지 않았으나, 위의 실행 결과에 대하여 단순회귀에서 설명한 바를 원용하여 설명하라.

지금까지 2개의 상태를 구분하는 더미변수를 고려하였다(예를 들어 남성 대 여성). 한 상태를 나타내는 더미변수(예를 들어 **여성** 더미변수)를 포함시키는 것은 그 상대방 집단(예를 들어 남성 집단)을 기준집단(혹은 비교대상 집단)으로 삼아 비교한다는 뜻이다. 그리고 그 더미변수의 계수는 당해 집단(여성 집단)과 기준집단(남성 집단) 간 절편의 차이를 의미한다. 이를 일반화하여, 표본 내 구성원들을 m개 집단으로 구획하게 해 주는 m개의 더미변수들이 있다고 하자. 예를 들어 연령대에 따라 30대 이하, 40–50대, 60대 이상 3개의 집단으로 나누고($m = 3$), 이 세 연령대에 해당하는 3개의 더미변수들을 *young*, *middle*, *old*라 하자. 각 관측치에서 이 세 더미변수 중 꼭 하나만 1의 값을 갖고 나머지는 0의 값을 갖는다. 절편이 있는 모형에서 세 더미변수들을 모두 우변에 포함시키면 완전한 공선성 문제가 발생하므로(더미변수 함정) 세 더미변수 중 하나를 제외시켜 보자(절편을 제외하는 것은 고려하지 않는다). *young*, *middle*, *old* 중 하나를 제거할 수 있다.

① *young* 더미변수를 모형에서 제외시키는 것은 *young* = 1인 집단(30대 이하 집단)을 기준집단으로 삼는다는 말이다. 회귀식의 절편은 30대 이하의 절편이며, *middle*의 계수는 40–50대와 30대 이하 간 절편의 차이, *old*의 계수는 60대 이상과 30대 이하 간 절편의 차이를 나타낸다. 그러므로 만약 30대 이하와 다른 연령대 집단 간 수준 차이를 추정하고 그 통계적 유의성을 검정하고자 한다면 *young* 더미변수를 모형에서 제외시키는 것이 좋다.

② *middle* 더미변수를 모형에서 제외시키는 것은 *middle* = 1인 집단(40–50대)을 기준으로 삼는다는 것을 의미한다. 회귀식의 절편은 40–50대의 절편이며, *young*의 계수는 30

대 이하와 40–50대 간 절편의 차이, *old*의 계수는 60대 이상과 40–50대 간 절편의 차이를 의미한다. 그러므로 만약 40–50대와 다른 연령대 집단 간 수준 차이를 추정하고 그 통계적 유의성을 검정하고자 한다면 *middle* 더미변수를 모형에서 제외시키는 것이 좋다.

③ 이와 유사하게, *old* 더미변수를 모형에서 제외시키면, *young* 더미변수와 *middle* 더미변수의 계수는 각각 해당 집단(*young* = 1인 집단과 *middle* = 1인 집단)과 기준집단 (*old* = 1인 집단) 간 절편의 차이를 나타낸다. 따라서 *old* = 1인 집단과 다른 집단과의 비교가 주요 관심사라면 *old* 더미변수를 우변에서 제외시키도록 한다.

11.2 상호작용항

모형 (11.1)의 우변에 *female* × *school* 라는 **상호작용항**(interaction term, 서로 곱한 항, **교차항**) 을 추가해 보자. 그러면 모형은 다음이 된다.

$$\log(wage) = \beta_0 + \beta_1 school + \beta_2 exper + \delta_0 female + \delta_1 (female \times school) + u \qquad (11.2)$$

여기서 남성은 *female* = 0에 해당하고 여성은 *female* = 1에 해당하므로 이 값들을 대입하여 정리하면 남성과 여성의 방정식은 각각 다음과 같다.

$$\text{남성}: \log(wage) = \beta_0 + \beta_1 school + \beta_2 exper + u$$
$$\text{여성}: \log(wage) = (\beta_0 + \delta_0) + (\beta_1 + \delta_1) school + \beta_2 exper + u$$

그러므로 (11.2)에서 *female*의 계수인 δ_0은 여성과 남성 간 절편의 차이이며, 상호작용항 *female* × *school*의 계수인 δ_1은 여성과 남성 간 *school*의 계수의 차이이다. *exper*의 계수 는 남녀간에 차이가 없다. 모형 (11.2)에서는 남녀간에 절편과 *school*의 기울기가 모두 상이하지만 *exper*의 계수는 동일하도록 설정되었다. 다음 결과를 보자.

```
1  > data(Wages1, package="Ecdat")
2  > Wages1$female <- as.numeric(Wages1$sex=='female')
3  > ols <- lm(log(wage)~female*school+exper,data=Wages1)
4  > summary(ols)
5
6  Call:
7  lm(formula = log(wage) ~ female * school + exper, data = Wages1)
8
9  Residuals:
10     Min      1Q  Median      3Q     Max
11 -3.9856 -0.2813  0.0484  0.3663  2.1666
12
13  Coefficients:
```

```
14                Estimate Std. Error t value Pr(>|t|)
15  (Intercept)  -0.0121960  0.1089885  -0.112   0.9109
16  female       -0.2528782  0.1475700  -1.714   0.0867 .
17  school        0.1229849  0.0081974  15.003  < 2e-16 ***
18  exper         0.0353783  0.0045399   7.793 8.73e-15 ***
19  female:school 0.0008818  0.0124997   0.071   0.9438
20  ---
21  Signif. codes:  0 '***' 0.001 '**' 0.01 '*' 0.05 '.' 0.1 ' ' 1
22
23  Residual standard error: 0.5787 on 3289 degrees of freedom
24  Multiple R-squared:  0.1374,    Adjusted R-squared:  0.1364
25  F-statistic:   131 on 4 and 3289 DF,  p-value: < 2.2e-16
```

2번 행에서 `female`이라는 변수를 만든다. 3번 행에서 `female*school`이라는 표현은 `female+school+female:school`과 동일하다. 즉, `female`, `school`, 그리고 그 상호작용 항인 `female:school`을 모두 우변에 포함시킨다는 뜻이다(R에서 상호작용항을 만들 때 콜론 부호 ':'을 사용한다). 다음 연습문제들을 풀어 보라. 연습 11.9는 특히 중요하다.

▸ **연습 11.5.** 이 결과에 따르면 남성의 경우 절편과 기울기($school$과 $exper$의 계수) 추정값들은 각각 얼마인가? 힌트: 계산이 필요 없음

▸ **연습 11.6.** 이 결과에 따르면 여성의 경우 절편과 기울기($school$과 $exper$의 계수) 추정값들은 각각 얼마인가? 힌트: 계산이 필요함

▸ **연습 11.7.** 이 추정 결과에 따르면 학력의 효과(즉, $school$의 기울기)는 남성과 여성 중 어느 쪽이 더 큰가? 남성과 여성간에 학력의 효과에 통계적으로 유의한 차이가 있는가?

▸ **연습 11.8.** 위의 모형에서 절편과 $school$의 계수는 남녀간에 차이가 있지만 $exper$의 계수는 동일하다. 절편과 모든 기울기에서 남녀간에 차이가 있을 수 있는 선형모형은?

▸ **연습 11.9.** 다음은 많은 사람들이 실수를 범하는 내용이다. 다음 모형

$$\log(wage) = \beta_0 + \beta_1 school + \delta_1(female \times school) + u$$

에서 남성과 여성의 절편과 기울기는 각각 무엇이며 남성과 여성의 절편과 기울기에 어떤 제약이 존재하는지 설명하라. 이 모형에서는 우변에 $female$ 변수가 없이 $\log(wage)$를 $school$ 항과 $female \times school$만으로 회귀시키고 있는데, 이 모형의 문제점은 무엇이며, 이 문제를 해결하기 위해서는 모형을 어떻게 바꾸어야 하는가?

상호작용항 즉 서로 곱한 항은 교차되는(곱해지는) 한 변수의 영향이 교차되는 다른 변수의 값에 따라 달라지도록 해 준다.* 참고로, D 변수를 $D \times 1$, 즉 D 변수와 상수항(1)의

---
*이는 더미변수와의 상호작용항에만 적용되는 것이 아니라 모든 상호작용항에 적용된다. 교차되는 변수들 중 하나가 반드시 더미변수일 필요는 없다.

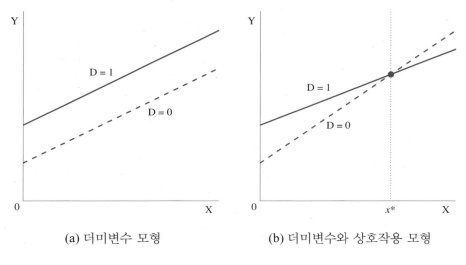

(a) 더미변수 모형   (b) 더미변수와 상호작용 모형

〈그림 11.1〉 더미변수 모형과 상호작용 모형의 비교

상호작용항이라 이해하면, '상호작용항은 계수를 상이하게 해 준다'고 일반화하여도 틀리지 않다. 〈그림 11.1〉의 (a)와 (b)에 각각 더미변수만 존재하는 모형 $Y = \beta_0 + \beta_1 X + \delta_0 D + u$와 더미변수와 상호작용항을 모두 포함한 모형 $Y = \beta_0 + \beta_1 X + \delta_0 D + \delta_1(D \cdot X) + u$에서, $D = 0$일 때와 $D = 1$일 때 X와 Y 기댓값 간 함수관계가 제시되어 있다.* 그림 (a)에는 더미변수만 존재하므로 $D = 1$과 $D = 0$ 간에 X의 기울기는 동일하고 절편만 상이하다. 절편의 차이는 D의 계수로서, 그림의 경우 양수이다. 그림 (b)에는 더미변수와 상호작용항이 모두 포함되므로 절편도 상이하고 기울기도 상이하다. 여기서 절편의 차이는 D의 계수(그림의 경우 양수)이며, 상호작용항의 계수는 기울기의 차이(그림의 경우 음수)이다.

상호작용항이 포함된 모형에서 더미변수(D)의 계수가 음수라 하여 반드시 $D = 1$인 집단의 종속변수 값이 더 낮을 것으로 기대되는 것은 아니다. 이는 기울기가 상이하여 두 직선이 어디에선가는 반드시 서로 만나며 종속변수 기댓값은 설명변수 값들이 어디에 위치하느냐에 따라 달라지기 때문이다. 이 교차점을 기준으로 $D = 0$과 $D = 1$ 집단 중 어느 집단의 종속변수 기댓값이 더 큰지 나누어지며, 실제 어느 집단이 더 높은 값을 갖는지는 표본에서 X값들이 어디에 위치해 있는지 살펴보아야 알 수 있다. 〈그림 11.1〉(b)에 교차점이 표시되어 있고, 해당 X값이 x^*로 표시되어 있다. 교차점은 $D = 0$일 때 Y의 평균값인 $\beta_0 + \beta_1 X$와 $D = 1$일 때 Y이 평균값인 $\beta_0 + \beta_1 X + \delta_0 + \delta_1 X$를 등치시킨 후 1차방정식을 X에 대하여 풀어서 구할 수 있다($x^* = -\delta_0 / \delta_1$). 〈그림 11.1〉(b)의 경우 $X < x^*$이면 $D = 1$에서의

---

*두 모형에서 서로 대응하는 모수들과 오차항은 상이할 수 있지만 편의상 동일한 기호를 사용하였음에 유의하라. 제대로 한다면 $Y = \beta_0^a + \beta_1^a X + \delta_0^a D + u^a$와 $Y = \beta_0^b + \beta_1^b X + \delta_0^b D + \delta_1^b(X \cdot D) + u^b$와 같이 상이한 계수 기호를 사용하여야 할 것이다.

Y 기댓값이 더 크고, $X > x^*$이면 $D = 0$에서의 Y 기댓값이 더 크다. 예를 들어, 모형 (11.2) 를 추정한 277 페이지의 결과에서, `female` 변수의 계수 추정값은 16번 행의 `-0.2528782` 이며 상호작용항의 계수는 19번 행의 `0.0008818`이다. 이에 의하면 `exper`가 동일할 때 일정 수준의 학교교육 이하에서는 남성의 평균 임금이 더 높고, 그 이상의 학교교육에서는 여성의 평균 임금이 더 높은 것으로 추정된다. 여성과 남성 간 임금의 기댓값이 동일해지는 학교교육 수준은, 상호작용항의 계수가 0과 가깝고 통계적으로 전혀 유의하지 않지만 그래도 계산해 보면, $0.2528782/0.0008818 = 286.775$, 약 290년으로 추정된다. 대략 6–16 년의 학교교육 연수를 고려하면 277쪽의 결과는 `exper`를 통제할 때 모든 교육수준에서 여성의 평균 임금이 남성의 평균 임금보다 더 낮은 것으로 추정되었음을 보여준다.

집단별 회귀와 전체 회귀

남녀 노동자로 이루어진 모집단에 대해서 다음의 5가지 회귀를 생각해 보자.

$$\log(\text{임금}) = \beta_0 + \beta_1 \text{학력} + u \tag{11.3a}$$

$$\log(\text{임금}) = \beta_0 + \beta_1 \text{학력} + \beta_2 \text{여성} + u \tag{11.3b}$$

$$\log(\text{임금}) = \beta_0 + \beta_1 \text{학력} + \beta_2 \text{여성} + \beta_3 (\text{여성} \cdot \text{학력}) + u \tag{11.3c}$$

$$\log(\text{임금}) = \beta_0 + \beta_1 \text{학력} + u, \ \text{남자에 대해서} \tag{11.3d}$$

$$\log(\text{임금}) = \beta_0 + \beta_1 \text{학력} + u, \ \text{여자에 대해서} \tag{11.3e}$$

여기서 **학력**은 교육연수이고 **여성**은 여성임을 나타내는 더미변수(가변수)이다.

처음 세 회귀 (11.3a)–(11.3c)에서는 남녀 자료를 모두 활용해서(pooling) 추정하고, 마지막 두 회귀 (11.3d)–(11.3e)에서는 남녀 각각 따로 회귀한다. 위 식들에서 계수들과 오차항은 회귀식에 걸쳐 상이할 것이나 편의상 동일한 기호를 사용하였다. 예를 들어 마지막 두 회귀에서 β_0 계수는 동일한 기호를 사용하였으나, 남녀의 임금구조가 동일하지 않는 한 상이할 것이다.

각 회귀식의 의미와 그 계수의 해석은 다음과 같다. 식 (11.3a)는 학력과 $\log(\text{임금})$의 평면상에 남녀 구별없이 하나의 직선을 그린다. 식 (11.3b)는 남녀간에 절편은 상이하지만

〈표 11.1〉 전체 회귀와 집단별 회귀에서 계수의 요약

	남성	여성
절편	(11.3c)의 β_0 = (11.3d)의 β_0	(11.3c)의 $(\beta_0 + \beta_2)$ = (11.3e)의 β_0
기울기	(11.3c)의 β_1 = (11.3d)의 β_1	(11.3c)의 $(\beta_1 + \beta_3)$ = (11.3e)의 β_1

기울기는 동일한 직선을 그린다. 여기서 β_2는 여성의 절편에서 남성의 절편을 차감한 값과 동일하다. 식 (11.3c)는 성별로 절편과 기울기가 모두 다를 수 있다. 남성의 절편과 기울기는 각각 β_0과 β_1이고, 여성의 절편과 기울기는 각각 $\beta_0 + \beta_2$와 $\beta_1 + \beta_3$이다. 식 (11.3d)는 남성들만을 대상으로 직선을 그린다. 식 (11.3e)는 여성들만을 대상으로 직선을 그린다. 이상을 요약하면 〈표 11.1〉과 같다.

실제 R Ecdat 패키지의 Wages1 자료를 사용하여 이 다섯 가지 회귀식을 추정해 보았다. 그 명령어들은 다음과 같다.

```
> data(Wages1, package="Ecdat")
> Wages1$female <- as.numeric(Wages1$sex=='female')
> eqa <- lm(log(wage)~school,data=Wages1)
> eqb <- lm(log(wage)~school+female,data=Wages1)
> eqc <- lm(log(wage)~school*female,data=Wages1)
> eqd <- lm(log(wage)~school,data=Wages1,subset=female==0)
> eqe <- lm(log(wage)~school,data=Wages1,subset=female==1)
```

그 다음에 eqa 등을 하면 결과를 볼 수 있으나 너무 길 것이므로 〈표 11.2〉에 계수들만을 따로 모아 보았다. 독자들은 eqa, eqb 등등을 하여 결과가 맞는지 확인해 보기 바란다.

〈표 11.1〉에서 설명한 것처럼, (c)와 (d)의 상수항의 계수(절편)는 모두 남성의 절편으로서 동일하며, 〈표 11.2〉에서 이를 확인할 수 있다(0.4326으로 동일). 학력의 계수(기울기)도 0.1099로 동일하다. 〈표 11.2〉의 (e) 열의 절편 0.0419는 여성만으로 회귀한 절편에 해당하며, (c)의 **상수항**과 **여성**의 두 계수(각각 0.4326과 -0.3907)를 합산함으로써 구할 수 있다. (e) 열의 기울기 0.1210는 (c) 열의 **학력**의 계수 0.1099와 상호작용항의 계수 0.0112를 합산한 값과 동일하다.

〈표 11.2〉 전체 자료를 이용한 추정과 집단별 추정

log(임금)	(a)	(b)	(c)	(d)	(e)
상수항	0.3639	0.3793	0.4326	0.4326	0.0419
학력	0.1052	0.1145	0.1099	0.1099	0.1210
여성		-0.2601	-0.3907		
여성*학력			0.0112		
표본크기	3,294	3,294	3,294	1,725	1,569
R제곱	.0784	.1213	.1215	.1021	.0873

주: (a)–(c)는 전체 자료를, (d)와 (e)는 각각 남성과 여성만의 자료를 이용한 결과임

▶ **연습 11.10.** 〈표 11.2〉에 따르면, 남녀간 **학력**의 효과가 동일하고 절편만 다르도록 설정된 모형에서, **학력** = 16인 남성과 여성의 로그임금 평균은 각각 무엇으로 추정되는가? 남성과 여성 중 어느 편이 얼마만큼 더 높은가? 힌트: 표의 (b)열을 사용하여야 한다.

▶ **연습 11.11.** 〈표 11.2〉에 따르면, 남녀간 **학력**의 효과가 상이할 수 있게 만든 모형에서, **학력** = 16인 남성과 여성의 로그임금 평균은 각각 무엇으로 추정되는가? 남성과 여성 중 어느 편이 얼마만큼 더 높은가? 힌트: 표의 (c)열 또는 (d)–(e)열을 사용하여야 한다.

▶ **연습 11.12.** 모형 (11.3c)를 수정하여 전체 표본을 이용하되 절편과 **학력**의 계수가 (11.3e)의 결과와 동일하도록 만들어라. 힌트: 남성임을 나타내는 더미변수(**남성**이라 하자)를 도입하여야 한다.

이상에서, 절편과 **학력**의 계수만을 보면, 성별에 따른 더미와 교차항을 모두 포함시킨 모형의 추정결과와 각 성별로 각각 회귀한 추정결과는 동일함을 보았다. 식 (11.3c)를 회귀하는 것과 식 (11.3d)를 남자에 대하여 회귀하는 것은 차이가 없다. 식 (11.3e)를 여자에 대하여 회귀한 결과도 식 (11.3c)의 결과들을 간단하게 조작하여 구할 수 있다. 좀 더 일반적으로, 모든 설명변수들과 더미변수의 상호작용항들이 포함된 모형의 계수추정값들은 집단별로 별도의 회귀를 행하여 똑같이 구할 수 있다. 단, 모형 (11.2)의 *exper*처럼 공통 계수를 가진 변수가 있으면 이 동일성은 성립하지 않는다.

⚒ 하지만, 표준오차와 *t*값은 (11.3c)와 (11.3d)에서 나온 결과가 상이하다. 이는 오차항의 분산을 추정할 때 (11.3c)는 모든 관측치를 다 활용함에 반하여, (11.3d)는 남자들의 관측치만을 활용하기 때문이다. 특히 오차 분산이 남녀 집단 간에 상이하면 표준오차가 서로 다르기 쉽다. 이분산성에 견고한 표준오차(13장 참조)를 사용함으로써 이 문제를 해결할 수 있다.

한편 〈표 11.2〉에서 남녀를 모두 모아서 회귀한 결과 (a)를 보면, 절편 0.3639는 (d)와 (e)에 남녀 각각의 절편 0.4326과 0.0419 사이에 놓여 있는 반면 (a)에서 **학력**의 계수는 0.1052로서 남녀 각각의 회귀결과(0.1099와 0.1210)의 사이에 있지 않다. 상식에 어긋나는 것 같기도 하지만, 엄밀한 계산에 따르면 이런 일은 발생할 수 있다.

⚒⚒ 전체 표본을 사용하여 얻은 계수 추정값을 $\hat{\beta}_j$라 하고, 표본을 집단별로 나누어 각각 구한 계수 추정값들을 $\tilde{\beta}_j^a$와 $\tilde{\beta}_j^b$라 하자. 일반적으로 전체 표본을 사용하면 전체의 평균과 관련된 값을 얻고, 표본을 쪼개서 각각 분석하면 각각의 평균과 관련된 값을 얻을 것이라 생각할 수 있다. 전체의 평균은 각 평균들의 가중평균이므로, 상식적으로 $\hat{\beta}_j$가 $\tilde{\beta}_j^a$와 $\tilde{\beta}_j^b$의 사이에 위치하여야 할 것 같다. 하지만 꼭 그렇지만은 않다. 행렬연산에 따르면, 계수값 벡터들을 적절히 '회전'시킨 후에는 전체 표본을 사용한 계수값 벡터가 집단별로 구한 계수값 벡터들의 사이에 놓이는 것이 사실이나, 회전시키지 않은 원래 계수값들의 경우에는 반드시 그러라는 법이 없다.*

*2012년 어느 날 필자의 동료인 김진일 교수가 자료를 분석한 결과를 필자에게 보여 준 적이 있다. 몇몇 변수들의 경우에는 전체 표본을 사용한 계수추정값들이 표본을 둘로 나누어 각각 회귀하여 구한 계수추정값들 사이에 존재하지 않았다. 그때 김진일 교수와 필자가 행렬연산을 이용하여 무슨 일이 일어나는지 보았는데, 이상은 그 결과를 말로 간략히 정리한 것이다.

위의 남녀를 모아서 회귀한 결과과 남녀 각각의 회귀결과들 간에도 이러한 일이 발생한다. 자료를 모두 모아 추정한 계수 추정값이 반드시 남녀 각각 계수 추정값들의 사이에 위치할 필요는 없다.[14]

모형 (11.3c)는 절편(상수항의 계수)과 기울기(학력의 계수) 모두 남녀간에 상이할 수 있도록 허용한다. 만일 기울기는 동일하고 절편만 상이할 수 있게 하고자 한다면 (11.3b)를 회귀한다. 〈표 11.2〉의 (11.3b) 열에 따르면 남녀의 기울기가 동일하다는 제약하에 남성의 절편은 0.3793이고 여성의 절편은 0.3793 − 0.2601 = 0.1192이다. 또 남성과 여성의 공통된 기울기는 0.1145인 것으로 추정된다.

연습 11.9에서 본 것처럼, 다음 모형은 그럴 듯해 보이지만 사실은 부적절하다.

$$\log(임금) = \beta_0 + \beta_1 학력 + \beta_2 (여성 \cdot 학력) + u \tag{11.4}$$

이 모형은 남녀간에 절편(즉 학력 = 0인 사람들의 평균 로그 임금)은 동일하되 기울기만 다를 수 있게 허용한다. 이 모형은 합리화시키기 어렵다. 학력차이가 임금차이를 가져오는 정도가 남녀간에 상이하다면, 왜 학력 = 0일 때 남녀의 평균 로그 임금이 동일해야 하겠는가? 특별한 이유가 없는 한, 교차항을 포함시키고자 하면 반드시 서로 곱해지는 두 변수들을 각각 포함시켜야 할 것이다. 교차항인 여성·학력을 포함시키려면, 그 안의 두 변수인 여성과 학력을 모두 별도의 설명변수로 포함시켜야 한다. (11.4)에는 여성이 누락되어 있다.

집단 간 구조 차이의 검정

상호작용항이 포함된 모형을 이용하여 모집단 내 상이한 집단 간에 종속변수와 설명변수들의 함수관계가 동일한지 상이한지 검정할 수 있다. 이런 검정을 구조 차이(structural break) 검정이라 한다. 예를 들어, 여타 요소들을 통제한 후 교육수준이 임금에 미치는 영향이 남녀간에 상이한지 검정할 수 있다. 이때에는 여타 요소들을 통제한 후 로그 임금(wage)을 교육수준(educ), 여성더미(female), 둘의 상호작용항에 대하여 회귀한 후, 기울기의 차이에만 관심이 있으면 상호작용항의 계수가 0인지 검정하면 될 것이고, 절편까지 포함하여 동일한지에 관심이 있으면 female 변수와 상호작용항의 계수들이 모두 0이라는 귀무가설을 F검정하면 될 것이다.

종속변수와 여러 독립변수들과의 함수관계가 두 집단 간에 동일한지 상이한지 검정하려면 더미변수 및 해당 독립변수들과 더미변수의 상호작용항을 포함시킨 후, 상호작용항들의 계수가 모두 0인지 검정하거나, 더미변수와 상호작용항들의 계수가 모두 0인지 F검정하면 된다. 일부 변수들과의 함수관계에 집단 간 구조 차이가 있는지 검정하려면 해당 변수들과 더미변수의 상호작용항들의 유의성을 검정하면 될 것이다.

과거 계산이 힘든 시절에는 Chow 검정이라고 하여 이러한 구조 차이의 검정을 깔끔하고 손쉽게 계산하는 방법이 인기 있었다. 지금 세대가 보유한 막강한 연산능력을 고려할 때, 특별한 경우가 아니라면 이런 깔끔한 계산은 추구하지 않아도 괜찮을 것으로 보인다. 집단 간 구조 차이를 검정하고자 하면 '구조 차이'가 무엇을 의미하든 간에 그 의미에 맞는 더미변수와 상호작용항들을 모형에 포함시킨 후 컴퓨터를 이용하여 F 검정을 하면 된다.

11.3 이중차분

어느 고등학교에서 1학년을 상대로 1년 동안 체력증진 프로그램을 실시하였다고 하자. 이 학교와 프로그램을 실시하지 않은 어느 학교에서 프로그램 시작 시점('before')과 종료 시점('after')에 학생들의 체력을 측정하고, 두 시점 측정치들을 바탕으로 이 프로그램의 효과를 평가하고자 한다. 체력증진 프로그램에 참여한 학생들의 집단을 처치집단(treatment group)이라 하고 비참여 학생들의 집단을 통제집단(control group)이라 하자.

종속변수는 Y 는 체력의 척도(예를 들어 분당 팔 굽혀펴기 횟수)이다. 표본 내의 각 관측치는 통제집단에 속하느냐 처치집단에 속하느냐, 그리고 before 시기에 속하느냐 after 시기에 속하느냐에 따라 4개 범주로 구분된다. 이 네 범주를 〈표 11.3〉과 같이 A, B, C, D라 하자. A와 C는 통제

〈표 11.3〉 자료의 분류

	통제집단	처치집단
Before	A	B
After	C	D

집단에 속하고, A와 B는 before 시기, C와 D는 after 시기에 해당한다. A, B, C는 체력증진 프로그램의 영향을 받지 않은 범주이고 D는 프로그램의 영향을 받은 범주이다.

이 자료를 이용하여 프로그램의 체력증진 효과를 측정하는 방법을 생각해 보자. 여러 가지 가능성을 고려해 보자.

가장 먼저 떠오르는 것은 A, B, C의 평균과 D의 평균을 비교하는 것이다(앞으로 'ABC 대 D'라고 함). A, B, C는 프로그램의 영향을 받지 않은 것이고 D는 프로그램의 영향을 받은 것이므로 이 방법에는 일리가 있다. 이 방법을 회귀로써 구현해 보자. *tgroup* 이 처치집단임을 나타내는 더미변수(즉, B나 D에 속하면 1의 값을 갖는 더미변수), *after* 가 'after' 시기임을 나타내는 더미변수(즉, C나 D에 속하면 1의 값을 갖는 더미변수)라 하면, D 범주에 속하는지 여부를 나타내는 더미변수(*treated* 라 하자)는 *tgroup* = 1이고 *after* = 1 일 때 1의 값을 갖는다. 즉, *treated* = *tgroup* × *after* 이다. 이와 같이 *treated* 더미변수를 생성한 후 종속변수를 *treated* 에 대하여 회귀하면 된다.

```
> treated <- tgroup * after
> lm(y~treated)
```

아니면 한 줄로 다음과 같이 한다.

```
> lm(y~tgroup:after)
```

위 두 명령 간에는 아무런 차이도 없다. 이렇게 하면 treated 혹은 tgroup:after의 계수가 D의 평균 빼기 A, B, C의 평균을 나타낸다.

이 평균 차이가 과연 프로그램의 효과를 나타낼지 생각해 보자. 이 평균 차이가 프로그램의 효과가 되려면 $Y = \beta_0 + \beta_1 treated + u$ 모형에서 treated의 값이 0이든 1이든 u의 평균이 동일하여야 한다. 과연 그럴지 살펴보자. treated = 0인 표본에는 A, B, C가 모두 포함되어 있다. 그런데 C와 D는 학교가 다르므로 남녀 비율, 가정배경, 영양상태, 학생의 체력에 대한 교사들의 인식 등 여러 요인이 다를 수 있고 따라서 C와 D 간에 u가 평균적으로 동일하다고 보기 어렵다. 또한 B와 D 간에는 1년의 시차가 있으므로 이 기간 동안 신체 발육이나 공부 스트레스 등으로 인하여 treated 이외의 요인들이 평균적으로 동일하다고 말하기 어렵다. 그러므로 A, B, C와 D 간에 프로그램 진행 여부(treated)를 제외한 나머지 요인들의 영향(u)이 평균적으로 동일하다고 하기 어렵다. 따라서 오차평균 0 가정이 위배되고, 그 결과 'ABC 대 D' 모형의 OLS 추정량은 편향된다. 달리 말하자면, A, B, C의 평균과 D의 평균 간에는 프로그램의 효과뿐 아니라 자료 수집 시기의 차이와 집단의 내재적 차이로 인한 체계적인 체력 차이도 존재하므로, 'ABC 대 D' 회귀로는 프로그램의 효과만을 별도로 추출해 낼 수 없다.

또 하나 생각해 볼 수 있는 방법은 처치집단 평균 체력의 증진 정도를 구하는 것이다 (이하에서 'B 대 D'라 함). 즉, 〈표 11.3〉의 D범주 평균으로부터 B범주 평균을 빼는 것이다. 이를 회귀로써 구현하려면 tgroup = 1인 부분집합에 한하여 종속변수를 after에 대하여 다음과 같이 회귀하면 될 것이다.

```
> lm(y~after, subset = tgroup==1)
```

그러면 after 더미변수의 계수가 after 시기와 before 시기 간 평균의 차이를 나타낸다.

이 'B 대 D' 방법을 'ABC 대 D' 방법과 비교하면, 여기에서는 통제집단의 자료를 사용하지 않으므로 학교 간 체계적인 차이로 인한 혼란 요인은 존재하지 않는다. 하지만 체력 측정 시기가 다른 데에서 오는 체계적인 차이는 여전히 존재한다. 즉, 프로그램이 없었더라도 1년의 기간 동안 학생들의 체력은 변하였을 것이고, 'B 대 D' 방법의 회귀는 프로그램의 효과뿐 아니라 시차에 따른 체력 변화까지도 통합적으로 포착한다. 수식으로, $Y = \beta_0 + \beta_1 after + u$라고 하면, 처치집단만을 고려하더라도 after = 0에서의 u의 평균(즉, B에서의 u의 평균)과 after = 1에서의 u의 평균(즉, D에서의 u의 평균)은 1년이라는 시차로 인하여 상이할 수 있고, 그 결과 오차평균0 가정이 위배될 수 있다. 따라서 이 경우에도 OLS 추정량은 프로그램의 체력 증진 효과를 편향되게 추정한다.

다른 방법으로서, 프로그램 종료 후에 처치집단(D)과 통제집단(C)을 비교하면 어떨까 (이하 'C 대 D'라 함)? 이는 after = 1인 자료에 한하여 종속변수를 tgroup에 대하여 회귀하는 것과 같다.

```
> lm(y~tgroup, subset = after==1)
```

그러면 tgroup 더미변수의 계수가 D의 평균 빼기 C의 평균에 해당한다.

　　이 회귀에서는 동일 시점에서 수집된 자료만을 활용하므로 1년 시차로 인한 체력의 전반적인 변화 문제는 발생하지 않는다. 하지만 여기에는 앞에서 살펴본 처치집단과 통제집단 간의 체계적인 차이로 인한 문제가 발생한다. 앞서 말한 대로 남녀 비율, 가정환경, 영양상태, 체력에 대한 교사들의 태도 등이 상이할 수 있는 것이다. 그러므로 이 회귀에서도 오차평균0 가정이 위배되고 'C 대 D' 회귀의 OLS 추정량은 프로그램 효과를 편향되게 추정한다. 달리 말하여, C와 D의 차이에는 프로그램 효과뿐 아니라 집단 간 고유한 차이도 반영되어 있으며, 'C 대 D'의 회귀는 프로그램 효과를 별도로 추출하지 못한다.

　　이상에서 하나의 더미변수를 사용하여 〈표 11.3〉의 D 범주와 다른 비교 범주(ABC 또는 B 또는 C)와의 차이(difference)로써 프로그램 효과를 측정하고자 하는 시도는 모두 편향된 결과를 줄 수 있음을 보았다. 그 이유는 동일 집단을 상이한 시기에 비교할 경우 프로그램 효과와 시차로 인한 체계적인 체력 차이를 별도로 식별해 내지 못하고, 동일 시기에 상이한 집단을 비교할 경우 프로그램 효과를 집단 간의 내재적인 차이로부터 분별해 내지 못하기 때문이다. 단순한 '차이'의 방법은 불완전하다.

　　이제 문제 해결을 시도해 보자. 처치집단의 before와 after를 비교하는 회귀(B 대 D)는 프로그램의 효과와 시차로 인한 평균 체력 차이를 합산한 값을 구해 준다는 것을 보았다. 여기서 만약 체력 측정시기 차이로 인한 평균 체력의 차이('처치집단 시간효과')를 어떻게 해서든 식별해낼 수만 있다면, 'B 대 D' 차이로부터 처치집단 시간효과를 차감하여 프로그램의 효과를 구할 수 있을 것이다. 그렇다면 어떻게 처치집단 시간효과를 식별할 수 있을 것인가? 바로 이 지점에서 본 절의 가장 핵심적인 가정이 등장한다. 이 가정은 **평행추세 가정**(parallel trend assumption) 또는 **동일추세 가정**(common trend assumption)이라는 것으로서 '프로그램이 없었다면 전후 시기 종속변수의 평균적인 증가분은 처치집단과 통제집단에서 동일하였을 것이다'는 가정이다. 이 가정하에서 측정시점 차이로 인한 처치집단 시간효과는 통제집단의 전후비교를 통하여 알아낼 수 있다. 왜냐하면 통제집단은 처치를 받지 않았으므로 그 전후비교는 오직 통제집단 시간효과와 같기 때문이다. 다시 설명하여 a, b, c, d가 각각 A, B, C, D 범주에 속하는 체력 측정치들의 평균이라 하면

$$d - b = \text{처치효과} + (\text{처치집단 시간효과})$$

$$c - a = (\text{통제집단 시간효과})$$

가 성립하고, 여기에 처치집단 시간효과와 통제집단 시간효과가 동일하다는 가정(평행추세 가정)하에 프로그램 효과(처치효과)는 다음이 된다.

$$\text{처치효과} = (d - b) - (c - a)$$

이렇게 측정하는 처치효과는 두 차이들의 차이이므로 차이의 차이(difference in differences, DID)이며, DID로써 처치효과를 측정하는 방법을 이중차분(double-differencing) 방법이라

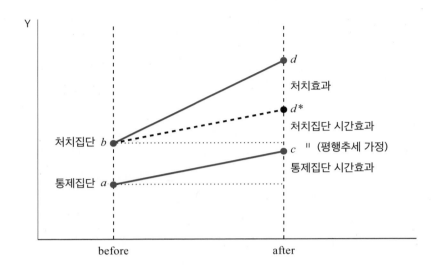

〈그림 11.2〉 DID에 의한 정책효과의 정의

한다. 정책의 효과가 DID라고 하는 것은 '시간효과'가 처치집단과 통제집단 간에 동일하다고 가정하는 것(평행추세 가정)과 같다. 평행추세 가정이 성립하지 않는다면 DID에는 프로그램만의 효과뿐 아니라 시간효과들의 차이까지 포함하며, 여기서 프로그램의 효과를 별도로 분리해 내는 것은 (다른 가정을 하지 않는 한) 가능하지 않다.

DID를 설명할 때 흔히 〈그림 11.2〉와 같은 그림을 활용한다. 통제집단은 before와 after 시기에 종속변수 평균값이 각각 a와 c로 표시되어 있다. 두 시기 처치집단의 종속변수 평균값은 각각 b와 d로 표시되어 있다. 통제집단의 시간효과는 $c-a$이며, 평행추세 가정은 이것이 처치집단 시간효과와 동일하다고 가정한다(그림에서 d^*-b). 프로그램이 시행되지 않았다면 처치집단의 after 시기 평균 체력은 d^*였을 것으로 가정되고, 처치집단의 실제 after 시기 평균인 d와 가상적인 d^* 간의 차이가 처치효과로 간주된다.

이상에서는 DID를 처치집단 증가분과 통제집단 증가분 간의 차이로 간주하였다. 관점을 바꾸어 DID를 'after 시기의 집단 간 차이'와 'before 시기의 집단 간 차이'의 차이로 이해할 수도 있다. 이는 수학적으로 $(d-b)-(c-a)=(d-c)-(b-a)$이기 때문이다. 더 설명하자면, before 시기의 집단 간 차이는 처치집단과 통제집단 간 내재적 속성의 차이를 나타내며, after 시기의 집단 간 차이는 집단 간 속성 차이와 프로그램 효과의 합이므로, 집단 간 속성 차이가 before 시기와 after 시기에 동일하게 유지된다는 가정(동일추세 가정을 다른 관점에서 살펴본 것)하에서 프로그램 효과는 두 시기 집단 간 차이들의 차이(DID), 즉 이중차분량이 된다.

DID를 하나의 회귀모형으로써 표현할 수 있다. 이렇게 하면 표준오차 계산이 간편해져서 매우 유용하다. 평균적인 체력 증가분은 Y를 after 더미변수에 대하여 회귀할 때

*after*의 계수이다. 그런데 *after*의 계수가 통제집단과 처치집단 간에 상이하도록 하려면 *after* 더미변수와 *tgroup* 더미변수의 상호작용항을 포함시키면 된다. 그러므로 DID 효과는 다음 회귀식에서 상호작용항의 계수이다.

$$Y = \beta_0 + \beta_1 tgroup + \beta_2 after + \beta_3 (tgroup \cdot after) + u \tag{11.5}$$

R에서 위 식은 다음과 같이 추정할 수 있다.

```
> lm(y~tgroup*after)
```

R에서 회귀식을 표현할 때 '*' 기호는 교차되는 두 항 각각과 상호작용항을 포함시키라는 뜻으로 'y~tgroup*after'는 'y~tgroup+after+tgroup:after'와 동일한 의미를 갖는다. 여기서 'tgroup:after'가 상호작용항이다.

식 (11.5)에 A, B, C, D 범주별로 *tgroup*과 *after* 더미변수의 값을 대입해 보자. A는 before 시기 통제집단($after = 0$, $tgroup = 0$), B는 before 시기 처치집단($after = 0$, $tgroup = 1$), C는 after 시기 통제집단($after = 1$, $tgroup = 0$), D는 after 시기 처치집단($after = 1$, $tgroup = 1$) 이므로 다음을 얻는다.

$$Y^A = \beta_0 + u^A$$
$$Y^B = \beta_0 + \beta_1 + u^B$$
$$Y^C = \beta_0 + \beta_2 + u^C$$
$$Y^D = \beta_0 + \beta_1 + \beta_2 + \beta_3 + u^D$$

여기서 A, B, C, D 상첨자를 명시하여 어느 범주에 속하는지 분명히 하였다. 오차항에 대하여 아무런 가정도 하지 않고 양변에 A, B, C, D 범주별로 평균을 취하자. 앞에서와 같이 a, b, c, d를 각각 A, B, C, D 범주의 Y 평균이라 하고, η^A, η^B, η^C, η^D를 각 범주의 오차 평균이라 하자('η'는 '에타'라고 읽는다). 말하자면 $\eta^A = E(u^A) = E(u|tgroup = 0, after = 0)$ 과 같은 식이다. 위 식들 각각에 평균을 취한 후 이중으로 차분하여 다음을 얻는다.

$$(d-b) - (c-a) = \beta_3 + [(\eta^D - \eta^B) - (\eta^C - \eta^A)]$$

관측시기의 차이로 인한 평균 체력의 차이(시간효과)는 오차항 u에 포함되어 있고, 평행추세 가정은 처치집단의 시간효과($\eta^D - \eta^B$)와 통제집단의 시간효과($\eta^C - \eta^A$)가 서로 동일하다는 것, 즉 $(\eta^D - \eta^B) - (\eta^C - \eta^A) = 0$임을 뜻한다.

평행추세(동일추세)가정은 오차평균0 가정보다 약한 가정이다. 오차평균0 가정은 $\eta^A = \eta^B = \eta^C = \eta^D = 0$임을 의미하며, 회귀식 (11.5)의 모든 β_j 계수들을 OLS로써 편향되지 않게 추정하는 데에 필요하다. 오차평균0 가정이 성립하면 평행추세 가정도 성립한다. 반면 평행추세 가정은 네 오차평균들이 모두 동일하지 않아도 $\eta^D - \eta^B = \eta^D - \eta^C$이면 성립한다. 모든 β_j의 비편향 추정을 위해서는 오차평균0 가정이 필요했지만, β_0, β_1, β_2를 무시하고 DID 모수인 β_3만을 편향 없이 추정하려면 평행추세 가정만 있으면 된다.

이상에서는 A, B, C, D 범주의 Y 평균인 a, b, c, d를 우선 구하고, 평행추세(동일추세) 가정하에서 이 평균들을 차이의 차이를 DID로 정의하였다. 만약 before와 after 시기의 자료에서 개별 학생을 식별하여 맞출 수 있다면(즉, '패널 자료'가 존재한다면) 학생별로 체력 변화분을 먼저 구하고 이로부터 DID를 계산할 수도 있다. 학생별 체력 변화분을 ΔY라 하자. 평균의 차이는 차이의 평균과 같으므로, $d-b$는 처치집단의 ΔY 평균과 동일하고 $c-a$는 통제집단의 ΔY 평균과 동일하다. 그러므로 DID는 처치집단의 ΔY 평균에서 통제집단의 ΔY 평균을 뺀 값이다. 이를 회귀식으로 표현하면 다음과 같다.

$$\Delta Y = \gamma_0 + \gamma_1 tgroup + v \qquad (11.6)$$

여기서 γ_0은 통제집단의 ΔY 평균이고 γ_1은 처치집단과 통제집단 간 ΔY의 평균의 차이, 즉 DID이다.

회귀식 (11.5)로부터 증분 방정식 (11.6)을 도출할 수도 있다. 식 (11.5)에 $after = 1$과 $after = 0$을 각각 대입한 다음 두 식을 빼면 다음이 된다.

$$\Delta Y = \beta_2 + \beta_3 tgroup + \Delta u$$

그러므로 $\gamma_0 = \beta_2$, $\gamma_1 = \beta_3$이며, $v = \Delta u$ (즉, 오차항의 증가분)이다. 증가분 회귀식 (11.6)을 보면, 결국 DID란 before로부터 after로의 종속변수 변화분이 두 집단 간에 평균적으로 얼마나 차이가 있는지를 나타내는 모수이다. 동일추세(평행추세) 가정이 성립한다면 두 집단 간에 오차항 변화분의 차이는 평균적으로 동일하며, 그 결과 종속변수 변화분의 평균적인 차이는 온전히 정책의 효과가 된다.

만약 before 시기에 관측한 모든 학생들의 체력을 after 시기에도 관측할 수 있다면 (11.5)의 DID 추정값과 (11.6)의 DID 추정값은 동일하다. 그러나 만약 before 시기에 관측한 몇몇 학생들을 전학이나 측정 거부 등의 이유로 after 시기까지 추적할 수 없다면, after 시기에 관측이 누락된 학생들에 대해서는 ΔY를 구할 수 없으므로 (11.5)의 DID 추정값과 (11.6)의 DID 추정값은 상이하게 된다. 만약 관측시점과 학교명만 있고 학생 ID를 분실하였다면 (11.5)의 추정은 가능하나 ΔY의 계산이 불가능하므로 (11.6)의 추정은 불가능하다.

상호작용항이 포함된 추정식 (11.5)와 증가분 회귀식 (11.6)의 DID 추정 결과가 상이할 때 어느 편이 더 적절한 처치효과일 것인가? 이 문제는 궁극적으로 처치효과의 정의에 관한 문제이다. 누락된 관측치 비율이 크지 않으면 보통은 두 결과가 서로 비슷하다. 만약 큰 차이가 있다면 이는 관측 누락된 학생들과 관측된 학생들 간에 이질성이 크기 때문일 것이다. 이 경우라면 보다 세밀한 연구가 필요하다.

ΔY를 계산할 수 있는 경우 (11.6)을 사용하면 표준오차 계산 시 장점이 있다. 식 (11.5) 추정 시 통상적으로 계산되는 표준오차는 오차항에 자기상관이 없다는 가정이 성립해야

타당하다. 그런데 동일 학생이라면 before 시기와 after 시기의 관측치 간에 체력을 결정하는 여타 요인들 간에 상당한 상관이 존재할 것이다. 이 두 관측치는 동일인을 다른 시점에서 관측한 것이므로, 예를 들어 동일한 DNA를 가지고 있기 때문이다. 그러므로 (11.5)를 추정하는 경우라면 이러한 특정 형태의 자기상관을 허용할 수 있는 견고한 '클러스터' 표준오차 식을 사용하여야 한다 (상세한 내용은 14.1절 참조). 반면 (11.6) 식에서는 관측 단위가 개별 학생이며 상이한 학생들은 서로 독립이라고 가정하는 것이 터무니없지는 않기 때문에 통상적인 표준오차를 사용하여도 큰 문제가 없다.

　　원래는 before와 after 시기에 동일한 학생들의 체력을 측정하였으나 기록자가 학생들의 ID 를 분실하였거나 법적인 문제로 인해 ID를 노출시키지 않아 before 시기의 어느 관측치가 after 시기의 어느 관측치에 대응하는지 알 수 없다고 하자. 이 경우 모형 (11.5)를 OLS로 여전히 추정할 수 있으나(반면 ΔY는 계산할 수 없으므로 증가분 회귀식은 추정할 수 없다) 표준오차의 계산은 곤란하다. 동일한 학생들이 2회 측정되었으므로 분명 서로 상관된 관측치 쌍들이 존재할 것임이 분명하나 이 쌍들을 식별할 수 없어 표준오차를 보정할 수 없기 때문이다. 반면 만약 before와 after 시점에 전혀 다른 학생들의 표본으로부터 자료를 수집하였다면 before 시기 오차 항과 after 시기 오차항이 서로 독립적이라 가정할 수 있고(독립추출 가정) 표준오차를 문제 없이 계산할 수 있다. DID 분석을 위하여 자료를 수집하고자 한다면 표본 구성원들의 ID를 추적하여 동일 인물의 두 시기 관측치들을 서로 짝지을 수 있게 하거나(즉, 패널 자료를 만들거나), 아니면 before 시기와 after 시기에 아예 서로 다른 사람들을 조사하는 것이 좋다. 동일인들을 조사한 후 정보를 감추어 사람별로 두 시기 자료를 짝지을 수 없게 하는 것은 바람직하지 않다.

예제 11.1　Card and Krueger (1994)

1992년 4월 미국 뉴저지(New Jersey) 주의 최저임금이 시간당 $4.25로부터 $5.05로 인상 되었다. Card and Krueger (1994)는 최저임금이 인상된 뉴저지 주와 최저임금이 인상되지 않은 동부 펜실베니아(Pennsylvania) 주의 410개 패스트푸드(fast-food) 식당에 대하여 최 저임금 인상 이전과 이후에 설문조사를 실시하고 DID 방법을 이용하여 최저임금 변화가 고용에 미친 영향을 측정하였다. Card and Krueger (1994) 논문의 Table 3에 의하면, 최저 임금 인상 이전과 이후를 비교할 때 처치집단인 뉴저지 주 음식점들에서는 고용량(full time equivalent, FTE)이 평균 0.59만큼 증가한 반면, 통제집단인 펜실베니아 주 음식점들에서는 FTE가 평균 2.16 감소하였다. 처치집단의 증가분(0.59)은 통제집단의 증가분(−2.16)에 비하여 2.76만큼 더 높고, 이것이 바로 DID 추정값이다.

　　이하에서는 Card and Krueger (1994) 자료를 이용하여 이 결과를 복제해 본다. 원 자료 는 davidcard.berkeley.edu/data_sets.html 에서 구할 수 있으며, 필자가 분석에 편 리하게끔 시기별 자료를 위아래로 붙인 다음('long format'으로 변환) 종속변수 fte(풀타임 종사자 수 + 관리자 수 + 0.5 곱하기 파트타임 종사자 수)와 after 더미변수를 생성하였다. 뉴저지 주를 나타내는 더미변수명은 원자료에서는 state이나 nj로 바꾸었다(앞 본문의

tgroup 더미변수에 해당). 이렇게 만든 자료가 Fastfood이다.

```
1  > data(Fastfood, package="loedata")
```

변수들에 대한 원 저자들의 설명을 가공하고 약간의 설명을 추가하여 해당 자료의 "desc"
속성으로 저장해 두었으므로, 필요하면 attr(Fastfood, "desc")로써 참조하기 바란다.
먼저 처치집단(nj = 1)의 before와 after 시기 평균들의 차이를 구해 보자. 아래 결과
13번 행에서 음식점당 평균 FTE는 before 시기에 20.4394이며, 14번 행에 의하면 after
시기에 0.5880만큼 증가하였다.

```
2  > summary(lm(fte~after, data=Fastfood, subset=nj==1))
3
4  Call:
5  lm(formula = fte ~ after, data = Fastfood, subset = nj == 1)
6
7  Residuals:
8      Min      1Q  Median      3Q     Max
9  -21.027  -6.439  -0.939   4.473  64.561
10
11 Coefficients:
12             Estimate Std. Error t value Pr(>|t|)
13 (Intercept)  20.4394     0.5135  39.805   <2e-16 ***
14 after         0.5880     0.7273   0.808    0.419
15 ---
16 Signif. codes:  0 '***' 0.001 '**' 0.01 '*' 0.05 '.' 0.1 ' ' 1
17
18 Residual standard error: 9.2 on 638 degrees of freedom
19   (22 observations deleted due to missingness)
20 Multiple R-squared:  0.001023,   Adjusted R-squared:  -0.0005423
21 F-statistic: 0.6536 on 1 and 638 DF,  p-value: 0.4191
```

이 0.5880 증가분은 최저임금 인상의 효과뿐 아니라 시차로 인한 고용량의 체계적인
차이도 포함하고 있을 것이다.
다음으로 통제집단(nj = 0)에서 after 시기의 평균 FTE는 before 시기에 비하여 2.166
만큼 낮다(아래 34번 행 참조).

```
22 > summary(lm(fte~after, data=Fastfood, subset=nj==0))
23
24 Call:
25 lm(formula = fte ~ after, data = Fastfood, subset = nj == 0)
26
27 Residuals:
```

```
28      Min     1Q  Median      3Q     Max
29  -21.166  -7.103  -2.166   4.585  47.169
30
31  Coefficients:
32              Estimate Std. Error t value Pr(>|t|)
33  (Intercept)   23.331      1.165  20.024   <2e-16 ***
34  after         -2.166      1.648  -1.314    0.191
35  ---
36  Signif. codes:  0 '***' 0.001 '**' 0.01 '*' 0.05 '.' 0.1 ' ' 1
37
38  Residual standard error: 10.22 on 152 degrees of freedom
39    (4 observations deleted due to missingness)
40  Multiple R-squared:  0.01124,   Adjusted R-squared:  0.00473
41  F-statistic: 1.727 on 1 and 152 DF,  p-value: 0.1908
```

통제집단의 전후 차이가 최저임금 인상의 효과를 포함하지 않을 것으로 보고, 이 차이를 (최저임금 변화를 제외한) 여타 요인들의 변화로 인한 고용량의 체계적인 차이로 간주한다. 여타 요인들의 변화로 인한 고용량 변화가 통제집단과 처치집단 간에 서로 동일하다는 가정(평행추세 가정)하에 최저임금 인상의 효과는 처치집단과 통제집단 간 평균 FTE 증가분의 차이(DID)이며, 이상의 결과에 의하면 그 값은 $0.5880 - (-2.166) = 2.754$ 이다.

다른 각도에서 보자면, 정책 시행 이전($after = 0$)에 뉴저지 주의 평균 FTE는 펜실베 니아 주보다 2.892만큼이나 낮았다(아래 54번 행 참조).

```
42  > summary(lm(fte~nj, data=Fastfood, subset=after==0))
43
44  Call:
45  lm(formula = fte ~ nj, data = Fastfood, subset = after == 0)
46
47  Residuals:
48      Min     1Q  Median      3Q     Max
49  -15.831  -6.439  -1.439   3.561  64.561
50
51  Coefficients:
52              Estimate Std. Error t value Pr(>|t|)
53  (Intercept)   23.331      1.105  21.118   <2e-16 ***
54  nj            -2.892      1.230  -2.351   0.0192 *
55  ---
56  Signif. codes:  0 '***' 0.001 '**' 0.01 '*' 0.05 '.' 0.1 ' ' 1
57
58  Residual standard error: 9.695 on 396 degrees of freedom
59    (12 observations deleted due to missingness)
60  Multiple R-squared:  0.01376,   Adjusted R-squared:  0.01127
61  F-statistic: 5.525 on 1 and 396 DF,  p-value: 0.01923
```

반면, 정책 시행 이후(after = 1)에는 뉴저지 주의 평균 FTE가 펜실베니아 주보다 0.1382만큼만 낮았다(아래 74번 행 참조).

```
62  > summary(lm(fte~nj, data=Fastfood, subset=after==1))
63
64  Call:
65  lm(formula = fte ~ nj, data = Fastfood, subset = after == 1)
66
67  Residuals:
68      Min      1Q  Median      3Q     Max
69  -21.166  -6.527  -0.527   5.473  39.473
70
71  Coefficients:
72              Estimate Std. Error t value Pr(>|t|)
73  (Intercept)  21.1656     1.0377  20.397   <2e-16 ***
74  nj           -0.1382     1.1562  -0.119    0.905
75  ---
76  Signif. codes:  0 '***' 0.001 '**' 0.01 '*' 0.05 '.' 0.1 ' ' 1
77
78  Residual standard error: 9.106 on 394 degrees of freedom
79    (14 observations deleted due to missingness)
80  Multiple R-squared:  3.624e-05,  Adjusted R-squared:  -0.002502
81  F-statistic: 0.01428 on 1 and 394 DF,  p-value: 0.9049
```

그러므로 처치집단과 통제집단 간 평균 FTE의 차이는 before 시기보다 after 시기에 $-0.1382 - (-2.892) = 2.754$만큼 더 컸으며, 이것이 DID 추정값이다.

이상의 DID 추정값을 상호작용항을 포함한 모형을 OLS 추정함으로써 구할 수 있다. nj와 after와 이 둘의 상호작용항을 포함시킨 모형에서 상호작용항의 계수가 DID 모수이다. 다음 결과를 보라. 참고로, 82번 행에서 추정식 우변의 "nj*after"라는 표현은 nj, after, 이 두 항의 상호작용항(nj:after)을 모두 포함시킨다는 뜻이다. 상호작용항에 해당하는 결과는 아래 96번 행에 있다.

```
82  > summary(lm(fte~nj*after, data=Fastfood))
83
84  Call:
85  lm(formula = fte ~ nj * after, data = Fastfood)
86
87  Residuals:
88      Min      1Q  Median      3Q     Max
89  -21.166  -6.439  -1.027   4.473  64.561
90
91  Coefficients:
92              Estimate Std. Error t value Pr(>|t|)
```

```
93   (Intercept)      23.331        1.072   21.767    <2e-16 ***
94   nj               -2.892        1.194   -2.423    0.0156 *
95   after            -2.166        1.516   -1.429    0.1535
96   nj:after          2.754        1.688    1.631    0.1033
97   ---
98   Signif. codes:  0 '***' 0.001 '**' 0.01 '*' 0.05 '.' 0.1 ' ' 1
99
100  Residual standard error: 9.406 on 790 degrees of freedom
101    (26 observations deleted due to missingness)
102  Multiple R-squared:  0.007401,  Adjusted R-squared:  0.003632
103  F-statistic: 1.964 on 3 and 790 DF,  p-value: 0.118
```

위 96번 행에 계산된 DID 추정값은 앞에서 수동으로 계산한 것과 동일한 2.754이다. 위 회귀로 인하여 표준오차와 t값, p값도 계산된다. 96번 행의 p값이 0.1033이므로 DID 효과는 10% 수준에서 유의하지 않다. 그러나 이들 표준오차, t값, p값은 타당하지 않으며 검정에 사용할 수 없다. 왜냐하면 96번 행의 표준오차, t값, p값은 관측치들이 모두 독립이라는 가정하에서 계산된 것인 반면, 동일 패스트푸드 음식점(sheet와 chain이 동일한 관측치들)의 두 관측치들은 상이한 시점이라고 하여 서로 독립일 수 없기 때문이다. 이에 각 음식점의 두 관측치 쌍이 서로 임의로 상관될 수 있도록 해 주는 특별한 표준오차('클러스터 표준오차'라 함)를 구할 필요가 있다. 상세한 내용은 14.1절에서 설명하고, 여기에서는 R을 사용하여 이 견고한 클러스터 표준오차를 계산하는 것만 제시한다.

```
104  > library(sandwich)
105  > library(lmtest)
106  > did <- lm(fte~nj*after, data=Fastfood)
107  > Fastfood$id <- with(Fastfood, 10*sheet + chain)
108  > coeftest(did, vcov = vcovCL, cluster = ~id)
109
110  t test of coefficients:
111
112              Estimate Std. Error t value Pr(>|t|)
113  (Intercept)  23.3312     1.3465 17.3268  < 2e-16 ***
114  nj           -2.8918     1.4395 -2.0088  0.04490 *
115  after        -2.1656     1.2180 -1.7779  0.07580 .
116  nj:after      2.7536     1.3066  2.1074  0.03539 *
117  ---
118  Signif. codes:  0 '***' 0.001 '**' 0.01 '*' 0.05 '.' 0.1 ' ' 1
```

위 104번 행의 sancwich 패키지는 설치하지 않았으면 install.packages 명령을 이용하여 설치할 수 있다. 107번 행에서 id 변수를 별도로 만든 것은 sheet가 407인 음식점이 2회 기록되었는데 둘의 chain이 달라 chain과 sheet가 다르면 상이한 ID를 주기 위함이다(독자의 편의를 위하여 필자가 이미 만들어 놓았으므로 사실 107번 행은 실행하지 않아도 된다). 이 `id` 변수가 108번 행에서 견고한 '클러스터' 표준오차를 구하는 데에 사용되었다. 위 116번 행의 DID 추정값은 96번 행의 DID추정값과 동일하나, 표준오차는 동일 음식점에 대하여 2회까지 설문조사한 것임을 감안하여 견고하게 만든 것이다. Card and Krueger (1994)가 Table 3에 제시한 것은 위의 결과와 유사하다.

▸ **연습 11.13.** `Fastfood` 데이터에는 각 음식점별로 종속변수(`fte`)의 before와 after 간 증가분인 `dfte` 변수를 생성해 두었다. 이 변수는 after 시기에만 값이 있고 before 시기에는 값이 누락(NA)되어 있다. `dfte`를 `nj` 변수에 OLS 회귀하여 DID 효과를 추정하라. 추정값은 얼마이며 표준오차는 얼마인가? 이 `dfte`를 이용한 추정값은 앞에서 상호작용항을 포함한 모형을 추정하여 구한 DID 값과 상이한데, 그 이유는 무엇이겠는가?

▸ **연습 11.14.** `Fastfood` 파일에 `balanced` 변수는 FTE가 두 기간 모두에 관측이 되는 패스트푸드 음식점의 경우 1의 값을 갖는 더미변수이다. 분석대상을 `balanced`가 1인 음식점들로 한정하고 모형 (11.5)를 추정(통상적인 표준오차 사용)하여 구한 DID 값은 위 **예제 11.13**에서 구한 추정값과 동일한가? 본 연습문제와 위 **연습 11.13**에서 보고되는 표준오차 중 어느 것을 사용하겠는가?

이중차분법에서 평행추세 가정은 핵심적이다. **예제 11.1**에서, 만약 뉴저지 주(처치집단)에 최저임금이 인상된 것이 인근 주(통제집단)와 달리 최저임금 인상에도 고용이 줄지 않을 것이라 예상하였기 때문이라면(내생적 제도변화), 정책이 없었을 경우 처치집단과 통제집단 간 추세가 상이하였음을 의미한다. 그 경우라면 DID를 정책의 효과라 간주하는 데에는 문제가 있다.

11.4   제곱항

수학에서 2차함수는 포물선이나 뒤집어진 포물선 모양의 그림을 만든다. 회귀분석에서도 X와 X^2을 우변에 모두 포함시켜 이와 동일한 효과를 낼 수 있다. 이는 X가 일정 수준에 달할 때까지 Y값이 증가하다가 그 이후 감소하거나 그 반대인 상황을 모형으로써 표현하는 데에 유용하다. 눈에 확연히 드러나도록 하기 위해 다음처럼 예제 자료를 만들어 보자.

```
> set.seed(101)
> n <- 100
> x <- rnorm(n,mean=3.2,sd=1)
> u <- rnorm(n,sd=.75)
> y <- 3+7*x-x^2+u
```

X로는 $N(3.2,1)$로부터 100개 숫자를 무작위로 추출하였고, u는 $N(0,0.75^2)$으로부터

100개의 수를 무작위로 추출하였다. 그 후 Y 관측값 100개는 y <- 3+7*x-x^2+u, 즉 $Y = 3 + 7X - X^2 + u$에 의하여 만들었다.

▸ **연습 11.15.** X와 Y의 자료가 위 R 명령에 의하여 생성되었다고 하자. 모형이 $Y = \beta_0 + \beta_1 X + \beta_2 X^2 + u$일 때, β_0, β_1, β_2의 참값은 각각 무엇인가? 오차항의 분산은 무엇인가? 또 $\mathrm{E}(Y|X = x)$는 무엇이며 이 함수를 최대화시키는 x의 값은 무엇인가? 여기서 u와 X가 독립적으로 생성되었음에 유의하라.

자료를 만든 후에는 모수의 참값들을 기억에서 지워버리고 u를 분실하여 오직 x와 y의 자료만 가진 것처럼 행동하자. 생성된 자료는 다음 명령으로써 그림을 그려볼 수 있다.

```
> plot(y~x,pch=19)
```

결과는 〈그림 11.3〉에 있다. 이 그림에서, 주어진 각 x값에서 y의 평균값(무조건적인 평균이 아니라 주어진 x에서 x의 함수로서의 평균값)은 x가 약 3.5일 때 대략적으로 최대화되는 것으로 보인다.

이상에서는 모형 우변에 하나의 설명변수와 그 제곱항만 있는 경우를 살펴보았다. 좀 더 일반적인 상황을 설명하기 위하여, 회귀변수로 X_2가 추가된 모형을 생각해 보자. 모형은 $Y = \beta_0 + \beta_1 X_1 + \beta_2 X_1^2 + \beta_3 X_2 + u$이다. 이 모형에서 $k = 3$이고 절편까지 포함하여 전체 4개의 계수가 존재한다. 모형을 해석하자면, X_2가 고정될 때 X_1이 d만큼 증가하면(이때 d의 크기가 작음) Y의 평균은 대략 $(\beta_1 + 2\beta_2 X_1)d$만큼 증가한다. 특이한 점은 이 효과가 X_1

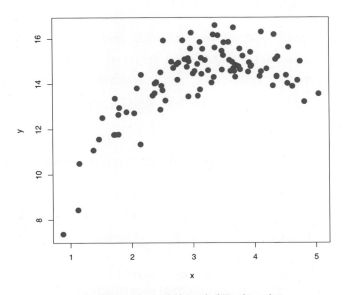

〈그림 11.3〉 2차함수 관계를 갖는 자료

값의 수준에 영향을 받는다는 것이다. 참고로 2차항이 없는 모형에서 X_1 가 d 만큼 증가할 때의 효과는 $\beta_1 d$ 로서 X_1 의 값과 무관하였다.

☝ X_1 이 Δx_1 만큼 증가할 때의 효과가 왜 대략 $(\beta_1 + 2\beta_2 X_1)\Delta x_1$ 인지 살펴보자. X_2 를 x_2 에 고정시킨 채 X_1 을 x_1 으로부터 $x_1 + \Delta x_1$ 으로 증가시키면 Y 는 평균 다음만큼 증가한다.

$$[\beta_0 + \beta_1(x_1 + \Delta x_1) + \beta_2(x_1 + \Delta x_1)^2 + \beta_3 x_2] - [\beta_0 + \beta_1 x_1 + \beta_2 x_1^2 + \beta_3 x_2]$$

이를 정리하면 다음이 된다.

$$\beta_1 \Delta x_1 + \beta_2[(x_1 + \Delta x_1)^2 - x_1^2] = \beta_1 \Delta x_1 + \beta_2(2x_1 + \Delta x_1)\Delta x_1$$

이 표현식을 Δx_1 으로 나누면 $\beta_1 + \beta_2(2x_1 + \Delta x_1)$ 이 되고, Δx_1 의 값이 작으면 이는 약 $\beta_1 + 2\beta_2 x_1$ 이 된다. 여기에 다시 변화량 Δx_1 을 곱하면 원하는 식을 얻는다. 이 마지막 논의전개가 이상하다 ('꼬부랑길' 표시의 이유)고 생각되는 사람은, Δx_1 이 작을 때 $(\Delta x_1)^2$ 은 더욱 작아서 Δx_1 에 비하여 무시할 수 있다고 간주한다고 생각해도 좋다. 미분을 안다면 모형을 X_1 에 대하여 미분해 보라.

β_1 계수는 X_1 이 0으로부터 약간 증가할 때의 효과를 X_1 증가분 대비 비율로 나타낸 것이다. 좀 더 수학적으로 말하면 β_1 은 $X_1 = 0$ 에서 X_1 축의 방향으로 $\mathrm{E}(Y|X_1, X_2)$ 곡선의 기울기(X_1 축 방향 접선의 기울기)이다. X_1 의 값이 x_1 로부터 약간 증가할 때의 기울기는 $\beta_1 + 2\beta_2 x_1$ 이 된다. 만일 $\beta_1 > 0$ 이고 $\beta_2 < 0$ 이면, $X_1 = 0$ 일 때 X_1 증가의 효과는 양이지만, X_1 의 값이 큰 상태에서는 그 효과가 더 작고 음이 될 수도 있다. 이 효과의 부호가 바뀌는 반환점(turning point)은 $-\beta_1/(2\beta_2)$ 이다. 만일 β_1 과 β_2 의 부호가 반대이면 반환점은 양수이고, 이 둘의 부호가 동일하면 반환점은 음수이다.

예제 11.2 나이의 2차 함수로서의 흡연량

Wooldridge (2013)의 smoke 자료를 예로 들어 보자. 하루에 피우는 담배 개피수($cigs$)를 소득(로그 $income$), 교육수준($educ$), 담배가격(로그 $cigpric$), 나이(age)에 의하여 설명하는 것이 목적이다. 그런데 나이의 효과는 선형적이지 않을 것으로 보인다. 평균적으로, 젊은 나이에는 나이를 먹을수록 담배를 더 피웠다가, 나중에는 나이를 먹을수록 흡연량을 줄이는 경향이 있기 때문이다. 모형은 다음과 같다.

$$cigs = \beta_0 + \beta_1 \log(income) + \beta_2 \log(cigprice) + \beta_3 educ + \beta_4 age + \beta_5 age^2 + u \qquad (11.7)$$

여기서 β_1 은 소득의 효과, β_2 는 가격의 효과, β_3 은 교육수준에 따른 차이를 나타낸다. β_4 와 β_5 는 $cigs$ 와 age 의 함수관계를 나타내는 모수이다. 함수관계가 포물선 모양일 것임을 고려할 때 $\beta_4 > 0$ 이고 $\beta_5 < 0$ 일 것으로 예상한다. 다음의 회귀 결과를 보자.

```
1  > data(smoke, package="wooldridge")
2  > summary(lm(cigs~log(income)+log(cigpric)+educ+age+agesq,data=smoke))
3
```

```
4  Call:
5  lm(formula = cigs ~ log(income) + log(cigpric) + educ + age +
6      agesq, data = smoke)
7
8  Residuals:
9      Min     1Q  Median     3Q     Max
10 -15.234  -9.094  -6.493   8.177  71.061
11
12 Coefficients:
13               Estimate Std. Error t value Pr(>|t|)
14 (Intercept)   5.368792  23.897215   0.225  0.82230
15 log(income)   0.758292   0.728668   1.041  0.29835
16 log(cigpric) -2.853162   5.733183  -0.498  0.61886
17 educ         -0.514142   0.167571  -3.068  0.00223 **
18 age           0.780635   0.160619   4.860 1.41e-06 ***
19 agesq        -0.009106   0.001749  -5.207 2.44e-07 ***
20 ---
21 Signif. codes:  0 '***' 0.001 '**' 0.01 '*' 0.05 '.' 0.1 ' ' 1
22
23 Residual standard error: 13.45 on 801 degrees of freedom
24 Multiple R-squared:  0.04509,   Adjusted R-squared:  0.03913
25 F-statistic: 7.565 on 5 and 801 DF,  p-value: 5.915e-07
```

   15번 행에 보면 담배가격, 교육수준, 나이를 통제할 때 소득의 효과는 양수이다 (0.758292). 구체적으로, 다른 조건이 동일할 때 소득이 약 10% 증가하면(즉 $\log(income)$ 이 0.1만큼 증가하면) 흡연량은 하루 약 0.0758개피만큼 증가한다. 하지만 그 p값 (0.29835)이 매우 커서 교육수준과 나이가 통제된 상태에서 흡연량이 소득수준과 무관하다는 가설을 기각하지 못한다. 16번 행에 보면 가격의 효과는 음이지만(−2.85) 그 표준오차가 매우 커서(5.73) 신뢰구간이 매우 넓고, 그 p값이 0.61886으로 커서 가격의 효과가 0이라는 귀무가설을 기각하지 못한다. 17번 행에 educ의 계수는 −0.514142로서 음수이고 매우 유의하다(p값은 0.00223). 즉, 소득수준, 담배가격, 나이를 통제할 때, 교육수준이 높을수록 평균 흡연량은 줄어든다(약 2년에 1개피).

   마지막으로 18−19번 행에서 age의 계수가 양수이고 age^2의 계수가 음수이므로, 나이 증가의 효과는 처음(0세)에 양(0.780635)이다가 나이가 들수록 감소함을 볼 수 있다. 특히 나이가 1세 증가할 때마다 그 효과가 약 2 곱하기 0.009106만큼 감소하고, agesq의 계수가 통계적으로 유의하므로 나이에 따른 이러한 '나이 효과'의 감소는 통계적으로 유의하다. 이러한 효과 감소가 지속되어 $-\hat{\beta}_4/(2\hat{\beta}_5)$의 값인 약 43세 이후에는 나이가 들수록 흡연량이 감소하는 것으로 추정된다. "43세"는 다음 계산을 통하여 구하였다.

```
26 > -0.780635/(2*(-0.009106))
27 [1] 42.86377
```

참고로, 식 (11.7)의 우변을 age로 편미분하면 $\beta_4 + 2\beta_5 age$가 된다. 즉, age가 1만큼 증가할 때의 효과가 약 $\beta_4 + 2\beta_5 age$라는 것이다. 이것이 0이 되는 age의 값은 $-\beta_4/(2\beta_5)$이다.

반환점이 표본값 범위 내에 포함되어 있는지 확인하는 것이 중요하다. 다음 결과에 따르면 age의 범위는 17부터 88까지이므로 대략적인 반환점인 43은 나이의 표본값 범위 내에 존재한다. 43세 전후로 '나이 증가의 효과'가 양(+)에서 음(−)으로 바뀌는 것은 (연구자의 순전한 상상의 산물이 아니라) 자료로부터도 관측되는 현상이다.

```
28  > summary(smoke$age)
29     Min. 1st Qu.  Median    Mean 3rd Qu.    Max.
30    17.00   28.00   38.00   41.24   54.00   88.00
```

'포물선' 모양 관계를 그림으로 표현해 보자. 모형 (11.7)에서 age와 age^2을 제외한 나머지 설명변수 항들을 좌변으로 옮기면 다음이 된다.

$$cigs - [\beta_0 + \beta_1 \log(income) + \beta_2 \log(cigprice) + \beta_3 educ] = \beta_4 age + \beta_5 age^2 + u$$

좌변의 β_j들을 OLS 추정값들로 치환하여, 말하자면 'age를 0으로 설정할 때의 잔차'를 구한 후, 이를 age에 대하여 산포도를 그려볼 수 있다. 다음 코드의 32번 행에서는 관측치마다 $age = 0$으로 설정할 경우의 예측값인 $\hat\beta_0 + \hat\beta_1 \log(income) + \hat\beta_2 \log(cigprice) + \hat\beta_3 educ$을 계산하여 pred0 변수로 저장하고, 33번 행에서는 $cigs$에서 이 pred0을 차감한 값(위 수식의 좌변 추정치)을 age에 대하여 산포도를 그린다(그 이유에 대해서는 연습 8.7 참조). 34–35번 행에서는 $\hat\beta_4 x + \hat\beta_5 x^2$ 함수에 해당하는 실선을 덧그린다.

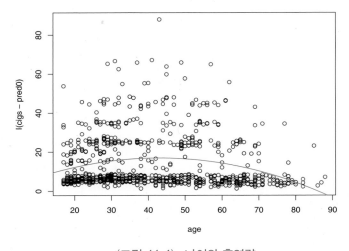

〈그림 11.4〉 나이와 흡연량

```
31  > ols <- lm(cigs~log(income)+log(cigpric)+educ+age+agesq,data=smoke)
32  > smoke$pred0 <- predict(ols, within(smoke, { age <- 0; agesq <- 0 }))
33  > plot(I(cigs-pred0)~age, data=smoke)
34  > x <- 1:100
35  > lines(x, ols$coef['age']*x+ols$coef['agesq']*x^2)
```

결과는 〈그림 11.4〉에 있다. 흡연량에서 소득, 가격, 교육수준의 효과를 제거하고 난 나머지가 연령에 따라 평균적으로 증가하다가 감소하는 경향이 자료상으로도 드러난다. 참 고로 실선이 점들보다 아랫쪽으로 더 납작하게 위치하게 보이는 것은 비흡연자들($cigs = 0$) 까지 포함하여 추정이 이루어졌고 표본에 비흡연자가 많기 때문이다.

예제 11.3 건평과 주택가격

R의 Ecdat 패키지에 Housing 자료가 있다. 이것은 캐나다 원저(Windsor)시의 1987 년 주택 판매가격 자료로서, 표본크기는 $n = 546$이다. 여러 변수가 있는데, 그 중 집값 (price), 침실 수(bedrooms), 건평(lotsize)을 사용하여 연습해 보자. 침실 수가 3개인 집들만을 대상으로 건평과 집값의 관계를 알고 싶다. 그런데 침실 수가 3개인 집에서 건평이 늘어난다고 집값이 그에 비례해서 한정없이 선형으로 상승할 것 같지는 않다. 그래서 2차항을 포함시키고 다음의 다중회귀를 하였다.

```
1   > data(Housing,package="Ecdat")
2   > H3 <- subset(Housing, bedrooms==3)
3   > ols2 <- lm(log(price)~log(lotsize)+I(log(lotsize)^2),data=H3)
4   > summary(ols2)
5
6   Call:
7   lm(formula = log(price) ~ log(lotsize) + I(log(lotsize)^2), data = H3)
8
9   Residuals:
10      Min       1Q    Median       3Q      Max
11  -0.89152 -0.16779  0.02474  0.19230  0.66708
12
13  Coefficients:
14                   Estimate Std. Error t value Pr(>|t|)
15  (Intercept)      -4.89467    5.38438  -0.909   0.3641
16  log(lotsize)      3.29052    1.27308   2.585   0.0102 *
17  I(log(lotsize)^2) -0.16510    0.07515  -2.197   0.0288 *
18  ---
19  Signif. codes:  0 '***' 0.001 '**' 0.01 '*' 0.05 '.' 0.1 ' ' 1
```

```
20
21  Residual standard error: 0.2847 on 298 degrees of freedom
22  Multiple R-squared:  0.3476,   Adjusted R-squared:  0.3432
23  F-statistic: 79.39 on 2 and 298 DF,  p-value: < 2.2e-16
```

위에서 2번 행은 bedrooms가 3인 집들만을 모아서 H3라는 자료집합을 만들고, 3번 행은 log(price)를 log(lotsize)와 그 제곱(R에서 제곱항을 지정할 때 I()를 빠뜨리면 안 됨)에 회귀함을 뜻한다. 16번 행의 결과에 따르면 log(lotsize)의 계수추정값은 3.29052이고 이 값은 5% 유의수준에서 통계적으로 유의하다. 17번 행에서 제곱항의 계수추정값은 -0.16510이고 이 값 또한 5% 유의수준에서 통계적으로 유의하다. 건평 (lotsize)이 작을 때에는 건평 증가의 효과가 크지만, 건평이 점점 커지면서 이 건평 증가의 효과가 점점 줄어든다. 이 추정결과에 따르면, 다음 계산에서 보는 것처럼 반환점은 log(lotsize)가 약 9.965일 때 도달한다.

```
24  > -3.29052/(-0.16510*2)
25  [1] 9.965233
```

그런데 다음에 볼 수 있듯이 bedrooms가 3인 집들의 log(lotsize)의 표본 최댓값이 9.655이므로 표본 내에는 아직 반환점(9.965)에 도달한 경우가 없다.

```
26  > summary(log(H3$lotsize))
27    Min. 1st Qu.  Median   Mean 3rd Qu.   Max.
28   7.409   8.189   8.485  8.478   8.780  9.655
```

그러므로 log(lotsize)가 9.965을 넘어설 때 lotsize 증가의 효과가 음이 되리라는 예측은 자료에 의하여 확인되지 않는다. 상황이 이러한데 섣불리 log(lotsize)가 약 9.965보다 크면 건평이 증가할 때 집값이 떨어질 것이라고 예측해서는 안 된다.

반환점에 도달한 관측치가 없으므로 선형회귀를 하여도 분명히 우상향하는 관계를 얻을 것으로 예상한다. 실제로 log(price)를 log(lotsize)에 대하여 회귀하면 다음 결과를 얻는다. 42번 행에서, log(lotsize)의 효과는 양이며 통계적으로 매우 유의하다.

```
29  > ols1 <- lm(log(price)~log(lotsize),data=H3)
30  > summary(ols1)
31
32  Call:
33  lm(formula = log(price) ~ log(lotsize), data = H3)
34
35  Residuals:
36     Min      1Q  Median      3Q     Max
```

```
37  -0.8709 -0.1708  0.0149  0.1876  0.6816
38
39  Coefficients:
40              Estimate Std. Error t value Pr(>|t|)
41  (Intercept)  6.91149    0.34072   20.29   <2e-16 ***
42  log(lotsize) 0.49492    0.04014   12.33   <2e-16 ***
43  ---
44  Signif. codes:  0 '***' 0.001 '**' 0.01 '*' 0.05 '.' 0.1 ' ' 1
45
46  Residual standard error: 0.2865 on 299 degrees of freedom
47  Multiple R-squared:  0.337,     Adjusted R-squared:  0.3348
48  F-statistic:    152 on 1 and 299 DF,  p-value: < 2.2e-16
```

제곱항이 있는 모형과 없는 모형의 회귀선들을 그림으로 그려 보면 두 모형의 차이를 시각화시킬 수 있다. 앞의 명령들을 모두 실행한 후 다음 명령에 따라 그림을 그려볼 수 있다.

```
49  > plot(log(price)~log(lotsize),data=H3)
50  > x <- sort(log(H3$lotsize))
51  > b1 <- ols1$coef
52  > b2 <- ols2$coef
53  > lines(x,b2[1]+b2[2]*x+b2[3]*x^2)
54  > lines(x,b1[1]+b1[2]*x,lty=2)
55  > legend("topleft",c("quadratic","linear"),lty=c(1,2))
```

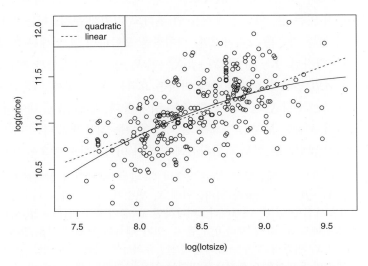

〈그림 11.5〉 2차모형과 1차모형의 추정값의 차이

그 결과는 〈그림 11.5〉에 있다. 〈그림 11.5〉에서 제곱항이 있는 2차 모형에서는 오목한 곡선(실선)이 그려지고 1차 모형에서는 직선(점선)이 그려지는데 직선이 곡선의 가운데를 관통해 지나는 느낌을 준다. 자료의 범위에서 2차 곡선은 증가하며 표본 내에서는 반환점이 관측되지 않는다.

참고로 예제 11.3에서 `lotsize`가 반환점(로그값이 9.965)보다 크다면 `lotsize`의 증가가 집값을 정말로 떨어뜨릴까? 집값의 경우라면 이렇게 예상하는 것이 비상식적이지만, 다른 연구주제(예를 들어 소득과 특정 기호식품의 관계)라면 예단할 수 없다. 이 경우 중요한 것은 우리 분석의 결과로부터는 자료 범위 내의 상황에 대해서만 예측이 정당화된다는 것이다. 이에 입각할 때, `lotsize`의 자료 범위가 반환점을 포함하느냐 하는 것이 중요하다. 관측된 자료의 범위 내에서 발견된 1차식 또는 2차식의 관계를 관측자료의 범위 밖으로 확장하는 것은 정당화되지 않는다. 이는 사실 모든 경험적 분석의 한계이다. 위의 예에서 건평과 집값의 2차식 관계는 건평의 로그값이 7.4부터 약 9.66의 값에 이르는 자료로부터 추정된 것이다(`lotsize` 로그값의 범위에 대해서는 예제 11.3 참조). 건평의 로그값이 9.66을 넘어 10이나 15에 이르는 집들도 이 관계를 충족시킬 것인지는 말할 수 없다. 설명변수 표본값의 범위를 넘어서는 지점에 대하여 추정결과를 사용한 예측을 하는 것을 외삽(extrapolation)이라고 한다. 외삽은 마치 연령 10~30대들의 자료로부터 60대에 관하여 예측하거나 연봉 3천만원~8천만원의 자료로부터 연봉 2억원에 대하여 예측하는 것과 같아 매우 부적절할 수 있다. 외삽은 위험하다(Extrapolation is dangerous). 이는 자료의 존재 범위를 넘어서 모형(자료를 보는 사고의 창)을 적용하기 때문이다. 확실한 이유가 존재하지 않는 한, 외삽을 해서는 안 된다고 기억해 두자. 이는 2차항을 포함하는 경우든 그렇지 않은 경우든 그러하지만, 다차항을 포함하면 그 피해는 특히 심각할 수 있다.

요약하자면, $Y = \beta_0 + \beta_1 X_1 + \beta_2 X_1^2 + \beta_3 X_2 + u$ 처럼 1차항과 제곱항이 포함된 모형에서 X_1 한 단위 변화가 Y의 평균에 미치는 효과는 X_1의 값에 의존한다. 제곱항이 들어가는 모형에서는 항상 반환점을 구해 주는 것이 좋다. 만일 표본 내에서 반환점을 넘어섰으면 제곱항이 포함된 모형이 자료를 잘 기술해주는 경우가 많다. 만일 표본 내에서 반환점을 넘어서지 않았으면 함부로 반환점에 대하여 이야기하지 않도록 한다.

마지막으로, 제곱항이 있는 변수의 '유의성'에 대하여 살펴보자. 모형이 $Y = \beta_0 + \beta_1 X_1 + \beta_2 X_1^2 + \beta_3 X_2 + \cdots + u$ 라 하자. 언제 X_1 변수가 유의하다고 하고 언제 유의하지 않다고 할 것인가? 사실 이 점은 애매하다. 왜냐하면 X_1 증가의 효과($\beta_1 + 2\beta_2 X_1$)가 β_1과 β_2가 모두 0이 아닌 경우에도 X_1 값에 따라 0이 될 수 있기 때문이다($X_1 = -\frac{1}{2}\beta_1/\beta_2$인 경우). $\beta_2 = 0$인 경우를 제외하면 X_1 변화의 효과는 유의할 수도, 유의하지 않을 수도 있는 것이다. 그러므로 제곱항이 있는 변수의 유의성을 일률적으로 말하는 것은 무리라는 생각이 든다. 그보다는 X_1이 특정값(a라 하자)으로부터 증가할 때의 효과가 유의한지 말하는 편이 좋아 보인다. 이를 위해서는 X_1과 X_1^2 보다 $X_1 - a$와 $(X_1 - a)^2$을 사용하는 것이 편리하다. 그러면 2차항 계수는 원래의 경우와 똑같고,

1차항 계수는 0이 아닌 a로부터 증가할 때의 효과를 나타낸다. 이 1차항 계수 추정 결과로부터 X_1이 a로부터 증가할 때의 효과가 유의한지 한눈에 확인할 수 있다. 필자는 보통 그보다는 $a = \bar{x}_1$을 사용하여 X_1이 그 표본평균값으로부터 증가할 때의 효과를 한 눈에 볼 수 있도록 한다.

11.5   0이 될 수 있는 설명변수의 로그 변환

금액이나 수량처럼 변화율을 기준으로 논의를 전개하는 것이 자연스러운 변수에는 보통 로그를 취한다. 예를 들어 소득이 그렇다. 소득이 100만원에서 110만원으로 증가하는 것은 10만원 증가이면서 동시에 10% 증가이다. 이 증가와 동일한 정도의 증가를 소득 500만원에 대하여 생각해 본다면 10만원 증가보다는 10%인 50만원 증가가 더 자연스럽다. 100만원으로부터 10만원 증가한 것과 500만원으로부터 50만원 증가하는 것 사이에 금액상으로 큰 차이가 있을지라도, 우리 마음속에서 이 둘이 동일한 증가라고 느끼는 것은 아마도 500만원이란 100만원이 5개 들어 있고 각각의 100만원에 대하여 10만원만큼의 증가가 있으면 전체적으로 50만원 증가한다고 재빨리 계산하였기 때문이라는 생각이 든다. 어쨌든, 어떤 변수에 대해서는 로그를 취해야만 자연스럽다. 이런 변수에 로그를 취하지 않으면 모형이 부자연스럽다는 느낌을 받는다.

　　로그는 오직 양의 값에만 취할 수 있고 0이나 음수에는 취할 수 없다(복소수는 고려하지 않음). 하지만 어떤 금액 변수는 로그를 취하는 것이 적절함에도 0의 값을 가질 수 있다. 예를 들어 근로소득세 납부액, 가구주 소득, 특정 재화에 대한 지출액은 금액이므로 로그를 취하는 것이 적절해 보이지만 자료에 따라 0의 값을 가질 수 있으므로 로그를 취할 수 없는 경우가 발생한다. 실제 분석에서 이 문제는 매우 빈번히 나타난다.

　　로그를 취하고 싶지만 0 때문에 곤란한 경우 사용할 수 있는 방법으로 몇 가지가 있다(이하에서 X_1에 로그를 취하고자 하나 X_1의 표본값에 0이 존재한다고 하자). 아마도 가장 간편한 방법은 무턱대고 로그를 취하고 컴퓨터(즉, 해당 프로그램 작성자)에게 알아서 하라고 맡기는 것일 것이다. 그러면 어떤 소프트웨어는 log(0)을 결측치로 처리하고 연산을 진행하지만, R의 경우에는 `log(0)`을 $-\infty$ (즉, `-Inf`)로 간주하여, `lm(y~log(x1))`을 실행시키면 오류 메시지를 내고 멈춘다.* 그 밖에 다음 5가지 정도 방법이 있는 것 같다.

　　① 값이 0인 관측치 제외시키기: X_1의 값이 0인 관측치를 분석에서 제외하는 것이다. 사실 아무 생각도 하지 않고 컴퓨터에게 계산을 맡기는 방법은 이와 같이 $X_1 = 0$인 관측치를 분석에서 제외시킬 것을 염두에 두고 사용하는 방법이다(R을 제외한 많은 소프트웨어가

---

*Stata라는 프로그램은 log(0)을 결측치로 간주하고 해당 관측치를 분석에서 제외한다. R이 오류를 발생시키지 않고 log(0)을 NA로 만들어 계산을 하도록 하려면 'safelog <- function(x) ifelse(x>0, log(x), NA)'를 실행시켜 양이면 log(x)를 주고 그렇지 않으면 NA를 주는 safelog라는 함수를 만들고 나서 lm(y~safelog(x1))처럼 log 대신에 safelog 함수를 사용하면 될 것이다. 하지만 그보다는 lm(y~log(x1), subset=x1>0)처럼 하여 연구자 자신이 무엇을 하고 있는지 확실히 아는 것이 좋다.

실제 그렇게 한다). R에서는 $X_1 = 0$인 관측치를 제거하고자 하면 명시적으로 그렇게 해주어야 한다. 예를 들어 `lm(y~log(x1), subset = x1>0)`과 같이 하면 `x1>0`인 관측치만을 대상으로 분석을 한다. 이 방법은 생각이 필요 없다는 큰 장점이 있으나, 전체 표본을 사용하지 않고 $X_1 > 0$인 부분집합만을 사용한다는 단점이 있다.

② 0을 특정한 단위 값으로 치환: 표본에서 0의 값을 특정한 양의 값으로 치환한 후 로그를 취하는 방법이다. 이 특정한 값은 연구자가 임의로 선택한다. 예를 들어 `x1`이 '원' 단위 금액이고 연구자가 0원을 1원으로 치환하고자 한다면, R에서 `x1a <- ifelse(x1>0,x1,1)`과 같이 하여 `x1a` 변수를 생성하고 나서 `lm(y~log(x1a))`로 회귀하면 될 것이다.* 만약 `x1`의 단위가 1백만 원이라면 0원을 1원에 해당하는 0.000001로 치환하여야 할 것이다. 이 방법에 대하여 설명할 때 "0을 1로 치환한다"고만 표현해서는 충분하지 않고 반드시 단위를 붙여서, 예를 들어 "0원을 1원으로 치환한다"거나 "0그램을 1그램으로 치환한다"고 표현하도록 한다(그러지 않으면 아마 "1의 뜻이 무엇이냐"는 질문이 들어올 것이다).

이 방법에서 0을 대신할 값의 선택은 자의적이다. 금액의 경우 우리나라 화폐의 최소 단위가 1원이므로 1원을 사용한다는 말을 할 수도 있겠으나 이것이 근거가 되지는 않는다. 누군가가 "요즘은 1원짜리 동전도 없다"고 하거나 "연간 소득 1만원이나 0원이나 무슨 차이가 있느냐"고만 해도 손쉽게 그 근거를 없앨 수 있다. 행여라도 $\log(1) = 0$이라는 사실이 도움이 되지 않을까는 생각도 말기 바란다. X_1의 값이 0이라고 해서 로그값이 0이 되어야 할 이유는 없다. 무슨 이야기를 어떻게 하더라도 결국은 "이 연구주제에서 0 단위는 1 단위와 실질적으로 동일한 것으로 간주할 수 있음"을 뒷받침할 근거를 대지 않는 이상 0의 값 대신에 1의 값을 사용하는 데에는 근거가 없다. 이 때문에, 0단위를 1단위로 치환하는 방법은 '이렇게 해도 추정 결과에 큰 차이가 없다'는 것을 보여주는 데에는 유용하겠으나 엄밀한 분석이 필요한 경우에 사용하기에는 마음이 편하지 않다.

0을 특정값으로 대체할 때 한 가지 주의할 점은 0보다 큰 X_1 값들이 모두 0을 대신할 값보다 커야 말이 된다는 것이다. 만약 그렇지 않고, 예를 들어 어떤 관측치의 X_1 값이 0.5인데 0을 1로 치환하면, 0.5는 0보다 크지만 0을 1로 치환한 후에는 크기가 뒤바뀌는 일이 발생하기 때문이다. `min(x1[x1>0])` 같은 명령을 이용하여 0이 아닌 표본값들이 모두 0의 대체값보다 (훨씬) 큰지 확인하고 나서 진행해야 할 것이다.

③ 더하나 마나 한 값을 더하기: X_1 값에 작은 값(더하나 마나 한 값)을 더한 다음 로그를 취하는 방법이다. X_1 값의 규모를 고려할 때 아주 작은 값(예를 들어 X_1의 규모가 $1{,}000{,}000$ 정도 규모라면 1)을 더해 준다. R에서는 `lm(y~log(1+x1))`과 같이 하면 될 것이다. 방법 ②에 비하여 이 방법의 한 가지 장점은 프로그래밍이 간편하며 위의 ②와 달리 '$\log(1+x)$ 변환'이 항상 단조증가함수라는 것이다. 단점은 ②의 경우와 같이 '더하나 마나 한 값'의 선택이 자의적이고 이 선택에 따라 추정 결과가 달라진다는 것이다. 더할 숫자의 선택은

---

*R의 `ifelse(a,b,c)` 함수는 a를 충족하는 원소에는 b를 주고 그렇지 않은 원소에는 c를 준다.

자의적이며 대부분의 경우 아무런 근거도 갖지 않는다. 만약 1 대신에 0.0001을 더하면 추정 결과가 바뀐다. 또한 X_1의 측정 단위를 바꾸어 X_1에 상수를 곱한 다음 1을 더하면 추정 결과가 바뀐다. 그렇기 때문에 이 방법을 사용할 때에도 더하는 숫자의 의미를 (예를 들어 1원인지 1천원인지 1백만원인지) 분명히 알고 있어야 한다. 여기서도 막연하게 "1을 더한다"고 할 것이 아니라 '1원을 더한다'거나 '1그램을 더한다'는 식으로 단위까지 붙여서 표현하는 것이 좋다.

'더하나 마나 한 값'(a라 하자)의 크기가 X_1의 규모에 비하여 작으면(즉, $a/X_1 \approx 0$) ③의 방법은 사실상 ②에서 0을 a로 대체하는 방법과 거의 동일하다. 이는, 로그를 취한 후, $X_1 = 0$은 ②와 ③ 모두 $\log(a)$로 변환시키고, $X_1 > 0$일 때 X_1을 ②는 $\log(X_1)$으로 변환하고 ③은 $\log(X_1+a)$로 변환하는데 $\log(X_1+a) - \log(X_1) = \log(1+a/X_1) \le a/X_1 \approx 0$ 이기 때문이다. 그러므로 ②와 ③의 방법으로부터 구한 추정 결과는 매우 유사한 경우가 많다. 만약 이 둘 간에 큰 차이가 난다면 이는 ②에서 '0을 대신할 값'과 ③에서 '더하나 마나 한 값'이 서로 다르거나, 아니면 a가 X_1의 규모에 비하여 상당하기 때문이다. ②와 마찬가지로 이 방법도 '이렇게 해도 추정 결과에 큰 차이가 없다'는 것을 보여주는 데에는 유용하겠으나 엄밀한 분석이 필요한 경우에 사용하기에는 마음이 편하지 않다.

④ 0을 1로 치환한 후 0에 해당하는 더미 사용: 0을 1로 치환하고 나서 1이라는 자의적인 선택의 영향을 제거하기 위하여 $X_1 = 0$에 해당하는 더미변수를 포함시키는 방법이다. R에서는 ②와 같이 x1a 변수를 생성한 후 lm(y~log(x1a)+I(x1==0))로 회귀하는 것이다 (물론 'I(x1==0)' 대신 x1 = 0에 해당하는 더미변수 d를 d <- as.numeric(x1==0)처럼 만들어 사용해도 좋다). 이 방법에 의한 추정결과는 0을 대신할 값을 무슨 양수로 하든 간에, 그리고 X_1 변수의 측정단위를 어떻게 바꾸든 간에, 절편과 더미변수의 계수를 제외하면 추정 결과에 아무런 실질적인 차이도 없다는 큰 장점이 있다. 이 방법은 Y와 $\log(X_1)$의 관계는 $X_1 > 0$인 관측치로부터 추정하고 $X_1 = 0$인 관측치의 평균 Y 값은 별도의 더미변수로써 고려하는 방법이다. 만약 X_1 이외에 설명변수가 없으면 이 방법에서 구한 $\log(X_1)$의 계수 추정값은 $X_1 = 0$인 관측치를 제외시키는 경우(①)의 계수 추정값과 동일하다. 그러나 더 많은 설명변수가 있으면 ①과 ④의 결과에는 차이가 있다.

⑤ 비선형성을 제곱항으로 처리: 0에 로그를 취할 수 없으므로 로그를 취하지 않는 방법이다. 그런데 종속변수와 $\log(X_1)$의 관계가 선형이면 종속변수와 X_1의 관계는 비선형이다. 〈그림 11.6〉에 이러한 사실이 그림으로 표시되어 있다. 왼쪽 그림에 의하면 종속변수와 $\log(x)$의 관계는 선형이다. 그러면 종속변수와 원래 x의 관계는 오른쪽 그림과 같이 비선형이다. 이 점을 고려하여 X_1의 제곱항을 포함시켜 함수형태를 유연하게 만든다(물론 〈그림 11.6〉의 오른쪽 그림이 엄밀히 2차함수 곡선 형태인 것은 아니지만 이 점은 무시한다). 제곱항뿐 아니라 세제곱항이나 네제곱항을 포함시켜 함수형태를 더욱 유연하게 만들 수도 있다. 이 방법은 X_1 변수가 핵심변수가 아니라 통제변수일 경우, 그리고 종속변수의

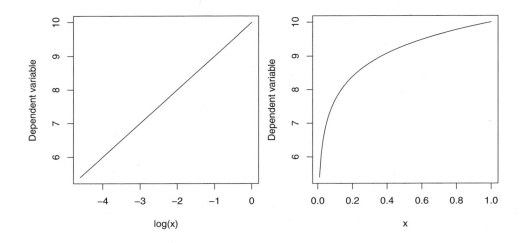

〈그림 11.6〉 로그 설명변수와 선형관계를 가질 때 수준변수와의 관계는 비선형

예측이나 맞춘값에 관심이 있을 때 흔히 사용한다.

　　다음 예제에서는 실제 자료를 이용하여 이상 5가지 로그 처리 방법을 살펴볼 것이다.

예제 11.4　가구소득과 소비의 관계

Hies 데이터는 통계청에서 작성한 2016년 가계동향조사로부터 몇 가지 변수에 대하여 가구주 연령이 30–39세인 가구들을 재추출하여 R 자료 포맷으로 만든 것이다($n = 1{,}368$). 소비지출(cons)을 소득(inc)에 대하여 로그-로그 모형으로 회귀하고자 한다. 구체적으로, 종속변수는 소비지출(cons) 로그값이며, 독립변수로는 소득(inc) 로그값, 가구원 수 (famsize) 로그값, 가구주 고용 여부(emp), 가구주 연령(age)과 그 제곱항, 자기 주택 소유 여부(ownhouse), 여성 가구주 여부(female), 가구주 교육 연수(educ)를 고려한다.

　　다음 실행 결과(5번 행)에서 알 수 있듯이, 표본 내 소비지출(cons) 값은 모두 0보다 크다. 따라서 log(cons)는 잘 정의된다. 반면 핵심 독립변수인 inc의 최솟값은 0이며(7 번 행), 8개의 관측치에서 inc은 0이다(9번 행). 0을 제외한 나머지 inc 값의 최솟값은 6997이다(11번 행). 소득(inc)에 로그를 취하고자 하나 0의 값이 포함되어 있다.

```
1  > data(Hies, package="loedata")
2  > nrow(Hies)
3  [1] 1368
4  > range(Hies$cons)
5  [1]    254663 15325754
6  > range(Hies$inc)
7  [1]         0 18995924
```

```
8    > sum(Hies$inc==0)
9    [1] 8
10   > range(Hies$inc[Hies$inc>0])
11   [1]       6997 18995924
```

이제, 앞의 5가지 회귀를 실행해 보고자 한다. 이하의 12번 행에서는 inc의 0원을 1원으로 치환한 inca 변수를 생성하고, 13번 행에서는 방법 ⑤에 사용하기 위하여 1백만원 단위로 측정한 소득(incmil) 변수를 생성하였다(단위를 바꾸지 않으면 결과의 의미는 똑같으나 소수점 아래 자릿수가 너무 많아 지저분하다). 14번 행에는 inc 관련 항을 제외한 나머지 우변변수들이 포함된 모형을 (반복하여 타이핑하기 귀찮아서) fm으로 지정하고, 15–19번 행에서는 5가지 모형을 fm1부터 fm5까지로 정의하였다. 정리하면, ① fm1은 소득(inc)이 양인 관측치만 사용하는 것, ② fm2는 소득 0을 1로 치환하는 것, ③ fm3은 소득에 1을 더하는 것, ④ fm4는 소득 0을 1로 치환한 후 소득 0에 해당하는 더미를 추가하는 것, ⑤ fm5는 소득과 제곱항을 포함하는 것이다. 소득과 그 제곱항을 포함시키는 fm5 모형은 inc가 아니라 incmil을 사용하여 계수값의 크기가 읽기 쉽도록 하였다.

```
12   > Hies$inca <- with(Hies, ifelse(inc>0, inc, 1))
13   > Hies$incmil <- Hies$inc/1e6
14   > fm <- log(cons)~log(famsize)+emp+age+I(age^2)+ownhouse+female+educ
15   > fm1 <- update(fm, .~.+log(inc))
16   > fm2 <- update(fm, .~.+log(inca))
17   > fm3 <- update(fm, .~.+log(1+inc))
18   > fm4 <- update(fm, .~.+log(inca)+I(inc==0))
19   > fm5 <- update(fm, .~.+incmil+I(incmil^2))
```

자료에서 inc의 단위는 원이므로, 위의 12, 16번 행에서 숫자 1은 1원이라는 분명한 의미를 갖는다는 사실에 유의하라.

5가지 모형을 다음 명령으로써 추정한다. 첫 번째 모형은 inc가 0보다 큰 관측치들만을 대상으로 추정하고(20번 행), 나머지 모형은 전체 자료를 이용하여 추정한다.

```
20   > ols1 <- lm(fm1, data=Hies, subset=inc>0)
21   > ols2 <- lm(fm2, data=Hies)
22   > ols3 <- lm(fm3, data=Hies)
23   > ols4 <- lm(fm4, data=Hies)
24   > ols5 <- lm(fm5, data=Hies)
```

독자들의 편의를 위하여 5개 추정의 결과를 〈표 11.4〉에 정리하였으니 직접 확인해 보기 바란다. log(famsize)부터 educ까지의 계수들을 살펴보면 모형 (1)과 (4)가 서로 유사하다. (1)과 (4)의 차이는 (1)은 inc = 0인 관측치들을 제외시킨 것이고 (4)는 0을 1로

〈표 11.4〉 가구소비 분석 시 0의 소득의 처리

log(cons)	(1)	(2)	(3)	(4)	(5)
log(famsize)	0.2948***	0.3976***	0.3976***	0.2971***	0.3045***
	(0.0220)	(0.0238)	(0.0238)	(0.0219)	(0.0219)
emp	-0.0647	0.1140**	0.1140**	-0.0572	-0.0088
	(0.0411)	(0.0445)	(0.0445)	(0.0406)	(0.0396)
age	-0.2065**	-0.1128	-0.1128	-0.2129**	-0.2033**
	(0.0960)	(0.1071)	(0.1071)	(0.0955)	(0.0955)
age^2	0.0030**	0.0017	0.0017	0.0031**	0.0030**
	(0.0014)	(0.0015)	(0.0015)	(0.0014)	(0.0014)
ownhouse	-0.0648***	-0.0259	-0.0259	-0.0644***	-0.0666***
	(0.0192)	(0.0214)	(0.0214)	(0.0192)	(0.0192)
female	-0.0330	-0.0638**	-0.0638**	-0.0303	-0.0188
	(0.0266)	(0.0296)	(0.0296)	(0.0264)	(0.0265)
educ	0.0046	0.0231***	0.0231***	0.0049	0.0037
	(0.0046)	(0.0050)	(0.0050)	(0.0046)	(0.0046)
log(inc)	0.4010***				
	(0.0200)				
log(inca)		0.0533***		0.3996***	
		(0.0089)		(0.0199)	
log(1+inc)			0.0533***		
			(0.0089)		
inc=0				5.9065***	
				(0.3123)	
incmil					0.1692***
					(0.0128)
$incmil^2$					-0.0062***
					(0.0009)
절편	11.7484***	14.8247***	14.8247***	11.8755***	17.1542***
	(1.6693)	(1.8555)	(1.8555)	(1.6587)	(1.6592)
nobs	1360	1368	1368	1368	1368
R-squared	0.4370	0.2900	0.2900	0.4380	0.4358
Adj R-sq	0.4336	0.2858	0.2858	0.4343	0.4320

주. 괄호 안은 표준오차. ***, **, *은 각각 1%, 5%, 10% 수준에서 통계적으로 유의함을 의미함. 모형 (1)은 inc > 0인 표본을 이용하여 추정함. inca는 0을 1로 치환한 것이며, incmil은 inc 를 1백만으로 나눈 것임.

치환한 후 inc = 0에 해당하는 더미변수를 포함시킴으로써 수준 차이를 별도로 처리한다는 것이다. 모형 (2)와 (3)의 결과도 서로 매우 유사한데 이는 앞에서 설명한 것처럼 inc 값의 규모가 1원에 비하여 아주 커서 log(inca)와 log(1+inc)의 값이 매우 유사하기 때문이다. inc 변수의 규모가 작다면 이와 다른 결과가 나올 수 있다.

　　모형 (1), (4)와 모형 (2), (3)의 결과들 간에는 상당한 차이가 있다. 예를 들어 age 변수와 그 제곱항은 모형 (1)과 (4)에서는 통계적으로 유의하나 모형 (2)와 (3)에서는 유의하지 않다. 가구원 수(famsize)의 효과는 모형 (2)와 (3)에서 훨씬 큰 것으로 추정된다. 가주주 고용 여부(emp) 변수는 모형 (1)과 (4)에서는 유의하지 않은 음의 계수를 보인 반면, 모형 (2)와 (3)에서는 유의한 양의 계수값을 보인다. 주택소유 여부의 영향, 교육수준의 영향, 가구주 성별의 영향도 두 그룹 간에 상이하다.

　　비선형성을 수준 변수와 그 제곱항으로써 처리하는 모형 (5)의 결과를 보면, 여타 변수들의 계수 면에서 (2)나 (3)보다는 (1)이나 (4)와 더 유사한 추정값 패턴을 보인다.

다음으로 측정단위 변화의 영향에 대하여 살펴보자. X_1의 표본값들이 모두 0보다 클 때에는 X_1의 측정단위를 바꾸어 $X_1^* = cX_1$의 값을 사용하면 절편만 영향을 받고 나머지 추정값들은 아무런 영향도 받지 않는다는 것은 이미 이야기하였다. X_1이 0의 값을 가질 수 있을 때에는 측정단위 변화의 영향이 방법마다 다르다. 방법 ①은 $X_1 > 0$인 관측치만 사용하는 것이므로 측정단위 변화 시 절편만 영향을 받는다. 방법 ②에서는 0을 전과 동일한 의미(예를 들어 1'원')를 갖는 값으로 대체하면 측정단위 변화 시에 절편만 변하고 나머지는 그대로 유지된다. 예를 들어 X_1의 단위가 원이라면 0을 1로 대체하고 백만원이라면 0을 0.000001로 대체하는 식이다. 측정단위 변경 시 '0 대체값'을 조정해 주지 않으면 절편뿐 아니라 기울기 추정량도 영향을 받는다. 방법 ③에서도 '더하나 마나 한 값'으로 동일한 의미의 값을 사용하면 측정단위 변화 시에 절편만 변하고 나머지는 그대로 유지된다. 방법 ④에서는 상수항과 $X_1 = 0$에 해당하는 더미변수가 자의성을 모두 흡수하므로 측정단위 변화 시 절편과 더미변수의 계수만 바뀌고 나머지는 그대로 유지된다. 방법 ⑤는 애시당초 X_1 관련 변수들의 추정값의 규모를 제외하면 측정단위 변화의 영향은 존재하지 않는다.

▶ **연습 11.16.** 예제 11.4의 12번 행과 17번 행에서 1원을 1천원 즉 '**1000**'으로 바꿀 경우 각 모형에서 log(famsize) 변수와 inc 관련 변수들(더미변수 제외)의 계수는 〈표 11.4〉로부터 어떻게 변하는가? 모형 (1), (4), (5)의 결과는 아무런 영향도 받지 말아야 하고, 모형 (2)와 (3)의 결과들은 변하여야 한다. (2)와 (3)에서 변화의 크기는 무시할 만큼 작은가? 방법 ②와 ③을 사용할 때 조심해야 하겠다는 생각이 드는가?

▶ **연습 11.17.** 예제 11.4에서 cons 변수와 inc 변수는 원 단위로 측정된 소비지출과 소득이다. 만약 2번 행에서 자료를 읽은 직후

```
> for (v in c("cons", "inc")) Hies[[v]] <- Hies[[v]]/1e6
```

로써 두 변수를 1백만 원 단위로 변환한 후 상수항 및 (4)의 더미변수 계수를 제외한 나머지 결과가 〈표 11.4〉와 모두 동일하도록 만들기 위해서는 13번 행과 17번 행을 어떻게 바꾸어야 하겠는가?

마지막으로, 0의 값을 취할 수 있는 변수를 로그 변환하는 데에는 복잡한 해석의 문제가 결부되어 있다. 먼저 방법 ①은 $X_1 = 0$인 관측치를 표본에서 제외시키므로 $X_1 > 0$으로 제한된 모집단의 특성을 추정한다. 결과 해석 시에 "$X_1 > 0$인 경우"라고 하여 모집단이 제한됨을 명시하여야 할 것이다. 다음으로 방법 ④를 설명하자. $X_{1a} = 1\{X_1 = 0\} + X_1\{X_1 > 0\}$, 즉 0을 1로 치환한 변수라 하고, D_1이 $X_1 = 0$임을 나타내는 더미변수라 할 때, ④의 회귀모형은 다음과 같다(X_2는 추가적 통제변수).

$$Y = \beta_0 + \beta_1 \log X_{1a} + \gamma_1 D_1 + \beta_2 X_2 + u \tag{11.8}$$

이 모형에 의하면, $X_1 = 0$인 경우 '$\log X_{1a} = 0$이며 $D_1 = 1$'이고, $X_1 > 0$인 경우 '$X_{1a} = X_1$이고 $D_1 = 0$'이므로, 위 식은 $X_1 = 0$과 $X_1 > 0$에서 각각 다음 관계를 의미한다.

$$Y = \beta_0 + \gamma_1 + \beta_2 X_2 + u, \quad X_1 = 0$$
$$Y = \beta_0 + \beta_1 \log(X_1) + \beta_2 X_2 + u, \quad X_1 > 0$$

그러므로, $X_1 > 0$으로 모집단을 제한한다면 여타 요소들의 통제 시 X_1의 1% 증가는 Y를 $0.01 \times \beta_1$ 만큼 증가시킬 것으로 예측되며, 양의 $X_1 = x$ 값과 $X_1 = 0$ 간에는 종속변수에 $\beta_1 \log(x) - \gamma_1$ 만큼의 차이가 기대된다고 해석할 수 있다. 특히 $X_1 = 1$과 $X_1 = 0$ 간에는 $-\gamma_1$ 만큼의 차이가 예측된다.

모형 (11.8)에서 더미변수 D_1의 역할은 $X_1 = 0$에서 로그함수의 불연속성을 처리해 주는 역할을 한다. 만약 X_2 변수가 없다면 $X_1 = 0$과 다른 X_1값에서의 차이는 D_1이 모두 흡수하므로 방법 ④의 $\log(X_{1a})$ 계수 추정값과 방법 ①의 $\log X_1$ 계수 추정값은 동일하다. 하지만 모형 (11.8)에는 X_2가 존재하며 그 계수가 전체 모집단에서 동일하다는 제약이 추가되어 있으므로 ①과 ④의 방법에 의한 추정 결과는 상이하다. 만약 모형 (11.8)에 X_2와 D_1의 상호작용항을 추가하여 X_2의 계수가 $X_1 = 0$과 $X_1 > 0$ 간에 상이하도록 해 주면 방법 ①과 ④ 간에는 차이가 없다.

방법 ②에 의한 회귀모형의 의미를 생각해 보자. 만약 설명변수 값 0을 1로 대체한다면, 이는 모형 (11.8)에서 D_1 항을 제거한 것, 즉 $\gamma_1 = 0$이라는 제약을 가한 것과 같다. 다시 말하여 양의 $X_1 = x$값과 $X_1 = 0$ 간에 종속변수에 $\beta_1 \log(x)$만큼의 차이가 있다고 본다. 보다 일반적으로, 0을 a로 치환하는 것은 $X_1 = 0$에서의 관계식을 $Y = \beta_0 + \beta_1 \log(a) + \beta_2 X_2 + u$로 바꾸는 것에 해당하므로 이를 (11.8)과 비교하면 이는 $\gamma_1 = \beta_1 \log(a)$와 동일하다는 제약을 가한 것에 해당한다($a$는 연구자가 미리 자의로 선택한 값임에 유의). 반면 모형 (11.8)은 γ_1에 대하여 아무런 제약도 가하지 않는다. 참고로, 만약 a값을 $a^* = \exp(\gamma_1/\beta_1)$으로 책정하면 방법 ②에 의한 결과는 방법 ④에 의한 결과와 동일하다($\gamma_1 = \beta_1 \log a^*$이므로). 이 a^* 값은 또한 (여타 요소들이 동일할 때) 소득이 0원인 가구가 소득이 a^*인 가구와 동일한 수준의 소비지출을 누림을 의미한다. 예제 11.4의 모형 (4) 결과로부터 이 a^* 값을 계산하면 약 263만원이다.

방법 ②에서는 0을 대체할 숫자 a를 연구자가 자의로 선택한다. 선택한 각 a에 대하여 방법 ②에 따라 OLS 회귀를 하고 R제곱을 구할 수 있다. 이 R제곱을 최대화시키는 a값을 a^*라 할 때 방법 ②에서 0을 a^*로 대체하면 추정 결과는 방법 ④의 결과와 같다. 이 a^*는 방법 ②와 ④의 추정 결과를 동일하게 해 주는 a값이기도 하며 모형 (11.8)이라면 $a^* = \exp(\gamma_1/\beta_1)$이다. 그리고 앞서 설명한 것처럼, 여타 설명변수들의 영향을 통제한 상태에서 소득 0 가구는 소득 a^* 가구와 소비 수준이 동일하다.

방법 ③은 기계적으로 보면 여타 우변변수들의 영향을 통제할 때, $1+X_1$이 1% 상승하면 종속변수가 약 $0.01\beta_1$만큼 상승할 것으로 추정된다고 해석된다(종속변수가 로그 형태이면 백분율 변화로 바꾸어 해석). 이런 $1+X_1$의 백분율 변화와 관련된 해석은 기괴하여 다른 사람에게 솔직하게 있는 그대로 제시하기가 꺼려진다. 그 대신에, 방법 ③은 X_1의 규모에 비하여 '더하나 마나 한 값'이 아주 작을 때 사용할 것이므로 방법 ②와 거의 동일하여 방법 ②의 경우와 유사하게 해석하면서 넘어간다. 다만 방법 ②와의 차이는, 방법 ②에서는 무슨 일이 일어나는지 다른 사람들이 분명히 알 수 있는 반면 방법 ③에서는 실제 내용이 로그와 관련된 수학의 장막 뒤에 가려져 있어 대충 넘어가기도 한다는 장점 아닌 장점이 있다. 하지만 결국 방법 ②와 유사한 제약이 (약간 다른 형태로) 여전히 가해지고 있으며, 더하는 값의 선택이 여타 모수들의 정의에 영향을 미친다. 흥미롭게도 실제 분석에서는 방법 ③이 아주 빈번히 사용된다.

요약하여, 0이 될 수 있는 변수에 로그를 취할 때에 핵심은 0을 어떻게 처리하느냐 하는 것이다. 방법 ②와 ③에서 아무리 작은 명목상의 숫자를 대입하거나 더하더라도 결국은 연구자의 선택이 모수의 식별에 핵심적인 역할을 한다. 숫자 1은 여느 숫자와 같이 하나의 숫자일 뿐이며 $\log 1 = 0$이라고 하여 1이라는 숫자에 어떤 특별한 의미가 갑자기 부여되는 것도 아니다. 반면 방법 ①, ④, ⑤는 이런 '명목상의 작은 숫자'의 선택으로부터 자유롭다. 특히 방법 ④는 설명변수 값이 0인 관측치들을 별도로 취급하여, 양의 설명변수 값 영역에서 나타나는 함수관계와 독립적인 유연한 함수관계를 설정한다.

로그 함수는 양수에 대해서만 정의된다. x가 음수이면서 크기가 크면 $-\log(|x|)$를 사용하면 어떨까 생각이 들기도 한다. 즉, $\text{sgn}(x)\log(|x|)$를 사용하는 것이다. 하지만 이 함수는 $x \to 0$일 때 $+\infty$ 또는 $-\infty$로 발산한다. 그런데 연속함수이고 모든 실수에서 정의되면서도 x값 크기가 크면 로그 함수와 비슷한 함수가 있다. 이 함수는 역쌍곡사인(inverse hyperbolic sine, asinh) 함수라는 것으로 $\text{asinh}(x) = \log(x+\sqrt{x^2+1})$으로 정의된다. x가 아주 큰 양수이면 x와 $\sqrt{x^2+1}$은 비슷하므로 $\text{asinh}(x) \approx \log(2x)$이다. x가 아주 큰 음수일 때에는 $-\log(x+\sqrt{x^2+1}) = \log(-x+\sqrt{x^2+1})$이므로 $\text{asinh}(x)$는 $-\log(-2x)$와 유사하다. 〈그림 11.7〉에 보이는 것처럼 asinh 함수는 $\log(2x)$와 $-\log(-2x)$를 부드럽게 연결시킨 듯한 느낌을 준다.

변수가 음수 값을 가질 수 있을 때 로그 대신 역쌍곡사인 변환을 하는 경우도 있다. 하지만 로그 함수가 $\log(ax) = \log(a) + \log(x)$를 만족하여 'scale-free'인 반면 asinh 함수는 'scale-free' 하지 않다(Aihounton and Henningsen, 2021). Bellemare and Wichman (2020)은 asinh 변환과 탄력성에 관하여 논의한다. Norton (2022)에 여러 관련 내용이 소개되어 있다.

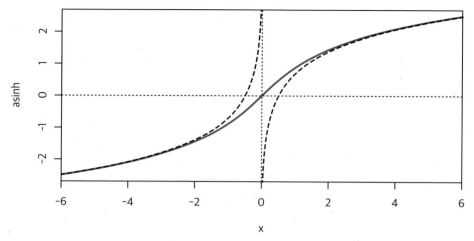

주. 그림에서 실선은 역쌍곡사인(asinh) 함수이고 점선은 각각 $\log(2x)$와 $-\log(-2x)$ 이다.

〈그림 11.7〉 역쌍곡사인(asinh) 함수

11.6   예측

예측(prediction)이란 설명변수들의 값이 주어질 때 종속변수의 값이 얼마일지 예상하는 것이다. 예측은 통상적으로 표본에 속하지 않은 개체에 대하여 이루어진다. 예를 들어 최근 팔린 100채의 집에 대하여 방 수, 화장실 수, 넓이, 집값에 대한 자료가 있다고 하자. 예측이라는 것은, 말하자면 방 3개, 화장실 1개, 넓이 $100m^2$ 이면서 아직 팔리지 않은 집이 있는데, 이것이 팔린다면 값이 얼마일지 자료로부터 예상하는 행위를 말한다. 물론 표본에 포함된 개체에 대해서 시험삼아 예측을 할 수도 있다.

설명을 위해 다음 다중회귀 모형을 고려하자.

$$Y = \beta_0 + \beta_1 X_1 + \beta_2 \log(X_2) + \beta_3 X_3 + u$$

일반적인 상황에 적용하기 위하여 일부러 설명변수의 하나에 로그를 취하였다. 추출된 표본과 동일한 모집단에 있지만 표본에 포함되어 있지 않는 어떤 개체를 생각해 보자. 이 개체의 설명변수 값들은 $X_1 = 3$, $X_2 = 20$, $X_3 = -1$ 이라 하자. 이 개체의 Y 값(y^0 이라 하자) 은 위 식에 설명변수 값들을 대입하면 다음과 같다.

$$y^0 = \underbrace{\beta_0 + \beta_1 \cdot 3 + \beta_2 \log(20) + \beta_3 \cdot (-1)}_{\theta} + u^0 \tag{11.9}$$

우변의 θ 는 모집단 내에 $X_1 = 3$, $X_2 = 20$, $X_3 = -1$ 인 모든 개체들의 평균 Y 이며, u^0 은 해당 개체의 비관측 요소들로 인한 영향을 의미한다.

y^0이 관측되지 않으므로 이를 예측하고자 한다. y^0을 예측하려면 θ와 u^0을 예측하면 될 것이다. 그런데 오차항 u^0의 기댓값이 0이므로 $u^0 = 0$이라고 예측하고, 만약 θ의 값을 안다면 y^0은 θ라고 예측할 것이다. 실제로는 θ의 값을 알지 못하므로 표본으로부터 추정하면, 우리의 y^0 예측값은 다음과 같다.

$$\hat{y}^0 = \hat{\theta} = \hat{\beta}_0 + \hat{\beta}_1 \cdot 3 + \hat{\beta}_2 \log(20) + \hat{\beta}_3 \cdot (-1)$$

참고로, 표본 내에 있는 개체의 경우 이러한 값을 맞춘값이라고 한 바 있다. 맞춘값을 예측값이라 하기도 하며, 표본 밖에 있는 개체(예를 들어 아직 팔리지 않은 집)의 경우에는 맞춘값이라 하지 않고 예측값이라 한다. 우리는 θ의 추정값으로써 y^0을 예측한다.

예측값을 계산할 때에는 원래 모형을 OLS 추정하여 $\hat{\beta}_0$, $\hat{\beta}_1$, $\hat{\beta}_2$, $\hat{\beta}_3$의 값을 구한 다음 위 식에 따라 직접 계산해도 되고, 9.9절 설명대로 $\beta_0 = \theta - 3\beta_1 - \log(20)\beta_2 + \beta_3$을 대입 (모수변환)하여

$$Y = \theta + \beta_1(X_1 - 3) + \beta_2[\log(X_2) - \log(20)] + \beta_3(X_3 + 1) + u$$

로 식을 변환한 다음 절편 추정값을 계산해도 된다. 필자는 후자의 방법을 추천한다. R 을 사용한다면 `lm(y~I(x1-3)+I(log(x2)-log(20))+I(x3+1))`이라고 하면 될 것이다. 그러면 $\hat{\theta}$의 표준오차도 자동으로 계산된다. 참고로, $\log(a) - \log(b) = \log(a/b)$이므로 `log(x2)-log(20)` 대신 `log(x2/20)`이라고 해도 좋다.

예측값 $\hat{y}^0$의 계산 자체는 이처럼 간단하다. 문제는 y^0의 신뢰구간이다(θ의 신뢰구간이 아님에 유의하라). $y^0 = \theta + u^0$이므로 이 신뢰구간은 θ 추정의 불확실성과 u^0의 불확실성을 모두 고려하여 구해야 할 것이다(참고로, θ의 신뢰구간을 구하는 문제는 9.9절에서 다루었다). 어떻게 할 것인가?

9.1절의 모든 가정(정규분포 가정 포함)하에서 $\hat{\theta}$은 정규분포를 갖는다. 그 평균은 θ 이고 분산은 $\text{var}(\hat{\theta})$이다. u^0은 표본에 없는 개체의 오차항이고 $\hat{\theta}$은 표본 내의 개체들로부터 구하므로 $\hat{\theta}$과 u^0은 서로 독립이다. 둘 다 정규분포를 가지며 서로 독립이므로 $u^0 - \hat{\theta}$ 도 정규분포를 갖고, 여기에 상수 θ를 더한 $\theta + u^0 - \hat{\theta} = y^0 - \hat{y}^0$도 정규분포를 갖는다. 이 분포의 평균은 0이고 분산은 다음과 같다.

$$\text{var}(y^0 - \hat{y}^0) = \text{var}(\theta + u^0 - \hat{\theta}) = \text{var}(u^0) + \text{var}(\hat{\theta}) - 2\text{cov}(u^0, \hat{\theta}) = \sigma^2 + \text{var}(\hat{\theta})$$

두 번째 등식에서 θ는 비임의적(nonrandom)이므로 무시하였고, 마지막 등식에서 $\text{var}(u^0) = \sigma^2$임과(예측대상이 표본 내의 개체들과 동일한 모집단에 속하므로) u^0과 $\hat{\theta}$이 서로 독립 이므로 $\text{cov}(u^0, \hat{\theta}) = 0$이라는 점을 이용하였다. 이로부터

$$\frac{y^0 - \hat{y}^0}{\sqrt{\sigma^2 + \text{var}(\hat{\theta})}} = \frac{\theta + u^0 - \hat{\theta}}{\text{sd}(\theta + u^0 - \hat{\theta})} \sim N(0, 1)$$

임은 자연스럽게 도출되고(u^0의 평균은 0이고 $\hat{\theta}$의 평균은 θ이므로), 나아가, σ^2을 그 추정량인 s^2으로 치환하고 $\text{var}(\hat{\theta})$을 그 추정량인 $\text{se}(\hat{\theta})^2$으로 치환하면, $\text{se}(y^0 - \hat{y}^0) = [s^2 + \text{se}(\hat{\theta})^2]^{1/2}$이라 할 때 다음을 얻는다.*

$$\frac{y^0 - \hat{y}^0}{\text{se}(y^0 - \hat{y}^0)} = \frac{y^0 - \hat{y}^0}{[s^2 + \text{se}(\hat{\theta})^2]^{1/2}} \sim t_{n-k-1} \tag{11.10}$$

이로부터 표준오차만 $[s^2 + \text{se}(\hat{\theta})^2]^{1/2}$으로 바꾸면 y^0의 신뢰구간은 여느 경우와 마찬가지로 "**예측값 ± 임계값 × 표준오차**"의 공식에 따라 구할 수 있음을 알 수 있다. 이때 **예측값**은 $\hat{y}^0$이며 **표준오차**는 $[s^2 + \text{se}(\hat{\theta})^2]^{1/2}$이다.

별도의 계산 없이 관측치 하나를 추가하고 한 번의 OLS 회귀를 함으로써 원하는 바를 모두 얻을 수도 있다. 독립변수들의 값을 예측대상의 예측변수 값들로 설정하고 종속변수 값을 0으로 설정한 관측치 하나를 추가한다. 그리고 이 추가된 관측치에서 −1의 값을 갖고 나머지에서는 모두 0의 값을 갖는 이진변수 D를 생성한다. 다음으로, 전체 $n+1$개 관측치들의 표본을 이용하여 피예측변수를 예측변수 및 D에 대하여 OLS 회귀를 하면 D의 계수 추정량이 바로 $\hat{y}^0 = \hat{\theta}$이고 그 표준오차는 $[s^2 + \text{se}(\hat{\theta})^2]^{1/2}$이다. 행렬연산을 이용하여 이를 증명할 수 있다. 또한, 모수변환(설명변수들에서 예측대상의 설명변수값들을 차감하고 나서 회귀) 방식으로 OLS 추정을 하면 절편 관련 통계량들은 θ 추정, D 관련 통계량들은 y^0 예측에 해당한다.

θ의 신뢰구간과 y^0의 신뢰구간은 크게 다를 수 있다. 해당 특성(설명변수 값)들을 갖는 개체들의 모집단 평균 종속변수 값인 θ는 표본크기가 커질수록 정확하게 추정된다. 하지만 y^0 예측의 정확성은 θ뿐 아니라 u^0에 의해서도 영향을 받는다. 그 중 u^0은 특정 개체에 고유한 것이며, 아무리 큰 표본이 있더라도 u^0에 관한 정보는 얻을 수 없다. (11.10) 의 분모에 있는 s^2이 u^0으로 인한 불가피한 불확실성을 반영한다. 표본크기가 증가하면 $\text{se}(\hat{\theta})$는 0으로 수렴하지만(일관성), 심지어 θ를 정확히 아는 상황이라 할지라도 u^0을 알 수 없으며, 이로 인해 예측의 신뢰구간은 상당한 크기를 갖는다.

예제 11.5 종속변수 값의 구간예측

예제 9.4로부터 계속한다. *lotsize* = 5,000이고 *bedrooms* = 3인 집이 한 채 있는데 아직 팔리지 않았다. **Housing** 자료를 이용하여 이 집이 팔릴 경우 log(*price*)가 속하리라고 95% 확신하는 구간(95% 신뢰구간)을 구해 보자. $\hat{\theta}$은 예제 9.4 실행결과의 17번 행에서 **11.08939** 로 구하였고 $\text{se}(\hat{\theta})$의 값은 **0.01227**이다. 오차분산 추정값의 제곱근(s)은 예제 9.4 실행결과의 23번 행에 따르면 **0.2843**이고, 이로부터 $\text{se}(y^0 - \hat{y}^0) = \sqrt{0.2843^2 + 0.01227^2} = 0.2845$ 를 얻는다(아래 8번 행 참고). 예제 9.4의 23번 행에서 자유도는 543이며, t_{543} 분포의 97.5%

---

*식 (11.10)에서 t분포의 자유도가 $n-k-1$인 것은, $s^2 + \text{se}(\hat{\theta})^2 = s^2(1+a)$이고($a$는 설명변수들의 함수) s^2 에 결부된 자유도가 $n-k-1$이기 때문이다.

임계값은 1.964342이다. 따라서 판매가격 로그값의 95% 신뢰구간은 다음과 같다.

$$11.08939 \pm 1.964342 \times 0.2846 = (10.53, 11.65)$$

이 판매가격 로그값(y^0)의 신뢰구간은 예제 9.4에서 구한 θ의 신뢰구간인 $(11.065, 11.1135)$보다 훨씬 넓다. 이는 비관측요인 u^0으로 인하여 불확실성이 크게 증가하기 때문이다.

R을 사용하여 모든 것을 구하려면 다음과 같이 하면 될 것이다.

```
1  > data(Housing, package="Ecdat")
2  > ols <- lm(log(price)~I(log(lotsize)-log(5000))+I(bedrooms-3),
3    data=Housing)
4  > theta <- ols$coef[1]
5  > se <- sqrt(summary(ols)$sigma^2 + summary(ols)$coef[1,2]^2)
6  > c(theta,se)
7  (Intercept)
8   11.0893942    0.2845444
9  > theta+c(-1,1)*qt(.975,ols$df)*se
10 [1] 10.53045 11.64834
```

4번 행에서 $\hat{\theta}$을 구하고 5번 행에서 $se(y^0 - \hat{y}^0)$을 구한다. 그 값들은 8번 행에 있다. 9번 행에서 95% 신뢰구간의 양끝 점을 구하고 마지막 줄에 그 결과가 있다. 반올림으로 인해 앞에서 직접 계산한 결과와 미세한 차이가 있을 수 있다. 참고로, 여기서 판매가격의 신뢰구간을 구한 것이 아니라 판매가격의 로그값의 신뢰구간을 구하였음에 유의하라.

많은 계량경제 모형에서 종속변수는 로그 형태를 취한다. 하지만 최종적인 관심은 흔히 로그값이 아니라 수준값의 예측이다. 예를 들어 예제 11.5에서 종속변수는 $\log(price)$이지만, 우리의 목적은 보통 $\log(price)$가 아니라 $price$ 자체의 예측이다. 필자가 뉴질랜드 웰링턴에서 가깝게 지냈던 한 분은 주요 에너지 회사에서 가스 수요의 예측을 담당하고 있었다. 좌변에 가스 수요의 로그값이 있는 모형을 이용하였으나, 궁극적인 목적은 수준 자체의 예측이었다.

주택 판매 가격의 문제로 돌아와서, 로그와 수준의 문제를 단순화시켜 살펴보기 위하여, $\log(p^0) = \theta + u^0$이고 우리가 $\log(p^0)$의 기댓값인 θ를 이미 알고 있다고 하자(p는 $price$를 짧게 표현한 것). θ를 알고 있다고 가정한 것은 u^0이 핵심적인 문제를 야기하기 때문에 u^0에만 집중하기 위함이며, 나중에 θ를 추정값으로 치환할 것이다. 앞에서 $\log(p^0)$을 어떻게 예측하는지는 자세히 살펴보았다. 지금 문제의 핵심은 우리의 관심사가 $\log(p^0)$이 아니라 p^0 자체의 예측이라는 사실이다. 어떻게 하겠는가?

가장 쉽게 생각해 볼 수 있는 것은 e^θ이다. $\log(p^0)$의 예측값이 θ이므로 p^0은 e^θ로 예측한다고 생각하는 것이 당연해 보인다. 하지만 이 예측방법은 p^0를 편향되게 예측한다. 계산해 보면 $\log(p^0) = \theta + u^0$이므로 $p^0 = \exp(\theta + u^0) = e^\theta \exp(u^0)$이 된다. 양변에 평균을 취하면 $E(p^0) = e^\theta E[\exp(u^0)]$인데, $E(u^0) = 0$일지라도 $E[\exp(u^0)] > \exp\{E(u^0)\} = 1$이다(옌센의 부등식). 그러므로 $e^\theta = E(p^0)/E[\exp(u^0)] < E(p^0)$이 되어, e^θ는 p^0을 지나치게 작게 예측한다. 이 편향은 매우 클 수 있다. 만약 $u^0 \sim N(0, \sigma^2)$이라면 다음을 얻는다.

$$E[\exp(u^0)] = \int \frac{1}{\sqrt{2\pi}\sigma} e^{-u^2/2\sigma^2} e^u du = \exp(\sigma^2/2)$$

이 값은 작지 않다. 예를 들어 $\sigma^2 = 1$이면 $\exp(\sigma^2/2)$은 약 1.65이므로 e^θ는 $E(p^0)$의 1.65분의 1배, 즉 61%밖에 되지 않는다. e^θ는 p^0을 39% 과소 예측한다.

　편향을 조정하려면 $\alpha = E[\exp(u^0)]$을 추정하여 이를 반영하여야 한다. 즉, e^θ가 아니라 αe^θ로써 p^0을 예측하는 것이다. α를 추정하는 한 가지 방법은 $\exp(\hat{u}_i)$들의 표본평균을 사용하는 것이다. 아니면 정규분포 가정하에 $\exp(s^2/2)$를 이용할 수도 있다. 이러한 α 추정값을 $\hat{\alpha}$이라 하자(어느 방법을 사용하든 $\hat{\alpha}$은 α로부터 편향되어 있지만, $\hat{\alpha}$은 α의 일관된 추정량이고 표본 크기가 크면 편향은 무시할 만하다). 즉, θ를 아는 경우 p^0의 예측값은 $\hat{\alpha}e^\theta$이다. 참고로, $\hat{\alpha}$을 표본으로부터 추정하였다는 점에 유의하여야 하는데, 이는 예측대상(표본에 포함되지 않음)의 $E[\exp(u^0)]$에 관한 정보를 표본 내 개체들의 $E[\exp(u)]$에서 가져옴을 의미한다.

　이상에서는 θ를 안다고 하고 논의를 전개하였다. 현실에서는 물론 θ를 알 수 없고 $\hat{\theta}$을 사용할 수밖에 없다. $\hat{\theta}$이 θ의 비편향 추정량이라 하더라도 앞에서와 같은 이유로 $\exp(\hat{\theta})$은 e^θ의 편향된 추정량이다(옌센의 부등식에 의하면 상방편향). 하지만 $\hat{\theta}$은 θ의 일관된 추정량이고 $\exp(\hat{\theta})$도 e^θ의 일관된 추정량이다. 다른 각도에서 설명하면, 표본크기가 크면 $\hat{\theta}$의 분산이 작아 (일관성) 변동폭이 작고, 이 작은 폭에서는 $\exp(\cdot)$ 함수가 선형함수에 가까워 $\exp(\hat{\theta})$과 $\exp(\theta)$의 차이가 작다. 결국 $\hat{\alpha}\exp(\hat{\theta})$으로써 p^0을 예측하여도 좋다.

예제 11.6 종속변수가 로그형태일 때 수준값의 예측

예제 9.4에서 구한 $\hat{\theta}$ 값, 즉 $\log(price)$ 예측값은 약 11.09이고, 편향을 조정하지 않은 *price* 예측값은 $\exp(\hat{\theta}) \approx 65{,}473$이다(아래 결과의 7행). 다음 결과를 보라.

```
1  > data(Housing, package="Ecdat")
2  > ols <- lm(log(price)~I(log(lotsize)-log(5000))+I(bedrooms-3),
3    data=Housing)
4  > theta <- ols$coef[1]
5  > exp(theta)
6  (Intercept)
7     65473.07
8  > alpha1 <- exp(summary(ols)$sigma^2/2)
9  > alpha1
10 [1] 1.041235
11 > exp(theta)*alpha1
12 (Intercept)
13    68172.85
14 > alpha2 <- mean(exp(ols$resid))
15 > alpha2
16 [1] 1.040322
17 > exp(theta)*alpha2
18 (Intercept)
19     68113.1
```

먼저, u^0이 정규분포를 갖는다는 가정하에서 $E[\exp(u^0)] = \exp(\sigma^2/2)$의 사실을 이용한 조정계수는 $\exp(s^2/2) \approx 1.041$이고(10행), 이를 이용하여 편향을 조정한 예측값은 $\exp(\hat{\theta}) \times 1.041 \approx 68{,}173$

이다(13행). 편향을 조정한 값이 4.1% 높다. $\exp(\hat{u}_i)$의 표본평균을 이용한 편향 조정계수는 약 1.040이며(16행), 이 방법으로 편향을 조정한 예측값은 편향을 조정하지 않은 값보다 4.0% 높은 $\exp(\hat{\theta}) \times 1.040 \approx 68,113$이다(19행).

⚠ $\log(p^0) = \theta + u^0$에서, u^0은 전혀 예측할 수 없는 요소이므로 0으로 예측하고 θ (혹은 θ의 추정값)으로써 $\log(p^0)$을 예측한다. $\log(p^0)$은 θ보다 높을 수도 낮을 수도 있지만 큰 u^0은 작은 u^0과 상쇄되어 $\log(p^0)$과 θ 간에 체계적인 차이가 없다. 하지만 $\log(p^0)$의 예측값을 지수함수 변환하여 p^0을 예측할 때에는 오차 u^0이 지수함수 변환에 의하여 부풀리는 정도(비율이 아닌 크기)가 음수일 때보다 양수일 때 훨씬 크다. 예를 들어 $-2 < u^0 < -1$이면 $0.135 < \exp(u^0) < 0.368$로서 변동폭이 작지만, 부호만 바꾸어 $1 < u^0 < 2$이면 $2.718 < \exp(u^0) < 7.389$로서 변동폭이 훨씬 크다. 그래서, $\log(p^0)$을 예측할 때에는 u^0이 0일 것으로 예측했지만 p^0을 예측할 때에는 u^0으로 인한 불확실성을 예측에 반영해야 하는 것이다.

⚠⚠⚠ 그렇다면 e^θ 자체는 p^0을 예측한다고 할 수 없는 것일까? $\log(p^0)$을 θ로 예측한다고 할 때 이는 두 가지 의미로 생각될 수 있다. 하나는 지금까지 이야기한 것처럼 $\log(p^0) = \theta + u^0$인데 교란요인 u^0을 그 평균인 0으로 예측하고 따라서 $\log(p^0)$을 θ로 예측한다는 것이다. 다른 하나는 교란요인 u^0을 0으로 설정하고 $\log(p^0)$이 θ일 것으로 예측하는 것이다. $\log(p^0)$ 예측 시 u^0을 0으로 예측하는 이유가 u^0의 기댓값이 0이기 때문이라면, p^0 예측 시에는 e^θ에 $\exp(u^0)$의 기댓값인 α를 곱하여야 한다. 반면, $\log(p^0)$ 예측 시 u^0을 0으로 설정하고 θ가 $\log(p^0)$의 예측값이라고 정의하였다면, 이 정의에 합당한 p^0 예측값은 e^θ이다. p^0을 편향되지 않게 예측하는 것이 중요하면, α를 곱해 주어야 한다. 반면, 여하한 이유에서든 $\log(p^0)$ 예측 시에 u^0을 0으로 설정하는 것이 타당하다면 α를 고려할 필요가 없다.

⚠⚠ 종속변수가 로그 형태일 때 수준값의 신뢰구간을 구하는 문제를 생각해 보자. $\log(p)$가 종속변수일 때 $\log(p^0)$의 신뢰구간을 구하기는 쉽다. 예를 들어 $\log(p^0)$의 90% 신뢰구간이 a에서 b까지라 하자. 즉, $\Pr\{a \le \log(p^0) \le b\} = 0.9$이다. 이로부터 p^0의 신뢰구간을 어떻게 구할 것인가? $\log(p^0)$이 a와 b 사이에 있으면 p^0은 e^a와 e^b 사이에 존재하므로, $\Pr(e^a \le p^0 \le e^b)$도 똑같이 0.9이다. 다시 말하여, 특정 신뢰확률에서 $\log(p^0)$의 신뢰구간의 양 끝점을 지수함수변환하여 구한 구간은 해당 신뢰확률에서 p^0의 신뢰구간이 된다. 예를 들어 〈그림 11.8〉 (a)에서 $\log(p^0)$의 90% 신뢰구간이 (a,b)라면, 〈그림 11.8〉 (b)의 (e^a, e^b)는 p^0의 90% 신뢰구간이다. 참고로, 그림 (a)의 확률밀도함수 $f(x)$는 논의의 단순화를 위하여 θ와 u^0의 표준편차를 안다고 가정하고 그린 것이며, 그림 (b)의 확률밀도함수는 (a)의 확률변수를 지수변환한 새로운 확률변수의 확률밀도함수로서, 우선 (a)의 누적분포함수 $F(x)$로부터 $G(x) = P(Y \le x) = P(e^X \le x) = P(X \le \log x) = F(\log x)$라는 누적분포함수를 도출한 후 이를 연쇄법칙에 따라 미분하여 $g(x) = G'(x) = F'(\log x)/x = f(\log x)/x$와 같이 구한 것이다.

이 신뢰구간에 대하여 주의할 점이 있다. 이 (e^a, e^b) 형태의 신뢰구간은 신뢰확률이 증가함에 따라 e^θ를 중심으로 두고 양쪽으로 뻗어나가는 형태를 갖는다. 그러다 보니, 예를 들어 0.1%라는 아주 좁은 범위의 신뢰구간을 구한다면 〈그림 11.8〉 (a)의 a와 b는 θ와 아주 가깝고 그 결과 〈그림 11.8〉 (b)의 e^a와 e^b도 e^θ와 아주 가깝게 되어 (e^a, e^b) 신뢰구간이 p^0의 평균인 αe^θ를 포함하지 않을 수도 있다. 평균을 포함하지 않는 신뢰구간이라는 것은 이상해 보인다.

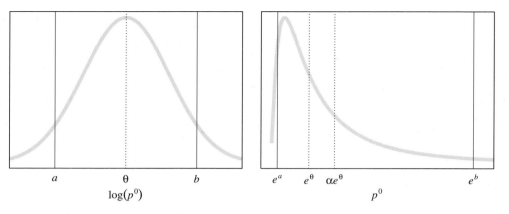

(a) $\log(p^0)$ 의 예측값(θ)과 신뢰구간 (a,b) (b) p^0 의 예측값(αe^{θ})과 신뢰구간 (e^a, e^b)

〈그림 11.8〉 종속변수가 $\log(p)$일 때 p^0의 신뢰구간

이 문제를 해결하는 한 가지 방법은 αe^{θ}를 중심으로 신뢰구간을 구성하는 것이다. 이는 $\log(p^0)$의 신뢰구간을 만들 때 θ가 아니라 $\log\alpha + \theta$를 중심으로 신뢰구간을 만드는 것에 해당한다. 만약 α가 알려져 있다면, $q = \log(\alpha)/se$라 할 때 왼쪽 끝점은 $P(\tilde{a} \le (\log p^0 - \hat{\theta})/se \le q)$가 신뢰수준의 절반($\tau/2$)이 되는 $\tilde{a}$를 이용하여 구한다. 구체적으로, $T(\cdot)$이 t_{n-k-1} 분포의 누적분포함수, $T^{-1}(\cdot)$이 그 역함수(분위함수)라 할 때, $T(q) - T(\tilde{a}) = \tau/2$로부터 $\tilde{a} = T^{-1}(T(q) - \tau/2)$를 구하고, 이로부터 $\log p^0$의 (비대칭) 신뢰구간 왼쪽 끝점인 $a = \hat{\theta} + se \cdot \tilde{a}$를 구한다. 오른쪽 끝점은 반대로 $P(q \le (\log p^0 - \hat{\theta})/se \le \tilde{b}) = \tau/2$로부터 $\tilde{b} = T^{-1}(T(q) + \tau/2)$에 따라 계산하고, 이로부터 $\log p^0$의 (비대칭) 신뢰구간 오른쪽 끝점인 $b = \hat{\theta} + se \cdot \tilde{b}$를 구한다. 마지막으로 p^0의 신뢰구간은 (e^a, e^b)이다. 이상은 α가 알려져 있는 경우에 해당한다. 실제로는 α를 알지 못하고 표본으로부터 추정해야 하며, 신뢰구간을 구할 때에는 이로 인한 불확실성을 반영하여야 할 것이다. 이 일은 더 복잡하다. 단, 표본크기가 커서 α가 매우 정확한 정도로 추정될 수 있다면 α를 추정해야 해서 발생하는 불확실성은 무시할 수 있다.

11.7 함수형태 설정 오류의 검정

선형모형 $Y = \beta_0 + \beta_1 X_1 + \beta_2 X_2 + u$를 생각해 보자. 여기서 독립변수 값들로 모집단을 구획하면 구획별 평균은 X_1과 X_2의 선형함수라고 가정되어 있다. 본 절에서는 이 함수형태가 올바르게 설정되었는지 검정하는 것에 대하여 설명한다.

우변에 X_1만 존재하는 단순회귀라면 종속변수와 독립변수의 자료를 그림으로 표현하여 대략적으로 점검해 볼 수 있겠다. 하지만 다중회귀에서는 여타 독립변수를 고정시킨 상태에서 함수관계를 보아야 하므로 이것도 (가능은 하겠지만) 간단하지 않다. 이보다는 숫자(통계량) 몇 개로 함수형태가 잘못 설정되지는 않았는지 판단하는 방법이 있으면 좋겠다. 여기에는 1969년, 당시 미시건 주립대(Michigan State University)의 램지(Ramsey) 교수가 제안한 회귀설정오류 검정(regression specification error test, RESET)이 많이 사용된다.

RESET은 우변에 맞춘값의 제곱, 세제곱, 네제곱 등을 추가하여 이 추가된 설명변수들의 유의성을 표준적인 F 검정을 이용하여 검정한다. 귀무가설은 이들 추가된 설명변수들 (맞춘값의 제곱, 세제곱 등)이 종속변수를 설명하지 않는다는 것으로서, 이는 선형 모형이 옳게 설정되었음을 의미한다. 단순회귀모형 $Y = \beta_0 + \beta_1 X_1 + u$ 라면 X_1^2, X_1^3, X_1^4 등을 우변에 포함시키는 것과 동일하다. 다중회귀 모형에서는 설명변수가 여럿이라서 복잡하고 그 대신 설명변수들의 선형결합인 맞춘값 $\hat{y}_i$의 제곱, 세제곱, 네제곱 등을 우변에 포함시킨다. 이때 몇 차까지 우변에 포함시킬지 연구자가 선택하여야 한다. 일반적으로 제곱만 포함시키거나 제곱과 세제곱을 포함시킨다. p값이 작다는 것은 모형 설정이 잘못되었다는 증거이다.

R에서는 `lmtest` 패키지의 `resettest` 명령을 사용한다. 차수는 'power=2:3'처럼 옵션을 주어 정한다. 디폴트 옵션은 2차와 3차이다. 다음 예를 보라.

예제 11.7 RESET 검정

이 예제에서는 실제 자료를 사용하기보다는 함수형태 설정 오류를 분명히 보여 주는 자료를 모의실험으로써 만들어 RESET 검정을 해 본다. $Y = 1 + X_1 - \log(X_2) + u$에 의하여 생성된 $n = 100$개의 관측치들을 이용한다. 옳은 모형은 $Y = \beta_0 + \beta_1 X_1 + \beta_2 \log(X_2) + u$ 임에도 불구하고 $Y = \beta_0 + \beta_1 X_1 + \beta_2 X_2 + u$를 회귀할 때의 RESET 검정과, 옳은 모형을 제대로 회귀할 때의 RESET 검정 결과를 구하여 본다. 다음 모의실험 결과를 보라.

```
1  > library(lmtest)
2  > set.seed(1)
3  > n <- 100
4  > x1 <- rnorm(n)
5  > x2 <- exp(rnorm(n))
6  > y <- 1+x1-log(x2)+rnorm(n)
7  > ols <- lm(y~x1+x2)
8  > resettest(ols,power=2:3)
9
10          RESET test
11
12 data:  ols
13 RESET = 5.8562, df1 = 2, df2 = 95, p-value = 0.003997
```

첫째 줄에서는 `lmtest` 패키지를 불러온다. 이미 불러 왔으면 다시 실행할 필요 없다. 둘째 줄은 모든 사람이 동일한 난수를 얻도록 해 준다. '시드' 값이 1에서 다른 값으로 바뀌면 다른 관측치들이 추출되므로 통계량 값과 p값이 바뀔 것이다. 3번 행에 따르면 표본크기는 100으로 설정되고, 4번 행과 5번 행에서 각각 X_1과 X_2의 표본이 생성된다.

5번 행에서 지수함수 변환을 한 것은 그 다음에 로그를 취하기 위하여 양수로 만들고자 함이다. 6째 줄에서 Y를 이 예제의 처음에 설명한 방식으로 생성한다. 그러므로 Y를 X_1과 $\log(X_2)$에 대하여 선형회귀하는 것이 올바른 모형이다. 하지만 7번 행에서 Y를 X_1과 X_2에 대하여 회귀하는 모형(잘못 설정된 모형)을 추정하고, 8번 행에서 RESET 검정을 한다. 참고로, 7번 행과 8번 행을 한꺼번에 'resettest(lm(y~x1+x2),power=2:3)'이라고 하여도 되고, 추정 단계 없이 그냥 'resettest(y~x1+x2,power=2:3)'이라고 하여도 된다. 13번 행의 결과에 따르면 검정통계량은 5.8562이고 그 p값은 0.003997로서, 1% 유의수준에서도 귀무가설을 기각한다. 즉, 함수형태가 잘못 설정된 것으로 판단된다.

　　RESET 검정은 맞춘값의 제곱, 세제곱 등을 우변에 추가하여, 이 추가된 설명변수들이 유의한지 F검정하는 것이라 하였다. 실제 그러한지 다음 결과를 보라.

```
1  > yhat <- lm(y~x1+x2)$fit
2  > aux <- lm(y~x1+x2+I(yhat^2)+I(yhat^3))
3  > coeftest(aux)
4
5  t test of coefficients:
6
7               Estimate Std. Error t value  Pr(>|t|)
8  (Intercept)  0.972493   0.274012  3.5491  0.000603 ***
9  x1           0.402367   0.242460  1.6595  0.100308
10 x2          -0.450605   0.077647 -5.8033 8.543e-08 ***
11 I(yhat^2)    0.471975   0.158705  2.9739  0.003727 **
12 I(yhat^3)   -0.080321   0.044167 -1.8186  0.072130 .
13 ---
14 Signif. codes:  0 '***' 0.001 '**' 0.01 '*' 0.05 '.' 0.1 ' ' 1
15
16 > waldtest(aux,ols,test='F')
17 Wald test
18
19 Model 1: y ~ x1 + x2 + I(yhat^2) + I(yhat^3)
20 Model 2: y ~ x1 + x2
21   Res.Df Df      F   Pr(>F)
22 1     95
23 2     97 -2 5.8562 0.003997 **
24 ---
25 Signif. codes:  0 '***' 0.001 '**' 0.01 '*' 0.05 '.' 0.1 ' ' 1
```

　　첫째 줄에서 맞춘값들($\hat{y}_i$)을 구하고, 둘째 줄에서 $\hat{y}_i^2$과 $\hat{y}_i^3$을 우변에 포함시킨 회귀를 하였다. 그 회귀 결과는 5~14번 행에 표시되어 있다. $\hat{y}_i^2$의 계수가 매우 유의하므로 $\hat{y}_i^2$과 $\hat{y}_i^3$이 집합적으로도(jointly) 유의할 것으로 예상된다. 실제 16번 행에서 $\hat{y}_i^2$과 $\hat{y}_i^3$의 결합 유의성에 대한 F검정을 해 보았다. 23번 행의 결과와 앞에서 resettest 명령을 이용한 결과는 동일하다.

이상에서는 잘못된 모형에 대하여 RESET 검정을 해 보았다. 올바른 모형에 대하여 RESET 검정을 하면 어떻게 될까? 귀무가설을 기각하지 않으면 좋겠다. 다음 결과를 보라.

```
1  > resettest(y~x1+log(x2),power=2:3)
2
3          RESET test
4
5  data:  y ~ x1 + log(x2)
6  RESET = 1.7036, df1 = 2, df2 = 95, p-value = 0.1875
```

6번 행에 따르면 검정의 p값은 0.1875로서 10% 유의수준에서도 귀무가설(모형이 옳게 설정되었다는 가설)을 기각하지 않는다. 우리가 원하는 결과를 얻은 것을 보니 운이 나쁘지는 않았나 보다.

▸ **연습 11.18.** 위에서 마지막에 "운이 나쁘지는 않았나 보다" 하고 쓴 이유는 무엇이겠는가? ① 멋있어 보이려고. ② 100번 실험 중 5번 정도는 귀무가설이 기각될 수 있으므로.

▸ **연습 11.19.** RESET 검정에서 $\hat{y}_i$을 우변에 포함시키지 않는 이유는 무엇이겠는가?

3

가정의 현실화

지금까지 우리는 몇몇 가정하에서 OLS 추정량의 표집분포(표본추출 반복 시행 시 분포)를 구하고, 이에 기초하여 파라미터의 참값에 대한 추론(가설 검정 포함)을 하였다. 이 가정들은 비특이성, 설명변수 표본값 고정, 오차평균0, 독립추출, 동일분산, 정규분포의 가정이다.

만일 비특이성의 가정이 위배되면 OLS 추정값은 유일하지 않다. 실수를 저지르지 않는 한 이런 일은 좀처럼 일어나지 않는다. 설명변수 표본값 고정의 가정은 편의를 위한 것으로서, 이 가정 자체는 일정한 범위 내에서 손쉽게 완화시킬 수 있다. 오차평균0의 가정은 OLS 추정량이 표본추출 반복시행 시 편향되지 않기 위해 필수적인 가정이다. 나중에 설명변수 표본값 고정의 가정과 연관되어 이 가정이 완화되면서 재미있는 문제점들이 발생하지만 아직까지는 이 점을 고려하지 말자. 동일분산과 독립추출의 가정은 가우스 마코프 정리에 중요하지만, OLS 추정량은 이것들 없이도 비편향이다. 다만 지금까지 설명한 검정을 하기 위해서는 이 가정들이 꼭 필요하다. 마지막으로 정규분포의 가정으로 인해 t 통계량과 F 통계량은 각각 정확히 t 분포와 F 분포를 갖게 된다.

이제 이 가정들을 하나씩 완화시켜 가면서 무슨 문제가 생기고 이들 문제를 어떻게 해결할 수 있는지, 위에서 열거한 가정들 중 맨 아래부터 정규분포, 동일분산, 독립추출의 가정에 대하여 차례로 살펴보기로 한다. 설명변수 표본값 고정 가정과 오차평균0의 가정을 검토하기 위해서는 좀 더 근본적인 변화가 필요하며, 제4부에서 살펴볼 것이다. 비특이성 가정이 없이는 아무것도 되지 않으므로 이 가정을 완화시키지는 않는다.

12 정규분포 문제

오차항의 정규분포 문제는 7장에서 설명한 바 있다. 본 장에서는 동일한 내용을 다중회귀분석의 맥락에서 약간 더 상세하게 설명한다. 최우추정법에 대해서도 살펴본다.

12.1 표본크기와 정규분포

표본크기(n)가 크면 다음과 같은 두 가지 성질로 인해 OLS 추정량은 더 유용해진다. 첫째, 표본크기가 커지면, 일정한 가정하에서 OLS 추정량은 참값에 대하여 일관된 정보를 제공한다. 즉, OLS 추정량은 일관된(consistent) 추정량이다. 둘째, 오차항이 정규분포를 갖지 않더라도 중심극한정리로 인해 OLS 추정량은 근사적으로 정규분포를 갖는다(approximately normal). 즉, 표본크기가 적당히 크다면 우리는 오차항이 정규분포를 갖는다는 가정을 굳이 하지 않더라도 t 검정이나 F 검정을 할 수 있게 된다.

OLS 추정량이 이처럼 일관성과 근사적 정규성(approximate normality)을 충족시키려면 보통 $\lim_{n \to \infty} n^{-1} \mathbb{X}'\mathbb{X}$ 가 역행렬을 갖고 $n^{-1/2} \mathbb{X}'\mathbb{U}$ 가 중심극한정리를 따른다는 가정이 있어야 한다. 첫째 가정은 횡단면자료의 경우 일반적으로 성립한다. 둘째 가정이 성립하려면 $\mathbb{X}$ 의 행 중에 다른 행에 비하여 너무 큰 값을 가진 행이 없어야 한다는 조건이 필요하며, 이 가정은 일반적으로 성립한다고 보아도 좋다. 이는 중심극한정리를 위한 린드버그 조건(Lindeberg Condition)에 필수적인데, 린드버그 조건과 중심극한정리에 대해서는 7.7절에서 설명하였다. 회귀에서 중심극한정리를 적용하는 것에 대해서는 계량경제이론 책을 참고하기 바란다.

12.2 정규분포 가정의 완화

다른 모든 가정들은 만족되지만 오차항이 정규분포를 갖지 않으면 최소제곱 추정량은 여전히 BLUE이며, 최소제곱 추정량의 분산식은 옳다. 그러나 추정량이 정규분포를 갖지 않으므로 t 검정이나 F 검정이 타당하지 않다.

이 문제는 심각하지 않다. 앞 절에서 설명한 것처럼, 표본크기가 크면 중심극한정리 덕택에 최소제곱 추정량은 대략적으로 정규분포를 따르고 t 통계량과 F 통계량은 각각 대략적으로 t 분포와 F 분포를 따른다. 정규분포 가정의 위배는 표본크기가 작을 때에만 (약간) 문제가 된다.

표본크기가 얼마만큼 커야 오차항의 정규분포의 가정 없이도 검정들이 근사적으로 타당하게 될까? 이것은 오차항의 실제 분포에 따라 달려 있다. 만일 중심극한정리가 성립하는 데에 큰 표본이 필요하다면 표본크기가 커야 하고 그렇지 않다면 표본이 작아도 될 것이다. 그러므로 얼마만큼 큰 표본이 큰 표본인가 하는 질문에 정해진 답은 없다. 필자는 표본크기가 20–30개 정도면 크다고 본다. 하지만 오차항의 분포의 꼬리가 두텁다는 의심이 드는 경우에는 표본크기가 훨씬 커야 한다(몇백 개쯤).

실제 오차항의 분포가 정규분포가 아닐 때 t 통계량의 분포가 얼마만큼 t 분포에 가까운지 보기 위해 실험을 해 보았다. 다음의 R 스크립트를 예컨대 cltexper.R이라는 파일로 저장한 후, R에서 해당 디렉토리로 이동하여(예를 들어 그 파일이 D:\exper에 있으면 setwd("d:/exper")를 사용), source("cltexper.R")라고 하면 전체 파일을 실행하게 된다. 파일을 한 쪽에 열어서 편집하면서 R 윈도우에서는 실행만 하면 편리하다.

```
n <- 40
iterate <- 10000
b0 <- 1
b1 <- 1
set.seed(10101)
x <- rnorm(n)
tstats <- rep(0,iterate)
for (iter in 1:iterate) {
  u <- rchisq(n,1)-1
  y <- b0+b1*x+u
  a <- coef(summary(lm(y~x)))
  tstats[iter] <- (a[2,1]-b1)/a[2,2]   # (b1hat-b1)/se1
}
hist(tstats,prob=T,ylim=c(0,1.1*dt(0,n-2)))
lines(v <- -40:40/10,dt(v,n-2),lty="dotted")
```

위의 명령어들을 실행시키면 마지막에 실제 실험에서 얻어지는 t 통계량들의 분포(히스토그램)와 t_{n-2} 분포의 확률밀도함수를 눈으로 볼 수 있다. 위의 코드에 따르면 오차항은 χ_1^2 분포에서 발생시킨 값에서 그 평균인 1을 뺀 것이므로 평균이 0이고 분산은 모두 동일하지만 정규분포와 거리가 멀다는 점에 유의하라. 〈그림 12.1〉에 $n = 40$일 때 t 통계량의 히스토그램과 t 분포를 덧그려 놓았다. 두 분포의 모양은 상당히 유사한 것으로 보이며 비록 오차항이 정규분포를 갖지 않지만 그냥 t 검정을 하여도 큰 문제가 없는 것으로 보인다. 다른 상황들을 살펴보려면 첫째 줄에 n을 여러 가지로 바꾸고 9째 줄에 u를 발생시키는 방법을 여러 가지로 바꾸어 가면서 실험을 해 볼 수 있다. 필자가 여러 가지 실험을 해 보았는데 실제 구한 값들의 히스토그램과 t_{n-2} 분포의 확률밀도함수는 크게 차이나지 않았다.

정규분포의 가정이 위배되는 상황에 대하여 한 마디로 이야기하자면 "표본크기가 크기만 하면 걱정하지 말라"는 것이다.

12.3   오차항이 정규분포인지 검정

오차항이 정규분포를 가졌는지 검정하는 방법이 있다. 가장 대표적인 것은 자끄(Jarque)와 베라(Bera)의 검정이다(Jarque and Bera 1980).

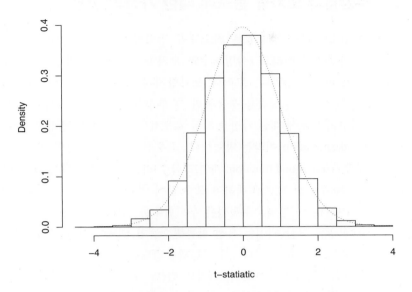

〈그림 12.1〉 오차항이 카이제곱 분포를 가질 때 t 통계량의 분포

자끄-베라 검정은 만일 $u_i \sim N(\mu, \sigma^2)$ 이라면 $\mathrm{E}[(u_i - \mu)^3] = 0$ 이고 $\mathrm{E}[(u_i - \mu)^4] = 3\sigma^4$ 이라는 점을 이용한다.

좀 더 구체적으로 자끄-베라 검정통계량은 $JB = (n/6)(S^2 + K^2/4)$ 인데 여기서 S 는 왜도 (skewness, 비대칭도)를 추정한 것이며 K 는 정규분포의 첨도(kurtosis, 뾰족한 정도)를 초과한 첨도를 추정한 것으로서 $S = \hat{\mu}_3/\hat{\mu}_2^{3/2}$ 이고 $K = \hat{\mu}_4/\hat{\mu}_2 - 3$ 인데, 여기서

$$\hat{\mu}_j = \frac{1}{n}\sum_{i=1}^{n}(u_i - \bar{u})^j, \quad \bar{u} = \frac{1}{n}\sum_{i=1}^{n}u_i$$

이다. 이것은 u_i 가 관측되는 경우이고, 회귀식의 오차항으로서 관측이 안 되면, 모형에 절편이 있는 경우 제곱최소화 잔차항을 사용한다. 모형에 절편이 없으면 뒤에 항이 추가되어

$$\frac{n}{6}\left[\frac{\hat{\mu}_3^2}{\hat{\mu}_2^3} + \frac{1}{4}\left(\frac{\hat{\mu}_4}{\hat{\mu}_2^2} - 3\right)^2\right] + n\left(\frac{3\hat{\mu}_1^2}{2\hat{\mu}_2} - \frac{\hat{\mu}_3\hat{\mu}_1}{\hat{\mu}_2^2}\right)$$

가 된다. 정규분포가 맞는 경우 이 검정통계량의 분포는 χ_2^2 이다. R에는 `jarque.bera.test()` 와 같은 명령어도 있으므로 참고하라.

그런데 지금 우리가 사용하는 선형모형에서 표본크기가 크고 오차항의 분포가 너무 이상하지만 않으면 정규분포의 가정이 필수적이지 않기 때문(중심극한정리 덕분)에, 선형 다중회귀 모형을 사용한 인과관계의 실증분석에서 이러한 정규분포 여부의 검정은 거의 행해지지 않는다. 예측이나 시계열 분석에서는 여전히 정규분포 검정에 관심을 갖는다.

12.4 최우추정법과 오차항 분포에 대한 가정의 활용

지금까지 살펴본 추정방법은 최소제곱 추정방법으로서, 오차항 분포의 모양에 대하여 어떠한 가정을 하더라도 (설명변수와 오차항이 비상관이라는 점 이외에는) 이를 특별히 추정에 활용하지 않았다. 그러나 오차항의 분포에 대한 가정은 매우 강한 가정으로서, 이를 잘 활용하는 추정법을 사용하면 그 추정량이 매우 좋은 성질을 가질 수 있다.

오차항의 분포에 대한 가정을 가장 효율적으로 이용하는 추정방법은 **최우추정**(maximum likelihood estimation)이라는 방법이다. 최우추정법은 오차항의 분포에 관한 가정을 이용하여 우도함수(likelihood function, 개연도 함수)라는 것을 만들어서 최대화시키는 추정법이다. 우도함수는 주어진 자료에 대하여 모수 값이 얼마나 '그럼직한지'를 나타내는 하나의 함수(Fisher, 1921)이다.* 최우추정법은 우도함수를 최대화시키는 방법이다

우도함수를 구할 때에는 우선 확률변수들의 분포에 관한 가정에 기반하여 $Y_1, \ldots, Y_n$ 의 결합확률밀도함수를 구한다. 이 결합확률밀도함수는 미지의 모수들(예를 들어 정규분포라면 평균과 분산)을 포함하며, 각각의 점($Y_1 = c_1, \ldots, Y_n = c_n$ 점)에서 평가된다. 그 다음에 $c_1, \ldots, c_n$ 자리에 실제 관측된 $y_1, \ldots, y_n$ 값을 대입시키면 미지의 모수의 함수가 되는데 이것이 우도함수이다. 다음 예들에서는 우도함수를 도출해 본다.

예제 12.1 지수분포의 우도함수

확률밀도함수가 $f(x) = \alpha \exp(-\alpha x)$ 인 확률분포를 '빈도(rate)가 α 인 지수분포(exponential distribution)'라 한다($\alpha > 0$). 이 분포는 α 값에 따라 달라진다. 몇몇 α 값에서 지수분포의 확률밀도함수가 〈그림 12.2〉에 제시되어 있다.

빈도가 α 인 지수분포를 갖는 서로 독립된 확률변수가 n 개 있다고 하자. 이 확률변수들을 $Y_1, Y_2, \ldots, Y_n$ 이라 하자. 그러면 이들의 결합확률밀도함수는 각 개별 확률밀도함수들을 모두 곱한 것이 된다(서로 독립이므로). 구체적으로 $Y_1 = c_1, \ldots, Y_n = c_n$ 에서의 결합확률밀도는 다음 형태를 갖는다.

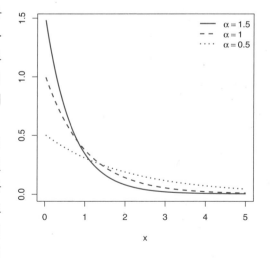

〈그림 12.2〉 지수분포의 밀도함수

---

*"모수가 어떤 값을 가질 개연성(likelihood)은 그 값이 맞았다면 전체 관측치들이 관측된 값들을 가져야 할 확률에 비례한다"(Fisher, 1921). MLE의 역사에 대해서는 Norden (1972) 논문 참조.

$$f(c_1,\ldots,c_n) = [\alpha \exp(-\alpha c_1)]\cdots[\alpha \exp(-\alpha c_n)] = \alpha^n \exp\left(-\alpha \sum_{i=1}^{n} c_i\right)$$

이 결합확률밀도함수를 실제 관측치들인 $(y_1,\ldots,y_n)$에서 평가하면 $f(y_1,\ldots,y_n)$이 된다. 그 정확한 함수는 앞의 수식에서 $c_1,\ldots,c_n$ 자리에 각각 $y_1,\ldots,y_n$을 대입하여 구할 수 있다.

$f(y_1,\ldots,y_n)$은 자료$(y_1,\ldots,y_n)$가 있어도 α 값을 몰라서 계산할 수 없다. 하지만 α가 주어지면 계산할 수 있으므로 이는 α의 측정 가능한 함수(measurable function)이다. 이 함수가 우도함수이다. 이를 $L(\alpha)$라 표기하면 위 예에서 $L(\alpha) = \alpha^n \exp(-\alpha \sum_{i=1}^{n} y_i)$이다. 우도함수에 로그를 취한 $\log L(\alpha)$는 '로그우도함수'로서 위 예에서 다음과 같다.

$$\log L(\alpha) = n\log\alpha - \alpha \sum_{i=1}^{n} y_i = n\log\alpha - n\alpha\bar{y} \tag{12.1}$$

마지막의 $\bar{y}$는 $y_1,\ldots,y_n$의 표본평균을 나타낸다. 여기서 n과 $\bar{y}$는 자료가 있으면 계산할 수 있는 값들이다. 예를 들어 $\alpha = 1$에 대응하는 로그우도(log likelihood)는 로그우도함수에 $\alpha = 1$을 대입하면 $\log L(1) = -n\bar{y}$가 된다. $\alpha = 2$를 대입하면 $\log L(2) = n\log(2) - 2n\bar{y}$이다. 자료가 주어져서 n과 $\bar{y}$ 값을 알면 모든 α에 대하여 $\log L(\alpha)$의 값을 구할 수 있다.

예를 들어 크기 $n = 10$의 표본이 관측되었으며 그 표본평균이 0.77이라 하면 로그우도함수는 다음과 같다.

$$\log L(\alpha) = 10\log\alpha - 7.7\alpha$$

동일 크기 표본을 1회 더 추출하고 이 새로운 표본에서 표본평균이 0.86이라면 로그우도함수는 $\log L(\alpha) = 10\log\alpha - 8.6\alpha$로 바뀐다. 이 두 로그우도함수를 그림으로 표현하면 〈그림 12.3〉과 같다. 표본추출 반복시 함수 모양은 바뀐다. 로그우도함수는 확률적(random)인 함수이다.

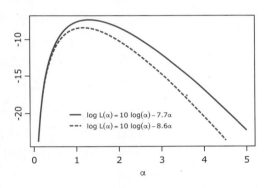

명령: `curve(10*log(x)-7.7*x,0,5)`
〈그림 12.3〉 지수분포 로그우도함수

▶ **연습 12.1.** $n = 10$, $\bar{y} = 0.77$의 경우 로그를 취하지 않은 우도함수 $L(\alpha)$의 그래프를 그려라.

▶ **연습 12.2.** 지수분포를 정의할 때 α 대신에 $1/\alpha$를 모수로 사용하기도 한다. $\beta = 1/\alpha$라 하고 $L(\beta)$와 $\log L(\beta)$를 도출하라. $n = 10$이고 $\bar{y} = 0.77$일 때 $\log L(\beta)$의 그림을 그려라.

예제 12.1에서는 분포에 관한 특정한 가정으로부터 우도함수와 로그우도함수를 도출하는 예를 살펴보았다. 정리하면 먼저 출발점으로서 종속변수의 표본이 어떤 분포를 갖는지 가정해야 하며, 특히 그 분포를 몇 개의 매개변수(parameter)만으로 표현할 수 있어야 한다. 앞의 예에서는 '빈도' 모수가 α인 지수분포를 갖는다고 가정하였으며, 이 분포는 α라는 매개변수 하나로 표현된다. 다음으로, 이 분포 가정에 입각하여 종속변수 표본의 결합확률밀도함수를 구하고, 이 결합확률밀도함수를 종속변수의 실제 n개 관측치에서 평가하여 우도함수를 만든다. 이 우도함수는 앞에서 언급한 몇 개의 매개변수의 함수이다. 로그우도함수는 여기에 로그를 취한 것이다. 정리하면, ① 분포를 가정하고, ② 이 가정으로부터 종속변수 표본의 결합확률밀도함수를 도출한 후, ③ 여기에 종속변수 실제 표본 관측값을 대입하여 우도함수와 로그우도함수를 도출한다.

예제 12.2 정규분포에서 평균과 표준편차를 위한 우도함수

n개의 관측값들 $y_1, y_2, \ldots, y_n$이 있다고 하자. 이 관측값들이 모두 $N(\mu, \sigma^2)$ 분포로부터 독립적으로 추출되어 구한 값이라는 것을 우리가 알고 있다고 하자. 즉, $Y_1, Y_2, \ldots, Y_n$은 모두 $N(\mu, \sigma^2)$ 분포를 가지며 서로 독립인 확률변수들이고, 이 값들이 한 번 실현되어 관측값인 $y_1, y_2, \ldots, y_n$을 얻었다는 것이다(①). 이 가정하에서 $Y_1, Y_2, \ldots, Y_n$의 확률밀도함수를 $c_1, c_2, \ldots, c_n$에서 평가하면 다음을 얻는다(②).

$$f(c_1, c_2, \ldots, c_n) = \frac{1}{\sqrt{2\pi\sigma^2}}\exp\left\{-\frac{(c_1-\mu)^2}{2\sigma^2}\right\}\cdots\frac{1}{\sqrt{2\pi\sigma^2}}\exp\left\{-\frac{(c_n-\mu)^2}{2\sigma^2}\right\}$$
$$= \prod_{i=1}^{n}\left[\frac{1}{\sqrt{2\pi\sigma^2}}\exp\left\{-\frac{(c_i-\mu)^2}{2\sigma^2}\right\}\right]$$

위에서 '$\prod_{i=1}^{n}$' 표시는 i를 1부터 n까지 변화시키면서 구하는 값들을 곱한다는 뜻이다. 여기서 각 개별 확률밀도함수들이 서로 곱해지는 것은 $Y_1, Y_2, \ldots, Y_n$의 분포가 독립적이기 때문이다. 위 식에 $c_1 = y_1, \ldots, c_n = y_n$을 대입하면 우도함수가 된다(③). μ와 σ^2을 알지 못하므로 이 우도함수는 하나의 숫자가 되는 것이 아니라 μ와 σ^2의 함수이다. 이 우도함수를 $L(\mu, \sigma^2)$라고 표기하면 다음과 같다.

$$L(\mu, \sigma^2) = \prod_{i=1}^{n}\left[\frac{1}{\sqrt{2\pi\sigma^2}}\exp\left\{-\frac{(y_i-\mu)^2}{2\sigma^2}\right\}\right].$$

참고로, σ^2을 모수로 간주하고 $\sigma = \sqrt{\sigma^2}$이라고 하든 σ를 모수로 간주하고 σ^2을 σ의 제곱으로 간주하든 나중에 살펴볼 최우추정법에서는 차이가 없다.

여러분에게 실제 자료가 있으면 위 우도함수를 그려볼 수 있다. 시험삼아 자료를 만들어 보자. 예를 들어 $n = 20$개의 자료를 만들려면, 한 가지 방법은 친구에게 부탁해서 자기만 아는 어떤 정규분포로부터 20개 숫자를 뽑아서 여러분에게 주되 μ와 σ에 대해서는 함구하라고 하는 것이다. 그러면 여러분은 20개의 관측치만을 갖게 되고, 배후에 있는 μ와

σ는 모르게 된다. 다른 방법은, 여러분 자신이 친구 역할까지 해서 어떤 정규분포로부터 숫자 20개를 추출하는 것이다. 단, 실제 숫자를 추출하려면 μ와 σ를 알아야 할 것이나, 숫자를 추출하고 나서는 그 값들을 망각하도록 한다. 그러면 역시 20개 숫자는 가지고 있으면서 μ와 σ는 모르는 상태가 된다.

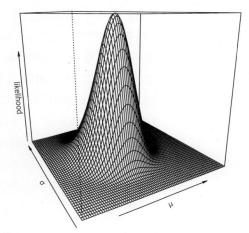

이제 $y_1, y_2, \ldots, y_{20}$의 관측값들이 있으므로 모든 가능한 μ와 σ^2의 조합에 대하여 $f(y_1, y_2, \ldots, y_{20})$의 값을 계산할 수 있다. 실제로 필자가 두 번째 방법을 사용하여 자료를 만든 후 μ를 -0.8부터 0.8까지 0.02 간격으로 쪼개고, σ를 0.4부터 1.4까지 0.02 간격으로 쪼개서, 각 μ와 σ값의 조합에 대하여 우도함수 값을 계산한 결과가 〈그림 12.4〉에 있다. 이 그림을 그리기 위해서 필자는 81개의 μ값과 51개의 σ값, 전체 $81 \times 51 = 4{,}131$개의 매개변수 값 조합에 대하여 우도함수를 계산하였다.

〈그림 12.4〉 정규분포 우도함수

〈그림 12.4〉의 우도함수는 필자가 생성한 특정 자료에만 해당하며, 크기 20의 표본을 추출하는 행위를 반복하면 표본 값들($y_1, \ldots, y_n$)이 달라지고 각각의 주어진 μ와 σ에서 함수값이 달라진다. 즉, 이 '산'의 위치, 높이, 모양이 달라진다.

예제 12.3   선형회귀 모형에서 오차항 정규분포 가정하의 우도함수

$Y = \beta_0 + \beta_1 X_1 + \beta_2 X_2 + u$라는 모형과, 이 관계를 만족시키는 모집단으로부터 독립추출된 n개의 관측값들이 있다고 하자. 설명변수는 비확률적(표본추출 반복 시 값 고정)이고, 오차항은 평균이 0이고 분산이 σ^2인 정규분포를 갖는다고 하자. 그러면 종속변수 관측값 y_i는 각각 $N(\beta_0 + \beta_1 x_{i1} + \beta_2 x_{i2}, \sigma^2)$으로부터 독립추출한 것이다. 이것을 각각의 Y_i가 $N(\beta_0 + \beta_1 x_{i1} + \beta_2 x_{i2}, \sigma^2)$ 분포를 갖고, $Y_1, \ldots, Y_n$이 서로간에 독립이라 할 때 $(y_1, \ldots, y_n)$은 $(Y_1, \ldots, Y_n)$이 1회 추출된 것이라 이해하면 좋다. 이제, $(Y_1, Y_2, \ldots, Y_n)$의 결합확률밀도함수를 관측값인 $(y_1, y_2, \ldots, y_n)$에서 평가하고 이를 $\beta_0, \beta_1, \beta_2$와 σ의 함수로 인식하면 다음 우도함수를 얻는다.

$$L(\beta_0, \beta_1, \beta_2, \sigma) = \prod_{i=1}^{n} \left[\frac{1}{\sqrt{2\pi\sigma^2}} \exp\left\{ -\frac{(y_i - \beta_0 - \beta_1 x_{i1} - \beta_2 x_{i2})^2}{2\sigma^2} \right\} \right]$$

이것이 이 예제의 우도함수이다. 표본추출 반복시행 시 관측치 $y_1, y_2, \ldots, y_n$의 값이 달라지면 이 우도함수의 모양이 달라질 것이다.

앞에서 잔차의 제곱합을 최소화시키는 것이 OLS라고 정의하였다. 다중회귀 모형의 최소절대편차 추정은 $\sum_{i=1}^{n} |y_i - b_0 - b_1 x_{i1} - \cdots - b_k x_{ik}|$를 최소화시키는 방법이라고 정의한 바도 있다. 이들과 달리 **최우추정**(maximum likelihood, MLE)은 우도함수를 최대화시키는 방법이다. 예제 12.1에서 MLE $\hat{\alpha}$는 〈그림 12.3〉의 로그우도함수를 최대화시키는 값이고, 예제 12.2에서 MLE $\hat{\mu}$와 $\hat{\sigma}$는 〈그림 12.4〉의 산꼭대기에 도달하게 만드는 μ와 σ 값이다. 그리고 σ^2의 MLE $\hat{\sigma}^2$은 $\hat{\sigma}$의 제곱이다. 흔히 우도함수 자체보다는 더 다루기 쉬운 로그 우도함수(log-likelihood function)를 최대화한다. 물론 로그 함수는 단조증가적(strictly increasing)이므로 로그 우도함수를 최대화시키는 값과 우도함수 자체를 최대화시키는 값은 동일하다. 이하에서는 앞 예들의 MLE (maximum likelihood estimator)를 구한다.

예제 12.4   지수분포 가정하의 최우추정(예제 12.1 계속)

예제 12.1의 〈그림 12.3〉에 해당하는 α의 MLE 값을 구해 보자. 〈그림 12.3〉 실선을 최대화하는 α값은 실선 산꼭대기에서 수직선을 그려서 가로축과 만나는 값이다. 1에서 2 사이의 값쯤 되어 보인다. 컴퓨터가 있다면 컴퓨터로 함수를 최대화하는 알고리즘을 이용하여 최우추정값을 구할 수 있다. 예를 들어 R에서는 다음과 같이 할 수 있다.

```
1  > logL <- function(a) 10*log(a)-7.7*a
2  > optimize(logL, c(0,5), maximum=TRUE)
3  $maximum
4  [1] 1.298716
5
6  $objective
7  [1] -7.386352
```

4번 행의 **1.298716**이 MLE 값이다.

사실 예제 12.1에서는 $\log L(\alpha)$의 형태가 하도 간단해서 수치적 최적화를 할 필요도 없이 손으로 풀어서 최우추정량을 도출할 수 있다. 식 (12.1)의 우변을 α에 대하여 1계미분하면 $n/\alpha - n\bar{y}$가 된다. 이를 0으로 설정하는 α값이 MLE $\hat{\alpha}$이다. 간단한 풀이에 의하면 MLE는 $\hat{\alpha} = 1/\bar{y}$이며, $\bar{y} = 0.77$일 때 그 값은 $1/0.77 = 1.298701$이다. 앞 2번 행의 수치적 최적화에서 구한 4번 행의 결과와 거의 같다. 소수점 아래 5번째 자리에서 차이가 나는 것은 수치적 최적화가 완벽하지 않기 때문이며 무시해도 좋다.

▶ **연습 12.3.** 지수분포를 $\beta = 1/\alpha$를 매개변수로 하여 표현할 경우 β의 MLE는 무엇인가?

예제 12.5 정규분포 가정하에서 평균의 최우추정

예제 12.2에서 μ의 MLE를 구해 보자. 그 예제의 $L(\mu, \sigma^2)$에 로그를 취하면 다음의 로그 우도함수를 얻는다.

$$\log L(\mu, \sigma^2) = \sum_{i=1}^{n} \left[-\frac{1}{2}\log(2\pi) - \frac{1}{2}\log(\sigma^2) - \frac{1}{2\sigma^2}(y_i - \mu)^2 \right]$$

$$= -\frac{n}{2}\log(2\pi) - \frac{n}{2}\log(\sigma^2) - \frac{1}{2\sigma^2}\sum_{i=1}^{n}(y_i - \mu)^2$$

우변을 자세히 살펴보면, 평균 모수 μ는 마지막 항에만 나온다는 것을 알 수 있다. 그러므로 $\log(\mu, \sigma^2)$을 최대화시키기 위해서는 우선 $\sum_{i=1}^{n}(y_i - \mu)^2$을 최소화시키는 μ 값을 구하고 그 다음 전체를 최소화시키는 σ^2 값을 구하면 된다. 그런데 $\sum_{i=1}^{n}(y_i - \mu)^2$을 최소화시키는 것은 Y를 상수항에 대하여 회귀할 때의 최소제곱 추정량으로서, $y_1, y_2, \ldots, y_n$의 표본평균이다($\hat{\mu}_{mle} = \bar{y}$). 분산 모수 σ^2의 MLE는 미분에 의하면 $\hat{\sigma}^2_{mle} = \frac{1}{n}\sum_{i=1}^{n}(y_i - \bar{y})^2$이다. 이것은 표본분산이 아니다. 편차들의 제곱합을 $n-1$이 아닌 n으로 나누었기 때문이다.

예제 12.6 정규분포 가정하에서 선형회귀 모형의 로그 우도함수와 최우추정

예제 12.3의 우도함수에 로그를 취하면 다음을 얻는다.

$$\log L = -\frac{n}{2}\log(2\pi) - \frac{n}{2}\log\sigma^2 - \frac{1}{2\sigma^2}\sum_{i=1}^{n}(y_i - \beta_0 - \beta_1 x_{i1} - \beta_2 x_{i2})^2$$

이 로그 우도함수를 최대화시키려면 우선 $\sum_{i=1}^{n}(y_i - \beta_0 - \beta_1 x_{i1} - \beta_2 x_{i2})^2$을 최소화시키는 $\beta_0, \beta_1, \beta_2$ 값들을 구하고, 그 다음 이 값들에 대하여 전체 로그 우도함수를 최대화시키는 σ^2을 구하면 된다. 그러므로, 다중회귀에서 오차항이 정규분포를 갖는다고 가정하면, 이 정규분포 가정을 활용하는 $\beta_0, \beta_1, \beta_2$의 최우추정량은 $\sum_{i=1}^{n}(y_i - \beta_0 - \beta_1 x_{i1} - \beta_2 x_{i2})^2$를 최소화시키는 추정량, 즉 OLS 추정량과 동일하다! 오차분산의 MLE는, 계산에 의하면, $\hat{u}_i$을 잔차라 할 때 $\hat{\sigma}^2 = \frac{1}{n}\sum_{i=1}^{n}\hat{u}_i^2$이다. 이것은 s^2이 아니다. s^2은 잔차들의 제곱합을 $n-3$으로 나눈 것인데 이 MLE는 n으로 나누었다.

MLE는 매우 좋은 성질을 가지고 있다. 만일 MLE가 비편향이라면 이 추정량은 가장 효율적인 추정량이라는 이론이 있다.* 그런데 MLE가 항상 비편향인 것은 아니며, 사실 몇 가지 아주 특수한 경우를 제외하면 우도함수를 들여다 보아도 MLE가 비편향인지 여부를 알 수 없다. MLE가 비편향인지 아닌지는 실제로 MLE(추정값이 아니라 추정량)를 도출해서 분석해 보아야만 확인할 수 있다. 이따금 우도함수만을 보고 아는 사람들도 있는데, 이는 바둑의 고수가 몇 수 앞을 내다보는 것처럼, 우도함수를 보고 머릿속으로 재빨리 분석을 하거나 이미 분석해 보아서 알기 때문에 그렇다. 앞의 두 가지 정규분포 예에서는 평균의 MLE와 기울기들의 MLE가 각각 비편향이다. 이는 MLE가 OLS 추정량과 동일하고 OLS 추정량은 비편향이기 때문이다. 하지만 σ^2의 MLE는 편향되었다.

▶ **연습 12.4.** 예제 12.5에서 σ^2의 MLE가 $\hat{\sigma}^2 = \frac{1}{n}\sum_{i=1}^{n}(y_i - \bar{y})^2$ 임을 보이고 이 MLE가 편향되었음을 증명하라. 힌트: MLE의 도출을 위해서는 미분을 사용하고, 편향됨을 증명하기 위해서는 표본분산인 $\frac{1}{n-1}\sum_{i=1}^{n}(y_i - \bar{y})^2$이 σ^2에 대하여 비편향임을 이용하라.

예제 12.3에서는 오차항이 정규분포를 갖는다는 가정하에 MLE를 구했는데, 오차항이 정규분포가 아니라 다른 분포(예를 들어 t분포)를 갖는다고 가정하면, 이 가정하에서 최우추정을 할 수 있고 이 경우 MLE는 OLS 추정량과 다를 수 있다.

예를 들어 오차항이 이중지수분포(double exponential distribution)를 갖는다는 가정하에서 구하는 MLE는 최소절대편차 추정량과 동일함을 보일 수 있다. 관심 있는 독자는 이중지수분포의 확률밀도함수 $\frac{1}{2\alpha}\exp(-\frac{|v|}{\alpha})$로부터 로그 우도함수를 구하고 확인해 보기 바란다.

주의할 점은, 최우추정법은 반드시 종속변수 관측치들의 결합확률분포에 대한 하나의 가정으로부터 출발한다는 것이다. 다중회귀 모형이라면, 이는 표본 내 오차항들의 결합확률분포에 대한 가정이며, 독립추출을 가정하면 이는 오차항에 대하여 특정한 분포를 가정함을 의미한다. 따라서 "오차항이 정규분포를 갖는다는 가정하의 MLE"나 "오차항이 t분포를 갖는다는 가정하의 MLE"는 존재하나, 분포에 대한 이러한 꾸밈이 없이 그냥 "MLE"라고 하는 것은 없다. 다만, 숙달된 연구자들은 흔히 분포에 대한 언급이 없이 그냥 MLE라고 하기도 하는데 이는 정규분포 가정하의 MLE를 의미하는 경우가 대부분이다. 하지만 만약 여러분이 학생이라면 가정하는 분포를 꼭 언급해 주어야 할 것이다.

최우추정량은 종속변수(혹은 오차항)의 분포에 대하여 세운 가정이 맞을 때 좋은 성질을 갖는다. 만약 그 가정이 맞지 않으면 해당 추정량에 무슨 일이 일어날지 일일이 확인해 보지 않고서는 알 수 없다. 사실 오차 분포에 대한 가정이 맞을 때에도 그 MLE는 좋은 성질을 갖기 위해서는 그 분포가 일정 조건들(흔히 "regularity conditions"라 함)을 만족시켜야만 한다. 이 조건들은 대부분 충족되나, 그래도 일일이 확인하여야만 한다. 이 내용은 복잡하며, 더 이상의 자세한 내용은 생략한다.

---

*가우스 마코프 정리에 의하면 (동일분산과 독립추출을 포함한 제반 가정하에서) OLS 추정량은 가장 좋은 선형 비편향 추정량인데, MLE는 비편향 추정량이면 '선형' 꼬리표를 떼고 가장 좋은(효율적인) 추정량이다.

요약하면, 최우추정법은 종속변수(혹은 오차항)의 분포에 대한 가정을 가장 효율적으로 활용하는 추정법이다. 똑같은 자료라 하더라도 가정하는 분포가 달라지면 최우추정량은 달라진다. 다중회귀 모형에서 오차항이 $N(0, \sigma^2)$ 분포를 갖는다(표본은 임의추출)는 가정하에서 구하는 최우추정량은 OLS 추정량과 동일하다. 최우추정량이 비편향이고 오차항의 분포가 진실로 가정한 분포와 동일한 경우 최우추정량은 비편향 추정량 중 가장 효율적이라는 결과가 있다. 그러므로, 만일 오차항이 정규분포를 갖는다면 OLS 추정량(정규분포 가정하의 최우추정량이기도 함)은 가장 효율적인 비편향 추정량이다. 하지만 오차항이 정규분포를 가지지 않으면 OLS 추정량보다 더 효율적인 추정량이 존재할 수 있다. 단, 그렇더라도 X값 통제, 오차평균0, 동일분산, 독립추출의 가정이 성립하면 어느 선형 비편향 추정량도 OLS보다 더 효율적이지 않다(가우스 마코프 정리).

오차항에 정규분포를 가정하는 선형모형을 제외한 일반적인 경우에 MLE는 편향되었거나 비편향성을 입증하는 것이 불가능하다. 하지만 이 경우에도 MLE는 일관적(consistent, 7장 참조)이고 표본크기가 클 때 근사적으로 정규분포를 갖는다(asymptotically normal). 또한 상당히 일반적인 조건하에서 MLE는 '일관적이고 근사적으로 정규분포를 갖는 추정량' 중 '극한분포'(limit distribution)의 분산이 가장 작다(asymptotically efficient)는 좋은 성질을 갖는다.

일반적인 최우추정량과 관련된 수학은 최소제곱 추정량의 경우보다 훨씬 복잡하다. 관심있는 독자들은 아마도 계량경제 이론에 대한 책을 읽어 보아야 할 것이다.

13 이분산

13.1 오차의 이분산

표본추출 반복시행 시 $u_1, u_2, \ldots, u_n$ 의 분산이 서로간에 달라서 동일분산 가정이 위배될 때 우리는 오차가 이분산적(heteroskedastic)이라고 한다. 설명변수 표본값 고정의 가정하에서 이는 모집단에서 $\mathrm{var}(u|X_1, \ldots, X_k)$ 가 $X_1, \ldots, X_k$ 에 의존함을 달리 표현한 것이다.

예제 13.1 산업 간 이분산

변수 X 가 IT 산업을 나타내는 더미변수이고 Y 는 주식수익률이라 하자. 기업 1은 IT 업종이고 기업 2는 그렇지 않다고 하면 $x_1 = 1$ 이고 $x_2 = 0$ 이다. 설명변수의 표본값을 고정한 상태에서 표본추출을 반복할 때 기업 1은 반드시 IT 산업에서 추출되어야 하고 기업 2는 반드시 비IT 산업에서 추출되어야 한다. 만일 IT 산업의 주식수익률의 분산과 비IT 산업의 주식수익률의 분산이 다르다면 오차항은 이분산적이다.

예제 13.2 교육수준별 이분산

교육수준이 높은 사람들 간에는 교육수준이 낮은 사람들 사이에서보다 임금의 격차가 크기 쉽다. 첫째 사람의 교육수준이 높고 둘째 사람의 교육수준이 낮다면 첫째 사람의 임금의 분산이 둘째 사람의 임금의 분산보다 클 것이다.

다른 가정들이 모두 만족되고 오차항이 이분산적이기만 하다면 최소제곱 추정량은 여전히 비편향이다. 하지만 앞에서 도출한 분산식(즉, 동일분산 가정하에서 도출한 분산식)이 잘못되었으므로, 그로부터 도출한 t 통계량과 F 통계량은 귀무가설하에서 제대로 된 분포를 갖지 않는다. 따라서 앞의 t 검정과 F 검정은 모두 타당하지 않게 된다. 이 문제는 표본크기가 아무리 커도 해결되지 않는다. 또한, 오차항 동일분산의 가정은 가우스 마코프 정리에 필수적이므로, 만일 오차항이 이분산적이면 OLS 추정량이 BLUE가 아니게 되며

OLS 추정량보다 더 효율적인 선형 비편향 추정량이 존재할 수 있다.

이상을 정리하여, 오차항의 이분산이 초래하는 결과에 대하여 좋은 소식과 나쁜 소식이 있다. 좋은 소식은 OLS 추정량이 여전히 비편향이라는 것이다. 나쁜 소식은 OLS의 분산식이 잘못되었으며 통상적인 t검정과 F검정은 타당하지 않다는 것이다. 하지만 이 문제를 해결할 수 있다는 것은 좋은 소식이다. 또한, OLS는 BLUE가 아니라는 것은 나쁜 소식이지만, 좋은 소식은 BLUE가 존재한다는 것이다.

오차항이 이분산을 보일 때 두 가지 문제가 발생한다. 첫째, 어떻게 OLS 추정량의 올바른 분산식을 구하여 타당한 t검정과 F검정을 할 수 있을 것인가? 둘째, 어떻게 하면 BLUE를 구할 수 있을 것인가? 이하에서는 이 두 가지 문제를 검토한다.

13.2 오차항이 이분산적일 때 OLS 추정량의 분산

오차항이 이분산적일 때에도 OLS는 여전히 비편향이므로, OLS를 이용하여 제대로 된 검정을 행할 방법이 있을 것이다. 그 방법을 찾아보려면 우선 이분산하에서 OLS의 분산식을 구할 필요가 있다. 오차항 u의 분산이 설명변수의 값에 따라 다르면, 관측치별로 설명변수 값이 상이할 것이므로 $u_1, u_2, \ldots, u_n$의 분산들도 서로 다를 것이다. 이들 상이한 분산을 각각 $\sigma_1^2, \sigma_2^2, \ldots, \sigma_n^2$이라 하자.* 모집단에서 u의 조건부 분산을 이용하여 생각한다면 각각의 i에서 $\sigma_i^2 = \text{var}(u|X_1 = x_{i1}, \ldots, X_k = x_{ik})$라 표현된다. 그러면 OLS 추정량의 분산은 9.4절의 연산을 약간 수정하여 다음과 같이 계산할 수 있다.

$$
\begin{aligned}
\text{var}(\hat{\beta}_j) = \text{var}(\hat{\beta}_j - \beta_j) &= \text{var}\left(\frac{\sum_{i=1}^{n} \hat{r}_{ij} u_i}{\sum_{i=1}^{n} \hat{r}_{ij}^2} \right) = \frac{\text{var}(\sum_{i=1}^{n} \hat{r}_{ij} u_i)}{(\sum_{i=1}^{n} \hat{r}_{ij}^2)^2} \\
&= \frac{\sum_{i=1}^{n} \text{var}(\hat{r}_{ij} u_i)}{(\sum_{i=1}^{n} \hat{r}_{ij}^2)^2} = \frac{\sum_{i=1}^{n} \hat{r}_{ij}^2 \text{var}(u_i)}{(\sum_{i=1}^{n} \hat{r}_{ij}^2)^2} = \frac{\sum_{i=1}^{n} \hat{r}_{ij}^2 \sigma_i^2}{(\sum_{i=1}^{n} \hat{r}_{ij}^2)^2}
\end{aligned}
\tag{13.1}
$$

여기서 $\hat{r}_{ij}$은 X_j를 여타 설명변수(상수항 포함)로 회귀하고 난 나머지(잔차) 값들이다. 참고로, σ_i^2이 모두 동일한(동일분산) 경우에는 분자에서 σ_i^2이 σ^2으로 대체되어 덧셈의 밖으로 빠져나오고(분배법칙) 분자와 분모의 일부가 약분되어 식 (9.9)의 표현을 얻었다. 반면 이분산하에서는 식 (13.1)의 표현을 더 이상 단순화시킬 수 없다.

벡터연산을 사용하여 분산을 표현하면 다음과 같다. 우선 모형을 $y_i = \mathbf{x}_i' \boldsymbol{\beta} + u_i$라 하자. 그러면 OLS 추정량은 다음의 항등식을 만족시킨다.

$$
\hat{\boldsymbol{\beta}} = \boldsymbol{\beta} + \left(\sum_{i=1}^{n} \mathbf{x}_i \mathbf{x}_i' \right)^{-1} \sum_{i=1}^{n} \mathbf{x}_i u_i
$$

---

*여기서 σ_1^2은 u_1의 분산, σ_2^2은 u_2의 분산 등이다. 혹시 'u_1은 하나의 값인데 어떻게 분산이라는 것이 존재할 수 있겠는가'하고 생각하고 있다면 '표본추출 반복시행'이라는 키워드를 한번 더 생각해 보고 그래도 이해가 안 되면 처음부터 이해를 잘못하고 있는 것이므로, 미안하지만 맨 앞부터 다시 읽는 것이 좋겠다.

그러므로 $\hat{\boldsymbol{\beta}}$의 분산·공분산 행렬은 다음이 된다.

$$V(\hat{\boldsymbol{\beta}}) = \left(\sum_{i=1}^{n} \mathbf{x}_i \mathbf{x}_i'\right)^{-1} \sum_{i=1}^{n} \mathbf{x}_i \sigma_i^2 \mathbf{x}_i' \left(\sum_{i=1}^{n} \mathbf{x}_i \mathbf{x}_i'\right)^{-1} \tag{13.2}$$

앞에서 행렬 기호를 사용하였을 때에는 $\sum_{i=1}^{n} \mathbf{x}_i \mathbf{x}_i'$을 $\mathbb{X}'\mathbb{X}$로 표현하였음을 기억하라. 여기서 양쪽의 역행렬을 "빵"이라고 하고 가운데 $\sum_{i=1}^{n} \mathbf{x}_i \sigma_i^2 \mathbf{x}_i'$를 "고기"라고 하면 두 개의 빵 사이에 고기가 끼워진 샌드위치 모양이어서 흔히 샌드위치 형태(sandwich form)라고 한다. 이 $V(\hat{\boldsymbol{\beta}})$은 $(k+1) \times (k+1)$ 행렬인데, 복잡한 계산에 따르면 $j+1$번째 대각원소가 바로 식 (13.1)이다.

13.3　이분산에 견고한 분산추정 방법

일단 이분산하에서 OLS 추정량의 분산식을 (13.1)처럼 구했으면, 이제는 주어진 표본을 이용하여 분산을 추정할 차례이다. 아이디어는 식 (13.1)의 σ_i^2을 i번째 잔차의 제곱($\hat{u}_i^2$)으로 대체하는 것이다. 이로써 다음과 같은 가장 간단한 형태의 이분산에 견고한 (heteroskedasticity robust 또는 heteroskedasticity consistent, HC) 분산추정량을 얻는다.

$$\widehat{\text{var}}(\hat{\beta}_j) = \frac{\sum_{i=1}^{n} \hat{r}_{ij}^2 \hat{u}_i^2}{(\sum_{i=1}^{n} \hat{r}_{ij}^2)^2}$$

여기서 $\hat{r}_{ij}$와 $\hat{u}_i$ 모두 관측가능하므로 이 이분산에 견고한 분산추정량은 통계량임을 분명히 하자. 이분산에 견고한 표준오차는 이 HC 분산추정값의 제곱근이다.

이 방법을 벡터와 행렬을 이용한 분산을 표현한 (13.2)에 적용하면 이분산에 견고한 분산행렬 추정량은 다음과 같다.

$$\text{HC0} = \left(\sum_{i=1}^{n} \mathbf{x}_i \mathbf{x}_i'\right)^{-1} \sum_{i=1}^{n} \mathbf{x}_i \hat{u}_i^2 \mathbf{x}_i' \left(\sum_{i=1}^{n} \mathbf{x}_i \mathbf{x}_i'\right)^{-1}$$

표준오차들은 그 대각원소에 제곱근을 씌워서 구한다.

이렇게 표준오차를 교정해 주는 방법은 Eicker (1967)와 White (1980)가 제안하였으며 Eicker 추정량, White 추정량, Eicker-White 추정량, Huber-White 추정량, Eicker-Huber-White 추정량이라고도 한다. 분산의 추정량이 샌드위치 모양이므로 샌드위치 추정량의 일종이다. Huber는 1967년 논문에서 더 일반적인 환경에서 샌드위치 형태에 대하여 이야기하였다. 이 Eicker-White 추정량은 표본크기가 충분히 크면 식 (13.1)의 분산을 충분히 잘 추정해 준다. 여기서 "충분히 잘 추정해 준다"는 것은 이것을 이용한 검정이 나쁘지 않음을 의미한다.

R에서 샌드위치 추정량을 구하려면 `sandwich` 패키지의 `vcovHC` 명령을 사용한다. 예를 들어, 다음과 같이 한다.

```
ols <- lm(y~x1+x2)
library(sandwich)
vcovHC(ols,type="HC0")
```

car 패키지의 hccm 명령을 사용할 수도 있다. 이때에는 다음과 같이 한다.

```
ols <- lm(y~x1+x2)
library(car)
hccm(ols,type="hc0")
```

어떻게 하든 결과는 동일하다. HC 표준오차들을 이용한 결과들을 보고하기 위해서는 lmtest 패키지의 coeftest() 명령을 적절한 vcov 옵션과 함께 사용한다. 예를 들어 다음과 같다.

```
ols <- lm(y~x1+x2)
library(lmtest)
# library(sandwich)
coeftest(ols,vcov=vcovHCs,type="HC0")
```

sandwich 패키지는 앞에서 이미 읽어들였다고 보아 주석 처리해 두었는데, vcovHC 때문에 오류가 발생하면 이 줄을 실행하면 해결될 것이다.

다음 예제를 따라가기 위해서는 installed.packages() 명령을 사용하여 sandwich 패키지와 car 패키지가 설치되어 있는지 확인하고, 만일 설치되어 있지 않으면 install.packages("car")와 install.packages("sandwich")처럼 하여 두 패키지를 설치하기 바란다.

예제 13.3　이분산에 견고한 표준오차

앞의 집값의 예를 들어서 HC 표준오차를 계산해 보자. 먼저 다음 명령에 의해 Housing 자료를 읽어들인다. 이 자료는 12개의 변수에 대한 546개의 관측치로 이루어진 표본이다. 이 자료에 대하여 좀 더 상세히 알아보려면 ?Housing이라고 하면 된다.

```
1  > data(Housing,package="Ecdat")
2  > nrow(Housing)
3  [1] 546
4  > names(Housing)
5   [1] "price"    "lotsize"  "bedrooms" "bathrms"  "stories"  "driveway"
6   [7] "recroom"  "fullbase" "gashw"    "airco"    "garagepl" "prefarea"
```

이 자료를 이용하여 $\log(price)$를 $\log(lotsize)$, $bedrooms$ (침실수) 및 $bathrms$ (화장실수)에 대하여 회귀분석하고자 한다. 모형은 다음과 같다(예시를 위하여 단순화시켰음).

$$\log(price) = \beta_0 + \beta_1 \log(lotsize) + \beta_2 bedrooms + \beta_3 bathrms + u$$

우선 통상적인 방법으로 표준오차, t값, p값을 구하면 다음과 같다.

```
7  > ols <- lm(log(price)~log(lotsize)+bedrooms+bathrms,data=Housing)
8  > coeftest(ols)
9
10 t test of coefficients:
11
12             Estimate Std. Error t value  Pr(>|t|)
13 (Intercept) 6.622221   0.241234 27.4514 < 2.2e-16 ***
14 log(lotsize) 0.456821  0.028983 15.7619 < 2.2e-16 ***
15 bedrooms    0.089237   0.016513  5.4039 9.781e-08 ***
16 bathrms     0.236758   0.024479  9.6717 < 2.2e-16 ***
17 ---
18 Signif. codes:  0 '***' 0.001 '**' 0.01 '*' 0.05 '.' 0.1 ' ' 1
```

결과 중 bedrooms에 해당하는 줄(15번 행)을 해석해 보면, 계수 추정값 0.08924는 집면적과 화장실수가 동일할 때 침실이 1개 더 많으면 집값이 평균 약 8.9% 높음을 의미한다. 그 표준오차는 0.01651이며 t값은 5.404로 크고 p값은 거의 0에 가깝다. 따라서 '집면적과 화장실수가 동일할 때 침실수의 증가가 집값에 영향을 미치지 않는다'는 귀무가설은 거의 모든 유의수준에서 기각된다.

이제 sandwich 패키지의 vcovHC() 명령을 사용하여 이분산에 견고한(HC) 분산추정량을 구해 보자.

```
19 > library(sandwich)
20 > coeftest(ols,vcov=vcovHC,type="HC0")
21
22 t test of coefficients:
23
24             Estimate Std. Error t value  Pr(>|t|)
25 (Intercept) 6.622221   0.247946 26.7084 < 2.2e-16 ***
26 log(lotsize) 0.456821  0.030110 15.1717 < 2.2e-16 ***
27 bedrooms    0.089237   0.017850  4.9993 7.781e-07 ***
28 bathrms     0.236758   0.026392  8.9707 < 2.2e-16 ***
29 ---
30 Signif. codes:  0 '***' 0.001 '**' 0.01 '*' 0.05 '.' 0.1 ' ' 1
```

이 결과에 따르면 bedrooms에 대한 HC 표준오차는 0.017850으로서 통상적인 표준오차보다 약간 더 크고 그 결과 t값은 약간 더 작다. 하지만 p값은 여전히 매우 작다. 이와 동일한 것을 car 패키지에 있는 hccm 명령어로써도 할 수 있다.

```
> library(car)
> coeftest(ols,vcov=hccm,type="hc0")
```

모의실험을 한 연구들에 따르면 표본의 크기가 작을 때 이러한 단순한 형태의 Eicker-White 추정량은 분산의 참값—식 (13.1)—보다 작은 경향이 있다. 그 이유는 동일분산하에서 잔차제곱합을 n이 아니라 자유도인 $n-k-1$로 나눈 것과 관련이 있지만 더 복잡하다. McKinnon and White (1985) 등 여러 학자들은 이 문제를 부분적으로나마 해결하기 위하여 몇 가지 방법을 제시한다. 다음 절에서는 이 교정방법들에 대하여 살펴본다.

13.4 표본이 크지 않을 때 HC 분산추정량 교정하기

앞의 단순한 형태의 Eicker-White 분산추정량(HC0이라 하자)은 표본크기가 크면 잘 작동하고 검정에 문제가 없지만 분산의 참값보다는 작은 경향이 있다. 표본이 클 때에는 이 차이가 별로 중요하지 않지만 표본크기가 작으면 심각할 수 있다. 그리하여 사람들은 이 Eicker-White 추정량을 표본크기를 고려하여 교정하려고 하였다.

그 교정 방법들에는 HC1, HC2, HC3, HC4 등이 있다. 이것들이 무엇인지는 나중에 '위험' 표시된 곳에서 설명할 것이며, 약간 복잡한 내용을 담고 있다. 지금으로서는 HC 분산추정의 변종들이라고만 생각하면 되겠다. HC 분산추정량들의 크기를 비교하면

$$HC0 < HC1, \ HC2 \leq HC3 \leq HC4$$

이며, 일반적으로 HC1 ≤ HC2도 성립한다.

표준오차가 너무 크면 t값이 너무 작고 p값이 너무 크다. 그리하여 귀무가설을 기각하기 힘들어지고 검정력이 떨어진다. 자칫 잘못하면 모든 설명변수들이 유의하지 않게 되고, 그러면 연구결과가 재미없어진다. 이것은 연구 자체를 흥미롭지 않게 만들 우려가 있다 (물론 드물지만 귀무가설을 받아들여야 흥미를 얻는 연구도 있기는 하다). 권투나 여타 격투기에서 이는 계체량을 너무 가뿐히 통과하는 것과 같다. 하지만 체중이 너무 적게 나가면 힘이 떨어져서 경기에 질 확률이 높아진다.

반면 너무 작은 표준오차를 사용하면, 예를 들어 5% 유의수준에서 검정할 때, 옳은 귀무가설도 너무 큰 확률로 기각하게 된다. 즉, 검정의 크기가 유의수준보다 더 크다(over-sized). 이것은 매우 심각한 문제이다. 권투나 여타 격투기에서 이는 계체량을 통과하지 못하는 것과 같으며, 이때에는 경기 자체를 못하게 될 수 있다. 크기가 너무 큰 검정은

반드시 피해야 한다. 여러 연구결과들과 필자의 경험에 따르면, HC0 방법으로써 구한 표준오차들은 너무 작아 계체량을 통과하지 못하게 되는 경향이 있고, HC3이 적절해 보인다. R에서는 vcovHC나 hccm에서 type을 "HC0"에서 "HC1" 등으로 바꾸면 된다.

이 네 가지 방법들은 다음과 같이 구현한다. 우선 HC1은 HC0에 자유도 교정값 $n/(n-k-1)$ 을 곱하여 구한다(Hinkley 1977). 이 자유도 교정값은 1보다 크므로 HC1이 HC0보다 약간 커서 하방편향을 약간 교정해 준다. 이 교정값은 n이 크면 1에 가까우므로 거의 차이를 낳지 않는다. 표본크기가 크면 HC0가 이미 좋은 추정량이기 때문에 이 점은 합리적으로 보인다.

HC2는 $\hat{u}_i$ 대신에 $\hat{u}_i/\sqrt{1-h_i}$ 라는 것을 사용한다(Horn *et al.* 1975). 여기서 h_i는 해당 i의 설명변수의 비중을 나타내는 것으로서 0에서 1 사이이며 다음 '이중위험' 표시된 단락의 방법을 사용하여 자료로부터 계산할 수 있다. HC1은 모든 관측치에 대하여 일괄적으로 잔차항을 $\sqrt{n/(n-k-1)}$ 만큼 부풀림에 반하여, HC2에서는 설명변수의 값이 큰 관측치(따라서 h_i가 큰 관측치)의 잔차항의 값을 더 크게 부풀린다.

벡터 기호를 사용하여 모형이 $Y_i = X_i'\beta + u_i$ 라고 하면 $h_i = X_i'(\mathbb{X}'\mathbb{X})^{-1}X_i$ 이다. 단순선형모형에서 β_1만을 고려한다면 $h_i = (x_i - \bar{x})^2/\text{SST}_X$ 이다. 즉, h_i는 SST_X 중 i번째 관측치가 차지하는 비중으로서 표본크기가 크다면 거의 모든 i에 대하여 0에 가까울 것이다.

HC3은 HC2보다 더 많은 교정을 하여 $\hat{u}_i$ 대신에 $\hat{u}_i/(1-h_i)$ 를 사용한다(Davidson and MacKinnon 1993). $1-h_i$가 0에서 1 사이이기 때문에 $1-h_i$의 값은 $\sqrt{1-h_i}$보다 작고 따라서 HC3에서 잔차값의 부풀림이 더 크다. 모의실험의 결과(Long and Ervin 2000)에 따르면 HC0–HC3 중에서는 HC3이 가장 좋다고 한다. 그래서 R의 vcovHC() 함수와 hccm() 함수에서는 HC3이 기본사양(default)이다. 즉, type 옵션 없이 그냥 vcovHC(ols)나 hccm(ols)라고 하면 HC3 추정량을 계산한다. HC4는 HC3보다 더 크게 잔차값을 부풀려서 $\hat{u}_i$ 대신에 $\hat{u}_i/\sqrt{(1-h_i)^{\delta_i}}$ 를 사용하는데, 여기서 $\delta_i = \min\{4, (nh_i)/(k+1)\}$ 이다(Cribari-Neto *et al.* 2007).

예제 13.4 통상적인 표준오차와 여러 견고한 표준오차들의 비교

통상적인 표준오차와 5가지(HC0–HC4) 표준오차를 앞의 Housing의 예에 대하여 적용하여 비교하면 다음과 같은 결과를 얻는다.

```
> library(sandwich)
> data(Housing,package="Ecdat")
> ols <- lm(log(price)~log(lotsize)+bedrooms+bathrms,data=Housing)
> se <- sqrt(diag(vcov(ols)))
> hse0 <- sqrt(diag(vcovHC(ols,type="HC0")))
> hse1 <- sqrt(diag(vcovHC(ols,type="HC1")))
> hse2 <- sqrt(diag(vcovHC(ols,type="HC2")))
> hse3 <- sqrt(diag(vcovHC(ols,type="HC3")))
> hse4 <- sqrt(diag(vcovHC(ols,type="HC4")))
> round(cbind(se,hse0,hse1,hse2,hse3,hse4),5)
              se      hse0      hse1      hse2      hse3      hse4
```

```
(Intercept)   0.24123 0.24795 0.24886 0.24936 0.25078 0.25090
log(lotsize)  0.02898 0.03011 0.03022 0.03029 0.03046 0.03049
bedrooms      0.01651 0.01785 0.01792 0.01798 0.01812 0.01822
bathrms       0.02448 0.02639 0.02649 0.02661 0.02683 0.02709
```

마지막에 round(...,5)라고 한 것은 소숫점 아래 다섯째 자리까지 반올림하라는 뜻이다. 모든 추정량에 대하여 HC0 < HC1과 HC2 < HC3 < HC4의 관계가 확인된다. 이 자료에서는 또한 HC1 < HC2도 성립한다.

　　HC표준오차들의 다섯 가지 유형(HC0–HC4)에 따른 검정의 결과가 질적으로 동일하다면 어느 것을 사용할지 크게 신경을 쓰지 않아도 될 것이다. 하지만 검정 결과에 영향을 미칠 정도로 서로 다르다면? 만일 HC4처럼 큰 표준오차를 사용한다면 검정의 크기가 작아지면서 검정력도 작아진다. 또 만일 HC0처럼 너무 작은 표준오차를 사용한다면 검정력이 커지는 반면 검정의 크기도 커진다. 검정의 크기는 유의수준과 동일한 것이 가장 좋다. 유의수준보다 작은 것도 허용된다(계체량 참고). 그런데 이분산이 있으면 표본크기가 유한할 때 검정의 크기를 유의수준과 정확히 일치하도록 하기가 거의 불가능하다. 이 경우 검정의 크기가 유의수준보다 작은(under-sized) 것은 괜찮지만 검정의 크기가 유의수준보다 너무 크면(over-sized) 안 좋다. 그렇다고 검정의 크기를 너무 작게 만드는 표준오차를 사용하면 검정력도 함께 줄어들고 신뢰구간이 너무 넓어져 흥미로운 결과를 얻지 못할 수 있다. HC0을 사용하면 검정의 크기가 너무 크고 HC4를 사용하면 검정의 크기가 너무 작아 보인다. HC3 정도면 적당한 것 같다. 그래서 R의 sandwich 패키지에서도 coeftest(ols,vcov=vcovHC)라고 하면 기본사양으로 HC3을 계산한다.

13.5　이분산하에서 OLS를 이용한 가설검정

　　이분산하에서 OLS를 이용하여 가설을 검정하려면 통상적인 표준오차 대신에 앞의 HC3처럼 이분산에 견고한 표준오차를 사용하여 t값을 구하여 사용하면 된다. 이때 주의할 점은 표본의 크기가 어느 정도 커야 한다는 것이고 이를 사용한 t통계량의 분포는 정확히 t분포가 아니라 표본크기가 클 때 근사적으로 t분포 또는 표준정규분포라는 것이다. 그런데 표본크기가 크면 자유도도 크고 이때 t분포도 표준정규분포와 비슷하므로 t분포를 사용하는 것과 표준정규분포를 사용하는 것 사이에는 별로 차이가 없다. 또 복수의 제약을 갖는 가설을 검정하는 경우에도 HC 분산추정치를 사용하면 F분포가 대충 맞다. 한마디로 "표본크기가 클 때 견고한 분산추정치를 사용하면 대충 맞다"고 보면 된다.

　　R에서 HC 표준오차를 이용하여 t검정을 하는 것은 lmtest 패키지의 coeftest()를 이용하여 손쉽게 할 수 있다고 하였다. 다음에 예를 하나 더 제시한다.

예제 13.5 지역별 사망률

2008–2010년 지역별 사망률 관련 Death 데이터를 다시 살펴보자. 전국 86개 군단위 지역별로 사망률(연말 주민등록인구 1천명당 연간 사망자 수 비율, deathrate)이 음주율 (최근 1년 동안 한 달에 1회 이상 음주한 사람의 백분율 비율, drink) 및 흡연율(흡연자의 백분율 비율, smoke)과 어떠한 관계에 있는지 알아보는 것이 분석 목적이다. 그런데 사망률은 고령인구 비율과 자동차 이용률에 의해서도 좌우될 것이다. 다음 모형을 보자.

$$\text{사망률} = \beta_0 + \beta_1 \text{음주율} + \beta_2 \text{흡연율} + \beta_3 \text{고령인구비율} + \beta_4 \text{일인당 자동차등록대수}$$
$$+ \beta_4 Y2009 + \beta_5 Y2010 + u$$

고령인구비율(aged)은 연말 주민등록 인구 기준 65세 이상 인구의 비율(%)이며 일인당 자동차등록대수(vehipc)는 매년 12월 자료이다. 좌변의 사망률은 필자가 계산한 것으로서 통계청 발표 사망률과 다르다. $Y2009$와 $Y2010$은 각각 2009년과 2010년을 나타내는 더미 변수이다. 다시 말하여 $Y2009$는 해당 관측치가 2009년에 해당하면 1이고 그렇지 않으면 0 이며, $Y2010$은 해당 관측치가 2010년에 해당하면 1이고 그렇지 않으면 0의 값을 갖는다. 2008년은 기준 연도이고, β_4는 2009년의 사망률이 2008년에 비하여 전체적으로 얼마만 큼 높은지를 나타내고 β_5는 2010년의 사망률이 2008년에 비하여 전반적으로 얼마만큼 높은지를 나타낸다. 변수별 요약통계량은 〈표 13.1〉과 같다.

다음 R 명령어로써 통상적인(이분산에 견고하지 않는) 검정을 행해 보자.

```
1  > library(loedata)
2  > data(Death)
3  > model <- deathrate~drink+smoke+aged+vehipc+factor(year)
4  > ols <- lm(model, data=Death)
5  > library(lmtest)
```

〈표 13.1〉 지역별 자료 요약

변수	최솟값	중위값	최댓값	평균	표준편차
사망률	5.01	10.54	14.31	10.34	2.16
음주율	30.60	46.70	59.60	47.14	5.68
흡연율	12.70	24.30	33.90	24.25	3.24
고령인구비율	9.60	23.15	27.44	22.75	5.42
일인당 자동차등록대수	0.29	0.38	0.54	0.39	0.04

```
6  > coeftest(ols)
7
8  t test of coefficients:
9
10                   Estimate Std. Error t value  Pr(>|t|)
11 (Intercept)     -0.2241278  0.7693941 -0.2913 0.7710592
12 drink            0.0063935  0.0107644  0.5939 0.5530833
13 smoke            0.0332761  0.0177709  1.8725 0.0622998 .
14 aged             0.4026956  0.0104866 38.4008 < 2.2e-16 ***
15 vehipc           1.4079470  1.1626947  1.2109 0.2270595
16 factor(year)2009 -0.3787601  0.0979473 -3.8670 0.0001404 ***
17 factor(year)2010 -0.3509959  0.1015410 -3.4567 0.0006421 ***
18 ---
19 Signif. codes:  0 '***' 0.001 '**' 0.01 '*' 0.05 '.' 0.1 ' ' 1
```

이 결과가 의미하는 바는 다음과 같다. 첫째, 음주율, 흡연율, 고령인구비율, 1인당 자동차 등록대수의 영향을 통제할 때 16번 행과 17번 행에 따르면 인구 1천명당 2009년의 사망자수는 2008년에 비하여 약 0.379명 적었고 2010년에는 2008년에 비하여 약 0.351명 적었다. 둘째, 여타 요소가 통제된 상태에서 음주율 증가는 사망률을 약간 증가시키지만 그 효과는 미미하다. 좀 더 자세히 말하면, 여타 요소가 동일하고 음주율이 1퍼센트 포인트 높을 때 사망률은 약 0.0064 포인트 높고, 이 효과는 전혀 유의하지 않다. 흡연율의 경우에는 효과가 더 크고 유의하며(흡연율 1% 포인트 당 사망률 0.03 포인트 p값은 약 0.06), 고령인구비율(aged)의 효과도 양(+)이며 매우 유의하다. 여타 요소들이 동일할 때 1인당 자동차 등록대수(vehipc)의 효과는 양(+)이다. 구체적으로, 여타 요소가 통제될 때 10명 당 자동차 등록대수가 1대 늘어나면(즉, vehipc가 0.1 증가) 인구 1천명당 사망자수는 0.14명 증가한다. 하지만 그 효과는 통계적으로 유의하지 않다.

이제 HC3의 표준오차를 사용해 보자. 다음의 결과를 살펴보자. 여기서 20번 행의 library(sandwich)는 이미 하였다면 반복해서 할 필요 없다. 21번 행에 type 옵션이 없는데, 이는 vcovHC가 type="HC3"을 기본사양으로 사용하기 때문이다.

```
20 > library(sandwich)
21 > coeftest(ols, vcov=vcovHC)
22
23 t test of coefficients:
24
25                   Estimate Std. Error t value  Pr(>|t|)
26 (Intercept)     -0.2241278  0.7852926 -0.2854 0.7755679
27 drink            0.0063935  0.0113091  0.5653 0.5723480
28 smoke            0.0332761  0.0188041  1.7696 0.0780041 .
29 aged             0.4026956  0.0102282 39.3712 < 2.2e-16 ***
30 vehipc           1.4079470  1.2951440  1.0871 0.2780368
```

```
31  factor(year)2009 -0.3787601  0.0947875 -3.9959 8.476e-05 ***
32  factor(year)2010 -0.3509959  0.1041235 -3.3710 0.0008672 ***
33  ---
34  Signif. codes:  0 '***' 0.001 '**' 0.01 '*' 0.05 '.' 0.1 ' ' 1
```

위의 계수추정값들(Estimate 열에 있는 값들)은 통상적인 계수추정값과 동일하다. 하지만 HC3를 이용한 표준오차는 먼저의 경우보다 전체적으로 더 큰 것을 볼 수 있다. 양자간에 큰 차이는 없지만, 통상적인 결과와 이분산에 견고한 결과 중 하나를 선택하라고 하면 필자는 이분산에 견고한 결과를 선택할 것이다. 그러나 나중에 설명할 것처럼 이 자료의 경우에는 HC 표준오차도 만족스럽지 않다(14.1절의 클러스터 표준오차 참조).

이분산에 견고한 방식으로 복수의 제약을 검정하는 F 검정도 앞의 동분산의 경우처럼 car 패키지의 lht()나 lmtest 패키지의 waldtest() 명령어에서 vcov=vcovHC 옵션을 사용하면 비교적 쉽게 할 수 있다. 앞의 사망률 분석을 계속해 보자.

예제 13.6 사망률 분석에서 F검정

예제 13.5를 계속해 보자. 음주율(drink)과 흡연율(smoke)이 모두 사망률에 영향을 미치지 않는다는 귀무가설을 검정한다. 먼저 이분산을 고려하지 않은 통상적인 F검정을 하자.

```
1  > library(car)
2  > lht(ols,c("drink","smoke"))
3  Linear hypothesis test
4
5  Hypothesis:
6  drink = 0
7  smoke = 0
8
9  Model 1: restricted model
10  Model 2: deathrate ~ drink + smoke + aged + vehipc + factor(year)
11
12    Res.Df    RSS Df Sum of Sq      F  Pr(>F)
13  1    253 97.062
14  2    251 94.613  2    2.4493 3.2488 0.04046 *
15  ---
16  Signif. codes:  0 '***' 0.001 '**' 0.01 '*' 0.05 '.' 0.1 ' ' 1
```

14번 행의 결과에 따르면 F 통계량 값은 3.2488이고 그 p 값은 약 4%이다. 5% 유의수준에서는 여타 변수들을 통제할 때 음주율과 흡연율 둘 중 하나 또는 전부가 사망률에 유의한 연관을 갖는다. HC3을 이용한 검정을 하려면 lht 명령어에 vcov=vcovHC라는 옵션을 주거나 white.adjust='hc3'이라는 옵션을 주면 된다. waldtest() 명령어에 sandwich 패키지의 vcov=vcovHC 옵션을 주어도 동일한 결과를 얻는다. 다음 세 가지는 모두 동일하다.

```
> lht(ols,c(('drink','vehipc'),vcov=vcovHC)
> lht(ols,c(('drink','vehipc'),white.adjust='hc3')
> waldtest(ols,c('drink','vehipc'),vcov=vcovHC)
```

어느 것을 사용해도 좋지만 이하에서는 19번 행 waldtest() 명령어의 결과를 제시한다.

```
17  > waldtest(ols,c("drink","smoke"),vcov=vcovHC)
18  Wald test
19
20  Model 1: deathrate ~ drink + smoke + aged + vehipc + factor(year)
21  Model 2: deathrate ~ aged + vehipc + factor(year)
22    Res.Df Df      F  Pr(>F)
23  1    251
24  2    253 -2 2.9862 0.05227 .
25  ---
26  Signif. codes:  0 '***' 0.001 '**' 0.01 '*' 0.05 '.' 0.1 ' ' 1
```

24번 행의 결과를 보면 F 통계량 값이 2.9862로 감소하였고 그에 따라 p값이 증가하여 이제는 5% 수준에서 유의하지 않다. 하지만 그 p값은 여전히 5%에 가깝다. 참고로, 위 명령에는 lmtest 패키지와 sandwich 패키지가 필요하므로, 만약 위 명령이 제대로 실행되지 않으면 library 명령을 이용하여 이 두 패키지를 읽어들여야 할 것이다.

지금까지 이야기한 바를 요약한다. 오차항이 이분산적이면 OLS는 여전히 비편향이나 통상적인 분산추정량(및 표준오차)이 잘못되어 있고 따라서 통상적인 t검정과 F검정의 크기가 유의수준과 다르게 된다. 계체량을 통과하지 못한 권투선수가 시합을 할 수 없는 것처럼 크기가 맞지 않는 검정은 사용할 수 없다. 이 문제를 해결하기 위하여 HC0, HC1, HC2, HC3, HC4 등 이분산에 견고한 방법을 사용하여 분산추정값(및 표준오차)을 구한다. 이분산에 견고한 방법이 제대로 작동하려면 표본크기가 커야 한다.

13.6 이분산하에서 BLUE 구하기: 가중최소제곱법

동분산의 가정이 위배되면 가우스 마코프 정리에 필요한 가정이 성립하지 않는다. 그 말은 OLS 추정량이 더 이상 BLUE가 아니고 OLS보다 더 효율적인 선형 비편향 추정량이 존재할 수 있다는 것이다. 이하에서 BLUE를 구하는 방법을 살펴볼 것인데, 설명을 쉽게 하기 위해서 다음 단순선형회귀모형을 고려하자.

$$y_i = \beta_0 + \beta_1 x_i + u_i, \quad i = 1, \ldots, n \tag{13.3}$$

여기서 i 첨자를 붙인 것은 모든 개인들에 대하여 위의 선형관계가 성립함을 강조하면서, 동시에 각 관측치별로 이분산이 존재하는 상황을 염두에 두고 있기 때문이다.

이분산하에서 u_i들의 분산은 서로 다를 수 있다. 이렇게 상이한 분산들을 σ_i^2이라 하자. 즉, 첫 번째 개인($i = 1$)의 오차항의 분산은 σ_1^2이라 하고, 두 번째 개인($i = 2$)의 오차항의 분산은 σ_2^2이라 하고, 나머지 개인들에 대해서도 이러한 기호를 사용한다.

이제 $\sigma_i^2 = \sigma^2 h_i$이며 h_i가 모두 알려져 있고 σ^2만 모른다고 하자. 여기서 σ^2에는 i 첨자가 없기 때문에 모든 i에 대하여 동일하다. 식 (13.3)의 양변을 $\sqrt{h_i}$로 나누면

$$\left(\frac{y_i}{\sqrt{h_i}} \right) = \beta_0 \left(\frac{1}{\sqrt{h_i}} \right) + \beta_1 \left(\frac{x_i}{\sqrt{h_i}} \right) + \left(\frac{u_i}{\sqrt{h_i}} \right) \tag{13.4}$$

가 된다. 여기서 좌변의 $y_i/\sqrt{h_i}$는 관측가능하고, 우변의 $1/\sqrt{h_i}$와 $x_i/\sqrt{h_i}$도 관측가능함에 유의하라. 그런데 이렇게 변환한 식의 오차항의 분산은

$$\mathrm{var} \left(\frac{u_i}{\sqrt{h_i}} \right) = \frac{\mathrm{var}(u_i)}{h_i} = \frac{\sigma^2 h_i}{h_i} = \sigma^2$$

이 되어 모든 i에 대하여 동일하게 된다. 즉, 변환한 방정식 (13.4)의 오차항은 분산이 모두 동일하다. 따라서 (13.4)는 가우스 마코프 정리를 위한 가정들을 만족시키고, 이를 OLS로 회귀하면 그 결과는 BLUE이다. 다시 말하여 y_i를 상수항과 X_i에 대하여 회귀하는 대신에 $y_i/\sqrt{h_i}$를 $1/\sqrt{h_i}$와 $x_i/\sqrt{h_i}$에 대하여 회귀시키면 그 결과로서 β_0와 β_1의 BLUE를 얻는다. 이처럼 원래의 변수들을 어떤 조작을 통하여(이 경우에는 $\sqrt{h_i}$로 나누어서) 오차항이 가우스 마코프 조건을 충족시키도록 변환한 후 OLS를 하는 절차를 일반화된 최소제곱법(*generalized* least squares, GLS)이라 한다. 그리고 보통의 최소제곱법(OLS)은 통상적인(ordinary) 최소제곱법이다. 일반적으로 "최소제곱법"이라고 하면 어떤 경우에는 OLS와 GLS를 통틀어 일컫고 또 어떤 경우에는 OLS만을 일컫으므로 맥락에 맞게 적절히 이해해야 할 것이다. GLS 추정량은 BLUE이다. 원래 방정식에서 가우스 마코프 가정이 충족되면 OLS가 GLS이기도 하지만, 이분산이 존재하면 OLS는 GLS보다 덜 효율적이다.

오차항에 이분산이 있을 때의 GLS 추정은 가중최소제곱법(weighted least squares, WLS)의 일종이다. $w_1, \ldots, w_n$을 가중치로 하는 가중최소제곱법은 다음을 최소화하는 방법이다.

$$\sum_{i=1}^{n} w_i (y_i - \beta_0 - \beta_1 x_{i1} - \cdots - \beta_k x_{ik})^2$$

OLS는 모든 i에서 동일한($w_i = 1$) '균등 가중치'를 이용한 WLS에 해당한다. 이분산하의 GLS는 $w_i = 1/h_i$를 가중치로 주는 WLS 추정법이다.

벡터 기호를 사용해서 모형을 나타내면 $y_i = \mathbf{x}_i'\boldsymbol{\beta} + u_i$ 이고 OLS 추정량은 앞에서 거듭 본 것처럼 $\hat{\boldsymbol{\beta}} = (\sum_{i=1}^{n} \mathbf{x}_i\mathbf{x}_i')^{-1} \sum_{i=1}^{n} \mathbf{x}_i y_i$ 이다. GLS는 각 관측치를 $\sqrt{h_i}$ 로 나누는 것이므로 GLS 추정량($\tilde{\boldsymbol{\beta}}$ 라 하자)은 $\mathbf{x}_i$ 대신에 $(1/\sqrt{h_i})\mathbf{x}_i$ 를 사용하고 y_i 대신에 $(1/\sqrt{h_i})y_i$ 를 사용하면 된다. 그러므로 GLS 추정량은

$$\tilde{\boldsymbol{\beta}} = \left(\sum_{i=1}^{n} \frac{1}{h_i}\mathbf{x}_i\mathbf{x}_i'\right)^{-1} \sum_{i=1}^{n} \frac{1}{h_i}\mathbf{x}_i y_i.$$

OLS가 $\mathbf{x}_i\mathbf{x}_i'$ 을 단순합하여 분모를 구하는 것과 달리 GLS는 $\mathbf{x}_i\mathbf{x}_i'$ 을 가중합하는데, 이때 그 가중치는 $1/h_i$ 이다. 여기서 $1/\sqrt{h_i}$ 가 아니라 $1/h_i$ 가 되는 것은 수식에 $1/\sqrt{h_i}$ 가 제곱되기 때문이다. 또한 OLS가 $\mathbf{x}_i y_i$ 를 단순합하여 분자를 구하는 것과 달리 GLS는 $\mathbf{x}_i y_i$ 를 가중합하는데, 이때에도 그 가중치는 $1/h_i$ 이다. 이 GLS 추정량은 $\sum_{i=1}^{n}(1/h_i)(y_i - \mathbf{x}_i'\boldsymbol{\beta})^2$ 을 최소화하며, 따라서 i 번째 관측치에 $1/h_i$ 의 가중치를 사용하는 WLS 추정량이다.

R로써 가중최소제곱(WLS)을 수행하려면 `lm()`에 `weights=...`이라는 옵션을 주면 된다. 예를 들어서 $y_i = \beta_0 + \beta_1 x_{i1} + \beta_2 x_{i2} + u_i$ 라는 모형에서 $\mathrm{var}(u_i) = \sigma^2 |x_{i1}|$ 이라고 한다면 $h_i = |x_{i1}|$ 이고 가중치는 $1/|x_{i1}|$ 이다. 이때 `y`, `x1`, `x2`가 각각 y_i, x_{i1}, x_{i2} 를 나타낸다면 WLS 를 위해서는 다음과 같이 한다.

```
lm(y~x1+x2,weights=1/abs(x1))
```

예제 13.7　지역별 평균 자료

두 변수 x와 y에 대하여 50개의 지역의 자료가 있다고 하자. 각 지역의 자료는 그 지역에 있는 모든 기업들의 평균값이다. 즉, 지역 1의 x값인 x_1 은 지역 1에 있는 기업들의 x 값들의 평균이고, x_2 는 지역 2에 있는 기업들의 x값의 평균이며, 나머지 모든 지역도 그러하다. 각 지역마다 기업의 수가 다르다고 하고, 지역 i에 있는 기업의 수를 m_i 라고 하자. 이들 기업수는 알려져 있다.

x_i는 지역 i 내의 m_i 개의 기업의 평균 x값이고 y_i는 해당 지역의 m_i 개의 기업의 평균 y 값이다. 말하자면 지역 i에 있는 기업 j의 x값과 y값을 각각 x_{ij}^*, y_{ij}^* 라 할 때

$$x_i = \frac{1}{m_i} \sum_{j=1}^{m_i} x_{ij}^*, \quad y_i = \frac{1}{m_i} \sum_{j=1}^{m_i} y_{ij}^*$$

이다. 이제 각 기업(지역별 평균이 아니라)마다 x변수와 y변수 사이에

$$y_{ij}^* = \beta_0 + \beta_1 x_{ij}^* + u_{ij}^* \tag{13.5}$$

라는 선형관계가 있다고 하자. 기업들은 모두 동질적이어서 u_{ij}^* 오차항은 서로간에 모두 독립이고 분산이 동일하다고 하자.

식 (13.5)의 양변에 지역별로(즉 i마다) 평균을 취하면 다음이 된다.

$$y_i = \beta_0 + \beta_1 x_i + u_i, \quad u_i = \frac{1}{m_i} \sum_{j=1}^{m_i} u_{ij}^*$$

u_{ij}^*의 분산(모든 i와 j에 대하여 동일함)을 σ^2이라 하면 수리통계학의 단순한 계산에 따라 다음을 얻는다.

$$\mathrm{var}(u_i) = \frac{\sigma^2}{m_i}$$

즉 $h_i = 1/m_i$이며, 따라서 가중치는 $1/h_i = m_i$이다. 이 경우 R로써 WLS를 하려면 `lm(y~x, weights=m)`이라고 하면 된다.

예제 13.8 사망률 모형의 WLS 추정

예제 13.5의 `Death` 자료에서 사망률은 지역별 사망자 수(`death`)를 해당 지역 인구(`regpop`)로 나누어서 구한 것이다. 만일 오차분산이 지역 인구에 반비례한다면 지역 인구를 가중치로 사용하여 WLS할 수 있다. 다음 결과를 보라.

```
1  > data(Death, package="loedata")
2  > model <- deathrate~drink+smoke+aged+vehipc+factor(year)
3  > wls <- lm(model,data=Death,weights=regpop)
4  > coeftest(wls)
5
6  t test of coefficients:
7
8                     Estimate Std. Error t value  Pr(>|t|)
9  (Intercept)      -0.5814956  0.7644266 -0.7607   0.447553
10 drink             0.0165605  0.0105161  1.5748   0.116565
11 smoke             0.0326714  0.0178556  1.8298   0.068473 .
12 aged              0.4104808  0.0097726 42.0030  < 2.2e-16 ***
13 vehipc            0.5490626  1.1845866  0.4635   0.643404
14 factor(year)2009 -0.2963088  0.0958148 -3.0925   0.002209 **
15 factor(year)2010 -0.2977287  0.0989726 -3.0082   0.002895 **
16 ---
17 Signif. codes:  0 '***' 0.001 '**' 0.01 '*' 0.05 '.' 0.1 ' ' 1
```

이 WLS 추정값들은 OLS 추정값들과 다르다. 예제 13.5의 OLS 추정결과와 비교하면, 음주율(`drink`)의 영향이 OLS에 비하여 약 2.6배 더 큰 것으로 추정되었고 그에 따라 유의성도 높아졌다. 흡연율의 계수추정값에는 큰 변화가 없다.

이 예에서는 통상적인 표준오차를 사용하였으나 적절한 조정을 해 주어야 할 것이다. 이 점은 중요하며, 이에 대해서는 14.1절을 보라.

가중최소제곱법(WLS)이 갖는 장점에 대하여 다음과 같이 설명할 수도 있다. 어떤 관측치에서 오차항의 분산이 크다고 하자. 그러면 그 관측치의 종속변수값은 독립변수값이 예측해 주는 값($\beta_0 + \beta_1 X_i$)과 큰 차이가 날 수 있다. OLS는 모든 관측치들에 동일한 가중치를 부여한다. 오차항의 분산이 커서 독립변수와 종속변수의 관계가 크게 교란된("나쁜") 관측치나, 오차항의 분산이 작아서 독립변수와 종속변수의 관계가 별로 교란되지 않은("좋은") 관측치나 모두 동일한 가중치를 부여받는 것이다. 반면, WLS에서는 오차분산이 작은 "좋은" 관측치에 큰 비중을 주고 오차 분산이 큰 "나쁜" 관측치에 작은 비중을 준다. 그럼으로써 추정량의 효율성이 높아진다.

WLS에 장점만 있는 것은 아니다. 무엇보다도 추정량이 가중치에 의존한다. 그리고 오차항 분산의 구조가 정확히 알려져 있지 않는 한(대부분의 경우 알려져 있지 않다고 보아야 할 것이다), 가중치는 연구자의 선택에 의해 좌우된다. 이처럼 연구자의 선택이 개입되면 그 결과가 덜 객관적인 것으로 보일 수도 있다. 다른 가중치를 주면 다른 값이 나오는데 왜 하필 이런 가중치를 주어서 이런 결과를 얻었는가 하는 질문(혹은 비난)이 있을 수 있는 것이다. OLS는 모든 관측치에 동일한 가중치를 주는 것으로서, 연구자의 주관적인 선택이 개입되지 않으므로 이러한 질문으로부터는 자유롭다.

누군가가 WLS의 방법을 사용하여 분석한 결과를 제시하면 십중팔구 OLS의 결과도 보여 달라고 할 것이다. 이 둘에 큰 차이가 없으면 연구자에게 부담이 없으나 큰 차이가 나면 난감한 상황에 처할 수 있다. 여러분 연구의 평가자는 모형 자체가 잘못되었다고 할 수도 있으며, 이런 식의 문제제기는 다루기가 상당히 까다롭다. 다만, 이 경우에도 평가자가 너그럽고 주요 변수의 계수에만 큰 차이가 없으면 별 탈 없이 넘어가기도 한다.

13.7   분산의 구조를 모를 때 GLS하기: FGLS

앞에서는 $\sigma_i^2 = \sigma^2 h_i$이며 h_i를 안다고 가정하였다. 만일 h_i를 모르면 어떻게 할 수 있을까? 그렇다면 우리는 GLS를 할 수 없다(infeasible). 하지만 h_i가 어떠한 변수에 의하여 어떠한 식으로 결정되는지 가정을 하고 나서 근사적인 GLS를 할 수 있다. 이것을 실행가능한 GLS (feasible GLS, FGLS)라 한다.

FGLS는 ① 일단 분산(또는 분산의 어떤 함수)이 설명변수들에 의하여 결정되는 모형을 세운 후 ② 자료로부터 이 모형의 모수들을 추정하여 모형의 맞춘값을 구하고 ③ 이 맞춘값을 적절히 변형함으로써 h_i를 추정하고 ④ 그 추정된 h_i를 이용하여 WLS를 하는 것이다. 참고로, 분산은 항상 양(+)이어야 하므로 약간 복잡해 보이는(하지만 일단 알고 나면 단순한) 변환을 거치는 경우도 있어서 ①에서 '분산의 어떤 함수'라는 말을 괄호에 넣었다.

이하에서 한 가지 방법을 설명한다. 예를 들어 설명변수가 X_1, X_2라고 하자. 분산 $E(u^2)$은 항상 양수이어야 하므로 설명변수가 X_1, X_2가 있을 때

$$E(u^2) = e^{\delta_0 + \delta_1 X_1 + \delta_2 X_2}$$

라고 가정을 할 수 있다. 여기서 지수함수 변환을 한 것은 그 결과를 양수로 만들기 위함이다. $V = u^2 / e^{\delta_0 + \delta_1 X_1 + \delta_2 X_2}$라고 하면 $V > 0$이고 $E(V) = 1$이며

$$u^2 = e^{\delta_0 + \delta_1 X_1 + \delta_2 X_2} V$$

이다. 중요한 것은 V의 평균이 X_1, X_2에 의해 영향을 받지 않으며 u의 이분산은 오로지 $e^{\delta_0 + \delta_1 X_1 + \delta_2 X_2}$, 그 중에서도 특히 $e^{\delta_1 X_1 + \delta_2 X_2}$에 의하여 발생한다고 가정한다는 것이다. 위 식의 양변에 로그를 취하면

$$\log(u^2) = \delta_0 + \delta_1 X_1 + \delta_2 X_2 + \log V$$

가 된다. 이때 $V > 0$이기 때문에 $\log V$가 항상 정의되며 $\log V$는 X_1, X_2와 무관하다.

참고로, $\log V$를 소문자 v라고 쓰면 위의 식은 $\log(u^2) = \delta_0 + \delta_1 X_1 + \delta_2 X_2 + v$가 되어 좌변변수가 $\log(u^2)$이고 우변변수가 X_1, X_2인 회귀식인 것처럼 보이나, 주의할 것은 $E(v)$가 0이 아니라는 점이다. 이는

$$E(\log V) \neq \log E(V) = \log 1 = 0$$

이기 때문이다. 로그 함수는 비선형이기 때문에 $E(\log V) \neq \log E(V)$인 것이다. 좀 더 정확히 말하면, V가 상수가 아니므로 옌센의 부등식(Jensen's inequality)에 따라 $E \log V < \log E(V)$, 즉 $E \log V < 0$이다. 하지만 V는 X_1, X_2와 무관하므로 $\log V$도 X_1, X_2와 무관하고, 따라서 $E(\log V)$도 X_1, X_2와 무관하다(여기서 E는 설명변수값 고정의 가정하에서 표본추출을 반복할 때의 평균을 말함에 유의하라). 그러므로 $E(\log V)$는 X_1, X_2와 무관한 상수이며, 이때 우리는 모형을

$$\log(u^2) = \delta_0^* + \delta_1 X_1 + \delta_2 X_2 + (\log V - E \log V), \quad \delta_0^* = \delta_0 + E \log V$$

로 쓸 수 있다. 위의 식에서 "오차항"(마지막 항)은 설명변수들과 무관하며 평균이 0이므로, 이 식은 회귀식으로 간주할 수 있다.

$\log(u^2)$에 관한 모형으로 돌아와서, 만일 u가 관측된다면 우리는 $\log(u^2)$을 X_1, X_2에 대하여 회귀함으로써 절편(δ_0^*)과 δ_1, δ_2(기울기)을 일관되게 추정할 수 있다. 이로부터 구한 맞춘값을 $\hat{g}$라고 하자. 즉, $\hat{g} = \hat{\delta}_0^* + \hat{\delta}_1 X_1 + \hat{\delta}_2 X_2$이다. 여기에 지수함수변환을 취하면

$$\exp(\hat{g}) = \exp(\hat{\delta}_0^* + \hat{\delta}_1 X_1 + \hat{\delta}_2 X_2)$$

가 된다. 관측치별로 이 값을 구하여 이를 $\hat{h}_i$라 하면 이것이 $e^{\delta_0^* + \delta_1 X_{i1} + \delta_2 X_{i2}}$를 "일관되게" 추정함을 알 수 있다. 이 $\hat{h}_i$을 h_i 대신 사용하여 WLS를 하면 이것이 하나의 FGLS이다.

🚸 참고로, 앞에서 $h_i = e^{\delta_0 + \delta_1 X_{i1} + \delta_2 X_{i2}}$ 라고 한 반면 우리가 사용한 방법에서는 $e^{\delta_0^* + \delta_1 X_{i1} + \delta_2 X_{i2}}$ 를 추정한다. 여기서 δ_0 의 자리에 δ_0^* 이 잘못 들어가 있음을 알 수 있다. 하지만 지수함수 변환을 한 상태에서 후자는 전자의 상수 배(여기서 그 배수는 모든 관측치에서 동일한 상수)가 되므로 WLS의 값에 영향을 미치지 않는다. 양의 상수 c에 대하여 $\hat{h}_i$을 $c\hat{h}_i$으로 바꾸어도 WLS 추정량에 변화가 없음은 쉽게 확인할 수 있다.

🚸 지금까지는 u가 관측가능한 경우에 대하여 설명하였다. 하지만 실제 분석에서는 u가 관측되지 않는다. 그런데 최초의 모형에서 OLS 추정량은 일관적이므로 u 대신에 OLS 잔차 $\hat{u}$를 사용하면 표본크기가 클 때 FGLS 추정량은 h_i 참값들을 사용하는 infeasible한 GLS 추정량과 거의 동일하다. 이 방법은 다음과 같이 구현한다. ① 모형을 OLS로 회귀하여 잔차값들을 구한다. 이들을 $\hat{u}_i$라 하자. ② $\log(\hat{u}_i^2)$을 설명변수에 대하여 회귀하여 맞춘값을 구한다. 이를 $\hat{g}_i$라 하자. ③ $\hat{g}_i$에 지수함수변환을 하여 이를 $\hat{h}_i$라 하자. 즉 $\hat{h}_i = e^{\hat{g}_i}$ 이다. ④ $1/\hat{h}_i$를 가중치로 활용하여 WLS 를 수행한다.

예제 13.9   FGLS의 예

예제 13.5와 예제 13.8의 예제를 계속해 보자. 다음 R 입출력을 따라가며 읽어보라.

```
1  > model <- deathrate~drink+smoke+aged+vehipc+factor(year)
2  ## Step 1
3  > ols <- lm(model,data=Death)
4  > Death$u <- ols$resid
5  ## Step 2
6  > aux <- lm(update(model,I(log(u^2))~.),data=Death)
7  > Death$g <- aux$fitted
8  ## Step 3
9  > Death$h <- exp(Death$g)
10 ## Step 4
11 > fgls <- lm(model,data=Death,weight=1/h)
12 > library(lmtest)
13 > coeftest(fgls)
14
15 t test of coefficients:
16
17                   Estimate Std. Error t value  Pr(>|t|)
18 (Intercept)      -0.245744   0.773460 -0.3177 0.7509615
19 drink             0.008677   0.010615  0.8175 0.4144397
20 smoke             0.036254   0.016575  2.1872 0.0296494 *
21 aged              0.404988   0.010070 40.2151 < 2.2e-16 ***
22 vehipc            0.794618   1.113031  0.7139 0.4759383
23 factor(year)2009 -0.352145   0.089965 -3.9143 0.0001169 ***
24 factor(year)2010 -0.297378   0.097315 -3.0558 0.0024866 **
25 ---
26 Signif. codes:  0 '***' 0.001 '**' 0.01 '*' 0.05 '.' 0.1 ' ' 1
```

6번 행의 update(model,I(log(u^2))~.)은 첫 번째 행에 정의된 model의 좌변을 $\log(\hat{u}_i^2)$으로 치환하고 우변은 그대로 사용하라는 뜻이다. 13번 행에서 FGLS 추정결과를 출력한다. 그 결과에서 두 가지 점에 유의하기 바란다. 우선 OLS와 FGLS 추정값이 서로 다르다. 또한 대부분의 경우 FGLS의 표준오차가 OLS의 이분산에 견고한 표준오차(예제 13.5 참조)보다 약간 더 작다. 단, FGLS의 경우에는 통상적인 표준오차를 사용하였으므로 비교가 공정하지 않은 것은 사실이다. 예제 13.8의 결과와 비교하면 본 예제의 FGLS 계수 추정값들이 약간씩 더 작고 유의성이 떨어진다. 또한, 앞에서 거듭 이야기한 것처럼 본 예제의 경우에는 14.1절의 표준오차가 더 적절함에 유의하라.

FGLS는 가중치가 잔차항에 의존하므로 잔차항이 아주 복잡한 형태로 추정량에 영향을 미친다. 그런데 잔차들은 모형의 오차항에 의존하고, 그 결과 FGLS 추정량은 편향될 수 있다. 매우 정교한 분석이 필요할 때 이 편향성은 무시하지 못하는 문제가 될 수도 있다. 예를 들어 공정거래 관련 사건에서 회귀분석을 통하여 손해액을 산정할 때에는 작은 편향이라도 손해액에 큰 차이를 가져올 수 있다.

이상을 요약한다. 오차항이 이분산적이면 OLS는 더 이상 BLUE가 아니고 더 좋은 선형 비편향 추정량이 존재한다. 관측치들을 이리 저리 변형시키고 OLS를 하여 BLUE를 만들어 내면 이것이 GLS이다. 이분산의 경우 GLS는 WLS이기도 하다. 이분산이 존재할 때 GLS 추정량은 OLS 추정량과 상이하며 OLS보다 더 효율적이나, 오차항의 분산의 구조에 관한 연구자의 판단에 의존한다는 약점을 갖는다. 또 오차항의 이분산의 구조가 알려져 있지 않으면 1차적으로 이분산의 구조를 추정한 후 GLS를 해야 하며(FGLS), 그 결과 FGLS 추정량은 편향될 수 있다. 하지만 FGLS 추정량은 여전히 일관적(consistent)이며 OLS보다 대체로 상당히 효율적이므로, 비편향성이 엄격히 요구되는 상황이 아니라면 OLS보다 선호되기도 한다. 하지만 OLS는 여전히 가장 기본적인 추정량으로서 요구되고, 또한 표본 크기가 커서 굳이 효율성을 추구해야 하는 상황이 아니라면 OLS에 HC 표준오차를 사용하는 것으로도 충분하다.

한편 WLS를 위해서는 오차항 이분산의 구조를 모형화해야 하는데 이 모형이 잘못되면 WLS는 BLUE가 아니다. 하지만 이 경우에도 WLS가 적어도 OLS보다는 더 효율적인 경우가 많고, 그 때문에 OLS보다는 WLS를 사용하고 싶을 수도 있다. 이때에는 WLS에 HC 분산추정을 결합하여 WLS 추정값을 사용하면서 동시에 이분산에 견고한 추론을 하는 것도 좋은 생각이다.

13.8 이분산이 존재하는지 검정

오차항에 이분산이 있는지 없는지 검정하는 방법에 대하여 생각해 보자. i번째 관측치의 오차항의 분산을 σ_i^2이라 하자. 즉, $\sigma_i^2 = \mathrm{E}(u_i^2)$이다. 오차항을 관측할 수 있다면, 이분산을 검정하는 손쉬운 방법은 오차의 제곱을 설명변수나 설명변수들을 변형한 값들로 회귀하는 것이다. 실제로는 오차항이 관측되지 않으므로, 오차항 대신에 OLS 잔차를 사용한다.

예를 들어 $Y = \beta_0 + \beta_1 X_1 + \beta_2 X_2 + u$에서 오차항의 분산이 X_1과 상관있는지(X_1을 특정하였음에 유의할 것) 검정하려면 $\hat{u}_i^2$을 X_1에 대하여 회귀한 후 X_1의 계수가 유의한지 검정하는 방법이 있다. 그런데 분산이 반드시 X_1의 선형일 필요는 없으므로 여기에 X_1^2항까지 포함시켜 추정한 후 X_1과 X_1^2의 계수가 동시에 0임을 F나 LM의 방법으로써 검정해도 된다. 다시 말하여 오차항의 분산이 X_1과 관련되는지 검정하려면, $\hat{u}_i$가 원래의 회귀모형을 OLS로 추정하여 구한 잔차값이라 할 때, 예를 들어 보조회귀식

$$\hat{u}_i^2 = \delta_0 + \delta_1 x_{i1} + \delta_2 x_{i1}^2 + \text{오차}_i$$

을 추정한 후 $H_0 : \delta_1 = \delta_2 = 0$을 F검정하거나 이로부터 구한 R제곱에 표본크기를 곱하는 (nR_{aux}^2) LM검정을 한다. 이 예에서 F검정 시 임계값과 p값은 $F_{2,n-k-1}$ 분포로부터 구하고 LM검정시 임계값과 p값은 χ_2^2 분포로부터 구한다. 연구자가 원하면 X_1의 제곱항을 포함시키지 않거나, 아니면 X_1^3이나 X_1^4까지 포함시킬 수도 있다. 그 경우 물론 자유도가 변한다. 이러한 LM 검정을 Breusch-Pagan 검정(Breusch and Pagan 1979)이라 한다.

만일 오차항의 이분산이 어느 변수에 의하여 야기되는지 모르거나 복수의 변수에 의하여 야기된다면 의심이 가는 모든 변수와 그 제곱항들, 그리고 교차항들을 다 포함시켜서 보조회귀를 하면 된다(White 1980). 예를 들어 원래의 모형이 $Y = \beta_0 + \beta_1 X_1 + \beta_2 X_2 + u$라면, 우선 이 모형을 OLS의 방법으로 추정하여 잔차항을 구한 후, 이 잔차의 제곱을 X_1, X_2, X_1^2, X_2^2, $X_1 X_2$에 대하여 회귀(보조회귀)하고 나서 이 다섯 개의 변수들의 계수가 모두 0이라는 귀무가설을 F검정으로써 검정하든지, 아니면 보조회귀에서 나온 R제곱과 표본크기를 곱하여 LM통계량을 구해 검정을 하면 된다. 이때 F검정의 임계값과 p값은 $F_{5,n-k-1}$ 분포로부터 구하고, LM검정의 임계값과 p값은 χ_5^2 분포로부터 구한다.

이때 설명변수들의 제곱항까지 포함시키는 것은 OLS 추정량의 분산식에 제곱항들이 들어가기 때문이다. 만일 오차분산이 설명변수들의 1차식과 2차식에 의존하면 통상적인 OLS 분산식이 타당하지 않다. 결국 White의 검정은 통상적인 OLS 분산식을 사용해도 좋겠는지 검정하는 것으로 귀결된다.

R을 사용하여 Breusch-Pagan 검정을 하려면 `lmtest` 패키지의 `bptest()` 명령을 사용한다. 다음의 예를 보라.

```
1  > set.seed(101)
2  > n <- 50
3  > x1 <- rnorm(n)
4  > x2 <- rnorm(n)
5  > u <- x1*rnorm(n)
6  > y <- 1+x1-x2+u
7  > bptest(y~x1+x2,~x1+I(x1^2))
8
9          studentized Breusch-Pagan test
10
11  data:  y ~ x1 + x2
12  BP = 33.602, df = 2, p-value = 5.051e-08
```

1–6번 행에서 크기 50인 자료를 만든다. 여기서 중요한 것은 5번 행으로서 오차항이 x1과 임의오차의 곱으로 이루어졌다. 그러므로 u의 분산은 x1의 값의 제곱에 비례하며, 이 실험에서 생성된 자료는 이분산적이다. 7번 행은 y를 x1과 x2에 대하여 회귀하는 모형에 대하여, 오차항의 분산이 x1과 x1의 제곱에 영향을 받는지 LM 검정한다. 12번 행의 결과에 따르면 p값이 거의 0이므로 동분산의 귀무가설이 기각된다.

이 Breusch-Pagan 검정 통계량은 OLS 잔차의 제곱을 OLS 잔차의 제곱을 x1과 x1의 제곱에 회귀한 후 nR_{aux}^2을 계산하는 것과 동일하다. 실제 이 수동 계산을 해 보면 다음과 같다.

```
> u2 <- lm(y~x1+x2)$resid^2
> aux <- lm(u2~x1+I(x1^2))
> n*summary(aux)$r.sq
[1] 33.60229
```

이 통계량 값은 앞의 12번 행의 BP 통계량 값과 실제로 동일하다.

▶ **연습 13.1.** 위 실험에서 5번 행을 u <- rnorm(n)으로 바꾸어서 실험을 반복해 보라. 이 경우 12번 행의 BP 통계량과 그 p값은 어떻게 바뀌는가? 이때 BP검정에 의하면 오차항에 이분산이 존재한다고 판단하는가? 이 새로운 자료생성 절차에 따르면 오차항에 실제 이분산이 존재하는가?

자료가 두 집단(예를 들어 남녀)의 관측치들로 이루어져 있고 이 두 집단 간(남녀간)에는 오차항이 이분산적이나 동일집단 내에서는 오차항의 분산이 동일하다고 하자. 이처럼 두 집단 간에 오차항의 분산이 같은지 검정하려면 Breusch-Pagan 검정을 사용할 때, 보조회귀에서 예컨대 bptest(y~x1+x2+female,~female)처럼 집단을 나타내는 변수를 우변에 사용하면 된다. 비교할 집단이 둘일 때에는, 이뿐 아니라 Goldfeld와 Quandt (1965)

가 제안한 방법도 사용할 수도 있다. 이 방법은 오차항이 정규분포를 가질 때, 두 집단 각각의 회귀로부터 구한 s^2의 비율이 F분포를 따른다는 사실에 기초한다.

또 White (1980)는 OLS 잔차의 제곱을 맞춘값과 그 제곱에 대하여 회귀하여 두 우변 변수의 계수들이 모두 0이라는 귀무가설을 LM검정함으로써 이분산을 검정하는 방법을 제안하였다. 모형설정의 RESET 검정에서도 맞춘값을 사용한 적이 있었음을 기억하라. 이 방법은 설명변수가 많아도 보조회귀의 우변변수 수는 항상 2이고(따라서 자유도는 항상 2) 사용이 쉬우며 설명변수의 개수가 많을 때에도 잘 작동한다.

14 오차의 자기상관

14.1 클러스터로 묶이는 자료

여러 개인들로 구성된 자료를 생각해 보자. 그런데 이 자료는 일반적인 횡단면자료와는 달리 여러 가구들에 소속된 개인들로 구성되어 있으며 어느 개인이 어느 가구에 속하는지 알 수 있다. 예를 들어 자료의 일부가 다음과 같다고 하자.

seqno	pid	famid	wage	educ	exper
1	101	1	85	12	13
2	102	1	42	14	6
3	201	2	92	18	21
4	301	3	19	16	1
5	302	3	23	16	3

101번 개인(pid=101)과 102번 개인(pid=102)은 1번 가구(famid=1)에 속하며 201번 개인(pid=201)은 2번 가구(famid=2)의 유일한 구성원이다. 301번(pid=301)과 302번 (pid=302) 개인은 가구3의 구성원이다. 이 자료는 가구(famid)라는 클러스터(cluster, 묶음)로 구성되어 있다.

　자료가 이렇게 구성되어 있을 때 동일 클러스터(이 경우는 동일 가구)에 속하는 사람들은 동일한 경험을 공유할 것으로 생각되며, 따라서 오차항에 공통의 요소가 포함될 것이다. 따라서 동일 가구 내의 개인들의 오차항은 서로 연관되어 있을 가능성이 높다. 하지만 서로 다른 클러스터 간에는 오차가 서로 독립이다. 즉, 오차항은 클러스터 내에서는 임의로 서로 연관되어 있고 클러스터 간에는 서로 독립이다. 이러한 상황에서 동분산과 독립추출을 가정한 통상적인 표준오차를 구한다거나 독립추출만을 가정하는 HC 표준오차를 구하면 잘못된 추론으로 귀결된다.*

　클러스터 간에는 오차항이 독립이고 동일 클러스터 내에서는 오차항이 임의로 서로 연관될 때 OLS 추정량의 분산을 추정하는 방식은 앞에서 이야기한 이분산의 경우와는 다르다. 이 클러스터 구조를 감안하여 분산을 추정하여야 할 것이며, 그 경우의 분산추

---

*그러나 설명변수와 오차항 사이에 연관이 없는 한 OLS 추정량은 여전히 비편향임에 유의하라.

정량을 클러스터 분산추정량(cluster covariance estimator)이라고 한다. 가장 단순한 형태의 클러스터 분산추정량을 CC0이라 표기하자.

클러스터 분산추정량의 수식은 다음과 같다. 모형이 $y_{ij} = \mathbf{x}'_{ij}\boldsymbol{\beta} + u_{ij}$ 라고 하자. 여기서 i는 클러스터를 나타내며 j는 클러스터 내 개인을 나타낸다. 클러스터 i에 n_i 명의 개인이 있고 전체에 M개의 클러스터가 있다고 하자. 그러면 전체 표본크기는 $n = n_1 + n_2 + \cdots + n_M$ 이다. OLS 추정량은 전과 마찬가지로 $\hat{\boldsymbol{\beta}} = \boldsymbol{\beta} + (\mathbb{X}'\mathbb{X})^{-1} \sum_{i=1}^{M} \sum_{j=1}^{n_i} \mathbf{x}_{ij} u_{ij}$ 이다. 여기서 $\mathbb{X}'\mathbb{X} = \sum_{i=1}^{M} \sum_{j=1}^{n_i} \mathbf{x}_{ij} \mathbf{x}'_{ij}$ 이다. 동일한 클러스터 i내에서 u_{ij}는 j에 걸쳐서 상호 연관되어 있으므로

$$V(\hat{\boldsymbol{\beta}}) = (\mathbb{X}'\mathbb{X})^{-1} \sum_{i=1}^{M} \mathrm{E}\left[\left(\sum_{j=1}^{n_i} \mathbf{x}_{ij} u_{ij} \right) \left(\sum_{j=1}^{n_i} \mathbf{x}_{ij} u_{ij} \right)' \right] (\mathbb{X}'\mathbb{X})^{-1}$$

이 된다. $\hat{u}_{ij}$이 OLS 잔차라 할 때 가장 단순한 클러스터 분산 추정값은 다음과 같다.

$$\mathrm{CC0} = (\mathbb{X}'\mathbb{X})^{-1} \sum_{i=1}^{M} \left(\sum_{j=1}^{n_i} \mathbf{x}_{ij} \hat{u}_{ij} \right) \left(\sum_{j=1}^{n_i} \mathbf{x}_{ij} \hat{u}_{ij} \right)' (\mathbb{X}'\mathbb{X})^{-1}$$

클러스터 분산 추정량은 개인이 아니라 클러스터를 관측치의 단위인 것으로 간주하여 분산을 추정한다. 중요한 점은 클러스터 분산 추정량이 잘 작동하려면 전체 관측치의 개수가 아니라 클러스터의 개수가 커야 한다는 것이다. 만일 클러스터의 개수가 너무 작으면 클러스터 분산추정량은 매우 나쁠 수 있다. 극단적인 예를 들어 모든 개인들의 오차항이 서로 관련되어 있을 수 있다면 클러스터의 개수가 1개뿐이고 이 경우 분산추정은 불가능하다. 이때 막무가내로 CC0을 여기에 적용하면 분산은 0이라고 나온다.

클러스터의 개수(M)가 커야 하는 이유는 위의 CC0에서 샌드위치 중앙의 항('고기'에 해당하는 부분)을 M으로 나눈 값이 대수의 법칙에 따라 수렴하는 것이 $M \to \infty$일 때 일어나기 때문이다.

▶ **연습 14.1.** 상수항이 없는 단순한 모형 $Y = \beta_1 X_1 + u$를 생각해 보자. 클러스터의 개수가 1이면, 즉 모든 관측치가 동일한 클러스터에 속하면 클러스터 분산추정값은 0임을 증명하라.

한편, 클러스터마다 단 하나의 관측치만 존재하는 상황은, 오차항이 이분산적이며 상호독립된 상황과 같다. 이 경우 CC0은 앞의 HC0와 전적으로 동일하다.

다음은 R에서 클러스터 분산 추정을 구현하는 방법이다. R의 sandwich 패키지에는 vcovCL이라는 명령이 있다. 이것을 사용하면 CC0을 구할 수 있다. 예를 들어 lm 명령을 이용하여 OLS를 한 결과가 ols에 보관되어 있고 famid라는 변수가 클러스터를 나타내는 변수라면, "cluster.vcov(ols, famid, multi0=TRUE)"라고 하여 클러스터 분산 추정을 할 수 있다. 마지막에 "multi0=TRUE" 옵션을 붙인 것은 14.2절의 교정을 하지 않고 CC0을 구하겠다는 뜻이다. 다음 예를 보라.

예제 14.1   지역별 사망률

예제 13.5의 지역별 사망률 자료(Death)는 우리나라 86개 군별 2008–2010년의 자료로 구성되어 있다. 자료를 읽어 들여 처음 6개의 관측치를 표시하면 다음과 같다.

```
> data(Death, package = "loedata")
> head(Death,n=6)
  region year regpop death drink smoke  aged vehipc deathrate
1     40 2008  81159   594  52.8  27.0 13.24   0.36  7.318966
2     40 2009  89384   596  55.8  29.8 13.09   0.37  6.667860
3     40 2010 102557   624  53.0  22.5 12.69   0.37  6.084421
4     39 2008 171001   945  58.2  28.4  9.60   0.39  5.526283
5     39 2009 176135   961  59.4  27.4  9.70   0.40  5.456042
6     39 2010 178899   966  55.6  25.6  9.90   0.41  5.399695
```

처음 3개의 관측치는 지역번호 40에 해당하고, 관측치 4–6은 지역번호 39에 해당한다. 이처럼 각각의 region은 2008–2010년의 3개 관측치를 포함하고 있다. 동일지역 내에서는 시간에 걸쳐 오차항이 관련되어 있을 수 있으며, 서로 다른 지역은 서로 독립적이라 가정하자. 그러면 클러스터 변수는 region이다. 다음은 통상적인 표준오차, 이분산성에 견고한(HC) 표준오차, 클러스터 표준오차(CC0)에 의한 결과들을 구한다.

```
1  > model <- deathrate~drink+smoke+aged+vehipc+factor(year)
2  > ols <- lm(model,data=Death)
3  > library(lmtest)
4  > coeftest(ols)
5
6  t test of coefficients:
7
8                     Estimate Std. Error t value  Pr(>|t|)
9  (Intercept)      -0.2241278  0.7693941 -0.2913 0.7710592
10 drink             0.0063935  0.0107644  0.5939 0.5530833
11 smoke             0.0332761  0.0177709  1.8725 0.0622998 .
12 aged              0.4026956  0.0104866 38.4008 < 2.2e-16 ***
13 vehipc            1.4079470  1.1626947  1.2109 0.2270595
14 factor(year)2009 -0.3787601  0.0979473 -3.8670 0.0001404 ***
15 factor(year)2010 -0.3509959  0.1015410 -3.4567 0.0006421 ***
16 ---
17 Signif. codes:  0 '***' 0.001 '**' 0.01 '*' 0.05 '.' 0.1 ' ' 1
18
19 > library(sandwich)
20 > coeftest(ols,vcov=vcovHC)
21
22 t test of coefficients:
23
```

```
24                     Estimate Std. Error t value  Pr(>|t|)
25  (Intercept)      -0.2241278  0.7852926 -0.2854 0.7755679
26  drink             0.0063935  0.0113091  0.5653 0.5723480
27  smoke             0.0332761  0.0188041  1.7696 0.0780041 .
28  aged              0.4026956  0.0102282 39.3712 < 2.2e-16 ***
29  vehipc            1.4079470  1.2951440  1.0871 0.2780368
30  factor(year)2009 -0.3787601  0.0947875 -3.9959 8.476e-05 ***
31  factor(year)2010 -0.3509959  0.1041235 -3.3710 0.0008672 ***
32  ---
33  Signif. codes:  0 '***' 0.001 '**' 0.01 '*' 0.05 '.' 0.1 ' ' 1
34
35  > coeftest(ols,vcov=vcovCL, cluster=~region, multi0=TRUE)
36
37  t test of coefficients:
38
39                     Estimate Std. Error t value  Pr(>|t|)
40  (Intercept)      -0.2241278  1.0013246 -0.2238  0.823071
41  drink             0.0063935  0.0138564  0.4614  0.644903
42  smoke             0.0332761  0.0190494  1.7468  0.081890 .
43  aged              0.4026956  0.0132881 30.3050 < 2.2e-16 ***
44  vehipc            1.4079470  1.6943877  0.8309  0.406793
45  factor(year)2009 -0.3787601  0.0752052 -5.0364 9.071e-07 ***
46  factor(year)2010 -0.3509959  0.0972161 -3.6105  0.000369 ***
47  ---
48  Signif. codes:  0 '***' 0.001 '**' 0.01 '*' 0.05 '.' 0.1 ' ' 1
```

4–17번 행은 OLS 결과에 통상적인 표준오차를 사용하여 구한 것이다. 20–33번 행은 HC3 표준오차를 사용한다. 35번 행부터 마지막까지는 앞에서 설명한 클러스터 표준오차(CC0)를 사용한다. 35번 행에서 cluster=~region 중 ~region은 좌변에 아무것도 없고 우변이 region인 회귀식을 나타내는데, sandwich 패키지의 저자가 이렇게 하면 '우변'의 region을 클러스터 변수로 간주하고 클러스터 표준오차를 계산하도록 만들어 놓았다. 'multi0=TRUE' 옵션은 14.2절의 소표본 교정 없이 CC0을 계산하도록 해 준다. 표준오차들을 비교하면, 클러스터 표준오차가 가장 커 보인다. 본 예제의 경우에는 동일 지역에서 사망률을 결정하는 비관측 요인들(오차항)은 서로 다른 연도라도 상관될 개연성이 높으므로 클러스터 표준오차를 사용하는 것이 가장 적절하다.

위의 예에서 통상적인 표준오차, 이분산성에 견고한(HC3) 표준오차 및 클러스터 표준오차(CC0이라 하였음)를 비교하였다. 이 셋 중 고르라고 하면 필자는 클러스터 표준오차를 고를 것이다. 왜냐하면 동일지역 내에서 시간에 걸쳐 오차항이 서로 관련되었을 가능성이 높다는 생각이 들기 때문이다. 우변에 포함된 변수들만으로 동일지역 내 오차들의 시간에 걸친 상관을 완전히 통제할 수 있을 것 같지는 않다.

14.2 표본크기와 클러스터의 개수에 따른 조정

클러스터의 개수가 많을 때 위의 CC0 표준오차는 비교적 잘 작동한다. 하지만 클러스터의
개수가 그리 많지 않을 때에 CC0의 값은 너무 작은 경향이 있다. 이는 마치 표본크기가
작을 때 HC0의 값이 너무 작은 것과 같다. 그래서 HC0이 HC1으로 수정되는 것처럼
클러스터 분산추정방법도 CC0으로부터 수정될 필요가 있다. M을 클러스터의 개수라고
하면 흔히 사용하는 수정법은 CC0에

$$\frac{M}{M-1} \cdot \frac{n-1}{n-k-1} \tag{14.1}$$

만큼의 교정값을 곱하여 자유도를 조정하는 것이다. 그 결과를 CC1이라 하자. R의 vcovCL
함수에서는 'multi0=TRUE' 옵션을 제외시키면 자유도 조정을 한다.

예제 14.2 표본크기와 클러스터 개수에 따른 조정

예제 14.1에 계속하여 클러스터 개수에 따른 조정을 하여 클러스터 분산 추정을 하여 보자.

```
1  > coeftest(ols,vcov=vcovCL, cluster=~region)
2
3  t test of coefficients:
4
5                    Estimate Std. Error t value  Pr(>|t|)
6  (Intercept)     -0.2241278  1.0191647 -0.2199 0.8261175
7  drink            0.0063935  0.0141033  0.4533 0.6506992
8  smoke            0.0332761  0.0193888  1.7163 0.0873495 .
9  aged             0.4026956  0.0135248 29.7745 < 2.2e-16 ***
10 vehipc           1.4079470  1.7245757  0.8164 0.4150444
11 factor(year)2009 -0.3787601  0.0765451 -4.9482 1.374e-06 ***
12 factor(year)2010 -0.3509959  0.0989481 -3.5473 0.0004644 ***
13 ---
14 Signif. codes:  0 '***' 0.001 '**' 0.01 '*' 0.05 '.' 0.1 ' ' 1
```

예제 14.1에서 CC0을 사용한 결과와 비교해 보면 CC1에서는 표준오차의 크기가 약
간씩 증가했음을 알 수 있을 것이다. 사실 클러스터 개수는 $M = 86$이고 전체 표본크기는
$n = 258$이며 추정한 계수의 개수는 $k+1 = 7$이므로 CC0에

$$\frac{86}{86-1} \cdot \frac{258-1}{258-7} = 1.03595$$

를 곱하면 CC1을 얻는다. 분산이 1.03595배로 증가하므로 표준오차들은 1.03595의 제곱
근인 약 1.017816배가 된다. 실제로 위 7번 행의 표준오차 0.0141033은 예제 14.1 실행

결과 41번 행의 CC0 표준오차인 `0.0138564`에 1.017816을 곱한 값과 동일하다.

참고로, 각 클러스터가 하나의 관측치만을 갖는 경우는 이분산성의 경우에 해당한다. 이때 $M = n$이며 CC0은 HC0와 같고 CC1은 HC1과 동일하다.

▶ **연습 14.2.** $M = n$이면 식 (14.1)이 $n/(n-k-1)$과 같음을 확인하라.

14.3 시계열자료

보통 횡단면 자료는 독립된 개인들로 이루어진다. 물론 앞의 클러스터 부분에서 이야기한 것처럼 개인들이 작은 덩어리(클러스터)를 지어 동일 클러스터 내에서는 서로 연관될 수 있지만 클러스터 간에는 서로 독립이어서 이러한 독립성을 이용하여 최소제곱 추정량의 분산을 구하고 이를 일관되게 추정할 수 있었다. 이분산성과 클러스터에서는 개인 간 또는 클러스터 간에 서로 독립이라는 사실이 적절한 표준오차의 계산을 가능하게 한다.

이런 개별적 독립성이나 클러스터 간 독립성은 모든 자료에서 다 성립되지는 않는다. 예를 들어 관측치의 단위가 개인이 아니라 시간이라고 하자. 즉, 동일변수가 시간에 걸쳐 여러 차례 관측되어 하나의 자료 집합을 만든다고 하자. 필자가 과거 뉴질랜드의 오클랜드 대학에서 일할 때 집에서 학교까지 출근하는 시간을 매일 기록해 본 적이 있다. 필자의 계획은 상당히 원대했는데, 방대한 양의 자료를 축적한 후, 출근에 걸리는 시간을 요일, 출발시각, 휴가철 여부 등에 의하여 설명하고자 하였다. 계획이 원대한 반면 목적은 매우 개인적인 것으로 어떻게 하면 출근 시간을 줄여볼까 하는 것이었다. 원래 계획은 최소한 1년 작업을 계속할 생각이었지만 한 달여 자료를 기록해 나가다가 중도포기하고 말았고, 그때 만들었던 자료도 지금은 어디론가 사라져 버렸다. 필자가 그 한 달여 동안 만든 자료는 동일한 변수(즉, 출근에 걸린 시간, 출발시각, 차선변경횟수 등)에 대하여 복수의 시간 동안 관측한 시계열 자료이다.

시계열 자료는 동일한 주체에 대하여 복수의 시간에 걸쳐 관측함으로써 만든다. 예를 들어 필자라는 동일한 주체가 1달 동안 실험한 결과가 시계열자료가 된다. 또 우리나라의 성장률을 본다면, 우리나라라는 주체를 여러 해에 걸쳐 관측함으로써 자료를 만든다. 이러한 시계열 자료는 비교적 용이하게 구할 수 있기 때문에 예로부터 계량경제 분석에서 많이 사용되었다. 한국은행 경제통계시스템(ecos.bok.or.kr)이나 통계청 국가통계포털(kosis.kr)을 방문하면 수많은 시계열 자료를 구할 수 있다.

시계열 변수는 가까운 시점들 간에 서로 관련되기 쉽다. 예를 들어 필자의 출근시간의 예에서, 만일 어제 길이 너무 많이 막혔으면 오늘은 차선을 더 자주 바꾸는 등 운전방식을 조정할 수 있기 때문이다. 시계열 자료에서는 흔히 이처럼 시계열 상관(serial correlation) 또는 자기상관(auto-correlation)이 보인다.

시계열 자료 분석의 목적은 흔히 어떤 변수의 현재값이 과거의 정보에 의하여 어떻게 설명되고 예측되는지 보는 것이다. 예를 들어 오늘의 주식가격 변화를 지난 1주일간의 주식가격 변화로써 설명하고자 할 수 있다. 또 금년의 평균적인 물가상승률을 예년의 물가상승률, 경제성장률 등으로 설명하고자 하기도 한다. 물론 시계열 자료를 분석하여 어떤 경제법칙이 성립함을 보이거나 정책의 인과적 효과를 찾으려 하기도 한다.

시계열 분석에 관한 방대한 문헌이 존재하며 지금도 많은 연구자들이 연구하고 있다. 시계열 분석은 그 자체로 독립적인 주제이며, 이 책에서 이를 심도 있게 논하려는 의도는 없다. 관심 있는 독자들은 이와 관련된 책을 알아서 구하여 읽어 보기 바란다.

다만 이 책에서는 시계열 자료의 회귀분석과 관련된 한두 가지 점만 언급하고자 한다. 우선 설명변수(우변변수)에 종속변수의 과거값이 사용될 수 있음을 지적한다. 이 경우 "설명변수 표본값 고정"의 가정은 현실성이 없어진다. 예를 들어 좌변의 변수가 y_t 이고 우변에 지난 기간의 종속변수값인 y_{t-1} 이 있다면 표본추출을 반복할 때 y_{t-1} 의 값이 변할 것이다. 이때 흔히 우변변수(종속변수 과거값)와 현재 오차항이 독립이라고 가정하며, 이 가정하에서 OLS 추정값이 일관적이지만, 제4편에서 설명하는 것처럼 우변변수와 오차항 간에 시간을 가로질러 상관성이 존재하고 이로 인하여 OLS 추정값은 편향된다.

이하에서는 이런 복잡한 상황은 다루지 않고 그 대신 앞에서와 마찬가지로 한 종속변수가 몇가지 외생적 설명변수에 회귀되는 모형을 고려할 것이며, 다만 오차항에 시간에 걸친 상관관계가 존재하는 상황을 분석한다.

14.4 오차의 시계열 상관

어떤 기업이 제품을 만들어 판매한다고 하자. 10년 동안 월별 제품 가격과 환율, 원유 (crude oil) 가격, 제조업 평균 임금의 자료가 있다($n = 120$). 분석의 목적은 제품가격을 여타 비용 요인들에 의하여 설명하는 것이다. 간단히 고려할 수 있는 모형은 다음과 같다.

$$제품가격_t = \beta_0 + \beta_1 환율_t + \beta_2 원유가격_t + \beta_3 평균임금_t + u_t$$

여기서 t 첨자는 월을 나타내며, 좌변과 우변에 같은 달의 정보를 이용한다는 점을 강조하기 위하여 t 첨자를 명시하였다.

이 모형에서 u_t 는 t 월의 제품가격을 결정하는 요인들 중 우변에 나열된 변수들 이외의 모든 요소들의 영향을 나타낸다. 여기에는 수요 요인, 여타 비용 요인, 가격책정에 대한 경영전략적인 요인 등이 포함될 것이다. 이러한 비관측 요인들은 설명변수들로부터 독립이라고 하자. 하지만 u_t 가 시간에 걸쳐 독립일 것으로 보이지 않는다.

이제 표기를 쉽게 하기 위하여 모형을 일반적인 형태인

$$Y_t = \beta_0 + \beta_1 X_{t1} + \cdots + \beta_k X_{tk} + u_t$$

로 나타내자. 이 모형과 앞의 다중회귀모형은 t 첨자가 i 대신 사용되었다는 것만 제외하면 동일하다. 여기서도 일단 $X_{t1}, \ldots, X_{tk}$ 가 Y_t 의 결정방식과 전혀 무관하게 외생적으로 정해져 있다(nonrandom)고 가정하자. 이 가정은 중요한데, 특히 과거의 오차항이 현재나 미래의 설명변수에 영향을 미치지 않음을 포함한다. 또한 u_t 들의 평균은 모두 0이다. 하지만 앞의 제품가격의 예에서처럼 u_t 는 t 에 걸쳐 상관될 수 있다.

u_t 들이 t 에 걸쳐 상관될 때 가우스 마코프 가정의 중요한 항목이 위배되며, 따라서 OLS 는 BLUE가 아니다. 또한 통상적인 OLS의 표준오차는 잘못되어 있으며, 이를 이용하는 통상적인 t 검정과 F 검정은 타당하지 않다(크기가 유의수준과 같지 않다는 뜻). 그러므로 OLS의 표준오차를 제대로 구하고, BLUE인 GLS 추정량을 구해 보자.

오차항에 시계열 상관이 있을 때 OLS를 이용한 추론

먼저 OLS의 표준오차를 제대로 구하는 방법을 생각해 보자. 식이 복잡하지만 $\hat{\beta}_j$ 는 결국 $\beta_j + \sum_{t=1}^{n} w_t u_t$ 로 쓸 수 있다. 여기서 w_t 는 x_{tj} 의 값들만으로 구성되는 통계량이다. 이 $\hat{\beta}_j$ 의 분산은 $\sum_{t=1}^{n} w_t u_t$ 의 분산과 같으며, 오차 간에 서로 독립인 경우와는 달리 다음과 같은 복잡한 형태를 갖는다.

$$\sum_{t=1}^{n} \text{var}(w_t u_t) + 2 \sum_{t=2}^{n} \sum_{s=1}^{t-1} \text{cov}(w_t u_t, w_s u_s)$$
$$= \sum_{t=1}^{n} w_t^2 \, \text{E}(u_t^2) + 2 \sum_{t=2}^{n} \sum_{s=1}^{t-1} w_t w_s \, \text{E}(u_t u_s) \tag{14.2}$$

만일 독립추출 가정이 충족되면 위 식 둘째 줄 둘째 항(이중 합으로 표현된 항)이 0이 되어 표현이 매우 간단해지지만, 그렇지 않으면 더 이상 간단해지지 않는다.

이 분산을 추정하기 위해서 단순히 u_t 를 OLS 잔차로 치환하면 문제가 심각해진다. 계산에 따르면 그 값은 항상 0이 된다!

▶ **연습 14.3.** $\hat{u}_t$ 이 OLS 잔차라 할 때, 식 (14.2) 우변의 $\text{E}(u_t^2)$ 을 $\hat{u}_t^2$ 으로 바꾸고 $\text{E}(u_t u_s)$ 를 $\hat{u}_t \hat{u}_s$ 로 바꾸면 그 값이 반드시 0이 됨을 증명하라. 힌트: OLS에서 $\sum_{t=1}^{n} w_t \hat{u}_t = 0$

이 문제를 해결하기 위하여 여기저기 수정을 가하여 나온 결과 중의 하나가 Newey와 West (1987)의 분산추정량이다. 그 방법은 t 와 s 의 차이가 일정한 크기(L이라 하자)보다 큰 u_t 와 u_s 의 공분산을 0으로 설정하고 나서 그것도 모자라 $|t-s|$ 의 값이 크면 공분산의 추정값들을 더 축소시켜 버리는 것이다. 이때 L은 그 자체로서는 크지만 n 에 비하여는 무시할 정도로 작은 값을 사용한다. 이 추정량을 계량경제학에서는 Newey-West 분산 추정량이라고 한다. 이 추정방법에서는 연구자가 L을 선택하거나, 자료로부터 L을 자동으로 선택한다.

합산의 순서를 이리저리 바꾸어 $\sum_{t=2}^{n} \sum_{s=1}^{t-1} a_t b_s = \sum_{r=1}^{n-1} \sum_{t=r+1}^{n} a_t b_{t-r}$ 이라는 항등식이 성립함을 보일 수 있다. 여기서 r을 $t-s$ 로 간주하면 되겠다. 이 항등식에 $a_t = w_t u_t$,

$b_s = w_s u_s$ 를 대입하면 $\sum_{r=1}^{n-1} \sum_{t=r+1}^{n} w_t w_s u_t u_s = \sum_{r=1}^{n-1} \sum_{t=r+1}^{n} w_t w_{t-r} u_t u_{t-r}$ 인데 Newey와 West는 r 을 $n-1$ 까지 모두 사용하는 것이 아니라 적당한 크기 L까지만 사용하고 또한 r에 따라 감소하는 가중치를 줄 것을 제안하였다. 그러면 분산추정량은

$$\sum_{t=1}^{n} w_t^2 \hat{u}_t^2 + 2 \sum_{r=1}^{L} c_r \sum_{t=r+1}^{n} w_t w_{t-r} \hat{u}_t \hat{u}_{t-r}$$

이며, 여기서 $\hat{u}_t$ 는 OLS 잔차, $c_r = 1 - r/(L+1)$ 이다. 이것이 L과 $c_1, \ldots, c_L$ 을 사용하는 Newey-West 분산추정량이다. L은 적당히 크되 n에 비하여 아주 작은 값(예를 들어 $\sqrt{n}$이나 자료로부터 자동으로 구한 값)을 사용하며, 다른 $c_1, \ldots, c_L$ 의 값을 사용할 수도 있다.

Newey와 West의 분산추정량처럼 오차항에 이분산성과 시계열 상관(즉 자기상관)이 있어도 견고한 분산추정량을 HAC (heteroskedasticity and autocorrelation consistent) 추정량이라 한다. R에서 Newey-West 추정량을 구하는 손쉬운 방법은 `sandwich` 패키지의 `NeweyWest()` 함수를 사용하는 것이다. 예를 들어

```
library(sandwich)
coeftest(ols, vcov=NeweyWest)
```

이라고 하면 `ols`라는 결과에 대하여 HAC 추론을 할 수 있는 정보를 제공할 것이다. `NeweyWest` 대신에 `vcovHAC`를 사용할 수도 있는데 이들 간에는 c_r 함수 모양을 설정하는 방식에 차이가 있다. L을 자동으로 정하는 방법도 제시되어 있다.

오차항에 시계열 상관이 있을 때 GLS

오차항에 시계열 상관이 있을 때 OLS는 BLUE가 아니다. 이때 GLS를 하려면 이 시계열 상관이 어떠한 방식으로 이루어졌는지 가정한 후, 이 가정에 맞는 모형을 추정하여 적절한 방식으로 관측치들을 변환시켜 OLS를 하여야 한다.

만일 u_t 가 시간에 걸쳐서 상관되어 있기는 한데 특정한 방식으로 상관된다고 하자. 이 특정한 방식이란 $u_t = \rho u_{t-1} + \varepsilon_t$ 이고 ε_t 가 시간에 걸쳐 독립이고 분산이 σ_ε^2 이라는 것이다 (1계 자기회귀를 따르는 오차항). 만일 u_t 가 "정상적인" 상황에 도달하였다면 u_1 의 분산은 $\sigma_\varepsilon^2/(1-\rho^2)$ 이고, 또한 $u_t - \rho u_{t-1}$ 은 모두 ε_t 로서 시간에 걸쳐 독립이고 분산은 σ_ε^2 이다. 그러므로, ρ 를 아는 상황에서는, n개의 관측치들을

$$cy_1 = \beta_0 c + \beta_1 c x_{11} + \cdots + \beta_k c x_{1k} + c u_1, \quad c = (1-\rho^2)^{1/2},$$

$$y_2 - \rho y_1 = \beta_0(1-\rho) + \beta_1(x_{21} - \rho x_{11}) + \cdots + \beta_k(x_{2k} - \rho x_{1k}) + (u_2 - \rho u_1),$$

$$\vdots$$

$$y_n - \rho y_{n-1} = \beta_0(1-\rho) + \beta_1(x_{n1} - \rho x_{n-1,1}) + \cdots + \beta_k(x_{nk} - \rho x_{n-1,k}) + (u_n - \rho u_{n-1})$$

〈표 14.1〉 오차항이 1계 자기회귀를 따를 때 GLS를 위한 자료 변환

t	종속변수	상수항	X_1	$\cdots$	X_k
1	cy_1	c	cx_{11}	$\cdots$	cx_{1k}
2	$y_2 - \rho y_1$	$1 - \rho$	$x_{21} - \rho x_{11}$	$\cdots$	$x_{2k} - \rho x_{1k}$
3	$y_3 - \rho y_2$	$1 - \rho$	$x_{31} - \rho x_{21}$	$\cdots$	$x_{3k} - \rho x_{2k}$
$\vdots$	$\vdots$	$\vdots$	$\vdots$		$\vdots$
n	$y_n - \rho y_{n-1}$	$1 - \rho$	$x_{n1} - \rho x_{n-1,1}$	$\cdots$	$x_{nk} - \rho x_{n-1,k}$

단, $c = (1 - \rho^2)^{1/2}$

에 따라 변형하면 그 오차항들은 모두 동일분산을 갖고 서로 비상관이다. 그러므로, ρ를 알 때, 자료를 〈표 14.1〉과 같이 변환하여, 변환된 "종속변수"를 나머지 변환된 변수들에 대하여 절편없이 OLS하면 이것이 바로 오차항이 1계 자기회귀 모형을 따른다는 가정하의 GLS이다. 이 GLS 추정량을 Prais-Winsten 추정량이라고 한다(Prais and Winsten 1954). 이때 보통 ρ를 모르며, 이것은 나중에 볼 Durbin-Watson 통계량을 변환시켜서 추정하거나 OLS 잔차 $\hat{u}_t$를 $\hat{u}_{t-1}$에 대하여 절편없이 OLS 추정하여 얻는 기울기 추정값으로 대체한다. 여기서 변환된 "상수항"은 $t = 1$에서의 값과 그 나머지 값이 달라 더 이상 상수항이 아님에 유의하여야 한다. 수식에 의하면 상수항은 $t = 1$에서는 $(1 - \rho^2)^{1/2}$, $t \geq 2$에서는 $1 - \rho$이다.

한편, 〈표 14.1〉의 변환된 자료를 보면, 첫 번째 관측치의 형태가 그 나머지 관측치의 형태와 다름을 알 수 있다. 특히 변환된 상수항의 값이 1번 관측치에서 나머지와 다르다. 이 1번 관측치를 제거하고 $t = 2, \ldots, n$에 대하여 $y_t - \rho y_{t-1}$을 $1 - \rho$, $x_{t1} - \rho x_{t-1,1}, \ldots, x_{tk} - \rho x_{t-1,k}$에 대하여 OLS 회귀한 것을 Cochrane-Orcutt 추정량이라 한다(Cochrane and Orcutt 1949). 이 Cochrane-Orcutt 추정방법은 첫 번째 관측치를 무시하므로 GLS보다 덜 효율적이지만 상대적으로 간편하다. 또, 이때 상수항이 $1 - \rho$인데, 절편에 관심이 없다면 $(1 - \rho, \ldots, 1 - \rho)$이 t에 걸쳐 상수이므로 $1 - \rho$를 무시하고 절편을 포함시켜도 $\beta_1, \ldots, \beta_k$의 추정량은 영향을 받지 않는다. 이것이 Prais-Winsten의 GLS에 비하여 Cochrane-Orcutt 추정량이 갖는 중요한 장점 중의 하나이다.

1계 자기회귀와 다른 방식으로 오차의 시계열 상관에 대한 모형을 세울 수도 있다. 예를 들어 오차항이 2계 자기회귀를 따른다고 가정할 수 있다. 그러면 복잡하겠지만 거기에 맞는 GLS를 할 수 있을 것이며, 이 GLS는 앞의 Prais-Winsten 추정량과 다르다. GLS는 오차항의 분산과 공분산의 구조에 관하여 연구자가 세운 가정하에서 한다.

앞에서는 ρ를 안다고 하였는데, 실제로는 ρ를 당연히 모른다. 이 경우에는 ρ를 적절한 방법으로 추정하여 사용하거나, ρ을 추정하고 이를 바탕으로 β_j를 추정한 다음 다시 ρ를 추정하는 일을 수렴할 때까지 반복한다. 자세한 내용은 생략한다.

시계열 상관의 검정

다음으로 오차항에 시계열 상관이 있는지 검정하는 방법을 알아 본다. 가장 쉽게 생각해 볼 수 있는 방법은 먼저 OLS 추정을 하여 잔차들($\hat{u}_t$들)을 구하고, $\hat{u}_t$를 $\hat{u}_{t-1}$에 대하여 OLS 회귀를 한 후 그 계수가 0인지 검정하는 것이다. 이 방법은 표본크기가 크면 잘 작동한다.

Durbin and Watson (1950, 1951)은 OLS 잔차들의 증가분의 제곱합을 잔차들의 제곱합으로 나눈 통계량, 즉 $\sum_{t=2}^{n}(\hat{u}_t - \hat{u}_{t-1})^2 / \sum_{t=1}^{n} \hat{u}_t^2$을 사용하였다. R에서는 lmtest 패키지의 dwtest() 명령을 사용하면 된다. 다음 모의실험 결과를 보라.

```
1  > set.seed(101)
2  > x <- rep(c(-1,1),50)
3  > u <- rnorm(100)
4  > y <- 1+x+u
5  > library(lmtest)
6  > dwtest(y~x)
7
8          Durbin-Watson test
9
10 data:  y ~ x
11 DW = 1.9096, p-value = 0.361
12 alternative hypothesis: true autocorrelation is greater than 0
13
14 > uhat <- lm(y~x)$resid
15 > sum(diff(uhat)^2)/sum(uhat^2)
16 [1] 1.909598
```

11번 행에 Durbin-Watson (DW) 검정통계량은 1.9096이며, 이는 14–15번 행에서 수동으로 구한 검정통계량의 값을 소수점 다섯째 자리에서 반올림한 값과 동일하다. 11번 행의 p-value에 따르면 오차항에 시계열 상관이 없어 보인다. 한편, 원래 DW 검정에서는 주어진 표본크기와 설명변수의 개수에 따라 임계값의 상한선과 하한선이 있었으나, 이제는 Farebrother (1980)가 제시한 Pan's procedure 등 방법를 사용하여 p값을 구한다.

이상의 DW 검정방법은 설명변수의 값이 종속변수의 과거값에 영향을 받지 않을 때에 사용할 수 있으며 만일 우변의 변수가 y_{t-1}(즉, 지난 기의 종속변수 값)이면 검정의 크기가 맞지 않아 사용할 수 없다. Durbin (1970)은 우변에 종속변수의 과거값들이 포함된 모형에 대해서 오차항의 시계열 상관을 검정할 수 있는 방법을 제안하였다. 이를 Durbin의 h 검정이라 한다. "h"라는 이름은 Durbin의 1970년 논문에서 이 통계량을 "h"로 표기해서 붙여졌다. 더빈 왓슨 검정과 달리 더빈의 h 검정은 검정통계량 값이 크면 귀무가설(시계열 상관이 없다는 가설)을 기각한다.

Breusch (1979)와 Godfrey (1978)는 $\hat{u}_t$을 원래의 설명변수들과 $\hat{u}_{t-1}, \ldots, \hat{u}_{t-q}$에 대하여

회귀할 것을 제안하였다. 여기서 q는 임의로 정하면 된다. 이 검정과 $\hat{u}_t$를 $\hat{u}_{t-1}$에 회귀하는 검정의 큰 차이는, 둘째 회귀 시 원래 모형의 설명변수들을 모두 포함시킨다는 것이다. 이 검정은 원래 회귀식의 우변에 종속변수의 과거값이 포함되어 있어도 문제없이 작동된다. R에서 Breusch-Godfrey 검정은 lmtest의 bgtest() 명령을 사용한다.

```
> bgtest(y~x)

        Breusch-Godfrey test for serial correlation of order up to 1

data:  y ~ x
LM test = 0.17462, df = 1, p-value = 0.676

> bgtest(y~x,order=3)

        Breusch-Godfrey test for serial correlation of order up to 3

data:  y ~ x
LM test = 3.2482, df = 3, p-value = 0.3549
```

Order를 디폴트 값인 1로 하면 $\hat{u}_t$을 x_t와 $\hat{u}_{t-1}$에 대하여 회귀하고, order를 3으로 하면 $\hat{u}_t$를 x_t와 $\hat{u}_{t-1}, \hat{u}_{t-2}, \hat{u}_{t-3}$에 대하여 회귀한다. 어느 경우에나 오차항에 시계열 상관이 없다는 결과가 나왔다(p값이 큼).

　시계열 자료의 분석에서 일반적으로 받아들여지는 가정은 횡단면자료의 경우와 상이한 경우가 많다. 특히 시계열 자료의 분석에서 우변 설명변수들이 모두 외생적으로 결정된다는 가정은 매우 제한적으로만 사용된다. 본 장의 내용 중 OLS의 표준오차와 GLS에 관한 내용은 설명변수들이 외생적이라는 가정하에서만 성립한다. 시계열 자료의 분석은 이보다 훨씬 방대한 주제들과 관련되어 있다.

내생적인 설명변수

지금까지는 표본추출 반복시행시 설명변수의 표본값이 고정되어 있다고 가정하였다. 이 가정이 위배되어 표본추출 반복시행시 설명변수가 임의로 추출되면 OLS 추정량의 성질은 어떻게 변할까? 또 OLS와 관련된 온갖 검정들은 제대로 작동할까? 이제 이것을 보려고 한다.

지금까지는 독자들에게 계량경제학의 기초를 설명하기 위하여 노력하였다. 지금부터 나올 내용은 이 기초가 어느 정도 형성되어 있음을 가정하지 않을 수 없다. 그러므로 이하의 내용에는 최소한 하나 또는 두 개의 '꼬부랑길' 표시가 있다고 간주하여 주기 바란다.

15 확률적인 설명변수

15.1 확률적인 설명변수

실제 응용연구에서 자료는 주어져 있고 연구자는 이 자료가 표본이 한 번 실현된 것이라고 이해한다. 상상 속에서 우리는 표본을 추출하여 관측하는 행위를 반복하는데, 지금까지 우리는 이 표본추출 반복시행 시 설명변수들의 표본값들이 늘 동일하게 유지된다고 가정하였다(설명변수 표본값 고정의 가정).

이는 자연과학자의 실험환경을 반영한다. 사회과학에서도 이러한 실험실 환경을 구현할 수는 있다. 예를 들어 임금 = $\beta_0 + \beta_1$여성 + u라는 모형에서, 표본을 추출할 때, 표본 내 남녀의 비율을 모집단 남녀 비율(알려져 있다고 하자)과 일치시킨다면, 설명변수인 **여성**의 값들은 표본추출 반복시행 시 고정된 것으로 간주하여도 좋다. 예를 들어 이 비율을 50:50으로 통제하려고 표본의 처음 절반은 남자로부터 임의로 추출하고 나머지 절반은 여자로부터 임의로 추출한다면, 표본추출 반복시행 시에도 이러한 추출방식이 유지될 것이기 때문이다. 이 경우 처음 절반은 항상 남자, 나머지 절반은 항상 여자(또는 처음 절반은 항상 여자, 나머지 절반은 항상 남자)일 것이다. 실제 표본을 추출하여 자료를 만들 때, 추출되는 사람들의 성별, 나이 등을 모집단 인구구조와 일치시키려는 노력들을 많이 한다. 그러면 성별과 나이는 표본추출 반복시행 시 고정되어 있다고 보아도 좋을 것이다.

하지만 많은 변수들은 이처럼 통제된 상태에서 생성되지 않는다. 많은 조사들이 성별, 나이, 거주지별로 전체 인구비율과 표본에서의 비율이 최대한 일치하도록 표본을 추출하려고 하지만, 모든 응용연구에서 사용될 "설명변수"들을 다 통제할 수 있는 것은 아니다. 기본적으로 이는 단순히 설문조사 단계에서 설명변수가 무엇인지 모르기 때문에 발생한다. 또 비용이 너무 많이 들어 이러한 통제가 현실적으로 불가능하기 때문이기도 하다. 예를 들어, 자료를 조사하기 이전에 $\log($임금$) = \beta_0 + \beta_1$학력 + u라는 모형이 있고, 순전히 이 모형을 추정하기 위하여 자료를 수집한다면, 모집단에서 학력 수준별로 인구비율을 구하고, 그 후 각 학력수준의 인구비율에 맞추어 표본을 만들 수도 있겠다. 예를 들어 "나라지표"의 우리나라 학력별 인구분포를 보면 2011년 중학교 이하가 19%, 고등학교가 41%, 고등교육 이상이 40%이므로, 표본을 추출할 때 처음 19%는 중졸 이하로부터, 그 다음 41%는 중졸 초과 고졸 이하로부터, 그리고 나머지 40%는 고등교육 이상으로부터 임의로 추출하여 각각의 임금과 여타 변수들을 조사한다면 학력을 통제하여 관측한 자료가 생성된다. 그러나 이와 동일한 자료를 사용하여 $\log($임금$) = \beta_0 + \beta_1$학력 + β_2경력 + β_3근속연수 + u라는 모형을 분석한다면, 이 모형에서는 경력과 근속연수 자료가 통제되어 생성되지 않는다. 물론 이 경우 학력, 경력, 근속연수에 따라 표본 내 인구비율을 통제하여 설문조사를 다시 시행하면 모든 설명변수들이 원하는 비율로 통제된 자료를 수집할 수 있겠지만, 모든 연구를 이렇게 하려고 하면 비현실적으로 높은 비용이 들 것이다.

현실에서 경제 데이터의 표본은 몇몇 인구학적 변수를 제외하면 통제된 방식으로 추출되지 않는 것이 보통이다. 대부분의 응용계량연구에서는 모형을 세우고 이에 맞추어 자료를 수집하는 것이 아니라 이미 수집되어 있는 자료를 분석한다. 이때 자료 수집 단계에서는 무엇이 설명변수이고 무엇이 종속변수인지 모르므로, 전지전능한 신이 아닌 다음에야 어떻게 나중에 분석할 사람들을 위해서 설명변수들을 통제한 상태로 자료를 수집할 수 있겠는가? 보통은 가장 기본적인 요소들(개인별 자료라면 성별, 나이, 거주지 등 인구학적인 요소들)만 통제되고 나머지 변수들의 값은 임의로 결정된다. 말하자면, "나이가 30세이고 고졸자이며 경력이 5년이고 근속연수가 3년인" 사람들 중에서 한 사람을 임의로 추출하는 것이 아니라, "나이가 30세인 사람들 중에서 임의로 개인을 추출하였더니, 학력은 고졸이고 경력은 5년이며 근속연수는 3년"이라고 보는 것이 맞다. 이때 나이는 고정되었지만 학력, 경력, 근속연수는 임의변수이며, 우리가 상상속에서 표본추출을 반복할 때에 나이는 고정되겠지만 학력, 경력, 근속연수는 무작위로 변할 것이다. 설명변수들의 표본값들은 고정되어 있는 것이 아니라 확률적(stochastic, random)이다.

가격과 판매량의 예를 들어 보자. 가격이 판매량에 미치는 영향을 보기 위하여 좌변에 판매량, 우변에 가격을 두고 회귀한다고 하자. 이때 가격에 설명변수 표본값 고정의 가정을 적용한다는 것은 가격의 흐름이 외생적으로 주어져 있는 상태에서 판매량이 변화하는 정도를 살펴보겠다는 것과 같다. 말하자면 '어제는 가격을 500원으로 설정했으니까 오늘을 550원으로 설정하여 실험해 보고 내일은 450원으로 바꿔 실험해 보는' 것과 같다. 물론 가격이 실제 이러한 방식으로 책정되었다면 이러한 가정은 현실을 제대로 반영할 것이나, 그렇지 않다면 가정과 현실은 동떨어지게 된다.

시계열 자료는 통제된 상태에서 생성되었다고 더더욱 볼 수 없다. 예를 들어 환율이 물가에 미치는 영향에서, 좌변에 물가, 우변에 환율을 두고 회귀할 경우, 설명변수인 환율이 통제된다는 것은 마치 "올해에는 환율을 달러당 1,100원으로 한 상태에서 물가가 어떻게 될지 보고 싶으니까 환율을 달러당 1,100원으로 설정하라"고 하는 것과 같다. 환율은 이렇게 결정되는 것이 아니라 우리가 알거나 모르는 수많은 요소들에 의하여 결정되므로 고정되어 있다기보다는 확률변수이다. 더욱이 환율은 과거의 물가(종속변수)에 의존할 수도 있다. 상상 속에서 표본추출을 반복하여 표본수집기간을 한 번 더 산다(live)고 할 때 환율의 흐름도 변한다고 보는 것이 적절하다. 이때도 환율의 궤적이 동일하게 유지될 것이라고 가정할 수는 있지만(가정하는 것은 자기 마음이므로) 이 가정은 현실적이지 않다.

현실에서 설명변수 값이 임의로(randomly) 결정될 때, 설명변수 표본값 고정을 가정하고 모수에 대한 추론을 하면 현실이 제대로 설명되지 않을 수도 있다. 하지만 설명변수 표본값 고정의 가정하에서 하는 추론이 항상 망가지는 것은 아니다. 이하에서는 어떠한 경우에 괜찮고, 어떠한 경우에 조심해야 하며, 어떠한 경우에 망가지는지 살펴본다.

앞으로 설명변수의 표본값에 관한 이야기가 많이 등장할 것인데, 설명을 짧게 하기 위해서 몇 가지 기호를 도입한다. $\mathbf{x}_i$는 $1, X_{i1}, \ldots, X_{ik}$의 집합을 나타내고, $\mathbb{X}$는 $\mathbf{x}_1, \ldots, \mathbf{x}_n$의 집합을 나타낸다. 이 기호들은 앞에서 "꼬부랑길"이 두 개 붙은 부분에서 사용해 왔다. 이제는 어차피 내용이 어려워졌으므로, 벡터와 행렬 기호를 도입하여도 크게 문제될 것이 없겠다. 오차항의 무조건적 평균은 0이라고 가정한다. 0이 아니면 오차에서 이 평균을 차감하고 그만큼 절편을 증가시키면 된다.

더 논의를 진행하기에 앞서, 잠깐 형식논리학과 관련된 용어들을 공부하고 지나가자. 두 조건 p와 q가 있고, p가 성립하면 반드시 q도 성립한다고 하자($p \Rightarrow q$라고 표기). 이때 p는 q의 성립을 위해 충분하므로 p는 q의 충분조건이라 한다. 또한 (p가 성립하면 반드시 q도 성립하므로) q가 성립하지 않으면서 p가 성립할 일이 없고, 따라서 q는 p가 성립하기 위해 반드시 필요하다. 그래서 q는 p의 필요조건이라 한다. $p \Rightarrow q$이고 $q \Rightarrow p$이면 p와 q는 동일한 조건이며 $p \Leftrightarrow q$라고 표기하고, p와 q는 서로 필요충분조건이라고도 한다. $p \Rightarrow q$이고 $q \nRightarrow p$이면 조건 p가 조건 q보다 더 강하다고 한다.

15.2 횡단면 자료에서 설명변수 확률성

횡단면 자료에서는 보통 관측치 간에 서로 독립이라고 가정한다. 다음은 이러한 경우 일반적으로 고려할 수 있는 설명변수 확률성의 종류이다.

1. 설명변수들과 오차항은 확률적으로 독립

2. 설명변수는 외생적, 즉 $\mathrm{E}(u_i | \mathbf{x}_i) = 0$

5. 설명변수는 내생적, 즉 $\mathrm{E}(\mathbf{x}_i u_i) \neq 0$

여기서 번호를 1, 2, 5로 붙인 것은 오타가 아니다. 시계열자료의 경우에는 2와 5 사이에 두 가지가 더 들어갈 것이어서, 나중에 혼동되지 않게 미리 번호를 이렇게 붙였다.

위 설명변수들과 오차항의 상관관계에 대한 조건들의 강도를 살펴보면, 조건 1(확률적 독립)은 조건 2(외생성)의 충분조건이다. 다시 말하여 "확률적 독립 ⇒ 외생적"이다. 하지만 그 역은 성립하지 않는다. $\mathrm{E}(u_i | \mathbf{x}_i) = 0$이면서 설명변수와 오차항이 독립이 아닐 수 있다. 예를 들어 오차항의 분산이 $\mathbf{x}_i$에 의존하면(이분산) 설명변수는 외생적이지만 오차항과 독립은 아니다.

⟨⟩ '확률적 독립 ⇒ 외생성'의 증명은 간단하다. 두 확률변수가 서로 독립이면 조건부 평균은 무조건적 평균과 동일하다. 여기서는 $\mathbf{x}_i$와 u_i가 서로 독립이므로 $\mathrm{E}(u_i | \mathbf{x}_i) = \mathrm{E}(u_i)$이고, $\mathrm{E}(u_i) = 0$이라고 가정하므로 $\mathrm{E}(u_i | \mathbf{x}_i) = 0$이다.

외생성(조건 2)을 2㉠ $E(u_i|\mathbf{x}_i) = 0$과 2㉡ $\text{cov}(u_i, \mathbf{x}_i) = 0$으로 나누어 볼 수 있다. 2㉠은 "조건부 0평균" 조건이고, 2㉡은 설명변수와 오차항의 공분산이 0이라는(uncorrelated) 조건이다. 2㉠은 2㉡보다 더 강하다. 2㉠은 OLS 추정량이 비편향적임을 증명할 때 필수적이다. 2㉡은 OLS 추정량의 일관성을 증명할 때 꼭 필요하다. 만일 2㉠이 위배되고 2㉡이 성립한다면 OLS 추정량은 일관적이지만 편향된다. 그런데 횡단면 자료에서는 이러한 경우를 상상하기 힘들며, 따라서 2㉠과 2㉡을 군이 구분하지 않겠다. 다만 OLS의 비편향성에는 2㉠이 중요하고 OLS의 일관성에는 2㉡이 중요하다는 점을 염두에 두기 바란다.

이하에서는 각 가정하에서 OLS 추정량에 무슨 일이 생기는지 살펴보자.

설명변수와 오차항이 독립   첫 번째는 설명변수들과 오차항이 확률적으로 독립인 경우이다. 다시 말하여 설명변수들의 값과 무관하게 오차항의 분포가 결정되는 것이다. 그러므로 오차평균0 가정과 동일분산 가정이 충족된다. 이 경우, OLS 추정량을 포함한 모든 통계량들의 설명변수값들 조건부 성질은 설명변수값들이 고정된 상태에서의 성질과 동일하다. 특히 설명변수 표본값 조건부로, OLS 추정량은 비편향이며 그 분산은 설명변수 표본값 고정의 가정하에서 구한 분산과 동일하다. 증명과정에 $E(u_i|\mathbb{X})$와 $E(u_i^2|\mathbb{X})$가 등장하는데, 확률적 독립하에서는 $E(u_i|\mathbb{X}) = E(u_i) = 0$이고 $E(u_i^2|\mathbb{X}) = E(u_i^2)$이므로 증명이 달라지지 않는다. 또 OLS 추정량 $\hat{\beta}_j$의 조건부 표준편차를 $\text{sd}(\hat{\beta}_j|\mathbb{X})$라 할 때, 오차항이 정규분포를 갖는다면 설명변수 표본값 조건부로 다음이 성립한다.

$$\frac{\hat{\beta}_j - \beta_j}{\text{sd}(\hat{\beta}_j|\mathbb{X})} \sim N(0, 1) \tag{15.1}$$

그러면 본 장 부록의 '반복평균의 법칙'에 따라, 우변의 분포에 설명변수값과 관련된 어떠한 것도 포함되어 있지 않으므로, (15.1)이 무조건적으로도 성립한다. 또한 $\text{sd}(\hat{\beta}_j|\mathbb{X})$의 추정량인 $\text{se}(\hat{\beta}_j)$를 사용하면 설명변수 표본값 조건부로

$$\frac{\hat{\beta}_j - \beta_j}{\text{se}(\hat{\beta}_j)} \sim t_{n-k-1} \tag{15.2}$$

이 되고, 여기서도 우변에 설명변수값과 관련된 어떠한 것도 포함되어 있지 않으므로 (15.2)는 무조건적으로도 성립한다. 설명변수와 오차항이 서로 확률적으로 독립이면 설명변수가 확률적인 경우에도 t통계량은 t분포를 갖고 F통계량은 F분포를 갖는다. 이 경우에는 설명변수의 임의성(randomness)을 전적으로 무시하여도 좋다. 또한 이분산이 없으므로 통상적인 표준오차를 사용할 수 있는 경우에 해당한다.

외생적 설명변수   관측치들이 서로간에 독립이라고 가정하는 횡단면자료의 경우 조건부 0평균 조건이 만족되면 설명변수가 외생적(exogenous)이라 한다. 모든 i에 대하여 $E(u_i|\mathbf{x}_i) = 0$이라 하자. 이 가정하에서는 OLS 추정량이 $\mathbb{X}$ 조건부로 여전히 비편향이다. 증명을 따라가 보자. 우선 $\hat{\beta} = \beta + (\sum_{i=1}^{n} \mathbf{x}_i \mathbf{x}_i')^{-1} \sum_{i=1}^{n} \mathbf{x}_i u_i$이므로 다음이 성립한다.

$$\mathrm{E}(\hat{\beta}|\mathbb{X}) = \beta + \mathrm{E}\left[\left(\sum_{i=1}^{n}\mathbf{x}_i\mathbf{x}_i'\right)^{-1}\sum_{i=1}^{n}\mathbf{x}_i u_i \,\middle|\, \mathbb{X}\right] = \beta + \left(\sum_{i=1}^{n}\mathbf{x}_i\mathbf{x}_i'\right)^{-1}\sum_{i=1}^{n}\mathbf{x}_i\, \mathrm{E}(u_i|\mathbb{X})$$

마지막의 $\mathrm{E}(u_i|\mathbb{X})$는 각 i에서 다음 이유로 0이 된다.

$$\mathrm{E}(u_i|\mathbb{X}) = \mathrm{E}(u_i|\mathbf{x}_1,\ldots,\mathbf{x}_n) = \mathrm{E}(u_i|\mathbf{x}_i) = 0$$

위에서 두 번째 등식은 관측치들끼리 서로 독립이기 때문에 성립하고, 마지막 등식은 조건부 0평균 가정 때문에 성립한다. 이처럼 OLS 추정량이 비편향인 것을 보일 수 있다. 하지만, $\mathbb{X}$ 조건부로 u_i의 분산은 $\mathbf{x}_i$ 값에 의존할 수 있고, 그 경우 앞의 이분산성에 견고한 분산을 사용함으로써 표본크기가 클 때 근사적으로 타당한 t 검정과 F 검정을 할 수 있다 (13장 참조). 또한, OLS 추정량은 표본크기가 클 때 일관성을 갖는다(consistent).

내생적 설명변수   만일 설명변수와 오차가 서로 상관되어(correlated) 있다면 OLS 추정량은 비일관적이다. 이 경우 표본크기가 커도 OLS 추정값은 참값과 매우 다를 수 있으며, OLS 에 의한 어떤 결과도 믿을 수 없게 된다. 오차항과 상관된 설명변수들은 내생적(endogenous) 이라고 하며, 내생적인 설명변수에 대해서는 나중에 자세히 설명한다.

15.3   시계열자료에서 설명변수의 확률성

횡단면 자료에서는 일반적으로 관측치 간에 순서가 없다. 그리하여 관측치 상호간에 연관은 전부 있거나 전부 없거나 둘 중 하나라고 설정되며, 보통은 관측치들이 서로간에 독립이라고 본다. 그러나 시계열 자료에서는 관측치들을 시간 순서에 따라 일렬로 배열할 수 있고, 설명변수와 오차항의 연관성에 대하여 좀 더 상세한 분류가 가능하다.

1. 설명변수들$(\mathbf{x}_1,\ldots,\mathbf{x}_n)$과 오차항들$(u_1,\ldots,u_n)$은 확률적으로 독립

2. 설명변수는 강외생적, 즉 모든 t에 대하여 $\mathrm{E}(u_t|\mathbf{x}_1,\ldots,\mathbf{x}_n) = 0$

3. 설명변수는 약외생적, 즉 모든 t에 대하여 $\mathrm{E}(u_t|\mathbf{x}_1,\ldots,\mathbf{x}_t) = 0$

4. 설명변수는 동일 시기에 오차항과 비상관, 즉 각각의 t에서 $\mathrm{E}(\mathbf{x}_t u_t) = 0$

5. 설명변수는 내생적, 즉 $\mathrm{E}(\mathbf{x}_t u_t) \neq 0$

조건 1–4의 강도를 따지면 1이 가장 강하고 4가 가장 약한 순서로 되어 있다.

$$1 \Rightarrow 2 \Rightarrow 3 \Rightarrow 4$$

1이 만족되면 2도 만족된다는 것은, 확률적 독립성하에서 조건부 평균이 무조건적 평균과 동일하고 오차항의 무조건적 평균이 0이므로 자명하다. 2가 만족되면 3도 만족된다는 것은 본 장 부록과 부록 B.5절의 '반복평균의 법칙'을 사용하여 증명할 수 있다.

$$E(u_t|\mathbf{x}_1,\ldots,\mathbf{x}_t) = E[E(u_t|\mathbf{x}_1,\ldots,\mathbf{x}_n)|\mathbf{x}_1,\ldots,\mathbf{x}_t] = E[0|\mathbf{x}_1,\ldots,\mathbf{x}_t] = 0$$

조건 3하에서 조건 4가 만족되는 것도 반복평균의 법칙으로써 증명할 수 있다. 한편, 명제와 대우명제의 동등성에 의하여

$$\text{not }4 \Rightarrow \text{not }3 \Rightarrow \text{not }2 \Rightarrow \text{not }1$$

이기도 하다. 그러므로 5에서는 4뿐 아니라 1~3의 어느 것도 성립하지 않는다.

횡단면 자료의 경우에는 관측치 간에 서로 독립이라고 하였으므로 2와 3을 구별할 필요가 없었으며 또 2와 4도 굳이 구분하지 않았다. 사실, 횡단면 자료에서는 관측치 간에 순서가 없으므로 3을 이야기하는 것 자체가 무의미하였다. 반면 시계열자료의 경우에는 시간에 순서가 있어 이들을 별도로 고려할 필요가 있다. 이하에서는 각 조건들의 의미와 함의에 대하여 좀 더 자세히 살펴본다.

설명변수와 오차항이 독립   횡단면의 경우와 동일하다. 한 가지 차이는, 횡단면 자료의 경우 관측치 간에 서로 독립이므로 각각의 i에서 $\mathbf{x}_i$와 u_i가 서로 독립이기만 하면 $(\mathbf{x}_1,\ldots,\mathbf{x}_n)$ 전체와 $(u_1,\ldots,u_n)$ 전체가 독립이었지만, 여기서는 $(\mathbf{x}_1,\ldots,\mathbf{x}_n)$ 덩어리와 $(u_1,\ldots,u_n)$ 덩어리 간의 관계라고 명시적으로 표현했다는 차이만 있다. 앞에서 설명변수 표본값이 고정되어 있다는 가정과 동일분산의 가정하에서 행한 통상적인 분석이 모두 타당하다. 한마디로, 이 경우에는 설명변수의 확률성을 걱정할 필요가 전혀 없다.

강외생성 $E(u_t|\mathbf{x}_1,\ldots,\mathbf{x}_n) = 0$이 모든 t에 대하여 성립하면 OLS 추정량은 비편향이다. 역시 앞의 경우와 동일하다. 여기서 중요한 점은 미래의 설명변수값을 보고서 과거 오차항에 대하여 평균적으로 아무것도 유추할 수 없어야 한다는 것이다. 예를 들어, 종속변수에 온 과거의 충격이 현재나 미래의 설명변수에 영향을 미치지 말아야 한다. 만일 영향을 미친다면 현재의 설명변수 값을 보고 과거에 어떠한 충격이 있었는지 대략적으로 유추할 수 있을 것이며, 이때 강외생성은 성립하지 않는다. 설명변수가 강외생적일 때 설명변수의 확률성은 걱정할 필요가 없다. 다만 이 가정하에서도 오차항의 이분산과 시계열상관은 존재할 수 있으므로, 필요하다면 오차항의 이분산성과 시계열상관에 신경을 써서 분석을 하여야 할 것이다. 14.4절의 내용이 강외생성이 성립하는 경우에 해당한다.

강외생성을 2㉠ 조건부 0평균, 즉 모든 t에서 $E(u_t|\mathbf{x}_1,\ldots,\mathbf{x}_n) = 0$과 2㉡ 비상관성, 즉 모든 s와 t에 대하여 $\text{cov}(\mathbf{x}_s,u_t) = 0$ 두 가지로 구분할 수도 있겠다. 2㉠이 2㉡보다 강한 조건이다 (2㉠ ⇒ 2㉡). 계량경제이론의 도출에서는 이러한 구분이 중요할 수 있으나, 평범한 상황이라면 2㉡이 성립하면서 2㉠이 성립하지 않는 경우가 별로 등장하지 않으므로 이 책에서는 굳이 이 둘을 구분하지 않겠다. 다만 횡단면의 경우와 마찬가지로 OLS 추정량의 비편향성을 위해서는 2㉡으로서는 충분하지 않으며 2㉠이 중요하다는 점을 기억하자.

약외생성 t기까지의 설명변수 값으로부터 t기 오차항 값의 수준에 대하여 체계적인 예측을 할 수 없을 때 설명변수는 약외생적이라고 한다. 강외생성과 구별하자면, 강외생성은 전체 기간의 설명변수로부터 오차항 수준에 대하여 체계적인 예측을 할 수 없다는 것이고, 약외생성은 현재까지의 설명변수로부터 오차항 수준에 대하여 체계적인 예측을 할 수 없다는 것이다. OLS 추정량의 비편향성을 위해서는 약외생성보다 강한 강외생성이 필요하다. OLS 추정량의 일관성을 위해서는 약외생성보다 더 약한 '동시기 비상관'이 있으면 된다.

약외생성을 3㉠ $E(u_t|\mathbf{x}_1,\ldots,\mathbf{x}_t)=0$과 3㉡ 모든 $s \le t$에 대하여 $\mathrm{cov}(\mathbf{x}_s, u_t)=0$로 구분할 수 있겠으나, 특별한 경우가 아니면 이 구분은 큰 의미를 갖지 않는다. 강외생성의 경우에는 2㉠하에서는 OLS가 비편향이고 2㉡하에서는 편향된다는 차이라도 있었으나, 3㉠과 3㉡의 경우에는 어느 경우에나 OLS가 편향된다.

동시기 비상관   동시기 비상관(contemporaneous uncorrelatedness), 즉 각 t에서 $E(\mathbf{x}_t u_t)=0$이 OLS가 일관성을 갖기 위한 최소한의 조건이다. 시계열 자료에서는 경우에 따라 외생성이 충족되지 않으면서도 동시기 비상관성이 충족되는 경우가 있다. 동시기 비상관성 조건이 충족되지 않으면 더 이상 OLS 추정량을 구제할 방법이 없다.

내생적 설명변수   설명변수와 오차항이 동시기적으로 서로 관련되어 있으면 OLS 추정량은 일관적이지 않다. OLS 추정량은 표본크기가 아무리 커도 잘못된 정보를 제공한다.

15.4 설명변수의 내생성

본 절에서는 설명변수를 내생적으로 만드는 이유들을 간단히 살펴보고, 이때 OLS 추정량이 왜 비일관적일 수밖에 없는지 논한다.

변수누락   어떤 변수의 인과적 영향을 구하고자 할 때 다른 변수를 통제하고자 하면 이 변수를 우변에 포함시켜야 한다. 예를 들어 능력과 경력을 통제한 채 학력이 임금에 미치는 영향을 구하고자 할 때 우변에 능력과 경력 변수를 포함시켜야 한다. 하지만 만일 개인별 능력을 관측하지 못하여 우변에 능력변수를 포함시키지 않고

$$\log(임금) = \beta_0 + \beta_1 학력 + \beta_2 경력 + u$$

라는 모형을 회귀한다면 능력은 오차항의 일부를 구성하게 된다. 그런데 학력과 능력은 서로 관련될 것이 분명하므로 설명변수와 오차항이 서로 관련된다. 동일 경력에서 임금 차이가 날 때 이것이 학력 차이로 인한 것인지 능력 차이로 인한 것인지 구별할 수 없다.

동시성(simultaneity)   여타 조건이 동일할 때 가격과 수요량의 관계를 나타내는 수요함수를 생각해 보자. 우리에게 주어진 자료는 관측된 판매가격과 판매량이다. 판매량에 영향을 미치는 요인으로는, 가격, 여타 재화(대체재, 보완재 등)의 가격, 소득 수준, 계절적 요인

등 구매자의 수요에 영향을 미치는 요인들이 있고, 생산비나 판매자 간 경쟁처럼 판매자의 공급에 영향을 미치는 요인들도 있다. 어떤 요인들은 가격처럼 관측가능할 것이고, 어떤 요인들은 관측할 수 없을 것이다(예를 들어 식인상어에 관한 영화가 인기있을 때 상어 모양의 아이스바 판매량이 증가하는 것처럼). 비관측 요인들은 회귀분석 시 수요함수의 오차항(u)으로 간주된다.

이 수요상의 오차가 양이면($u > 0$) 어떻게 될까? 판매자들은 시장에서 해당 제품에 대한 수요가 증가하였음을 감지하고 이윤극대화를 위해서 판매가격을 상승시키려는 경향을 가질 것이다. 그리하여 가격과 오차항은 양의 상관될 것으로 예상할 수 있다.

가격은 외생적으로 주어지지 않는다. 판매자들은 "어제는 가격이 100원이었으니까 오늘은 시험삼아서 가격을 80원으로 떨어뜨려 봐야지" 하면서 가격을 책정하지 않는다. 판매자들은 이윤을 극대화하기 위하여 가격을 책정하며, 가격과 판매량은 수요와 공급 여건에 의하여 동시에 결정된다. 가격은 가격결정 시스템의 외부에서 주어지는 것(exogenous)이 아니라, 시스템 내에서 결정된다(endogenous). 이것이 "내생성"이라는 말의 기원이다.

동시성과 연관된 것으로서 역의 인과관계가 있다. 국가별 자료를 이용하여 사회간접자본(도로 등)을 건설하는 것과 경제성장의 관계를 연구하는 데에 관심이 있다고 하자. 우리가 알고 싶은 것은 사회간접자본의 확충이 경제성장에 미치는 인과적 영향이다. 그런데 사회간접자본에 대한 투자 자체가 생산의 과정이므로 경제성장이 촉진될 것이다. 만약 사회간접자본에 대한 투자가 현재의 경제상태에 의존한다면(예를 들어 경제상황이 나쁘므로 공공건설에 대한 투자를 증대시켜 성장을 촉진시키고자 한다면), 사회간접자본 건설은 경제성장의 결과가 된다. 즉 역의 인과관계가 있는 것이다. 사회간접자본(X) 이외의 요소(u)에 의하여 성장이 둔화되면 X가 영향을 받으므로 설명변수인 X는 u와 관련된다.

설명변수의 측정오차   설명변수의 측정시 오차가 존재할 때에도 설명변수의 내생성이 발생할 수 있다. 예를 들어 개인의 소비가 자신의 '항상소득'(즉 현재부터 미래까지 자신에게 올 소득의 평균)에 선형으로 의존한다고 하자. 그러면 그 사람의 소비함수는

$$소비 = \beta_0 + \beta_1 항상소득$$

이다. 그런데 이 사람의 항상소득은 관측되지 않으며 그 대신 실제소득이 관측된다. 이 실제소득은 항상소득과 일시소득의 합, 즉 **실제소득 = 항상소득 + 일시소득**이다. 여기서 일시소득은 항상소득과 무관하게 발생한다고 하자. 만일 분석가가 **소비**를 관측불가의 **항상소득**이 아닌 관측된 **실제소득**에 대하여 회귀하면 회귀방정식은

$$소비 = \beta_0 + \beta_1 (실제소득 - 일시소득) = \beta_0 + \beta_1 실제소득 + (-\beta_1 일시소득)$$

이 되고, 일시소득은 관측이 불가능하므로 $-\beta_1$일시소득이 오차항이 된다. 이때 일시소득은 실제소득의 구성항목이므로, 설명변수인 **실제소득**과 오차항은 당연히 서로 관련된다.

　　이상에서 설명변수가 내생적일 수 있는 이유들을 세 가지 살펴보았다. 이들 이외에도 다른 이유가 있을 수 있다. 예를 들어 시계열 모형에서 우변에 종속변수의 과거값(y_{t-1})이 등장하고 오차항에 시간에 걸친 상관관계가 존재하면(즉 u_{t-1}과 u_t가 관련됨), 설명변수인 과거의 종속변수는 해당 기의 오차항과 서로 관련되고(y_{t-1}과 u_{t-1}이 관련됨), 그 오차항은 현재 기의 오차항과 관련되므로(u_{t-1}은 u_t와 관련됨), 설명변수와 오차항 간에도 상관관계가 존재한다(y_{t-1}과 u_t가 관련됨). 이는 모형이 잘못 설정된 경우에 해당한다.

　　설명변수와 오차항이 서로 연관되면 OLS 추정량에 아주 나쁜 일이 발생한다. 예를 들어 오차항의 값이 클수록 설명변수의 값도 큰 경향이 있다면, 설명변수가 증가할 때 피설명변수는, 첫째, 설명변수가 증가하였기 때문에 증가하고, 둘째, 오차항이 더 높은 경향이 있기 때문에 평균적으로 증가한다. 그러므로 설명변수와 피설명변수와 관계만으로부터는 무엇이 설명변수 변화로 인한 것이고 무엇이 오차항의 변화로 인한 것인지 구별할 수 없다. 이 경우 무작정 OLS의 방법을 사용하면, OLS 추정량은 이 두 효과의 합을 일관되게 추정한다. 이 현상은 앞에서 중요변수가 누락된 경우에서 분석한 바 있다. 단순회귀의 경우 설명변수와 오차항의 상관관계가 양이면 OLS 추정량은 상방편향되어 있고, 설명변수와 오차항의 상관관계가 음이면 OLS 추정량은 하방편향되어 있다.

　　설명변수와 오차항이 양의 상관관계를 가지는 상황을 그림으로 설명하면 〈그림 15.1〉과 같다. ㉮처럼 설명변수와 오차항이 상관될 때, ㉯처럼 x와 y의 관측치(점)들은 기울기 참값(점선)으로부터 벗어난 곳에 분포되어 있고, 이 점들을 이용하여 OLS 추정(실선)을 하면 참값(점선)으로부터 체계적으로 벗어난다.

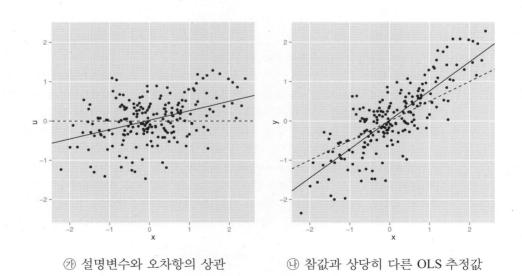

㉮ 설명변수와 오차항의 상관　　　　㉯ 참값과 상당히 다른 OLS 추정값

〈그림 15.1〉 설명변수의 내생성으로 인하여 편향된 OLS 추정량

▶ **연습 15.1.** 가격 요인 이외에 수요를 증가시키는 돌발 상황이 발생하면 판매자가 가격을 상승시킨다고 하자. 이때 수요함수를 추정하기 위하여

$$\log(\text{판매량}) = \beta_0 + \beta_1 \log(\text{판매가격}) + u$$

처럼 $\log(\text{판매량})$을 $\log(\text{판매가격})$에 회귀시킬 경우 OLS 추정량의 크기(절댓값)는 β_1의 크기(절댓값)로부터 상방편향되겠는가 하방편향되겠는가?

▶ **연습 15.2.** 경제주체들이 항상소득의 일정 비율을 소비한다고 하자. 그 비율을 '소비성향'이라 한다. 항상소득을 관측할 수 없으므로 항상소득 대신 실제소득(항상소득과 일시소득의 합)을 설명변수로 사용하여, 소비를 실제소득에 대하여 회귀하면 OLS 추정량은 참된 소비성향을 편향되게 추정한다. 만일 일시소득이 항상소득과 무관하게 실현된다면 이 편향은 양이겠는가 음이겠는가?

※ 단순회귀모형 $Y = \beta_0 + \beta_1 X + u$를 이용하여 수식으로 설명하면 다음과 같다. 우선 OLS 추정량은 다음의 관계를 만족시킨다.

$$\hat{\beta}_1 = \beta_1 + \frac{\sum_{i=1}^{n}(x_i - \bar{x})u_i}{\sum_{i=1}^{n}(x_i - \bar{x})^2} = \beta_1 + \frac{n^{-1}\sum_{i=1}^{n}(x_i - \bar{x})u_i}{n^{-1}\sum_{i=1}^{n}(x_i - \bar{x})^2}.$$

상황을 단순화하기 위하여 확률변수들 (x_i, u_i)가 i에 걸쳐 동일한 분포를 갖는다고 가정하자. 그러면 $n^{-1}\sum_{i=1}^{n}(x_i - \bar{x})^2$과 $n^{-1}\sum_{i=1}^{n}(x_i - \bar{x})u_i$가 각각 큰 수의 법칙(law of large numbers)을 따라서 $\text{var}(x_i)$와 $\text{cov}(x_i, u_i)$로 수렴할 것이다. 그리하여 $\hat{\beta}_1$은 $\beta_1 + \text{cov}(X, u)/\text{var}(X)$를 일관되게 추정한다. 그런데 설명변수와 오차항이 상관되어 있을 때 $\text{cov}(X, u) \neq 0$이므로, $\hat{\beta}_1$은 β_1과 체계적으로 다르게 된다.

예제 15.1   고전적 측정오차 모형과 감쇠 편향(희석 편향)

단순한 모형 $Y = \beta_0 + \beta_1 X^* + u$을 고려하자. X^*는 외생적이라 가정하자. 이제 X^*에 대한 관측을 시도하여 구한 변수를 X라 하자. 예를 들어 X는 IQ이다. X^*를 관측할 수 없으므로 X^* 대신에 X를 사용하여 회귀를 하고자 한다. 그러면 OLS 추정량은 어떤 성질을 가질 것인가?

분석을 위해서는 X와 X^*가 어떤 관계를 갖는지 가정을 하여야 한다. 고전적 측정오차 모형(classical error-in-variable model)에서는 X가 X^*와 측정오차 v의 합이며, X^*와 v는 서로 비상관이라고 가정한다. 즉, $X = X^* + v$이고 X^*와 v는 서로 비상관이다. 측정오차가 회귀식 오차와 상관될 일이 없으므로 v와 u도 서로 독립이라고 가정한다.

Y를 X에 대하여 회귀하면, 여느 경우와 마찬가지로 기울기의 OLS 추정량은 다음과 같다.

$$\hat{\beta}_1 = \frac{\sum_{i=1}^{n}(x_i - \bar{x})y_i}{\sum_{i=1}^{n}(x_i - \bar{x})^2}$$

식을 정리하기 위해 y_i와 x_i의 관계를 구하면 $Y = \beta_0 + \beta_1 X^* + u = \beta_0 + \beta_1(X - v) + u$이므로 $y_i = \beta_0 + \beta_1 x_i - \beta_1 v_i + u_i$가 되어

$$\hat{\beta}_1 = \beta_1 - \beta_1 \left[\frac{\sum_{i=1}^{n}(x_i - \bar{x})v_i}{\sum_{i=1}^{n}(x_i - \bar{x})^2} \right] + \frac{\sum_{i=1}^{n}(x_i - \bar{x})u_i}{\sum_{i=1}^{n}(x_i - \bar{x})^2}.$$

우변 마지막 항은 0으로 수렴하고 우변 중간 항은 분모와 분자를 $n-1$로 나누면 $-\beta_1$ 곱하기 $\mathrm{cov}(X,v)/\mathrm{var}(X)$로 수렴한다. 그런데 $\mathrm{cov}(X,v) = \mathrm{cov}(X^* + v, v) = \mathrm{cov}(X^*, v) + \mathrm{var}(v)$이고(부록 B.4 참조) 고전적 측정오차 모형에서 $\mathrm{cov}(X^*, v) = 0$이므로 $\hat{\beta}_1$은 다음으로 수렴한다.

$$\mathrm{plim}\,\hat{\beta}_1 = \beta_1 - \beta_1 \left[\frac{\mathrm{var}(v)}{\mathrm{var}(X)} \right] = \beta_1 \left[\frac{\mathrm{var}(X) - \mathrm{var}(v)}{\mathrm{var}(X)} \right]$$

고전적 측정오차 모형 가정하에서 $\mathrm{var}(X) = \mathrm{var}(X^*) + \mathrm{var}(v) + 2\mathrm{cov}(X^*, v) = \mathrm{var}(X^*) + \mathrm{var}(v)$이므로 위 식은 다음과 같이 정리된다.

$$\mathrm{plim}\,\hat{\beta}_1 = \beta_1 \left[\frac{\mathrm{var}(X) - \mathrm{var}(v)}{\mathrm{var}(X)} \right] = \beta_1 \left[\frac{\mathrm{var}(X^*)}{\mathrm{var}(X^*) + \mathrm{var}(v)} \right]$$

분산은 결코 음(−)이 되지 않으므로, 위의 값은 항상 β_1의 참값보다 0쪽으로 치우쳐 있다. 그 편향을 영어로 'attenuation bias'라 하고 우리말로 번역하면 감쇠 편향, 감쇄 편향, 희석 편향, 물타기 편향쯤 되겠다. 우변변수에 측정오차가 있으면 OLS는 비관측 변수 X^*와 종속변수 Y의 관계를 희석시킨다. 만약 측정오차가 전혀 없으면, 즉 $\mathrm{var}(v) = 0$이면, 희석 편향은 없다. 만약 X의 변동이 오직 측정오차로부터 나온다면($\mathrm{var}(X^*) = 0$), OLS 추정값은 0에 가까울 것이다.

설명변수 내생성이 변수누락에 기인하고 누락된 변수를 관측할 수 있다면 해결책은 간단하다. 해당된 변수를 우변에 포함시키기만 하면 된다. 더 심각한 문제는 내생성을 야기하는 누락변수를 제대로 관측할 수 없거나 동시성으로 인하여 내생성이 있을 때 발생한다. 이하에서는 가능한 해결책들을 알아 보자.

15.5 설명변수 내생성의 해결책 1: 대리변수

변수누락이 내생성의 원인일 때 한 가지 해결방법은 누락된 변수와 비슷한 변수를 찾아서 우변에 포함시키는 것이다. 이 '비슷한 변수'를 대리변수(proxy)라 한다. 예를 들어 다음과 같이 능력을 통제한 임금 결정 방정식을 생각해 보자.

$$\log(임금) = \beta_0 + \beta_1 학력 + \beta_2 경력 + \beta_3 근속연수 + \beta_4 능력 + u$$

여기서 **경력**이란 전체 일한 햇수를 말하고, **근속연수**란 현 직장에서 근무한 햇수를 말한다. 우리의 관심사는 β_1로서, **경력**과 **능력**과 **근속연수**가 동일하고 **학력**만 차이가 날 때 로그임금에 평균 얼마만큼의 차이가 있는지 알고 싶다. 자연스럽게 $\mathrm{E}(u|$학력, 경력, 근속연수, 능력$) = 0$이라 하자. 연공서열에 따라 정확히 임금이 책정되는 경우가 아니라면, **학력**과 **경력**과 **근속연수**가 동일해도 **능력**은 임금에 양의 영향을 미칠 것이므로 $\beta_4 > 0$일 것이다. 또 **능력**은 **학력, 경력, 근속연수**와 상관될 수 있으므로, 만일 **능력**을 누락시키고 OLS 추정을

하면, 변수누락 문제로 인하여 이 추정량은 편향될 것이다.

이제 **능력** 대신 노동자들의 지능지수(IQ) 자료가 있다고 하자. 이 IQ는 능력을 어느 정도 반영하겠지만 능력을 정확히 측정하지는 않는다. 예를 들어 인간관계와 같은 능력은 IQ로써 측정되지 않는다. 이 IQ 변수를 능력의 대리변수로 사용해 보자. 능력과 IQ 간에

$$\text{능력} = \delta_0 + \delta_1 \text{IQ} + v \tag{15.3}$$

의 관계가 있고 $\delta_1 > 0$이면, 원래 모형은 다음으로 바꾸어 쓸 수 있다.

$$\log(\text{임금}) = \beta_0 + \beta_1 \text{학력} + \beta_2 \text{경력} + \beta_3 \text{근속연수} + \beta_4 (\delta_0 + \delta_1 \text{IQ} + v) + u$$

$$= (\beta_0 + \beta_4 \delta_0) + \beta_1 \text{학력} + \beta_2 \text{경력} + \beta_3 \text{근속연수} + \beta_4 \delta_1 \text{IQ} + (u + \beta_4 v)$$

이 새 모형에서 설명변수는 학력, 경력, 근속연수 및 IQ이고 오차항은 $u + \beta_4 v$이다. 이 설명변수들(학력, 경력, 근속연수, IQ)이 새로운 오차항($u + \beta_4 v$)과 무관하다면 새로운 방정식의 계수들은 일관되게 추정된다. 그런데 새로운 방정식의 계수들은 $\beta_0 + \beta_4 \delta_0$(절편), β_1, β_2, β_3, $\beta_4 \delta_1$ 이므로, 적어도 β_1, β_2, β_3 은 일관되게 추정된다. β_4 는 δ_1 에 대한 정보가 없는 한 추정할 수 없다. 흔히 $\delta_0 = 0$이고 $\delta_1 = 1$ 이라고 정의한다. **능력**은 어차피 측정할 수 없는 것이어서 단순히 IQ와 같은 스케일을 갖도록 정의하고 마는 것이다.

계수 β_1, β_2, β_3 을 일관되게 추정하기 위해서는 새 설명변수들이 새 오차항과 무관하다는 조건이 중요하다. 언제 이 조건이 충족되는가? 우선 **학력, 경력, 근속연수**는 모두 u 에 대해 외생적이다. 만일 설명변수인 학력, 경력, 근속연수가 능력 중 IQ에 의해 결정되는 부분과만 상관되고 그 나머지인 v (즉, IQ와 능력간의 불일치성을 나타내는 부분)와 무관하다면 **학력, 경력, 근속연수**는 $u + \beta_4 v$와 무관할 것이다. 다음으로, IQ와 v는 방정식 (15.3) 내에 함께 등장하므로 IQ에 대해서는 좀 더 주의를 기울일 필요가 있다. 식 (15.3)의 오차항인 v는 IQ와 관련될 수도, 그렇지 않을 수도 있다. ㉮ 먼저 $E(v|IQ) = 0$이라고 해 보자. 이는 예컨대 **능력**이 인지적 능력과 여타 비인지적 능력(측정불가)으로 구성되고, 인지적 능력은 IQ에 의하여 정확히 측정되며 비인지적 능력은 인지적 능력과 무관하게 분포되어 있는 경우에 해당할 수 있다. 이 경우 IQ는 v와 무관하고 또 u와는 애초부터 무관하므로 IQ는 새 오차항인 $u + \beta_4 v$와 무관하며, 그 결과 OLS 추정량은 일관적이다. ㉯ 다음으로 $E(v|\text{능력}) = 0$이라고 해 보자(고전적 측정오차). 이 견해는 IQ가 **능력**을 측정하기는 하되 부정확하게 측정함을 의미한다. 이 경우, 동일한 **능력**에 대하여 측정오차인 v가 크면 IQ 도 상대적으로 높고 v가 작으면 IQ도 상대적으로 낮아지므로, IQ와 v는 상관관계를 갖고 그 결과 IQ는 새 오차항인 $u + \beta_4 v$와 상관되고, 따라서 OLS 추정량은 편향된다.

이처럼 IQ를 대리변수로 사용한 분석이 타당하기 위해서는 **능력** 중 대리변수(IQ) 에 의하여 설명되지 않는 부분(예컨대 비인지적 능력)과 대리변수를 포함한 새 방정식 설명변수들의 관계가 중요하다. 실제 문제에서 대리변수를 이용한 회귀가 일관된 결과를 줄 조건이 성립하는지 (추가적인 정보를 사용하지 않고) 알 방법은 없다. 이때에는 그냥

괜찮다고 가정할 수도 있겠으나, 그보다는 굳이 **능력**을 통제하였다고 하지 말고 그냥 IQ를 통제하였다고 하면 된다. 대리변수 운운하면서 마치 **능력**을 통제한 것인양 과장하지 말고 그냥 IQ를 통제하였다고 말하면 그만이다.

예제 15.2 임금방정식에서 IQ의 통제

Wooldridge의 `wage2` 데이터를 이용한 다음 두 회귀 결과(ols0과 ols1)를 보자. 이 데이터의 원래 출처는 Blackburn and Neumark (1992)으로서, 여기에는 1980년 935명의 월급, 학력, 인구학적 변수들 및 IQ 점수가 있다.

```
> data(wage2, package="wooldridge")
> names(wage2)
 [1] "wage"    "hours"   "IQ"      "KWW"     "educ"    "exper"
 [7] "tenure"  "age"     "married" "black"   "south"   "urban"
[13] "sibs"    "brthord" "meduc"   "feduc"   "lwage"
> nrow(wage2)
[1] 935
> library(lmtest)
> model <- lwage~educ+exper+tenure+married+south+urban+black
> ols0 <- lm(model, data=wage2)
> coeftest(ols0)

t test of coefficients:

             Estimate Std. Error t value  Pr(>|t|)
(Intercept)  5.3954971  0.1132250 47.6529 < 2.2e-16 ***
educ         0.0654307  0.0062504 10.4683 < 2.2e-16 ***
exper        0.0140430  0.0031852  4.4089 1.161e-05 ***
tenure       0.0117473  0.0024530  4.7890 1.950e-06 ***
married      0.1994171  0.0390502  5.1067 3.979e-07 ***
south       -0.0909036  0.0262485 -3.4632 0.0005582 ***
urban        0.1839121  0.0269583  6.8221 1.618e-11 ***
black       -0.1883499  0.0376666 -5.0004 6.839e-07 ***
---
Signif. codes:  0 '***' 0.001 '**' 0.01 '*' 0.05 '.' 0.1 ' ' 1

> ols1 <- lm(update(model,.~.+IQ),data=wage2)
> coeftest(ols1)

t test of coefficients:

             Estimate  Std. Error t value  Pr(>|t|)
(Intercept)  5.17643918  0.12800060 40.4407 < 2.2e-16 ***
educ         0.05441062  0.00692849  7.8532 1.120e-14 ***
```

```
35  exper       0.01414585   0.00316510    4.4693 8.818e-06 ***
36  tenure      0.01139509   0.00243938    4.6713 3.436e-06 ***
37  married     0.19976438   0.03880248    5.1482 3.212e-07 ***
38  south      -0.08016947   0.02625292   -3.0537 0.0023247 **
39  urban       0.18194630   0.02679287    6.7908 1.991e-11 ***
40  black      -0.14312531   0.03949245   -3.6241 0.0003057 ***
41  IQ          0.00355910   0.00099181    3.5885 0.0003500 ***
42  ---
43  Signif. codes:  0 '***' 0.001 '**' 0.01 '*' 0.05 '.' 0.1 ' ' 1
```

9번 행과 10번 행을 한 줄에 쓸 수 있음에도 이렇게 둘로 나눈 것은, 회귀방정식(9번 행의 model이라고 한 것)을 10번 행에 포함시켰더니 행이 너무 넓어졌기 때문이지 다른 이유가 없다. 그러나 그러다 보니 IQ를 우변에 추가로 포함시키는 27번 행에서 update()라는 멋있는 표현을 사용할 수 있게 되었다.

7번 행에 따르면 표본크기는 935이다. 우변에 IQ가 포함되지 않은 13–25번 행의 결과를 보자. 17번 행에서 보듯이 학력(educ)의 계수는 0.0654로서, 교육수익률은 1년당 약 6.54% 임금상승이라고 추정된다. 30–43번 행, 특히 34번 행에서 보듯이, 능력의 대리변수로서 IQ를 통제하면 추가적 학교 교육 1년의 효과는 약 5.44% 임금상승으로 추정되어 IQ를 통제하지 않은 경우의 추정값보다 더 낮다.

IQ를 능력의 대리변수로 간주하여 IQ를 통제함으로써 능력을 통제하였다고 말할 수도 있겠지만, 그 경우에는 대리변수를 사용해도 일관성이 유지되는지 일일이 점검해 보아야 한다. 그보다는 그냥 IQ를 통제했다고 하는 편이 깔끔하다.

15.6 설명변수 내생성의 해결책 2: 도구변수

변수누락으로 인하여 내생성이 발생하고 누락된 변수를 대리변수로써 통제할 수 있으면 문제는 비교적 간단하다. 하지만 내생성의 원인이 동시성이거나 대리변수를 찾을 수 없으면 문제가 복잡하며, 좀 더 획기적인 방법이 필요하다. 예를 들어 단순회귀모형 $Y = \beta_0 + \beta_1 X + u$ 를 고려하자. 문제는 X와 u가 상관되어 OLS 추정량이 편향되고 비일관적이라는 것이다. OLS가 잘못될 때 GLS가 잘 될 이유가 없으므로 GLS의 방법을 사용하면 뭔가 되지 않을까 하고 기대하지 말라. Y를 X에 대하여 OLS 회귀하면 X의 인과적 효과(β_1)와 u를 경유한 간접적 효과의 합이 추정되고, 추가적 정보가 없는 한 인과적 효과를 별도로 추출해 낼 방법은 없다. 이하에서는 이 추가적 정보가 어떠한 형태로 주어지는지 살펴보고, 이 추가적 정보를 이용하는 방법에 대하여 간략히 서술한다. 상세한 내용은 다음 장에서 설명한다.

도구변수

설명의 편의를 위하여 단순회귀모형 $Y = \beta_0 + \beta_1 X + u$를 고려한다. 제3의 변수 Z가 있다고 하자. 이 변수는 원래 방정식의 우변에 포함되어 있지 않다. 이 변수는 Y에 영향을 미치기는 하지만 오직 X에 영향을 미침으로써만 Y에 영향을 미친다고 하자. 즉, X가 통제되면 Z의 변화는 Y에 평균적으로 영향을 미치지 않는다. 이러한 변수가 설명변수가 내생적일 때 인과관계를 추론할 수 있게 해주는 도구변수(instrumental variable)가 된다.

예를 들어 Q가 판매량, P가 판매가격, C가 생산비라 하자. 우리의 관심은 수요탄력성, 즉 가격 변화 시 수요량 변화의 정도이다. 15.4절에서 설명한 것처럼, 가격은 수요와 공급의 결정요인들에 의하여 내생적으로 결정되며 회귀의 오차항과 상관되어 있다. 그런데, 기업이 판매가격을 정하면 구매자들은 자신들의 기호에 맞추어 구매량(즉 판매량)을 정하므로, 가격이 같으면 구매자들은 생산비에는 관심이 없을 것이고, 따라서 가격이 같으면 생산비의 차이는 구매량(즉 판매량)에 영향을 미치지 않을 것이다. 하지만 생산비는 판매자들의 판매가격에 영향을 미치고 그 결과 판매량에 영향을 미친다. 즉, 생산비(C)는 판매가격(P)를 통해서 간접적으로만 판매량(Q)에 영향을 미칠 뿐이며 직접적인 영향을 미치지는 않는다. 만일 생산비 자료를 얻을 수 있다면 생산비는 수요방정식에서 도구변수가 될 수 있다. 일반적으로, 공급측 변동 요인은 수요함수 추정에서 도구변수로 사용될 수 있다.

거꾸로 공급함수를 생각해 보자. 판매가격만 주어지면 공급자는 자신이 얼마나 판매하고자 할지 결정한다. 이때 만일 생산비가 바뀌면, 판매가격이 동일하더라도 자신의 이윤이 영향받기 때문에 판매량이 변화한다. 즉, 생산비는 판매가격이 고정되더라도 판매량에 영향을 미칠 것이다. 그러므로 생산비는 공급함수의 추정에서 도구변수가 될 수 없다. 하지만 수요의 변동을 가져오는 요인, 예를 들어 소비자들의 소득을 생각해 보자. 만일 소비자들의 소득이 높아지면 수요가 증가하고 이는 판매가격을 상승시킬 것이다. 그런데 판매가격이 주어지면 공급자들은 자신의 생산비가 영향을 받지 않는 한 공급량을 변화시킬 이유가 없다. 그러므로 소비자의 소득은 오직 가격을 경유해서만 간접적으로 판매량에 영향을 미치고, 공급방정식에서 도구변수가 될 수 있다. 일반적으로, 수요측 변동 요인은 공급함수 추정에서 도구변수로 사용될 수 있다.

임금방정식 $\log(임금) = \beta_0 + \beta_1 학력 + \beta_2 경력 + \beta_3 근속연수 + u$를 예로 들어 보자. 우리는 **경력과 근속연수**뿐 아니라 **능력**을 통제한 후 **학력**의 효과를 보고자 한다. 성과급이 임금에 포함된다면 관측되지 않은 **능력**은 오차항(u)에 포함되고, 우변변수들은 오차항과 상관관계를 갖는다.* 교육수준이 높은 어머니들은 자녀들이 높은 수준의 교육을 받을 것을 더 원하는 경향이 있다. 이제 어머니의 교육수준이 자녀의 학력에 영향을 미침으로써만

---

*여기서 **능력**은 오로지 해당 노동자가 임금을 높이는 데에 중요한 한에서 u에 포함됨에 유의하자. 예를 들어 경제연구소에 일하는 연구자의 경우 놀이동산에서 청룡열차나 바이킹을 얼마나 잘 타느냐 하는 능력은 임금결정과 무관하(다고 생각되)므로 u에 포함되지 않을 것이다.

임금에 영향을 미치며, 어머니의 교육수준이 자녀의 임금 결정 과정상의 여타 돌발상황과는 무관하다고 하자. 만일 교육수준이 높은 어머니가 자녀에게 '좋은 줄'을 연결시켜 주거나, 숙제를 대신 해 줘서 자녀들의 성과급에 영향을 미칠 행동을 하거나, 아예 회사의 임금결정권자를 만나서 직접 자녀의 임금을 높이는 경향이 있다면 이 가정은 위배된다. 이런 일은 일어나지 않는다고 가정하자. 그렇다면 어머니의 교육수준은 임금방정식에서 도구변수가 된다.

지금까지 설명한 것처럼 도구변수는 설명변수를 통해서만 피설명변수에 영향을 미치며, 설명변수가 통제될 때 도구변수의 변화는 피설명변수에 영향을 미치지 말아야 한다. 설명변수 이외의 변수는 오차항에 포함되므로, 이상의 조건들은 다음 두 가지로 요약된다. (i) 도구변수는 설명변수와 관련되어 있다. (ii) 도구변수는 외생적, 즉 오차항과 무관하다.

외생적인 설명변수는 그 자체로 도구변수이다. 외생적인 설명변수는 설명변수(자기자신)와 완벽한 상관관계를 가지며 외생적이다.

이상의 내용이 $y = \beta_0 + \beta_1 x_1 + \beta_2 x_2 + u$ 모형에 대하여 〈그림 15.2〉에 설명되어 있다.* 설명변수는 x_1, x_2, 내생변수는 y, x_2, 도구변수(외생변수)는 x_1, z_2이다. 이 중 z_2는 추정할 방정식에 포함되지 않은 '추가적 도구변수'이다. x_1은 외생적 설명변수, x_2는 내생적 설명변수이다. 이 둘을 제외한 요소들은 모두 u이다. 단방향 화살표(→)는 인과성의 방향을 나타내고 양방향 화살표(↔)는 상관되어 있음을 나타낸다. 추가적 도구변수 z_2는 x_1 및 x_2와 관련되어 있으며, x_1이 통제되면 오직 x_2를 경유해서만 y에 영향을 미친다. 추가적 도구변수 z_2는 오차항 u와 연관되어 있지 않으므로(외생적) 그 밖의 경로(점선)를 통해서는 y에 영향을 미치지 않는다. 이 그림에서 z_2와 x_2 간의 관계가 양방향 화살표로 되어 있어

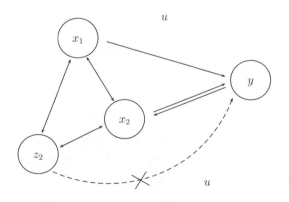

〈그림 15.2〉 외생적 설명변수(x_1), 내생적 설명변수(x_2), 추가적 도구변수(z_2)

---

*지금까지는 대문자를 사용하여 $Y = \beta_0 + \beta_1 X_1 + \beta_2 X_2 + u$처럼 표기하였다. 이는 확률변수와 그 실현값을 구별하여 혼동의 여지를 최대한 줄이기 위해서였다. 이제는 그럴 필요성을 느끼지 않으며, 여느 교과서들처럼 소문자를 사용하고자 한다.

z_2가 임의로 x_2와 상관되어 있는 것으로 보일 수도 있으나 z_2는 오직 x_2 중 외생적인 부분 (x_2를 외생적인 부분과 내생적인 부분으로 나눌 수 있다면)과만 상관될 수 있다. x_1도 마찬가지로 x_2의 외생적인 부분과만 상관된다.

참고로, x_2는 내생적이고 z_2는 외생적인데 어떻게 x_2와 z_2가 상관될 수 있겠는가 하고 생각할 수도 있겠다. 말하자면, x_2와 u가 서로 관련되었으니, z_2가 x_2와 상관된다면 z_2도 u와 상관되어야 하는 것이 아니냐 하는 것이다. 이런 의문이 드는 것은 당연하지만, 엄밀하게 생각해 보면 반드시 그럴 필요는 없다는 것을 알게 된다. 이런 상관관계를 벤 (Venn) 다이어그램으로 그려보면 분명해진다. 〈그림 15.3〉에서 겹쳐진 원들은 두 해당 변수들이 상관되어 있고 겹쳐지지 않은 원들은 서로 상관되어 있지 않음을 의미한다. 왼쪽 그림에서 z_2와 x_2가 상관되어 있고 x_2와 u가 상관되어 있으며 z_2와 u도 상관되어 있다. 반면 오른쪽 그림에서는 z_2와 x_2가 상관되고 x_2와 u가 상관된 반면 z_2와 u는 상관되어 있지 않다. 사실 z_2와 u의 상관관계 문제는 z_2와 x_2의 상관관계나 x_2와 u의 상관관계와는 별개의 문제이다.*

도구변수를 이용한 추정

관련성과 외생성이라는 두 조건을 충족시키는 도구변수가 존재하면 설명변수가 내생적인 경우에도 회귀식의 계수들을 일관되게 추정할 수 있다. 그 아이디어는 다음과 같다. 외생적 설명변수 x_1이 통제되었을 때, 만일 u가 변화하지 않은 채 x_2가 변화하였다는 것을 확신할 수 있다면, 이러한 x_2의 외생적 변화에 대응한 y의 변화량을 구함으로써 x_2가 y에 미친

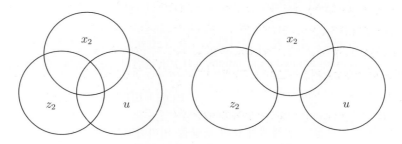

설명: x_2와 u가 상관되고 x_2와 z_2가 상관될 경우 z_2와 u는 왼쪽 그림처럼 상관될 수도 있고 오른쪽 그림처럼 상관되지 않을 수도 있다. z_2가 좋은 도구변수이기 위해서는 오른쪽 그림처럼 x_2와 상관되고 u와는 상관되지 않아야 한다.

〈그림 15.3〉 내생적 설명변수, 추가적 도구변수, 오차항의 상관관계

---

*그렇다고 하여 z_2, x_2, u 간 상관관계들이 전혀 별개로 자유로운 것은 아니다. 극단적인 예를 들어, 만약 x_2 와 u 간의 상관계수가 1이고 z_2와 x_2가 상관되어 있으면 z_2와 u도 반드시 상관되어야 한다. x_2와 u의 상관계수가 그렇게 크지 않으면 $\mathrm{cov}(x_2, u) \neq 0$이고 $\mathrm{cov}(z_2, x_2) \neq 0$이면서 $\mathrm{cov}(z_2, u) = 0$인 것이 가능하다.

인과적 영향을 계산할 수 있을 것이다. 그런데 만일 x_2의 변화 중 z_2의 변화에 기인한 부분을 추출해 낼 수 있다면 z_2와 u가 서로 무관하므로, z_2의 변화로 인한 x_2의 변화 또한 u와 연관성을 가지지 않을 것이다. 그러므로 x_2의 변동분 중 z_2의 변동에 기인한 부분을 추출해 낼 수 있다면 이 변동분을 활용하여 x의 인과적 영향을 추정할 수 있을 것이다.

그러므로 두 단계의 추정을 생각해 볼 수 있다. 첫째 단계에서는 z_2의 변화로 인한 x_2의 변화분을 추출해 내고, 둘째 단계에서는 이 x_2 추출분의 변화가 y에 미친 영향을 추정하는 것이다. 첫째 단계를 위해서는 설명변수를 도구변수에 회귀하여 맞춘값을 구하고, 둘째 단계에서는 y를 이 첫째 단계 맞춘값에 회귀한다. 이것이 2단계 최소제곱법(two stage least squares, 2SLS)이다. 이때, z_2와 x_2가 서로 관련되어 있는 것이 중요하다. 만일 이 둘 사이에 관련성이 없다면 x_1이 고정되었을 때 아무리 z_2가 변해도 x_2가 변하지 않을 것이므로 x_2 변화의 효과를 파악할 수 없다.

2SLS의 방법은 다음과 같이 이해해 볼 수도 있다. 도구변수인 z_2가 x_2를 경유해서만 y에 영향을 미친다는 것이 확실하다면(즉 z_2가 외생적이라면), z_2가 y에 미치는 영향(A라 하자)은 z_2가 x_2에 미친 영향(B라 하자)에, x_2가 y에 미친 인과적 영향(C라 하자)을 곱한 것과 동일할 것이다. 즉 $A = BC$일 것이다. 그러므로 우리의 관심사인 x_2가 y에 미친 인과적 영향(C)은 A를 B로 "나누어서" 계산할 수 있을 것이다. 나중에 설명할 것처럼 2SLS는 이 아이디어를 사용해서도 설명할 수 있다.

2SLS를 비롯한 도구변수 추정방법은 방대한 내용을 포함하므로 장(章)을 바꾸어서 설명하겠다.

15.A   반복평균의 법칙

두 확률변수 ξ와 η를 고려하자.* η의 평균이 존재한다고 하자. 그러면 다음 반복평균의 법칙(law of iterated expectations, LIE)이 성립한다(부록 B.5절 참조).

$$E(\eta) = E[E(\eta|\xi)]$$

좌변은 모집단 전체에서 η의 평균을 의미하고, 우변은 우선 ξ의 값이 주어진 값에 해당하는 부분집합에 대하여 η의 평균을 구한 후, 그 다음 모집단 내 ξ의 상대빈도에 따라 이 평균들을 한 번 더 평균한다는 것을 의미한다. LIE에 따르면 이 둘은 동일하다.

예를 들어 ξ를 성별이라 하고 η를 몸무게라 하자. 그러면 어떤 주어진 모집단에 소속된 모든 사람들의 평균 몸무게(η의 무조건적 평균)는, 우선 남자들의 평균 몸무게 $E(\eta|\xi = $ 남자$)$와 여자들의 평균 몸무게 $E(\eta|\xi = $ 여자$)$를 구한 후 남녀의 비율에 따라 이

---

*ξ는 영어의 x에 해당하는 그리스어로서 '크시'라고 읽고, η는 영어의 h에 해당하는 그리스어로서 '에타'라고 읽는다.

두 평균들을 가중평균하여 구할 수 있다. 수식으로 표현하면 다음과 같다.

$$E(\eta) = E[E(\eta|\xi)] = E(\eta|\xi = 남자) \cdot P(\xi = 남자) + E(\eta|\xi = 여자) \cdot P(\xi = 여자)$$

🛆 위에서는 ξ와 η가 각각 확률변수라고 하였는데 꼭 각각 하나의 변수일 필요는 없으며 무엇이든 상관없다. 예를 들어 $\xi = (x_1, x_2, \ldots, x_n)$라고 하고, $\eta = [\sum_{i=1}^{n}(x_i - \bar{x})^2]^{-1}\sum_{i=1}^{n}(x_i - \bar{x})u_i$라 하자. 그러면 반복평균의 법칙은

$$E(\eta) = E[E(\eta|\xi)]$$

임을 의미하고, 조건부 평균 $E(\eta|\xi)$는 다음과 같다.

$$E(\eta|\xi) = \frac{\sum_{i=1}^{n}(x_i - \bar{x})E(u_i|\xi)}{\sum_{i=1}^{n}(x_i - \bar{x})^2}$$

만일 모든 i에서 $E(u_i|\xi) = 0$이라면 $E(\eta|\xi) = 0$이고, 따라서 $E[E(\eta|\xi)] = E[0] = 0$이다. 여기에 $E(\eta)$가 존재한다는 조건이 추가되면 반복평균의 법칙에 따라 $E(\eta) = 0$이 성립한다.

🛆🛆 어떤 확률변수 η에 대하여 $P(\eta \in A)$는 $E[I(\eta \in A)]$와 동일하다(A는 하나의 실수집합). 여기서 $I(\eta \in A)$라는 함수는 η의 값이 A에 속하면 1의 값을 갖고 그렇지 않으면 0의 값을 갖는 'indicator 함수'이다. 반복평균의 법칙을 사용하면 다음을 얻는다.

$$P(\eta \in A) = E[I(\eta \in A)] = E\{E[I(\eta \in A)|\xi]\} = E[P(\eta \in A|\xi)]$$

위에서 두 번째 등식에서 반복평균의 법칙을 사용하였다. η가 확률변수일 때 $P(\eta \in A)$는 항상 존재하므로 이 등식은 항상 만족됨에 유의하라.

이제 $\eta = (\hat{\beta}_1 - \beta_1)/\text{sd}(\hat{\beta}_1|\mathbb{X})$라 하고 $\xi = \mathbb{X}$라 하자. 그러면 $\eta|\mathbb{X} \sim N(0,1)$, 즉 $\Phi(\cdot)$을 표준정규분포의 누적분포함수라 할 때 $P(a < \eta \leq b|\mathbb{X}) = \Phi(b) - \Phi(a)$이다. 이제 η의 무조건적 분포는 반복평균의 법칙에 따라 $P(a < \eta \leq b) = E[P(a < \eta \leq b|\mathbb{X})] = E[\Phi(b) - \Phi(a)] = \Phi(b) - \Phi(a)$이다. 다시 말하여 η의 무조건적 분포도 $N(0,1)$이다.

16 도구변수 추정

16.1 자료에 의한 모수의 식별

모형 $y = \beta_0 + \beta_1 x_1 + \beta_2 x_2 + u$를 고려해 보자. 여기서 x_1과 x_2가 외생적이면 $\beta_0, \beta_1, \beta_2$는 $\mathrm{E}(u) = 0$, $\mathrm{E}(x_1 u) = 0$, $\mathrm{E}(x_2 u) = 0$에 대응하는 3개 모집단 관계에 의하여 정의될 수 있다.

$$\mathrm{E}(y - \beta_0 - \beta_1 x_1 - \beta_2 x_2) = 0 \tag{16.1a}$$

$$\mathrm{E}[x_1(y - \beta_0 - \beta_1 x_1 - \beta_2 x_2)] = 0 \tag{16.1b}$$

$$\mathrm{E}[x_2(y - \beta_0 - \beta_1 x_1 - \beta_2 x_2)] = 0 \tag{16.1c}$$

이 세 등식은 세 직교방정식의 모집단 버전이다. $\mathrm{E}(y)$나 $\mathrm{E}(x_1 y)$ 등 기댓값들을 $n^{-1}\sum_{i=1}^{n} y_i$ 나 $n^{-1}\sum_{i=1}^{n} x_{i1} y_i$ 등 표본평균으로 치환하면 OLS의 3개 직교방정식이 되므로, OLS는 이 3개 조건들의 '표본 버전'을 풀어서 구하는 것과 동일하다.

결정해야 할 모수가 3개이고 방정식이 3개이므로 특이한 상황이 아닌 한 세 모수들은 관측변수들의 분포(특히 평균, 분산, 공분산)에 의하여 식별된다(identified). 즉, 3개 식을 만족시키는 β_0, β_1, β_2는 유일하다. 좀 더 자세히, 위의 세 등식은

$$\mathrm{E}(y) = \beta_0 + \beta_1 \mathrm{E}(x_1) + \beta_2 \mathrm{E}(x_2),$$

$$\mathrm{E}(x_1 y) = \beta_0 \mathrm{E}(x_1) + \beta_1 \mathrm{E}(x_1^2) + \beta_2 \mathrm{E}(x_1 x_2),$$

$$\mathrm{E}(x_2 y) = \beta_0 \mathrm{E}(x_2) + \beta_1 \mathrm{E}(x_1 x_2) + \beta_2 \mathrm{E}(x_2^2)$$

으로 표현되고, $\mathrm{E}(y)$, $\mathrm{E}(x_1)$, $\mathrm{E}(x_2)$, $\mathrm{E}(x_1^2)$, $\mathrm{E}(x_1 x_2)$, $\mathrm{E}(x_2^2)$, $\mathrm{E}(x_1 y)$, $\mathrm{E}(x_2 y)$라는 모집단 상수가 주어지면 비특이성하에서 β_0, β_1, β_2가 결정된다. 여기서 비특이성이란 이 3원1차 연립방정식의 해가 유일할 조건을 일컫는 말이다. 앞서 이야기한 것처럼 OLS 추정은 $\mathrm{E}(y)$ 나 $\mathrm{E}(x_1 y)$ 등 기댓값들을 $n^{-1}\sum_{i=1}^{n} y_i$ 나 $n^{-1}\sum_{i=1}^{n} x_{i1} y_i$ 등 표본평균으로 치환한 후 $\beta_0, \beta_1, \beta_2$ 에 대하여 방정식들(즉 직교방정식들)을 풀어서 구하는 것과 동일하다. 이처럼 모집단평균 을 표본평균으로 바꾸어 추정하는 방법을 적률법(method of moments)이라 한다. 그러므로 OLS 추정량은 (16.1a), (16.1b), (16.1c)에 근거한 적률법 추정량이기도 하다.

설명변수 x_2가 내생적이면 문제가 달라진다. $\mathrm{E}(x_2 u) \neq 0$이므로 (16.1c)가 성립하지 않고, 추가적인 정보가 없는 한 (16.1a)와 (16.1b)만을 만족시키는 세 모수들 $\beta_0, \beta_1, \beta_2$는 무수히 많다. 세 모수들을 식별하려면 (16.1a)와 (16.1b) 이외에도 별도의 방정식이 최소한 하나가 더 필요하다. 이 추가적 방정식들을 추가적 도구변수들이 제공한다.

설명변수 x_1과 x_2를 제외한 추가적 외생변수 z_2가 있다고 하자. 그러면 (16.1a)와 (16.1b) 이외에 $E(z_2 u) = 0$으로부터

$$E[z_2(y - \beta_0 - \beta_1 x_1 - \beta_2 x_2)] = 0 \tag{16.2}$$

라는 식이 추가되어, (16.1a), (16.1b) 및 (16.2) 사이에 특이성이 존재하지 않는 한 세 모수 $\beta_0, \beta_1, \beta_2$가 식별된다. 이때 세 모수를 세 방정식이 식별하므로 이 세 모수들은 딱 맞게 식별된다(just identified)고 한다. 모수의 식별을 위해서는 z_2가 반드시 x_2와 적절하게 관련되어 있어야 한다. 만일 x_1이 통제될 때 z_2와 x_2가 완전히 무관하면 (16.2)는 항상 만족되는 항등식이 되고 추가적 정보를 제공하지 않는다(연습 16.1 참조). 따라서 세 개의 모수를 (16.1a)와 (16.1b)라는 두 개의 제약식에 의해서 결정하고자 하는 셈이므로 모수들이 결정되지 않는다(unidentified 또는 under-identified).

▶ **연습 16.1.** 위의 설정에서 x_1이 통제될 때 x_2와 z_2가 상관되지 않으면 x_2를 x_1과 z_2에 대하여 회귀할 때 z_2의 계수가 0이 된다. 즉, $x_2 = \pi_0 + \pi_1 x_1 + v_2$이고 여기서 $E(x_1 v_2) = 0$, $E(z_2 v_2) = 0$이다. 이를 달리 표현하면, z_2와 x_2는 오직 x_1을 경유해서만 서로 상관되므로 $\text{cor}(z_2, x_2) = \text{cor}(z_2, x_1)\text{cor}(x_1, x_2)$이 성립한다. 이를 증명하라. 또, 이런 일이 일어날 때 식 (16.2)는 (16.1a)와 (16.1b)를 어떻게 결합하여 만들어 낼 수 있는지 설명하라.

내생적 설명변수가 1개일 때 추가적 도구변수가 2개 이상이면 꼭 필요한 것보다 더 많은 제약이 가해진다. 만약 z_2가 z_{2a}와 z_{2b}로 이루어졌다면 (16.2) 대신에

$$E[z_{2a}(y - \beta_0 - \beta_1 x_1 - \beta_2 x_2)] = 0 \tag{16.3a}$$

$$E[z_{2b}(y - \beta_0 - \beta_1 x_1 - \beta_2 x_2)] = 0 \tag{16.3b}$$

라는 2개 식이 추가된다. 그러면 세 모수 $\beta_0, \beta_1, \beta_2$는 (16.1a), (16.1b), (16.3a), (16.3b)라는 네 개의 제약조건을 만족시켜야 한다. 이처럼 세 개의 모수가 네 개의 제약조건을 만족시켜야 할 때 이 모수들은 과다식별(과잉식별)된다(over-identified)고 한다. 다시 말하여, 모수들의 식별에 꼭 필요한 만큼보다 더 많은 제약이 존재한다. 이때 제약조건의 개수와 모수의 개수의 차이를 과다식별정도(degrees of over-identification)라고 한다. 이 과다식별정도는 '추가적 도구변수의 개수 빼기 내생적 설명변수의 개수'와 같고, 또한 외생적 설명변수는 자동으로 도구변수에 포함되므로, 이는 '전체 도구변수의 개수 빼기 전체 설명변수의 개수'와도 동일하다. 과다식별정도가 0이면 모수들은 딱 맞게 식별되고, 0보다 크면 모수들은 과다식별된다. (16.1a), (16.1b), (16.3a), (16.3b)를 사용하는 경우 모수는 3개이고 도구변수는 4개이므로 과다식별정도는 1이다.

제약조건의 개수가 모수의 개수보다 작으면 모수들은 제약조건에 의하여 결정되지 않는다(unidentified 또는 under-identified)는 것은 앞서 이야기하였다.

모수들이 모두 식별되려면 기본적으로 내생적 설명변수 개수 이상의 관련된 추가적 도구변수가 필요하다. 만일 추가적 도구변수들이 내생적 설명변수와 충분히 상관되지 않으면, 이 추가적 도구변수들이 변할 때 내생적 설명변수들이 변하지 않게 되며, 따라서 내생적 설명변수들의 변화가 종속변수에 미치는 영향을 구할 수 없게 된다.

내생적 설명변수만 있는 단순 모형 $y = \beta_2 x_2 + u$로써 도구변수의 '관련성'의 중요성을 수학적으로 설명해 보자(x_2의 평균은 0으로 가정). 이 모형에서 설명변수 x_2가 내생적이며 도구변수로서 z_2가 있다고 하자. 그러면 β_2를 식별할 수 있는 제약은 $\mathrm{E}(z_2 u) = 0$, 즉 다음과 같다.

$$\mathrm{E}[z_2(y - \beta_2 x_2)] = 0 \quad \text{즉} \quad \mathrm{E}(z_2 y) = \beta_2 \mathrm{E}(z_2 x_2) \tag{16.4}$$

$\mathrm{E}(z_2 u) = 0$일 때, 만약 도구변수와 내생적 설명변수가 무관하여 $\mathrm{E}(z_2 x_2) = 0$이면 $z_2 y = \beta_2 z_2 x_2 + z_2 u$에 의하며 $\mathrm{E}(z_2 y)$도 0이므로, 식 (16.4)는 $0 = \beta_2 \cdot 0$이 되어 β_2의 값과 관계없이 항상 성립하고, 결국 우리는 β_2를 식별할 방정식을 가지지 못하게 된다. 이 현상은 도구변수 z_2가 설명변수 x_2와 무관하기 때문에 발생한다. 추가적 도구변수는 반드시 내생적 설명변수에 대하여 일정한 설명력을 가져야 한다. 외생적 설명변수가 있는 모형에서는 이 외생적 설명변수가 통제된 상황에서 z_2가 x_2와 충분한 상관관계를 가져야 한다. 나중에 보겠지만, 이 요구조건의 성립여부는 통계적으로 검정할 수 있다(16.4절의 '첫째 단계 F 검정' 참조).

16.2 2단계 최소제곱법

추정하고자 하는 모형이 다음과 같다고 하자.

$$y = \beta_0 + \beta_1 x_1 + \beta_2 x_2 + u$$

여기서 x_1은 외생적이고 x_2는 내생적이라 하자. 하나의 내생적 설명변수가 있으므로 추가적 도구변수(이 방정식의 우변에 포함되지 않은 외생변수)가 적어도 하나 필요하다.

▶ **연습 16.2.** 이 추가적 도구변수가 갖추어야 할 두 가지 조건은 무엇이라고 하였는가?

이 추가적 도구변수를 z_2라 하자. 2단계 최소제곱(two stage least squares, 2SLS)법은 다음 두 단계의 회귀를 거친다.

1. 내생적 설명변수인 x_2를 모든 외생변수, 즉 x_1, z_2에 대하여 회귀하여 맞춘값을 구한다. 이 맞춘값을 $\hat{x}_2$이라 하자. 이 단계에서 z_2의 유의성을 점검하는 것이 좋다. 만일 z_2의 유의성(t검정이나 F검정으로 확인할 수 있음)이 떨어지면 2SLS를 할 수는 있으나 추정량의 성질은 매우 나쁠 수 있다.

2. y를 x_1과 $\hat{x}_2$에 대하여 OLS로 회귀한다. 이 추정값들이 2SLS 추정값들이다.

단, 둘째 회귀에서 통상적으로 보고되는 표준오차, t통계량, p값 등은 타당하지 않음에 유의하라. 이에 대해서는 나중에 자세히 설명한다.

2단계 추정을 실습해 보자. 연습용 자료가 `loedata` 패키지의 `Ivdata` 자료에 있다. 이 자료집합에는 y, x1, x2, z2a, z2b 변수들이 있다. 표본크기는 $n = 100$이다. 표본크기가 정확히 100인 것을 보니 작위적이라는 느낌이 나지 않는가?

```
> data(Ivdata, package="loedata")
> names(Ivdata)
[1] "y"   "x1"  "x2"  "z2a" "z2b"
> nrow(Ivdata)
[1] 100
```

추정할 모형은 $y = \beta_0 + \beta_1 x_1 + \beta_2 x_2 + u$이며, 여기서 x_1은 외생적이고 x_2는 내생적이다 (필자가 변수들을 그렇게 생성하였다). 추가적 변수 z_{2a}와 z_{2b}는 외생적이며 나중에 도구 변수로 사용할 것이다. 우선 회귀 모형에 대하여 OLS 추정을 해 보자.

```
# OLS
> library(lmtest)
> coeftest(lm(y~x1+x2, data=Ivdata))

t test of coefficients:

            Estimate Std. Error t value  Pr(>|t|)
(Intercept) -0.364987   0.819718 -0.4453    0.6571
x1           0.483136   0.057120  8.4583 2.823e-13 ***
x2           0.944842   0.064375 14.6771 < 2.2e-16 ***
---
Signif. codes:  0 '***' 0.001 '**' 0.01 '*' 0.05 '.' 0.1 ' ' 1
```

이 추정결과에 따르면 x_2를 통제한 채 x_1을 한 단위 증가시킬 때 y는 평균 약 0.483 단위 증가하며, x_1을 통제한 채 x_2를 한 단위 증가시킬 때 y는 평균 약 0.945 단위 증가한다. x_2 설명변수가 내생적이라고 하였으므로 이 추정값들은 참값과 체계적으로 다르기 쉽다.

이제 z_{2a}를 x_2의 도구변수로 사용하는 2SLS 추정을 해 보자.* 우선 첫째 단계 추정을 한다. 첫째 단계 추정에서는 내생적 설명변수인 x_2를 모든 외생변수인 x_1과 z_{2a}에 대하여 회귀한다(z_{2b}는 사용하지 않으므로 포함시키지 않는다). 모형에 포함된 외생변수인 x_1을 누락시켜서는 안 된다.

---

* z_{2b}를 추가적 도구변수로 사용하지 않은 데에는 아무런 이유도 없다. 그냥 연습삼아 그렇게 해 보는 것이다.

```
# First-stage regression
> stage1 <- lm(x2~x1+z2a, data=Ivdata)
> coeftest(stage1)

t test of coefficients:

             Estimate Std. Error t value  Pr(>|t|)
(Intercept)  6.337438   0.936309  6.7685 9.946e-10 ***
x1          -0.131912   0.079058 -1.6685   0.09843 .
z2a         21.840080   4.043760  5.4009 4.720e-07 ***
---
Signif. codes:  0 '***' 0.001 '**' 0.01 '*' 0.05 '.' 0.1 ' ' 1
```

x_1을 통제한 상태에서 추가적 도구변수 z_{2a}의 t값은 약 5.4이고 p값은 거의 0에 가까워, z_{2a}는 x_2와 강한 상관관계를 지닌 것으로 보인다. 보통 t값의 절댓값이 3 이상이면 강하게 연관된 도구변수로 간주한다. 다음 명령을 이용하여 x_2의 맞춘값인 $\hat{x}_2$을 생성한다.

```
> Ivdata$x2hat <- fitted(stage1)
```

여기서 `fitted(stage1)` 대신에 `stage1$fitted`나 `predict(fitted)`라고 해도 좋다.
둘째 단계에서는 첫째 단계에 생성한 $\hat{x}_2$을 x_2 대신 사용하여 OLS 회귀를 한다. 즉, y를 x_1과 $\hat{x}_2$에 대하여 회귀한다.

```
# Second-stage regression
> stage2 <- lm(y~x1+x2hat,data=Ivdata)
> coeftest(stage2)

t test of coefficients:

            Estimate Std. Error t value  Pr(>|t|)
(Intercept)  1.88266    2.25002  0.8367 0.4048008
x1           0.41694    0.11089  3.7600 0.0002905 ***
x2hat        0.68666    0.22994  2.9863 0.0035752 **
---
Signif. codes:  0 '***' 0.001 '**' 0.01 '*' 0.05 '.' 0.1 ' ' 1
```

이 결과에 따르면 2SLS 추정계수 $\hat{\beta}_0$, $\hat{\beta}_1$, $\hat{\beta}_2$는 각각 약 1.88, 0.42, 0.69로서, OLS 추정값들 (각각 약 -0.36, 0.48, 0.95)과 상당한 차이가 있다. OLS 추정값들은 믿기 힘들다. 참고로, 여기서 2SLS 추정값 자체는 일관적(consistent)이지만, 보고된 표준오차, t값, p값은 모두 타당하지 않음에 유의하라. 표본크기가 아무리 커도 이들 표준오차, t값, p값은 체계적으로 잘못되었다. 이는 둘째 단계 회귀 시 설명변수로 $\hat{x}_2$을 사용하였기 때문이다. 이것을 교정하는 방법은 나중에 설명한다.

▶ **연습 16.3.** x_2 변수 계수의 OLS추정값은 약 0.945이고 2SLS 추정값은 약 0.687이다. OLS 가 비일관적이고 2SLS가 일관적임을 고려할 때, x_1을 통제한 상태에서 x_2와 u는 양의 상관관계를 가지겠는가 음의 상관관계를 가지겠는가?

▶ **연습 16.4.** z_{2a}와 z_{2b}를 모두 추가적 도구변수로 사용하여 2SLS 회귀를 하라. x_1 통제 시 x_2의 한 단위 증가는 y를 평균 얼마만큼 증가시키는 것으로 추정되는가?

경우에 따라 내생적인 설명변수가 두 개 이상일 수 있다. 예를 들어 $y = \beta_0 + \beta_1 x_1 + \beta_2 x_2 + \beta_3 x_3 + u$에서 x_2와 x_3이 내생적(오차항과 연관)이라 하자. 이 경우에는 적어도 두 개의 추가적 도구변수가 필요하다. 두 개의 추가적 도구변수를 z_2와 z_3이라 하자. 그러면 첫째 단계 회귀에서는 x_2와 x_3을 각각 모든 외생변수(즉 x_1, z_2, z_3)에 OLS 회귀하여 맞춘값들 $\hat{x}_2$ 와 $\hat{x}_3$을 구한다. 둘째 단계 회귀에서는 x_2와 x_3을 각각 이들 맞춘값 $\hat{x}_2$과 $\hat{x}_3$으로 치환하여, y를 $x_1, \hat{x}_2, \hat{x}_3$에 대하여 OLS 회귀한다.

한편, 첫째 단계에서 외생적인 설명변수(x_1)도 도구변수들(x_1, z_2, z_3)에 회귀하여 맞춘 값을 구할 수 있다. 그런데 그러면 좌변 변수(x_1)가 우변에도 존재하므로 우변 변수들에 의하여 완벽하게 설명되고(이때 $\hat{x}_1 = 0 + 1 \times x_1 + 0 \times x_2 + 0 \times x_3$으로 추정되고 잔차값은 모두 0) 맞춘값은 원래 변수와 동일하다. 즉, $\hat{x}_1 = x_1$이다. 그러므로 굳이 x_1을 x_1, z_2, z_3에 회귀하여 맞춘값을 구할 필요가 없이 그냥 x_1을 사용하면 된다.

모수들이 딱 맞게 식별되는 경우 2SLS 추정량은 좀 더 간단한 형태로 표현할 수 있다. 예를 들어 모형이 $y = \beta_0 + \beta_2 x_2 + u$이고 x_2의 도구변수 z_2가 존재하는 경우, 2SLS 추정량은 다음과 같다($\hat{x}_{i2} = \hat{\pi}_0 + \hat{\pi}_1 z_{i2}$에 따라 $\hat{x}_{i2} - \bar{x}_2 = \hat{\pi}_1(z_{i2} - \bar{z}_2)$를 대입하여 도출할 수 있다).

$$\hat{\beta}_2 = \frac{\sum_{i=1}^{n} (\hat{x}_{2i} - \bar{x}_2)(y_i - \bar{y})}{\sum_{i=1}^{n} (\hat{x}_{2i} - \bar{x}_2)^2} = \frac{\sum_{i=1}^{n} (z_{2i} - \bar{z}_2)(y_i - \bar{y})}{\sum_{i=1}^{n} (z_{2i} - \bar{z}_2)(x_{2i} - \bar{x}_2)} \tag{16.5}$$

외생적 설명변수가 존재하는 모형에서는 행렬 기호를 사용하여 표현할 수 있다. 딱 맞게 식별된 경우의 2SLS 추정량을 도구변수 추정량(instrumental variable estimator, IV 추정량)이라 한다. 모수들이 과다식별된 경우에 2SLS 추정량은 첫째 단계 맞춘값들을 도구변수로 사용한 IV 추정량과 동일함을 보일 수 있다. 그래서 이 일반적인 2SLS 추정량을 일반화된 도구변수 추정량(generalized IV estimator, GIV 추정량)이라 하기도 한다. 참고로 OLS 추정량은 설명변수 자신을 도구변수로 사용하는 도구변수 추정량이라고 볼 수도 있다.

수학적인 설명을 위해 모형을 $\mathbb{Y} = \mathbb{X}\boldsymbol{\beta} + \mathbb{U}$이라고 나타내자. 여기서 $\mathbb{X}$는 모든 설명변수들로 이루어진 행렬로서, 어떤 열의 변수들은 외생적이고 어떤 열의 변수들은 내생적이다. 이제 모든 외생변수들(도구변수들)의 행렬을 $\mathbb{Z}$라 하자. 그런데 첫째 단계 회귀시 계수는 $(\mathbb{Z}'\mathbb{Z})^{-1}\mathbb{Z}'\mathbb{X}$이며 맞춘값은 $\mathbb{Z}$에 이 계수를 곱한 것이므로 $\hat{\mathbb{X}} = \mathbb{Z}(\mathbb{Z}'\mathbb{Z})^{-1}\mathbb{Z}'\mathbb{X}$이다. 이제 2SLS 추정량은 $\mathbb{Y}$를 $\hat{\mathbb{X}}$에 회귀한 OLS 추정량이므로 $\hat{\boldsymbol{\beta}}_{2sls} = (\hat{\mathbb{X}}'\hat{\mathbb{X}})^{-1}\hat{\mathbb{X}}'\mathbb{Y}$이다. 여기서 $\hat{\mathbb{X}}$ 자리에

$\mathbb{Z}(\mathbb{Z}'\mathbb{Z})^{-1}\mathbb{Z}'\mathbb{X}$를 대입하면 $\hat{\mathbb{X}}'\hat{\mathbb{X}} = \mathbb{X}'\mathbb{Z}(\mathbb{Z}'\mathbb{Z})^{-1}\mathbb{Z}'\mathbb{Z}(\mathbb{Z}'\mathbb{Z})^{-1}\mathbb{Z}'\mathbb{X} = \mathbb{X}'\mathbb{Z}(\mathbb{Z}'\mathbb{Z})^{-1}\mathbb{Z}'\mathbb{X}$가 되고, 따라서 다음이 성립한다.

$$\hat{\boldsymbol{\beta}}_{2sls} = [\mathbb{X}'\mathbb{Z}(\mathbb{Z}'\mathbb{Z})^{-1}\mathbb{Z}'\mathbb{X}]^{-1}\mathbb{X}'\mathbb{Z}(\mathbb{Z}'\mathbb{Z})^{-1}\mathbb{Z}'\mathbb{Y}$$

만일 $\mathbb{Z}'\mathbb{X}$가 정방행렬이고 역행렬이 존재한다면(딱 맞게 식별된 경우) 더 단순화되어 $\hat{\boldsymbol{\beta}}_{2sls} = (\mathbb{Z}'\mathbb{X})^{-1}\mathbb{Z}'\mathbb{Y}$가 된다.

$\mathbb{Y} = \mathbb{X}\boldsymbol{\beta} + \mathbb{U}$에서 딱 맞게 식별하는 $\mathbb{Z}$를 도구변수로 사용한 IV 추정량은 $(\mathbb{Z}'\mathbb{X})^{-1}\mathbb{Z}'\mathbb{Y}$로 표현된다. 일반적인 경우 위의 2SLS 추정량을 자세히 살펴보면 $\hat{\mathbb{X}}'\hat{\mathbb{X}} = \hat{\mathbb{X}}'\mathbb{X}$이므로 $\hat{\boldsymbol{\beta}}_{2sls} = (\hat{\mathbb{X}}'\mathbb{X})^{-1}\hat{\mathbb{X}}'\mathbb{Y}$임을 알 수 있다. 그러므로 일반적인 경우 $\mathbb{Z}$를 도구변수로 사용한 2SLS 추정량(GIV 추정량)은 $\hat{\mathbb{X}}$를 도구변수로 사용한 IV 추정량이다.

'도구변수(IV) 추정'이라는 말을 좀 더 넓은 의미로 사용하여, 도구변수를 사용하는 모든 추정방법들을 일컫는 경우도 있다. 상황에 따라 이해하면 되겠다.

'도구변수 추정'이라는 말을 넓은 의미로 사용하면, 2SLS뿐 아니라, 이 책에서 다루지 않은 3단계 최소제곱 추정(3SLS), limited information maximum likelihood (LIML), full information maximum likelihood (FIML) 등도 '도구변수 추정법'으로 간주된다. 참고로, 모수들이 딱 맞게 식별되었으면 2SLS와 LIML은 동일하다. 과다식별된 경우 LIML은 2SLS보다 편향이 더 작은 것으로 알려져 있다. 자세한 내용은 이 책의 범위를 벗어난다.

2SLS는 편향되어 있다(biased). 그렇다고 하여 2SLS 추정방법이 심각하게 잘못되었다고 생각하지 말기 바란다. 2SLS가 편향되었기는 하지만 표본크기가 커질 때 이 편향은 무시할 수 있을 만큼 작아져서, 2SLS는 일관성을 갖는다(consistent).

외생적 설명변수 x_1이 없는 단순한 회귀에서 2SLS 추정량 (16.5)의 분모와 분자를 $\sum_{i=1}^{n}(z_{2i} - \bar{z}_2)^2$으로 나누어 다음과 같이 표현해 보자.

$$\hat{\beta}_2 = \frac{\sum_{i=1}^{n}(z_{2i} - \bar{z}_2)(y_i - \bar{y})}{\sum_{i=1}^{n}(z_{2i} - \bar{z}_2)^2} \Big/ \frac{\sum_{i=1}^{n}(z_{2i} - \bar{z}_2)(x_{2i} - \bar{x}_2)}{\sum_{i=1}^{n}(z_{2i} - \bar{z}_2)^2}$$

이 식을 자세히 들여다 보면, 분자(긴 '/'의 왼쪽)는 y를 z_2에 의하여 회귀하여 얻는 OLS 추정량이고, 분모(긴 '/'의 오른쪽)는 x_2를 z_2에 대하여 회귀하여 얻는 OLS 추정량임을 알 수 있다. 그러므로 이 2단계 추정량은, 앞 장의 말미에서 설명한 것처럼 "x_2가 y에 미치는 인과적 영향의 크기(β_2)는 z_2가 y에 미치는 영향의 크기(분자)를 z_2가 x_2에 미치는 영향의 크기(분모)로 나눈 것과 같다"는 사실에 바탕을 두었다고 볼 수 있다. 외생적 설명변수 x_1이 존재하는 경우에도 이와 동일한 관계가 성립한다. 다음 결과를 보라.

```
1  > pi2 <- lm(x2~x1+z2a, data=Ivdata)$coef['z2a']
2  > rf2 <- lm(y~x1+z2a, data=Ivdata)$coef['z2a']
3  > rf2/pi2
4       z2a
5  0.6866594
```

첫째 줄의 `pi2`는 x_2를 x_1과 z_{2a}로 회귀할 때 z_{2a}의 계수이고, 둘째 줄의 `rf2`("reduced form")는 y를 외생변수들인 x_1과 z_{2a}로 회귀할 때 z_{2a}의 계수이다. 5째 줄에서 구한 `rf2/pi2`는 앞에서 2SLS로 구한 $\hat{\beta}_2$와 동일하다.

이상의 내용이 〈그림 16.1〉에 있다. 외생적 설명변수(x_1)를 통제한 상태에서, 추가적 도구변수(z_2)가 종속변수(y)에 미치는 영향의 크기는 $\hat{\psi}_2$이고, z_2가 내생적 설명변수(x_2)에 미치는 영향의 크기는 $\hat{\pi}_2$이다. $\hat{\psi}_2 = \hat{\pi}_2 \cdot \hat{\beta}_2$라는 관계로부터 $\hat{\beta}_2 = \hat{\psi}_2/\hat{\pi}_2$을 얻는다.

딱 맞게 식별된 경우, 2SLS 추정량은 $\hat{\boldsymbol{\beta}} = (\mathbb{Z}'\mathbb{X})^{-1}\mathbb{Z}'\mathbb{Y}$이다. 이를 다시 쓰면, $\hat{\boldsymbol{\beta}} = (\mathbb{Z}'\mathbb{X})^{-1}\mathbb{Z}'\mathbb{Z}(\mathbb{Z}'\mathbb{Z})^{-1}\mathbb{Z}'\mathbb{Y} = [(\mathbb{Z}'\mathbb{Z})^{-1}\mathbb{Z}'\mathbb{X}]^{-1}(\mathbb{Z}'\mathbb{Z})^{-1}\mathbb{Z}'\mathbb{Y}$가 된다. 이는 $\mathbb{Y}$를 $\mathbb{Z}$에 대하여 OLS 회귀한 기울기 추정량 $(\mathbb{Z}'\mathbb{Z})^{-1}\mathbb{Z}'\mathbb{Y}$를 첫째 단계 기울기 추정량 $(\mathbb{Z}'\mathbb{Z})^{-1}\mathbb{Z}'\mathbb{X}$로 "나눈"(역행렬을 곱함을 의미) 것과 동일하다.

16.3 2SLS 추정량의 분산

모형이 $y = \beta_0 + \beta_1 x_1 + \beta_2 x_2 + u$이고, 여기서 x_1은 외생적, x_2는 내생적(u와 연관)이라 하자. 내생적인 설명변수 x_2에 대응하는 추가적 도구변수로 z_2가 있다. 첫째 단계 회귀에서 x_2를 x_1과 z_2에 대하여 회귀하여 구한 맞춘값을 $\hat{x}_2$이라 하자. 그러면 2SLS는 y를 x_1과 $\hat{x}_2$에 대하여 OLS하여 구할 수 있다. 하지만 이 둘째 단계 회귀에서 보고되는 표준오차를 사용하면 안 된다.

문제는 둘째 단계 회귀의 설명변수가 x_1과 $\hat{x}_2$이다 보니 OLS 회귀 패키지가 계산하는 둘째 단계 회귀 잔차가 $y - \hat{\beta}_0 - \hat{\beta}_1 x_1 - \hat{\beta}_2 \hat{x}_2$이라는 데에 있다. 하지만 2SLS로부터의 잔차는

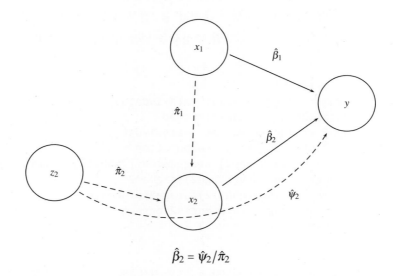

$$\hat{\beta}_2 = \hat{\psi}_2/\hat{\pi}_2$$

〈그림 16.1〉 간접 회귀로서의 2SLS

$\hat{u} = y - \hat{\beta}_0 - \hat{\beta}_1 x_1 - \hat{\beta}_2 x_2$ 가 되어야 한다($\hat{x}_2$ 이 아니라 x_2 임에 유의). 잔차항을 $\hat{u}$으로 바꾸면 표준오차를 제대로 구할 수 있다.*

이 계산을 하는 데에는 세 가지 방법을 생각해 볼 수 있다. (i) 잔차항 $\hat{u}$을 별도로 계산하여 분산추정량을 별도로 계산한다(완전수동의 방식); (ii) 잔차항이 제대로 계산되도록 자료를 바꾸어 주는 트릭을 사용한다(반자동의 방식); (iii) 이들을 모두 제대로 구현해 놓은 패키지를 사용한다(완전자동의 방식). 이하에서는 이들 방식을 각각 R로 구현하여 확인해 본다. 앞에 다중회귀 모형과 관련된 검정에서는 필자가 반자동의 방식을 추천한 바 있다. 여기서는 완전수동이나 반자동 모두 꼼꼼히 계산하여야 하고 실수할 여지가 많아, 완전자동의 방식을 사용할 것을 적극 추천한다. 수동과 반자동은 완전자동 패키지가 무엇을 하는지 알아 보기 위한 교육적 용도로만 설명한다. 이런 기술적인 내용에 관심이 없으면 건너뛰고 완전자동 부분으로 넘어가도 좋다.

완전 수동 분산 추정

우선 완전 수동으로 분산추정량을 구해 보자. 이를 위해서는 우선 보고되는 분산행렬을 잘못 계산한 오차분산 추정값으로 나눈 후 올바른 오차분산 추정값을 곱하면 된다. 첫째 단계 잔차를 $\hat{v}_2 = x_2 - \hat{x}_2$, 둘째 단계에서 잘못 계산되는 잔차를 $\tilde{u}^* = y - \hat{\beta}_0 - \hat{\beta}_1 x_1 - \hat{\beta}_2 \hat{x}_2$, 제대로 계산된 잔차항을 $\hat{u}$이라 하면,

$$\hat{u} = y - \hat{\beta}_0 - \hat{\beta}_1 x_1 - \hat{\beta}_2 x_2 = (y - \hat{\beta}_0 - \hat{\beta}_1 x_1 - \hat{\beta}_2 \hat{x}_2) - \hat{\beta}_2 \hat{v}_2 = \tilde{u}^* - \hat{\beta}_2 \hat{v}_2$$

이므로 둘째 단계 잔차($\tilde{u}^*$)에서 $\hat{\beta}_2 \hat{v}_2$를 차감함으로써 제대로 된 잔차를 구할 수 있다. 그 다음, '잘못 계산된 분산행렬 추정값'을 '잘못 계산된 s^2'으로 나눈 후 '제대로 계산된 s^2'을 곱하면 제대로 된 분산행렬 추정값을 얻을 수 있다. 다음 R 실행 결과를 보라.

```
# 2SLS estimation
> stage1 <- lm(x2~x1+z2a, data=Ivdata)
> Ivdata$x2hat <- stage1$fitted
> stage2 <- lm(y~x1+x2hat, data=Ivdata)
# Manual standard error computation
> uhat <- resid(stage2)-stage2$coef['x2hat']*resid(stage1)
> s2wrong <- summary(stage2)$sigma^2
> s2correct <- sum(uhat^2)/stage2$df.resid
> v <- vcov(stage2)/s2wrong*s2correct
> coeftest(stage2, vcov=v)
```

*이 부분의 설명을 보면 간단한 것같지만 사실 2SLS 추정량의 분산을 구하기 위해서는 확률적 수렴 (convergence in probability), 분포의 수렴(convergence in distribution), 점근적 분산(asymptotic variance) 등에 관한 논의가 필요하다. 이 책에서는 이런 이론적인 전개를 피하고 그 결말만을 가져왔다.

```
t test of coefficients:

            Estimate Std. Error t value  Pr(>|t|)
(Intercept) 1.882661    1.414556  1.3309    0.1863
x1          0.416935    0.069713  5.9807 3.710e-08 ***
x2hat       0.686659    0.144559  4.7500 7.037e-06 ***
---
Signif. codes:  0 '***' 0.001 '**' 0.01 '*' 0.05 '.' 0.1 ' ' 1
```

제대로 구한 표준오차들은 전 소절에서 잘못 계산한 표준오차들과 상이함을 확인하라. 이 수정된 방법에 의하여 구한 표준오차, t통계량, p값 등은 표본크기가 클 때 모두 타당하다.

반자동 분산 추정

반자동식 처리를 위해서는 다음의 트릭을 사용할 수 있다. 첫째 단계 회귀로부터의 잔차를 $\hat{v}_2$이라 하자. 그러면 $x_2 = \hat{x}_2 + \hat{v}_2$이므로 우리가 원하는 잔차는 다음과 같다.

$$\hat{u} = y - \hat{\beta}_0 - \hat{\beta}_1 x_1 - \hat{\beta}_2 x_2 = (y - \hat{\beta}_2 \hat{v}_2) - \hat{\beta}_0 - \hat{\beta}_1 x_1 - \hat{\beta}_2 \hat{x}_2$$

이것은 $y - \hat{\beta}_2 \hat{v}_2$를 x_1과 $\hat{x}_2$에 대하여 회귀할 때의 잔차와 같다. 실제로, 첫째 단계 회귀의 직교방정식에 의하여 $\hat{v}_2$이 x_1 및 $\hat{x}_2$과 직교하므로, 종속변수를 $y - \hat{\beta}_2 \hat{v}_2$로 수정하여 x_1과 $\hat{x}_2$에 OLS 회귀해도 계수추정값은 바뀌지 않는다. 이 수정된 회귀의 결과로서 보고되는 표준오차는 제대로 된 것이다. 다음을 실습해 보자.

```
# Half-auto
> Ivdata$v2hat <- resid(stage1)
> b2hat <- stage2$coef['x2hat']
> Ivdata$yadj <- with(Ivdata, y-b2hat*v2hat)
> stage2a <- lm(yadj~x1+x2hat, data=Ivdata)
> coeftest(stage2a)

t test of coefficients:

            Estimate Std. Error t value  Pr(>|t|)
(Intercept) 1.882661    1.414556  1.3309    0.1863
x1          0.416935    0.069713  5.9807 3.710e-08 ***
x2hat       0.686659    0.144559  4.7500 7.037e-06 ***
---
Signif. codes:  0 '***' 0.001 '**' 0.01 '*' 0.05 '.' 0.1 ' ' 1
```

첫째 줄에서 $\hat{v}_2$를 저장하고, 셋째 줄에서 $y - \hat{\beta}_2 \hat{v}_2$을 yadj로 저장한다. 종속변수를 yadj로 바꾸어서 둘째 단계 회귀를 한 번 더 해 주면(넷째 줄) 앞에서 수동으로 구한 표준오차들과 똑같은 표준오차들을 얻는다. 명령들을 축약하여 더 짧게 만들 수도 있으나, 해독을 쉽게 하기 위하여 일부러 여러 줄로 풀어 썼다.

지금까지 수동과 반자동으로 도구변수 추정량의 분산을 추정하는 방법을 공부하였다. 이것을 실제 해 보면 고생한 만큼 기억에 오래 남아 도움이 된다. 하지만 귀찮고 실수할 여지가 있어, 실제 분석에서는 패키지를 이용하여 완전 자동으로 추정을 한다.

완전 자동 도구변수 추정법

R에는 이상을 완전 자동으로 실행해 주는 패키지들이 있다. AER (Applied Econometrics in R)이나 sem (Structural Equation Models) 등이 있으며, 여기에서는 AER 패키지를 사용하는 방법을 설명한다. AER 패키지가 설치되어 있지 않으면 우선

```
> install.packages("AER")
```

이라고 하여 AER 패키지를 설치한다. 이 패키지의 ivreg 명령어가 우리가 사용하고자 하는 명령어이다. 모형 $y = \beta_0 + \beta_1 x_1 + \beta_2 x_2 + u$에 대하여 x_1과 z_2를 도구변수로 사용하여 2SLS를 하기 위해 ivreg 명령어를

```
> ivreg(y~x1+x2|x1+z2)
```

또는

```
> ivreg(y~x1+x2, ~x1+z2)
```

처럼 사용한다. 두 명령은 전적으로 동일하다. 첫 번째 표현에서 방정식을 지정할 때 '|' 오른쪽에 도구변수(모든 외생변수)들을 적는다. 다음은 앞에서 수동과 반자동으로 구한 결과를 완전자동으로 구해 본다.

```
# Full-auto
> library(AER)
> tsls <- ivreg(y~x1+x2|x1+z2a,data=Ivdata)
> coeftest(tsls)

t test of coefficients:

            Estimate Std. Error t value  Pr(>|t|)
(Intercept) 1.882661   1.414556  1.3309    0.1863
x1          0.416935   0.069713  5.9807 3.710e-08 ***
x2          0.686659   0.144559  4.7500 7.037e-06 ***
---
Signif. codes:  0 '***' 0.001 '**' 0.01 '*' 0.05 '.' 0.1 ' ' 1
```

이 결과를 앞의 수동과 반자동 결과와 비교해 보면 완전히 같다는 것을 알 수 있다. 이제 AER 패키지의 `ivreg` 명령어가 무슨 일을 하는지 알았으므로 안심하고 이 명령어를 사용해도 좋겠다.

2SLS 표준오차에 관한 수학을 제시하면 다음과 같다. 행렬 기호를 사용하여 모형을 $\mathbb{Y} = \mathbb{X}\boldsymbol{\beta} + \mathbb{U}$라 하고 도구변수들(모든 외생변수들)을 $\mathbb{Z}$라 하자. 그러면 $\hat{\mathbb{X}} = \mathbb{Z}(\mathbb{Z}'\mathbb{Z})^{-1}\mathbb{Z}'\mathbb{X}$이고 2SLS 추정량은 $\hat{\boldsymbol{\beta}}_{2sls} = (\hat{\mathbb{X}}'\mathbb{X})^{-1}\hat{\mathbb{X}}'\mathbb{Y}$이다. 여기에 $\mathbb{Y} = \mathbb{X}\boldsymbol{\beta} + \mathbb{U}$를 대입하면

$$\hat{\boldsymbol{\beta}}_{2sls} = (\hat{\mathbb{X}}'\mathbb{X})^{-1}\hat{\mathbb{X}}'(\mathbb{X}\boldsymbol{\beta} + \mathbb{U}) = \boldsymbol{\beta} + (\hat{\mathbb{X}}'\mathbb{X})^{-1}\hat{\mathbb{X}}'\mathbb{U}$$
$$= \boldsymbol{\beta} + [\mathbb{X}'\mathbb{Z}(\mathbb{Z}'\mathbb{Z})^{-1}\mathbb{Z}'\mathbb{X}]^{-1}\mathbb{X}'\mathbb{Z}(\mathbb{Z}'\mathbb{Z})^{-1}\mathbb{Z}'\mathbb{U}$$

가 되고 이 식을 약간 정리하면

$$\sqrt{n}(\hat{\boldsymbol{\beta}}_{2sls} - \boldsymbol{\beta}) = \left[\frac{1}{n}\mathbb{X}'\mathbb{Z}\left(\frac{1}{n}\mathbb{Z}'\mathbb{Z}\right)^{-1}\frac{1}{n}\mathbb{Z}'\mathbb{X}\right]^{-1}\frac{1}{n}\mathbb{X}'\mathbb{Z}\left(\frac{1}{n}\mathbb{Z}'\mathbb{Z}\right)^{-1}\frac{1}{\sqrt{n}}\mathbb{Z}'\mathbb{U}$$

를 얻는다. 이때, $\frac{1}{n}\mathbb{Z}'\mathbb{X}$가 대수의 법칙(law of large numbers)에 따라 Q_{ZX}라는 행렬로 수렴하고, $\frac{1}{n}\mathbb{Z}'\mathbb{Z}$가 대수의 법칙에 따라 Q_{ZZ}로 수렴하며, $\frac{1}{\sqrt{n}}\mathbb{Z}'\mathbb{U}$가 평균이 0이므로 중심극한정리(central limit theorem)에 따라 평균이 0이고 분산이 $\sigma_u^2 Q_{ZZ}$인 정규분포로 수렴한다면

$$\sqrt{n}(\hat{\boldsymbol{\beta}}_{2sls} - \boldsymbol{\beta}) \to (Q'_{ZX}Q_{ZZ}^{-1}Q_{ZX})^{-1}Q'_{ZX}Q_{ZZ}^{-1} \cdot N(0, \sigma_u^2 Q_{ZZ})$$

가 되는데, 우변의 평균은 0이고 분산은

$$(Q'_{ZX}Q_{ZZ}^{-1}Q_{ZX})^{-1}Q'_{ZX}Q_{ZZ}^{-1} \cdot \sigma_u^2 Q_{ZZ} \cdot Q_{ZZ}^{-1}Q_{ZX}(Q'_{ZX}Q_{ZZ}^{-1}Q_{ZX})^{-1}$$
$$= \sigma_u^2 (Q'_{ZX}Q_{ZZ}^{-1}Q_{ZX})^{-1}$$

이다. 이때 Q_{ZX}의 rank가 그 열의 수와 동일하여야 $Q'_{ZX}Q_{ZZ}^{-1}Q_{ZX}$의 역행렬이 존재한다. 분산의 식에서 σ_u^2은 잔차값들 $\mathbb{Y} - \mathbb{X}\hat{\boldsymbol{\beta}}_{2sls}$의 제곱의 평균(자유도를 조정해도 좋고 그렇지 않아도 상관없다)인 $\hat{\sigma}_u^2$으로써 추정하고 Q_{ZX}와 Q_{ZZ}는 각각 $\frac{1}{n}\mathbb{Z}'\mathbb{X}$와 $\frac{1}{n}\mathbb{Z}'\mathbb{Z}$로써 추정한다. 그러면 $\sqrt{n}(\hat{\boldsymbol{\beta}}_{2sls} - \boldsymbol{\beta})$의 공분산행렬을 추정하게 된다. 이 추정된 공분산행렬을 n으로 나누면 $\hat{\boldsymbol{\beta}}_{2sls}$의 공분산행렬의 추정량이 되는데 그 결과는 다음과 같다.

$$\hat{V}(\hat{\boldsymbol{\beta}}_{2sls}) = \hat{\sigma}_u^2 [\mathbb{X}'\mathbb{Z}(\mathbb{Z}'\mathbb{Z})^{-1}\mathbb{Z}'\mathbb{X}]^{-1}$$

오차항에 이분산이 있는 경우에는 분산의 식이 복잡하다. 완전 자동 패키지를 사용하여 OLS의 경우와 비슷하게 이분산에 견고한(heteroskedasticity-robust) 추론을 할 수 있다. R을 사용할 경우 `lmtest`와 `sandwich` 패키지를 이용하여

```
> coeftest(tsls, vcov=vcovHC, type="HC0")
```

처럼 하면 된다. 반자동 방식을 사용하여 이분산에 견고한 추론을 할 수는 있지만 너무 복잡하므로 아무튼 도구변수 추정의 경우에는 완전자동 패키지를 이용할 것을 권한다.

```
> library(sandwich)
> coeftest(tsls,vcov=vcovHC,type="HC0")

t test of coefficients:

            Estimate Std. Error t value  Pr(>|t|)
(Intercept) 1.882661   1.519427  1.2391    0.2183
x1          0.416935   0.081525  5.1142 1.586e-06 ***
x2          0.686659   0.129901  5.2860 7.702e-07 ***
---
Signif. codes:  0 '***' 0.001 '**' 0.01 '*' 0.05 '.' 0.1 ' ' 1
```

▸ **연습 16.5.** 완전자동의 방법을 사용하여 위와 동일한 모형에 대하여 z_{2a} 와 z_{2b} 를 모두 추가적 도구변수로 사용하는 2SLS를 시행하라. 이때 x_2 에 대하여 통상적인 표준오차와 HC0의 방법을 사용한 표준오차를 각각 구하라.

16.4 2SLS와 관련된 검정들

2SLS와 관련하여 세 가지 중요한 검정을 소개한다. 이들은 (i) 추가적 도구변수들이 내생적 설명변수와 연관되어 있는지 검정하는 것, (ii) 우리가 내생적이라고 보았던 설명변수가 실제 외생적인지 내생적인지 검정하는 것, (iii) 도구변수들이 정말로 외생적인지 검정하는 것이다. (i)에서, 만일 추가적 도구변수들이 내생적 설명변수와 연관되어 있지 않다면 2SLS 추정 시 도구변수 값에 차이가 있어도 내생적 설명변수 값에는 별로 차이가 없어 2SLS 추정량이 매우 나쁘다(편향이 크고 분산이 큼). (ii)에서, 만일 설명변수가 외생적 이라면 OLS 추정량도 일관적이고 OLS가 2SLS보다 더 효율적이므로 2SLS보다는 OLS 를 사용하는 것이 좋다. (iii)에서, 만일 모든 도구변수들이 외생적인 것이 아니라면 2SLS 추정량은 일관적이지 않게 된다.[*]

이하의 논의는 다음 모형에 대하여 진행한다.

$$y = \beta_0 + \beta_1 x_1 + \beta_2 x_2 + u$$

여기서 x_1 은 외생적 설명변수이고 x_2 는 내생적일 수 있다. 추가적 도구변수 z_2 는 하나의 변수(z_{2a})일 수도 있고 복수의 변수(z_{2a} 와 z_{2b}, 혹은 더 많이)일 수도 있다.

---

[*]모든 검정을 단번에 하려면 summary(tsls, diagnostics=TRUE)와 같이 하라.

(i) 추가적 도구변수들의 관련성 검정: 첫째 단계 F 검정

첫 번째 검정할 것은 x_1을 통제하였을 때 z_2의 변화가 x_2에 충분한 변화를 가져오는지 여부이다. x_1을 통제한 후 z_2가 x_2와 강한 상관관계를 가질 때 z_2는 **강한 도구변수**라고 하고 이 둘의 상관관계가 약할 때 z_2는 **약한 도구변수**라고 한다. 만일 z_2가 약한 도구변수이면 x_2 중 z_2와 연계해서 변화되는 부분이 거의 없고, 따라서 z_2가 변화할 때 설명변수에 충분한 변화가 생기지 않아 2SLS 추정량의 분산이 매우 커진다. 그뿐 아니라, 2SLS 추정량에 심각한 편향이 존재하고, 극단적인 경우 만일 x_2와 z_2가 전혀 무관하면 2SLS 추정량의 편향은 OLS 추정량의 편향과 동일하다(Han and Schmidt, 2001). 그러므로 x_1을 통제한 상태에서 x_2와 z_2가 연관되어 있는지 검정하는 것은 중요하다.

이 검정은 비교적 간단하여, 그냥 첫째 단계 회귀식

$$x_2 = \pi_0 + \pi_1 x_1 + \pi_2 z_2 + v_2$$

를 OLS로 추정하여 $H_0 : \pi_2 = 0$을 검정하면 된다. 여기서 π_2의 방향성은 중요하지 않으므로 대립가설은 양방향이다($H_1 : \pi_2 \neq 0$). z_2가 단일 변수이면 t검정과 F검정 중 아무것이나 이용해도 좋고, z_2가 복수의 변수를 포함하면 F검정을 하면 된다. 이 검정을 **첫째 단계 F 검정**(first-stage F test)이라 한다. 충분히 작은 유의수준에서 귀무가설이 기각되어야만, 외생적 설명변수가 통제된 상태에서 추가적 도구변수들과 내생적 설명변수가 서로 연관되어 있음을 의미한다. 보통은 F통계량 값이 10 이상이면 도구변수들의 관련성이 충분히 큰 것으로 간주한다.

앞의 실습에서 이미 첫째 단계 검정을 해 보았다. z_{2a}만을 추가적 도구변수로 사용한 경우의 첫째 단계 회귀 결과는 다음과 같다.

```
> coeftest(stage1)

t test of coefficients:

            Estimate Std. Error t value  Pr(>|t|)
(Intercept)  6.337438   0.936309  6.7685 9.946e-10 ***
x1          -0.131912   0.079058 -1.6685   0.09843 .
z2a         21.840080   4.043760  5.4009 4.720e-07 ***
---
Signif. codes:  0 '***' 0.001 '**' 0.01 '*' 0.05 '.' 0.1 ' ' 1

> coeftest(stage1,vcov=vcovHC)

t test of coefficients:

            Estimate Std. Error t value  Pr(>|t|)
```

```
(Intercept)  6.337438   1.061161   5.9722 3.854e-08 ***
x1          -0.131912   0.088489  -1.4907    0.1393
z2a         21.840080   4.388894   4.9762 2.809e-06 ***
---
Signif. codes:  0 '***' 0.001 '**' 0.01 '*' 0.05 '.' 0.1 ' ' 1
```

위에서 통상적인 검정과 HC 검정을 모두 해 보았다. 이에 따르면 HC 검정에서도 t 값이 약 5이므로(F 값은 약 25) 추가적 도구변수인 z_{2a} 는 내생적 설명변수와 강한 연관성이 있다고 볼 수 있다. 또, z_{2a} 와 z_{2b} 를 모두 추가적 도구변수로 사용한 경우의 첫째 단계 F 검정 결과는 다음과 같다.

```
> stage1a <- lm(x2~x1+z2a+z2b,data=Ivdata)
> coeftest(stage1a)

t test of coefficients:

              Estimate  Std. Error t value  Pr(>|t|)
(Intercept) 6.35158905  0.94104931  6.7495 1.126e-09 ***
x1         -0.14999609  0.09132655 -1.6424    0.1038
z2a        21.30263939  4.27700808  4.9807 2.794e-06 ***
z2b         0.00093272  0.00232715  0.4008    0.6895
---
Signif. codes:  0 '***' 0.001 '**' 0.01 '*' 0.05 '.' 0.1 ' ' 1

> waldtest(stage1a, x2~x1)    # requires lmtest
Wald test

Model 1: x2 ~ x1 + z2a + z2b
Model 2: x2 ~ x1
  Res.Df Df      F   Pr(>F)
1     96
2     98 -2 14.539 3.05e-06 ***
---
Signif. codes:  0 '***' 0.001 '**' 0.01 '*' 0.05 '.' 0.1 ' ' 1
```

이 F 검정 결과에 따르면 첫째 단계 F 통계량 값은 약 14.5이며 매우 유의하므로 두 추가적 도구변수 z_{2a} 와 z_{2b} 는 내생적 설명변수와 강한 연관성이 있다. 이분산에 견고한 분산추정량을 사용하여 검정하여도 결과는 별로 변하지 않는다.

▸ **연습 16.6.** z_{2b} 만을 추가적 설명변수로 사용하는 경우의 첫째 단계 F 검정을 행하라. 통상적인 t 값은 얼마인가? x_1 을 통제할 때 z_{2b} 는 x_2 와 강하게 연관되어 있는가?

▸ **연습 16.7.** z_{2b} 만을 추가적 설명변수로 사용하는 경우, β_2 의 2SLS 추정값은 무엇인가? 이

값은 OLS 추정값과 z_{2a}를 추가적 도구변수로 사용하는 경우의 2SLS 추정값 중 어느 것에 더 가까운가?

앞의 두 연습문제에서 잠깐 보았겠지만, 만일 추가적 도구변수와 내생적 설명변수의 연관성이 크지 않으면 2SLS 추정량은 좋은 성질을 갖지 않을 수 있다. 이에 대해서는 16.8절에서 조금 더 자세히 설명할 것이다.

지금까지 내생적 설명변수가 1개인 경우를 보았다. 2개 이상이면 각각의 내생적 설명변수에 대하여 Shea (1997)의 '부분 R제곱'(partial R-squared)이 충분히 큰지 살펴볼 수 있다.

(ii) 설명변수 외생성의 검정

다음으로 x_2가 내생적인지 외생적인지 검정해 보자. 귀무가설은 x_2가 외생적(x_2와 u의 공분산이 0)이라는 것이다. 도구변수들은 오차항과 무관하므로 x_2 중 도구변수들로써 설명된 부분 또한 오차항과 무관할 것이다. 그러므로 만일 x_2가 u와 상관되어 있다면 이는 오로지 x_2 중 도구변수들에 의하여 설명되지 않는 부분이 u와 상관되어 있기 때문이다. 좀 더 자세히,

$$x_2 = \pi_0 + \pi_1 x_1 + \pi_2 z_2 + v_2$$

라 하자(첫째 단계 회귀방정식). 여기서 x_1과 z_2가 u에 대하여 외생적이므로 v_2가 u와 상관된 경우에 x_2가 내생적이다.

이제, v_2가 u와 상관되어 있는지 보려면 $u = \rho v_2 + \varepsilon$라고 두고(여기서 v_2와 ε은 상관되지 않음) $\rho = 0$인지 점검해 보면 된다. 이를 원래 방정식에 대입하면

$$y = \beta_0 + \beta_1 x_1 + \beta_2 x_2 + \rho v_2 + \varepsilon$$

가 되고, 만일 $\rho = 0$이라면 v_2가 u와 무관하고 따라서 x_2와 u가 무관하다. 그러므로 만일 v_2를 관측할 수 있다면 위의 방정식을 OLS로써 회귀하고 $H_0: \rho = 0$을 검정함으로써 x_2의 외생성을 검정할 수 있다.

그런데 v_2를 관측할 수 없으므로 이를 첫째 단계 회귀로부터의 잔차항으로 치환한다. 즉, 설명변수 외생성은 원래의 회귀방정식 우변에 첫째 단계 잔차항($\hat{v}_2$)을 추가하여 OLS 회귀한 후 이 잔차항의 계수가 0인지 검정함으로써 검정할 수 있다.* 다음은 z_{2a}를 추가적 도구변수로 사용한 경우의 설명변수 외생성 검정 결과이다.

---

*이 $\hat{v}_2$의 경우처럼 관측된 값이 아닌 추정된 값을 설명변수로 사용할 때 보통은 표준오차에 문제("생성된 회귀변수의 문제")가 생기지만 이 검정에 한해서만큼은 문제가 없다.

```
> stage1 <- lm(x2~x1+z2a,data=Ivdata)
> Ivdata$v2hat <- resid(stage1)
> coeftest(lm(y~x1+x2+v2hat,data=Ivdata))

t test of coefficients:

            Estimate Std. Error t value  Pr(>|t|)
(Intercept) 1.882661   1.283649  1.4666   0.14574
x1          0.416935   0.063262  6.5906 2.358e-09 ***
x2          0.686659   0.131181  5.2344 9.730e-07 ***
v2hat       0.335824   0.149611  2.2446   0.02709 *
---
Signif. codes:  0 '***' 0.001 '**' 0.01 '*' 0.05 '.' 0.1 ' ' 1
```

이 결과에서 **v2hat**의 계수의 p값은 0.027로서 $\hat{v}_2$은 5% 수준에서 유의하고 x_2가 외생적이라는 귀무가설은 5% 유의수준에서 기각된다. 이는 x_2가 내생적이라는 증거이다.

참고로, 이 회귀에서 구하는 여타 계수들의 추정값은 2SLS 추정값과 동일하다. 하지만 그 표준오차들은 일반적으로 잘못되었다. 잔차항 $\hat{v}_2$에 관한 표준오차는 x_2가 외생적이라는, 즉 $\rho = 0$이라는 귀무가설하에서만 타당하다. 이 추정 결과를 사용하여 신뢰구간을 정하거나 모수의 참값에 대한 추론을 하여서는 안 된다. 사실, **v2hat**을 포함시킴으로써 내생성을 '통제'하여, 일관된 추정량을 얻기도 하는데, 여기서 보고되는 표준오차는 오직 귀무가설 (즉 **v2hat**의 계수가 0)하에서만 적절함을 잊지 말아야 한다. 자세한 내용은 16.6절에서 설명한다.

▶ **연습 16.8.** z_{2a}와 z_{2b}를 모두 추가적 도구변수로 사용하는 경우 설명변수의 외생성을 검정하라. 검정통계량 값은 무엇이며 검정의 결과는 무엇인가?

이상에서 설명한 검정은 설명변수가 외생적인지를 직접 검정하는 것이 아니라, 사실은 OLS와 2SLS의 추정량이 동일한 모수를 추정하는지 검정한다. 그 밖에도 OLS 추정량 값과 2SLS 추정량 값을 직접 비교하여 양자의 차이가 너무 크면 귀무가설을 기각하는 검정 (하우스만 검정)도 있다.

(iii) 도구변수 외생성의 검정

마지막으로 도구변수들이 정말로 외생적인지 검정하는 방법을 생각해 보자. 모형 $y = \beta_0 + \beta_1 x_1 + \beta_2 x_2 + u$에서 $\mathrm{E}(x_1 u) = 0$이고 $\mathrm{E}(x_2 u) \neq 0$이며, 추가적 도구변수는 z_2이다. 우리의 목적은 x_1과 z_2가 정말로 외생적인지 검정하는 것이다.

그런데 우리는 $\beta_0, \beta_1, \beta_2$를 추정하기 위하여

$$\mathrm{E}(u) = 0, \quad \mathrm{E}(x_1 u) = 0, \quad \mathrm{E}(z_2 u) = 0 \tag{16.6}$$

이라는 조건을 활용하였다. 즉, 도구변수들(x_1과 z_2)의 외생성을 활용하여 모수들을 추정한 것이다. 모수들이 딱 맞게 식별된 경우에는 (16.6)에 표현된 정보가 모수들을 추정하는 데에 딱 필요한 만큼이다. 말하자면 (16.6)는 모수의 추정에 전부 써 버렸으며 더 이상 이용가능한 정보가 남아 있지 않다. 더 이상의 정보가 없이 (16.6)가 맞는지 틀린지 검정할 수는 없다.

이 상황을 비유로써 설명해 보자. 어떤 영화의 개봉일자를 몰라서 친구에게 물어 보았더니 이번 주 목요일이라고 한다. 이 정보를 이용하여 우리는 그 영화의 개봉일이 이번 주 목요일이라고 추정한다. 더 이상의 정보가 없는 한 이 친구 말이 맞는지 틀린지 확인할 수 없다. 확인을 위해서는 더 많은 정보가 필요하다.

두 친구에게 물어본다면 이야기가 달라진다. 만약 두 친구 모두 이번 주 목요일이라고 하면 아마도 둘 다 맞다고 해도 좋을 것이다(둘 다 틀릴 수도 있지만 틀렸다고 할 근거는 없다). 하지만 만약 어떤 친구는 이번 주 목요일이라고 하고 다른 친구는 다음 주 목요일이라고 하면 누군가는 반드시 틀렸다. 물론 더 이상의 정보가 없는 한 어느 친구의 정보가 맞는지 확인할 방법은 없지만, 적어도 두 사람의 정보가 모두 옳은 것은 아니라는 점만은 확신할 수 있다. 다시 말하여 친구들의 정보가 참인지 거짓인지 검정할 수는 없지만 적어도 친구들의 정보가 서로간에 모순되지 않는지는 알 수 있다.

이와 유사하게, 도구변수 추정 시 만일 필요한 것보다 더 많은 변수들이 도구변수로 사용된다면(즉, 과다식별정도가 0보다 크다면), 이 사용된 도구변수들이 모두 외생적이라는 가설이 자료에 부합하는지 아니면 모순되는지 검정할 수 있다. 예를 들어 위의 모형 $y = \beta_0 + \beta_1 x_1 + \beta_2 x_2 + u$에서 x_2가 내생적이고 추가적 도구변수로서 z_{2a}와 z_{2b}가 사용된다면, $E(u) = 0$과 $E(x_1 u) = 0$이라는 두 조건 이외에

$$E(z_{2a}u) = 0, \quad E(z_{2b}u) = 0$$

이라는 추가적 조건들이 모수추정에 활용될 것인데, 이 네 조건들이 정말로 모두 충족되는지 검정해 볼 수 있다. 이러한 검정을 **과다식별검정**(over-identification test)이라고 한다. 귀무가설은 이 조건들이 모두 충족된다는 것이며, 이 귀무가설이 기각된다는 것은 이 조건들이 서로간에 양립하지 않음을 의미한다. 이 경우, 영화가 이번 주 목요일에 개봉된다는 친구와 다음 주 목요일에 개봉된다는 친구의 정보 중 어느 것이 틀린지 알 수 없는 것처럼, 둘 중 어느 조건이 위배되는지는 알 수 없다.

과다식별검정의 기본적인 아이디어는 도구변수들과 2SLS 잔차항이 관련되어 있는지 점검하는 것이다. 가장 쉽게 생각해 볼 수 있는 방법은 2SLS 잔차항을 모든 도구변수들, 즉 외생변수들(위의 예에서는 x_1, z_{2a}, z_{2b})에 대하여 회귀('보조회귀'라 하자)하여 보고, 이 도구변수들이 중대한 설명력을 갖는지 살펴보는 것이다. 여느 LM 검정처럼 표본크기 곱하기 보조회귀로부터의 R제곱(nR_{aux}^2) 형태의 LM통계량은 표본크기가 클 때 근사적으로 카이제곱(chi-square)분포를 갖고, 이때 자유도는 과다식별정도(전체 도구변수의 개수 빼기

전체 설명변수의 개수)와 동일하다. 이 방법은 오차항에 이분산이 없을 때 이용가능하다.

```
> tsls <- ivreg(y~x1+x2|x1+z2a+z2b,data=Ivdata)
> Ivdata$uhat <- tsls$resid
> aux <- lm(uhat~x1+z2a+z2b,data=Ivdata)
> stat <- nrow(Ivdata)*summary(aux)$r.sq
> stat
[1] 0.3355008
> qchisq(.95,1)
[1] 3.841459
> 1-pchisq(stat,1)
[1] 0.5624378
```

검정통계량의 값은 0.3355이다. 과다식별정도는 1이며, χ_1^2 분포의 95% 임계값은 3.84 이므로 도구변수들이 모두 외생적이라는 귀무가설은 5% 유의수준에서 기각되지 않는다. 마지막 줄에 따르면, 해당 p값은 0.56이다.

참고로, 만일 모수들이 딱 맞게 식별되었으면, 도구변수들(즉 외생변수들)과 잔차항을 정확히 직교시키는 방식으로 2SLS 추정량이 계산되므로, 2SLS 잔차를 도구변수들에 대하여 회귀하면 설명력(R제곱)이 정확히 0이 되고, 따라서 귀무가설은 결코 기각되지 않는다. 반면, 만일 모수들이 과다식별되어 있으면 보조회귀의 R제곱이 정확히 0은 아니며 앞에서 설명한 검정이 가능하다.

좀 더 수학적으로, 이 검정은 도구변수와 2SLS 잔차항의 표본상관관계가 얼마나 큰지 측정한 후 이들을 결합하여 표준적인 분포를 만들어내는 것과 같다. 위의 문제에 대하여 기본적인 아이디어를 설명하면 다음과 같다. 2SLS 잔차들을 $\hat{u}_i$라 표기할 때, 다음 네 통계량

$$\frac{1}{n}\sum_{i=1}^{n}\hat{u}_i, \quad \frac{1}{n}\sum_{i=1}^{n}x_{1i}\hat{u}_i, \quad \frac{1}{n}\sum_{i=1}^{n}z_{2ai}\hat{u}_i, \quad \frac{1}{n}\sum_{i=1}^{n}z_{2bi}\hat{u}_i$$

이 모두 0과 가까우면 도구변수들이 모두 외생적이라는 증거가 될 것이며, 반면 이들 중 하나라도 0과 심각하게 다른 값이 있으면 도구변수들이 모두 외생적이지는 않다는 증거가 될 것이다.

이 방법을 행렬연산으로써 설명해 보자. 우선 도구변수(외생변수)들의 행렬을 $\mathbb{Z}$라 하고 2SLS 잔차들의 벡터를 $\hat{U}$라 하자. 그러면 $\mathbb{Z}'\hat{U}$가 검정에 사용될 통계량의 출발점이다. 오차항이 서로 독립이고 분산이 동일할 때, $\hat{U}'\mathbb{Z}(\mathbb{Z}'\mathbb{Z})^{-1}\mathbb{Z}'\hat{U}/(\hat{U}'\hat{U}/n)$이 카이제곱 분포를 갖고 그 자유도는 과다식별정도와 동일함이 문헌에 증명되어 있다. 딱 맞게 식별되는 경우에는 $\mathbb{Z}'\hat{U}=0$ 이므로 통계량의 값이 항상 0이 된다. 이 경우 계수값들을 추정하고 나면 정보가 남아 있지 않다.

오차항이 이분산적이면 이상의 방법은 작동하지 않는다. 혹시라도 $\hat{u}$을 모든 도구변수 (외생변수)들에 대하여 회귀하여 이 외생변수들의 유의성(joint significance)을 이분산에 견고한 방식으로 검정하는 방법이 적절하다고 생각할지 모르지만, 이 방법 또한 작동하지

않는다. 반면 다음 설명하는 단계에 따른 방법은 사용가능하다.*

1. 과다식별정도($q-k$)만큼의 개수의 추가적 도구변수들을 아무것(예를 들어 z_{2b})이나 선택한다. 이들 각각을 첫째 단계 맞춘값들(예를 들어 x_1과 $\hat{x}_2$)에 OLS 회귀하여 잔차들을 구한다. 이 잔차들을 '변형된 과다식별 도구변수들'이라 하고 $\tilde{z}$라 표기하자.

2. 앞 단계에서 구한 변형된 과다식별 도구변수들($\tilde{z}$)과 2SLS 잔차들($\hat{u}$)을 곱하여 새로운 변수들(w라 하자)을 만든다. 과다식별정도만큼의 변수들이 생성될 것이다.

3. 모든 원소가 1인 변수(상수 변수)를 만들고, 이 상수 변수를 앞 단계에서 구한 새 변수들(w)에 대하여 절편 없이 회귀하여 구한 R제곱에 표본크기를 곱한다(nR^2). 이것이 검정통계량이다. 이 검정통계량은 오차항의 이분산성 유무와 상관없이 귀무가설에서 카이제곱 분포(자유도는 과다식별정도)를 근사적으로 갖는다.

어떻게 이 이상한 방법이 작동할 수 있는가? 수학적으로 설명해 보자. 우선 2SLS 추정값은 $\hat{\boldsymbol{\beta}} = \boldsymbol{\beta} + (\hat{\mathbb{X}}'\mathbb{X})^{-1}\hat{\mathbb{X}}'\mathbb{U}$를 만족시킨다. 그리고 우리의 목적은 $\mathbb{Z}'\hat{\mathbb{U}}$이 얼마만큼 0과 다른지 살펴보는 것이다. 그런데 $\hat{\mathbb{U}} = \mathbb{U} - \mathbb{X}(\hat{\boldsymbol{\beta}} - \boldsymbol{\beta})$이므로 다음이 성립한다.

$$\mathbb{Z}'\hat{\mathbb{U}} = \mathbb{Z}'\mathbb{U} - \mathbb{Z}'\mathbb{X}(\hat{\mathbb{X}}'\mathbb{X})^{-1}\hat{\mathbb{X}}'\mathbb{U} = \tilde{\mathbb{Z}}'\mathbb{U}$$

여기서 $\tilde{\mathbb{Z}} = \mathbb{Z} - \hat{\mathbb{X}}(\mathbb{X}'\hat{\mathbb{X}})^{-1}\mathbb{X}'\mathbb{Z}$인데, $\mathbb{X}'\hat{\mathbb{X}} = \hat{\mathbb{X}}'\hat{\mathbb{X}}$이고 $\mathbb{X}'\mathbb{Z} = \hat{\mathbb{X}}'\mathbb{Z}$이므로 $\tilde{\mathbb{Z}}$는 $\mathbb{Z}$를 $\hat{\mathbb{X}}$에 대하여 OLS 회귀하여 얻는 잔차행렬이기도 하다. 설명변수의 수를 k라 하고 도구변수의 수를 q라 할 때 $\tilde{\mathbb{Z}}$의 q개 열들 간에는 k개의 정확한 선형관계가 존재한다. 이 $\tilde{\mathbb{Z}}$ 중 $q-k$개의 열들을 추출하여 이를 $\tilde{\mathbb{Z}}_1$이라 하자. 그런데 $\tilde{\mathbb{Z}}_1'\mathbb{U}$의 분포는 중심극한정리에 따라 정규분포와 가깝다. 귀무가설하에서 그 평균은 근사적으로 0이고 그 공분산은 $\sum_{i=1}^{n} \tilde{\mathbf{z}}_{1i}\hat{u}_i^2\tilde{\mathbf{z}}_{1i}'$으로써 추정할 수 있다. 한편 $\tilde{\mathbb{Z}}_1'\mathbb{U} = \mathbb{Z}_1'\hat{\mathbb{U}}$이므로 다음이 적절한 검정통계량이고 위의 1, 2, 3에서 구한 결과와 동일하다.

$$\hat{\mathbb{U}}'\mathbb{Z}_1 \left(\sum_{i=1}^{n} \tilde{\mathbf{z}}_{1i}\hat{u}_i^2\tilde{\mathbf{z}}_{1i}' \right)^{-1} \mathbb{Z}_1'\hat{\mathbb{U}}$$

귀무가설하에서 이 통계량은 χ^2_{q-k} 분포를 갖는다. $\mathbb{Z}_1$을 구할 때, $\mathbb{Z}$의 어느 열들을 사용하든지 결과는 변하지 않는다.

다음 실습결과를 보자.

```
1  > stage1 <- lm(x2~x1+z2a+z2b,data=Ivdata)
2  > Ivdata$x2hat <- stage1$fitted
3  > stage2 <- lm(y~x1+x2hat,data=Ivdata)
4  > aux1 <- lm(z2b~x1+x2hat,data=Ivdata)
```

*이 방법은 어느 날 필자가 수식들을 가지고 이것저것 실험해 보다가 발견했는데, 나중에 봤더니 Wooldridge (2002, 2010)에 이미 설명되어 있었다.

```
 5  > Ivdata$w <- aux1$resid*stage2$resid
 6  > Ivdata$one <- 1
 7  > aux2 <- lm(one~w-1,data=Ivdata)
 8  > stat <- nrow(Ivdata)*summary(aux2)$r.sq
 9  > stat
10  [1] 0.1532204
11  > 1-pchisq(stat,1)
12  [1] 0.6954767
```

이 결과에 따르면 이분산에 견고한 방식을 사용할 때에도 과다식별검정은 통과된다. 다시 말하여, z_{2a}와 z_{2b}가 모두 외생적이라는 귀무가설에 반하는 증거는 찾을 수 없다.

▸ **연습 16.9.** 위 4째 줄의 z2b를 z2a로 바꾸어도 검정통계량 값이 변하지 않음을 확인하라.

16.5 예제: 교육수익률

본 소절에서는 간단한 2SLS의 실제 예를 들어 본다. R의 Ecdat 패키지에 Schooling이라는 자료가 있다. 1976년 미국 3,010명 개인들의 자료로서 임금, 경력, 교육수준, 부모의 교육수준, IQ점수 및 여타 인구학적 변수들을 포함하고 있다.

```
> data(Schooling,package="Ecdat")
> nrow(Schooling)
[1] 3010
> names(Schooling)
 [1] "smsa66"   "smsa76"   "nearc2"   "nearc4"   "nearc4a"  "nearc4b"
 [7] "ed76"     "ed66"     "age76"    "daded"    "nodaded"  "momed"
[13] "nomomed"  "momdad14" "sinmom14" "step14"   "south66"  "south76"
[19] "lwage76"  "famed"    "black"    "wage76"   "enroll76" "kww"
[25] "iqscore"  "mar76"    "libcrd14" "exp76"
```

이 자료를 이용해서 임금방정식을 추정하여 본다. 방정식은 다음과 같다.

$$\log(\text{임금}) = \beta_0 + \beta_1\text{학력} + \beta_2\text{경력} + \beta_3\text{도시거주여부} + u \tag{16.7}$$

IQ를 우변에 포함시켜 대리변수 방법을 사용하여 능력을 통제하는 방법과 도구변수로서 어머니학력을 사용하는 방법을 연습해 볼 것이다. 각 변수의 변수명은 다음과 같다.

$$\log(\text{임금}) = \text{lwage76} \qquad \text{학력} = \text{ed76}$$
$$\text{경력} = \text{exp76} \qquad \text{도시거주여부} = \text{smsa76}$$
$$\text{IQ} = \text{iqscore} \qquad \text{어머니학력} = \text{momed}$$

OLS 추정

우선 (16.7)을 OLS로 추정하면 다음의 결과를 얻는다.

```
> model <- lwage76~ed76+exp76+smsa76
> ols0 <- lm(model,data=Schooling)
> coeftest(ols0)        # needs library(lmtest)

t test of coefficients:

            Estimate Std. Error t value  Pr(>|t|)
(Intercept) 4.6019882  0.0627206  73.373 < 2.2e-16 ***
ed76        0.0878104  0.0035681  24.610 < 2.2e-16 ***
exp76       0.0411207  0.0022864  17.985 < 2.2e-16 ***
smsa76yes   0.1837458  0.0161379  11.386 < 2.2e-16 ***
---
Signif. codes:  0 '***' 0.001 '**' 0.01 '*' 0.05 '.' 0.1 ' ' 1

> confint(ols0,"ed76")
        2.5 %      97.5 %
ed76 0.08081438 0.09480652
```

이 결과에 따르면 교육수익률은 1년당 약 8.8% 임금상승으로 추정되며(ed76의 계수 참조), 95% 신뢰구간은 약 (0.081, 0.095)이다. 만일 **학력**이 오차항 내의 능력과 상관되어 내생적이라면 이 추정값은 지나치게 높은 값이리라.

IQ를 대리변수로 사용

IQ를 우변에 대리변수로 추가하여 능력을 통제하면 다음의 결과를 얻는다.*

```
> ols1 <- lm(update(model,.~.+iqscore),data=Schooling)
> coeftest(ols1)

t test of coefficients:

            Estimate Std. Error t value  Pr(>|t|)
(Intercept) 4.47607751 0.08893264 50.3311 < 2.2e-16 ***
ed76        0.06573248 0.00494767 13.2856 < 2.2e-16 ***
```

*첫째 줄의 update(model,.~.+iqscore)는 "model"(앞에서 lwage76~ed76+exp76+smsa76로 설정되었음)의 좌변인 lwage76을 그대로 두고(.) 우변에 iqscore를 추가하라(.+iqscore)는 뜻이다. 이 부분을 lwage76~ed76+exp76+smsa76+iqscore라고 해도 좋지만, update 명령을 써서 한번 멋을 부려 보았다.

```
exp76          0.04512720 0.00277055 16.2882 < 2.2e-16 ***
smsa76yes      0.15479345 0.01900526  8.1448 6.519e-16 ***
iqscore        0.00437040 0.00062683  6.9722 4.187e-12 ***
---
Signif. codes:  0 '***' 0.001 '**' 0.01 '*' 0.05 '.' 0.1 ' ' 1
```

IQ를 능력의 대리변수로서 우변에 포함시키면 교육수익률은 약 6.6%로 하락하여(ed76의 계수 확인), 능력을 통제하지 못하여 발생하는 편향이 어느 정도 교정된다는 우리의 직관과 맞음을 볼 수 있다.

도구변수 추정

이제 iqscore가 없는 원래 모형에서 어머니의 교육수준(momed)을 ed76에 대한 도구변수로 사용하여 도구변수 추정(2SLS)을 해 볼 것이다. 추가적 도구변수 momed가 내생적 설명변수(ed76)와 강한 연관성을 가지는지 확인하기 위하여 우선 첫째 단계 회귀를 한다. 아래 첫째 줄에서 update 명령을 사용하여 고급스러운 방식으로 첫째 단계 회귀 모형을 설정한다. update(model,ed76~.-ed76+momed)은 model의 좌변을 ed76으로 바꾸고, 우변에서 ed76을 삭제하고 momed를 추가한다는 뜻이다. 즉, 모형을 첫째 단계 회귀 모형인 ed76~exp76+smsa76+momed로 바꾼다.

```
> stage1 <- lm(update(model,ed76~.-ed76+momed),data=Schooling)
> coeftest(stage1)

t test of coefficients:

             Estimate Std. Error  t value  Pr(>|t|)
(Intercept) 13.9862570  0.1792916  78.0084 < 2.2e-16 ***
exp76       -0.3689916  0.0088918 -41.4981 < 2.2e-16 ***
smsa76yes    0.4782590  0.0782703   6.1103 1.122e-09 ***
momed        0.2132285  0.0123062  17.3268 < 2.2e-16 ***
---
Signif. codes:  0 '***' 0.001 '**' 0.01 '*' 0.05 '.' 0.1 ' ' 1
```

이 결과에서 momed의 계수는 양이고 t값이 매우 크다. 그러므로 추가적 도구변수(momed)와 내생적 설명변수(ed76)는 서로 강하게 연관되어 있다. 이분산에 견고한 검정을 해 보아도 유의성에는 별 변화가 없다.

도구변수가 설명변수와 강하게 연관되어 있으므로 2SLS 추정을 한다. AER 패키지의 ivreg를 사용하여 완전자동으로 (16.7)을 추정한다.

```
> library(AER)
> model <- lwage76~ed76+exp76+smsa76
> inst <- ~momed+exp76+smsa76
> tsls <- ivreg(model,inst,data=Schooling)
> coeftest(tsls)

t test of coefficients:

            Estimate Std. Error t value  Pr(>|t|)
(Intercept) 3.6711618  0.2045492  17.948 < 2.2e-16 ***
ed76        0.1442329  0.0123234  11.704 < 2.2e-16 ***
exp76       0.0644337  0.0054069  11.917 < 2.2e-16 ***
smsa76yes   0.1500918  0.0181995   8.247 2.398e-16 ***
---
Signif. codes:  0 '***' 0.001 '**' 0.01 '*' 0.05 '.' 0.1 ' ' 1
```

위의 2째 줄에서 모형을 지정하고, 3째 줄에서 도구변수들(모든 외생변수들)를 우변에
지정한 후 4째 줄에서 ivreg 명령을 사용하였다. 물론 2–4째 줄을 모두 한 줄에 나타낼
수 있지만 모양이 보기 싫어져서 세 줄로 나누었다.

추정결과를 보면, 교육수익률이 1년당 14.4%로 증가하였다! 계수가 증가한 이유를
계량경제학적으로 설명하자면 다음 두 가지 정도 이유가 있겠다. 하나는 u에 능력(IQ에
의하여 대리적으로 설명되는) 이외에 내생성을 야기하는 다른 요인들이 있고 도구변수
(어머니의 교육수준)가 이러한 내생성을 초래하는 여타 요인들을 통제해 준다는 것이다.
하지만 이 요인들이 무엇일지는 잘 모르겠다. 다른 하나는 도구변수로 사용한 어머니의
교육수준이 실제로는 외생적이지 않다는 것이다. 16.2절의 마지막에 설명한 것처럼 도
구변수 추정량은 "도구변수"가 피설명변수에 미치는 영향을 "도구변수"가 설명변수에
미치는 영향으로 나누어 주는 것과 같다. 만일 도구변수가 오직 설명변수를 경유해서만
영향을 미친다면, 이 결과는 설명변수의 인과적 효과와 동일하다. 그러나 만일 도구변수가
설명변수를 경유하지 않고도 피설명변수에 영향을 미치고(인맥 등) 그 효과가 양(+)이면서,
동시에 도구변수가 내생적 설명변수에 미치는 영향의 크기가 작다면, 2SLS 추정량은 OLS
보다 더 크게 편향될 수도 있다.

2SLS의 결과가 이렇게 직관에 반할 때에 연구자는 상당한 곤경에 처하게 된다. 필
자에게 다행스럽게도 본 절의 목적은 2SLS를 예시하는 것이므로 이러한 결과가 나오는
이유에 대하여 더 이상 생각하지 않고 넘어가도록 하겠다.

참고로, 모형이 딱 맞게 식별된 경우 2SLS 추정량 $\hat{\boldsymbol{\beta}}_{2sls}$ 는 $\hat{\boldsymbol{\beta}}_{2sls} = \boldsymbol{\beta} + (\mathbb{Z}'\mathbb{X})^{-1}\mathbb{Z}'\mathbb{U}$ 를
만족시키는데, 만일 $n^{-1}\mathbb{Z}'\mathbb{U}$가 0으로 수렴하지 않고(사용된 도구변수가 내생적인 경우)
$n^{-1}\mathbb{Z}'\mathbb{X}$가 작다면(도구변수와 설명변수에 큰 관계가 없는 경우) 2SLS 추정량의 편향을 나타내는
$(n^{-1}\mathbb{Z}'\mathbb{X})^{-1}n^{-1}\mathbb{Z}'\mathbb{U}$은 매우 클 수 있다.

이분산에 견고한 추론을 위해서는 다음 명령어를 실행해 보라.

```
> coeftest(tsls, vcov=vcovHC, type="HC0")

t test of coefficients:

            Estimate Std. Error t value  Pr(>|t|)
(Intercept) 3.6711618  0.2023301 18.1444 < 2.2e-16 ***
ed76        0.1442329  0.0122463 11.7776 < 2.2e-16 ***
exp76       0.0644337  0.0053447 12.0555 < 2.2e-16 ***
smsa76yes   0.1500918  0.0179985  8.3391 < 2.2e-16 ***
---
Signif. codes:  0 '***' 0.001 '**' 0.01 '*' 0.05 '.' 0.1 ' ' 1
```

도구변수가 적절한(즉, 내생적 설명변수와 연관되고 외생적인) 경우, 표본크기가 크면 이 방법을 사용한 추론은 근사적으로 타당하다.

설명변수의 내생성 검정

설명변수 ed76의 외생성을 검정하기 위하여 첫째 단계 잔차항 vhat을 원래 방정식의 우변에 포함시켜 회귀한다. 만일 첫째 줄에서 오류가 발생하면 410페이지의 stage1을 만드는 부분까지 먼저 실행시킨 후 다음을 실행하라.

```
> Schooling$vhat <- stage1$resid
> aux <- lm(update(model, .~.+vhat),data=Schooling)
> coeftest(aux)

t test of coefficients:

            Estimate Std. Error t value  Pr(>|t|)
(Intercept)  3.6711618  0.1957522 18.7541 < 2.2e-16 ***
ed76         0.1442329  0.0117934 12.2300 < 2.2e-16 ***
exp76        0.0644337  0.0051744 12.4524 < 2.2e-16 ***
smsa76yes    0.1500918  0.0174168  8.6177 < 2.2e-16 ***
vhat        -0.0620576  0.0123683 -5.0175 5.54e-07 ***
---
Signif. codes:  0 '***' 0.001 '**' 0.01 '*' 0.05 '.' 0.1 ' ' 1

> coeftest(aux,vcov=vcovHC)

t test of coefficients:

            Estimate Std. Error t value  Pr(>|t|)
```

```
(Intercept)   3.6711618  0.1959852  18.732 < 2.2e-16 ***
ed76          0.1442329  0.0118600  12.161 < 2.2e-16 ***
exp76         0.0644337  0.0051966  12.399 < 2.2e-16 ***
smsa76yes     0.1500918  0.0172183   8.717 < 2.2e-16 ***
vhat         -0.0620576  0.0126960  -4.888 1.072e-06 ***
---
Signif. codes:  0 '***' 0.001 '**' 0.01 '*' 0.05 '.' 0.1 ' ' 1
```

여기서는 통상적인 표준오차와 HC 표준오차를 모두 사용하여 보았다. 두 경우 모두 vhat에 해당하는 p값은 매우 작아 1% 유의수준에서도 '외생성' 귀무가설은 기각된다. 그러므로 ed76이 내생적이라는 증거가 분명히 존재한다.

이 결과에서 절편, ed76, exp76 및 smsa76yes의 추정계수들은 모두 2SLS 추정계수들과 동일하다. 하지만 표준오차들은 잘못되었으므로, 2SLS 대신에 위의 결과들을 사용해서는 안 된다. 위의 결과들은 오직 vhat의 계수가 0이라는 귀무가설의 검정을 위해서만 사용하여야 한다.

도구변수들의 외생성 검정(과다식별검정)

다음으로, 오차항이 동분산적이라는 가정하에서 도구변수들의 외생성을 검정하고자 한다. 검정통계량 값은 2SLS 잔차항을 모든 외생변수들에 대하여 회귀한 후 nR^2을 구함으로써 계산한다. 딱 맞게 식별된 경우에는 R^2이 0이 되어 검정이 불가능하다. 이를 확인해 보자.

```
1  > model <- lwage76~ed76+exp76+smsa76
2  > inst <- ~momed+exp76+smsa76
3  > tsls <- ivreg(model,inst,data=Schooling)
4  > Schooling$uhat <- tsls$resid     # 2SLS residuals
5  > aux <- lm(update(inst,uhat~.),data=Schooling)
6  > summary(aux)
7
8  Call:
9  lm(formula = update(inst, uhat ~ .), data = Schooling)
10
11 Residuals:
12      Min      1Q   Median      3Q      Max
13 -1.98732 -0.26191  0.02684  0.26445  1.46339
14
15 Coefficients:
16             Estimate Std. Error t value Pr(>|t|)
17 (Intercept) -6.953e-15  3.828e-02       0        1
18 momed        6.991e-16  2.628e-03       0        1
19 exp76        3.771e-16  1.899e-03       0        1
```

```
20  smsa76yes     1.659e-15  1.671e-02         0          1
21
22  Residual standard error: 0.4094 on 3006 degrees of freedom
23  Multiple R-squared:  3.366e-29, Adjusted R-squared:  -0.000998
24  F-statistic: 3.373e-26 on 3 and 3006 DF,  p-value: 1
```

1번 행의 우변변수 중 2째 줄의 우변(도구변수 목록)에 없는 것은 ed76이다. 즉 ed76이 내생적 설명변수이다. 2번 행의 우변에 추가로 들어간 변수는 momed로서, 이것이 추가적 도구변수이다. 내생적 설명변수의 수와 추가적 도구변수의 수가 일치하므로 과다식별정도는 0이고 모수들은 딱 맞게 식별되었다. 이 경우 4번 행의 잔차와 도구변수들은 정확히 서로 직교하며(즉 곱의 합이 0), 따라서 잔차항을 도구변수들에 회귀하면 전혀 설명력이 없을 것이다. 실제로 이 현상이 나타난다. 5번 행에서 모형식 inst의 좌변을 uhat으로 바꾸고 우변은 그대로 둔다. 모형식 inst의 우변이 모든 외생변수들(도구변수들)을 포함하므로, 5째 줄의 update(inst,uhat~.)의 결과 좌변은 uhat이고 우변은 모든 도구변수들이다. 이 회귀 결과에서 23번 행을 보면 R제곱은 3.366e-29, 즉 3.366×10^{-29}이며, 이는 컴퓨터 연산에 불가피한 부정확성으로 인하여 0이 아닌 것처럼 보일 뿐, 사실은 정확히 0이다. 앞에서 설명한 것처럼 모수들이 딱 맞게 식별될 때 검정통계량은 0이 되고, 도구변수들의 외생성 여부를 검정할 방법은 없다.

이제 아버지의 교육수준(daded)을 도구변수로서 추가해 보자. 1개의 내생적 설명변수 (ed76)에 대하여 2개의 추가적 도구변수(momed와 daded)를 사용하므로 모수들은 과다식별되어 있고, 따라서 과다식별검정을 할 수 있다. 다음 결과를 보라.

```
1   > inst2 <- ~momed+daded+exp76+smsa76
2   > tsls <- ivreg(model,inst2,data=Schooling)
3   > Schooling$uhat <- tsls$resid
4   > aux <- lm(update(inst2,uhat~.),data=Schooling)
5   > stat <- nobs(tsls)*summary(aux)$r.squared
6   > stat
7   [1] 3.26527
8   > qchisq(.95,1)
9   [1] 3.841459
10  > 1-pchisq(stat,1)
11  [1] 0.07076136
```

1번 행의 우변의 도구변수 리스트에 이제 momed뿐 아니라 daded도 포함되어 있다. 4번 행에서 uhat을 모든 도구변수들(외생변수들)에 대하여 회귀한다. 5번 행에서 nR^2 형태의 검정통계량이 계산되었으며 7번 행에 따르면 그 값은 약 3.265이다. 도구변수의 개수가 설명변수의 개수보다 1개 많아 과다식별정도가 1이므로, 귀무가설하에서 이 값은 자유도가

1인 카이제곱 분포를 근사적으로 따른다. 이에 입각하여 근사적으로 구한 p값은 11번 행에 따르면 약 0.07이고 귀무가설(두 추가적 도구변수들이 모두 외생적이라는 귀무가설) 은 5% 수준에서는 기각되지 않지만 10% 수준에서는 기각된다. 모형이나 도구변수에서 무엇인가가 잘못된 것으로 보인다. 하지만 위의 결과만으로는 어떻게 고쳐야 할지 알 수 없다. 필자는 어머니 교육수준과 아버지 교육수준이 모두 u와 연관되어 있다고 본다.

마지막으로 과다식별검정을 이분산성에 견고한 방식으로 해 보자.

```
1   # first stage regression
2   > stage1 <- lm(ed76~momed+daded+exp76+smsa76,data=Schooling)
3   > Schooling$ed76hat <- stage1$fitted
4   # regression to get tranformed overidentifying instruments
5   > aux.model <- daded~ed76hat+exp76+smsa76
6   > aux.inst <- ~ed76+exp76+smsa76
7   > w1 <- ivreg(aux.model, aux.inst, data=Schooling)$resid
8   # multiply w1 to 2SLS residual
9   > model <- lwage76~ed76+exp76+smsa76
10  > inst2 <- ~momed+daded+exp76+smsa76
11  > Schooling$w1u <- w1*ivreg(model, inst2, data=Schooling)$resid
12  # get the n*R^2 test statistic
13  > Schooling$one <- 1
14  > aux <- lm(one~-1+w1u,data=Schooling)
15  > stat <- nrow(Schooling)*summary(aux)$r.sq
16  > stat
17  [1] 3.185349
18  # p-value
19  > 1-pchisq(stat,1)
20  [1] 0.07430113
```

여기서 5째 줄의 daded를 momed로 바꾸어도 결과는 전혀 변하지 않는다. 카이제곱 통계량 (17째 줄)은 약 3.185로서 동분산성하에서의 통계량보다 약간 더 작다. 그 p값(20째 줄)은 0.0743이며 결과는 질적으로 동일하다. 즉 momed와 daded는 서로 양립하는 도구변수가 아닌 것으로 보인다. 둘 중 하나 혹은 둘 다 내생적이다.

16.6 통제함수 방법

모형 $y = \beta_0 + \beta_1 x_1 + \beta_2 x_2 + u$를 생각해 보자. 여기서 x_1은 외생적이고 x_2는 내생적이다. 내생적 설명변수 x_2는 u와 상관된 부분(v_2)과 그 밖의 부분(u와 상관되지 않은 부분)으로 구성되어 있을 것이다. 즉

$$x_2 = \pi_0 + \pi_1 x_1 + \pi_2 z_2 + v_2 \tag{16.8}$$

이며, 이때 $E(v_2) = 0$, $E(x_1v_2) = 0$, $E(z_2v_2) = 0$이고 $E(v_2u) \neq 0$이다. u가 v_2와 상관될 때 $u = \rho v_2 + \varepsilon$ 라고 표현할 수 있다. 이때 ε은 x_1, z_2, v_2와 상관되어 있지 않으며, 만일 $\rho \neq 0$ 이면 v_2와 u가 상관되고, 따라서 x_2와 u가 상관된다. 그러면 원래 방정식은 다음과 같이 나타낼 수 있다.

$$y = \beta_0 + \beta_1 x_1 + \beta_2 x_2 + \rho v_2 + \varepsilon \tag{16.9}$$

만일 v_2가 관측가능하다면 (16.9)를 회귀할 수 있고, 이 경우 모든 설명변수들(x_1, x_2, v_2) 과 오차항(ε)은 상관되어 있지 않으므로 OLS 추정량은 비편향이고 일관적이다. 여기서 v_2 항은 x_2의 내생성을 야기하는 항이며, 이 항을 통제함으로써 내생성의 문제요인을 통제한다. 이처럼 내생성의 요인을 통제하는 접근법을 **통제함수** 접근법(control function approach)이라 한다.

하지만 (16.9)의 v_2는 물론 관측이 불가능하다. 그런데, 늘 그렇듯이, 이 관측불가능한 v_2를 첫째 단계 회귀 잔차항인 $\hat{v}_2$로 대체할 수 있다. 그리하여 y를 $x_1, x_2, \hat{v}_2$로 회귀하면 β_2의 계수추정값은 2SLS 추정값과 완전히 똑같다. 다음에서는 추가적 도구변수로서 z_{2a} 와 z_{2b}를 사용하여 이 사실을 확인해 본다.

```
# 2SLS
> coeftest(ivreg(y~x1+x2|x1+z2a+z2b,data=Ivdata))

t test of coefficients:

            Estimate Std. Error t value  Pr(>|t|)
(Intercept) 1.829478   1.406758  1.3005    0.1965
x1          0.418502   0.069427  6.0279 3.000e-08 ***
x2          0.692768   0.143679  4.8216 5.274e-06 ***
---
Signif. codes:  0 '***' 0.001 '**' 0.01 '*' 0.05 '.' 0.1 ' ' 1

# control-function approach
> Ivdata$v2hat <- lm(x2~x1+z2a+z2b,data=Ivdata)$resid
> coeftest(lm(y~x1+x2+v2hat,data=Ivdata))

t test of coefficients:

            Estimate Std. Error t value  Pr(>|t|)
(Intercept) 1.829478   1.282179  1.4269   0.15687
x1          0.418502   0.063279  6.6136 2.120e-09 ***
x2          0.692768   0.130955  5.2901 7.692e-07 ***
v2hat       0.328427   0.149478  2.1972   0.03042 *
---
Signif. codes:  0 '***' 0.001 '**' 0.01 '*' 0.05 '.' 0.1 ' ' 1
```

2SLS와 통제함수 접근법에서 구한 x1과 x2의 계수값들은 각각 **0.418502**와 **0.692768**로 서로 동일함을 볼 수 있다. 하지만 표준오차들은 서로 다르다. 마치 2SLS에서 단순한 수동 회귀시 표준오차를 조정해 주어야 했던 것처럼, 통제함수 접근법에서도 표준오차들을 조정해 주어야 한다. 사실상 위의 통제함수 회귀는 설명변수의 외생성을 검정할 때 실행한 회귀와 완전히 동일하며, 그 표준오차와 t통계량, p값 등이 잘못되었음은 이미 지적한 바 있다.* 특히 $\hat{v}_2$을 포함시켜 내생성을 통제하는 경우 리포트되는 표준오차는 추정량의 실제 표준편차를 과소추정하고, 이는 매우 심각한 추론상의 오류를 야기할 수 있다(계체량을 통과하지 못한 권투선수처럼). 표본크기가 아무리 커도 이 문제는 해결되지 않는다. 만일 v_2를 관측할 수 있어서 $\hat{v}_2$ 대신에 v_2를 사용할 수 있으면 문제가 발생하지 않는다.

$\mathbb{X}$를 모든 도구변수들에 대하여 회귀하여 구한 맞춘값들의 행렬을 $\hat{\mathbb{X}}$라 하고 잔차들의 행렬을 $\hat{\mathbb{V}}$라 하자. $\mathbb{Y}$를 $\hat{\mathbb{X}}$와 $\hat{\mathbb{V}}$에 대하여 회귀할 때 추정량을 $\hat{\boldsymbol{\beta}}$와 $\hat{\boldsymbol{\rho}}$라 하자. 그러면 $\mathbb{Y} = \hat{\mathbb{X}}\hat{\boldsymbol{\beta}} + \hat{\mathbb{V}}\hat{\boldsymbol{\rho}} + \hat{\boldsymbol{\varepsilon}}$이며, 이때 직교방정식에 따라 $\hat{\mathbb{X}}'\hat{\boldsymbol{\varepsilon}} = 0$이고 $\hat{\mathbb{V}}'\hat{\boldsymbol{\varepsilon}} = 0$이다. 그러므로 $\hat{\mathbb{X}}'\hat{\boldsymbol{\varepsilon}} = (\mathbb{X}-\hat{\mathbb{V}})'\hat{\boldsymbol{\varepsilon}} = \mathbb{X}'\hat{\boldsymbol{\varepsilon}} - \hat{\mathbb{V}}'\hat{\boldsymbol{\varepsilon}} = 0$ 이다. 이제 $\mathbb{Y} = \hat{\mathbb{X}}\hat{\boldsymbol{\beta}} + \hat{\mathbb{V}}\hat{\boldsymbol{\rho}} + \hat{\boldsymbol{\varepsilon}}$의 양변에 $\hat{\mathbb{X}}'$을 곱하면, $\hat{\mathbb{X}}'\hat{\mathbb{V}} = 0$이고 $\hat{\mathbb{X}}'\hat{\boldsymbol{\varepsilon}} = 0$이므로

$$\hat{\mathbb{X}}'\mathbb{Y} = \hat{\mathbb{X}}'\hat{\mathbb{X}}\hat{\boldsymbol{\beta}} + \hat{\mathbb{X}}'\hat{\mathbb{V}}\hat{\boldsymbol{\rho}} + \hat{\mathbb{X}}'\hat{\boldsymbol{\varepsilon}} = \hat{\mathbb{X}}'\hat{\mathbb{X}}\hat{\boldsymbol{\beta}},$$

그러므로 $\hat{\boldsymbol{\beta}} = (\hat{\mathbb{X}}'\hat{\mathbb{X}})^{-1}\hat{\mathbb{X}}'\mathbb{Y}$이다. 즉, $\hat{\mathbb{V}}$을 사용하는 통제함수 추정량은 2SLS 추정량과 동일하다. 참고로, 이 관계는 분할된 행렬의 역행렬 공식

$$\begin{bmatrix} E & F \\ G & H \end{bmatrix}^{-1} = \begin{bmatrix} D^{-1} & -D^{-1}FH^{-1} \\ -H^{-1}GD^{-1} & H^{-1}+H^{-1}GD^{-1}FH^{-1} \end{bmatrix}, \quad D = E^{-1} - FH^{-1}G$$

와 $\mathbb{X}'\hat{\mathbb{V}} = \hat{\mathbb{V}}'\hat{\mathbb{V}}$을 적용하여 도출할 수도 있다. 이제 $\mathbb{Y} = \mathbb{X}\boldsymbol{\beta} + \mathbb{U}$를 적용하면 $\hat{\boldsymbol{\beta}} = \boldsymbol{\beta} + (\hat{\mathbb{X}}'\mathbb{X})^{-1}\hat{\mathbb{X}}'\mathbb{U}$가 되고, 따라서 오차항을 u로 간주하여야 하는데 통제함수 회귀에서 상정되는 오차항은 ε에 상응한다. 그런데 $\mathbb{U} = \boldsymbol{\varepsilon} + \mathbb{V}\boldsymbol{\rho}$이고 $\boldsymbol{\varepsilon}$와 $\mathbb{V}\boldsymbol{\rho}$의 공분산이 0이므로, $\boldsymbol{\varepsilon}$의 분산은 항상 u의 분산보다 작거나 같다. 양자가 같은 경우는 $\boldsymbol{\rho} = 0$인 경우뿐이며, 이 경우를 제외하면 회귀패키지에서 일상적으로 보고되는 분산추정값(ε를 사용)이 너무 작게 된다. 따라서, 일상적으로 보고되는 표준오차를 사용한 검정은 옳은 귀무가설을 너무 자주 기각한다(over-rejection). 이 문제는 결코 간과할 수 없는 심각한 문제이다. 다만 $\boldsymbol{\rho} = 0$이면 보고되는 표준오차에 문제가 없으므로, 앞에서 $H_0 : \boldsymbol{\rho} = 0$라는 귀무가설을 검정할 때에는 통상적으로 보고되는 표준오차를 사용할 수 있었다.

제대로 된 표준오차를 구하는 방법은 다음과 같다. 모형이 $\mathbb{Y} = \mathbb{X}\boldsymbol{\beta} + \mathbb{U}$인데 여기에 어떤 첫째 단계 잔차항 $\hat{\mathbb{V}}_2$을 설명변수로 추가한다고 하자. 이 $\hat{\mathbb{V}}_2$은 내생변수 $\mathbb{X}_2$를 도구변수 $\mathbb{Z}$에 대하여 회귀한 잔차로서, (직교방정식에 따라) 도구변수 $\mathbb{Z}$와 직교한다. 즉 $\mathbb{Z}'\hat{\mathbb{V}}_2 = 0$이다. 또한 $\mathbb{U} = \mathbb{V}_2\boldsymbol{\rho} + \boldsymbol{\varepsilon}$라 하자. $\mathbb{W} = [\mathbb{X}, \hat{\mathbb{V}}_2]$이고 $\boldsymbol{\theta} = (\boldsymbol{\beta}', \boldsymbol{\rho}')'$라 하자. 그러면

$$\mathbb{Y} = \mathbb{X}\boldsymbol{\beta} + \mathbb{V}_2\boldsymbol{\rho} + \boldsymbol{\varepsilon} = \mathbb{X}\boldsymbol{\beta} + \hat{\mathbb{V}}_2\boldsymbol{\rho} + \boldsymbol{\varepsilon} + (\mathbb{V}_2 - \hat{\mathbb{V}}_2)\boldsymbol{\rho} = \mathbb{W}\boldsymbol{\theta} + [\boldsymbol{\varepsilon} + (\mathbb{V}_2 - \hat{\mathbb{V}}_2)\boldsymbol{\rho}] \tag{16.10}$$

*보고된 표준오차들이 타당할 수도 있는데, 이는 귀무가설하에서이다. 그 때문에 설명변수의 외생성을 검정할 때에는 통제함수 회귀의 결과를 수정 없이 사용할 수 있었던 것이다.

이고, 통제함수 추정량은

$$\hat{\boldsymbol{\theta}} = (\mathbb{W}'\mathbb{W})^{-1}\mathbb{W}'\mathbb{Y} = \boldsymbol{\theta} + (\mathbb{W}'\mathbb{W})^{-1}\mathbb{W}'[\boldsymbol{\varepsilon} + (\mathbb{V}_2 - \hat{\mathbb{V}}_2)\boldsymbol{\rho}]$$

을 만족시킨다. 그런데 $\hat{\mathbb{V}}_2 = \mathbb{V}_2 - \mathbb{Z}(\mathbb{Z}'\mathbb{Z})^{-1}\mathbb{Z}'\mathbb{V}_2$ 이므로, $\mathbb{V}_2 - \hat{\mathbb{V}}_2 = \mathbb{Z}(\mathbb{Z}'\mathbb{Z})^{-1}\mathbb{Z}'\mathbb{V}_2$ 이고, 따라서 위의 식으로부터

$$\hat{\boldsymbol{\theta}} = \boldsymbol{\theta} + (\mathbb{W}'\mathbb{W})^{-1}\mathbb{W}'[\boldsymbol{\varepsilon} + \mathbb{Z}(\mathbb{Z}'\mathbb{Z})^{-1}\mathbb{Z}'\mathbb{V}_2\boldsymbol{\rho}]$$
$$= \boldsymbol{\theta} + (\mathbb{W}'\mathbb{W})^{-1}\mathbb{W}'\boldsymbol{\varepsilon} + (\mathbb{W}'\mathbb{W})^{-1}\mathbb{W}'\mathbb{Z}\cdot(\mathbb{Z}'\mathbb{Z})^{-1}\mathbb{Z}'\mathbb{V}_2\boldsymbol{\rho}$$

를 얻는다. $\boldsymbol{\varepsilon}$ 과 $\mathbb{V}_2\boldsymbol{\rho}$ 가 서로 독립이라 가정하고 $(\mathbb{W}'\mathbb{W})^{-1}\mathbb{W}'\mathbb{Z}$ 를 비임의적이라 취급하면(여기에는 다소 복잡한 계량경제 이론이 필요하다) 다음이 된다.

$$\mathrm{var}(\hat{\boldsymbol{\theta}}) \doteq \mathrm{var}\{(\mathbb{W}'\mathbb{W})^{-1}\mathbb{W}'\boldsymbol{\varepsilon}\} + \mathrm{var}\{\hat{D}(\mathbb{Z}'\mathbb{Z})^{-1}\mathbb{Z}'\mathbb{V}_2\boldsymbol{\rho}\}, \quad \hat{D} = (\mathbb{W}'\mathbb{W})^{-1}\mathbb{W}'\mathbb{Z}$$

(주의! 이 표현은 엄밀하지 않으며, 대략적인 아이디어만 설명한 것이다.) 우변 첫째 항의 추정값은 (16.10)의 추정시 자동으로 리포트된다. 우변 둘째 항은 대략적으로 $\hat{D}\widehat{\mathrm{var}}\{(\mathbb{Z}'\mathbb{Z})^{-1}\mathbb{Z}'\mathbb{V}_2\boldsymbol{\rho}\}\hat{D}'$ 와 같은데, 중간의 $\widehat{\mathrm{var}}\{(\mathbb{Z}'\mathbb{Z})^{-1}\mathbb{Z}'\mathbb{V}_2\boldsymbol{\rho}\}$ 은 $\mathbb{X}_2\hat{\boldsymbol{\rho}}$ 을 $\mathbb{Z}$ 에 대하여 회귀할 때의 분산추정량에 의하여 추정된다. 그러므로 다음 단계에 의하여 분산을 제대로 추정할 수 있다.

1. 통제함수를 포함한 모형('통제함수 모형'이라 하자)을 추정할 때 보고되는 분산행렬 추정량을 $\hat{V}_a$ 라 하자. 이때 HC 분산추정량을 사용할 수 있다.

2. 모든 도구변수들($\mathbb{Z}$)을 통제함수 모형의 설명변수들($\mathbb{W}$)에 대하여 OLS 회귀하여 추정량 $(\mathbb{W}'\mathbb{W})^{-1}\mathbb{W}'\mathbb{Z}$ 를 구한다. 이를 $\hat{D}$ 라 하자. $\mathbb{W}$ 와 $\mathbb{Z}$ 에 상수항 및 외생적 설명변수들이 포함되어 있음에 유의하라.

3. 통제함수 모형의 추정에서 구한 $\hat{\boldsymbol{\rho}}$ 로부터 $\mathbb{X}_2\hat{\boldsymbol{\rho}}$ 를 만든 후, 이 $\mathbb{X}_2\hat{\boldsymbol{\rho}}$ 를 $\mathbb{Z}$ 에 대하여 OLS 회귀한다. 보고되는 분산행렬 추정량을 $\hat{V}_b$ 라 하자. 이때 이분산에 견고한(HC) 분산추정량을 사용해도 좋다.

4. $\hat{V} = \hat{V}_a + \hat{D}\hat{V}_b\hat{D}'$ 를 구하면 이것이 적절한 $\hat{\boldsymbol{\theta}}$ 의 분산의 추정량이다.

다음 결과를 보라. `ivreg`를 위해서는 `library(AER)`가 필요함을 기억하라.

```
1  > Ivdata$v2hat <- lm(x2~x1+z2a+z2b,data=Ivdata)$resid
2  > cfreg <- lm(y~x1+x2+v2hat,data=Ivdata)
3  # naive (wrong) standard errors
4  > coeftest(cfreg)
5
6  t test of coefficients:
7
8              Estimate Std. Error t value  Pr(>|t|)
9  (Intercept) 1.829478   1.282179  1.4269   0.15687
10 x1          0.418502   0.063279  6.6136 2.120e-09 ***
11 x2          0.692768   0.130955  5.2901 7.692e-07 ***
12 v2hat       0.328427   0.149478  2.1972   0.03042 *
```

```
13  ---
14  Signif. codes:  0 '***' 0.001 '**' 0.01 '*' 0.05 '.' 0.1 ' ' 1
15
16  # corrected standard errors
17  > va <- vcov(cfreg)
18  > d <- lm(cbind(1,x1,z2a,z2b)~x1+x2+v2hat,data=Ivdata)$coef
19  > Ivdata$x2rho <- Ivdata$x2*cfreg$coef['v2hat']
20  > aux <- lm(x2rho~x1+z2a+z2b,data=Ivdata)
21  > vb <- vcov(aux)
22  > v <- va+d%*%vb%*%t(d)
23  > coeftest(cfreg,vcov=v)
24
25  t test of coefficients:
26
27              Estimate Std. Error t value  Pr(>|t|)
28  (Intercept) 1.829478   1.414066  1.2938   0.19885
29  x1          0.418502   0.069788  5.9968 3.535e-08 ***
30  x2          0.692768   0.144425  4.7967 5.901e-06 ***
31  v2hat       0.328427   0.161410  2.0347   0.04463 *
32  ---
33  Signif. codes:  0 '***' 0.001 '**' 0.01 '*' 0.05 '.' 0.1 ' ' 1
34
35  # compare to 2SLS
36  > coeftest(ivreg(y~x1+x2|x1+z2a+z2b,data=Ivdata))
37
38  t test of coefficients:
39
40              Estimate Std. Error t value  Pr(>|t|)
41  (Intercept) 1.829478   1.406758  1.3005    0.1965
42  x1          0.418502   0.069427  6.0279 3.000e-08 ***
43  x2          0.692768   0.143679  4.8216 5.274e-06 ***
44  ---
45  Signif. codes:  0 '***' 0.001 '**' 0.01 '*' 0.05 '.' 0.1 ' ' 1
```

$\hat{V}_a$은 $\hat{v}_2$이 추정의 결과라는 사실을 무시한 채 (16.10)을 기계적으로 추정하여 구한 추정량이다. 이 결과가 6–14번 행에 표시되어 있다. 22번 행에서 구한 $\hat{V}$은 $\hat{v}_2$이 추정의 결과라는 사실을 감안하여 오류를 수정한 것이다. 그에 따른 표준오차들은 25–33째 줄에 있으며, 6–14번 행의 결과보다 더 크다. 참고로, 36번 행 이하에는 2SLS 추정량의 표준오차들이 있다. 공통으로 있는 x1과 x2의 표준오차들이 각각 서로 매우 유사함을 알 수 있다. 사실 이 예에서 양자 간에 차이가 나는 것은 자유도 조정으로 인한 것으로서 그 비율은 정확히 $(n-3)/(n-4)$의 제곱근과 같다. 이 차이는 무시해도 좋다.

16.7 내생적 설명변수의 제곱항과 상호작용항

다음과 같은 모형을 생각해 보자.

$$y = \beta_0 + \beta_1 x_1 + \beta_2 x_2 + \beta_3 x_2^2 + u$$

앞에서와 마찬가지로 x_1은 외생적이고 x_2는 내생적이다. 추가적 도구변수로서 z_2가 이용 가능하다고 하자.

이 회귀식에는 두 개의 내생적 설명변수 x_2와 x_2^2이 있다. 그러므로 적어도 두 개의 추가적 도구변수가 필요하다. 우선 쉽게 생각해 볼 수 있는 두 개의 도구변수는 z_2와 z_2^2 이다. 만일 z_2^2이 u와 무관하고 (z_2, z_2^2)이 (x_2, x_2^2)과 충분한 상관관계를 갖는다면, (z_2, z_2^2) 을 추가적 도구변수로 사용하는 2SLS 추정량은 일관적이다. 다음 결과를 참조하라.

```
> coeftest(ivreg(y~x1+x2+I(x2^2)|x1+z2a+I(z2a^2),data=Ivdata))

t test of coefficients:

            Estimate Std. Error t value  Pr(>|t|)
(Intercept) 1.9795199  1.5948939  1.2412    0.2176
x1          0.4188475  0.0719719  5.8196 7.775e-08 ***
x2          0.6159048  0.5948979  1.0353    0.3031
I(x2^2)     0.0066293  0.0547540  0.1211    0.9039
---
Signif. codes:  0 '***' 0.001 '**' 0.01 '*' 0.05 '.' 0.1 ' ' 1
```

다른 방법으로서, 만일 $x_2 = \pi_0 + \pi_1 x_1 + \pi_2 z_2 + v_2$이면서 $E(v_2|x_1, z_2) = 0$이고, x_2가 내생적 인 이유가 $u = \rho v_2 + \varepsilon$이기 때문이라면, 첫째 단계 회귀에서 구한 잔차항($\hat{v}_2$)을 통제함수로 사용하여 다음의 회귀를 해 볼 수도 있다(통제함수 접근법).

$$y = \beta_0 + \beta_1 x_1 + \beta_2 x_2 + \beta_3 x_2^2 + \rho \hat{v}_2 + 오차$$

이 통제함수 추정량은 (z_2, z_2^2)을 추가적 도구변수로 사용하는 2SLS 추정량과 다르다.

```
> Ivdata$v2hat <- lm(x2~x1+z2a+z2b,data=Ivdata)$resid
> coeftest(lm(y~x1+x2+I(x2^2)+v2hat,data=Ivdata))

t test of coefficients:

            Estimate Std. Error t value Pr(>|t|)
(Intercept) 1.993220  1.304667  1.5278  0.129895
x1          0.421728  0.063586  6.6324 2.009e-09 ***
x2          0.573237  0.209678  2.7339  0.007466 **
I(x2^2)     0.011198  0.015317  0.7311  0.466527
v2hat       0.321911  0.150107  2.1446  0.034540 *
---
Signif. codes:  0 '***' 0.001 '**' 0.01 '*' 0.05 '.' 0.1 ' ' 1
```

이때 추정식의 오차는 $\varepsilon + \rho(v_2 - \hat{v}_2)$이며, 앞에서 살펴본 바와 같이 $\hat{v}_2$이 v_2와 다르므로

표준오차를 계산할 때 유의하여야 한다. **v2hat**의 계수가 0인지 검정하기 위한 목적이
아닌 한, 통상적인 방식으로 구한 표준오차들은 잘못 계산된 것이다.

여기서도 통제함수 추정량의 표준오차는 특별한 방식으로 구하여야 한다. 통제함수
모형으로부터 리포트되는 분산추정치를 $\hat{V}_a$라 하고, 도구변수들을 통제함수 모형의
설명변수들로 OLS 회귀하여 구한 계수행렬을 $\hat{D}$라 하자. 또 $\hat{\rho}$를 ρ의 통제함수 추정량이라고
할 때, $\hat{\rho}x_2$를 도구변수들에 대하여 OLS 회귀하여 구하는 분산추정치를 $\hat{V}_b$라 하자. 그러면
$\hat{V} = \hat{V}_a + \hat{D}\hat{V}_b\hat{D}'$가 교정된 분산추정량이다. 이하에서 6–15째 줄의 결과는 타당하지 않고, 25–34
째 줄의 결과는 타당하다.

```
1  > Ivdata$v2hat <- lm(x2~x1+z2a+z2b,data=Ivdata)$resid
2  > cfreg <- lm(y~x1+x2+I(x2^2)+v2hat,data=Ivdata)
3  # naive
4  > coeftest(cfreg)
5
6  t test of coefficients:
7
8              Estimate Std. Error t value  Pr(>|t|)
9  (Intercept) 1.993220   1.304667  1.5278  0.129895
10 x1          0.421728   0.063586  6.6324 2.009e-09 ***
11 x2          0.573237   0.209678  2.7339  0.007466 **
12 I(x2^2)     0.011198   0.015317  0.7311  0.466527
13 v2hat       0.321911   0.150107  2.1446  0.034540 *
14 ---
15 Signif. codes:  0 '***' 0.001 '**' 0.01 '*' 0.05 '.' 0.1 ' ' 1
16
17 # corrected
18 > va <- vcov(cfreg)
19 > d <- lm(cbind(1,x1,z2a,z2b)~x1+x2+I(x2^2)+v2hat,data=Ivdata)$coef
20 > Ivdata$x2rho <- Ivdata$x2*cfreg$coef['v2hat']
21 > aux <- lm(x2rho~x1+z2a+z2b,data=Ivdata)
22 > v <- va+d%*%vcov(aux)%*%t(d)
23 > coeftest(cfreg,vcov=v)
24
25 t test of coefficients:
26
27              Estimate Std. Error t value  Pr(>|t|)
28 (Intercept) 1.993220   1.429611  1.3942  0.166498
29 x1          0.421728   0.069823  6.0399 2.987e-08 ***
30 x2          0.573237   0.218010  2.6294  0.009977 **
31 I(x2^2)     0.011198   0.015317  0.7311  0.466527
32 v2hat       0.321911   0.161542  1.9927  0.049159 *
33 ---
34 Signif. codes:  0 '***' 0.001 '**' 0.01 '*' 0.05 '.' 0.1 ' ' 1
```

앞에서 (z_2, z_2^2)을 도구변수로 사용하는 방법과 $\hat{v}_2$를 포함시킨 통제함수 접근법을 고
려해 보았다. 이 둘의 차이는 처음 방법이 ㉠ $\mathrm{E}(x_1 u) = 0$, $\mathrm{E}(z_2 u) = 0$, $\mathrm{E}(z_2^2 u) = 0$이라는
조건을 사용함에 반하여, 둘째 방법은 ㉡ $\mathrm{E}(u|x_1, z_2) = 0$이라는 조건을 사용한다는 것이다.
조건부 평균으로 표현되는 조건 ㉡은 공분산으로 표현되는 조건 ㉠보다 훨씬 강하다. 다시
말하여, 조건 ㉡이 성립하면 조건 ㉠도 반드시 성립하지만, ㉠이 성립한다고 하여 반드시

ⓒ이 성립하는 것은 아니다. ㉠이 성립하면서 동시에 ⓒ은 성립하지 않는 상황도 존재한다. 이러한 조건상의 차이가 (z_2, z_2^2)을 도구변수로 사용하는 방법과 $\hat{v}_2$를 포함시키는 통제함수 접근법의 차이를 야기한다. 둘째 방법이 더 강한 조건을 사용하므로 둘째 추정량이 첫째 추정량보다 더 작은 분산을 갖는다. 하지만 만일 ㉠만 성립하고 ⓒ이 위배되는 상황이라면 첫째 추정량만 일관적이다.

다음으로 내생변수와 외생변수의 상호작용 항이 설명변수들에 포함된 경우를 생각해 보자. 예를 들어 모형은 $y = \beta_0 + \beta_1 x_1 + \beta_2 x_2 + \beta_3 x_1 x_2 + u$이다. 만일 $x_2 = \pi_0 + \pi_1 x_1 + \pi_2 z_2 + v_2$이고 z_2가 외생적이라면 z_2와 $x_1 z_2$를 두 도구변수로 사용할 수 있다. 다음을 보라.

```
> coeftest(ivreg(y~x1*x2|x1*(z2a+z2b),data=Ivdata))

t test of coefficients:

            Estimate Std. Error t value Pr(>|t|)
(Intercept) 1.4484878  3.4487469  0.4200   0.6754
x1          0.4344141  0.2926210  1.4846   0.1409
x2          0.7404003  0.5396891  1.3719   0.1733
x1:x2      -0.0012146  0.0495330 -0.0245   0.9805
```

여기서 보고되는 추정값, 표준오차, t값, p값은 모두 타당하다.

또한 $\hat{v}_2$을 통제함수로 사용하여 OLS를 할 수도 있다. 그 추정량은 앞의 추정량과 상이하다. 다음을 보라.

```
> Ivdata$v2hat <- lm(x2~x1+z2a+z2b,data=Ivdata)$resid
> coeftest(lm(y~x1*x2+v2hat,data=Ivdata))

t test of coefficients:

            Estimate Std. Error t value  Pr(>|t|)
(Intercept) 1.6832501  1.7008450  0.9897 0.3248567
x1          0.4314413  0.1170125  3.6871 0.0003776 ***
x2          0.7166842  0.2242287  3.1962 0.0018909 **
v2hat       0.3272733  0.1505038  2.1745 0.0321498 *
x1:x2      -0.0022352  0.0169656 -0.1317 0.8954622
---
Signif. codes:  0 '***' 0.001 '**' 0.01 '*' 0.05 '.' 0.1 ' ' 1
```

여기서도 v2hat의 계수가 0인 경우를 제외하고는 표준오차는 잘못되었으므로 t값이나 p값을 이용하여 가설검정을 해서는 안 된다. 단, $\hat{v}_2$의 계수로써 x_2의 외생성을 검정할 수는 있다. x_2가 외생적이라는 귀무가설하에서는 보고되는 표준오차가 타당하기 때문이다.

이에 따르면 x_2의 외생성은 5% 유의수준에서 기각된다. 다른 용도로는 여기 보고되는 표준오차들을 사용하지 말아야 한다.

제대로 된 표준오차를 구하려면 역시 앞의 방법을 사용할 수 있다. 즉, 우선 기본으로 리포트되는 분산추정치 $\hat{V}_a$를 구한다. 도구변수들을 통제함수 모형의 설명변수들에 대하여 OLS 회귀하여 계수행렬 $\hat{D}$를 구하고, $\hat{\rho}x_2$를 도구변수들에 대하여 OLS 회귀할 때 리포트되는 분산추정치 $\hat{V}_b$를 구한다. 그러면 $\hat{V} = \hat{V}_a + \hat{D}\hat{V}_b\hat{D}'$가 교정된 분산추정량이다. 다음 결과를 보라.

```
> Ivdata$v2hat <- lm(x2~x1+z2a+z2b,data=Ivdata)$resid
> cfreg <- lm(y~x1*x2+v2hat,data=Ivdata)
> va <- vcov(cfreg)
> d <- lm(cbind(1,x1,z2a,z2b)~x1*x2+v2hat,data=Ivdata)$coef
> Ivdata$x2rho <- Ivdata$x2*cfreg$coef['v2hat']
> aux <- lm(x2rho~x1+z2a+z2b,data=Ivdata)
> coeftest(cfreg,vcov=va+d%*%vcov(aux)%*%t(d))

t test of coefficients:

             Estimate Std. Error t value  Pr(>|t|)
(Intercept)  1.6832501  1.8018529  0.9342 0.3525809
x1           0.4314413  0.1206541  3.5759 0.0005512 ***
x2           0.7166842  0.2323371  3.0847 0.0026688 **
v2hat        0.3272733  0.1622802  2.0167 0.0465477 *
x1:x2       -0.0022352  0.0169704 -0.1317 0.8954915
---
Signif. codes:  0 '***' 0.001 '**' 0.01 '*' 0.05 '.' 0.1 ' ' 1
```

16.8 약한 도구변수의 문제

2SLS 추정법이 좋은 성과를 보이려면 두 가지 조건이 필요하다. 우선, 추가적 도구변수들이 오차항과 무관하여야 한다(외생성). 만일 추가적 도구변수들이 내생적이면, 내생성의 정도가 약하더라도 2SLS 추정시 편향이 크게 확대될 수 있다. 이는, 말하자면 분자가 작아도 분모가 더 작으면 분자와 분모의 비율이 클 수 있는 것과 같은 이치이다. 또한, 추가적 도구변수들이 내생적 설명변수와 강하게 연관되어 있어야 한다(관련성).

강한 연관성이 중요한 것은, 내생적 설명변수들에서 외생적인 변화를 추가적 도구변수들에 의하여 설명되는 부분으로써 식별해 내기 때문이다. 만일 추가적 도구변수들과 내생적 설명변수들이 별로 연관되어 있지 않으면 추가적 도구변수들에 아무리 큰 변화가 있어도 내생적 설명변수들이 별로 변화하지 않을 것이므로 내생적 설명변수들의 외생적인 변화가 거의 추출되지 않고, 따라서 내생적 설명변수들의 외생적 변화로 인하여 종속변수가 받는 영향을 거의 알아낼 수 없다. 앞에서 설명한 것처럼 추가적 도구변수들의 설명력은 첫째 단계 F 검정으로써 확인할 수 있다. 흔히 첫째 단계 F 통계량이 10 이상이면 도구변수들이 강하게 연관된 것으로 간주된다.

만일 추가적 도구변수들이 내생적 설명변수와 별로 연관성이 없으면 어떻게 될까? 우선 도구변수들의 변화에 의하여 야기되는 내생적 설명변수의 변화가 작기 때문에 2SLS 추정량의 분산이 클 것이다. 또한 도구변수의 설명력이 약해질수록 2SLS 추정량의 편향도 심해진다. 설명변수가 외생적일 때 설명변수들 간의 상관관계가 강해도 OLS 추정량이 여전히 비편향인 것과는 달리, 내생적 설명변수의 존재시 2SLS 추정량은 항상 약간의 편향을 갖는다. 도구변수의 품질이 좋으면 이 편향이 매우 작고, 도구변수와 설명변수 간에 연관이 작아질수록 이 편향은 커진다. 극단적으로 추가적 도구변수들이 내생적 설명변수와 무관하면(예를 들어 컴퓨터로 무작위로 발생된 숫자들처럼), 2SLS 추정량은 OLS만큼 큰 편향을 갖고, 또한 OLS보다 훨씬 큰 분산을 갖게 된다. 도구변수와 설명변수의 연관성의 강도가 낮을 때 2SLS 등 도구변수 추정법을 이용하는 것은 매우 위험할 수 있다.

내생적 설명변수의 개수를 k라 하자. $k=1$일 때 도구변수가 약한지는 '첫째 단계 F 검정'으로써 확인할 수 있다. $k \geq 2$이면 문제가 복잡한데, 이는 각각의 내생적 설명변수는 도구변수들과 강하게 상관되더라도 '첫째 단계 맞춘값'들 간에 다중공선성(특이성)이 발생할 수도 있기 때문이다. 따라서 $k \geq 2$이면 k개의 내생적 설명변수들 각각에 대해서 F검정을 하는 것으로는 충분하지 않고 전체적으로 $n^{-1}\hat{\mathbb{X}}'\hat{\mathbb{X}}$이 특이성으로부터 충분히 멀리 떨어져 있는지 확인해야 한다. 앞서 잠깐 언급한 Shea (1997)의 '부분 R제곱'은 k개 각각에 대하여 계산하기는 하지만 $\hat{\mathbb{X}}$ 내의 공선성을 반영하여 계산하므로 가장 작은 '부분 R제곱'이 충분히 큰지 확인하면 된다. 단, Shea (1997)의 '부분 R제곱'으로 통계적 검정을 하는 것은 아니다). 검정의 경우, 오차항이 IID 라면 Cragg and Donald (1993)의 검정(귀무가설은 underidentification)이 가능하다. Kleibergen and Paap (2006)의 방법은 오차항이 IID가 아닌 경우에도 이용가능하다.

특수주제들

지금까지는 종속변수가 연속적인 값을 가지는 경우에 적절한 모형을 세우고 이를 분석하는 방법을 공부하였다. 이제는 그렇지 않는 상황에서 모형을 세우고 계수를 해석하며 계수를 추정하고 가설을 검정하는 방법에 대하여 설명한다. 여기에서도 미관상 대문자는 그만 사용하고 모든 것을 소문자로 나타낸다.

제대로 설명을 하자면 최우추정법(maximum likelihood estimation, MLE)을 심도 있게 논의해야 하지만 최대한 줄여 보겠다. 하지만 본 장의 내용을 제대로 소화하기 위해서는 미분에 대한 이해가 필요하다.

그러므로 여기서도 '꼬부랑길' 표시 두 개를 주고 시작한다.

17 이항반응모형

이분법처럼 위험하면서도 사람을 끄는 것이 없다. 이분법은 세상은 행복한 사람과 불행한 사람으로 나누고, 네 편과 내 편으로 나누며, 착한 국가와 나쁜 국가로 나눈다. 신용양호자와 신용불량자로 나누고, 흡연자와 비흡연자로 나누며, 주택보유자와 무주택자로 나눈다. 계량경제학을 공부한 사람과 그렇지 않은 사람으로 나눌 수도 있겠다. 사람들은 모든 것을 양분하는 사람과 그렇지 않은 사람으로 양분된다(맞는 것 같다!)는 우스갯소리도 있다. 잘 모르겠지만, 둘 이상의 대안이 있을 때 현명한 판단을 내릴 만큼 인간의 뇌가 발달해 있지 않다는 뜻일 수도 있겠다. 필자는 대안이 둘뿐일 때에도 판단을 내리기가 아주 어렵다.

많은 자료에서 종속변수가 이분적 값을 갖는다. 일을 하느냐 마느냐, 자동차를 소유하고 있느냐 아니냐, 정치 성향이 좌인가 우인가, 종교가 있느냐 없느냐, 결혼을 했느냐 안 했느냐, 담배를 피우느냐 아니냐, 노동조합에 가입해 있느냐 아니냐 등 여러 가지 예가 있다. 특히 개인들에 설문조사를 하여 만드는 자료에는 이진 변수가 많다. 독립변수가 이진적인 경우는 앞에서 많이 설명하였다. 이제는 종속변수가 이진적인 경우를 살펴본다.

17.1 선형확률모형

예를 들어 개인이 종교를 갖는지 여부를 성별과 소득으로써 설명하는 모형을 생각해 보자. 가장 쉽게 생각해 볼 수 있는 모형은 다음과 같은 선형모형일 것이다.

$$\text{종교여부} = \beta_0 + \beta_1 \text{여성} + \beta_2 \log(\text{소득}) + u \tag{17.1}$$

여기서 u는 오차항으로서 설명변수들이 주어졌을 때 0평균을 갖는다고 하자. 종속변수인 **종교여부**는 0 또는 1의 값을 갖는다. 소득에 로그를 취할 것이냐 마느냐의 문제는 여기서 논하지 말자. 설명변수들이 내생적일 수도 있고* **종교여부**를 결정하는 다른 중요한 변수들을 생각해 볼 수도 있겠지만, 이런 점들에는 신경쓰지 말고 오로지 **종교여부**가 이진적이라는 점에만 신경쓰고, 여기서는 그냥 $\mathrm{E}(u|\text{여성}, \text{소득}) = 0$이라고 가정하자.

어떤 변수가 0 또는 1의 값을 가질 때 이 변수의 평균은 이 변수가 1의 값을 가질 확률과 동일하다. 다시 말하여, y가 0 또는 1의 값을 갖는다면 $\mathrm{E}(y) = P(y = 1)$이다. 이는 $\mathrm{E}(y) = 1 \cdot P(y = 1) + 0 \cdot P(y = 0) = P(y = 1)$이기 때문이다. 그러므로, 식 (17.1)의 양변에 평균을 취하면 다음이 된다.

---

*많은 사람들이 종교가 소득수준을 결정한다고 믿는다. 이 믿음에 따르면 소득은 내생적이다.

$$P(\text{종교여부} = 1 | \text{여성}, \text{소득}) = \beta_0 + \beta_1 \text{여성} + \beta_2 \log(\text{소득}) \qquad (17.2)$$

이에 따르면, 모형 (17.1)의 β_1은 여성이 종교를 가질 확률과 소득이 동일한 남성이 종교를 가질 확률의 차이를 나타낸다. 또 β_2는 동일한 성별에서 소득이 1% 높을 때 종교를 가질 확률(%)이 평균 얼마만큼 증가하는지를 대략 측정한다. 이처럼 확률을 선형모형으로 나타내므로, 이러한 모형을 선형확률모형(linear probability model, LPM)이라 한다. 이 LPM의 계수들을 추정하기 위해 종교여부를 여성과 log(소득)으로 OLS 회귀할 수 있겠다.

독립변수들이 주어질 때 (17.2)의 값을 생각해 보자. 이 확률은 여성인지 여부와 소득 수준에 따라 다를 것이다. 정확한 표현을 위해 독립변수들 값의 벡터를 $\mathbf{x}$라 할 때 (17.2)의 확률을 $p_{\mathbf{x}}$라 표시하자. $p(\mathbf{x})$라고 하면 더 낫겠지만 괄호가 많으면 지저분하니까 하첨자로 대신한다. 이 기호를 사용하면 (17.1)은 종교여부 $= p_{\mathbf{x}} + u$로 표시할 수 있다. 그런데 종교여부는 0 아니면 1이므로, u는 반드시 $-p_{\mathbf{x}}$ 또는 $1 - p_{\mathbf{x}}$ 둘 중 하나의 값만을 갖는다. u가 이 중 $1 - p_{\mathbf{x}}$ 값을 가질 확률은 종교여부가 1일 확률인 $p_{\mathbf{x}}$이다. u가 $-p_{\mathbf{x}}$ 값을 가질 확률은 종교여부가 0일 확률인 $1 - p_{\mathbf{x}}$이다. 확률변수의 분산은 편차(평균을 뺀 값) 제곱의 기댓값이고 u의 평균은 0이므로 u의 분산(독립변수 값이 x라는 조건부)은 다음과 같다.

$$(-p_{\mathbf{x}})^2(1 - p_{\mathbf{x}}) + (1 - p_{\mathbf{x}})^2 p_{\mathbf{x}} = p_{\mathbf{x}}(1 - p_{\mathbf{x}})$$

조건부 분산이 설명변수 값 $\mathbf{x}$에 의존하므로, 선형확률모형의 오차는 반드시 이분산적이다.

선형확률모형의 오차항은 반드시 이분산적이므로 OLS를 사용하려면 반드시 이분산에 견고한 표준오차를 사용해야 한다. 또한, OLS보다 GLS가 더 효율적인 방법이다. FGLS를 위해서는 일단 OLS 추정량 $\hat{\beta}_0$, $\hat{\beta}_1$, $\hat{\beta}_2$를 구하고 이로부터 맞춘값

$$\hat{p}_i = \hat{\beta}_0 + \hat{\beta}_1 \text{성별}_i + \hat{\beta}_2 \log(\text{소득}_i)$$

를 구한 후 $1/[\hat{p}_i(1 - \hat{p}_i)]$을 가중치로 삼아서 WLS를 하면 된다. 이 방법이 작동한다면.

예제 17.1 여성의 경제활동 참여에 관한 선형확률모형 추정

여성의 경제활동 참여에 관한 예제를 살펴보자. Mroz가 1987년 Econometrica 논문에서 사용한 자료(미국의 결혼한 여성 753명의 경제활동에 관한 자료)를 사용할 것이다. Ecdat 패키지에 Mroz라는 이름으로 이 자료가 있는데 자료가 불충분하여 분석에 부적절하다. 조만간 교정되기를 바란다. 그 대신 sampleSelection 패키지의 Mroz87 자료를 사용한다. 우선 install.packages("sampleSelection")이라고 하여 패키지를 설치한 다음, 아래의 실습을 해 보자.

```
> install.packages("sampleSelection")
> data(Mroz87, package="sampleSelection")
```

```
> names(Mroz87)
 [1] "lfp"      "hours"    "kids5"    "kids618"  "age"
 [6] "educ"     "wage"     "repwage"  "hushrs"   "husage"
[11] "huseduc"  "huswage"  "faminc"   "mtr"      "motheduc"
[16] "fatheduc" "unem"     "city"     "exper"    "nwifeinc"
[21] "wifecoll" "huscoll"
```

변수 lfp는 1975년에 경제활동에 참가한지 여부를 나타내는 이진변수이다. hours는 wife
가 일한 시간, kids5는 가구 내 6세 미만 자녀의 수, kids618은 가구 내 6–18세 자녀의
수, age는 wife의 나이, educ은 wife의 교육수준(연수), wage는 wife의 추정임금(1975
년 달러), faminc은 가구소득(1975년 달러)이다. exper는 wife의 근로경력(연수)이다.
nwifeinc는 wife의 소득을 제외한 가구소득(1천 달러)이다.

```
> sum(Mroz87$lfp)
[1] 428
```

일하는 여성(lfp = 1)이 428명이다(1 아니면 0인 값들의 합은 1의 개수와 동일하다).
　　이제 종속변수 lfp를 nwifeinc, 학력(educ), 경력(exper), 경력의 제곱, 나이(age),
자녀의 수(kids5와 kids618)로 선형회귀하여 보자. OLS한 결과는 다음과 같다.

```
1  > model <- lfp~nwifeinc+educ+exper+I(exper^2)+age+kids5+kids618
2  > ols <- lm(model,data=Mroz87)
3  > library(lmtest)
4  > coeftest(ols)
5
6  t test of coefficients:
7
8                Estimate  Std. Error t value  Pr(>|t|)
9  (Intercept)  0.58551922  0.15417800  3.7977 0.0001579 ***
10 nwifeinc    -0.00340517  0.00144849 -2.3508 0.0189908 *
11 educ         0.03799530  0.00737602  5.1512 3.317e-07 ***
12 exper        0.03949239  0.00567267  6.9619 7.376e-12 ***
13 I(exper^2)  -0.00059631  0.00018479 -3.2270 0.0013059 **
14 age         -0.01609081  0.00248468 -6.4760 1.709e-10 ***
15 kids5       -0.26181047  0.03350579 -7.8139 1.889e-14 ***
16 kids618      0.01301223  0.01319596  0.9861 0.3244154
17 ---
18 Signif. codes:  0 '***' 0.001 '**' 0.01 '*' 0.05 '.' 0.1 ' ' 1
```

　　위의 추정 결과에 따르면 kids618을 제외한 모든 변수가 5% 수준에서 통계적으로 유
의하다. 그러나 LPM의 오차항은 불가피하게 이분산적이므로, 제대로 된 추론을 위해서는
반드시 HC 분산추정량을 사용해야 한다. 다음 명령을 보라.

```
1  > library(sandwich)
2  > coeftest(ols,vcov=vcovHC)
3
4  t test of coefficients:
5
6                Estimate  Std. Error  t value   Pr(>|t|)
7  (Intercept)  0.58551922  0.15358032   3.8125  0.000149 ***
8  nwifeinc    -0.00340517  0.00155826  -2.1852  0.029182 *
9  educ         0.03799530  0.00733982   5.1766 2.909e-07 ***
10 exper        0.03949239  0.00598359   6.6001 7.800e-11 ***
11 I(exper^2)  -0.00059631  0.00019895  -2.9973  0.002814 **
12 age         -0.01609081  0.00241459  -6.6640 5.183e-11 ***
13 kids5       -0.26181047  0.03215160  -8.1430 1.621e-15 ***
14 kids618      0.01301223  0.01366031   0.9526  0.341123
15 ---
16 Signif. codes:  0 '***' 0.001 '**' 0.01 '*' 0.05 '.' 0.1 ' ' 1
```

결과는 질적으로 달라지지 않았다. 다음으로 FGLS를 한 번 해 보자. OLS 맞춘값들을 $\hat{p}_i$ 라 할 때, 가중치를 $1/[\hat{p}_i(1-\hat{p}_i)]$로 하여 WLS를 하면 된다(되기만 하면).

```
> Mroz87$phat <- fitted(ols)
> fgls <- lm(model,data=Mroz87,weights=1/(phat*(1-phat)))
```

▶ **연습 17.1.** 위 명령을 실행하면 무슨 일이 발생하는가?

위의 예제에서 **연습 17.1**을 실행해 본 독자라면 난감한 상황에 처할 것이다. 오류 메시지(아마도 빨간색)가 나면서 R이 더 이상의 실행을 거부할 것이다. 오류메시지는 "누락되었거나 음수인 가중치를 사용할 수 없다"는 것이다. 다시 말하여 $1/[\hat{p}_i(1-\hat{p}_i)]$ 에 누락되었거나 음수인 값이 있다는 것이다. 어떻게 이런 일이 발생할 수 있는가? 다음 명령어로써 $\hat{p}_i$들이 어떤 값을 갖는지 대략적으로 살펴보자.

```
> summary(Mroz87$phat)
   Min. 1st Qu.  Median    Mean 3rd Qu.    Max.
-0.3451  0.4016  0.5880  0.5684  0.7592  1.1272
```

이 결과에 따르면 phat의 최솟값은 −0.3451이고 최댓값은 1.1270이다. 바로 여기에 FGLS 가 실패한 이유가 있다. $\hat{p}_i$의 값이 0보다 작거나 1보다 크면 $\hat{p}_i(1-\hat{p}_i)$의 값이 음수가 되어 가중치가 음수가 된 것이다. 음수의 가중치는 말이 안되므로 R은 이 경우 실행을 거부한다. LPM을 FGLS로써 추정할 때에는 이러한 문제점이 있을 수 있음을 염두에 두어야 할 것이다. 이것은 확률의 추정값인 맞춘값이 0보다 작거나 1보다 클 수 있기 때문에 발생하는 현상이다. 이런 현상이 발생하면 $\hat{p}_i > 1$이거나 $\hat{p}_i < 0$인 관측치들의 가중치를 0으로 설정한 후 FGLS를 할 수도 있다. 이것은 $\hat{p}_i > 1$이거나 $\hat{p}_i < 0$인 관측치들을 제거하고 회귀를 하겠다는 뜻이다. 이와 반대로 $\hat{p}_i < 0$이면 $\hat{p}_i$를 0.01처럼 작은 값으로 하고 $\hat{p}_i > 1$이면 0.99쯤으로 재설정하는 방법이 있다. 이 방법은 자의적이며, 또한 만일 $\hat{p}_i$를 0.01로 재설정하면 그 관측치에 해당하는 가중치는 $1/(0.01 \cdot 0.99) \approx 101$로서 $\hat{p}_i = 0.5$인 관측치의 가중치(4.0)의 25배 이상이다. 만일 맞춘값이 음수인 관측치에 대하여 $\hat{p}_i = 0.001$로 재설정하면 그 가중치는 $\hat{p}_i = 0.5$인 경우의 250배나 된다. 선형모형에서 $\hat{p}_i > 1$이거나 $\hat{p}_i < 0$라는 것은 설명변수의 값이 양 극단에 위치한다는 뜻이 될 것이다. 음수이거나 1보다 큰 $\hat{p}_i$에 0이나 1에 가까운 값을 주고 가중최소제곱을 하는 것은 결국 설명변수 값이 극단적인 관측치들에 큰 비중을 둔다는 것을 의미한다.

$\hat{p}_i$은 독립변수가 각 표본값으로 주어졌을 때 종속변수가 1의 값을 가질 확률을 추정한 것이다[식 (17.2) 참조]. 그러므로 이 확률이 0보다 작거나 1보다 크다고 추정하는 것은 이치에 맞지 않는다. 그러나 선형모형(LPM)을 세우고 OLS 추정을 하면 이 확률이 반드시 0과 1 사이에 위치하도록 강제할 방법이 없다. 이는 식 (17.2)를 보면 알 수 있다. β_2가 0이 아니라면 log(소득)이 매우 커지거나 매우 작아짐에 따라 좌변의 확률이 1보다 커지거나 0보다 작아질 수 있는 것이다. LPM은 이러한 태생적 문제점을 가지고 있다.

그럼에도 불구하고 실증분석에서 자주 LPM을 OLS로 추정한다. 여기에는 몇 가지 이유가 있다. 우선 계산이 쉽고 계수의 해석이 쉽다. 어차피 모형이란 우리가 현실을 바라보는 창문이며 우리는 진실을 정확히 알 수 없다. 만일 다른 요인들을 통제한 채 설명변수를 한 단위 증가시킬 때 종속변수가 1이 될 확률이 평균적으로 변화하는 정도(평균부분효과)를 대략적으로만 알고자 한다면 LPM을 사용하여 OLS로 그 계수를 추정하는 것도 그렇게 나쁘지만은 않다. 이 경우, LPM을 이용하여 추정한 효과가 다음에 설명할 좀 더 복잡한 방법을 사용하여 추정한 효과와 별로 차이나지 않는 경우가 많다. 쉬운 방법을 쓰든 좀 더 복잡한 방법을 쓰든 결과가 유사하다면 굳이 복잡한 방법을 사용할 이유는 없다는 것이다.

필자가 2015년 2월 Dean Hyslop 교수(당시 뉴질랜드 빅토리아 대학)와 선형확률모형에 대하여 이야기를 나눈 바 있다. Hyslop 교수의 견해는 확률의 예측이 아니라 한계효과 (17.7절 참조)의 추정에만 관심이 있다면 선형확률모형만으로 충분해 보인다는 것이었다. 필자도 이에 동의한다.

하지만 아무리 LPM이 많이 사용되더라도 이 방법은 문제점을 가지고 있으며 이 문제를 해결하기 위한 모형들이 개발되어 있다. 이러한 모형들의 요점은 종속변수가 1이 될 확률을 어떠한 방식으로 모형화할 것인가 하는 데에 있다.

17.2 일반화된 선형모형

기호를 간단하게 하게 위해 $\mathbf{x}\beta = \beta_0 + \beta_1 x_1 + \cdots \beta_k x_k$ 라 하자.* 반응변수 y는 이진적이다. 앞의 선형확률모형에서는 모집단에서 x가 주어질 때의 $P(y=1)$, 즉 $p_{\mathbf{x}} = \mathrm{E}(y|\mathbf{x})$가 모수들의 선형함수라고 가정하였다.** 즉, $p_{\mathbf{x}} = \mathbf{x}\beta$ 이다. 그런데 x가 아무리 크거나 아무리 작더라도 확률인 $p_{\mathbf{x}}$는 0보다 작을 수 없고 1보다 클 수 없는 반면, $\mathbf{x}\beta$는 $\beta_1, \dots, \beta_k$가 모두 0인 경우를 제외하면 x_j값이 변함에 따라 반드시 1을 초과하거나 0보다 작게 될 수 있다. 선형확률모형은 $p_{\mathbf{x}}$를 0과 1 사이에 오도록 강제할 방법이 없다. 그래서 $E(y|\mathbf{x})$를 적당히 변형한 후, 이 변형된 값이 x의 선형함수라고 설정하고 나서 이 변환을 되돌리면 반드시 0과 1 사이에 위치하도록 하는 방법이 있다. 수학적으로 표현하여, 어떤 g 함수에 대하여 $g(E(y|x)) = \mathbf{x}\beta$ 라고 가정하는 것이다. 이때 g 함수는 $p_{\mathbf{x}}$를 선형함수인 $\mathbf{x}\beta$ 와 연결시키는 함수로서 '연결함수' 혹은 '링크'(link)라 한다. $p_{\mathbf{x}}$가 0과 1 사이의 값을 취하므로 연결함수는 $[0,1]$ 구간에서 정의된다. 예를 들어 $g(p) = \log(p/(1-p))$ 라면 다음이 된다.

$$\log\left(\frac{p_{\mathbf{x}}}{1 - p_{\mathbf{x}}}\right) = \mathbf{x}\beta \qquad (17.3)$$

여기서 $p_{\mathbf{x}}$ 자체가 아니라 좌변처럼 변환된 형태가 모수들의 선형함수이다. 이와 같이 $p_{\mathbf{x}}$의 어떤 변환이 모수들의 선형함수인 모형을 일반화된 선형모형(generalized linear model, GLM)이라 한다(Nelder and Wedderburn, 1972). 식 (17.3)의 모형은 GLM의 일종이다.

p를 $\log(p/(1-p))$로 변환시키는 함수는 표준 로지스틱 분포(standard logistic distribution)의 누적확률분포함수(CDF)의 역함수로서, 로짓(logit)함수라 한다. 그러므로 (17.3)의 모형을 로짓 모형이라 한다. 참고로 $p \in (0,1)$를 $\log(p/(1-p))$로 변환시키는 함수는 〈그림 17.1〉에 표시되어 있다. 이 그림은 `plot(logit,0,1)`이나 `plot(qlogis,0,1)`이나 `curve(log(x)-log(1-x),0,1)`로써 그릴 수 있다.

▶ **연습 17.2.** $\Lambda(x) = e^x/(1+e^x)$ 라 하자. $\Lambda^{-1}(p) = \log(p/(1-p))$ 임을 증명하라.

〈그림 17.1〉에서 볼 수 있듯이, 로짓함수는 0에서 1 사이의 값을 $-\infty$에서 ∞까지의 값으로 일대일 변환시켜 준다. 이 로짓함수의 그래프를 시계 반대방향으로 90° 돌리고 좌우로 뒤집으면(즉 역함수를 구하면) 표준 로지스틱 분포의 CDF인 $\Lambda(x) = e^x/(1+e^x)$를 얻는다. 그러므로 식 (17.3)은 $\Lambda^{-1}(p_{\mathbf{x}}) = \mathbf{x}\beta$ 라고 표현할 수도 있다. 또한 양변에 $\Lambda(\cdot)$ 변환을 해 주면 $p_{\mathbf{x}} = \Lambda(\mathbf{x}\beta)$가 된다. 그런데 Λ 함수는 CDF이므로 $p_{\mathbf{x}}$는 반드시 0과 1 사이에 위치하게 된다.

---

*앞으로 $\mathbf{x}\beta$ 기호가 심심찮게 등장할 것이다. 행렬 기호에 익숙한 독자들이라면 $\mathbf{x}$를 $1 \times (k+1)$ 벡터로 생각하여도 좋다. $(k+1) \times 1$ 벡터가 더 익숙한 사람들은 $\mathbf{x}'\beta$ 라고 써도 좋은데 ' 기호가 많으면 지저분하므로 $\mathbf{x}'\beta$ 보다 $\mathbf{x}\beta$로 쓴다. 이전 장들에서는 $\mathbf{x}_i$를 열벡터로 간주하였다.

**y가 0 또는 1의 값을 갖는 이진변수일 때 $P(y=1|\mathbf{x}) = \mathrm{E}(y|\mathbf{x})$이다.

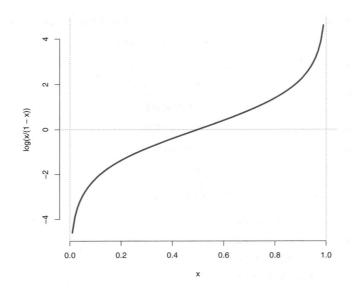

〈그림 17.1〉 표준 로짓 함수

왜 하필 표준 로짓함수를 링크 함수로 사용하는지, 왜 여기에 2나 10 등 다른 숫자 (양수)를 곱하거나 숫자를 더하면 안 되는지 궁금할 수 있다. 사실 그렇게 해도 된다. 만일 양변에 2를 곱하면 앞의 로짓모형은 $2\Lambda^{-1}(p_{\mathbf{x}}) = 2\beta_0 + 2\beta_1 x_1 + \cdots + 2\beta_k x_k$로 바뀐다. 이 새로운 함수에서 좌변의 함수는 Λ^{-1}이 아니라 $2\Lambda^{-1}$이고 우변의 계수들은 모두 2배가 된다. $2\Lambda^{-1}$는 표준로지스틱분포의 역함수가 아니며, 따라서 양변에 2를 곱한 이 모형은 우리가 아는 표준적인 '로짓모형'이 아니다. 그런데, 표준적인 로짓모형의 좌변을 $2\Lambda^{-1}$로 바꾸고 우변의 계수들에 모두 2를 곱한 모형은 표준적인 로짓모형과 아무런 실질적 차이도 없다. 로짓함수의 규모를 바꾸어서 만드는 모든 로짓 계열의 함수들은 실질적으로 동일한 추정결과를 주며, 맞춘값, 설명력, 해석 등에서 모두 전적으로 동일하다. 우리는 별다른 이유 없이 표준적인 로짓모형을 선택하여 사용할 뿐이다. 로짓함수의 규모를 바꿀 뿐 아니라 상수를 더해 주어도 실질적인 변화가 생기지 않는다. 예를 들어 좌변의 $\Lambda^{-1}(p_{\mathbf{x}})$ 를 $2\Lambda^{-1}(p_{\mathbf{x}}) + 1$로 바꾸면 식은 $2\Lambda^{-1}(p_{\mathbf{x}}) + 1 = (2\beta_0 + 1) + 2\beta_1 x_1 + \cdots + 2\beta_k x_k$가 되는데, 이 모형은 절편이 $2\beta_0 + 1$로 바뀌고 기울기들이 $2\beta_j$로 바뀌었을 뿐, 맞춘값, 설명력, 해석 등에서 표준적인 로짓모형과 사실상 아무런 차이도 없다. 표준 로짓함수에 양(+)의 상수를 곱하고 상수를 더해서 만들 수 있는 여하한 함수를 사용하더라도, 맞춘값, 설명력, 해석 등에서 표준 로짓함수를 사용한 결과와 전적으로 동일하며, 표준적인 로짓모형은 이들 '로짓 계열' 모형의 대표선수이다.

왜 다른 함수가 아니라 하필 로짓 계열의 함수를 사용하는지 궁금할 수 있다. 사실 다른 함수를 사용하기도 한다. 예를 들어 (17.3) 좌변의 로짓함수 대신 표준정규분포의 CDF의 역함수 $\Phi^{-1}(\cdot)$를 사용할 수도 있다. 이 함수도 0에서 1 사이의 값을 $-\infty$에서 ∞ 사이의 값으로 변환시킨다. 이처럼 로짓함수 대신 표준정규분포의 CDF의 역함수를 사용하는 모형을 프로빗(probit) 모형이라 한다. 예를 들어 (17.3)을 프로빗으로 바꾸면

$$\Phi^{-1}(p_{\mathbf{x}}) = \mathbf{x}\beta$$

가 된다. 물론, 여기서도 왜 하필 표준정규분포이어야 하는지, 왜 $N(1,1)$이나 $N(0,2)$는 안되는지 궁금할 수 있다. 사실 다른 정규분포를 사용해도 좋다. 예를 들어, 복잡한 것을 좋아하는 사람이라면, $N(-957, 1531)$ 분포의 CDF의 역함수를 사용하고 이것을 '불필요하게 복잡한 평균과 분산을 사용하는 프로빗 모형'이라고 부를 수도 있겠다. 하지만 모형에 절편이 존재하는 한, 이 '불필요하게 복잡한 평균과 분산을 사용하는 프로빗 모형'은 표준정규분포를 사용하는 모형과 아무런 실질적 차이도 없다. 우리는 단지 정규분포 중 표준정규분포를 사용하기로 선택할 뿐이다. 표준적인 프로빗 모형은 모든 정규분포 역함수를 사용하는 모형들의 대표선수, 즉 정규분포 계열 이항반응모형의 '얼굴'이다.

두 연결함수 $g(\cdot)$와 $h(\cdot)$를 고려하고 편의상 $k=1$이라 하자(단순 회귀). $g(p_{\mathbf{x}}) = \beta_0 + \beta_1 x_1$이 하나의 모형이면, $h(p_{\mathbf{x}}) = \gamma_0 + \gamma_1 x_1$은 또 하나의 모형이다. $g(p) \neq h(p)$이더라도 만약 g를 선형변환하여 h를 만들 수 있고 그 역도 성립하면 두 모형은 동일한 모형으로 간주된다. 이 경우 좌변을 g로써 표현하든 h로써 표현하든, 계수값 자체는 달라지겠으나 맞춘값, 설명력, 해석에 있어 아무런 차이도 없다. 모든 p에서 $h(p) = ag(p) + c$라면, ① $g(p_{\mathbf{x}}) = \beta_0 + \beta_1 x_1$이므로 $ag(p_{\mathbf{x}}) + c = a\beta_0 + c + a\beta_1 x_1$이고, 따라서 ② $h(p_{\mathbf{x}}) = \gamma_0 + \gamma_1 x_1$이 성립하며 이때 $\gamma_0 = a\beta_0 + c$이고 $\gamma_1 = a\beta_1$이다. ①과 ②의 계수들 자체는 일반적으로 서로 다르나, x_1이 1단위 변화할 때 p가 변화하는 정도는 같다. 이는 ①에 의해 $p_{\mathbf{x}} = g^{-1}(\beta_0 + \beta_1 x_1)$이고 ②에 의해 $p_{\mathbf{x}} = h^{-1}(\gamma_0 + \gamma_1 x_1)$인데, $g^{-1}(\beta_0 + \beta_1 x_1) = h^{-1}(\gamma_0 + \gamma_1 x_1)$이어서 x_1 변화에 따른 변화가 동일하기 때문이다. 연결함수의 규모를 바꾸고 위아래로 평행이동시키더라도 x_1의 변화가 $p_{\mathbf{x}}$를 어떻게 바꾸는지에 있어 아무런 차이도 발생하지 않는다.

하지만 만약 어떤 연결함수에 여하한 상수를 곱하고 여하한 상수를 더해도 다른 연결함수를 만들 수 없다면, 이 두 연결함수를 사용하는 두 모형은 서로 실질적으로 다른 모형이다. 예를 들어 로짓함수에 어떠한 상수를 곱하거나 상수를 더해도 정규분포 계열 함수를 만들 수 없으므로, 로짓모형과 프로빗모형에는 실질적인 차이가 있다.

앞에서 연결함수로 $\Lambda^{-1}(\cdot)$나 $\Phi^{-1}(\cdot)$를 사용하는 로짓 모형과 프로빗 모형을 살펴보았다. 그렇다면 이 두 모형만 가능한가? 그렇지 않다. 0에서 1 사이의 값을 $-\infty$에서 ∞의 값으로 단조 변환시켜 주기만 한다면 어떤 함수든 사용해도 좋다.* 수많은 가능성이 있지만, 로짓과 프로빗만이 널리 사용되며 그 밖의 함수들은 거의 사용되지 않는다. 로짓

---

*예를 들어 코시(Cauchy) 분포의 CDF의 역함수를 연결함수로 사용할 수도 있는데 그 모형의 이름은 코시잇 (cauchyit)이라고 한다. 이 함수의 모양은 $g(p) = \tan(\pi(p - \frac{1}{2}))$이다. 또 다른 예로 t_3 분포의 CDF의 역함수를 사용할 수도 있다.

모형과 프로빗모형을 추정하는 것을 각각 로짓회귀와 프로빗회귀를 한다고 하기도 한다. 로짓 모형과 프로빗 모형에서 사용하는 분포는 모두 0을 중심으로 대칭이다. 목적에 따라 비대칭적인 분포의 CDF의 역함수를 사용하기도 하지만, 이 책에서는 다루지 않을 것이다. 기본적인 논리에 별 차이가 없으므로, 일단 로짓과 프로빗을 이해하고 나면 더 복잡한 경우는 쉽게 따라갈 수 있을 것이다.

R에서 로짓이나 프로빗 추정을 하기 위해서는 1m 대신에 일반화된 선형모형을 뜻하는 glm 명령어를 사용한다. y를 x에 대하여 로짓회귀하려면

```
> glm(y~x,family=binomial(link="logit"))
```

이라고 하고, 프로빗회귀를 위해서는 "logit"을 "probit"이라고 바꾸어 주면 된다.

```
> glm(y~x,family=binomial(link="probit"))
```

일반화된 선형모형에 대하여 더 자세히 알아보려면 우선 R에서 ?glm이라고 하여 도움말을 보고 거기에 있는 참고문헌을 읽어보면 되겠다.

예제 17.2 여성의 경제활동 참여에 관한 로짓과 프로빗 추정

다음은 sampleSelection 패키지에 있는 Mroz87 자료를 사용하여 여성의 경제활동 참여에 관한 로짓과 프로빗 추정을 한 결과들이다.

```
1  > model <- lfp~nwifeinc+educ+exper+I(exper^2)+age+kids5+kids618
2  > Logit <- glm(model,data=Mroz87,family=binomial(link="logit"))
3  > coeftest(Logit)
4
5  z test of coefficients:
6
7                Estimate Std. Error z value  Pr(>|z|)
8  (Intercept)  0.4254524  0.8603645  0.4945  0.620951
9  nwifeinc    -0.0213452  0.0084214 -2.5346  0.011256 *
10 educ         0.2211704  0.0434393  5.0915 3.553e-07 ***
11 exper        0.2058695  0.0320567  6.4220 1.345e-10 ***
12 I(exper^2)  -0.0031541  0.0010161 -3.1041  0.001909 **
13 age         -0.0880244  0.0145729 -6.0403 1.538e-09 ***
14 kids5       -1.4433541  0.2035828 -7.0898 1.343e-12 ***
15 kids618      0.0601122  0.0747893  0.8038  0.421539
16 ---
17 Signif. codes:  0 '***' 0.001 '**' 0.01 '*' 0.05 '.' 0.1 ' ' 1
18
19 > Probit <- glm(model,data=Mroz87,family=binomial(link="probit"))
20 > coeftest(Probit)
21
22 z test of coefficients:
```

```
23
24                    Estimate  Std. Error  z value  Pr(>|z|)
25   (Intercept)    0.27007357  0.50807817   0.5316  0.595031
26   nwifeinc      -0.01202364  0.00493917  -2.4343  0.014919 *
27   educ           0.13090397  0.02539873   5.1540 2.550e-07 ***
28   exper          0.12334717  0.01875869   6.5755 4.850e-11 ***
29   I(exper^2)    -0.00188707  0.00059993  -3.1455  0.001658 **
30   age           -0.05285244  0.00846236  -6.2456 4.222e-10 ***
31   kids5         -0.86832468  0.11837727  -7.3352 2.213e-13 ***
32   kids618        0.03600561  0.04403026   0.8177  0.413502
33   ---
34   Signif. codes:  0 '***' 0.001 '**' 0.01 '*' 0.05 '.' 0.1 ' ' 1
```

참고로, 5, 7, 22, 24번 행에 "t"가 아니라 "z"라고 표기된 이유는 검정통계량이 t분포를 따른다는 이론적 결과가 없고 표본크기가 클 때 표준정규분포를 따른다는 이론적 결과가 있어 t분포가 아니라 표준정규분포를 이용하여 임계값이나 p값을 구하기 때문이다.

로짓이나 프로빗 계수들을 있는 그대로 해석하자면 다음과 같을 것이다. 먼저, 로짓 모형이 $\Lambda^{-1}(p_\mathbf{x}) = \beta_0 + \beta_1 x_1 + \cdots + \beta_k x_k$ 임을 고려하면 예제 17.2에서 nwifeinc의 로짓회귀 추정값 -0.0213452는 nwifeinc이 1단위 증가할 때 여성이 일할 확률의 로짓값이 약 0.02만큼 감소하는 것이라고 해석할 수 있다. 이 로짓값의 증가분이라는 것은 직관적이지 않으므로 확률 변화분으로 바꾸어서 설명하는 것이 좋다(17.7절 참조). 프로빗 모형의 경우에는 좌변이 $\Phi^{-1}(p_\mathbf{x})$이므로, 동일한 변수의 프로빗회귀 추정값 -0.01202364는 nwifeinc이 1단위 증가할 때 일할 확률의 프로빗(표준정규분포 CDF의 역함수)값이 약 0.012만큼 감소하는 것이라고 해석할 수 있다. 이 결과들이 나름대로 의미가 있는 것은 사실이지만 이 설명도 쉽게 이해가 되지 않으므로 의사소통에 큰 도움이 되지 않는다. 또한, 로짓 추정값과 프로빗 추정값 사이에 상당한 차이가 있음을 볼 수 있다. 로짓이나 프로빗 추정결과를 바탕으로 의미 있는 해석을 하는 방법에 대해서는 나중에 설명한다. 단, 추정값의 크기 자체는 해석이 어렵지만 일단 로짓과 프로빗 모형 모두에서 nwifeinc 변수가 일할 확률에 음의 영향을 미치고 이 영향이 5% 수준에서 유의함은 확인할 수 있다.

17.3 이항반응모형의 맞춘값

선형모형 $y = \beta_0 + \beta_1 x_1 + \beta_2 x_2 + u$에서 i번째 관측치의 맞춘값 $\hat{y}_i$은 $\hat{\beta}_0 + \hat{\beta}_1 x_{i1} + \hat{\beta}_2 x_{i2}$로서, 이것은 x_1의 값이 x_{i1}이고 x_2의 값이 x_{i2}인 사람들(i가 사람을 나타낸다 하자)의 평균 y 값을 추정한 것이다. 예를 들어, 첫째 사람의 설명변수 값들이 각각 1.5와 −0.7이라면, 이 사람의 맞춘값 $\hat{y}_1$은 $x_1 = 1.5$이고 $x_2 = -0.7$인 사람들의 평균 y값을 추정한 것이다.

일반화된 선형모형 $F^{-1}(p_x) = \beta_0 + \beta_1 x_1 + \beta_2 x_2$을 생각해 보자. 여기서 $F(\cdot)$는 로짓모형에서는 표준로지스틱 분포의 CDF $\Lambda(\cdot)$이고, 프로빗모형에서는 표준정규분포의 CDF $\Phi(\cdot)$이다. i번째 관측치(사람)의 맞춘값(fitted values)에는 두 가지가 있을 수 있다. 하나는 $\hat{\beta}_0 + \hat{\beta}_1 x_{i1} + \hat{\beta}_2 x_{i2}$이다. 이를 선형지표(linear index)의 예측값(또는 맞춘값)이라 한다. 선형지표의 맞춘값에 $F(\cdot)$ 변환을 하여 $\hat{p}_i = F(\hat{\beta}_0 + \hat{\beta}_1 x_{i1} + \hat{\beta}_2 x_{i2})$를 계산할 수도 있다. 이것은 확률의 예측값(또는 맞춘값)이다. 단순히 '맞춘값'이라고 하면 흔히 확률의 맞춘값을 의미하나, 선형지표와 확률 중 어느 것에 해당하는지 늘 명시하도록 하자.

R에서, 예를 들어 예제 17.2의 2번 행을 실행하여 `logit`이 로짓회귀의 결과를 저장하고 있는 객체라 할 때 `logit$fitted` 또는 `fitted(logit)`의 명령어를 사용하여 확률 예측값을 구할 수 있다. 또

```
> predict(logit,type="response")
```

라고 하여도 동일한 값을 얻는다. `"response"`는 `"r"`로 줄일 수 있다. 선형지표 예측값은 `predict` 명령에서 `"response"` 대신에 `"link"` 옵션(줄여서 `"l"`)을 사용하여 구할 수 있다. `predict` 명령은 매우 유용하므로 기억해 두기 바란다.

예제 17.3 로짓과 프로빗에서 확률 예측

예제 17.2의 결과를 바탕으로 로짓과 프로빗을 사용하여 구한 확률 예측값을 처음 5인에 대하여 출력해 보자.

```
1  > Mroz87$phatl <- predict(Logit,type="response")
2  > Mroz87$phatp <- predict(Probit,type="response")
3  > Mroz87[1:5,c('lfp','phatl','phatp')]
4    lfp     phatl      phatp
5  1   1 0.7006625 0.6939699
6  2   1 0.7489941 0.7461610
7  3   1 0.7020339 0.6955456
8  4   1 0.7761774 0.7710602
9  5   1 0.5811385 0.5781950
```

계수 추정값들 자체와 달리 확률예측값은 로짓과 프로빗 간에 별로 차이 나지 않음을 볼 수 있다. 다음 명령을 사용하여 가로축에 로짓으로부터 구한 확률예측값, 세로축에 프로빗으로부터 구한 확률예측값을 두고 그림을 그려 직접 비교해 보았다. 만약 두 확률 예측값들이 일대일로 완전히 동일하다면 점들은 정확히 45° 선상에 위치할 것이다. 만약 두 확률예측값들이 크게 다르다면 45° 선으로부터 크게 벗어날 것이다.

```
10  > plot(phatp~phatl, data=Mroz87)
```

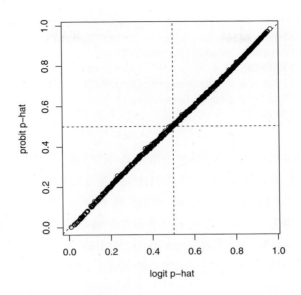

〈그림 17.2〉 로짓과 프로빗의 확률 예측값 관계

```
11  > abline(0,1,lty=2)
12  > abline(v=0.5,h=0.5,lty=2)
```

그 결과는 〈그림 17.2〉에 있다. 모든 점들이 정확히는 아니지만 거의 45° 선 근처에 놓여 있어, 로짓과 프로빗에 의한 확률 예측값에 별 차이가 없음을 알 수 있다.

이상에서는 주어진 관측치에서 $P(y=1|x)$의 추정값을 구하는 법을 설명하였는데, 이제 0 또는 1의 값을 갖는 y값 자체를 예측해 보자. 이때에는 간단히 확률예측값이 0.5보다 크면 1의 값을 주고 0.5보다 작거나 같으면 0의 값을 주면 된다(다수결). 말하자면

```
> Mroz87$yhat <- as.numeric(Mroz87$phatl > 0.5)
```

라고 하면 **yhat**의 값은 1 또는 0의 값이 될 것이다. 이항반응모형에서는 흔히 확률예측값을 $\hat{p}_i$, 0이나 1이 되도록 구한 종속변수 예측값을 $\hat{y}_i$라고 표기한다. 하지만 확률예측값을 $\hat{y}_i$로 표기하는 경우도 있으므로 맥락에 맞게 이해하여야 할 것이다.

y 자체의 예측값을 구한 다음, y의 예측값이 실제 y값을 얼마나 잘 맞히는지 점수(100점 만점 환산 점수, 적중률)를 구해 볼 수 있다. **예제 17.3**의 경우라면 다음과 같이 하면 될 것이다.

```
> Mroz87$yhatl <- as.numeric(Mroz87$phatl>.5)
> with(Mroz87, mean(lfp==yhatl))
[1] 0.7357238
> Mroz87$yhatp <- as.numeric(Mroz87$phatp>.5)
> with(Mroz87, mean(lfp==yhatp))
[1] 0.7343958
```

이 결과에 따르면 로짓모형은 전체 관측치(753개)의 약 73.6%에서 반응변수(lfp)를 옳게 맞혔으며, 프로빗모형은 전체의 73.4%를 옳게 맞혔다. 상이한 이항반응 모형들(예를 들어 로짓과 프로빗)의 성능을 서로 비교할 때 이 비율 점수를 비교하기도 한다.

이항반응모형에 의한 이진적 종속변수 예측의 정확성을 표현하는 데 편리한 개념으로 민감도(sensitivity)와 특정도(specificity, 특이도)*가 있다. 민감도란 $y_i = 1$인 관측치 중에서 $\hat{y}_i = 1$로 제대로 예측되는 관측치들의 비율을 의미하고, 특정도(특이도)란 $y_i = 0$인 관측치 중에서 $\hat{y}_i = 0$으로 제대로 예측되는 관측치들의 비율을 의미한다. 다시 말하여, 민감도는 1을 1이라 예측할 확률(즉, 1에 반응하는 정도)이고, 특정도는 0을 0이라 예측할 확률(즉, 1에만 반응하는 정도)이다. 민감도를 진양성률(true positive rate), hit rate, recall이라고도 하고, 특정도를 진음성률(true negative rate)이라고도 한다. '1−특정도'는 $y_i = 0$인 관측치들을 $\hat{y}_i = 1$이라고 잘못 예측하는 비율로서, 위양성률(false positive rate), 거짓경보율(false alarm rate)이라고도 한다(Fawcett 2006 참조). 통계적 검정에서 검정력은 귀무가설이 거짓일 때 $(y = 1)$ 제대로 기각할$(\hat{y} = 1)$ 확률이므로 일종의 민감도이고, 검정의 크기는 귀무가설이 거짓이 아닐 때$(y = 0)$ 잘못하여 기각할$(\hat{y} = 1)$ 확률이므로 '1−특정도'에 해당한다.

민감도와 특정도는 의학 분야에서 많이 사용되는 개념이다. 예를 들어 $y_i = 1$이 i번째 사람이 특정 질병에 걸렸는지 여부를 나타내고 $\hat{y}_i = 1$이 검사에 의하여 해당 질병이 양성으로 진단되었는지 여부를 나타낸다면, 민감도는 실제 병에 걸렸을 때 양성 진단을 받을 확률, 특정도는 실제로는 병에 걸리지 않았을 때 음성 진단을 받을 확률이다. 민감도(sensitivity)

〈표 17.1〉 Confusion matrix, 민감도, 특정도

	예측값 = 1	예측값 = 0
실제값 = 1	진양성(true positive, TP)	위음성(false negative, FN)
실제값 = 0	위양성(false positive, FP)	진음성(true negative, TN)

민감도 = TP/(TP + FN), 특정도 = TN/(TN + FP)

*'Specific'은 '명확히 정의된', '명확히 지정된'이라는 뜻을 가지고 있으며, '특이하다'는 것과는 상관이 없지만(국어사전에 '특이'란 '두드러지게 다름'을 뜻한다) 발음이 쉬워서 그런지 다들 "특이도"로 번역한다. 필자가 보기에 "특이도(特異度)"보다는 "특정도"가 더 나은 번역이므로 이 책에서는 '특정도'라 한다.

가 높다는 것은 검사가 해당 질병에 민감(sensitive)하여 잘 찾아낸다는 것이고, 특정도 (specificity)가 높다는 것은 해당 질병만을 특정(specific)하여 잘 진단해 낸다는 것이다.

〈표 17.1〉에 병에 걸렸고 양성으로 제대로 진단하는 사건(진양성, true positive, TP), 병에 걸렸는데 진단을 못하는 사건(위음성, false negative, FN), 병에 걸리지 않았는데 병에 걸렸다고 잘못 진단하는 사건(위양성, false positive, FP), 병에 걸리지 않았고 음성 판정이 나는 사건(진음성, true native, TN)이 도표화되어 있다. 이런 표를 Confusion Matrix라 한다. 민감도는 병에 걸린 사람 중에 양성 판정을 받은 사람의 비율 $TP/(TP+FN)$이며, 특정도는 병에 걸리지 않은 사람 중에 음성 판정을 받은 사람의 비율 $TN/(TN+FP)$이다. 재판의 경우라면, 민감도는 죄인 중 유죄 판결을 받는 사람의 비율이고, 특정도는 죄인이 아닌 사람 중 무죄판결을 받는 사람의 비율이다. 경제위기를 예측하는 것이라면, 민감도는 실제 발생하였던 경제위기 중 제대로 예측된 것의 비율이고, 특정도는 모든 평상시 중 경제위기로 예측되지 않은 것들의 비율이다. 민감도와 특정도 모두 높을수록 좋다. 질병의 경우 민감도가 낮으면 시기를 놓치기 쉽고, 특정도가 낮으면 애먼 사람을 수술하는 수가 있다. 재판의 경우 민감도가 낮으면 범죄자가 풀려나기 쉽고, 특정도가 낮으면 무고한 자가 갇히기 쉽다.

확률예측값들 $\hat{p}_i$이 구해질 때, 앞에서는 $\hat{p}_i > 0.5$이면 $\hat{y}_i = 1$로 예측한다고 하였다(약한 부등호를 사용하여 $\hat{p}_i \geq 0.5$라고 하여도 차이 없음). 이 0.5의 기준은, 1일 확률의 예측값 ($\hat{p}_i$)이 0일 확률의 예측값$(1 - \hat{p}_i)$보다 크게 되는 임계점을 찾은 것이지만, 사실 실제 예측을 할 때에 무슨 값을 기준으로 할지는 (그럴듯한 근거만 제시할 수 있으면) 연구자가 마음대로 선택해도 좋다. 이때 도움이 되는 것이 '수신자판단특성곡선'(receiver operating characteristics curve, ROC 곡선)이라는 것이다. 이것이 무엇인지 살펴보자.

$\hat{y}_i$을 결정할 확률 경계값을 α라 하자. 즉, $\hat{p}_i > \alpha$이면 $\hat{y}_i = 1$이라 예측하고 $\hat{p}_i \leq \alpha$이면 $\hat{y}_i = 0$이라고 예측한다('과반' 기준은 $\alpha = 0.5$에 해당한다). 만약 $\alpha = 1$으로 설정한다면 항상 음성으로 진단($\hat{y}_i = 0$)하므로 진양성률이나 위양성률 모두 0이다. 만약 가로축을 위양성률로 하고 세로축을 진양성률로 하는 그래프를 그린다면 이 경우는 좌하귀 $(0,0)$에 점이 찍힐 것이다. 정반대 극단에서 $\alpha = 0$이라면 항상 양성으로 진단($\hat{y}_i = 1$)하므로 진양성률과 위양성률이 모두 1이 되어, 그래프의 우상귀 $(1,1)$에 점이 찍힐 것이다. 그 중간에는 진양성률과 위양성률이 0~1 사이의 값을 가질 것이다. 이제 α를 0에서 1로 차츰 증가시키면서 (위양성률, 진양성률) 조합의 점을 찍으면 우상귀와 좌하귀를 연결하는 곡선이 나올 것이다. 이 곡선이 ROC 곡선이다. 이진적 예측을 위한 확률 경계값 α를 조정하여 얻을 수 있는 모든 위양성률과 진양성률의 조합은 ROC 곡선상에 위치한다. 예제 17.2의 로짓 추정으로부터 구한 ROC 곡선이 〈그림 17.3〉에 있다. $\alpha = 0$은 우상귀에 해당하고 $\alpha = 1$은 좌하귀에 해당하며, $\alpha = 0.5$일 때의 진양성률과 위양성률은 큰 동그라미로 표시되어 있다. 가장 좋은 것은 진양성률이 1이고 위양성률이 0인 좌상귀 점이 되겠으나,

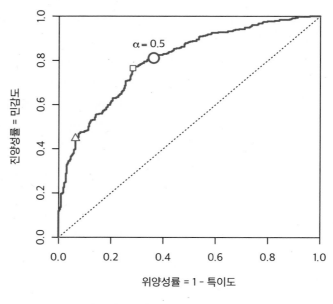

세로축: 진양성률 = 민감도
가로축: 위양성률 = 1 - 특이도
$\alpha = 0.5$

〈그림 17.3〉 ROC 곡선의 예

경계값(α)만 조정해서는 이 점에 도달할 수 없다. 이 그림에서 민감도와 특정도의 합을 최대화시키는(즉, '진양성률 – 위양성률'을 최대화시키는) α는 0.5보다 더 큰 0.56 정도의 값이다(그림에서 네모). 즉, $\hat{p}_i > 0.56$일 때 $\hat{y}_i = 1$이라고 예측하는 것이 민감도와 특정도의 합을 최대화시키는 선택이다. 만약 진양성률을 높이는 것보다 위양성률을 낮추는 것이 2배 더 중요하다고 한다면 '진양성률 – 2 × 위양성률'을 최대화할 수 있는데, 계산에 의하면 〈그림 17.3〉에서 그에 해당하는 α 값은 약 0.77이다(그림에서 세모). 또 다른 기준에 따른 경계값 α는 또 다를 것이다. 어떤 기준을 사용할지는 연구자가 선택할 사안이다.

서로 다른 두 모형이 있을 때 이들로부터의 ROC 곡선을 겹쳐 그리면 어느 모형의 ROC 곡선이 좌상귀에 더 가까운지 시각적으로 확인할 수 있고 이들을 이용하여 예측 능력이 더 좋은 모형을 선택하기도 한다. 또, '곡선 아래 넓이'(area under the curve, AUC)를 구하여 ROC 곡선이 좌상귀에 가까운 정도를 숫자 하나로 표현하고 이 AUC를 이용하여 모형을 선택하기도 한다. 이 모든 내용은 (인과관계 분석이 아니라) 예측과 관련된다.

17.4   잠재변수 모형과 최우추정

로짓모형과 프로빗모형은 다른 각도에서 살펴볼 수도 있다. 예를 들어 기혼 여성이 직업을 가질지 말지 결정하는 것을 생각해 보자. 한 여성은 현재 자신에게 주어진 조건에서 일을 할 때의 효용과 일을 하지 않을 때의 효용 중 어느 것이 더 큰지 마음 속으로 계산해 볼 것이다. 일을 하는 것이 더 효용이 높으면 일을 할 것이고, 일을 하지 않는 것이 더 효용이 높으면 일을 하지 않을 것이다. 이때 "주어진 조건"이란 자신의 학력, 경력, 배우자의 소득, 해당 지역의 일자리의 개수 등 관측가능한 요소와 여타 관측불가 요소들로 이루어져 있을 것이다. 일할 때의 효용을 **효용**$^{(1)}$이라 표시하고 일하지 않을 때의 효용을 **효용**$^{(0)}$이라 표시하자. 이 두 효용이 다음과 같은 선형모형으로 표현된다고 하자.

$$효용^{(1)} = \alpha_0^{(1)} + \alpha_1^{(1)}x_1 + \cdots + \alpha_k^{(1)}x_k + u^{(1)}$$
$$효용^{(0)} = \alpha_0^{(0)} + \alpha_1^{(0)}x_1 + \cdots + \alpha_k^{(0)}x_k + u^{(0)}$$

여기서 $x_1, \ldots, x_k$는 효용을 결정하는 관측가능 요소들이고, $u^{(1)}$과 $u^{(0)}$은 효용에 영향을 미치는 관측불가 요소들의 영향을 나타낸다. 일할 때의 효용에 관측 요소들이 기여하는 정도($\alpha_j^{(1)}$)는 일을 하지 않을 때 효용에 기여하는 정도($\alpha_j^{(0)}$)와 다를 수 있을 것이다. 오차항들 $u^{(1)}$과 $u^{(0)}$이 반드시 동일할 필요는 없다.

효용$^{(1)}$ > **효용**$^{(0)}$이면 일을 할 것이고, **효용**$^{(1)}$ ≤ **효용**$^{(0)}$이면 일을 하지 않을 것이다(두 효용이 동일하면 일을 하지 않을 것이라고 설정하였는데, 두 효용이 동일하면 일을 할 것이라고 설정해도 아무런 실질적인 차이가 없다). 그러므로

$$효용^{(1)} - 효용^{(0)} = [\alpha_0^{(1)} - \alpha_0^{(0)}] + [\alpha_1^{(1)} - \alpha_1^{(0)}]x_1 + \cdots + [\alpha_k^{(1)} - \alpha_k^{(0)}]x_k$$
$$+ [u^{(1)} - u^{(0)}]$$

이 0보다 크면 일을 하고, 그렇지 않으면 일을 하지 않는다. 위 식의 좌변을 y^*(일할 때와 일을 안 할 때의 효용의 차이)라 하고, $\beta_j = \alpha_j^{(1)} - \alpha_j^{(0)}$, $u = u^{(1)} - u^{(0)}$이라 하면

$$y^* = \beta_0 + \beta_1 x_1 + \cdots + \beta_k x_k + u$$

가 된다. 이때 $y^* > 0$이면 일을 하고 $y^* \le 0$이면 일을 하지 않는다.* 종속변수를 y라 하고 일을 할 때 $y = 1$이고 일을 하지 않을 때 $y = 0$이라 하면, $\mathbf{x}\beta = \beta_0 + \beta_1 x_1 + \cdots \beta_k x_k$라 할 때

$$y = \begin{cases} 1 & \text{if } y^* = \mathbf{x}\beta + u > 0, \\ 0 & \text{otherwise} \end{cases} \tag{17.4}$$

가 성립한다. 여기서 y^*는 관측되지 않으며, $x_1, \ldots, x_k, y$가 관측된다. 관측되지 않는 변수 y^*는 y를 결정하는 숨은 변수 또는 잠재변수(latent variable)이다. (17.4)와 같은 모형을 잠재변수 모형이라 한다.

식 (17.4)는 지면을 많이 차지하고 조판하기도 까다롭다. 그래서 좀 불친절하지만 더 효율적인 의사소통을 위해 지시함수(indicator function) $I(\cdot)$를 사용해서 (17.4)을 흔히

---

*여기서는 $y^* \le 0$일 때 일을 하지 않는다고 하였으나 y^*를 달리 정의하여 $y^* \le 0$일 때 일을 한다고 하여도 변하는 것은 없다. 계수들의 부호를 바꾸고 u를 $-u$로 바꾸면 되기 때문이다. $y^* = 0$인 경우에 차이가 생기지만 $y^* = 0$일 확률은 0이므로 문제가 되지 않는다.

$$y = I(\beta_0 + \beta_1 x_1 + \cdots + \beta_k x_k + u > 0) \tag{17.5}$$

이라고 나타낸다. 여기서 $I(\cdot)$ 함수는 만일 괄호 안의 현상이 발생하면 1의 값을 갖고 그렇지 않으면 0의 값을 갖는 지시함수이다.*

잠재변수 모형 (17.5)에는 유의할 점이 있다. 부등식의 양변에 양수를 곱해도 부등호의 방향은 변하지 않으므로 (17.5)를

$$y = I(2\beta_0 + 2\beta_1 x_1 + \cdots + 2\beta_k x_k + 2u > 0) \tag{17.6}$$

이라고 해도 똑같다. (17.6)에서도 관측되는 변수는 $x_1, \ldots, x_k, y$ 이며 오차항($2u$)은 관측되지 않는다. 하지만 (17.5)에서는 계수들이 $\beta_0, \beta_1, \ldots, \beta_k$ 임에 반하여 (17.6)에서는 계수들이 $2\beta_0, 2\beta_1, \ldots, 2\beta_k$ 이다. (17.4)의 괄호 안의 양변에 어떠한 양수를 곱하여도 부등호는 성립하므로, 만일 $\beta_0, \beta_1, \ldots, \beta_k$ 가 (17.5)의 참값이라면 어떠한 양수 c 에 대해서든 $c\beta_0, c\beta_1, \ldots, c\beta_k$ 도 적절히 변형된 모형의 참값으로 간주될 수 있는 것이다. 예를 들어 모든 β_j 를 1백억으로 나눈 값들도 어떤 모형의 계수 참값이고, 모든 β_j 에 1천조를 곱한 값들도 또 다른 모형의 계수 참값이다. 식 (17.5)의 β_j 계수들의 규모는 관측가능 변수들의 분포에 의해 정해지지 않는다. 이 문제는 앞 소절의 로짓이나 프로빗 모형에도 내재되어 있었다.

논의 진행을 계속하여, 이제 (17.5)의 양변에 $x_1, \ldots, x_k$ 조건부로 기댓값을 취하면

$$P(y = 1|\mathbf{x}) = P(-u < \mathbf{x}\beta|\mathbf{x})$$

가 된다($\mathbf{x}$ 는 $x_1, \ldots, x_k$ 의 약식 표기). 여기서 $-u$ 가 어떤 하나의 분포를 갖는다고 가정하고** 이 분포의 누적분포함수(CDF)를 $F(\cdot)$ 라 하자. 즉 $P(-u < a) = F(a)$ 이다. 이 $-u$ 의 CDF 인 $F(\cdot)$ 가 완전히 알려져 있다고 우리는 가정한다. 이 $F(\cdot)$ 함수의 형태까지가 우리의 모형이다. 즉, 어떤 함수 $F(\cdot)$ 에 대하여

$$P(y = 1|\mathbf{x}) = F(\mathbf{x}\beta)$$

가 우리가 옳다고 믿는 바이며, 여기서 $F(\cdot)$ 함수는 알려져 있다. $F(\cdot)$ 가 표준로짓분포의 CDF, 즉 $F(t) = \Lambda(t) = e^t/(1+e^t)$ 라면, 위의 모형의 양변을 $\Lambda^{-1}(\cdot)$ 변환하고 $p_{\mathbf{x}} = P(y = 1|\mathbf{x})$ 이라 하여 $\Lambda^{-1}(p_{\mathbf{x}}) = \mathbf{x}\beta$ 을 얻는다. 이것이 바로 17.2절의 로짓모형이다. 만일 $-u$ 가 표준정규분포를 갖는다고 가정하면, 즉 만일 $F(\cdot) = \Phi(\cdot)$ 라면 우리의 모형은 프로빗 모형이 된다. 그러므로 전 소절의 로짓이냐 프로빗이냐 하는 문제는 결국 잠재변수모형에서 $-u$ 의 분포가 표준 로지스틱 분포냐 표준정규분포냐 하는 문제와 동일하다.

*예를 들어 'I(비가 온다)'는 비가 오면 1의 값을 갖고 비가 오지 않으면 0의 값을 갖는 함수이다. 지시함수는 $I(\cdot)$ 로 표시하는 경우도 있고, $1(\cdot)$, $1[\cdot]$ 또는 $1\{\cdot\}$ 이라고 표시하는 경우도 있다. 게으른 사람들은 아예 I 나 1 없이 $(\cdot)$, $[\cdot]$, $\{\cdot\}$ 등으로 표시하기도 한다. 대부분의 경우 괄호만 사용해도 의사전달이 분명하고 혼동의 여지가 없다. 예를 들어 $[a+b]$ 는 $a+b$ 이지만 $[a=b]$ 는 $a = b$ 일 때 1의 값을 갖고 $a \neq b$ 이면 0의 값을 갖는 지시함수이다.

**오차항을 u 라 하든 $-u$ 라 하든 어차피 관측되지 않는 것이므로 아무런 차이도 없다.

로지스틱분포로 할지, 정규분포로 할지, 아니면 다른 분포로 할지는 연구자가 정하는 것이다. 분포의 모양이 정해지고 나면 오차의 표준편차는 가장 쉬운 값으로 선택한다. 통상적으로 로지스틱 분포의 경우에는 표준 로지스틱 분포를, 정규분포의 경우에는 표준 정규분포를 선택하고, 이 선택은 순전히 자의적이다.

요약하면, 종속변수가 0 또는 1의 값을 갖는 경우 잠재변수 모형은 $y = I(\mathbf{x}\beta + u > 0)$ 이라는 것이다. 여기서 오차항 u의 분포에 대하여 하나의 가정을 해 주는데 이 분포는 예를 들어 표준 로지스틱 분포나 표준정규분포처럼 완전히 알려져 있는 것이다. 이 가정에 맞추어서 모수들(β_j)이 정해진다. 그리고 모수들(β_j)의 해석도 u의 분포에 대한 가정에 맞추어진다. 예를 들어 오차항이 $N(0,1)$ 분포를 갖는다고 설정할 때와 오차항이 $N(0,2)$ 분포를 갖는다고 설정할 때 간에 β_j 숫자 자체는 서로 다를지라도 이를 이용한 최종적인 해석은 서로 동일해야만 한다. 이 동일성에 대해서는 17.7절을 참조하라.

앞에서 $-u$의 분포와 u의 분포를 뒤섞어 이야기하였는데, 이렇게 이야기하나 저렇게 이야기하나 상관없다. 사실, 어떤 변수 u의 확률밀도함수(PDF)가 좌우대칭이면 u의 분포와 $-u$의 분포는 동일하다. 다시 말하여 모든 a에 대하여 $P(u \le a) = P(-u \le a)$이다. $P(-u \le a) = P(u \ge -a)$ 인데, PDF가 좌우 대칭일 때 왼쪽꼬리 확률 $P(u \le a)$은 오른쪽 꼬리 확률 $P(u \ge -a)$과 동일한 것이다. 로지스틱분포와 정규분포는 모두 대칭적 PDF를 갖는다. 그러므로 $-u$가 표준로지스틱분포(또는 표준정규분포)를 갖는다는 말은 u가 표준로지스틱분포(또는 표준정규분포)를 갖는다는 말과 아무런 차이도 없다. 또한, 변수 u의 분포가 연속적일 때 모든 실수 a에 대하여 $P(u = a) = 0$이다. 그러므로 $P(u \le a) = P(u < a)$이다. 따라서 CDF를 논할 때 엄밀한 부등식을 쓰느냐 약한 부등식을 쓰느냐도 전혀 중요하지 않다.

잠재변수 모형의 최우추정

식 (17.5)에 오차항 u의 분포에 관한 가정을 추가한 잠재변수 모형에 최우추정법을 적용할 수 있다. 12.4절에서 설명한 바와 같이, 최우추정법은 종속변수의 분포에 대한 가정으로부터 우도함수를 도출하고 이를 최대화한다. 이를 위해 식 (17.5)의 u의 분포에 관한 가정을 하여 $P(-u < c) = F(c)$라 하자(u의 분포가 원점에 대하여 대칭일 경우 u와 $-u$의 분포가 동일하므로 $-u$를 u로 바꾸어도 좋다). 이 F 함수는 연구자가 완전히 아는 함수이다. 예를 들어 로짓 모형이라면 F는 표준로지스틱분포의 CDF이며, 프로빗 모형이라면 F는 표준정규분포의 CDF이다.

이제 우도함수를 도출해 보자. 앞에서와 마찬가지로 $\mathbf{x}\beta = \beta_0 + \beta_1 x_1 + \cdots + \beta_k x_k$라 하자. 그러면 $P(y = 1|\mathbf{x}) = P(-u < \mathbf{x}\beta|\mathbf{x}) = F(\mathbf{x}\beta)$이고 $P(y = 0|\mathbf{x}) = 1 - F(\mathbf{x}\beta)$이다. 그러므로 y의 확률구조는 $F(\mathbf{x}\beta)I(y = 1) + [1 - F(\mathbf{x}\beta)]I(y = 0)$이라고 표현할 수 있다. 이것이 '확률밀도함수'에 해당한다. 이를 $F(\mathbf{x}\beta)^y[1 - F(\mathbf{x}\beta)]^{1-y}$라고 써도 좋다. 어느 표현을 사용하든 $y = 1$이면 $F(\mathbf{x}\beta)$가 되고 $y = 0$이면 $1 - F(\mathbf{x}\beta)$가 된다. 다음으로, 모든 개체들이 독립이라는 가정하에 $(y_1, \ldots, y_n)$의 '결합확률밀도함수'는 개별적인 '확률밀도함수'들을 모두 곱한

것이다. 이것을 모수(β)의 함수로 간주하는 것이 우도함수이므로, 지금 경우의 우도함수는

$$L(\beta) = \prod_{i=1}^{n} F(\mathbf{x}_i\beta)^{y_i}[1 - F(\mathbf{x}_i\beta)]^{1-y_i}$$

이다. 단, $\mathbf{x}_i\beta$는 $\beta_0 + \beta_1 x_{i1} + \cdots + \beta_k x_{ik}$의 약식 표기이다. 여기에 로그를 취한 로그우도함수는 다음과 같다.

$$\log L(\beta) = \sum_{i=1}^{n}\left\{ y_i \log F(\mathbf{x}_i\beta) + (1 - y_i)\log[1 - F(\mathbf{x}_i\beta)]\right\} \qquad (17.7)$$

로짓모형의 로그우도함수는 F를 표준로지스틱분포의 CDF로 대체한 것이고, 프로빗모형의 로그우도함수는 F를 표준정규분포의 CDF로 대체한 것이다.

▶ **연습 17.3.** 모형에 절편이 포함되어 있다고 하자. 로짓 추정으로부터 구한 확률예측값 $\hat{p}_i$의 표본평균은 y_i들의 표본평균과 동일함을 증명하라. 반면 프로빗 추정으로부터 구한 확률예측값들의 표본평균은 이항종속변수의 표본평균과 동일하지 않는데 왜 그런지 설명하라.

이항반응모형의 최우추정은 로그우도함수 (17.7)을 최대화시키는 것이다. $k = 2$일 때 이를 R 코드로 표현한다면, y를 종속변수의 표본값들, x1과 x2를 각각 두 독립변수들의 표본값들이라 할 때, 로짓의 경우, 말하자면 다음과 같을 것이다.

```
1  f <- function(b) {
2    p <- plogis(b[1]+b[2]*x1+b[3]*x2)
3    -sum(y*log(p)+(1-y)*log(1-p))
4  }
5  nlm(f, c(0,0,0))
```

프로빗 추정을 위해서는 2번 행의 `plogis`를 pnorm으로 대체한다. 5번 행은 (뉴턴의 방법을 변형한) 컴퓨터 알고리즘을 이용하여 f 함수를 최소화한다(초기값은 $\beta_0 = \beta_1 = \beta_2 = 0$으로 설정). 그런데 로그우도함수의 최대화는 그 (−1)배의 최소화와 같으므로 5번 행의 `nlm`을 이용하여 최우추정을 하기 위해 3번 행의 부호를 마이너스(−)로 바꾸었다.

위의 코드를 실제로 사용해 보면 좋은 결과를 얻지 못하는 경우가 많다. 이는 5번 행의 `nlm`은 일반적인 최소화 알고리즘으로서 로짓이나 프로빗에 특화되어 있지 않기 때문이다. 최소화 알고리즘을 개선하면 최우추정을 더욱 효과적으로 할 수 있을 것이다. 예를 들어 3번 행을 `-sum(log(p[y==1]))-sum(log(1-p[y==0]))`으로 바꾸면 최적화가 더 잘 된다. 하지만 앞에서 본 `glm` 명령이 이들 MLE를 잘 구해 주므로 굳이 복잡한 프로그래밍을 해서 고생하지 말고 `glm`을 사용하면 된다. `glm`으로 구한 추정량은 MLE와 같다.

보통의 선형모형에서 잔차제곱합(SSR)은 종속변수 값들이 맞춘값으로부터 이탈한 정도, 혹은 모형으로부터 이탈한 정도를 나타내는 지표라 할 수 있다. 이 지표를 사용

하면 주어진 선형회귀에서 종속변수의 이탈 정도는 SSR이며 설명변수가 없는 선형모형
(즉, 절편만 있는 모형)에서 종속변수의 이탈 정도는 SST이다. 이항반응모형에서 이탈도
(deviance)는 다음과 같이 정의된다.

$$\text{이탈도} = -2\log L(\hat{\beta}) = -2\sum_{i=1}^{n} \left\{ y_i \log F(\mathbf{x}_i\hat{\beta}) + (1-y_i)\log[1 - F(\mathbf{x}_i\hat{\beta})] \right\}$$

이는 최대화된 로그우도값에 −2를 곱한 것이다.* F 자리에는 로짓이라면 표준로지스틱분
포의 CDF를, 프로빗이라면 표준정규분포의 CDF를 사용한다. $F(\mathbf{x}_i\hat{\beta})$는 반드시 0에서 1
사이의 값이므로 로그값은 반드시 음수이고 이탈도는 반드시 양수이다. '잘 맞추는 모형'
이란 y_i가 1일 때 $F(\mathbf{x}_i\hat{\beta})$이 1에 가깝고 y_i가 0일 때 $F(\mathbf{x}_i\hat{\beta})$이 0에 가까운 모형일 것이다.
그 경우라면 $y_i \log F(\mathbf{x}_i\hat{\beta}) + (1-y_i)\log[1 - F(\mathbf{x}_i\hat{\beta})]$는 0에 가깝고 이탈도도 작을 것이다.
'잘 못 맞추는 모형'이란 반대의 경우로서 이탈도가 크다.

　절편만 있고 다른 설명변수가 없는 모형의 이탈도를 영 이탈도(null deviance)라 한다.
영 이탈도는 모양이 간단하여 손으로 풀어 구할 수 있다. 절편만 있는 이항반응모형(영
모형)의 로그우도함수는 다음과 같다.

$$\log L(\beta_0) = \sum_{i=1}^{n} \left\{ y_i \log F(\beta_0) + (1-y_i)\log[1 - F(\beta_0)] \right\}$$

그런데 $F(\cdot)$ 함수는 단조증가 함수이므로 모수를 β_0에서 $F(\beta_0)$으로 바꾸어도 최대화 문제
는 바뀌지 않는다. $F(\beta_0)$를 먼저 추정하고 그 결과에 F^{-1} 함수를 적용하면 β_0의 추정값이
구해지기 때문이다. 변환된 모수를 $p_0 = F(\beta_0)$이라 하면 모수변환된 로그우도함수는

$$\log L(p_0) = \sum_{i=1}^{n} \left\{ y_i \log p_0 + (1-y_i)\log(1-p_0) \right\} = n[\bar{y}\log p_0 + (1-\bar{y})\log(1-p_0)].$$

여기서 $\bar{y} = n^{-1}\sum_{i=1}^{n} y_i$이다. p_0의 MLE를 구하기 위하여 위 식을 p_0에 대하여 미분하면

$$n\left(\frac{\bar{y}}{p_0} - \frac{1-\bar{y}}{1-p_0}\right)$$

가 된다. 최우추정량($\tilde{p}_0$)은 이를 0으로 만드는 값이므로, (위 식을 0과 등치시키고 풀면)
$\tilde{p}_0 = \bar{y}$, 즉 $F(\tilde{\beta}_0) = \bar{y}$가 된다. 그러므로 영 이탈도는 다음의 간단한 형태를 갖는다.

$$\text{영 이탈도} = -2\log L(\tilde{\beta}_0) = -2n[\bar{y}\log\bar{y} + (1-\bar{y})\log(1-\bar{y})]$$

　절편이 포함된 모든 선형모형에서 SSR이 SST보다 작거나 같은 것처럼, 절편이 포함된
모든 이항반응모형에서 이탈도는 영 이탈도보다 작거나 같다.

---

*2를 곱한 이유가 궁금하면 우도비 검정(likelihood-ratio test)에 관한 문서들을 참조하라. 부호를 바꾼 이유는
음수를 양수로 바꾸기 위함이다.

17.5   이항반응모형의 설명력

선형모형에서는 모형 설명력(goodness of fit)의 지표로 흔히 R제곱을 사용한다. R제곱이 높으면 해당 모형에서 종속변수의 표본값들이 독립변수의 표본값들에 의하여 잘 설명되는 것이고, R제곱이 낮으면 모형의 설명력이 낮은 것이다. 선형모형에서 R제곱은 또한 종속 변수의 표본값들과 맞춘값들 간 표본상관계수의 제곱이기도 하다.

이항반응모형에서는 적중률(전체 중 정답, 즉 $y_i = \hat{y}_i$인 i의 비율)을 설명력 지표로 사용할 수 있다. 하지만 이 적중률을 선형모형의 R제곱과 동일하거나 유사한 것으로 생 각해서는 안 된다. 선형모형에서는 모형이 아무것도 설명하지 못할 때 R제곱이 0이지만, 이항반응 모형이라는 시험에서 753개의 OX 문제에서 0점을 받았다면 매우 놀라운 일일 것이다. O를 X로 바꾸고 X를 O로 바꾸기만 하면 100점을 맞은 것과 같기 때문이다. 통상적인 시험에서는 정답을 절묘하게 비켜 나가 0점이 나오기도 하지만 우리의 이항반응 시험에서는 이것이 불가능하다. 아무런 설명변수를 사용하지 않는 경우에도(즉, 모든 주어진 단서를 무시하는 경우에도), 우리는 정답을 이미 알고 있으므로, O의 정답이 더 많으면 모두 O로 예측하고 X의 정답이 더 많으면 모두 X로 예측함으로써 100점 만점에 O와 X 중 더 많은 것의 비율 점수를 딸 수 있기 때문이다. 예를 들어 전체 문제의 95% 에서 정답이 O이면 모든 단서를 무시하고 무조건 정답이 O라고 예측할 때 95점을 맞는다. 이런 시험에서 96점 맞았다고 해서 좋아할 것은 없다.

이항반응모형에서 선형모형의 R제곱에 해당하는 수치를 구하는 여러 방법이 있으나, 아마도 가장 쉬운 방법은 정답(y_i)과 답안(0과 1로 예측한 $\hat{y}_i$)의 표본상관계수의 제곱을 구하는 것이다. 하지만 만약 답안($\hat{y}_i$)이 모두 0이거나 모두 1이면 답안의 표본표준편차가 0이므로 표본상관계수가 정의되지 않는다는 문제가 있다. 그래서 $\hat{y}_i$보다는 확률예측값($\hat{p}_i$) 을 사용하여 y_i와 $\hat{p}_i$ 간 표본상관계수의 제곱을 유사 R제곱(pseudo R-squared)으로 많이 사용한다. R에서, y를 이항종속변수, p를 확률예측값이라 하면 "cor(y,p)^2"으로써 이 유사 R제곱을 간단히 구할 수 있다.

그 밖에도 이항반응모형의 유사 R제곱으로 수많은 버전이 있으며, 어떤 것은 위의 상관 계수 제곱보다 널리 사용된다. 이들을 논문이나 책 출간 연도 순서로 열거하면 Cragg and Uhler (1970), Lave (1970), McFadden (1974), McKelvey and Zavoina (1975), Efron (1978), Maddala (1983), Aldrich and Nelson (1989), Cox and Snell (1989), Nagelkerke (1991), Veall and Zimmermann (1992, 1994), Laitila (1993), Estrella (1998), Tjur (2009) 등이 제안한 통 계량들이 있다.* 이들의 정확한 공식에 대해서는 〈표 17.2〉를 참조하라. 이 중 McFadden

---

*Pseudo R-squared에 대하여 정리하면서 Allison (2013), Estrella (1998), Veall and Zimmermann (1996), Walker and Smith (2016), Windmeijer (1995), Lee (2010)를 참조하고 원 논문들을 확인하였다. Tjur (2009)의 방법에 대해서는 Tjur의 논문을 직접 참고하였다. R의 PseudoR2 도움말도 많은 도움이 되었다.

〈표 17.2〉 이항반응모형의 다양한 유사 R제곱

유사 R제곱	공식
McFadden (1974)	$1 - \ell/\ell_0$
Maddala (1983), Cox-Snell (1989)	$1 - (L_0/L)^{2/n}$
Cragg-Uhler (1970), Nagelkerke (1991)	$(\text{Cox-Snell})/(1 - L_0^{2/n})$
Aldrich-Nelson (1989)	$2\Delta\ell/(2\Delta\ell + n)$
Veall-Zimmermann (1992, 1994)	$(\text{Aldrich-Nelson}) \cdot (2\ell_0 - n)/(2\ell_0)$
Lave (1970), Efron (1978)	$1 - \text{SS}(y_i - \hat{p}_i)/\text{SS}(y_i - \bar{y})$
McKelvey-Zavoina (1975), Laitila (1993)	$\text{SS}(x_i\hat{\beta})/[\text{SS}(x_i\hat{\beta}) + n\sigma^2]$
Estrella (1998)	$1 - (\ell/\ell_0)^{-(2/n)\ell_0}$
Tjur (2009)	$(\text{Avg } \hat{p}_i \text{ for } y_i = 1) - (\text{Avg } \hat{p}_i \text{ for } y_i = 0)$

주. SS는 제곱합을 의미함. L은 최대화된 우도함수, L_0은 영 모형의 우도함수. $\ell = \log L$, $\ell_0 = \log L_0$. $\Delta\ell = \ell - \ell_0$. $\hat{p}_i$는 확률예측값. $x_i\hat{\beta}$는 선형함수 예측값. σ^2은 프로빗 모형에서는 1, 로짓 모형에서는 $\pi^2/3$.

의 유사 R제곱이 가장 널리 사용되며, 다른 수식어 없이 그냥 "유사 R제곱"이라고 하면 대부분 McFadden의 통계량을 의미한다. 최근에는 Tjur의 결정계수도 자주 사용된다.

이하에서는 McFadden, Efron, Tjur의 척도들에 대하여 좀 더 설명하고자 한다. 우선 McFadden의 공식은 17.4절에 소개된 최대화된 로그우도값을 사용한다. 구체적으로, 해당 모형에서 최대화된 로그우도값을 $\log L$이라 하고, 영 모형(절편만 있고 다른 설명변수는 모두 제외된 모형)의 최대화된 로그우도값을 $\log L_0$이라 하면, McFadden의 유사 R제곱은 $1 - \log L/\log L_0$이다. 설명변수가 있는 모형의 최대 로그우도값이 영 모형의 최대 로그우도값보다 크므로 $\log L/\log L_0$이 1보다 큰 것이 아니냐는 생각이 들 수도 있으나, 로그우도값은 반드시 음수이므로 $\log L$의 절댓값은 $\log L_0$의 절댓값보다 작아 $\log L/\log L_0$은 반드시 0에서 1 사이의 값이 되고 그 결과 McFadden의 유사 R제곱도 반드시 0에서 1 사이의 값이 된다. McFadden의 유사 R제곱은 앞에서 살펴본 이탈도(deviance)와 영 이탈도(null deviance)를 이용하여 표현할 수도 있다. 이탈도는 $-2\log L$이고 영 이탈도는 $-2\log L_0$이므로 McFadden의 유사 R제곱은 '1 – 이탈도/영이탈도'와도 같다. 이탈도를 선형모형의 SSR에 대응시키고 영 이탈도를 선형모형의 SST에 대응시키면 McFadden의 척도는 바로 1 – SSR/SST 형태이다. 다음으로, Efron의 유사 R제곱은 확률예측값 $\hat{p}_i$를 맞춘값으로 간주하여 1 – SSR/SST 공식에 따라 계산한 값, 즉 $1 - \sum_{i=1}^{n}(y_i - \hat{p}_i)^2 / \sum_{i=1}^{n}(y_i - \bar{y})^2$이다. Tjur의 결정계수(coefficient of determination)는 특이하게도 $y_i = 1$인 관측치들의 $\hat{p}_i$의 평균과 $y_i = 0$인 관측치들의 $\hat{p}_i$의 평균 간의 차이로 정의된다. 만약 모형이 종속변수값이 1인 관측치들과 0인 관측치들을 잘 구분해 준다면 $y_i = 1$인 관측치들의 $\hat{p}_i$값은 평균적으로 크고 $y_i = 0$인 관측치들의 $\hat{p}_i$는 평균적으로 작을 것이다. 완벽한 상황이라면 $y_i = 1$인 i들의 $\hat{p}_i = 1$이고 $y_i = 0$인 i들의 $\hat{p}_i = 0$이므로 Tjur의 결정계수는 1이 된다. Efron의 유사 R제곱을 구할 때처럼 $SST = \sum_{i=1}^{n}(y_i - \bar{y})^2$, $SSE = \sum_{i=1}^{n}(\hat{p}_i - \bar{y})^2$, $SSR = \sum_{i=1}^{n}(y_i - \hat{p}_i)^2$이라 하면, $SST \neq SSE + SSR$이어서 $SSE/SST \neq 1 - SSR/SST$인데, Tjur의 결정계수는 SSE/SST와 $1 - SSR/SST$의 산술평균이며, SSE/SST와 $\text{cor}(y, \hat{p})^2$의 기하평균이다(Tjur, 2009).

R의 DescTools 패키지에 있는 PseudoR2 명령을 이용하면 다양한 유사 R제곱 값들을 계산할 수 있다.

예제 17.4   이항반응모형의 유사 R제곱

예제 17.2의 로짓모형에 대하여 유사 R제곱들을 구해 보자. 앞에서 이미 로짓 추정을 하였지만 새롭게 시작하는 마음으로 다시 추정하면 다음과 같다.

```
1  > data(Mroz87, package="sampleSelection")
2  > model <- lfp~nwifeinc+educ+exper+I(exper^2)+age+kids5+kids618
3  > Logit <- glm(model, data=Mroz87, family=binomial(link="logit"))
4  > summary(Logit)
5
6  Call:
7  glm(formula = model, family = binomial(link = "logit"), data = Mroz87)
8
9  Deviance Residuals:
10     Min      1Q   Median      3Q      Max
11  -2.1770  -0.9063   0.4473   0.8561   2.4032
12
13  Coefficients:
14             Estimate Std. Error z value Pr(>|z|)
15  (Intercept)  0.425452   0.860365    0.495  0.62095
16  nwifeinc    -0.021345   0.008421   -2.535  0.01126 *
17  educ         0.221170   0.043439    5.091 3.55e-07 ***
18  exper        0.205870   0.032057    6.422 1.34e-10 ***
19  I(exper^2)  -0.003154   0.001016   -3.104  0.00191 **
20  age         -0.088024   0.014573   -6.040 1.54e-09 ***
21  kids5       -1.443354   0.203583   -7.090 1.34e-12 ***
22  kids618      0.060112   0.074789    0.804  0.42154
23  ---
24  Signif. codes:  0 '***' 0.001 '**' 0.01 '*' 0.05 '.' 0.1 ' ' 1
25
26  (Dispersion parameter for binomial family taken to be 1)
27
28      Null deviance: 1029.75  on 752  degrees of freedom
29  Residual deviance:  803.53  on 745  degrees of freedom
30  AIC: 819.53
```

```
31
32   Number of Fisher Scoring iterations: 4
```

28–29번 행에 영 이탈도(null deviance)와 이탈도(deviance)가 계산되어 있다. 이탈도의 정의에 의하여, 이 이탈도들을 −2로 나누면 각각 영 모형(절편만 있는 모형)과 본 모형의 최대화된 로그우도값이 된다.

다음으로 McFadden, Efron, Tjur의 유사 R제곱과 y_i와 $\hat{p}_i$ 간 상관계수 제곱을 수동으로 계산해 보자.

```
33   > 1-Logit$deviance/Logit$null.deviance      # McFadden
34   [1] 0.2196814
35   > y <- Mroz87$lfp
36   > p <- predict(Logit, Mroz87, type="r")     # Efron
37   > 1-var(y-p)/var(y)
38   [1] 0.2682411
39   > mean(p[y==1])-mean(p[y==0])               # Tjur
40   [1] 0.2701512
41   > cor(y,p)^2
42   [1] 0.2682545
```

34번 행이 McFadden의 유사 R제곱, 38번 행이 Efron의 유사 R제곱, 40번 행이 Tjur의 결정계수이다. 42번 행의 $\mathrm{cor}(y_i,\hat{p}_i)^2$은 38번 행의 Efron 유사 R제곱과 거의 같다.

여러 척도들을 아래와 같이 DescTools 패키지의 PseudoR2 명령으로써 계산해 보자. 결과를 보면 McFadden, Effron, Tjur의 통계값들은 앞에서 수동으로 구한 값들과 일치한다. 다른 결과들도 확인해 보기 바란다.

```
43   > library(DescTools)
44   > PseudoR2(Logit, which='all')
45         McFadden    McFaddenAdj        CoxSnell      Nagelkerke
46        0.2196814      0.2041436       0.2594927       0.3481893
47   AldrichNelson VeallZimmermann           Efron McKelveyZavoina
48        0.2310176      0.3999487       0.2682411       0.3645020
49            Tjur            AIC             BIC          logLik
50        0.2701512    819.5303023     856.5228241    -401.7651511
51          logLik0             G2
52     -514.8732046    226.2161069
```

▶ **연습 17.4.** Cox-Snell, Nagelkerke, Aldrich-Nelson, Veall-Zimmermann, McKelvey-Zavoina 의 유사 R제곱을 〈표 17.2〉에 따라 (33–40번 행과 같이) 수동으로 계산하여 PseudoR2 결과(43–50번 행)와 비교하라.

이상에서 로짓 모형에 대하여 이들 설명력 척도값들을 구해 보았다. 프로빗 모형에 대하여 설명력을 구하면 다음과 같다. 이들 유사 R제곱 측면에서 로짓 모형과 프로빗 모형은 서로 다르지만 매우 유사하다.

```
53  > Probit <- glm(model, data=Mroz87, family=binomial(link="probit"))
54  > PseudoR2(Probit, which='all')
55         McFadden      McFaddenAdj          CoxSnell        Nagelkerke
56        0.2205805        0.2050427         0.2604027         0.3494103
57   AldrichNelson VeallZimmermann             Efron  McKelveyZavoina
58        0.2317440        0.4012063         0.2683038         0.4025127
59            Tjur             AIC               BIC           logLik
60        0.2700235      818.6043864       855.5969082     -401.3021932
61         logLik0              G2
62     -514.8732046      227.1420228
```

참고로, 간편한 비교를 위하여 로짓과 프로빗의 McFadden, Effron, Tjur의 척도를 나란히 비교하면 다음과 같다.

```
63  > Which <- c('McFadden', 'Efron', 'Tjur')
64  > rbind(PseudoR2(Logit, which=Which), PseudoR2(Probit, which=Which))
65        McFadden     Efron      Tjur
66  [1,] 0.2196814 0.2682411 0.2701512
67  [2,] 0.2205805 0.2683038 0.2700235
```

66번 행은 로짓, 67번 행은 프로빗 회귀에 관한 것이다. 로짓 모형과 프로빗 모형의 설명력은 다른 것이 사실이나 서로간에 매우 유사하다.

17.6 로짓과 프로빗의 관계

예제 17.2에서 로짓과 프로빗의 'z값'(회귀결과표에서 z value)들은 서로 상당히 비슷하며, 로짓과 프로빗 모두에서 kids618을 제외한 나머지 변수들은 모두 통계적으로 유의하다. 또 17.3절에서 확률예측값과 맞힌 점수, 17.5절의 유사 R제곱도 서로간에 비슷하였다. 하지만 계수값 자체에는 상당한 차이가 있다. 앞의 LPM을 OLS로 추정한 결과와 비교하였을 때에도 t값들은 유사하지만 계수값에서 큰 차이가 있다. 세 가지 추정방법(OLS, 로짓, 프로빗)으로부터 구한 계수들을 나란히 나열하면 다음과 같다.

```
> cbind(LPM=ols$coef, logit=Logit$coef, probit=Probit$coef)
                    LPM          logit         probit
(Intercept)   0.5855192249   0.425452376    0.270073573
nwifeinc     -0.0034051689  -0.021345174   -0.012023637
educ          0.0379953030   0.221170370    0.130903969
exper         0.0394923895   0.205869531    0.123347168
I(exper^2)   -0.0005963119  -0.003154104   -0.001887067
age          -0.0160908061  -0.088024375   -0.052852442
kids5        -0.2618104667  -1.443354143   -0.868324680
kids618       0.0130122346   0.060112222    0.036005611
```

첫째 열이 OLS 추정계수, 둘째 열이 로짓 추정계수, 마지막 열이 프로빗 추정계수이다. 계수들의 부호는 모든 추정방법들에서 동일하다. 그런데 상수항을 제외하면 OLS보다 프로빗의 계수가 부풀려진 느낌이고, 로짓의 계수가 프로빗의 계수보다 더 부풀려진 느낌이다. 특히 로짓 추정계수는 프로빗 추정계수의 1.6~1.8배인 것으로 나타났다. 다음에 로짓의 계수들을 각각 프로빗의 계수들로 나눈 값들을 보라.

```
> Logit$coef/Probit$coef
(Intercept)      nwifeinc          educ         exper   I(exper^2)
   1.575320      1.775268      1.689562      1.669025     1.671432
        age         kids5        kids618
   1.665474      1.662229      1.669524
```

이 절에서는 이러한 차이가 나타나는 이유가 무엇인지, 또 이 차이로 인하여 두 모형을 이용한 추론에 큰 차이가 발생하는지 살펴본다.

로짓과 프로빗 추정값에 차이가 생기는 이유

로짓 추정값과 프로빗 추정값의 관계는 로짓 함수(표준 로지스틱 CDF의 역함수) $\Lambda^{-1}(\cdot)$ 와 프로빗 함수(표준정규분포 CDF의 역함수) $\Phi^{-1}(\cdot)$ 간의 관계에 의해 좌우될 것이다. 그런데

$$\Lambda^{-1}(x) = \Lambda^{-1}(\Phi(\Phi^{-1}(x)))$$

이므로, 로짓함수 = Λ^{-1}(Φ(프로빗함수))라는 관계가 성립한다. 이 $\Lambda^{-1}(\Phi(\cdot))$ 함수를 그림으로 나타내면 〈그림 17.4〉(a)의 굵은 선과 같다. 세 점선들은 원점을 지나면서 기울기가 각각 1.6, 1.7, 1.8인 직선이다. 이 그림을 직접 그리려면

```
> curve(qlogis(pnorm(x)),-2,2)
```

라고 해 보라. 일단 곡선이 그려질 것이다. 원하면 여기에 `lwd=3`이라는 옵션을 주어 선굵기를 바꿀 수 있다. 그림 (a)의 점선들은 원점을 통과하면서 기울기가 1.6, 1.7, 1.8

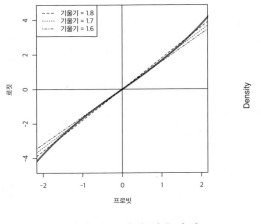

(a) 로짓과 프로빗의 함수관계 | (b) 표준로지스틱분포와 정규분포들의 확률밀도함수 비교

〈그림 17.4〉 로짓과 프로빗의 함수관계

인 직선이다. 이 선들은 `abline(0,1.6,lty=2)` 등 명령으로 그린다. 〈그림 17.4〉 (a)에서 보듯이, 프로빗함수값이 ±2 안쪽일 때, 로짓함수는 프로빗함수에 약 1.6~1.8을 곱한 값과 엇비슷하다. 따라서, β_j가 프로빗 모형에서의 계수라 할 때, 즉 $\Phi^{-1}(p_{\mathbf{x}}) = \beta_0 + \beta_1 x$라 할 때, 만일 $p_{\mathbf{x}}$의 값이 너무 0이나 1에 가깝지 않다면, 대략 1.6~1.8쯤 되는 λ 값에 대하여

$$\Lambda^{-1}(p_{\mathbf{x}}) \approx \lambda\Phi^{-1}(p_{\mathbf{x}}) = \lambda\beta_0 + \lambda\beta_1 x$$

의 관계가 대략적으로 성립한다. 다시 말하여 로짓모형의 계수는 프로빗모형의 계수에 대략적으로 λ의 값을 곱하는 것과 동일하다. 앞 소절의 마지막에 로짓회귀 계수가 프로빗회귀 계수에 1.6~1.8을 곱한 것임을 보았는데, 그 이유가 바로 이것이다.

이상의 내용을 약간 다르게 설명해 보겠다. 프로빗에서 사용하는 표준정규분포의 표준편차는 1인 반면, 표준로지스틱분포의 표준편차는 $\pi/\sqrt{3} \approx 1.8$이다. 그래서 프로빗 모형

$$y = I(\beta_0 + \beta_1 x + u > 0), \quad u \sim N(0,1)$$

의 부등식 양변에 $\pi/\sqrt{3}$를 곱하여 프로빗 모형을 바꾸어 써 보자.

$$y = I\{(\pi/\sqrt{3})\beta_0 + (\pi/\sqrt{3})\beta_1 x + v > 0\}, \quad v = (\pi/\sqrt{3})u \sim N(0, \pi^2/3)$$

이 변환된 모형 오차항 v의 표준편차는 표준 로지스틱 분포의 표준편차와 동일하다. 오차의 표준편차가 동일하므로 계수들도 서로간에 비슷할 것이라 본다면 로짓 계수들은 $\pi/\sqrt{3}$ 곱하기 프로빗 계수쯤 될 것으로 생각할 수 있다. 하지만 정규분포에 어떠한 상수를 곱해도 로지스틱분포가 되지 않으므로 계수들이 서로간에 절대 정확히 동일하지는 않다.

〈그림 17.4〉(b)에 표준로지스틱분포와 표준편차가 1.6, 1.7, 1.8인 정규분포들의 확률밀도함수가 그려져 있다. 표준편차 측면에서는 $N(0, 1.8^2)$과 표준로지스틱분포가 가장 가깝지만, 0 주위에서 확률밀도함수의 모양을 보면 오히려 $N(0, 1.6^2)$이 표준로지스틱에 더 가깝다. 그래서 로짓 계수 추정값을 프로빗 계수 추정값의 대략 1.6~1.8배쯤 된다. 하지만 항상 그런 것은 아니고 차이가 더 클 수도 있으며, 드물지만 심지어 부호가 바뀔 수도 있다.

　　로짓과 프로빗의 계수 추정값 자체에는 큰 차이가 있으나(로짓 추정값들이 프로빗 추정값들의 대략 1.6~1.8배), 확률예측값($\hat{p}_i$), 이항반응 예측값($\hat{y}_i$), 100점 환산 점수(적중률), 유사 R제곱 등은 서로간에 매우 유사하다. 앞의 예제에서, 로짓과 프로빗의 확률예측값(0에서 1 사이)들의 표본상관계수는 0.9998이며, 이항반응 예측값(0 또는 1)들의 표본상관계수는 0.9916이다. 독자들은 실제 계산해 보기 바란다. 예제 17.4에서 계산한 로짓과 프로빗의 유사 R제곱들도 서로 별 차이가 없었다. 계수 추정값의 규모를 제외하면 로짓과 프로빗은 사실상 매우 유사하다고 보아도 좋다.

17.7　계수의 해석과 부분효과

이 절에서는 설명변수 값이 변할 때 종속변수가 1이 될 확률이 반응하는 정도에 대하여 살펴본다. 간편한 설명을 위하여 두 설명변수가 있는 이항반응모형 $y = I(\beta_0 + \beta_1 x_1 + \beta_2 x_2 + u > 0)$을 생각하자. 앞에서 살펴본 것처럼 $P(-u < a|x_1, x_2) = F(a)$이며 $F(\cdot)$ 함수를 알고 있다. 그러면 앞에서 보았듯이

$$P(y = 1|x_1, x_2) = F(\beta_0 + \beta_1 x_1 + \beta_2 x_2) \tag{17.8}$$

이다. x_1이 연속적인 값을 갖는 변수라 하자. x_2를 고정시킨 채 x_1을 미세하게 변화시킬 때 y가 1의 값을 가질 확률 $P(y = 1|x_1, x_2)$가 어느 정도로 증가하는지 살펴보자. 우리가 보고자 하는 것은 다음과 같다.

$$\frac{\partial P(y = 1|x_1, x_2)}{\partial x_1} \tag{17.9}$$

x_2의 값을 고정시킨 채로 x_1의 값이 $x_1 + \Delta x_1$로 증가할 때 $P(y = 1|x_1, x_2)$는 대략 위의 미분값에 Δx_1을 곱한 만큼 증가할 것이다. 즉 x_2가 불변이고 Δx_1이 작을 때,

$$\Delta P(y = 1|x_1, x_2) \approx \left[\frac{\partial P(y = 1|x_1, x_2)}{\partial x_1} \right] \Delta x_1. \tag{17.10}$$

식 (17.9)의 값을 x_1이 $P(y = 1)$에 미치는 부분효과(partial effects) 또는 한계효과(marginal effects)라 한다(여기서 "부분" 또는 "한계"라는 말이 붙는 것은 x_2의 값이 변하지 않은 채 x_1만 변하기 때문이다). 예를 들어 $x_1 = 1$, $x_2 = -1$일 때 (17.9)의 값이 0.12라면 이는 "$x_1 = 1$이고 $x_2 = -1$인 사람의 x_2값이 고정된 채 x_1의 값이 미세하게 증가하면 이 사람의 $y = 1$일 확률은 x_1 변화량의 약 0.12배만큼 증가한다"는 것으로 해석된다. 참고로 선형모

형에서는 $P(y = 1|x_1, x_2)$ 대신에 $E(y|x_1, x_2)$ 가 있었고, (17.10) 우변 중괄호 안의 미분값이 β_1 이었으며, 양변이 정확히 일치하였으므로, 간단하게 $\Delta E(y|x_1, x_2) = \beta_1 \Delta x_1$ 이었다. 이항 반응 모형에서는, $E(y) = P(y = 1)$ 이므로 $\Delta E(y|x_1, x_2)$ 와 $\Delta P(y = 1|x_1, x_2)$ 는 같은 것인데, 다만 (17.10)에서 보는 것처럼 양자가 정확히 일치하지 않고, 또 우변 중괄호 안의 표현도 선형모형과 달리 숫자 하나로 간단히 표현되지 않고 x_1, x_2 값에 의존한다.

위 이항반응모형에서 x_1 변수의 한계효과 (17.9)는 (17.8)을 x_1 에 대하여 편미분하여 구할 수 있다. 실제로 편미분을 해 보자.

$$\frac{\partial P(y = 1|x_1, x_2)}{\partial x_1} = \frac{\partial F(\beta_0 + \beta_1 x_1 + \beta_2 x_2)}{\partial x_1} = \beta_1 f(\beta_0 + \beta_1 x_1 + \beta_2 x_2) \qquad (17.11)$$

여기서 $f(\cdot)$ 는 $F(\cdot)$ 의 도함수, 즉 $-u$ 의 확률밀도함수(PDF)이다(로짓과 프로빗의 분포는 0을 중심으로 대칭이므로 $-u$ 의 확률밀도함수는 u 의 확률밀도함수와 동일하다). 그러므로 x_1 과 x_2 의 값이 주어질 때 x_1 이 $y = 1$ 일 확률에 미치는 한계효과는 β_1 에 $f(\beta_0 + \beta_1 x_1 + \beta_2 x_2)$ 를 곱한 값과 같다. 또, (17.8)의 양변을 x_2 에 대하여 편미분하면 다음을 얻는다.

$$\frac{\partial P(y = 1|x_1, x_2)}{\partial x_2} = \frac{\partial F(\beta_0 + \beta_1 x_1 + \beta_2 x_2)}{\partial x_2} = \beta_2 f(\beta_0 + \beta_1 x_1 + \beta_2 x_2)$$

한편, 앞에서 본 것처럼 부등식의 양변에 동일한 양수를 곱하여도 부등식의 방향은 변하지 않고, 따라서 이항반응모형 $y = I(\beta_0 + \beta_1 x_1 + \beta_2 x_2 + u > 0)$ 의 우변 괄호 안의 양변에 양수 λ 를 곱하여

$$y = I(\lambda \beta_0 + \lambda \beta_1 x_1 + \lambda \beta_2 x_2 + \lambda u > 0) \qquad (17.12)$$

라고 하여도 모형에 변화가 없다. 그런데 식을 (17.12)로 쓰면 오차항은 u 가 아니라 λu 이며, $P(-u < a) = F(a)$ 일 때 $-\lambda u$ 의 확률분포함수는

$$P(-\lambda u < a) = P\left(-u < \frac{a}{\lambda}\right) = F\left(\frac{a}{\lambda}\right)$$

가 된다. 이를 a 에 대하여 미분하여 확률밀도함수를 구하면, $-\lambda u$ 의 확률밀도함수는 $f(a/\lambda)/\lambda$ 가 된다. 변환된 모형 (17.12)의 계수의 참값들은 $\lambda \beta_j$ 이므로, 변형된 모형 (17.12)로부터 구하는 x_1 의 한계효과는

$$\lambda \beta_1 f((\lambda \beta_0 + \lambda \beta_1 x_1 + \lambda \beta_2 x_2)/\lambda)/\lambda = \beta_1 f(\beta_0 + \beta_1 x_1 + \beta_2 x_2)$$

로서, 원래의 한계효과 (17.11)과 동일하다. 다시 말하여, 오차항을 u 에서 λu 로 바꿈에 따라 β_j 계수 자체는 $\lambda \beta_j$ 로 바뀌지만, x_j 의 한계효과는 전과 동일하다. 따라서 어떠한 λ 를 선택하든지 한계효과는 똑같이 정의된다. 이러한 이유 때문에, 예를 들어 프로빗 모형에서 오차항의 분산이 1이라고 하든 2나 4라고 하든 계수값 자체는 변하지만 한계효과에는 아무런 차이도 생기지 않는다. 오차항 u 의 표준편차가 1이 아니라 2라고 하면 β_j 의 값만 2 만큼 부풀려질 뿐이다. 한계효과들은 여전히 동일하며, 또한 계수들 간의 비율도 동일하다.

사람들은 한계효과(부분효과)에 많은 관심을 가지며, 따라서 추정결과를 보고할 때에는 한계효과들도 같이 보고해 주는 것이 좋다. 앞의 선형모형에서는 $F(a) = a$이므로 $f(a) = 1$이고, 따라서 한계효과들은 각각 β_1과 β_2로서 x_1, x_2의 값에 의존하지 않는다. 그러므로 한 변수의 한계효과를 보여 주려면 계수 추정값만 제시하면 되었다. 반면 지금의 이항반응모형에서는 $f(\beta_0 + \beta_1 x_1 + \beta_2 x_2)$의 값이 x_1과 x_2의 값에 의존하므로 한계효과들이 x_1과 x_2의 값에 따라 달라진다. 모든 가능한 x_1과 x_2의 값에 대하여 한계효과들을 모두 계산하여 보여 주는 것은 불가능하고 바람직하지도 않다. 설명변수의 개수가 1 또는 2이면 설명변수 값에 따른 한계효과의 값을 2차원 또는 3차원 그림으로 보여 줄 수도 있겠지만 더 일반적인 모형에서는 이것도 하기 어렵다. 단, $\beta_0 + \beta_1 x_1 + \cdots + \beta_k x_k$는 하나의 숫자이므로 그림의 수평축을 $\beta_0 + \beta_1 x_1 + \cdots + \beta_k x_k$으로 하여 그림을 그릴 수는 있겠다. 그런데 이 그림은 $-u$의 확률밀도함수에 계수 추정값을 곱한 자명한 그림이므로, 계수 추정값 이상의 정보를 제공한다고 보기는 어렵다. 물론 일단 x_1과 x_2의 값이 주어지면 $\beta_1 f(\beta_0 + \beta_1 x_1 + \beta_2 x_2)$라는 공식에 따라 x_1의 한계효과를 계산할 수 있으므로 β_1과 β_2 추정값만 주면 어느 한계효과든 계산할 수 있겠지만, 사람들은 이러한 계산을 아주 귀찮아하며, 대표성을 띠는 숫자 몇 개를 연구자가 제시해 줄 것을 원한다. 사실 선형모형에서도 우변에 2차항이나 상호작용항이 포함되면 한계효과가 설명변수들의 값에 의존함을 보았다. 하지만 선형모형은 충분히 간단해서 계수추정값만 보여 주어도 읽는 사람들이 한계효과들을 충분히 알아서 계산할 수 있다. 반면, 이항반응모형에서는 컴퓨터가 없으면 계산이 매우 복잡하므로, 독자들을 위해서 연구자가 몇몇 중요한 숫자들을 제시하거나 그림을 보여 주는 것이 좋다.

한 가지 방법은 표본 내 각 개체의 설명변수 값들을 이용하여 n개의 한계효과를 구하고 각 변수마다 이 값들의 분포를 그림으로 보여 주는 것이다. 각 개체의 j번째 변수의 한계효과 추정값은 $\hat{\beta}_j f(\hat{\beta}_0 + \hat{\beta}_1 x_{i1} + \hat{\beta}_2 x_{i2})$이다. 예를 들어 다음 R 명령을 사용하면 예제 17.2에서 nwifeinc 변수의 한계효과들의 히스토그램을 그릴 수 있다.

```
> xb <- predict(logit, Mroz87, type="l")
> me <- logit$coef["nwifeinc"]*dlogis(xb)
> hist(me, br=20, freq=FALSE)
```

결과는 〈그림 17.5〉에 있다(수평축 라벨을 바꾸려면 xlab= 옵션 이용). f 함수는 확률밀도함수여서 항상 양(+)의 값을 가지므로 관측치에 따라 한계효과들의 크기는 다를 수 있으나 부호는 항상 $\hat{\beta}_j$의 부호와 동일하다. nwifeinc의 경우 계수 추정값이 음수이므로 한계효과들도 모두 음수이다.

이렇게 그림으로 보여주는 것도 좋으나 숫자가 나오면 더 좋겠다. 사람들이 가장 흔하게 관심있어 하는 한계효과들은 평균에서의 한계효과(marginal effect at the average, MEA)와 한계효과들의 평균, 즉 평균 한계효과(average marginal effect, AME)이다. "한계"를 "부분"

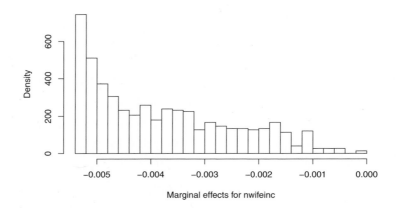

〈그림 17.5〉 표본 내 관측치들의 한계효과 예

으로 바꾸어 '평균에서의 부분효과'와 '평균 부분효과'라고도 한다. '평균에서의 한계효과'
는 x_1과 x_2가 각각 그 표본평균값($\bar{x}_1$과 $\bar{x}_2$)일 때의 한계효과, 말하자면 '평균적인 사람의
한계효과'를 의미한다. '평균 한계효과'는 〈그림 17.5〉를 그릴 때처럼 표본 내 각 관측치
(개인)에게서 한계효과를 구한 후 이들의 평균을 구한 것이다.

　　x_j값이 그 표본평균으로부터 미세하게 증가할 때, j번째 변수의 평균에서의 한계효과
(MEA)를 일반적으로 표현하면 다음이 된다.

$$\mathrm{MEA}_j = \frac{\partial P(y=1|x_1=\bar{x}_1, x_2=\bar{x}_2)}{\partial \bar{x}_j} \tag{17.13}$$

이는 평균적인 속성을 갖는 개체에서의 한계효과이다. 이항반응 모형의 경우 x_1의 MEA
는 $\beta_1 f(\beta_0 + \beta_1\bar{x}_1 + \beta_2\bar{x}_2)$이다. 이와 마찬가지로 x_2의 MEA는 x_2에 대한 편도함수 값을
$\bar{x}_1$와 $\bar{x}_2$에서 평가함으로써 정의한다. $\bar{x}_1$와 $\bar{x}_2$가 아닌 다른 대표적인 값에서 한계효과를
구할 수도 있다.

　　평균 한계효과(AME)는 앞에서 설명한 바와 같이 표본 내 각 개체의 설명변수 값에서
구한 한계효과들의 표본평균이다. x_1 변수라면 이는 다음과 같다.

$$\mathrm{AME}_1 = \frac{1}{n}\sum_{i=1}^{n} \frac{\partial P(y=1|x_1=x_{i1}, x_2=x_{i2})}{\partial x_{i1}} \tag{17.14}$$

즉, 평균 한계효과는 각 관측치별 설명변수 값에서의 한계효과들의 평균이다. 이항반응
모형에서 x_j의 평균 한계효과는 $n^{-1}\sum_{i=1}^{n}\beta_j f(\beta_0 + \beta_1 x_{i1} + \beta_2 x_{i2})$일 것이다. 참고로, 선형모
형에서는 평균 한계효과와 평균에서의 한계효과가 모두 β_j로 동일하지만 이항반응모형에
서는 이 둘이 상이하다.

　　로짓이나 프로빗 추정 결과가 있을 때 한계효과들(평균 한계효과와 평균 등 주어진
값에서의 한계효과)을 추정하는 것은 비교적 간단하다. 주어진 수식에서 $\beta_0, \beta_1, \beta_2$를 계수

추정값으로 치환하기만 하면 된다(한계효과 추정치의 표준오차에 대해서는 17.9절 참조).

$$\widehat{\text{MEA}}_j = \hat{\beta}_j f(\hat{\beta}_0 + \hat{\beta}_1 \bar{x}_1 + \hat{\beta}_2 \bar{x}_2)$$

$$\widehat{\text{AME}}_j = \frac{1}{n}\sum_{i=1}^{n} \hat{\beta}_j f(\hat{\beta}_0 + \hat{\beta}_1 x_{i1} + \hat{\beta}_2 x_{i2})$$

여기서는 설명변수가 2개인 경우에 대한 식을 제시하였다. 설명변수가 k개인 일반적인 경우에는 $f(\cdot)$ 안의 식이 더 복잡해질 뿐이다.

이하에서는 17.1절에서 연습한 Mroz87 자료를 사용하여 한계효과들의 계산을 실습해 보고자 한다. 자료는 data(Mroz87, package="sampleSelection")으로써 불러올 수 있다고 하였다.

예제 17.5 로짓과 프로빗에 의한 평균에서의 한계효과와 평균 한계효과

다음 결과를 보라(자료는 sampleSelection 패키지의 Mroz87).

```
1  > model <- lfp~nwifeinc+educ+exper+I(exper^2)+age+kids5+kids618
2  > Logit <- glm(model,data=Mroz87,family=binomial(link="logit"))
3  > b1logit <- Logit$coef['nwifeinc']
4  > b1logit
5      nwifeinc
6  -0.02134517
7  > xb <- predict(Logit,type='link')
8  > mea1 <- b1logit*dlogis(mean(xb))
9  > mea1
10     nwifeinc
11 -0.005190053
12 > ame1 <- b1logit*mean(dlogis(xb))
13 > ame1
14     nwifeinc
15 -0.003811813
```

2번 행에서 로짓회귀를 하였고, 4–6번 행에 따르면 nwifeinc의 계수는 약 −0.02이다. 7번 행에서 $\hat{\beta}_0 + \hat{\beta}_1 x_{i1} + \cdots + \hat{\beta}_k x_{ik}$의 값(선형지수의 예측값)을 각 i에 대하여 구한 후 이를 xb라는 변수로 저장한다. predict 명령은 앞에서도 본 적이 있다. 8번 행에서 평균에서의 한계효과를 구하였다. 구체적으로 'mean(xb)'는 $\hat{\beta}_0 + \hat{\beta}_1 \bar{x}_1 + \cdots + \hat{\beta}_k \bar{x}_k$를 계산하고 'dlogis' 함수는 $f(\cdot)$를 계산한다. 11번 행에 따르면 nwifeinc의 변화에 따른 평균에서의 한계효과는 약 −0.005이다. 즉, 평균적인 설명변수값을 갖는 사람에게서 nwifeinc이 0.1천 달러(단위가 연간 1천 달러임에 유의) 증가하면 wife가 일할 확률은 약 $0.005 \times 0.1 \times 100 = 0.05$ 퍼센트 포인트 하락한다. 12번 행에서 한계효과들의 평균, 즉 평균 한계효과를 구하였다.

그 값은 15번 행에 따르면 약 −0.0038이다. 자료집합 내 각 사람에게서 nwifeinc의 0.1천 달러 증가의 한계효과는 사람마다 다를 것이며, 이 한계효과들의 평균값은 0.1천 달러당 약 0.038 퍼센트 포인트 하락이다. 8번 행과 12번 행을 보면 평균에서의 한계효과와 평균 한계효과 간 차이를 분명히 알 수 있다. 8번 행에서는 dlogis(mean(xb))라고 하여 표본 평균을 먼저 구하고 그 다음에 f함수 변환을 한 반면, 12번 행에서는 mean(dlogis(xb)) 라고 하여 f함수 변환을 먼저 하고 그 다음에 표본평균을 구하였다.

프로빗 모형에 대해서 동일한 방식으로 이 한계효과들을 구하면 다음과 같다.

```
16  > Probit <- glm(model,data=Mroz87,family=binomial(link="probit"))
17  > b1probit <- Probit$coef['nwifeinc']
18  > b1probit
19    nwifeinc
20  -0.01202364
21  > xb <- predict(Probit,type='link')
22  > mea1 <- b1probit*dnorm(mean(xb))
23  > mea1
24    nwifeinc
25  -0.004696188
26  > ame1 <- b1probit*mean(dnorm(xb))
27  > ame1
28    nwifeinc
29  -0.003616176
```

프로빗의 계수(20번 행)는 로짓의 계수(6번 행)보다 훨씬 작지만(약 1.78분의 1) 한계 효과들은 로짓의 경우와 크게 차이나지 않는다. 평균에서의 한계효과는 로짓이 −0.0052 (11번 행), 프로빗이 −0.0047 (25번 행)이며, 평균 한계효과는 로짓이 −0.0038 (15번 행), 프로빗이 −0.0036 (29번 행)이다. 이 정도면 비슷하다고 하겠다.

한편 선형확률모형의 OLS 추정결과에 따르면 nwifeinc의 계수는 −0.0034로서, 로 짓이나 프로빗의 평균 한계효과와 대략 비슷한 정도의 숫자이다.

```
> lm(model,data=Mroz87)

Call:
lm(formula = model, data = Mroz87)

Coefficients:
(Intercept)     nwifeinc          educ         exper    I(exper^2)
  0.5855192   -0.0034052     0.0379953     0.0394924    -0.0005963
        age        kids5        kids618
 -0.0160908   -0.2618105     0.0130122
```

17.8 복잡한 경우의 부분효과

앞 절의 한계효과는 설명변수가 연속적이고 모형에 2차항이나 상호작용항(interaction terms)이 없이 단순할 때 유용하다. 만일 설명변수가 이산적(예를 들어 성별, 자녀의 수 등)이거나 모형에 2차항 또는 복잡한 상호작용항들이 존재하면 해석이나 계산이 복잡하다. 이하에서는 이 문제들을 다룬다.

최소 변화단위가 큰 설명변수

앞의 (17.13)과 (17.14)의 한계효과들은 미분에 의거하여 구한 것으로서 (17.10)의 근사를 염두에 두고 계산한 것이다. 이 근사에서 필요한 것은 설명변수값의 변화가 작다는 것이다. 그러나 나이나 자녀수처럼, 미세하게 변화하기보다는 1씩 증가하는 변수는 미세하게 변화할 수 없다. 설명변수값의 변화가 크면 미분에 의한 근사의 정확성이 크게 떨어질 수 있다. 로그와 증가율의 관계를 다룬 부분에서 이와 유사한 것을 본 적이 있다.

최소 변화단위가 큰 설명변수의 한계효과를 구할 때에는 미분의 방법을 사용하기보다는 직접 확률추정값을 비교하는 방법을 쓴다. 예를 들어 나이가 현재보다 1세 증가할 때 종속변수가 1일 확률에 미치는 영향을 보고자 한다면, 표본 내 모든 사람들의 나이를 1세 증가시킨 후 $P(y = 1)$의 예측값을 구하는 방법을 사용할 수 있다. 이는 "자녀수가 지금보다 1명 증가한다면" 또는 "나이가 지금보다 1세 증가한다면" 하고 상정하는 것에 해당한다.

예제 17.6 나이 증가의 효과

로짓회귀 결과를 이용하여 표본 내 각 관측치에서 여성의 나이가 1만큼씩 증가할 때 일할 확률이 평균적으로 얼마만큼 영향을 받는지 추정해 보자.

```
1  > Mroz1 <- within(Mroz87, { age <- age+1 })
2  > p0 <- predict(Logit, type='response')
3  > p1 <- predict(Logit, Mroz1, type='response')
4  > dp <- p1-p0
5  > mean(dp)
6  [1] -0.01578673
7  > Logit$coef['age']*mean(dlogis(predict(Logit)))
8          age
9  -0.01571936
```

1번 행의 within 함수는 자료 처리 시 꽤 유용하다. 1번 행의 뜻은 Mroz87 자료에서 age 변수를 기존의 age 변수에 1을 더한 값으로 바꾸어 Mroz1로 저장하라는 뜻이다. 2번 행에서는 기존 자료를 이용하여 종속변수가 1일 확률을 예측하여 p0으로 보관하고, 3번 행에서는 나이를 1씩 증가시킨 Mroz1 자료를 이용하여 종속변수가 1일 확률을 예측하여 p1으로 보관한다. p0과 p1은 각각 n개의 숫자들을 가지고 있다. 4번 행에서는 p1과 p0의 차이를 구하여 dp에 보관한다. dp에는 각 i별로 age가 1만큼 증가할 때 확률예측값의 증가분이 들어 있다(즉, n개의 숫자). 5번 행에서 이 dp의 표본평균값을 구한다. 6번 행에 의하면 이 n개 값들의 평균은 -0.015767이다. 이것이 age가 1만큼 증가할 때의 평균 부분효과이다(평균 부분효과는 부분효과들의 평균에 다름 아니다). age를 제외한 여타 설명변수들이 통제된 상태에서 각 여성의 나이만 실제보다 1세 증가하면 이 여성이 직장을 가질 확률은 평균 약 1.6퍼센트 포인트 하락한다. 참고로, 현재보다 나이가 1세 작은 경우와 현재를 비교하고자 한다면, 1번 행의 우변의 +1을 -1로 바꾸면 될 것이다. 7번 행에서는 설명변수가 미세하게 변화할 수 있다는 가정하에서 미분을 활용하여 평균 한계효과를 구한다. 9번 행에 따르면 이 효과도 6번 행의 결과와 매우 유사하다.

2, 3번 행의 type="response" (줄여서 type="r") 옵션은 중요하다. 만일 이 옵션을 생략하면 type="link" (줄여서 type="l") 옵션을 준 것과 동일하고 이는 각 관측치에서 $\hat{\beta}_0 + \hat{\beta}_1 x_{i1} + \cdots + \hat{\beta}_k x_{ik}$ 의 값을 구한다는 것을 의미한다. 이렇게 link로 잘못 프로그래밍하여 예측값의 차이(4번 행)를 구하면 그 값은 $\hat{\beta}_j$ 값과 동일하게 된다.

이산적으로 변화하는 변수와 연속적으로 변화하는 변수의 유일한 차이는 전자의 경우 미세한 변화가 가능하지 않아서 "나이가 0.01만큼 증가한다면"이나 "자녀의 수가 0.1만큼 증가한다면"이라고 하는 설정에 별 의미가 없다는 것이다. 가장 작은 변화가 1이므로 미분의 방법으로 한계효과를 파악하는 것이 타당하지 않게 되고, 앞에서 확률의 평균을 직접 계산하여 비교하는 방법을 사용하였다. 어떤 변수의 최소 증가단위가 1이 아니라 10이거나, 10을 증가시키는 경우의 한계효과를 보고자 한다면, 10을 증가시킨 다음의 확률예측값과 원래의 확률맞춘값을 비교하면 된다.

평균에서의 한계효과는 좀 다른데, 변수가 정수값만 갖더라도 평균을 취하면 실수가 될 수 있으므로, 연속적인 변수의 경우와 동일한 방식으로 미분을 사용하여 구하여도 의미를 가질 수도 있다. 여성의 나이의 평균이 42.54세이므로, 평균에서의 한계효과가 −0.02라면 그 해석은 모든 변수들이 표본평균값을 갖는(따라서 나이가 42.54세인) 여성의 나이가 예를 들어 0.1세 증가하여 42.64세가 되면 일할 확률은 0.002 즉 0.2 퍼센트 포인트 하락한다는 것이 된다. 물론 평균 나이를 1세 증가시키는 경우의 효과를 직접 구해도 좋다. 만일 설명변수가 2개이고 x_1이 나이라면 $F(\hat{\beta}_0 + \hat{\beta}_1(\bar{x}_1 + 1) + \hat{\beta}_2 \bar{x}_2) - F(\hat{\beta}_0 + \hat{\beta}_1 \bar{x}_1 + \hat{\beta}_2 \bar{x}_2)$ 의 값을 구하면 될 것이다.

범주형 설명변수

성별, 종교, 업종처럼 숫자 크기 자체가 의미가 없는 경우는 앞의 한계효과들이 유용하지 않다. 예를 들어 '여성' 더미변수가 있다고 하자. 이 더미변수는 남성이냐 여성이냐에 따라 0 또는 1의 값을 갖는다. 우리는 이 변수를 0에서 1로 변화시키거나 1에서 0으로 변화시킬 수 있다. 여성 = 0에서 여성 = 1로 '증가'하는 것은 다른 요소는 모두 불변인 채 성별만 남성에서 여성으로 바뀐다는 뜻, 즉 다른 요소들은 모두 동일하고 성별만 다른 두 사람을 비교하는 것이므로 사람들이 관심을 가질 만하다. 그러나 표본 내의 모든 사람에게서 여성 변수의 값을 1만큼 증가시키는 것은 말이 안 된다. 왜냐하면 표본에는 여성 = 1인 사람들도 있을 것인데, 이 사람들에게서 여성을 1만큼 증가시키면 여성 = 2가 되어 무의미해지기 때문이다. 여성이라는 변수는 애시당초 0 또는 1의 값만 가질 뿐 2의 값이라는 것은 넌센스인 것이다. 그러므로 나이의 경우처럼 그 값을 1만큼 증가시키거나 감소시키게 되면, 물론 숫자는 구해지겠지만 전혀 의미없는 결과가 되고 만다.

이럴 때 흔히 사용하는 방법은, 표본 내 모든 사람들의 성별을 남성(여성 = 0)으로 설정하여 구한 확률추정값들의 평균과, 모든 사람들의 성별을 여성(여성 = 1)으로 설정하여 구한 확률추정값들의 평균을 보여주고 그 차이를 계산하는 것이다. 즉 표본 내의 각 사람에게서 "만일 남성이라면 그 확률이 어땠을까" 하는 값을 구하고, 또 "만일 여성이라면 그 확률값이 어땠을까" 하는 값을 구한다. 이 두 값은 표본 내에서 여타 변수들의 값은 주어진 값 그대로인 채 모든 사람들의 성별이 남성인 가상적인 상황과 모든 사람들의 성별이 여성인 가상적인 상황에서 종속변수가 1일 확률이 된다. 이 두 확률들의 차이(의 평균)를 부분효과(평균 부분효과)라 보는 것이다. 다음 예제를 보라.

예제 17.7 범주형 설명변수의 한계효과

실습을 위해서 Mroz87 자료(sampleSelection 패키지에 있음)에서 6세 미만 자녀의 존재 여부를 나타내는 더미 변수를 만들자. 변수명은 haskids5라 하자. 이 변수는 만일 kids5가 0보다 크면 1의 값을 가지고 그렇지 않으면 0의 값을 갖는다. 모형의 우변에서 kids5를 제거하고 그 대신 haskids5를 포함시킬 것이다. 다음 결과를 보라.

```
1  > Mroz87$haskids5 <- as.numeric(Mroz87$kids5>0)
2  > model <- lfp~nwifeinc+educ+exper+I(exper^2)+age+haskids5+kids618
3  > Logit <- glm(model,data=Mroz87,family=binomial(link="logit"))
4  > coeftest(Logit)
5
6  z test of coefficients:
7
8              Estimate Std. Error z value  Pr(>|z|)
```

```
9   (Intercept)   0.3834029   0.8565923   0.4476   0.654449
10  nwifeinc     -0.0204263   0.0082700  -2.4699   0.013515 *
11  educ          0.2096679   0.0427083   4.9093 9.140e-07 ***
12  exper         0.1993568   0.0320036   6.2292 4.688e-10 ***
13  I(exper^2)   -0.0029837   0.0010179  -2.9312   0.003376 **
14  age          -0.0840173   0.0143873  -5.8397 5.230e-09 ***
15  haskids5     -1.6792057   0.2501039  -6.7140 1.893e-11 ***
16  kids618       0.0753497   0.0734091   1.0264   0.304686
17  ---
18  Signif. codes:  0 '***' 0.001 '**' 0.01 '*' 0.05 '.' 0.1 ' ' 1
```

15번 행에 따르면 haskids5의 계수는 매우 유의하다(p값은 거의 0). 6세 미만의 자녀가 있으면 여성이 일할 확률이 유의하게 줄어든다.

이제 Mroz 자료에서 모든 여성들의 haskids5을 0으로 만든 후 구한 평균 일할 확률과, 모든 여성들의 haskids5를 1로 만든 후 평균 일할 확률을 각각 구하면 다음과 같다.

```
19  > Mroz0 <- within(Mroz87, { haskids5 <- 0 })
20  > phat0 <- predict(Logit, Mroz0, type="response")
21  > mean(phat0)
22  [1] 0.6325552
23  > Mroz1 <- within(Mroz87, { haskids5 <- 1 })
24  > phat1 <- predict(Logit, Mroz1, type="response")
25  > mean(phat1)
26  [1] 0.3172302
27  > mean(phat1-phat0)
28  [1] -0.315325
```

지금쯤이면 코드를 읽어보는 것만으로도 우리가 무슨 일을 하고 있는지 알 것이다. 19번 행에서 Mroz87에서 haskids5를 0으로 치환한 자료를 Mroz0으로 저장하였다. 20번 행에서 각 i별로 이 자료에 해당하는 $\hat{p}_i$을 구하고, 21번 행에서 그 표본평균값을 계산하였다. 22번 행 결과를 해석하자면, 다른 변수들은 모두 동일하게 두고 모든 사람들의 6세 미만 자녀만 없는 것으로 만들면 일할 확률 추정값들의 평균은 약 63.3%이다. 23번 행부터는 이와 동일한 과정을 haskids5를 1로 만들어 실행한다. 26번 행의 결과를 해석하면, 여타 요소들을 통제하고 모든 여성에게서 6세 미만 자녀가 있는 것으로 설정할 때 일할 확률의 평균은 약 31.7%가 된다. 27번 행에서는 각 개인별로 두 상황에서 일할 확률의 차이를 계산하여 그 평균을 구하며, 28번 행에 의하면 이는 약 31.5% 포인트 감소 효과이다. 이것을 haskids5의 평균 부분효과라고 할 수 있겠다. 참고로, 28번 행의 결과는 26번 행으로부터 22번 행을 뺀 것과 동일하다. 차이의 평균은 평균의 차이와 같기 때문이다.

▶ **연습 17.5.** 표본 내 각 개체에게서 haskids5의 값이 0이면 1로, 1이면 0으로 바꿀 경우의 평균 부분효과를 구하라. 이 평균 부분효과가 무슨 의미가 있는지는 필자도 모르겠다.

범주형 변수들(더미변수 포함)의 평균 부분효과들은 위와 같은 방식으로 구하는 것이 일반적이다. 평균에서의 한계효과는 물론 수학적으로 계산할 수는 있겠으나 범주형 변수의 "평균"이라는 것의 의미를 파악하기가 어려워 사람들이 별로 관심을 갖지 않는다. 단, 범주가 둘뿐인 이진변수의 경우 그 평균값은 해당 더미변수가 1인 사람들의 비율이므로 약간의 의미를 갖는다. 예를 들어 성별을 나타내는 **여성** 더미변수의 평균이라면 '여성성'으로 해석할 수 있겠고, haskids5이라면 '6세 미만 자녀를 갖는 성향'이라는 묘한 지표가 될 수도 있겠다. 그렇다면 "여성성이 0.1 증가하면 무슨 일이 생길까", "6세 미만 자녀를 갖는 성향이 0.01 증가하면 무슨 일이 생길까" 하는 질문들이 말이 될 수도 있을 것 같기도 하다. 이런 것의 수학적인 계산은 간단하며, 문제는 이런 계산값들에 (다른 사람들이 흥미를 가질만한) 의미가 있느냐 하는 것이다. 이때 의미가 있고 없고는 문제에 따라 다르다.

2차항과 상호작용항

모형에 2차항이나 상호작용항이 포함되어 있으면 주의할 필요가 있다. 예를 들어 연속변수 x_1의 2차항이 포함된 모형을 생각해 보자.

$$y = I(\beta_0 + \beta_1 x_1 + \beta_2 x_1^2 + \beta_3 x_2 + u > 0)$$

이 모형에서 x_2가 고정된 채 x_1이 변화하면 $y = 1$일 확률은 미묘하게 변화할 것이다. $P(y = 1|x_1, x_2) = F(\beta_0 + \beta_1 x_1 + \beta_2 x_1^2 + \beta_3 x_2)$의 양변을 미분하면 다음 결과를 얻는다.

$$\frac{\partial P(y = 1|x_1, x_2)}{\partial x_1} = (\beta_1 + 2\beta_2 x_1) f(\beta_0 + \beta_1 x_1 + \beta_2 x_1^2 + \beta_3 x_2)$$

모형에 3차항이 포함된다면 좀 더 복잡할 것이다.

이런 복잡한 경우 매번 수식을 미분하는 것은 너무 힘들다. 그보다 손쉽게 평균 한계효과를 구하는 방법은 컴퓨터를 사용하여 그냥 수치적으로(numerically) 계산해 버리는 것이다. 예를 들어 x_1의 표본값에 모두 작은 h값을 더한 후 $\hat{p}_i$들을 구하고, x_1의 표본값에서 모두 h를 뺀 후 $\hat{p}_i$들을 구하고 나서, 이 둘의 차이를 $2h$로 나누면 각 관측치별 한계효과가 얻어지고 이들의 평균을 구하면 평균 한계효과가 된다. 이는 도함수를 (혹시 배웠으면)

$$f'(x) = \lim_{h \to 0} \frac{f(x+h) - f(x-h)}{2h}$$

로 정의하는 것과 결부된다. $h \to 0$이라고 했으니까 아주 작은 h값을 사용해서 우변의 $(2h)^{-1}[f(x+h) - f(x-h)]$를 컴퓨터로 직접 계산해 버리는 것이다. 이때 h는 작은 값이기만 하면 된다. 만약 도함수가 존재한다면 h가 적당히 작기만 하면 그 값을 조금 바꾸더라도 미분값은 거의 변하지 않을 것이다. 필자의 경우에는 $h = 0.01$처럼 비교적 큰 값도 사용해보고 $h = 0.0001$이나 $h = 0.0000001$처럼 작은 값도 사용해서 결과가 비슷한지 확인한 후아무 값이나 사용한다. 다음 예에서는 $h = 0.01$을 사용하였다.

예제 17.8   제곱항이 있을 때의 평균 한계효과

앞의 기혼 여성 경제활동의 예에서 경력(exper)의 제곱항이 우변에 있다. 이제 경력의평균 한계효과를 구해 보자. 경력의 실제 값에 0.01을 더한 경우의 확률예측값과 이로부터0.01을 뺀 경우의 확률예측값을 구하여 이 두 확률예측값들의 차이를 0.02로 나누어 각개인들의 한계효과를 구하고, 개인들에 걸쳐 그 평균을 구하면 이것이 평균 한계효과이다.

```
1  > model <- lfp~nwifeinc+educ+exper+I(exper^2)+age+kids5+kids618
2  > Logit <- glm(model,data=Mroz87,family=binomial(link="logit"))
3  > h <- 0.01
4  > Mroz1 <- within(Mroz87, { exper <- exper - h })
5  > Mroz2 <- within(Mroz87, { exper <- exper + h })
6  > phat1 <- predict(Logit, Mroz1, type="r")
7  > phat2 <- predict(Logit, Mroz2, type="r")
8  > mean((phat2-phat1)/(2*h))
9  [1] 0.02542545
```

이 계산에 따르면 경력의 평균 한계효과는 약 0.0254이다. 프로빗 추정결과를 이용하여동일한 계산을 해 보았더니 그 값이 0.0256으로 추정되었다.

▶ **연습 17.6.** 프로빗을 사용하여 여성의 경력의 평균 한계효과를 구하라. 힌트: 2번 행의"logit"을 "probit"으로 치환하라.

만일 x_1^2이라는 변수를 별도로 만들어서 마치 x_1과 다른 변수인 것처럼 간주하고 평균한계효과를 구하면 잘못된 결과가 나온다. 다음 결과를 보라.

```
10  > Mroz87$expersq <- Mroz87$exper^2
11  > model <- lfp~nwifeinc+educ+exper+expersq+age+kids5+kids618
12  > Logit <- glm(model,data=Mroz87,family=binomial(link="logit"))
13  > h <- 0.01
14  > Mroz1 <- within(Mroz87, { exper <- exper - h })
15  > Mroz2 <- within(Mroz87, { exper <- exper + h })
16  > phat1 <- predict(Logit, Mroz1, type="r")
17  > phat2 <- predict(Logit, Mroz2, type="r")
18  > mean((phat2-phat1)/(2*h))
19  [1] 0.0367641
```

18번 행에서 expersq라는 별도의 변수를 만들었고(별도로 만들었으므로 exper 값이 변화할 때 이 변화가 반영되지 않는다), 11번 행과 12번 행에서 이 별도의 변수를 I(exper^2) 대신에 사용하였다. 그 결과로서 13–18번 행에서 구한 평균 한계효과(19번 행)는 약 0.0368로서 앞에서 구한 0.0254보다 훨씬 크다. 이 값은 x_1^2은 변하지 않은 채 x_1만 변한다는 이상한 상황하에서 구한 값이므로 부적절하다. 제곱항이 있는 모형에서는 제곱항에 해당하는 변수를 직접 만들어서 사용하지 말고 I(exper^2)이라고 하여 R이 제곱항을 그때그때 만들도록 하는 것이 실수를 줄이는 좋은 방법이다.

설명변수들을 서로 곱한 상호작용항이 있을 때에도 위의 수치적 방법을 활용하면 평균 한계효과를 별 어려움 없이 구할 수 있으며, 여기서 굳이 중복하여 설명할 필요는 없겠다. 이 경우에도 상호작용 항을 별도의 변수로 만들어 한계효과들을 구하면 그 값은 매우 잘 못될 수 있다. 제곱항이나 상호작용항이 없는 단순한 형태의 모형에서도 평균 한계효과나 평균에서의 한계효과를 수치적으로 구할 수도 있다. 사실 식을 미분하는 것은 힘들므로 모든 계산을 컴퓨터를 사용하여 수치적으로 하는 것이 훨씬 간편하고 권장된다.

17.9 표준오차와 신뢰구간

이항반응모형에서 표준오차를 구하는 방법을 이해하기 위해서는 최우추정량(MLE)의 분산과 관련된 수학을 알아야 한다. 이 책이 후반부에서 좀 어려워지기는 했지만 이 정도의 내용까지 다룰 생각은 없다. 독자들은 그냥 "R이 표준오차들을 리포트해 준다"는 정도만 알고 넘어가자. lm을 사용한 선형회귀에서 summary나 coeftest 명령을 사용하면 표준오차 등을 모두 보고해 준 것처럼, glm을 사용하여 로짓이나 프로빗 회귀를 한 후에도 summary나 coeftest 명령을 사용하면 검정에 필요한 정보를 제공할 것이다. 또 vcov 명령을 사용하면 계수추정량들의 모든 공분산을 포함하는 행렬을 구할 수 있다. 그 사용법은, 예를 들어 logit이 로짓 추정 결과(glm 명령으로부터의 결과)라면 summary(logit), coeftest(logit), vcov(logit) 등이다. R이 이와 같이 이항반응모형의 표준오차를 구해 주므로 이로부터 기울기 계수의 신뢰구간을 쉽게 구할 수 있다. 이때 단 하나 염두에 둘 사실은 임계값을 구할 때 t분포를 사용하지 않고 표준정규분포를 사용한다는 것인데, 표본크기가 크면 표준정규분포와 t분포가 유사하므로 이 점도 사실상 별로 중요하지 않다. 그냥 t분포를 사용하여도 별 문제 없다. 신뢰구간은 R의 confint 명령을 사용하면 알아서 구해 줄 것이다.

좀 더 흥미로운 것은 앞 소절의 한계효과들의 표준오차와 신뢰구간을 구하는 것이다. 예를 들어 x_1 변수의 평균에서의 한계효과를 보자. 설명변수가 2개 있는 모형에서 그 추정값은 식 (17.13)에 따르면 다음과 같다.

$$\hat{\beta}_1 f(\hat{\beta}_0 + \hat{\beta}_1 \bar{x}_1 + \hat{\beta}_2 \bar{x}_2)$$

여기에는 $\hat{\beta}_0, \hat{\beta}_1, \hat{\beta}_2$의 표집오차가 복잡하게 얽혀 있어서, 여러분이 지금까지 이 책에서 공부한 내용만으로는 그 표준오차를 구할 수 없으며, 한계효과들의 표준오차와 신뢰구간을 구하는 작업은 이 책의 수준을 한참 넘어선다. 델타 방법(delta method)이라는 것을 사용해서 구할 수 있는데, 관심있는 독자들은 이를 검색해 보고 스스로 공부해 보기 바란다. 다만, 꼭 필요한 경우에 대비하여 이 소절의 마지막에 델타 방법을 사용하여 표준오차를 구하는 방법을 약간 설명할 것이다. 또 부트스트랩(bootstrap) 같은 표본재추출(resampling) 방법도 사용할 수 있다.

로짓과 프로빗 모형의 한계효과들과 관련된 통계량 값들은 R의 'margins' 패키지*가 구해 주는 것으로 보인다. 필자가 시험해 본 결과, 이 패키지는 제곱항, 상호작용항, 범주형 변수도 잘 처리하였다. 다음 예제를 보라.

예제 17.9 평균 부분효과의 표준오차

R의 `margins` 패키지가 평균 부분효과들을 잘 계산해 주는지 점검해 보았다. 예시를 위하여 모형에 상호작용항, 제곱항, 범주형 변수가 모두 포함되도록 복잡하게 만들었다. 우선 복잡한 모형을 로짓 회귀해 보자.

```
1  > data(Mroz87, package="sampleSelection")
2  > Mroz87$haskids5 <- as.numeric(Mroz87$kids5>0)
3  > model <- lfp~nwifeinc+age*educ+exper+I(exper^2)+kids618+
4    factor(haskids5)
5  > Logit <- glm(model, data=Mroz87, family=binomial)
6  > summary(Logit)
7
8  Call:
9  glm(formula = model, family = binomial, data = Mroz87)
10
11 Deviance Residuals:
12     Min       1Q   Median       3Q      Max
13 -2.1589  -0.9115   0.4564   0.8729   2.3618
14
15 Coefficients:
16                  Estimate Std. Error z value Pr(>|z|)
17 (Intercept)     0.6945637  2.7709150   0.251  0.80208
18 nwifeinc       -0.0204168  0.0082741  -2.468  0.01360 *
19 age            -0.0911267  0.0619361  -1.471  0.14121
20 educ            0.1845368  0.2170116   0.850  0.39513
```

*2018년 5월에 공개된 패키지로, 저자는 Thomas J. Leeper, Jeffrey Arnold, Vincent Arel-Bundock이다.

```
21  exper                0.1993899  0.0320161    6.228  4.73e-10 ***
22  I(exper^2)          -0.0029829  0.0010186   -2.928   0.00341 **
23  kids618              0.0739475  0.0743446    0.995   0.31990
24  factor(haskids5)1   -1.6754904  0.2518813   -6.652  2.89e-11 ***
25  age:educ             0.0005767  0.0048856    0.118   0.90603
26  ---
27  Signif. codes:   0 '***' 0.001 '**' 0.01 '*' 0.05 '.' 0.1 ' ' 1
28
29  (Dispersion parameter for binomial family taken to be 1)
30
31      Null deviance: 1029.75  on 752  degrees of freedom
32  Residual deviance:  813.33  on 744  degrees of freedom
33  AIC: 831.33
34
35  Number of Fisher Scoring iterations: 4
```

위 2번 행에서 haskids5라는 더미변수를 만들었다. 이 더미변수는 5세 이하의 자녀가 있으면 1의 값을 갖는다. 만약 이 변수를 있는 그대로 사용하여 로짓 회귀를 하면 나중에 margins 명령이 이 변수를 연속변수로 간주하여 평균 한계효과를 구할 것이므로 haskids5가 범주형 변수라는 것을 margins에게 확실히 말해 주기 위해, 3–4번 행에서 모형을 지정하면서 명시적으로 factor(haskids5)라고 하였다. 5번 행에서 로짓 회귀를 하고, 그 결과가 8–35번 행에 있다. 특히 22번 행에 제곱항이 있고, 24번 행에 더미변수의 계수가 있으며, 25번 행에 age와 educ의 상호작용항이 있다.

다음으로 margins 패키지 사용하여 평균 한계효과들을 추정한 결과를 보자.

```
36  > library(margins)
37  > summary(margins(Logit))
38     factor     AME     SE       z       p   lower    upper
39        age -0.0152  0.0024 -6.3472  0.0000 -0.0199 -0.0105
40       educ  0.0379  0.0074  5.1480  0.0000  0.0235  0.0523
41      exper  0.0252  0.0023 11.0603  0.0000  0.0208  0.0297
42  haskids51 -0.3147  0.0425 -7.4090  0.0000 -0.3980 -0.2315
43    kids618  0.0134  0.0134  0.9972  0.3187 -0.0129  0.0397
44    nwifeinc -0.0037  0.0015 -2.5019  0.0124 -0.0066 -0.0008
```

37번 행에서 margins를 사용하여 평균 부분효과를 구하였고, 그 결과는 38–44번 행에 제시되어 있다. AME 열은 평균 부분효과 추정값, SE 열은 표준오차, z 열과 p 열은 각각 검정 통계량과 p값이다. 마지막 두 열은 각각 95% 신뢰구간의 하한값과 상한값이다.

이상 margins 패키지의 결과가 우리가 정말로 원하는 것인지 확인하기 위하여, 평균 부분효과를 수동으로 계산하여 보았다. 만약 수동 계산의 결과가 38–44번 행의 결과와 일치하면 margins 패키지를 신뢰할 수 있다는 말이 된다. 여러 변수들에 대하여 구할 것이므로 다음과 같이 함수를 만들었다. 약간의 테크닉을 사용하였으나, 자세히 읽어 보면 해당 변수에 대한 미분값을 각각의 개인에 대하여 구한 다음 평균을 취한 것임을 알 수 있다. 함수명은 연속 변수의 평균 한계효과(AME)라는 뜻에서 ameCont로 하였다. 수치적 미분을 위한 h값(eps)은 $10^{-4} = 0.0001$로 설정하였다. 다른 작은 값을 사용해도 좋다.

```
45  ameCont <- function(obj, data, vname, eps=1e-4) {
46    data2 <- data1 <- data
47    data1[[vname]] <- data[[vname]]-eps
48    data2[[vname]] <- data[[vname]]+eps
49    p1 <- predict(obj, data1, type="r")
50    p2 <- predict(obj, data2, type="r")
51    mean((p2-p1)/(2*eps))
52  }
```

이제 ameCont 함수를 이용하여 원하는 변수의 평균 부분효과를 구해 보자. 아래에는 평범한 변수인 nwifeinc, 두 상호작용항 변수 age와 educ, 제곱항이 포함된 exper 변수에 대하여 평균 부분효과를 구한다.

```
53  > ameCont(Logit, Mroz87, "nwifeinc")
54  [1] -0.003697665
55  > ameCont(Logit, Mroz87, "age")
56  [1] -0.015227
57  > ameCont(Logit, Mroz87, "educ")
58  [1] 0.03787102
59  > ameCont(Logit, Mroz87, "exper")
60  [1] 0.02523525
```

이들 결과는 37–44번 행에서 margins 패키지를 사용하여 구한 평균 한계효과 추정값들과 동일함을 확인할 수 있다. 54번 행과 44번 행의 nwifeinc, 56번 행과 39번 행의 age, 58 번 행과 40번 행의 educ, 60번 행과 41번 행의 exper가 각각 서로 대응한다.

마지막으로 haskids5 더미변수의 평균 부분효과를 수동으로 추정해 보자. 아래 61번 행과 62번 행에서는 haskids5를 모든 개인에게서 0과 1로 각각 설정하여 확률 추정값을 구하고, 63번 행에서는 이 확률 추정값들의 차이를 표본 전체 대하여 평균한다. 64번 행의 평균 부분효과 추정값은 margins 패키지를 이용한 42번 행의 결과와 일치한다.

```
61  > p1 <- predict(Logit, within(Mroz87, { haskids5 <- 0 }), type="r")
62  > p2 <- predict(Logit, within(Mroz87, { haskids5 <- 1 }), type="r")
63  > mean(p2-p1)
64  [1] -0.3147083
```

결론적으로, `margins` 패키지는 평균 부분효과들을 잘 계산해 주고, 표준오차 등 유의성과 검정에 필요한 통계량 값들을 보고한다. 또한 `plot` 명령으로써 부분효과들을 그림으로 보여 주기도 한다.

R의 `margins` 패키지는 설명변수가 연속적으로 변하는 경우와 설명변수가 범주형 변수인 경우에는 평균 한계효과와 표준오차를 계산해 주지만, 최소 변화단위가 큰 설명변수의 경우나 **예제 17.7**처럼 특별한 상황에서 평균 부분효과를 구하는 경우는 처리해 주지 못한다. 이하에서는 '델타방법'을 사용하여 이 경우 표준오차를 구하는 방법을 제시한다.

간편한 표기를 위하여 한 관측치의 설명변수 벡터를 $\mathbf{x}_i$라 하고 모수들의 벡터를 β라 하자. $\mathbf{x}_i\beta$는 $\beta_0 + \beta_1 x_{i1} + \cdots + \beta_k x_{ik}$를 나타낸다. 평균 부분효과는 어느 경우에나 $\mathbf{x}_i$가 하나의 값에서 다른 값으로 변할 때 종속변수가 1의 값을 가질 확률의 변화 정도를 모든 관측치에 대하여 평균한 것이다(경우에 따라 $2h$로 나누어 주기도 한다). 이 두 $\mathbf{x}_i$ 값들을 각각 $\mathbf{x}_{1i}$, $\mathbf{x}_{2i}$라 하자. $F(\cdot)$를 로짓이냐 프로빗이냐에 따라 로지스틱 또는 표준정규분포의 누적분포함수라 할 때 각 관측치에서 $y = 1$일 확률은 $F(\mathbf{x}_i\beta)$이다. 그러면 평균 부분효과는 다음 모양을 갖는다.

$$\alpha = \frac{1}{n}\sum_{i=1}^{n}[F(\mathbf{x}_{2i}\beta) - F(\mathbf{x}_{1i}\beta)]$$

그리고 이것의 추정값 $\hat{\alpha}$는 β를 추정값 $\hat{\beta}$로 치환하여 구한다. 우리의 목표는 $\hat{\alpha}$의 분산을 구하는 것이다. 명시적으로 $\mathbf{x}_i$가 $\mathbf{x}_{1i}$에서 $\mathbf{x}_{2i}$로 변하는 상황에서 확률의 변화를 고려하므로 $\mathbf{x}_{1i}$와 $\mathbf{x}_{2i}$는 비확률적(nonrandom)이라 생각해도 좋다.

$\hat{\alpha}$의 분산을 구하려면 $\hat{\alpha} - \alpha$를 구할 필요가 있다(고급 계량경제 이론 필요). 위 식들에 따르면

$$\hat{\alpha} - \alpha = \frac{1}{n}\sum_{i=1}^{n}\left\{[F(\mathbf{x}_{2i}\hat{\beta}) - F(\mathbf{x}_{1i}\hat{\beta})] - [F(\mathbf{x}_{2i}\beta) - F(\mathbf{x}_{1i}\beta)]\right\}$$

$$= \frac{1}{n}\sum_{i=1}^{n}\left\{[F(\mathbf{x}_{2i}\hat{\beta}) - F(\mathbf{x}_{2i}\beta)] - [F(\mathbf{x}_{1i}\hat{\beta}) - F(\mathbf{x}_{1i}\beta)]\right\}.$$

이제 아랫줄 중괄호 안의 표현들을 우리가 다룰 수 있는 형태로 변형해 보자. 중간값 정리에 의하면, F라는 함수가 부드러운 형태를 가질 때 $F(b) - F(a) = f(c)(b-a)$이다. 단, f는 F의 1계 도함수이며, c는 a와 b 사이에 있는 어떤 값이다. 이 중간값 정리를 위 표현에 적용하면

$$F(\mathbf{x}_{2i}\hat{\beta}) - F(\mathbf{x}_{2i}\beta) = f(\mathbf{x}_{2i}\tilde{\beta})(\mathbf{x}_{2i}\hat{\beta} - \mathbf{x}_{2i}\beta) = f(\mathbf{x}_{2i}\tilde{\beta})\mathbf{x}_{2i}(\hat{\beta} - \beta).$$

여기서 $\tilde{\beta}$는 $\hat{\beta}$과 β를 직선으로 연결한 선분 사이에 있는 벡터이다. 이와 마찬가지로,

$$F(\mathbf{x}_{1i}\hat{\beta}) - F(\mathbf{x}_{1i}\beta) = f(\mathbf{x}_{1i}\breve{\beta})\mathbf{x}_{1i}(\hat{\beta} - \beta).$$

여기서도 $\breve{\beta}$는 $\hat{\beta}$과 β를 직선으로 연결한 선분 사이에 있는 벡터이다. 이상을 종합하면,

$$\hat{\alpha} - \alpha = \frac{1}{n}\sum_{i=1}^{n}[f(\mathbf{x}_{2i}\tilde{\beta})\mathbf{x}_{2i} - f(\mathbf{x}_{1i}\breve{\beta})\mathbf{x}_{1i}](\hat{\beta} - \beta) = \tilde{q}(\hat{\beta} - \beta).$$

단, $\tilde{\beta}$와 $\breve{\beta}$는 $\hat{\beta}$과 β를 연결하는 선분 사이에 존재하는 벡터이다. 위 마지막 등식은 $\tilde{q}$의 정의이다.

표본추출이 반복될 때 $\hat{\beta}$이 변하므로 $\tilde{\beta}$와 $\breve{\beta}$도 변하므로 위 식에서 $\tilde{q}$와 $\hat{\beta}-\beta$가 변화한다. 그래서 $\hat{\alpha}-\alpha$가 변하는 것이다. 그런데, 복잡한 분석을 이용하면 이 중 $\tilde{q}$로 인한 변동은 아주 작아서 무시해도 좋고 오직 $\hat{\beta}-\beta$의 변동만을 고려하면 된다. 이 결과를 이용하면 $\hat{\alpha}$의 분산은 대략 다음이라고 간주해도 좋다.

$$\mathrm{var}(\hat{\alpha}) \approx \hat{q}V\hat{q}'$$

단, $\hat{q}$는 $\tilde{q}$ 식에서 $\tilde{\beta}$와 $\breve{\beta}$를 $\hat{\beta}$로 치환한 것이며 V는 $\hat{\beta}$의 분산·공분산 행렬이다.

이상을 R로 구현해 보고자 한다.

예제 17.10   일반적인 경우 평균 부분효과의 표준오차

예제 17.9로부터 계속한다. 거기 있는 R 스크립트를 모두 실행했어야만 본 예제의 실습을 할 수 있을 것이다. 연습 삼아 kids618의 값이 모두 0인 경우와 모두 1인 경우를 비교하는 평균 부분효과와 그 표준오차를 구하고자 한다. kids618이 연속변수라는 가정하에 구한 평균 한계효과는 예제 17.9의 실습 43번 행에 의하면 0.0134 (더 정확히는 0.01339)이며 그 표준오차는 0.0134 이다. 이제 자료에서 kids618을 모두 0으로 설정한 상황과 kids618을 모두 1로 설정한 상황 간에 평균 부분효과를 구하고 이에 해당하는 표준오차를 구해 본다. 다음 결과를 보라.

```
1  > Data1 <- within(Mroz87, { kids618 <- 0 })
2  > Data2 <- within(Mroz87, { kids618 <- 1 })
3  > p1 <- predict(Logit, Data1, type="r")
4  > p2 <- predict(Logit, Data2, type="r")
5  > mean(p2-p1)
6  [1] 0.01345975
7  > xb1 <- predict(Logit, Data1, type="l")
8  > xb2 <- predict(Logit, Data2, type="l")
9  > f1 <- dlogis(xb1)
10 > f2 <- dlogis(xb2)
11 > X1 <- model.matrix(model, Data1)
12 > X2 <- model.matrix(model, Data2)
13 > qq <- colMeans(X2*f2-X1*f1)
14 > vhat <- as.vector(qq%*%vcov(Logit)%*%qq)
15 > sqrt(vhat)
16 [1] 0.01356395
```

1–2번 행에서는 각각 kids618을 모두 0으로 하고 모두 1로 설정한 자료집합을 만들어 각각 Data1과 Data2라 한다. 3–4번 행에서는 이 두 자료집합에서 종속변수가 1일 확률을 개인별로 구하고, 5번 행에서는 이 둘의 차이들의 평균을 구하여 평균 부분효과를 구한다. 6번 행에 의하면 그 값은 0.01346쯤이며, 이는 kids618을 연속변수 취급하여 구한 0.01339보다 아주 약간 더 크다. 7–14번 행에서는 본문에서 제시한 방법을 이용하여 분산 추정값을 구한다(14번 행). 그 제곱근인 표준오차(15번 행)는 16번 행에 제시되어 있다.

▶ **연습 17.7.** 위 코드의 1번 행을 Data1 <- Mroz87로 하고, 2번 행 블록 안의 1을 kids618+1로 바꾸어 kids618이 실제보다 1씩 증가한 상황이 되도록 하라. 이렇게 구한 평균 부분효과와 그 표준오차는 각각 얼마인가?

▶ **연습 17.8.** 위 코드의 1번 행과 2번 행 블록 안의 표현들을 각각 0과 1이 아니라 kids618-0.001 과 kids618+0.001로 바꾸고 5번 행과 13번 행을 모두 0.002로 나누어 거의 '미분'한 상황이 되도록 하라. 이렇게 구한 평균 부분효과와 그 표준오차는 margins 패키지로부터 구한 값들 (예제 17.9의 43번 행)과 (거의) 동일한가?

17.10 통제집단과 처치집단 각각의 평균 부분효과

더미변수(d라 하자)의 경우, 이상에서 구한 평균 부분효과는 표본 내 전체 개체들의 d 값을 1로 설정한 상태에서의 확률예측값과 0으로 설정한 상태에서의 확률예측값을 비교한 것이다. 이를 수식으로 표현한다면 각 i마다 $P(y=1|\mathbf{x}=x_i, d=1) - P(y=1|\mathbf{x}=x_i, d=0)$를 추정한 다음 i에 걸쳐 평균을 구한 것이다. 여기서 $\mathbf{x}$는 d를 제외한 나머지 설명변수들이며 x_i는 i번째 개체에 해당 변수들의 관측값들이다. 이 식에서 x_i는 불변이고 d만 0에서 1로 변화한다. 즉, $\mathbf{x}$는 통제되었고 d만 값이 바뀌었다. 이 확률의 차이를 '처치효과'라 하고 α_i로 표기하자(i 첨자가 붙는 것은 $\mathbf{x}$의 값이 i마다 다르기 때문이다).

$$\alpha_i = P(y=1|\mathbf{x}=x_i, d=1) - P(y=1|\mathbf{x}=x_i, d=0)$$

앞에서 살펴본 평균 부분효과는 α_i를 모든 개체에 대하여 평균한 것이다. 이는 모든 개체들의 d가 0인 상태와 1인 상태를 비교한다. 그런데 사람들은 그뿐 아니라 '만약 실제로는 $d=1$인 사람들이 $d=0$이었다면 어땠을까' 하는 질문을 하고, $d=1$인 사람들만을 대상으로 이 가상적인 상황과 실제 상황에서 확률 차이의 평균을 구하는 데에 많이들 관심을 갖는다. 즉, 전체가 아니라 처치집단($d=1$인 집단)의 평균 부분효과에 관심을 갖는 것이다. 이를 추정하는 것은 간단하다. 앞에서 모든 개체들에 대하여 α_i를 이미 추정하였으므로, 단순히 α_i의 추정값들을 $d_i=1$인 개체들에 대해서만 평균하면 된다.

또한, '실제로는 $d=0$인 사람들의 경우 $d=1$이었다면 $y=1$일 확률이 어떠했을까' 하는 질문을 하면 통제집단($d=0$인 집단)의 평균 부분효과를 구하면 된다.

예제 17.11 처치집단과 통제집단의 평균 부분효과

예제 17.9로부터 계속한다. 거기 있는 R 스크립트를 모두 실행했어야만 본 예제의 실습을 할 수 있을 것이다. 독자의 편의를 위하여 꼭 필요한 부분만 반복하면 다음과 같다. 상황을 복잡하게 하기 위해서 모형에 상호작용항과 제곱항을 포함시켰음을 기억하라.

```
1 > data(Mroz87, package="sampleSelection")
2 > Mroz87$haskids5 <- as.numeric(Mroz87$kids5>0)
3 > model <-
4   lfp~nwifeinc+age*educ+exper+I(exper^2)+kids618+factor(haskids5)
```

```
5  > Logit <- glm(model, data=Mroz87, family=binomial)
6  > p1 <- predict(Logit, within(Mroz87, { haskids5 <- 0 }), type="r")
7  > p2 <- predict(Logit, within(Mroz87, { haskids5 <- 1 }), type="r")
```

5세 이하 자녀가 있는 사람들('처치집단')에 대하여 5세 이하 자녀가 있는 상황(실제 상황)과 없는 상황(가상적 상황)의 일할 확률 차이의 평균을 구해 보자. 이를 위해서는 예제 17.9의 63번 행에서 전체 표본에서의 평균을 구하는 것이 아니라 haskids5가 1인 표본에서 평균을 구하면 된다.

```
8  > mean((p2-p1)[Mroz87$haskids5==1])
9  [1] -0.328411
```

위에서 실제 상황에서 가상적 상황을 뺀 p2-p1의 평균을 5세 이하 자녀가 있는 여성들에 대하여 평균하였다. 이 결과에 의하면 처치집단의 (가상적 상황 빼기 실제 상황에 해당하는) 평균 부분효과는 약 0.328로서 예제 17.9의 64번 행 -0.3147083보다 약간 더 큰 크기이다. 5세 이하 자녀가 있는 여성들의 경우, 5세 이하 자녀가 있었기에 일할 확률이 평균 32.8% 포인트 하락하였다.

5세 이하 자녀가 없는 여성들의 경우, 만약 자녀가 있었다면 일할 확률이 어땠을지 생각해 보자. 다음 결과를 보라.

```
10 > mean((p2-p1)[Mroz87$haskids5==0])
11 [1] -0.3113844
```

실제 상황은 자녀가 없는 상황(p1)이고 가상적 상황은 자녀가 있는 상황(p2)이므로, 5세 이하 자녀가 없었던 여성들의 경우 만약 자녀가 있었다면 일할 확률이 31.1% 포인트 더 낮았을 것이다. 이 예제에서 전체 여성들의 평균 부분효과, 5세 이하 자녀가 있는 여성들의 평균 부분효과, 그렇지 않은 여성들의 평균 부분효과는 모두 엇비슷한 크기이다.

margins 패키지를 이용하여 집단별 평균 부분효과의 표준오차까지 구해 보자. margins가 haskids5 변수를 더미변수로 인식하도록 하기 위해서는 이것이 factor형 변수로 지정되어야 한다. 예제 17.9에서는 회귀식에 factor(haskids5)라고 명시하여 이를 구현할 수 있었다. 독자들은 예제 17.9 코드 3-4번 행을 참조하기 바란다. 그런데 집단별로 따로 평균 부분효과를 구하려면 현재 버전에서는 (아마도 패키지 코드가 덜 완전한 탓에) 그렇게 해서는 안 되고 자료에서 미리 변수를 factor형으로 변환시키고 나서 작업을 해야 한다. 아래 12번 행에서 haskids5 변수를 factor형으로 바꾼 새 자료를 M으로 저장한다.

```
12 > M <- within(Mroz87, { haskids5 <- factor(haskids5) })
13 > model <- lfp~nwifeinc+age*educ+exper+I(exper^2)+kids618+haskids5
```

```
14  > L2 <- glm(model, data=M, family=binomial(link="logit"))
15  > summary(margins(L2, variables='haskids5'))
16       factor     AME     SE       z        p    lower    upper
17   haskids51 -0.3147 0.0425 -7.4090 0.0000 -0.3980 -0.2315
18  > summary(margins(L2, subset(M, haskids5=="1"), var='haskids5'))
19       factor     AME     SE       z        p    lower    upper
20   haskids51 -0.3284 0.0452 -7.2700 0.0000 -0.4169 -0.2399
21  > summary(margins(L2, subset(M, haskids5=="0"), var='haskids5'))
22       factor     AME     SE       z        p    lower    upper
23   haskids51 -0.3114 0.0420 -7.4219 0.0000 -0.3936 -0.2292
```

13번 행에서 `haskids5`가 이미 `factor`형이므로 `factor(haskids5)`라고 하지 않았다. 14번 행에서 이 M 데이터를 이용하여 로짓 추정을 하여 결과를 L2로 보관하고, 15, 18, 21번 행에서는 각각 전체 자료, `haskids`가 1인 자료, `haskids5`가 0인 자료에 대하여 평균 부분효과를 구하였다. 20, 23번 행의 결과는 앞의 9, 11번 행 결과와 동일하다.

17.11 예제: 주택담보대출 승인에서 차별 분석

이상의 내용을 종합한 예제를 살펴본다.* 미국 보스턴 연방준비은행 연구자들이 보스턴 지역 주택담보대출 실태에 관한 자료를 수집하였다. 다음 Munnell et al (1996) 논문 초록이 배경 이해에 도움이 된다. "소수자와 저소득자의 주택담보대출 시장 접근성을 감시하기 위하여 주택담보대출정보공개법령(Home Mortgage Disclosure Act)이 발효되었다. 이 목적으로 수집된 기존 자료에 의하면 백인에 비하여 소수자는 주택담보대출이 거절될 개연성이 2배 이상 높다. 하지만 인종과 신용 모두와 상관된 변수들이 이 자료에 들어 있지 않아, 주택담보대출에서 인종의 역할에 대한 결론을 내릴 수가 없다. 보스턴 연방준비은행은 주택담보대출 승인 결정에 중요한 변수들을 추가로 수집하였으며, 인종의 역할은 유의하게 감소하기는 하였으나 여전히 주택담보대출 승인에 중요한 역할을 하는 것으로 나타났다."

보스턴 연방준비은행에서 수집한 자료를 HMDA 자료라 부르고, 그 일부가 `Ecdat` 패키지에 포함되어 있다. 그런데 `Ecdat` 패키지 내 자료에서 더미변수들이 `no`와 `yes`로 표시되고 그 값은 1과 2로 수록되어 있다. 필자가 모든 더미변수들을 0과 1로 바꾼 자료가 `loedata` 패키지의 `Hmda` 데이터이다. 변수명을 설명하면, `dir`은 총소득 대비 부채상환 비율(debt payments to total income ratio), `hir`은 소득 대비 주거비 비율(housing expenses to income ratio), `lvr`은 주택가격 대비 대부금 비율, `ccs`는 신용등급(1–6, 낮을수록 좋음),

---

*이 예제는 Stock and Watson (2007, Chapter 11)의 예제와 Munnell, Tootell, Browne and McEneaney (1996) 논문을 참고하였다.

mcs는 주택담보대출 신용등급(1–4, 낮을수록 좋음), pbcr은 신용불량 기록유무 더미변수
(1=있음), dmi는 주택담보대출 보험 거절여부 더미변수(1=거절), self는 자영업 더미변수,
single은 독신 더미변수, uria는 신청자가 속한 산업에서 1989년 매사추세츠 실업률,
condominium은 해당 주택이 콘도미니움인지를 나타내는 더미변수, black은 흑인 더미
변수, deny는 주택담보대출 거절을 나타내는 이진변수이다. 종속변수는 deny이다.

먼저 deny를 black에 대하여 OLS 회귀해 보자. 모형은 $E(deny|black) = \beta_0 + \beta_1 black$
이다. deny가 이진변수이므로 $E(deny|black)$은 $P(deny = 1|black)$이기도 하다. 따라서 이
선형확률모형에서 β_1은 흑인과 백인 간 거절 확률의 차이이다. 추정 결과는 다음과 같다.

```
1  > data(Hmda, package = "loedata")
2  > coeftest(lm(deny~black, data=Hmda), vcov=vcovHC)
3
4  t test of coefficients:
5
6              Estimate Std. Error t value  Pr(>|t|)
7  (Intercept) 0.0925563  0.0064165 14.4248 < 2.2e-16 ***
8  black       0.1906295  0.0253676  7.5147 8.027e-14 ***
9  ---
10 Signif. codes:  0 '***' 0.001 '**' 0.01 '*' 0.05 '.' 0.1 ' ' 1
```

만약 coeftest에서 문제가 생기면 library(lmtest)를 먼저 실행하기 바란다. 결과에서,
7번 행(절편)에 의하면 백인의 거절 확률은 약 9%이며, 8번 행에 의하면 흑인의 거절
확률은 백인에 비하여 약 19% 포인트 높다.

선형확률모형 대신 로짓모형 $P(deny|black) = \Lambda(\beta_0 + \beta_1 black)$을 사용해 보자. 여기서
$\Lambda(x) = e^x/(1+e^x)$이다. 다음 추정 결과를 보라.

```
11 > summary(logit0 <- glm(deny~black, data=Hmda, family=binomial))
12
13 Call:
14 glm(formula = deny ~ black, family = binomial, data = Hmda)
15
16 Deviance Residuals:
17    Min      1Q   Median      3Q      Max
18 -0.8160  -0.4407  -0.4407  -0.4407   2.1817
19
20 Coefficients:
21             Estimate Std. Error z value Pr(>|z|)
22 (Intercept) -2.28281    0.07636 -29.896   <2e-16 ***
23 black        1.35410    0.14270   9.489   <2e-16 ***
24 ---
```

```
25  Signif. codes:  0 '***' 0.001 '**' 0.01 '*' 0.05 '.' 0.1 ' ' 1
26
27  (Dispersion parameter for binomial family taken to be 1)
28
29      Null deviance: 1744.4  on 2380  degrees of freedom
30  Residual deviance: 1663.6  on 2379  degrees of freedom
31  AIC: 1667.6
32
33  Number of Fisher Scoring iterations: 5
```

11번 행에서 로짓 추정을 하여 `logit0`으로 보관하고 그 결과를 화면에 표시하였다. 22–23 번 행에 의하면 절편 추정값은 `-2.28281`이고 기울기 추정값은 `1.35410`이다.

이들 결과만으로는 무슨 소리인지 모르겠으니까 확률로 바꾸어 보자. 확률은 '$\mathbf{x}\beta$'의 추정값을 표준로지스틱분포 CDF에 따라 변환해야 하므로 백인의 거절 확률은 $\Lambda(\beta_0)$, 흑인의 거절 확률은 $\Lambda(\beta_0 + \beta_1)$이다. 이 두 확률과 그 차이를 구하면 다음과 같다.

```
34  > plogis(logit0$coef['(Intercept)'])
35  (Intercept)
36   0.09255632
37  > plogis(sum(logit0$coef))
38  [1] 0.2831858
39  > plogis(sum(logit0$coef))-plogis(logit0$coef['(Intercept)'])
40  (Intercept)
41   0.1906295
```

36번 행이 백인의 거절확률 추정값인데, 이 값은 OLS로 구한 7번 행의 결과와 동일하다. 흑인의 경우 그 확률의 추정값은 38번 행에 있으며, 흑인과 백인의 거절확률 차이는 41번 행에 있다. 41번 행의 결과는 앞의 OLS 추정에서 구한 더미변수 계수 추정값(8번 행)과 동일하다. 다른 설명변수가 전혀 없이 오직 더미변수 하나만 있는 모형에서는 OLS와 로짓 간에는 어떤 숫자를 보여주느냐를 제외하면 아무런 차이도 없다. 참고로, 이 동일성은 표본을 분할하는 더미변수들을 사용할 경우 항상 적용된다. 그러므로, 설명변수가 하나의 더미변수인 경우에는 굳이 로짓 추정을 할 필요가 없이 OLS 추정을 하면 된다. 하지만 더미변수들이 표본을 완전하게 구획하지 못하거나 여타 통제변수가 포함될 때에는 OLS 와 로짓의 결과가 서로 다를 것이다.

41번 행과 23번 행의 결과는 아무것도 통제하지 않은 상태에서 흑인과 백인 간 주택담보대출 거절확률의 단순한 차이를 나타낸다. 하지만 총부채상환율이나 신용상태 등 여러 요인들이 대출승인에 영향을 미치고 이들 요인의 값이 흑인과 백인 간에 평균적으로 상이할 수 있으므로, 이들 요인들을 통제하고 나면 인종 간에 거절확률에 얼마나 차이가 나는지 살펴보자. 이를 위해 자료집합에서 종속변수 `deny`를 나머지 모든 변수들에 대하여 로짓

회귀를 한다. 아래 42번 행에서 `black` 변수를 다시 `factor`로 만들어서 나중에 `margins`
가 평균 부분효과를 구할 때 범주형 변수로 처리하도록 한 자료를 만들어 H로 보관하고,
이 H를 이용하여 로짓회귀를 할 것이다.* 번거롭기는 하지만 어쨌든 작동은 한다.

```
42  > H <- within(Hmda, { black <- factor(black) })
43  > summary(logit1 <- glm(deny~., data=H, family=binomial))
44
45  Call:
46  glm(formula = deny ~ ., family = binomial, data = H)
47
48  Deviance Residuals:
49      Min       1Q    Median       3Q       Max
50  -2.6980   -0.4210   -0.3083   -0.2235    2.9848
51
52  Coefficients:
53               Estimate Std. Error z value Pr(>|z|)
54  (Intercept) -7.12889    0.55802 -12.775  < 2e-16 ***
55  dir          4.77419    1.03944   4.593 4.37e-06 ***
56  hir         -0.42215    1.23957  -0.341 0.733435
57  lvr          1.79795    0.49832   3.608 0.000309 ***
58  ccs          0.29484    0.03970   7.426 1.12e-13 ***
59  mcs          0.24643    0.14209   1.734 0.082857 .
60  pbcr         1.22812    0.20439   6.009 1.87e-09 ***
61  dmi          4.51536    0.55381   8.153 3.54e-16 ***
62  self         0.62242    0.21216   2.934 0.003349 **
63  single       0.40783    0.15611   2.612 0.008989 **
64  uria         0.06866    0.03396   2.022 0.043178 *
65  condominium -0.03201    0.16939  -0.189 0.850129
66  black1       0.72657    0.17956   4.046 5.20e-05 ***
67  ---
68  Signif. codes:  0 '***' 0.001 '**' 0.01 '*' 0.05 '.' 0.1 ' ' 1
69
70  (Dispersion parameter for binomial family taken to be 1)
71
72      Null deviance: 1744.2  on 2379  degrees of freedom
73  Residual deviance: 1271.3  on 2367  degrees of freedom
74    (1 observation deleted due to missingness)
75  AIC: 1297.3
76
77  Number of Fisher Scoring iterations: 6
```

*예제 17.9에서는 이렇게까지 하지 않고 `black`을 `factor(black)`으로 바꾸기만 해도 문제가 없었으나, 이
자료의 경우에는 왠지 그렇게 해서는 오류가 발생하고 아예 변수 자체를 `factor`형 변수로 바꾸어 주어야 제대로
작동하였다. `margins` 패키지에 개선의 여지가 있어 보인다.

여타 통제변수가 없는 모형과 이 모형을 비교하면, 여타 통제변수가 없는 모형에서
black의 계수(23번 행)는 **1.35410**인 반면 다른 요인들을 통제하고 나면 그 계수는
0.72657로 감소한다(68번 행). 하지만 그 p값은 아주 작고 black의 계수는 통계적으로
매우 유의하다.

black의 계수 추정값이 양(+)이고 통계적으로 유의하다는 것은 알겠으나, 이 값들
만으로는 다른 요소들을 통제한 후에 주택담보대출 거절확률의 인종 간 차이가 실제로
얼마나 되는지는 알기 어렵다. 그러니 평균 부분효과를 구해 보자. 결과는 다음과 같다.

```
78  > library(margins)
79  > summary(margins(logit1, variables = 'black'))
80   factor   AME     SE       z       p lower  upper
81   black1 0.0641 0.0182 3.5151 0.0004 0.0284 0.0999
```

81번 행에 의하면 black의 평균 부분효과는 약 **0.0641**로 추정되고, p값에 따르면 이
효과는 통계적으로 매우 유의하다. 참고로, `plot(margins(logit1))` 하면 그림을 볼 수
있으므로 한번 시도해 보기 바란다.

위 margins 명령 결과는 표본 내 모든 구성원들에 대하여 black 변수의 평균 부분효
과를 구한 것이다. 그 대신 흑인들만을 대상으로 인종의 영향을 구해 볼 수도 있다. 이는
여타 설명변수들의 차이에 의하여 설명된 부분을 제외하고 나서 인종이 거절확률에 어느
정도 영향을 미쳤는지를 흑인들에 대해서만 평균낸 값이다. 그 결과는 아래 84번 행의
0.0892로서, 백인과 흑인을 포함한 전체의 평균(81번 행의 **0.0641**)보다 크다.

```
82  > summary(margins(logit1, subset(H, black==1), variables = 'black'))
83   factor   AME     SE       z       p lower  upper
84   black1 0.0892 0.0237 3.7684 0.0002 0.0428 0.1355
```

선형확률모형을 OLS로 추정하면 결과는 다음과 같다. 아래 102번 행 black의 계수
추정값(**0.0882**)은 로짓을 이용하여 구한 평균 부분효과보다 약간 더 크다.

```
85  > coeftest(lm(deny~., data=Hmda), vcov=vcovHC)
86
87  t test of coefficients:
88
89               Estimate Std. Error t value  Pr(>|t|)
90  (Intercept) -0.2625110  0.0346842 -7.5686 5.369e-14 ***
91  dir          0.4624876  0.1151221  4.0174 6.069e-05 ***
92  hir         -0.0678873  0.1125065 -0.6034 0.5462952
93  lvr          0.0939182  0.0363076  2.5867 0.0097481 **
```

```
94   ccs            0.0310854  0.0046379   6.7025 2.553e-11 ***
95   mcs            0.0175650  0.0117504   1.4948 0.1350901
96   pbcr           0.2018380  0.0353114   5.7159 1.228e-08 ***
97   dmi            0.7096810  0.0446924  15.8792 < 2.2e-16 ***
98   self           0.0554439  0.0212474   2.6094 0.0091262 **
99   single         0.0346108  0.0136480   2.5360 0.0112778 *
100  uria           0.0053958  0.0032189   1.6763 0.0938146 .
101  condominium   -0.0029770  0.0146028  -0.2039 0.8384745
102  black          0.0881849  0.0227655   3.8736 0.0001101 ***
103  ---
104  Signif. codes:  0 '***' 0.001 '**' 0.01 '*' 0.05 '.' 0.1 ' ' 1
```

참고로, Munnell et al (1996)도 OLS와 로짓 회귀를 하였다. 관측치 수와 변수들이 다르고 모형도 달라서 그 결과가 우리 결과와는 다르다. Munnell et al (1996)의 Table 2에 의하면 인종 변수의 OLS 추정값은 0.07 (t 값은 3.34)이며, 로짓 추정값은 1.00 (t 값은 3.73)이다. 로짓 추정값으로부터 '흑인이 흑인이 아니었다면'이라고 할 때의 (흑인들의) 평균 부분효과를 구한 결과는 8.2로 보고되었다. 이 값은 84번 행의 결과보다 약간 작다. 본 절에서 구한 효과들이 Munnell et al (1996)이 보고한 것보다 더 큰 것은 설명변수들의 일부만 통제하였기 때문으로 보인다.

18 검열된 자료와 표본선택

18.1 검열된 자료

자동차에 대한 지출액을 생각해 보자. 자동차가 있는 사람은 지출액이 양(+)일 것이고, 자동차가 없는 사람은 지출액이 0일 것이다. 지출액이 음(−)인 경우는 없다. 학원비 지출액을 보자. 자녀를 학원에 보내는 사람은 학원비 지출액이 양(+)일 것이고, 학원에 보내지 않는 사람의 학원비 지출액은 0일 것이다.

이런 종류의 종속변수 자료에는 0이 있고 나머지는 양수일 것이다. 사치재에서 이런 현상이 흔히 나타난다고 한다(Tobin, 1958). 이런 지출액 자료에서 0이 의미하는 것은 정확히 0을 지출하고 싶었다는 것이 아니라 지출을 하지 않았다는 뜻이다. 만일 음(−)의 지출을 할 수 있다면 0의 지출을 한 사람들은 자동차에서 음의 지출을 하고 다른 재화에 더 많은 지출을 하고자 할지도 모르겠다. 이런 사람들에게서 0의 지출이 있는 것은 정확히 0만큼 원해서 0의 지출을 한 것이 아니라 0 미만으로는 내려갈 수 없어서 가능한 최저 금액인 0원을 지출한 것이다. 말하자면 검열자가 지출액이 일정 수준 아래로는 내려가지 못하도록 검열을 해서 0원 미만이면 모두 0원으로 만들었다고 이해할 수 있다. 그래서 이런 자료를 검열된 자료(censored data)라고 한다.

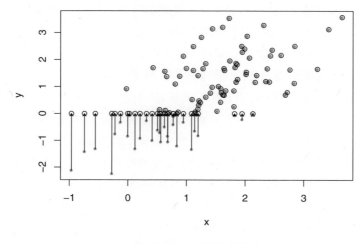

〈그림 18.1〉 자료의 검열

479

자료 검열이 〈그림 18.1〉에 예시되어 있다. 이 그림에서, 필자는 우선 (검열 이전의) 원자료를 생성하였다. 원자료는 색깔 있는 작은 점으로 표시되어 있다. 다음으로 필자는 원자료에 검열을 가하여 0보다 작은 종속변수값을 모두 0으로 치환하였다. 이 검열 이후의 자료는 동그라미로 표시되어 있다. 화살표 방향으로 검열이 일어났다. 예를 들어 맨 왼쪽 아래 색칠된 점의 원본 y값은 -2.1154였으나 검열 결과 0으로 치환되었다. 필자가 자료를 생성하였으므로 필자에게는 원자료가 있지만, 자료를 분석할 여러분에게는 원자료가 없고 검열된 자료만 있다. 말하자면 필자는 검열관이라서 원본을 가지고 있지만, 자료를 분석할 여러분은 검열을 거친 자료만 가지고 있는 것이다.

검열이 반드시 0에서만 일어나는 것은 아니다. 검열은 다른 지점에서 일어날 수도 있고, 또 반대 방향으로 일어날 수도 있다. 예를 들어 변수의 값이 100을 넘어가면 모두 100으로 잘라낼 수도 있다. 양방향으로 다 일어날 수 있다.

가장 흔히 나타나는 경우는 〈그림 18.1〉과 같이 0보다 작은 값에 대하여 검열이 일어나 0으로 치환되는 경우이다. 이때 검열 이전의 원자료를 y^* 라 하고 검열된 자료를 y라 하면, 우선 $y^* = \beta_0 + \beta_1 x_1 + \cdots + \beta_k x_k + u$ 처럼 선형모형을 세우고 나서

$$y = \begin{cases} y^* & \text{if } y^* > 0 \\ 0 & \text{if } y^* \leq 0 \end{cases}$$

이라고 하거나 한 줄로 다음과 같이 표기한다.

$$y = \max(\beta_0 + \beta_1 x_1 + \cdots + \beta_k x_k + u, 0) \tag{18.1}$$

검열 이전의 원자료 y^* 는 관측되지 않고 검열 이후의 자료 y만 관측된다.

선형모형에서는 오차항의 분포에 대하여 크게 신경을 쓰지 않아도 되었다. OLS 추정량의 비편향성이나 일관성에 오차평균0 가정은 필요하지만 오차항 분포에 관한 더 구체적인 가정은 필요하지 않다. 그러나 이 검열자료 모형에서는 이항반응 모형에서처럼 오차항 분포의 정확한 형태에 대한 명시적인 가정이 추가된다. 오차항이 정규분포를 가질 때, 즉 $u \sim N(0, \sigma^2)$ 일 때, 검열자료 모형 (18.1)을 I형 토빗 모형(type I Tobit model)이라 한다. 이 모형에서는 검열의 기준도 y^* 이고 검열대상도 y^* 이다. 나중에 검열기준과 검열대상이 상이한 모형을 고려할 것인데, 이를 II형 토빗 모형(type II Tobit model)이라 할 것이다. I형 토빗모형은 검열기준과 검열대상이 동일하며 오차항이 정규분포를 갖는다. II형 토빗모형에서는 검열기준과 검열대상이 상이할 수 있으며 오차항은 여전히 정규분포를 갖는다고 가정된다.

I형 토빗 모형 중 한 지점에서 검열이 일어날 때 이를 분석하는 가장 손쉬운 방법은 이항반응모형으로 바꾸는 것이다. 예를 들어 자동차 지출액 대신에 자동차 지출액이 0 원인지 양수인지 나타내는 이항변수(더미변수)를 만들어 분석하는 것이다(이항반응 모형에

대해서는 17장 참조). 이 방법은 양(+)의 금액에 있는 차이에 관한 정보를 버리므로 자료를 효율적으로 이용했다고 하기는 어렵겠지만, 매우 손쉬운 방법임에 틀림없다.

예제 18.1 이항반응모형을 이용한 검열자료 모형의 추정

예를 들어 보자. R의 Ecdat 패키지에 Tobacco라는 자료가 있다. 이 자료는 직업 (occupation), 거주지, 두 살 초과 자녀의 수(nkids), 두 살 이하 자녀의 수(nkids2), 가구 내 어른의 수(nadults), 가구 총지출의 로그값(lnx), 총지출 중 담배지출 비율(stobacco), 총지출 중 알코올 지출 비율(salcohol), 나이범위(age, 0~4 범주)에 관한 1995~1996년의 벨기에 2,724개 가구 자료이다. 자료의 출처는 벨기에의 국립통계국(National Institute of Statistics)이며, Verbeek (2004)에 수록된 것이 Ecdat 패키지에 포함되었다.

모형의 종속변수는 stobacco이고 독립변수들은 nkids, nkids2, nadults, lnx, age 이다. 흡연자가 없는 가구에서는 stobacco가 0일 것이며 stobacco는 0에서 검열이 일어났다. 이 변수가 0보다 큰지 여부를 나타내는 이진변수(tobyes라 함)를 만들자. 이 변수를 독립변수들에 대하여 프로빗 회귀를 할 것이다.

```
1  > library(Ecdat)
2  > data(Tobacco)
3  > Tobacco$tobyes <- as.numeric(Tobacco$stobacco>0)
4  > mean(Tobacco$tobyes)
5  [1] 0.3803231
6  > model <- tobyes~nkids+nkids2+nadults+lnx+age
7  > pbt <- glm(model,data=Tobacco,family=binomial(link='probit'))
8  > summary(pbt)
9
10 Call:
11 glm(formula = model, family = binomial(link = "probit"), data = Tobacco)
12
13 Deviance Residuals:
14     Min      1Q    Median      3Q       Max
15 -1.4355  -0.9959  -0.8279   1.2847    1.8094
16
17 Coefficients:
18             Estimate Std. Error z value Pr(>|z|)
19 (Intercept)  3.47779    0.81209    4.283 1.85e-05 ***
20 nkids        0.06199    0.02963    2.092   0.0365 *
21 nkids2      -0.28485    0.12063   -2.361   0.0182 *
22 nadults      0.15691    0.03472    4.520 6.19e-06 ***
23 lnx         -0.27767    0.06150   -4.515 6.33e-06 ***
24 age         -0.12880    0.02061   -6.250 4.11e-10 ***
25 ---
26 Signif. codes:  0 '***' 0.001 '**' 0.01 '*' 0.05 '.' 0.1 ' ' 1
```

```
27
28   (Dispersion parameter for binomial family taken to be 1)
29
30       Null deviance: 3618.7   on 2723   degrees of freedom
31   Residual deviance: 3535.5   on 2718   degrees of freedom
32   AIC: 3547.5
33
34   Number of Fisher Scoring iterations: 4
```

2번 행에서 Tobacco 자료를 읽어 들이고, 3번 행에서 이항 변수 **tobyes**를 생성시켰다. 5번 행에 따르면 약 38%의 가구에 담배지출이 있었다. 6~7번 행에서 프로빗 추정을 하고 8번 행 이하에 그 결과가 표시되어 있다. 2살 이하의 자녀가 많을수록 담배지출이 양일 확률이 낮고(5% 수준에서 유의함) 어른의 수가 많을수록 담배지출이 양일 확률이 높다(1% 수준에서 유의함).

이항반응모형의 속성상 계수들 자체를 가지고 정량적인 해석을 하기는 어렵지만(17.7절 참조), 가구의 특성별로 가구내에 흡연자가 존재할 확률은 구할 수 있다. 예를 들어 여타 변수들은 모두 자료내의 값들과 동일하고 모든 개인들의 **nkids2** 값이 0, 1, 2로 설정될 때 평균흡연 확률은 17.8절의 "범주형 설명변수" 소절에서 설명한 것처럼 다음의 방법을 사용하여 구할 수 있다.

```
35   > mean(predict(pbt, within(Tobacco, { nkids2 <- 0 }), type='r'))
36   [1] 0.3850652
37   > mean(predict(pbt, within(Tobacco, { nkids2 <- 1 }), type='r'))
38   [1] 0.2843767
39   > mean(predict(pbt, within(Tobacco, { nkids2 <- 2 }), type='r'))
40   [1] 0.1983403
```

이 결과에 따르면 흡연자 존재확률은 2세 이하 자녀의 수가 모두 0명으로 설정될 때 약 38.5%, 2세 이하 자녀수가 1명으로 설정될 때 약 28.4%, 2세 이하 자녀수가 2명으로 설정될 때 약 19.8%이다. 2세 이하 자녀 수가 늘수록 흡연자 존재확률은 감소한다.

또, 17.8절의 "최소 변화단위가 큰 설명변수" 소절의 방법에 따르면 2세 이하 자녀수가 현재 자료에 존재하는 값들보다 1명 증가할 때 평균 흡연자 존재확률은 아래 44번 행에서 보는 것처럼 약 10.0% 포인트 하락하는 것으로 추정된다(평균 부분효과).

```
41   > y0 <- predict(pbt,Tobacco,type='r')
42   > y1 <- predict(pbt,within(Tobacco, { nkids2 <- nkids2+1 }),type='r')
43   > mean(y1-y0)
44   [1] -0.1001591
```

17.7절의 미분 방법에 따르면 모든 가구에서 가구 총지출의 로그값(lnx)이 현재 수준으로부터 0.1 증가할 때(즉 모든 가계의 총지출이 각각 약 10%씩 증가할 때) 흡연자 존재확률의 변화를 다음과 같이 구할 수 있다.

```
45   > pbt$coef['lnx']*mean(dnorm(predict(pbt,type='l')))*0.1
46          lnx
47   -0.01031133
```

이에 따르면 흡연자 존재확률은 약 1.0% 포인트 하락한다.

지금까지 예제에서 설명한 방법은 종속변수를 담배지출의 몫(검열된 연속변수)으로부터 담배지출 존재여부(이항 변수)로 바꾼 것이다. 그러므로 담배지출의 존재 여부(즉 흡연자 존재 여부)는 설명할 수 있으나, 담배지출의 몫 자체가 어떻게 결정되는지는 설명할 수 없다. 다음 두 소절에서는 담배지출의 몫 자체를 분석하는 것에 대하여 설명한다.

18.2 검열된 자료와 OLS

종속변수에서 0 이하의 값이 검열된 자료에 대하여 그냥 OLS 회귀를 하면 그 추정량은 잘못된다. 음수가 되어야 할 종속변수값이 0이 되었으므로 제대로 추정이 이루어지기 어렵다. 얼마나 잘못되는지 〈그림 18.1〉의 자료를 이용하여 시험해 보자. 필자는 원자료 (진한 점)와 검열 이후 자료(동그라미)를 모두 가지고 있으므로 두 자료에 대하여 OLS 추정을 해 볼 수 있다(실제 응용연구에서는 원자료가 없고 검열된 자료만 있으므로 이러한

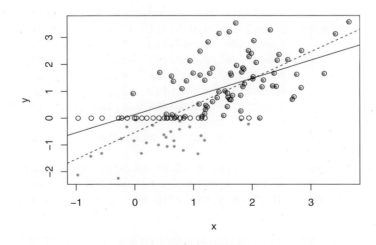

〈그림 18.2〉 검열된 자료와 OLS

비교가 불가능하다). 그 결과가 〈그림 18.2〉에 있다.

여러분은 가지고 있지 않는 검열 이전 원자료를 이용하여 OLS 회귀를 하면 〈그림 18.2〉의 점선으로 된 직선을 얻는다. 이 점선은 x와 y의 관계를 편향되지 않게 추정한 결과임을 알고 있다(OLS의 비편향성). 반면 검열 이후의 실제 관측값들을 이용하여 OLS 회귀를 하면 실선의 결과를 얻는다. 이 실선은 점선보다 기울기가 훨씬 완만하다. 0 이하로 내려가야 할 종속변수 값이 0에서 멈추었기 때문이다. 이처럼 종속변수값이 검열된 자료에 대하여 OLS 추정을 하면 기울기가 제대로 추정되지 않는다.

다음 예에는 검열된 자료를 이용한 다중회귀 분석결과가 있다.

예제 18.2   검열된 자료를 이용한 OLS 추정

전 소절의 담배지출 몫을 무작정 독립변수들에 대하여 회귀하면 다음의 결과를 얻는다 (자료는 **Ecdat** 패키지의 **Tobacco**).

```
> model <- stobacco~nkids+nkids2+nadults+lnx+age
> ols <- lm(model,data=Tobacco)
> summary(ols)

Call:
lm(formula = model, data = Tobacco)

Residuals:
      Min       1Q    Median        3Q       Max
-0.034568 -0.013058 -0.007689  0.002863  0.176401

Coefficients:
             Estimate Std. Error t value Pr(>|t|)
(Intercept)  0.2069765  0.0151311  13.679  < 2e-16 ***
nkids        0.0011680  0.0005623   2.077   0.0379 *
nkids2      -0.0047776  0.0022332  -2.139   0.0325 *
nadults      0.0027508  0.0006524   4.216 2.56e-05 ***
lnx         -0.0141745  0.0011452 -12.377  < 2e-16 ***
age         -0.0025072  0.0003865  -6.486 1.04e-10 ***
---
Signif. codes:  0 '***' 0.001 '**' 0.01 '*' 0.05 '.' 0.1 ' ' 1

Residual standard error: 0.02407 on 2718 degrees of freedom
Multiple R-squared:  0.06905,   Adjusted R-squared:  0.06734
F-statistic: 40.32 on 5 and 2718 DF,  p-value: < 2.2e-16
```

이 결과는 검열 이후의 자료를 사용하여 OLS를 추정을 하여 얻은 것이다. 우리는 최소한

이 결과들이 잘못되었다는 것은 안다. 다만, 단순회귀와는 달리 여기서는 설명변수가 많아 어느 계수의 추정량이 어느 방향으로 편향되었는지는 말하기 어렵다.

　　한편, 회귀를 할 때 모든 관측치들을 반드시 전부 사용해야 하는 것은 아니다. 종속 변수의 값이 0인 경우는 실제 0이어서 0이라기보다는 0 미만의 값을 0으로 꺾어 올렸기 때문에 발생한다. 그러므로 종속변수의 값이 0인 관측치들은 우리에게 잘못된 정보를 제공할 수도 있다. 그러니 종속변수 값이 0인 관측치를 모두 제거하고 OLS를 할 수도 있지 않겠는가?

▸ **연습 18.1.** 검열로 인하여 음수가 0으로 바뀐 관측치들을 오염된 자료로 간주하여 제외하고 그 나머지만을 이용하여 OLS 회귀를 하면 그 추정량은 일관성을 갖는가?

　　이렇게 관측치들을 절단(truncate)해 버리고 OLS를 해도 문제는 해결되지 않는다. 이는 〈그림 18.1〉을 자세히 들여다보면 알 수 있다. 검열 이전의 원래 종속변수(y^*)값이 음인 관측치들을 제거해 버리면, y의 값이 0인 수평선에 놓인 동그라미들이 없어진다. 그런데 그렇게 한다고 해서 문제가 해결되지 않는다. 예를 들어 x 값이 0.5인 관측치들에서 원래의 모든 y값들이 존재해야 그 y값들의 평균이 제대로 추정될 것인데, 음의 값들이 잘려 나갔으므로 양인 값들만 남게 되고, 사용되는 y값들의 평균은 참값보다 커진다. 따라서 직선을 그리면 여전히 기울기가 너무 완만할 것이다.

　　〈그림 18.1〉에서 종속변수의 값이 0보다 큰 관측치들만을 이용하여 구한 회귀선이 〈그림 18.3〉의 실선으로 표시되어 있다(점선은 원자료 사용). 앞에서 예측한 것처럼, 종속 변수가 0인 관측치들을 버리고 구한 회귀선이 검열 이전의 원본 자료를 활용한 회귀선보다

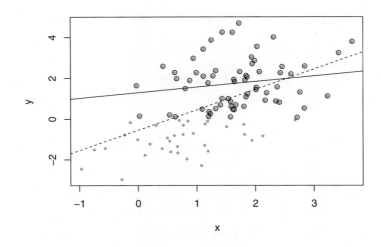

〈그림 18.3〉 절단된 자료와 OLS

더 완만한 기울기를 갖는 것을 확인할 수 있다. 제대로 된 추정을 위해서는 검열이 일어나는 방식을 어떻게든 분석에 반영하여야 한다. 이 방법에 대해서는 다음 절에서 더 자세히 설명할 것이고, 우선은 검열된 관측치들을 제외하는 경우의 예를 들어 보자.

예제 18.3 검열된 자료를 절단한 후 OLS 회귀

담배지출에 관한 자료(Ecdat 패키지의 Tobacco)에서 종속변수값이 0인 관측치들을 절단 (truncate)하고 OLS 회귀하면 다음의 결과를 얻는다. 이 결과들도 신뢰할 수 없다.

```
> trunc <- lm(model,data=Tobacco,subset=stobacco>0)
> summary(trunc)

Call:
lm(formula = model, data = Tobacco, subset = stobacco > 0)

Residuals:
      Min        1Q    Median        3Q       Max
-0.067492 -0.018972 -0.006637  0.011001  0.158481

Coefficients:
             Estimate Std. Error t value Pr(>|t|)
(Intercept)  0.3998347  0.0288440  13.862  <2e-16 ***
nkids        0.0009288  0.0010261   0.905  0.3656
nkids2      -0.0043599  0.0045171  -0.965  0.3347
nadults      0.0025228  0.0013009   1.939  0.0527 .
lnx         -0.0269746  0.0022025 -12.247  <2e-16 ***
age         -0.0015580  0.0007838  -1.988  0.0471 *
---
Signif. codes:  0 '***' 0.001 '**' 0.01 '*' 0.05 '.' 0.1 ' ' 1

Residual standard error: 0.02906 on 1030 degrees of freedom
Multiple R-squared:  0.1519,    Adjusted R-squared:  0.1478
F-statistic: 36.91 on 5 and 1030 DF,  p-value: < 2.2e-16
```

지금까지는 종속변수에 검열이 일어나는 경우를 살펴보았다. 그렇다면, 외생적인 독립변수에 검열이 일어나면 어떻게 될까? 이 경우에는 주의를 기울일 필요가 있다. 만일 독립변수에 먼저 검열이 일어나고, 검열 후 독립변수값에 의하여 종속변수가 결정되면 (독립변수값이 0이라고 할 때 이것이 원래 0이어서 0이든 원래는 음이었는데 0으로 치환되었든 상관없이 검열 후 독립변수 값에 따라 종속변수 값이 결정되는 경우임), 검열되었든 아니든 독립변수는 독립변수일 뿐이므로 하등의 문제도 발생하지 않는다. 반면,

종속변수가 검열 이전의 독립변수에 의존하고, 자료관측 단계에서 독립변수에 검열이 발생한다면, 독립변수에 측정오차가 존재하는 경우이므로 복잡한 문제가 발생하며, 만일 모든 관측치들을 이용하면 OLS 추정량은 편향된다.

단순회귀모형 $y = \beta_0 + \beta_1 x + u$에서 x와 u가 서로 독립이라고 하자. 그러므로 x는 외생적이고 y는 x에 영향을 받는다. 그런데 x에서 검열이 일어나 $x < 0$이면 0의 값으로 기록된다고 하자. 이렇게 기록된 변수를 z라 하자. 즉, $z = \max(x,0)$ 또는 $z = x\{x > 0\}$이다. 그런데 $1\{x > 0\} + 1\{x \leq 0\} = 1$이므로, 이 모형은 다음과 같이 쓸 수 있다.

$$y = \beta_0 + \beta_1 x(1\{x > 0\} + 1\{x \leq 0\}) + u$$
$$= \beta_0 + \beta_1 x\{x > 0\} + (\beta_1 x\{x \leq 0\} + u)$$
$$= \beta_0 + \beta_1 z + v, \quad v = u + \beta_1 x\{x \leq 0\}$$

관측된 변수 z는 오차항 u와는 서로 독립이지만 회귀방정식의 오차항 v와는 상관되어 있다. $E(z) > 0$이고 $E(v) = \beta_1 E(x\{x \leq 0\}) \neq 0$이지만 $E(zv) = 0$이기 때문이다. 특히 $\beta_1 > 0$이라면, $E(v) < 0$이며 z와 v의 공분산은 $\mathrm{cov}(z,v) = \beta_1[E(zv) - E(z)E(v)] = -\beta_1 E(z)E(v) > 0$이다. 그러므로 이 경우 $\beta_1 > 0$이라면 y를 z에 대하여 회귀하여 구한 기울기 추정량은 상방편향된다.

종속변수에 의한 검열의 경우와는 달리 독립변수에 의해 검열이 일어날 때 검열당하지 않은 관측치들(예를 들어 $x > 0$인 관측치들)만을 이용하여 OLS 추정을 하면 아무런 문제도 발생하지 않는다. 독립변수들은 외생적이므로 $x > 0$인 관측치들의 독립변수도 모두 외생적이고 편향의 측면에서 아무런 문제도 없다. 잘못을 가져오는 관측치는 검열된($x = 0$) 자들이므로 이들만 제거해 버리면 문제가 없는 것이다.

이 사실을 다음과 같이 확인해 볼 수 있다. 단순회귀모형 $y = \beta_0 + \beta_1 x + u$에서 $x > 0$인 경우만 모아서 절단된 회귀를 하면 그 회귀식은 다음과 같은 관계를 만족시킨다.

$$E(y|x, x > 0) = \beta_0 + \beta_1 x + E(u|x, x > 0)$$

여기서 $E(u|x) = 0$이면 $E(u|x, x > 0) = 0$이므로 $x > 0$인 경우만 고려하는 회귀식의 오차항은 설명변수와 무관하며, 절단된 OLS 추정량은 비편향이다.

이상을 요약하면 다음과 같다. 외생적인 설명변수에 검열이 일어나고 종속변수는 검열 이전의 설명변수에 의하여 결정된다면, 모든 관측치들을 사용해서는 안 되고 검열당하지 않은 관측치들만을 모아서 회귀하면 된다. 하지만 종속변수에 검열이 일어난다면 모든 관측치들을 이용하든, 검열당하지 않은 관측치들만 이용하든, OLS 추정량은 편향된다. 이 경우에는 검열이 일어나는 규칙을 어떻게든 반영하여야만 한다.

지금까지는 모집단 내 개체들의 변수들에 모두 동일한 함수관계가 존재한다고 보았다. 그러므로 외생적 설명변수에 검열이 일어날 때 검열당하지 않은 자료만을 이용하여도 모두 공통의 모수를 일관되게 추정할 수 있었다. 하지만 만약 개체들이 이질적이어서 계수가 상이하고 연구자가 그 평균적 특성에 관심을 갖는다면 표본을 절단하여 일부만 사용하는 추정법은 모집단의 평균적인 특성을 찾아 내지 못한다는 점을 염두에 둘 필요가 있다. 이 설명이 무엇을 뜻하는지 모르는 경우에는 그냥 넘어가기 바란다.

18.3 토빗 추정

표기상의 편의를 위하여 $\mathbf{x}\beta = \beta_0 + \beta_1 x_1 + \cdots + \beta_k x_k$ 라 하자. 앞으로 등장하는 $\mathbf{x}\beta$ 는 모두 $\beta_0 + \beta_1 x_1 + \cdots + \beta_k x_k$ 로 치환하여 읽기 바란다. 다음의 I형 토빗모형을 생각해 보자.

$$y = \max(0, \mathbf{x}\beta + u), \quad u \sim N(0, \sigma^2)$$

검열 이전의 원자료를 y^* 라 하면 이 토빗모형은 "$y^* = \mathbf{x}\beta + u$ 이고, $y = \max(y^*, 0)$"이라고 표현할 수도 있다. 즉, 원자료 y^* 는 독립변수들에 의하여 선형으로 결정되며, 만일 원자료 y^* 가 0 미만이면 0으로 바꾸는 검열이 일어난다는 것이다. 연구자에게 y^* 자료는 없고 y 자료만 있다.

  y 의 값이 0으로 관측되는 경우는 검열 이전의 원자료 y^* 가 0보다 작거나 같은 경우, 즉 $u \leq -\mathbf{x}\beta$ 인 경우이다. 토빗모형에서 오차항은 정규분포 $N(0, \sigma^2)$ 을 가지므로 $u/\sigma \sim N(0,1)$ 이고, 따라서 ($\mathbf{x}$ 조건부로) y 가 0의 값을 가질 확률은 다음과 같다.

$$P(y = 0|\mathbf{x}) = P(u \leq -\mathbf{x}\beta|\mathbf{x}) = P\left(\frac{u}{\sigma} \leq -\frac{\mathbf{x}\beta}{\sigma}\Big|\mathbf{x}\right) = \Phi(-\mathbf{x}\beta/\sigma) = 1 - \Phi(\mathbf{x}\beta/\sigma)$$

여기서 $\Phi(\cdot)$ 는 표준정규분포의 누적확률분포함수(CDF)로서 R의 pnorm() 명령으로 구현되어 있는 함수이다. 다른 한편, $y^* > 0$ 이면 $y = y^*$ 이며 $y^* = a > 0$ 에서의 확률밀도함수는 $u = a - \mathbf{x}\beta$ 에서의 u 의 확률밀도인 $\phi((a - \mathbf{x}\beta)/\sigma)/\sigma$ 이다. 여기서 $\phi(\cdot)$ 는 표준정규분포의 확률밀도함수(PDF)로서 그 값은 R의 dnorm()으로써 구할 수 있다.

  이러한 y 분포에 대한 정보를 최적으로 활용하여 β 와 σ 를 추정할 수 있다. 이 추정량은 12.4절에서 소개한 최우추정량(MLE)이다(그 수학적·통계학적 성질을 설명하는 것은 이 책의 범위를 벗어난다). 구체적으로, $y = 0$ 일 확률과 $y > 0$ 일 때의 확률밀도함수를 결합하여 다음 로그우도함수를 만들 수 있다.

$$\log L(\beta, \sigma) = \sum_{i=1}^{n} \left\{ \log\left[\frac{1}{\sigma}\phi\left(\frac{y_i - \mathbf{x}_i\beta}{\sigma}\right)\right](y_i > 0) + \log\left[1 - \Phi\left(\frac{\mathbf{x}_i\beta}{\sigma}\right)\right](y_i = 0) \right\}$$

이 로그우도함수를 최대화하는 최우추정 방법을 토빗 추정이라 한다. R에서 토빗 추정을 위해서는 AER 패키지의 tobit 명령을 사용하는 것이 간편하다.*

예제 18.4 담배 지출액 비중에 관한 토빗 추정

Ecdat 패키지의 Tobacco 자료를 이용하여 담배 지출액 비중(stobacco)을 자녀의 수 (nkids), 두 살 이하 자녀의 수(nkids2), 가구 내 어른의 수(nadults), 가구 총지출의

---

  *참고로, tobit() 명령은 survival 패키지의 survreg() 명령을 불러 온다. tobit(y~x)는 survreg (Surv(y,y>0,type='left')~x,dist='gaussian')과 동일하다.

로그값(lnx), 나이 범위(age)에 대하여 토빗 회귀한 결과는 다음과 같다.

```
1  > library(AER)
2  > model <- stobacco~nkids+nkids2+nadults+lnx+age
3  > tobinfit <- tobit(model,data=Tobacco,left=0)
4  > summary(tobinfit)
5
6  Call:
7  tobit(formula = stobacco ~ nkids + nkids2 + nadults + lnx + age,
8      left = 0, data = Tobacco)
9
10 Observations:
11         Total  Left-censored    Uncensored Right-censored
12         2724           1688          1036              0
13
14 Coefficients:
15             Estimate Std. Error  z value Pr(>|z|)
16 (Intercept)  0.3342026  0.0357956    9.336  < 2e-16 ***
17 nkids        0.0029758  0.0012967    2.295   0.0217 *
18 nkids2      -0.0135256  0.0054338   -2.489   0.0128 *
19 nadults      0.0076941  0.0015451    4.980 6.37e-07 ***
20 lnx         -0.0256124  0.0027223   -9.408  < 2e-16 ***
21 age         -0.0063870  0.0009186   -6.953 3.59e-12 ***
22 Log(scale)  -3.0293025  0.0246699 -122.793  < 2e-16 ***
23 ---
24 Signif. codes:  0 '***' 0.001 '**' 0.01 '*' 0.05 '.' 0.1 ' ' 1
25
26 Scale: 0.04835
27
28 Gaussian distribution
29 Number of Newton-Raphson Iterations: 3
30 Log-likelihood: 746.4 on 7 Df
31 Wald-statistic: 144.8 on 5 Df, p-value: < 2.22e-16
```

이 결과 중 26번 행의 Scale 값은 σ의 추정량으로서, 22번 행 Log(scale)의 계수추정값을 지수함수변환한 값과 동일하며, 오차항의 표준편차의 추정값이다. exp(-3.0293025)를 계산해 보면 알 수 있다.

토빗 추정에서는 오차항이 정규분포를 갖는다는 가정을 하였다. 이 정규분포의 가정은 추정 시 중요하며, 토빗 추정량이 일관적이기 위해서는 정규분포의 가정이 타당하여야 한다. 오차항이 정규분포를 갖지 않으면 토빗 모형은 현실을 반영하지 않으며 토빗 추정량은 비일관적이다. 이 말은 토빗 추정을 이용한 모든 연구에 대하여 오차항이 정규분포를 갖지 않을 수 있다고 비판할 수 있음을 의미하지만 오차항이 정규분포가 아니면 문제가 복잡해지므로, 실제 연구에서 그런 비판은 정말로 중요한 경우가 아니면 별로 하지 않는다. 또한, 토빗 추정량이 일관되기 위해서는 오차항에 이분산이 존재해서는 안 된다. 그러므로 토빗 추정에 이분산에 견고한 표준오차를 사용하는 것은 추정량이 비일관적임을 암시하는 것이므로 자기모순에 빠지는 것과 같다.

토빗 추정값들의 해석을 위해서는 먼저 $\mathrm{E}(y|\mathbf{x}, y > 0)$을 구해볼 필요가 있다. 만일 z라는 어떤 변수가 $N(0, 1)$의 분포를 갖는다면

$$\mathrm{E}(z|z > -a) = \frac{\phi(a)}{1 - \Phi(-a)} = \frac{\phi(a)}{\Phi(a)} = \lambda(a)$$

임이 알려져 있다. 비율 $\lambda(a) = \phi(a)/\Phi(a)$를 a에서의 역 밀스 비율(inverse Mills ratio, IMR)이라 한다. 여기서 $\Phi(\cdot)$와 $\phi(\cdot)$는 각각 표준정규분포의 누적확률분포함수(CDF)와 확률밀도함수(PDF)로서, 각각 R의 pnorm()과 dnorm()으로써 계산할 수 있다. 위의 사실을 이용하면 다음을 도출할 수 있다.

$$\mathrm{E}(y|\mathbf{x}, y > 0) = \mathrm{E}(\mathbf{x}\beta + u|\mathbf{x}, u > -\mathbf{x}\beta) = \mathbf{x}\beta + \sigma\lambda(\mathbf{x}\beta/\sigma). \tag{18.2}$$

증명. $u/\sigma \sim N(0, 1)$이므로, 상수 c에 대하여

$$\mathrm{E}(u|u > -c) = \sigma\mathrm{E}\left(\frac{u}{\sigma}\Big|u > -c\right) = \sigma\mathrm{E}\left(\frac{u}{\sigma}\Big|\frac{u}{\sigma} > -\frac{c}{\sigma}\right) = \sigma\lambda(c/\sigma).$$

첫 번째 등식은 $u = \sigma \cdot u/\sigma$이기 때문에 성립하고, 두 번째 등식은 $u > -c$와 $u/\sigma > -c/\sigma$가 동일하기 때문에 성립하며, 마지막 등식은 $u/\sigma \sim N(0, 1)$이기 때문에 성립한다. 모집단에서 성립하는 모형 $y = \mathbf{x}\beta + u$에서 양변에 $\mathbf{x}$와 $u > -\mathbf{x}\beta$ 조건부로 기댓값을 취하면 $c = \mathbf{x}\beta$를 대입하여 $\mathrm{E}(y|\mathbf{x}, u > -\mathbf{x}\beta) = \mathbf{x}\beta + \mathrm{E}(u|\mathbf{x}, u > -\mathbf{x}\beta) = \mathbf{x}\beta + \sigma\lambda(\mathbf{x}\beta/\sigma)$를 얻는다. 그런데 $u > -\mathbf{x}\beta$라는 사건은 $y > 0$이라는 사건과 동일하므로 이 마지막 식은 (18.2)와 같다.   증명 끝

식 (18.2)는 $y > 0$인 경우만으로 관심 대상을 한정할 때(즉, $y = 0$인 경우를 고려에서 제외할 때) $\mathbf{x}$값이 주어질 때의 y의 기댓값이다. 이로부터 $y > 0$인 경우로 제한할 때의 평균 한계효과들을 구할 수 있다. 대표적인 경우로, x_1이 연속적인 값을 갖는 변수라 하자. 위 식의 양변을 x_1에 대하여 편미분하면 다음을 얻는다.

$$\frac{\partial \mathrm{E}(y|\mathbf{x}, y > 0)}{\partial x_1} = \beta_1\{1 - \lambda(a_\mathbf{x})[a_\mathbf{x} + \lambda(a_\mathbf{x})]\}, \quad a_\mathbf{x} = \mathbf{x}\beta/\sigma \tag{18.3}$$

증명. $\lambda'(\cdot)$를 $\lambda(\cdot)$의 1계 도함수라 하자. 식 (18.2)의 양변을 x_1에 대하여 미분하면

$$\frac{\partial \mathrm{E}(y|\mathbf{x}, y > 0)}{\partial x_1} = \beta_1 + \sigma\lambda'(\mathbf{x}\beta/\sigma)\beta_1/\sigma = \beta_1[1 + \lambda'(\mathbf{x}\beta/\sigma)].$$

그런데 $\lambda(a) = \phi(a)/\Phi(a)$이고 $\phi'(a) = -a\phi(a)$, $\Phi'(a) = \phi(a)$이므로, 연쇄법칙에 따라 $\lambda'(a) = -a\phi(a)/\Phi(a) - \phi(a)^2/\Phi(a)^2 = -a\lambda(a) - \lambda(a)^2$이다. 항들을 정리하면 (18.3)이 된다.   증명 끝

식 (18.3)은 y가 양의 값을 갖는 경우로 제한할 때 여타 설명변수들을 고정하고 x_1의 값이 미세하게 증가하는 경우 x_1의 증가 정도에 비하여 y가 평균적으로 증가하는 비율($y > 0$ 조건부 평균 한계효과)을 의미한다. 여타 x_j에 대해서는 β_1을 β_j로 바꾸면 된다.

예제 18.5 토빗 추정에서 양의 값을 갖는 대상의 평균 한계효과

앞의 토빗 예제(예제 18.4)에서 lnx (총 지출액의 로그값)와 관련된 평균 한계효과는 다음과 같이 구할 수 있다. 여기서 평균 한계효과는 총지출액이 약간 증가할 때 $\mathrm{E}(y|\mathbf{x}, y>0)$이 평균적으로 증가하는 정도, 즉 $y>0$인 가구들에 국한할 때 lnx의 미세한 증가가 y를 평균적으로 증가시키는 비율을 나타낸다.

```
> Tobacco$xb <- predict(tobinfit,type='lp')
> Tobacco$xb1 <- Tobacco$xb/tobinfit$scale
> Tobacco$imr <- with(Tobacco, dnorm(xb1)/pnorm(xb1))
> b1 <- tobinfit$coef['lnx']
> b1*mean(1-with(Tobacco, imr*(xb1+imr)))
        lnx
-0.007675319
```

이 결과에 따르면 담배지출이 양(+)인 가구들에 국한할 때 총지출액이 10% 증가(lnx가 약 0.1 증가)하면 담배지출비중은 평균 약 0.00077포인트, 즉 약 0.077퍼센트 포인트 하락한다.

앞에서는 $y>0$ 조건부로 평균 한계효과를 구하였다. 하지만 연구자가 흔히 관심을 갖는 것은 ($y>0$인 경우와 $y=0$인 경우를 모두 포괄하는) 전체 모집단에서의 평균 한계효과, 즉 $\mathrm{E}(y|\mathbf{x})$를 x_j에 대하여 편미분한 것이다. 이를 구하기 위해 $\mathrm{E}(y|\mathbf{x})$를 구하면 다음과 같다.

$$\mathrm{E}(y|\mathbf{x}) = P(y>0|\mathbf{x})\,\mathrm{E}(y|\mathbf{x}, y>0) = \Phi(\mathbf{x}\beta/\sigma)[\mathbf{x}\beta + \sigma\lambda(\mathbf{x}\beta/\sigma)] \tag{18.4}$$

증명. 첫 번째 등식은 $\mathrm{E}(y|\mathbf{x}) = P(y=0|\mathbf{x})\cdot 0 + P(y>0|\mathbf{x})\,\mathrm{E}(y|\mathbf{x}, y>0)$ 이므로 성립한다. 두 번째 등식은 $P(y>0|\mathbf{x}) = P(u>-\mathbf{x}\beta|\mathbf{x}) = \Phi(\mathbf{x}\beta/\sigma)$임과 식 (18.2)로부터 도출된다. **증명 끝**

이제 앞에서와 마찬가지로 식 (18.4)의 양변을 x_1에 대하여 편미분하면 연쇄법칙에 의하여 다음의 간단한 형태를 얻는다.

$$\frac{\partial\mathrm{E}(y|\mathbf{x})}{\partial x_1} = \beta_1\Phi(\mathbf{x}\beta/\sigma) \tag{18.5}$$

증명. 식 (18.4)의 우변을 x_1에 대하여 편미분하면 곱의 법칙$((fg)' = f'g + fg')$과 연쇄법칙에 의하여 다음을 얻는다.

$$\frac{\partial\mathrm{E}(y|\mathbf{x})}{\partial x_1} = (\beta_1/\sigma)\phi(\mathbf{x}\beta/\sigma)[\mathbf{x}\beta + \sigma\lambda(\mathbf{x}\beta/\sigma)] + \Phi(\mathbf{x}\beta/\sigma)[\beta_1 + \sigma\lambda'(\mathbf{x}\beta/\sigma)(\beta_1/\sigma)]$$

$$= \beta_1\phi(a_\mathbf{x})[a_\mathbf{x} + \lambda(a_\mathbf{x})] + \Phi(a_\mathbf{x})\beta_1[1 + \lambda'(a_\mathbf{x})], \quad a_\mathbf{x} = \mathbf{x}\beta/\sigma$$

여기에 (18.3)의 증명에서 이용한 $\lambda'(a) = -a\lambda(a) - \lambda(a)^2$을 사용하면, 표기를 간단히 하기 위해 $a = a_\mathbf{x}$, $\phi = \phi(a_\mathbf{x})$, $\Phi = \Phi(a_\mathbf{x})$, $\lambda = \lambda(a_\mathbf{x}) = \phi/\Phi$라 할 때,

$$\frac{\partial E(y|\mathbf{x})}{\partial x_1} = \beta_1(a+\lambda)\phi + \Phi\beta_1(1-a\lambda-\lambda^2)$$

$$= \beta_1(a+\phi/\Phi)\phi + \Phi\beta_1(1-a\phi/\Phi-\phi^2/\Phi^2) = \beta_1\Phi$$

복잡한 항들이 모두 소거되는 것을 확인하라. **증명 끝**

참고로, (18.3)과 (18.5)의 차이는, 전자가 모집단 중 $y > 0$인 대상으로 제한하였음에 반하여, 후자는 $y = 0$까지 포함한 모두를 대상으로 한다는 것이다. 식 (18.5)에 의하여, 전체 모집단에서 x_1 증가의 평균 부분효과는 다음으로써 추정한다.

$$\hat{\beta}_1\left[\frac{1}{n}\sum_{i=1}^n \Phi(\mathbf{x}_i\hat{\beta}/\hat{\sigma})\right]$$

예제 18.6   토빗 추정에서 평균 한계효과

앞의 예제에서 `lnx` (총 지출액의 로그값)와 관련된 평균 한계효과는 다음과 같이 구할 수 있다. 여기서 평균 한계효과는 총지출액이 약간 증가할 때 $E(y|\mathbf{x})$가 평균적으로 증가하는 정도를 나타낸다.

```
> b1*mean(pnorm(Tobacco$xb1))
         lnx
-0.009495596
```

이 계산에 따르면 총지출액이 지금보다 10% 증가(즉 `lnx`가 약 0.1 증가)할 때, 담배지출 비중은 전체 평균 약 0.00095포인트, 즉 약 0.095퍼센트 포인트 하락한다.

마지막으로 β_1이 의미하는 바를 분명히 할 필요가 있겠다. 토빗 모형에서 β_1이란 x_1이 한 단위 증가할 때 검열 이전의 종속변수가 변화하는 정도를 나타낸다. 예를 들어, 앞의 토빗 추정결과에서 `lnx`의 계수가 -0.0256인데, 이는 만일 한 가구가 0 미만의 담배지출을 할 수 있었다면 총지출이 10% 증가할 때 담배지출 비중이 약 0.00256포인트, 즉 약 0.256 퍼센트 포인트 하락하였을 것임을 나타낸다. 물론 음의 담배소비지출은 불가능하며, 따라서 토빗모형의 추정계수 자체는 제한적인 의미만을 갖는다.

18.4 표본선택

여성들의 교육수준과 임금의 관계에 관심이 있다고 하자. 가장 먼저 떠오르는 생각은 여성의 임금 자료를 구하여 좌변에 임금의 로그값을, 우변에 교육수준과 여타 통제변수들을 두고 OLS 회귀를 하는 것이다. 이 접근법에는 아무런 문제도 없는 듯하나 사실은 그렇지 않을 수 있다. 과거, 여성(특히 기혼여성)들은 먼저 일을 할지 말지 결정(선택)하고 나서, 일을 하겠다고 선택하면 비로소 표본이 관측된다. 그러므로 일을 하겠다고 선택한 사람들의 자료만 관측된다. 다시 말하여 자료가 관측된 사람들은 표본에 포함되겠다고 선택한 사람들이며, 표본에 포함되겠다고 선택한 사람들은 일을 함으로써 더 큰 이득을 얻을 사람들일 것이다.

선택에 의하여 관측여부가 결정되면 묘한 문제가 발생한다. 생산성이 높아 높은 임금을 받을 사람들이 주로 임금노동을 하기로 결정한다면, 표본에는 생산성이 비교적 높은 사람들만 존재할 것이므로, 이 표본은 전체 모집단을 대표하지 않는다. 즉, 표본에는 스스로 선택한 특정 성향의 사람들이 주로 모여 있으며, 이들을 분석하면 이 특정 성향의 사람들을 분석하는 것이지, 전체 모집단을 분석하는 것이 아니다.

다른 예를 들어본다면, 특정 정당에 대한 지지율에 대한 설문에서, 그 정당을 싫어하는 사람들은 응답을 거부하고(상종하고 싶지 않아서), 그 정당을 좋아하는 사람들이 주로 응답한다면(표본선택), 응답자들의 지지도는 전체 모집단 지지도를 과대평가하게 될 것이다.

또 다른 예를 들어보자. 학생들이 자발적으로 시험을 볼지 말지 결정한다고 하자. 전부 그렇지는 않겠지만 학생들은 대체로 시험에 자신이 있으면 시험을 볼 것이고 자신이 없으면 시험을 보지 않을 것이다. 그런데 시험성적은 시험을 보는 경우에만 나오므로, 관측되는 표본만을 분석하면 대체로 성적이 좋은 학생들만 분석하는 셈이 되어, 이로부터는 전체 학생들의 특성을 파악할 수 없다.

표본에 포함되기로 선택된 자들로 이루어진 표본을 분석할 때에는, 표본선택을 설명하는 방정식(선택방정식, selection equation)과 성과에 대한 방정식(성과방정식, outcome equation)을 모두 설정한다. 선택방정식은 이항반응 모형으로서 선택여부를 외생변수들로써 설명한다. 어떤 사람이 선택될 것으로 결정되면, 이 사람에 관한 자료가 존재한다. 예를 들어 어떤 기혼 여성이 일을 할 것으로 선택하면, 이 여성의 임금은 양이다. 선택되지 않기로 결정한(즉, 일을 하지 않기로 한) 여성의 임금은 관측되지 않는다.

선택방정식과 성과방정식이 각각 다음과 같다고 하자.

$$s = I(\mathbf{z}\delta + v > 0), \quad y = \mathbf{x}\beta + u$$

성과방정식은 $s=1$일 때에만 정의되고 $s=0$이면 y값이 관측되지 않는다. 선택 시의 비관측요소 v와 성과방정식의 오차항 u는 상관되어 있을 수 있다. 예를 들어 주어진 여건에서 생산성이 평균보다 높은 여성(u가 큼)이 일을 하기로 선택할 가능성이 높을 것이다(v가 큼). 설명변수들인 $\mathbf{z}$와 $\mathbf{x}$가 외생적이라 하고 v와 u는 이변수 정규분포를 갖는다고 가정한다. 이때 평균은 0이며, 분산은 $\mathrm{var}(v) = 1$, $\mathrm{var}(u) = \sigma^2$, 상관계수는 ρ, 즉 $\mathrm{cov}(v,u) = \rho\sigma$ 이다. 이것이 II형 토빗모형, 또는 이 모형을 제안한 2000년 노벨 경제학상 수상자 헤크만 (James J. Heckman)의 이름을 따서 헤킷(Heckit)모형이라 한다. 만일 ρ의 크기가 크다면

(±1에 가까움) 표본선택에 내생성이 강하므로, 표본선택을 감안하지 않은 모형은 크게 편향된 값을 추정할 것이다. 반면 ρ가 0에 가깝다면 선택이 비교적 무작위적으로 일어날 것이므로 관측된 자료만 사용하여도 큰 문제가 없을 것이다.

이하에서는 일반적인 다중회귀 방정식 $y = \mathbf{x}\beta + u$에서 $\mathrm{E}(y|\mathbf{x}) = \mathbf{x}\beta$일 경우, 이는 $\mathrm{E}(u|\mathbf{x}) = 0$임을 뜻하므로, y를 $\mathbf{x}$에 대하여 회귀한 OLS 추정량이 비편향임을 기억하고 논리를 따라가기 바란다. 예를 들어, $\mathrm{E}(y|x_1, x_2) = \beta_0 + \beta_1 x_1 + \beta_2 x_2$이면 y를 x_1, x_2에 대하여 회귀한 OLS 추정량은 비편향이다. 만약 $\mathrm{E}(y|x_1, x_2) = \beta_0 + \beta_1 x_1 + \beta_2 x_2 + \beta_3 x_2^2$이면 y를 x_1, x_2, x_2^2에 대하여 회귀한 OLS 추정량은 비편향이다. 나아가, 만약 어떤 더미변수 s가 있고 $\mathrm{E}(y|x_1, x_2, x_3, s = 1) = \beta_0 + \beta_1 x_1 + \beta_2 x_2 + \beta_3 f(x_1, x_2, x_3)$이면, $s = 1$인 대상만으로 한정하여 y를 x_1, x_2, $f(x_1, x_2, x_3)$에 대하여 회귀하면 그 OLS 추정량은 비편향이다. 이 마지막 예에서 R을 사용한다면, 말하자면 다음과 같이 하면 비편향 추정량을 얻는다.

```
> mydata$w <- with(mydata, f(x1,x2,x3))
> lm(y~x1+x2+w, data=mydata, subset=s==1)
```

이때에는 물론 $f(x_1, x_2, x_3)$ 함수가 알려져 있어서 이에 해당하는 변수(w)를 생성할 수 있어야 할 것이다.

성과방정식 $y = \mathbf{x}\beta + u$의 추정을 위해 사용할 수 있는 자료는 표본에 선정되어 y가 관측되는, 즉 $s = 1$인 관측치들뿐이다. 그러므로 결국 우리가 구해야 할 것은 $\mathrm{E}(y|\mathbf{x})$가 아니라 $\mathrm{E}(y|\mathbf{x}, s = 1)$이다. $y = \mathbf{x}\beta + u$로부터 이를 구하면 다음이 된다.

$$\mathrm{E}(y|\mathbf{x}, s = 1) = \mathbf{x}\beta + \mathrm{E}(u|\mathbf{x}, s = 1)$$

만약 우변 둘째 항이 0이면 이는 선정된($s = 1$) 표본만을 이용하여 y를 $\mathbf{x}$에 대하여 OLS 회귀를 해도 좋다는 뜻이다. $\mathbf{x}$ 조건부로 선택이 u와 독립인 경우에 그럴 수 있다. 왜냐하면 이 경우 $\mathrm{E}(u|\mathbf{x}, s = 1) = \mathrm{E}(u|\mathbf{x}) = 0$이기 때문이다. 예를 들어 선택방정식이 $s = I(\mathbf{x}\delta + v > 0)$이고 $\mathbf{x}$와 v가 u와 독립이면 이러한 일이 발생한다.

▶ **연습 18.2.** 선택이 종속변수에 영향을 미치는 요인들과 무관하게 무작위적으로 일어날 경우, 선택이 이루어진 개체들만을 이용하여 분석하면 그 추정량은 일관성을 갖는가?

▶ **연습 18.3.** $\mathbf{x}$가 동일한 개체들 간에는 선택이 종속변수에 영향을 미치는 여타 요인들과 무관하게 무작위적으로 일어날 경우, 선택이 이루어진 개체들만을 이용하여 분석하면 그 추정량은 일관성을 갖는가?

반면, 만약 표본 선정 여부(s)가 u에 의존하면 $\mathrm{E}(u|\mathbf{x}, s = 1)$이 s의 결정요인들($\mathbf{x}$ 포함)에 의존하고, 일관된 추정을 위해서는 $\mathrm{E}(u|\mathbf{x}, s = 1)$을 어떻게 해서든 처리해야 할 것이다. 이를 위해 $s = I(\mathbf{x}\delta + v > 0)$이고 u와 v가 2변수 정규분포(평균은 0, v의 분산은 1, u의 분산은 σ^2)를 가지며 둘 사이의 상관계수가 ρ라고 상정하자. 주의해야 할 점은 앞에서

는 $s = I(\mathbf{z}\delta + v > 0)$ 이라고 했는데 여기에서는 $\mathbf{z}$ 대신에 $\mathbf{x}$가 사용되었다는 점인데, 이에 대해서는 나중에 다시 이야기하겠다. 2변수 정규분포의 (굉장히 좋은) 특성에 의하여 두 오차항들의 관계를 다음과 같이 나타낼 수 있다.

$$u = \rho\sigma v + e$$

여기서 e는 v와 독립이며 정규분포를 갖는다. 오차항들은 $\mathbf{x}$와 독립이라 가정하고 오직 선택으로 인한 문제만을 고려하므로 (v, e)는 $\mathbf{x}$와도 독립이다. 우리의 관심사가 $\mathrm{E}(u|\mathbf{x}, s = 1)$ 이고 $s = 1$은 $\mathbf{x}\delta + v > 0$에 해당하므로 양변에 $\mathbf{x}$와 $s = 1$ 조건부로 기댓값을 취하면

$$\mathrm{E}(u|\mathbf{x}, s = 1) = \rho\sigma\mathrm{E}(v|\mathbf{x}, v > -\mathbf{x}\delta) = \rho\sigma\lambda(\mathbf{x}\delta).$$

첫째 등식에서는 e가 $\mathbf{x}$ 및 v와 독립이므로 $\mathrm{E}(e|\mathbf{x}, s = 1) = \mathrm{E}(e|\mathbf{x}, v > -\mathbf{x}\delta) = \mathrm{E}(e) = 0$임을 이용하였고, 둘째 등식에서는 $v \sim N(0, 1)$일 때 $\mathrm{E}(v|v > -a) = \lambda(a)$ 역 밀스 비율(IMR)임을 이용하였다. 이상을 종합하면,

$$\mathrm{E}(y|\mathbf{x}, s = 1) = \mathbf{x}\beta + \mathrm{E}(u|\mathbf{x}, s = 1) = \mathbf{x}\beta + \rho\sigma\lambda(\mathbf{x}\delta)$$

$\rho\sigma$를 하나의 계수로 간주하면 위 식은 $s = 1$인 관측치들을 대상으로 y를 $\mathbf{x}$와 $\lambda(\mathbf{x}\delta)$에 대하여 OLS 회귀해야 함을 의미한다. 만일 $\mathbf{x}\delta$가 관측가능하다면 IMR $\lambda(\mathbf{x}\delta)$를 구할 수 있겠지만 실제로는 δ를 모르기 때문에 IMR을 계산할 수 없다. 그러나 선택방정식의 프로빗 추정으로부터 δ를 추정할 수 있으므로, 다음의 2단계 추정(two step estimation)이 가능하다. (제1단계) 전체 자료($s = 0$과 $s = 1$을 모두 포함)를 이용하여 s를 $\mathbf{x}$에 대하여 프로빗 회귀하고 각 관측치별로 $\hat{\lambda} = \lambda(\mathbf{x}\hat{\delta})$을 계산한다. (제2단계) 종속변수 값이 관측된 ($s = 1$) 관측치들에 대하여 y를 $\mathbf{x}$와 $\hat{\lambda}$에 대하여 OLS 회귀한다. 제2단계에서 $\mathbf{x}$의 계수는 β의 추정값이고 $\hat{\lambda}$의 계수는 $\rho\sigma$의 추정값이다. 참고로, $s = 1$로 선택한 사람들의 자료로부터 σ^2을 추정할 수 있으므로 ρ와 σ를 따로 식별할 수 있다.

이상에서는 주방정식 $y = \mathbf{x}\beta + u$와 선택방정식 $s = I(\mathbf{x}\delta + v > 0)$의 우변변수들이 $\mathbf{x}$로 동일한 상황에 대하여 이야기하였다. 하지만 일반적으로 선택방정식에는 주방정식의 설명변수들 이외에도 추가적인 설명변수들이 사용된다. 즉, 선택방정식은 $s = I(\mathbf{z}\delta + v > 0)$이고, $\mathbf{z}$는 $\mathbf{x}$와 추가적인 변수들을 포함하는 것이 일반적이고 또 그렇게 권장된다. 이 경우, u와 v가 ($\mathbf{x}$가 아니라) $\mathbf{z}$와 독립이라는 가정하에, $\mathbf{z}$가 $\mathbf{x}$를 포함하므로 $\mathbf{z}$를 통제할 때 $\mathbf{x}$도 이미 통제되어 다음이 성립한다.

$$\mathrm{E}(y|\mathbf{z}, s = 1) = \mathbf{x}\beta + \mathrm{E}(u|\mathbf{z}, s = 1)$$

그리고 앞에서와 마찬가지로 $\mathrm{E}(u|\mathbf{z}, s = 1) = \rho\sigma\lambda(\mathbf{z}\delta)$이다. 선택방정식의 설명변수가 $\mathbf{z}$이고 주방정식의 설명변수가 $\mathbf{x}$일 때, 제1단계 추정에서는 s를 $\mathbf{z}$에 대하여 프로빗 회귀하여 IMR을 추정하고, 제2단계 추정에서는 y를 $\mathbf{x}$와 추정된 IMR에 대하여 OLS 회귀한다.

R의 `sampleSelection` 패키지를 이용하면 이러한 II형 토빗모형을 쉽게 추정할 수 있다. 이하에서는 `sampleSelection` 패키지를 이용한 예제를 제시한다.

예제 18.7   표본선택 편향의 보정

다음은 `sampleSelection` 패키지의 `heckit` 명령 도움말에 있는 예제로서 기혼 여성의 임금에 관한 Mroz (1987)의 자료를 사용한다. 추정식의 종속변수는 로그 임금, 독립변수는 교육수준, 경력, 경력의 제곱이고, 선택 방정식의 종속변수는 `lfp`, 설명변수는 wife의 소득을 제외한 가구 소득, 교육수준, 경력, 경력의 제곱, 나이, 5세 이하 자녀의 수, 6~18세 자녀의 수이다. 먼저 자료를 읽어들이고 모형들을 지정하자.

```
1  > library(sampleSelection)
2  > data(Mroz87)
3  > seleq <- lfp~nwifeinc+educ+exper+I(exper^2)+age+kids5+kids618
4  > outcomeeq <- log(wage)~educ+exper+I(exper^2)
```

선택방정식은 3번 행의 `seleq`이며 성과방정식(추정할 주방정식)은 4번 행의 `outcomeeq`이다. 선택방정식에 추가로 포함된 `age`, `kids5`, `kids618`은 일할 선택에는 영향을 미치지만 성과방정식의 종속변수인 로그임금에는 영향을 미치지 않는 것으로 가정된다.

우선 앞에서 설명한 2단계 추정법을 수동으로 구현하여 선택의 내생성으로 인한 편향을 교정해 보자. 아래에서는 선택방정식을 프로빗으로 추정하고(5번 행) 이로부터 IMR을 구한 후(22–23번 행) 통제변수로 추가한 선형회귀를 한다(24번 행).

```
5  > probit <- glm(seleq, data=Mroz87, family=binomial(link="probit"))
6  > coeftest(probit)
7
8  z test of coefficients:
9
10              Estimate  Std. Error  z value   Pr(>|z|)
11 (Intercept)  0.27007357  0.50807817   0.5316  0.595031
12 nwifeinc    -0.01202364  0.00493917  -2.4343  0.014919 *
13 educ         0.13090397  0.02539873   5.1540 2.550e-07 ***
14 exper        0.12334717  0.01875869   6.5755 4.850e-11 ***
15 I(exper^2)  -0.00188707  0.00059993  -3.1455  0.001658 **
16 age         -0.05285244  0.00846236  -6.2456 4.222e-10 ***
17 kids5       -0.86832468  0.11837727  -7.3352 2.213e-13 ***
18 kids618      0.03600561  0.04403026   0.8177  0.413502
19 ---
20 Signif. codes:  0 '***' 0.001 '**' 0.01 '*' 0.05 '.' 0.1 ' ' 1
21
22 > xb <- predict(probit, Mroz87, type="l")
```

```
23   > Mroz87$imr <- dnorm(xb)/pnorm(xb)
24   > two <- lm(update(outcomeeq, .~.+imr), data=Mroz87, subset=lfp==1)
25   > coeftest(two)
26
27   t test of coefficients:
28
29                   Estimate  Std. Error t value  Pr(>|t|)
30   (Intercept) -0.57810231  0.30672330 -1.8848  0.060146 .
31   educ         0.10906549  0.01560960  6.9871 1.097e-11 ***
32   exper        0.04388730  0.01635337  2.6837  0.007567 **
33   I(exper^2)  -0.00085911  0.00044140 -1.9464  0.052274 .
34   imr          0.03226142  0.13438810  0.2401  0.810399
35   ---
36   Signif. codes:  0 '***' 0.001 '**' 0.01 '*' 0.05 '.' 0.1 ' ' 1
```

5번 행에서 프로빗 추정을 하고, 6–20번 행에 관련 통계량 값들이 제시되어 있다(지면을 아끼기 위해서 summary가 아니라 coeftest를 사용하였다). 22번 행에서 $\mathbf{x}\hat{\beta}$를 각 관측치별로 계산하며, 23번 행에서 IMR $\phi(\mathbf{x}\hat{\beta})/\Phi(\mathbf{x}\hat{\beta})$을 각 i별로 계산한다(imr). 생성된 IMR을 24번 행에서 우변에 추가하고, 선택이 이루어진(lfp = 1) 관측치를 이용하여 OLS 추정을 한다. 31–33번 행에 주방정식 계수들의 추정결과가 있다. 또한 34번 행에서 imr 의 계수는 통계적으로 유의하지 않다.

이제 sampleSelection 패키지의 heckit 명령으로써 2단계 추정을 해 보자. 다음 결과를 보라.

```
37   > summary(heckit(seleq,outcomeeq,data=Mroz87))
38   --------------------------------------------
39   Tobit 2 model (sample selection model)
40   2-step Heckman / heckit estimation
41   753 observations (325 censored and 428 observed)
42   15 free parameters (df = 739)
43   Probit selection equation:
44               Estimate Std. Error t value Pr(>|t|)
45   (Intercept)  0.270077   0.508593   0.531  0.59556
46   nwifeinc    -0.012024   0.004840  -2.484  0.01320 *
47   educ         0.130905   0.025254   5.183 2.81e-07 ***
48   exper        0.123348   0.018716   6.590 8.34e-11 ***
49   I(exper^2)  -0.001887   0.000600  -3.145  0.00173 **
50   age         -0.052853   0.008477  -6.235 7.61e-10 ***
51   kids5       -0.868328   0.118522  -7.326 6.21e-13 ***
52   kids618      0.036005   0.043477   0.828  0.40786
53   Outcome equation:
54               Estimate Std. Error t value Pr(>|t|)
55   (Intercept) -0.5781032  0.3050062  -1.895  0.05843 .
56   educ         0.1090655  0.0155230   7.026 4.83e-12 ***
```

```
57   exper          0.0438873   0.0162611   2.699   0.00712 **
58   I(exper^2)    -0.0008591   0.0004389  -1.957   0.05068 .
59   Multiple R-Squared:0.1569,        Adjusted R-Squared:0.149
60     Error terms:
61                 Estimate Std. Error t value Pr(>|t|)
62   invMillsRatio  0.03226    0.13362   0.241    0.809
63   sigma          0.66363       NA      NA       NA
64   rho            0.04861       NA      NA       NA
65   -----------------------------------------------
```

44–52번 행에 선택방정식 프로빗 추정 결과가 제시되어 있다. 이들 결과는 앞의 10–18번 행 결과와 (거의) 동일하다. 56–58번 행에 주방정식 추정 결과가 있는데, 계수 추정값들은 앞의 31–33번 행 결과와 동일하다. IMR 변수의 경우, 62번 행의 계수 추정값은 앞에서 수동으로 구한 34번 행의 계수 추정값과 동일하다. 하지만 계수 추정량들의 표준오차는 다르다. 이는 sampleSelection 패키지가 IMR이 제1단계 회귀에 의하여 생성된 자료임을 감안하여 표준오차를 보정한 반면, 25번 행에서는 이에 신경을 쓰지 않기 때문이다. 실제 연구에서 사용할 때에는 당연히 제대로 된 패키지를 사용하여야 할 것이다.

한편, 64번 행 ρ 의 추정값이 0.04861로서 작으므로(작다 크다 판단하는 데 특별한 기준을 가지고 말한 것이 아님) 표본선택의 문제가 심각하지 않을 것이라 예상할 수 있다. 실제로, 표본선택의 문제를 고려하지 않고 일한 여성들만을 대상으로 성과방정식을 회귀하면 다음 결과를 얻는다.

```
66   > summary(lm(outcomeeq,data=Mroz87,subset=lfp==1))
67
68   Call:
69   lm(formula = outcomeeq, data = Mroz87, subset = lfp == 1)
70
71   Residuals:
72       Min       1Q   Median       3Q      Max
73   -3.08404 -0.30627  0.04952  0.37498  2.37115
74
75   Coefficients:
76                 Estimate Std. Error t value Pr(>|t|)
77   (Intercept) -0.5220406  0.1986321  -2.628  0.00890 **
78   educ         0.1074896  0.0141465   7.598 1.94e-13 ***
79   exper        0.0415665  0.0131752   3.155  0.00172 **
80   I(exper^2)  -0.0008112  0.0003932  -2.063  0.03974 *
81   ---
82   Signif. codes:  0 '***'0.001 '**'0.01 '*'0.05 '.'0.1 ' '1
83
84   Residual standard error: 0.6664 on 424 degrees of freedom
85   Multiple R-squared:  0.1568,    Adjusted R-squared:  0.1509
86   F-statistic: 26.29 on 3 and 424 DF,  p-value: 1.302e-15
```

educ 변수의 계수 추정값을 보면, 표본선택으로 인한 편향을 교정하려 한 헤킷 추정값(56번 행)은 약 0.109이고, 표본선택 문제를 고려하지 않은 선형 다중회귀 추정값(78번 행)은 약 0.107이다. educ의 계수 추정값에 거의 차이가 없음을 알 수 있다.

오차항의 분포에 대한 가정을 최적으로 활용하여 추정(최우추정)을 할 수도 있다. 이 문제의 최우추정에 대한 자세한 이야기는 하지 않겠으며, 단지 R에서 표본선택 모형에 대하여 최우추정을 하려면 heckit 명령어에 method="ml"이라는 옵션을 주면 된다는 점만 이야기한다. 2단계 추정결과와 큰 차이는 없다.

```
87  > mle <- heckit(seleq,outcomeeq,data=Mroz87,method="ml")
88  > summary(mle)
89  --------------------------------------------
90  Tobit 2 model (sample selection model)
91  Maximum Likelihood estimation
92  Newton-Raphson maximisation, 3 iterations
93  Return code 1: gradient close to zero
94  Log-Likelihood: -832.8851
95  753 observations (325 censored and 428 observed)
96  14 free parameters (df = 739)
97  Probit selection equation:
98                 Estimate Std. Error t value Pr(>|t|)
99  (Intercept)  0.2664491  0.5089578    0.524  0.60077
100 nwifeinc    -0.0121321  0.0048767   -2.488  0.01307 *
101 educ         0.1313414  0.0253823    5.175 2.95e-07 ***
102 exper        0.1232818  0.0187242    6.584 8.68e-11 ***
103 I(exper^2)  -0.0018863  0.0006004   -3.142  0.00175 **
104 age         -0.0528287  0.0084792   -6.230 7.81e-10 ***
105 kids5       -0.8673987  0.1186509   -7.311 6.93e-13 ***
106 kids618      0.0358724  0.0434753    0.825  0.40957
107 Outcome equation:
108                 Estimate Std. Error t value Pr(>|t|)
109 (Intercept) -0.5526963  0.2603785   -2.123   0.0341 *
110 educ         0.1083502  0.0148607    7.291 7.93e-13 ***
111 exper        0.0428368  0.0148785    2.879   0.0041 **
112 I(exper^2)  -0.0008374  0.0004175   -2.006   0.0452 *
113   Error terms:
114     Estimate Std. Error t value Pr(>|t|)
115 sigma  0.66340    0.02271  29.215   <2e-16 ***
116 rho    0.02661    0.14708   0.181    0.856
117 ---
118 Signif. codes:  0 '***' 0.001 '**' 0.01 '*' 0.05 '.' 0.1 ' ' 1
119 --------------------------------------------
```

선택방정식의 설명변수($\mathbf{z}$)가 주방정식의 설명변수($\mathbf{x}$)와 별도의 추가적인 변수들($\mathbf{w}$라 하자)을 포함하는 것에 대하여 생각할 점이 있다. 앞에서 이야기한 것처럼 이 경우

E(y|**x**) = **x**β 로는 충분하지 않고 E(y|**z**) = **x**β 가 되어야 한다. 이는 **z**가 (u, v)와 독립이라고 가정하기 때문이다. 그런데 일반적인 경우라면 E(y|**z**) = E(y|**x**, **w**) = **x**β + **w**γ가 될 것이다. 그러므로 E(y|**z**) = **x**β 라는 가정(혹은 **z**와 u가 서로 독립이라는 가정)은 γ = 0, 즉 **x**를 통제하고 나면 **w**의 변화는 y에 평균적인 영향을 미치지 않음을 의미한다. 예제 18.7에서는 age, kids5, kids618이 그러한 **w** 변수로 설정되어 있다. 즉, 이 변수들은 여성이 일할지 여부(선택 여부)에는 영향을 미치지만, nwifeinc, educ, exper를 통제하고 나면 log(wage)에는 평균적으로 영향을 미치지 않는다고 상정되어 있다. 이는 모형에 상당한 제약을 가하는 것이며, 이 제약으로 인하여 추정의 효율성이 상당히 제고되는 경향이 있다. 실제 연구에서 이는 가볍게 볼 일이 아니다.

선택방정식에만 포함되는 **w** 변수는 일종의 추가적 도구변수처럼 작용한다. 이들 추가적인 변수가 없으면 선택방정식이 오직 **x**에 의하여 설명되며 추정된 IMR은 **x**의 함수가 된다. 만약 λ(·)가 선형함수라면 추정된 IMR은 주방정식 설명변수인 **x**와 완전한 공선성을 갖고 IMR을 이용한 '선택 편향'의 보정은 불가능하다. 다행스럽게도 λ(·) 함수가 비선형이므로 **z** = **x**인 경우에도 추정은 이루어지나, 이 경우 '선택 편향'의 보정을 가능하게 하는 일등공신에 해당하는 정보는 바로 λ(·) 함수의 비선형성이 된다. 함수의 비선형성만으로 편향을 교정하는 것은 빈약해 보인다. 반면 **z**에 **x** 이외에도 추가적인 변수들(**w**)이 포함되어 있고 선택방정식에서 **w**의 계수가 유의하면 이 **w**의 기여로 인하여 **x**와 IMR이 서로 더 많은 독립성을 갖게 되고 추정 결과는 더 유의해지는 경향이 있다.

예제 18.8 추가적 도구변수가 없는 경우

예제 18.7을 바꾸어 선택방정식 우변변수들을 주방정식 우변변수들과 동일하도록 만들고 2단계 추정을 해 보자. 아래 1번 행에서는 outcomeeq의 좌변을 lfp로 바꾸어 seleq라고 하였고, 2번 행에서는 이 수정된 seleq를 이용하여 2단계 추정을 한다.

```
1  > seleq <- update(outcomeeq, lfp~.)
2  > summary(heckit(seleq,outcomeeq,data=Mroz87))
3  --------------------------------------------
4  Tobit 2 model (sample selection model)
5  2-step Heckman / heckit estimation
6  753 observations (325 censored and 428 observed)
7  11 free parameters (df = 743)
8  Probit selection equation:
9                  Estimate Std. Error t value Pr(>|t|)
10 (Intercept) -1.9254935  0.2887175   -6.669 5.02e-11 ***
11 educ         0.0971238  0.0221806    4.379 1.36e-05 ***
12 exper        0.1271342  0.0178655    7.116 2.62e-12 ***
13 I(exper^2)  -0.0023927  0.0005807   -4.121 4.21e-05 ***
14 Outcome equation:
15                  Estimate Std. Error t value Pr(>|t|)
16 (Intercept) -0.0104208  1.8107330   -0.006   0.9954
17 educ         0.0934701  0.0514154    1.818   0.0695 .
18 exper        0.0208303  0.0741610    0.281   0.7789
19 I(exper^2)  -0.0003992  0.0015039   -0.265   0.7908
```

```
20   Multiple R-Squared:0.157,         Adjusted R-Squared:0.149
21     Error terms:
22               Estimate Std. Error t value Pr(>|t|)
23   invMillsRatio  -0.2702      0.9492   -0.285     0.776
24   sigma           0.6917         NA      NA        NA
25   rho            -0.3906         NA      NA        NA
26   -------------------------------------------
```

위 17–19번 행과 **예제 18.7**의 56–58번 행을 비교하면 본 예제에서의 표준오차가 훨씬 큰 것을 볼 수 있다. 본 예제 23번 행 IMR 계수 추정량의 표준오차도 **0.9492**로서 예제 18.7의 62번 행에서 구한 **0.13362**의 7배 이상이다. 본 예제와 달리 예제 18.7에서 선택방정식에만 존재하는 추가적 변수들로 인하여 추정의 효율성이 제고된 정도는 결코 작지 않다.

19 머신러닝과 예측

11.6절에서는 하나의 주어진 모형*에 대하여 다중회귀분석을 이용하여 모수를 추정하고, 이 결과를 $X = \mathbf{x}^0$인 특정 대상에 적용하여 피예측변수(y^0, 관측되지 않음)를 예측하는 것에 대하여 살펴보았다. 이제는 모형은 주어지지 않고 오직 자료집합만이 주어진 상태에서 피예측변수(혹은 목표변수, target)를 예측하는 상황을 고려하자. 인과관계는 관심사가 아니며 목표변수를 잘 예측하는 것만이 목적이다.**

19.1 머신러닝이란

'머신러닝'(machine learning)이란 인간의 판단과 개입을 최대한 배제하고 가급적 많은 부분을 '머신'에게 맡기는 방법을 말한다. 예측을 위해서는 우선 적절한 모형을 선정하고 추정하여야 한다. 모형을 선정하고 추정하는 것을 학습(learning)이라 한다. 학습이 끝나면 그 결과를 적용하여 예측을 한다.

    주어진 모형을 머신이 추정하는 것은 일도 아니다. 하지만 모형의 선택은 다른 문제로서, 머신에게 모형 선정을 맡기기 위해서는 분명한 절차와 기준을 제공해 주어야 한다. 예를 들어, 자료집합에 예측변수로 사용할 변수가 2개(X_1과 X_2) 있고 이것을 이용하여 Y를 예측하는 것이 목적일 때, 그냥 "이런 변수들이 있으니까 어디 한번 잘 해 봐라"고 하면 머신이 따르기 힘들다. 그보다, 예를 들어 아무런 예측변수도 사용하지 않는 모형(Y의 표본평균값으로 예측), 하나의 변수만을 사용하는 모형 2개(X_1이 우변에 있는 모형과 X_2가 우변에 있는 모형), 그리고 두 변수를 모두 사용하는 모형을 각각 OLS로 추정한 다음, 그 중 '예측실력'이 가장 뛰어난 모형을 선택하라고 상세하게 명령해야 한다.†

    머신러닝에서 가급적 많은 부분을 머신에게 맡기지만, 주어진 데이터를 이용하여 만들 수 있는 모형은 무한히 많으며(심지어 예측에 사용할 변수가 X 하나밖에 없는 경우에도 X의 함수들은 무수히 많다) 아무리 컴퓨터라고 해도 처리 능력에 제한이 있어, 생각할 수

---

*이 장에서 '모형'(model)이란 계량경제 모형을 나타내는 것으로서 변수들 간의 관계를 나타내는 수식이다. 머신러닝 문헌에서 '모델'(model)은 이와 달리 예측에 곧바로 사용할 수 있는 것(추정 결과)을 의미한다. 머신러닝 문헌에서 사용하는 '모델'이라는 용어는 이 장에서 사용하지 않는다.

**이 장의 내용은 필자가 James et al. (2013) 책과 여타 다양한 자료를 공부하고 이해한 바를 요약 정리한 것이다. 자세한 내용에 대해서는 James et al. (2013) 등을 참고하기 바란다.

†이 '예측실력'이라는 것을 어떻게 정의하고 측정하는지가 아주 중요하다.

있는 모든 모형을 비교하는 것은 불가능하다. 그래서 머신러닝에서도 불가피하게 인간이 개입해야 하는데, 이때 인간의 역할은 고려할 모형들의 후보군을 컴퓨터가 처리할 수 있도록 잘 정렬해 주고 최적 모형 선별을 위한 기준을 제공하는 것이다. 즉, 우리 인간이 모형 선택의 절차와 기준을 머신에게 제공해 주어야 한다. 이하 19.2절에서는 모형 선정의 기준(예측실력의 척도)에 대하여 설명하고 19.3절에서는 모형들의 후보군 선별하는 다양한 방법들에 대해서 설명한다.

참고로, 머신러닝 문헌에서는 풀고자 하는 문제를 두 종류로 크게 나눈다. 하나는 회귀(regression)라 하는 것으로서, 이는 목표변수가 연속변수인 경우에 해당한다. 다른 하나는 분류(classification)로서 목표변수가 범주형 변수(예를 들어 이진 변수)인 경우에 해당한다. 이하의 설명에서 별다른 언급을 하지 않으면 회귀와 분류 모두에 적용된다고 이해하기 바란다. 또한 머신러닝은 목표변수 Y를 맞추기 위한 학습과, Y 없이 X에 있는 패턴만을 고려하는 방법으로 크게 나눌 수 있다. 전자를 지도학습(supervised learning), 후자를 비지도학습(unsupervised learning)이라고 한다. 지도학습의 목적은 Y를 잘 예측하는 것이다. 비지도학습 결과는 지도학습에 활용되기도 하고, 그 자체로서 유용하기도 하다. 예를 들어 인터넷 쇼핑몰 방문자들을 몇 개의 범주로 나누어 별도 공략을 하고자 할 때 방문자들의 특성(X)에만 기반하여 분류하는 비지도학습 방법을 사용할 수 있다.

19.2 예측실력

특정 문제와 자료에 대하여 우리가 고려할 수 있는 모형이 100개* 있다고 하자. 이 100개 모형 중 우리는 어느 것을 선택할 것인가? 머신러닝의 목적은 예측을 잘 하는 것이므로 모형 선정의 기준은 '예측실력'이어야 한다. 머신에 의한 비교가 가능하려면 각 모형별로 '예측실력'을 수치화해야 한다. 어떻게 이 지표를 만들까?

만약 100개 모형이 모두 선형모형이라면, 한 가지 생각해볼 수 있는 방법은 이들 모형의 OLS 회귀로부터 얻는 R제곱을 예측실력 지표로 사용하는 것이다. 이 R제곱은 학습용 자료 내 관측치들의 Y값이 해당 모형에 의하여 얼마나 잘 '설명'되는지를 나타내는 지표이다. R제곱이 높다는 것은 자료 표본(학습용 데이터) 내 Y값들이 해당 모형의 X 변수들에 의하여 잘 설명됨을 뜻한다.

그런데 가만 생각해 보면 '설명력'과 '예측실력'이 반드시 똑같은 것은 아니다. 설명력이란 것은 분석 자료집합 내 Y변수를 맞추는 실력이고, 우리가 측정하고자 하는 '예측실력'은 새로운 대상의 Y값을 얼마나 잘 예측하느냐 하는 것이다. 학습 자체가 목적이 아니다. R제곱을 모형선택의 기준으로 사용한다는 것은 설명력(R제곱)이 높을수록 예측실력도

*아무 이유 없이 그냥 100개라고 하였다. 실제 분석에서는 이보다 적을 수도, 많을 수도, ∞일 수도 있다. 어떤 방식으로 비교할 모형들의 후보군을 정하는지에 대해서는 19.3절에서 설명한다.

좋다고 가정하는 것을 의미하는데, 이 가정은 사실 타당하지 않다.

시험에 빗대어 설명해 보자. 우리의 시험은 문제에 제시된 힌트들을 이리저리 조합하여 답을 찾는 시험이다. 힌트들과 정답이 적힌 기출문제집이 주어지며, 학습자는 이 기출문제집으로부터 힌트들을 조합하여 정답을 구성하는 원리를 학습하고, 실제 시험(힌트들만 주어짐)에서는 기출문제집으로부터 발견한 원리를 적용하여 답안을 적는다. 머신러닝에서 자료 표본은 기출문제집, 실제 예측 대상은 진짜 시험과 같다. 기출문제를 공부하는 목적은 단순히 기출문제를 잘 푸는 데 있는 것이 아니라, 이 학습을 통해 좋은 힌트 조합 원리를 발견하여 진짜 시험 문제를 잘 맞추는 데 있다. R제곱이 높다는 것은 기출문제 답을 잘 맞춘다는 것을 의미한다. 하지만 기출문제를 잘 푼다고 하여 반드시 진짜 시험 문제도 잘 풀 수 있는 것은 아니다. 기출문제에서 잘못된 원리를 제멋대로 찾아서 적용하면 진짜 시험을 망칠 수도 있다. 예를 들어 기출문제에서 $\lim_{x \to 8} \frac{1}{|x-8|} = \infty$ 라고 가르쳐 주고, 시험에서 $\lim_{x \to 5} \frac{1}{|x-5|}$ 를 풀라고 했더니 90° 돌려서 "ᴎ"라고 답했다는 우스갯소리도 있다. 설명력이 높다고 하여 반드시 예측실력이 좋은 것은 아니다. 기출문제를 완벽하게 맞추지는 못했지만 시험을 잘 볼 수도 있다. 심지어 기출문제에 3번 답이 많았으니까 3번만 찍은 사람의 성적(예측실력)이 기출문제를 제멋대로 학습한 사람보다 나을 수도 있다.

예측실력을 측정하는 방법으로 크게 두 가지가 있다. 하나는 '자료 학습 시 이러저러한 통계값이 낮을수록(혹은 높을수록) 예측실력이 좋은 것'이라고 선배들이 말한 것을 믿고 따르는 방법이고, 다른 하나는 본인 스스로 자료를 이용하여 학습하고 예측하는 것을 실험해서 예측실력을 평가하는 '검증'(validation) 방법이다. 시험에 빗대어 설명하면, 첫째 방법은 말하자면 '힌트를 적게 사용할수록 진짜 시험을 잘 본다'고 훌륭한 분들이 말씀하셨으니까 기출문제 풀이에서 적은 수의 힌트를 사용할수록 가산점을 주도록 기출문제 채점 방식을 바꾸는 것이고, 둘째 방식은 말하자면 기출문제집을 반으로 나누어서 절반으로 기출문제 학습을 하고 나머지 절반을 모의고사로 보아 성적을 확인해 보는 접근법이다. 이하에서는 이 두 방법에 대하여 좀 더 자세히 살펴본다.

알려진 통계량을 이용하는 방법

사람들은 어떤 통계량들에 대하여 '이 통계량 값이 낮은(혹은 높은) 모형일수록 예측실력이 좋다'는 믿음을 갖고 이를 추종한다. 그런 통계량으로서 간단하게는 조정된 R제곱(adjusted R-squared), 이론적으로 더 발전된 것으로는 Mallows의 C_p, Akaike Information Criterion (AIC), Bayesian Information Criterion (BIC) 등이 있다(James et al., 2013, 참조). 조정된 R제곱은 높을수록, C_p, AIC, BIC는 낮을수록 좋은 모형으로 간주된다. 참고로, R제곱은 예측실력이 아니라 학습용 자료(기출문제)의 설명력을 측정하고, 또한 R제곱은 우변에 변수를 추가하기만 하면 증가하므로, 예측실력의 척도로서 적절하지 않다.

'조정된 R제곱'은 변수 개수에 따라 특정 방식으로 벌점을 부여하여 R제곱을 조정한

〈표 19.1〉 선형모형에서 모형 설정 오류 정도의 지표들

지표	통계량	출처
Mallows의 C_p	$n(\hat{\sigma}_k^2/\hat{\sigma}^2) + 2k + 상수$	Mallows (1973)
AIC	$n\log(\hat{\sigma}_k^2) + 2k + 상수$	Akaike (1974)
BIC	$n\log(\hat{\sigma}_k^2) + k\log n + 상수$	Schwarz (1978)

주. $\hat{\sigma}_k^2 = \text{SSR}/n$, $\hat{\sigma}^2 = \hat{\sigma}_{k\max}^2$. '상수'는 k에 의존하지 않는 수를 의미하며 지표별로 상이할 수 있음.

것으로서, 추가되는 변수가 설명력을 높이는 정도가 충분히 클 때에만 증가한다. 사람들은 습관적으로(입문서에 등장해서 그런 것 같다) 이 '조정된 R제곱'이 높을수록 좋은 모형이라고 생각하면서 이 '조정된 R제곱'이 가장 높은 모형이 최선의 예측실력을 지닐 것이라고 믿곤 한다. 참고로, '조정된 R제곱'은 $\text{SSR}/(n-k-1)$, 즉 오차 분산 추정값(s^2)이 작을수록 높다(8.5절 참조). 변수 개수가 추가될수록 SSR은 감소하지만 k가 증가하여 $n-k-1$도 감소하므로 s^2은 증가할 수도 감소할 수도 있다. '조정된 R제곱' 기준에서 가장 좋은 모형은 '조정된 R제곱'이 가장 높은 모형, 즉 s^2이 가장 작은 모형이다.

조정된 R제곱 이외에도 Mallows의 C_p, AIC, BIC 등이 사용된다. 특히 AIC와 BIC는 회귀와 분류에서 모두 사용 가능하고 널리 사용된다. 선형회귀의 경우 이들은 〈표 19.1〉에 정의된 것과 같다. AIC와 BIC를 비교하면 ($n \geq 8$이면) $\log n > 2$이므로 k가 증가함에 따라 BIC의 벌점이 AIC의 벌점보다 더 크게 증가한다. 그래서 BIC에 의하여 결정되는 모형의 예측변수(설명변수) 개수는 AIC에 의하여 결정되는 모형보다 더 크지 않는 경향이 있다.

AIC, BIC 등은 '참 모형' 또는 '가장 좋은 모형'의 선택과 관련되어 있다. Yang (2005)은 '참 모형'이란 $y_i = f(\mathbf{x}_i) + u_i$로 분해되면서 u_i가 IID 정규분포를 갖게 되는 것이라고 하였는데, 이 정의는 약간 불분명한 것 같다. 아무 관련 없는 변수들이라 할지라도 $f(\cdot)$ 부분에 추가하면 그 계수가 0이고 u_i는 여전히 IID 정규분포를 가질 수 있다. 이를 고려하여, y_i에 실제로 영향을 미치는 변수들만이 $f(\cdot)$에 포함되도록 하여도 여전히 문제가 있다. 예를 들어 $f(\mathbf{x}_i) = \beta_0 + \beta_1 x_{i1} + \beta_2 x_{i2}$이고 β_1과 β_2 모두 0이 아니라 할지라도, 만약 x_{i1}과 x_{i2}가 서로 독립이면 $y_i = \gamma_0 + \beta_1 x_{i1} + v_i$도 '참 모형'의 조건을 만족시킬 수 있기 때문이다(v_i가 x_{i2}를 포함하지만 x_{i1}과 독립). 필자 생각에는 '참 모형'이 무엇인지 정의하려 하기보다는, 주어진 자료 집합에서 예측을 시도할 때 예측 성과를 가장 높여 주는 모형에 '가장 좋은 모형'이라는 이름을 붙이는 편이 간편해 보인다. 추가로, Yang (2005)에 의하면 BIC는 비교할 모형 리스트에 참 모형이 포함되어 있을 경우 참 모형을 일관적으로 선택해 주며, 참 모형이 모형 리스트에 포함되어 있지 않는 경우에는 AIC를 최소화시킴으로써 평균제곱 예측오차가 가장 작은 모형을 찾을 수 있다고 한다. 또, 참 모형의 변수 개수가 유한하면 BIC를 사용하는 것이 좋고, 참 모형의 변수 개수가 무한하면 AIC를 사용하는 것이 좋은 것으로 대체로 의견이 모아졌다고 한다.

이상의 지표에 의한 비교 방법은 별 근거가 없거나(조정된 R제곱의 경우), 근거가

있다고 하더라도 참 모형이 특정 가정들(예를 들어 선형모형에서 오차항이 IID라는 가정 등)을 만족시키는지에 그 타당성이 의존한다는 문제가 있다. 우리는 참 모형이 그러한 가정들을 만족시키는지 알 수 없으므로 이들 기준에 의한 모형 선정 방법이 과연 최적 모형을 선택하게 해 줄지 확신하기 어렵다. 그래도 이들 방법은 충분히 활용해 볼 수 있다. 어차피 옳고 그른 것이란 없고 예측만 잘 하면 되기 때문이다.

위 지표들을 사용하려면, 풀고자 하는 문제에서 이들 지표가 잘 정의되어 있어야 하고 그 밖에도 분포 등과 관련된 제반 이론적인 사항들을 알고 있어야 하므로 '머신'에게 모든 일을 시키는 것이 아니다. 이하의 '검증'과 '교차검증' 방법은 이런 이론은 무시하고 '머신'에게 일을 시키기만 하는 방법이다.

검증과 교차검증

앞 소절의 방법은 모형별로 특정 통계량(조정된 R제곱, C_p, AIC, BIC 등) 값을 계산하고 이들을 모형 간에 비교함으로써 최적 모형을 선택하는 방법이었다. 이와 달리, 모형별로 학습과 예측을 실험해 봄으로써 모형들의 예측실력을 직접 관찰하는 방법이 있다. 이 방법을 활용하기 위해서는 우선 전체 학습용 자료(기출문제집)를 두 묶음으로 나눈다. 한 묶음은 훈련용 자료(training set)로서 각 모형을 추정하는 데 사용하고, 다른 묶음은 검증용 자료(validation set)로서 추정결과를 적용하여 모형들의 예측실력을 평가하는 데 사용한다. 각 모형별로 훈련용 자료를 학습하고 그 결과를 검증용 자료에 적용하여 예측 값과 예측오차들을 구한 후, 이 예측오차들의 제곱합이 가장 작은 모형을 최적 모형으로 낙점하는 것이 검증(validation) 방법이다.

검증 방법의 적용을 위해서는 반드시 전체 자료(기출문제집)를 분할해서 한 쪽은 훈련 (모형 추정)용, 다른 한 쪽은 검증(모의고사)용으로 사용해야 한다. 예를 들어 작년의 예측변수값들을 가지고 금년의 피예측변수를 예측하고자 하는데 3년치 자료가 있다면, 처음 두 해의 자료만으로 훈련을 하고 마지막 연도 자료를 검증용(모의고사용)으로 사용할 수 있다. 기출문제를 학습용과 검증용으로 구분해 두어야 공부방법에 따라 예측실력이 어떠한지 파악할 수 있다.

그런데, 만약 자료의 절반(A라 하자)을 훈련용으로 사용하고 나머지 절반(B라 하자)을 검증용으로 사용할 수 있다면, 거꾸로 B를 훈련용, A를 검증용으로 사용할 수도 있다. 이 경우 A로 훈련하고 B로 검증할 때의 예측오차 크기(보통 예측오차 제곱합으로써 측정함)와 B로 훈련하고 A로 검증할 때의 예측오차 크기를 합산한 것을 모형 평가의 지표로 삼을 수 있다. 이 방법을 교차검증(cross validation, CV)이라 하며, 특히 자료를 둘로 나누어 교차검증했다 하여 2겹 교차검증(two-fold CV)이라 한다. 자료를 2분하는 것이 아니라 3 분(A, B, C)하여, ① A와 B로 훈련 → C로 검증, ② B와 C로 훈련 → A로 검증, ③ C 와 A로 훈련 → B로 검증을 한 다음 3개의 예측오차 크기를 합산하여 모형 평가 지표로 삼는 것도 가능하다. 이를 3겹(three-fold) 교차검증이라 한다. 일반적으로, 학습용 자료를 k분하여 교차검증하는 것을 k겹(k-fold) 교차검증이라 한다. 5겹이나 10겹 교차검증이 많이 사용된다(James et al., 2013, 참조).

검증이나 교차검증을 할 때 자료를 분할하는 방법은 아주 많다. n이 짝수라면 2등분하는 방법만 해도 $\frac{n!}{(n/2)!(n/2)!}$ 가지(아주 큰 수임)이다. 보통은 (관측치들 간에 특별한 순서가 있는 경우가 아니면) 무작위로 자료를 분할하는데, 자료 분할 방식에 따라 검증이나 교차검증으로부터의 오차 크기가 달라지고 심지어 최종 모형이 달라질 수도 있음에 유의하여야 한다. 예를 들어 두 사람이 똑같은 자료로 똑같은 100개 모형들을 10겹 교차검증 방법으로 평가하여 최적모형을 선택하더라도, 자료 분할이 무작위로 이루어지면 두 사람이 선택한 최적모형이 서로 다를 수 있다. 그러니까 자료를 등분할 때에는 난수의 씨앗(seed)를 지정하여, 해당 결과를 언제 얻는지 확인해 두는 것이 좋다. 안 그러면 자신의 결과를 나중에 복원하지 못하는 불상사가 생길 수도 있다.

학습용 표본의 크기가 n이라 할 때 교차검증 방법 중 n겹(n-fold) 교차검증은 특별하다. 이 방법은 각각의 관측치가 하나의 묶음을 형성하도록 하는 분할 방법이다. n겹 교차검증에서는 각각의 i에 대하여 i번째 관측치를 제외한 나머지를 이용하여 모형을 추정한 후 추정 결과를 i번째 관측치에 적용하여 예측을 하고, 이 예측오차들의 제곱을 모든 i에 대하여 합산하여 예측오차를 구하므로, 이를 '하나를 제외시키는 교차검증'(leave-one-out cross validation, LOOCV)이라고도 한다. LOOCV를 하면 다른 k겹 교차검증과 달리 자료 분할 방법이 한 가지뿐이므로 언제 누가 하든 항상 똑같은 결과를 얻는다. 단, LOOCV는 추정을 n번 반복해야 하므로 n이 크면 시간이 다소 오래 걸릴 수 있다.

잘 맞추되 너무 잘 맞추지는 말라

좋은 모형선택을 위해서는 학습용 자료를 '너무 못 맞추는 것'(underfit)과 '너무 잘 맞추는 것'(overfit)을 모두 피해야 한다. 학습용 자료조차도 제대로 맞추지 못하면 실제 적용할 때 예측을 잘할 리 없으므로 'underfitting'을 피해야 한다. 반대로 학습용 자료를 너무 잘 맞추는 것도 문제가 되는데, 이는 학습용 자료에만 있는 유별난 점들을 마치 일반 법칙인양 학습하여 실제 적용 시에는 이상한 예측을 할 수 있기 때문이다. 그러므로 'overfitting'도 피해야 한다. 머신러닝의 큰 원칙을 한 마디로 요약한다면, 학습용 자료를 '잘 맞추되 너무 잘 맞추지는 말라'는 것이 되겠다. 선형모형을 예로 들어 말하자면, R제곱은 너무 낮아서도 안 되고 너무 높아서도 안 된다. 참고로, 앞에서 말한 조정된 R제곱, AIC, BIC 등 모형선택 기준들은 underfitting과 overfitting을 모두 피하도록 고안되어 있다.

19.3 모형들

앞절에서는 후보 모형들이 주어진 상태에서 예측에 최적인 모형을 선정하는 방법을 이야기 하였다. 이 절에서는 이들 후보 모형군을 정하는 방법을 설명하고자 한다. 문제와 자료를 막론하고 우리가 고려해 볼 수 있는 모형은 무수히 많다. 예측변수의 개수가 얼마 안 되는 경우라도 이들 변수들을 이용하여 만들 수 있는 함수의 개수는 무수히 많다. 이들 무수히 많은 모형들 중 인간과 컴퓨터가 감당할 수 있는 후보군을 추출하면서 너무 제한적이지 않고 충분히 유연한 모형들을 고르는 것이 이 절의 주제이다.

변수 선택(variable selection)

가장 직관적인 방법은 자료집합 내에 주어진 예측변수들을 변형 없이 이용하여 만들 수 있는 모든 선형모형들을 비교하는 것이다. 피예측변수가 Y이고 예측변수 후보로 $X_1, \ldots, X_p$가 있다면(제곱항을 포함하고자 한다면 제곱항도 하나의 변수로 간주) 총 2^p개의 모형을 만들 수 있다. p가 크면 2^p는 아주 크다. 예를 들어 $p = 40$이면 약 1조 개의 모형이 있으므로 이들을 고지식하게 비교하는 것은 현명하지 않다. 이 2^p개 모형들을 한꺼번에 비교기보다는, 우선 우변 예측변수의 개수('k'라 하자)가 같은 모형들끼리 예선전을 치러 k별로 '대표선수' 모형을 선발하고 본선에서 k를 결정하는 것이 일을 조금이라도 쉽게 만들어 준다.

구체적으로 살펴보자. 우선 $k = 0$인 모형은 하나뿐이므로 그 자신이 대표선수가 된다. 다음으로 $k = 1$의 경우 X_1부터 X_p 중 하나가 포함된 모형 p개를 비교하여 대표선수 모형을 선발하는데, 이때에는 k가 모두 1로 동일하여 모형의 복잡도가 같으므로 R제곱이 가장 큰 모형(즉, SSR이 가장 작은 모형)을 대표선수로 선발한다. 다음으로 $k = 2$인 모형은 $\binom{p}{2}$개 있다(예를 들어 $p = 40$이면 780개). 이 모형들의 경우에도 k가 동일하므로 $\binom{p}{2}$개 모형 중 R제곱이 가장 큰 모형을 대표선수로 선발한다. 이런 식으로 각 k마다 우변변수 개수가 k인 $\binom{p}{k}$개 모형들 중 R제곱이 가장 큰 모형을 대표선수로 선발한다. 그러면 최종적으로 각 k마다 모형 하나씩, 총 $p+1$개의 대표선수 모형이 선발된다. 이런 방식으로 대표선수를 선발하는 것을 최선 변수집합 선택(best subset selection, BSS)이라 한다.*

▶ **연습 19.1.** 예측변수(x) 후보로 30개가 있는 자료집합에서 BSS를 하려면 몇 개의 회귀를 실행하여야 하는가? 단, 절편을 포함하지 않는 모형은 고려하지 않는다.

---

*2^p개의 회귀를 모두 곧이곧대로 시행하면 p가 클 때 아주 오랜 시간이 걸린다. 그런데 예선전에서 k마다 R 제곱 기준으로 가장 좋은 모형을 고를 때에는 훨씬 효율적인 분기한정법(branch and bound 알고리즘)을 이용할 수 있다. 이는 R 소프트웨어 leaps 패키지의 regsubsets 명령으로 구현되어 있다. 하지만 분기한정법을 적용해도 p가 크면 감당할 수 없을 만큼 시간이 오래 걸릴 수 있다.

최선 변수집합 선택에서 그 다음 단계는 k별로 선발된 이 $p+1$개의 본선 진출 모형들을 서로 비교하는 것이다. 이 본선에서 최적 k를 정할 때에는 R제곱을 비교하는 것이 아니라, 예측실력인(그렇다고 하는) 조정된 R제곱, C_p, AIC, BIC 중 하나를 택하여 비교하거나 교차검증 방법을 사용한다. 이로써 최적 k가 결정되고, 이 k에 해당하는 대표선수 모형이 최종 모형으로 낙점을 받는다.

최선 변수집합 선택 방법은 직관적으로 이해하기 쉽지만 사용에 상당한 제약이 따른다. 무엇보다도 예측변수(predictor) 후보의 개수(p)가 많으면 추정할 모형이 너무 많아 확장성(scalability)이 떨어진다. 확장성이 떨어지는 이유는 변수 개수 k의 대표선수 모형에 포함된 변수들이 반드시 변수 개수 $k+1$에서의 대표선수 모형에 포함되라는 법이 없기 때문이다. 예를 들어 $k=2$에서 X_3과 X_5가 포함된 모형이 대표선수 모형이라 하더라도 $k=3$의 대표선수 모형이 X_3과 X_5를 포함하라는 법이 없다. 그로 인하여 대표선수 모형 선발을 위해 각각의 k마다 모든 가능한 모형들을 다시 고려해 보아야 하고, 그 탓에 변수의 개수(p)가 많으면 아무리 알고리즘이 좋아도 비현실적으로 오랜 시간이 걸릴 수 있다. 최선 변수집합 선택을 원한다면 이 문제는 어쩔 수 없다.

이 문제의 간단한 해결책(사실은 회피책)으로서, 최선 변수집합 선택을 포기하고 순차적으로 변수를 추가해 나가는 것을 고려해볼 수 있다. 가장 먼저, $k=1$의 경우 p개의 변수 중 종속변수에 대한 설명력(R제곱)을 가장 높여 주는 변수, 즉 SSR을 가장 많이 줄여 주는 변수를 선택한다.* 여기에 p개의 회귀가 필요하다. 그 다음 $k=2$에서는 예측변수 2개짜리 모형들을 전부 비교하는 것이 아니라, $k=1$에서 선택된 변수는 그대로 유지하고, 나머지 $p-1$개 변수 중 SSR을 가장 크게 줄여주는 변수를 1개 추가한다. 이 과정에서 $p-1$개의 회귀가 필요하다. 그 다음 $k=3$에서는, $k=2$에서 선택된 변수 2개를 유지하고, 나머지 $p-2$개 중 SSR을 가장 크게 줄여주는 변수를 1개 추가한다. 이것을 $k=p$에 이르기까지 반복한다. 이 방법을 **단계적 변수추가**(forward stepwise selection)라 한다. 최선 변수집합 선택에 2^p개의 회귀가 필요한 반면, 단계적 변수추가에는 $p+(p-1)+\cdots+1=\frac{1}{2}p(p+1)$개의 회귀만 필요하다. p가 클 때 이 둘의 차이는 엄청나다. 예를 들어 $p=100$이면 $2^p>10^{30}$으로 최선 변수집합 선택은 사실상 불가능하지만, 단계적 변수추가에 필요한 회귀는 $\frac{1}{2}p(p+1)=5{,}050$개밖에 안 된다. 단계적 변수추가 방법을 사용하면 각 k에서 가장 설명력이 높은 대표선수 모형이 선발되지 않을 수도 있지만 그렇다고 큰일나는 것도 아니고, 여전히 꽤 좋은 방법이며, 무엇보다도 속도가 빨라 거대한 모형으로의 확장성(scalability)이 좋다.

순서를 반대로 해서, 가장 큰 모형($k=p$)으로부터 출발하여 가장 기여도가 낮은 변수를 하나씩 제외시켜 나가는 방법도 있다. 이 방법을 **단계적 변수제외**(backward stepwise selection)라 한다. 이 방법도 각각의 k에서 가장 설명력이 좋은 최상의 대표선수 모형을

---

*k별 대표선수 모형 선발 시에는 예측변수 개수가 동일하므로 R제곱만을 비교해도 좋다.

찾지는 못할 수 있지만, 꽤 좋은 방법이고, 속도가 빨라 확장성이 있다. 단계적 변수추가와 단계적 변수제외 방법을 결합하는 것도 생각해 볼 수 있다. 학습용 자료(각 모형의 추정에 사용)를 설명하는 데에는 최선 변수집합 선택 방법이 가장 좋고, 그래서 예측에서도 최선 변수집합 선택이 단계적 변수선택보다 더 나을 것이라고 예상하지만, 최선 변수선택 대신에 단계적 변수선택을 해도 대단한 차이가 나지는 않는 것이 보통이다.

최선 변수집합 선택과 단계적 변수선택에서는 $k = 0, 1, \ldots, p$의 $p+1$개 모형이 19.2절 방법에 따라 비교할 모형들이 된다.

Ridge, lasso, elastic net

실제 예측분석을 많이 하다 보면 어느 순간에 깨달음 비슷한 것이 오는데, 이는 예측변수들의 계수가 너무 크면 예측결과가 '튄다'는 것이다. 예측변수 계수의 크기가 크면, 이런 예측변수들의 값이 변할 때 목표변수 예측값이 크게 변할 수 있기 때문이다. 특히 OLS 회귀에서 예측변수들(설명변수들) 간 상관의 정도가 높아 추정량의 분산이 크면 이런 일이 발생하기 쉽다. 앞의 변수선택 방법에서는 변수의 개수(k)에 따라 벌점을 주었는데, 그 대신 β_j 계수 값 크기에 벌점을 주는 방법을 생각해볼 수 있다. Hoerl and Kennard (1970a, 1970b)의 ridge 회귀가 대표적이다. Ridge 회귀는 추정값의 크기를 수축시키는 일을 한다. 그 결과 추정량은 편향되지만, 예측이 목적이므로 편향되든 말든 걱정 안 한다.

OLS가 $\sum_{i=1}^{n}(y_i - b_0 - b_1 x_{i1} - \cdots - b_p x_{ip})^2$을 최소화시킴에 반하여 ridge 회귀는 다음 손실함수를 $b_0, b_1, \ldots, b_p$에 대하여 최소화한다.

$$\frac{1}{n}\sum_{i=1}^{n}(y_i - b_0 - b_1 x_{i1} - \cdots - b_p x_{ip})^2 + \lambda \sum_{j=1}^{p} b_j^2 \tag{19.1}$$

여기서 λ는 계수값 크기(제곱 합)에 따른 벌점의 크기를 나타내며 위 함수를 최소화할 때에는 하나의 값으로 주어진다. λ 값이 다르면 (19.1)을 최소화하는 β_j 값들도 다르고, 따라서 주어진 훈련용 자료에 대하여 β_j의 ridge 추정량은 λ의 함수이다. $\lambda = 0$이면 ridge 추정량은 OLS 추정량과 같다. $\lambda = \infty$이면 절편을 제외한 나머지 기울기 계수들은 0으로 추정되므로 영(null) 모형에 해당한다. 그 중간($0 < \lambda < \infty$)에서 ridge 추정량은 OLS로부터 0의 방향으로 '수축'(shrink)되므로 ridge 회귀는 '수축'(shrinkage) 방법의 일종이다. λ를 이용하여 계수 수축 정도를 조정(tune)하므로 λ를 튜닝 매개변수(tuning parameter)라 한다 (튜너를 상상할 것). 또, 튜닝값 λ는 훈련용 자료로써 추정하는 것이 아니라 나중에 그보다 상위 레벨에서 교차검증 등 다른 방법으로써 선택할 것이므로 β_j와는 처지가 달라, 그냥 모수(parameter)가 아니라 하이퍼 모수(hyper-parameter)라고도 한다.

행렬연산을 사용하면 ridge 추정량을 손쉽게 구할 수 있다. Ridge 회귀의 손실함수를 $(y - 1b_0 - Xb)'(y - 1b_0 - Xb) + \lambda b'b$라고 쓸 수 있다. 기울기 벡터 b에 대하여 미분하여 0과 등치시키면 $-2X'(y - 1\tilde{\beta}_0 - X\tilde{\beta}) + 2\lambda\tilde{\beta} = 0$을 얻는다. 이를 $\tilde{\beta}$에 대하여 풀면 $\tilde{\beta} = (X'X + \lambda I_p)^{-1} X'(y - 1\tilde{\beta}_0)$

가 된다. 절편 부분의 1계 조건은 OLS와 똑같이 $\tilde{\beta}_0 = \bar{y} - \bar{\mathbf{x}}\tilde{\beta}$ 이다. 이 둘을 연립방정식으로 풀면 $\tilde{\beta} = (\tilde{X}'\tilde{X} + \lambda I_p)^{-1}\tilde{X}'\tilde{y}$ 를 얻는다. 단, $\tilde{X} = X - 1\bar{\mathbf{x}}$, $\tilde{y} = y - 1\bar{y}$, 다시 말하여 $\tilde{X}$ 는 $\mathbf{x}_i - \bar{\mathbf{x}}$ 의 행렬, $\tilde{y}$ 는 $y_i - \bar{y}$ 의 벡터이다. Ridge 추정량은 λ 의 함수임을 볼 수 있다. OLS 추정량은 $\hat{\beta} = (\tilde{X}'\tilde{X})^{-1}\tilde{X}'\tilde{y}$ 이므로 ridge 추정량은 '분모'에 λI_p 를 더한 것으로 이해할 수 있는데, 이는 $\tilde{X}'\tilde{X}$ 의 대각 원소들에 λ 를 더해주는 역할을 한다. 그래서 이 회귀에 능선(ridge)이라는 이름이 붙었다.

$\lambda > 0$ 이면 ridge 추정량은 OLS 추정량과 다르다. Ridge 추정량이 OLS 추정량을 수축시킨다는 점 이외에도 ridge 회귀가 OLS와 크게 다른 점이 하나 있다. OLS에서는 변수에 100을 곱하거나 100으로 나누어도 계수의 규모가 이에 반비례하도록 조정되어 예측값은 아무런 영향도 받지 않는다. 반면 ridge 회귀에서는 벌점 부분에 계수 크기의 제곱항이 있어 추정량이 변수의 규모에 의존한다. 예를 들어 소득을 원으로 측정하는지 천원으로 측정하는지 백만원으로 측정하는지에 따라 β_j 가 반비례하여 조정되는데 β_j 의 절대적 크기에 따른 벌점이 주어지므로 ridge 추정량은 변수 규모에 의하여 실질적인 영향을 받는다. 그래서 통상적으로는 각 예측변수를 그 표본표준편차로 나누어 규모를 '표준화'한 다음 ridge 회귀를 한다. 수식으로 표현하여, X_j 변수의 표본표준편차를 s_j 라 하면, 모형을 $Y = \beta_0^* + \beta_1^*(X_1/s_1) + \cdots + \beta_p^*(X_p/s_p) + u$ 로 바꾸고 나서 ridge 회귀를 하여 β_j^* 들을 추정한다. 이렇게 표준화를 하면 원래 모형의 β_j 와 표준화된 모형의 β_j^* 간에는 $\beta_j = \beta_j^*/s_j$ 라는 관계가 있으므로(절편은 제외), 최종적인 β_j 의 ridge 추정값으로서, 표준화된 모형의 β_j^* 추정치들을 s_j 로 나눈 값을 리포트한다(표준화 → ridge 추정 → 표준화 이전으로 복원). 이와 같이 표준화하였다가 다시 복원시키는 것은 통상적으로 그렇게 한다는 것이지 반드시 그렇게 해야 한다는 것은 아니다. 대부분의 경우에는 표준화를 한다.

▶ **연습 19.2.** Ridge 회귀에서는 반드시 변수 표준화를 하여야 하는가?

Ridge 회귀에서는 고려하는 모형 후보군이 (19.1)로 표현되며 λ 개수만큼 많은 모형이 있다. 그런데 λ 는 0 이상의 실수이므로 모형의 개수가 셀 수 없을 만큼 많다. 그런데 추정량이 λ 에 대하여 연속이므로 이처럼 무수히 많은 λ 중에서도 CV 방법을 이용하여 최적의 λ 를 적당히 잘 골라낼 수 있다(R의 **glmnet** 패키지). 사실, 최적에서 약간 벗어나도 큰일 나는 것은 아니다. 어차피 옳고 그른 것이란 없다. λ 가 결정되면 이 λ 와 모든 학습용 자료를 이용하여 ridge 추정을 다시 하고 그 결과를 예측에 활용한다.

Ridge 회귀의 모형들은 식 (19.1)의 최소화 식들로 표현된다. 이 ridge 회귀에서 벌점을 주는 기준인 '계수값 크기'는 계수 제곱 합이다. Tibshirani (1996)는 '계수값 크기' 표현식을 제곱의 합으로부터 절댓값의 합으로 교체하는 방법을 제안했다($\frac{1}{2}$ 은 신경쓰지 말 것).

$$\frac{1}{2n}\sum_{i=1}^{n}(y_i - b_0 - b_1 x_{i1} - \cdots - b_p x_{ip})^2 + \lambda\sum_{j=1}^{p}|b_j| \tag{19.2}$$

손실함수를 약간만 바꾼 것으로 보이지만 그 효과는 대단하다. 무엇보다도 ridge가 계수를 수축시키기만 하는 반면, Tibshirani의 제안은 수축뿐 아니라 변수 선택까지 하게 해 준다.

이때 선택되지 않은 변수들의 계수 추정값은 0이 된다. 이 변수 선택의 성질로 인하여 이 방법의 이름은 'shrinkage'와 'selection'을 모두 포함하는 'lasso' (Least Absolute Shrinkage and Selection Operator)이다. Ridge와 마찬가지로 lasso에서도 예측변수들을 표준화(표본 표준편차로 나눔)하고 나서 시작한다.

 Ridge에 비한 lasso의 최대 장점은 lasso가 변수선택을 해 준다는 것이다. 실제 lasso 로써 CV의 방법으로 모형 선택을 해 보면 살아남은 변수의 개수는 통상적으로 작다. 어느 정도 작으냐 하면, 인간의 머리로 따라갈 수 있을 만큼 작다. Lasso가 많이 사용되는 데에는 이 이유가 크다. Lasso도 R의 `glmnet` 패키지를 이용하여 구현할 수 있다.

 Ridge와 lasso를 결합한 'elastic net' 방법을 사용하기도 한다. 이 방법은 벌점 부분을 다음과 같이 절댓값 합과 제곱 합의 가중합으로 바꾸는 것이다.

$$\frac{1}{2n} \sum_{i=1}^{n} (y_i - b_0 - b_1 x_{i1} - \cdots - b_p x_{ip})^2 + \lambda \left(\alpha \sum_{j=1}^{p} |b_j| + \frac{1-\alpha}{2} \sum_{j=1}^{p} b_j^2 \right) \qquad (19.3)$$

Elastic net은 ridge와 lasso를 포괄한다. 위 식에서 $\alpha = 1$이면 제곱 부분이 사라져 lasso 가 되고, $\alpha = 0$이면 절댓값 부분이 사라져 ridge가 된다. 제곱 부분에 $\frac{1}{2}$을 곱한 것은 관례상 그럴 뿐이며 특별한 의미는 없다. Elastic net에서 α를 튜닝 매개변수로 생각하여 교차검증으로써 결정할 수도 있지만, 그렇게 하지 않고 lasso와 비슷한 결과를 얻고 싶으면 대충 0.9나 0.95 정도 값을 주고, ridge와 비슷한 결과를 얻고 싶으면 0이나 0.1 정도 값을 주어도 좋다. 이 elastic net도 R의 `glmnet` 패키지에 구현되어 있다. 어떤 α가 최선인지는 문제에 따라 다르고 참 모형이 무엇이냐에 따라 달라서 정해진 답은 없고 미리 알 방법은 없다. 하지만 모든 비교를 완벽하게 해야 하는 것도 아니다.

 주어진 α에 대하여 elastic net을 고려한다면 모형 후보군은 식 (19.3)에서 튜닝 매 개변수 λ를 바꿈으로써 만들 수 있는 모든 모형들이 된다. 최적 모형을 선택하는 것은 교차검증 등의 방법에 의하여 예측실력이 가장 좋은 λ를 선택하는 것을 의미한다. λ가 결정되면 모든 학습용 자료를 이용하여 해당 추정을 하고 그 결과를 예측에 활용한다.

비선형성과 스플라인

변수들 간의 관계는 비선형적일 수도 있다. 이 책의 앞 부분에서는 변수들 간 비선형 관계를 로그변환, 제곱항 포함 등의 방법으로 처리하는 것에 대하여 공부하였다. 그런데 제곱이나 세제곱 항만으로 처리하려고 하면 함수 형태가 충분히 일반적이지 않아 좋지 않은 예측 결과가 나오기가 쉽다. 그래서 제곱, 세제곱, 네제곱 등 항을 포함시켜 비선형성을 처리하기보다는 X값 구간을 자르고 구간마다 함수관계가 다르게 되도록 모형을 설정하는 방법이 많이 사용된다. '스플라인'(spline)이 대표적이다.

 예측변수가 1개(X라 하자)인 경우를 고려하자. m차 스플라인이란 X값의 구간을 여럿 으로 나누고 구간마다 m차 함수형태를 상정하면서 구간 경계점(knots)에서 $0, 1, \ldots, m-1$

차 도함수가 연속이라는 제약을 주는 함수형태를 말한다. 구간을 더 잘게 나누어 구간들의 개수가 하나 증가하면 모수의 개수는 $m+1$개($0, 1, \ldots, m$차항의 계수) 증가하는데 동시에 $0, 1, \ldots, m-1$계 미분값이 연속이라는 제약 m개가 추가되므로, 결국 추정할 모수의 개수는 1개만 증가한다. 이처럼 스플라인은 보기보다 훨씬 모수 개수가 적으면서도 아주 유연한 함수 형태들을 만들 수 있다. 머신러닝에서는 3차 스플라인(cubic spline)이 많이 사용되는데, 이는 대체로 3차함수(두 번 구부린 함수) 정도이면 한 구간의 함수형태를 충분히 다양하게 만들어낼 수 있기 때문으로 보인다. 한 번 구부리는 것(2차함수)으로는 불충분하고 세 번(4차함수)까지는 구부릴 필요가 없는 것 같다. 만약 함수형태가 더 복잡할 수 있다고 판단되어 구부리는 횟수를 늘려야 하면 차수를 높이는 대신 구간을 나누면 된다.

3차 스플라인에서 모형들은 구획의 개수와 구분점들의 위치에 따라 구분된다. 예측에 최적인 모형의 선택을 위해서는 이들을 잘 정해 주어야 하는데, 경계점들의 위치는 선택의 폭이 너무 넓으므로, 보통은 구간마다 관측치 수가 똑같게 되도록 경계점을 잡는다. 이 방법을 택하는 경우, 구분점 개수 k만 정하면 3차 스플라인 모형이 확정된다. 이 스플라인에서는 k로써 모형을 튜닝하며, 최적의 k는 (교차)검증 방법을 이용하여 정할 수 있다.

제곱, 세제곱 등 고차함수는 외삽(extrapolation) 시 문제를 야기한다. 그래서 외삽 문제가 심각해질 가능성이 있는 구간, 즉 학습용 데이터의 X값 범위를 벗어나는 구간은 m차함수가 아니라 1차함수가 되도록 스플라인을 수정할 수 있다. 스플라인을 이렇게 수정한 것을 자연 스플라인(natural spline, NS)이라 한다. NS에서 선형함수를 강제하는 경계가 되는 구분점은 보통 X변수의 최솟값과 최댓값이다. 이 경계 바깥에서의 선형성과 2계 도함수의 연속성으로 인하여 최외곽 구분점에서의 2계 미분값이 0이라는 제약이 충족되어야 하므로 같은 3차일지라도 NS와 스플라인은 약간씩 차이가 난다.

스플라인을 컴퓨터로 구현하는 것은 아주 간단하다. '스플라인 기저'(spline basis)라고 하는 변수들을 만들어 설명변수로 사용하면 되는데, 3차 스플라인과 자연 3차 스플라인의 기저 변수들은 R의 splines 패키지에 bs와 ns를 이용하여 만들 수 있다. 통상적인 스플라인 기저를 만들기 위해서는 bs(x,df=k,degree=3)처럼 '자유도'(df)와 차수(degree)를 지정하면 된다. 차수는 몇 차 스플라인인지를 나타내며(기본값은 3), '자유도'는 만들어지는 기저 변수의 개수를 나타낸다. degree와 df의 차이가 구분점 개수이다. 사용자들은 log 함수 이용하듯이 y~bs(x,df=4)처럼 회귀식을 지정하면 구분점 1개의 3차 스플라인 회귀를 할 수 있다. ns 명령은 3차 NS (natural cubic spline)에 해당하는 기저 변수들을 생성한다. ns에서도 df 옵션을 통하여 생성되는 기저 변수의 개수를 지정할 수 있다. ns에서는 df 빼기 1이 구분점의 개수이다. ns(x,df=1)은 특별한 경우로서 기저 변수는 원래 변수의 선형변환이다. ns(x,df=2)는 중위값에 구분점을 찍는 3차 NS의 기저 변수 2개를 생성한다.

비선형성을 고려하는 방식으로 국지 회귀(local regression)이라는 것도 있는데, 이는 계량경제학의 비모수 회귀(이 책에서 설명하지 않았음)에 해당하는 것으로서, $X = x_0$인 경우에 대하여 예측을 하려면 자료 내 관측치들에 중 X값이 x_0에 충분히 가까운(얼마나 가까운지는 별도로 정함) 관측치들에 대해서 X값이 x_0와 가까운 정도에 따라 가중치를 부여하고 가중최소제곱(WLS) 회귀를 한다. X값이 x_0에 얼마나 가까운 관측치들을 사용할지 결정하는 것을 '대역폭'(bandwidth)을 정한다고 하는데, bandwidth가 작으면(즉, X값이 x_0과 아주 가까운 관측치들만 사용하면) 함수 형태가 구불구불하고 bandwidth가 크면 함수 형태가 평평해진다. X값과 x_0의 거리에 따라 가중치를 주는 함수를 커널(kernel)이라 한다. 국지 회귀에서는 bandwidth와 커널을 연구자가 선택할 수 있는데, 커널 모양보다는 대역폭이 훨씬 중요한 요소이다. 그래서 커널은 적당히 선택하여 사용하고 대역폭은 (교차)검증 등의 방법으로 정한다. 참고로, 국지 회귀는 각 x_0점마다 하나의 회귀를 하는 것이므로 예측해야 할 점들이 많으면 시간이 오래 걸릴 수 있음에 유의하라.

다중회귀처럼 우변에 여러 변수가 있으면 (자연 3차 스플라인, 국지 회귀 등을) 각 변수마다 적용한 후 이들을 합산할 수 있다. 이렇게 각 변수에 비선형 함수를 적용한 후 합산하는 방법을 통틀어 일반화된 가법 모형(generalized additive model, GAM)이라 한다. GAM이 일반적이기는 하지만 변수들 간의 상호작용은 고려하지 않는다는 제약이 있으므로 그렇게까지 일반적이지는 않다. GAM을 추정할 때에는 한 변수씩 돌아가면서 추정한다. 즉, 다른 변수들의 함수는 그대로 둔 채 한 변수의 함수를 추정하는 과정을 변수마다 돌아가면서 하는 식이다.

가까운 이웃들의 평균(k-nearest neighbor)

더 진행하기 전에 k-nearest neighbor (k-NN)라는 매우 직관적인 방법에 대하여 설명하고자 한다. 예측할 대상의 X값 벡터가 x^0이라 하면, k-NN 방법은 학습용 자료 내 관측치들 중 X_i값 벡터와 x^0의 거리가 가장 가까운 k개 관측치들의 Y값들의 표본평균(분류의 경우에는 다수결)을 예측값으로 삼는 방법이다. 이때 두 X값 벡터 간 거리는 보통 유클리드 거리를 사용하나, 연구자가 원한다면 달리 정의된 거리를 사용해도 좋다. k-NN에서 k가 작으면 x^0이 조금만 달라도 그에 해당하는 예측값이 크게 변할 수 있고, k가 크면 많은 관측치들의 목표변수값들을 평균내게 되므로 x^0값에 상당한 차이가 있어도 예측값에는 별 차이가 없게 된다. 예를 들어 1-NN에서는 X값이 x^0과 가장 가까운 관측치 1개만을 사용하므로 x^0이 약간 변해서 최근접 관측치가 바뀌면 예측값도 크게 바뀔 수 있는 반면, n-NN에서는 훈련용 자료 내 모든 관측치들의 목표변수의 평균값을 사용하므로 x^0값이 무엇이든 그 예측값은 항상 동일하다. k는 CV 등의 방법으로 결정할 튜닝 매개변수이다.

나무(trees)와 숲(forests)

앞서 살펴본 3차 스플라인은 X의 구간을 여러 개로 쪼갠 다음 각 세부구간마다 (연속성 제약하에) 별개의 3차함수를 얻도록 모형을 설정하는 것이었다. 구간 개수를 늘릴 때에는 새 구분점(knot)을 기존 구분점들에 추가하는 것이 아니라 모든 구분점들을 처음부터 새로 잡는다. 예를 들어 3개로 구분할 때의 구분점 값들이 4과 6이라 하면, 4개로 구분할 때의 구분점들은 기존 구분점들에 하나를 추가하는 것이 아니라 3, 5, 9처럼 기존의 것들을 전부 지우고 새로 찍는 방식으로 진행된다.

이제 3차함수 대신에 단순한 수평선(0차함수, piecewise constant)을 사용하고, 또 구분점도 전부 지우고 새로 찍는 대신 기존의 구분점들에다 하나씩 추가해 가는 방식을 생각할 수 있다. 또, 여러 특성변수가 있으면 처음부터 끝까지 하나의 특성변수만을 고려하는 것이 아니라, 단계마다 모든 특성변수들 중 가장 좋은 것을 선별하여 구분점을 찍는다. 각 단계에서 구분점을 추가할 때에는 목표변수 값을 가장 잘 구분해 주는 변수와 경계지점을 선택한다. 이런 방식으로 쪼갠 결과를 그림으로 표시하면 나무가 거꾸로 그려진 것과 비슷하다 하여 이 방법을 나무 혹은 의사결정 나무(decision tree)라 한다.

나무 모형에서 이와 같이 구분점을 찍어 나뭇가지(branches)를 만들어 나가는 절차가 매우 단순하므로 예측변수(X_j)가 많아도 간편하게 구현할 수 있고, 무엇보다도 해석이 매우 직관적이어서 사람들의 눈길을 확 끈다. 그런데 나뭇가지를 만드는 방식이 최종 결과를 종합적으로 반영하지 않고 각 단계에서만 최선을 다하는 근시안적이고 탐욕스러운(greedy) 방식이므로, 끝나고 나서 결과를 살펴보면 별 볼 일 없는 지점에 별 볼 일 없는 변수를 이용하여 구분점을 찍을 가능성이 많다는 단점이 있다. 이 단점을 보완하기 위하여 갈라져 있는 나뭇가지들을 다시 합치는 '가지치기'(pruning) 기법을 사용한다. 실제로 구현할 때에는 먼저 큰 나무를 기르고, 그 다음 잎(leaves, 말단 노드)의 개수에 따라 벌점을 주는 방식으로 가지치기(cost complexity pruning)를 한다.

나무 모형의 복잡성은 잎의 개수로 표현된다. 잎이 많을수록 복잡한 나무인데, 나무가 복잡할수록 학습용 자료의 설명력은 높으나 제3의 대상에 대한 예측력은 낮을 수 있어 교차검증 등에 의해 적당한 크기의 나무를 선정한다. 교차검증의 대상은 가지치기 때 주는 잎 하나당 벌점의 크기(cost complexity parameter)이다. 나무는 R의 `tree` 패키지(다른 패키지도 있음)에 구현되어 있다. 이 패키지의 `tree` 명령으로써 나무를 키우고, `cv.tree` 명령으로써 교차검증에 의한 최적 벌점 크기(cost complexity parameter)를 결정한 후, 마지막으로 당초 만든 나무에 이 매개변수 값을 주고 가지치기(`prune.tree` 명령 이용)를 한 것을 최종 모형으로 낙점한다.

나무 모형의 단순성과 해석의 직관성은 대단한 것이지만, 다른 방법에 비하여 너무 단순하여 좋은 결과를 얻을 것으로 기대하기는 어렵다. 하지만 여러 개의 다양한 나무들을 만들고 이 각각의 나무들로부터 얻은 예측치를 평균하는 방법을 사용하면, 나무모형을 이용한 예측의 성능이 크게 개선된다. 이렇게 여러 모형들을 이용하여 예측을 하고 이 예측치들을 평균내는 방식(분류 문제에서는 다수결도 사용)을 앙상블(ensemble)이라 한다. 나무 앙상블 방법으로 '부트스트랩 집계'(bagging, bootstrap aggregating), '임의의 숲'(random forests), '부스팅'(boosting) 등이 있다. 나무 모형에 앙상블을 적용할 때 중요한 점은 나무들이 다양해야 한다는 것이다. 그래야 평균낼 때 이득을 보는 것이지, 똑같은 결과를 아무리 많이 평균내도 똑같은 결과일 뿐이다. 다양성이 없는 곳에서 모두 잘 하면 좋지만 잘못되면 모두 잘못된 길로 가므로 위험이 크다. 다양성은 중요하다.

부트스트랩 집계(bagging)는 부트스트랩 추출—n개 관측치들로부터 n개를 무작위로 복원추출하는 것—로써 학습용 표본들을 반복적으로 무작위 생성하고, 각 표본에서 나무를 길러 피예측변수 예측값을 구한 후, 이들 예측값들을 평균냄으로써(분류 문제라면 다수결도 사용) 최종 예측값을 구하는 방법이다. Bagging은 나무뿐 아니라 다른 모든 모형들과도 결합하여 사용할 수 있다. Bagging에서 예측실력을 평가하는 방법으로 교차검증을 할 수도 있겠지만, 더 간편한 방법이 있다. 부트스트랩 추출을 할 때마다 어떤 관측치는 표본에 포함되고 나머지는 포함되지 않는데, 이 표본에 포함되지 않는 관측치들, 즉 OOB (out-of-bag) 관측치들을 활용할 수 있다. 나무 한 그루 방법에서 검증을 위해서는 훈련용과 검증용으로 자료를 구분해야만 했으나(교차검증도 역할을 바꾼다는 것만 다를 뿐 자료를 구분해야 한다는 것은 같다), bagging에서는 그럴 필요 없이 전체를 훈련용으로 사용해도 OOB를 이용하여 예측실력을 파악할 수 있다. Bagging에서는 가지치기를 하지 않는 경우가 많으나, 만약 가지치기를 한다면 튜닝 매개변수는 가지치기 강도(cost complexity parameter)가 된다. 부트스트랩 추출의 횟수(나무의 개수, B)는 커도 overfitting 문제가 발생하지 않으므로 튜닝 대상이 되지 않는다.

나무 bagging은 하나의 나무를 생성하는 것이 아니라 B개(예를 들어 100개)의 나무를 만들어 결과를 평균내는 것이므로 더 이상 하나의 나무 그림으로 표현할 수 없다. 변수 중요도 측정을 위해서는 각 나무마다 변수당 분기로 인한 SSR 감소 정도 합계(분류라면 오답률 하락 정도 합계)를 구한 후, 이 기여도의 B회 반복에 걸친 평균을 구한다. Bagging 에서는 이 변수별 평균 기여도를 변수 중요도(variable importance) 척도로서 계산한다.

그런데 bagging에서 아무리 관측치들을 무작위로 추출해도 결국은 똑같은 표본으로부터 추출한 것이어서 bagging에 의해 만드는 나무들의 다양성은 충분하지 않을 수 있다. 그래서 관측치들을 부트스트랩 추출함과 동시에 나뭇가지 분기 시 고려할 특성변수 후보들의 개수를 제한해 주면 나무들의 다양성을 증가시킬 수 있다. 이 방법에는 '무작위적으로 자란 나무들의 숲'이라는 뜻에서 '임의의 숲'(random forest)이라는 시적인 이름이 붙어 있다. 임의의 숲에서 나무들의 다양성은 부트스트랩 표본의 다양성과 (각 나뭇가지 생성 시 고려하는) 특성변수들의 다양성이 협력하여 만든 성과이다. 전체 특성변수들의 개수가 p라 할 때 매번 나뭇가지를 분기할 때마다 고려할 변수 개수를 m개로 제한한다. 대략 $m = p/3$ (회귀) 또는 $m = \sqrt{p}$ (분류)가 많이 사용되며 교차검증를 이용하여 m을 선택할 수도 있다. 참고로, $m = p$이면 임의의 숲은 bagging이 된다. 임의의 숲에서 각 나무의 예측능력은 낮을 수 있지만, 이들 임의 나무들을 많이 길러 결과들을 평균냄으로써 예측 성능을 높인다. 임의의 숲 방법은 상당히 잘 작동하지만, 예측력 없는(irrelevant) 변수들이 많으면 별로 좋지 않다고 한다(Loh 2014).

나무 bagging과 임의의 숲은 R의 `randomForest` 패키지에 구현되어 있다. 이 패키지에 `randomForest`라는 함수가 있는데, 여기서 `mtry` 옵션과 `ntree` 옵션에 신경을 쓸 필요가 있다. `mtry` 옵션은 임의의 숲에서 나뭇가지 분기 시 고려할 변수들의 개수(m)를 의미하며 `ntree`는 부트스트랩 추출 횟수(B)를 의미한다. `mtry`가 p와 같으면 bagging이 되고 p보다 작으면 임의의 숲이 된다.

임의의 숲에서 튜닝 매개변수로는 나뭇가지 분기 시 고려할 변수의 개수(m)와 나무의 복잡성(가지치기를 위한 cost complexity parameter에 의하여 결정) 등이 있다. 예측 성능 평가를 위해서는 OOB (out-of-bag) 관측치들을 활용하는 것이 간편하다(따라서 학습 자료를 훈련용과 검증용으로 구분하지 않고 전체를 이용하여 학습). `randomForest` 패키지의 `tuneRF` 명령을 사용할 수 있는데, 이 명령은 m에 대하여 특정한 방법으로 CV를 한다.

Bagging이나 임의의 숲이 독립적인 나무를 B개 만들고 마지막에 이 나무들로부터의 예측치들을 평균내는(분류 문제라면 다수결도 이용) 것인 반면, boosting은 순차적으로 예측치를 개선해 나가는 절차이다. Boosting에는 크게 Adaptive Boosting (AdaBoost)과 Gradient Boosting이 있다. AdaBoost는 매 단계마다 직전 단계에서 잘못 예측한 관측치들에 더 큰 가중치를 주는 방법이고, Gradient Boosting은 직전 단계의 예측오차를 보정해 나가는 방법이다. 자세한 수학적인 내용은 생략한다. 다만 bagging이나 임의의 숲과 달리, boosting에서는 횟수가 거듭될수록 점점 설명력이 개선되므로 overfitting을 피하기 위하여 반복 횟수 B를 제한할 필요가 있음을 기억하여야 한다. 그러므로 B는 중요한 튜닝 대상이다. 또한, boosting에서는 나무가 점점 개선되므로 통상적으로 매 단계에서 큰 나무를 만들 필요가 없이 아주 작은 나무(잎의 개수 2~3개인 나무)를 만들어 성과를 개선해 나간다. 이때 작은 나무 잎의 개수 또는 나뭇가지 분기점의 개수(interaction depth라 함)도 튜닝 대상이다. 그리고 Gradient Boosting에서는 반복시에 오류를 100% 보정하는 것이 아니라 조금씩(예를 들어 10%)만 보정하는데 이 보정 정도 또한 튜닝 대상이다.

Support Vector Machine과 인공신경망

그 밖에 널리 사용되는 것으로 Support Vector Machine (SVM), 인공신경망(artificial neural network, ANN) 등이 있다. SVM의 이론적 측면은 Cortes and Vapnik (1995) 논문에 설명되어 있으며, 이를 다루는 것은 이 책의 범위를 크게 벗어난다. 다만, 분류용 SVM은 일정한 넓이의 '띠'(그 중앙이 두 범주의 구분선 혹은 구분면)를 만들어 그 띠에 가급적 적은 수의 관측치들이 놓이도록 분류하는 방법이며, 회귀용 SVM은 이와 반대로 그 띠(그 중앙이 추정 결과)에 가급적 많은 관측치들이 놓이도록 띠를 위치시키는 방법이라는 (모호한) 설명만 하고자 한다. SVM은 '커널'이라는 것을 이용하여 비선형 관계를 매우 간편하게 포착할 수 있도록 고안되었다. SVM에서는 띠의 넓이가 중요한 튜닝 매개변수이며, R에서는 `e1071` 패키지에 `svm` 명령으로 구현되어 있다.

인공신경망(ANN)은 1943년(McCulloch and Pitts 1943)으로 거슬러 올라가는 아주 오랜 역사를 가진 방법으로서, 수차례 부침을 거듭하였으나 최근에는 드디어 고성능 컴퓨터 기술과 결합하여 엄청난 각광을 받고 있다. 독자들이 들어보았음직한 인공지능은 모두 ANN을 기반으로 개발되었다고 해도 지나치지 않으며, 지금 순간에도 따라가기조차 어려울 정도로 급속히 발전하고 있다. ANN은 수많은 모수들을 갖는 모형으로서, 자칫 잘못하면 최적화 알고리즘이 수렴을 안 하거나 손쉽게 overfit이 발생하는 방법이며, 웬만한 크기의 경제 데이터에 적용하기에는 너무 무거운 감이 있다. ANN은 극도로 비선형적인 패턴도 찾아낼 수 있는 잠재력을 가지고 있어, 머신 비전, 자율주행, 음성인식, 통역, 게임 등 다양한 응용분야에서 활용되고 있다. 다만, 경제 변수들이 이런 막강한 도구를 필요로 할 정도로 고도의 비선형성을 보이는지, 또 이런 도구를 활용한다고 하여 과연 경제 변수의 예측에 획기적인 진전이 이루어질지는 의문이다. R에서 ANN을 간단히 구현해 놓은 패키지로 neuralnet이나 nnet도 있으나 초보적인 수준이다. 최근의 발전을 따라가려면 R에서는 h2o 패키지나 keras 등을 이용할 수 있다. 내일은 또 어떤 패키지가 등장할지 모르겠다.

19.4 경제 현상과 머신러닝

계량경제학은 인과적(ceteris paribus) 영향의 분석을 주요 대상으로 하여 발전되어 왔다. 인과관계의 분석은 '주어진' 모형 또는 모수로부터 출발한다. 선형모형의 경우, 다중회귀 모형이 주어지면 각 계수에 대한 해석이 이루어지고 모수 추정과 가설 검정이 수행된다. 간단히 말하여 인과관계 분석에서는 $\hat{\beta}$ (혹은 부분효과)이 중요하다.

반면 머신러닝의 대상은 예측이다. 예측 문제에서는, 극단적으로 표현하여, 목표변수를 잘 맞추기만 하면 된다. 모형도 인간에 의하여 주어지는 것이 아니라 자료에 기반하여 선택된다. 여기서 $\hat{\beta}$은 관심사가 아니고 $\hat{y}$이 중요하다. 독자들은 '인과관계'와 '예측'을 혼동하여 예측에 사용되는 기법(예를 들어 ridge 회귀)을 이유 없이 인과관계 분석에 적용하는 잘못을 저지르거나, 거꾸로 예측을 목표로 하면서 무엇을 통제할지 고민하고 있어서는 안 될 것이다. 물론 예측과 인과관계가 서로 겹치는 영역이 있고 예측을 인과관계 파악에 활용하기도 한다.

예측에만 국한하여 살펴볼 때, 머신비전, 음성인식, 자율주행, 번역, 로봇공학, 문서 생성 등 많은 분야에서 머신러닝 기법들을 활용한 인공지능이 괄목할 만한 성공을 거둔 반면, 경제 변수의 예측에서는 머신러닝 기법들의 도입 이후에도 상대적으로 발전이 더디다. 이는 우선 경제 변수의 예측이 이미 고도의 효율성을 달성하여 머신러닝이라는 도구로써 개선할 여지가 많지 않기 때문인 듯하다. 이와 더불어, 인공지능이 커다란 성과를 이룬 분야와 경제 분야의 자료 간에는 보다 근본적인 차이가 있는 것 같다.

첫째, 머신비전, 음성인식, 자율주행, 로봇공학, 생성형 AI 등 전통적인 머신러닝 적용 영역에서는 데이터에 이미 완전한 정보가 들어 있다. 예를 들어 어떤 사진에 고양이가 있는지 알기 위해서 SNS를 뒤진다거나 옆집 고양이의 색깔을 알 필요가 없이 그냥 사진만 들여다 보면 된다. 이는 음성인식, 자율주행, 번역 등에서도 마찬가지이다(물론 더 모호한 영역에서도 인공지능이 성과를 내고 있기는 하다). 반면 한 경제 변수는 이 변수에 영향을 미치는 다양한 요인들의 상호작용에 의하여 생성된 최종적인 결과물인데, 이 결과물을 현미경으로 들여다 본다고 하여 이 변수를 만들어 낸 요인들에 대한 정보를 알 수 있는 것이 아니다. 또한 이들 다양한 요인들 중 일부만 변수로서 관측되고 나머지는 모두 '오차항'으로 취급된다. 말하자면 경제학자가 가진 사진들은 해상도가 낮고 잡음투성이여서 뭐가 뭔지 모르겠는데 비슷비슷한 그림들이 어떤 것은 개, 어떤 것은 고양이, 어떤 것은 사람 사진인 것과 유사하다. 이런 자료에 아무리 강력한 머신러닝 기법을 적용해 보아도, 그동안 경제학자들이 예측해 오던 것으로부터 대단한 진전을 이루기는 쉽지 않아 보인다.

둘째, 머신비전, 음성인식, 자율주행, 번역, 로봇공학, 생성형 AI 등은 인공지능이 예측을 한다고 하여 그 대상이 변하지 않는다. 말하자면, 인공지능으로 사진에 고양이가 있는 것을 100% 알아맞혀도 나중에 고양이 사진에서 고양이가 개로 변하는 일은 없다. 반면 경제 변수는 인간 행동의 결과로서 나타나므로, 예측 행위 자체가 인간 행동을 바꾸어 결과적으로 변수의 행태를 바꾸는 일이 발생한다. 예를 들어 A라는 주식의 가격이 내일 100원 상승했다가 모레 100원 하락한다고 인공지능을 이용하여 예측한다고 하자. 아무도 그럴 거라고 예측하지 않으면 이런 일이 일어날 수도 있겠지만, 만약 모든 사람이 이 변화를 예측한다면 기이한 일이 발생한다. 내일 주가가 100원 상승하기 위해서는 그 시점에서 100원을 더 주고 사려는 사람이 있어야 할 텐데, 누가 모레 100원 하락할 주식을 그 전날 100원 비싸게 사겠는가? 이 점은 매우 미묘하며, 경제변수의 예측 방정식에 인간의 예측행위가 포함되어야 함을 의미한다. 이것은 Recurrent NN 이나 강화학습 같은 차원이 아니라, 더욱 근본적으로 예측을 포함한 인간의 행동 자체가 예측 방정식에 포함되는 거대하고 포괄적인 방정식 체계를 뜻한다(공상과학?). 물론 그렇다고 하여 경제변수 예측 방정식을 반드시 이렇게 '올바르게' 설정할 필요는 없을 것이다. 예측에 더 잘 맞추고 더 못 맞추는 것은 있어도 옳고 그른 것이란 없다.

경제 현상에 인공지능을 적용하기 위해서는 풀고자 하는 문제가 과연 머신러닝 기법 적용에 합당한지 판단하는 것이 무엇보다도 먼저 필요하다.

A 연습문제 답

1.1 여타 요소들이 동일하고 성별만 다를 때의 임금 차이

1.2 동일한 환경에서 동일한 사고가 났을 때 안전띠를 맨 경우와 그렇지 않은 경우 사망할 확률의 차이이다. 이를 제대로 측정하려면 동일한 신체적 정신적 건강상태를 가진 두 운전자가 동일한 상황에서 동일한 사고를 내는데, 한 명은 안전띠를 매고, 다른 한 명은 안전띠를 매지 않는다. 사고 후 각 사람의 사망 여부를 기록한다. 이 실험을 무수히 반복하여 안전띠를 맨 경우와 그렇지 않은 경우 사망률을 계산한다. 현실적으로 측정이 가능하지 않다.

1.3 건강상태, 가정환경, 직업환경, 생활습관 등 모든 면에서 동일한 두 사람 중 한 사람은 점심을 굶고 다른 한 사람은 점심을 먹는다. 이 두 사람의 사망 연령의 차이를 말한다.

1.4 여타 요소가 동일하고 상수도 보급률에 10% 포인트 차이가 나는 두 지역에서 평균 수명의 차이

1.5 상대 편의 행동, 유권자들의 성향 등이 모두 동일한 상태에서 한 정당이 선거운동 경비를 더 많이 사용할 때 득표율이 높아지는 정도

1.6 여타 모든 요소가 동일한 상태에서, 한 학생이 영어 과외를 받을 때와 받지 않을 때 학급 내 영어석차의 차이

1.7 건강이 나빠서 수면시간이 보통보다 더 길거나 더 짧을 수 있으므로, 수면시간이 원인이고 건강이 결과라고 단정지을 수 없다. 수면시간이 건강에 미치는 인과적 영향은, 동일한 건강 상태와 생활 환경을 가진 두 사람에게 수면시간에 차이가 있을 때 두 사람 사이의 건강의 차이이다.

1.8 변수

1.9 퇴화되었음

1.10 이 책 제4판으로 실험을 하였다. 첫 번째 실험에서 361쪽이 나왔으므로 자료 집합은 (3,6,1)이고 그 표본평균 값은 10/3이다. 두 번째 실험에서는 53쪽이 나왔으므로 자료 집합은 (0,5,3)이고 그 표본평균 값은 8/3이다. 표본평균의 값이 변하였다. 표본평균은 상수가 아니라 확률변수이다.

1.11 주사위와 동전을 던져서 나오는 값들의 조합을 종이에 써서 자루에 넣는 행동을 무한 반복

1.12 (i) n. (ii) $\sum_{i=1}^{n} X_i Y_i / \sum_{i=1}^{n} X_i^2$ 은 자료로부터 계산할 수 있으므로 통계량이다. (iii) 표본추출을 무한히 반복할 때 $\hat{\beta}_1 > 1$이 발생하는 궁극적인 상대빈도. (iv) $E(\tilde{\beta})$와 $var(\tilde{\beta})$는 표본추출 무한반복 시 $\tilde{\beta}$의 값들의 궁극적인 평균과 분산을 말한다. (v) $E(\tilde{\beta})$는 하나의 표본으로부터 계산할 수 없으므로 통계량이 아니다. (vi) $var(\tilde{\beta})$는 표본추출을 반복하더라도 변하지 않는 모수로서 확률변수가 아니다.

1.13 생략

1.14 19.63495

1.15 생략

1.16 생략

1.17 생략

1.18 생략

2.1 (a), (b), (c), (d)

2.2 판매량 $= a + b \times$ 가격 $+ u$. 여타 요소들이 고정된 경우 **가격**이 1단위 하락하면 **판매량**은 $-b$ 단위만큼 증가함

2.3 X 정보가 있든 없든 u 기댓값은 동일함

2.4 $E(Y|X) = \beta_0 + \beta_1 X + E(u|X) = \beta_0 + \beta_1 X$

2.5 인과적 영향: 모집단의 한 노동자가 학력, 경력 등 여타 모든 요소는 동일한 채 나이만

59세에서 60세로 바뀐다면 임금은 얼마나 변화하는가? 평균적인 영향: 모집단 내 나이가 59세인 노동자들의 평균 임금과 나이가 60세인 노동자들의 평균 임금 간의 차이. 이 둘은 E(u|나이)가 나이와 상관 없이 동일하면 같다. 특히 E(u|나이 = 59) = E(u|나이 = 60)이면 같다.

2.6 최종 낙찰가격의 기댓값은 미리 짠 경우 $E(Y|X = 1)$, 미리 짜지 않은 경우 $E(Y|X = 0)$이므로 둘의 차이는 $E(Y|X = 1) - E(Y|X = 0)$. 주어진 모형에서 기댓값의 차이는 β_1. $E(u|X) = 0$은 $E(u|X = 1) = 0$과 $E(u|X = 0) = 0$을 포괄하는 표현. 즉, 낙찰가격에 영향을 미치는 여타 요소들은 미리 짜든 그렇지 않든 똑같이 0이라고 기대됨을 의미함.

2.7 2.718282

2.8 계산 생략

2.9 5, 5, 없음, −5

2.10 대략 2.3%

2.11 약 25.9% 하락, 약 50.3% 하락

2.12 β_1의 크기가 작으면 약 $100\beta_1$%, 그 밖의 경우에는 $100 \cdot (e^{\beta_1} - 1)$%

2.13 β_1의 크기가 작으면 약 $100\beta_1$%, 그 밖의 경우에는 $100 \cdot (e^{\beta_1} - 1)$%

2.14 측정단위는 중요하지 않으며 측정단위를 알 필요가 없음. 임금의 측정단위가 변하면 이에 상응하여 β_0이 변함.

2.15 (i) 여타 조건이 동일할 때 인구 1천명당 경찰 수가 1명 증가하면 인구 1천명당 범죄 건수는 β_1명 증가. (ii) 여타 조건이 동일할 때 인구 1천명당 경찰 수가 1% 증가하면 인구 1천명당 범죄 건수는 약 β_1% 증가.

2.16 (i) 여타 조건이 동일할 때 담합이 있으면 낙찰률은 5% 포인트 상승. (ii) 여타 조건이 동일할 때 담합이 있으면 낙찰률은 약 4% 상승.

2.17 $0.1\beta_1 \times 100 = 10\beta_1$ (%). 1할은 0.1 포인트. log(타율)에 약 0.1 차이가 있는 것이므로 연봉은 약 $10\beta_1$% 차이.

3.1 평균은 합을 표본크기로 나눈 것이고, 표본크기는 함수의 인자와 상관없기 때문. 수학적으로, 예를 들어 $f(x)$를 최소화시키는 것이 $x = x_0$이라면 $0.01f(x)$를 최소화시키는 것도 $x = x_0$.

3.2 동일하지 않음

3.3 분배법칙에 따라 좌변은 $\sum_{i=1}^{n}(x_i - \bar{x})y_i - \sum_{i=1}^{n}(x_i - \bar{x})\bar{y}$인데, 다시 분배법칙과 $\bar{x}$의 성질에 따라 둘째 항은 $[\sum_{i=1}^{n}(x_i - \bar{x})]\bar{y} = 0$

3.4 자료로부터 계산할 수 있으므로 통계량임

3.5 좌변은 분배법칙에 따라

$$\left[\sum_{i=1}^{n}(y_i - \hat{\beta}_0 - \hat{\beta}_1 x_i)\right](\hat{\beta}_0 - b_0)$$
$$+ (\hat{\beta}_1 - b_1)\left[\sum_{i=1}^{n}(y_i - \hat{\beta}_0 - \hat{\beta}_1 x_i)x_i\right]$$

이며, 중괄호 안의 값들이 직교방정식에 따라 모두 0이므로 성립함

3.6 year==2010을 year==2008로 바꾸면 되며, 기울기 추정값은 -0.3972. 그림은 생략함.

3.7 우리로부터 17.95백만 파아섹 떨어져 있으며 1초에 1,594 킬로미터씩 멀어져 감

3.8 다음 명령 참조

```
fm <- log(sales)~log(price)
plot(fm,data=Cigar,subset=year==90)
abline(lm(fm,data=Cigar,subset=year==90))
```

3.9 약 0.9

3.10 비탄력적(탄력성이 1보다 작음). 0.9라는 탄력성이 1보다 많이 작지는 않지만 어쨌든 추정결과는 이 생각과 일치함

3.11 약 0.95 (추정값은 -0.9506)

3.12 ②

3.13 x_i의 값이 동일하므로 동일함

3.14 $\hat{\beta}_1 = 0$인 경우

3.15 종속변수 값도 동일하면 잔차들이 동일할 것이나, 종속변수 값들이 다르면 잔차들은 서로 다르다.

3.16 동일함

3.17 이 식을 만족시키는 값들이 최소자승 추정값이므로

3.18 $\sum_{i=1}^{n}\hat{y}_i\hat{u}_i = \hat{\beta}_0\sum_{i=1}^{n}\hat{u}_i + \hat{\beta}_1\sum_{i=1}^{n}x_i\hat{u}_i = 0$

3.19 컴퓨터에서 실수를 연산할 때의 오차 때문

3.20 $\sum_{i=1}^{n}\hat{u}_i$는 0. $\sum_{i=1}^{n}\hat{u}_i^2$은 0이 아닐 수 있음

3.21 $\hat{y}_3 - \hat{y}_i = (3.5 + 0.7 \times 2.7) - (3.5 + 0.7 \times 0.9) = 0.7 \times (2.7 - 0.9) = 1.26$이다. 구할 수 없다. $y_3 - y_8$을 구하려면 y_3과 y_8을 알아야 한다.

3.22 $0.7 \times (2.7 - 0.9) = 1.26$

3.23 최소제곱법을 완전히 이해하는 사람에게는 당연할 것임

3.24 $\sum_{i=1}^{n}(\hat{y}_i - \bar{y})\hat{u}_i$가 0일 이유가 없으므로

3.25 SSE ≥ 0이고 SST > 0이므로 $R^2 \geq 0$이다. SSR ≥ 0이므로, SSR/SST ≥ 0, 따라서 $1 -$ SSR/SST ≤ 1이다.

3.26 모든 i에서 $\hat{y}_i = y_i$이면(perfect fit) $R^2 = 1$. $\hat{\beta}_1 = 0$이면 $R^2 = 0$.

3.27 확률변수이며 통계량

3.28 동일함

3.29 우선

$$\hat{\beta}_1^* = \sum_{i=1}^{n}(x_i - \bar{x})y_i^* \Big/ \sum_{i=1}^{n}(x_i - \bar{x})^2.$$

여기에 $y_i^* = \frac{1}{1000}y_i$를 대입하면 $\hat{\beta}_1^* = \frac{1}{1000}\hat{\beta}_1$을 얻는다. 다음으로,

$$\hat{\beta}_0^* = \bar{y}^* - \hat{\beta}_1^*\bar{x} = \frac{1}{1000}\bar{y} - \frac{1}{1000}\hat{\beta}_1\bar{x}$$
$$= \frac{1}{1000}(\bar{y} - \hat{\beta}_1\bar{x}) = \frac{1}{1000}\hat{\beta}_0.$$

잔차는

$$\hat{u}_i^* = y_i^* - \hat{\beta}_0^* - \hat{\beta}_1^*x_i$$
$$= \frac{1}{1000}y_i - \frac{1}{1000}\hat{\beta}_0 - \frac{1}{1000}\hat{\beta}_1x_i$$
$$= \frac{1}{1000}(y_i - \hat{\beta}_0 - \hat{\beta}_1x_i) = \frac{1}{1000}\hat{u}_i.$$

3.30 하나로 정해짐

4.1 관측되는 표본값이 달라지므로 달라진다. 모수들의 참값은 변하지 않는다.

4.2 $x_2 = 3.0$이며, y_3의 값은 알 수 없다. x_5는 임의적이 아니다.

4.3 관측할 수 없음

4.4 관측할 수 없는 것을 컴퓨터로 (아직은) 계산할 수는 없고 두뇌를 사용하여 생각해야 함

4.5 $x_5 = 5.2$. y_5의 값은 아마도 7.6과 다를 것임

4.6 u_2의 값을 추출하는 것을 무한히 반복하면 그 궁극적인 평균은 0

4.7 $\mathrm{E}[\frac{1}{n}(u_1 + \cdots + u_n)] = \frac{1}{n}[\mathrm{E}(u_1) + \cdots + \mathrm{E}(u_n)] = \frac{1}{n}[0 + \cdots + 0] = 0$. 평균의 선형성에 대해서는 부록 B.3 참조.

4.8 ① ④ ⑥ ⑧ ⑨

4.9 $\mathrm{E}(u|X = x_2) = 0$, 즉 모집단에서 X값이 x_2와 동일한 대상들로 한정했을 때 이 대상들에게서 u의 평균은 0

4.10 성립하지 않음

4.11 정규분포, 평균은 0, 분산은 $\sigma^2 \sum_{i=1}^{n} x_i^2$. 평균과 분산의 계산에 대해서는 부록 B.3 참조.

4.12 생략

4.13 $\delta_1 \neq 0$이면 오차평균0 가정이 만족되지 않음. $Y = \beta_0 + \beta_1 X + (\delta_0 + \delta_1 X + v) = (\beta_0 + \delta_0) + (\beta_1 + \delta_1)X + v$이므로 $\delta_1 = 0$이면 비편향

4.14 $\beta_0 = 1$ (단계 4), $\beta_1 = -1$ (단계 4), $\sigma^2 = 1$ (단계 3)

4.15 13번 행:

```
[1] -0.9990943 -1.0423689
```

15번 행:

```
[1] 0.02341198 118.10126112
```

4.16 메모리가 부족하거나 기다리다 지침

4.17 13번 행은 두 값 모두 -1에 매우 가까울 것이다. $\sigma^2 = 1$이므로 15번 행의 첫째 값은 $1/\sum_{i=1}(x_i - \bar{x})^2 = 0.02361679$에 매우 가까울 것이고, 15번 행 둘째 값은 $2/(x_2 - x_1)^2 = 117.6588$에 매우 가까울 것이다.

4.18 $n = 80$이면 13째 줄은 여전히 참값 -1과 유사하고, 15째 줄 첫째 값은 약 절반으로 줄어들며, 15째 줄 둘째 값은 전과 유사할 것이다. 실제 실험에 따르면 13째 줄은

```
[1] -0.9968448 -0.9608305
```

이고, 15째 줄은 다음이 된다.

```
[1] 0.01323316 116.71717372
```

$\hat{\beta}_1$의 분산은 표본크기에 반비례하고 $\tilde{\beta}_1$의 분산은 표본크기와 상관없이 대체로 일정하다.

4.19 $n = 160$이면 15째 줄은 다음이 된다.

[1] 5.690972e-03 1.150106e+02

첫째 값은 0.00569로서 $n = 80$인 경우의 약 절반으로 줄었고, 둘째 값은 115.01로서 $n = 80$인 경우와 유사하다.

4.20 5번 행을 6번 행과 7번 행 사이(또는 7번 행과 8번 행 사이)로 옮김

4.21 선형추정량이다.

4.22 $p_{ii} = (1/n) + (x_i - \bar{x})^2/\text{SST}_X$. i에 대하여 합하면, $\sum_{i=1}^{n} p_{ii} = n \times (1/n) + \text{SST}_X/\text{SST}_X = 2$.

4.23 생략

4.24 통계량은 $\hat{\beta}_1$과 SST_X

5.1 ㉠

5.2 각 눈이 나올 확률이 1/6. 귀무가설은 각 눈이 나올 확률이 1/6이라는 것이다.

5.3 통화량 변화는 실질 GDP를 변화시키지 않음

5.4 귀무가설은 담합으로 인하여 가격이 상승하지 않았다는 것이며, 대립가설은 담합으로 인하여 가격이 상승하였다는 것

5.5 귀무가설은 $\beta_1 = 0$, 대립가설은 $\beta_1 > 0$

5.6 귀무가설은 $\beta_1 = 0$, 대립가설은 $\beta_1 \neq 0$

5.7 귀무가설은 $\beta_1 = 0$, 대립가설은 $\beta_1 \neq 0$ (또는 $\beta_1 < 0$)

5.8 귀무가설은 $\beta_1 = -1$ (단위탄력적), 대립가설은 $\beta_1 > -1$ (비탄력적)

5.9 μ를 모르므로

5.10 표본으로부터 계산할 수 있으므로

5.11 검정통계량은 $(\hat{\beta}_1 + 1)/\sqrt{s^2/\text{SST}_X}$ 이다. 귀무가설이 옳을 때 이 통계량의 분포는 t_{48} 이다. 대립가설이 옳을 때 이 검정통계량의 분포는 음(−)의 영역으로 치우쳤다.

5.12 항상 귀무가설이 옳다고 판단함

5.13 5%

5.14 8%

5.15 검정력은 15%. 이 정보로부터는 검정의 크기를 알 수 없다.

5.16 (i) 귀무가설이 옳으면 $T \sim N(0,1)$이므로, $P(|T| > 1.96) = 0.05$. 따라서 이 검정의 크기는 5%. (ii) μ의 참값이 0이면 귀무가설이 옳은 것이므로 귀무가설을 기각할 확률은 검정의 크기인 5%. (iii) μ의 참값이 1이면 $T \sim N(\sqrt{5}, 1)$이므로, $T - \sqrt{5} \sim N(0,1)$이다. 또 $P(|T| > 1.96) = P(T > 1.96) + P(T < -1.96)$인데 $P(T > 1.96) = P(T - \sqrt{5} > 1.96 - \sqrt{5})$이므로 $P(T > 1.96) = 1 - \Phi(1.96 - \sqrt{5})$이고 $P(T < -1.96) = P(T - \sqrt{5} < -1.96 - \sqrt{5}) = \Phi(-1.96 - \sqrt{5})$. 따라서 검정력은 $1 - \Phi(1.96 - \sqrt{5}) + \Phi(-1.96 - \sqrt{5})$.

5.17 "자료 탓이다." "운이 나빴다."

5.18 8.53이 기각영역에 속하지 않으므로 귀무가설을 기각하지 않는다.

5.19 5%

5.20 ㉮ t_{86} 분포, ㉯ 약 10%

5.21 약 10%

5.22 모두 10%

5.23 양쪽 꼬리의 확률이 10%가 되려면 한쪽 꼬리의 확률은 5%이어야 한다. 또 qt 함수가 해당 지점 왼쪽의 확률이므로, 꼬리의 확률이 5%가 되려면 그 왼쪽의 확률은 95%이어야 한다. 0.05를 사용하면 음수가 나온다.

5.24 귀무가설이 옳음에도 틀렸다고 말하는 실수를 범할 확률을 10%까지 용인해 주면 $\beta_1 = 0$이라는 가설은 자료와 양립하지 않는다고 결론을 내린다.

5.25 귀무가설이 옳음에도 이를 기각하는 오류를 범할 확률을 5%까지 용인한다 할지라도 귀무가설을 기각하지 않는다.

6.1 $H_0: \beta_1 = 0$, $H_1: \beta_1 \neq 0$

6.2 $H_0: \beta_1 = -1$, $H_1: \beta_1 > -1$

6.3 $\hat{\beta}_1/\text{se}(\hat{\beta}_1)$

6.4 t_{n-2}

6.5 5% 수준에서 통계적으로 유의하다.

6.6 6.4685/0.2767, 0.5422/0.0327

6.7 한쪽 꼬리 확률이 0.5%이어야 양쪽 꼬리 확률이 1%가 되기 때문

6.8 약 0.0577로, 이 값은 2*pt(-1.931,68) 또는 2*(1-pt(1.931,68))에 의하여 구할 수 있다

〈표 A.1〉 연습 6.16 풀이

```
> summary(lm(I(log(price)-.5*log(lotsize))~log(lotsize),data=Housing))

Call:
lm(formula = I(log(price) - 0.5 * log(lotsize)) ~ log(lotsize),
    data = Housing)

Residuals:
     Min      1Q  Median      3Q     Max
-0.85737 -0.19866  0.00396  0.19377  0.89756

Coefficients:
             Estimate Std. Error t value Pr(>|t|)
(Intercept)   6.46853    0.27674  23.374   <2e-16 ***
log(lotsize)  0.04218    0.03265   1.292    0.197
---
Signif. codes:  0 '***' 0.001 '**' 0.01 '*' 0.05 '.' 0.1 ' ' 1

Residual standard error: 0.3033 on 544 degrees of freedom
Multiple R-squared:  0.003058, Adjusted R-squared:  0.001226
F-statistic: 1.669 on 1 and 544 DF,  p-value: 0.197
```

6.9 2*pt(-abs(t1),n-2)

6.10 확률임. 확률변수임. 퇴화되지 않았음. p 값은 t 통계량의 함수이므로 확률변수.

6.11 1% 수준에서는 유의하지 않고 5%와 10% 수준에서는 유의함

6.12 $H_1 : \beta_1 > 0$ 의 경우 $\hat{\beta}_1 > 0$ 이고 $p/2 = 0.0375 < 0.05$ 이므로 5% 수준에서 귀무가설을 기각한다. $H_1 : \beta < 0$ 의 경우 $\hat{\beta}_1 < 0$ 이 아니므로 귀무가설을 기각하지 않는다.

6.13 99% 신뢰구간은 다음과 같다.

$$(0.4576739, 0.6267261)$$

99% 신뢰구간이 더 넓다.

6.14 부정적인 인상을 갖는다. β_1 의 신뢰구간 이라는 말은 있어도 $\hat{\beta}_1$ 의 신뢰구간이라는 말은 없다.

6.15 $\hat{\beta}_1$. 신뢰 수준에 의존하지 않는다.

6.16 p 값이 0.197이므로 10% 유의수준에서도 귀무가설을 기각하지 않는다. 〈표 A.1〉을 참조 하라.

7.1 그럴 확률은 작겠지만 그럴 수 있다.

8.1 학력의 영향은 u 에 포함되어 있다. 남녀간 에 평균적인 학력 차이가 있으므로 남녀간에 u 의 평균에 차이가 있게 된다.

8.2 0

8.3 $Y = \beta_0 + c + \beta_1 X + v$, $v = u - c$ 라고 하면 $E(v|X) = E(u|X) - c = c - c = 0$ 이다. 기울기 모 수는 여전히 β_1 이다. β_0 은 $\beta_0 + c$ 로 재정의된다.

8.4 경력과 나이가 고정된 채 **학력**이 1년 증가하 면 임금은 평균 약 $100\beta_1\%$ 증가한다. β_2 와 β_3 도 이와 유사하게 해석된다. β_0 은 **학력**과 **경력**과 **나이**가 0인 사람들의 평균 $\log(\text{임금})$ 이다.

8.5 갑이 1년 동안 학교에 다닐 때 을은 학교에 다니지 않고 경력이 될 만한 일도 하지 않았음 을 말한다. 예를 들어 갑이 을보다 학교 교육을 1년 빨리 시작하여 학교를 1년 더 다녔거나, 을이 학교 마친 후 1년 놀 때 갑은 학교에 다니 고 있었다. 연습 8.4에서 β_1 은 이러한 사람들을 비교함으로써 식별된다.

8.6 가능하지 않다. 설명변수들 간에 완전한 선 형 상관관계가 존재하여(특이성) 최소제곱 추정 량이 유일하지 않게 된다.

8.7 x_{i1}(가로축)과 $y_i - \hat{\beta}_2 x_{i2}$(세로축) 그림

8.8 둘째 직교방정식이 $0 = 0$이 됨

8.9 36째 줄의 절편은 53째 줄 `male`의 계수와 같다. 36째 줄의 절편과 기울기를 합하면 53째 줄 `female`의 계수가 된다.

8.10 상수항과 D03, D04, D05, D06 사이에 완전한 선형 상관관계가 존재한다. 이는 모든 관측치에서 D03 + D04 + D05 + D06 = 1이기 때문이다. 특이성을 없애려면 절편이나 더미변수들 중 하나를 제거하여야 한다.

8.11 두 경우 모두 특이성의 문제가 없음

8.12 첫째 등식의 증명은 생략한다. $\bar{R}^2 \leq R^2$은 $\frac{n-1}{n-k-1} \geq 1$이므로 성립한다. $R^2 < 1$이면 $1 - R^2 > 0$이고 $\frac{n-1}{n-k-1} > 1$이므로 $1 - \bar{R}^2 > 1 - R^2$이고, 따라서 $\bar{R}^2 < R^2$이다. $R^2 = 0$이면 $1 - \bar{R}^2 = \frac{n-1}{n-k-1}$이고, 따라서 $\bar{R}^2 = -\frac{k}{n-k-1}$이다.

9.1 식 (8.6)에서 $\hat{\beta}_1 = (\sum_{i=1}^{n} \hat{r}_{i1} y_i)/(\sum_{i=1}^{n} \hat{r}_{i1}^2)$. 모든 i에 대하여 $y_i = \beta_0 + \beta_1 x_{i1} + \cdots + \beta_k x_{ik} + u_i$이므로 다음이 성립한다.

$$\sum_{i=1}^{n} \hat{r}_{i1} y_i = \sum_{i=1}^{n} \hat{r}_{i1} (\beta_0 + \beta_1 x_{i1} + \cdots + \beta_k x_{ik} + u_i)$$
$$= \beta_1 \sum_{i=1}^{n} \hat{r}_{i1} x_{i1} + \sum_{i=1}^{n} \hat{r}_{i1} u_i$$

둘째 등식이 성립하는 이유는 첫 단계 회귀(X_1을 다른 독립변수들에 대하여 회귀하는 것)의 결과 $\hat{r}_{i1}$이 모든 다른 설명변수들과 직교하여 모든 $j = 2, 3, \ldots, k$에 대하여 $\sum_{i=1}^{n} \hat{r}_{i1} x_{ij} = 0$이기 때문이다. 다음 또한 성립한다($\hat{x}_{i1}$은 x_{i1}을 다른 설명변수들에 대하여 회귀하여 구한 맞춘값).

$$\sum_{i=1}^{n} \hat{r}_{i1} x_{i1} = \sum_{i=1}^{n} \hat{r}_{i1} (\hat{x}_{i1} + \hat{r}_{i1}) = \sum_{i=1}^{n} \hat{r}_{i1}^2$$

왜냐하면 첫 단계 회귀의 맞춤값인 $\hat{x}_{i1}$과 그 경우의 잔차항인 $\hat{r}_{i1}$은 직교하기 때문이다. 항들을 정리하여 결과를 얻는다.

9.2 (9.3)의 $y_i - \bar{y}$ 자리에 $\beta_1(x_{i1} - \bar{x}_1) + \beta_2(x_{i2} - \bar{x}_2) + (u_i - \bar{u})$를 대입하면 됨

9.3 생략

9.4 (9.10)에 $c_0 = 0$, $c_1 = 1$, $c_2 = -2$를 대입

9.5 그럴 이유가 없다. 반례를 찾을 수 있다.

9.6 $\text{var}(2\tilde{\beta}_1 - \tilde{\beta}_0) = \text{var}(\tilde{\beta}_0 - 2\tilde{\beta}_1)$이므로 가우스마코프 정리에 따라 부등식이 성립함

10.1 `curve(df(x,1,85),0,5)`

10.2 t값의 제곱은 F값

10.3 생략

10.4 4째 줄의 우변을 `rbind(c(0,-1,1,0), c(0,-1,0,1))`로 바꾸어 실행해 보면 동일함을 알 수 있음

10.5 (a) `driveway`는 그 집에 driveway (자동차 진입로)가 있는지 여부를 나타내는 더미변수, `airco`는 중앙 냉난방(중앙 에어컨)인지 여부를 나타내는 더미변수이다. (b) 건평(`lotsize`), 침실수, 욕실수를 통제하면 `driveway`와 `airco`가 $\log(price)$에 영향을 미치지 않는다. (c) F통계량은 59.009이며 그 p값은 거의 0에 가까우므로 모든 합리적인 유의수준에서 귀무가설을 기각한다. (d) LM통계량은 97.92756이며 $df = 2$에서 그 p값은 거의 0이므로 모든 합리적인 유의수준에서 귀무가설을 기각한다.

11.1 남성의 절편 추정값은 회귀식의 절편 추정값인 `-0.016778`이며, 여성의 절편 추정값은 회귀식의 절편 추정값과 `female` 더미변수 계수의 합인 `-0.016778-0.242569=-0.259347`.

11.2 계수 추정값은 `0.242569`, 표준오차는 20번 행과 동일(`0.020453`).

11.3 약 12.3%

11.4 남성이 약 24% 높다. 좀 더 정확히, 남성은 여성보다 약 $100(e^{.243} - 1) = 27.5\%$ 높고, 여성은 남성보다 약 $-100(e^{-.243} - 1) = 21.5\%$ 낮다. 이 차이는 통계적으로 유의하다.

11.5 약 -0.012, 0.12298, 0.035

11.6 약 -0.265, 0.12387, 0.035

11.7 여성, 없음

11.8 우변에 *female*, *school*, *exper*, *female·school*, *female·exper*가 설명변수로 포함된(절편 포함) 모형

11.9 남성은 β_0과 β_1, 여성은 β_0과 $\beta_1 + \delta_1$. 남성과 여성의 절편이 동일해야 한다는 제약이 있다. 이 제약은 정당화하기 어려우며, 이 문제를 해결하기 위해서는 우변에 *female* 변수를 포함시켜야 한다.

11.10 남성은 $0.3793 + 0.1145 \times 16 = 2.2113$, 여성은 $0.3793 - 0.2601 + 0.1145 \times 16 = 1.9512$. 남성이 0.2601만큼 더 높다.

11.11 (c)열의 결과에 따르면 남성은 $0.4326 + 0.1099 \times 16 = 2.1910$이며 여성은 $(0.4326 - 0.3907) + (0.1099 + 0.0112) \times 16 = 1.9795$이다. 남성이 0.2115만큼 더 높음

11.12 $\log(\text{임금})$을 학력, 남성, 남성 × 학력에 회귀

11.13 추정값은 **2.750**, 표준오차는 **1.154** (HC3은 1.3505). 추정값이 앞의 경우와 상이한 이유는, 이 연습문제에서는 before와 after에 모두 관측된 음식점만이 대상이기 때문.

11.14 동일함. 연습 11.13의 표준오차를 사용함. 본 연습문제에서는 동일한 음식점에서 상이한 시점 간 오차항이 서로 독립이라고 가정하고 있으나, 이 가정이 너무 제한적이므로.

11.15 $\beta_0 = 3$, $\beta_1 = 7$, $\beta_2 = -1$이다. 오차항의 분산은 $0.75^2 = 0.5625$이다. $E(Y|X = x)$를 최대화시키는 x의 값은 3.5이다.

11.16 13번 행과 17번 행의 1을 **1000**으로 바꾸면 (1)의 결과는 완전히 동일, (2)와 (3)의 결과는 모두 바뀌고, (2)와 (3) 간에는 소수점 4째 자리까지 볼 때 상이하며, (4)의 결과는 'inc=0'의 결과를 제외하고 모두 동일하며, (5)는 당연히 동일하다. 계산을 확인하려면 $\log(\text{famsize})$의 계수는 (2)에서 0.3626, (3)에서 0.3625임을 확인하라.

11.17 1원은 1백만원 단위로 0.000001이므로 13, 17번 행의 1을 **0.000001**로 바꾸어 준다.

11.18 ②

11.19 포함시키면 완전한 공선성이 생긴다.

12.1 `curve(x^10/exp(7.7*x),0,5)` 실행

12.2 $\beta = 1/\alpha$이므로 $\alpha = 1/\beta$를 대입하면 $L(\beta) = (1/\beta)^n \exp(-n\bar{y}/\beta)$이며 $\log L(\beta) = -n\log\beta - n\bar{y}/\beta$. $n = 10$, $\bar{y} = 0.77$일 때 $\log L(\beta)$의 그림은 `curve(-10*log(x)-10*0.77/x)`로 그릴 수 있음.

12.3 $\hat{\beta} = 1/\hat{\alpha} = \bar{y}$.

12.4 예제 12.5의 로그우도함수를 σ^2으로 미분하면 다음을 얻는다.

$$\frac{\partial \log L}{\partial \sigma^2} = -\frac{n}{2\sigma^2} + \frac{1}{2\sigma^4}\sum_{i=1}^{n}(y_i - \mu)^2$$

그런데 μ의 MLE가 $\hat{\mu} = \bar{y}$이므로 이 값을 μ에 대입하고 σ^2을 $\hat{\sigma}^2$으로 치환한 후 0과 등치시켜 풀면 결과를 얻는다. $\frac{1}{n-1}\sum_{i=1}^{n}(y_i - \bar{y})^2$이 σ^2에 대하여 비편향이므로 $\hat{\sigma}^2$의 기댓값은 $\frac{n-1}{n}\sigma^2 \neq \sigma^2$이다.

13.1 BP 통계량값은 3.1763이며 그 p값은 0.2043이다. 오차항에 이분산성이 존재하지 않는 것으로 판단된다. 오차항이 분산이 1인 정규분포로부터 생성되었으므로(u <- rnorm(n)) 오차항에 이분산성이 없다.

14.1 클러스터의 개수가 1이면 클러스터 분산 추정값은

$$\frac{\left(\sum_{i=1}^{n} x_{i1}\hat{u}_i\right)^2}{\left(\sum_{i=1}^{n} x_{i1}^2\right)^2} = \frac{0^2}{\left(\sum_{i=1}^{n} x_{i1}^2\right)^2} = 0$$

14.2 $M - 1$과 $n - 1$이 소거됨

14.3 문제에서 설명된 방식으로 계산을 하면 $\sum_{t=1}^{n} w_t \hat{u}_t$가 된다. 이것은 반드시 0이다. 왜냐하면 OLS에서는 $w_t = \hat{r}_{tj}/\sum_{s=1}^{n} \hat{r}_{sj}^2$이고 $\sum_{t=1}^{n} \hat{r}_{tj}\hat{u}_t = 0$이기 때문이다.

15.1 u가 증가하면 **판매가격도 증가**하는 경향이 있으므로 설명변수와 오차는 양의 상관관계를 갖는다. 이 경우 OLS 추정량은 상방편향된다. 그런데 β_1은 음수이므로 값의 크기(절댓값)는 하방편향될 것으로 보인다.

15.2 음(negative). 풀이를 위해서는 $y = \beta_0 + \beta_1 x^* + u_i$라고 하고 $x_i = x_i^* + v_i$라고 한다. 그러면 $y = \beta_0 + \beta_1(x_i - v_i) + u_i = \beta_0 + \beta_1 x_i + (u_i - \beta_1 v_i)$인데, x_i^*와 v_i의 공분산이 0일 때 x_i와 v_i는 양의 상관관계를 가지고 $\beta_1 > 0$이므로 x_i와 $u_i - \beta_1 v_i$는 음의 상관관계를 갖는다.

16.1 $x_2 = \pi_0 + \pi_1 x_1 + v_2$로부터 ① $\text{cov}(z_2, x_2) = \pi_1 \text{cov}(z_2, x_1)$과 ② $\text{cov}(x_1, x_2) = \pi_1 \text{var}(x_1)$을 얻는다. ②의 $\pi_1 = \text{cov}(x_1, x_2)/\text{var}(x_1)$을 ①에 대입하면 $\text{cov}(z_2, x_2) = \text{cov}(z_2, x_1)\text{cov}(x_1, x_2)/\text{var}(x_1)$. 양변을 $\text{sd}(z_2)\,\text{sd}(x_2)$로 나누어 등식을 얻는다. 다음으로, (16.1a)와 (16.1b)를 결합하고 (16.1a)와 (16.2)를 결합하면 각각 다음 두 식을 얻는다.

$$\text{cov}(x_1, y) = \beta_1 \text{var}(x_1) + \beta_2 \text{cov}(x_1, x_2)$$
$$\text{cov}(z_2, y) = \beta_1 \text{cov}(z_2, x_1) + \beta_2 \text{cov}(z_2, x_2)$$

연습문제의 조건하에서 첫째 식의 양변에 $\text{cov}(z_2, x_1)/\text{var}(x_1)$을 곱하면 그 우변이 둘째

식의 우변과 전적으로 동일하다. β_1과 β_2의 참 값에서 이 두 식이 모두 성립해야 하므로 변환한 첫째 식의 좌변도 둘째 식과 동일해야만 한다.

16.2 오차항 u와 상관되지 않고(외생성), x_1이 통제될 때 x_2와 상관관계를 가져야 함(관련성)

16.3 양의 상관관계

16.4 0.69, 더 자세히 하면 0.69277(첫째 단계의 회귀 방정식에서 z2a를 z2a+z2b로 바꿀 것)

16.5 다음 명령을 실행하라(ivreg는 AER 패키지에서 제공됨).

```
tsls2 <- ivreg(y~x1+x2|x1+z2a+z2b,
        data=ivdata)
coeftest(tsls2)
coeftest(tsls2,
        vcov=vcovHC(tsls2,type="HC0"))
```

x_2의 계수추정값은 0.692768, 통상적인 표준오차는 0.143679, HC0 표준오차는 0.127889

16.6 다음 명령을 실행하라.

```
stage1b <- lm(x2~x1+z2b,data=ivdata)
coeftest(stage1b)
coeftest(stage1b,vcov=vcovHC)
```

z2b에 대하여 통상적인 t통계량 값은 1.85 (p값은 0.067), HC3의 방법을 이용한 t값은 1.73 (p값은 0.088)이다. 어느 경우에나 x1을 통제한 상태에서 z2b가 x2와 강하게 연관되어 있다고 보기는 어렵다.

16.7 R 명령어는 다음과 같다(ivreg는 AER 패키지에서 제공됨).

```
ivreg(y~x1+x2|x1+z2b,data=ivdata)
```

β_2의 2SLS 추정값은 0.89032로서, z_{2a}를 추가적 도구변수로 사용할 때의 2SLS 추정값(0.686659)보다는 OLS 추정값(0.944842)에 더 가깝다.

16.8 다음 명령을 실행한 결과에 따르면 v2hat에 대한 t값은 2.1972이고 그 p값은 0.03042이다. 5% 유의수준에서 귀무가설을 기각한다.

```
stage1 <- lm(x2~x1+z2a+z2b,data=ivdata)
ivdata$v2hat <- resid(stage1)
coeftest(lm(y~x1+x2+v2hat,data=ivdata))
```

16.9 생략

17.1 오류가 발생하고 실행이 되지 않음

17.2 $y = e^x/(1+e^x)$로부터 $y(1+e^x) = e^x$이므로 $y+e^x y = e^x$를 얻고 그 다음 $(1-y)e^x = y$를 얻는다. 따라서 $e^x = y/(1-y)$이고 $x = \log(y/(1-y))$이다.

17.3 식 (17.7)로부터 최대화 1계조건을 구하면

$$\sum_{i=1}^{n} \mathbf{x}_i' h(\mathbf{x}_i \hat{\beta})[y_i - F(\mathbf{x}_i \hat{\beta})] = 0$$

인데 $\mathbf{x}_i$의 첫째 원소는 1이다. 단, $h(x) = f(x)/\{F(x)[1-F(x)]\}$이고, 로짓의 경우 $F(x) = e^x/(1+e^x)$를 사용하면 $h(x) = 1$이다. 그러므로 위 식에 $h(\mathbf{x}_i \hat{\beta}) = 1$과 $\hat{p}_i = F(\mathbf{x}_i \hat{\beta})$을 대입하면 첫 번째 원소는 $\sum_{i=1}^{n}(y_i - \hat{p}_i) = 0$, 즉 $n^{-1}\sum_{i=1}^{n} y_i = n^{-1}\sum_{i=1}^{n}\hat{p}_i$이 된다. 프로빗의 경우에는 $h(x)$가 복잡한 함수이며 상수가 아니므로 이것이 성립하지 않는다.

17.4 생략

17.5 -0.1870008

17.6 0.02558251

17.7 평균부분효과는 0.01333946, 표준오차는 0.01332063.

17.8 눈으로 보기에 같다(APE는 0.01339257, 표준오차는 0.01343007). APE를 표준오차로 나누어 z값을 구해 보면 소수점 아래 넷째 자리까지 0.9972로 동일하다.

18.1 그렇지 않다. 왜 아닌지는 본문 참조.

18.2 그렇다. 그 이유는 s가 y 및 $\mathbf{x}$와 독립일 때 $E(y|\mathbf{x}, s = 1) = E(y|\mathbf{x})$이기 때문.

18.3 그렇다. 그 이유는 $\mathbf{x}$ 조건부로 s가 y와 독립일 때 $E(y|\mathbf{x}, s = 1) = E(y|\mathbf{x})$이기 때문.

19.1 $2^{30} = 1,073,741,824$개

19.2 반드시 해야만 하는 것은 아님

B 수학

본 부록에서는 몇 가지 수학적인 내용을 정리한다.

B.1 합산 부호

합산 부호의 정의

$a_1 + a_2 + \cdots + a_n$ 처럼 여러 항들을 합산할 때 '$\sum$' 기호를 사용하면 짧게 쓸 수 있다. $\sum_{i=1}^{n} a_i$ 는 $a_1 + a_2 + \cdots + a_n$ 의 약식 표기법이다. $\sum_{j=1}^{n} a_j$ 도 동일한 표현이며 $\sum_{k=1}^{n} a_k$ 도 마찬가지이다. 그러나 $\sum_{i=1}^{n} a_j$ 는 $a_j + a_j + \cdots + a_j = n a_j$ 이므로 주의하여야 할 것이다.

합산 부호의 연산 순서

$4 + 3 \times 2$ 처럼 덧셈과 곱셈이 섞인 표현식에서 곱셈을 먼저 하고 덧셈을 나중에 하는 것처럼 합산 부호에도 연산의 우선순위가 있다. 합산 부호는 덧셈과 뺄셈보다는 더 우선시된다. 예를 들어, $\sum_{i=1}^{n} a_i + b_i$ 는 $(\sum_{i=1}^{n} a_i) + b_i = a_1 + a_2 + \cdots + a_n + b_i$ 임을 뜻하므로 만약 $(a_1 + b_1) + (a_2 + b_2) + \cdots + (a_n + b_n)$ 을 표시하고 싶으면 꼭 괄호를 붙여서 $\sum_{i=1}^{n} (a_i + b_i)$ 라고 하기 바란다.

▶ **연습 B.1.** $n > 1$ 이라 하자. $\sum_{i=1}^{n} a_i + b = \sum_{i=1}^{n} (a_i + b)$ 가 성립하는 b 값은 무엇인가?

곱셈과 나눗셈의 경우에는 덜 분명하고 사람마다 우선순위를 다르게 인식할 수가 있다. 한편으로는 $\sum$ 기호가 덧셈이므로 곱셈이 우선순위를 갖지만, 다른 한편으로 $\sum$ 기호가 한 덩어리로 보여서 곱셈보다 더 높은 연산순위를 갖는 느낌을 주기도 한다. 하지만 보통은 덧셈과 곱셈의 분배법칙에 의하여 이 둘을 구분할 필요가 없다. 예를 들어 $\sum_{i=1}^{n} a_i b$ 를 $(\sum_{i=1}^{n} a_i) b$ 로 이해하든 $\sum_{i=1}^{n} (a_i b)$ 로 이해하든 결과는 같다.

합산과 곱셈의 우선순위에서 사람들은 시각적으로 이끌리는 경향이 있다. 예를 들어 $\sum_{i=1}^{n} a_i b$ 라고 하면 a_i 와 b 의 간격이 좁아서 $\sum_{i=1}^{n} (a_i b)$ 와 같이 인식하는 경향이 있고, $\sum_{i=1}^{n} a_i \, b$ 라고 하면 a_i 와 b 사이가 넓어서 $(\sum_{i=1}^{n} a_i) b$ 로 인식하기가 더 쉽다. 또, xy 와 $x \cdot y$ 는 동일한 표현이지만 $\sum_{i=1}^{n} a_i \cdot b$ 라고 하면 $(\sum_{i=1}^{n} a_i) b$ 라는 느낌을 많이 준다. 하지만 $\sum_{i=1}^{n} a_i b_i$ 라고 하면 사람들은 확실히 $\sum_{i=1}^{n} (a_i b_i)$ 를 뜻한다고 생각할 것이다. 왜냐하면 이것을 $(\sum_{i=1}^{n} a_i) b_i$ 로 인식할 경우 b_i 가 뭔지 몰라 뒤죽박죽인 반면 $\sum_{i=1}^{n} (a_i b_i)$ 는 뜻이

명료하므로, 오해의 여지가 별로 없기 때문이다. 참고로, $\sum_{i=1}^{n} a_i + b_i$를 $(\sum_{i=1}^{n} a_i) + b_i$로 읽어도 이해가 안 되는 것은 마찬가지이다. 그래서 사람들이 $\sum_{i=1}^{n} a_i + b_i$를 $\sum_{i=1}^{n}(a_i + b_i)$로 알아서 너그럽게 이해해 줄 것으로 기대한다면 큰 오산이다. $\sum_{i=1}^{n} a_i + b_i$라는 표현은 이것을 쓴 사람이 부주의하다는 인상밖에 주지 않는다. 괄호를 적절히 사용하라.

$\sum_{i=1}^{n} a_i \sum_{i=1}^{n} b_i$ 같은 기호를 보면 사방에 i 첨자가 널려 있어 여러분이 혼동하는 것처럼 독자들도 혼동하므로 주의를 기울여야 할 것이다. 만약 $(\sum_{i=1}^{n} a_i)(\sum_{i=1}^{n} b_i)$를 뜻한다면 제대로 괄호를 붙여 주든지, 아니면 $\sum_{i=1}^{n} a_i \cdot \sum_{i=1}^{n} b_i$처럼 두 덩어리를 분리해 주면 좋다. '·' 대신에 '×'를 사용해서 더 확실히 분리해 주는 것도 좋다. 어느 방식을 사용할지는 주변 글들과 조화를 생각해서 결정하면 좋을 것이다.

나눗셈 부호 '/'는 양분하는 시각적 효과 때문인지, $\sum_{i=1}^{n} a_i / \sum_{i=1}^{n} b_i$이라고 하면 보통 $(\sum_{i=1}^{n} a_i)/(\sum_{i=1}^{n} b_i)$의 느낌을 준다. 다른 복잡한 예로, 다음 표현을 보라.

$$\sum_{i=1}^{n} \frac{a_i b_i}{\sum_{i=1}^{n} a_i} = \frac{a_1 b_1}{\sum_{i=1}^{n} a_i} + \frac{a_2 b_2}{\sum_{i=1}^{n} a_i} + \cdots + \frac{a_n b_n}{\sum_{i=1}^{n} a_i}$$

우변은 복잡하지만 이해하기에 괜찮으나, 좌변에서는 바깥 합산 부호의 i 첨자와 안쪽 분모의 i 첨자가 동일하여 혼동을 주므로 하나를 j로 바꾸어

$$\sum_{i=1}^{n} \frac{a_i b_i}{\sum_{j=1}^{n} a_j}$$

라고 하는 편이 훨씬 낫다. 분배법칙에 따라 위 식은 $(\sum_{i=1}^{n} a_i)/(\sum_{i=1}^{n} b_i)$와 같다. 이것을

$$\frac{\sum_{i=1}^{n} a_i b_i}{\sum_{i=1}^{n} a_i}$$

라고 하면, 분모와 분자를 구분하는 수평선이 워낙 분명하여 혼동의 여지가 전혀 없으므로 굳이 분모의 i를 j로 바꿀 필요가 없지만, 가용 첨자가 충분히 많다면 둘 중 하나를 j로 바꾸어도 나쁠 것은 없다.

교환법칙, 결합법칙, 분배법칙

정의상 $\sum_{i=1}^{n} a_i b = a_1 b + a_2 b + \cdots + a_n b$인데, 각 항에서 곱셈의 교환법칙을 적용하면 $\sum_{i=1}^{n} b a_i$와도 같다. 분배법칙에 의하여 $a_1 b + \cdots + a_n b = (a_1 + \cdots + a_n) b$이므로 $\sum_{i=1}^{n} a_i b = (\sum_{i=1}^{n} a_i) b$이다. 간혹 $\sum_{i=1}^{n} a_i b_i$를 $(\sum_{i=1}^{n} a_i) b_i$와 동일한 것으로 간주하고 연산을 진행하는 사람들이 있는데 $b_1 = b_2 = \cdots = b_n$이 아니면 그렇게 될 수 없으므로 주의하기 바란다. $\sum_{i=1}^{n} a_i b_i = a_1 b_1 + a_2 b_2 + \cdots + a_n b_n$이고 $(\sum_{i=1}^{n} a_i) b_i = (a_1 + \cdots + a_n) b_i = a_1 b_i + a_2 b_i + \cdots + a_n b_i$이므로 둘은 서로 다르다.

제곱이 들어가도 혼란스러워 할 일이 없다. 제곱 부호는 곱셈보다 더 우선순위가 높으므로 $\sum_{i=1}^{n} a_i^2 = a_1^2 + a_2^2 + \cdots + a_n^2$이다. $(a_1 + a_2 + \cdots + a_n)^2$은 $(\sum_{i=1}^{n} a_i)^2$으로 표현한다.

이따금 $\sum_{i=1}^{n} a_i \sum_{i=1}^{n} b_i$와 같이 쓰는 일이 있는데, i 첨자가 여기저기 쓰여 보기에 좋지 않다. 원래 곱하기는 합산부호보다 우선순위가 높지만 이렇게 합산부호와 곱셈을 병렬로 나열하면 무엇을 먼저 해야 하는지 혼동하는 일이 있다. $\sum_{i=1}^{n} a_i \sum_{i=1}^{n} b_i$라는 표현의 의미는 (i) $\sum_{i=1}^{n}[a_i(\sum_{i=1}^{n} b_i)]$, (ii) $(\sum_{i=1}^{n} a_i)(\sum_{i=1}^{n} b_i)$로 해석할 수 있다. 분배법칙에 의하여 (i)과 (ii)의 결과는 동일하지만, 만약 괄호를 사용하지 않고 (ii)의 의미로 사용하고 싶으면 $\sum_{i=1}^{n} a_i \cdot \sum_{i=1}^{n} b_i$와 같이 곱셈 표시를 하는 것이 좋아 보인다. (i)의 표현은 혼동을 불러 일으킨다. 왜냐하면 a_i에 i 하첨자가 있는데 그 다음에 $\sum_{i=1}^{n} b_i$에 또 i가 등장하여 이 i와 저 i가 같은지 다른지 머리가 복잡하기 때문이다. 그보다는 $\sum_{i=1}^{n}(a_i \sum_{j=1}^{n} b_j)$라고 하여 하나의 첨자를 j로 바꾸어 주는 것이 혼동을 줄이는 길이다. 여기서 괄호를 없애고 $\sum_{i=1}^{n} a_i \sum_{j=1}^{n} b_j$라고 해도 혼동의 여지가 없다. 또한 $\sum_{i=1}^{n} \sum_{j=1}^{n} a_i b_j$라고 할 수도 있다. 괄호를 사용해서 나타내면 이 표현의 뜻은 $\sum_{i=1}^{n}(\sum_{j=1}^{n}(a_i b_j))$, 즉

$$\sum_{i=1}^{n} \sum_{j=1}^{n} a_i b_j = \sum_{i=1}^{n}(a_i b_1 + a_i b_2 + \cdots + a_i b_n)$$
$$= (a_1 b_1 + a_1 b_2 + \cdots + a_1 b_n) + (a_2 b_1 + a_2 b_2 + \cdots + a_2 b_n) + \cdots$$
$$+ (a_n b_1 + a_n b_2 + \cdots + a_n b_n)$$

이다. 교환법칙, 결합법칙, 분배법칙에 의하면 $\sum_{i=1}^{n} \sum_{j=1}^{n} a_i b_j = \sum_{j=1}^{n} \sum_{i=1}^{n} a_i b_j$이기도 하다. 이 점을 염두에 두면 다음 등식이 성립함을 이해할 수 있을 것이다.

$$\left(\sum_{i=1}^{n} a_i\right)^2 = \sum_{i=1}^{n} \sum_{j=1}^{n} a_i a_j$$

교환법칙, 결합법칙, 분배법칙을 이용하면 다음이 성립하는 것도 보일 수 있다.

$$\left(\sum_{i=1}^{n} a_i\right)^2 = \sum_{i=1}^{n} a_i^2 + 2\sum_{i=1}^{n-1} \sum_{j=i+1}^{n} a_i a_j = \sum_{i=1}^{n} a_i^2 + 2\sum_{i=2}^{n} \sum_{j=1}^{i-1} a_i b_j = \sum_{i=1}^{n} a_i^2 + \sum_{i=1}^{n} \sum_{j\neq i}^{n} a_i b_j$$

앞에서도 언급하였지만, 분수의 경우 분배법칙에 의하여

$$\frac{\sum_{i=1}^{n}(x_i - \bar{x})y_i}{\sum_{i=1}^{n}(x_i - \bar{x})^2} = \sum_{i=1}^{n}\left[\frac{x_i - \bar{x}}{\sum_{j=1}^{n}(x_j - \bar{x})^2}\right]y_i$$

이 성립하는 것도 눈여겨볼 만하다. 우변에 i첨자 대신 j첨자를 이용하여 혼동의 여지를 없앤 것도 주의하라.

B.2 로그함수

본 부록에서는 로그함수의 중요한 성질에 대하여 살펴본다. 이 부록의 내용은 수학적이다. 꼭 기억해야 할 점을 미리 말한다면 ① $\log(x)$는 $x > 0$에 대해서만 정의되고,

② $\log(xy) = \log(x) + \log(y)$ 이며 $\log(x/y) = \log(x) - \log(y)$, ③ $\log(x)$ 의 도함수는 $1/x$,
④ $\lim_{x\to 0} \frac{1}{x}\log(1+x) = 1$ 이다.

이하에서는 위 사실들을 증명하고 그 외에 로그함수의 몇 가지 특성들을 설명하고자
한다. 먼저 지수함수를 정의한다. 지수함수를 무한급수를 이용하여 멋있게 정의하는 방
법이 있지만 가급적 쉬운 방법을 택하여 $e = \lim_{n\to\infty}(1+1/n)^n$ 이고 $\exp(x)$ 가 e^x 임을 받아
들이자. $x = 1/n$ 로 치환하여 $e = \lim_{x\to 0}(1+x)^{1/x}$ 로 쓸 수도 있다. 로그함수는 지수함수의
역함수이다.

로그함수에 대해서 가장 우선 알아야 하여 결코 잊지 말아야 할 점은 ① 로그함수는 양
수에 대해서만 정의된다는 사실이다. $e = 2.718\cdots$ 이 양수이므로 모든 x 에 대해서 $\exp(x) > 0$
이고, 따라서 로그함수는 0보다 큰 실수 영역에서만 정의되는 것이다. 즉, $\log(x)$ 는 $x > 0$
인 경우에만 정의된다. 복소수는 다루지 않으므로 음수의 로그값은 다루지 않는다.

다음으로 지수함수가 단조증가함수이므로 로그함수도 단조증가함수이다. 즉, $x < y$ 이면
$\log(x) < \log(y)$ 이다. $x < y$ 인데 $\log(x) = \log(y)$ 나 $\log(x) > \log(y)$ 가 되는 일은 결코 발생하
지 않는다. $\exp(0) = e^0 = 1$ 이므로 $\log(1) = 0$ 이다. 로그함수의 단조성으로 인하여 $x > 1$ 이면
$\log(x) > 0$ 이고 $x < 1$ 이면 $\log(x) < 0$ 이다. $\lim_{x\to-\infty}\exp(x) = 0$ 이므로 $\lim_{x\downarrow 0}\log(x) = -\infty$
이다. 또한 $\lim_{x\to\infty}\log(x) = \infty$ 이다. 즉, $\log(x)$ 는 x 가 증가함에 따라 한없이 커진다. 그
증명은 다음과 같다. 만약 로그함수가 한없이 증가하지 않는다면 모든 x 에서 $\log(x) \le M$
인 유한한 M 이 존재해야 하는데, $x > \exp(M)$ 이면 $\log(x) > M$ 이므로 모순이 발생한다.

② 곱의 로그는 로그의 합과 같다. 즉, $x > 0$, $y > 0$ 일 때 $\log(xy) = \log(x) + \log(y)$ 이다.
이는 $\exp(\log(x) + \log(y)) = \exp(\log(x))\exp(\log(y))$ 인데 우변이 xy 이므로 양변에 로그를
취함으로써 보일 수 있다. 또한 비율의 로그는 로그의 차이이다. 즉, $x > 0$, $y > 0$ 일 때
$\log(x/y) = \log(x) - \log(y)$ 이다. 이것의 증명도 비교적 간단하다.

$a > 0$ 일 때, $\log(a^b) = b\log(a)$ 이다. 증명은 다음과 같다. $\log(a^0) = \log(1) = 0$ 이므로
$b = 0$ 에 대하여 증명되었다. $b = n$ 이 자연수라면 $\log(a^n) = \log(a\cdots a) = \log(a) + \cdots + \log(a) =$
$n\log(a)$ 이므로 자연수 b 에 대하여 증명되었다. 음의 정수의 경우 $\log(a^{-n}) = \log(1/a^n) =$
$-\log(a^n) = -n\log(a)$ 이므로 음의 정수 b 에 대해서도 증명되었다. 유리수의 경우 $b = m/n$
이라면 $m\log(a) = \log(a^m) = \log((a^{m/n})^n) = n\log(a^{m/n})$ 이므로 $\log(a^{m/n}) = (m/n)\log(a)$ 이
다. 그러므로 모든 유리수 b 에 대해서도 성립한다. 마지막으로, 모든 무리수는 유리수의
극한값이므로 무리수에 대해서 성립한다는 것도 증명할 수 있다.

④ 로그함수의 중요한 성질로서 다음이 성립한다.

$$\lim_{x\to 0} \frac{1}{x}\log(1+x) = 1$$

즉, $\log(1+x)$ 의 $x = 0$ 에서의 기울기는 1이다. 이는 지수함수를 취하여 $\exp(\frac{1}{x}\log(1+x)) =$
$\exp(\log(1+x))^{1/x} = (1+x)^{1/x}$ 이고 여기에 $x \to 0$ 일 때의 극한을 취하면 e 가 되므로(본
소절의 맨 앞부분 e 의 정의 참조), 다시 로그를 취하여 1이 되기 때문이다.

③ 주어진 $x > 0$에서 $\log(x)$의 도함수는 $1/x$이다. 그 증명은 다음과 같다.

$$\frac{\partial \log(x)}{\partial x} = \lim_{h \to 0} \frac{\log(x+h) - \log(x)}{h} = \lim_{h \to 0} \frac{1}{h} \log\left(\frac{x+h}{x}\right) = \lim_{h \to 0} \frac{1}{h} \log\left(1 + \frac{h}{x}\right)$$

$$= \frac{1}{x} \lim_{h \to 0} \frac{x}{h} \log\left(1 + \frac{h}{x}\right) = \frac{1}{x} \lim_{z \to 0} \frac{1}{z} \log(1 + z) = \frac{1}{x}.$$

위에서 $z = h/x$로 치환하였다. 미분 결과로부터, $1/x$의 부정적분은 $\log(x)$임을 알 수 있고, 이 사실과 $\log(1) = 0$임을 이용하면

$$\log(x) = \int_1^x \frac{1}{t} dt.$$

B.3 확률변수의 평균

확률변수의 평균(mean), 다른 말로 기댓값(expected value)은 해당 확률변수의 관측을 무한반복할 때 나오는 무한히 많은 숫자들의 궁극적인 평균으로 이해할 수 있다. X의 평균을 $E(X)$라고 표기한다. 만약 a가 비임의적(nonrandom)이라면, 즉 무한반복 관측 시 매번 동일한 a값이 관측된다면, $E(a) = a$이다. 일반적으로, X의 관측을 반복하면 각 값이 나오는 궁극적인 빈도는 그 확률만큼일 것이며, X의 평균은 각 실현가능한 값들의 가중평균, 즉 그 값들에 확률을 곱하여 합한 값이 된다. 예를 들어 X가 취할 수 있는 값이 $x_1, x_2 \ldots$이고 각 값에 대응하는 확률(궁극적인 상대빈도)이 $p_1, p_2, \ldots$이라면

$$E(X) = \sum_{i=1}^{\infty} x_i p_i$$

이다. 이는 X의 값이 이산적일 때 그러하고, 만약 X가 연속적이라면 합산 기호를 적분 기호로 바꾸어서 다음과 같이 나타낸다.

$$E(X) = \int x f(x) dx$$

여기서 $f(x)$는 X의 확률밀도함수이다.

평균(기댓값)은 비임의적이다. X의 값을 반복하여 관측한다 할지라도 $E(X)$는 모집단의 특성이므로 바뀔 일이 없다. 그러므로, 앞의 $E(a) = a$에서 a 자리에 $E(X)$를 대입하여 $E[E(X)] = E(X)$를 얻는다.

수학을 이용하면, a와 b의 값이 비임의적일 때 다음이 성립함을 보일 수 있다.

$$E(aX + b) = aE(X) + b$$

좌우변의 값은 동일하더라도 뜻 자체는 서로 다름에 유의하라. 좌변은 aX에 b를 합한 것의 평균이고 우변은 X의 평균에 a를 곱한 다음 b를 더한 것이다. 수학 이론에 의하면 이 둘은 동일하다. 이는 기댓값의 정의를 이용하여 증명할 수 있다.

연속확률변수의 경우 증명을 해 보자. 만약 $a = 0$이라면 $aX + b$는 항상 b의 값을 갖는 상수이고, 따라서 좌변은 $E(b)$이다. 우변이 b이므로 위 식은 $E(b) = b$가 되어 등식이 성립한다. 그 밖의 경우, $Y = aX + b$라 하자. $E(Y)$를 구하려면 Y의 확률밀도함수가 필요하다. X의 누적분포함수가 F, 확률밀도함수가 f라 할 때, Y의 누적분포함수는 $G(y) = P(Y \le y)$이고, 정리하면 $P(Y \le y) = P(aX + b \le y) = P(aX \le y - b)$이다. 먼저, $a > 0$인 경우 이는 $P(X \le (y-b)/a)$, 즉 $G(y) = F((y-b)/a)$이다. 양변을 y에 대하여 미분하면 Y의 확률밀도함수 $g(y)$는 다음과 같다.

$$g(y) = f((y-b)/a)(1/a)$$

이를 이용하여 $a > 0$일 때 $E(Y)$를 구해 보자.

$$E(Y) = \int_{-\infty}^{\infty} yg(y)dy = \int_{-\infty}^{\infty} yf((y-b)/a)(1/a)dy$$

$x = (y-b)/a$로 변수변환을 하면 $y = ax + b$이고 $dy = adx$이므로 위는 다음과 같다.

$$E(Y) = \int_{-\infty}^{\infty}(ax+b)f(x)dx = a\int xf(x)dx + b\int f(x)dx = aE(X) + b$$

생각보다 복잡하지만, 아무튼 $E(Y) = aE(X) + b$임을 보였다. $a < 0$인 경우에는 $G(y) = P(X \ge (y-b)/a) = 1 - F((y-b)/a)$이고 확률밀도함수는 $g(y) = -f((y-b)/a)(1/a)$이다. 이를 대입하면

$$E(Y) = \int_{-\infty}^{\infty} yg(y)dy = \int_{-\infty}^{\infty} y[-f((y-b)/a)](1/a)dy$$

이고, $x = (y-b)/a$ 변수변환을 하면 앞에서와 마찬가지로 $y = ax+b$, $dy = adx$이므로

$$E(Y) = \int_{\infty}^{-\infty}(ax+b)[-f(x)]dx = \int_{-\infty}^{\infty}(ax+b)f(x)dx = aE(X) + b.$$

$a < 0$이므로 $(-)$ 부호가 곳곳에 있음에 유의하여야 할 것이다.

X를 변환하여 $Y = g(X)$라는 확률변수를 만들 수 있다. 예를 들어 X가 주사위 던지기에서 나오는 눈의 수, $g(x) = 19 - 2x$이라면 $Y = g(X)$는 X가 $1, 2, 3, 4, 5, 6$의 값을 가질 때 각각 $17, 15, 13, 11, 9, 7$의 값을 갖는 확률변수이다. 만약 $g(x) = |x-3|$이라면 $g(X)$는 X가 $1, 2, 3, 4, 5, 6$의 값을 가질 때 각각 $2, 1, 0, 1, 2, 3$의 값을 갖는 확률변수이다. X가 $x_1, \ldots, x_k$의 값을 각각 $p_1, \ldots, p_k$의 확률로 갖는 이산확률변수일 때 변환된 확률변수 $Y = g(X)$의 평균은 $E(Y) = \sum_{i=1}^{k} g(x_i)p_i$이고, 연속확률변수라면 $E(Y) = \int g(x)f(x)dx$이다. 여기서 $f(x)$는 X의 확률밀도함수이다. 이 사실을 이용하여 $Y = aX + b$의 평균이 $E(Y) = aE(X) + b$임을 손쉽게 보일 수도 있다.

a와 b가 비임의적일 때 $E(aX+b) = aE(X) + b$라는 사실을 부주의하게 일반화하려 해서는 안 된다. 예를 들어 $E(X^2)$은 $E(X)^2$이 아니고, $E(1/X)$는 $1/E(X)$이 아니며, $E(|X|)$는 $|E(X)|$가 아니다. 일반적으로 $E[f(X)] \ne f(E(X))$이며, 등식이 성립하는 경우는 $f(x) = ax + b$ 형태일 때라는 것을 꼭 기억하기 바란다.

이제 두 확률변수를 결합한 확률변수에 관한 이야기를 해 보자. X와 Y가 두 확률변수라 하자. X와 Y는 서로 독립될 수도 있고('독립'이란 한 변수의 실현값이 다른 변수의 확률분포에 영향을 미치지 않음을 의미함), 서로간에 의존적일 수도 있다. 매번 X와 Y를 쌍으로 추출하는 실험을 반복할 때, 이 두 숫자의 합인 $X + Y$의 분포를 생각해 볼 수 있다.

이 $X+Y$ 의 확률분포는 X 의 분포, Y 의 분포, 그리고 X 와 Y 가 서로 의존하는 방식에 의존할 것이다. 극단적인 예를 들어 X 와 Y 가 동일하다면 $X+Y=2X$ 이고, 만약 $Y=-X$ 라면 $X+Y=0$ 이다. X 와 Y 가 서로 독립이라면 $X+Y$ 는 또 다른 분포를 갖는다. 그런데 $X+Y$ 의 분포는 X 와 Y 의 상호 의존성에 영향을 받지만 그 평균만큼은 매우 간단한 형태를 갖는다. 앞의 평균의 정의와 상당한 수학을 이용하여 다음을 보일 수 있다(증명은 생략).

$$E(X+Y) = E(X) + E(Y)$$

이 식에서도 좌우변의 뜻이 서로 다름에 유의하여야 할 것이다. 좌변은 $X+Y$ 의 평균이고 우변은 $E(X)$ 와 $E(Y)$ 의 합이다. 수학 이론에 의하면 '합의 평균'은 '평균의 합'과 동일하다. 중요한 점으로, $X+Y$ 의 분포 자체는 X 와 Y 의 상호의존성에 영향을 받지만 $X+Y$ 의 평균은 오직 X 의 평균과 Y 의 평균에만 의존하고 X 와 Y 간의 상호의존성에는 영향을 받지 않는다. 식이 간단하여 별 볼 일 없는 것이라 생각할지도 모르지만, 사실 알고 보면 엄청난 결과로서, 분포의 여러 특성들 중 평균이 이런 특이한 성질을 갖는다. 다음 소절에 살펴볼 $X+Y$ 의 분산은 X 와 Y 의 상호의존성에 영향을 받는다.

$X+Y$ 의 평균은 각각의 평균의 합과 동일하지만, 다른 함수형태로 결합할 경우에는 이런 단순한 결과를 얻을 수 없다. 예를 들어 둘을 곱한 XY 의 평균은 평균의 곱이 되지 않는다. 즉, 특별한 경우를 제외하면 일반적으로 $E(XY) \neq E(X)E(Y)$ 이다. $E(|X+Y|)$ 도 $|E(X)+E(Y)|$ 와 (특별한 경우를 제외하면) 다르다. 일반적으로, $E[g(X+Y)]$ 은 $g(E(X)+E(Y))$ 와 동일하지 않다. 이 둘이 같은 경우는 g 가 선형함수인 경우이다. 확률변수의 어떤 함수의 기댓값이 기댓값의 함수와 동일하기 위해서는 그 함수가 선형함수여야 한다.

이상의 사실들을 결합하여, a 와 b 가 비임의적일 때 다음이 성립한다.

$$E(aX+bY) = aE(X) + bE(Y)$$

이를 '기댓값의 선형성'이라고도 한다. 위를 임의의 개수의 확률변수들로 일반화할 수 있다. 예를 들어, 만약 $x_1, x_2, \ldots, x_n$ 이 비임의적이고 $u_1, u_2, \ldots, u_n$ 각각이 확률변수이면서 모든 i 에서 $E(u_i)=0$ 이면 다음이 성립한다.

$$E\left[\sum_{i=1}^{n}(x_i-\bar{x})u_i\right] = \sum_{i=1}^{n}E[(x_i-\bar{x})u_i] = \sum_{i=1}^{n}(x_i-\bar{x})E(u_i) = \sum_{i=1}^{n}(x_i-\bar{x})\cdot 0 = 0$$

여기서 첫 번째 등식은 기댓값의 선형성 때문에 성립하고, 두 번째 등식은 $x_1, x_2, \ldots, x_n$ 이 비임의적이기 때문에 성립하며, 세 번째 등식은 모든 i 에서 $E(u_i)=0$ 이기 때문에 성립한다.

B.4   분산과 공분산

확률변수 X 의 분산 $\mathrm{var}(X)$ 는 다음과 같이 정의된다.

$$\mathrm{var}(X) = E\{[X-E(X)]^2\}$$

제곱을 전개하고 기댓값의 선형성을 적용하면 다음 결과를 얻는다.

$$\text{var}(X) = E\{X^2 - 2X\,E(X) + E(X)^2\} = E\{X^2\} - 2E\{X\,E(X)\} + E\{E(X)^2\}$$
$$= E(X^2) - 2E(X)E(X) + E(X)^2 = E(X^2) - E(X)^2$$

첫 번째 등식은 제곱을 전개한 것이고, 두 번째 등식은 기댓값의 선형성을 적용한 것이다. 세 번째 등식은 $E(X)$가 비임의적임을 이용한 것이고, 마지막 등식은 항들을 정리하여 나온 것이다.

a가 비임의적인 상수일 때 $X+a$의 분산은 X의 분산과 동일하다.

$$\text{var}(X + a) = \text{var}(X)$$

이는 $(X+a) - E(X+a) = X + a - E(X) - a = X - E(X)$이기 때문이다. 만약 X에 비임의적 상수를 곱하면 그 분산은 (편차 제곱의 기댓값이므로) 원래 분산에 해당 상수의 제곱을 곱한 것이 된다.

$$\text{var}(aX) = a^2\,\text{var}(X)$$

"분산은 편차 제곱의 기댓값"임을 기억하면 이 사실은 손쉽게 기억할 수 있다. 분산이 필요하면 제곱하라.

두 확률변수 X와 Y의 공분산은 다음과 같이 정의된다.

$$\text{cov}(X,Y) = E\{[X - E(X)][Y - E(Y)]\}$$

이 정의에 의하면 X의 분산은 X와 자기 자신의 공분산이다.

$$\text{var}(X) = \text{cov}(X,X)$$

곱셈의 교환법칙으로 인해 다음이 성립한다.

$$\text{cov}(X,Y) = \text{cov}(Y,X)$$

또한, 모든 확률변수(X)와 비임의적 상수(a)의 공분산은 0이다. 상수가 변하지 않으므로 둘이 함께 변하는 것도 없는 것이며, 수학적으로는 $a - E(a) = 0$이기 때문이다.

$$\text{cov}(X,a) = \text{cov}(a,X) = 0$$

공분산의 정의에서 곱을 전개하고 기댓값의 선형성과 $E(X)$와 $E(Y)$의 비확률성을 이용하면 다음 등식이 성립함을 보일 수 있다.

$$\text{cov}(X,Y) = E(XY) - E(X)E(Y)$$

X와 Y가 서로 독립이면 $\mathrm{E}(XY) = \mathrm{E}(X)\mathrm{E}(Y)$이므로(이 부분은 확률적 독립성의 정의로부터 도출해야 한다) 공분산은 $\mathrm{cov}(X,Y) = \mathrm{E}(XY) - \mathrm{E}(X)\mathrm{E}(Y) = 0$이다. 공분산이 0일 때 '비상관'이라 한다. 독립이면 비상관이다. 하지만 비상관이라도 독립이 아닐 수 있다.

a와 b가 비임의적일 때 $X+a$와 $Y+b$의 공분산은 X와 Y의 공분산과 동일하다. 비임의적 상수를 더하는 것은 분산이나 공분산에 아무런 영향도 주지 않는다.

$$\mathrm{cov}(X+a, Y+b) = \mathrm{cov}(X,Y)$$

더 일반적으로, $X+Y$와 $Z+U$의 공분산은 둘의 곱을 전개하는 마음으로 풀어 쓸 수 있다. $(x+y)(z+u) = xz + xu + yz + yu$임에 착안하여,

$$\mathrm{cov}(X+Y, Z+U) = \mathrm{cov}(X,Z) + \mathrm{cov}(X,U) + \mathrm{cov}(Y,Z) + \mathrm{cov}(Y,U).$$

분산은 자신과의 공분산이므로 $X+Y$의 분산은 $(x+y)^2 = x^2 + y^2 + 2xy$임을 이용하여 다음과 같이 전개할 수 있다.

$$\mathrm{var}(X+Y) = \mathrm{var}(X) + \mathrm{var}(Y) + 2\,\mathrm{cov}(X,Y)$$

$aX + bY$와 같이 비임의적 상수(a, b)를 곱한 경우의 분산과 공분산도 '분산은 제곱하고 공분산은 서로 곱한다'는 규칙을 이용하면 손쉽게 전개할 수 있다.

$$\mathrm{cov}(aX, bY) = ab\,\mathrm{cov}(X,Y)$$

$$\mathrm{var}(aX + bY) = a^2\,\mathrm{var}(X) + b^2\,\mathrm{var}(Y) + 2ab\,\mathrm{cov}(X,Y)$$

$$\mathrm{cov}(aX + bY, cX + dY) = ac\,\mathrm{var}(X) + bd\,\mathrm{var}(Y) + (ad + bc)\,\mathrm{cov}(X,Y)$$

그 밖에도 무엇이든 정리할 수 있을 것이다. 2개가 아니라 n개의 항을 더한 것의 분산도 제곱만 할 수 있으면 구할 수 있다. $a_1, \ldots, a_n$이 비임의적 상수들이고 $X_1, \ldots, X_n$이 확률변수들일 때,

$$\left(\sum_{i=1}^{n} x_i \right)^2 = \sum_{i=1}^{n} x_i^2 + 2 \sum_{i=2}^{n} \sum_{j=1}^{i-1} x_i x_j$$

임을 이용하면

$$\mathrm{var}\left(\sum_{i=1}^{n} a_i X_i \right) = \sum_{i=1}^{n} a_i^2\,\mathrm{var}(X_i) + 2 \sum_{i=2}^{n} \sum_{j=1}^{i-1} a_i a_j\,\mathrm{cov}(X_i, X_j)$$

임을 알 수 있다. 만약 $X_1, \ldots, X_n$에서 모든 두 개씩의 쌍이 비상관이라면, 즉 만약 $i \neq j$일 때 $\mathrm{cov}(X_i, X_j) = 0$이면 합의 분산은 분산의 합과 동일하다.

표준편차

분산의 제곱근을 표준편차라 한다.

$$\mathrm{sd}(X) = \sqrt{\mathrm{var}(X)}$$

a가 비임의적일 때, $X+a$의 분산은 X의 분산과 동일하므로 표준편차도 마찬가지이다.

$$\mathrm{sd}(X+a) = \mathrm{sd}(X)$$

a가 비임의적일 때 $\mathrm{var}(aX) = a^2\mathrm{var}(X)$이므로 표준편차는 $\sqrt{a^2} = |a|$을 곱한다.

$$\mathrm{sd}(aX) = |a|\,\mathrm{sd}(X)$$

음수일 경우를 무시하고 $a\,\mathrm{sd}(X)$라고 하는 오류를 범하지 말기 바란다. 나머지 경우는 분산의 제곱근이 표준편차라는 사실만 기억하고 적용하면 된다. 예를 들어, a와 b가 비임의적일 때,

$$\mathrm{sd}(aX+bY) = \sqrt{a\,\mathrm{var}(X) + b\,\mathrm{var}(Y) + 2ab\,\mathrm{cov}(X,Y)}.$$

B.5　조건부 기댓값과 반복평균의 법칙

조건부 기댓값이나 조건부 분산, 조건부 분포 등 '조건부' 논의를 할 때에는 항상 둘 이상의 확률변수를 고려한다. 두 변수가 있는 가장 단순한 상황을 이해하면 일반적인 경우로 쉽게 확장할 수 있으므로 X와 Y 두 변수가 있는 경우를 생각한다.

두 변수 (X,Y)가 있을 때, X 변수가 특정한 값(예를 들어 1)을 갖는 경우에 한정하여 Y 변수가 어떤 값을 갖는지 생각해 보자. 이는 (X,Y)의 표본추출을 무한 반복하면서 그 중 $X \neq 1$인 경우는 버리고 $X=1$인 경우만을 추려내는 것을 상상함으로써 이해할 수 있다. 이렇게 추려낸 (X,Y)값 쌍에서 X값은 모두 1이고 Y값은 다양할 것이다. 이처럼 $X=1$이 발생하는 경우로 제한할 때의 Y값 분포를 '$X=1$ 조건부 Y의 분포'라 한다. 이와 유사하게 '$0<X<1$ 조건부 Y의 분포'는 무한반복 추출하면서 $0<X<1$ 경우만을 남길 때 Y의 분포를 의미한다.

(X,Y)의 추출을 무한반복하면서 $X=1$인 경우만을 남기는 것은 모집단 중에서 $X=1$인 부분집합만을 대상으로 Y 추출을 무한반복하는 것과 동일하다. 시각적으로 설명하자면, 주머니 속에 공이 들어 있고, 각각의 공에 숫자 둘(하나는 X, 다른 하나는 Y)이 적혀 있는데, 주머니에 X값이 1인 공만 남기고 나머지는 모두 버린 다음 무작위로 공을 추출하는 것과 같다. $X=1$ 조건부 Y의 분포는 이 남은 공들에서 Y값의 분포를 의미한다.

$\mathrm{E}(Y|X=1)$이란 $X=1$ 조건부 Y의 기댓값(혹은 평균)이며, 이는 (X,Y)를 무한반복 추출할 때 $X=1$인 경우만으로 한정할 경우 Y의 평균을 의미한다. 이는 $X=1$인 공만 남아 있는 모집단 주머니에서 Y의 평균으로 보아도 좋다. $\mathrm{E}(Y|0<X<1)$은 (X,Y)를 무한반복 추출할 때 $0<X<1$인 경우로 한정할 때의 Y의 평균을 의미하며, 또한 X가 0에서 1 사이인 공만 남긴 모집단 주머니에서 Y의 평균으로 보아도 좋다.

$\mathrm{E}(Y|X=1)$은 $X=1$인 모집단 부분집합에서 Y의 평균이고, $\mathrm{E}(Y|X=2)$는 $X=2$인 모집단 부분집합에서 Y의 평균이다. 아마도 이 둘은 특별한 이유가 없는 한 서로 다를

것이다. 이처럼 $E(Y|X=x)$는 x의 함수일 것이므로 $g(x)$라 하자. 즉, $E(Y|X=x)=g(x)$ 이다. $g(x)$에서 x 자리에 X를 대입한 $g(X)$를 $E(Y|X)$라고 표기할 수 있다. $E(Y|X)$는 X의 함수이다. X가 확률변수이므로 $f(X)$도 확률변수이고, 따라서 $E(Y|X)$도 확률변수이다.

$E(Y|X)$는 확률변수이므로 그 평균, 분산, 표준편차 등을 생각해 볼 수 있다. 특히 조건부 기댓값의 기댓값, 즉 $E[E(Y|X)]$는 여러 곳에서 등장한다. $E[E(Y|X)]$에서 안쪽의 기댓값인 $E(Y|X)$는 X의 함수이므로 그 분포가 X의 분포에 의하여 결정된다. 그리고 밖의 기댓값은 X의 분포에 대하여 취해진다. $E(Y|X)$를 $g(X)$라 하고 $f(x)$를 X의 확률밀도함수라 하면 조건부 기댓값의 기댓값('조건부 평균'의 평균)은 다음과 같다.

$$E[E(Y|X)] = \int E(Y|X=x)f(x)dx = \int g(x)f(x)dx$$

믿기 어려울 수도 있지만, $E(Y)$가 존재한다는 조건하에서, 이 조건부 평균의 평균은 Y의 평균 $E(Y)$와 동일하다.

$$E[E(Y|X)] = E(Y)$$

이를 '반복평균의 법칙'(law of iterated expectations, LIE)이라 한다.

예제 B.1 조건부 기댓값과 반복평균의 법칙

모집단이 남자 49%, 여자 51%로 구성되어 있다. 남자 구성원들의 평균 신장은 173cm, 여자 구성원들의 평균 신장은 161cm라 하자. X가 여성임을 나타내는 더미변수, Y가 신장이라면, $E(Y|X=0)=173$, $E(Y|X=1)=161$이다. $g(x)=E(Y|X=x)$라 하면 $g(x)=173[x=0]+161[x=1]=173(1-x)+161x=173-12x$이고, 따라서 $E(Y|X)=g(X)=173-12X$이다. 이제 LIE를 이용하여 전체 모집단의 평균 신장을 구해 보자. $E[E(Y|X)]$는 $E[173-12X]$ 이므로 기댓값의 선형성에 의하여 $E[E(Y|X)]=173-12E(X)$이다. 그런데 X가 0일 확률은 49%, 1일 확률은 51%이므로 $E(X)=0.51$이다. 따라서

$$E[E(Y|X)] = 173 - 12 \times 0.51 = 166.88.$$

LIE에 의하면 $E(Y)=E[E(Y|X)]$이므로 $E(Y)=166.88$이다.

LIE의 증명을 시도하기에 앞서, 왜 LIE가 성립해야만 하는지 생각해 보자. $E(Y)$는 전체 모집단에서 Y의 평균이다. 전체 모집단에서 한 관측치를 추출하는 행위를 무한반복 하여 구한 무수히 많은 (X,Y)값들로부터 Y의 평균을 구하면 이것이 $E(Y)$이다. 그런데 이제 평균을 구하는 순서를 바꾸어서, 일단 무한반복 추출한 무수히 많은 (X,Y)값 쌍들을 X가 같은 값들끼리 모으고, 각 모임에 대하여 Y의 평균을 구해 보자. 그러면 각 모임의

Y 평균은 해당 x값에 대응하는 $\mathrm{E}(Y|X=x)$가 될 것이다. 어떤 x는 빈도가 높고 어떤 x는 빈도가 낮다. 그러면 전체의 Y 평균은 각 $\mathrm{E}(Y|X=x)$들을 x의 빈도에 따라 다시 평균하는 것과 같을 것이다.

다른 예를 들어, 남성이 51%, 여성이 49%인 모집단에서, 남성 중 배우자에게 만족하는 사람들의 비율이 76%, 여성 중 배우자에게 만족하는 사람들의 비율이 63%라 하자(통계청, '2018년 사회조사 결과' 참조). 그러면 이 사회에서 남성+만족의 비율은 $0.51 \times 0.76 = 0.3876$, 남성+불만족 비율은 $0.51 \times (1-0.76) = 0.1224$, 여성+만족의 비율은 $0.49 \times 0.63 = 0.3087$, 여성+불만족의 비율은 $0.49 \times (1-0.63) = 0.1813$이다. 이는 마치 주머니 속에 공이 10,000개 들어 있고 각 공마다 성별과 만족 여부(☺ 또는 ☹)가 적혀 있는데, 3,876개에 '남☺', 1,173개에 '남☹', 2,597개에 '여☺', 2,303개에 '여☹'라고 적혀 있는 것과 같다. 이 주머니에서 공을 하나 무작위로 뽑을 때 남녀를 막론하고 '☺'가 적혀 있을 확률 $\mathrm{E}(Y)$는 $0.3876 + 0.3087 = 0.6963$이다. 다시 말하여, 모집단으로부터 한 명을 무작위로 추출하는 행위를 무한반복할 때 배우자에게 만족하는 마시는 사람이 나올 빈도는 약 69.63%이다. 이것이 $\mathrm{E}(Y)$이다.

이제 공을 꺼낼 때마다 성별을 확인하여 남성과 여성을 별도로 구분한 후, 종국에 남성 중 ☺의 비율과 여성 중 ☺의 비율을 따로 구하고 나서, 이들로부터 전체 인구 중 ☺의 비율을 구해 보자. 남성 중 76%가 ☺이고 여성 중 63%가 ☺인데, 51%가 남성이므로 결국 $\mathrm{E}(Y)$는 다음과 같이 계산할 수 있다.

$$\mathrm{E}(Y) = 0.51 \times 0.76 + 0.49 \times 0.63 = 0.6963$$

이것은 $\mathrm{E}(Y|X = 남성)$과 $\mathrm{E}(Y|X = 여성)$을 51:49 비율로 가중평균한 것, 즉 $\mathrm{E}[\mathrm{E}(Y|X)]$이다. (웬만한 일이 없으면) $\mathrm{E}(Y)$와 $\mathrm{E}[\mathrm{E}(Y|X)]$는 서로 같아야 한다.

LIE를 연속확률분포에 대하여 증명해 보자. 연속확률분포의 경우 (X,Y)의 확률분포는 결합확률밀도함수 $f(x,y)$로 나타낼 수 있다. LIE를 증명하기 위해서는 조건부 분포의 확률밀도함수 $f_{Y|X}(y|x)$, 한계 분포의 확률밀도함수 $f_X(x)$, $f_Y(y)$ 등이 필요하다. 이들의 정의는 $f_X(x) = \int f(x,y)dy$, $f_Y(y) = \int f(x,y)dx$, $f_{Y|X}(y|x) = f(x,y)/f_X(x)$ 등이다. 이제,

$$\mathrm{E}(Y|X=x) = \int y f_{Y|X}(y|x)dy$$

이며

$$\mathrm{E}[\mathrm{E}(Y|X)] = \int \mathrm{E}(Y|X=x) f_X(x) dx = \int \left[\int y f_{Y|X}(y|x)dy \right] f_X(x) dx. \tag{B.1}$$

적분의 순서를 바꿀 수 있으므로(언제 바꿀 수 있는지 알고 싶으면 Fubini's Theorem에 관한 수학을 공부해 보기 바란다),

$$\mathrm{E}[\mathrm{E}(Y|X)] = \int \int y f_{Y|X}(y|x) f_X(x) dx dy = \int y \left[\int f_{Y|X}(y|x) f_X(x) dx \right] dy$$
$$= \int y \left[\int f(x,y) dx \right] dy = \int y f_Y(y) dy = \mathrm{E}(Y). \tag{B.2}$$

앞에서 자세하게 이야기하지 않았지만, 반복평균의 법칙 $E[E(Y|X)] = E(Y)$가 성립하기 위해서는 $E(Y)$가 존재해야 한다. $E(Y)$가 존재하지 않으면 LIE가 성립하지 않는다. LIE가 성립하지 않는 예를 들어 보자. X와 Z가 서로 독립이고 모두 표준정규분포를 갖는다고 하자. $Y = Z/X$라 하자. 그러면

$$E(Y|X) = E[(Z/X)|X] = (1/X)E(Z|X) = (1/X)E(Z) = (1/X) \cdot 0 = 0.$$

두 번째 등식은 X 조건부이므로 X가 알려져 있어 성립하고, 세 번째 등식은 Z와 X가 서로 독립이어서 $E(Z|X) = E(Z)$이므로 성립하며, 네 번째 등식은 Z가 표준정규분포를 가지므로 성립한다. 그러므로

$$E[E(Y|X)] = E[0] = 0.$$

그런데, $Y = Z/X$는 이른바 '코시 분포' 혹은 t_1 분포를 가지며, $E(Y)$는 존재하지 않는다. $E(Y)$는 존재하지 않고 $E[E(Y|X)] = 0$이므로 $E(Y) \neq E[E(Y|X)]$이고 LIE는 성립하지 않는다. 그렇다면 이 예에서는 위 증명, 특히 식 (B.2)의 어느 부분이 잘못된 것일까? 마지막 등식은 $E(Y)$의 정의이므로 맞다. 네 번째 등식도 $\int f(x,y)dx = f_Y(y)$이므로 맞다. 세 번째 등식도 $f_{Y|X}(y|x) = f(x,y)/f_X(x)$이므로 맞다. 두 번째 등식은 y를 $\int \cdots dx$ 앞으로 끄집어 낸 것이므로 틀릴 것이 없다. 결국 맨앞 등식이 잘못된 것이다. 이 등식은 (B.1) 맨 오른쪽 항의 적분에서 x와 y의 적분 순서를 바꾼 것이다. 이렇게 적분 순서를 바꿀 수 있다는 것이 이른바 Fubini's Theorem인데 Fubini's Theorem이 성립하려면 $E(Y)$가 존재해야 한다. 이 예에서는 적분 순서를 바꿀 수 있도록 해 주는 Fubini's Theorem의 성립 조건이 충족되지 않는다.

R 명령 요약

본 부록에서는 이 책에서 사용된 R 명령들을 요약한다. 명령 이름과 용도를 간략히 설명하며, 더 상세한 내용은 도움말(help 또는 ?)을 참조하기 바란다. 도움말을 사용할 때에는 help(lm)이나 ?lm처럼 해도 되고 help("%*%")이나 ?"%*%"처럼 따옴표로 묶어도 된다. 어떤 경우에는 반드시 따옴표를 사용해야 한다(예: ?"if", ?"?", ?"["). 따옴표는 backticks(`)로 바꾸어도 된다(예: ?`%*%`).

　　본 부록은 R 사용법에 대한 설명이 아니다. 사용법을 배우려면 구글에서 "R 사용법" 같은 것으로 검색해 보기 바란다. 수많은 설명서를 찾을 수 있을 것이다.

몇 가지 상수

NA는 결측치를 나타내는 상수이며 NA에 어떤 연산을 해도 NA가 된다. NaN은 숫자가 아님 (not a number)을 나타낸다. 0/0을 하면 NaN을 얻을 수 있다. TRUE 또는 T는 참을 나타내는 상수이고, FALSE 또는 F는 거짓을 나타내는 상수이다. Inf와 -Inf는 각각 ∞와 $-\infty$를 나타내는 상수이다. pi는 원주율 π를 나타낸다. 그 밖에도 허수단위를 나타내는 i가 있다. 현재 사용 중인 R버전은 version으로써 알 수 있다.

연산자

?: 도움말

#: 줄 끝까지 무시함(comment)

<- 또는 =: 대입하여 객체를 만듦

': 문자열을 만들기 위한 따옴표

": 문자열을 만들기 위한 따옴표

+, -, *, /: 스칼라 또는 원소별 덧셈, 뺄셈, 곱셈, 나눗셈

^: 몇 제곱을 나타내는 연산자(5^3 = 5³)

*: 회귀식에서 상호작용항을 만들 때 사용함

%/%: 나눗셈에서 정수 몫

%%: 나눗셈에서 나머지

%*%: 행렬 곱셈(inner product)

%o%: Outer product

<, >, <=, >=: 크기를 비교하는 연산자

!: NOT

==: 같으면 TRUE, 다르면 FALSE

!=: 같으면 FALSE, 다르면 TRUE

&&, ||: AND와 OR 연산자

&, |: 원소별 AND와 OR 연산자

$: 자료집합이나 리스트의 변수(예를 들어 Wage$wage는 Wage 자료집합의 wage 변수를 말함)

:: 정수열을 만들 때 사용하거나, 회귀식에서 상호작용항을 만들 때 사용함

그 밖에 괄호 (), 중괄호 [], 대괄호 {} 등도 모두 연산자이다. Backticks (`)는 복잡한 이름의 객체를 일컬을 때 사용한다. 예를 들어 `1+2` <- 4라고 한 후에 `1+2`라고 하면 4가 출력될 것이다.

함수 형태의 명령

함수 형태의 명령을 사용할 때에는 반드시 뒤에 ()를 붙이고 그 안에 필요한 인자를 입력해야 한다. 인자가 필요없는 경우에도 ()를 붙여야 한다. 예를 들어 R을 종료하기 위한 명령어 q에는 인자가 없어도 된다. 이 경우에도 q()라고 하여야 한다.

이하의 목록에서 별도의 패키지가 필요한 경우에는 괄호 안에 패키지 이름을 적었다. 예를 들어 "read.dta (foreign)"이라고 한 경우, read.dta 함수가 foreign 패키지에서 제공됨을 의미한다. 그러므로 read.dta 함수를 사용하려면 우선 library(foreign)에 의하여 foreign 패키지를 읽어들여야 한다. 어떤 패키지는 별도로 설치해야 하며, 이를 위해서는 install.packages 함수를 사용한다.

R 사용 관련 및 일반 명령

help: 도움말
apropos, find: 검색
library: 패키지를 사용할 수 있도록 함
require: 패키지를 사용할 수 있도록 함
ls: 메모리에 있는 객체들의 이름을 나열함
rm: 메모리에 있는 객체를 삭제함
installed.packages: 패키지가 설치되어 있는지 확인함
install.packages: 패키지를 설치함
remove.packages: 패키지를 제거함
q: R을 종료함
source: R 스크립트를 일괄 실행함
function: 함수를 만듦
print: 가공하여 화면에 출력함
cat: 있는 그대로 화면에 출력함
if: 조건부 명령
for: 반복
while: 반복

확률변수 관련

set.seed: 난수(무작위수) 생성을 위한 시드(seed) 설정
dnorm: 정규분포의 PDF
pnorm: 정규분포의 CDF
rnorm: 정규분포로부터 임의추출
dt: t분포의 PDF
pt: t분포의 CDF
dt: t분포로부터 임의추출
df: F분포의 PDF
pf: F분포의 CDF
dchisq: χ^2분포의 PDF
pchisq: χ^2분포의 CDF
rchisq: χ^2분포로부터 임의추출

자료 변환

log, exp: 자연로그와 지수함수 변환
seq: 등차수열을 만듦
crossprod: 제곱의 합
c: 원소들을 묶어 벡터로 만듦

t: 행렬의 전치

nrow: 행렬이나 자료집합에서 행의 수

ncol: 행렬이나 자료집합에서 열의 수

paste, paste0: 인자들을 붙여서 문자열을 만듦

cbind: 인자들을 열(column)로 붙임

rbind: 인자들을 행(row)으로 붙임

sort: 순서대로 정렬

order: 순서를 구함

as.numeric: 숫자로 변환

as.character: 문자로 변환

자료 분석

data: Data set을 읽어들임

with: 자료집합 내에서 명령을 실행함

attach: 자료집합 내의 변수명을 사용할 수 있게 함

detach: attach와 library의 반대 과정

summary: 요약 정보 제공

sum: 원소들의 합

prod: 원소들의 곱

mean: 표본평균

var, cov, cor: 표본분산, 표본공분산, 표본상관계수

lm: 선형모형 추정

glm: GLM(로짓과 프로빗 포함) 추정

update: 회귀식이나 추정결과를 업데이트

predict: 예측값을 구함

fitted: 맞춘값을 구함

resid, residuals: 잔차를 구함

coeftest (lmtest): t 검정 통계량 계산

vcov: 추정량의 분산·공분산 추정값 계산

vcovHC (sandwich): 이분산에 견고한(HC) 분산 추정

hccm (car): 이분산에 견고한 분산 추정

vcovHAC (sandwich): 이분산과 자기상관에 견고한(HAC) 분산 추정

cluster.vcov (multiwayvcov): 클러스터 구조에 견고한 분산 추정

waldtest (lmtest): F 통계량 값을 계산함

linearHypothesis, lht (car): 다중 선형 제약에 대한 검정통계량 값을 계산함

ivreg (AER): 2SLS 추정

tobit (AER): 토빗(Tobit) 추정

durbinWatsonTest, dwt (car): 더빈 왓슨 검정

자료 입출력

read.table: 표 형태의 자료 파일을 읽음

write.table: 자료를 표 형태의 파일로 씀

read.csv: CSV 읽음

write.csv: CSV 씀

read.dta (foreign): Stata의 dta 읽음

write.dta (foreign): Stata의 dta 씀

read.dta13 (readstata13): Stata 버전 13 이상에서 만든 dta를 읽음

read.xlsx (openxlsx): Excel 읽음

write.xlsx (openxlsx): Excel 씀

그래프

plot: 그래프를 그림

points: 현재 그래프에 흩뿌린 그림 추가

lines: 현재 그래프에 선그림 추가

abline: 현재 그래프에 직선 추가

text: 현재 그래프에 텍스트 추가

legend: 현재 그래프에 범례 추가

pdf: PDF 포맷으로 그림을 그리기 시작

dev.off: 그림 디바이스를 닫음

qplot (ggplot2): 고급스러운 그림을 그림

D 통계표

〈표 D.1〉 표준정규분포의 누적확률

z	0	1	2	3	4	5	6	7	8	9
−3.0	0.0013	0.0013	0.0013	0.0012	0.0012	0.0011	0.0011	0.0011	0.0010	0.0010
−2.9	0.0019	0.0018	0.0018	0.0017	0.0016	0.0016	0.0015	0.0015	0.0014	0.0014
−2.8	0.0026	0.0025	0.0024	0.0023	0.0023	0.0022	0.0021	0.0021	0.0020	0.0019
−2.7	0.0035	0.0034	0.0033	0.0032	0.0031	0.0030	0.0029	0.0028	0.0027	0.0026
−2.6	0.0047	0.0045	0.0044	0.0043	0.0041	0.0040	0.0039	0.0038	0.0037	0.0036
−2.5	0.0062	0.0060	0.0059	0.0057	0.0055	0.0054	0.0052	0.0051	0.0049	0.0048
−2.4	0.0082	0.0080	0.0078	0.0075	0.0073	0.0071	0.0069	0.0068	0.0066	0.0064
−2.3	0.0107	0.0104	0.0102	0.0099	0.0096	0.0094	0.0091	0.0089	0.0087	0.0084
−2.2	0.0139	0.0136	0.0132	0.0129	0.0125	0.0122	0.0119	0.0116	0.0113	0.0110
−2.1	0.0179	0.0174	0.0170	0.0166	0.0162	0.0158	0.0154	0.0150	0.0146	0.0143
−2.0	0.0228	0.0222	0.0217	0.0212	0.0207	0.0202	0.0197	0.0192	0.0188	0.0183
−1.9	0.0287	0.0281	0.0274	0.0268	0.0262	0.0256	0.0250	0.0244	0.0239	0.0233
−1.8	0.0359	0.0351	0.0344	0.0336	0.0329	0.0322	0.0314	0.0307	0.0301	0.0294
−1.7	0.0446	0.0436	0.0427	0.0418	0.0409	0.0401	0.0392	0.0384	0.0375	0.0367
−1.6	0.0548	0.0537	0.0526	0.0516	0.0505	0.0495	0.0485	0.0475	0.0465	0.0455
−1.5	0.0668	0.0655	0.0643	0.0630	0.0618	0.0606	0.0594	0.0582	0.0571	0.0559
−1.4	0.0808	0.0793	0.0778	0.0764	0.0749	0.0735	0.0721	0.0708	0.0694	0.0681
−1.3	0.0968	0.0951	0.0934	0.0918	0.0901	0.0885	0.0869	0.0853	0.0838	0.0823
−1.2	0.1151	0.1131	0.1112	0.1093	0.1075	0.1056	0.1038	0.1020	0.1003	0.0985
−1.1	0.1357	0.1335	0.1314	0.1292	0.1271	0.1251	0.1230	0.1210	0.1190	0.1170
−1.0	0.1587	0.1562	0.1539	0.1515	0.1492	0.1469	0.1446	0.1423	0.1401	0.1379
−0.9	0.1841	0.1814	0.1788	0.1762	0.1736	0.1711	0.1685	0.1660	0.1635	0.1611
−0.8	0.2119	0.2090	0.2061	0.2033	0.2005	0.1977	0.1949	0.1922	0.1894	0.1867
−0.7	0.2420	0.2389	0.2358	0.2327	0.2296	0.2266	0.2236	0.2206	0.2177	0.2148
−0.6	0.2743	0.2709	0.2676	0.2643	0.2611	0.2578	0.2546	0.2514	0.2483	0.2451
−0.5	0.3085	0.3050	0.3015	0.2981	0.2946	0.2912	0.2877	0.2843	0.2810	0.2776
−0.4	0.3446	0.3409	0.3372	0.3336	0.3300	0.3264	0.3228	0.3192	0.3156	0.3121
−0.3	0.3821	0.3783	0.3745	0.3707	0.3669	0.3632	0.3594	0.3557	0.3520	0.3483
−0.2	0.4207	0.4168	0.4129	0.4090	0.4052	0.4013	0.3974	0.3936	0.3897	0.3859
−0.1	0.4602	0.4562	0.4522	0.4483	0.4443	0.4404	0.4364	0.4325	0.4286	0.4247
−0.0	0.5000	0.4960	0.4920	0.4880	0.4840	0.4801	0.4761	0.4721	0.4681	0.4641

(다음 페이지에 계속)

---

z	0	1	2	3	4	5	6	7	8	9
0.0	0.5000	0.5040	0.5080	0.5120	0.5160	0.5199	0.5239	0.5279	0.5319	0.5359
0.1	0.5398	0.5438	0.5478	0.5517	0.5557	0.5596	0.5636	0.5675	0.5714	0.5753
0.2	0.5793	0.5832	0.5871	0.5910	0.5948	0.5987	0.6026	0.6064	0.6103	0.6141
0.3	0.6179	0.6217	0.6255	0.6293	0.6331	0.6368	0.6406	0.6443	0.6480	0.6517
0.4	0.6554	0.6591	0.6628	0.6664	0.6700	0.6736	0.6772	0.6808	0.6844	0.6879
0.5	0.6915	0.6950	0.6985	0.7019	0.7054	0.7088	0.7123	0.7157	0.7190	0.7224
0.6	0.7257	0.7291	0.7324	0.7357	0.7389	0.7422	0.7454	0.7486	0.7517	0.7549
0.7	0.7580	0.7611	0.7642	0.7673	0.7704	0.7734	0.7764	0.7794	0.7823	0.7852
0.8	0.7881	0.7910	0.7939	0.7967	0.7995	0.8023	0.8051	0.8078	0.8106	0.8133
0.9	0.8159	0.8186	0.8212	0.8238	0.8264	0.8289	0.8315	0.8340	0.8365	0.8389
1.0	0.8413	0.8438	0.8461	0.8485	0.8508	0.8531	0.8554	0.8577	0.8599	0.8621
1.1	0.8643	0.8665	0.8686	0.8708	0.8729	0.8749	0.8770	0.8790	0.8810	0.8830
1.2	0.8849	0.8869	0.8888	0.8907	0.8925	0.8944	0.8962	0.8980	0.8997	0.9015
1.3	0.9032	0.9049	0.9066	0.9082	0.9099	0.9115	0.9131	0.9147	0.9162	0.9177
1.4	0.9192	0.9207	0.9222	0.9236	0.9251	0.9265	0.9279	0.9292	0.9306	0.9319
1.5	0.9332	0.9345	0.9357	0.9370	0.9382	0.9394	0.9406	0.9418	0.9429	0.9441
1.6	0.9452	0.9463	0.9474	0.9484	0.9495	0.9505	0.9515	0.9525	0.9535	0.9545
1.7	0.9554	0.9564	0.9573	0.9582	0.9591	0.9599	0.9608	0.9616	0.9625	0.9633
1.8	0.9641	0.9649	0.9656	0.9664	0.9671	0.9678	0.9686	0.9693	0.9699	0.9706
1.9	0.9713	0.9719	0.9726	0.9732	0.9738	0.9744	0.9750	0.9756	0.9761	0.9767
2.0	0.9772	0.9778	0.9783	0.9788	0.9793	0.9798	0.9803	0.9808	0.9812	0.9817
2.1	0.9821	0.9826	0.9830	0.9834	0.9838	0.9842	0.9846	0.9850	0.9854	0.9857
2.2	0.9861	0.9864	0.9868	0.9871	0.9875	0.9878	0.9881	0.9884	0.9887	0.9890
2.3	0.9893	0.9896	0.9898	0.9901	0.9904	0.9906	0.9909	0.9911	0.9913	0.9916
2.4	0.9918	0.9920	0.9922	0.9925	0.9927	0.9929	0.9931	0.9932	0.9934	0.9936
2.5	0.9938	0.9940	0.9941	0.9943	0.9945	0.9946	0.9948	0.9949	0.9951	0.9952
2.6	0.9953	0.9955	0.9956	0.9957	0.9959	0.9960	0.9961	0.9962	0.9963	0.9964
2.7	0.9965	0.9966	0.9967	0.9968	0.9969	0.9970	0.9971	0.9972	0.9973	0.9974
2.8	0.9974	0.9975	0.9976	0.9977	0.9977	0.9978	0.9979	0.9979	0.9980	0.9981
2.9	0.9981	0.9982	0.9982	0.9983	0.9984	0.9984	0.9985	0.9985	0.9986	0.9986
3.0	0.9987	0.9987	0.9987	0.9988	0.9988	0.9989	0.9989	0.9989	0.9990	0.9990

예: $Z \sim N(0,1)$이면 $\Pr(Z \le -0.41) = 0.3409$, $\Pr(Z \le 1.30) = 0.9032$

R 명령: pnorm(-0.41)은 0.3409, pnorm(1.30)은 0.9032

〈표 D.2〉 t 분포의 임계값

자유도	오른쪽 꼬리 확률					
	.2	.1	.05	.025	.01	.005
1	1.376	3.078	6.314	12.706	31.821	63.657
2	1.061	1.886	2.920	4.303	6.965	9.925
3	0.978	1.638	2.353	3.182	4.541	5.841
4	0.941	1.533	2.132	2.776	3.747	4.604
5	0.920	1.476	2.015	2.571	3.365	4.032
6	0.906	1.440	1.943	2.447	3.143	3.707
7	0.896	1.415	1.895	2.365	2.998	3.499
8	0.889	1.397	1.860	2.306	2.896	3.355
9	0.883	1.383	1.833	2.262	2.821	3.250
10	0.879	1.372	1.812	2.228	2.764	3.169
11	0.876	1.363	1.796	2.201	2.718	3.106
12	0.873	1.356	1.782	2.179	2.681	3.055
13	0.870	1.350	1.771	2.160	2.650	3.012
14	0.868	1.345	1.761	2.145	2.624	2.977
15	0.866	1.341	1.753	2.131	2.602	2.947
16	0.865	1.337	1.746	2.120	2.583	2.921
17	0.863	1.333	1.740	2.110	2.567	2.898
18	0.862	1.330	1.734	2.101	2.552	2.878
19	0.861	1.328	1.729	2.093	2.539	2.861
20	0.860	1.325	1.725	2.086	2.528	2.845
21	0.859	1.323	1.721	2.080	2.518	2.831
22	0.858	1.321	1.717	2.074	2.508	2.819
23	0.858	1.319	1.714	2.069	2.500	2.807
24	0.857	1.318	1.711	2.064	2.492	2.797
25	0.856	1.316	1.708	2.060	2.485	2.787
26	0.856	1.315	1.706	2.056	2.479	2.779
27	0.855	1.314	1.703	2.052	2.473	2.771
28	0.855	1.313	1.701	2.048	2.467	2.763
29	0.854	1.311	1.699	2.045	2.462	2.756
30	0.854	1.310	1.697	2.042	2.457	2.750
40	0.851	1.303	1.684	2.021	2.423	2.704
60	0.848	1.296	1.671	2.000	2.390	2.660
90	0.846	1.291	1.662	1.987	2.368	2.632
120	0.845	1.289	1.658	1.980	2.358	2.617
∞	0.842	1.282	1.645	1.960	2.326	2.576

예: $X \sim t_{15}$ 이면 $\Pr(X > 1.753) = 0.05$, $X \sim t_{120}$ 이면 $\Pr(X > 1.289) = 0.1$

R 명령: `qt(.95,15)`는 1.753, `qt(.9,120)`은 1.289

〈표 D.3a〉 F 분포의 10% 임계값

		분자 자유도									
		1	2	3	4	5	6	7	8	9	10
	10	3.29	2.92	2.73	2.61	2.52	2.46	2.41	2.38	2.35	2.32
	11	3.23	2.86	2.66	2.54	2.45	2.39	2.34	2.30	2.27	2.25
	12	3.18	2.81	2.61	2.48	2.39	2.33	2.28	2.24	2.21	2.19
	13	3.14	2.76	2.56	2.43	2.35	2.28	2.23	2.20	2.16	2.14
	14	3.10	2.73	2.52	2.39	2.31	2.24	2.19	2.15	2.12	2.10
	15	3.07	2.70	2.49	2.36	2.27	2.21	2.16	2.12	2.09	2.06
	16	3.05	2.67	2.46	2.33	2.24	2.18	2.13	2.09	2.06	2.03
	17	3.03	2.64	2.44	2.31	2.22	2.15	2.10	2.06	2.03	2.00
	18	3.01	2.62	2.42	2.29	2.20	2.13	2.08	2.04	2.00	1.98
분	19	2.99	2.61	2.40	2.27	2.18	2.11	2.06	2.02	1.98	1.96
모	20	2.97	2.59	2.38	2.25	2.16	2.09	2.04	2.00	1.96	1.94
	21	2.96	2.57	2.36	2.23	2.14	2.08	2.02	1.98	1.95	1.92
자	22	2.95	2.56	2.35	2.22	2.13	2.06	2.01	1.97	1.93	1.90
유	23	2.94	2.55	2.34	2.21	2.11	2.05	1.99	1.95	1.92	1.89
도	24	2.93	2.54	2.33	2.19	2.10	2.04	1.98	1.94	1.91	1.88
	25	2.92	2.53	2.32	2.18	2.09	2.02	1.97	1.93	1.89	1.87
	26	2.91	2.52	2.31	2.17	2.08	2.01	1.96	1.92	1.88	1.86
	27	2.90	2.51	2.30	2.17	2.07	2.00	1.95	1.91	1.87	1.85
	28	2.89	2.50	2.29	2.16	2.06	2.00	1.94	1.90	1.87	1.84
	29	2.89	2.50	2.28	2.15	2.06	1.99	1.93	1.89	1.86	1.83
	30	2.88	2.49	2.28	2.14	2.05	1.98	1.93	1.88	1.85	1.82
	40	2.84	2.44	2.23	2.09	2.00	1.93	1.87	1.83	1.79	1.76
	60	2.79	2.39	2.18	2.04	1.95	1.87	1.82	1.77	1.74	1.71
	120	2.75	2.35	2.13	1.99	1.90	1.82	1.77	1.72	1.68	1.65
	∞	2.71	2.30	2.08	1.94	1.85	1.77	1.72	1.67	1.63	1.60

예: $X \sim F_{2,40}$ 이면 $\Pr(X > 2.44) = 0.1$, $X \sim F_{6,10}$ 이면 $\Pr(X > 2.46) = 0.1$
R 명령: qf(.9,2,40)은 2.44, qf(.9,6,10)은 2.46

〈표 D.3b〉 *F* 분포의 5% 임계값

		분자 자유도								
		1	**2**	**3**	**4**	**5**	**6**	**7**	**8**	**9**	**10**
	10	4.96	4.10	3.71	3.48	3.33	3.22	3.14	3.07	3.02	2.98
	11	4.84	3.98	3.59	3.36	3.20	3.09	3.01	2.95	2.90	2.85
	12	4.75	3.89	3.49	3.26	3.11	3.00	2.91	2.85	2.80	2.75
	13	4.67	3.81	3.41	3.18	3.03	2.92	2.83	2.77	2.71	2.67
	14	4.60	3.74	3.34	3.11	2.96	2.85	2.76	2.70	2.65	2.60
	15	4.54	3.68	3.29	3.06	2.90	2.79	2.71	2.64	2.59	2.54
	16	4.49	3.63	3.24	3.01	2.85	2.74	2.66	2.59	2.54	2.49
	17	4.45	3.59	3.20	2.96	2.81	2.70	2.61	2.55	2.49	2.45
	18	4.41	3.55	3.16	2.93	2.77	2.66	2.58	2.51	2.46	2.41
분	**19**	4.38	3.52	3.13	2.90	2.74	2.63	2.54	2.48	2.42	2.38
모	**20**	4.35	3.49	3.10	2.87	2.71	2.60	2.51	2.45	2.39	2.35
	21	4.32	3.47	3.07	2.84	2.68	2.57	2.49	2.42	2.37	2.32
자	**22**	4.30	3.44	3.05	2.82	2.66	2.55	2.46	2.40	2.34	2.30
유	**23**	4.28	3.42	3.03	2.80	2.64	2.53	2.44	2.37	2.32	2.27
도	**24**	4.26	3.40	3.01	2.78	2.62	2.51	2.42	2.36	2.30	2.25
	25	4.24	3.39	2.99	2.76	2.60	2.49	2.40	2.34	2.28	2.24
	26	4.23	3.37	2.98	2.74	2.59	2.47	2.39	2.32	2.27	2.22
	27	4.21	3.35	2.96	2.73	2.57	2.46	2.37	2.31	2.25	2.20
	28	4.20	3.34	2.95	2.71	2.56	2.45	2.36	2.29	2.24	2.19
	29	4.18	3.33	2.93	2.70	2.55	2.43	2.35	2.28	2.22	2.18
	30	4.17	3.32	2.92	2.69	2.53	2.42	2.33	2.27	2.21	2.16
	40	4.08	3.23	2.84	2.61	2.45	2.34	2.25	2.18	2.12	2.08
	60	4.00	3.15	2.76	2.53	2.37	2.25	2.17	2.10	2.04	1.99
	120	3.92	3.07	2.68	2.45	2.29	2.18	2.09	2.02	1.96	1.91
	∞	3.84	3.00	2.60	2.37	2.21	2.10	2.01	1.94	1.88	1.83

예: $X \sim F_{4,\infty}$ 이면 $\Pr(X > 2.37) = 0.05$, $X \sim F_{5,20}$ 이면 $\Pr(X > 2.71) = 0.05$

R 명령: `qf(.95,4,Inf)`는 2.37, `qf(.95,5,20)`은 2.71

〈표 D.3c〉 F 분포의 1% 임계값

		분자 자유도								
		1	**2**	**3**	**4**	**5**	**6**	**7**	**8**	**9**	**10**
	10	10.04	7.56	6.55	5.99	5.64	5.39	5.20	5.06	4.94	4.85
	11	9.65	7.21	6.22	5.67	5.32	5.07	4.89	4.74	4.63	4.54
	12	9.33	6.93	5.95	5.41	5.06	4.82	4.64	4.50	4.39	4.30
	13	9.07	6.70	5.74	5.21	4.86	4.62	4.44	4.30	4.19	4.10
	14	8.86	6.51	5.56	5.04	4.69	4.46	4.28	4.14	4.03	3.94
	15	8.68	6.36	5.42	4.89	4.56	4.32	4.14	4.00	3.89	3.80
	16	8.53	6.23	5.29	4.77	4.44	4.20	4.03	3.89	3.78	3.69
	17	8.40	6.11	5.18	4.67	4.34	4.10	3.93	3.79	3.68	3.59
	18	8.29	6.01	5.09	4.58	4.25	4.01	3.84	3.71	3.60	3.51
분	**19**	8.18	5.93	5.01	4.50	4.17	3.94	3.77	3.63	3.52	3.43
모	**20**	8.10	5.85	4.94	4.43	4.10	3.87	3.70	3.56	3.46	3.37
	21	8.02	5.78	4.87	4.37	4.04	3.81	3.64	3.51	3.40	3.31
자	**22**	7.95	5.72	4.82	4.31	3.99	3.76	3.59	3.45	3.35	3.26
유	**23**	7.88	5.66	4.76	4.26	3.94	3.71	3.54	3.41	3.30	3.21
도	**24**	7.82	5.61	4.72	4.22	3.90	3.67	3.50	3.36	3.26	3.17
	25	7.77	5.57	4.68	4.18	3.85	3.63	3.46	3.32	3.22	3.13
	26	7.72	5.53	4.64	4.14	3.82	3.59	3.42	3.29	3.18	3.09
	27	7.68	5.49	4.60	4.11	3.78	3.56	3.39	3.26	3.15	3.06
	28	7.64	5.45	4.57	4.07	3.75	3.53	3.36	3.23	3.12	3.03
	29	7.60	5.42	4.54	4.04	3.73	3.50	3.33	3.20	3.09	3.00
	30	7.56	5.39	4.51	4.02	3.70	3.47	3.30	3.17	3.07	2.98
	40	7.31	5.18	4.31	3.83	3.51	3.29	3.12	2.99	2.89	2.80
	60	7.08	4.98	4.13	3.65	3.34	3.12	2.95	2.82	2.72	2.63
	120	6.85	4.79	3.95	3.48	3.17	2.96	2.79	2.66	2.56	2.47
	∞	6.63	4.61	3.78	3.32	3.02	2.80	2.64	2.51	2.41	2.32

예: $X \sim F_{3,60}$ 이면 $\Pr(X > 4.13) = 0.01$, $X \sim F_{4,15}$ 이면 $\Pr(X > 4.89) = 0.01$
R 명령: qf(.99,3,60)은 4.13, qf(.99,4,15)는 4.89

〈표 D.4〉 카이제곱 분포의 임계값

자유도	오른쪽 꼬리 확률		
	.10	.05	.01
1	2.71	3.84	6.63
2	4.61	5.99	9.21
3	6.25	7.81	11.34
4	7.78	9.49	13.28
5	9.24	11.07	15.09
6	10.64	12.59	16.81
7	12.02	14.07	18.48
8	13.36	15.51	20.09
9	14.68	16.92	21.67
10	15.99	18.31	23.21
11	17.28	19.68	24.72
12	18.55	21.03	26.22
13	19.81	22.36	27.69
14	21.06	23.68	29.14
15	22.31	25.00	30.58
16	23.54	26.30	32.00
17	24.77	27.59	33.41
18	25.99	28.87	34.81
19	27.20	30.14	36.19
20	28.41	31.41	37.57
21	29.62	32.67	38.93
22	30.81	33.92	40.29
23	32.01	35.17	41.64
24	33.20	36.42	42.98
25	34.38	37.65	44.31
26	35.56	38.89	45.64
27	36.74	40.11	46.96
28	37.92	41.34	48.28
29	39.09	42.56	49.59
30	40.26	43.77	50.89

예: $X \sim \chi_8^2$이면 $\Pr(X > 15.51) = 0.05$, $X \sim \chi_2^2$이면 $\Pr(X > 9.21) = 0.01$
R 명령: qchisq(.95,8)은 15.51, qchisq(.99,2)은 9.21

Endnotes

[1](본문 10쪽) 이때 무한히 많은 실험 횟수 중 A가 일어나는 비율은 $\frac{\infty}{\infty}$일 것이므로 수학적으로 정의하기 까다로울 수 있으나 이 점은 걱정하지 않아도 된다. 매 실험에서 A가 일어나면 1, 일어나지 않으면 0의 값을 기록하고 매번 처음 시행부터 해당 시행까지의 평균을 구하면 이 평균("부분평균"이라 함)은 하나의 수열을 이룰 것인데, 이 수열은 수렴하고 그 극한값을 $P(A)$라고 보면 된다. 예를 들어 다음 표처럼 시행 차수를 거듭해 가면서 실험을 반복하는 상황이 있다.

시행 차수(k)	1	2	3	4	5	6	7	$\cdots$	∞
A 발생 여부	1	0	0	1	0	1	0	$\cdots$	
1~k차의 평균	$\frac{1}{1}$	$\frac{1}{2}$	$\frac{1}{3}$	$\frac{2}{4}$	$\frac{2}{5}$	$\frac{3}{6}$	$\frac{3}{7}$	$\cdots$	$P(A)$

여기서 1차부터 k차까지의 시행으로부터 구한 부분평균들이 맨 아래 행에 있다. 예를 들어 $k = 5$라면 1~5차 시행에서 A가 두 차례(1차와 4차) 발생하였으므로 분자는 2이고 전체가 5회이므로 분모는 5이다. k를 증가시켜 가면서 이 계산을 진행할 수 있다. 이 부분평균들의 극한이 바로 $P(A)$이다.

이때 '수렴'의 의미는 복잡할 수 있다. 왜냐하면 두 사람이 따로 실험을 하면 이들이 얻는 0과 1의 수열이 서로 다를 것이고 따라서 그 부분평균들의 수열도 두 사람 간에 서로 다를 것이기 때문이다. 제3의 사람이 실험을 하면 부분평균들의 수열은 또 다를 것이다. 그렇다면 실험을 하는 모든 사람에게서 부분평균의 수열이 수렴하고 그 극한값들은 모두 동일할 것인가? 수학 이론에 따르면 그렇다. 수렴하지 않거나 엉뚱한 값으로 수렴할 가능성이 (확률이 0이기는 하나) 형식적으로나마 존재하므로 그냥 '수렴한다'고 하지 않고 '거의 확실하게 수렴한다'고 하기도 하나, 이 책에서 이런 복잡한 개념은 사용하지 않겠다. 그냥 '무한히 많은 시도 중 A가 발생한 시도의 비율'로 이해해도 확률이 수학적으로 잘 정의된다는 점만 기억하자.

[2](본문 13쪽) 앞에서 확률을 정의할 때 무한히 많은 0과 1의 평균이 잘 정의된다고 하였다. 반면, 무한히 많은 일반적인 숫자들의 평균은 잘 정의되지 않을 수도 있다. 이 숫자들을 수열의 극한(처음 n개의 평균의 $n \to \infty$일 때의 극한)으로 정의할 때 그 극한은 존재할 수도, 안 할 수도 있기 때문이다. 예를 들어 자유도가 1인 t분포의 평균은 존재하지 않는다. 이 책에서 평균에 대하여 이야기할 때에는 평균이 존재한다고 암묵적으로 가정한다.

[3](본문 13쪽) Endnote 2에서 모집단의 평균은 존재하지 않을 수도 있다고 한 바 있다. 반면, 표본평균은 언제나 존재한다. 예를 들어 어떤 모집단으로부터 무작위로 추출하여 만든 크기가 10인 표본의 경우, 그 모집단의 평균은 존재하지 않는다 할지라도 숫자 10개의 평균값(표본평균)은 항상 잘 계산된다. 이와 마찬가지로 모집단 분산은 존재하지 않을 수도 있으나, 표본분산은 항상 존재한다.

[4](본문 22쪽) 극도의 엄밀성을 추구한다면, 식 (2.2)에서 **임금**과 **학력**은 사실상 선형(linear)관계가 아니라 아핀(affine)관계에 있으며, **임금**과 선형관계에 있는 것은 (1,**학력**) 벡터이다. 이 책을 공부하면서 이 정도까지 엄밀하게 용어를 구분할 필요는 없지만, 설령 이 정도의 엄밀함을 기한다 하더라도 좌변의 변수가 우변에 등장하는 관측변수들(1, **학력**)과 선형의 관계에 있다는 말이 틀린 것은 아니라는 점을 지적하고자 한다.

[5](본문 23쪽) 다음 회귀식을 생각해 보자.

$$Y = a + bX + u \tag{D.1}$$

재미있는 것은 b가 0이 아닐 때 식 (D.1)을

$$X = -(a/b) + (1/b)Y - (1/b)u \tag{D.2}$$

라고 쓸 수도 있으나, 식 (D.2)만을 써 놓으면 그 의미가 달라질 수 있다. 앞에서 말한 관례에 따를 때 식 (D.1) 에서는 X가 원인이고 Y가 결과이지만, 식 (D.2) 자체만을 놓고 보면 Y가 원인이고 X가 결과이다. 물론 식 (D.1) 을 먼저 제시하고 그 다음 식 (D.2)를 쓰면 사람들은 식 (D.2)가 식 (D.1)로부터 도출되었다는 것을 짐작하여 식 (D.2)를 "우변=원인, 좌변=결과"의 결과에 따라 해석하지 않을 것이다. 하지만 만일 식 (D.2)만을 따로 써 놓으면 사람들은 u를 X에 영향을 미치는 여타 요소들의 총효과로 일단 인식하고 나서, 그 다음 u에 $-1/b$를 곱한 것을 보고 머리가 복잡해질 것이다. 물론 수학을 좋아하는 사람들은 (D.2)가 (D.1)에서 도출된 것임을 금방 눈치챌 수도 있지만, 꼭 필요한 경우가 아니라면 그 글을 쓴 사람에 대하여 상당히 부정적인 생각(예를 들어 '왜 글을 이렇게 어렵게 써서 독자를 고생시키느냐'는 생각)을 갖게 되기 쉽다. 하지만 그렇다고 하여 식 (D.2) 가 틀리다는 말은 아니다. 식 (D.1)이 성립하고 $b \neq 0$이면 (D.2)의 등식도 성립한다. 필자가 하고자 하는 말은 사람들이 식 (D.1)을 보고 X가 원인, Y가 결과라고 생각하는데 식 (D.2)를 보면 Y가 원인, X가 결과라고 생각할 수 있으므로 조심하라는 것이다. $b \neq 0$인 한, 식 (D.1)과 (D.2)는 동일하다.

[6](본문 53쪽) 두 벡터가 있을 때, 왜 각 좌표값들의 곱의 합(두 벡터의 "내적"이라 함)이 0이면 두 벡터가 직교하는지 살펴보자. 두 벡터를 $a = (a_1,\ldots,a_n)$과 $b = (b_1,\ldots,b_n)$라 하자. 피타고라스의 정리를 이용하여 두 벡터의 내적이 0일 때 그 사잇각이 $90°$임을 보일 수 있다. 벡터의 길이를 $\|\cdot\|$ 기호로 나타내자. $c = a + b$라 하면, a와 b가 직교할 때 피타고라스 정리에 따라 $\|c\|^2 = \|a\|^2 + \|b\|^2$이다. 그런데 $\|c\|^2 = \sum_{i=1}^{n}(a_i + b_i)^2$이고 $\|a\|^2 + \|b\|^2 = \sum_{i=1}^{n}a_i^2 + \sum_{i=1}^{n}b_i^2$이므로 양변이 일치하는 것은 $\sum_{i=1}^{n}a_i b_i = 0$인 경우이다.

[7](본문 55쪽) 두 직교방정식이 (3.6)을 최대화시키는 것이 아니라 최소화시킨다는 것은 제곱식의 성질상 자명하지만, 사소한 즐거움을 위해서 2계 도함수들로 이루어진 헤시안(Hessian) 행렬이 양정부호(positive-definite) 임을 증명할 수도 있겠다.

[8](본문 69쪽) 계수 β_1은 은하의 속도가 거리에 따라 어떻게 반응하는지 나타내며, 이 β_1 계수(허블상수)의 역수를 취하여 단위를 정확히 계산해 주면 팽창속도가 항상 동일하다는 가정 하에서 대략적인 우주의 나이를 얻는다. 예를 들어 5미터 멀리 있는 사람이 초속 1미터 속도로 멀어지고 10미터 앞에 있는 사람이 초속 2미터 속도로 멀어진다면 5초 전에는 두 사람 모두 같은 자리에 있었을 것(빅뱅의 순간)이다. 이 경우 "허블 상수"는 5 미터당 초속 1미터이므로 0.2이고(단위는 $(m/s)/m$), "우주의 나이"는 허블 상수의 역수가 된다. 거리의 단위가 메가파아섹이고 속도의 단위가 초당 킬로미터이므로 β_1의 단위는 다음과 같다.

$$\beta_1 \text{의 단위} = \frac{\text{속도}}{\text{거리}} = \frac{\text{킬로미터/초}}{\text{메가파아섹}} = \frac{\text{킬로미터/초}}{3.09 \times 10^{19} \text{ 킬로미터}} = \frac{1}{3.09 \times 10^{19}\text{초}}$$

따라서 β_1의 역수의 단위는 3.09×10^{19}초, 즉 9,791.6억년이다. 이로부터 대략적으로

$$\text{우주의 나이} = \frac{1}{\beta_1} \times 9791.6\text{억년}$$

이라는 결과를 얻는다. 여기에 β_1의 추정치인 76.58을 대입하면 약 128억년이라는 우주의 나이를 얻는다. 최근 관측에 따르면 β_1의 추정치가 67.8 ± 0.9라고 한다(Planck Collaboration, 2015). 이에 상응하는 우주의 나이는 위의 계산법에 따르면 약 144억년인데 필자가 알 수 없는 조정이 이루어지고 나면 약 138억년이 된다고 한다.

[9](본문 70쪽) 정확한 수학을 사용하여 담배 가격이 $100d\%$ 높은 주에서 판매량이 몇 %나 더 많을 것으로 예측 되는지 계산해 보자. 담배 가격이 p일 때와 이보다 $100d\%$ 높을 때의 로그 가격 차이는 $\log((1+d)p) - \log(p) = \log(1+d)$이다. 식 (3.8)의 기울기 계수를 $\hat{\beta}_1$이라고 표기하면 판매량의 로그값은 $\hat{\beta}_1 \log(1+d)$만큼 변화할 것으로 예측되고, 이로부터 판매량의 변화율을 다음과 같이 복원할 수 있다.

$$\exp\{\hat{\beta}_1 \log(1+d)\} - 1 \tag{D.3}$$

담배 가격이 1% 낮은 주라면 $d = -0.01$이므로, 식 (D.3)에 $d = -0.01$을 대입하면

$$\exp(-0.8992 \cdot \log(1-0.01)) - 1 \approx 0.0091,$$

즉 담배 판매량은 대략 0.91% 많은 것으로 예측된다. 반대로 담배 가격이 1% 높은 주라면 $d = 0.01$이므로, 식 (D.3)에 $d = 0.01$을 대입하여

$$\exp(-0.8992 \cdot \log(1+0.01)) - 1 \approx -0.0089$$

를 얻는다. 즉 담배 판매량은 약 0.89% 적을 것으로 예측된다. (3.8)의 기울기 계수인 -0.8992는 가격이 1% 낮을 때와 1% 높을 때의 판매량 변화율과 유사하며 이 두 변화율의 중간(정중앙은 아님)에 위치한다. 로그-로그

모형에서 탄력성을 이야기할 때 이 정도의 엄밀성을 추구하지는 않으며 그냥 로그 가격의 계수추정값을 탄력성 추정값으로 간주한다.

로그-로그 모형에서 설명변수의 10% 변화(1%가 아니라)가 종속변수의 백분율 변화 예측값에 미치는 영향은 단순히 계수추정값에 10을 곱한 것과는 좀 더 차이날 수 있다. 정확한 계산을 위해서 (D.3)에 $d = -0.1$과 $d = 0.1$을 대입하여 계산해 보면 다음 결과들을 얻는다.

$$\exp(-0.8992 \cdot \log(1 - 0.1)) - 1 \approx 0.0994$$
$$\exp(-0.8992 \cdot \log(1 + 0.1)) - 1 \approx -0.0821$$

(3.8)의 기울기 계수가 -0.8992이므로 가격이 10% 낮을 때 판매량은 약 8.992%(약 9%) 많은 것으로 추측되지만, 정확히 처리하면 담배 가격이 10% 낮을 때 판매량이 약 9%가 아니라 약 9.94% 높은 것으로 계산된다. 또, 정확한 계산에 의하면 가격이 10% 높을 때 판매량은 약 8.21% 적은 것으로 예측된다. 이처럼 독립변수가 10% 변화할 때 로그-로그 모형의 기울기 계수로써 표현한 탄력성과 실제 백분율 변화로써 계산한 탄력성은 차이가 좀 더 클 수 있다. 하지만 이때에도 로그-로그 모형의 기울기는 가격이 하락할 때와 상승할 때 백분율 변화로써 계산한 탄력성의 중간(정중앙은 아님)에 적당히 위치한다.

앞에서 가격이 10% 변화할 때 로그-로그 모형의 기울기 계수를 이용하여 예측한 판매량 변화율과 정확한 계산을 통하여 구한 판매량 변화율은 상당한 차이가 날 수 있음을 보았다. 사실상 이는 기울기 계수가 음수이기 때문에 발생하는 현상이다. 만일 기울기 계수가 양수이면 두 변화율의 차이는 작은 것으로 계산되는데, 항상 그런 것은 아니며 경우에 따라 다르다. 또, 앞에서도 잠깐 언급했듯이 로그-로그 모형에서 탄력성을 추정할 때 이 정도로 엄밀하게 구분하여 이야기하지도 않는다. 모든 것은 로그 변화분과 증가율이 상이하게 정의된 데에 기인하며, 만약 증가율을 로그 증가분으로 정의하면 이런 복잡한 논의는 불필요하다.

[10](본문 73쪽) k개의 동일차원 벡터 $\boldsymbol{a}_1, \boldsymbol{a}_2, \ldots, \boldsymbol{a}_k$에 대하여 만일 $\sum_{j=1}^{k} \boldsymbol{a}_j \lambda_j = 0$을 충족시키면서 하나라도 0이 아닌 실수 $\lambda_1, \ldots, \lambda_k$가 존재하면 $\boldsymbol{a}_1, \ldots, \boldsymbol{a}_k$는 선형종속이라고 한다. 예를 들어 $\boldsymbol{a}_1 = (1,1,1,1)$, $\boldsymbol{a}_2 = (1,2,3,4)$, $\boldsymbol{a}_3 = (4,3,2,1)$은 선형종속이다. 왜냐하면 $(-5) \times \boldsymbol{a}_1 + 1 \times \boldsymbol{a}_2 + 1 \times \boldsymbol{a}_3 = 0$ 이기 때문이다.

[11](본문 123쪽) $(x_2 - x_1)^2 = [(x_2 - \bar{x}) - (x_1 - \bar{x})]^2$ 이고 $(a-b)^2 \leq 2(a^2 + b^2)$ 이므로

$$(x_2 - x_1)^2 \leq 2[(x_2 - \bar{x})^2 + (x_1 - \bar{x})^2] = 2\sum_{i=1}^{2}(x_i - \bar{x})^2,$$

따라서

$$\text{var}(\tilde{\beta}_1) = \frac{2\sigma^2}{(x_2 - x_1)^2} \geq \frac{2\sigma^2}{2\sum_{i=1}^{2}(x_i - \bar{x})^2} \geq \frac{\sigma^2}{\sum_{i=1}^{n}(x_i - \bar{x})^2} = \text{var}(\hat{\beta}_1)$$

이며, $i = 3, \ldots, n$ 중에 하나라도 $x_i \neq \bar{x}$이면 반드시 $\tilde{\beta}_1$는 $\hat{\beta}_1$보다 더 큰 분산을 갖는다. 그러므로 처음 두 관측값들만을 이용한 추정량($\tilde{\beta}_1$)은 OLS 추정량($\hat{\beta}_1$)보다 표집분산이 더 크다. 이 예에서, 모든 관측치들을 이용한 OLS 추정량 $\hat{\beta}_1$이 처음 두 관측치만을 이용한 추정량 $\tilde{\beta}_1$에 비하여 효율적이다.

[12](본문 223쪽) 그 증명은 다음과 같다. A와 B가 다음과 같다.

$$A = \begin{pmatrix} 1 & -1 \\ -1 & 1 \end{pmatrix}, \quad B = \begin{pmatrix} b_{11} & b_{12} \\ b_{21} & b_{22} \end{pmatrix}$$

B가 A의 역행렬이기 위해서는 $AB = I$가 성립해야 한다. 그런데

$$AB = \begin{pmatrix} b_{11} - b_{21} & b_{12} - b_{22} \\ b_{21} - b_{11} & b_{22} - b_{12} \end{pmatrix}$$

이다. AB가 I이기 위해서는 AB의 $(1,1)$원소인 $b_{11} - b_{21}$이 1이어야 하는데, 그러면 AB의 $(2,1)$원소는 반드시 -1이 된다. 그러므로 AB 행렬은 결코 항등행렬이 될 수 없다. 항등행렬이 되려면 대각선의 원소들은 1이 되어야 하고 나머지 원소들은 0이 되어야 하는데 $b_{11}, b_{12}, b_{21}, b_{22}$에 어떠한 값을 넣어도 이렇게 만들 방법은 없다.

[13](본문 268쪽) 행렬연산을 사용하여 F 통계량의 또 다른 표현을 생각해 볼 수 있다. 선형제약으로 이루어진 귀무가설은 $H_0 : R\boldsymbol{\beta} = r$ 이라고 표현할 수 있다. 여기서 R 은 $m \times (k+1)$ 행렬이고 r 은 $m \times 1$ 벡터이다. 예를 들어 귀무가설이 $\beta_1 = \beta_2 = 0$ 라면, $\boldsymbol{\beta} = (\beta_0, \beta_1, \beta_2, \beta_3)'$ 일 때

$$R = \begin{pmatrix} 0 & 1 & 0 & 0 \\ 0 & 0 & 1 & 0 \end{pmatrix}, \quad r = \begin{pmatrix} 0 \\ 0 \end{pmatrix}.$$

적절한 가정하에서 $\hat{\boldsymbol{\beta}} - \boldsymbol{\beta} \sim N(0, \sigma^2 (\mathbb{X}'\mathbb{X})^{-1})$ 이므로, $R(\hat{\boldsymbol{\beta}} - \boldsymbol{\beta}) \sim N(0, \sigma^2 R(\mathbb{X}'\mathbb{X})^{-1}R')$ 이다. 따라서 다음을 얻는다.

$$[R(\hat{\boldsymbol{\beta}} - \boldsymbol{\beta})]' [\sigma^2 R(\mathbb{X}'\mathbb{X})^{-1}R']^{-1} [R(\hat{\boldsymbol{\beta}} - \boldsymbol{\beta})] \sim \chi^2_m$$

여기에 $R\boldsymbol{\beta} = r$ 이라는 귀무가설을 적용하고 미지의 σ^2 을 통계량인 s^2 으로 치환한 후 전체를 m 으로 나누면

$$\frac{(R\hat{\boldsymbol{\beta}} - r)' [R(\mathbb{X}'\mathbb{X})^{-1}R']^{-1} (R\hat{\boldsymbol{\beta}} - r)}{ms^2}$$

이라는 식이 나오는데, 그 값은, 믿거나 말거나, (10.7)의 F 통계량과 동일하다. 또한 분자 나누기 $m\sigma^2$ 은 χ^2_m 분포를 그 자유도인 m 으로 나눈 것과 동일하고, 분모 나누기 $m\sigma^2$ 즉 s^2/σ^2 은 χ^2_{n-k-1} 을 그 자유도인 $n-k-1$ 로 나눈 것과 동일하다. 이에 더하여 분자와 분모는 서로 독립임을 증명할 수 있으며, 그 결과 $R\boldsymbol{\beta} = r$ 이라는 귀무가설이 맞을 때 이 통계량은 $F_{m,n-k-1}$ 분포를 갖게 된다.

[14](본문 282쪽) 남성 자료만을 이용하여 구한 추정량을 $\hat{\boldsymbol{\beta}}_d$, 여성 자료만을 이용한 추정량을 $\hat{\boldsymbol{\beta}}_e$, 전체 자료를 이용한 추정량을 $\hat{\boldsymbol{\beta}}_a$ 라 하면, $H = (\mathbb{X}_1'\mathbb{X}_1 + \mathbb{X}_2'\mathbb{X}_2)^{-1}\mathbb{X}_1'\mathbb{X}_1$ 라 정의할 때 $\hat{\boldsymbol{\beta}}_a = H\hat{\boldsymbol{\beta}}_d + (I-H)\hat{\boldsymbol{\beta}}_e$ 임을 보일 수 있다. 단, $\mathbb{X}_1$ 은 남자들만의 설명변수 관측값 행렬(상수항 포함)이고 $\mathbb{X}_2$ 는 여자들만의 설명변수 관측값 행렬이다. 그러므로 $\hat{\boldsymbol{\beta}}_a$ 는 $\hat{\boldsymbol{\beta}}_d$ 와 $\hat{\boldsymbol{\beta}}_e$ 의 선형결합이다. H 가 마치 0에서 1사이에 존재하는 것처럼 보이나, 행렬연산은 더 복잡하며, 반드시 그래야 하는 것은 아니다. 하지만 H 행렬의 고유해(eigenvalue)는 모두 0과 1 사이에 존재한다. 그러므로, 적절히 '회전'된 $\hat{\boldsymbol{\beta}}_a$ 가 동일하게 회전된 $\hat{\boldsymbol{\beta}}_d$ 와 $\hat{\boldsymbol{\beta}}_e$ 의 사이에 위치하게 된다. 그러나 회전을 풀어 원래 상태로 되돌리면 안 그럴 수도 있다.

수식으로 표현하여, $H = V\Lambda V^{-1}$ 로 분해하고 이 때 Λ 가 대각행렬이라 하자. 그러면 다음이 성립한다.

$$\hat{\boldsymbol{\beta}}_a = V\Lambda V^{-1}\hat{\boldsymbol{\beta}}_d + (I - V\Lambda V^{-1})\hat{\boldsymbol{\beta}}_e = V\Lambda V^{-1}\hat{\boldsymbol{\beta}}_d + V(I-\Lambda)V^{-1}\hat{\boldsymbol{\beta}}_e$$

양변의 앞에 V^{-1} 을 곱하면

$$V^{-1}\hat{\boldsymbol{\beta}}_a = \Lambda V^{-1}\hat{\boldsymbol{\beta}}_d + (I-\Lambda)V^{-1}\hat{\boldsymbol{\beta}}_e$$

이며, 여기서 Λ 는 대각행렬이고 그 대각원소들은 모두 0과 1 사이에 있다. 그러므로 $V^{-1}\hat{\boldsymbol{\beta}}_a$ 의 각 원소는 $V^{-1}\hat{\boldsymbol{\beta}}_d$ 와 $V^{-1}\hat{\boldsymbol{\beta}}_e$ 의 각 해당원소 사이에 위치한다. 하지만 양변에 다시 V 를 곱하면 이 관계는 성립하지 않을 수도 있다.

참고문헌

Aihounton, G. B. D., and A. Henningsen (2021). Units of measurement and the inverse hyperbolic sine transformation. *Econometrics Journal* 24, 334–351.

Akaike, Hirotugu (1974). A new look at the statistical model identification, *IEEE Transactions on Automatic Control*, 19(6), 716–723.

Aldrich, J. H., and F. D. Nelson (1989). *Linear Probability, Logit, and Probit Models*, Beverly Hills: Sage.

Allison, Paul (2013). What's the best R-squared for logistic regression? *Statistical Horizons*, February 13, 2013, https://statisticalhorizons.com/r2logistic.

Andrews, Donald (1991). Heteroskedasticity and autocorrelation consistent covariance matrix estimation, *Econometrica* 59(3), 817–858.

Anglin, P. M., and R. Gencay (1996). Semiparametric estimation of a hedonic price function, *Journal of Applied Econometrics* 11(6), 633–648.

Ashenfelter, Orley, and Alan Krueger (1994). Estimates of the Economic Return to Schooling from a New Sample of Twins, *American Economic Review* 84(5), 1157–1173.

Baltagi, Badi H. (2006). Estimating an economic model of crime using panel data from North Carolina. *Journal of Applied Econometrics* 21(4), 543–547.

Bellemare, M. F., and C. J. Wichman (2020). Elasticities and the inverse hyperbolic sine transformation, *Oxford Bulletin of Economics and Statistics* 82, 50–61.

Baltagi, Badi H. (2003). *Econometric Analysis of Panel Data*, John Wiley and Sons.

Baltagi, Badi H., and D. Levin (1992). Cigarette taxation: raising revenues and reducing consumption. *Structural Change and Economic Dynamics* 3, 321–335.

Blackburn, M., and D. Neumark (1992). Unobserved ability, efficiency wages, and interindustry wage differentials, *Quarterly Journal of Economics* 107, 1421–1436.

Bostrom, Nick (2003). Are you living in a computer simulation? *Philosophical Quarterly* 53(211), 243–255.

Breusch, T. S. (1979). Testing for autocorrelation in dynamic linear models, *Australian Economic Papers* 17, 334–355.

Breusch, T. S., and A. R. Pagan (1979). A simple test for heteroskedasticity and random coefficient variation, *Econometrica* 47, 987–1007.

Card, David, and Alan B. Krueger (1994). Minimum wages and employment: a case study of the fast-food industry in New Jersey and Pennsylvania, *American Economic Review* 84(4), 772–793.

Cochrane, D., and G. H. Orcutt (1949). Application of least squares regression to relationships containing auto-correlated error terms, *Journal of the American Statistical Association* 44(245), 32–61.

Cornwell, C., and W. N. Trumbull (1994). Estimating the economic model of crime with panel data, *Review of Economics and Statistics* 76(2), 360–366.

Cortes, Corinna, and Vladimir Vapnik (1995). Support-Vector Networks, *Machine Learning* 20, 273–297.

Cox, D. R. and E. J. Snell (1989). *The Analy-*

sis of Binary Data 2nd ed. London: Chapman and Hall.

Cragg, John G., and Stephen G. Donald (1993). Testing identifiability and specification in instrumental variable models, *Econometric Theory* 9(2), 222–240.

Cragg, John G., and Russell S. Uhler (1970). The demand for automobiles, *The Canadian Journal of Economics* 3(3), 386–406.

Cribari-Neto, F., T. C. Souza, and K. L. P. Vasconcellos (2007). Inference under heteroskedasticity and leveraged data, *Communications in Statistics—Theory and Methods* 36, 1877–1888.

Davidson, R., and J. G. MacKinnon (1993). *Estimation and Inference in Econometrics*, New York: Oxford University Press.

Durbin, J. (1970). Testing for serial correlation in least squares regressions when some of the regressors are lagged dependent variables, *Econometrica* 38, 410–421.

Durbin, J., and G. S. Watson (1950). Testing for serial correlation in least squares regression, I, *Biometrika* 37, 409–428.

Durbin, J., and Watson, G. S. (1951). Testing for serial correlation in least squares regression, II, *Biometrika* 38, 159–179.

Eckhardt, Roger (1987). Stan Ulam, John von Neumann, and the Monte Carlo method, *Los Alamos Science* 15, 131–137.

Efron, Bradley (1978). Regression and ANOVA with zero-one data: measures of residual variation, *Journal of the American Statistical Association* 73(361), 113–121.

Eicker, Friedhelm (1967). Limit theorems for regressions with unequal and dependent errors, *Proceedings of the Fifth Berkeley Symposium on Mathematical Statistics and Probability* 1, 59–82.

Estrella, Arturo (1998). A new measure of fit for equations with dichotomous dependent variables, *Journal of Business and Economic Statistics* 16(2), 198–205.

Farebrother, R. W. (1980). Pan's procedure for the tail probabilities of the Durbin-Watson statistic, *Applied Statistics* 29, 224–227.

Farebrother, R. W. (1999). *Fitting Linear Relationships: A History of the Calculus of Observations 1750–1900*, Springer.

Fisher, R. A. (1922). On the mathematical foundations of theoretical statistics, *Philosophical Transactions of the Royal Society of London, Series A, Containing Papers of a Mathematical or Physical Character* 222, 309–368.

Fisher, R. A. (1925). Theory of statistical estimation, *Mathematical Proceedings of the Cambridge Philosophical Society* 22, 700–725.

Fawcett, Tom (2006). An introduction to ROC analysis, *Pattern Recognition Letters* 27, 861–874.

Freedman, Wendy L., Barry F. Mandore, Brad K. Gibson, Laura Ferrarese, Daniel D. Kelson, Shoko Sakai, Jeremy R. Mould, Robert C. Kennicutt, Jr., Holland C. Ford, John A. Graham, John P. Huchra, Shaun M. G. Hughes, Garth D. Illingworth, Lucas M. Macri, and Peter B. Stetson (2001). Final results from the *Hubble Space Telescope* key project to measure the hubble constant, *The Astrophysical Journal* 553, 47–72.

Frisch, R., and F. V. Waugh (1933). Partial time regression as compared with individual trends, *Econometrica* 1, 387–401.

Galton, Francis (1889). *Natural Inheritance*, Macmillan, London.

Godfrey, L. G. (1978). Testing against general autoregressive and moving average error models when the regressors include lagged dependent variables, *Econometrica*

46, 1293–1302.

Goldfeld, Stephen M., and R. E. Quandt (1965). Some tests for homoskedasticity, *Journal of American Statistical Association* 60, 539–547.

Grossman, Gene M., and Alan B. Krueger (1991). Environmental impacts of a North America Free Trade Agreement, *Woodrow Wilson School, Princeton University*, Discussion Paper No. 158.

Gurmu, Shiferaw (1997). Semiparametric estimation of hurdle regression models with an application to medicaid utilization, *Journal of Applied Econometrics* 12(3), 225–242.

Han, Chirok, and Peter Schmidt (2001). The asymptotic distribution of the instrumental variable estimators when the instruments are not correlated with the regressors, *Economics Letters* 74, 61–66.

Heckman, James (1976). The common structure of statistical models of truncation, sample selection and limited dependent variables and a simple estimator for such models, *Annals of Economic and Social Measurement* 5(4), 475–492.

Hinkley, D. V. (1977). Jackknifing in unbalanced situation, *Technometrics* 19, 285–292.

Hoerl, Authur E., and Robert W. Kennard (1970a). Ridge regression: Biased estimation for nonorthogonal problems, *Technometrics* 12(1), 55–67.

Hoerl, Authur E., and Robert W. Kennard (1970b). Ridge regression: Applications to nonorthogonal problems, *Technometrics* 12(1), 69–82.

Horn, S. D., R. A. Horn, and D. B. Duncan (1975). Estimating heteroscedastic variances in linear model, *Journal of the American Statistical Association* 70, 380–385.

Huber, Peter J. (1967). The behavior of maximum likelihood estimates under nonstandard conditions, *Proceedings of the Fifth Berkeley Symposium on Mathematical Statistics and Probability* 1, 221–233.

James, Gareth, Daniela Witten, Trevor Hastie, and Robert Tibshirani (2013). *An Introduction to Statistical Learning: with Applications in R*, Springer.

Jarque, Carlos M. and Anil K. Bera (1980). Efficient tests for normality, homoscedasticity and serial independence of regression residuals, *Economics Letters* 6(3), 255–259.

Kallenberg, Olav (1997). *Foundations of Modern Probability*, Springer.

Kleibergen, Frank, and Richard Paap (2006). Generalized reduced rank tests using the singular value decomposition, *Journal of Econometrics* 133, 97–126.

Laitila, Thomas (1993). A pseudo-R^2 measure for limited and qualitative dependent variable models, *Journal of Econometrics* 56, 341–356.

Lee, Myoung-jae (2010). *Micro-Econometrics: Methods of Moments and Limited Dependent Variables*, Springer.

Loh, Wei-Yin (2014). Fifty years of classification and regression trees, *International Statistical Review* 82(3), 329–348.

Long, J. Scott, and Laurie H. Ervin (2000). Using heteroscedasticity consistent standard errors in the linear regression model, *The American Statistician* 54(3), 217–224.

Lovell, M. C. (1963). Seasonal adjustment of economic time series and multiple regression analysis, *Journal of the American Statistical Association* 58, 993–1010.

Lovell, M. C. (1963). A simple proof of the FWL theorem, *Journal of Economic Education* 39(1), 88–91.

MacKinnon, James G., and Halbert White

(1985). Some heteroskedasticity-consistent covariance matrix estimators with improved finite sample properties, *Journal of Econometrics* 29, 305–325.

Maddala, G. S. (1983). *Limited-Dependent and Qualitative Variables in Econometrics*, Cambridge, Cambridge University Press.

Mallows, Colin Lingwood (1973). Some comments on C_p, *Technometrics* 15(4), 661–675.

McCulloch, Warren S., and Walter Pitts (1943). A logical calculus of the ideas immanent in nervous activity, *Bulletin of Mathematical Biophysics* 5, 115–133.

McFadden, Daniel (1974). Conditional logit analysis of qualitative choice behavior, *Frontiers in Econometrics*, ed. P. Zarembka, New York: Academic Press, 105–142.

McKelvey, R., and W. Zavoina (1975). A statistical model for the analysis of ordinal level dependent variables, *Journal of Mathematical Sociology* 4, 103–120.

Metropolis, N. (1987). The beginning of the Monte Carlo method, *Los Alamos Science*, Special Issue, 125–130.

Mroz, Thomas A. (1987). The sensitivity of an empirical model of married women's hours of work to economic and statistical assumptions, *Econometrica* 55, 765–799.

Nagelkerke, N. J. D. (1991). A note on a general definition of the coefficient of determination, *Biometrika* 78(3), 691–692.

Nelder, J. A., and R. W. M. Wedderburn (1972). Generalized Linear Models, *Journal of the Royal Statistical Society. Series A (General)* 135(3), 370–384.

Newey, Whitney K., and Kenneth D. West (1987). A simple, positive semi-definite, heteroskedasticity and autocorrelation consistent covariance matrix, *Econometrica* 55(3), 703–708.

Norden, R. H. (1972). A survey of maximum likelihood estimation, *International Statistical Review* 40(3), 329–354.

Norton, Edward C. (2022). The inverse hyperbolic sine transformation and retransformed marginal effects, *Stata Journal* 22(3), 702–712.

Planck Collaboration (2015). Planck 2015 results. XIII. Cosmological parameters, *Astronomy & Astrophysics* February 9, 2014, arXiv:1502.01589v2 [astro-ph.CO].

Prais, S. J., and C. B. Winsten (1954). Trend estimators and serial correlation, *Cowles Commissions Discussion Paper No. 383*.

Ramsey, J. B. (1969). Tests for specification errors in classical linear least-squares analysis, *Journal of the Royal Statistical Association, Series B* 71, 350–371.

Rousseeuw, Peter J. (1984). Least median of squares regression, *Journal of American Statistical Association* 79(388), 871–880.

Schwarz, Gideon (1978). Estimation the dimension of a model, *The Annals of Statistics* 6, 461–464.

Shea, John (1997). Instrument relevance in multivariate linear models: a simple measure, *The Review of Economics and Statistics* 79(2), 348–352.

Snee, Ron (1981). Who invented the variance inflation factor? *Technical Report*, DOI: 10.13140/ RG.2.1.3274.8562. `https://www.researchgate.net/publication/291808767_Who_Invented_the_Variance_Inflation_Factor`.

Stigler, Stephen M. (1981). Gauss and the invention of least squares, *The Annals of Statistics* 9(3), 465–474.

Student (1908). The probable error of a mean, *Biometrika* 6(1), 1–25.

Theil, Henri (1961). *Economic Forecasts and Policy*, North-Holland.

Tibshirani, Robert (1996). Regression shrinkage and selection via the lasso, *Journal of Royal Statistical Society Series B* 58(1), 267–288.

Tjur, Tue (2009). Coefficients of determination in logistic regression models—a new proposal: the coefficient of discrimination, *The American Statistician* 63(4), 366–372.

Tobin, James (1958). Estimation of relationships for limited dependent variables, *Econometrica* 26(1), 24–36.

Veall, M. R., and K. F. Zimmermann (1992). Pseudo-R^2's in the ordinal probit model, *Journal of Mathematical Sociology* 16, 333–342.

Veall, M. R., and K. F. Zimmermann (1994). Goodness of fit measures in the Tobit model, *Oxford Bulletin of Economics and Statistics* 56(4), 485–499.

Veall, M. R., and K. F. Zimmermann (1996). Pseudo-R2 measures for some common limited dependent variable models, *Sonderforschungsbereich* 386, Paper 18.

Verbeek, Marno (2004). *A guide to modern econometrics*, John Wiley and Sons.

Walker, David A. and Thomas J. Smith (2016). Nine pseudo R^2 indices for binary logistic regression models, *Journal of Modern Applied Statistical Methods* 15(1), 848–854.

White, Halbert (1980). A heteroskedasticity-consistent covariance matrix estimator and a direct test for heteroskedasticity, *Econometrica* 48(4), 817–838.

Windmeijer, Frank (1995). Goodness-of-fit measures in binary choice models, *Econometric Reviews* 14(1), 101–116.

Wooldridge, Jeffrey M. (2002). *Econometric Analysis of Cross Section and Panel Data*, MIT.

Wooldridge, Jeffrey M. (2010). *Econometric Analysis of Cross Section and Panel Data*, 2nd ed., MIT.

Wooldridge, Jeffrey M. (2013). *Introductory Econometrics: A Modern Approach*, South-Western, Cengage Learning.

Yang, Yuhong (2005). Can the strenths of AIC and BIC be shared? A conflict between model identification and regression estimation, *Biometrika* 92(4), 937–950.

찾아보기

저자 약력

한치록

서울대학교 경제학과 학사, 석사
미시간주립대학교 경제학과 박사(계량경제학 전공)
뉴질랜드 빅토리아대학교 경제학과 교수 역임
뉴질랜드 오클랜드대학교 경제학과 교수 역임
현 고려대학교 경제학과 교수
e-mail: chirokhan@korea.ac.kr

제5판
계량경제학 강의

초판발행	2016년 2월 25일
제2판발행	2017년 2월 20일
제3판발행	2019년 9월 20일
제4판발행	2022년 2월 20일
제5판발행	2024년 2월 28일

지은이	한치록
펴낸이	안종만·안상준

편 집	전채린
기획/마케팅	김한유
표지디자인	Ben Story
제 작	고철민·조영환

펴낸곳	(주) 박영사
	서울특별시 금천구 가산디지털2로 53, 210호(가산동, 한라시그마밸리)
	등록 1959. 3. 11. 제300-1959-1호(倫)
전 화	02)733-6771
f a x	02)736-4818
e-mail	pys@pybook.co.kr
homepage	www.pybook.co.kr
ISBN	979-11-303-1964-3 93320

정 가   30,000원